中国反侵权假冒年度报告

2015
中国反侵权假冒年度报告

中国反侵权假冒年度报告编辑委员会

中国商务出版社

图书在版编目（CIP）数据

2015 中国反侵权假冒年度报告／中国反侵权假冒年度报告编辑委员会编．—北京：中国商务出版社，2015.10

ISBN 978-7-5103-1402-5

Ⅰ.①2… Ⅱ.①中… Ⅲ.①侵权行为—民法—研究报告—中国—2015 ②产品质量—质量管理—研究报告—中国—2015 Ⅳ.①D923.04②F273.2

中国版本图书馆 CIP 数据核字（2015）第 245945 号

2015 中国反侵权假冒年度报告

中国反侵权假冒年度报告编辑委员会

出　版：中国商务出版社
发　行：北京中商图出版物发行有限责任公司
责任编辑：赵桂茹　胡志华　汪　沁　李彩娟　魏　红　张永生　孙　梅
社　址：北京市东城区安定门外大街东后巷 28 号
邮　编：100710
电　话：010—64245686（编辑二室）
网　址：www.cctpress.com
邮　箱：cctpress1980@163.com
照　排：北京科事洁技术开发有限责任公司
印　刷：北京京都六环印刷厂
开　本：889 毫米×1194 毫米　1/16
印　张：正文：40.25　彩插：2　　字　数：1357 千字
版　次：2015 年 11 月第 1 版　　2015 年 11 月第 1 次印刷
书　号：ISBN 978-7-5103-1402-5
定　价：380.00 元

序

打击侵犯知识产权和制售假冒伪劣商品（以下简称打击侵权假冒）工作，关系到人民群众的切身利益，关系到创新型国家建设，关系到国际经贸合作健康发展。党中央、国务院对这项工作高度重视。2011 年，国务院成立了全国打击侵权假冒工作领导小组，负责统一领导全国打击侵权假冒工作，在商务部设立领导小组办公室，承担领导小组日常工作。各地也成立了相应的领导机构，形成了上下一体的工作体系。打击侵权假冒工作领导小组成立以来，加强组织领导和统筹协调，各地区、各有关部门针对侵权假冒重点领域、重点地区、重点产品，持续开展专项整治，集中解决侵权假冒突出问题，查办了一批大案要案。同时，积极推进打击侵权假冒长效机制建设，法规制度进一步健全，行政执法与刑事司法衔接机制更加完善，行政处罚案件信息公开逐步推开，宣传引导和舆论监督不断强化，行业组织自律作用进一步发挥，维护了公平竞争的市场秩序，增强了全社会的知识产权保护意识。

党的十八届三中、四中全会对全面深化改革开放、全面推进依法治国作出重大部署，为打击侵权假冒工作指明了方向，也提出了新的更高要求。当前，打击侵权假冒面临的形势依然严峻，一些地区和领域侵权假冒现象仍时有发生。特别是随着互联网技术的发展，侵权假冒呈现出线上线下、环节、区域之间融合的新特点，对传统监管方式构成挑战。打击侵权假冒工作必须以全面推进依法治国为统领，以改革创新监管制度为保障，以大数据等现代信息技术为支撑，在薄弱环节上下功夫，在重点领域上求突破，切实提升事中事后监管能力。同时，要唤起全社会的共同参与，形成政府监管、行业自律、社会监督共同发挥作用的共治格局。

全国打击侵权假冒工作领导小组办公室会同各成员单位和地方编撰这本年度报告，总结了 2014 年中央和地方打击侵权假冒的有效做法和经验，主要内容涵盖了执法部门、司法机关打击侵权假冒工作情况，行业组织开展行业自律情况，新出台的法律法规，以及侵权假冒典型案例等，体现了综合性、系统性、行业性的特点，既是一套政策宣传、普法教育和开展国际交流的重要年度材料，也是一部内容较为全面的资料查询工具书。希望本书能够为打击侵权假冒工作人员提供借鉴，为社会各界了解打击侵权假冒工作提供参考，以此唤起全社会对打击侵权假冒工作的关注和支持，共同推动我国打击侵权假冒工作水平不断提高，为大众创业、万众创新营造良好环境，促进经济健康发展和提质增效。

全国打击侵犯知识产权和制售假冒伪劣商品工作领导小组办公室
2015 年 9 月

编 辑 说 明

一、《2015 中国反侵权假冒年度报告》由全国打击侵犯知识产权和制售假冒伪劣商品工作领导小组办公室（以下简称双打办）会同成员单位及省级双打办组织，中国反侵权假冒创新战略联盟成立编辑部负责编辑，是一部政策宣传、普法教育和开展国际交流的重要年度材料，同时也是一部内容较为全面的资料查询工具书。

二、《2015 中国反侵权假冒年度报告》全面系统记述了 2014 年度中国反侵权假冒工作的概况，全书设综述、行政执法、司法保护、地方工作、行业工作、典型案例、法规政策等 7 个栏目，内容系统全面，资料详实可靠。

三、本报告具有权威性、指导性和实用性的特点，是帮助社会各界方便、快捷地了解中国 2014 年度中国反侵权假冒工作成果和知识产权保护状况的参考书。

四、本报告所涉及的单位名称、撰稿人职务均以截稿日期为准。

五、本报告系首次编纂，由于时间较紧，如有不足、缺憾之处，敬请广大读者批评指正。

《2015 中国反侵权假冒年度报告》编辑部

2015 年 9 月

《2015 中国反侵权假冒年度报告》编辑委员会

主　　任

柴海涛　全国打击侵权假冒工作领导小组办公室副主任

副 主 任

马恩中　全国打击侵权假冒工作领导小组办公室副主任
陈晓林　中宣部（国务院新闻办）对外新闻局副局长
李　炜　中央综治办综治三室副主任
李聚合　国家发展改革委财政金融司副司长
李　力　工业和信息化部科技司副司长
张景利　公安部经济犯罪侦查局副局长
周院生　司法部律师公证工作指导司司长
汪长海　财政部行政政法司副巡视员
李　蕾　环境保护部污染防治司副司长
程金根　农业部农产品质量安全监管局副局长
耿洪洲　商务部市场秩序司副司长
刘　强　文化部文化市场司副司长
段冬梅　国家卫生计生委监督局副局长
张予红　中国人民银行征信管理局副局长
衣学东　国资委政策法规局副局长
于　彬　海关总署政法司副司长
李国成　国家税务总局稽查局巡视员
闫　实　国家工商总局商标局副局长
严冯敏　国家质检总局执法督察司司长
段玉萍　国家新闻出版广电总局版权管理司副司长
刘景起　国家食品药品监管总局稽查局副局长
张周忙　国家林业局场圃总站副总站长
雷筱云　国家知识产权局专利管理司司长
赵绪选　国管局采购中心副巡视员
金武卫　国务院法制办教科文卫司副司长
尤雪云　国家网信办网络综合协调管理和执法督查局副局长

林　虎　国家邮政局市场监管司副司长
管应时　最高人民法院刑一庭副庭长
刘慧玲　最高人民检察院侦查监督厅副厅级检察员
王承杰　中国贸促会法律事务部部长
洪云峰　中国反侵权假冒创新战略联盟理事长

委　员

张　晶　全国打击侵权假冒工作领导小组办公室
谭　剑　全国打击侵权假冒工作领导小组办公室
彭增田　全国打击侵权假冒工作领导小组办公室
黎兴文　中宣部（国务院新闻办）对外新闻局
常利民　工业和信息化部科技司
王志广　公安部经济犯罪侦查局
杨　柳　司法部律师公证工作指导司
张嘉陵　环境保护部污染防治司
杨　岚　农业部农产品质量安全监管局
刘红宇　商务部市场秩序司
丁　磊　文化部文化市场司
钟发英　国家卫生计生委监督局
张红盛　中国人民银行征信管理局
李群英　海关总署政法司
王春晔　国家工商总局商标局
周志勇　国家质检总局执法督察司
赵　杰　国家新闻出版广电总局版权管理司
高天兵　国家食品药品监管总局
周景莉　国家林业局场圃总站
王志超　国家知识产权局专利管理司
王　韬　国家邮政局市场监管司
耿　磊　最高人民法院刑一庭
罗　强　最高人民检察院侦查监督厅
沈佩兰　中国贸促会法律事务部
张炳词　北京市打击侵权假冒工作领导小组办公室
朱文军　天津市打击侵权假冒工作领导小组办公室

葛毅江　河北省打击侵权假冒工作领导小组办公室
蒋　鹏　山西省打击侵权假冒工作领导小组办公室
吕秀山　内蒙古自治区打击侵权假冒工作领导小组办公室
李兴刚　辽宁省打击侵权假冒工作领导小组办公室
吴晓辉　吉林省打击侵权假冒工作领导小组办公室
张乃民　黑龙江省打击侵权假冒工作领导小组办公室
徐建春　上海市打击侵权假冒工作领导小组办公室
殷亚亮　江苏省打击侵权假冒工作领导小组办公室
赵　赛　浙江省打击侵权假冒工作领导小组办公室
张　志　安徽省打击侵权假冒工作领导小组办公室
唐　薪　福建省打击侵权假冒工作领导小组办公室
韦克非　江西省打击侵权假冒工作领导小组办公室
石光亮　山东省打击侵权假冒工作领导小组办公室
刘　静　河南省打击侵权假冒工作领导小组办公室
彭显良　湖北省打击侵权假冒工作领导小组办公室
刘文慧　湖南省打击侵权假冒工作领导小组办公室
张元琴　广东省打击侵权假冒工作领导小组办公室
邓文娟　广西壮族自治区打击侵权假冒工作领导小组办公室
陈永忠　海南省打击侵权假冒工作领导小组办公室
王　平　重庆市打击侵权假冒工作领导小组办公室
杨　俊　四川省打击侵权假冒工作领导小组办公室
杨文莉　贵州省打击侵权假冒工作领导小组办公室
朱文龙　云南省打击侵权假冒工作领导小组办公室
麻江江　陕西省打击侵权假冒工作领导小组办公室
林素巧　西藏自治区打击侵权假冒工作领导小组办公室
焦宜旸　甘肃省打击侵权假冒工作领导小组办公室
李文利　青海省打击侵权假冒工作领导小组办公室
杨文军　宁夏回族自治区打击侵权假冒工作领导小组办公室
杨苏峰　新疆维吾尔自治区打击侵权假冒工作领导小组办公室
俞明权　新疆生产建设兵团打击侵权假冒工作领导小组办公室
李秀庚　大连市打击侵权假冒工作领导小组办公室
牛德军　青岛市打击侵权假冒工作领导小组办公室
王一波　宁波市打击侵权假冒工作领导小组办公室
郑　瑾　厦门市打击侵权假冒工作领导小组办公室
张泽新　深圳市打击侵权假冒工作领导小组办公室

行业专家

田力普　国家知识产权局原局长、中国知识产权研究会会长
李振中　全国打击侵权假冒工作领导小组办公室原副主任
温再兴　商务部市场秩序司原巡视员
许　超　国家新闻出版广电总局版权司原巡视员
程永顺　北京市高级人民法院知识产权庭原副庭长
刘春田　中国人民大学知识产权学院院长
张　楚　中国政法大学知识产权研究院主任
刘晓海　同济大学法学院/知识产权学院教授
陈文亮　山东省工商行政管理局原总经济师
孙　悦　中国版权协会秘书长
殷荣伍　中国防伪行业协会秘书长
柯振权　中国质量检验协会秘书长
马　莉　中华全国工商业联合会石油商会秘书长
程受珩　中国林业产业联合会副会长
张　鑫　中国林业与环境促进会秘书长
邹吉良　中国种子协会主任
刘　员　中国酒类流通协会副会长兼秘书长
张京原　中国香料香精化妆品工业协会秘书长
陈小东　中国外商投资企业协会优质品牌保护委员会主席
秦占学　中国建筑材料流通协会副会长
朱冬青　中国建筑防水协会理事长
张乃岭　中国建筑装饰装修材料协会副会长兼秘书长
孙淮滨　中国纺织工业联合会副秘书长
雷利民　中国纺织品商业协会秘书长
赵　洪　中国针织工业协会会长
刘　焱　中国毛纺织行业协会秘书长
才大颖　中国轻工业信息中心主任
刘　芳　中国知识产权研究会网络知识产权委员会秘书长
王春录　中国仓储协会中药材仓储分会常务副会长
李宝民　中华全国工商业联合会汽车摩托车配件用品业商会副会长
阿拉木斯　中国电子商务协会政策法律委员会主任

马继超　中国音像著作权集体管理协会副总干事

刘　平　中国音乐著作权协会副总干事兼法律总顾问

张洪波　中国文字著作权协会总干事

杜　荷　中国食品工业协会副秘书长

王　霓　中国建筑科学研究院建筑工程检测中心主任

郭　江　北京慧聪国际资讯有限公司首席执行官

张丽娜　阿里巴巴集团总办总监

倪　良　阿里巴巴集团综合安全部资深总监

刘艳霞　小米科技有限责任公司品控总监

傅　彤　北京奇虎科技有限公司副总裁

陶伟华　北京奇虎科技有限公司手机助手事业部总经理

姚继贤　德汇投资管理有限公司董事长

祖明军　金天雪莲生态保养集团董事长

艾　勇　深圳市安盾知识产权服务有限公司董事长（安盾网 CEO）

李应时　广州锦昊摩托车部件有限公司董事长

郑水园　北京观韬（厦门）律师事务所合伙人

顿明月　北京大成律师事务所高级合伙人

郭素平　锦天城律师事务所合伙人

官永久　企业管理出版社副社长

魏建玲　商务部国际商报专栏主编

《2015 中国反侵权假冒年度报告》编辑部

协调　服务　维权　自律

协会概况

中国种子协会成立于1980年，是由在我国依法进行农作物种子（以下简称种子）科研、生产、经营、管理以及与种业相关的单位和个人自愿组成的群众性、非营利性、自律性的行业社团组织,是独立的全国社团法人。截止到2015年6月底，协会拥有会员833个。其中个人会员65人、企业会员674家、省市级种子协会32个、事业单位62个。间接会员（省级协会会员）3800多个。协会目前共有8个分会：水稻种业分会、玉米种业分会、蔬菜种子分会、棉花种业分会、种衣剂分会、种业机械化分会、国际交流合作分会、南繁制种分会。

本会是亚太种子协会（The Asia and Pacific Seed Association）和世界种子联盟（International Seed Federation）的会员单位。中国社会组织评估等级2010年为AAA级、2015年为AAAA；2010年和2015年两次被民政部评为“全国先进社团组织”。

工作亮点

2011年5月贯彻落实《国务院关于加快推进现代农作物种业发展的意见》座谈会

第十届中国国际农产品交易会

2014年5月中国种业十大功勋人物颁奖

2013年9月中国种业信用明星企业颁奖

打假维权

协会和农民日报社顺应种业市场需求和种子企业期盼，共同发起成立“全国种子企业维权联盟”。2014年6月中旬召开了联盟成员大会，会上发出了《关于加强自律联合维权倡议书》。

10月中旬，联盟在黑龙江省佳木斯市召开了种子企业维权座谈会，就打击侵权假冒，规范种子市场秩序，维护企业合法权益进行了深入交流和探讨。在农业部、公安部、工商行政管理总局的共同推动下，全国种子市场秩序明显好转。

中国种子协会官方微信公众号

地址：北京市朝阳区麦子店街20号楼232室
网址： http://www.cnsa.agri.gov.cn
电话：（010）59194250
邮箱： zzxh@agri.gov.cn

中国酒类流通协会

中国酒类商业协会于1995年4月正式成立，是经国家民政部批准注册的国家一级协会。2006年4月经民政部批准更名为中国酒类流通协会。英文名称：CHINA NATIONAL ASSOCIATION FOR LIQUOR AND SPIRITS CIRCULATION。

中国酒类流通协会以繁荣中国酒类市场，促进酒类商品流通,弘扬中国五千年酒文化为己任。协会会员单位由酒类生产企业、流通企业、酒类批发市场、商场超市、科研单位等组成，涵盖了酒类商品生产、流通、配送、科研等各领域。

中国酒类流通协会宣传贯彻国家酒类流通管理办法、酒业产销政策，加强酒类企业诚信自律，充分发挥桥梁和纽带作用，协调酒类产销企业与政府部门之间的沟通与交流；加强酒类流通的调研与指导工作，传播交流酒类产销和市场信息，举办酒类营销技能培训和酒业高峰论坛等活动；积极开展国际交流与合作。促进中国酒业国际化。

中国酒类流通协会为促进我国酒类商品全国大流通、规范酒类市场经济秩序做出了突出的贡献，赢得了政府部门及酒类企业的普遍赞誉。协会将不断适应酒类市场形势的变化，努力为酒类产销企业服务，完善协会功能，为酒类行业的健康发展做出更大的贡献。

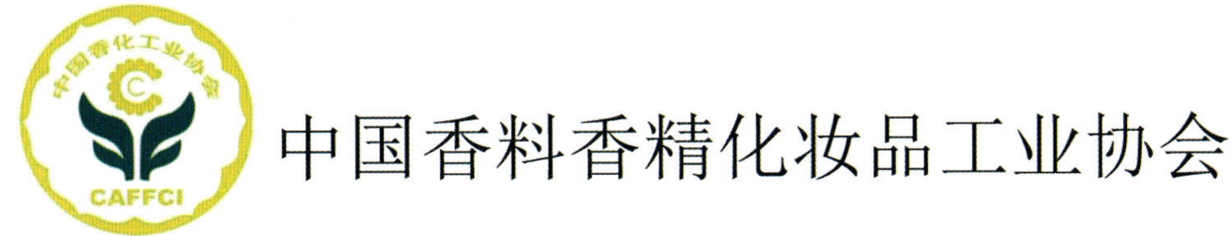

协会简介

中国香料香精化妆品工业协会，英文名称：China Association of Fragrance Flavour and Cosmetic Industries（CAFFCI）。

本协会是经国家民政部批准，具有社会团体法人资格的国家级工业协会。本协会是由香料香精、化妆品生产企业及关联企、事业单位自愿组成的全国性、行业性、非营利性的社会组织。本协会已有三十年历史，现有会员单位一千余家。

协会宗旨

遵守法律 代表行业 沟通政府 维权自律 服务企业 促进发展

协会维权打假

协会在其众多职能中，为加强行业自律和诚信建设，维护公平竞争的市场环境，特组建了中国优质化妆品维权打假协作网，现有十八家会员，都是国内外著名的化妆品企业。按照“信息共享、稳步发展、务实工作、注重实效”的方针积极开展维权打假工作，维护了企业和消费者的合法权益。

协会愿与各界共同努力，维护良好的市场环境，促进产业发展！

联系方式： www.caffci.org caffci@caffci.org 010-67626799

目　　录

综　述

行政执法

司法保护

地方工作

行业工作

典型案例

法规政策

Contents

Overview

Administrative Law Enforcement

Judicial Protection

Local Work

Work of Industrial Associations

Representative Cases

Regulations and Policies

综　　述

Overview

中国保护知识产权与打击假冒伪劣工作体系述评

一、保护知识产权与打击假冒伪劣的意义

（一）实施创新驱动发展战略的内在需求

"十八大"提出"科技创新是提高社会生产力和综合国力的战略支撑，必须摆在国家发展全局的核心位置"，强调要坚持走中国特色自主创新道路，实施创新驱动发展战略。我国针对未来的发展方向，提出了建设创新型国家的发展目标和创新驱动发展战略。在当今科学技术发展日新月异的知识经济时代，房屋、土地、矿产等有形财产不再是推动经济发展的核心资源，取而代之的是以技术和信息为代表的无形的知识财产，保护知识产权的意义也就逐渐凸显出来。《中共中央国务院关于深化体制机制改革加快实施创新驱动发展战略的若干意见》更是明确提出"破除一切制约创新的思想障碍和制度藩篱……实行严格的知识产权保护制度"。当今我国加强保护知识产权的诉求，正是源自我国实施创新驱动发展战略以建设创新型国家的内在需求。

（二）促进经济结构优化升级的基础保障

第十二届全国人大二次会议上，李克强总理所作政府工作报告在谈到以创新支撑和引领经济结构优化升级工作时，明确指出要加强知识产权保护和运用。中国的未来发展不能再依靠传统劳动力和资源能源加以驱动，而应实现经济结构的优化升级，转向依托创新和技术优势驱动发展。在我国转变经济发展方式的这一关键时期，要想以科技进步和创新引领经济健康快速增长，知识产权的保护力度仍需继续加强。因为知识产品具有无形性的特点，不同主体可以同时就同一知识产品加以利用且不会产生有形损耗。知识产品的这种天然公共产品属性使侵犯知识产权变得非常容易。如果创新者的知识产权得不到有效保护，一些贪图眼前利益的企业很有可能偏离创新发展的正确道路，重新回到依靠抄袭、"搭便车"等侵权行为发展的老路上来，破坏了公平有序的市场环境，更不利于我国经济体系健康可持续发展。正是基于这一原因，保护知识产权在保障经济结构优化升级方面具有重大意义。

（三）激励公众积极创新的重要机制

知识产权既是知识财产私有的权利形态，也是政府公共政策的制度选择。① 在创新驱动发展战略与建设创新型国家目标的共同指引下，知识产权政策与产业政策、科技政策等多方面政策机制协同作用，共同促进国家的经济发展。我国保护知识产权的一个重要原因在于通过赋予法定权利保护创新者的创造成果，激励社会公众产生更多的发明创造。这也是我国《著作权法》、《专利法》等相关法律法规的重要立法初衷。如果说"专利制度是为天才之火添加利益之油"，那么保护知识产权就是为了助我国的创新之火熊熊燃烧。保护知识产权，就是保护发明创造的火种、维护创新者的权益，如果大部分人都能发挥自身的聪明才智形成"万众创新"的新态势，中国发展就一定能够创造更多价值，上新台阶。

（四）拓展国际经济贸易合作的客观要求

改革开放以来，我国通过对外开放深度融入了全球经济体系，在经济全球化中赢得了巨大的发展机会，因而需要制定和遵守相应的符合全球化经济的通用国际规则，保护知识产权就是履行国际承诺的客观要求。在国际法律发展史上，知识产权制度经历了两次重大变革：一是由国内法走向国际法，形成知识产权国际保护体系；二是由智力创造领域走向经济贸易领域，成为国际贸易体制的基本规则。② 其中，世界贸易组织（以下简称 WTO）的建立就为世界各国从事经济贸易往来搭建了重要平台，并首次将知识产权保护与经济贸易制度联系起来。《与贸易有关的知识产权协定》（以下简称 TRIPs 协议）作为 WTO 的重要协议，成为了我国必须遵守的国际协议，我国相关法律必须遵循 TRIPs 协议的基本原则与最低要求。除此之外，我国对于已经加入的《伯尔尼公约》、《巴黎公约》等其他知识产权相关的国际公约，也必须遵循各自公约的基本原则和相关要求。由此看来，保护知识产权已经成为我国开展国际经济贸易交往、拓展相关领域国际合作的一项客观要求。

二、打击侵犯知识产权和制售假冒伪劣商品的理论基础

（一）"打击侵犯知识产权和制售假冒伪劣商品"的范围界定

我国《民法通则》、《刑法》、《行政处罚法》、《侵权责

① 吴汉东：《知识产权本质的多维度解读》，载《中国法学》2006 年第 5 期，第 97 页至 106 页。

② 吴汉东：《知识产权国际保护制度的变革与发展》，载《法学研究》2005 年第 3 期，第 126 页至 140 页。

任法》、《著作权法》、《专利法》、《商标法》、《反不正当竞争法》等法律都就侵犯知识产权或制售假冒伪劣商品的行为构成、法律责任等内容有所规定。侵犯知识产权的违法犯罪行为和制售假冒伪劣商品的违法犯罪行为并非法学研究领域的严格分类，各自的范围都较为宽泛、种类较为多样，而且还存在相互交叉的领域。如《侵权责任法》第二条规定“侵害民事权益，应当依照本法承担侵权责任。本法所称民事权益，包括……著作权、专利权、商标专用权、发现权……”。可见，只要侵犯著作权、专利权、商标权、植物新品种权、集成电路布图设计权、商业秘密等民事权益的行为都应当承担侵权责任，侵权行为的范围比较宽泛。至于侵权行为的具体种类，《商标法》、《著作权法》、《专利法》等法律规定的直接侵权行为基本都是与权利人享有的专有权利种类一一对应的，① 加上帮助、教唆等间接侵权行为，侵权行为的具体类型也是十分多样。同理，《中华人民共和国产品质量法》（以下简称《产品质量法》）、《中华人民共和国药品管理法》（以下简称《药品管理法》）、《中华人民共和国广告法》（以下简称《广告法》）、《商标法》、《刑法》等法律也规定了制售假冒伪劣商品的行为构成、法律责任等内容。

侵犯知识产权和制售假冒伪劣商品的违法犯罪行为范围如此宽泛、类型如此多样，我国打击侵犯知识产权和制售假冒伪劣商品工作（以下简称双打工作），需要结合工作的特点来把握政策措施和界定对象范围：（1）适当运用行政执法和刑事司法。TRIPs 协议和我国法律都明确了知识产权的私权属性，国家公权力主要承担确权与保护的任务，不得随意介入私权范畴。其中，国家公权力对知识产权提供的保护包括民事保护、行政保护和刑事保护。民事保护是最基本最主要的保护方法，刑事保护则是所有保护方式中的最后屏障。针对我国当前知识产权侵权与制假售假问题较为突出的现状，结合国际条约规定与我国国情，我国“双打”工作着重突出了行政执法和刑事司法打击。行政执法与刑事司法的特点与职能各有侧重：行政执法具有高效专业、简便易行的特点，能够主动及时地保护权利人的相关权益；刑事司法则具有保障全面、制裁严厉的特点，其适用有严格的条件限制，一般被动保护权利人的相关利益。但基于刑事司法的严厉性，能对潜在违法犯罪行为起到强大的震慑作用，行政保护与刑事司法两条途径互相配合、衔接有序，可以有效保护知识产权人的合法权益和社会公益。（2）适时针对重点领域，开展专项行动。根据《国务院办公厅关于印发 2014 年全国打击侵犯知识产权和制售假冒伪劣商品工作要点的通知》的工作部署，我国 2014 年的“双打”工作集中于网络侵权、假劣汽油柴油、商业秘密保护等重点领域。对一些事关百姓生活、社会影响恶劣、涉案金额较大的大案要案，各部委、省市的相关机构也组织开展了专项行动。（3）阶段性工作向常态化、机制化工作过渡。双打工作是针对我国现阶段知识产权侵权与制假售假现象比较猖獗而开展的重点工作，随着我国法治机制的健全与民众法律意识的提高，我国双打工作应逐渐加强长效机制建设，构建社会共治格局，迈向常态化、机制化、法治化的轨道。

（二）打击侵犯知识产权和制售假冒伪劣商品的法理基础

我国政府高度重视双打工作不仅是基于国际条约的要求与国际社会的关注，更是基于我国自身创新驱动发展的国家战略及保护消费者合法权益、维护市场健康经济秩序等法理基础。

1. 保护创造成果，鼓励积极创新

在如今的知识经济时代，创新是一个民族发展的灵魂，智力创造成果的创新与利用对一国经济发展至关重要。李克强总理在 2014 年的政府工作报告中指出“要加强知识产权保护和运用，以创新支撑和引领经济结构优化升级”。可以看到，在我国创新驱动国家战略的引领下，加强知识产权的保护工作已经被给予高度重视，其中一个重要原因就是鼓励机制。只有对作品、发明、植物新品种等智力创造成果的权利人给予足够保护，才能有效鼓励社会大众积极创新，创造出更多更好的科学技术和文学艺术作品，持续激发我国公众的创新潜能。反之，如果对侵犯知识产权和制假售假的违法犯罪行为听之任之，助长剽窃之风，则会削减广大公众的创新热情，不利于我国经济的健康持续发展。因此，保护创造成果与鼓励积极创新也成为了我国《著作权法》、《专利法》等相关法律的一个重要立法目的。

2. 保护消费者合法权益

广大公众既是民生政策惠及的主要群体，也是消费市场上的重要参与方。因此，无论从改善民生的政策角度，还是从消费者享有知情权、人身财产不受损害等权利的法律角度而言，广大公众在消费过程中的合法权益都应得到有效保障。在我国现阶段，侵犯知识产权与制假售假问题比较突出，网络购物、汽车配件、装修材料、家用电器、种子化肥等与消费者生活息息相关的重点领域往往成为了制假售假的重灾区。长此以往，消费者的知情权、公平交易权、人身

① 如《著作权法》规定著作权人享有复制权、发行权、信息网络传播权等十余项专有权利，那就有十余种与之对应的侵权行为种类。

财产安全不受损害等法定权利无法得到有效保障，购物过程疑问重重，必将损害消费者的消费热情，质量有缺陷的产品甚至会损害消费者的人身财产权益。因此，在我国现阶段开展“双打”工作对保护消费者合法权益不但十分有效，也是十分必要的。

3. 维护公平有序的市场竞争秩序

作为消费市场的重要参与者，商品的制造者和销售者在商品设计、研发、商品制造、广告营销、商品销售、售后服务等整个生产经营过程中投入了大量的人力财力，公平有序的竞争环境是企业创新和竞争的前提和基础。从宏观角度看，侵犯知识产权和制假售假破坏了公平的市场竞争秩序。例如，凝结了良好商业信誉的商标、商号、域名等经营标识，是权利人长期诚信经营的成果。权利人可以通过注册商标等方式获得知识产权的法律保护。此时法律保护的并非商标上的文字图案，而是标记所架构起的消费者与生产经营者之间的联系以及标记权利人通过长期诚信经营建立起的商誉。面对营业性标记所带来的竞争优势，相关竞争者难免会产生假冒仿冒、“傍名牌”、“搭便车”等行为，混淆消费者的选择购买过程，借标记权利人的声誉来制造、销售自身的假冒伪劣商品。如果我国不能严厉打击侵犯知识产权和制假售假的违法犯罪行为，大量侵权假冒商品涌入消费市场不仅会侵犯消费者的合法权益，还会摧毁标记权利人长期诚信经营建立的良好声誉，公平有序、诚信守法的市场竞争秩序也将荡然无存。所以，在现阶段加强“双打”工作对引导市场参与主体诚信经营，构建公平有序市场竞争秩序及推动我国经济持续健康发展都有着重大意义。

三、中国打击侵犯知识产权和制售假冒伪劣商品法制建设

改革开放以来，为了鼓励技术创新和应用，发展社会主义市场经济，我国知识产权立法工作不断焕发新的生机，以专利、商标、版权为三大支柱的中国知识产权法律体系逐步建立并日益健全，取得了举世瞩目的成就。在我国国民经济步入新常态的大背景下，我国政府深化落实创新型政府建设，加快推进知识产权制度改革，取得了显著效果。

（一）专利法制建设

经过了三十年的努力，我国已经形成了以《专利法》为核心、以《专利法实施细则》等法律法规为辅助的专利法律体系。早在1984年3月12日，在借鉴国际专利立法经验的基础上，结合中国的经济技术发展水平，《中华人民共和国专利法》（以下简称《专利法》）获得了全国人民代表大会常务委员会的通过，并于同年12月宣布加入《巴黎公约》（1967年斯德哥尔摩文本），标志着我国的专利制度建设迈入了新纪元。1992年9月4日、2000年8月25日和2008年12月27日，我国全国人大常委会对《专利法》分别进行了三次修改，从而更好地满足了国内经济技术发展的需求，推动了我国专利保护水平的国际化。

2014年，《专利法》及相关立法工作取得了一系列新的进展。按照年度立法计划，国务院法制办公室会同有关部门对《专利法》和《专利代理条例》的修订工作进行了有序推进；国家知识产权局开展了《专利法（修订草案）》的审议准备工作，就《职务发明条例（草案）》广泛征求意见，修改了《专利审查指南》、《用于专利程序的微生物保藏办法》，并起草了《专利费用减缴办法（修订草案）》，等等。

（二）商标法制建设

商标法是我国社会主义市场经济法律体系中的重要组成部分。1982年8月23日，《中华人民共和国商标法》（以下简称《商标法》）获得了全国人民代表大会常务委员会的通过，是新中国成立以来的第一部保护知识产权的法律，不仅促进了我国的商标活动规范化，也提升了商标管理工作的法制化水平。1989年10月4日，中国成为《马德里协定》成员国。随着我国市场经济的发展，全国人民代表大会常务委员会分别于1993年2月22日、2001年10月27日、2013年8月30日对《商标法》进行了三次修改，修订后的《商标法》基本达到了国际公约对中国所要求的保护水平。以《商标法》为依据，我国政府制定了《商标法实施条例》等一系列与商标有关的法律规范性文件，构成了商标法律制度的完整体系。

2014年我国商标法律体系进一步完善。国务院完成了《商标法实施条例》新一轮的修改工作，于2014年5月1日起正式实施。国家工商行政管理总局制定《关于执行修改后的〈中华人民共和国商标法〉有关问题的通知》，修订并发布了《商标评审规则》、《驰名商标认定和保护规定》、《网络交易平台格式条款规范指引》、《电子商务可信交易环境建设标准规范指引》、《网络交易管理办法》等制度规范，为新时期商标法执法和司法工作提供了依据。

（三）著作权法制建设

近年来，著作权法律制度建设日益得到我国政府和社会各界的重视。随着我国经济文化建设和社会生活的发展，社会主义市场经济条件下文学艺术事业、网络技术的普及运用以及我国参加的国际条约对我国的著作权提出了新的要求。1990年9月7日，全国人民代表大会常务委员会通过了新中国成立后首部《中华人民共和国著作权法》（简称《著作权法》）。1992年，我国政府决定同时加入《伯尔尼公约》

（1971 年巴黎文本）和《世界版权公约》。2001 年 10 月 27 日、2010 年 2 月 26 日，全国人民代表大会常务委员会分别对《著作权法》进行了两次修改，推动我国著作权保护水平上了一个新台阶。与此同时，随着《著作权法实施条例》、《计算机软件保护条例》、《信息网络传播权保护条例》等法律法规陆续出台，我国著作权保护法律制度体系正在逐步完善。

2014 年，《著作权法》等相关的立法工作取得了新的成果。国家版权局等有关部门正在推进《著作权法》第三次修改及有关法律法规修订工作，颁布了《使用文字作品支付报酬办法》、《新闻出版（版权）行政执法部门依法公开制售假冒伪劣商品和侵犯知识产权行政处罚案件信息的实施细则（试行）》等规范性文件，并向世界知识产权组织递交了中国政府《视听表演北京条约》的批准书。

（四）植物新品种制度

为了加强对植物新品种的保护，鼓励培育和使用植物新品种，促进农业和林业的发展，我国政府高度重视植物新品种的法制建设。1997 年 3 月 20 日，国务院颁布了《中华人民共和国植物新品种保护条例》，并相继制定了该条例实施细则、植物新品种保护名录、品种权审查指南以及申请人所用的一系列规范性文件。1998 年 8 月，九届全国人大常委会第四次会议批准了我国加入《国际植物新品种保护公约》（1978 年文本）。此后，我国农业部和林业局又陆续颁布了《中华人民共和国植物新品种保护条例》的农业部分和林业部分的实施细则，促进我国植物新品种法律体系的基本形成。2013 年 1 月，我国政府对《中华人民共和国植物新品种保护条例》进行了局部修改，并于 2013 年 3 月 1 日起施行。

2014 年，农业和林业植物新品种法律法规的可操作性得到增强。农业部起草了《农业植物新品种测试指南 2015—2020 研制规划》，组织审定了橡胶树等 11 个植物新品种测试指南，发布 43 个植物新品种测试农业标准，并印发了《农产品地理标志登记审查若干问题的说明》。与此同时，国家林业局印发了《林业植物新品种保护行政执法办法》，制订了《林业植物新品种权申请审查规则》，并组织编制了 12 项林业植物新品种测试指南，等等。

（五）产品质量法制建设

改革开放以来，我国产品质量法律体系建设日益完善，是打击侵犯知识产权和制售假冒伪劣商品工作的重要法律依据。1978 年以来，我国政府全面推行产品质量管理制度，陆续颁布了《工业产品质量责任条例》、《中华人民共和国计量法》及其实施细则、《中华人民共和国标准化法》及其实施细则等多部法律法规。1993 年，在吸收借鉴外国先进立法经验的基础上，全国人民代表大会常务委员会颁布了《中华人民共和国产品质量法》（《产品质量法》），构建了较为全面的产品质量监督管理制度和产品责任制度，标志着我国产品质量法律体系的进一步完善。全国人民代表大会常务委员会于 2000 年、2009 年对《产品质量法》分别进行了一些修订，在与《侵权责任法》等法律法规保持一致的基础上，更加符合打击侵犯知识产权和制售假冒伪劣商品工作的需要。

目前，《产品质量法》是我国产品质量法律体系中的基本法典，与《药品管理法》、《食品安全法》、《消费者权益保护法》、《民法通则》等相关法律法规共同构成了较为完善的产品质量法律体系，为提高产品质量、保障消费者的合法权益和规范社会竞争秩序提供了法律保障。

（六）其他相关法制建设

商业秘密是具有重要价值的知识产品，我国现行立法主要采用反不正当竞争立法的模式进行保护。我国在 1993 年《反不正当竞争法》中明确对商业秘密进行了保护，将侵犯商业秘密的行为作为一种不正当竞争行为进行规制，弥补了在该领域的立法空白；此外，国家工商行政管理总局发布的《关于禁止侵犯商业秘密行为的若干规定》、《中央企业商业秘密保护暂行规定》等规范性文件均是商业秘密保护方面的执法和司法依据。目前，有关商业秘密保护的专门法律亦在探讨和制定中。

集成电路布图设计也是我国知识产权法保护的客体。改革开放以来，由于我国集成电路产业相对落后，集成电路布图设计保护的现实必要性并不强。进入 21 世纪以来，尤其是我国加入了世界贸易组织之后，为履行国际义务，加强对集成电路产业创新成果的保护，我国政府于 2001 年 3 月 28 日通过了《集成电路布图设计保护条例》，初步实现了对集成电路布图设计执法和司法工作的有法可依。

此外，国务院颁布的《中华人民共和国知识产权海关保护条例》，最高法院、最高人民检察院、公安部等颁布的司法解释等规范性文件，也是我国保护知识产权和打击假冒伪劣商品的重要法律依据。

四、中国打击侵犯知识产权和制售假冒伪劣商品体制

目前，我国保护知识产权和打击假冒伪劣实行的是行政与司法并行的双轨制模式。为了加强对工作的统一领导和统筹协调，我国于 2011 年成立了“全国打击侵犯知识产权和制售假冒伪劣商品工作领导小组”，知识产权保护和打击假

冒伪劣工作合力大大增强，工作提升到了一个新的高度。

（一）行政执法

我国保护知识产权和打击假冒伪劣商品涉及多个行政执法部门。行政执法快速灵活，主动性强，能够迅速制止侵权假冒违法行为。

农业部、国家林业局以及地方各级农业、林业行政执法部门按照职责分工负责农业、林业领域的打击假冒伪劣产品相关工作。在打击假冒伪劣商品方面，我国农业部、林业局行政执法部门负责对种子、农药、饲料、兽药、林木种苗等农资产品监督抽查，规范农资生产、经营和使用行为，依法查处侵权假冒违法活动，为维护良好的农林市场秩序和农林产品质量安全提供保障。在植物新品种保护方面，国家农业部、林业局对植物新品种申请的受理和审查，并对符合条例规定的植物新品种授予植物新品种权；省级以上人民政府农业、林业行政部门可以依据各自的职权处理未经品种权人许可、以商业目的生产或者销售授权品种的繁殖材料；同时，县级以上人民政府农业、林业行政部门有权责令停止假冒行为，没收违法所得和植物品种繁殖材料以及罚款。

文化部以及各地方文化市场综合执法机构承担着对我国文化市场进行综合执法和推进知识产权保护的重要职能。文化部负责指导文化市场综合执法，以按季度下发执法工作要点的方式，部署全国保护文化市场领域知识产权的工作。在文化部的指导下，各地方文化市场综合执法机构依照法律规定，对营业性演出、歌舞娱乐、游艺娱乐、艺术品、上网服务场所、网络音乐、网络游戏、网络动漫等市场的监管；根据受理各类举报投诉情况，文化部和各地方文化市场综合执法机构可依法对相关经营单位进行检查，并对违法行为人处以警告、罚款、责令停业整顿等处罚。

中国海关是对知识产权实施的进出境管理、保护的监督管理机关，承担着制止进出境侵权货物违法活动、维护正常对外贸易秩序、鼓励公平竞争以及促进我国社会主义市场经济秩序的健康发展的重要职责。1994 年 9 月开始我国对知识产权实施边境保护，对与进出口货物有关并受中华人民共和国法律、行政法规保护的商标专用权、著作权和邻接权、专利权实施保护。目前，我国海关已经建立起一套包括报关单证审核、进出口货物检验、对侵权货物的扣留和调查、对违法进出口人进行处罚以及对侵权货物进行处置等环节在内的完善的知识产权执法制度。

国家工商行政管理总局和地方各级工商行政管理局是我国商标行政管理部门，履行商标管理和保护的相关职责。国家工商行政管理总局下设商标局，主管全国的商标注册和管理工作；国家工商行政管理总局还设立了商标评审委员会，负责商标确权审评的行政执法工作。地方各级工商行政管理部门负责查处地方商标违法行为。商标权人或其他被侵权人发现存在商标侵权和假冒行为时，可依法请求侵权行为地或侵权人所在地的工商行政管理部门进行处理。对侵犯商标权的违法行为或者相关纠纷，工商行政管理部门有权采取责令限期改正、警告、罚款等行政处罚。

国家质量监督检验检疫总局和地方各级国家质量监督检验检疫部门负责与知识产权保护和打击假冒伪劣商品相关的质量、计量、出入境商品检验、出入境卫生检疫、出入境动植物检疫、进出口食品安全和认证认可、标准化等工作。国家质量监督检验检疫总局领导全国质量技术监督业务工作，并对出入境检验检疫机构进行垂直管理。国家质量监督检验检疫总局和地方各级国家质量监督检验检疫部门依法对化肥、农药、建材、汽车及其配件、汽柴油等生产资料和消费品的质量监督抽查，对于侵犯知识产权和制假售假违法案件依法进行查处；对于违反治安管理或者构成犯罪的，还将依法移送公安机关处理。

国家新闻出版广电总局和地方各级新闻出版广电局是我国著作权行政管理部门，承担我国著作权管理职能。目前，国家新闻出版广电总局负责拟订版权战略和著作权保护管理使用的政策措施并组织实施，承担国家享有著作权作品的管理和使用工作，对作品的著作权登记和法定许可使用进行管理。此外，国家新闻出版广电总局和地方各级新闻出版广电局还负责组织查处著作权领域的违法违规行为，承担着推进我国软件正版化的重要工作任务。对于部分侵犯著作权的行为，国家新闻出版广电总局和地方各级新闻出版广电局可以责令停止侵权行为，没收违法所得，没收、销毁侵权复制品，罚款以及没收主要用于制作侵权复制品的材料、工具、设备等。

国家食品药品监督管理总局和地方各级食品药品监督管理部门承担着食品、保健食品、药品、化妆品、医疗器械等产品的监督管理职能，是知识产权保护和打击假冒伪劣商品的重要力量。目前，国家食品药品监督管理总局负责起草食品、保健食品、药品、医疗器械、化妆品监督管理的标准、质量管理规范，并对其执行情况进行监督；负责组织食品药品安全科技发展规划的制定和实施工作；对与其职能相关的侵犯知识产权案件和假冒伪劣商品的重大案件进行稽查，并监督相关问题产品的召回和处置。地方食品药品监督管理部门负责日常监督管理工作，对与其职能相关的知识产权保护和假冒伪劣商品案件进行行政执法工作，并逐步完善行政执法与刑事司法衔接机制。

国家知识产权局和地方各级知识产权局是我国的专利行政管理部门，是我国专利保护的重要部门。1998年3月，中华人民共和国专利局更名为中华人民共和国国家知识产权局。随着专利管理和保护工作的增多，各省、自治区、直辖市相继设立了知识产权局，享有相关的专利管理权和执法权，承担本辖区内的专利管理和专利纠纷处理工作，可以对专利纠纷进行调解、进行专利权评价，对于认定侵权成立的，还可以责令侵权人立即停止侵权，并对假冒行为和产品采取相关强制措施。

此外，在我国打击侵犯知识产权和制售假冒伪劣商品的工作中，全国打击侵犯知识产权和制售假冒伪劣商品工作领导小组的其他成员单位也承担着相应的工作职能，在打击侵权假冒行政执法中发挥着重要的支持支撑作用。

（二）司法保护

公安部和地方各级公安部门负责依法侦查、打击侵犯知识产权和制售假冒伪劣商品刑事犯罪活动。知识产权权利人和社会公众发现侵犯知识产权和制售假冒伪劣商品的违法犯罪行为时，有权向公安部门进行投诉和举报，公安部门应当对侵犯知识产权和制售假冒伪劣商品违法犯罪活动及时立案侦查。其他知识产权行政执法部门发现涉嫌侵犯知识产权和制售假冒伪劣商品违法犯罪案件或线索时，应当及时移送公安机关立案侦查。公安部门依法对涉嫌侵犯知识产权和制售假冒伪劣商品的违法犯罪行为进行专门调查，有权采取必要的强制措施。公安部门经侦查认为属于相关知识产权违法行为的，依法可以予以行政强制措施和行政处罚；认为构成犯罪的，应当按照刑事诉讼法的有关规定向检察机关提出起诉意见，连同案卷材料、证据一并移送同级人民检察院审查决定。

最高人民法院和地方各级人民法院承担着与打击侵犯知识产权和制售假冒伪劣商品有关的民事、行政、刑事案件审判职能。发生侵犯知识产权人权利的案件时，享有知识产权的权利人或国家公诉人有权向有管辖权的人民法院提起民事、刑事诉讼，依法追究侵权人的刑事、民事法律责任；对于知识产权行政机关处罚不服的，权利人可以依法向人民法院提起行政诉讼，对行政执法行为要求进行司法审查，以维护自身的合法权益。2014年以来，北京、上海、广州三地的知识产权专门法院陆续建立，知识产权审判“三合一”改革试点工作也在深入开展，知识产权司法保护的专业化水平不断增强。

最高人民检察院和地方各级人民检察院依法履行与打击侵犯知识产权和制售假冒伪劣商品相关的各项检察职能，是实现知识产权司法保护的重要部门。人民检察机关承担着侵犯知识产权和制售假冒伪劣商品相关刑事案件的批捕、起诉职能，对知识产权行政执法机关移送涉嫌犯罪案件和公安机关依法立案的监督职能，负责查办侵权假冒背后的职务犯罪，同时还承担着对相关审判工作的监督职能。为依法打击侵犯知识产权犯罪活动，人民检察机关还有权向相关知识产权行政执法部门提出加强知识产权行政执法的建议。

五、全国打击侵犯知识产权和制售假冒伪劣商品工作领导小组概况

党中央、国务院高度重视打击侵犯知识产权和制售假冒伪劣商品工作。近年来，在社会各界的共同努力下，我国知识产权保护和打击假冒伪劣商品工作取得了积极成效。然而，目前我国仍处在经济和社会发展的转型时期，侵犯知识产权、制售假冒伪劣商品的现象仍时有发生，在一些领域和地区还比较严重，不仅影响正常的市场经济秩序，妨害企业竞争力和创新积极性，也损害了我国的国际形象。为加大知识产权保护力度、打击假冒伪劣产品、维护公平有序的市场环境，我国在体制和机制上不断进行改革，逐步且深入地开展了相关专项行动。

（一）打击侵犯知识产权和制售假冒伪劣商品工作领导小组的成立

2010年10月至2011年3月，国务院部署在全国集中开展打击侵犯知识产权和制售假冒伪劣商品专项行动。国务院决定成立全国打击侵犯知识产权和制售假冒伪劣商品专项行动领导小组，负责统一领导专项行动，督促检查工作进展，督办重大案件。全国打击侵犯知识产权和制售假冒伪劣商品专项行动领导小组办公室设在商务部，承担日常工作。随着全国打击侵犯知识产权和制售假冒伪劣商品工作的推进，全国打击侵犯知识产权和制售假冒伪劣商品专项行动领导小组转变为常态化的全国打击侵犯知识产权和制售假冒伪劣商品工作领导小组。与此同时，根据全国打击侵犯知识产权和制售假冒伪劣商品工作的要求，各省、自治区、直辖市和新疆生产建设兵团也需相继成立打击侵犯知识产权和制售假冒伪劣商品工作领导小组，具体承担本地区的打击侵犯知识产权和制售假冒伪劣商品的领导工作。

（二）全国打击侵犯知识产权和制售假冒伪劣商品工作领导小组的机构设置

目前，国务院副总理汪洋担任全国打击侵犯知识产权和制售假冒伪劣商品工作领导小组（以下简称领导小组）组长，商务部部长高虎城、国务院副秘书长江泽林、国家知识产权局局长申长雨担任副组长；领导小组办公室设在商务

部，承担领导小组日常工作，办公室主任由商务部副部长房爱卿兼任；领导小组成员单位共29家，包括：中央宣传部（国务院新闻办）、中央综治办、国家发展改革委、工业和信息化部、公安部、司法部、财政部、环境保护部、农业部、商务部、文化部、国家卫生计生委、中国人民银行、国资委、海关总署、国家税务总局、国家工商总局、国家质监总局、国家新闻出版广电总局、国家食品药品监督管理总局、国家林业局、国家知识产权局、国管局、国务院法制办、国家网信办、国家邮政局、最高人民法院、最高人民检察院和中国国际贸易促进委员会。

随着全国打击侵犯知识产权和制售假冒伪劣商品工作的深入开展，各省（区市）都成立了相应的打击侵犯知识产权和制售假冒伪劣商品工作领导小组，由政府分管领导任组长，相关部门为成员单位。领导小组办公室多数设在商务部门，湖南省、广东省、重庆市的领导小组办公室设在知识产权部门。

（三）全国打击侵犯知识产权和制售假冒伪劣商品工作领导小组的职能

统一组织领导全国打击侵犯知识产权和制售假冒伪劣商品工作，研究拟订有关政策措施，督促检查各地区、各有关部门工作落实情况，督办侵犯知识产权和制售假冒伪劣商品重大案件，承办国务院交办的其他事项。作为全国打击侵犯知识产权和制售假冒伪劣商品工作领导小组的办事机构，全国打击侵犯知识产权和制售假冒伪劣商品工作领导小组办公室承担着领导小组日常工作，向领导小组提出工作建议，协调和督促各地区、各成员单位落实领导小组决定事项，建立打击侵权和假冒伪劣案件统计制度，督办打击侵权和假冒伪劣重大案件，落实打击侵权和假冒伪劣领域行政执法与刑事司法衔接工作，推动落实打击侵权和假冒伪劣相关法律法规修订工作，推动健全检验、鉴定和其他相关标准等等。

（撰稿人：林秀芹　杨正宇　陈学宇）

全国打击侵权假冒工作综述

2014年，各地区、各有关部门认真贯彻国务院决策部署，按照全国打击侵权假冒工作领导小组安排，加大监管和整治力度，严厉打击侵权假冒违法犯罪行为。行政执法机关查处侵权假冒案件17.8万件，捣毁窝点2 700余个。公安机关侦破涉嫌犯罪案件2.8万余件。检察机关批捕9 000多件、起诉1.8万余件，审判机关审结1.8万余件。据中央综治办80万户电话抽样调查，群众对身边制假售假的反映，下半年环比有所下降；知识产权局调查显示，知识产权保护群众满意度为69.4%，同比上升4.5个百分点。

一、抓住重点问题集中突破

全国打击侵权假冒工作领导小组针对具有全局性、普遍性的侵权假冒新苗头、新情况，统一部署，集中打击，遏制了潜在的蔓延势头。

（一）打击网络侵权假冒

全国打击侵权假冒工作领导小组印发工作方案，统一部署12个成员单位开展了专项行动。

一是加强监管制度建设。商务部出台网络零售平台交易规则的程序规定。工商总局出台网络交易管理办法和平台经营者社会责任、合同条款规范、电商交易环境建设等文件。质检总局制定预包装类电商产品质量信息发布规范，建立交易主体和产品实名制。工信部、工商总局印发加强网站监管协作的文件。网信办指导中国互联网协会发出“打造诚信网络、建设信用中国”倡议书。邮政局完善收寄验视制度，督促邮递快件企业履行承诺。贵州出台快递从业人员上报可疑邮件奖励规定。

二是集中打击违法犯罪。质检总局健全电商产品核查机制，督促生产企业加强质量控制，查处400余件。食药监总局整治网络制售假药，查处黑龙江任某特大假药案和义乌特大跨国假药案。知识产权局健全电商专利执法维权机制，调处侵权纠纷2 800余件。工商总局开展“红盾网剑”行动，监测133万个网站，查处侵权假冒案件7 746件，会同卫生计生委等部门整治互联网广告。海关总署开展邮递快件渠道专项行动，查获侵权嫌疑货物近2万批次、28.5万余件。浙江、福建针对跨境电子商务，抓住邮递环节，打击“蚂蚁搬家”式的违法行为。新闻出版广电总局牵头开展“剑网2014”行动，组织191家网站签署拒绝盗版联合倡议，查处“快播”等案件440件。文化部暗访16省市，查处腾讯等83家违法手机游戏平台和网络游戏、动漫经营单位。

三是创新网络监管方式。农业部建立种子、农药、兽药追溯监管系统。吉林建立农资市场监管信息平台，网上全程监管。新闻出版广电总局建成运行国家版权监管平台，重点监管1 846家网站。山东推进电子数据取证分析系统建设。广东建立第三方电商平台侵权投诉和调查机制。工信部、网信办关闭、屏蔽违法网站3 400余家，删除有害信息4 000多条。

（二）开展农村和城乡结合部整治

全国打击侵权假冒工作领导小组办公室组织10部门推进相关工作。农业部牵头开展农资打假行动，检查企业92万家次、市场26万个次，查获假劣农资2.6万吨、3.9万台件。农药抽样合格率同比提高8.1个百分点。工信部完善农药生产批准证书查询库。林业局加强林木种苗管理与监督，抽查218个县的179个树种（品种）。山东发布实施农产品质量安全监督规定，对列入严重违法违规“黑名单”的25家企业产品“凡见必抽，凡抽必检”。辽宁开展农村商业网点提升试点，在自然村推广“标准化超市”。年底，启动了全国范围的专项整治。在元旦、春节消费集中时段，加强一线力量，增加巡查抽检，开展联合执法，保障市场安全。

（三）打击制售假劣车用燃油

全国打击侵权假冒工作领导小组部署8个部门在京津冀地区开展了联合整治。税务总局开展成品油消费税专项治理，加强准入、生产、流通各环节监管，查处了一批违法犯罪案件。第四季度，河北落实国务院领导同志批示，集中打击“山寨加油站”、“黑加油站”。内蒙古、浙江、安徽、江西、山东、河南、云南、甘肃在本辖区开展了专项治理，内蒙古发布了乙醇汽油质量监督及加油机计量监督的规定。据不完全统计，有关地区查处案件700件，抓获犯罪嫌疑人70名，查处取缔违法加油站2 200个。年底，领导小组办公室会同9部门出台工作方案，启动了全国范围的专项整治。

（四）深入推进软件正版化

新闻出版广电总局会同发改委、工信部、财政部、工商总局、国管局等部门，做好微软XP系统停止安全服务应对、反垄断调查、国产操作系统应用推广、软件供应入围谈判等工作，开展两次对政府机关的联合督查，举办两期培训班。国有新闻出版集团基本实现二级企业软件正版化。工信部开展专项检查，正版预装率连续5年保持在98%以上。国资委举办中央企业和地方国资委培训班，对12家企业开展督查。

二、针对薄弱环节加强行业监管

按照打击侵权假冒全年工作要点和季度重点工作安排，有关部门各司其职，主动作为，勇于担当，坚持日常监管与专项治理相结合，市场秩序进一步规范。

（一）整治伪劣商品

质检总局开展“质检利剑”五项战役，处理2 379辆专用校车的违规生产。破解擅改校车座椅间距、偷减化肥养分、“瘦身”钢筋等行业潜规则问题。对375个生产集中区域，开展质量提升行动。对质量下滑的玩具、电线电缆等19种产品，开展强制性产品认证监督抽查。工商总局对涉及健康安全的儿童用品、服装、手机等，开展抽查检验。食药监总局开展医疗器械“五整治”，监督生产、经营、使用单位18万多家，警告和责令整改19 000多家，撤销证件226个。整治中药材市场，开展“飞行检查”，查处山东端信堂、湖北金鼎和四川天银等企业违法生产中成药行为。商务部牵头开展电视购物专项整治。黑龙江开展口岸市场和边贸集散地整治。

（二）查处侵权行为

工商总局查处商标侵权较为严重的“维多利亚秘密”、“赣南脐橙”等案件。处理恶意抢注商标案件2 900件。知识产权局开展展会维权，向广交会、京交会、高交会等派驻工作组，办理案件900余件。海关总署构建陆、海、空立体保护网络，在重点航线加强对药品、汽车配件的检查，开展保护世界杯足球赛知识产权执法，查获侵权商品3 479批、254万件。新闻出版广电总局开展“秋风2014”行动，清查图书、音像、软件市场，收缴侵权盗版出版物1 200多万件。检查北京、河北、山东等重点地区74家印刷复制发行企业和市场，处罚30家。北京在APEC会议期间开展重点区域、重点市场打击侵权假冒专项执法。内蒙古、山东、河南、海南、贵州、宁夏等地开展打击假冒烟酒和侵犯特产驰名商标的专项整治。青岛强化世界园博会特许权保护。

三、提高刑事打击和司法保护力度

全国打击侵权假冒工作领导小组以打击侵权假冒为突破口，积极推进行政执法与刑事司法衔接（简称“两法衔接”），司法部门改革创新，保护效能明显提高，打击犯罪震慑力加大。

（一）推动“两法衔接”

全国打击侵权假冒工作领导小组办公室会同高检院等有关部门，指导地方加快信息共享平台建设。中央平台记录案件72 000条，省级平台建成22个，其中13个与中央平台对接，有的平台还将其他领域的移送案件一并纳入。公安部与有关行政执法部门制定联合督办制度，开展政策法律会商，接收移送涉嫌犯罪案件。高检院将完善“两法衔接”机制纳入深化检察改革中长期规划。商务部出台《强化市场监管协作行动计划》，加强执法司法有效衔接，提高市场监管能力，维护公平有序的市场竞争环境。

（二）查处犯罪案件

公安部建立统一指挥、情报主导、合成作战的打击模式，发起集群战役426起，先后获得美国商会和国际刑警组织评选的“知识产权捍卫者奖”和“最佳地区案例奖”。并加强警企合作，与阿里巴巴集团建立电商协查快速通道和线索研判合作机制，调查案件1 212件、账户8 482个，督办152起大要案。

（三）加强检察监督

高检院开展危害食品药品安全犯罪专项立案监督活动，监督移送涉嫌犯罪案件1 758件、2 103人。监督公安机关立案侦办案件842件、1 131人。深挖职务犯罪，逮捕97人，公诉241人。

（四）强化审判指导

高法院指导北京、上海、广州设立知识产权法院，组建专业队伍，开展审判。建立全国法院双打专项联络制度，就涉外定牌加工、信息网络传播权、互联网领域竞争、涉外知识产权等难点，指导地方法院审理。

四、推进法规和制度建设

根据全国打击侵权假冒工作领导小组部署，各成员单位夯实工作基础，加强制度衔接，推进信息共享，实施联合监管，长效机制逐步完善。

（一）加强法规标准建设

法制办等相关成员单位贯彻实施新商标法、消费者权益保护法，制订修订企业信息公示、商标法实施与植物新品种保护，以及兽药、出版、医疗器械监管等6部行政法规。高法院、高检院发布实施商标案件管辖、专利纠纷案件审理、药品安全刑事案件法律适用的3部司法解释。行政执法部门发布实施20余部部门规章。质检总局颁布实施机动车、电子产品、照明设备、儿童用品等质量和检验鉴定标准50多项。林业局颁布实施种苗生产、评价标准4项。北京颁布实施专利保护与促进条例。贵州组织企业参与95项国家、行业、地方标准的制订工作。

（二）建立信息公开制度

国务院首先在打击侵权假冒领域出台行政处罚案件信息公开的文件，在深入推进政务公开方面迈出新的步伐。全国打击侵权假冒工作领导小组办公室会同9个行政执法部门召开全国视频会议积极推动，明确省级公开网站272个，按照规定时限，公开案件信息17 400余条。高法院、高检院建设开通专门网站，公开办理程序和判决结果。中国知识产权裁判文书网全年分别公开民事、刑事案件裁判文书34 433件、12 577件。

（三）加快信用体系建设

发改委、人民银行牵头实施社会信用体系建设规划纲要，建立部门信用信息共建共享机制，提出首批目录，启动了共享试点工程。人民银行在63个县区建设小微企业和农户信用体系示范区。商务部印发《商务部关于加快推进商务诚信建设工作的实施意见》，召开全国商务领域诚信建设工作视频会议推动落实。海关总署实施企业信用管理分类监管。质检总局采集23万家企业的产品质量信用数据3 300万条，公布111家“红名单”和80家“黑名单”。多部门公布工商、税务、食品药品、互联网等领域“失信被执行人榜”，在办理信贷和信用卡、乘坐软卧等高消费方面采取限制措施。北京、吉林、广东、重庆在政府采购、招标投标和小微企业、农户生产经营等方面，对失信主体采取联合限制措施。海南出台企业失信行为联合惩戒办法。

（四）完善督导检查机制

全国打击侵权假冒工作领导小组安排地方、企业代表参加领导小组全体会议，听取情况介绍与建议，提高科学决策水平，促进地方与行业工作。环保部发布侵权假冒商品分类处理指南，督导各地落实经费，建立数据统计和信息共享制度。知识产权局制定专利侵权判定和假冒专利认定指南。中央综治办将侵权假冒问题列入平安中国建设内容，组织两次基层暗访。领导小组办公室出台跨地区跨部门重大案件协调督办规则，与中央综治办会同成员单位完成对地方的年度绩效考核。安徽、河南、湖南、四川、贵州、深圳将打击侵权假冒工作纳入当地综治或政府绩效考核。

五、加强宣传教育营造良好氛围

全国打击侵权假冒工作领导小组办公室印发年度宣传方案，各成员单位开展多样化、常态化宣传教育，新闻媒体全年发布相关报道20余万条。

（一）精心组织日常宣传

中宣部、新闻出版广电总局、新闻办、网信办发挥主流媒体和网站、移动客户端等新媒体作用，开辟专版特刊，组织新闻发布，编播公益广告，解读政策措施，发布白皮书，曝光重大案件，报道工作进展。中国打击侵权假冒工作网开通英文网站，各成员单位网站及时发布信息，组织专家访谈。

（二）突出重点集中宣传

围绕全年工作要点，案件信息公开，互联网和农村市场专项整治，以及“两节”、“两会”、消费者权益日、法制宣传日、知识产权日等重要时点，组织集中报道，发布权威信息，回应社会关切。

（三）深入基层加强宣传

司法部依托“法律六进”和中国普法网，向社会公众开展打击侵权假冒法治主题宣传。农业部举办放心农资下乡进村宣传周，组织科技人员进村入户，发放宣传资料2 235万份，对农民举办培训1.9万场。云南在傣族泼水节、火把节、狂欢节上，用汉、傣、景颇、傈僳等族语音、文字开展宣传。新疆用汉、维、蒙、哈、柯5种语言，推出微博、微信、故事广播、案例解读等节目。青岛向市民发放知识产权诉讼指南。

（四）面向企业做好服务

司法部在高新和创新企业中，推广法律顾问制度，帮助开展知识产权认定、使用、管理、维权工作。商务部开展企业知识产权海外维权，在重要国际展会设立服务站，指导企业应对纠纷。海关总署建立企业联系点制度，送法上门，个性服务。浙江在高新技术园区、特色工业设计示范基地，开展巡回演讲活动。贵州培训经营者近3万人次。

六、加强国际交流与合作

相关成员单位周密策划，化解难题，促进合作，重大谈判取得积极成果。

（一）做好重大谈判磋商

顺利举办中美战略与经济对话、中美商贸联委会，有力推动了知识产权议题的谈判磋商。商务部牵头组织召开中美、中瑞、中俄、中欧等双边知识产权工作组会议，达成多项成果。会同农业部、工商总局、质检总局推动中欧地理标志协定谈判。针对国际社会关于商业秘密保护的关切，商务部、工商总局、高法院开展立法调研，工商机关办理商业秘密行政案件37件，审判机关分别审结商业秘密民事、刑事案件226件和37件。

（二）加强执法协作与交流

公安部与国际刑警组织、有关国家执法部门开展线索通报、协查取证、司法协助，查办重大案件。海关总署与欧盟启动“中欧海关2014—2017知识产权合作行动计划”，举办中俄海关知识产权工作组会议，与美国海关开展保护橄榄球职业联赛商标权执法。质检总局与泰国、荷兰、澳大利亚开展检验检疫电子证书比对检查。新闻出版广电总局、知识产权局与世界知识产权组织开展交流。领导小组办公室会同成员单位与外国驻华使馆、驻华商会、跨国公司积极沟通，释疑解惑。云南公安与缅甸当局定期会晤，开展边贸环节警务合作。

（撰稿人：彭增田）

行政执法

Administrative Law Enforcement

农业部打击侵权假冒工作报告

2014年，农业部将农资打假与监管作为一项重点工作，积极会同全国农资打假专项斗争部际协调小组成员单位开展各项治理行动，重点加强种子、农药、饲料、兽药等农资产品监督抽查，规范农资生产、经营和使用行为，查处大案要案，有效打击了侵权假冒违法行为，震慑了不法分子，推动农资市场秩序持续好转，为保障全年粮食增产和农产品质量安全提供了有力支持。据统计，2014年全国农业系统共受理投诉举报3 800余个，检查农资企业77万家，整顿农资市场19万个，查处问题2.3万起，查获假劣农资1 834吨，货值1.3亿元，为农民挽回直接经济损失3.7亿元。农资质量水平稳中有升，复合肥料、兽药、饲料产品抽检合格率分别是92.6%、95.5%、96.2%，分别比上年提高1.5、1.6和0.2个百分点。农资质量不断提升，为我国粮食生产“十一连增”、农民增收“十一连快”提供了重要保障。

一、及时部署农资打假专项治理行动

为保障全年农业生产顺利开展，切实维护农民利益，农业部年初会同高检院、高法院、工信、公安、质检、工商、供销等八部委联合召开全国农资打假专项治理行动电视电话会议，印发了2014年全国农资打假和监管工作要点以及《2014年全国农资打假专项治理行动实施方案》，全面部署安排全年农资打假工作。同时，在春耕备耕、三夏生产、秋收冬种等重要农时印发通知，要求各地深入开展农资打假春季行动、“夏季百日”和“秋冬季”等专项行动，抓住源头，严查市场，强化执法力度，加大信息公开力度，保持打击侵权假冒各类违法行为的高压态势，维护农民合法权益。

二、强化源头治理

2014年，农业部进一步加强了种子、农药、兽药、饲料及饲料添加剂等产品的质量监管。种子方面，对所有持证种子企业及其生产经营的所有“两杂”品种和重点地区重点市场进行全覆盖检查，共抽查种子样品1.3万余份，增长2倍以上。农药方面，在日常普查的基础上，加大对往年违规企业的指定抽查、专项抽查，推行约谈制度，监督企业自律，惩治违规行为，依法吊销违规企业的农药登记证。兽药方面，对兽药违法添加违禁药品、擅自改变组方添加其他兽药成分、未取得兽药产品批准文号生产兽药、不执行兽药GMP且不改正、向养殖环节销售原料药这六种严重违法行为，实施顶格罚款并实施吊销生产许可证或吊销生产文号处罚。饲料方面，组织实施饲料产品质量卫生状况监测、饲料中禁用物质监测和反刍动物饲料中牛羊源性成分监测，对各类风险和突出问题保持持续跟踪。

三、强化大要案查处

各级农业部门通过明查暗访核实案件线索，采取挂牌督办、集中办案、联合查案等形式严查大案要案。据统计，各级农业部门共查处案值5万元以上大案要案28件，移送司法机关24人，捣毁制假窝点41个。对9个农药生产企业、11个不合格农药产品依法吊销农药登记证，并向社会公布各地农业部门查处的23起制售假劣农资典型案件。

四、推进行政处罚案件信息公开

为贯彻落实《国务院批转全国打击侵犯知识产权和制售假冒伪劣商品工作领导小组〈关于依法公开制售假劣商品和侵犯知识产权行政处罚案件信息的意见（试行）〉的通知》（国发〔2014〕6号）精神，农业部制定印发了《农业行政处罚案件信息公开办法》（农政发〔2014〕3号），用于规范农业部门按照一般程序依法查办的制售假冒假劣商品和侵犯知识产权行政处罚案件相关信息公开行为，指导各地在案件信息公开中遵循主动、及时、客观、准确、便民原则，促进严格、规范、公正、文明执法。2014年，全国农业系统对584起行政处罚案件依法进行了信息公开。

五、着力构建长效机制建设

2014年，农业部积极探索信用惩戒、追溯等行之有效的长效监管制度，切实提高农资监管效能。种子方面，建立种子质量追溯系统，在中国种业信息网开设查询平台，保证种子质量和农业用种安全。农药方面，完善“全国农药监管网络联动系统”，建设农药行业诚信体系数据库，建立全国监管资源共享、协查督办机制，实现一地执法、“网上通缉”、全国联动。兽药方面，建立了“国家兽药产品追溯信息系统”，通过二维码标识对兽药产品实施追溯管理。饲料方面，部署实施了《饲料质量安全管理规范》，督促饲料企业健全生产全程质量安全管理制度。

（撰稿人：杨岚）

文化部打击侵权假冒工作报告

2014 年，文化部以整治移动互联网文化市场为重点，强化行政执法，加强市场监管，切实加强文化市场知识产权保护工作。2014 年，全国各级文化行政部门和文化市场综合执法机构共出动执法人员 1 054.86 万余人次，检查经营单位463.09 万余家次，受理各类举报投诉2.21 万件，立案调查3.84 万件，办结案件 3.54 万件，警告 4.96 万家次，罚款 1.4834 亿余元，责令停业整顿 5 764 家次。主要工作如下：

一、指导文化市场综合执法，推进知识产权保护工作

一是下发执法工作要点，按季度部署保护文化市场领域知识产权工作。按季度下发全国文化市场综合执法工作要点，对全国文化市场综合执法机构打击侵犯知识产权行为进行部署。

二是下发信息公开细则，推动信息公开工作。根据国务院和领导小组的要求，在规定时限内制定下发《文化市场领域制售假冒伪劣商品和侵犯知识产权行政处罚案件信息公开实施办法（试行）》，要求各地文化行政部门和综合执法机构依法全部、主动、及时地向社会公开使用一般程序查办的文化市场领域制售侵权假冒行政处罚案件，并就信息公开的内容、程序、时限方式等提出了明确要求。

三是通过国际合作，加强相关执法培训。在商务部的统一协调下，参与中欧知识产权 IP-Key 计划合作项目，于2014 年 9 月在四川省成都市举办了 2014 年第二期网络文化市场执法培训班，欧方委派两名相关领域的专家为本次培训班学员授课。

二、强化暗访抽查和案件督查督办，加大市场监管力度

一是加大对举报投诉较多、问题较为严重区域领域的暗访抽查力度。根据 12318 举报网站提供的线索，先后组织 20 个暗访组，对 16 个省市的 65 个县区的 1 715 家经营单位进行了暗访抽查。下发《文化部办公厅关于对北京、天津、上海、浙江、重庆等省市部分地区文化市场暗访抽查情况的通报》和《文化部办公厅关于对北京市、天津市、河北省等地区文化市场暗访抽查情况的通报》，重点加强对互联网上网服务营业场所、游艺娱乐、出版物等市场的监管。

二是加强重大案件管理和督查督办。在各地推荐上报的基础上，评选出 2014 年全国文化市场十大案件和 100 个重大案件，并对办案单位给予奖励。其中向某某等 9 人发行非法出版物案和朱某、徐某侵犯著作权案入选年度十大案件，重大案件中大约有两成涉及侵权。重点督办中国图书进出口（集团）总公司举报淘宝 40 家网店销售大量非法进口音像制品案。责成杭州市文化市场行政执法总队与淘宝网密切合作，关停 20 家侵权网店，探索行政执法与电商平台合作打击侵权假冒新模式。同时，责成广州市文化市场行政执法总队联合当地公安对落地广州的实体店铺进行查处，对侵权假冒实现网上网下一起打的高压态势。直接挂牌督办向某某等 9 人发行非法出版物案（广州“3·24”非法出版物案），联合公安等部门，跨广东、河南、北京和山东等省份，共破获 7 宗系列案件，打掉 8 家非法出版物仓库、4 家物流公司、1 家网络销售点，收缴非法盗版侵权物 15 万余册 500 余种，码洋估算 700 余万元，抓获犯罪嫌疑人 9 人，刑事拘留 9 人，2 人被批捕。

三、重点打击网络侵权，清理整顿移动互联网文化市场

一是发布违法违规黑名单，清理整顿手机游戏市场。部署了第二十批、第二十一批、第二十二批违法违规互联网文化活动查处工作，对北京卓易讯畅科技有限公司等 39 家手机游戏平台，北京华腾星艺科技有限公司等 17 家网络游戏运营单位，深圳市腾讯计算机系统有限公司等 27 家网络动

漫经营单位或个人的违法违规经营行为进行了查处。

二是建立部分地区网络文化市场执法联席会议机制。针对网络文化企业相对集中的特点，召集网络文化市场执法任务较重的北京、上海、广东、江苏、浙江、福建、四川等地区的18个部门，建立部分地区网络文化市场执法联席会议机制，专题研究讨论网络文化市场执法的重点难点问题。指定北京市文化市场行政执法总队等7家文化市场综合执法机构，对网络执法管辖权、执法协作与执法队伍建设等题目进行专题调研，形成调研成果，以指导网络执法工作。

三是开展第七批、第八批网络文化市场案件以案施训工作。确定16个网络文化市场案件牵头单位，督办16个网络文化市场案件。在以案施训的基础上，在广东省深圳市、四川省成都市举办了两期网络执法培训班，对各地通过以案施训形式办理的案件进行案例剖析，培训各地网络文化执法骨干130人次，有效提升了网络文化市场监管能力和水平。

四、健全12318举报监督体系，畅通知识产权保护渠道

在打击侵权盗版、保护知识产权过程中，文化部注重发挥社会监督的作用，逐步加强了12318文化市场举报监督体系建设。早在2005年，就在全国建立了统一的12318文化市场举报电话，受理各类文化市场违法行为举报投诉。2011年4月26日，又开通了12318文化市场举报网站，受理包括营业性演出、歌舞娱乐、游艺娱乐、艺术品、上网服务场所、网络音乐、网络游戏、网络动漫等市场门类的举报投诉。2012年3月，为进一步拓宽群众投诉举报渠道，加强对文化市场知识产权保护的社会监督，文化部又专门下发了《文化市场举报办理规范》，要求各级文化行政部门和综合执法机构继续健全举报监督机制，规范举报办理工作，逐步建立完善以12318举报电话、举报网站及短信平台为基础的多渠道立体化举报监督平台，为群众举报投诉文化市场盗版侵权行为提供全面服务。

（撰稿人：丁磊）

海关总署打击侵权假冒工作报告

2014年，中国海关深入学习贯彻党的十八届三中、四中全会精神和习近平总书记系列重要讲话精神，按照海关总署党组的决策部署，以全面深化改革和全面推进法治建设为中心，积极开展知识产权海关保护工作，严厉打击进出口环节侵犯知识产权和制假售假违法活动，有力地维护了公平有序的对外贸易秩序。

一、2014年海关扣留侵权嫌疑货物情况

2014年，中国海关共采取知识产权保护措施2.7万余次，查扣进出口侵权嫌疑货物近2.4万批，涉及商品近9 200万件，较2013年同比分别增长14.03%、16.59%和21.09%。

2014年中国海关查扣的侵权嫌疑货物呈现以下特点：

（一）以海关依职权主动查扣为主

海关主动扣留的侵权嫌疑货物2.3万批，涉及商品9 000余万件，分别占全年扣留批次和商品数量的99.9%和98%（见附表1）。

（二）以侵犯商标专用权为主

海关扣留的侵权嫌疑货物涉及商标专用权、著作权与邻接权、专利权等多种类型，其中涉及商标权的货物达8 900余万件，占扣留商品总数的96.9%（见附表2）。

（三）集中在出口环节

海关在出口环节扣留侵权嫌疑货物逾2.3万批，占全年扣留批次的96.5%，同比增长16.33%；涉及商品9 100余万件，占全年扣留商品数量的99.6%，同比增长21.24%（见附表3）。

（四）以消费类商品为主

海关扣留侵权嫌疑货物主要是烟草制品、轻工产品、化妆护理产品、服装、五金机械、鞋类等商品。与2013年相比，医疗器械、烟草、珠宝首饰、化妆护理用品、存储介质等商品有较大幅度增长；五金机械、药品、帽类、通讯设备、玩具、食品饮料、箱包等商品则下降幅度较大（见附表4）。

（五）邮递和海运是查获侵权货物的主渠道

海关在进出境邮递渠道共查扣侵权嫌疑货物近 2 万批，约占全年扣留批次的 80.2%，同比增长 33%。在海运渠道查扣侵权嫌疑商品近 8900 万件，约占全年扣留商品数量的 96.3%（见附表 5）。

（六）侵权贸易地域范围更趋多元化

海关扣留的侵权嫌疑货物涉及 153 个国家和地区。侵权贸易的地域范围更加广泛和多元化，其中输往中东、非洲和南美地区国家的侵权商品数量增长明显（见附表 6）。

二、2014 年海关保护知识产权措施

（一）确定监管重点，加大执法力度

2014 年中国海关根据进出口环节侵权违法活动的特点，积极主动地开展执法活动（见附表 7）。在全国 42 个直属海关关区中，33 个有查获侵权嫌疑货物的记录（见附表 8）。

针对电子商务发展迅猛，一些不法分子采取互联网下单，通过邮递、快件渠道跨境运输侵权商品增势明显的情况，各地海关都有针对性地加大了对邮递环节出口侵权货物的查缉力度。例如南京海关 2014 年共查获出口侵权货物 7 860 批，占全国海关查获总批次的 33%。

在海运环节，口岸海关加大了对输非、输美和输欧航线的重点监控，仅深圳、杭州、上海、宁波四个关区 2014 年就扣留侵权嫌疑货物近 2 000 万件，约占全国海关扣留总数的四分之一，发挥了打击侵权主力军的作用。

海关还将危害消费者健康和安全的假冒药品、食品、汽车摩托车配件列为知识产权执法的重点商品，加大了查缉力度。

（二）运用风险分析，提高执法效能

2014 年中国海关通过整合案件信息、侵权商品参数信息、权利人举报信息、国内其他执法机关通报信息及境外海关反馈的查获侵权信息，加大风险分析和布控，完善侵权企业黑名单制度，提高了查缉侵权的针对性和有效性。通过开展风险分析和布控，共查扣侵权商品 5 900 余万件，占全年依职权扣留商品数量的 66%。通过开展风险分析，上海海关、深圳海关、广州海关分别查获侵权案件 206 起、136 起、55 起，拱北海关查获出口侵犯珠海格力电器 TOSOT 商标专用权空调 1 201 台，案值人民币 210 万元。

（三）组织专项行动，集中打击假冒侵权

海关总署按照国务院的统一部署，组织开展了保护知识产权专项执法行动。

自 2014 年 6 月 1 日起，组织开展了为期半年的邮递快件渠道知识产权保护重点执法，加大对“化整为零”、“蚂蚁搬家”式进出口侵权商品的打击力度。据统计，行动期间中国海关在邮递快件渠道查获侵权货物 8 757 批，涉及商品近 22.2 万件。

2014 年世界杯足球赛前夕，组织开展了为期 4 个月“保护 2014 年世界杯足球赛知识产权的专项执法行动”（简称“绿茵行动”）。行动期间，中国海关共查扣侵权足球、服装、鞋帽等货物 1 500 余批，涉及商品 150 余万件。国际足联专门致函表示感谢。

（四）推进案件信息公开，提高执法透明度

海关总署在国务院作出向社会公开打击侵权和制售假冒伪劣商品行政处罚案件的决定后，第一时间制定公布了《海关依法公开进出口侵犯知识产权货物行政处罚案件信息的实施办法（试行）》，各地海关迅速进行部署和落实，在门户网站设立案件信息公开专栏。据统计，2014 年中国海关公开知识产权行政处罚案件 1 105 件。《人民日报》以上海海关为例专门介绍了国务院推行案件信息公开的相关工作。

（五）运用科技手段，提升服务和执法水平

2014 年中国海关在运用科技手段提高知识产权服务水平和执法水平方面进行了卓有成效的探索和实践。自 2015 年 3 月 1 日起，海关总署启用造海关知识产权备案系统。社会公众可通过该系统在线办理知识产权海关保护备案的全部手续，这是我国第一个实现全程无纸化作业的知识产权政府服务平台，进一步降低了权利人维权成本。该系统从 2014 年 3 月 1 日运行至 12 月 31 日，海关在线受理备案申请 5546 件，同比增长 20%。2014 年海关受理知识产权保护备案申请 7 727 件，同比增长 10%。

（六）推动区域执法协作，形成打击侵权合力

2014 年海关总署在加强全国海关执法统一性建设的同时，大力推进各区域内海关之间知识产权保护执法协作，取得明显成效：

（1）长江经济带执法协作。上海、南京、杭州、宁波、合肥等五个海关率先建立了交换共享案件信息、统一开展风险分析、联合组织执法培训、重大疑难案件研讨和协办等制度。

（2）京津冀区域执法统一性建设。北京、天津、石家庄三个海关根据京津冀区域通关一体化方案，建立了知识产权执法联系配合机制，统一案件管辖、侵权认定标准和行政处罚幅度等。

（3）浙江省内海关统一执法。杭州和宁波海关针对当地侵权小商品跨关区出口比较集中的情况，联合制定了《侵权案件货物价值认定原则及标准》、《侵权案件行政处罚罚款幅度参考标准》、《关于近似商标认定的指导意见》和《规范侵犯知识产权举报的若干意见》，组织开展了打击侵权小商品出口集中行动。

（七）推动"两法衔接"，深化与公安机关的协作

2014 年海关总署根据《公安部、海关总署关于加强知识产权执法协作的暂行规定》，继续推动海关行政执法与刑事司法的衔接，加大对各关向公安机关移送涉嫌犯罪案件的督办力度。各地海关认真按照海关总署的要求，积极开展与当地公安机关的执法协作。上海海关还与上海市公安局签署了《加强知识产权保护协作备忘录》，进一步完善联合打假机制。2014 年各地海关共向当地公安机关通报涉嫌知识产权犯罪案件线索 200 余起，其中一些社会危害性较大的案件已经由公安机关立案侦查，例如：

（1）上海海关与上海市公安局签署了《加强知识产权保护协作备忘录》。2014 年向公安机关通报案件线索近 40 起，其中一起向英国邮递出口假冒 Ray. Ban 和 CHANEL 商标标识案，涉案金额 3 000 余万元，后经中英两国警方联合行动，抓获 4 名犯罪嫌疑人，成功侦破了一起由英国籍人为首的的特大跨境售假案。

（2）青岛海关全年向公安机关通报重大侵权案件线索 5 起，其中某公司出口 14 170 个侵犯"2014 FIFA 世界杯官方标志"棒球帽（案值近 36 万美元）案已由法院作出刑事判决。

（3）深圳海关向公安机关通报案件线索 30 起，涉案货物逾 4 000 万件，案值逾 2 800 万元，其中 6 宗重大假烟案件正在由公安机关进行侦办。

（八）开展与权利人的合作，扩展执法信息来源

2014 年中国海关继续采取多种方式加强与知识产权权利人的合作，争取海关执法资源的最大化。主要集中在以下两个方面：

一是鼓励企业主动收集侵权货物进出口信息并积极向海关举报。广州海关根据权利人举报实施风险布控 6 次；黄埔海关根据权利人举报实施风险布控 57 次，查获装载侵权货物的集装箱 27 个。

二是邀请知识产权权利人为海关关员举办鉴别侵权商品培训。上海、宁波、福州、南京、青岛等海关多次邀请中国外商投资企业协会优质品牌保护委员会会员公司代表与海关关员进行鉴别侵权商品交流和座谈，提高了海关关员知识产权保护水平，同时让企业了解到海关执法的难点和需求，增强了其主动配合海关执法的自觉性。

（九）保护自主品牌，支持企业"走出去"

为贯彻落实国家关于鼓励创新和扩大出口的方针，2014 年各地海关按照海关总署的要求，进一步加强了对自主知识产权的保护：

一是加大查缉侵犯国内自主知识产权进出口货物的力度。2014 年中国海关共查获涉嫌侵犯自主知识产权的进出口货物 514 批，扣留侵权嫌疑商品近 1 200 万件，涉案金额 7 400 余万元。其中，上海海关查获侵犯国内企业知识产权案件近 60 起，扣留侵权商品 353 万件，案值近 1 600 万元。中国企业在 2014 年受海关保护的知识产权权利人来源中居于前列（见附表 9）。

二是建立自主知识产权企业对口联系和帮扶机制。各地海关针对国内企业普遍缺少知识产权保护法律知识的情况，将本关区知名品牌生产和出口产品行业龙头企业确定为重点对口联系对象，主动上门服务，帮助企业提高维权意识和能力。例如，上海海关在查获一批出口侵犯苏州日宝公司 RIBAO TECHNOLOGY 商标专用权的点钞机，了解到该商标在美国被抢注后，积极开展相关工作，协助该公司成功收回被抢注商标，为其开拓海外市场扫除了障碍。

三是加强与企业及行业协会的合作。海关在加强执法的同时，还注重会同侵权高发产品的行业组织开展对侵权行为的源头治理，引导和规范行业内企业健康发展。例如，拱北海关先后与中山市纺织服装行业协会、中山市石岐商会、中山市照明电器行业协会建立了合作关系；天津海关与中国五矿化工进出口商会建立了共同打击侵犯企业自主知识产权违法行为联系配合机制。

（十）深化跨境合作，维护国际贸易安全

认识到侵权贸易是一个全球性问题，打击侵权商品的跨境运输需要各个国家和地区执法机关的密切合作。中国海关在 2014 年继续开展了与其他国家或者地区海关在知识产权执法方面的合作并不断扩大合作的领域：

（1）海关总署和欧盟委员会签署了《中欧海关 2014—2017 年知识产权合作行动计划》，召开了第一次工作组会议，制定了 2015 年实施行动计划的路线图。

（2）海关总署与美国移民海关执法局于 2014 年 1 月联合开展了保护美国橄榄球职业联赛有关商标的联合执法行动。

（3）海关总署与俄罗斯海关署联合召开了中俄海关合作分委会知识产权工作组会议，进一步完善了知识产权案件信息交换机制和权利人合作的机制。

（4）中国海关参加了欧盟反瞒骗办公室组织的 Replica 国际执法行动；海关总署尝试与英国、法国和香港海关对侵权货物的跨境运输进行接力式监控并取得成功。

（5）海关总署与香港海关建立打击假冒葡萄酒跨境运输的合作机制。

（十一）积极开展社会宣传，增强公众法律意识

2014 年中国海关继续坚持“一手抓执法，一手抓宣传”，在不断加大打击力度，提升执法威慑力的同时，注重通过宣传教育，提升全社会的知识产权保护意识，引导公众树立“尊重知识产权”和“守法便利”的理念。

（1）集中宣传。2014 年海关总署和各地海关利用“4·26 知识产权宣传周”和“8·8”法制宣传日，集中开展了多种形式的知识产权海关保护宣传。在“4·26 知识产权宣传周”前夕，海关总署发布了《2013 年中国海关保护知识产权状况》白皮书，公布了“2013 年中国海关保护知识产权十佳案例”，海关领导与网民进行在线访谈。深圳海关在我国首个“12·4”宪法日期间，借助新闻媒体向公众介绍知识产权海关保护对鼓励创新和企业转型的重要作用；天津、广州、拱北等海关组织公开销毁侵权商品，宣传侵权假冒对社会公众的危害；南京、杭州、厦门、深圳、黄埔等海关在“绿茵行动”期间，通过新闻媒体，以案说法，教育企业自觉守法经营和尊重知识产权。

（2）日常宣传。海关注重在日常执法中运用各类媒体开展针对进出口企业、加工贸易企业、报关企业和进出境旅客等相关公众开展知识产权保护宣传教育，包括：借助海关政务微博和微信平台，宣传知识产权海关保护法律政策、执法动态和典型案例；通过海关 12360 服务平台，普及海关知识产权保护常识，解答热点疑难问题，接受社会各界意见与建议；与媒体建立常态化联络机制，及时曝光典型案例，与湖南卫视“天天向上”栏目合作宣传。

三、2015 工作展望

2015 年，海关总署将根据国家关于鼓励创新和保护知识产权的要求，在健全法律法规、统一执法、创新服务、提高科技应用水平、完善“两法衔接”及深化国际合作等方面继续加大力度，按照国务院的统一部署，重点开展打击出口环节侵权假冒专项行动，维护中国商品的国际声誉和中国政府负责任大国的国际形象，为国家知识产权战略的实施作出贡献。

附表

2014 年中国海关知识产权执法统计

附表 1　2014 年海关采取知识产权保护措施

批次单位：批　　　　商品数量单位：件/双

	中止货物通关	扣留侵权嫌疑货物
批次	27 008	23 860
商品数量	196 494 991	91 965 548

附表 2　2014 年海关扣留货物涉及的知识产权类型

商品数量单位：件/双

知识产权类型	商品数量	占比（%）
合计	91 965 548	—
商标专用权	89 075 040	96.86
著作权	1 100 857	1.20
专利权	1 786 551	1.94
奥林匹克标志专有权	3 100	0.01

附表 3　2014 年海关扣留货物的进出口流向

批次单位：批　　　　商品数量单位：件/双

进出口类型	批次	占比（%）	商品数量	占比（%）
合计	23 860	91 965 548	—	
进口	842	3.53	439 933	0.48
出口	23 019	96.48	91 525 615	99.52

附表 4　2014 年海关扣留货物的商品类别统计

批次单位：批　　　　商品数量单位：件/双

商品类别	商品数量	占比（%）
烟草	40 493 850	44.03
其他	22 648 898	24.63
食品饮料	485 305	0.53
其他轻工产品	10 019 557	10.89
五金机械	2 383 334	2.59
化妆、个人护理用品	7 632 429	8.30
服装	2 939 996	3.20
鞋类	1 226 648	1.33
汽车、摩托车	636 862	0.69
其他机电产品	1 361 271	1.48
帽类	178 532	0.19
箱包及皮革制品	375 282	0.41
通信设备	371 278	0.40
手表	154 987	0.17
玩具游戏	254 236	0.28
药品	307 500	0.33
存储介质	367 375	0.40
运动器具	103 752	0.11
珠宝首饰	21 539	0.02
医疗器械	2 917	0.00

附表 5　2014 年海关扣留货物的运输方式

批次单位：批　　　　商品数量单位：件/双

	邮递	快件	海运	航空	汽车	铁路	其他
批次	19 134	1 239	2 130	561	295	21	484
占比（%）	80.19	5.19	8.93	2.35	1.24	0.09	2.03
商品数量	123 956	358 155	88 598 125	1 625 622	1 048 180	31 391	180 119
占比（%）	0.13	0.39	96.34	1.77	1.14	0.03	0.20

附表 6　2014 年海关扣留货物的贸易国别（地区）

国别/地区	批次（批）	国别/地区	商品数量(件/双)	国别/地区	案值（元）
巴西	3 653	伊朗	10 038 133	中国香港	27 722 705
西班牙	2 881	沙特阿拉伯	9 636 395	美国	14 725 435
俄罗斯联邦	2 168	新加坡	9 584 677	伊拉克	13 238 796
英国	1 643	阿联酋	7 535 785	伊朗	13 114 642
美国	1 533	埃及	7 009 680	阿联酋	12 386 507
意大利	1 031	哥伦比亚	5 290 541	埃及	10 697 316
韩国	949	巴基斯坦	3 979 249	菲律宾	10 461 019
日本	844	菲律宾	3 191 766	缅甸	10 271 964
匈牙利	828	印度尼西亚	2 877 503	印度	9 981 135
比利时	753	利比里亚	2 399 630	尼日利亚	8 626 606
中国香港	506	肯尼亚	1 698 218	马来西亚	8 118 996
乌拉圭	459	智利	1 568 053	沙特阿拉伯	7 580 182
法国	434	阿尔及利亚	1 455 850	印度尼西亚	6 799 211
巴林	403	泰国	1 298 236	新加坡	5 823 583
荷兰	331	秘鲁	1 203 713	泰国	5 446 703
奥地利	305	法国	1 184 441	澳大利亚	5 437 489
以色列	294	马来西亚	1 130 046	英国	4 830 811
澳大利亚	280	伯利兹	1 089 733	巴西	4 702 995
阿联酋	226	坦桑尼亚	1 049 913	委内瑞拉	4 519 339
秘鲁	194	塞内加尔	1 015 899	巴基斯坦	4 016 610
菲律宾	174	喀麦隆	1 004 420	俄罗斯联邦	3 996 523
巴基斯坦	172	突尼斯	901 173	越南	3 678 408
中国澳门	163	尼日利亚	875 631	阿尔及利亚	3 250 865
中国台湾	160	委内瑞拉	850 638	智利	3 079 534
加拿大	146	中国香港	835 987	日本	2 708 735
马来西亚	141	印度	790 211	坦桑尼亚	2 642 005
印度	140	缅甸	753 105	孟加拉国	2 536 735
德国	128	莫桑比克	687 612	墨西哥	2 482 255
爱沙尼亚	117	美国	655 610	肯尼亚	2 470 557
阿根廷	116	俄罗斯联邦	611 299	比利时	2 417 541
波兰	114	巴拿马	562 675	西班牙	2 381 565
伊朗	114	多哥	539 878	荷兰	2 237 137
越南	106	澳大利亚	539 552	安哥拉	2 232 806
斯洛文尼亚	104	约旦	406 578	摩洛哥	2 191 212

续 表

国别/地区	批次（批）	国别/地区	商品数量(件/双)	国别/地区	案值（元）
爱尔兰	87	伊拉克	379 046	巴拿马	2 085 589
吉尔吉斯斯坦	87	巴西	354 825	莫桑比克	1 989 398
墨西哥	83	波兰	354 578	贝宁	1 982 226
智利	78	英国	308 929	秘鲁	1 941 185
阿曼	77	哈萨克斯坦	293 372	约旦	1 897 107
拉脱维亚	70	苏丹	289 038	阿根廷	1 796 146
新加坡	68	塞拉利昂	286 135	土耳其	1 768 509
卡塔尔	61	孟加拉国	265 982	苏丹	1 745 447
克罗地亚	58	南非	254 575	哈萨克斯坦	1 731 811
希腊	57	越南	239 440	中国台湾	1 701 524
印度尼西亚	55	安哥拉	233 025	加拿大	1 692 323
尼日利亚	53	墨西哥	228 808	加纳	1 630 445
瑞典	52	罗马尼亚	224 924	意大利	1 598 624
缅甸	48	希腊	209 063	喀麦隆	1 596 692
苏丹	48	乌克兰	203 419	黎巴嫩	1 547 316
白俄罗斯	46	格鲁吉亚	201 141	牙买加	1 513 230
泰国	46	阿根廷	187 636	埃塞俄比亚	1 432 848
伊拉克	46	日本	170 343	南非	1 412 638
埃及	45	荷兰	166 095	法国	1 318 522
瑞士	44	危地马拉	165 188	乌克兰	1 185 560
肯尼亚	39	也门共和国	157 080	韩国	1 160 413
尼泊尔	39	瓦努阿图	138 000	利比亚	1 070 750
沙特阿拉伯	37	叙利亚	130 938	纳米比亚	1 029 560
哥伦比亚	36	利比亚	124 783	也门共和国	1 020 767
哈萨克斯坦	33	哥斯达黎加	115 637	危地马拉	1 002 278
乌克兰	32	德国	108 290	突尼斯	970 475
阿尔及利亚	31	西班牙	107 878	哥伦比亚	936 283
安哥拉	31	科特迪瓦	106 298	塞内加尔	929 530
土耳其	31	贝宁	81 303	德国	890 473
委内瑞拉	31	意大利	78 888	哥斯达黎加	877 642
罗马尼亚	28	斯里兰卡	77 293	波兰	797 817
孟加拉国	27	黎巴嫩	77 178	丹麦	749 645
塞浦路斯	27	刚果	73 415	文莱	729 400
新西兰	27	韩国	69 958	希腊	711 958

续 表

国别/地区	批次（批）	国别/地区	商品数量(件/双)	国别/地区	案值（元）
捷克共和国	26	牙买加	68 473	中国澳门	667 851
莫桑比克	25	纳米比亚	68 067	格鲁吉亚	665 030
未知	25	摩洛哥	63 557	博茨瓦那	647 937
冰岛	24	加纳	63 554	未知	646 987
芬兰	23	多米尼加	61 572	乌拉圭	587 930
黎巴嫩	20	马达加斯加	58 242	多哥	533 849
坦桑尼亚	19	赤道几内亚	48 000	斯里兰卡	529 355
南非	18	土耳其	47 242	利比里亚	523 043
巴拿马	16	加拿大	45 569	以色列	496 835
喀麦隆	16	丹麦	42 371	多米尼加	480 283
利比亚	15	以色列	36 100	罗马尼亚	443 851
塞内加尔	15	克罗地亚	33 870	阿塞拜疆	414 642
保加利亚	14	乌拉圭	32 191	毛里塔尼亚	410 576
蒙古	13	厄瓜多尔	30 985	卡塔尔	402 994
加纳	12	爱尔兰	29 457	厄瓜多尔	392 625
老挝	12	圭亚那	27 309	瑞典	388 231
挪威	12	比利时	25 314	叙利亚	364 097
突尼斯	12	塞浦路斯	24 855	刚果	353 395
多哥	11	中国台湾	24 845	芬兰	341 453
也门共和国	11	毛里塔尼亚	24 608	巴林	330 327
约旦	11	吉布提	23 090	捷克共和国	318 672
巴布亚新几内亚	10	索马里	20 000	阿曼	315 908
斯里兰卡	10	芬兰	19 899	马耳他	303 294
刚果	9	中国澳门	19 662	挪威	264 829
摩洛哥	9	阿曼	16 849	毛里求斯	264 210
塔吉克斯坦	9	瑞典	16 791	科特迪瓦	263 681
贝宁	8	巴拉圭	16 627	吉布提	256 400
哥斯达黎加	8	民主刚果	16 220	民主刚果	249 100
吉布提	8	巴林	13 911	马达加斯加	236 366
斯洛伐克	8	尼泊尔	13 415	尼泊尔	229 280
埃塞俄比亚	7	未知	12 568	巴布亚新几内亚	225 500
朝鲜	7	几内亚	12 554	伯利兹	217 980
格鲁吉亚	7	安提瓜和巴布达	12 496	奥地利	210 735
柬埔寨	7	毛里求斯	12 400	塞浦路斯	200 926

续 表

国别/地区	批次（批）	国别/地区	商品数量(件/双)	国别/地区	案值（元）
科威特	7	巴布亚新几内亚	12 242	塞拉利昂	197 340
牙买加	7	埃塞俄比亚	9 820	老挝	156 680
丹麦	6	斯洛伐克	9 745	乌兹别克斯坦	151 300
马达加斯加	6	津巴布韦	9 600	斯洛文尼亚	144 882
毛里塔尼亚	6	尼加拉瓜	9 600	科威特	142 198
葡萄牙	6	柬埔寨	9 381	柬埔寨	141 512
安道尔	5	科威特	8 890	葡萄牙	128 270
圭亚那	5	玻利维亚	8 660	保加利亚	88 487
科特迪瓦	5	文莱	8 482	匈牙利	86 200
民主刚果	5	斯洛文尼亚	7 614	乌干达	85 262
危地马拉	5	乌兹别克斯坦	6 387	几内亚	83 180
乌兹别克斯坦	5	马尔代夫	6 079	玻利维亚	80 568
多米尼加	4	苏里南	5 460	蒙古	75 100
厄瓜多尔	4	卡塔尔	3 904	新西兰	68 760
土库曼斯坦	4	保加利亚	3 669	圭亚那	68 103
巴拉圭	3	特立尼达和多巴哥	3 520	阿尔巴尼亚	65 201
几内亚	3	马耳他	3 407	白俄罗斯	61 720
马耳他	3	奥地利	3 219	克罗地亚	57 311
毛里求斯	3	捷克共和国	3 164	朝鲜	54 558
纳米比亚	3	多米尼亚共和国	3 120	佛得角	52 700
文莱	3	古巴	3 120	苏里南	50 760
叙利亚	3	葡萄牙	3 046	马尔代夫	50 461
阿尔巴尼亚	2	博茨瓦那	2 232	斯洛伐克	47 267
阿塞拜疆	2	加蓬	2 208	塔吉克斯坦	46 920
伯利兹	2	瑞士	2 070	瑞士	41 253
利比里亚	2	蒙古	2 051	特立尼达和多巴哥	35 200
马尔代夫	2	基里巴斯	2 000	巴拉圭	32 221
塞拉利昂	2	白俄罗斯	1 834	爱尔兰	30 700
苏里南	2	挪威	1 747	爱沙尼亚	25 600
安提瓜和巴布达	1	塔吉克斯坦	1 635	赤道几内亚	24 000
巴勒斯坦	1	阿塞拜疆	1 363	加蓬	22 080
博茨瓦那	1	新西兰	1 272	古巴	21 788
赤道几内亚	1	匈牙利	1 127	基里巴斯	20 000
多米尼亚共和国	1	佛得角	902	索马里	20 000

续 表

国别/地区	批次（批）	国别/地区	商品数量(件/双)	国别/地区	案值（元）
玻利维亚	1	土库曼斯坦	898	津巴布韦	19 200
斐济	1	老挝	867	土库曼斯坦	17 390
佛得角	1	乌干达	856	多米尼亚共和国	15 372
冈比亚	1	马拉维	672	马拉维	13 000
古巴	1	黑山	540	巴勒斯坦	12 960
黑山	1	吉尔吉斯斯坦	446	瓦努阿图	11 400
洪都拉斯	1	洪都拉斯	389	拉脱维亚	10 963
基里巴斯	1	朝鲜	299	吉尔吉斯斯坦	10 920
加蓬	1	冈比亚	240	洪都拉斯	7 780
津巴布韦	1	拉脱维亚	164	尼加拉瓜	7 200
莱索托	1	斐济	150	安提瓜和巴布达	6 872
马拉维	1	爱沙尼亚	128	冰岛	5 400
尼加拉瓜	1	巴勒斯坦	120	黑山	5 400
索马里	1	阿尔巴尼亚	103	冈比亚	4 800
特立尼达和多巴哥	1	莱索托	80	斐济	2 441
瓦努阿图	1	冰岛	27	莱索托	800
乌干达	1	安道尔	5	安道尔	250

附表7　2014年海关知识产权执法模式

执法模式	批次（批）	占比（%）	商品数量（件/双）	占比（%）
依职权扣留	23 817	99.82	90 331 038	98.22
依申请扣留	43	0.18	1 634 510	1.78

附表8　2014年口岸海关扣留货物情况

关区	批次（批）	关区	商品数量(件/双)	关区	案值（元）
南京	7 860	深圳	42 244 659	深圳	83 545 744
杭州	4 373	杭州	15 276 280	上海	45 759 987
北京	3 189	上海	12 514 580	宁波	42 593 068
深圳	3 066	宁波	9 055 697	杭州	29 209 663
天津	1 006	江门	4 058 772	拱北	14 983 887
上海	987	天津	2 298 183	厦门	14 277 581
青岛	908	厦门	1 569 689	天津	9 820 320
厦门	764	广州	1 518 977	广州	9 231 897
宁波	334	黄埔	1 039 673	昆明	6 964 661

续 表

关区	批次（批）	关区	商品数量(件/双)	关区	案值（元）
广州	318	福州	636 718	重庆	5 600 124
拱北	192	昆明	531 069	青岛	5 305 686
福州	180	汕头	387 510	黄埔	5 113 059
黄埔	141	青岛	275 711	江门	4 110 688
昆明	110	拱北	259 859	福州	3 162 505
南宁	101	南京	88 819	北京	2 445 963
大连	61	北京	80 427	南京	1 364 610
哈尔滨	49	乌鲁木齐	34 988	乌鲁木齐	1 353 304
乌鲁木齐	43	南宁	30 080	南宁	1 115 712
汕头	42	长春	21 272	汕头	983 858
拉萨	38	拉萨	13 415	湛江	579 302
江门	23	武汉	7 168	武汉	314 681
呼和浩特	13	湛江	5 624	大连	304 891
重庆	13	大连	5 181	哈尔滨	268 210
武汉	12	重庆	3 374	拉萨	229 280
长春	8	哈尔滨	2 671	长春	180 758
郑州	7	呼和浩特	2 051	呼和浩特	75 100
沈阳	5	满洲里	1 604	满洲里	74 800
满洲里	4	济南	608	济南	19 711
济南	4	西安	410	沈阳	18 770
湛江	3	沈阳	305	郑州	16 290
西安	3	郑州	140	西安	12 010
海口	2	石家庄	28	石家庄	2 800
石家庄	1	海口	6	海口	1 030

附表 9　2014 年海关保护的知识产权权利人来源

国别/地区	权利数（件/次）	商品数量（件/双）	案值（元）
美国	2 266	13 850 107	78 962 480
法国	863	2 216 955	7 297 611
德国	711	1 992 121	21 622 243
中国	514	11 961 097	74 243 420
瑞士	491	43 031 351	22 630 365
日本	467	9 534 357	28 860 810
韩国	423	1 304 409	9 400 629

续 表

国别/地区	权利数（件/次）	商品数量（件/双）	案值（元）
意大利	421	672 241	5 986 960
英国	237	1 126 165	9 432 963
荷兰	162	967 976	5 442 875
卢森堡	106	2 853 911	845 998
瑞典	57	159 340	1 682 725
新加坡	38	454 959	826 798
中国香港	35	693 424	6 696 197
芬兰	31	93 085	1 184 442
加拿大	22	65 613	1 088 647
中国台湾	21	191 288	4 606 575
巴西	11	156 276	1 239 446
印度	11	53 628	334 847
英属维尔京群岛	11	263 241	1 350 500
澳大利亚	8	8 303	80 276
匈牙利	6	3 692	75 123
阿联酋	5	60 966	1 443 009
爱尔兰	5	35 130	101 961
奥地利	5	8 048	68 210
比利时	5	21 121	467 555
丹麦	4	4 215	22 210
泰国	4	25 464	50 800
中国澳门	3	5 918	471 913
俄罗斯联邦	2	17 500	252 500
智利	2	22 451	575 163
阿根廷	1	35 720	285 760
埃及	1	13 000	59 451
巴基斯坦	1	1 504	148 715
巴拿马	1	92	460
列支敦士登	1	650	130 000
马来西亚	1	900	33 480
挪威	1	230	23 000
葡萄牙	1	140	4 200
塞浦路斯	1	54	5 400
沙特阿拉伯	1	5 232	145 501

续 表

国别/地区	权利数（件/次）	商品数量（件/双）	案值（元）
土耳其	1	7 200	42 000
伊朗	1	1 276	196 624
中非共和国	1	102	3 060

（撰稿人：李群英）

国家工商总局打击侵权假冒工作报告

一、认真部署扎实推进打击侵权假冒工作

为贯彻落实国务院打击侵权假冒工作领导小组各项工作部署，2014年国家工商总局打击侵权假冒工作领导小组先后三次召开打击侵权假冒工作领导小组全体会议，研究部署工商系统打击侵权假冒相关工作。国家工商总局先后下发了《关于印发〈2014年全国工商系统打击侵犯知识产权和制售假冒伪劣商品工作要点〉和〈2014年上半年全国工商系统打击侵犯知识产权和制售假冒伪劣商品重点工作安排〉的通知》、《2014年下一阶段全国工商系统打击侵犯知识产权和制售假冒伪劣商品重点工作安排》、《工商总局关于开展农村和城乡结合部市场假冒伪劣专项整治行动的通知》等文件，对全国工商系统打击侵权假冒工作进行部署。各地工商机关积极贯彻落实国务院和国家工商总局打击侵权假冒工作部署，扎实推进各项工作，严厉打击侵权假冒行为，维护公平竞争的市场秩序，营造安全放心的消费环境。

截至2014年11月末，全国工商系统共查处侵权假冒案件6.33万件，案值9.54亿元；依法向司法机关移送涉嫌犯罪案件328件，涉案金额4.69亿元。其中，查处商标违法案件3.3万件，案值4.6亿元。

二、完善体系推进打击侵权假冒机制建设

2014年，国家工商总局不断完善打击侵权假冒法规制度体系。国家工商总局参与修订的《商标法》、《消费者权益保护法》、《商标法实施条例》正式施行。《网络交易管理办法》、《流通领域商品质量抽查检验办法》、《工商行政管理部门处理消费者投诉办法》、《驰名商标认定和保护规定》等规章，《商标评审规则》、《网络交易平台经营者履行社会责任指引》、《网络交易平台合同格式条款规范指引》、《电子商务可信交易环境建设标准规范指引》等规范性文件先后出台和修订完成，为打击侵权假冒工作提供了制度保障。

2014年，国家工商总局加快推进打击侵权假冒信息共享平台建设步伐。该平台建成后，拟实现国家工商总局全国范围内各级工商机关打击侵权假冒工作案件办理的统计分析、统一指挥、督办、协办功能，进而进一步增强全系统打击侵权假冒工作的协同性和统一性。

三、强化指导保持打击侵权假冒高压态势

2014年，国家工商总局商标局根据各地上报的案件线索，加强对地方商标行政执法工作的指导，先后对各地反映侵权较为普遍和严重的维多利亚的秘密、金城、松板、赣南脐橙等商标侵权案件进行专项部署，督促地方工商机关进行查处。

各地工商机关密切结合本地实际，针对市场上跨区域、大规模、社会公众反映强烈的商标侵权案件，持续保持高压打击态势，加强区域、部门协作，查办了一批大案要案。

江苏省无锡工商局查获假冒LOUISVUITTON（路易威登）、GUCCI（古驰）、CHANEL（香奈儿）、DIOR（迪奥）等16个世界一线知名品牌的服饰1 024件，查获侵犯欧普注册商标专用权集成吊顶金属扣板8.22万片、假冒欧普灯211只、假冒欧普灯管630个、假冒欧普整流器800个。

湖南省长沙市工商局联合名酒生产厂家和省洋酒协会，对超市、名烟名酒店进行地毯式检查，查扣一批假冒五粮液、茅台等名酒，涉案金额共计20余万元。

江西省赣州市章贡区工商局查处销售侵犯LOUISVUITTON（路易威登）、HERMES（爱马仕）、BURBERRY（巴

宝莉)、COACH(蔻驰)、BOTTEGAVENETA(葆蝶家)、GUCCI(古驰)等注册商标专用权商品案,涉案金额57万元,没收销毁侵权商品,并处罚款40万元。

四、注重形象切实加强青奥知识产权保护

2014年4月,为切实加强青奥会标志保护工作,国家工商总局下发了《保护第二届夏季青年奥林匹克运动会标志专项行动方案》,指导各地开展保护青奥会标志专项行动。国家工商总局商标局开通青奥会商标、特殊标志申请注册和备案的绿色通道,共登记备案南京青奥会特殊标志264件,覆盖45个商品和服务类别。江苏省工商局下发了《关于开展南京青奥会标志保护工作的实施意见》,南京市工商局开展了迎青奥知识产权保护百日专项整治行动,建立了专项执法维权人员队伍和应急执法突击队,共查处侵犯青奥知识产权案件365件,罚款34.9万元,撤除侵权广告牌3 000余块,有力地净化了市场环境。

南京青奥会知识产权保护工作受到国际奥委会官员的高度评价和充分肯定。

五、圈定热点重点打击恶意抢注商标行为

国家工商总局重点打击恶意抢注商标行为,对涉嫌恶意抢注的案件开通快速审理通道,及时依法予以驳回、不予核准注册或予以撤销。截至去年11月底,国家工商总局商标局、商评委处理涉及非法占有他人未注册商标、攀附他人已注册商标商誉的案件和恶意独占公共资源、大量或多次抢注他人商标等扰乱商标注册管理秩序的案件共2 900多件,较上年同期有大幅增长。

六、公开透明依法公开行政处罚案件信息

按照国务院和全国双打办要求,国家工商总局制定下发了《工商总局关于依法公开制售假冒伪劣商品和侵犯知识产权行政处罚案件信息的意见(试行)》,指导各地工商机关认真做好依法公开销售假冒伪劣商品和侵犯知识产权行政处罚案件信息工作,强化执法监督,促进严格规范公正文明执法。

截至去年11月底,全国31个省、自治区、直辖市均上报了侵权假冒行政处罚案件信息公开网址和拟公开的网址,已公开行政处罚案件信息4 811条。

七、协调配合做好“两法衔接”案件移送工作

各地工商机关在执法中加强与质监、食药监、工信等部门的衔接和配合,积极与公安机关协作,联合行动,取得了良好效果。

江苏省南通市启东工商局查处一起网络销售侵犯“大嘴猴”注册商标专用权商品案,现场扣押涉嫌侵权服装191件,执法人员同时还从支付宝(中国)网络技术有限公司风险管理部提供的交易查询记录中获悉当事人侵权服装销售非法经营数额达155万元,目前该案已移送公安机关查处。

四川省工商局、乐山市工商局与成都市公安局经侦处组成3个行动小组,对当事人的注册地和销售地同时进行突击检查,查获大量涉嫌侵犯“哈哥”驰名商标专用权的牛肉干,涉案金额20余万元。

八、关注舆情加强打击侵权假冒舆情监测

2014年,国家工商总局宣传中心围绕总局打击侵权假冒工作重点,充分利用“4·26”知识产权宣传周、5月1日新《商标法》及其《实施条例》施行等时间节点,主动及时发布权威信息,大力宣传工商系统打击侵权假冒工作取得的进展和成效,全面开展打击侵权假冒舆情监测、舆情预警和舆情专报工作,向社会展示了国家工商总局打击侵权假冒行为的力度,社会反响良好。

(撰稿人:王春晔)

国家质检总局打击侵权假冒工作报告

2014年,质检系统积极贯彻落实《国务院关于进一步做好打击侵犯知识产权和制售假冒伪劣商品工作的意见》(国发〔2011〕37号)、《国务院办公厅关于印发2014年全国打击侵犯知识产权和制售假冒伪劣产品工作要点的通知》

（国办发〔2014〕13号）总体部署和国务院领导讲话精神。紧紧围绕经济发展方式转变、调整优化产业结构、推动创新驱动发展、保障和改善民生、政府职能转变，全面部署开展打击侵犯知识产权和制售假冒伪劣商品工作（以下简称双打工作）。全年共出动执法人员68万人次，查处侵犯知识产权和制假售假违法案件2.3万起，涉案金额14亿元；查处大案要案1 797起；移送公安机关案件225起，涉案金额4.9亿元；捣毁窝点540个；向社会公开侵犯知识产权和制假售假行政处罚案件4 995起。主要工作如下：

一、“质检利剑”专项打假行动深入开展

2014年，按照《国务院办公厅印发2014年全国打击侵犯知识产权和制售假冒伪劣产品工作要点的通知》和质检总局双打工作总体部署，质检系统坚持突出重点，以点促面，持续增强打击力度和宣传力度，保持执法打假的高压态势，突出抓好五个专项行动：一是以化肥和农药为重点，开展农资打假专项行动。共查办质量违法案件2 135起，货值5 211万元。在开展农资打假下乡“进千村，入千户，抽千样”行动中，进乡村1.68万个，入农户4.24万个，抽查样品1.36万批次，现场受理农民咨询投诉举报9.5万起，涉案金额6 226万元。二是以防水材料、装饰装修材料、建筑用钢、水泥、散热器等为重点，开展建材打假专项行动。联合发改委等9部门开展全国建材市场秩序专项整治。共查办质量违法案件5 029起，货值4.1亿元。三是以专用校车为重点，开展汽车及其配件专项行动。共查办质量违法案件597起，货值1 639万元。组织对公安部通报的5批3 596辆涉嫌违规汽车线索开展执法检查，查出2 379辆汽车存在违规行为，责成有关地方质监部门依法处理。四是以打击汽柴油掺杂掺假和有害物质超标为重点，开展汽柴油打假专项行动。共查办质量违法案件255件，货值439万元。五是以儿童用品、食品相关产品、家电为重点，开展日用消费品专项行动。共查办质量违法案件7 022件，货值1.62亿元。

2014年全国“质检利剑”行动主要做法：一是强化跨区域、多部门执法联动。在农资、建材、消费品打假专项行动中，质检总局通过组织有关行业协会开展暗访摸排，直接组织9次省、市、县三级质监部门并会同当地公安、农业等部门执法打假联合集中行动。其中，消费品打假行动中摸排质量违法线索223起，比去年增加100%。二是组织开展案件会商，推动消除校车改变座椅间距、化肥偷减养分、劣质变压器、瘦身钢筋等“潜规则”。三是加大督查督办力度。执法司对405起案件进行了督查督办，如联合公安部治安局联合挂牌督办了广西假冒伪劣药肥案。

二、产品质量问题多元共治得到进一步推动

一是深化区域整治。排查梳理出375个开展区域性质量问题集中整治的重点区域。对河北栾城久整不治的化肥区域性质量问题，总局通过行业协会的协作配合，组织开展集中打假行动，推动了地方政府牵头组织各方力量开展集中整治活动，基本解决了该地区的化肥区域性质量问题，形成了政府主导、部门监管、企业负责、社会参与的共治工作格局。对2013年12月约谈过的河北博野的涂料、河北新乐的防水卷材、山东曹县的人造板、辽宁太子河的防水卷材、广东澄海的儿童玩具五个重点区域的整治情况进行了跟踪督办，防止了反弹。二是推进企业产品标准自我声明公开制度建设。组织开展“诚信履行召回义务确保汽车质量安全”承诺活动，北京现代等20家汽车企业负责人现场签署了承诺书，强化了企业主体责任意识，营造了社会监督的氛围；在净水器执法打假“质检利剑”行动中，组织浙江沁园等18家净水器生产企业在国家质检总局统一向社会作出四项承诺，并动员更多净水器生产企业作出“质量承诺”，对承诺企业产品质量进行更高频率、更加严格的执法检查，促进“中国制造”产品质量稳步提升，接受全社会的共同监督。三是积极开展“打假保优”活动。总局指导成立汽配行业、建筑防水行业“打假保优协作网”，将行业协会的行业自律、名优产品生产企业的品牌保护、质检部门的执法打假有机地结合起来，推动形成多元共治假冒伪劣的工作格局。

三、电子商务执法打假开拓新局面

按照“风险监测、网上抽查、源头追溯、属地查处、诚信管理”的电子商务产品监管机制，充分发挥电子商务产品质量12365（杭州）投诉举报处置指挥中心获取线索、协查通报、协调组织等作用，加强与风险检测中心和电商平台的对接。全国共查处电商产品质量违法案件400余件，总局公布了一批相关典型案例，得到社会广泛赞誉。为切实加强电商产品质量服务与监管，总局起草了《质量技术监督电子商务产品执法协查工作规范》，出台了《质检总局关于支持跨境电子商务零售出口的指导意见》，制定了《电子商务产品质量提升行动工作方案》等一系列措施。努力构建“放、管、治”的质量提升格局，为电子商务产业健康发展保驾护航。

四、双打案件信息公开取得突破

按照国务院部署，总局出台了《国家质检总局贯彻国务院批转〈关于依法公开制售假冒伪劣产品和侵犯知识产权行政处罚案件信息的意见（试行）〉的意见（试行）》。

《意见》对公开的范围、内容、主体和程序、规范和管理、监督和保障等，结合质检部门实际作出规定，各地质检部门也制定相应的实施规范。按照“谁处罚，谁负责，谁公开”原则，各地质检两局共确定案件信息公开网址 1 276 个，全系统共公开双打案件 4 995 件，在各执法部门中位于前列，且未发生因为信息公开引起的行政诉讼等问题。

五、12365 信息化平台建设应用试点运行

一是加快 12365 系统建设。根据总局《12365 举报处置指挥系统“十二五”建设规划》提出的 12365 信息化平台（即举报处置指挥系统）建设方案，正加快推进该平台建设，平台建成后，将可实现“执法管理、信息采集、统计分析、应急指挥”四项功能。通过质监系统执法办案全程网上运行，可对各级质监局开展执法打假和“两法”衔接、行政处罚案件信息公开等工作情况进行统一指导、检查、督办；二是加强 12365 系统管理。为加强质检 12365 系统管理工作，充分发挥 12365 系统排查风险、发现行业“潜规则”作用，总局组织起草了《12365 风险信息分级和处置工作规范》和《12365 质检举报处置热线服务规范》，并把《12365 质检举报处置热线服务规范》上升为国家标准，两规范待印发；三是强化 12365 系统应用。12365 信息化平台上线运行后，将与中央“两法”衔接平台对接。通过全国各级质监部门执法办案系统全面上网运行，实现对全国质监执法工作管理和“两法”衔接、行政处罚案件信息公开监督。2014 年起 12365 执法管理平台已在湖北、重庆质监局试点运行。

六、特种设备监管更加完善

一是加强生产源头监管。为加强对鉴定评审机构的管理，更新发布了特种设备行政许可鉴定评审机构和特种设备设计文件鉴定机构名单，科学调整了鉴定评审资格授权。二是强化使用环节监管。组织开展了元旦、春节、“两会”期间特种设备安全检查，消除安全隐患。开展电梯、压力管道等特种设备监管方式改革，探索扩大 96333 电梯应急处置中心建设，并提出相关指导意见。继续推进特种设备分类监管和特种设备使用安全管理标准化。三是构建和完善“多元共治”工作格局。加强了与安监、商务等相关部门的协作，共同制定监管制度，联合开展执法检查、隐患排查、应急救援。加强公共场所电梯、自动扶梯、自动人行道的安全管理工作；配合相关部门做好餐饮场所燃气安全专项治理工作。

七、进出口产品监管和检验检疫进一步加强

一是积极推进监管模式改革，探索建立基于风险管理，企业自检自控为主、官方监控为辅的差别化检验检疫分类监管新模式，逐步实现由低效“批批检”向高效过程监管转变。二是加强输非商品检验及打假工作。全年共检出一次不合格商品 9 378 批，禁止出口不合格商品 1 747 批；查处假冒伪劣案件 85 起，移送公安机关出口打假案件 4 起；查获假冒伪劣消费品 213 115 件、化工品 21.6 吨、数据线 2 200 米，涉案金额价值折合人民币 7 444 万元。三是推进电子证书国际合作，及时发现假证线索，打击伪造、买卖检验检疫证书的违法行为。四是完善进出口企业信用管理，公布了 111 家检验检疫信用管理 AA 级企业。通过采取这些措施，出入境环节把关效果明显增强：进境农产品外来有害生物截获批次较 2013 年增长 21.9%，输外商品检验的不合格商品检出率较 2013 年上升 3.08 个百分点。五是加强证单和签证印章管理，指导各局建立和完善空白证单和签证印章登记、保管、领用和核销制度，加强对更改、补发、重发证书的规范管理。六是严厉打击假冒检验检疫证单行为，发布《质检总局关于 2013 年度全国检验检疫系统打击假冒检验检疫证书工作情况的通报》。七是坚持从源头管理，提升进出口农产品质量。推进国家级出口宠物食品质量安全示范区和种苗花卉示范区建设，制定《出口宠物食品质量安全示范区建设管理规范》，考察推荐聊城、盱眙国家级出口宠物食品质量安全示范区。八是强化风险控制，规范口岸管理。拟定《关于加强口岸动植物检验检疫规范化建设的指导意见》，出台进口粮食、水果等指定口岸管理规范，完成 101 个粮食口岸、6 个新建水果口岸、5 个种苗口岸的考核验收，公告首批进境粮食指定口岸名单，对问题种苗口岸发出预警并动态调整。强化港澳动物全过程管理，完善基于耳标、二维码技术与 GPS 定位的溯源管理方法。九是强化口岸查验，加强进境农产品外来有害生物截获。2014 年，共截获外来有害生物 4 931 种 64.38 万批次，同比增长 5.16% 和 21.9%，从游客携带、邮寄物中截获禁止进境物 41 万批次，同比增长 8.31%。对外通报疫情 26 次，发布风险警示通报 49 份。十是加强疫情疫病监测和有毒有害物质监控。部署水生动物疫病、杂草、检疫性实蝇、马铃薯甲虫、舞毒蛾等 7 项有害生物监测调查工作。实施进出口食用农产品和饲料安全风险监控计划，完成监控样品 21 160 个，获得监控结果 13.09 万个，检出并妥善处理非法转基因进口玉米及其产品 113 万吨。

八、质量诚信体系建设加快推进

深入推进以组织机构代码实名制为基础的全国企业质量信用档案建设。目前，已基本形成涵盖全国质监业务的质

量信用信息采集系统，并实现在全国范围内的互联互通和信息共享，质量信用信息采集工作步人稳定的动态化管理阶段，已采集企业质量信用信息95余万条。加强产品质量信用信息平台建设，已建成23万家产品质量信用基础数据3 300万条，建成家用电器和儿童玩具、汽车配件的产品质量信用档案。研究制定以组织机构代码为基础的企业和其他法人社会信用代码编码方案，积极推动组织机构代码在社会信用体系建设中发挥基础作用。加强质量失信惩戒机制建设，提出《质量失信“黑名单”管理办法》（送审稿），印发《质检总局办公厅关于集中公布一批严重违法违规企业名单的通知》。各省级质监局公布80余家严重违法违规企业。联合行业协会（联合会），在全国范围内组织企业发布《企业质量信用报告》，推动企业加强质量诚信自律机制建设。加快推进电子商务质量诚信体系建设，研究制定《预包装类电子商务交易产品质量信息发布规范》，以组织机构代码和商品条码为基础，着力建立电子商务交易主体和交易产品实名制。在全国范围内开展质量诚信主题平面公益广告征集活动，收到社会各界发来的作品150多件，近50家主流媒体以及地方媒体转载。

九、强制性认证监管部署到位

一是开展强制性产品认证监督抽查工作。印发《国家认监委关于开展2014年强制性产品认证获证产品监督抽查工作的通知》，部署质检两局开展强制性产品认证监督抽查工作。二是开展食品、农产品认证专项监督检查和日常监督管理工作。三是实施风险管理，对风险较高的HACCP认证机构的认证活动开展现场见证或验证检查。对2014年度新批准的HACCP认证机构和HACCP认证审核员补充考试后涉嫌审核人员不足的机构进行约谈，进一步落实认证机构主体责任。

十、充分用好双打平台，建立国际标准版权保护长效机制

质检总局与全国双打办、公安部、新闻出版和广电总局等部门紧密配合，加大销售盗版ISO标准案件查办和刑事追究力度，推动百度文库等网站删除侵权标准近百万份。协助司法机关追究侵犯标准著作权的刑事责任，“王某侵权盗版ISO标准案”入选全国打击网络侵权盗版专项治理2013年“剑网行动”十大案件的重大成果。这些有力措施和突出成效得到ISO组织及其成员的高度评价和广泛宣传，在世界上树立了中国负责任大国的形象。

十一、健全双打检验鉴定标准工作持续推进

质检总局牵头与卫生部、食药监总局、新闻出版和广电总局、林业局等部门紧密配合，组织做好“双打相关产品检验鉴定方法研究专项”18个项目的组织实施工作，针对食品、药品、出版物、林产品等16类产品开展检测方法、标准、技术规范等方面的研究工作；组织技术专家和财务专家对18个项目执行情况进行专项检查，为项目顺利实施提供技术和财务咨询服务；专门制定《双打相关产品检验鉴定方法研究专项验收工作细则》，提升项目研究成果凝练水平，促进项目成果产出，为双打工作提供技术支撑。

十二、定期召开新闻发布会，加大新闻宣传力度

2014年质检系统切实加大双打工作宣传及典型案件宣传曝光力度，并引起了社会的广泛关注。总局每月召开例行新闻发布会，并根据工作需要及时召开新闻通气会、专题新闻发布会，借助新华社、人民日报、中央电视台、经济日报、法制日报及中国质量报、中国国门时报、中国质量新闻网等新闻媒体对双打工作及专项打假行动进行宣传报道。如在“质检利剑”净水器打假部署中邀请19家新闻媒体对净水器承诺活动及打假行动的部署进行大力宣传。该活动被730多家媒体持续多日转载及报道，其中网易新闻客户端点击率87万余次，并被央视“每周质量报告”作为专题进行报道。各地两局及两委（认监委、标准委）也充分利用“3·15”消费者权益保护日、“质检12365局长接线日”、质量月、世界标准日和计量日等重大节日大力宣传双打工作。如2014年世界标准日期间，国家标准委举行了中国主题宣传周活动，将国际标准版权保护作为主题活动的重要内容，通过召开座谈会、研讨会、加大媒体宣传等多种方式，大力推进国际标准版权保护工作。据不完全统计，中国新闻出版报《对侵犯国际标准零容忍》的报道在网站上被多次转载，累计浏览量212 000次。

2015年，质检总局将按照国务院及全国双打办总体部署，进一步落实“抓质量、保安全、促发展、强质检”十二字方针，深入抓好“质检利剑”行动、电子商务产品执法打假、重点区域整治、出入境检验检疫等工作，积极探索更加有效的新制度、新做法，着力推动双打案件信息公开、企业标准自我声明与监督、执法打假信息化建设、完善执法打假责任制和双打相关产品检验鉴定方法研究专项项目成果梳理、总结、验收等工作取得新的进展，为建设质量强国、实现经济提质增效升级作出新贡献。

（撰稿人：周志勇）

国家新闻出版广电总局打击侵权假冒工作报告

2014年，新闻出版广电总局按照全国打击侵权假冒工作领导小组的安排部署，重点围绕工作要点的规定，进一步加大对侵权假冒行为的打击力度，取得了显著成效。

一、夯实基础，进一步健全工作机制和制度体系

（一）全面部署打击侵权假冒工作

5月26日，按照《国务院办公厅关于印发2014年全国打击侵犯知识产权和制售假冒伪劣商品工作要点的通知》的要求，新闻出版广电总局打击侵权假冒办公室下发《2014年全国新闻出版（版权）打击侵权假冒工作安排》，对2014年打击侵权假冒和推进使用正版软件工作中的重点任务进行了部署。

（二）完善出版物市场检查机制

新闻出版广电总局在今年组织3次大规模扫黄打非督导检查和7次市场暗访检查中，将是否存在制售侵权盗版出版物情况作为重点检查内容，对发现的问题在通报中逐一列出，督促各地认真核实整改并举一反三。

（三）完善软件正版化长效机制

7月，国家版权局下发《关于贯彻落实〈政府机关使用正版软件管理办法〉的实施意见》。积极推进各地区、各部门把落实长效机制作为工作重点，完善软件正版化工作相关制度。建成中央和省级各单位软件正版化责任人数据库，将正版化工作成果巩固情况与具体责任人挂钩，推进各单位进一步落实责任到人。

（四）积极推进打击侵权盗版案件信息公开

4月30日，新闻出版广电总局下发了《新闻出版（版权）行政执法部门依法公开制售假冒伪劣商品和侵犯知识产权行政处罚案件信息的实施细则（试行）》，对新闻出版（版权）系统行政处罚案件信息公开工作进行了部署。6月11日，国家版权局下发了《关于进一步做好版权行政处罚案件信息公开与信息报送工作的通知》，对全国版权行政处罚案件的信息公开和信息数据报送工作提出了进一步的工作要求。国家版权局积极指导各地版权执法部门开展信息公开工作，截至11月底，各地公开版权案件信息170件。

（五）推进国家版权监管平台建设

国家版权局完成平台一期恢复运行及升级改造工作，平台二期经过研究制定需求、公开招投标、确定承建单位等程序，已经进入开发阶段。通过监管平台建设，以技术手段加强版权执法监管及社会服务。

二、明确重点，进一步加大对侵权假冒产品的打击力度

（一）组织开展“剑网2014”专项行动

6月，国家版权局会同国家互联网信息办公室、工业和信息化部、公安部联合启动了“剑网2014”专项行动。各地版权执法部门紧扣保护数字版权、规范网络转载、支持依法维权、严惩侵权盗版等重点任务，积极发动群众投诉举报、建立快速处理机制、完善长效工作机制，专项行动取得阶段性成效。专项行动期间，各地相继立案调查网络侵权案件440件，关闭侵权盗版网站750家，移送司法机关刑事处理案件66件，罚款人民币352万元，有效遏制了网络侵权盗版高发势头。

（二）组织开展四大出版物市场专项检查行动

新闻出版广电总局将打击侵权盗版出版物工作纳入“秋风2014”专项行动，全面清查图书、音像制品、计算机软件市场，着力收缴各类侵权盗版出版物。2014年，全国共收缴侵权盗版出版物1 200余万件，查办侵权盗版案件2 600余起。

（三）推进印刷复制发行监管工作

2月，新闻出版广电总局下发通知要求各地在2014年印刷复制监管工作中要“日常落实一个制度，集中开展两次行动，检查突出三个重点，努力做到四个结合”。2—3月，新闻出版广电总局组成5个检查组，对北京、河北、山东等8个重点地区14个地市的74家印刷复制发行企业和出版物批发市场进行了专项检查。此次专项检查对违规的18家印刷企业、12家发行企业作出了行政处罚，警告1家、罚款20家、停业整顿8家、吊销许可证1家。

（四）加大侵权盗版案件督办及通报力度

国家版权局会同国家互联网信息办公室、工业和信息化

部及公安部，于8月对北京、天津、河北等12个地区进行了督查，并与全国“扫黄打非”办、公安部、最高人民法院和最高人民检察院等联合挂牌督办了安徽“DY161电影网”侵犯著作权案等33起重大案件，于7月、9月、12月分三批共通报30起网络侵权盗版典型案件。

（五）强化版权重点监管工作

国家版权局进一步加强对网站的版权重点监管工作，组建了版权重点监管工作小组，初步建立了科学、规范的工作制度，完善了有关工作程序，强化了有关工作措施，启动了对重点影视作品的版权预警保护，公布了三批重点预警作品。

（六）规范网络版权转载

7月，国家版权局相继组织召开报刊社、重点互联网站版权座谈会，组织文学网站、搜索网站、新闻网站、电商平台、游戏公司、视频网站的191家企业，共同签署“守正创新，拒绝盗版、净化网络环境”联合倡议。北京、安徽、广西分别指导相关传统媒体发布版权声明；上海市专门到《解放日报》等媒体进行调研，推动其对外维权以及与主要门户网站的版权合作，形成“先授权、后传播”的合法合规的网络版权传播秩序。

三、加强协调，深入推进软件正版化工作取得显著成效

（一）深入推进政府机关软件正版化工作

3月，组织15个检查组，对31个省（区、市）的市县级政府机关软件正版化工作进行全面检查。11月，组织12个检查组，对12个省（区、市）的省市县级三级机关和24家中央和国家机关软件正版化工作进行了检查。充分发挥部际联席会议协调职能。会同财政部、工商总局、工信部、国管局、审计署、商务部、国资委等相继处理微软XP系统停止服务、对微软反垄断调查、加强对国产操作系统研发和应用推广、软件协议供货入围谈判、正版化审计及中美战略与经济对话等工作。

（二）扎实推进企业软件正版化工作

印发了《关于做好企业软件正版化信息报送工作的通知》，建立了企业软件正版化信息报送制度。会同国资委组建联合工作组，共同研究制定中央企业软件正版化工作指南，对12家中央企业进行督查。完善新闻出版行业企业软件正版化工作信息化平台，提高了新闻出版行业企业软件正版化信息报送工作效率。推进新闻出版行业企业集团所属二级企业基本实现软件正版化。

四、大力宣传，营造良好的打击侵权假冒的社会环境

在“剑网2014”专项行动中，国家版权局通过媒体公布网络侵权举报电话，面向社会积极征求案件线索，形成对网络侵权行为围追堵截之势，并积极开展警示教育活动，对被监管网站使用和传播作品的行为进行有效监管。4月24日，全国“扫黄打非”工作小组组织全国31个省（区、市）统一开展2014年侵权盗版及非法出版物集中销毁活动，共销毁侵权盗版音像制品、盗版图书、盗版电子出版物及非法报刊等共计2 041万件。

2014年，国家版权局举办4期版权执法培训班、2期政府机关软件正版化工作培训班，共有各地版权执法部门350名执法人员，128家中央和国家机关的189人，31个省（区、市）政府办公厅、版权、工信、财政、商务、审计、机关事务管理等部门的204人参加了培训，提高了相关版权执法和软件正版化工作人员的业务水平。

（撰稿人：赵杰）

国家食品药品监管总局打击侵权假冒工作报告

2014年，按照全国打击侵犯知识产权和制售假冒伪劣商品工作领导小组的工作部署，食品药品监管系统在食品、药品、医疗器械和化妆品领域积极开展打击侵权假冒行动，取得了明显成效。现将主要工作情况报告如下：

一、严肃查处药品、医疗器械、化妆品制假售假违法行为

2014年，全国食品药品监管系统共查办药品违法案件

10.2 万件，涉案金额超 32 亿元；查办医疗器械违法案件 17 878件，涉案金额超 3 亿元；查办化妆品违法案件 7 546 件，涉案金额超 4 亿元；全年查办的打击侵权假冒案件数量创近年来新高。在查处的大案要案中：“浙江义乌特大跨国制售假药案”初步核实涉案金额已超 8 亿元；“黑龙江哈尔滨任某特大制售假药案”涉案金额超 10 亿元，为新中国成立以来之最；“江苏 6・10 非法制售软性亲水接触镜（美瞳）医疗器械案”涉案金额约 1.5 亿元；“广东制售假冒 GUCCI、ARMANI 等国际一线品牌香水案”涉案金额超亿元。

二、深入开展专项整治行动

（一）全面开展医疗器械“五整治”专项行动

自 2014 年 3 月 15 日医疗器械“五整治”专项行动启动以来，先后组织开展了“医疗器械质量万里行”、透明质酸钠专项检查等系列活动。目前，医疗器械“五整治”专项行动已圆满完成任务。截至目前，全国共核查注册申请真实性品种 2 766 个，监督检查生产企业 5 549 家、经营企业 90 041家、使用单位 88 723 家，警告、责令整改 19 049 家，责令停产停业 281 家，撤销证件 226 张，罚没款 1 956.301 余万元，移交公安机关违法案件 42 件，查处黑窝点 162 个。移交相关部门违法广告 13 628 条次，移送相关部门关闭非法网站 19 个，移送相关部门屏蔽涉外非法网站 270 个。

（二）继续强化中药材专业市场整治

在 2013 年开展药品“两打两建”专项行动的基础上，2014 年食品药品监管总局继续将中药材专业市场经营秩序的整治作为工作重点。针对目前市场上存在的相同品种的中成药价格差异较大，部分低价品种可能存在安全隐患的现象，组织人员对相关企业开展突击检查，查实了山东端信堂大禹药业有限公司、湖北武当金鼎制药有限公司、四川天银药业有限公司等企业存在未按处方投料的违法行为。为有效震慑不法行为，加大惩处力度，食品药品监管总局联合央视等媒体将案件在央视栏目予以曝光，并责令相关省局对违法企业严肃查处。

三、大力推进法制建设

（一）重点推动《食品安全法》修订工作

《食品安全法》的修订是食品药品监管总局成立后立法工作的头等大事，时间紧、任务重、要求高。食品药品监管总局党组高度重视，成立了以主要负责同志为组长的立法领导小组，多次听取工作进展汇报。总局领导带队深入基层，认真调查研究，听取各方面意见和建议。2014 年 5 月 14 日，《食品安全法》修订草案经国务院常务会议原则通过，将在全国人大常委会审议后再次广泛征求意见。

（二）积极开展新《医疗器械监督管理条例》宣贯工作

经过近六年的修订工作，食品药品监管总局大力推动下，2014 年 2 月 12 日，国务院第 39 次常务会议通过了修订的《医疗器械监督管理条例》，并于 6 月 1 日正式实施。作为食品药品监管总局组建以来第一部修订实施的行政法规，该《条例》贯彻了党中央、国务院关于建立最严格的覆盖全过程的食品药品监管制度、加快政府职能转变和深化行政审批制度改革的精神，体现了风险管理、社会共治、全程治理、责任治理、效能治理的基本原则，完善了分类管理、产品和生产经营企业注册备案、使用环节监管、上市后管理等制度。配合新修订的《医疗器械监督管理条例》的出台，食品药品监管总局组织专家撰文对新条例进行解读，印发了食品药品监管系统贯彻落实条例的专门通知，发布了有关公告，以做好新旧法规衔接工作。

（三）扎实推进《药品管理法》修订工作

《药品管理法》修订已列入 2014 年国务院立法计划二档。2013 年 12 月，食品药品监管总局正式启动了修订工作，成立了修改领导小组和工作小组，制订了工作计划。同时，向社会广泛征集修订意见与建议，目前已收集各方意见 1 400 多条近 30 万字。

（四）努力推动《化妆品卫生监督条例》修订工作

《化妆品卫生监督条例》修订已列入 2013、2014 年国务院立法计划。2013 年 9 月，食品药品监管总局正式启动了修订工作，成立了领导小组和工作小组，研究形成修订的基本思路和原则、框架。同时，向社会公开征集修改意见和建议 800 余条，并委托相关单位开展《条例》实施情况评估、化妆品监管体制机制制度创新等 6 项课题研究等。

四、不断强化监管制度建设

（一）修订《重大食品药品安全违法案件督办办法》

为保证重大食品药品安全违法案件依法办理，规范督办工作，针对重大案件查办中存在的报告不及时、宣传不规范等问题，食品药品监管总局修订出台了《重大食品药品安全违法案件督办办法》。该《办法》对重大食品药品安全违法案件督查督办的目的、督查督办的定义和原则、管辖、重大案件的标准、报送要求、督办案件的宣传要求、考核机制等作出明确规定，并在名称及范围、管辖范围、建立督查督办人员库、总局督办案件标准、案件的报送确认、案件办结审批、媒体宣传工作、考核通报等方面做了详细规定，比

2010年施行的原《重点案件督查督办办法（试行）》有了重要改进。

（二）制定《食品药品行政处罚案件信息公开实施细则》

根据国务院批转的《关于依法公开制售假冒伪劣商品和侵犯知识产权行政处罚案件信息的意见（试行）》要求，食品药品监管总局开展了行政处罚信息公开的课题研究工作，重点对食品药品行政处罚信息公开后可能产生的对公众的冲击、对社会稳定的影响、对执法公平性的负面影响等方面进行了评估。在课题研究的基础上，食品药品监管总局按照慎重公开、逐步推进的原则，确定了"谁处罚谁公开"的工作方式，制定发布了《食品药品行政处罚案件信息公开实施细则》和公开示例。《实施细则》对食品药品行政处罚案件信息的定义和案件信息公开的目的、管辖、公开原则、公开内容、范围、方式、审查程序、协调机制、监督考核机制等作出明确规定。

（三）推进食品药品诚信体系建设

2014年以来，根据国家信用体系建设部际联席会议工作月季例会要求，建立了食品药品监管总局信用体系建设月季例会制度，研究落实国家月季例会工作部署，对落实工作任务进行细化分工，进一步明确了责任。同时，根据国家信用体系建设规划纲要的要求，结合食品药品行业特点，食品药品监管总局研究起草了信用体系建设工作指导意见。为摸清各地开展信用体系建设工作情况、人员配置情况，食品药品监管总局组织对各省局和建设兵团近年来开展食品药品信用监管体系建设工作现状及机构人员配置情况进行调查。

（撰稿人：高天兵）

国家林业局打击侵权假冒工作报告

一、完善法律、法规、标准体系，为打假工作提供依据

（一）继续配合全国人大农委修改《种子法》

积极配合全国人大农委，就进一步明确种苗管理机构主体地位、执法职能，种苗扶持政策，林木种质资源保护、品种审定与登记等项制度设立等方面问题，组织开展调查研究和专家论证，提出意见和建议。目前已经形成《种子法（修正草案）》。

（二）印发了《林业植物新品种保护行政执法办法》

为了规范林业植物新品种权行政执法行为，印发了以《国家林业局关于印发〈林业植物新品种保护行政执法办法〉的通知》（林技发〔2014〕114号）。办法规定，对于以商业目的生产或者销售授权品种的繁殖材料的，假冒授权品种的，销售授权品种未使用其注册登记的名称的，等等，林业行政主管部门依法予以查处。

（三）制定下发了《国家林业局关于加强林木种苗质量管理的意见》

为深入贯彻落实《中华人民共和国种子法》、《国务院办公厅关于加强林木种苗工作的意见》、《国务院办公厅关于深化种业体制改革提高创新能力的意见》（林场发〔2014〕81号）精神，加强林木种苗生产、流通和使用环节的质量监督管理，提高林木种苗质量水平，保障生态文明建设和林业发展用种安全，2014年6月4日，以局文件形式下发了《国家林业局关于加强林木种苗质量管理的意见》，要求各地林业部门要充分认识加强林木种苗质量管理的必要性；进一步落实林木种苗生产经营许可、标签、档案等质量管理制度，规范林木种苗广告管理；切实加强林木种苗质量监督管理工作，加强林木种苗生产过程质量管理、林木种苗质量监督抽查工作、林木种苗使用环节管理，加大对各类林木种苗质量案件的查处力度；强化林木种苗质量管理能力建设，加强林木种苗质量管理机构建设、林木种苗标准体系建设。

（四）制定下发了《国家林业局公开制售假冒伪劣商品和侵犯知识产权行政处罚案件信息工作实施细则》

根据《国务院批转全国打击侵犯知识产权和制售假冒伪劣商品工作领导小组〈关于依法公开制售假冒伪劣商品和侵犯知识产权行政处罚案件信息的意见（试行）〉的通知》的相关规定和具体要求，结合林业系统实际，我局制定了《国家林业局公开制售假冒伪劣商品和侵犯知识产权行政处罚案件信息工作实施细则》（林场发〔2014〕76号）。该《细则》明确了国家林业局打击侵犯知识产权和制售假冒伪劣商品工作领导小组负责侵权假冒行政处罚案件信息公开工作，具体由国家林业局打假办负责，局政务公开办公室协同配合；规定了信息公开的基本原则、公开的内容、不予公开的情形、公开的程序及时限、内部审核机制、公开协调机制、档案管理制度等。同时，要求各地林业主管部门制定本地区实施办法，加强宣传，方便公众对案件信息公开工作的监督，并从 8 月开始按月向国家林业局报送案件信息公开情况。目前，北京、山西、上海、江苏、浙江、福建、山东、湖北、湖南、广东、广西、海南、重庆、云南、陕西、甘肃、青海 17 个省（区、市）制定了本省信息公开实施细则，天津、河北、内蒙古、辽宁、吉林、安徽、江西、四川、贵州、宁夏 10 个省（区、市）转发了《细则》。公开了案件行政处罚信息 5 件。

（五）制定了《国家林业局使用正版软件规范》

根据国务院办公厅印发的《政府机关使用正版软件管理办法》，结合我局工作实际，研究制定了《国家林业局使用正版软件规范》和软件资产管理、考核评议和责任追究制度等，进一步提高我局软件正版化工作的规范化水平。

（六）组织开展林木种苗标准修订工作

组织有关专家，起草种苗生产技术、评价等 15 项标准，其中，《容器育苗技术规程》、《林木种苗标签》、《林木种苗生产经营档案》、《林木种子检验仪器技术条件》已颁布实施，《苗木抽样方法》、《林木种子质量分级》、《主要造林树种苗木质量分级》、《育苗技术规程》、《林木良种审定规范》、《林木种质资源保存原则与方法》、《油茶栽培技术规程》已完成起草工作。

二、组织开展了打击侵权假冒行为执法检查工作

（一）组织开展了全国林木种苗质量监督抽查工作

为了加强重点工程造林使用林木种苗质量管理，严厉打击制售、使用假冒伪劣林木种苗违法行为，2014 年国家林业局委托国家级林木种苗质量检验机构对江苏、福建、湖北、广东、广西、重庆、云南、新疆、甘肃 9 个省自治区、直辖市及龙江森工的林木种苗质量进行了重点抽查；委托北京、河北、吉林、浙江、安徽、江西、山东、四川、陕西 9 省区林业主管部门对本辖区林木种苗质量进行抽查，同时部署其他省、自治区、直辖市及森工集团、新疆生产建设兵团进行自查。抽查内容包括林木种子、苗木质量情况；林木种子生产经营许可、标签、档案制度执行情况；林木种苗质量自检情况；林木种子来源情况；采种林确定和采种期公告情况等。2014 年，共抽查林木种子样品 138 个、苗木苗批 762 批，涉及 179 个树种（品种）、218 个县、377 个单位。抽查结果显示：林木种子样品合格率为 88.4%，苗木苗批合格率为 95.2%。使用标签单位占 93.4%，建立生产经营档案的单位占 97.6%。育苗和造林种子来源清楚，92.3% 的林木种子生产单位在采种季节公布了采种期，确定了采种林。国家林业局下发文件，对抽查结果进行了通报，对质量管理好的单位及所在省进行通报表扬；对存在问题的单位要求其限期整改，对整改不到位的依法查处。

（二）组织各地开展林木种苗市场执法检查工作

各级林业主管部门积极开展打击制售假冒伪劣林木种苗行动，严厉打击生产销售假冒伪劣林木种苗行为，截止至 2014 年年底，全国各地共查处生产销售假冒伪劣林木种苗行政案件 66 件，罚款、没收违法所得共 22.46 万元，捣毁制售假冒伪劣种苗窝点 2 个。全国 31 个省、359 个地市、1 413个县级设立了打假案件信息公开网页。

（三）组织开展了全国打击植物新品种侵权假冒行动

为了规范市场，有效保护植物新品种权，国家林业局印发《2014 年国家林业局打击侵犯植物新品种权专项行动方案》（林技发〔2014〕80 号），于 6—11 月份开展全国打击植物新品种侵权假冒行动。目前全国 30 个省（区、市）林业厅（局）、新疆生产建设兵团林业局以及 4 个林业森工集团均报来专项行动中期总结，其中 29 个省（区、市）设立了举报电话、电子邮箱或其他举报方式。各地通过印发宣传材料、利用媒体宣传等形式广泛宣传，形成了打击植物新品种违法行为的高压态势。

（四）强化软件正版化工作日常监管和监督检查

积极开展软件正版化检查工作，发现问题，及时通报，并做到检查工作常态化、制度化。落实工作责任，将软件正版化与日常工作结合起来，逐项分解，明确责任，落实到人，实现软件正版化工作“事情有人管，工作有人做”。

三、组织开展宣传培训工作，提高法律意识

（一）在全国打假办组织的新闻发布会上，林业系统对 2014 年林木种苗质量抽查情况进行了通报

11 月 21 日，在全国打假办组织召开的联合新闻发布会上，我局对 2014 年全国种苗质量监督抽查结果进行了发布。同时，在《中国绿色时报》上刊发了题为“林木种子苗木抽查合格率均超过 88%”的报道，其他网站转载次数在 24 小时内已超过 16 000 次，引起了种苗行业以及全社会的广泛关注。在《中国绿色时报》上两次开辟专栏，对《林业

植物新品种保护行政执法办法》进行宣传解读。在中国林业网首页添加了“2014 全国知识产权宣传周”漂浮图标。宣传周期间，通过中国林业网的“最新资讯”、“信息快报”等栏目及时发布“国家林业局组织开展林业知识产权宣传周活动”、“2013 中国林业知识产权年度报告正式发布”等重要消息 10 条，大大提升了活动影响力。

（二）组织开展了林木种苗标准培训

7 月 30 日到 8 月 2 日，国家林业局在内蒙古呼和浩特市举办了全国林木种苗质量检验员培训班。培训的目的是宣传、贯彻新实施的林木种苗标准，提高种苗执法和质检人员依法开展工作的能力。培训的主要内容是：解读新实施的和即将实施的《林木种苗生产经营档案》、《林木种苗标签》、《林木种子质量分级》、《主要造林树种苗木质量分级》4 项标准，讲解林木种子、苗木检验检测理论和方法，实际操作林木种苗质量检验各项内容。参加培训的有：国家林业局北方、南方种子检验中心、国家林业局林木种苗质量检验检测中心（长沙、呼和浩特、石家庄、沈阳）等 6 个质检中心全体检验人员，全国 31 个省（自治区、直辖市）林业厅（局）林木种苗管理站，内蒙古、龙江、大兴安岭森工（林业）集团公司营林处（种子站），新疆生产建设兵团林业局林木种苗站和计划单列市林业局种苗站主要负责林木种苗行政执法和质检人员，共计 150 人。通过培训，提高了大家对林木种苗质量工作重要性和紧迫性的认识，开阔了大家的眼界，增长了见识，提高了大家开展林木种苗质量管理工作的能力和水平，为实行林木种苗科学化生产和管理奠定了基础。

（三）组织开展林木种苗质量检验员网络培训平台建设

为了提高林木种苗质量检验人员培训效率，降低培训成本，统一培训内容，统一检验方法，使林木种苗质量检验人员更好地为种苗质量把关，我们组织有关专家搭建了林木种苗质量检验员网上培训平台，实拍质量检验理论讲座及实际操作课程，编写学习教材和题库。该平台已初步建成，拟于 2015 年组织试运行。

（四）举办植物新品种保护培训班

为宣传贯彻《林业植物新品种保护行政执法办法》，10 月底在湖南长沙举办了植物新品种保护培训班，全国林业厅（局）、林科院（所）、大专院校的 100 多人参加了培训。会上特别邀请政法司专家讲授了林业行政执法的问题，专门讲解了《林业植物新品种保护行政执法办法》，取得了很好的培训效果。

（五）指导植物新品种品种权人积极维权

先后指导河南省“中红杨”和河北省“美人榆”品种权人开展自我维权活动，引起了较大的社会反响，目前已有 22 家单位签署了合法使用“美人榆”新品种协议。

（六）对省级植物新品种保护工作进行具体指导

对已开展行政执法试点的河北省、陕西省、山东省进行具体工作指导，使其在行政执法体系建设、打击严重侵权案件、提高公众意识等方面取得了一定进展。今后，将进一步督促其完善执法机构、提高执法能力、健全规章制度，有效打击本省植物新品种权侵权行为，净化本省品种权交易市场。

四、2015 年打击侵权假冒工作安排

（一）继续完善林木种苗法律、法规、标准体系

（1）继续配合全国人大组织开展种子法修改工作，包括组织开展调查研究，梳理、起草种子法配套法规。

（2）组织专家制订（修订）有关标准，完善林木种苗标准体系。

（二）组织开展打击林业侵权假冒行为执法检查

（1）组织开展 2015 年全国林木种苗质量监督抽查工作。

（2）组织开展全国林木种苗执法检查。在种苗交易集中的区域，重点检查林木种苗质量、许可、档案、标签、检验等制度落实情况。

（3）继续在全国范围内，开展好打击侵犯植物新品种权活动。适时组织抽查活动，督促各省抓好落实。

（4）加强软件正版化宣传、引导、管理和检查力度，保证使用正版软件，逐步实现核心系统软件自主可控。

（三）组织开展宣传培训工作

（1）开展种子法及配套法律文件实施的宣传、培训。

（2）开展新制订、修订的林木种苗质量标准的宣传、培训工作。

（3）开展省级林木种苗行政执法和质量管理人员培训，提高从业人员法律意识、业务水平及实际操作能力。

（4）完善林木种苗质量检验人员网络培训考核系统，选择 1 ~ 2 个省试运行。

（5）利用中国林业网等主流媒体，发布林业行业保护知识产权的行动措施和主要成果，增强全行业的知识产权保护意识，营造良好的舆论氛围。

（四）完善工作机制

根据《国家林业局办公室关于严厉打击侵犯植物新品种权行为的通知》（办技字〔2012〕91 号）要求，全力抓好林业植物新品种行政执法试点工作，推动建立行政执法规范，提高行政执法水平，探索建立行政执法长效机制，同

时，推动建立品种权行政执法信息平台，逐步与司法部门共享数据，促进品种权行政执法与刑事司法的衔接。

（五）加强能力建设

编制林业植物新品种测试体系规划，健全植物新品种测试机构，建立授权品种保藏机构，为行政执法提供技术保障。初步建立林业植物品种 DNA 图谱数据库系统，组织编制植物新品种测试指南（技术标准），为品种测试和行政执法提供技术支撑。

（撰稿人：周景莉）

国家知识产权局打击侵权假冒工作报告

一、健全工作机制和制度体系

积极推动专利法修改工作，深入调研，广泛听取企业界等有关各界呼声，配合立法部门开展专利法修改调研工作。积极配合全国人大常委会开展专利法执法检查。研究制定《专利侵权判定标准和假冒专利行为认定标准指南（试行）》，提升全系统执法办案工作的规范化水平。印发《关于公开有关专利行政执法案件信息具体事项的通知》，对公开主体、内容、时限等提出具体要求，稳步推进案件信息公开工作。完善执法维权绩效考核指标，强化考核的导向性。

二、推动侵权假冒案件信息公开

按照《政府信息公开条例》和《关于依法公开制售假冒伪劣商品和侵犯知识产权行政处罚案件信息的意见（试行）》的有关规定，结合专利行政执法工作实际，4 月印发了《关于公开有关专利行政执法案件信息具体事项的通知》，要求具有专利行政执法职责的各地方知识产权局依法公开作出行政处罚决定的假冒案件信息和认定侵权事实成立、作出处理决定的专利侵权纠纷案件信息。截至 11 月底，知识产权系统公开有关案件信息 601 件。

三、推动行政执法与刑事司法衔接

与公安部联合印发《关于建立协作配合机制共同加强知识产权保护工作的通知》，积极推动各地方知识产权局与公安部门协作配合，建立公安部门驻知识产权局办公室工作机制，开展集中打击专利诈骗、案件咨询协商等工作，有力打击了涉及专利的违法犯罪行为。

四、加大执法打击力度开展专项整治

深入开展知识产权执法维权“护航”专项行动。在我局统一部署下，地方知识产权局积极组织集中检查、集中整治、集中办案活动，大力打击专利侵权假冒行为，快速调处专利纠纷，为营造公平有序的市场环境发挥了重要作用。大力推进电子商务领域专利执法维权专项行动。印发《电子商务领域专利执法维权专项行动工作方案》，建立电子商务领域专利执法维权协调机制。各地方知识产权局结合本地实际，制定专项行动工作方案，积极开展电商领域专利执法维权工作，严厉打击电商领域专利侵权假冒行为。浙江、北京、江苏等局分别与阿里巴巴（中国）、京东、当当、苏宁易购等电子商务企业建立合作机制，组织执法人员进驻电商平台，现场处理侵权假冒投诉，有效维护了权利人的合法权益。截至 11 月底，知识产权系统办理电商案件 2 812 件。持续加大展会专利保护力度。地方知识产权局和维权援助中心积极入驻展会，设立举报投诉与维权援助工作站，受理和办理各类展会专利侵权与假冒专利案件，切实打击展会专利侵权假冒行为，有效维护展会交易秩序。广东省局组织各有关市局进驻广交会等 10 余个大型展会开展知识产权保护工作。北京、上海、辽宁、黑龙江、新疆、深圳等局进驻京交会、上交会、专交会、哈洽会、中国亚欧博览会和高交会等大型展会，现场受理举报投诉，处理一批侵权假冒案件。知识产权系统执法办案工作继续保持加强态势。2014 年，专利行政执法办案总量首次突破 2 万件，达到 24 479 件，同比增长 50.9%。其中，专利纠纷案件 8 220 件（其中专利侵权纠纷 7 671 件），同比增长 62.6%；假冒专利案件 16 259 件，同比增长 45.5%。

五、推进诚信体系建设

积极落实国家中长期人才发展规划纲要有关政策，通过社会信用体系建设部际联席会议平台，探索推进知识产权保护社会信用体系建设。一是签署由发展改革委牵头、17部门参加的《社会信用信息共建共享合作备忘录》，参与社会信用信息共建共享先导工程建设；二是研究起草《知识产权系统社会信用体系建设工作方案》；三是推动维权中心开展知识产权保护社会信用评价试点，遴选试点企业、加强诚信宣传，推进信用档案建设和信用系统建设。

六、加强宣传教育

为推动专利行政执法工作深入开展，在政府网站和知识产权报设立“加强专利行政执法”专栏，分设“执法之窗”、“倾听企业维权之声”、“IP时评”等多个栏目，重点宣传报道地方局开展执法工作的动态消息、有益经验和主要成效，积极反映创新主体、市场主体，尤其是中小微企业对加强专利保护的意见建议，介绍专家学者和地方领导对专利保护工作的观点和认识，扎实推进知识产权文化建设，进一步提升了社会公众的知识产权意识。

（撰稿人：王志超）

中央宣传部（国务院新闻办公室）打击侵权假冒工作报告

按照统一部署，国务院新闻办公室深入贯彻党的十八届三中、四中全会精神，认真履行2014年打击侵权假冒工作要点任务分工责任，继续做好打击侵权假冒工作的对外宣传工作，及时报道我国打击侵犯知识产权和制售假冒伪劣商品工作专项行动、重点领域集中整治和深化改革创新，完善制度建设等方面的政策措施及成效，为加快完善现代市场体系、建设法制化营商环境营造良好的舆论环境。

一、积极做好权威信息发布工作

2014年国务院新闻办积极会同有关部门做好权威信息发布工作，加强新闻发布议程设置研究，选择有利契机和有效方式举办新闻发布会，取得良好外宣效果。1月21日，我办举办了有关介绍打击侵犯知识产权和制售伪劣商品犯罪成效的新闻发布会，邀请公安部和全国打假侵权领导小组办公室相关领导介绍情况并回答记者的提问。公安部介绍了2013年破获制假售假的成果，分析了制假售假犯罪的特点和公安机关打击犯罪的新模式及开展的国际合作。针对记者关注的中国知识产权保护、2014年打假侵权重点工作、推动侵权假冒行政处罚案件信息公开、行政执法与刑事司法衔接等议题，发布人逐一回答，解疑释惑。26家中外媒体50多名记者出席了发布会。

11月21日，我办会同全国打假侵权领导小组办公室、公安部、新闻出版广电总局、林业局、知识产权局有关负责同志召开新闻发布会，对外介绍知识产权保护及打假侵权有关情况。发布会对外公布了2014年1—9月查出侵犯知识产权和制假售假案件数量，并公布了打击侵权假冒十大典型案件。发布会上，打击侵权假冒工作领导小组办公室同志回应了媒体比较关注的热点，如打假侵权工作的新突破、打击互联网领域侵权假冒工作、行政执法和刑事司法衔接工作进展和拓宽社会公众交流互动渠道等方面内容。中央电视台、中国国际广播电台、中新社、国际商报、人民公安报、法制日报等重点媒体作了详细报道，境外媒体也刊发了不少报道。

同时，我办指导、协调中央有关部门和各省（自治区、直辖市）利用好新闻发布渠道，举办好媒体新闻发布会、媒体通气会，宣传党中央、国务院高度重视打击侵权假冒工作，各地区、各有关部门落实国务院有关工作部署，扎实做好打击侵权假冒工作等情况，及时向国内外通报我国打击侵权假冒工作的阶段性成果及各项专项行动取得的成果，这些发布活动紧扣当前社会关注热点，有效回应了社会关切。

二、做好打击侵权假冒工作正面宣传

2014年我国不断加大打击侵权假冒工作力度，这为我国全面营造于我有利的外部舆论环境创造了良好的条件。我办充分抓住有利契机，扩大对外宣传，充分调动中央主要对外新闻的主动性和积极性，做好正面宣传。通过多种形式宣传介绍我国打击侵权假冒决策部署；宣传介绍我国针对突出问题组织的专项行动，围绕重点领域开展的集中整治和加强刑事司法、严厉打击犯罪等方面的工作情况；宣传介绍我国深化改革创新、完善制度建设方面开展的一系列工作情况以及继续推进侵权假冒行政处罚案件信息公开工作。利用春

节、国庆、消费者权益保护日等重要时间节点，开展集中宣传，为双打工作营造良好舆论氛围。

三、积极推进《中国软件正版化工作进程》白皮书撰写

我办继续推动《中国软件正版化工作进程》白皮书写作，2015 年已与新闻出版广电总局多次召开专题工作会议，就白皮书工作进行沟通，目前正会同新闻出版广电总局对初稿进行再次修改，我们将根据白皮书工作流程，扎实推进后续工作。

（撰稿人：黎兴文）

工业和信息化部打击侵权假冒工作报告

一、配合农业部等有关部门开展农资打假工作

（一）与农业部等六部门联合印发《2014 年全国农资打假和监管工作要点》

为认真贯彻中央经济工作会议和中央农村工作会议精神，切实加强农资打假和监管工作，我部与农业部等六部委发布了《2014 年全国农资打假和监管工作要点》（农质发〔2014〕7 号）。

（二）开展打击侵权假冒工作绩效现场考核

2 月 17 日至21 日，我部派员参加第六考核组，对贵州省和四川省 2013 年度打击侵权假冒工作绩效进行了现场考核。考核采用听取汇报、查阅资料、现场抽查、检查市场、召开座谈会等多种形式，严厉打击了制售假劣农资等违法犯罪行为，严查了一批假劣农资案件，维护了农民合法权益。

（三）完成农药产品生产批准证书监督抽查工作

2014 年委托全国 20 个质检站对 86 家企业的农药产品进行监督检查。10 月 23 日，我司在北京组织召开了农资打假暨农药产品生产批准证书监督抽查工作座谈会，北京、天津、江苏、山东等 20 个化工农药产品质量监督检验单位参加了会议。通过监督抽查专项活动，维护了正常的农药生产和经营秩序。

（四）完成全年农药行政许可工作

根据《行政许可法》、《农药管理条例》和《农药生产管理办法》的有关要求，积极开展农药企业核准、延续核准、颁（换）发农药产品生产批准证书工作。2014 年颁发农药产品生产批准证书共 9 批 2 037 个，换发农药产品生产批准证书共 9 批 2 682 个，换证下放省份换发农药产品生产批准证书共 6 批 1 492 个。农药原药企业延续核准 3 批 58 家，农药制剂企业延续核准备案共 9 批 393 家，农药企业迁址更名备案共 6 批 17 家，农药企业原址更名备案共 6 批 28 家。农药企业迁址备案 8 批 26 家，农药企业兼并重组 4 批 18 家，减少企业数量 9 个。

（五）积极开展化肥行业准入工作

开展合成氨行业准入专家评审工作，符合条件的 8 家合成氨生产企业已经颁布公告。开展磷铵行业准入专家评审工作，确定了拟公示符合《磷铵行业准入条件》的 22 家企业，其中磷酸一铵占现有总产能的 30. 29%；磷酸二铵占现有总产能的 30. 31%。

（六）完善农药产品生产批准证书查询库

每个月在工业和信息化部网站定期更新内容，全国农药厂家、监管部门、农药使用者可以通过企业名称、产品名称和生产批件号方便及时地查询到相关的企业或产品，促进了农药行业信息交流。

（七）建立农药生产企业查询库

全国农药厂家、监管部门、农药使用者可以通过企业名称方便及时地查询到相关企业是否取得农药生产资质，维护了合法农药企业利益。

（八）加强农资打假政策宣传指导

利用网络、期刊等媒体手段，采取新闻报道、部长信箱答复、在线交流等形式，解答公众疑问，宣传农资打假政策，引导行业健康有序发展。

（九）根据举报材料，实地开展农资打假工作

2014 年共开展了三次实地调查工作：3 月，调查核实江苏省实名举报企业制售假农药哌虫啶行为；9 月，调查山东省举报反映企业生产假冒伪劣农药行为；12 月初，根据匿名举报信，开展调查贵州非法生产和销售农药等情况，加强了

生产企业生产经营行为监管，有力维护了农药生产经营秩序。

（十）及时处理外单位来函，开展农资打假工作

2014年处理外单位来函共6件。5月28日，收到办公厅信访保卫处转来的《关于请求协查农药生产批准证书真实性的请示》，明确答复来函反映的“河南地卫士生物科技有限公司30%三唑酮·氧乐果乳油（证书编号：HNP41025-A6814）”的农药生产批准证书（复印件）是伪造的。

（十一）加大打击侵犯农药知识产权专利力度

2014年共调查反映的农药专利侵权案件共6个，邀请有关专家分析企实际拥有的专利情况，根据调查结果，采取相关措施，维护了专利人的合法权利。

（十二）加大互联网农药销售监管力度

联合部电子知识产权中心，开展互联网农药销售监管宣传。

（十三）开展非法生产农药出口摸排工作

根据《农药管理条例》及《2014年全国农资打假和监管工作要点》有关要求，开展非法生产农药出口摸排工作，有力打击了制假售假农药等违法行为。

二、推进软件正版化工作

开展计算机预装正版操作系统软件专项检查工作，结合双打督查、政府机关软件正版化检查等工作，检查计算机销售门店预装情况和当地政府机关购买计算机的预装情况；召集有关单位，根据市场上计算机发展趋势、平板电脑销售量快速增长等情况，结合正版化督查发现的预装问题，深入研究计算机预装正版操作系统软件工作出现的新情况，预判预装工作的新问题及难点；积极做好新出厂计算机预装正版操作系统工作，完成2013年度计算机预装正版操作系统数据研究报告。2013年新出厂计算机预装正版操作系统预装率达到98.42%，比去年提高了0.2个百分点，预装率连续8年持续提高并连续5年保持在98%以上。

三、配合有关部门严厉打击网络侵权假冒，关闭违法违规网站

我部作为互联网行业管理部门，认真履行职责，不断加强行业管理，大力整治网上违法违规行为，持续净化网络环境，保障互联网行业健康发展，维护消费者合法权益。《全国人大关于加强网络信息保护的决定》出台后，我部积极贯彻落实有关要求，大力推动网络实名管理。为进一步做好网站备案工作，开展了“加强和改进网站备案工作专项行动”，狠抓网站备案率和网站备案信息准确率，重点治理未备案接入、虚假备案等违法违规行为。积极参与打击互联网侵权盗版“剑网2014”专项行动，配合国家新闻广电出版总局、国家互联网信息办公室等部门处置存在侵权盗版等违法违规行为的网站572家，配合国家食品药品监督总局、工商总局等部门处置存在发布虚假医疗器械、药品广告等违法违规行为的网站138家。

（撰稿人：龙海斌）

司法部打击侵权假冒工作报告

根据《2014年打击侵权假冒重点工作要点任务分工意见》和季度重点工作安排，司法部结合工作职能，积极部署开展打击侵权假冒工作，各项工作稳步推进。

一、加强组织领导，加大对律师代理侵权假冒案件指导工作力度

一是与打击侵权假冒相关行政执法部门和司法机关积极沟通协调，加强对侵权假冒刑事案件和民商事案件律师辩护代理工作的指导与监督。二是指导各地律师协会知识产权专业委员会对近年来律师代理知识产权案件的情况进行整理和总结，及时出台相关的律师业务操作指引，对典型案件进行分析，加强律师代理此类案件的业务指导，规范律师执业行为，提升服务质量。三是组织律师就商业秘密司法审判的现状对我国技术创新产生的不利影响做专题研究，并针对商业秘密民事诉讼中存在的问题进行调研。

二、推动开展专项法律服务，提高企业打击侵权假冒意识

一是在高新技术产业和科技创新型企业中，大力推广企业法律顾问制度，开展公司律师试点，积极为企业提供以发

明专利、实用新型、外观设计、商标等知识产权保护为内容的法律服务，为企业构建知识产权认定、利用和维权的各项制度，充分发挥企业在打击侵权假冒工作中的主动性。二是参与国家知识产权战略行动计划制定工作，首次将知识产权保全公证作为预防性保护机制列入计划。三是加大对企业经营管理人员打击侵权假冒相关法律法规宣传的力度，把有关法律知识作为企业经营管理人员学法的重要内容，通过专门培训、日常学法等活动，提高企业经营管理人员的法治意识。

三、重视法律法规宣传，积极为打击侵权假冒工作营造良好法治环境

一是切实加强打击侵权假冒法治宣传工作部署和指导。指导各地普法职能部门结合实际制定宣传计划，投入必要的人力、物力和财力，组织开展了形式多样的宣传活动，取得了良好的社会效果。二是突出普法重点对象，开展打击侵权假冒相关法律法规宣传教育。各地普法职能部门把《商标法》、《专利法》、《刑法》等打击侵权假冒相关法律法规纳入领导干部和公务员尤其是相关职能部门执法人员的法制培训规划，通过组织法律讲座、举办法律法规政策培训研讨班、开展主题征文活动等多种形式，普及宣传打击侵权假冒相关法律知识。三是面向社会公众开展打击侵权假冒法治宣传主题活动。依托法律进机关、进乡村、进社区、进学校、进企业、进单位的“法律六进”活动，利用展板图片、音像资料、法律咨询、发放宣传品、播放公益广告等多种形式，开展打击侵权假冒法制宣传和法律服务，把相关法律知识送到企业和社会公众身边。以知识产权宣传周为契机，部署指导各地加强对科研院所、高等学校、企业等相关人员进行知识产权法治实务辅导，充分运用普法广场、法治公园、普法长廊等群众性法治宣传教育阵地集中开展法律法规宣传。四是在中国普法网、中国普法官方微博开展了为期两周的专题宣传活动，集中宣传打击侵权假冒相关法律法规和国际条约，以及国家发展和保护知识产权工作动态、理论文章和案例解读等。

（撰稿人：杨柳）

环境保护部打击侵权假冒工作报告
——侵权假冒商品无害化处置工作进展

2014 年，环境保护部进一步加强对侵权假冒商品分类处理的指导，发布了《拟销毁的侵犯知识产权和假冒伪劣商品分类处理指南》，印发《关于进一步做好侵犯知识产权和假冒伪劣商品环境无害化销毁工作的通知》。根据职能分工有的放矢，积极督促各级环境保护部门报送侵权假冒商品无害化销毁情况，落实无害化销毁经费来源，分别对重庆、云南、湖南、江西、江苏和安徽 6 省（区、市）进行了打击侵权假冒工作现场绩效考核。响应大气污染防治工作，配合实施车用汽柴油专项整治行动，查处一大批冒用知名加油站商标、销售假劣燃油等案件，为建立全国油品整治监督管理机制提供了宝贵经验。

一、继续做好侵权假冒商品环境无害化销毁的日常工作

为进一步做好收缴的侵犯知识产权和假冒伪劣商品（以下简称侵权假冒商品）环境无害化销毁工作，按照《关于做好侵犯知识产权和假冒伪劣商品环境无害化销毁工作的通知》（环办〔2012〕126 号，以下简称《通知》）要求，环境保护部督促各地及时报送侵权假冒商品无害化销毁情况，据统计，2014 年全年，全国共销毁各类侵权和假冒伪劣商品约 992. 39 吨，其中药品及医疗器械 187. 03 吨、烟酒 85. 42 吨、食品 263. 97 吨、日用品 27 吨、农资及农产品 223. 27 吨；侵权盗版光盘 68 万张、盗版或非法出版书刊 109. 6 万册、假冒奢侈品 1 389 件；不合格液化石油气产品 86 万元，警服、警衔 20 立方米，病死猪 7 796 头，家电 11. 87 万件。

北京、江苏、福建、广东、四川、甘肃 6 个省（市）及时有效地报送了无害化销毁数据。江苏、浙江、湖北、广东、云南、河北、福建、贵州、陕西、甘肃、安徽、四川 12 个省（区）分别采取财政支付、自筹经费支付和两种来源共同支付等方式，落实了无害化销毁经费来源。

二、进一步加强对侵权和假冒商品分类处理的指导

为落实《国务院办公厅关于印发2013年全国打击侵犯知识产权和制售假冒伪劣商品工作要点的通知》（国办发〔2013〕36号）关于做好侵权假冒商品环境无害化销毁分类处理指导工作的有关要求，环境保护部于2014年3月发布了《拟销毁的侵犯知识产权和假冒伪劣商品分类处理指南》（环境保护部18号公告以下简称《指南》），旨在指导各地将拟销毁的侵权假冒商品纳入到固体废物进行管理，按照合理利用和无害化处置的原则进行分类处置。

为进一步加强侵权假冒伪劣商品环境无害化销毁工作，督促地方针对问题加快整改，做好绩效考核相关工作，环境保护部即将印发《关于进一步做好侵犯知识产权和假冒伪劣商品环境无害化销毁工作的通知》，要求各省级环境保护厅（局）认真组织做好本辖区各地市自查工作，经与同级双打办掌握的信息进行核对，完成自查报告。

三、继续做好打击侵权假冒工作的现场绩效考核

按照《关于开展2014年度省（区、市）打击侵犯知识产权和制售假冒伪劣商品违法犯罪活动绩效考核的通知》（打假办发〔2014〕20号）要求，双打领导小组办公室于2015年2月组织赴各省、自治区、直辖市和新疆生产建设兵团进行现场考核。由环境保护部为组长单位，工商总局、网信办、商务部等4个部委组成的全国打击侵权假冒工作绩效现场考核第三组，对天津市、山西省打击侵权假冒工作开展了现场绩效考核。同时环境保护部还派员参与了第十四组对北京等相关省份的考核。

四、配合车用汽柴油专项整治行动

领导小组办公室、中央宣传部、公安部、环境保护部、商务部、国资委、工商总局、质检总局联合开展的车用汽柴油专项整治，与大气污染防治工作相呼应，对APEC会议期间大气质量保障发挥了重大作用，同时也积极推动了燃油品质和机动车排放标准升级。专项整治期间，查处大量冒用知名加油站商标、销售假劣燃油等案件，并采取了相应的处罚措施，有力的遏制了制假售假现象，为建立全国持续油品整治监督管理机制提供了宝贵的经验。

（撰稿人：张嘉陵）

商务部打击侵权假冒工作报告

2014年，商务部按照全国打击侵权假冒工作领导小组部署，探索推进商务综合行政执法，着力加强重点行业管理，持续推动商务诚信建设，积极开展知识产权国际交流合作，取得重要阶段性成果。

一、加强执法监管，促进公平竞争

（一）电视购物专项整治成效显著

会同工业和信息化部、新闻出版广电总局等7部委开展了为期半年的电视购物专项整治。各地共出动执法人员5万余人次，监测电视购物广告77万余条次，立案查处虚假违法电视购物广告691件，查处企业及播出机构316家，查处违法网站265个，关停了16家非法开办的电视购物频道，责令整改和停播广告7 803条。经过专项整治，违法违规电视购物广告数量下降了83.9%。研究起草了《无店铺销售经营管理办法（试行）》，发布了《媒体购物经营要求》行业标准，指导行业协会建立违法产品信息数据库。

（二）执法监管能力进一步增强

继续实施市场监管公共服务体系项目，支持市县商务主管部门开展综合行政执法，建设执法队伍和12312举报投诉服务平台。升级改造了全国综合行政执法业务管理系统，编发12312“商务执法快报”，加强了全国商务系统市场监管工作交流。按照《国务院关于促进市场公平竞争维护市场正常秩序的若干意见》（国发〔2014〕20号）部署，牵头推进部门间监管执法信息共享工作，制定了工作方案，并开展了监管信息共享需求调查。

（三）市场主体交易行为更加规范

加强零供交易监管，接受举报投诉，加强日常监管，排查存在的矛盾和问题，重点对北京物美集团、京客隆集团和

济南苏宁电器收费问题进行了调查处理。完善监管制度，组织起草了《零售商供应商公平交易管理条例（草案）》。继续强化商业预付卡管理，组织开展了专项检查，督促各地备案企业严格执行业务报告制度，落实预收资金保障措施。针对行业管理中出现的新业态、新模式和新情况，研究修订《单用途商业预付卡管理办法》。截至 11 月底，全国已有 4 503家单用途卡发卡企业完成备案，前三季度累计发卡数 4.05 亿张，发卡金额 3 251.8 亿元，预收资金余额 1 079.67 亿元。

二、强化行业管理，提高安全保障水平

（一）流通追溯体系建设初见成效

召开全国流通追溯体系建设工作会议，部署贯彻国发 20 号文件精神，推进重要产品追溯体系建设。进一步扩大建设范围，新增 15 个省市开展肉菜和中药材流通追溯体系建设试点，试点地区累计达到 75 个，受益人口超过 4 亿。制定中期评估规范、考核验收规范及运行考核办法，规范项目全过程管理。坚持分类推进，狠抓进度和质量管理，大力推进批发市场追溯系统与电子结算融合，提升追溯体系建设运行质量。前三批 35 个城市共有 1 万多家企业建成运行追溯体系，每日上报数据超过 150 万条，实现对 3 万多吨 300 余种产品的信息化可追溯管理。加大宣传力度，成功举办全国肉菜流通追溯体系建设成效展，扩大了社会影响。

（二）药品流通行业健康发展

会同发展改革委等 5 部委印发了《关于提升药品流通服务水平和效率工作的通知》，在社会上引起高度关注，释放了在医改中切实破除“以药养医”体制的强烈信号。完成了药品流通“十二五”规划纲要中期评估，指导推进中药材现代物流体系建设。发布了《中药材仓储管理规范》、《中药材仓库技术规范》2 项行业标准，指导行业协会加快按照行业标准推进分级评定工作。加强统计分析、人才培训等行业基础工作。同时，积极参与医改领导小组关于药品定价机制改革、医院药品集中采购、药品互联网交易管理等政策制定工作。

（三）直销行业管理规范有序

1—11 月，共批准内资直销企业 6 家，批准分支机构 40 家，审核备案服务网点 470 个、直销产品 470 种。截至 2014 年 11 月底，全国共有直销企业 50 家，分支机构 346 家，直销员 225.7 万人。1—10 月，直销业共实现直销销售额 226.5 亿元，同比增长 31.31%。研究起草了推进简政放权、加强事中事后监管的管理改革方案。完成了《直销服务网点管理办法》修订草案的起草工作。进一步完善了直销行业统计制度，发布了行业发展报告。

三、加强电子商务行业管理

（一）推动法规制度建设

针对电子商务领域监管依据不足等问题，先后出台了《关于网上交易的指导意见（暂行）》、《关于促进电子商务规范发展的意见》、《关于促进网络购物健康发展的指导意见》等政策文件，加强对网络购物活动的规范管理。积极参与《电子商务法》起草工作，并推动在《食品安全法》、《广告法》等法律中完善有关网络零售的条文。

（二）积极完善行业标准

制定发布了《网络交易服务规范》、《电子商务模式规范》、《第三方电子商务交易平台服务规范》、《电子合同在线订立流程规范》、《电子商务企业认定规范》等一系列行业规范标准，在规范引导网上经营活动、保护消费者合法权益、营造公平诚信的交易环境等方面发挥了积极作用。

（三）强化对第三方交易平台的管理

发布了《网络零售第三方平台交易规则制定程序规定（试行）》。通过对交易规则制订修改过程的公示、备案，更好地保护交易主体和消费者的合法权益，促进了公开、公平和透明。同时，通过备案系统提供公共信息服务，进一步转变政府职能，加强事中事后监管。

四、深化信用建设，营造诚信环境

贯彻落实《社会信用体系建设规划纲要（2014—2020 年）》（国发〔2014〕21 号），从完善机制设计、促进信用交易、培养诚信文化等方面，推动商务诚信建设进一步深化。

（一）完成了商务信用建设顶层设计

印发了《商务部关于加快推进商务诚信建设工作的实施意见》，确立了以行政管理信息共享机制建设、社会化综合信用评价机制建设和第三方专业信用评价机制建设为核心的工作思路。先后召开了商务部信用体系建设领导小组会议和全国商务领域诚信建设工作视频会议，进行动员部署。选择北京、上海、江苏、浙江、广东 5 省市的 87 家企事业团体作为全国首批商务诚信建设重点推进单位。

（二）启动了企业信用信息平台建设

全面梳理整合商务部内企业信用信息，起草了《商务领域企业信用信息数据库数据接口规范》。通过公开招标方

式，启动了商务信用信息交换共享平台建设项目，在归集部内司局、相关部门和行业信用信息数据的基础上，分步搭建企业数据库和信用信息交换共享平台。积极争取中央财政支持，鼓励部分试点地区探索建立各具特色的信用服务平台。

（三）促进了信用交易和服务业发展

继续实施中小企业国内贸易信用险奖励项目，共补助资金9 862万元，覆盖省份增至23个，补助范围拓展至国民经济所有行业，有力地支持了中小企业扩大信用销售。规范商业保理行业发展，研究起草了《商业保理管理办法（草稿）》。截至2014年10月底，全国商业保理业务金额约163.57亿元，保理机构已广泛分布于天津、上海、深圳、重庆、浙江、北京等省市。

（四）营造了诚信自律的社会氛围

会同民政部、中编办等7部门联合印发了《关于推进行业协会商会诚信自律建设工作的意见》。以“合力共筑·诚信强国”为主题，会同中宣部等18部门开展了2014年“诚信兴商宣传月”活动。继续指导各行业商协会开展行业信用评价活动。截至目前，全国已有181家商协会获得评级资格，2014年接受备案企业1 786家。

五、加强知识产权国际交流合作

牵头推进与经贸相关的多双边对外谈判、双边知识产权合作磋商机制及国内立场的协调等工作。

（一）牵头开展多双边对话磋商

牵头有关政府部门参加中国—美国、中国—瑞士、中国—俄罗斯、中国—欧盟等一系列政府间知识产权工作组会议，牵头有关政府部门参加世界贸易组织（WTO）知识产权理事会会议及知识产权相关议题谈判、亚太经合组织（APEC）知识产权专家组第38次和第39次会议，顺利完成了第六轮中美战略与经济对话、第25届中美商贸联委会、中欧领导人峰会、中欧高级别战略和经贸高层对话、中英经济财经对话项下知识产权议题的磋商工作，推动落实金砖国家知识产权合作计划，取得了积极成果。

（二）加强知识产权交流与谈判

继续在国际层面广泛介绍和宣传中国知识产权政策和保护成就，在美国举办了第四次“中国知识产权海外交流活动”。牵头执行《中美知识产权合作框架协议》、《中欧知识产权合作协议》，推动中美、中欧合作项目的落实，组织立法、司法和行政部门官员赴美开展“中美知识产权立法交流项目”，获得各界一致好评。组织协调多项重要知识产权谈判，完成中国—韩国自贸区知识产权章节、中国—澳大利亚知识产权章节文本谈判，继续稳步推进中日韩“区域全面经济伙伴关系”（RCEP）知识产权章节谈判，牵头推动中国—欧盟地理标志合作协定谈判取得新进展。

（三）完善知识产权海外维权预警机制

推动中国驻外机构加强涉外知识产权工作，在德国汉诺威消费电子、信息及通信博览会（CeBIT）等海外重要展会上设立中国参展企业知识产权服务站，为中国企业提供专业服务。研究海外知识产权贸易壁垒，完善海外知识产权信息平台建设，创建知识产权服务机构名录和国内外知识产权典型案例数据库，发布《境外企业知识产权指南（试行）》。加强涉外知识产权信息交流和分享，组织有关政府部门召开年度涉外知识产权信息沟通交流会，通过《知识产权国际快讯》等方式及时分享国际知识产权相关动态信息。

（撰稿人：刘红宇）

国家卫生计生委打击侵权假冒工作报告

根据全国打击侵犯知识产权和制售假冒伪劣商品工作安排和职责分工，我委主要负责配合工商总局，加强对医疗广告的监管。2014年，国家卫生计生委以及各级卫生计生行政部门高度重视医疗广告监管，进一步采取有效措施加强规范管理。

一、依法履职，严格落实审查出证工作

各级卫生计生行政部门严格医疗广告审查出证的程序和标准，确保出具的“医疗广告审查证明”规范、统一。据不完全统计，2014年，全国卫生计生系统共审查核发“医疗广告审核合格证明”7 363例，通过网络等多种形式，及时向社会公示医疗广告审核标准和结果，通过信息公开等

工作，接受社会监督，向社会公示，依法依规把好准入关，进一步净化医疗广告市场。

二、加强监测，深入开展违法医疗广告查处工作

各级卫生计生行政部门将违法医疗广告查处工作与医疗机构校验管理工作统筹开展，加强对医疗广告及从事互联网医疗保健信息服务（以下简称信息）活动的监督管理。据不完全统计，2014 年，全国卫生计生系统共监测医疗广告 200 多万例，查处违法发布医疗广告及信息的医疗机构 2 075家，给予警告 1 873 家，停业整顿 55 家，吊销诊疗科目 4 家，撤销医疗广告审查证明 43 家、行业不良记分和约谈医疗机构 528 家。2014 年，我委加大案件督办力度，先后督办了北京燕竹医院、广州京广医疗门诊部、济南韩美整形美容医院等一批涉及违法发布医疗广告的案件。通过开展互联网重点领域广告专项整治工作以及加大督办力度，违法医疗广告呈下降趋势。

三、协调联动，积极完善部门协作机制

我委加强与相关部门的协调配合，2014 年，商请工业和信息化部关闭了 31 家“涉及医疗技术、诊疗方法、疾病名称”等词语，进行夸大虚假宣传的医疗广告网站；积极配合国家新闻出版广电总局，加强养生保健类节目管理，打击利用养生保健节目变相发布医药广告等行为；严厉打击以虚假医疗广告名义制售假冒伪劣药品的违法行为，形成多部门齐抓共管的工作格局，形成监管合力。据不完全统计，2014 年，全国卫生计生系统移送给相关部门案件 728 件。

四、修订法律法规，加大惩处力度

2014 年，我委积极配合工商总局等部门修订《广告法》，并筹备修订《医疗广告管理办法》，推动从法律层面上加大对违法发布医疗广告行为的惩处和威慑力度。

（撰稿人：钟发英）

中国人民银行打击侵权假冒工作报告
——推进社会信用体系建设，构筑双打诚信环境

近年来，人民银行结合“管理征信业，推动建立社会信用体系”的职责，充分发挥政府部门和市场的作用，建立健全法规制度，培育和发展征信市场，将打击侵权假冒信息纳入征信服务中，促进形成“激励守信、惩戒失信”机制，推进社会信用体系建设。

一、健全信用法规与制度设计，完善社会信用体系建设框架，为社会诚信建设提供保障

制定和修订了一系列法律法规。国务院先后制定、印发了《政府信息公开条例》和《征信业管理条例》，初步形成了信用信息公开、采集与应用的法制基础；2014 年，国务院颁布正式实施《企业信息公示暂行条例》，规定企业和有关行政管理部门应向社会公示相关信息；新修订的《环境保护法》、《安全生产法》等法律法规对相关领域信用记录建设、公开、共享和失信行为惩戒都作出了规定。

发展改革委、人民银行牵头，会同社会信用体系建设部际联席会议各成员单位，编制完成《社会信用体系建设规划纲要（2014—2020 年）》，并正式印发了《〈社会信用体系建设规划纲要〉任务分工方案》和《社会信用体系建设三年重点工作》；制定了《公民统一社会信用代码制度方案》、《法人和其他组织统一社会信用代码制度建设总体方案》、《统一信用信息共享交换平台建设总体方案》，及农产品、商务、纳税、安全生产、保险、外汇等各个领域信用建设制度或指导意见；全国打击侵权假冒领导小组制定了《关于依法公开侵犯知识产权及制售假冒伪劣商品行政处罚案件信息的意见》。

人民银行贯彻落实《征信业管理条例》，进一步完善与《征信业管理条例》相配套的征信制度与标准体系，分别制定了《征信机构管理办法》、《个人信用信息数据库管理办法》、《金融信用信息基础数据库用户管理规范》、《征信机构信息安全规范》、《征信投诉办理规程》等。

二、建立健全政务信用记录，加强信用信息公开、共享与应用，形成部门间联合惩戒机制

各部门、各行业建立健全信用记录和信用信息系统建

设。工商总局组织建设企业信用信息公示系统，建立经营异常名录或者严重违法企业名单；发展改革委推动建设投资项目在线审批监管平台，建立投资项目主体和中介机构信用档案；商务部进一步完善商务信用信息交换共享平台，支持中小企业扩大信用销售。民政部建立了居民家庭经济状况核对机制和信息系统，促进社会救助公平公正；住建部、文化部、海关总署、知识产权局等部门也建立了行业的信息平台或信用信息数据库。

加强信息公开，建立共享机制，落实失信惩戒。各部门建立信用信息公示系统或依托本部门网站，公开行政执法信用信息，尤其是行政处罚信息，为社会获取有关信用信息提供便利，如全国打击侵权假冒领导小组各行政执法部门依托部门网站、管理信息系统等渠道，及时公开打击侵权假冒行政执法案件信息。发展改革委、人民银行、税务总局等21个部门签署了《关于对重大税收违法案件当事人实施联合惩戒措施的合作备忘录》。基于电子政务外网的政府部门间信息共享平台和基于互联网的“信用中国”网站也将于近期上线运行。

切实发挥政府部门在诚信建设中的示范带头作用，在依法履职中采用企业和个人征信系统提供的信用报告。部分地方政府积极探索在行政管理和社会公共管理领域应用信用信息，在资质认定、政府采购、招投标、人员录用等环节使用信用报告、信用记录，通过加强信用信息产品的应用，提高了社会成员的诚信意识，构建了部门间对失信行为的联合惩戒机制。

三、积极稳妥培育征信机构，发展征信市场，构建市场化信用激励约束机制

持续推动金融信用信息基础数据库建设。该数据库已基本覆盖所有从事信贷业务的机构，信息网络遍布全国银行类金融机构的信贷营业网点。除企业、个人信贷业务信息外，该数据库也通过签署协议、公开渠道收集等方式，将各部门行政执法信息包括打击侵权假冒行政案件信息，为金融机构信贷决策、资产管理提供更加全面的信息参考。截至2014年底，企业征信系统接入机构用户1 724家，收录企业和其他组织1 969万户，本年累计查询9 950万次；个人征信系统接入机构用户1 811家，收录自然人8.57亿，本年累计查询4.05亿次。作为我国重要的金融基础设施，金融信用信息基础数据库在推动我国信贷市场发展、提升信贷风险管理效率、支持公共部门依法履职、提高社会信用意识方面发挥了重要作用。

按照《征信业管理条例》和《征信机构管理办法》要求，依法开展个人征信机构许可及企业征信机构备案工作，推动我国征信业多元化发展，积极引导、推动征信机构采集多方面的信息包括打击侵权假冒行政处罚案件信息，为社会提供多层次、多样化的征信产品和分析服务。截至2014年底，已有64家企业征信机构在人民银行分支机构办理备案，同时选取了8家机构开展个人征信业务准备工作。

（撰稿人：张红盛）

国家邮政局打击侵权假冒工作报告

自2014年5月成为全国打击侵权假冒工作领导小组成员单位以来，国家邮政局认真学习贯彻有关会议、文件精神，积极参加全国打击侵权假冒工作办公室组织召开的各项会议和活动，结合实际部署开展邮政行业打击侵权假冒工作。主要工作情况如下。

一、将打击侵权假冒工作纳入邮政市场监管常态化工作内容

2014年9月，国家邮政局印发了《关于做好邮政行业打击侵权假冒工作的通知》（国邮发〔2014〕175号），在全行业部署开展打击侵权假冒工作。要求各级邮政管理部门高度重视打击侵权假冒工作，将打击侵权假冒工作列入邮政市场监管的重要内容，为全国打击侵权假冒工作大局作出积极贡献。要求各级邮政管理部门加强组织领导，主动与地方打击侵权假冒工作领导小组办公室建立工作联系，健全工作机制，积极配合相关部门在邮政行业开展打击侵权假冒工作宣传、教育、培训、执法检查等相关工作。要求各级邮政管理部门加强对邮政企业、快递企业的宣传教育和督促指导，指导企业加强内部管理，加强诚信建设，严格落实收寄验视制度，防范侵权假冒商品进入寄递渠道。要求寄递企业与电

商企业签订协议，杜绝寄递侵权假冒商品；对相关部门公布的打击侵权假冒领域列入“黑名单”企业交寄的邮件、快件予以重点查验；鼓励寄递企业举报寄递侵权假冒商品行为人。

二、按照全国打击侵权假冒工作统一部署开展年度重点工作

国家邮政局按照《国务院办公厅关于印发2014年全国打击侵犯知识产权和制售假冒伪劣商品工作要点的通知》（国办发〔2014〕13号）精神，以及全国打击侵权假冒工作领导小组印发的《打击互联网领域侵犯知识产权和制售假冒伪劣商品工作方案》（打假发〔2014〕3号）等文件提出的工作安排，以及国家邮政局工作要点和分工，结合邮政行业实际及时进行传达和部署，强调了邮政管理部门2014年参与承担的重点工作。一是配合打击侵权假冒工作相关部门治理互联网领域侵权假冒多发环节和药品、可制爆化工产品等重点商品交易行为，查处销售商违法违规改变包装和品名行为。配合商务、海关等部门加强跨境电子商务侵权信息收集和风险预警，开展针对进出境邮件、快件的知识产权保护工作，重点查处进出口侵权假冒日用消费品、化妆品和电器产品违法行为。二是配合开展农村和城乡结合部市场假冒伪劣专项整治。配合相关部门严厉开展重要农时与节庆时段执法检查，治理整顿生产源头，加强对重点商品的监督抽检和对农村市场经营行为的监管，防止假冒伪劣产品通过寄递渠道流通扩散。

三、部署地方邮政管理局开展邮政行业打击侵权假冒专项活动

要求各级邮政管理部门依法履行职责，积极配合打击侵权假冒主管部门和其他相关部门，治理互联网领域侵权假冒多发环节和药品、易制爆化工产品等重点商品交易行为，查处销售商违法违规改变包装和品名、进出口侵权假冒日用消费品、化妆品和电器产品违法行为。通过开展第一次邮政行业打击侵权假冒专项活动，各级邮政管理部门与各地打击侵权假冒主管部门建立了工作联系，初步形成了信息沟通和协作配合机制，加深了对彼此行业实际情况的了解，合作开展了一系列联合检查，为下一步加深部门合作，推进邮政行业打击侵权假冒工作打下良好基础。这次专项活动也是对广大邮政企业、快递企业的一次集中宣传教育活动。在各级邮政管理部门的努力宣传引导之下，广大企业初步认识到了邮政行业打击侵权假冒工作的重要意义，支持、配合打击侵权假冒工作的意识普遍提高。

四、加强寄递渠道安全监管基础工作

2009年修订的《中华人民共和国邮政法》赋予邮政企业以外的快递企业合法市场主体地位，促进了我国快递服务的迅猛发展，寄递服务在我国经济社会生活中发挥着越来越大的作用。同时，蓬勃发展的快递行业也存在着“先有市场，后有规范”的现实问题，整体安全管理水平不高。同时，由于寄递渠道具有人货分离、点多面广、服务便捷、资费低廉等特点，近年来越来越多被不法分子利用从事各种危害国家安全、公共安全、人民群众生命财产权利的违法犯罪活动，其中也包括寄递侵权假冒商品行为。为此，国家邮政局高度重视行业安全监管工作，不断完善安全监管制度体系，强化落实执行，督促寄递企业切实承担安全管理第一主体责任。2014年，国家邮政局按照年度全国邮政管理工作会议确定的“安全为基、发展为要、服务为上”总要求，着力加强安全监管体制机制和能力建设，积极研究、起草、修改完善《快递条例》草案，争取列入国务院年度立法计划。经中央批准，组建成立了直属事业单位——国家邮政局邮政业安全中心。制定发布了规范性文件《寄递服务用户个人信息安全管理规定》、《邮政行业安全信息报告和处理规定》。启动《禁寄物品指导目录及处理办法（试行）》修订和《邮件快件收寄验视管理规定》研究制定工作。

贯彻落实中央综治办、国家邮政局等九部门联合印发的《关于加强邮件、快件寄递安全管理工作的若干意见》（中综办〔2014〕24号）文件，全面加强邮件快件安全管理，逐步实行寄递实名制和邮件快件100%通过X光机安检。在一些重要时间节点，如“双11”快递业务旺季，国家邮政局专门派出检查组，赴上海、浙江、辽宁、吉林、重庆、四川、山东、安徽、湖南、湖北等地进行督导检查，在确保旺季期间邮政行业平稳运行的同时，以清理整顿代收货款业务中寄递假劣食品药品违法行为为重点，督促指导各级邮政管理部门落实打击侵权假冒工作，听取工作中遇到的困难和问题，探讨应对和解决办法。推动建立健全包括政府、企业、用户在内的完整的寄递安全责任体系。加强邮政市场执法检查，全国各级邮政管理部门共查处违法违规行为18 671次，查获禁寄物品17 976件。

（撰稿人：王韬）

中国贸促会打击侵权假冒工作报告

2014年，贸促会紧紧围绕国家知识产权战略，发挥贸促会独特优势，着力抓好打击侵权假冒工作，主要包括以下内容：

一、加强国际交流

（一）与多双边机制工作结合

我会积极利用60个多双边合作机制，在多双边场合宣传我国知识产权保护和打击侵权假冒工作。

（二）与世界主要知识产权组织加强交流

我会与知识产权主要国际组织，如世界知识产权组织（WIPO）、国际商标协会（INTA）、国际保护知识产权协会（AIPPI）、国际许可证贸易工作者协会（LES）、国际商会（ICC）知识产权委员会等保持了密切的联系。注重发挥AIPPI中国分会、LES中国分会等平台的作用，积极开展国际交流，宣传我国打击侵权假冒工作成果，举办了AIPPI中日韩三国交流会、LES区域会议、2014 AIPPI中国分会青年知识产权研讨会，参加了AIPPI国际大会、LES国际大会、INTA大会等，为提高中国企业知识产权国际保护能力、促进中外知识产权领域的交流与合作贡献力量。

2014年9月，在多伦多召开的2014年AIPPI世界知识产权大会上，贸促会专利商标事务所所长马浩当选为AIPPI副会长，成为AIPPI成立100多年来第一位进入事务局的中国籍会员，充分反映了国际社会对中国知识产权事业发展的认可与肯定。

二、加大知识产权培训力度

2014年贸促会大力开展针对企业的知识产权辅导和培训工作，积极引导企业规范经营。

（一）新《商标法》培训

结合2014年新《商标法》修改，我会先后在北京、上海、广州组织企业商标知识产权保护培训三次，共培训国内企业100多家，切实提高了企业商标保护的意识和能力。此外，还对珠海格力、中化集团开展重点培训，根据企业具体情况，有针对性地提供培训和咨询。

（二）企业“走出去”知识产权培训

我会多次派员赴陕西、广东等地，在企业知识产权战略制定、专利的深入挖掘、布局、申请、运营和保护等方面，为企业提供现场服务，有效地提升了企业知识产权保护意识，减少了海外侵权行为，预防了海外知识产权纠纷的发生。

以广东的培训为例。2014年12月，我会在佛山市顺德区为当地家居五金协会的企业做了有关涉外专利商标相关知识的宣讲和辅导。该地区共有家居五金制造企业2 000多家，整体实力占国内行业的五分之一。近年来，当地家居五金企业的出口贸易额不断攀升，但在国外也遇到了许多知识产权问题。此次培训帮助当地企业进一步了解了涉外知识产权的相关知识，强化了企业的知识产权和品牌意识，在帮助和引导企业规范经营和合理规避侵权风险等方面起到了一定作用，受到了企业的高度评价。

（三）涉外展览知识产权培训

2008年以来，贸促会每年在参展企业集中的地区举办2至3场出国展览知识产权培训，旨在提高组展单位和参展企业的知识产权保护意识和侵权纠纷解决能力，累计参加培训的企业人员总数超过2 000人。2014年在湖南永州、陕西渭南等城市举办。培训的演讲嘉宾来自各个层面，包括德国柏林中级法院知识产权庭法官、德国知识产权执业律师、国内各省中级法院知识产权庭法官、欧洲展览知识产权服务站调解人以及有关参展企业等，授课内容涵盖涉外知识产权司法审判、专利检索防范侵权、出国参展知识产权纠纷处理及法律风险防范等各个方面。

三、完善服务体系建设

（一）出国展览知识产权服务与管理

中国加入WTO以后，我国企业赴国外参展的数量、规模持续增长，伴随而来的是展会现场知识产权涉嫌侵权的纠纷也越来越多，严重影响了“中国制造”的整体形象和我国重视知识产权保护的国家形象。

贸促会积极与商务部、国家知识产权局等部门开展合作，联合设立“中国企业知识产权服务站”（IPR DESK，以下简称服务站），为企业提供现场知识产权咨询和调解服务，并在服务站未辐射到的展会，通过派出贸促会知识产权监管工作组的方式开展现场咨询和调解服务，建立起了以重点展会现场服务和监督为核心环节，展前培训预警、展后追踪调研、日常宣传交流为配套的综合服务机制。

2014 年间，通过政府部门、协会组织和参展企业的共同努力，展会期间当地执法部门的执法方式逐渐缓和，查封展台等极端方式有所减少，涉嫌侵权纠纷的数量减少。贸促会通过有效改善中国企业在德国参展的知识产权状况，提升了欧洲经济领域对中国市场参与者的信赖程度，减少了歧视与不公平竞争现象。

（二）知识产权服务中心成立

2014 年 12 月 8 日，“中国贸促会知识产权服务中心”挂牌成立，正式启动企业和社会知识产权服务需求、国际知识产权非政府组织工作内容和实践等问题的研究工作。同时，联合地方和行业贸促会开展了打击侵权假冒相关知识的普及和宣传工作。

（撰稿人：沈佩兰）

司法保护

Judicial Protection

公安部打击侵权假冒工作报告

2014年，公安部按照国务院部署要求，组织全国公安机关认真履行职能，严打假冒伪劣犯罪，推动长效机制建设，各项工作取得阶段性成效。

一、突出打击主业，始终保持高压严打

在连续三年专项行动的基础上，公安部继续将打击侵犯知识产权和制售假冒伪劣犯罪放在当前各项工作的突出位置。年初即下发专门通知，明确全年打假领域工作要点，组织全国公安机关狠抓集群战役和大案侦办，持续掀起打击破案强大声势，推动各地不断完善常态化条件下的打防工作格局，努力实现专项行动常态化、常态打击专项化。同时，针对当前利用互联网实施假冒伪劣犯罪泛滥蔓延的突出态势，结合全国领导小组开展网上打假工作部署，主动谋划、提早部署，于2014年6月20日制定下发《全国公安机关网上打假行动方案》，组织全国公安机关开展为期半年的网上打假行动，对互联网假冒伪劣犯罪展开全覆盖、毁灭性围剿打击，并以此带动打假整体工作。据统计，2014年，全国公安机关共破获侵犯知识产权和制售伪劣商品犯罪案件2.8万起，抓获犯罪嫌疑人3.2万名，涉案金额177.8亿元。

二、强化战役攻坚，持续掀起打击高潮

指导各地继续完善集群战役和情报导侦工作机制措施，努力在实战中打造“统一指挥、情报主导、合成作战、高效打击”的打击犯罪新模式，实现打击知识产权犯罪从现场查抄向侦查深挖、从个案查处向全程打击的深远变革，彻底铲除生产源头和产供销链条，断绝其死灰复燃能力。2014年，共认定全国发起的集群战役426起，形成持续打击高潮。6月，浙江、湖北、河南、广东、福建、云南等地公安机关成功开展“903”行动收网战役，联合对非法拼装烟机这一假烟犯罪源头环节进行集中清剿，破案15起，抓获犯罪嫌疑人72名，涉案价值4 000万余元，烟机缴获量系历年打击假烟犯罪之最。9月，山东、广东、广西、福建、吉林等地公安机关围绕“视觉Vision运动空间”网上销售假冒品牌运动服装案成功发起集群战役收网行动，捣毁制假售假窝点13处，抓获犯罪嫌疑人26人，缴获假冒NIKE、ADIDAS等品牌的运动服装、鞋5.6万余件（双），涉案金额1.3亿元，彻底摧毁了一个涉及全国12省17市乃至哥伦比亚、越南、波兰、非洲等国家的特大制售假冒运动品牌鞋服犯罪网络。

三、密切部门协作，推动形成打假合力

积极推动行政执法与刑事司法“并行运作”向“融汇运行”转变。一是会同海关、烟草、质检、版权等部门，研究细化重点领域案件移送标准、政策法律会商、联合督办机制等，推动出台《走私烟草专卖品重大案件督办制度》，着力提升协作效能和打击精度。二是会同版权局、工信部等部门联合开展“剑网2014”专项行动，严打网络侵权盗版违法犯罪活动，共破获著作权刑事案件508起。三是指导各地公安机关主动加强与各行政执法部门的沟通交流，省市两级公安机关全面建立两法衔接配合机制。2014年，各级行政执法部门共向公安机关移送各类涉嫌假冒伪劣犯罪案件4 715起，占公安机关立案总数的16%。

四、坚持搭建结合，筑牢长远工作根基

坚持“打建结合，以打促建”，引导各地全面夯实打假工作基础。一是会同阿里巴巴集团探索建立电商数据协查快速通道、网络侵权线索研判查处等工作机制，正式出台《关于印发阿里巴巴电商平台数据查询和线索查办规定的通知》。利用上述合作机制，已协助各地查询阿里巴巴相关数据462批次，涉及账户6 833个，协助发起集群战役上百起，实战成效显著。二是部署各地以建设“假冒伪劣商品溯源系统”为契机，主动联系本地重点企业，凝聚打假社会力量，构建警企协作长效机制。三是指导各地结合近年来专项打击行动，探索破解重点领域专业疑难案件的立案条件、侦查方法、取证规格、法律适用等难题，强化执法规范化建设。

五、大力教育宣传，营造良好外部氛围

结合“3·15”消费者权益保护日、“4·26”知识产权宣传周、“5·15”防范和打击经济犯罪宣传日等重要节点，组织各地公安机关开展形式多样的宣传活动，剖析典型案例，讲解法律常识，征集案件线索，争取社会各界广泛参与。2014年1月和11月，先后两次会同全国打击侵权假冒

领导小组办公室在国务院新闻办举行专题新闻发布会，向国内外媒体介绍中国公安机关打击侵犯知识产权犯罪进展情况及打击成效。9月，邀请中国美国商会、中国欧盟商会、中国外商投资企业协会优质品牌保护委员会等协会组织和40余家外商企业代表，在京召开“打击侵犯知识产权犯罪工作情况通报会”。同时，坚持以国际合作促对外宣传，会同欧盟和国际刑警组织五次联合举办“打击假冒伪劣犯罪培训班”，会同国际刑警组织以及有关境外执法部门开展打击假药犯罪联合执法行动，以务实合作和巨大战果赢得国际社会赞许。4月23日，公安部经侦局获美国商会评选“知识产权捍卫者奖”，成为首获此奖的美境外执法部门。9月，鉴于在地区联合执法行动中的突出战绩，国际刑警组织授予公安部经侦局“最佳地区案例奖”。

（撰稿人：王志广）

最高人民法院打击侵权假冒工作报告

2014年是贯彻落实党的十八届三中、四中全会精神，全面深化改革的元年。人民法院在党中央坚强领导下，在全国人民代表大会及其常务委员会有力监督下，深入学习贯彻习近平总书记系列重要讲话精神，围绕“让人民群众在每一个司法案件中感受到公平正义”的目标，牢牢把握司法为民、公正司法工作主线，忠实履行宪法和法律赋予的审判职责，贯彻实施国家知识产权战略，积极发挥司法保护知识产权主导作用，坚定不移推进知识产权审判体制改革，深化司法公开、扩大司法民主、提高司法公信、提升司法权威，知识产权司法保护工作取得了新进展，为全面建成小康社会、全面深化改革、全面依法治国、全面从严治党作出了积极贡献。

一、始终坚持公正司法，大力推进知识产权审判工作

人民法院紧紧围绕党和国家工作大局，准确把握时代特征，积极顺应经济发展新常态对知识产权审判工作提出的新要求，不断加强知识产权司法保护力度，依法有效维护知识产权权利人的合法权益，平等保护各类市场主体利益，知识产权审判工作全面推进。2014年，人民法院共新收一审、二审、申请再审等各类知识产权案件133 863件，审结127 129件，比2013年分别上升19.52%和10.82%。

（一）充分发挥民事审判职能，加大对知识产权的保护力度

人民法院紧紧围绕我国全面深化改革的总目标，充分发挥知识产权司法保护对于激发全社会创新动力、创造潜力和创业活力的独特作用，合理确定知识产权的保护范围，加强对创新成果的保护力度，维护公平竞争的市场经济秩序。2014年，全国地方人民法院共新收和审结知识产权民事一审案件95 522件和94 501件，比2013年分别上升7.83%和7.04%。其中，新收专利案件9 648件，同比上升4.93%；商标案件21 362件，同比下降8.21%；著作权案件59 493件，同比上升15.86%；技术合同案件1 071件，同比上升12.86%；不正当竞争案件1 422件（其中垄断民事案件86件），同比上升9.22%；其他知识产权案件2 526件，同比上升0.48%。全年共审结涉外知识产权民事一审案件1 716件，同比上升0.11%；审结涉港澳台知识产权民事一审案件426件，同比下降11.8%。全国地方人民法院共新收和审结知识产权民事二审案件13 760件和13 708件，同比分别上升15.08%和18.65%；共新收和审结知识产权民事再审案件80件和94件（含旧存），同比分别上升6.67%和下降2.08%。

2014年，最高人民法院新收和审结知识产权民事案件336件和339件（含旧存），同比分别下降26.48%和18.71%。其中，新收和审结二审案件11件和10件；新收和审结申请再审案件268件和271件；新收提审案件34件，审结34件。

人民法院审理的具有较大社会影响的知识产权民事案件有：北京奇虎科技有限公司与腾讯科技（深圳）有限公司不正当竞争纠纷上诉案、南京宝庆银楼首饰有限公司与南京宝庆银楼连锁有限公司特许经营合同纠纷、商标侵权纠纷上诉案、杭州聚合网络科技有限公司与中国移动通信集团浙江有限公司侵害计算机软件著作权纠纷上诉案、麦格昆磁（天津）有限公司与苏州瑞泰新金属有限公司侵害技术秘密纠纷上诉案、钜泉光电科技（上海）股份有限公司与上海

雅创电子零件有限公司侵害集成电路布图设计专有权纠纷上诉案等。

（二）充分发挥行政审判职能，监督和支持行政机关依法行政

人民法院紧紧围绕建设社会主义法治国家的目标，认真贯彻落实全面推进依法治国的重大部署，充分发挥司法审查对知识产权授权确权和行政执法行为的监督和规范作用，促进严格执法。2014 年，全国地方人民法院共新收和审结知识产权行政一审案件 9 918 件和 4 887 件，比 2013 年分别上升 243.66% 和 68.46%。其中，新收专利案件 539 件，同比下降 22.67%；商标案件 9 305 件，同比上升 330.59%；著作权案件 12 件，同比上升 300%；其他行政案件 62 件，同比上升 148%。审结涉外、涉港澳台案件 2 237 件，占知识产权行政一审结案数的 45.77%，同比上升 70.5%。其中，涉外案件 1 927 件，涉港案件 150 件，涉澳案件 5 件，涉台案件 155 件。在审结的一审行政案件中，判决维持具体行政行为的 3 422 件，判决撤销具体行政行为的 841 件。全国地方人民法院共新收和审结知识产权行政二审案件 2 435 件和 2 118 件，同比分别上升 63.42% 和 41.58%。在审结案件中，维持原判 1 877 件，改判 181 件，发回重审 2 件，撤诉 45 件，驳回 2 件，其他方式结案 11 件。

最高人民法院新收和审结知识产权行政案件 145 件和 151 件（含旧存），同比分别上升 5.84% 和 21.77%。在审结的 131 件行政申请再审案件中，驳回再审申请 108 件，占 82.44%；提审 15 件，占 11.45%；和解撤诉 4 件，占 3.05%；指令再审 3 件，占 2.29%；以其他方式结案 1 件。在审结的 17 件行政提审案件中，改判 15 件，占 88.24%；维持 1 件，占 5.88%；以其他方式结案 1 件，占 5.88%。

人民法院审理的具有较大社会影响的知识产权行政案件有：苹果公司与国家知识产权局专利复审委员会外观设计专利申请驳回复审行政纠纷上诉案、（瑞士）埃利康亚洲股份公司与中华人民共和国国家知识产权局专利复审委员会、刘夏阳等发明专利权无效行政纠纷提审案、苏州稻香村食品有限公司与国家工商行政管理总局商标评审委员会、北京稻香村食品有限公司商标异议复审行政纠纷申请再审案、北京亚东生物制药有限公司与国家知识产权局专利复审委员会专利行政纠纷申请再审案等。

（三）充分发挥刑事审判职能，严厉打击侵犯知识产权犯罪

人民法院紧紧围绕推进平安中国建设的总体要求和部署，继续保持打击侵犯知识产权犯罪的高压态势，依法严惩侵犯知识产权犯罪行为，保护知识产权权利人的合法权益。2014 年，全国地方人民法院共新收涉知识产权刑事一审案件 11 088 件，比 2013 年上升 18.83%。其中，侵犯知识产权罪案件 5 242 件（假冒注册商标罪等侵犯注册商标犯罪案件 4 447 件，侵犯著作权罪案件 735 件），同比上升 4.4%；涉及侵犯知识产权的生产、销售伪劣商品罪案件 3 966 件，同比上升 61.55%；涉及侵犯知识产权的非法经营罪案件 1 697件，同比上升 0.65%；涉及侵犯知识产权的其他案件 183 件，同比上升 8.28%。

全国地方人民法院共审结涉知识产权刑事一审案件 10 803件，同比上升 17.27%；生效判决人数 13 904 人，同比上升 3.58%；给予刑事处罚 13 734 人，同比上升 3.54%。其中，审结侵犯知识产权罪案件 5 103 件，生效判决人数 6 959人；涉及侵犯知识产权的生产、销售伪劣商品罪案件 3 856件，生效判决人数 4 474 人；涉及侵犯知识产权的非法经营罪案件 1 663 件，生效判决人数 2 210 人；涉及侵犯知识产权的其他罪名案件 181 件，生效判决人数 261 人。在审结的侵犯知识产权罪案件中，假冒注册商标罪案件 2 031 件，生效判决人数 3 003 人；销售假冒注册商标的商品罪案件 1 903 件，生效判决人数 2 410 人；非法制造、销售非法制造的注册商标标识罪案件 397 件，生效判决人数 617 人；假冒专利罪案件 1 件，生效判决人数 0 人；侵犯著作权罪案件 722 件，生效判决人数 850 人；销售侵权复制品罪案件 12 件，生效判决人数 20 人；侵犯商业秘密罪案件 37 件，生效判决人数 59 人。

全国地方人民法院共新收和审结涉知识产权刑事二审案件 573 件和 521 件，同比分别下降 13.44% 和 16.91%。

人民法院审理的具有较大社会影响的知识产权刑事案件有：张俊雄犯侵犯著作权罪案、周志全等 7 人侵犯著作权罪案、陈德灵等假冒注册商标罪案等。

2014 年，人民法院高度重视知识产权司法保护工作，司法保护知识产权的主导作用进一步发挥，呈现出新特点：

案件数量快速增长。人民法院新收知识产权一审案件 116 528 件，比 2013 年上升 15.6%。其中，知识产权行政一审案件增幅最为显著，创纪录地达到 243.66%，主要原因是随着新修改的商标法的实施，商标授权确权行政案件大幅增长，达到 9 190 件，占全国知识产权行政一审收案量的 92.67%。从案件分布来看，浙江、河南、湖北、湖南四省新收知识产权民事案件增幅较大，均在 30% 以上；广东作为全国收案量最大的省份，新收案件同比略有下降，新增案件分布出现从沿海发达地区向中西部地区迁移的态势。随着案件数量的快速增长，涉及复杂技术事实认定和法律适用的新类型疑难复杂案件大量涌现，案件审理难度不断加大，对知识产权审判工作提出了更新更高的要求，对知识产权审判队伍建设也带来了前所未有的挑战。

审判质效不断提高。全国地方人民法院审结知识产权一审案件 110 191 件，同比上升 9.75%；结案率达到 94.56%。其中，知识产权民事一审案件结案率为 98.93%，同比上升 10.98%；再审率为 0.085%，同比下降 0.005%；上诉案件改判发回重审率为 4.56%，同比下降 1.28%，呈现出审结案件数和结案率大幅上升，再审率和改判发回重审率双下降的良好局面。知识产权行政一审案件结案数同比上升 68.46%；结案率为 49.27%，同比下降 37.77%；再审率为 0.022%，同比下降 0.047%；审结的上诉案件的改判发回重审率为 8.64%，同比下降 1.16%，在审结案件数大幅上升的情况下，再审率和改判发回重审率均呈下降趋势。知识产权刑事一审案件结案率为 97.43%，同比上升 5.77%，增幅较为显著。各级人民法院为提高审判质效，实现案结事了，不断创新矛盾化解方式，大力加强诉前和诉讼各阶段的调解工作，多渠道协同解决矛盾纠纷，知识产权民事一审案件调解撤诉率达到 65.96%，二审案件调解撤诉率达到 29.28%，使得超过 70% 的知识产权民事纠纷通过调解撤诉方式审结，取得了良好的社会效果和法律效果。

审判公开深入推进。人民法院不断加大审判公开力度，以公开促公正、以公开树公信。推进裁判文书公开，上网发布全部能够公开的裁判文书，提高裁判文书的公布范围和公布效率，截止 2014 年底，通过网络公开的各级人民法院生效知识产权裁判文书达到 110 482 份。推进审判流程公开，通过中国审判流程信息公开网推送知识产权案件流程信息；通过网上办案，加强对审判流程的管理，保障当事人的知情权、监督权，提高审判质量和效率。推进庭审公开，最高人民法院首次举办了面向外国驻华使节的专题开放日活动，知识产权审判庭于当日公开开庭审理了浙江健龙卫浴有限公司与（德国）高仪股份公司侵害外观设计专利权纠纷案，法国、德国、澳大利亚、瑞士等 16 个国家驻华使馆派出的 25 位外交使节参加了旁听。最高人民法院院长周强会见了参加专题开放日活动的驻华使节并进行互动交流，赢得了外国驻华使节和媒体的广泛赞誉，产生良好社会反响。2014 年，全国地方人民法院当庭宣判知识产权民事一审案件 23 312 件，占审结案件数的 25.03%。推进典型案例公开，最高人民法院通过发布中国法院知识产权司法保护 10 大案件、10 大创新性案件和 50 件典型案例，编辑出版《知识产权审判案例指导》等方式，加强对裁判案件的深度公开，发挥典型案例的示范、引导、评价功能。积极主动接受监督，以监督促公开。最高人民法院按照全国人民代表大会常务委员会执法检查组的要求，于 2014 年 4 月向全国人民代表大会常务委员会报告了贯彻实施专利法的情况，并于 2014 年 6 月听取了十二届全国人民代表大会常务委员会第九次会议对专利执法检查报告的审议情况，积极回应人民群众对知识产权司法保护的新期待。

审判影响力显著提升。随着我国创新驱动发展战略的逐步推进，知识产权日益成为市场主体参与国内外市场竞争，提高市场竞争地位的核心要素和战略资源，知识产权司法保护越来越得到社会各界的持续广泛关注，人民法院紧紧把握发展机遇，高度重视重大案件的审判工作，引领规则设定，回应社会关切。最高人民法院公开宣判腾讯公司诉奇虎公司不正当竞争纠纷上诉案，澄清并确立了相关市场竞争规则，引导互联网企业开展有序竞争，促进市场资源优化配置，该案的审理受到各类新闻媒体的广泛深入报导。

二、始终坚持制度创新，知识产权法院引领司法改革

党的十八届三中全会明确要求探索建立知识产权法院。设立知识产权法院，是司法体制改革的基础性制度性措施。人民法院高度重视，以改革创新和勇于担当的精神，深入研究、统筹规划，大力推进知识产权法院设立工作，在较短时间内完成了知识产权法院设立，取得了我国知识产权司法保护史上的重大突破。

（一）积极推动知识产权法院的设立和立法

最高人民法院专门成立知识产权法院设立工作小组，统筹规划知识产权法院设立工作。深入研究知识产权法院的域外经验，结合我国知识产权保护的现实需求，在多次听取有关部门意见的基础上，对设立知识产权法院相关原则、地点、级别、机构、管辖等问题提出框架性意见。2014 年 6 月 6 日，中央全面深化改革领导小组第三次会议审议通过了《关于设立知识产权法院的方案》，为进一步推进相关改革提出了明确的方向和要求。最高人民法院起草了《关于在北京、上海、广州设立知识产权法院的决定（草案）》的议案，并向十二届全国人大常委会第十次会议提请审议。2014 年 8 月 25 日，最高人民法院周强院长就该草案作了说明。2014 年 8 月 31 日，全国人民代表大会常务委员会通过了《关于在北京、上海、广州设立知识产权法院的决定》，对知识产权法院的机构设置、案件管辖、法官任命等做了规定，为知识产权法院的设立和运作提供了法律依据。

（二）精心规划知识产权法院的设立进程

《关于在北京、上海、广州设立知识产权法院的决定》

通过之后，最高人民法院精心规划指导知识产权法院设立工作，北京、上海、广东三地高级人民法院积极行动，当地党委、政府等部门大力支持，协同推进知识产权法院设立进程。2014 年 10 月 28 日，最高人民法院出台《知识产权法院法官选任工作指导意见（试行）》，对法官选任工作提出具体指导意见。北京、上海、广东三地高级人民法院加紧部署、有序落实，在不到四个月的时间里，完成了机构设置、法官选任、办公选址、后勤保障等工作。经过紧张的筹备，北京知识产权法院于 2014 年 11 月 6 日率先成立。中共中央政治局委员、政法委书记孟建柱，中共中央政治局委员、北京市委书记郭金龙，最高人民法院院长周强出席揭牌仪式，孟建柱书记发表了重要讲话。12 月 16 日，广州知识产权法院成立。中共中央政治局委员、广东省委书记胡春华，最高人民法院常务副院长沈德咏出席揭牌仪式。12 月 28 日，上海知识产权法院成立。中共中央政治局委员、上海市委书记韩正，最高人民法院院长周强出席揭牌仪式。知识产权法院的设立是中国知识产权领域具有里程碑意义的大事，标志着中国知识产权保护工作进入了一个全新的发展阶段，必将对加强知识产权保护、优化科技创新法治环境、实施创新驱动发展战略、建设创新型国家产生重大而深远的影响。

（三）妥善保障知识产权法院的顺利运行

为确保知识产权法院的有效运行并取得预期效果，最高人民法院会同有关地方法院，及时研究出台各项制度，保障知识产权法院各项工作的规范运行。一是明确知识产权法院案件管辖制度。2014 年 11 月 3 日，最高人民法院发布《关于北京、上海、广州知识产权法院案件管辖的规定》，进一步明确了知识产权法院的一审案件管辖范围、跨区域管辖的案件类型、知识产权授权确权案件范围等重要问题，彻底实现了知识产权法院及其所在地高级人民法院民事和行政审判“二合一”，即由知识产权法院及其所在地高级人民法院知识产权审判庭统一管辖和审理涉及知识产权的全部民事和行政案件。发布《关于知识产权法院案件管辖等有关问题的通知》，进一步明确了知识产权法院的级别管辖、提级审理、保全措施、强制执行等问题。截至 2015 年 2 月底，知识产权法院已受理知识产权案件 2 832 件，其中一审案件 2 219 件，二审案件 613 件；民事案件 1 630 件，行政案件 1 202 件。二是建立独具中国特色的技术调查官制度。首次设置技术调查官，协助法官办理技术类案件，为法官裁判案件提供技术参考意见，提高技术事实查明的科学性、专业性和中立性，保障公正高效审理技术类案件。2014 年 12 月 30 日，最高人民法院发布《关于知识产权法院技术调查官参与诉讼活动若干问题的暂行规定》，对技术调查官参与案件的范围、工作职责、技术审查意见的作用等作出规定，为技术调查官参与诉讼活动提供了明确指引。三是及时出台配套规定和过渡办法。北京、上海和广东三地高级人民法院根据法律和司法解释，及时研究制定案件受理、新旧法院衔接过渡等措施，保障了知识产权法院与有关中级人民法院之间在业务方面的平稳过渡和顺畅衔接。

（四）知识产权法院全面落实各项司法改革措施

知识产权法院按照党的十八届三中、四中全会的部署，全面实行各项司法改革措施，真正成为中国司法改革的探索者和先行者。一是率先实行主审法官负责制，完善合议庭办案责任制。知识产权法院在审判权运行机制上突出法官主体地位，减少或者取消内部管理程序，强化主审法官和合议庭责任，实现让审理者裁判，由裁判者负责。二是探索建立法官员额制度。知识产权法院均建立了法官员额制度，根据案件数量等因素科学核定法官员额，控制法官人数。根据公开、公平、竞争的原则择优选任法官，初步组建起一支政治过硬、业务精良、公正廉洁的法官队伍。三是探索符合司法职业特点的人员分类管理制度。知识产权法院探索实行法官、司法辅助人员、司法行政人员分类管理，尝试分别建立各类人员的等级划分、薪酬待遇、退出机制等相应制度，推动实现法官、法官助理、技术调查官、司法行政人员等的优化配置，提高合作效率。

三、始终坚持服务大局，深入贯彻实施知识产权战略

党的十八届三中全会对全面深化改革的战略目标作出了全面部署，改革创新已经成为推进发展的主旋律；党的十八届四中全会提出了全面推进依法治国的总目标，为做好新时期人民法院工作提供了强大动力。人民法院牢牢抓住机遇，以开拓创新的勇气大力加强知识产权司法保护，深入贯彻实施国家知识产权战略，为经济稳定增长，建设创新型国家提供有力司法保障。

（一）加快推进知识产权审判体制改革

优化调整知识产权案件管辖布局。最高人民法院根据日益增长的知识产权司法保护需求，从有利于合理配置审判资源，有利于提高审判质量和效率出发，进一步明确知识产权案件管辖权授权标准，优化管辖布局。从严控制具有专利民事案件管辖权的中级人民法院和基层人民法院数量，按需灵活布局驰名商标、垄断等特殊类型民事案件的审判管辖。同时根据知识产权法院的设立，及时调整其司法辖区内具有部分专利案件管辖权的基层人民法院的管辖权，指定已具有管

辖权的基层人民法院跨区域管辖其他不具有第一审一般知识产权民事案件管辖权的基层人民法院的案件，解决管辖真空问题。进一步探索优化管辖布局的新模式，批准重庆市两江新区知识产权法庭审理部分专利案件，该法庭自2014年2月成立以来，已受理各类知识产权案件1 213件，有力地促进了重庆市两江新区的发展。截至2014年底，全国具有专利、植物新品种、集成电路布图设计和涉及驰名商标认定的民事纠纷案件管辖权的中级人民法院分别为87个、46个、46个和45个；具有一般知识产权民事案件管辖权的基层人民法院达到164个；具有实用新型和外观设计专利纠纷案件管辖权的基层人民法院为6个。

健全完善科学技术专家咨询机制。为准确查明技术事实，提高技术类案件的审判质效，提高司法公信力，最高人民法院继续加强与中国科学技术协会的合作，于2014年2月共同召开了“加强知识产权司法保护、推进科学技术创新发展座谈会暨特邀科学技术专家聘任仪式”，新聘了10名中国科学院和中国工程院院士作为最高人民法院的特邀科学技术咨询专家，进一步增强了技术咨询专家为专利等技术类案件提供智力支持的力度。地方各级人民法院也通过聘请技术专家、建立专家咨询委员会、专家顾问团、推进技术专家陪审制度、健全完善专家辅助人制度等方式，积极探索完善技术事实查明机制，为有效解决技术类案件事实认定的难题开辟了一条新的路径。

继续扩大“三合一”改革试点范围。知识产权审判“三合一”改革试点是完善知识产权审判体系，落实国家知识产权战略的重要举措。为积极稳妥推进这项工作，加强顶层设计和总体规划，最高人民法院于2014年4月专门召开了知识产权审判“三合一”改革试点工作座谈会，在总结经验的基础上，提出坚定信心，共同推动“三合一”改革试点工作迈上新台阶的目标。截至2014年，共有5个高级人民法院、94个中级人民法院开展了试点工作。

（二）继续加强知识产权多元化纠纷解决机制建设

加强知识产权保护是一项系统工程，需要集合各方力量形成保护合力，才能取得事半功倍的效果。为此，人民法院始终重视加强与知识产权行政管理部门、科学技术行政管理部门以及行业协会等的沟通、交流，加强合作、优势互补，努力构建互联互通的知识产权多元化纠纷解决机制，推动知识产权整体保护水平不断提高。浙江省法院系统积极推动建立专利民事案件诉调对接机制，并通过该机制委托调解专利案件187件，调解撤诉率达到81.28%。江苏省高级人民法院加强与省文化厅等部门的沟通协作，利用诉调对接机制推动MTV音乐作品的付费使用，促进KTV纠纷案件的合理解决。湖北省武汉市中级人民法院与该市有关知识产权行政部门联合出台建立司法保护与行政执法对接机制的意见，进一步完善知识产权多元化纠纷解决机制。湖南省高级人民法院大力推进国家级长沙经济技术开发区诉调中心建设，截至2014年年底，该中心已成功调解案件90余件。山东省法院系统通过加强与知识产权部门和行业协会等的合作，在协同解决知识产权纠纷，加强知识产权保护上形成了全方位覆盖的保护格局。安徽省法院系统加强与公安、工商、文化等行政执法部门的沟通交流，通过定期交流案件审查处理工作简报、共同举办研讨会等方式，努力打造知识产权保护协作平台。新疆维吾尔自治区高级人民法院加强与自治区政府各部门的横向联系，紧紧围绕促进自主品牌建设，构建契合少数民族地区特色的知识产权保护网络。重庆市高级人民法院与市司法局、公证协会共同召开公证保全实务座谈会，研讨提高公证证据的公信力，提高知识产权权利人的维权能力。

（三）积极开展知识产权法治宣传

加强知识产权法治宣传，提供司法服务是引导群众增强知识产权法治意识，传播知识产权法治声音，提高知识产权司法保护效果，展示知识产权司法保护形象的重要途径。

积极开展以案释法工作。人民法院充分运用传统媒体和新媒体以案释法，通过对社会关注度高的案件进行庭审直播、邀请人大代表、政协委员和人民群众旁听审判等方式，丰富宣传内容，增强宣传效果。河南省高级人民法院发挥“豫法阳光”三微一体平台功能，对“牛忠喜烧饼”商标纠纷案等典型案件进行平台发布，网民互动活跃，起到了良好的普法宣传效果。江苏省高级人民法院通过新浪微博、微信公众平台同步开设“知产视野”栏目，第一时间发布江苏省法院系统审结的新类型知识产权案件、优秀调研成果与审判经验，公开知识产权司法保护的最新状况，打造公开、高效、专业的司法形象，提高社会公众对知识产权保护的关注度。内蒙古自治区高级人民法院选择在内蒙古大学法学院公开开庭审理商标侵权案件，引导广大师生关注知识产权司法保护。

精心筹划开展“4·26”世界知识产权日宣传周活动。最高人民法院发布《中国法院知识产权司法保护状况（2013年）》，全面回顾总结了人民法院2013年的知识产权司法保护工作。同时，公开发行《中国知识产权司法保护年鉴（2013）》、《中国法院知识产权司法保护状况（2009—2013）》，并从全国法院精心选取有影响、有典型意义和价值的案件，作为中国法院10大知识产权案件、10大创新性知识产权案件和50件典型知识产权案例予以公布，充分展

示中国法院加大知识产权司法保护力度取得的丰硕成果。地方人民法院也纷纷开展了形式多样的宣传周活动。广东省高级人民法院主办了中央媒体“知识产权司法保护广东行”，邀请各家媒体旁听庭审、深入企业进行采访等，取得良好宣传效果。新疆维吾尔自治区生产建设兵团分院开展了“保护、运用、发展”主题活动，宣传知识产权法律、展示知识产权保护成果。上海市高级人民法院召开新闻发布会，邀请美国商会、欧盟商会等外国机构相关人员以及40余名中外记者参加上海法院知识产权审判白皮书等发布活动。海南省高级人民法院知识产权审判法官走进海南省广播电台，与广大听众和网民互动交流知识产权保护知识。云南省高级人民法院与红河哈尼族自治州中级人民法院等单位联合举办了“尊重知识产权、维护市场秩序、构建和谐社会”主题宣传活动，现场发放法律宣传资料2 000余份，接受群众咨询500余人次。陕西省高级人民法院在世界知识产权日对典型案件公开宣判进行现场直播，扩大了宣传效果。西藏自治区高级人民法院通过藏区主要媒体宣传知识产权法律知识，提高藏区群众的知识产权法律意识。

深入基层提供司法服务。人民法院不断创新和完善司法服务机制，积极开展助推企业创新发展，提高品牌保护意识的司法服务活动。福建省法院系统对司法服务工作常抓不懈，建立起了“有机制、有平台、有人员”的知识产权司法服务长效机制。江西省法院系统将知识产权司法保护关口前移，深入企业走访座谈了解情况，回应企业保护知识产权的需求。甘肃省法院系统采取多种方式送法律进乡村、进社区、进企业、进课堂，零距离开展普法宣传活动。辽宁省高级人民法院选派法官深入企业讲授知识产权维权案例，为老工业基地产业升级与发展建言献策。

（四）努力构建知识产权交流合作长效机制

当前我国正处于国际经济科技赶超和国内创新发展的关键时期。经济全球化的日益加深和科技创新的迅猛发展，使得知识产权保护的国际性和开放性越发凸显。人民法院紧跟时代发展，不断更新观念，以更加开放的思维、更加广阔的视角推进知识产权保护工作，进一步加强知识产权司法保护的国际和区际交流，不断拓展交流渠道，扩大交流成果。最高人民法院积极派员参加中欧知识产权对话、工作组会议、自由贸易区知识产权章节谈判、中瑞知识产权工作组会议、中美知识产权工作组会议等各类对外工作会议，积极回应各方关切；接待日本、美国、欧盟、英国等高层代表团近百人来访，加强互信交流，大力宣传中国知识产权保护成就。2014年5月，最高人民法院与美国华盛顿大学联合举办了“知识产权司法保护国际研讨会”，围绕知识产权专门法院实践、专利侵权救济等议题进行了深入研讨，来自美国、德国、澳大利亚、日本的法官、学者、律师与全国法院系统的80余名法官参加会议。最高人民法院还充分发挥“中国知识产权司法保护国际交流（上海）基地”的作用，以该基地为平台，与世界法学家协会共同举办了“知识产权保护的国际视野”国际研讨会，来自国内外的法官、学者、律师共计一百余人参加会议。会议围绕知识产权保护新趋势、互联网、市场竞争力、技术创新等议题进行了广泛而深入的研讨，形成许多共识，互相学习，互通有无，进一步提升了中国知识产权审判的国际影响力。

四、始终坚持强化指导，维护知识产权法律适用统一

保障知识产权法律适用统一，增强法律适用的稳定性和可预见性，是知识产权法治建设的必然要求。人民法院牢牢把握知识产权审判特点和规律，强化法治理念和法治思维，不断加强审判监督和业务指导，更加有效地促进审判质量和效率，确保公正司法。

（一）加强审判指导工作

为在全面深化改革的新形势下更好地发挥知识产权审判推动创新发展的作用，2014年7月，最高人民法院在湖北省武汉市召开了全国法院知识产权审判工作座谈会，会议深入学习贯彻党的十八届三中全会和中央政法工作会议精神，总结了2013年全国法院知识产权审判工作情况，深入分析了人民法院知识产权审判工作面临的形势和任务，进一步明确了知识产权审判工作指导思想，从更新观念、提升能力、加强保护、强化指导、深化改革、引领潮流六个方面对当前和今后一个时期知识产权审判工作提出明确要求、作出具体部署。会议的召开为统一思想，推动知识产权审判工作不断向前发展指明了方向，具有非常重要的意义。在最高人民法院的指导下，各地高级人民法院也积极发挥审判督导职能，并采取了一系列有针对性的措施。北京市高级人民法院下发了关于商标授权确权行政案件的审理指南、有关网络知识产权案件的审理指南，以规范相关案件审理工作。宁夏回族自治区高级人民法院召开自治区知识产权审判工作会议，传达全国法院知识产权审判工作会议精神，梳理案件审理思路，统一裁判标准。贵州省高级人民法院加强对全省法院知识产权审判动态的分析和总结，及时与下级法院进行沟通，提出指导意见。

（二）加强司法解释工作

最高人民法院进一步加强司法解释的制定工作，发布

《关于北京、上海、广州知识产权法院案件管辖的规定》、《关于知识产权法院案件管辖等有关问题的通知》、《关于知识产权法院技术调查官参与诉讼活动若干问题的暂行规定》，为知识产权法院的运行提供法律和政策保障；发布《关于修改〈最高人民法院关于审理专利纠纷案件适用法律问题的若干规定〉的决定》，根据现行专利法的规定，对专利权评价报告、赔偿数额计算等问题作出适应性修改。最高人民法院加强司法解释起草调研论证工作，围绕审理侵犯专利权纠纷案件法律应用问题、审理知识产权与竞争纠纷行为保全案件法律适用问题、审理商标授权确权行政案件若干问题、审理专利授权确权行政案件若干问题等司法解释的起草工作，召开了 10 余次征求意见会，广泛征求社会各界对起草内容的意见，集思广益、反复论证，将起草工作做精做细做实，确保有效发挥司法解释统一法律适用的功能。

（三）加强司法调研工作

人民法院紧紧围绕新技术、新发展带来的知识产权新变革和应运而生的知识产权保护新需求开展调研工作，及时发现问题、总结经验，推动形成共识，促进司法实际问题的解决。最高人民法院依托江苏省苏州市中级人民法院等 10 个知识产权司法保护调研基地和北京大学、中国人民大学等 6 个知识产权司法保护理论研究基地，开展了涉外定牌加工商标法律问题、信息网络传播权司法保护问题、互联网领域竞争问题、商业秘密、“三网融合”、中医中药知识产权保护问题等专题调研活动，为依法裁判此类案件提供智力支持。最高人民法院组织专人针对有关植物新品种、知识产权申请再审案件的发回重审和指令再审的标准、专利在推进创新型国家建设中的作用、技术标准中涉及专利权保护问题等十余个专题开展了深入调研，形成课题报告，促进成果转化。为增强各级法院开展调研工作的积极性，最高人民法院还组织开展了首届全国知识产权优秀调研成果评选活动，对评选出的优秀调研成果给予表彰和鼓励。地方各级人民法院也紧紧围绕审判工作重点，突出地方司法保护特色工作，不断创新调研方式，调动各方力量大力开展调研工作，取得了丰硕的调研成果。贵州省高级人民法院开展了白酒知识产权保护问题与实践的调研，助推地方重点产业发展。天津市高级人民法院围绕知识产权侵权损害赔偿问题开展调研，在统计分析以往一千多件案件的基础上，提出了有针对性的建议。吉林省高级人民法院与吉林大学法学院合作召开了中医药知识产权保护研讨会，交流中医药知识产权保护研究成果。山西省高级人民法院对全省五年来受理的知识产权民事案件情况进行了系统调研，提出了加强全省知识产权司法保护的建议，以更好地服务地方经济发展。

（四）加强案例指导工作

最高人民法院始终重视发挥典型案例对司法裁判的指引和示范作用，发布《最高人民法院知识产权案件年度报告（2013）》，对年度经典案件的裁判要点进行总结，促进法律的统一适用；编辑出版《最高人民法院知识产权审判案例指导》，及时编发《知识产权审判动态》，增强业务指导的灵活性和针对性；组织开展第三届全国知识产权优秀裁判文书评选活动，打造精品案件。地方各级人民法院也深度挖掘案例的价值，将案例指导作为助推审判工作的抓手。北京市高级人民法院专门组织召开了北京市法院知识产权精品案件研讨会，并编辑出版了《北京市高级人民法院知识产权疑难案例要览》；上海市高级人民法院出版了中英文的《知识产权案例精选（2011—2012）》和《上海法院知识产权裁判文书精选（2009—2013）》。

五、始终坚持夯实基础，着力提升审判队伍司法能力

队伍建设是人民法院的永恒课题，也是持续推进知识产权审判工作的永恒课题。2014 年，各级人民法院以建设一支信念坚定、执法为民、敢于担当、清正廉洁的知识产权审判队伍为目标，坚持不懈加强队伍建设，为圆满完成审判工作任务提供了重要保障。

（一）加强理想信念教育，筑牢公正司法的思想基础

思想是行动的指南。加强思想政治建设，切实解决好世界观、人生观、价值观这个“总开关”问题，是打造高素质知识产权审判队伍，促进公正司法的基础。各级人民法院认真贯彻落实《关于进一步加强人民法院思想政治建设的意见》，把坚定理想信念教育作为提升队伍素质的根本任务，以扎扎实实开展党的群众路线教育实践活动为抓手，组织审判人员认真学习中国特色社会主义理论体系和习近平总书记关于法治建设、纪律作风建设的系列重要讲话精神，引导广大审判人员深刻认识社会主义法治的目标方向、价值取向和实现途径，进一步增强道路自信、理论自信、制度自信，增强建设社会主义法治国家的信心和决心。大力弘扬“忠诚、为民、公正、廉洁”的政法干警核心价值观，引导广大审判人员牢固树立宗旨意识和群众观念，充分认识服务大局、司法为民是中国特色社会主义司法制度的必然要求，以“努力让人民群众在每一个司法案件中都感受到公平正义”为目标开展审判工作，确保法律效果和社会效果相统一。认真开展“增强党性、严守纪律、廉洁从政”专题教

育，提高广大审判人员守纪律、讲规矩的意识，坚定理想信念，坚守法治信仰，进一步改进工作作风，培树良好的职业操守，筑牢拒腐防变、廉洁自律的“高压线”，自觉维护法律尊严和法官荣誉。

（二）加强审判业务建设，筑牢公正司法的能力基础

加强法官队伍的正规化、专业化、职业化建设，提高司法能力和水平，是推进知识产权审判事业的重要环节。各级人民法院积极适应新形势、新任务对知识产权法官业务素质提出的新要求，紧紧围绕知识产权保护发展的新情况和知识产权法律更新步伐，采取多重形式不断加大业务学习和培训力度，提高法官执法办案、化解矛盾纠纷的能力。最高人民法院充分发挥审判理论研究学会和基地的作用，针对知识产权审判中的难点和重点问题，积极开展审判理论研究，不断丰富和总结知识产权审判经验；继续以国家法官学院知识产权培训课程为载体，开展对全国法院知识产权法官的业务培训，培训法官近300人。河北、四川、甘肃等地高级人民法院也纷纷举办知识产权审判业务培训班，加大对知识产权法官的培训力度；广西壮族自治区高级人民法院与自治区法官学院共同举办了知识产权审判业务培训班，对全区知识产权法官和书记员进行了全员培训；黑龙江省高级人民法院坚持举办法官讲坛活动，着力提高法官的实践技能；江苏省高级人民法院坚持从源头上把好法官选任关，注重择优招录具有理工科专业背景的法官，目前该省具有机械、化学、计算机等专业背景的知识产权法官达到19名。此外，采取“走出去，请进来”的方式加强人才培养，最高人民法院和部分地方人民法院继续与国家知识产权局专利复审委员会开展人员交流工作，促进提高专业技术水平。坚持不懈加强知识产权法官队伍建设，有力提升了队伍素质。截至2014年底，共有18名知识产权法官被最高人民法院评为全国审判业务专家。

（三）加强审判监督管理，筑牢公正司法的制度基础

建立健全科学合理、规范有序的审判权力监督运行机制，是促进公正司法的制度保障。各级人民法院牢固树立抓管理促审判的理念，积极探索符合知识产权审判实际需要的审判监督管理新机制和新方法，以权责明晰、高质高效的监督管理保障审判权的正确行使。加强和完善案件信息管理工作，运用信息化手段对案件审理的重要流程和节点进行跟踪监督，对审判运行态势进行科学分析，提升司法效率、推进司法公开。加强和完善审判绩效考核工作，坚持做到全程管理、全员考核，强化考核结果的运用，将其作为法官晋级晋职的主要依据。最高人民法院继续开展案件质量评查和裁判文书评查工作，强化精品意识，杜绝和防范有差错案件的出现，不断提高审判质量和裁判文书制作质量。加强和完善监督制约机制建设，充分发挥司法巡查、审务督查和廉政监察员的作用，严格执行法官任职回避制度，防止权力失控、行为失范，促进队伍清廉、司法清明。

结束语

2015年是全面深化改革的关键之年，是全面依法治国的开局之年，也是完成“十二五”规划的收官之年。人民法院要在以习近平同志为总书记的党中央坚强领导下，牢牢把握历史机遇，忠实履行知识产权司法保护职责，切实发挥司法保护知识产权主导作用，敢于担当、勇于进取、真抓实干、攻坚克难，不断推动知识产权审判实现新发展，为全面深化改革和实施创新驱动发展战略，为建设法治中国和实现中华民族伟大复兴的中国梦提供坚强有力的司法保障。

（撰稿人：耿磊）

最高人民检察院打击侵权假冒工作报告

2014年，全国检察机关深入学习党的十八届四中全会和《中共中央关于全面推进依法治国若干重大问题的决定》精神，认真贯彻落实中央的决策部署，加强对知识产权的司法保护，依法履行各项检察职能，在打击侵权假冒犯罪、加强对行政执法机关移送涉嫌犯罪案件和公安机关刑事立案的监督、推动行政执法与刑事司法衔接机制建立和完善等方面均取得显著成效。

一、充分履行批捕、起诉职能，依法惩治侵犯知识产权和制售假冒伪劣产品犯罪

2014年，全国各级检察机关通过提前介入、引导取证、对进入批捕、起诉环节的案件依法快捕快诉等方式，继续依

法惩治侵犯知识产权和制售假冒伪劣商品犯罪。2014 年，全国检察机关共批捕涉知识产权犯罪 2 924 件 5 278 人，起诉5 156 件 9 427 人。批捕生产销售伪劣商品罪 6 217 件 9 051人，起诉 13 244 件 20 104 人。

二、在全国检察机关部署开展“破坏环境资源和危害食品药品安全犯罪专项立案监督活动”，将打击食品药品领域的侵权假冒案件作为重点之一

该专项立案监督活动为期八个月，2014 年 3 月至 10 月，全国检察机关在食品药品领域共监督负有监管职责的行政执法机关移送涉嫌犯罪 1 758 件 2 103 人，监督公安机关对危害食品药品安全涉嫌犯罪案件立案 1 112 件 1 415 人。为充分发挥检察机关的职能作用，与公安机关形成合力，高检院对 89 起假劣食品、药品、农资案件予以挂牌督办。

三、强化对行政执法机关移送涉嫌犯罪案件和公安机关依法立案的监督

检察机关以打击制售假冒伪劣商品和侵犯知识产权犯罪为重点，深入开展对行政执法机关移送涉嫌犯罪案件和公安机关依法立案的监督，防止和纠正有案不移、有案不立和以罚代刑。2014 年，全国检察机关建议行政执法机关移送涉嫌破坏社会主义市场经济秩序犯罪案件 3 545 件 4 361 人，公安机关立案 3 228 件 4 029 人。共监督公安机关立案生产、销售伪劣商品涉嫌犯罪案件 832 件 1 072 人，监督公安机关立案侵犯知识产权涉嫌犯罪案件 99 件 151 人。

高检院还积极参与对“两法衔接”工作的监督考核，2014 年2—3 月，派员参与打击侵权假冒绩效现场考核组，赴浙江、上海进行评分，并配合全国“双打办”考核检察系统的打击侵权假冒工作。

四、严肃查办职务犯罪

受地方和部门保护主义影响，有的地方因局部经济利益驱动而放任乃至袒护、包庇侵犯知识产权和制售假冒伪劣违法犯罪行为，有的负有监管职责的行政执法人员和负有查办职责的侦查人员徇私舞弊、失职渎职，充当“保护伞”。为此，检察机关进一步深化“查办和预防发生在群众身边、损害群众利益的职务犯罪专项工作”，深挖此类犯罪背后的职务犯罪，严厉打击“保护伞”。

五、推动“两法衔接”信息共享平台建设

高检院积极推动各地“两法衔接”信息共享平台的建设和有效运行。2014 年年初，广东和福建两省检察院牵头负责的“两法衔接”信息平台正式启动并运行，高检院派员给予充分肯定。2014 年，在湖北省检察院的积极推动下，湖北省政府在已建成的全省三级信息平台的基础上，将“两法衔接”平台建设纳入该省2012—2015 年电子政务内网建设规划，并将“两法衔接”工作纳入目标考核项目。河北省在10 月底前已有 1 103 家省、市、县三级打击侵犯知识产权和制售假冒伪劣商品工作成员单位接入全省“两法衔接”信息共享平台，录入行政处罚案件 1 896 件，涉案金额1 640 余万元。随着四川省“两法衔接”信息平台的建成，截至 2014 年 12 月，检察机关牵头建设的 10 个省级“两法衔接”信息平台中，已有 8 个建成。

六、开展打击侵权假冒宣传工作

2014 年，检察机关大力宣传打击侵权假冒工作。2 月 27 日，高检院召开新闻发布会，介绍全国检察机关 2013 年开展“危害民生刑事犯罪专项立案监督活动”的简要情况，部署 2014 年全国检察机关“破坏环境资源和危害食品药品安全犯罪专项立案监督活动”。3 月 10 日，高检院胡泽君常务副检察长就“破坏环境资源和危害食品药品安全犯罪专项立案监督活动”接受人民网专访，强调全国检察机关将通过开展危害食品药品安全犯罪专项立案监督活动，进一步加强对危害食品药品安全犯罪的打击力度，推动该领域行政执法与刑事司法衔接长效机制建设。4 月，高检院积极参与2014 年全国知识产权宣传周活动，在《检察日报》、正义网等开设专栏，并在机关重点位置、门口张贴宣传海报；4 月 22 日，高检院召开新闻发布会，发布“2013 年检察机关知识产权司法保护情况”和“2013 年中国检察机关保护知识产权十大典型案例”。5 月，高检院派员参加品保委“知识产权保护最佳案例与行政执法和刑事司法衔接典型案例”发布会并发表演讲。高检院起草并与高法院联合制定的《关于办理危害药品安全刑事案件适用法律若干问题的解释》于 2014 年 11 月 18 日颁布，明确了生产、销售假药、劣药等危害药品安全涉嫌犯罪的行为在实体上的认定标准，严密了法网，消除了认识分歧，有利于打击药品领域的制假售假和侵犯知识产权犯罪行为。高检院不断深化检务公开，拓展公开的深度和广度。2014 年 8 月 29 日，高检院下发《人民检察院案件信息公开工作规定（试行)》，要求各地检察院通过多种方式向相关人员提供案件程序性信息查询服务，向社会公开重要案件信息和法律文书，以及办理其他案件信息公开工作。最高人民检察院依托国家电子政务网络建立统一的人民检察院案件信息公开系统，各级人民检察院在该系统办理案件信息公开的有关工作，10 月 1 日人民检察

院案件信息公开网正式上线运行。制售假冒伪劣商品刑事案件和侵犯知识产权刑事案件的有关信息亦可通过该网络查询得知。

七、开展知识产权司法保护培训和国际交流活动，加强与知识产权国际组织和有关国家的交流合作

2014 年 7 月，举办全国检察机关办理知识产权业务培训班，各省级检察院和部分地市级检察院业务骨干共计近百人得到培训，切实提高了执法水平和办案能力。3—4 月，高检院派员参加中瑞第七次知识产权工作组会议和中美知识产权工作组司局级会议，就相关议题发表意见；5 月，参加跨国公司知识产权保护座谈会；7 月，派员赴欧盟参加“关于防止与协调知识产权犯罪”的执法考察；9 月参加“中美知识产权立法及司法交流”活动和“中美知识产权海外交流”活动。

（撰稿人：罗强）

创新发展的登海种业

山东登海种业股份有限公司，农业高科技创新型上市企业，国家玉米工程技术研究中心（山东），国家玉米新品种技术研究推广中心，国家认定企业技术中心， 国家高新技术企业，国家创新型企业，农业部首批育繁推一体化企业，中国种业骨干企业，中国种业信用明星企业。公司注册资本8.80亿元，总资产39.49亿元，下设17个全资和控股子公司、5个分公司。公司的经营业绩名列中国种业上市公司前列。 从1972年至今，李登海带领登海种业科研创新团队，高举“开创中国玉米高产道路、赶超世界先进水平”的旗帜，将“解决中国人多地少、必须提高粮食单产的国家难题，确保国家粮食安全”作为神圣使命，持续不断地开展玉米高产攻关与杂交玉米育种研究，为我国杂交玉米找到了由平展型转向紧凑型杂交玉米的高产育种方向，在全国率先创新高产种质资源，先后育出了亩产从700公斤到1400公斤的夏玉米和超过1500公斤的春玉米紧凑型高产玉米新品种，创造了我国春玉米和世界夏玉米的高产纪录，选育的玉米高产品种累计推广种植面积达12多亿亩，在促进我国杂交玉米科技进步与农业丰产、农民增收以及确保国家粮食安全方面取得了巨大的成就。

登海种业建立了以企业为主体、以市场为导向、产学研结合的创新体系，全面提高自主创新能力，公司在新疆、甘肃、宁夏、内蒙古、辽宁、山东等省区建立了长期、稳定的玉米种子生产加工基地，配套安装了集果穗烘干、脱粒、精选、籽粒烘干、包衣、包装为一体的现代化大型种子加工生产线，通过不断提升科技创新的市场竞争力，不断完善和提高种子质量，力争更好地为农业增产和农民增收服务，以更突出的业绩和效益回报社会。

近年来，国家提出了发展现代农业、建设种业强国的宏伟目标。登海种业将结合中国种业发展的新任务、新机遇、新挑战，调整今后的发展方向，全面进入事业、产业、金融资本并进发展的新阶段，力争在高产引领、产业创新、资本保证、平台建设、人才集结、国际合作与国际市场开发等方面进行新探索、新实践，实现新突破、新跨越，为发展现代农业、建设种业强国、确保国家粮食安全创建新业绩，做出新贡献！

知识产权疑难案件专家

北京山天大蓄知识产权代理股份有限公司是中国大陆第一家股份制知识产权代理公司，从业十年来专注知识产权领域，致力于为企业提供知识产权一体化解决方案，以国内领先的服务水准赢得了海内外客户的广泛认可，在业界具有很高的知名度和美誉度。公司于2013 年12月28 日在北京股权交易中心（即“四板市场”）正式上线挂牌，成为首批50 家在北京区域性股权交易市场挂牌的企业之一，也是国内首家登陆“四板”市场的知识产权服务机构（北京股交中心代码000040）。

山天大蓄总部位于北京，毗邻中国商标大楼，在全国各地设有子公司及办事处。公司与多家知名律师事务所、专利代理公司、资产评估公司、金融投资公司等知识产权专门服务机构，和厦门大学深圳知识产权研究中心等学术研究机构院校互为战略合作伙伴，拥有知识产权专家顾问智库和近200 人的资深律师与代理人团队，经验丰富、专业高效，是国内最具实力的知识产权专业团队之一。

北京山天大蓄知识产权代理股份有限公司
于2013年12月28日在北京股权交易中心成功挂牌

推荐机构：中国银河证券股份有限公司

北京山天大蓄知识产权代理股份有限公司：
2012-2014优秀商标代理机构
中华商标协会
二〇一四年十一月

联系人：张生

手机号：13311000888

地址：北京市西城区红莲南路 57 号中国印刷大厦 5 层　邮编 100055

电话：+86 10 83060688 / 83060636

传真：+86 10 83060626

网址：www.saintbuild.com

产品 Product

开放平台（第三方应用和收益）

共享收益

移动开放平台	导航开放平台	应用开放平台	游戏开放平台	搜索开放平台	未来其他开放平台

互联网入口产品——安全上网

360搜索+

360导航

安全产品——永久免费

价值观 Values

开放协作　创业心态

不断反思　用户至上　持续创新

成就 Achievement

- 中国第一大互联网安全公司，用户5.09亿，市场渗透率96.1%
- 中国第一大移动互联网安全公司，用户数近7.44亿，市场渗透率近70%
- 中国第一大浏览器公司，用户数达3.61亿，国产浏览器中处于领先
- 全球前三大互联网安全公司（以市值排名：赛门铁克、360、Check Point）

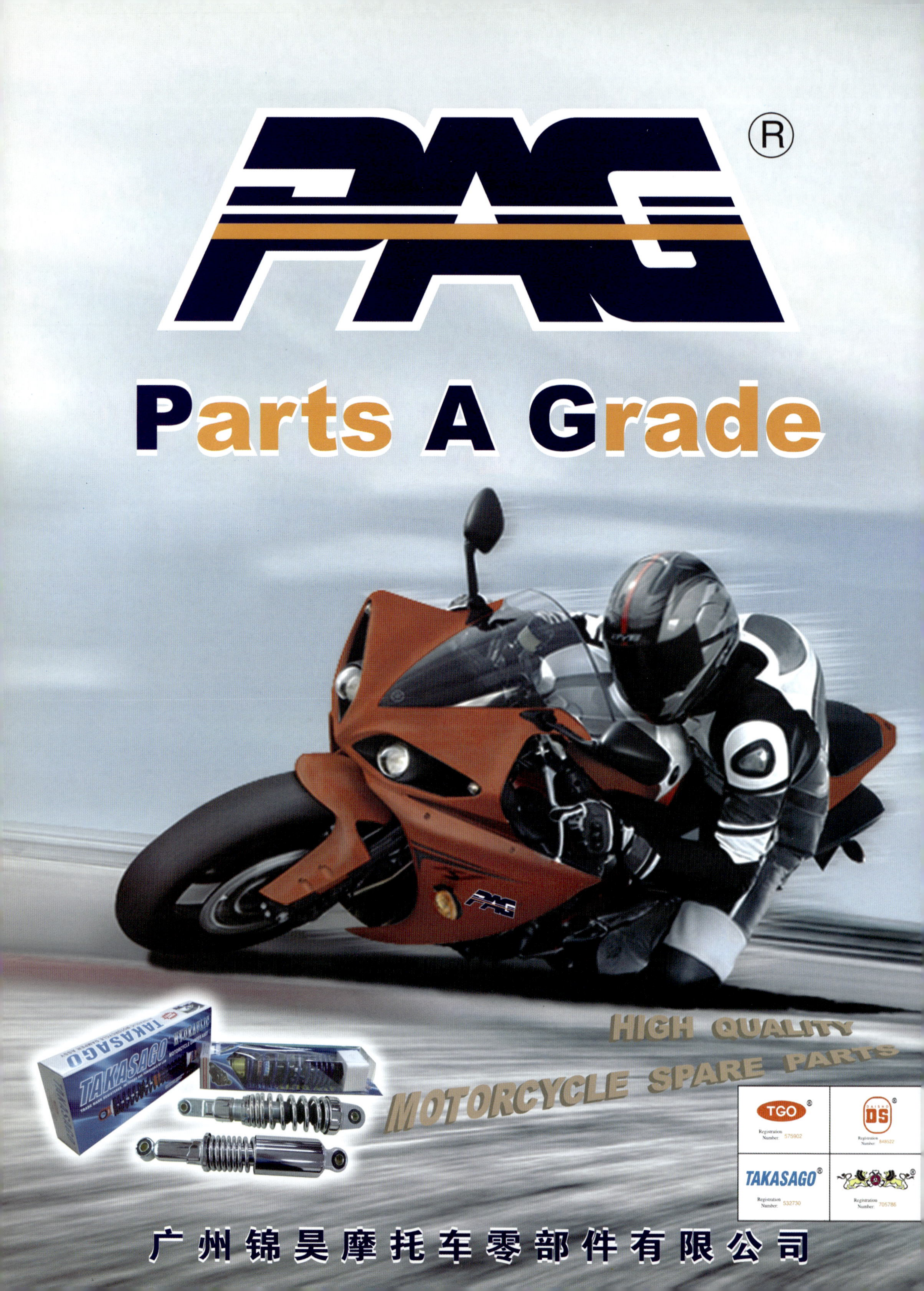

PAG®
Parts A Grade
HIGH QUALITY
MOTORCYCLE SPARE PARTS
TGO®
Registration Number: 575902
DAISHO DS®
Registration Number: 848522
TAKASAGO®
Registration Number: 532730
Registration Number: 705786
广州锦昊摩托车零部件有限公司

慧聪网有限公司及其附属公司（统称本集团）是中华人民共和国领先的内贸B2B电子商务运营商之一。本集团凭借专业的信息服务与先进的互联网技术，为中小型企业（「中小企业」）搭建可靠的供需平台，提供全面的商务解决方案。经过过去22年来的不懈努力与发展，本集团的业务范围已经拓展至全国上百城市，在12个城市拥有分公司，服务团队约2,807人。

凭借过去22年来在各行业市场积累的专业经验和技能，本集团不仅以采用互联网技术为基础的产品买卖通及关键词搜索为中小企提供全面的营销解决方案，还通过本集团传统的营销产品——线下活动及《慧聪商情广告》与《中国信息大全》为客户提供多渠道的、在线与线下相互配合的全方位服务。本集团透过其强大的媒体资源及客户基础，成功举办涉及约50个行业界别的行业品牌盛宴，助中小企树立品牌和促进业务交易。这种优势互补、纵横立体的架构，使本集团在中国B2B行业的快速发展下，打造出一条独特的发展道路。

在过去的几十年里，本集团坚定地执行国家网络安全条例、线上线下建立起一条打击网上侵权、假冒行为的硬防线，慧聪集团作为国家高新企业，积极参加主题为“关于大力发展电子商务加快培育经济新动力的意见”、“中国规范电子商务市场竞争．重点查处垄断协议等问题”、“国务院发文大力发展电子商务”国家级、市级、区级关于网络发展、网络安全、网上犯罪、网上打假的论坛、讲座，作为海淀区电子商务诚信企业的积极分子，2013年与区网络安全管理协会签订了《海淀区电子商务企业自律公约》。

海淀区电子商务企业自律公约

1、为规范海淀区电子商务企业经营行为，保护消费者的合法权益，根据国家相关法律法规，制定本公约。

2、经营者应严格履行企业网站公布的网络消费合同各条款，不得无故不履行合同或者履行合同不全面。因经营者自身的原因停止提供商品或者服务的，经营者应当事先告知消费者，并做出妥善安排；造成消费者损害的，应该依法给予赔偿。

3、经营者不得以格式条款或者店堂告示、通知等方式做出对消费者不公平、不合理的规定，或者减轻、免除其损害消费者合法权益应当承担的民事责任；不得加重消费者责任，排除消费者的权利。

4、经营者应当主动采取安全技术手段保障消费者网络支付安全和个人信息安全，降低消费者财产和个人信息遭受侵害的风险。对于消费者的个人信息要依法收集，在收集前，应当事先告知消费者，收集后应当依法使用，采取妥善措施，不得泄露和转让。对由于经营者的过错造成消费者权益受到损害的，经营者应当承担相应的责任。

5、经营者不得发布误导消费者购买商品或接受服务的不真实的信息，包括但不限于夸大产品性能和功效、虚假成份标识、虚假价格、虚假服务承诺、伪造产地、假冒他人的企业名称或注册商标。

6、经营者提供商品或服务应当事先征得消费者同意。不得强迫消费者购买商品或者接受服务，不得违背消费者的意愿搭售商品、服务或者附加其他不合理的条件。

7、经营者必须通过正规渠道进货，严格落实索证索票制度，保存进货时的各种原始发票、单证等能够证明进货来源的文件资料以及进货企业的资质和产品批次检测报告。不得销售假冒伪劣商品。有条件的经营者可以定期对自己销售的商品开展抽样检测。

8、经营者发现其提供的商品或者服务存在严重缺陷，应当立即停止出售该商品或者提供该项服务，并立即向有关部门报告，并采取“包退、包换、包修、召回”等补救措施。

9、经营者以消费者购买商品或者接受服务为条件，以奖励、赠与等促销形式向消费者提供商品或者服务的，不免除经营者对该奖品、赠品或者奖励、赠与的服务所承担的修理、更换、重作、退货以及其他责任。

10、经营者应当如实保留消费者在企业网站页面对于商品或服务的评价，不得无故修改、屏蔽或删除。

11、经营者应设立专门的消费者投诉处理机构，并在网站上开通网上投诉功能，及时、快捷、高效地处理消费者投诉。

12、经营者应自觉抵制企业间恶性竞争和相互诋毁，共同规范市场，促进行业的良性健康可持续发展。

签约单位（签字、盖章）：

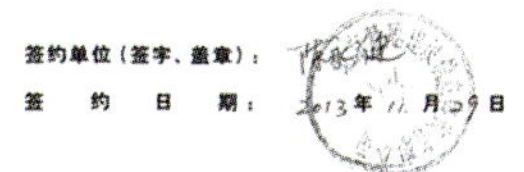

签约日期：2013年11月29日

集团在运营过程中，主动采取安全技术手段保障消费者网络买卖安全，降低消防者财产和个人信息遭受侵害的风险，合法收集消费者个人信息，依法使用，妥善保存。对于在慧聪网发布的信息，做到不夸大产品性能和功效，不虚报价格，不过度承诺，不假冒他人企业名称或注册商标。专业、全方位的打击侵权、假冒等不法经营行为。2015年正式加入成为“中国反侵权假冒创新战略联盟成员单位”，为保护知识产权和打击假冒伪劣商品工作的宣传、教育、国际交流做积极的努力和贡献。

慧聪网

2015年8月28日

地方工作

Local Work

北京市打击侵权假冒工作报告

2014年，在全国打击侵犯知识产权和制售假冒伪劣商品工作领导小组的正确领导下，按照全国统一部署，结合首都实际，北京市进一步健全工作机制和制度体系，大力开展各项整治行动，积极推进行政处罚案件信息公开和“两法衔接”工作，推动全市打击侵权假冒工作上了一个新台阶，为维护首都公平的市场秩序作出了贡献。

一、工作机制和制度体系进一步健全

（一）打击侵权假冒工作得到上级指导和支持

我市积极按照上级要求开展工作。8月26日，程红副市长出席汪洋副总理主持召开的全国打击侵权假冒工作领导小组第六次全体会议并作了题为《加强知识产权涉外应对，提高国际竞争力》的发言。市领导小组办公室在全国宣传和信息工作培训班、“两法衔接”工作培训班上两次做大会交流发言，协助组织了京津冀地区车用汽柴油专项整治座谈会、全国双打工作会议、“两法衔接”机制调研座谈会，以及重点市场调研、元旦春节期间市场消费安全调研等活动。

（二）知识产权保护的法制和规划建设取得新进展

3月1日开始施行新修订的《北京市专利保护和促进条例》；落实《首都知识产权服务业发展规划（2014—2020年）》、《关于实施首都知识产权战略的意见》、《北京市展会知识产权保护办法》，实施知识产权保护工程，强化知识产权保护。

（三）市领导高度重视工作机制建设

市领导小组组长、副市长程红全年对打击侵权假冒工作作出批示12次，主持召开市领导小组全体会议，有力推动了全市双打工作的深入开展。3月28日，召开领导小组成立以来的第一次全体会议，总结了市领导小组成立以来的工作情况，部署2014年重点工作。10月10日，市打击侵权假冒工作领导小组召开扩大会议，贯彻落实全国领导小组第六次全体会议精神，推动我市下一阶段特别是亚太经合组织会议期间的打击侵权假冒重点工作。

（四）覆盖全市的市、区两级工作机制进一步完善

适时调整了市领导小组部分成员，并增补了市邮政管理局等4家成员单位，成员单位达35家，正式成立全国首家知识产权审判专业机构——北京知识产权法院。创新制定了市打击侵权假冒工作领导小组工作规则，制定了统计月报、信息报送等10项工作制度；市领导小组办公室赴成员单位、区县调研走访检查60余次。16个区县全部正式设立了打击侵权假冒工作领导小组及办公室，区县打击侵权假冒工作年度绩效考核纳入首都综治考核，列为首都文明区县评选条件，部分区县列入街道乡镇的综治考核，长效工作机制进一步健全。

二、保持打击侵权假冒的高压态势

2014年，北京市打击侵权假冒工作取得积极战果。全市9家行政执法部门全年对侵权假冒行为共立案3 320件；办结案件3 094件，同比增长30%，其中侵犯知识产权类案件2 147件，生产、制造、销售假冒伪劣商品类案件947件；涉案金额4 712.3万元；捣毁制售假冒伪劣产品窝点252个，为去年同期的4倍多；移送司法机关涉嫌犯罪案件43件。

全市公安机关共破获侵权假冒案件3 392件，抓捕犯罪嫌疑人1 504人，涉案金额42.6亿元。全市检察机关共决定批捕的侵权假冒案件355件，涉案犯罪嫌疑人434人；审查起诉案件1 030件，涉案犯罪嫌疑人1 221人。全市审判机关共受理侵权假冒刑事案件1 223件，审结1 222件，生效判决人数1 220人。

工商部门实行监管干部驻场管理制度，加强对重点区域、重点市场的日常巡查，提升商标权保护力度；推进商标授权经营制度，明确市场主办单位的责任，提倡商户注册自有商标，经营自主品牌；曝光典型违法案例，并将违法企业及人员记入信用系统。

质监部门将双打、“打四黑除四害”及“质检利剑”各专项活动结合起来统筹推进，开展农资专项执法打假、食品用纸制品集中打假、地理标志保护产品专项监督检查等行动，设立专栏公开行政处罚案件信息。

食药监部门坚决打击无证无照行为、打击销售使用无合法来源食品、原料生产经营侵权仿冒和“五无”食品等违法行为、打击生产经营“两超一非”等劣质食品行为，并推进行政执法与刑事司法紧密衔接，连续打掉多处违法生产、销售假药窝点；积极落实举报奖励制度，鼓励公众参与食药监管。

文化执法部门先后开展了“净网”、“清源”、“剑网”等专项行动，查处了“7·01特大侵权盗版出版物案”，涉及十余个省市的26家出版社、7家文化公司、16家印刷厂，抓获涉案人员75人，查扣涉嫌侵权出版物889种120余万册，码洋（即图书定价总额）约5 000万元。其中，有三起案件被文化部评为2014年全国文化市场重大案件。

版权部门积极推进政府机关软件正版化工作长效机制建设，继续开展180家市属国有三级以上企业和新闻出版行业所属二级企业使用正版软件工作。市版权部门主管领导分别与4个区县政府的主管领导进行了约谈或赴相关区县进行督导，要求其履行正版化第一责任人的职责，立即进行整改。

知识产权部门组织新执法工作人员开展业务培训，在区县组织现场执法交流会，提升执法能力。开发“商场专利商品动态监控系统”，在全市商业零售企业内部开展专利商品自查。加强展会知识产权保护，再次实现京交会知识产权保护零投诉。

北京海关在“保护2014年世界杯足球赛知识产权专项执法行动”期间，共查获侵犯国际足球联合会及其赞助商知识产权货物、物品1 478批次，查获侵权商品3 784件。在“邮递快件渠道知识产权保护重点执法”工作中，共查获涉嫌侵权邮包1 106批次，扣留侵权商品1 538件。两次专项行动查获的案件批次数均在全国海关名列前茅。

国检部门深化进口食品检验监管模式改革，从源头上确保进口食品符合我国食品安全国家标准；研究建立跨境电子商务产品质量监管新模式，实现向检验检疫机构和海关一次申报；查出不合格进出口货物4 549批，货值2.24亿美元。

邮政管理部门加强全市寄递渠道收寄验视工作，查堵侵权假冒伪劣商品，规定邮政企业、快递企业对于无证明材料或材料不全的不予收寄。要求寄递企业积极配合政府部门的查验工作，防止不法分子利用拆分多票、化整为零等手法进行侵权假冒商品的传递。

农业部门严厉打击侵犯植物新品种权和各种制售假劣农资产品的违法行为，在全市范围内组织开展了农资打假春季行动、夏季百日行动、秋冬季行动等专项行动。农资生产经营单位现场检查覆盖率达100%，重大假劣农资案件查处率达100%，假劣农资投诉举报案件查处率和反馈率达100%，上级督办案件查处率达100%。

园林绿化部门开展林木种苗质量抽查工作，共抽查了造林用苗800余个苗批，清退不合格苗木约12 000余株，挽回经济损失500余万元。没有发现侵权和假冒林木种苗的行为。

公安机关围绕危害群众健康安全、妨碍创新驱动发展的制售假冒伪劣问题，重点打击影响农村和基层群众生产生活的犯罪、威胁地方支柱行业和企业的犯罪、用互联网实施的犯罪以及跨区域、跨国跨境的犯罪等四类犯罪活动，完善全警协作、行刑协作、司法协作、企业协作的“四项协作机制”，形成工作合力，强化战役攻坚，狠抓大案要案侦破。

环保部门积极做好侵权假冒商品环境无害化销毁工作，逐季报送侵权假冒商品销毁情况，累计销毁废药、涂料等155.24吨。

各区县积极开展打击侵权假冒行动。大兴区警方破获涉及5省市的涉嫌假冒注册商标案；丰台区、房山区集中收网，一举摧毁6个生产、销售假药犯罪团伙，取缔16处回收、生产、销售假药窝点，抓获犯罪嫌疑人26名；朝阳区加强行政执法与刑事司法衔接力度，公安分局在朝阳区食药监局设立警务工作室，密切执法协作。

三、大力开展专项整治行动

（一）推进京津冀车用汽柴油专项整治

市领导小组办公室组织工商、环保、商务、质监等部门加大执法检查力度，开展跨部门联合执法。4—12月各部门共出动执法人员17 442人次。工商部门全年抽检油样2 512个，汽油抽验合格率达100%；环保部门加大加油站污染排放监管，每月每站平均至少检查2次；公安机关依法查处了朝阳区来广营地区地下油罐车偷卖车用柴油的违法行为。整治成果表明，汽柴油抽验合格率达99.6%，其中汽油抽验合格率达100%。

（二）开展互联网领域侵权假冒专项治理

2014年6—12月，市领导小组办公室牵头，全市13个部门联合开展了互联网领域侵权假冒专项治理，将浓硝酸等可制爆化工原料与农资、汽车配件、儿童用品以及治疗肿瘤和慢性疾病药物等一起列为重点排查商品。

各部门巡查网站2 195家，责令54家网站删除侵权盗版信息472条，关闭网站5家。在进出境邮递渠道查获涉嫌侵权邮包1 408批次。公安部门通过“猎狐2014”行动在泰国抓获网络销售假药案犯罪嫌疑人黄某某。

（三）启动农村和城乡结合部市场假冒伪劣商品专项整治

11月底，市领导小组办公室牵头全市12个部门启动了为期7个月的北京市农村和城乡结合部市场假冒伪劣商品专项整治。

（四）筹备 2015 年车用燃油专项整治

12 月，市领导小组办公室牵头全市 9 个部门筹备为期 6 个月的北京市 2015 年车用燃油专项整治。

（五）完成电视购物专项整治

按商务部等 7 部委的统一部署，1—6 月集中开展了电视购物专项整治。商务、工商、食药监、广电等部门共监测电视购物广告数 31 291 条次，覆盖电视频道数 49 个，未发现涉嫌违法违规行为。

（六）开展 APEC 会议期间打击侵权假冒工作

市领导小组办公室组织协调执法部门和区县开展联合执法和集中检查。发挥市场主体自律作用，交流管理经验，加强市场内部管理。对与会者光顾率高的重点区域、重点市场进行重点检查。明查（如集中检查、驻场监管、市场巡查等）和暗访相结合，在常规检查的基础上，集中检查 18 个商场、市场；在明查的同时，分两轮暗访了 30 多个场次。北京 APEC 会议期间，未发生影响较大的侵权假冒事件，未发现侵权假冒方面的负面报道，为会议服务保障发挥了积极作用，为今后双打工作服务保障重大活动提供了有益的借鉴。

四、落实侵权假冒行政处罚案件信息公开

按照国务院要求，自 2014 年 6 月 1 日起，9 个行政执法部门在其门户网站主动公开按照一般程序办理的打击侵权假冒行政处罚案件，6—12 月累计公开案件 1 885 件。侵权假冒行政处罚案件信息公开列入《北京市 2014 年政府信息公开工作要点》，市领导小组制定了《北京市关于制售假冒伪劣商品和侵犯知识产权行政处罚案件信息公开工作监督管理办法（试行）》，由市领导小组办公室督促检查，对信息公开进展情况进行了 3 次通报，受到全国领导小组办公室的肯定，有关做法被全国工作简报编发推广。

五、“两法衔接”信息共享平台与中央平台对接

市打击侵权假冒“两法衔接”信息共享平台 7 月初试运行，11 月 28 日与中央信息平台实现数据对接，对接互联任务提前完成。该平台覆盖市、区两级行政执法部门，公安、检察院、法院、打击侵权假冒工作办公室及市政府法制办等 129 个用户。市领导小组办公室会同市政府法制办、市人民检察院联合印发了《北京市打击侵犯知识产权和制售假冒伪劣商品工作行政执法与刑事司法衔接信息共享平台运行管理试行办法》以规范平台运行。北京市在 12 月全国会议上就“两法衔接”工作做了大会典型发言。

六、积极开展信息报送和宣传工作

在全国领导小组办公室指导下，印发了《关于进一步做好北京市打击侵权假冒数据统计和信息报送工作的通知》，并将《数据报送、信息报送和简报制度》列为新制定的 10 项工作制度之一，建立了全市信息报送的长效机制。每月均按时报送执法统计数据，在成员单位和区县采集各类信息近 500 余条，择优上报 55 条。中国打击侵权假冒工作网采用 52 条，全国打击侵权假冒工作简报采用 5 条，制作市级打击侵权假冒工作专报 10 期。

市领导小组办公室印发《宣传工作制度》和《2014 年北京市打击侵权假冒工作宣传方案》；增补了市新闻办、网信办等新成员单位；将宣传工作列入区县绩效考核。开通北京市打击侵权假冒工作网，作为对外宣传的门户网站，集中公布 9 家执法部门的监督举报电话，以畅通举报渠道，接受社会监督。

在 4·26 世界知识产权日等重要时间节点，举办新闻发布会，开展知识产权海外维权宣传，举办侵权盗版出版物集中销毁活动，举办音乐版权保护与产业发展论坛，发布十大知识产权典型案例，并首次发布反映知识产权前沿问题的十大创新性案例，以案释法。在专项整治中，结合整治初期、中期和后期的阶段重点，通过新闻报道、制作宣传标语、行政处罚案件信息公开的方式开展宣传；领导小组办公室在《北京商报》等纸媒上连续发表多篇专题文章，介绍各部门打击侵权假冒的成效。

发挥新兴媒体作用，拓宽发布渠道，引导网上舆论，利用政务微博“@北京发布”、“@北京知识产权”举办世界知识产权日微访谈，权威解读知识产权保护相关问题；在北京电视台和区县电视台多次播放打击侵权假冒的公益宣传片《李逵打假》，其中北京电视台播放 440 余次，王府井、新世界等商业区利用电子显示屏播放 1 个月以上。北京市宣传工作的做法受到全国领导小组办公室的肯定。

七、推进企业诚信体系建设

北京市初步形成了以企业信用法规制度为基础、以企业信用信息网为支撑、各部门共同协作的企业信用体系建设格局。升级改造后的北京市企业信用信息网共归集全市 55 家单位的 94 大类 266 小类信息，共计 3 300 多万条，全年对社会提供信息查询 1 亿多条，协助相关部门开展了税收征管、金融业监管、反贪案件查办、公共安全维护等工作。建立犯罪人员任职限制数据库，收录任职限制信息 11.5 万条，在

市场准入环节落实法律法规规定的信用惩戒要求。发挥行业协会作用，将行业信用记录和信用评价结果信息纳入企业信用信息网。

（撰稿人：张炳词）

天津市打击侵权假冒工作报告

根据《国务院关于进一步做好打击侵犯知识产权和制售假冒伪劣商品工作的意见》部署和《天津市进一步打击侵犯知识产权和制售假冒伪劣商品工作的意见》安排，在全国打假办领导下，天津市委市政府高度重视，天津市打击侵权假冒办公室近年来不断加大工作力度，在推进打假专项行动常态化、完善两法衔接部门工作机制和营造社会诚信环境等方面取得积极成果。

一、领导高度重视，组织机构健全

按照市政府常务会议通过的《天津市打击侵犯知识产权和制售假冒伪劣商品专项行动实施方案》要求，2014 年天津市打击侵权假冒工作由分管副市长任正副组长亲自指挥，市商务委、市知识产权局、市场监管委等 28 个成员单位和 16 个区县分管领导具体组织实施，加强全市打击侵权假冒工作组织领导建设，形成自上而下、各方联动、层层负责工作格局。财政增加年度办公经费达到 40 万元。

同时，29 个成员单位和 16 个区县进一步强化本系统和本区域打击侵权假冒工作组织建设和任务责任，完善了联席会议制度、重点案件会商制度、督察督办制度、统计通报制度、工作考核制度等，各成员单位的政治意识、大局意识、责任意识进一步增强，全市工作已形成常态化和机制化。

二、2014 年打击侵权假冒工作取得成效

天津市 2014 年打击侵权假冒工作成效表现在：不断巩固打假专项行动常态化，营造保护知识产权良好社会氛围，开展一系列专项行动打击假冒伪劣商品，充分发挥行政执法和司法保护各部门职能作用。特别是围绕净化市场、保障民生、提高天津城市国际竞争力总体要求，突出“两个环节、两个领域和三个区域”工作方针，全市各行政执法和刑事司法单位共出动执法人员 116 939 人次，检查企业 52 197户，立案 1 588 件，捣毁窝点 107 个，涉案金额 2. 975 亿元、498. 2 万美元，批准逮捕 23 件 34 人。

（一）加大行政执法力度

各行政执法成员单位按照职责分工，采取部门单独执法和联合执法相结合的方式，深入开展执法检查“打假”行动。

知识产权局广泛开展全市性保护知识产权“护航”行动，全年组织市区两级专利行政执法人员执法 429 人次、检查商业场所 207 个（次）、检查商品 22. 1 万件，立案查处各类专利案件 318 件，案件查处量比上一年增长 1. 8 倍。同时，公开 12330 知识产权举报投诉电话，以网络等多种形式公开执法信息，促进专利纠纷得到及时受理。12330 维权援助中心全年接待处理各类举报、投诉、咨询共 1 780 件。全国知识产权保护社会满意度调查结果显示，天津市再次名列全国第一。

市场监管委制定了《关于在打击制售假冒伪劣商品违法犯罪中加强行政执法与刑事司法衔接工作的实施意见》、《2014 年红盾护农行动实施方案的通知》、《天津市药品监督稽查执法大队　天津市医药保险监督检查所打击涉及基本医疗保险药品违法活动备忘录》等多个文件，建立了联席会议、信息互通、联合执法办案、重大案件会商等工作制度。先后开展了“质检利剑”、“红盾护农”、“诚信计量”、“重点区域整治”等一系列活动。共出动执法人员 37 312 人次，检查企业 24 705 家，立案查处 575 起违法案件，涉案金额706. 7 万元，捣毁窝点 33 个，移送案件 6 个。其中，产品质量监督检验 2 094 批次、产品质量监督抽查 799 批次、检查农资生产企业 78 家、检查建筑钢材生产企业 92 家、检查加油站、汽柴油生产加工企业 118 家；药品监督抽样 5 461 批次、完成检验 4 558 批次，检出不合格 47 批次，立案查处药品违法案件 102 件；检查农资经营户 9 000 余户次，查处违法案件 89 起，案值 170 万元。

农村工作委员会印发了《2014 年农资打假专项治理行动实施方案》、转发了《2014 年全国农资打假和监管工作要点》进一步明确了各区县、各部门打假工作的任务和目标。全年共出动行政执法人员 39 660 人次，检查各类生产经营

企业14 786个次，整顿市场121个次，查处案件225起，查获各类假劣农资4.9万多公斤，货值近112万元，其中立案查处99起，结案98起，印发宣传材料30万份。进一步维护了广大农民群众的利益，确保了农业生产的顺利进行。

经济和信息化委员会推动工业企业品牌建设，培育国内外知名品牌，组织第二批品牌培育试点申报工作，最终环欧半导体等26家品牌管理基础好的企业成为天津市试点，截至目前，天津市拥有76家试点企业。组织企业申报质量控制和技术评价实验室。天津天传电控设备检测有限公司、国家轻工业香料洗涤用品质量监督检测天津站等两个单位被评为第二批质量控制和技术评价实验室，截至目前，天津市拥有12家国家质量控制和技术评价实验室。

天津海关共立案查处侵权案件78起，价值人民币649.4万元，扣留侵权货物137.9万件。包括运动鞋、自行车鞍座、旅行包、服装、锄头、化工染料、轴承、汽车配件等，保护了“安踏（图形）”、“金城（图形）”、“飞鱼牌及图形”、“凤凰牌商标”、“雄鸡”、“钻石DIAMOND及图形”、“DISNEY”、“NTN”、“BAJAJ”等国内外品牌。对国内自主品牌的保护：全年共查扣侵犯国内自主知识产权案件28起，涉案金额489.3万元，扣留侵权货物81.4万件。开展风险布控工作，共下达布控指令23个，查获侵权案件14起，涉案金额192.5万元，扣留侵权货物24.5万件。

环境保护局积极参加市双打办工作部署会议，全力配合其他部门双打工作，在市双打办的指导下建立健全双打无害化销毁工作部门协作和信息共享机制，积极与各成员单位进行沟通联络，确保各成员单位拟销毁的侵权假冒商品交由具备无害化销毁能力的单位进行销毁。各区县环保部门指定专人负责双打无害化销毁工作，加强对承担销毁任务单位的指导和监控，并在职能范围内依法提出销毁意见。承担销毁侵权假冒商品任务的单位，根据收缴的侵权假冒商品的性质，选择合适无害化销毁方式（如焚烧、填埋、拆解等），确保污染物排放符合国家相关环境污染控制标准，杜绝进行销毁的侵权假冒商品再次流入市场。

出入境检验检疫局严格口岸查验，共立案查处各类检验检疫违法案件238起，出动执法人员981人次，检查企业438家，检验大宗出口商品917批次，检出不合格商品3批次、货值6.2万美元。将小家电、日用品、化工品、小五金等列为重点商品，有针对性地采取查验措施，共查验输非出口商品1 025批，检出不合格商品86批，涉案金额492万美元。发挥12365热线的质量监管服务功能，累计受理各类质量咨询、投诉、举报电话3 840余件，有力提升了质量监管预判能力。

文化广播影视局通过下发文件、传达宣传重点等方式，组织全市各级广播电视播出机构，紧密围绕2014年打击侵权假冒重点工作，大力宣传党中央、国务院和天津市委、市政府关于打击侵权假冒工作的部署和要求，充分反映工作成效。特别是6月份，围绕侵权假冒行政处罚案件信息公开工作，各级播出机构开展了声势集中的宣传策划和报道，通过解读案件信息公开的政策和意义，实现了扩大社会影响，助推工作开展的宣传效果。

司法局贯彻落实全市民营经济发展工作会议精神和《中共天津市委、天津市人民政府关于进一步加快民营经济发展的意见》，2014年年初组织30家律师事务所和20家公证处与行业协会、商会和民营企业签署法律服务协议，开展“一对一”免费法律服务活动。通过为知识产权受到侵犯的有关企事业单位提供法律咨询、诉讼代理、仲裁代理和调解等法律服务，依法打击和遏制了侵犯知识产权违法犯罪行为。积极配合有关部门为依法打击盗版、假冒等侵权行为和滥用知识产权现象提供法律支持，促进知识产权的法律保护。前三季度，天津市律师代理知识产权诉讼案件8件，办理知识产权非诉案件109件，取得了良好的经济效益和社会效益。

市区两级文化执法部门采取昼伏夜出、错时执法、交叉执法的方法，对全市经营单位进行突击检查，重点地区、重点部位反复检查，互查互看，相互交流，确保执法检查取得实效，进一步规范文化市场经营行为。全市共出动执法人员38 557人次，同比增长9.2%，检查文化市场各类经营单位12 499家次，行政立案280余起，受理举报100件，取缔无证照经营单位43家，责令停业整顿4家，行政罚款54.3万元。

（二）强化刑事司法打击力度

公、检、法机关主动与知识产权、市场监管委、版权、海关等部门协调，建立完善了调查取证、案件会商、联合督办等工作机制，搭建执法协作平台，形成联手打击合力，切实做到了出拳狠、打击重、结案快，有力地保证了刑事司法在全市打击侵权假冒工作中的保驾护航作用。

2014年，全市各级公安机关围绕“建立执法协作信息互享机制，建立部门间的定期沟通和重大案件会商、通报制度，形成联合执法协调机制和纠纷快速解决机制”和“依法打击侵犯知识产权和制售伪劣假冒伪劣商品犯罪”两项工作重心，全力开展打击侵权假冒工作。各级公安机关经侦部门坚持以“打经典集群，创精品战役”为目标，共成功发起集群战役10起，成功收网9起（其中已有4起战役被公安部评为经典战役），参与外省市集群战役51起，共捣毁制假、储假窝点 74 处，抓获审查各类制售假犯罪嫌疑人 127 名，涉案金额 2.67 亿元。尤其是成功侦破李某等人制售假冒散热器案、司某等人制售假冒知名品牌轴承案、史某等人制售假冒李锦记牌调味品案，以及天津市达沃斯论坛期间收网的董某等人制售假冒“小猫牌”电缆案等多起重点战役，得到了部、局各级领导的一致肯定，有效地维护了天津市的市场经济秩序。

全市各级检察机关注重知识产权队伍专业化建设，逐步建立完善了独立建制的办案专门机构。市检察院与市检察院第一分院、第二分院都建立了专门办理侵犯知识产权犯罪案件小组，在加强办案力量的同时加强了对基层院的办案指导工作。其中，滨海新区检察院针对开发区高科技企业对知识产权保护方面的法律需求，邀请南开大学法学院博士生导师张玲教授为开发区 20 余家企业的法务专员，举办了题为“企业自主知识产权保护战略”的专题法律知识讲座。与此同时，全市各级检察机关加大对侵权假冒类案件刑事打击力度。2014 年 1—10 月，共批准逮捕侵犯知识产权和制售假冒伪劣商品类犯罪案件 23 件 34 人，提起公诉侵犯知识产权和制售假冒伪劣商品类犯罪案件 64 件 108 人，有效打击了该类犯罪。

法院系统全年审理双打案件共计 54 件 75 人，结案 52 件 74 人。其中受理侵犯知识产权类刑事案件 27 件 43 人，结案 25 件 42 人；受理制售假冒伪劣商品类刑事案件 27 件 32 人，结案 27 件 32 人。审理生产销售不符合安全标准的食品刑事案件 3 件 3 人，结案 3 件 3 人；审理生产销售有毒有害食品刑事案件 3 件 5 人，结案 3 件 5 人；审理假冒注册商标刑事案件 11 件 24 人，结案 9 件 20 人；审理销售假冒注册商标的商品刑事案件 12 件 19 人，结案 9 件 12 人；审理侵犯著作权刑事案件 2 件 2 人，结案 1 件 1 人；审理侵犯商业秘密刑事案件 1 件 3 人，在法定审理期限内结案率达 100%。

（三）进一步推进软件正版化工作

版权局通过开展软件正版化、“剑网 2014”专项行动、著作权执法培训、版权宣传等方面工作深入开展软件正版化工作，严厉打击各种侵权盗版活动，形成了督促整改与狠抓打击相结合的高压态势。按照国家版权局和国家新闻出版广电总局要求，代政府起草了《天津市 2014 年推进使用正版软件工作实施方案》、《2014 年继续协调推进天津市企业使用正版软件工作计划》，制定了《天津市使用正版软件管理办法》、《天津市推进使用正版软件工作联系会议制度》、《天津市勘察设计企业推进使用正版软件工作实施方案》、《天津市新闻出版行业二级企业推进使用正版软件工作实施方案》，建立了天津市政府机关软件正版化奖惩办法，逐步形成天津市政府机关使用正版软件的常态化管理模式。与市公安局、市通信局、市网信办、市文化市场行政执法总队等单位，联合会签制定了《天津市开展打击网络侵权盗版“剑网 2014”专项行动实施方案》、制定了《天津市加强互联网传播作品版权监管工作办法》，实现了网络监管常态化。

（四）强化展览展会知识产权保护

伴随天津会展业依托城市产业发展、区位优势和滨海新区开放的拉动作用，商务部支持的国家会展中心项目投资建设，今年在津举办各类展会 280 个，其中涉及工业、消费类大型展会 60 多个，一批国际化、专业化、市场化品牌展会正在形成，给天津会展业发展带来重大机遇，也增强了展会举办方、参展商及社会公众对展览展会知识产权保护意识。市商务委积极落实《天津市促进会展业发展办法》相关要求，通过规范展览展会企业行为、维护参展专利权人及展会消费者合法权益，保护展览展会知识产权；通过开展展览展会知识产权服务宣传、执法检查、法律咨询等系列工作，特别是重大展会派驻知识产权、工商、公安执法队现场办公等手段，避免了展会期间各类侵犯知识产权纠纷的发生，天津会展业形成健康发展态势。

三、打击侵权假冒工作保持良好运行机制

2014 年，天津市各级领导高度重视双打工作，各部门联动防控形成机制，“两法衔接”区县级信息共享平台已完成建设工作，实现与中央平台对接工作，全市企业诚信守法意识不断增强，消费者识假辨假维权能力不断提高，打击侵权假冒工作、营造优良的社会经济发展环境工作卓有成效。

（一）打防结合，实施联动机制，构建防控体系

天津市打击侵权假冒工作领导小组办公室采取“三结合”工作原则构建打防结合防控体系，即：专项行动与日常监管相结合，专项查处与联合执法相结合，责任落实与强化协作相结合。在联席会议制度下开展的重大打假维权行动取得积极成果，知识产权、市场监管委、公安等部门先后组织了全市性“集群战役”、“剑网行动”、医疗器械“五整治”、“中药饮品”专项整治、“质检利剑”、“红盾护农”、电子电器等五大类重点商品和服务集中整治、知识产权执法维权“护航”、电子商务领域专利执法维权、质量月知识产权保护、刑事犯罪重特大违法案件“亮剑”等联合行动，重点商业街区科贸街、塘沽新洋市场、大胡同批发市场等积极配合有关部门开展一系列打假专项活动，维护消费者合法权益。

（二）狠抓成果，突出大案要案，形成高压态势

天津各级公安机关坚持“打建结合，以打促建”的工作方针，坚持以“打经典集群，创精品战役”为目标，狠抓大案督办和战役攻坚，扎实推进与行政执法部门的打击侵权假冒协同行动。截至2014年年底，全市各级公安经侦部门已与各区成功发起集群战役共10起，成功收网8起（其中已有3起战役被公安部评为经典战役），参与外省市集群战役36起，共捣毁制假、储假窝点31处，抓获审查各类制售假犯罪嫌疑人50名，涉案金额6 700余万元。其中李某等制售假冒散热器案、司某等制售假冒知名品牌轴承案、史某等人制售假冒李锦记牌调味品案，以及天津市达沃斯论坛期间收网的董某等人制售假冒“小猫牌”电缆案等多起重点战役，得到了部、局各级领导的一致肯定，成功地在天津市范围内掀起接连不断的打假高潮，有效地维护了天津市的市场经济秩序。

（三）广泛宣传，畅通投诉举报渠道，提高市民维权意识

2014年，中央主要驻津新闻单位和天津新闻单位共刊播天津市打击侵权假冒工作的新闻消息400多篇，4月25日，市政府新闻办在市政府新闻发布厅召开天津市深入实施知识产权战略、全面提升知识产权综合实力新闻发布会，介绍本市实施知识产权战略加快建设创新型城市情况，并发布年度《知识产权保护白皮书》和《知识产权发展状况白皮书》，共计有39家媒体的40多名记者采访了发布会。通过微博、北方网和中国打击侵权假冒工作网等网络平台进行信息公开和宣传报道。其中，知识产权局微博粉丝达到117 121人，一年内增加近10万人，共发微博272条，新闻出版局官方微博粉丝达到60 594人，共发微博2 617条，北方网刊发双打消息100余条，中国打击侵权假冒工作网上刊发工作动态和新闻约稿100余条。与此同时，市知识产权局、版权局、市场监管委分别在各自网站上公布12330维权举报、12318受理侵权盗版举报、12365质监举报处置、12315消费者维权电话或网络系统。天津卫视频道26次播出12330公益宣传片。在规范市场的基础上，加大法制宣传力度，举行了2014年侵权盗版及非法出版物集中销毁活动和绿书签系列宣传活动，共销毁30万余册（张）非法盗版图书、报刊、教辅读物和盗版光盘，展示了天津“扫黄打非”工作成果，积极营造了正面舆论氛围。

（撰稿人：朱文军）

河北省打击侵权假冒工作报告

一、总体情况

2014年，河北省各级各有关部门认真贯彻落实党中央、国务院决策部署和全国打击侵权假冒领导小组工作安排，紧紧围绕侵权假冒重点领域和突出问题，深入开展专项整治行动，强化刑事司法打击力度，积极推进“两法衔接”平台建设和行政执法案件信息公开，完善绩效考评机制，努力维护市场秩序和消费者合法权益，全省打击侵权假冒工作取得了新的成效，为服务全省经济社会发展作出了重要贡献。

（一）强化组织领导

在省委省政府重视和领导下，省领导小组办公室认真履行职责，积极做好牵头工作，各相关部门密切配合，坚持每季度研究下发全省打击侵权假冒重点工作。主管副省长秦博勇两次召开全省打击侵权假冒工作会议，研究部署阶段工作，提出具体指导意见。年内，省领导小组增补省网信办、通信管理局、邮政局和烟草专卖局为成员单位，并对领导小组成员进行了调整。

（二）严格考核督导

2014年，省领导小组先后印发了打击侵权假冒绩效考核办法和年度考核实施方案，详细规定了考核指标、组织方法和评分标准，并在1月下旬组织对13个市的工作进行现场考核。8月份，省领导小组又组成4个督查组对13个市“两法衔接”平台联网应用、案件信息公开等进行实地督查，并将督查情况和各市成绩通报各市政府，有力推动了全省打击侵权假冒工作的深入开展。

（三）密切信息交流

建立全省打击侵犯知识产权和制售假冒伪劣商品工作统计月报制度和信息报送制度，要求各市和各部门每月按时

报送案件查办情况、重点案件督办情况和重点区域及重点市场整治情况，汇总后及时向全国打假办上报相关工作信息和统计数据。全年共向全国领导小组上报简报30期、发布亮点信息109条，被中国打击侵权假冒网采用33条；上报执法数据月度统计表12期（共计96张表格），保质保量地完成了全国领导小组下达的工作任务。

（四）完善工作保障

为加强打击侵权假冒的组织建设和经费保障，省财政继2013年投入400万元用于“两法衔接”平台建设资金后，2014年又拨付250万元补助用于平台建设。省商务厅从商贸流通发展资金中拿出53万元，以保障省打侵办日常工作开支。

二、专项整治工作开展情况

根据国务院的统一部署，我省各级各有关部门紧密结合本地实际，积极组织开展打击侵犯知识产权和制售假冒伪劣商品专项行动，并取得了良好效果。一是开展农资打假专项行动。各级农业部门共查处农资案件841起，办结796起，移交司法机关2起，查获假劣农资货值346万元，涉案金额总数达1 200万元。二是开展打击假劣药械专项行动。各级食品药品监管部门共立案查处制售假药劣药和不达标医疗器械案件301起，移送公安机关13起，没收违法所得87.65万元。三是开展车用汽柴油打假专项行动。工商等相关部门共取缔无证照加油站点近100家、拆除加油机200余台、查封非法流动加油车80多辆，查办加油机计量违法案件36起，抓获犯罪嫌疑人28人，保质保量完成油气回收治理工作。四是开展互联网领域打假专项行动。各有关部门共处理违规网站28个，其中注销备案13个、取消接入23个、列入黑名单18个，破获网络犯罪9件。五是开展“质检利剑”整治行动。按照突出重点、重拳出击的思路，全省质监部门深入开展了“质检利剑”行动，检查生产企业近1.4万家次，查处制假案件749件。六是加强传统和网络领域侵权盗版整治。各级新闻出版部门以“剑网行动”为推手，严打侵权盗版行为。共查处含有侵权盗版内容的出版物、网络文化制品和销售传播侵权盗版制品案件500余起，移送公安3起，捣毁窝点34个。七是加强知识产权执法保护力度。有关部门共查处商标侵权案件442件、“傍名牌”式假冒仿冒案件40件。立案查处假冒专利案134件，调节专利侵权纠纷212件。推进专业市场专利保护，3家市场被确定为国家级知识产权保护规范化市场。

三、打击侵权假冒犯罪情况

在加强案件侦办方面，公安机关以“破大案、铲窝点、斩链条”为目标，运用专业化手段提升打假破案水平，全年侦办案件2 136起，破案1 951起，抓获犯罪嫌疑人2 671名，涉案金额3.5亿元，发起涉及3个省以上集群战役14起，参与全国性集群战役168起，全部按时收网，按时办结公安部督办案件20起。在加强批捕起诉方面，检察机关加大对侵权假冒案件的诉讼监督力度，全年查办批捕侵权假冒案件409件566人，提起公诉713件1 160人；监督公安机关立案8件，监督和建议行政机关移送案件线索309件，移送侵权假冒领域涉嫌职务犯罪案件线索20条。在加强依法审判方面，各级法院对侵权假冒犯罪案件依法快审快判，加大刑罚处罚力度。全年审结案件489件，判处792人，判处人数超过去年4倍，特别是依法从重判罚制假售假犯罪的累犯、惯犯、主犯，适于顶格判罚的坚决顶格判罚，对犯罪分子形成了强力震慑。

四、深入推进“两法衔接”情况

在省打击侵权假冒工作领导小组强力推动下，建成省市县三级一体化的打击侵权假冒领域“两法衔接”信息共享平台，系统于6月初正式投入运行，12月上旬与中央平台完成对接。截至12月底，全省2 473家联网单位已联网1 922家，联网率77.7%。其中：15家省直联网单位全部联网；13个市的179家市直联网单位已联网176家，联网率98.32%；2 279家县直联网单位已联网1 730家，联网率75.9%。省打击侵权假冒办公室制定印发了平台运行管理办法，多方采取措施推动联网单位按要求上传案件，依职责开展案件审查监督。省检察院出台检察系统平台应用管理办法、信息录入和案件审查工作规定等五项制度，以加强检察系统平台应用管理。2014年，全省各级行政执法部门共向平台上传案件3 364件，其中侵权假冒类1 055件；移送司法机关22件，其中侵权假冒类18件，检察机关认真履行法律监督职能，及时对行政执法机关上传案件进行审查监督，完成备案审查592件。

五、行政处罚案件信息公开情况

按照国发〔2014〕6号和打假办发〔2014〕8号文件要求，河北省积极推行案件信息公正，省打击侵权假冒办公室制定印发了案件信息公开监管办法，明确了各级各部门职责任务、监督管理内容和措施。农业、文化、食药监、知识产权等部门制定了本部门实施细则，对案件信息公开工作流程和公开载体作出了安排。6月，省政府网站开通了侵权假冒行政处罚案件信息公开专栏，与10个行政执法机关门户网站相关栏目链接。石家庄等11个市本级和部分县区也在当地政府网站开通相应专栏，为各机关公开案件开通权威通道。截至12月上旬，各级行政执法机关共公开行政处罚案件466件。其中，省直部门216件、各市250件。

六、推进软件正版化情况

2014年，河北省进一步强化了使用正版软件工作的组织领导，建立了包括省直机关、市直机关、县（市、区）政府在内的河北省政府机关软件正版化工作责任体系，明晰了工作责任。并在2013年完成市县政府机关软件正版化基础上，组织对35个市（县）政府105家机关软件正版化工作检查验收，督促建立健全软件正版化长效机制，巩固了政府机关软件正版化成果。积极推动河北日报报业集团等3家出版行业企业及其41家二级企业完成正版软件采购、安装工作，积累了推进企业软件正版化经验。

七、开展宣传教育情况

坚持常态宣传与集中宣传相结合、一般宣传与专题宣传相结合、传统平面媒体与网络媒体相结合，以更加丰富的形式在更高层次、更大范围宣传全省打击侵权假冒相关工作情况。“知识产权宣传周”期间，全省各地各成员单位结合本地实际和本单位自身职能，组织开展了32场11项重点宣传活动。河北电台、河北电视台和河北日报、燕赵都市报等省级主要新闻媒体对全省打击侵权假冒工作重要活动进行了跟踪报道。河北省高院召开全省知识产权司法保护状况新闻发布会，公布了两年来河北法院审理的10件知识产权典型案例。公安、农业、工商、质监、知识产权等部门在“3·15”、“4·26”、“5·15”等重要时点，集中组织开展现场宣传，据不完全统计，全年各有关部门共组织现场宣传活动2 000余场0次。

八、尚存的薄弱环节和下步工作打算

（一）尚存的薄弱环节

全省打击侵权假冒面临的形势依然严峻，互联网领域、农村和城乡结合部侵权假冒行为易发多发，打击侵权假冒长效机制效力发挥不足；部分地区对打击侵权假冒工作的重视程度不够、认识不足，工作主动性不强、标准不高；全省各级领导小组办公室人员均为兼职，尤其是市、县两级普遍存在人手少、工作量大的问题，而且缺乏相关工作经费。

（二）下一步工作打算

（1）制定2015年度全省打击侵权假冒工作方案。明确年度打击侵权假冒工作要点和工作要求，筹办省打击侵权假冒工作领导小组会议。

（2）做好“两法衔接”和信息平台应用工作。完善案件移送标准和程序，推动实现行政执法机关、公安机关、人民检察院、政府法制部门间执法、司法信息共享，完善网上移送、网上受理、网上监督机制，提高衔接工作效率。

（3）推进侵权假冒行政处罚案件信息公开。跟踪、督促省级13个行政执法单位按要求公开侵权假冒行政处罚案件信息；检查各市案件信息公开工作落实情况。

（4）开展农村和城乡结合部市场专项整治。抓住元旦、春节、国庆节等重点时段，明确重点环节和区域，严肃查处并曝光一批违法犯罪案件和违法经营主体，端掉一批制假售假窝点，建立打击农村和城乡结合部市场假冒伪劣、保障农业生产和农村消费者权益的长效机制。

（5）进一步强化宣传引导。采用召开新闻发布会，开展专题报道等多种形式宣传工作成效、法律法规和典型案例；按时汇总上报月度案件查办情况，及时编发动态和综合信息，提高报送信息的质量。

（6）完善针对各市的年度绩效考核办法和标准。

（撰稿人：刘润河）

山西省打击侵权假冒工作报告

2014年，全省打击侵权假冒工作以党的十八大和十八届三中、四中全会精神为指引，按照全国打击侵权假冒工作领导小组的统一部署，在省委省政府的正确领导下，统筹兼顾，突出重点，取得了明显成效。2014年，全省列入统计的行政执法机关共立案1.46万件，办结1.35万件，涉案金额4 401万元，捣毁制假售假窝点243个。全省各级公安机关破获制假售假案件682起，抓获犯罪嫌疑人239人，逮捕88人，移送审查起诉95人，涉案金额1亿余元。全省检察机关建议行政机关移送涉嫌犯罪案件141件168人，监督公安机关立案94件120人。4月29日在全国打击侵权假冒工作领导小组第五次全体会议上，省打击侵权假冒工作领导小组组长、副省长王一新就我省打击侵权假冒工作作了典型发言，受到全国双打工作领导小组组长、国务院副总理汪洋同志的充分肯定。

一、以制度建设为突破口，完善长效监管工作机制

为了规范执法行为，提高执法的公信力和透明度，杜绝暗箱操作，我省出台了《山西省假冒伪劣侵权行政处罚案件信息公开工作监督管理办法》，将执法活动置于阳光之下。为了加大对重大侵权行为的打击力度，整合执法资源，形成执法合力，制定了《山西省打击侵权假冒重大案件协调督办工作规则》，明确了牵头单位、协作部门的工作职责，防止在查办案件中出现推诿扯皮现象。为了强化信息沟通，制定下发了《山西省打击侵权假冒工作信息报送和应用管理办法》，各市、各成员单位信息报送和统计制度的执行力度得到明显增强，使我省的信息报送和简报编发工作走在了全国前列，在全国会议上受到商务部副部长、全国领导小组办公室主任房爱卿的表扬。

各成员单位和各市也积极探索和不断完善打击侵权假冒工作制度。省食品药品监督管理局制定出台了《重大食品药品安全违法案件督办办法》、《案件协助调查管理规定》等管理制度，与省财政厅联合制定了《山西省食品药品投诉举报奖励办法》。省公安厅与山西杏花村汾酒集团签订《打击侵权假冒警企合作协议》，省知识产权局与各市专利管理部门签订了《山西省专利行政执法协作协议》，长治市知识产权办公室与河北、河南两省的6个市的知识产权管理部门建立了晋冀豫执法协作机制，实现了相互协助调查取证和成员单位辖区内的企业知识产权保护信息数据库信息共享。长治市领导小组制定了《长治市打击侵权假冒工作绩效考核细则》，大同市领导小组制定了《大同市打击侵权假冒工作宣传管理办法》。这些制度和办法的出台，强化了工作的落实和执行，解决了工作中的缺位、错位和越位问题，为探索做好新常态下的打击侵权假冒工作提供了有力的制度保障。

二、加大打击力度，解决突出问题

（一）围绕重点工作，组织专项行动

积极落实全国领导小组确定的重点工作的部署，针对互联网领域侵权假冒泛滥、农村及城乡结合部案件高发等实际问题，先后组织开展了专项行动，解决了突出问题。

一是集中开展互联网领域侵权假冒专项治理行动。2014年7月，省领导小组办公室制定印发了《关于印发山西省打击互联网领域侵犯知识产权和制售假冒伪劣商品工作方案的通知》（晋双打办发〔2014〕17号），部署在全省范围内集中开展互联网领域侵权假冒专项治理行动。我省将打击互联网领域侵权假冒工作纳入日常网上信息内容监管，加大对互联网网站、电子商务经营企业、网络销售平台、移动智能终端应用软件商店的主动巡查和监管力度，查处了一批互联网领域侵权假冒案件，取得了阶段性成果。

省版权局联合省公安厅、省通信管理局、省互联网信息办公室成立了2014年打击网络侵权盗版专项治理“剑网行动”领导小组，研究制订了《山西省打击网络侵权盗版“剑网2014”专项行动实施方案》，重点围绕文字、音乐、影视、游戏、软件等重点领域以及图书、音像制品、电子出版物、网络出版物等重点产品，加大对互联网网站、网络销售平台、移动智能终端应用软件商店的监管力度，严厉打击各种网络侵权行为。省版权局发布了举报奖励公告，鼓励社会各界积极提供案件线索。制订了网络侵权盗版案件立案审查制度，规范了查处网络侵权盗版案件的流程。进一步理顺了版权管理部门、文化市场行政综合执法机构、公安部门共同打击网络侵权盗版案件的协调配合机制，形成了多部门共同配合打击网络侵权盗版的良好工作机制。

省邮政管理局积极与地方公安、工商部门、海关建立联合机制，加强信息沟通，密切配合，开展打击侵权假冒工作。要求邮政和各快递企业严格落实收寄验视制度，对列入“黑名单”的企业交寄的邮件、快件予以重点查验。鼓励企业及时举报寄递侵权假冒商品行为人，严防侵权假冒商品进入寄递渠道。

二是集中开展农村和城乡结合部市场假冒伪劣专项整治。2014年12月，省领导小组办公室制定了《山西省农村和城乡结合部市场假冒伪劣专项整治方案》，部署自2014年12月至2015年6月，在全省范围内集中开展农村和城乡结合部市场假冒伪劣专项整治。要求各市、各有关部门制订具体的工作方案，全面部署开展工作，严肃查处并及时曝光违法犯罪案件，同时还研究推进制度机制建设。省农业厅、省工商局和省食药监局等部门分别制定了专项整治的实施方案，就本系统农村和城乡结合部市场假冒伪劣商品专项整治作出部署。

三是进一步加强政府机关软件正版化整改工作。我省强化使用正版软件工作长效机制建设，各市县、各相关部门紧

紧围绕工作协调、经费保障、软件采购、日常监督、资产管理、审计监督和年度报告等重要环节，进一步建立健全了规章制度。省版权局牵头组织各市和省直各部门全面开展软件使用情况自查整改工作，针对自查中发现的问题集中开展整改，明确责任人和完成时限，全省政府机关使用正版软件工作质量得到明显提高。省推进使用正版软件工作领导小组组织检查组，对全省35个省级政府机关、11个市的22个市级政府机关和11个县的22个县级政府机关进行了抽查，重点检查第一责任人和具体负责人责任落实情况、自查整改情况、长效机制建设情况等三个方面的内容。对于检查中发现的问题，检查组当面反馈并要求立即整改，以杜绝此类问题发生。2014年，全国打击侵权假冒工作领导小组、国务院推进使用正版软件部际联席会议督查组先后三次对我省政府机关软件正版化工作进行了检查督导，均对我省政府机关软件正版化工作给予了充分肯定。

（二）围绕重点领域，开展集中整治

全省各市和相关部门按照打击侵权假冒工作总体部署，坚持标本兼治、着力治本，围绕与人民群众生活密切相关的"四个重点"，确定阶段性工作目标，深化集中整治，加大打击力度。

一是开展著作权、商标权、专利权等重点领域的集中整治。新闻出版（版权）和广电部门在全年不同时段组织开展了少儿出版物市场整治行动、打击非法及盗版教材教辅专项行动、校园周边出版物市场专项整治等三大专项整治和"秋风"、"清源"、"净网"三大集中行动，加强图书报刊音像市场、交通枢纽、集市景区、数码电脑城等部位的监管。知识产权部门组织开展知识产权执法维权"护航"专项行动，加强流通环节执法检查力度，有效维护了专利权人的合法权益。

二是加强农资、服装、小商品批发、电子产品、汽车市场等重点市场的集中整治。农业部门有组织、有计划、有重点地深入开展农资打假专项行动，严厉打击制售假冒伪劣农资违法行为。文化部门采取联合检查、错时检查、暗访抽查等方式，开展了各类保护文化市场知识产权的专项行动，着力打击文化娱乐等领域侵权盗版违法行为。工商部门继续加大对农资、小商品批发、电子产品、汽车市场等重点市场的监管力度。

三是加大生产、流通和消费等重点环节的集中整治。商务、工商、质监、食品药品监管等部门各司其职，按照各自职能分工加大对与民生密切相关的生产、流通和消费等重点环节的监管力度，加大对互联网领域和城乡结合部等重点部位和区域的专项检查，严厉查处和打击侵权假冒违法行为。

四是开展食品、酒类、药品、医疗器械、建材等重点商品的集中整治。商务部门牵头开展了酒类流通专项整治，以酒类溯源证单查验为重点，对酒类批发、零售企业的散白酒经营、酒类专卖、包装回收、婚庆生日宴用、物流运输、新酒上市等环节进行检查整治，有效查堵了假冒伪劣酒品的上市流通。质监部门以狠抓大案要案为突破口，组织开展了"质监利剑"食品用纸质品集中打假行动、能效标识专项执法检查行动、打击非法生产"伪基站"设备和窃听窃照专用器材等专项整治。食品药品监管部门组织开展了打击利用互联网领域制售假药违法犯罪行为专项整治、医疗器械"五整治"专项行动等系列专项整治行动。

针对山西广播电视总台经济资讯频道对我省部分消费市场进行调查暗访所发现的制售假冒伪劣商品和消费陷阱行为，省领导小组办公室召开专门会议，组织各市和省打击侵权假冒领导小组各成员单位观看暗访录像并作出部署，要求各市和省领导小组成员单位对调查暗访发现的问题进行认真梳理，依照各自职能，举一反三，进行严厉打击查处。

公安机关在单独破获制假售假案件的同时，按照公安部统一部署，以集群战役为主战模式，全力推进"打假行动"向纵深发展，提请公安部发起和参与外省发起的多起集群战役并成功收网取得战果。省环保厅牵头建立了侵权假冒商品无害化销毁工作部门协作和信息共享机制，编制了对侵权假冒商品进行无害化销毁能力并持续动态更新的单位名录。

三、强化"两法衔接"，完成信息共享平台建设

（一）建立健全工作制度

2013年，根据国务院办公厅转发的《关于做好打击侵犯知识产权和制售假冒伪劣商品工作中行政执法与刑事司法衔接的意见》（国办发〔2012〕51号）精神，为进一步推动我省打击侵权假冒两法衔接工作开展，省领导小组办公室在征求成员单位意见的基础上，印发了《山西省打击侵权假冒行政执法与刑事司法衔接工作制度》，建立了两法衔接工作制度。2014年，我省进一步完善两法衔接工作机制，以制度建设为抓手，加强行政执法机关与公安机关之间的线索通报、案件移送和受理，强化检察院对案件移送、受理、立案的监督机制，确保行政执法与刑事司法衔接工作有关制度落到实处。省领导小组办公室积极落实工作制度，先后走访了省检察院、新闻出版广电局和知识产权局等单位，就"两法衔接"信息平台建设和政府机关软件正版化等工作与

被走访单位进行交流，督促工作开展。

（二）完成信息共享平台建设

为了确保按时完成全省“两法衔接”信息平台建设任务，在2013年作出项目资金预算并通过省财政厅投资评审中心评审的基础上，2014年，省领导小组办公室继续多次向省政府打报告申请建设资金，经过多方协调和争取，得到省财政厅的积极支持，很快落实了信息平台建设资金456万元，平台建设得以迅速展开。

根据全国领导小组办公室的推荐，省领导小组办公室与省商务信息中心先后赴已建成平台的省市，对平台建设情况进行了专题调研。调研组从平台建设的领导体制、组织机构、制度保障、方案制定、模式选择、数据标准、技术规范、资金来源、运行管理与维护以及一系列配套机制等多个方面进行了较为细致的调研了解，向厅领导提交了调研报告。随后，迅速协调省商务厅办公室、财务处、条法处、信息化处等部门，组建了由厅领导挂帅的平台建设项目工作机构并明确了职责分工。

经过三个多月的紧张工作，2014年底，山西省、市、县三级信息共享平台建设完成并与中央平台的数据对接，实现了联网单位案件信息的实时共享。平台采用集中式建设模式，以省为单位，覆盖省、市、县三级近1 500个部门，数据采集和传输格式采用统一标准，达到了全国领导小组办公室组织制定的《打击侵权假冒行政执法与刑事司法衔接工作信息共享平台建设规范（试行）》的要求。为了规范信息平台的使用管理和运行维护，省领导小组办公室制定了《山西省打击侵权假冒领域行政执法与刑事司法衔接信息共享平台管理办法（试行）》。

四、重视宣传舆论，强化信息公开

（一）组织宣传报道，积极营造舆论氛围

省领导小组办公室围绕领导关心、群众关切、社会关注的热点问题，制定印发了《山西省打击侵权假冒宣传工作方案》，并积极组织实施，动员媒体和公众积极参与，营造打击侵权假冒的舆论氛围。全省各市和省领导小组有关成员单位通过电视、广播、报刊、网络等传播渠道，大力宣传打击侵权假冒的政策措施，报道在保护知识产权制度、机制建设等方面的做法和成效；解读相关法律法规和政策，宣传侵权假冒商品的特点及识别方法；剖析与人民群众生活密切相关的典型案例。省新闻办组织黄河新闻网、山西新闻网等网站刊发相关宣传报道稿件，指导协调各市新闻办在当地主流媒体和门户网站对打击侵权假冒工作进行宣传报道。

（二）加强工作简报编发和信息交流

我省加强简报编发工作，省领导小组办公室全年共编发打击侵权假冒工作简报56期，强化与各市、各成员单位的信息沟通与交流。加强向全国领导小组办公室的信息报送，全年向全国领导小组办公室报送工作信息350余条，其中省领导小组办公室报送274条，组织成员单位报送近80条。有330余条信息被全国打击侵权假冒工作领导小组官方网站——中国打击侵权假冒工作网采用。

（三）推动行政处罚案件信息公开

我省认真贯彻落实国务院关于侵权假冒行政处罚案件信息公开的要求，积极推进全省侵权假冒行政处罚案件信息公开工作，在全国各省市第一家出台了假冒伪劣侵权行政处罚案件信息公开工作监督管理办法，督促各级行政执法机关确定案件信息公开网址等公开方式。省级9个行政执法机关也都制定了本部门依法公开制售假冒伪劣商品行政处罚案件信息工作的实施细则，规范本部门的公开制售假冒伪劣商品行政处罚案件信息工作。从6月1日开始，全省各级行政执法机关对假冒侵权行政处罚案件都依法进行了公开。

五、强化绩效考核，提升打击侵权假冒工作影响力

我省借鉴全国领导小组的做法，积极探索和创新绩效考核方法，在征求各成员单位和各市领导小组办公室意见的基础上，制定下发了考核办法。年底分5个考核小组分别由5位厅局长带队，开展对各市工作的考核。主要做法有3点：

（一）自查与互查相结合

每季度各成员单位和各市领导小组办公室都要结合工作开展情况进行自查，查找工作落实是否到位，上级要求的有关活动是否开展，安排的督办案件是否办结，工作会议是否召开，信息报送是否及时等。在此基础上，每半年由省领导小组办公室组织开展一次互查活动，相互学习，取长补短，交流沟通，促进工作。

（二）日常考核与年度考核相结合

这两项工作都是由省领导小组负责进行，日常考核主要针对省领导小组办公室安排工作的落实情况、发现问题、督促整改，并且适时利用有关会议进行通报，鼓励先进，鞭策后进。年度考核由厅局长带队，采取听取汇报、查阅资料、现场查看、实地暗访等方法进行，考核完毕当场亮分。省领导小组办公室根据日常考核和年终考核，确定各市的考核排名。

（三）考核结果与奖惩运用相结合

参照国家的做法，将绩效考核结果纳入社会综合治理的

考核，打击侵权假冒工作考核的排名情况直接影响着各市的整体工作排名，因此受到各市的高度重视。一些市县和部门将打击侵权假冒工作与当地的目标责任制考核工作同安排、同部署、同检查、同落实，使打击侵权假冒工作做到了经常抓、抓经常，提升了双打工作的影响力。

六、建立重大案件协调督办制度，督办大案要案

为了规范打击侵权假冒重大案件协调督办工作，明确省双打办、有关成员单位和各市双打领导小组的责任，明确工作程序和规范，加强跨地市、跨部门执法协调，及时查办危及民生安全的重大侵权假冒案件，有效保护消费者和权利人合法利益，营造良好的市场秩序和发展环境，省打击侵权假冒领导小组办公室制定了《山西省侵权假冒重大案件协调督办工作规则》。这个《规则》对重大案件督办工作目标、督办案件范围、工作程序和工作要求等作了明确规定，在省打击侵权假冒领导小组办公室与有关地市和有关成员单位之间建立起了一个密切配合、信息共享的工作机制，通过依法查办上级安排、领导关切、群众关心、社会关注的侵权假冒重大案件，及时追究违法犯罪分子的法律责任，为有效遏制违法犯罪行为，防范和化解区域性、系统性风险，构建和谐健康的发展环境起到了积极推动作用。

2014 年 11 月初，接到中国石油天然气股份有限公司山西销售分公司举报，我省 10 个市区域内的 44 个加油站未经中国石油天然气集团公司授权使用许可，擅自将中国石油天然气集团公司的“中石油及图”等注册商标用于加油站门头、牌匾上，造成消费者对商品来源的混淆和误认，严重侵犯了中国石油天然气集团公司的注册商标专用权，扰乱了市场经济秩序。为严厉打击商标侵权行为，省双打办根据举报，向案件所涉及的 10 个市的打击侵权假冒工作领导小组办公室发出督办函，要求在调查摸底掌握情况的基础上，组织相关执法部门对有侵权行为的加油站依法进行查处，并提出了具体指导意见。

相关市领导小组办公室对这项工作高度重视，将其作为今年整治工作的一项重要内容，组织当地公安、工商等部门开展集中整治，对被举报的 44 个加油站点全部进行了调查。按照新的《商标法》，对易造成消费者对商品来源误认的行为，要求其立即纠正整改；对存在违法侵权问题的加油站点，责令停止不正当竞争和侵犯注册商标专用权行为，并进行了相应处罚。截至 2014 年 12 月底，这项整治活动圆满结束，中石油集团公司和消费者的合法权益得到有效保护。

（撰稿人：蒋鹏）

内蒙古自治区打击侵权假冒工作报告

一、总体工作情况

2014 年，内蒙古自治区打击侵权假冒工作紧紧围绕全国打击侵权假冒工作整体安排部署，严格按照《2014 年全国打击侵犯知识产权和制售假冒伪劣商品工作要点》、各季度重点工作安排和各项专项整治行动要求，全面安排部署自治区的打击侵权假冒工作，重点是继续打基础、重协调、抓落实。转发了关于贯彻落实《2014 年全国打击侵犯知识产权和制售假冒伪劣商品工作要点》任务分工的通知和各季度工作要点等重要文件；制定方案、安排部署了打击互联网领域侵犯知识产权和制售假冒伪劣商品工作；部署了农村和城乡结合部市场假冒伪劣专项整治工作。同时抓好统计信息上报工作，每月按时上报《地方行政执法部门案件查办数量月报表》等统计报表。积极推进行政处罚案件信息公开工作，印发了《关于加强制售假冒伪劣商品和侵犯知识产权行政处罚案件信息公开监督管理办法》。强力推进“两法衔接”应用工作。积极参加“全国打击侵权假冒工作会议”、“全国打击侵权假冒宣传与信息工作培训班”。由于机构调整和人员变动，我办及时以自治区政府名义印发了关于调整自治区打击侵犯知识产权和制售假冒伪劣商品工作领导小组组成人员，并召开了领导小组成员单位联络员会议，研究部署下一阶段工作，有效推动了我区打击侵权假冒工作顺利开展，全年工作取得了一定成效。

全区行政执法机关共查办侵权假冒违法案件 2 651 件，办结案件 2 615 件、涉案金额 1 351.36 万元。移送司法机关 20 件，涉案金额 238.36 万元。公安机关破案 181 件，抓获犯罪嫌疑人 216 人，涉案金额 6 652.86 万元。检察机关共批捕涉嫌犯罪案件 43 件 53 人，起诉 214 件 415 人。审判机关受理刑事案件 45 件，审结 30 件，判决 59 人。

二、大力开展专项整治工作

（一）开展知识产权执法维权“护航”专项行动

自治区知识产权局制定《自治区知识产权执法维权“护航”专项行动实施方案》，对专项行动进行了全方位部署。专项活动开展以来，共组织开展执法检查 66 次，出动执法人员 702 人次，检查大型商场、药店 192 家，检查商品 514 823 件。受理专利侵权纠纷 8 件，结案 4 件，查处假冒专利行为 296 件，收到了良好的社会效果。

（二）开展打击利用互联网销售假药等专项整治

自治区食药监局开展打击利用互联网制售假抗肿瘤药品违法行为、查处制假售假黑窝点和通过利用互联网邮寄快递渠道销售假药等违法违规行为和严厉整治药品、医疗器械和保健食品违法广告等专项整治。同时，加强对已审批互联网药品信息服务网站的监督检查，依法查处网上非法发布虚假药械信息和利用互联网销售假劣药械违法犯罪行为。截至 12 月 15 日，查办食品类违法案件 28 起，依法取缔生产加工毒豆芽“黑窝点”1 家，吊销食品生产许可证 2 家、证书 3 份。涉案金额 555 万元，罚款 952. 8 万元。查处国家监督抽检不合格产品案 17 起，处置国家风险监测问题产品 7 起；查办药品、医疗器械违法犯罪案件 12 件，涉案货值 286 万元，罚款 424 万元。吊销生产许可证 1 家，向公安机关移送涉嫌犯罪案件 1 件。

认真开展广告许可和监测工作，严厉整治药品、医疗器械和保健食品违法广告等专项整治。截至 8 月底，查处涉及违法药品广告 8 669 条次，违法医疗器械广告 90 条次，违法保健食品广告 960 条次，非药品冒充药品违法广告 11 539 条次，电视购物涉药械类违法广告 76 条次。向 7 家违法广告发布企业发出行政告诫书，要求企业立即停止发布违法广告行为。约谈 3 家存在严重药品广告违法行为的药品生产企业，对其违法广告宣传行为提出了严肃批评并责令限期整改。责令在全区暂停销售严重违法广告涉及的药品、医疗器械和保健食品共计 109 个品种。

（三）开展工商行政执法系列专项行动

一是组织开展了保护注册商标专用权专项行动。兴安盟工商局查获假冒侵权“拉菲”酒 738 瓶，案值 42 万元；查出侵犯宝洁（中国）有限公司名牌洗涤用品“海飞丝”、“潘婷”、“飘柔”等商标专用权案件 10 件。呼和浩特市工商局查获侵权“牛栏山”商标白酒 1 056 瓶，涉案金额 0. 986 万元。包头市工商局共检查商标品牌专卖店 1 011 户，查办案件 3 起，对 11 户授权存在问题的品牌专卖店当场下达了《责令改正通知书》，查获 61 台涉嫌假冒侵权“美的”、“小天鹅”家用电器。呼伦贝尔市工商局查处侵犯“来自草原的问候”注册商标专用权白酒案，没收商标标识 1 000 张，涉案金额值 1. 5 万元。赤峰市工商局查获侵权“泸州”商标二曲酒 9 948 瓶，涉案金额 5. 8 万元，罚款 2. 4 万元。乌兰察布市工商局查获假冒、仿冒“茅台”、“五粮液”、“剑南春”、“水井坊”、“国窖”等名酒 298 瓶；破获涉嫌侵权“草原王”注册商标专用权白酒案件 1 762 件，涉案金额 34 万元。鄂尔多斯市工商局对 63 家各类酒类批发市场、商场超市、酒类专卖店、副食品店进行检查，查获假冒五粮液、茅台、水井坊、国窖、剑南春酒 94 瓶；查获侵犯“龙”牌注册商标专用权石膏板 1 080 张，涉案金额 2. 52 万元；查获不合格钢材 10 吨，罚款 3. 4 万元。乌海市工商局查获假冒侵权小天鹅洗衣机 22 台。巴彦淖尔市工商局破获侵犯“中国石化”注册商标专用权案件 1 件；破获侵犯“小天鹅”注册商标专用权案件 10 件；破获侵犯“河套王”注册商标专用权案件 1 件；破获侵犯“飞鸽”、“伊利高钙奶”、“茅台”等注册商标专用权案件 6 件，罚款 8. 67 万元。二连浩特市工商局查获侵犯“乔丹”、“阿迪达斯”、“耐克”注册商标专用权运动服装 3 603 件（套），罚款 9. 63 万元。

二是组织开展了“红盾护农”专项行动。一是严厉查处坑农害农农资案件。通辽市工商局查获侵犯“小鹿图形”注册商标专用权拖拉机 3 台，罚款 4. 12 万元。呼伦贝尔市工商局查获不合格化肥“硫酸钾”2. 5 吨，涉案金额 3. 2 万元，罚款 3. 2 万元；查获仿冒赤峰市农科院玉米育种公司“赤单”牌种子 8 300 斤，涉案金额 2. 87 万元，罚款 1. 4 万元。赤峰市工商局查处不合格“美孚农”牌缓控释肥 21 吨，罚款 1. 3 万元。巴彦淖尔市工商局破获侵犯“金都尔”注册商标专用权农药 19 件，罚款 5 万元；破获伪劣农资案件 3 件，罚款 2. 5 万元；破获不合格化肥案件 1 件，罚款 1 万元；破获伪劣种子案件 1 件，罚款 1 万元。

三是严格流通领域农资质量抽检工作，在全区抽取化肥 916 个批次，在全区 8 个盟市抽检地膜 139 批次，对不合格产品进行整治，有效维护了农资市场秩序。

四是组织开展了儿童用品质量专项整治行动，以商场、超市、集贸市场、批发市场为重点场所，共出动执法人员 3 527人次，检查经销服装经营户 9 277 户次，破获违法案件 18 件，案值 28. 157 万元，破获销售不合格和假冒伪劣服装案件 314 件。

（四）开展农资打假专项治理行动

自治区农牧业主管部门有计划、有措施、有目标开展了农畜产品质量安全专项整治行动。一是开展农药及农药使用专项整治，重点抽查用于蔬菜、玉米、小麦、大豆等主要作物的农药产品，重点加强对蔬菜、瓜果、水果、中药材生产基地以及统防统治组织、合作社、种植大户、标准园等用药情况和记录的检查。二是开展生鲜乳专项治理行动，全年对46个设施、管理存在漏洞的奶站进行了整改，取缔关停不合格奶站10个、生鲜乳运输车12台。三是开展“瘦肉精”专项整治，检查饲料生产经营企业和养殖户8 014个，监督抽检企业或场户数5 746个，抽检样品全部为阴性。四是开展兽药专项整治，对全区兽药生产、经营、使用环节进行全方位筛选检测。五是开展水产品禁用药物和有毒有害物质专项整治，检查水产养殖场（户）675个，对其中的24个“三项”记录不完善的单位进行了整改。六是开展农资打假专项治理，组织春季打假行动开展“放心农资下乡进村宣传周”活动，开展农资打假夏季百日和秋冬季行动等，重点查处制售假劣农资、无证经营、品种未审先推、品种侵权、虚假广告、跨地区超范围经营、未按规定设立分支机构、包装标签不规范、生产经营档案不健全等违法行为和不规范生产经营等情况，从源头上确保农畜产品质量安全。七是开展种子市场监督检查，通过入户倒查、专项检查、检查制种基地等方式，对6540家种子经营企业和门市部进行了检查，保障了各地区经济作物的用种安全。

（五）开展打击质量违法行为

自治区质监局突出工作重点，采取专项执法检查、打假治劣和区域整治相结合的方式，有效打击质量违法行为。一是农资打假。全区质监系统共出动执法人员1 769人次，检查农资生产和销售企业316家、抽检样品402个，查办案件26起、查办农资案件货值114.4万元。二是建材打假。针对包钢集团受假冒钢筋困扰的实际情况，组织专门力量赴包钢进行实地调研，并组织地方质监和企业人员深入包头、银川钢材销售市场进行了专项检查，查出11家经销商销售假冒包钢产品，共查扣假冒包钢产品1 700余吨。针对我区假冒伪劣“标准砂”比较严重的情况，重点对呼和浩特、通辽等6个盟市“标准砂”的销售和使用情况进行了专项执法检查，共检查“标准砂”使用和经销单位47家，处罚使用和经销假“标准砂”企业29家。三是纤维制品打假。组织了对絮用纤维制品、羊绒羊毛围巾、絮片类服装监督抽查样品工作和自治区风险监测婴幼儿服装样品抽样工作。组织开展了学校、幼儿园“黑心棉”、“毒校服”专项整治。全年共监督检查企业80家（含学校、幼儿园），查办违法案件11件，结案11件。四是与有关部门联合开展了乙醇汽油和普通汽油质量抽检的专项检查活动，共抽样40个批次，查出2个批次不合格。

（六）开展打击侵权盗版“剑网2014”专项行动

自治区版权部门在新闻出版、版权领域部署开展了打击侵权假冒“剑网2014”专项行动，建立健全各专项行动工作领导机构，进一步加大打击侵权盗版力度，取得明显成效。截止11月底，全区版权行政案件立案31起，办结21件，移送司法机关2件。

（七）开展春季林木种苗调运专项执法行动

为加强春季造林绿化苗木监管，规范种苗管理使用，有效防止林业有害生物传播蔓延，保障春季造林质量，全区于3月15日至5月15日组织开展了春季林木种苗调运专项执法行动，对单位和个人的育苗基地（苗圃）、种苗集散地、种苗交易市场、重点区域绿化造林工程、退耕还林工程、京津风沙源治理工程等造林任务区和重点运输路线、交通要道开展专项执法行动。重点打击生产经营假劣林木种苗行为；无证无签生产、经营、调运、使用林木种苗的行为；违反林业植物检疫法律法规调运、使用、销售林木种苗行为。专项执法行动共查处林业行政违法案件162起，罚款33万元，退回原产地不合格苗木1.5万株。处理违法行为人102人，罚款30余万元。

（八）开展文化市场领域打击侵权假冒专项整治检查行动

一是开展围绕未经许可擅自从事互联网文化、互联网视听、互联网出版及网络游戏经营活动的检查；二是开展围绕图书、音像制品、电子出版物、含有著作权的标准类作品的检查；三是开展围绕印刷企业“五项制度”及印制政治类涉及重大选题出版物、印制教辅出版物、少儿出版物、工具书、畅销书的检查；四是开展围绕校园周边少儿出版物的检查；五是开展围绕以性教育、宣传性知识为名传播淫秽色情信息相关网站的检查；六是开展围绕移动互联网领域及利用机顶盒、电视棒实施侵权盗版的检查；七是开展围绕网吧经营者或上网人员制作、下载、复制、查阅、传播淫秽色情等有害信息的检查。专项整治行动共出动执法人员7 249人次，出动执法车辆879辆次，收缴没收侵权假冒商品17 320张（册），查处案件53件，移送案件7件。

（九）积极开展打击侵权假冒宣传工作

围绕“‘3·15’国际消费者权益日”、“世界知识产权日”等纪念日，精心组织宣传。内蒙古电台、电视台多形式多角度地报道了各地打击假冒伪劣产品采取的行动和成效，曝光了消费侵权案例，调查了热点消费领域普遍存在的种种维权困境，剖析市场乱象背后的制度缺失，探讨了完善立法推动公平市场建设、打造安全消费环境等深层次问题。

（十）公、检、法三部门积极推动专项工作

自治区公安机关要求全区各地公安机关将打假作为一项常态化工作，借助信息化手段开展工作。充分利用广播、电视、报刊、互联网及广场活动深入宣传，与全区近百家企业签订了《内蒙古自治区强化警企协作保护知识产权协议书》，确保打击侵权假冒工作不断推进。自治区检察机关积极参与各成员单位组织的专项行动，加强与公安机关、人民法院和相关行政执法单位的沟通联系，确保对侵权假冒类犯罪的严打态势。自治区高级人民法院坚持标本兼治、突出重点、全面落实国家知识产权保护精神的基础上，围绕侵权假冒突出问题，强化司法打击力度。

三、推动“两法衔接”工作不断有新进展

我区的行政执法与刑事司法“两法衔接”工作又有新的进展。按照自治区政府提出的建设自治区电子政务云中心的要求，自治区各部门非涉密业务系统部署所需的基础软硬件环境全部由自治区电子政务云中心统一提供。对此，我办向自治区经信委报送了《关于依托自治区电子政务云建设自治区打击侵权假冒行政执法与刑事司法信息共享平台的函》，要求安排提供相关条件和环境，尽快完成自治区打击侵权假冒行政执法与刑事司法信息共享平台部署，并尽早开展应用工作。

四、有效落实行政处罚案件信息公开工作

按照全国打击侵权假冒办《关于做好制售假冒伪劣商品和侵犯知识产权行政处罚案件信息公开工作的通知》精神，我区打击侵权假冒办制定并印发了自治区《关于加强制售假冒伪劣商品和侵犯知识产权行政处罚案件信息公开监督管理工作的通知》，迅速部署。要求各行政执法部门、各盟市加强组织领导，落实工作责任，指定专人负责，依据《中华人民共和国行政处罚法》、《中华人民共和国政府信息公开条例》等法律法规规定，自6月1日起，按时将本部门、本地区依法主动公开的行政处罚案件相关信息，在作出行政处罚决定之日起20个工作日内，在本部门、本地区官方网站发布，接受人民群众监督。各行政执法部门按照要求公布了本部门行政处罚案件信息公开门户官方网站，确保此项工作顺利推进。

五、深入推动软件正版化工作

2014年，按照国务院、自治区工作部署，自治区新闻出版广电局联合自治区推进使用正版软件工作联席会议各成员单位，两次赴各盟市、旗县区及自治区有关部门进行软件正版化工作检查。实地检查自治区、盟市、旗县三级政府机关192个，计算机779台，查阅相关工作资料2 000余份。协调自治区巴特尔主席进行软件正版化工作专题批示1次，刘新乐副主席、许宏智副秘书长批示多次。协调自治区政府组织召开软件正版化专题工作会议1次，以自治区政府办公厅名义印发全区软件正版化工作情况通报1次。同时，完成了新闻出版行业二级企业软件正版化整改任务，推动了其余160家企业软件正版化工作进度。

2014年，我区打击侵权假冒工作取得了一定的成绩，但我们清醒地认识到，一些单位或干部对打击侵权假冒工作重要性的认识还不足，一些地区和领域侵权假冒行为依然十分猖獗，侵权假冒形势依然严峻，整治任务仍然繁重，工作中还存在一些薄弱环节。这就要求我们在2015年乃至今后的工作中深刻认识打击侵权和假冒伪劣的重要意义，增强工作的使命感和责任感，不断加大工作力度，毫不松懈地将工作抓实、抓紧、抓好，抓出成效，使我区的打击侵权假冒工作迈上一个新台阶。

（撰稿人：吕秀山）

辽宁省打击侵权假冒工作报告

2014年以来，辽宁省打击侵权假冒工作认真贯彻落实全国领导小组的年度及季度工作安排，突出重点，抓住热点，解决难点，抓实落点，全省打击侵权假冒工作稳妥推进，扎实有效，取得了较大进展和一定成绩，得到了社会各方面积极评价。

一、强化组织领导，推动工作开展

省委、省政府对打击侵权假冒工作十分重视，将其作为维护市场秩序、维护公平竞争、维护群众利益的重要内容，列入全省重点改革任务。省领导多次作出批示，要求抓紧抓好、抓出成效。省领导小组成员单位密切配合，办公室统筹协调，全省打击侵权假冒工作取得了实效。

（一）突出抓好重点专项整治工作

2014 年，我省紧紧围绕专项整治开展工作。在打击互联网侵权假冒工作中，文化部门集中开展动漫、游艺娱乐场所专项整治，打击各类文化侵权和违规经营行为；工商部门围绕落实新《商标法》，加大网络交易监管，严厉查处侵权假冒行为；新闻出版广电部门加大对侵权盗版、低俗、色情、政治有害节目的查处力度，将严重违规网站纳入黑名单管理，打击网络盗版侵权；食品药品监管部门认真开展网络销售食品、药品及医疗器械专项整治工作；服务业部门牵头开展对电视购物虚假广告清理；网络监管、通信管理部门加大对互联网监测，配合相关单位及时关闭了一批违规网站；邮政管理部门加强了对邮递快件的检查。

在涉农打假工作中，农业部门以保障农资产品质量、维护农民利益为核心，严格农资监管，制定出台了《关于加强农产品质量安全监管工作的意见》；海洋渔业部门立足渔民和水产品安全，开展船用产品打假，组织放心苗种专项整治；畜牧部门认真开展“监管年”活动，加大对饲料、兽药的生产流通全程管理，各部门通力合作；盘锦市注重打建结合，规范农村市场秩序。

在车用汽柴油整治中，服务业部门积极推动商务诚信建设，强化成品油管理；工商、质监部门加大油品质量管理力度。年初公安部门在丹东成功破获一起特大非法经营成品油案件，涉案金额达 3 000 余万元；大连海关、辽宁海警总队联合破获“3・25”特大成品油走私案，抓获犯罪嫌疑人 23 名。

（二）全面完成侵权假冒“两法衔接”平台建设任务

我省平台建设工作，在广泛调研论证的基础上，确定了全省统一建设、省市县三级凭密钥登录的建设方案，该方案节约了建设成本和日后维护费用、缩短了建设周期，极大方便了工作，得到了省领导的肯定和财政部门的大力支持。去年，经政府招标采购后完成设施建设任务，2014 年上半年组织了大规模业务培训。为推动平台的建设使用，办公室还联合省检察院下发了《关于做好打击侵权假冒领域行政执法与刑事司法信息共享平台管理工作的通知》，制定了管理办法。目前，我省“两法衔接”平台已经完成与国家平台的对接，平台运行平稳顺畅，平台数据内容不断增加，平台作用初步显现。

（三）积极推进侵权假冒行政处罚案件信息公开

根据国务院要求，我省认真贯彻落实（国发〔2014〕6 号）文件精神，积极推进侵权假冒行政处罚案件信息公开工作。省政府对此高度重视，7 位省领导签阅了文件，明确要求“抓好落实”。我省以领导小组 2014 年 1 号文件的形式印发了《关于做好制售假冒伪劣商品和侵犯知识产权行政处罚案件信息公开工作的通知》，并及时制定了信息公开管理办法。办公室协调省信用办，联合下发《关于做好制售假冒伪劣商品和侵犯知识产权行政处罚案件信息公开和信息归集工作的通知》，充分利用“信用辽宁”平台公开行政处罚案件信息，并纳入社会征信系统。办公室通过联络员会研究工作方案、到基层调研检查、通报工作情况等方式，推动信息公开工作开展。大连市在市政府网站开辟案件信息公开专栏，集中公开信息。从信息公开数量看，各地区中朝阳、铁岭公布案件较多，各部门中工商、食品药品管理部门公布案件较多。

（四）强化正版建设，狠抓推动落实

扎实推动政府机关软件正版化工作是我省打击侵权假冒工作重点之一。2014 年，我省全面巩固正版化工作成果。一是及时调整充实了省政府使用正版软件工作领导小组成员单位，制定了《辽宁省 2014 年推进使用正版软件工作实施方案》，在全省建立了工作责任体系；二是全面落实政府机关使用正版软件管理办法，组织业务培训，制定并印发了《关于进一步加强政府机关软件正版化工作长效机制建设的指导意见》；三是认真开展自查整改，全面巩固工作成果。国务院办公厅印发市县级政府机关软件正版化检查情况通报后，省政府主要领导高度重视，全省组织自查整改。2014 年 11 月底，国务院组织对我省政府机关软件正版化工作进行检查验收，对我省市县级政府机关软件正版化工作予以充分肯定。

（五）强化业务培训，提高工作水平

随着工作的进一步深化和展开，我们越来越意识到工作人员素质能力的重要。为此，办公室在严格控制经费的前提下，克服困难，组织了较大规模的培训：一是利用 5 月 25 日至 6 月 20 日近一个月的时间，办公室带领技术人员分别赴 14 个市，行程 5 000 多公里，对省市县三级打击侵权假冒工作人员 2 700 多人组织了 17 场培训；二是利用 8 月 27 日至 29 日，在兴城市组织“省打击侵权假冒工作业务培训”，通过单位发言、领导讲评、专家授课、座谈交流等多种形式，共同探索做好工作的方法，各市及省直相关单位领导和工作人员共 300 多人参加。

（六）认真开展绩效考评

自2012年起，我省即将打击侵权假冒工作纳入省政府对各市的绩效考评工作中，2013年我省又将其纳入社会管理综合治理考核评价体系，考核评价工作有力地促进了工作。2015年年初，我省组织7个考评组，由厅局级领导带队对14个市和14个县（区）2014年工作情况进行集中考核，考评组通过听汇报、查资料、明察暗访、问卷调查等多种办法，有力地推动了各地工作。本溪市积极探索，组织开展了对各成员单位的考核，效果明显。2014年我省对各市社会管理综合治理考核情况，各市均有扣分内容，总体情况较好。

（七）完善统计工作，及时通报情况

2014年省办公室共接收各类统计报表4 000余份，整理数据60 000余组，每月及时向国家上报我省工作情况。办公室还先后多次下发通报督促工作：一是在2014年5月份召开的各市领导小组办公室主任会上，通报了各地统计和信息报送工作情况；二是针对各地参加培训情况下发《关于“两法衔接平台”培训情况的通报》；三是针对各地侵权假冒信息公开工作下发《关于侵权假冒行政处罚案件信息公开情况的通报》；四是及时总结工作，评选先进，2015年年初对先进单位和个人进行了通报表彰。

（八）建立工作长效机制

2014年我省针对工作实际，立足长远建设，先后制定了多项管理规定。省领导小组先后下发了《关于印发〈辽宁省制售假冒伪劣商品和侵犯知识产权行政处罚案件信息公开管理办法（试行）〉的通知》、《关于印发〈辽宁省打击侵犯知识产权和制售假冒伪劣商品工作行政执法与刑事司法信息共享平台管理办法（试行）〉的通知》、《关于印发〈2014年度平安辽宁建设（打击侵犯知识产权和制售假冒伪劣商品工作）考核评价办法〉的通知》，同时制定相关配套文件抓好落实，这些规定对工作目标、内容、要求、办法、程序等都有明确清晰的界定，进一步规范了工作，方便了各部门的协调，加强了工作管理，为打击侵权假冒工作长期开展奠定了基础，得到各地各部门普遍认可。

二、强化行政执法，加大监管力度

我省各部门紧紧围绕《2014年全国打击侵犯知识产权和制售假冒伪劣商品工作要点》，结合本部门实际认真开展专项整治，根据各部门上报数据统计，2014年，各级行政执法部门共立案3 191起，办结案件2 625起、涉案金额2 220余万元，移送司法机关案件6起，捣毁窝点64个，集中销毁一大批侵权假冒产品，维护了市场秩序和广大群众的利益，净化了市场环境。林业部门以打击假冒伪劣种苗为重点，加强苗木基地建设，开展专项检查；卫生部门加强医疗广告监督监测工作，查处通报一批违规医疗机构；税务部门围绕企业诚信建设，加强发票监管，集中打击发票违法犯罪活动；质监部门牵头认真组织“质量强省”建设，开展“质检利剑”行动，针对产品质量问题易发多发地区加强排查，充分发挥“12365”的作用；出入境检验检疫部门认真开展输非产品打假工作，加强对进口产品的检验力度；新闻出版广电部门加大对侵权盗版、低俗、色情、政治有害节目的查处力度，加强印刷源头治理，打击侵权盗版；物价部门加强市场价格监管，大力整顿市场价格秩序，及时查处价格违规行为；食品药品监管部门围绕食品药品安全，认真开展医疗器械、违法宣传等专项整治工作；知识产权部门加强专利执法检查；烟草部门强化管理，严厉打击烟草制假售假；人民银行沈阳分行加大金融信用信息收集，为金融服务提供保障。

三、强化司法打击，震慑违法犯罪

各级公安机关以开展专业化打击和建设为主线，以提升社会影响力和满意度为标准，以“两法衔接”平台为支撑，充分运用集群战役和情报导侦模式，主攻危害国计民生的大要案件，特别是对各类利用互联网实施的假冒伪劣犯罪展开全面进攻。2014年，全省共立案各类假冒伪劣案件1 766起，破案1 720起，其中，10起大要案件被公安部列为部督案件，抓获犯罪嫌疑人1 062名，捣毁各类制假售假窝点231个，成功发起全国集群战役27起，协助外省收网集群战役32起，极大地打击了侵权假冒犯罪，中央、省级媒体多次集中报道我省公安部门打假工作成果，公安部经侦局先后3次发来贺电表扬我省打假成效。

检察机关围绕社会矛盾化解、社会管理创新、公正廉洁执法，加强对侵权假冒违法行为的立案监督和侦查监督。2014年，全省检察机关共受理提请批准逮捕的侵权假冒案件410件762人，同比分别下降19.77%和9.07%；受理移送审查起诉侵权假冒案件870件1 620人；在已审结的案件中，批准逮捕侵权假冒案件226件409人；提起公诉侵权假冒案件711件1 266人。检察机关通过开展专项监督活动，进一步促进“两法衔接”取得实效。全省检察机关共查阅近几年行政执法机关处罚案卷4 200余件次，督促行政执法机关移送涉嫌犯罪案件20件26人；监督公安机关立案29件32人；批准逮捕12件12人、提起公诉16件21人、有罪判决7件9人；移送职务犯罪线索4件4人。2014年7月，全国检察机关“两法衔接”工作现场推进会在大连市召开，我省检察院以《健全机制，强化措施，两法衔接工作取得新进展》为题，在大会介绍了经验。

省法院认真开展专题调研，积极应对新出现的犯罪类型，加强对审判工作的指导，突出案件审理的法律效果和社会效果，依法严惩了一批侵权假冒犯罪分子。2014年，全省各级法院共受理侵权假冒案件177件316人，审结案件153件242人，生效判决137件214人，生效被告人中，判处刑罚的209人。有力震慑了犯罪分子，维护了社会经济秩序，保护了人民群众的合法利益，取得较好的法律效果和社会效果。

四、强化宣传教育，建立诚信体系

坚持正面宣传，曝光典型案件。各地区各部门利用多种渠道、发挥媒体作用，宣扬我省在保护知识产权方面采取的措施、取得的成果。省委宣传部安排省内4家电视频道播放《李逵打假》电视宣传片，省直单位组织召开了2013年辽宁知识产权保护状况等多场新闻发布会，省及部分市还印发了年度《知识产权发展与保护状况白皮书》。省领导小组办公室及时收集编发工作信息，向国家上报信息100余期。我省利用春节、3·15消费者权益保障日、“双11”等重要节点，集中曝光一批侵权假冒企业和个人，公开对其处罚结果，并集中销毁侵权假冒产品，在社会上产生积极了影响。发展改革部门进一步完善信用数据交换平台及信用信息征集，开展诚信示范企业评选，曝光了一批典型失信案例，及时将失信企业和个人记录在案，列入省社会征信体系黑名单库管理，积极推动“信用辽宁”建设。

（撰稿人：李兴刚）

吉林省打击侵权假冒工作报告

2014年，吉林省打击侵犯知识产权和制售假冒伪劣商品（以下简称打击侵权假冒）工作领导小组深入贯彻落实党的十八届三中、四中全会精神，按照全国领导小组和省委、省政府的部署，充分发挥打击侵权假冒工作对稳增长、促改革、调结构、惠民生、防风险的保障作用，认真开展全方位的打击侵权假冒工作，积极推进长效机制建设，取得了新的成效。

一、2014年开展打击侵权假冒工作基本情况

吉林省全面开展打击侵权假冒工作，突出做好重大专项整治行动。应邀参加全国打击侵权假冒工作领导小组第七次全体会议，陈伟根副省长以《坚持“四个并重”保障农村市场消费安全》为主题进行交流发言，汪洋副总理对“吉林省建立健全农村市场全过程监管体系”的做法给予肯定。省委、省政府高度重视打击侵权假冒工作，为了进一步加大工作力度，省商务厅比照国家建制，组建独立机构，将设在市场秩序处的打击侵权假冒工作领导小组办公室单列出来，增设商务监管协调处，专门承担全省打击侵权假冒相关工作，是全国第二个成立单独处室的省份。2014年，在领导小组各成员单位共同努力下，全省行政执法机关共立案1 091件，办结1 052件、涉案金额627万元，移送司法机关12件。全省检察机关批捕案件43件，涉案嫌疑人76人；审查起诉案件129件（含旧案），涉案犯罪嫌疑人307人。全省审判机关受理案件203件，审结147件、判处166人。全年上报打击侵权假冒信息和数据统计共290条，印发简报36期。未发生因侵权假冒行为直接导致的系统性区域性重大特大案件。

二、全方位开展打击侵权假冒专项整治工作

（一）全国领导小组确定的重点工作开展情况

一是切实落实行政处罚案件信息公开工作。深入贯彻落实国发〔2014〕6号、打假办发〔2014〕8号文件，对吉林省行政处罚案件信息公开工作进行了部署，制定了《吉林省制售假冒伪劣商品和侵犯知识产权行政处罚案件信息公开工作监督管理办法（试行）》，协调9家行政执法部门落实行政处罚案件信息公开工作机构及相关责任人，并出台了行政处罚案件信息公开工作实施细则，建立了案件信息公开渠道。自2014年6月1日起，全省公开行政处罚案件信息共101件。

二是完成打击侵权假冒领域行政执法与刑事司法衔接工作。吉林省打击侵权假冒工作行政执法与刑事司法衔接信

息共享平台正式建成，与国家信息平台成功对接上线运行，实时数据传输，是11个与国家信息平台实现对接的省份之一。我省行政执法部门与司法机关之间执法、司法实现信息互联互通。截至2014年年底，录入信息119条，与国家信息平台对接106条。平台覆盖全省82个市（州）、县（市、区）、9个行政执法部门及省公安厅、检察院、法院3个部门，通过互联网可接入1 050个行政执法和刑事司法单位接口。在保持国家平台规范标准的基础上，对系统相关界面、业务流程、案件信息录入等内容和方式进行了优化，新增了六个功能，即“线索管理”、“卷宗案”、“信息弹窗提示”、“案件移送”、“强制执行”、“行政处罚案件信息公开”。出台了《吉林省打击侵权假冒行政执法与刑事司法衔接工作信息共享平台应用管理办法》、《吉林省打击侵权假冒工作信息报送和应用管理办法（试行）》、《吉林省侵权假冒重大案件协调督办工作规则》等规章制度。

三是开展了打击农村和城乡结合部市场假冒伪劣专项整治行动。认真落实《2014年全国打击侵犯知识产权和制售假冒伪劣商品工作要点》（国办发〔2014〕13号）部署，扎实开展农村和城乡结合部市场假冒伪劣商品整治工作，坚持日常监管和专项整治并重，采取定点定期巡查、重点市场驻点监管、整合执法监管体系、量化分级管理、完善投诉举报体系、实施“快递下乡”工程、净化商品流通渠道等方式，不断加强日常监管工作，全省农资产品抽样合格率达到70%以上，食品抽验合格率达到98%以上，举报投诉案件办结率达到100%。开展了“种子市场六清查”、“农资打假百日行动”、“整治病死畜禽加工行动”、“食品药品安全大检查”等15项专项整治行动，共出动执法人员3.5万人次，检查农资企业32 632户次、食品生产经营企业46 463户次，整顿农村市场3 801个次，查处违法农资4.5万公斤、假劣食品359.5公斤，强制退出不符合要求的农资品种7批次共749个，取缔无照经营食品生产企业133家，破获涉农制假售假案件98起，打掉犯罪团伙14个，捣毁黑窝点107个，涉案金额1 200万元。其中，省委与公安厅联合行动，捣毁四平市梨树县一个特大制售假劣玉米种子的黑窝点，查封扣押涉嫌违法种子358吨，此案被农业部、公安部列为重点督办案件。坚持信息化监管和传统监管并重，以农村批发市场和集散地、重点经营企业及门店、流动商贩为重点，采取“不发通知、不打招呼、不听汇报、不用陪同、直奔基层、直到现场”的做法，进行暗访、拉网检查和突击检查。建立了农资市场监管信息平台，已录入经营主体监管信息36 420条，运用信息化手段，从农村市场主体准入到退出、涉农重点商品进货到销售、农民申诉举报到处理反馈等各个环节，力争全程实施网上监管。坚持主体责任和监管责任并重，严把农村市场主体准入关口，引导涉农商品生产经营主体建立健全进货查验、出厂检验、进销货记录等制度，强化企业自律经营、自我规范。明确属地和部门的监管责任，建立了属地“网格化”监管、各职能部门间线索通报、联合执法、案件协办、定期商议的工作机制，构建了省、市、县、乡四级涉农商品质量安全监管体系和检验检测体系，全省执法部门利用省、市、县（区）三级“两法衔接”案件信息共享平台，向公安部门移交案件线索58起，公安机关立案40起。

四是严厉打击互联网领域侵权假冒违法行为。公安机关密切协作惩治网络犯罪，2014年，全省公安机关共侦破互联网领域假冒伪劣犯罪案件126起，其中6起被公安部列为督办案件，抓获犯罪嫌疑人158名，发起集群战役18起，公安部经侦局4次来电祝贺。其中，我省与山东等五省公安机关联合侦破一起特大互联网销售假冒名牌运动鞋、服装案，打掉一个特大制假售假犯罪网络，案值1.3亿元。全省工商部门依托“吉林省网络商品交易监管服务网”，强化了对利用合同实施网络欺诈行为的治理，开展网络交易行为监管专项行动，共清查本地企业、个体工商户网站（网店）及网络商品交易平台服务网站126家，检查网络经营主体320户次。对淘宝网出售“修正”侵权产品的270个网站，采取了关闭网站或商品下架处理。省版权部门开展网络侵权整治行动，对重点网站、连锁网吧以及网络运营接入服务等重点场所和环节进行日常监管和执法检查，对“就爱网”持续提供未经授权的网络小说等文学作品，并将服务器移转到境外逃避监管的行为，及时移送公安部门侦办。对中国铁通吉林分公司“凤天影视网”未经授权大量链接传播他人影视作品的侵权行为进行了立案查处。食品药品监督管理部门在打击利用互联网销售假药专项行动中，查处互联网领域制售假冒药品案件2件并移送公安部门，关闭违法网站2个。省通信管理局加强电商网站监管，已备案网站达到4 539个，完成全部存量网站电子化上传工作，上传率达到100%，依法关闭违法违规网站9个，关闭虚假备案网站1 638个。

（二）严厉打击侵犯知识产权行为

一是打击侵犯注册商标专用权及仿冒知名商品的行为。工商部门在全省范围内开展为期10个月的打击“傍名牌”的商标权专项整治行动，共出动执法人员8 847人次，检查市场主体30 854户次，2014年共查处侵权假冒案件329件，案值333万元，罚款、没收违法所得共计342.2万元。开展以家用电子电器、服装鞋帽、装饰装修材料、交通工具等四大类18个品种的商品质量抽检专项行动，共抽检商品2 979组，下架退市商品531件，通过媒体向社会公布抽检结果10次。省公安厅在打击侵犯韩国丽可公司注册商标权案中，成功发起涉及13个省区市的集群战役，涉案金额5 000余万元，抓获犯罪嫌疑人31名，捣毁生产、销售窝点21处。为此，丽可韩国总部决定继续加大在华投资，专门致信国务委员、公安部部长郭声琨及吉林省领导表示感谢。

二是打击侵犯著作权行为。省新闻出版广电局开展版权专项整治以及打击盗版音像制品、盗版教材教辅等专项行动，2014年，全省各级版权部门共出动执法人员600余人次，检查各类生产经营场所3 200余家，清理整顿各类贩卖盗版图书、音像制品的游商摊点230起，没收盗版音像制品5 000余盘、盗版CAD等设计软件500余套、盗版教辅材料3 200余册、盗版图书1 200余本，共立案查处侵权盗版案件73起，罚款金额超过40万元。

三是开展政府软件正版化工作。省版权局建立软件正版化工作考核和责任追究制度，各部门各地区全面落实软件正版化第一责任人制度。全省各市（州）、县（市）政府删除了未经授权或超授权重复安装的办公软件，并对有关责任人进行了诫勉谈话。省版权局与省财政厅联合下发通知，加强资金预算管理，将政府机关软件采购经费纳入本级财政预算，确保新购置及更新的电脑安装使用正版软件，并落实软件正版化专项审计制度。全省37家出版行业集团所属二级企业2013年底全部完成了软件正版化采购、安装，建立起软件资产管理制度。还有20多家勘察设计及动漫企业开展了专业软件的正版化整改。

四是打击侵犯专利权行为。科技系统开展“专利护航”和电子商务领域专利执法维权专项行动，加大涉及民生领域、重大项目和优势产业专利纠纷调处力度，由省维权援助中心负责接收电子商务领域专利维权投诉举报，并及时转送。增设了延边、四平、通化三个知识产权维权援助分中心。为各县、市（区）获得“专利行政执法证”的专门从事专利管理工作人员颁发国家知识产权局统一配发的执法标识，给8个市（州）配备了16部便携式专利查询设备，举办全省专利行政执法案件报送系统及专利行政执法案例评析培训班。2014年，全省共受理专利行政执法案件46件，其中专利侵权案件33件，结案23件，查处假冒专利案件13件。

五是开展新品种权保护工作。农委系统对辖区内全部具备种子生产、经营资质的企业开展生产经营资质、生产经营档案、品种授权合同、种子去向等监督检查，抽取了本省企业生产的全部品种样品，进行相关指标检测，并送海南进行繁殖鉴定。2014年未接到品种权人关于侵犯品种权行为的告诉请求。林业部门建立了打击侵权假冒工作协调联动机制，形成以省林业厅为中心，各市（州）林业局为基点的覆盖网络，专人负责，及时沟通，定期汇报。开展了打击侵犯植物新品种权专项行动，设立举报电话72部、电子邮箱68个，接到举报线索46个，重点检查苗圃、交易市场、经营门店等场所23家，林产品及林木种苗质量合格率达到89%，不合格林产品不涉及假冒伪劣现象；对辖区内2014年春季造林使用苗木和育苗种子及种苗质量进行抽查，苗批合格率为89%，种子净度超过98%（含）的占到了31%。

（三）加大打击制售假冒伪劣商品力度

一是加大药品领域整治力度。全省食品药品监督管理部门全面开展食品药品整治工作，2014年全省共检查生产、经营企业和使用单位5 412家，下达改正通知书594个，暂停生产销售通知书8个，吊销许可证16个，清理注销经营企业许可证251个，罚款总金额76万元。侦破食品药品安全犯罪案件416起，抓获各类违法犯罪人员367人，移送起诉146人。

二是从生产源头打击制售假冒伪劣产品。质监部门积极部署“质检利剑”整治工作，开展“进百村、入百户、抽百样”行动，75个“农资执法打假队”，实施倒序追溯不合格产品，累计入村697个、入户1 391个，免费抽样检测化肥样品622个。推进认证产品监督检查工作，共抽查了20家企业生产的46个批次的聚氯乙烯绝缘电线电缆产品，覆盖了26张CCC认证证书，抽查产品合格率为89.1%。开展了延边敦化市钢筋混凝土排水管、辽源市袜业、公主岭市化肥、公主岭市砖等4个重点整治区域“质检利剑”行动。完成了“对部分缺陷汽车产品召回活动进行监督”和“督促汽车产品生产企业做好信息备案工作”。

三是扎实开展文化市场整治。文化系统在全省开展文化市场开展专项整治行动，综合执法机构共出动综合执法人员4 033人次，查处网络游戏“私服”、“外挂”案件3起；清理歌舞娱乐场所歌曲点播系统42家；查缴用于下载不良信息的违法工具10台；查处涉嫌下载有害信息、未经授权信息等场所10家并进行了行政处罚；吊销网吧许可证55家；收缴光碟12 440张；清查网吧营业场所3 521家。

四是积极开展侵权和假冒伪劣商品环境无害化处理。环保系统开展环境无害化销毁工作，指导建立部门间协作和信息共享机制。首次无害化销毁了42 100袋侵权牛板筋、145袋假种子和27 500袋侵权牛肉粉等假冒伪劣商品。全省所销毁的侵权盗版及非法出版物24万张（册）、侵权商品包装袋71 251个、伪劣假冒种子145袋，假冒衣物服饰、家用燃气具等1 473件（台），以及假冒伪劣食药品3.2吨，均达到环境无害化销毁的要求。

此外，长春海关、商务、水利、卫生、税务、出入境检验检疫、物价、畜牧等部门也都加大整治力度，在相关领域开展了打击侵权假冒的整治行动。

（四）各市州因地制宜，积极开展专项整治工作

吉林市加强源头治理，严格生产经营许可，精简并明确8个行政审批项目。成功侦破了“1·09”销售假烟、走私烟网络案件，抓捕犯罪嫌疑人9人，总涉案金额2 580.5万元。长春市查获假名牌调料数百箱。长春、通化公安部门查获假冒“大众”、“通用”等汽车轮毂1 950余只，假冒“中国重汽”注册商标的总成200余套，假冒“一汽”、“上海通用”等品牌汽车散热器1 460余件，涉案金额700余万元。延边州公安机关破获公安部督办案件5起，移送审查起诉81起，抓获犯罪嫌疑人272人，涉案金额共计5 000余万元。白城市破获公安部经侦局督办的制售假冒伪劣农药坑农害农案件，涉案金额150余万元。四平市依法查办3起网络违法案件和1起涉嫌严重违法违规电视购物广告案件，罚款、没收违法所得71.2万元。白山市公安机关共破获部督大要案件1起。辽源市组织开展区域性重点产品专项整治行动和质量培训，对35户袜子生产企业进行监督抽查，对2户拒检企业和4户产品质量不合格企业依法给予了行政处罚。松原市开展“红盾网剑”专项行动，“以网管网”违法违规网站一律关停。

（五）引导企业主动开展打击侵权假冒工作

长春欧亚卖场围绕商品质量、经营行为等，建立了商品检查验收、台账登记、质量承诺、商品退市等制度及不合格商品退市召回、消费者投诉、品牌管理、价格管理等台账，作为创建诚信市场和对经营户监督检查的重要依据。省东北袜业园织袜有限公司开展跨境电子商务运营平台专利保护工作，制定了《加强电子商务专利保护工作的若干规定（试行）》。省农业综合信息服务有限公司严格企业生产经营资质，所销售的种子全部是具备品种审定编号、种子标签标识的合法种子。省种子管理总站发出《致全省种子生产经营企业一封公开信》，要求种子企业加大种子科研投入、守法经营、依法生产，坚决做到护权维权不侵权。全省近400户重点企业主动开展质量诚信公开承诺活动，有24户企业主动发布了社会责任报告。在“2014吉林市地产品诚信发展论坛”上，40余位地产品商家签署了诚信宣言，保证“不售假”。

三、强化刑事司法打击，保持严打高压态势

一是公安机关查办侵权假冒犯罪案件情况。全省公安系统破获部督案件33起，共捣毁生产、销售窝点214个，打掉犯罪团伙98个；缴获假冒伪劣商品5万余件，涉案金额1.4亿余元；发起集群战役40起，核查外省集群战役线索72起；与省内10余家重点企业建立警企协作制度，获取打假溯源重点产品真假样本500余件；两次在全国工作会议上作经验介绍；公安部先后8次来电祝贺。2014年吉林省公安机关打假工作综合绩效成绩排名全国第13位（2013年第25位），公安部副部长刘金国先后两次批示。

二是检察机关打击侵权假冒工作情况。省检察机关积极监督案件立案、移送等工作，共受理提请批捕侵犯知识产权和制售假冒伪劣商品案件53件92人，受理、移送、审查、起诉32件52人。监督行政执法机关移送涉嫌侵犯知识产权和制售假冒伪劣商品案件8件8人，监督公安机关立案侦查涉嫌侵犯知识产权和制售假冒伪劣商品案件46件46人，提起知识产权抗诉2件2人，查办侵权假冒领域的职务犯罪4件4人。

三是审判机关打击侵权假冒工作情况。全省各级法院共受理侵犯知识产权案件25件35人，已审结22件29人，其中判处有期徒刑5人，判处管制、拘役共24人。受理制售假冒伪劣商品案件178件480人，已审结125件151人，其中判处有期徒刑28人，判处管制、拘役共123人。省高院两次下到长白县法院，承办最高人民法院、公安部联合督办的毒豆芽案件，解决了法律适用问题。

四、营造社会共同打击侵权假冒氛围，积极创建诚信营商环境

一是开展打击侵权假冒宣传活动。吉林省充分利用电视、广播、报刊、网络等媒体，大力宣传打击侵权假冒政策措施、工作进展和成效，发动全民参与，营造社会共治的良好氛围。通过召开新闻发布会、参加“政风行风”热线，以及电台、电视台的专题报道，播放打假公益广告等活动，定期通报打击侵权假冒工作成果，曝光大案要案，面对面、点对点与群众互动，解答群众疑惑。在人群密集场所，利用出租车顶灯、广场和商场的LED显示屏等，滚动播出宣传标语，鼓励广大群众积极举报侵权假冒违法犯罪线索。投入6.2万元宣传“12330知识产权维权援助与举报投诉热线电话”公益广告。12365举报处置指挥系统接到群众来电来访咨询35件，已全部办结。编制了12365检验检疫知识宣传册，对外发送1 000多本。省委宣传部专题采访了6家诚信示范企业，并在省内多家媒体进行了集中宣传。长白县深化社会信用体系建设工作，投资建设了“长白信用信息数据交换平台”，整合上传了涉及政府、企业和个人的部分信用信息，上线运行“诚信长白网”。

二是主动召开新闻发布会，加强信息公开。省政府新闻办共召开4场相关新闻发布会。省高级人民法院召开新闻发布会，发布了全省法院知识产权司法保护状况，还分别在延边地区的敦化法院，长春地区的九台法院，辽源地区的东丰法院召开打击侵犯知识产权和制售假冒伪劣商品座谈会暨新闻发布会，向社会发布典型案例。省质监局两次召开新闻发布会，介绍了产品质量监督抽查情况，并回答了记者的提问。省食药监局两次召开新闻发布会，介绍农村食品市场“四打击四规范”专项行动的情况。省公安厅两次召开新闻发布会，通报了全省公安机关“打假行动”、“打四黑除四害”、“打击食品犯罪保卫餐桌安全”等专项行动成果。

三是利用宣传日、宣传周等重要节点开展宣传。开展“3·15”宣传咨询活动，全省工商部门共出动4 100多人次，现场发放宣传资料57万份，组织直播访谈节目91次，受理消费者咨询18 200件次、投诉482件，为消费者挽回经济损失61余万元。结合“4·26”世界知识产权日、专利周时间节点开展专项执法宣传活动，举行了2014年侵权盗版及非法出版物集中销毁和“绿书签行动”，集中销毁65万张（册）侵权盗版及非法出版物；在长春市欧亚卖场举办商标知识宣传周活动，设立咨询服务台170个，接待群众咨询1万余人次，散发宣传册（单）9.2万份。

五、主要体会

一是在整治上注重抓重点。在积极落实全国双打领导小组部署的重点工作，即“两个机制”、“四个重点”，同时，我们还结合本省实际，深入开展农村市场的专项整治工作。经过几年的努力，我省农村市场已初步形成常态化和机制化的打假工作模式。

二是在机制上注重讲协作。坚持打整体战、出组合拳，建立了部门间的线索通报、联合执法、案件协办、定期商议的工作机制。全省各职能部门即分兵把口，又密切协作，实现无缝衔接，形成有效合力。

三是在监管上注重全覆盖。强化“三落实”，即落实属地监管责任；落实部门监管责任；落实生产主体责任。对重点市场及经营企业进行拉网式、暗访式、飞行式、倒追倒查式检查，基本做到了监管“无死角、全覆盖”。

四是在宣传上注重进村屯。通过“送法下乡大篷车”、“千名民警进村屯”、“放心农资下乡进村宣传周”、“建设农村安全食品大院”、“举办农民培训班”等多种方式和发放宣传手册、建立网站、手机微信等多种途径，贴近农户宣传法律法规和农资产品质量标准，普及农资识假辨劣知识。

（撰稿人：吴晓辉）

黑龙江省打击侵权假冒工作报告

2014年，黑龙江省认真贯彻落实国务院决策部署，加强组织领导，狠抓工作落实，各地各部门围绕重点内容、重点地区、重点领域、重点产品开展专项整治，推进长效机制建设，打击侵权假冒工作取得新成效。全省行政执法立案2 300件，涉案金额817.3万元；公安机关针对侵权假冒案件共立案122起，破获69起，抓获犯罪嫌疑人117名，捣毁制假窝点16个，涉案金额约20亿元；检察机关审查起诉侵权假冒犯罪案件290件471人；审判机关共审结生效369件532人。

一、开展专项整治，加强市场监管

（一）开展农资领域专项整治

农业部门积极发挥农资市场监管牵头部门的作用，与相关部门密切配合，在全省范围内组织开展了“放心农资下乡进村宣传周”、“农药监管年活动”和“农资打假专项治理行动”，以农业投入品监管为重点，强化质量监督，狠抓源头治理，进一步净化了农资市场，保证了农业生产安全，为再夺农业丰收奠定了坚实基础。全省农业执法部门检查农资企业2.06万个（次），农资市场2 346个（次），查处各类违法案件1 884件，查获没收违法农资128.4吨，货值130万元。

（二）开展药品领域专项整治

食品药品监管部门组织开展以打击药品违法生产经营行为、加强药品生产经营规范建设和药品监管机制建设为主要内容的“两打两建”统一行动，开展了“百日雷霆行动”、“打击利用互联网销售假药”等一系列专项行动，进一步规范了药品市场生产经营秩序，确保了人民群众用药安全。2014年共派出执法人员35 000余人次，出动执法车辆14 000余台次，监督检查药品生产经营企业2万余家次，抽样2 393批次，立案查处案件2 055件，涉案金额10亿多元，罚款、没收违法所得共1 000余万元，向公安机关移送案件10起，移交司法机关5人，各级媒体宣传报道共276篇，关闭销售假药的违法网站1个。

（三）加强生产领域市场监管

质监部门按照质检总局《关于贯彻落实国务院关于进一步做好打击侵犯保护知识产权和制售假冒伪劣产品工作的意见的通知》要求，结合“春雷行动”促进“质检利剑”行动农资战役走向深入。集中开展建材产品、汽车配件、汽柴油、打击生产伪基站和窃听窃照设备专项行动，开展“CCC”认证和有机产品专项执法检查。从生产源头打击侵权假冒伪劣产品工作取得显著成效。共出动执法人员7 274人次，检查企业2 309家，立案查处案件17起，办结案件16起，货值16.57万元。

（四）开展文化市场专项整治

文化市场管理部门依法查办文化市场领域侵权假冒案件，将打击假冒工作同日常市场监管工作结合起来，并对重点市场、新兴市场进行重点监管。共出动执法人员372 337余人次，办结各类案件1 232件。积极办理文化部督办的文化市场案件，2014年黑龙江省文化厅共接到文化部12318举报系统转办的举报案件22件，依据案件性质，按照属地管理的原则，督促各地文化行政执法机构进行了查处，并将查处结果按规定时限上报文化部，回复率100%。

二、保护知识产权，维护权利人利益

（一）保护商标权

工商部门充分发挥工商监管职能作用，坚持不懈地开展打击侵权假冒工作，取得显著成效。认真开展专项整治，印发了《关于开展2014年度流通领域农资和成品油质量抽查检验工作的通知》、《关于开展打击利用互联网销售假冒伪劣农资行为专项行动工作方案的通知》、《关于在省工商系统开展整治互联网重点领域广告专项行动的通知》、《关于印发全省装饰装修材料市场专项整治工作方案的通知》、《关于发挥工商行政管理职能支持我省网络交易健康发展的通知》、《关于开展保护第二届夏季奥林匹克运动会标志专项行动方案的通知》、《关于开展保护绿色食品商标专用权专项行动方案的通知》、《关于2014年红盾网剑专项行动工作实施方案的通知》等8个专项整治方案，全力开展打击侵权假冒工作。全省各级工商行政管理部门结合当地实际，突出重点，明确任务，落实责任，确保打击侵权假冒工作扎实有效地开展，共查处商标侵权和销售假冒伪劣商品案件193件，案值133万元，罚款、没收违法所得91.5万元。

（二）保护著作权

新闻出版广电部门以整治网络侵权为重点，进一步开展打击侵犯著作权行为工作。全省共出动执法人员4 500余人次，检查出版物经营单位（含电子出版物经营单位）共计273家，责令整改89家，清理整顿网络下载侵权盗版出版物63 000余张，取缔刻录窝点3处，收缴刻录机3台、电脑主机2台、音响6台，取缔占道经营贩卖车载CD流动点30余处。查缴侵权盗版音像制品27 990件、侵权盗版图书16 090册（件）、盗版电子出版物3 675件（个）、盗版教材教辅读物28 353件（册）。

（三）保护专利权

知识产权部门加大专利行政执法力度，积极做好知识产权维权援助工作，进一步净化我省专利市场环境，取得了良好成效。以黑龙江省优势产业领域为重点，以大型商场、商品批发市场、农机大市场为突破口，对专利违法案件进行集中查处。2014年共出动专利执法检查196人次，检查商业场所57个，涉及专利商品15 006件。组织全省各市地知识产权局加大对专利侵权行为的打击力度，对举报投诉的专利侵权案件及时立案查处，2014年共查处各类专利案件365起，其中查处专利侵权案件105起，比去年增长22%，专利侵权办案量进入全国知识产权局系统前15位。

（四）保护农业植物新品种权

省农委针对种子市场监管的新形势、新问题，开展冬季种子企业监督抽查行动，共抽查47家种子企业91个样品。其中，玉米51个样品，48个品种；水稻40个样品，25个品种。对5个品种检测不合格的4家企业依法进行处罚。开展春季种子市场专项整治行动中，共查处生产经营未审及假劣种子案件117起，没收未审及假劣种子25.9万公斤，罚款、没收违法所得38.5万元。开展夏季种子生产基地巡查行动中，抽查25家制种企业，35块杂交玉米制种田，品种33个。制种田符合要求的企业22家，不符合要求的3家。

（五）保护林业植物新品种权

林业主管部门全面开展了林木种苗生产、经营和管理行政执法检查工作，严厉打击制售假劣林木种苗、依法查处无证无签生产经营林木种苗行为。整治和查处侵犯植物新品种权行为，加强对已通过审（认）定的林木品种和新品种权的保护工作，共抽查林木种子41个批次，苗木210个批次，抽检样品合格率为100%，未发现制售假劣林木种苗和侵犯植物新品种权行为。

（六）推进政府软件正版化

黑龙江省各级政府机关把软件正版化工作纳入政府重点督办事项，加强政府采购管理和资金管理，并将软件采购资金管理使用和软件资产管理情况纳入年度审计，推进长效机制建设，强化督导检查，加大工作力度，开展全方位培训，提高管理和技术水平。截至2014年年底，全省新增计算机近3万台，全部预装了正版操作系统，并按规定配置了相应的办公软件，从源头上杜绝了盗版软件入口。

三、强化刑事打击，严惩违法犯罪

（一）加大刑事打击力度

公安机关坚持民生立场，突出民意导向，始终保持对侵犯知识产权和制假售假犯罪严打的高压态势。全省共立侵犯知识产权和制假售假案件105起，破案69起，抓获犯罪嫌疑人117名，捣毁制假窝点16个，涉案金额约20亿元。通过打链条、端窝点，催网络，最大限度地挤压制假售假犯罪活动在我省的生存发展空间，成功破获了公安部督办的涉案金额近10亿元的任洪伟等人特大制售假药案，抓获犯罪嫌疑人3名，捣毁制假窝点3处、储存窝点4处，缴获大型制药机3台及大量制假工具，现场查获假冒波利维等品牌药物150余箱，包材50余万件。

（二）依法及时起诉侵权假冒案件

检察机关依法履行监督职责，从快批捕起诉，突出打击侵犯驰名商标、战略新兴产业和现代服务业知识产权等犯罪，严厉打击侵犯知识产权和制售假冒伪劣商品相关犯罪，保护和促进自主创新。2014年全省检察机关共受理审查逮捕涉嫌侵犯知识产权刑事犯罪案件25件38人，批准逮捕24件35人；受理移送审查起诉76件126人，提起公诉73件127人。受理审查逮捕涉嫌生产销售伪劣商品犯罪73件112人，批准逮捕58件90人，受理移送审查起诉183件372人，提起公诉217件344人。开展破坏环境资源和危害食品药品安全犯罪专项立案监督活动，共监督行政执法机关移送涉嫌相关领域犯罪案件14件14人，监督公安机关立案侦查案件4件5人。

（三）及时审判侵权假冒犯罪案件

全省各级法院充分发挥审判职能，依法保障民生、规范市场秩序，扎实推进打击侵权假冒工作，依法严惩制售假冒伪劣食品、药品、农资以及侵犯著作权等关系群众切身利益和知识产权保护的突出犯罪。全省法院共审结生效危害食品安全犯罪案件77件，与去年相比上升120%，惩处犯罪分子112人，与去年相比上升28.74%；审结生效制售伪劣药品案件116件，惩处犯罪分子162人，同比上升8.72%；审结生效制售伪劣农资案件7件，惩处犯罪分子20人，同比上升25%；审结生效侵犯著作权案件21件，同比上升10.5倍，惩处犯罪分子26人，同比上升13倍。

四、加强宣传教育，推动社会共治

（一）营造良好舆论氛围

各地各部门积极做好宣传报道工作，组织省内主要媒体正面宣传报道、发布重大政策和重要行动信息、曝光大案要案、做好互联网和舆论引导等工作。一是发挥媒体作用。宣传文化系统及主要新闻媒体始终把宣传报道侵权假冒工作作为年度工作的重要部分，取得了良好效果。利用重点时段、重点新闻节目开设专栏进行集中宣传；《行风热线》发挥监督作用，邀请工商、质监、新闻出版等部门走进直播间，接受听众反映的有关假冒伪劣商品坑害消费者等方面的问题。二是开展专题宣传。围绕“两节”、“两会”、“3·15”、“4·26”、“5·15”、“12·4”等节点开展“放心农资下乡进村宣传周”、“药品安全宣传”、“食品安全宣传”、侵权盗版及非法出版物集中销毁、“绿书签活动”、食品安全宣传周、“诚信兴商宣传月”、“质量月”等公益宣传，增强群众防假、识假意识和能力。三是主动发布新闻，曝光大案要案，通报工作进展。省政府9次召开以打击侵权假冒为主要内容的新闻发布会，主要通报我省消费维权、知识产权保护、农村食品市场“四打击四规范”专项整治等情况、及时宣传工作成果。省法院发布了包括被告人魏立春生产、销售伪劣酒品、假冒“茅台”等名酒注册商标案在内的2013年度黑龙江省知识产权诉讼十大典型案例。四是组织网上正面宣传报道，积极引导网络舆论。省委网络安全和信息化领导小组办公室指导和部署全省各网站刊（转发）打假侵权新闻报道70余篇次，刊发打假维权评论文章3篇，在社区论坛设置打假侵权话题5个。省公安厅在新浪、腾讯网站分别开通了官方打假微博，结合破获的典型案件，及时发布防范预警信息。五是加大知识产权实务培训力度。省知识产权局采取集中办班与“五进”分散培训相结合的方式，举办各类培训活动300余场次，培训规模5 000余人次。依托中国知识产权培训中心，开设了黑龙江省远程教育平台和哈尔滨工程大学等7家分站，积极推广知识产权教程教育培训。

（二）推进案件信息公开

落实国务院和全国打击侵权假冒工作领导小组关于侵

权假冒行政处罚案件信息公开的相关规定，省领导小组制定下发了《黑龙江省依法公开制售假冒伪劣商品和侵犯知识产权行政处罚案件信息的实施意见（试行）》，推动行政执法机关以本级政府网站为主渠道，依法及时公开依照一般程序办结的侵权假冒行政处罚案件信息。全省行政执法部门按照国务院和省领导小组关于公开行政处罚案件信息的要求，及时公开按照一般程序查处的侵权假冒案件信息，广泛接受社会各界监督。省法院网上公开打击侵权假冒犯罪案件裁判文书 70 余份。省工商局以警示宣传教育为重点，引导企业诚信经营，对不讲诚信的违法企业纳入企业异常名录和“黑名单”管理。省农委开展了黑龙江省种子行业信用评价活动，加强了种子市场监管、种子信息交流平台建设，充分利用种业信息网，将种子经营许可证、种子生产许可证的核发信息以及种子案件处罚情况在种业信息网上公开公示。

（三）推进行政执法与刑事司法衔接

省领导小组办公室会同省检察院等单位，协调推进打击侵权假冒行政执法与刑事司法衔接工作，制定了《黑龙江省行政执法与刑事司法衔接信息共享平台建设实施方案》。全省各地公安机关均与本地卫生、农业、工商、质监、食药监等行政执法单位建立“两法衔接”信息共享机制，并定期拷贝执法案件信息数据。对重点领域、重点行业、重点地区适时开展集中联合清查，及时依法受理行政执法部门移送的案件。对取证环节多、侦办难度大的案件，及时商请检法机关提前介入，形成合力。全省公安机关与 9 个行政执法单位、102 个企业、行业协会签订了资源共享协议，共采集录入物流信息 100 余万条。省食品药品稽查局与哈尔滨市公安局经侦支队建立了食品药品案件“行刑衔接”制度，形成了密切协作、联合打假、齐抓共管的良好局面，共破获制售假药案件 4 起、捣毁假药窝点 5 处，抓获嫌疑人 7 名，涉案金额 10 亿余元。各地检察机关采取多种方式主动与行政执法机关保持经常性工作联系，及时了解和掌握行政违法案件的查处情况。牡丹江市院与市内 31 家行政执法单位建立了市区两级联网的“两法衔接”信息共享平台，实现市县两级院信息全覆盖。专项立案监督活动期间共录入行政执法案件 2 997 件，监督行政机关移送涉嫌刑事犯罪案件 35 件。齐齐哈尔市富拉尔基区院，佳木斯市东风区院、前进区院、同江县院，大庆市红岗区院和龙凤区院，鸡西市鸡冠区院、恒山区院，伊春市汤旺河区院也搭建了覆盖区县范围的信息共享平台。鸡西市院、伊春市院、农垦分院正在推进建立信息共享平台。

（四）建立舆论监督机制

利用电视、报刊、网络广泛宣传“12330”知识产权维权援助与举报投诉电话、“12331”食品药品举报投诉电话、“12312”商务举报投诉电话、“12315”消费者投诉举报电话、“12390”侵权盗版举报电话、“12365”产品质量投诉举报电话等相关举报电话作用，向社会公众提供快速便捷的举报、投诉、申诉和咨询渠道，及时发现违法犯罪线索。省文化厅收到文化部 12318 举报系统转办案件 22 件，依据案件性质，按照属地管理的原则，省文化市场行政执法总队督促各地文化行政执法机构进行了查处，并将查处结果按规定时限上报文化部，回复率 100%。省农委认真受理群众投诉举报，及时查处上级督办的种子案件；设立了信访接待室，热情接待农民来信来访，耐心帮助农民解决问题，及时调解种子质量纠纷，共接待来访农民 300 余人次。省工商局全力推进 12315 行政执法体系建设，进一步畅通消费者诉求渠道，努力提升消费维权工作能力，在全省建立消费维权服务站 365 个，并通过黑龙江消费网、电台、电视台发布涉及食品、摄像、装修装饰、皮服、黄金饰品、老年保健品、农业生产资料等消费警示 342 条，受理消费者侵权假冒商品投诉举报 77 件，消费者获得赔偿损失 20 余万元。省知识产权局深化知识产权维权援助工作，依托省知识产权维权援助中心，建立大庆、牡丹江和伊春 3 个维权援助分中心，通过“12330”电话和网上投诉举报平台，进一步提高维权援助能力，2014 年共完成维权援助接待工作 76 项，接听维权援助电话 190 个，办理维权援助举报投诉案件 28 件，同比增长 35.7%。

（撰稿人：张乃民）

上海市打击侵权假冒工作报告

2014年，上海市打击侵犯知识产权和制售假冒伪劣商品工作在全国打击侵权假冒领导小组的悉心指导下，在市委市政府的坚强领导下，立足服务上海“创新驱动、发展经济、转型升级”战略和“四个中心”建设工作大局，积极贯彻党的十八届三中、四中全会精神，认真落实全国打击侵犯知识产权和制售假冒伪劣商品工作领导小组工作要求，完善打击侵权假冒工作机制，稳妥推进行政处罚案件信息公开、“两法衔接”、互联网领域专项打击行动等各项重点工作。各成员单位加强协作，坚持长效监管与集中整治相结合，经营者自律和加强检查督促相结合，加大生产源头治理力度和市场监管力度，打防并举，保障民生，取得了明显成效。

一、总体情况

2014年，全市行政执法部门共查处侵权假冒案件6 936起，涉案金额1.84亿多元，捣毁（取缔）制假售假窝点117个。其中，立案查处商标侵权违法案件2 248件，取缔制售假窝点4个；组织73次专利权执法检查，检查商品47万余种，查处涉及侵犯专利权案件1 300余件；组织专项行动检查各类文化经营场所1.4万余家次，立案处罚268件，查获违法音像制品（电子出版物）近71万多张（盘）、违法书报刊近10万册（份）；对街面侵权违法行为实施行政处罚3 100余起，依法查扣非法音像制品、盗版图书、侵权产品等3.9万余件。公安机关全年共破获假冒伪劣案件1 174起（其中公安部督办案件19起），抓获犯罪嫌疑人2 171人，移送起诉2 171人，涉案金额3.9亿多元。检察机关共受理批捕案件363件560人，受理公诉案件579件931人。审判机关共审理侵权假冒罪刑事案件346件562人，结案328件528人。

2014年，上海市副市长、市打击侵权假冒工作领导小组组长周波先后三次向汪洋副总理、全国打击侵权假冒工作领导小组汇报本市关于自贸区知识产权保护、涉外知识产权保护等方面的工作，得到了中央领导和机关的高度肯定。

二、主要做法

（一）加大行政执法力度，严打侵权假冒行为

1. 建立互联网打假新机制

根据互联网领域侵权假冒特点，创立“科技+制度+保护+诚信”互联网治理模式。一是加强科技手段应用。对网站备案信息管理系统进行升级改造，集成备案信息管理和有害信息过滤功能，提高网络监管能力。2014年，对本市近34万个网站主办者的备案真实性进行核验，关闭各类侵权网站49家。二是加强互联网企业内部管控制度建设。引导“1号店”等10余家电子商务企业建立可疑交易报告制度，提升运用信息化手段发现网上假冒伪劣犯罪的能力。引导企业对自营行为进行分析和监控，及时处理异常情况。督促经营者建立健全入驻商家检查制度，清退不合规商家，下架不合格商品。三是强化权利人企业合法权益保护工作。建立权利人沟通双月恳谈会制度，2014年下半年召开了3次网络打假恳谈会，探讨预防网络侵权事件的方法和手段。完善电子商务企业消费纠纷处理流程，畅通消费者维权渠道。四是加强行业诚信自律。商务部门积极落实电商企业主体责任，引导本市27家大型电商企业率先推出《上海互联网企业可信交易诚信自律公约》；工商部门建立网上亮照制度，以网上公开证照的方式强化电商平台经营者的主体责任。

2. 重点商品整治不断深入

一是加大食品药品整治力度。完善食品药品安全领域监管的组织制度架构，组建食品药品犯罪侦查总队，并在所有区县公安机关组建侦查支队。在全国率先建立食品药品安全案件发现、协作联动和案件查处三项机制，提升案件发现的敏锐性和精准打击的有效性。实行食品药品生产经营企业质量信用分级监管制度，推行药品招标企业不合格药品退出机制，组织开展农村食品市场、妇女儿童用药（械）专项等整治行动。2014年共监督检查食品生产经营企业20余万户，破获食品刑事案件79起，抓获犯罪嫌疑人191人。查办药品、医疗器械、药包材违法案件410件，涉及物品价值近千万元。二是持续推进农资打假。组织开展“制售假冒伪劣种子专项打击行动”、“夏季农资打假百日行动”、“繁制种基地专项检查”等整治工作，开展“放心农资下乡进村宣传活动”，设立农资打假举报奖励金，鼓励群众自觉抵制假冒伪劣农资。全年对1 200多家涉农企业、研究单位、园艺场等进行了6 837次检查，整顿农资市场42个，查处违法违规经营行为133起。三是加强民生产品打假。开展“质检利剑”打假行动，以农资、建材、汽车配件、地理标志产品以及3C认证产品为重点，开展电子电器产品集中打假、儿童用品专项打假、

餐饮企业计量检查、质量月等30项季节性、常规性的专项执法打假行动。全年共立案191起，捣毁窝点20个。12365质量热线共处理疑难咨询、申诉和举报总计65 910件，为消费者挽回经济损失2 700余万元。四是打击侵犯植物新品种行为。健全林业执法工作体系，成立本市林业执法稽查科，定期开展林木种苗质量抽查，对本市植物新品种权进行调查摸底，摸清维权企业需求，摸排侵权潜在风险。

3. 重点环节整治机制不断健全

一是加大出口环节联合打击力度。与欧盟海关及欧盟刑警组织等国际执法机构开展多边国际执法合作，开展"中美海关打击输美侵权商品知识产权联合执法行动"、"2014世界杯知识产权专项行动"等国际联合执法行动。全年共查获侵犯知识产权案件434起，涉案货物1 267.3万件，案值4 180.47万元。二是加强出入境检疫检验。搭建跨境电商检验检疫电子信息申报平台，实现跨境电子商务数据的有效对接与联网核查，提高监管效能。全年共检查进出口商品近300万批次，查出不合格商品980批次，对侵权假冒行政处罚87起，移送公安机关1起。三是严把寄递渠道关。开展快递业综合治理执法行动，严格落实收件验视制度。构建快递市场收寄全程的监管体系，加快安监平台系统建设步伐，实现快递行业实时查询统计功能。

4. 知识产权保护力度不断加大

一是打击侵犯商标权违法行为。以驰（著）名商标、涉外商标、地理标志商标为重点，开展强化商标代理机构监管、加强青奥会标志保护、打击仿冒他人知名商品特有名称和包装装潢等重点工作。在"2014年知识产权宣传周"和"亚洲相互协作与信任措施会议峰会"期间，组织开展为期三个月的集中执法行动，加大对侵权易发风险点的整治力度。二是加强专利权保护力度。开展"真牌真品"承诺活动和知识产权保护规范化市场培育工作，提升市场主体保护意识和管理能力，推动形成知识产权保护管理规范、行业影响力和市场竞争力强的专业市场。强化展会专利保护工作，加强对上交会、工博会、华交会等重点展会的知识产权服务工作，加大专利案件调处力度。三是完善版权保护体系。组织开展软件正版化自查和督查工作，建立政府机关软件正版化工作责任人制度，积极推进政府机关软件正版化。完善网络版权许可付酬机制，引导本市主要报刊社与大型商业网站开展版权合作，逐步对网络转载行为建立使用作品依法依规许可付费使用的合作双赢机制。加强文化市场整治，组织实施"清源2014"、"秋风2014"等系列专项行动，开展持续五个月的印刷企业大检查行动，立案处理12件，没收非法出版物8 000册。

（二）强化刑事司法力度，依法严惩犯罪行为

1. 刑事打击持续高效

一是构建高规格一体化的打击组织体系。由市局领导挂帅，抓好组织推进、专案研商、检查督导、综合保障等工作。二是运行跨区域（省）、集约化的作战协调机制。制定"跨省作战集中协调机制"、"责任捆绑督导推进机制"、"重点任务动态通报机制"等三项攻坚机制，凸显打击效果。三是贯彻跨国境、多警种的协同打击策略。做到集群战法运用纯熟，跨境合作机制完善，警种联动更加协调。2014年，上海市公安局会同英国执法机关开展跨境执法协作，把握侦查主导权，成功侦破以英国籍犯罪嫌疑人为首的"2·27跨境侵犯知识产权案"。在公安部2014年打假工作绩效考核中，上海公安机关位列第二，2起集群战役获评公安部"2014打假经典战役"。

2. 案件检察协同推进

检察机关以法治为引领，加强对侵权假冒刑事犯罪案件检察工作。一是积极开展立案监督。监督行政执法机关移送案件，监督公安机关立案侦查，坚决纠正有案不移、有案不立、以罚代刑的行为。加强与公安机关的联系与配合，对侵犯知识产权犯罪案件依法快审快捕。二是健全专业化办案机制。在浦东、黄浦、静安、杨浦、徐汇、闵行、松江等区成立专门办理知识产权案件的科（处），在其他区县检察院成立专业主诉（主办）组办理侵犯知识产权犯罪案件。三是强化督办机制。对重大、有影响的知识产权犯罪案件由市院挂牌督办，同时定期对督办的案件逐一进行个案指导。对督办过程中发现的影响案件质量的相关问题，督促补充证据，完善相关程序。

3. 犯罪审判快速执行

一是全面推行知识产权专业审判模式。在全市三级法院全面推行知识产权民事、行政和刑事案件"三合一"审判模式，实现知识产权审判聚合效应。二是注重审判水平提高。对涉及古籍点校、体育赛事、跨境网络售假等新型案件，以及外贸商标侵权、商标合理使用、商标共存等疑难案件，加强审判研究，确保审判质量。三是建立侵权假冒案件快速通道。搭建办理侵权假冒案件的信息共享和工作交接平台，设立侵权假冒刑事自诉与公诉无缝切换的审判机制，畅通侵权假冒案件立、审、执快速通道。

（三）推进长效机制建设，构建群防群控工作格局

1. 探索自贸区知识产权保护新模式

一是推进知识产权管理保护"三合一"改革。在自贸区管委会内新成立专利、商标、版权行政管理和执法"三合一"知识产权局，并在浦东新区进行了推广。自贸区和浦东新区于2014年9月和11月分别挂牌成立了新的知识产权局。

二是构建符合国际惯例的保护机制。建立以行政监管和司法审判为主、仲裁裁决和商事调解为辅的四位一体知识产权纠纷解决体系。接轨国际惯例，成立自贸区知识产权调解中心和仲裁院，通过调解、仲裁等方式处理纠纷。三是创建社会参与机制。引导社会力量参与知识产权保护，建立知识产权保护政府监管、行业规范、中介服务、企业自律、公众参与的五位一体机制。

2. 健全双打长效机制

一是完善信息通报制度。出台“案件信息公开工作监督管理办法”，定期召开专题会议，加强信息通报，对各部门行政处罚案件信息公开情况等进行通报，督促各项工作有序开展。二是完善“两法衔接”工作机制建设。推进“两法衔接”信息平台升级改造，完成“两法衔接”信息平台升级改造初级方案，实现与全国“两法衔接”信息平台的对接。完善工作流程和信息标准，加快与全市政务公开信息平台的对接。进一步完善案件移送、受理、反馈、监督、公开等工作机制，开展“两法衔接”专项监督行动，强化对行政执法机关移送案件的监督，加强对执法办案的指导和监督。三是完善绩效考核工作。建立由成员单位分管领导带队的考核小组，对区县打击侵权假冒工作进行现场考核，并纳入到政府工作考核体系和社会治安综合治理考核范围。

3. 推进诚信体系建设

将打击侵权假冒工作作为社会诚信体系建设的突破口和重要抓手，努力营造诚信、自律的法治化营商氛围。依托2014年4月底开通的上海市公共信用信息服务平台，各级行政执法部门通过制定和完善信用信息征集制度，制定方案推动，将侵权假冒领域行政处罚案件信息归集至市公共信用信息平台，全市各执法部门已全部实现与市公共信用信息平台对接。商务部门依托社会第三方评估机构，建立了商务诚信指数和商务诚信档案，探索建立违规失信惩戒机制及相关信息查询制度。

4. 营造社会共治氛围

一是围绕重大活动开展宣传。开展“3·15消费者权益保护日”、“4·26保护知识产权宣传周”、“放心农资下乡进村”等宣传活动。二是加强新出台法律法规的解读。深入相关企业宣传新《商标法》和《商标法实施条例》中新增的商标代理行为的监管事项。三是曝光典型案例，以案释法。发布“知识产权审判白皮书”，组织公开庭审、集中宣判，延伸司法保护社会效果。四是深入基层开展宣传。黄浦、静安、长宁、宝山等区开设了专门的打击侵权假冒宣传报导平台。闵行区组织到该区韩国人集聚地“韩国一条街”开展宣传，取得了较好的社会效果，营造了抵制侵权假冒的良好社会氛围。

三、主要经验

1. 注重改革创新，完善双打工作机制

以自贸区建设为契机，接轨国际惯例，建立自贸区知识产权局，探索知识产权保护机制改革，实行知识产权进出境保护和境内保护的执法配合，构建知识产权纠纷多元解决机制。在内贸流通体制改革试点中，探索双打监管方式和手段的创新，完善“两法衔接”工作信息共享平台，优化案件移送、受理、反馈、监督、公开等工作机制。

2. 注重部门间协作，保持双打高压态势

深化部门协作，建立跨部门协作机制，加强协同配合，形成合力，不断丰富完善长效机制建设，加强打击侵权假冒行动的协调性。加强“两法衔接”的信息联通，建立主要行政执法部门联席会议制度，定期研讨座谈，加强信息沟通，加强机制交流，统一办案的法律适用标准，提高整体办案效率。

3. 注重动员社会力量参与打假，营造双打社会氛围

采用各种方式大力宣传国家打击侵权假冒的政策方针，曝光典型案件，报道守法诚信经营的优秀企业，引导企业和社会公众树立守法光荣的理念，自觉抵制侵权假冒行为，唤起全社会对打击侵权假冒工作的关注和支持。

（撰稿人：徐建春）

江苏省打击侵权假冒工作报告

2014年，江苏省认真贯彻落实国务院打击侵权假冒工作要点，按照全国领导小组办公室统一部署，采取切实有效措施，组织开展专项整治，打击侵权假冒工作取得了明显成效。全省各级行政执法机关共立案1.33万件，办结1.21万件。公安机关破获侵权假冒犯罪案件1 270件，抓获犯罪嫌疑人2 904人；检察机关起诉侵权假冒案件999件，起诉犯

罪嫌疑人 1 834 人；人民法院审理侵权假冒刑事案件 906 件，审结 701 件，涉及犯罪嫌疑人 1 216 人。苏果超市、苏宁云商先后在全国打击侵权假冒工作领导小组第六、第七次会议上作专题汇报，苏果超市建立全流程质量监控体系和苏宁云商电子商务开放平台实行首问负责制等做法，受到充分肯定。

一、加强组织领导，周密部署推进

江苏省委、省政府高度重视打击侵权假冒工作，把打击侵权假冒作为促进创新驱动、加快转型升级、建设平安江苏的重要手段。傅自应副省长多次听取汇报，亲自部署工作。方伟副秘书长经常召开会议，对重要工作进行协调推进。省政府办公厅印发全省打击侵权假冒工作要点，明确了打击侵权假冒 5 大项 23 项具体工作。省领导小组办公室制定工作任务分解表，明确了相关部门职责、具体任务分工和工作时限安排。为了把工作落到实处，领导小组办公室会同主要成员单位，多次赴地方开展打击侵权假冒工作专项督查。按照全国打击侵权假冒考核总体安排和省综治委要求，省领导小组办公室组织成员单位制定年度绩效考核办法，组织各市对照考核办法进行自查，组织成员单位采取逐一听取汇报、集中评审材料和当面反馈结果三个步骤，对全省市县两级政府打击侵权假冒工作进行了考核。

省各成员单位结合各自职能，落实打击侵权假冒各项工作，组织开展专项执法行动。省知识产权局制定执法维权“护航”专项行动方案，明确专项行动工作要求、工作措施和时间进度。省农委制定农资打假专项治理行动实施方案，扎实组织开展夏季、秋季农资打假专项行动，集中开展打击侵犯农业新品种权和制售假劣种子专项行动。省工商局制定打击侵犯商标权和制假售假工作要点及任务分工，从市局到工商所，层层分解任务，落实监管责任。省质监局突出工作重点、分解工作任务，对防水卷材、电子电器、汽柴油等重点领域打击侵权假冒工作进行部署安排。省食药监局组织开展为期 6 个月的食品药品安全打假专项行动，以及医疗器械“五整治”专项行动。省林业局制定打击制售假劣林木种苗行为和保护植物新品种权工作方案，严厉打击制售假劣林木种苗行为。省公安厅按照公安部统一部署，扎实组织开展“网上打假行动”。省检察院制定专项立案监督活动工作方案，成立立案监督工作小组，加强侵权假冒案件立案监督。

二、突出重点问题，集中力量整治

各地、省各有关单位围绕南京青奥会知识产权保护以及互联网领域打击侵权假冒、汽柴油专项整治、涉农领域打击侵权假冒等突出问题，集中开展专项整治行动。

一是开展互联网领域打击侵权假冒专项整治。省工商局结合消费者投诉举报和日常巡查，出台《关于开展网络交易平台交易规则规范管理工作的通知》，全面推进网络交易监管执法。全省工商系统共检查网络交易平台及重点网站 149 家，实地检查网络交易平台 133 家，责令整改网站 19 个，查处违法案件 8 件。全省文化系统以打击网络侵权为重点，查办案件 45 起，吊销文化网络许可证 4 家。在国家版权局等四部门通报的 2014 年“剑网行动”十大案件中，江苏查办的“建工之家”网站侵犯软件著作权案和“高清影视下载网”侵犯影视著作权案两起案件入选。省通信管理局积极配合开展打击侵权盗版、网上制售假药、网上虚假违法广告等专项行动。2014 年，累计关闭违法违规网站 561 个。

二是做好南京青奥会保护知识产权工作。省工商局出台了南京青奥会标志保护工作实施意见，南京市工商局召开全系统迎青奥知识产权保护誓师大会，组织开展迎青奥知识产权保护百日专项整治行动。青奥知识产权保护期间，全市共出动执法人员 4. 1 万人次，检查经营户 14. 2 万户，检查商品交易市场 1208 个，立案查处侵犯青奥会标志案件 108 件，没收、销毁侵权商品 1 300 件，捣毁制假售假窝点 3 个，受到组委会和南京市委、市政府的充分肯定。

三是开展涉农领域打击侵权假冒。省农委先后组织开展农资打假春季行动、夏季百日行动，共检查农资生产经营企业 6. 4 万个次，受理举报投诉案件 261 起，立案查处违法案件 1 243 起，移送公安机关 12 起。工商部门重点检查农业主产区、农资主销区、农资案件高发区，依法查处农药、化肥产品存在的虚假标注、虚假广告和“傍名牌”等违法行为。质监部门共组织暗访 68 次，接受群众举报 99 起，查办农资案件 109 起，涉案货值 672 万元，查获假劣化肥 1 858 吨。在化肥执法打假联合行动中，根据国家质检总局提供的线索，对 6 家企业及时调查抽检，督办案件 5 起。

四是组织汽柴油产品专项执法。省质监局对近年来全省查处汽柴油违法行为进行统计分析，并组织专家进行研究探讨，下发《关于严厉打击假劣汽柴油违法行为的通知》，对汽柴油质量违法行为的分类及法律适用、汽柴油产品的抽样取证要求作出具体规定。全省质监部门在专项行动中查办假劣汽柴油案件 20 余起。扬州市质监局联合公安部门查办的一起燃料油冒充柴油案件，涉案货值达 2. 4 亿元。

三、强化日常监管，打击侵权假冒

我省紧紧围绕关系国计民生的食品、药品、化妆品、农资、建材、机电、汽车配件等重点商品，以及著作权、商标权、专利权保护的突出问题，加强市场巡查和产品抽查，严格对生产经营企业的日常监管，认真组织专项整治行动。

省知识产权局在开展纵向联合执法的同时，推动各省辖市局会同商务、工商、公安、质检、药监等部门开展横向执法。2014 年，全省共检查商业场所 3 607 个次，检查商品 15.3 万件，立案查处各类专利违法案件 3 681 起，同比增长 53.8%，其中，假冒专利案件立案 3 055 起，同比增长 54.4%，专利侵权纠纷案件立案 626 起，同比增长 51.2%。

省食品药品监管局强力打击制售假劣药品和医疗器械违法行为，全系统共查办假冒伪劣医药产品案件 1372 件，移送司法机关处理案件 108 件，案值 2 亿元，捣毁制假售假窝点 57 个。我省查办的“6・10”特大非法制售软性亲水接触镜（美瞳）案、“6・26”特大非法生产销售贴敷类产品案，以及卞某非法生产销售无注册证书医疗器械案，受到国家食品药品监管总局通报表扬。

省质监局按照国家质检总局“质检利剑”行动部署，组织开展了食品用纸制品、防水卷材、电子电器等 10 个集中打假专项行动，共出动执法人员 1.6 万人次，查办案件 461 起，涉案货值 4 107 万元，移送公安机关 26 起。

江苏检验检疫局组织开展了出口商品打假专项行动和打击伪造买卖检验检疫证书活动，向公安机关移送 4 起涉嫌刑事犯罪的案件。连云港检验检疫局于 2014 年 4 月查办了河南商丘大鸣发毛绒制品有限公司出口毛毯违法使用黑心棉案，国家质检总局向全国发出了警示通报。

南京海关深入开展针对 2014 年巴西世界杯的“绿茵专项行动”，查办侵权案件 38 起，查获涉嫌侵权商品 35.6 万余件。

省林业局结合春季造林组织执法检查，严厉打击盗用已授权品种、专利和地理标志进行营利性种植、繁殖、生产和销售的侵权行为，共查办案件 38 件，捣毁窝点 2 个。

四、推进“两法衔接”，强化司法打击

2014 年 2 月，省委办公厅、省政府办公厅联合印发了《江苏省行政执法与刑事司法衔接工作实施办法》，进一步完善“两法衔接”工作机制。省检察院大力推进“两法衔接”信息共享平台建设，省级、13 个市级及 78 个县级“两法衔接”信息共享平台已经建成。省检察院与省法制办先后于 2 月、7 月、12 月联合召开“两法衔接”工作联席会、推进会、研讨会暨培训班，对“两法衔接”工作、平台建设和运用工作进行部署与培训。

公安机关通过多警种、多地区合作，采用集群战役模式，先后查办了南京陈贵松等人销售假冒安普品牌网线案、徐州花金龙等人制售假名牌化妆品案、常州孟凡雨等人制售假冒品牌切割设备案等 23 起重大案件，破获部省督办案件 47 起。其中，徐州花金龙等人制售假名牌化妆品案、常州孟凡雨等人制售假冒品牌切割设备案、苏州“8・19”制售假冒伪劣儿童用品案、无锡金晓薇等人制售假冒箱包案被公安部评为全国经典集群战役。

检察机关突出打击侵犯驰名商标、战略新兴产业和现代服务业知识产权等犯罪，开展专项行动。连云港市灌云县检察院办理了公安部督办的特大销售走私进口巴西牛肉案，以销售不符合安全标准的食品罪对陈华英等 8 人依法批捕，涉案金额 1 300 余万元。徐州市鼓楼区检察院对利用侵权网站链接，侵犯影视作品著作权的犯罪嫌疑人田易龙，以侵犯著作权罪依法批捕，涉案金额 140 余万元。

省法院围绕侵权假冒案件审判第一要务，依法审理各类侵权假冒案件，所有案件均在审限内审结。省法院审理的湖南科力远新能源股份有限公司、爱蓝天高新技术材料有限公司等侵害发明专利权纠纷案，被最高人民法院列为中国法院十大知识产权案件。省法院院长亲自担任审判长审理吴全林侵犯著作权案，产生较大社会影响并取得良好的社会效果。

五、强化机制建设，完善长效监管

一是做好打击侵权假冒领域行政处罚案件信息公开工作。全国打击侵权假冒行政处罚案件信息公开电视电话会议后，我省积极贯彻落实国务院文件和全国电视电话会议精神。省领导小组办公室制定《江苏省打击侵犯知识产权和制售假冒伪劣商品领域行政处罚案件信息公开监督办法（暂行）》和《江苏省打击侵犯知识产权和制售假冒伪劣商品行政处罚案件信息公开统计制度》，农业、知识产权、工商、质监、海关、新闻出版、林业等部门制定下发了实施方案，全省共公开侵权假冒行政处罚案件信息 1 023 条。

二是扎实做好软件正版化工作。省版权工作领导小组积极贯彻《政府机关使用正版软件管理办法》，结合推进使用正版软件工作部际联席会议《实施意见》，专门下发通知，落实省市县三级政府机关软件正版化工作责任人制度。为推进政府机关软件正版化长效机制建设，省版权局、省财政厅、省级机关事务管理局联合制定政府机关在新购置计算机硬件时同步购买办公软件指导意见。2014 年 3 月，国家第四检查组对江苏市县级政府机关软件正版化工作进行检查后，评价江苏省软件正版化工作“认识到位，目标明确；领导重视，上下一心；讲究协同，各司其职；保障有力，成果显著。”全省 112 家新闻出版和印刷企业共采购各类正版操作系统和办公软件 5 000 余套，采购金额达 911 万元，较

好地完成了国家版权局的工作目标。

三是做好侵权假冒商品无害化销毁工作。贯彻环保部办公厅等国家 13 个部门做好侵权假冒商品环境无害化销毁工作通知，省市均按要求建立了侵权假冒商品环境无害化销毁工作部门协作和信息共享机制。各级执法部门在销毁侵权假冒商品前，及时与当地环保部门沟通，报告拟销毁侵权假冒商品情况，共上报销毁信息 19 条。

六、加强宣传教育，营造良好氛围

省委宣传部下发通知，明确了全省打击侵权假冒宣传重点和工作要求。省各成员单位在重要时间节点，集中开展宣传引导活动，增强群众识假辨假意识和能力。农业部门集中开展“放心农资进乡村，保障农产品安全”为主题的“放心农资下乡进村宣传周”活动，出动执法和科技人员 5 561人次，发放宣传资料 68.9 万份，组织现场咨询活动 291 场次，接待咨询群众 18 万人次。工商系统通过开展“商标战略宣传万里行”、“对话专家”、“商标故事”、“商标征文”以及发布品牌管理和保护“六大提示”等活动，营造尊重和保护知识产权的良好氛围，在社会上引起了极大反响。质监系统开展“12365 局长接线日”活动，不断提高 12365 的效能。全省 12365 系统共受理举报、投诉、咨询 4.7 万件，其中打假举报 7 650 件，从中梳理筛查出案件线索 141 条。省知识产权局在“4·26”等重大知识产权宣传活动中，加大“正版正货”工作宣传力度，引导企业、行业协会、商贸街区、专业市场申报和参与“正版正货”试点示范创建活动。2014 年，我省有 6 家“正版正货”示范创建街区推荐进入国家知识产权保护规范化市场培育工程，入选数量居全国第二。认定省级“正版正货”示范创建街区 50 家，认定行业“正版正货”承诺企业 2 000 家。

新闻媒体持续对打击侵权假冒、保护知识产权及专项行动进行全面深入报道。新华日报先后刊发《江苏专利五项指标全国第一》、《江苏年专利申请首超 50 万件》、《执法创新，保护“金点子”》等稿件，充分展示了各地知识产权保护成效。江苏卫视、江苏城市、江苏公共等频道全年播出保护知识产权和打击假冒伪劣报道 200 多条，尤其在 3·15 消费者权益日和 4·26 世界知识产权日前后，重点聚焦相关案件，提升公众对知识产权的重视和理解。“江苏新时空”、“通天下”、“早安江苏”等栏目播发打击侵权假冒、放心消费方面的报道近百余篇，内容涉及知识产权和消费领域各方面。江苏广电总台不仅播出多篇关注案例的热点、焦点，而且分别就此街头采访，征求市民意见和建议。针对生活中的消费漏洞、维权难点、消费误区，及时进行报道，相关报道如：《世界知识产权日：我省多部门联合开展知识产权执法行动》、《世界知识产权日：丹阳眼镜商会来宁维权》、《短评：保护知识产权，难点在哪?》、《链接：知识产权离我们有多远》、《南京海关连续查获侵权世界杯“大力神杯”和足球》等。

（撰稿人：殷亚亮）

浙江省打击侵权假冒工作报告

2014 年度，我省打击侵权假冒工作在省委省政府的领导下，认真贯彻落实全国双打领导小组及其办公室各项工作部署，加强部门协调和配合，采取一系列有效措施，全面推进打击侵犯知识产权和制售假冒伪劣商品工作，查处了一批侵权假冒案件，保护了权利人的合法权益和消费者利益，维护了公正公平竞争秩序。全年，全省行政机关共立案侵权假冒案件 17 560 起，办结案件 17 483 起，涉案金额 19 861.706万元，移送司法机关 344 起，捣毁制假售假窝点 159 个。公安机关破获案件 1 353 起，涉案金额 31 762.178 万元，抓获犯罪嫌疑人 1 690 人。检察机关审查起诉案件 1 268起 2 350 人，批捕案件 521 起 881 人。法院受理案件 1 323起，审结案件 1 322 起，判决人数 2 401 人。

一、2014 年打击侵权假冒工作情况

（一）加强组织领导，保障打击侵权假冒工作顺利开展

省委省政府高度重视打击侵权假冒工作，2014 年以来，我省根据省领导工作任务分工，印发了《关于调整浙江省打击侵犯知识产权和制售假冒伪劣商品工作领导小组组成人员的通知》（浙知保办〔2014〕17 号），及时调整了省打击侵权假冒工作领导小组成员，目前，我省双打工作领导小组组长由梁黎明副省长担任，商务厅、知识产权局、工商

局、质监局、版权局领导担任副组长，宣传部、综治办等各部门副厅级以上领导为成员，成员单位共有34个，办公室设在商务厅市场秩序处。

（二）完善制度建设，保障打击侵权假冒工作协调开展

国发6号文件及全国打假办8号文件下发后，我省及时研究部署我省行政处罚案件信息公开工作。最终明确，由省双打办牵头打击侵权假冒行政处罚案件信息公开工作，并建立信息公开联络制度。各成员单位确定本单位行政处罚案件信息公开的分管领导和具体联络人，负责本部门行政处罚案件信息公开在网站公开工作，同时承担本系统行政处罚案件信息在相关网站及时公开的监督管理工作。省双打办还印发了《关于做好依法公开制售假冒伪劣商品和侵犯知识产权行政处罚案件信息工作的通知》和《浙江省制售假冒伪劣商品和侵犯知识产权行政处罚案件信息公开和监督管理暂行办法》，进一步明确了信息公开的领域、范围、形式及公开的内容、时间等，将信息公开工作纳入对各地考核及各部门对本系统监督检查职责。目前，知识产权、工商、版权、海关等10个具有打击侵权假冒行政处罚职责的部门全部公开了行政处罚案件信息。

打击侵权假冒涉及面广，需要各地密切配合才能真正取得实效。为进一步推动我省各地双打工作，省双打办按照责任分工，印发了《2014年度浙江省打击侵犯知识产权和制售假冒伪劣商品工作考核办法》，要求各地根据工作职责开展落实，严密组织自评，省双打办对各地工作情况进行考核评分，评分结果作为双打绩效考核和平安浙江考核的依据，考核办法的出台有力的推动了各地双打工作。为加强各部门信息报送工作，我厅印发了《浙江省打击侵权假冒工作信息报送和数据统计考核办法（试行）》，进一步规范各部门双打信息报送工作。

各部门按照部门职责，结合国家部委工作要求，制定了许多行之有效的工作制度。浙江检验检疫局印发了《建立打击出口假冒伪劣工业产品工作机制推进方案》；杭州海关和宁波海关签订了《执法统一协作机制备忘录》和《知识产权联系配合办法》；省环保厅联合我办印发了《关于做好打击侵权假冒商品无害化销毁信息报送工作的通知》，并会同省公安厅、农业厅等部门建立了侵权假冒商品环境无害化销毁工作联络人制度和无害化信息报送制度。

（三）明确打击重点，确保打击侵权假冒工作有效落实

为确保我省打击侵权假冒工作顺利开展，根据全国双打办印发的2014年打击侵权假冒工作计划，结合我省实际情况和各个部门工作重点，拟定下发了《关于印发2014年浙江省打击侵权和假冒伪劣商品工作计划的通知》，将“打击制售‘名牌产品’犯罪”、“开展‘绿剑’集中执法行动”、“开展‘剑网行动’活动”等36项工作列入2014年重点整治工作，并排出了各项工作的时间安排、工作目标、牵头部门和配合部门等内容，做到“责任、目标、节点”三明确。同时，加强对各项重点工作的追踪，确保重点工作按时间要求完成。

知识产权部门在全国知识产权局系统第一个开展电子商务领域专利保护专项行动，组织了省局和杭州、宁波、温州、嘉兴等局执法人员和知识产权维权援助中心工作人员，进驻阿里巴巴园区开展网络专利侵权投诉执法办案工作，调解和查处的电子商务领域专利侵权纠纷案件2 518起。其中，涉及专利343件，关闭或断开网络商品链接464个。知识产权部门在“4·26知识产权活动周”期间，组织开展全省打击假冒专利专项活动，针对商场、超市等流通领域，整合市、县（市、区）执法力量，联合查处假冒专利案件120起。2014年，共立案调解和查处专利违法案件599起，结案502起，其中，假冒专利案件立案161起，结案159起，调解和查处赔偿额332万元。

工商部门围绕市场热点，相继开展了以保护知识产权为重点的专项行动。突出网络市场监管重点，组织开展“红盾网剑”专项行动，活动期间全省网上检查网站、网店153 881个，实地核查网站经营者14 265个，核对并完善网络经营主体信息数据120 286条，删除违法商品信息2 629条，责令整改网站1 028个，建议关闭网站186个，移送公安机关案件37将，罚款、没收违法所得共计836.42万元。开展“红盾护农”专项行动，推进“红盾护农”向“红盾助农”领域延伸，努力服务农业增产和农民增收。加大对驰名、著名商标保护力度，各级工商部门对辖区内驰名、著名商标进行调查摸底，汇总上报省工商局，通过侵权情况分析，有针对性提出保护意见。在全省工商系统开展“驰名商标”字样使用情况专项检查，加强行政指导服务，严把户外广告审批关，严禁在新审批的户外广告中出现“驰名商标”的字样。2014年，全省工商部门查处各类商标侵权和假冒伪劣案件3 388起，案值5 085.98万元，罚款、没收违法所得共4 755.68万元，移送司法机关案件30起，捣毁制假售假窝点81个。

文化部门认真贯彻落实第二十七次全国“扫黄打非”工作电视电话会议精神，根据全国“扫黄打非”办的统一部署，深入开展了“清源2014”、“秋风2014”、“净网2014”三大专项行动，有效净化了网络空间和文化市场，取得了明显成果。组织开展元旦、春节、“五一”、“十一”等节假日及两会期间的文化市场专项整治行动，开展暑期校园周边文化市场整治活动，有效净化了校园周边文化环境，立足未成年人保护，组织开展以网吧、娱乐、演出、电子游戏、网络文化等为重点的集中治理。根据全国“扫黄打非”办下发的督办信息，共查处了各类“扫黄打非”案件 84 起，关闭淫秽色情网站 72 个，过滤屏蔽淫秽色情信息 61 万余条，其中温州“翠微居小说网”、舟山“藏书吧”网站网络传播淫秽物品牟利案被全国“扫黄打非”办挂牌督办。

版权部门连续多年坚持开展“剑网行动”，严厉打击网络侵犯版权违法犯罪行为。省版权局、省公安厅、省通信管理局、省互联网信息办公室联合下发《关于印发〈浙江省打击网络侵权盗版“剑网 2014”专项行动实施方案〉的通知》，明确了专项行动的工作目标、主要任务、职责分工、工作要求、实施步骤等。各地版权部门根据通知要求，相应成立了专项行动领导小组，制定了实施方案，按要求开展专项行动。同时，确定了“淘宝网”、“皮皮网”等 7 家网站为省级主动监管网站。严厉查处“盗版 BECKER CPA 软件和纸质书籍”、“520 网”、“优途影院”、“慢溜溜影视”等侵权案件，共立案查处 54 件，移送司法机关 8 件，关闭网站 9 家，协同相关部门关闭网站 156 家，刑事处罚 2 件，罚款、没收违法所得共 946 310 元。

软件正版化工作扎实推进。根据工作需要，及时调整充实了省领导小组成员，新增了省审计厅、省工商局、省法制办三个单位为领导小组成员单位，同时又对领导小组办公室的所有成员和联络员进行了重新调整确认，并在第一时间以文件和明电形式下发各市、县（市、区），要求各地参照省里做法进一步调整领导机构。组织召开全省软件正版化工作会议，向全省 11 个地市政府机关再次通报现阶段软件正版化工作存在的问题，加强工作交流，动员和部署做好中央检查组第四季度来我省检查软件正版化的各项准备工作。

质监部门结合本省实际，重点组织开展了 6 次“蓝剑系列”专项执法行动。每个专项行动内容各有侧重，核心是保障产品质量，维护消费安全。“蓝剑 1 号”以节日热销产品、烟花爆竹、餐饮计量为重点，确保元旦、春节“两节”期间相关节日市场热销产品质量安全；“蓝剑 2 号”以农资产品为重点；“蓝剑 3 号”以特种设备安全为重点，打击特种设备安全违法违规，重点查处“三非”、“两超”、“一无一违”违法行为；“蓝剑 4 号”以儿童用品、家电产品等日用消费品为重点，推动我省日用消费品市场秩序持续好转，提高人民群众对日用消费品产品质量的满意度和安全感；“蓝剑 5 号”以建材产品为重点；“蓝剑 6 号”以汽车、汽配、汽柴油产品等为重点。2014 年，共出动执法人员 65 173 人次，检查企业 11 628 家，立案查处各类质量违法案件 2 246 件，移送公安机关 13 件。

药监部门深入开展医疗器械“五整治”、食品“百日严打”、农村食品市场“四打击四规范”专项行动。围绕监管重点、难点、热点问题，以美瞳、隐形眼镜、义齿等医疗器械和无证无照、销售使用无合法来源食品及原料、生产经营“五无”食品、“两超一非”劣质食品等农村食品市场领域为重点，着力整治虚假注册申报、违规生产、非法经营、使用无证产品等行为，严厉打击违法违规行为，积极发挥联合打假作用，做到有案必查，查必彻底。2014 年，共出动稽查人员 22.4 万人次，立案查处药品、保健食品、化妆品、医疗器械违法案件 2 382 起，涉案金额 10 030.23 万元，罚款、没收违法所得共 8 024.06 万元。

农业部门共组织了“绿剑”春季、秋季和保安全三次专项集中执法行动和多次专项执法行动，以非法添加隐性成分和生产、经营禁限用农药的行为作为整治重点，查处了一批违法行为，在各地全面开展自查和交叉检查的基础上，组织了春秋两次暗访检查，按照有问题必查、有举报投诉必查的原则，共检查了 56 个县（市、区）的 175 家农资生产经营企业和农产品生产基地，查处涉嫌违法行为 129 个。全省共出动执法人员 67 174 人次，检查农资生产、经营企业及农产品生产基地等各类主体 40 863 家次，查获假劣农资 650 多吨，立案查处违法行为 1 598 起，罚款、没收违法所得 780.28 万元。积极开展打击侵犯品种权和制售假劣种子行为专项行动。截至 10 月份，共有 614 人次参加了种子市场执法检查，检查了 215 家种子经营门市部、703 个次农作物品种、699 个种子标签、235 份经营档案和 17 份种子购销合同（委托书）。累计立案查处了种子案件 120 起，结案 112 起，罚款、没收违法所得 40.58 万元。

林业部门深入开展打击侵犯植物新品种权和制售假冒伪劣林木种苗工作，省林业厅组织专家对丽水、衢州、湖州、嘉兴和温州等 5 个地市 8 个县（市、区）的 32 批次种苗质量进行了抽查，涉及浙江楠、黄山栾树、大叶榉、光皮桦、枫香、无患子、南方红豆杉等 16 个树种。11 个市对各自辖区内的 215 个单位和个人生产的木荷、油茶、青冈、南方红豆杉、杉木、檫木等 56 个树种 570 批次的苗木进行了自检，其中经济树种有油茶、香榧、薄壳山核桃等 7 个树种 55 个批次苗。

通信管理部门认真履行互联网管理职责，主动配合行政执法部门和公安机关查处违法违规网站，严厉打击利用互联网发布虚假信息、侵犯知识产权和销售假冒伪劣商品行为，坚决扫清有害信息传播网络平台，净化网络环境，累计关停

未备案网站 3 905 个，清理空壳网站 129 018 个，关闭违法和不良网站 281 个，停止域名解析 63 个，注销备案号 73 个，列入黑名单 28 个，关闭未经许可擅自从事互联网试听节目服务等网站 103 个。

杭州海关、宁波海关通过信息互通、风险分析和重点监控等手积极开展专项行动。开展巴西世界杯“绿茵行动”，分阶段对出口小商品高风险申报项进行评估筛查，做到有的放矢、精准打击。针对关区跨境电子商务增速明显这一实际情况有的放矢，加强对“化整为零”、“蚂蚁搬家”式的进出口侵权商品的打击力度，重点打击输往欧美、澳洲、日韩等发达国家及地区的服装、箱包、药品、奢侈品等侵权商品的出口。加强与浙江省邮政管理部门的联系，通过强化信息交换、案件协查等执法配合工作开展源头治理。针对2014 年以来查获邮递渠道侵权案件较多来自速卖通平台，加强与阿里巴巴等大型电子商务平台联系，探索提高打击侵权违法精准度的可行性。杭州海关共查扣涉嫌侵权货物 3 999批次，累计1 445. 44 万件，货值人民币2 638. 56 万元，成功保护了 25 个国家及地区的 868 项权利。宁波海关查获涉嫌侵犯知识产权案件 386 起，查扣涉嫌侵权货物 955 万件，同比下降 36. 2%，货值4818 万元。

浙江检验检疫局以义乌、杭州、温州、金华、台州等市场采购、输非商品集中地为重点地区，重点围绕输非出口产品、市场采购出口商品和出口茶叶等领域，充分利用对重点商品的境外退货、通报、召回等调查信息，加大假冒伪劣信息的采集力度，打击假冒伪劣商品，2014 年出动执法人员 7 582人次，检查企业 4 792 家，立案 200 件，货值 2 716. 4 万元。宁波检验检疫局突出“进口出口并重”、“口岸带动产地”、“策划实践同步”“以诚信管企业”的特点，紧贴社会公众关注的进口消费品安全、大宗资源、新型业态等问题，突出口岸环节和场地环节，不断加大打击侵权假冒案件力度，2014 年共立案487 件，结案442 件，罚款、没收违法所得 110. 67 万元。

邮政部门结合快递行业旺季安全生产检查，在各市辖区内开展打击侵权假冒专项活动，重点检查企业收寄检视制度、加盖检视章管理制度和安全管理责任制度的落实情况，对于未严格执行收寄检视制度、违规收寄侵权假冒产品的企业，依法严肃处理，防止假冒商品进入寄递渠道。

此外，卫生、国资、广电、法制、财政、监察、环保、宣传、综治、发改、经信、人行、税务等部门都在自身职责范围内有效开展了打击侵权假冒工作。

（四）强化司法保障，提升打击侵权假冒工作质量效益

省公安厅提出了“专项打击常态化、常态打击专项化”的打假工作格局，从往年的专项行动打击转向了常态化打击。制定下发打击假冒伪劣犯罪工作评估办法，分类制定了基本项目评估和争优项目评估，有力指导了打击假冒伪劣工作。突出网上打假和护航“浙商”特色，以打假专项行动为举措，重拳打击侵权假冒犯罪，针对制售假冒伪劣犯罪活动跨区域、产供销链条化特点，加大情报导侦，深挖扩线力度，以集群战役模式，实施全程打击，彻底摧毁犯罪网络，全省公安机关共立打击假冒伪劣和侵犯知识产权犯罪案件 1 155起，破案 930 起；立非法经营涉烟类案件 147 起，破案 101 起；共提请部局发起集群战役 57 起，部局部署落地打击 46 起。其中，台州“903”非法拼装烟机案、温州网上制售假冒“小米”品牌手机案、衢州姜小伟等人制售假冒灭火器案集群战役被评为全国经典战役，公安部嘉奖令表彰 1 次，部经侦局贺电表扬 7 次。

检察机关认真履行对侵权假冒案件的批捕、起诉和诉讼监督职能，加强与有关部门的沟通联系，保障打击侵权假冒效果。加大侵权假冒犯罪案件批捕起诉力度，2014 年全省检察机关批准逮捕侵权假冒商品刑事案件 388 起 655 人，提起公诉假冒伪劣商品刑事案件 595 起 1 224 人。侵犯知识产权提起公诉的刑事案件 513 件 881 人。会同相关部门出台了《关于建立打击食品违法犯罪协作机制的意见》，各地检察机关也同相关部门沟通协调，建立健全了工作机制，推动完善了行政执法与刑事司法衔接机制。

各级法院充分发挥刑事司法职能，依法从严从快打击侵权假冒犯罪，完善知识产权刑事案件审判机制，统一知识产权案件裁判尺度，提高审判质量和效率，形成了保护知识产权合力。2014 年各级法院审理案件 669 起，审结案件 666 起，在 1 315 名生效被告人中，超过三年以上有期徒刑 82 人，三年以下有期徒刑 517 人，拘役、管制 111 人。

司法部门加强知识产权法律人才培养，引导全省律师积极开展打击侵权假冒法律服务工作，全省律师共办理知识产权诉讼与非诉讼法律事务 1 977 件，提供知识产权法律咨询和公益服务 2 056 人次。公证机构共办理各类知识产权保护公证 5 670 件。

（五）加大查处力度，保持打击侵权假冒工作高压态势

各级政府和部门进一步加大了对重点案件查处力度，从全方位产业链上彻底予以摧毁，进一步激发了企业创新活力，提升了企业创新积极性，净化了创业创新环境，保护了权利人合法权益。7 月中旬，义乌市市场监督管理局一举查获涉案金额 1. 8 亿元以上的假冒“万艾可”等品牌药品，随后省局、义乌市局全力配合公安机关开展案件侦办工作。经过近一个月的外围调查，自 10 月 9 日起义乌市局配合警方在广州、河南、江苏等地展开集中收网行动。在广州，彻底摧毁了三大制售假药团伙，捣毁假药地下生产工厂 2 个、包装仓库 3 个，查扣多达 20 余吨的制假用原料药、辅料以及各种假药包装标签、包材，缴获近 30 种涉嫌假冒十多家国外药企生产的药品，以及非法添加化学药物成分的壮阳、减肥类保健品近百种。6 月底，杭州市文化市场行政执法总队查处郑焘等人在淘宝网上销售盗版 BECKER CPA 软件和纸质书籍，涉嫌侵犯美国戴维立/伯格教育发展公司的著作权案件，经移送杭州公安局侦查，于 8 月初实施了收网行动，一举抓获 4 名犯罪嫌疑人，现场收缴涉嫌侵权书籍 4 百余册、U 盘 25 个。7 月 4 日，杭州海关根据义乌市某采购有限公司出口侵犯"Shalina"商标标识药膏药剂举报线索，经过精准布控共查获假冒药膏药剂 132 720 支，货值 66.36 万元。该案经义乌海关深挖扩线并及时移送公安机关，目前已成功羁押多名生产及销售假药人员。

（六）强化宣传引导，营造打击侵权假冒工作良好氛围

各级政府及部门通过电视、报纸、广播、网络向社会积极向社会开展宣传工作，公开宣传制定打击侵权假冒政策文件，打击侵权假冒取得了成效，查获侵权假冒典型案件，形成了创业创新为荣、侵权假冒为耻的社会氛围。为保障打击侵权假冒工作宣传效果，省双打办结合各成员单位宣传工作计划，拟定下发了《2014 年浙江省打击侵权假冒商品宣传工作计划》，确定了 34 项宣传计划。每项宣传计划做到单位落实，并确定了宣传主要内容、宣传方式和宣传时间安排，各成员单位按照宣传计划认真组织实施，起到了较好的作用。

工商、版权、质监、药监、海关、检验检疫、公安、检察院等部门认真组织开展了"4・26"知识产权保护日活动，并通过广场宣传、走进社区等形式宣传知识产权保护，远离侵权假冒。通过举办培训班、案件通报会、通气会、广场宣传、户外广告宣传等各种形式让全社会了解掌握知识产权基本知识，提升保护知识产权意识，提高识假辨假能力。省知识产权局联合省司法厅、经信委开展了"知识产权助推创新发展"为主体的知识产权巡回演讲活动，在省级以上高新技术园区、省级特色工业设计示范基地等产业集聚区举办讲座 30 场，受众 2 000 余人次。宁波海关举办知识产权保护培训讲座，提高现场关员知识产权意识及风险分析水平，先后两次邀请 25 家权利人代表与 50 余名现场业务骨干就知识产权海关保护进行沟通交流。杭州海关在《人民日报》、《经济日报》、《法制日报》等十余家省级以上主流媒体刊发了查获假冒"大力神杯"、"世界杯球衣"报道，在"人民网"、"新浪"、"网易"等网站报道"走进世界杯"知识产权保护主题宣讲活动，中央电视台、中央人民广播电台、浙江卫视等媒体对知识产权保护工作进行了宣传，曝光了查获的"出口假冒 NOKIA 品牌手机及多种假药案"等一批重点案件。省双打办编印了浙江省打击侵权假冒工作简报，并上报全国打击侵权假冒办公室及省政府，以反映全省双打工作动态。

（七）建立长效机制，创新打击侵权假冒工作方法手段

我省各地各部门不断改进工作方法，创新工作方法，以适应打击侵权假冒中出现的新情况新问题，提高打击工作成效。开展打击侵权假冒工作以来，我省各成员单位积极探索，大胆创新，形成了一批行之有效的打击侵权假冒工作方法和手段。如省知识产权局与省高院联合开展专利民事纠纷诉调对接工作，目前已办理诉调对接案件 800 余起；杭州海关加强与周边海关联系沟通，协助落实长江经济带区域通关一体化中既涉及知识产权又涉及走私违规案件移交操作流程，推动跨关区知识产权案件信息共享，力争查办具有一定影响力的重大案件；省药监局联合公安、法院、检察等部门印发了《浙江省食品药品监督管理局等 7 部门关于建立打击食品药品违法犯罪协作机制的意见》，对建立健全打击食品药品违法犯罪协作机制作出了具体规定；公安机关与工商、版权、药监等十多个部门建立了行政执法与刑事司法衔接，加强信息共享的合作机制，为公安机关提供了大量涉嫌犯罪的侵权假冒线索，查处了一批大案要案；省版权局坚持检查整改与建章立制相结合，从"采购有标准，管理有举措、使用有监督、绩效有考评"四个方面要求，全省各级政府机关逐步形成软件正版化长效管理机制，巩固了政府机关软件正版化工作成果；省公安厅和阿里巴巴集团签订《阿里巴巴电商平台涉假线索研判、核查及打击工作的规定》，定期批量传递涉假线索，逐条线索填写《涉假线索传递表》，通过格式文本规范传递，所传递线索归属省内的下发涉案地核查，归属外省的通过经侦情报平台横向传递，从而推动涉假线索传递的常态化运行。

二、下一步的工作

2015 年，我省打击侵权假冒工作将按照全国双打领导小组及办公室的统一领导和部署，结合浙江产业实际和区域特点，着重做好以下几项工作：

（一）保持打击侵权假冒高压态势

根据全国双打办的工作重点，结合我省产业特点，编制好 2015 年浙江省打击侵权假冒工作计划，明确 2015 年打击侵权假冒重点领域和重点区域，明确各项重点工作的目标，落实各成员单位工作任务，建立工作机制，确保打击侵权假冒工作落到实处。继续保持打击侵权假冒伪劣商品的高压态势，对人员密集、商品密集、商流密集的场所，以及侵权假冒高发领域和行业加大查处力度，尤其是对国家重点督办案件、各部门重点督办案件以及可能引起群体事件的案件，要一查到底，决不姑息。抓好农村和城乡结合部市场假冒伪劣等专项整治行动，协调各成员单位，继续推进质检利剑、剑网、护航等专项行动。发挥各部门举报投诉电话作用，认真查处举报投诉案件，并及时反馈举报投诉人。对非部门职能范围内的举报投诉，及时做好转办处理。

（二）加快推进行政执法与刑事司法衔接工作

根据国务院转发的全国打击侵权假冒办公室、公安部、商务部、知识产权局等十多个部门联合印发的《关于做好打击侵权假冒行政执法与刑事司法衔接意见的通知》精神和专项行动方案要求，认真开展打击侵权假冒行政执法与刑事司法（简称“两法衔接”）信息共享平台建设，争取在2015年按照全国双打办要求基本建成信息平台。完成中央平台与省级平台的对接，推动省市县三级平台与地方各行政执法部门、司法机关业务平台对接，实现互联互通。建立健全工作机制，加强部门监督协作，发挥平台作用，切实保障案件查处信息透明，保证案件查处公正。

（三）认真做好信息报送和信息公开工作

根据全国双打办制定的《打击侵权假冒工作信息报送和应用管理办法》（试行），进一步规范打击侵权假冒信息采编工作，及时报送我省打击侵权假冒工作动态、案件查处信息和重大活动，加强对侵权假冒行为的特点、规律分析，加强对侵权假冒热点难点问题、苗头性、倾向性问题研究，形成有情况、有分析、有建议的调研报告，为领导决策服务。同时，做好我省打击侵权假冒信息公开工作，加强部门协调，抓好相关部门《浙江省制售假冒伪劣商品和侵犯知识产权行政处罚案件信息公开和监督管理暂行办法》的落实，提高信息公开透明度和完整性。

（四）加大新闻宣传力度

一是继续发挥广播、电视、报纸、网络作用，积极宣传我国我省保护知识产权法律、法规、政策，宣传打击侵权假冒成效、成果，形成打击侵权假冒舆论声势，营造良好氛围；二是利用特定时间（如“4·26”保护知识产权日）、特定地点（如广场、社区），开展保护知识产权和打击假冒伪劣宣传，通过制作展板、发放宣传手册等形式，让更多的人们了解掌握相关政策，并主动参与到打击侵权假冒中来；三是加强对外沟通交流。举办涉外知识产权法律知识讲座，研讨中美、中欧知识产权，宣传我国知识产权法律政策，展示我国及我省打击侵权假冒决心。

（撰稿人：赵赛）

安徽省打击侵权假冒工作报告

2014年，我省各级各有关部门按照省委省政府和全国领导小组的工作部署，以净化市场环境、确保消费安全为目标，加大源头治理，加强市场执法，强化刑事司法打击力度，深入推进打击侵权假冒工作，取得了明显成效。2014年8月26日，在全国打击侵权假冒工作领导小组会议上，花建慧副省长就我省双打工作作了专题发言，得到了汪洋副总理充分肯定；10月30日，在全国双打办召开的宣传和信息工作会议上，就我省工作作了典型发言；11月27日，商务部在京召开的贯彻落实《国务院办公厅关于促进内贸流通健康发展的若干意见》会议上我省就“两法衔接”工作作了经验交流；12月28日，全国双打办在合肥召开的“两法衔接”培训会上，我省作了典型交流发言。

一、主要工作特点

（一）高度重视，周密部署

一是省政府高度重视打击侵权假冒工作。省政府花建慧副省长多次听取工作汇报，作出工作指示，提出工作要求，并于2014年年初和年中主持召开全省领导小组会议，研究部署各项工作任务。二是对各市各部门打击侵权假冒工作进行考核。省委省政府将打击侵权假冒工作列入综合治理考核范畴，推动打击侵权假冒工作向纵深发展。省领导小组专门下发了《安徽省2014年度打击侵犯知识产权和制售假冒伪劣商品工作绩效考核办法》，组织对16个地市开展工作考评。三是各市各有关成员单位也结合自身实际，从人力、财力、物力等各方面给予保障，扎实有序推进了打击侵权假冒工作。如省财政专门拨付工作经费，省综治办继续将打击侵权假冒工作纳入综合治理考核范围。

（二）加强统筹，强化协调

省商务厅认真履行领导小组办公室职责，竭尽全力做好打击侵权假冒工作统筹协调和组织实施工作。一是牵头起草了《2014 年安徽省打击侵犯知识产权和制售伪劣商品工作要点》等文件，上报下发各类文件 70 份。二是认真做好打击侵权假冒工作的上通下达、信息传递工作，截至目前共向全国领导小组上报简报 17 期、月度统计表 12 期（共计 96 张表格），保质保量地完成了全国领导小组下达的工作任务。向有关媒体提供信息 538 条，三是积极推进国家和我省打击侵权假冒工作重点任务的部署和落实，承担了 2 次领导小组会议、2 次领导小组办公室主任会议会务工作，召开专题工作会议 8 次，组织了 2014 年纪念“3·15”国际消费者权益日广场宣传活动、软件正版化督查等重大活动。

（三）省市联动、深入推进

在省政府和各地级以上市政府的部署下，全省各级相关职能部门迅速行动起来，深入开展打击侵权假冒专项工作，取得了重要的进展：查处了大量侵犯知识产权案件，查获了大量侵犯知识产权的商品和假冒伪劣商品，抓获了一大批涉嫌侵犯知识产权和制售假冒伪劣商品的犯罪嫌疑人。可以说战果辉煌，成效显著。尊重知识产权的正气得到了弘扬，制售假冒伪劣商品行为的邪气受到了抑制，有力打击了侵犯知识产权和制售假冒伪劣商品等违法犯罪行为人的嚣张气焰。

（四）锤炼队伍、凝聚合力

党中央和国务院高度重视打击侵权假冒工作，在全国形成了浩大的声势。我省领导小组各成员单位本着高度的责任心和强烈的使命感，选派精兵强将，认真履行职责，深入开展工作；同时，各部门之间精诚团结、积极合作，集中开展了多次不同形式、不同规模的联合执法行动，有效地形成了打击侵权假冒的高压态势。各“方面军”既能单独作战，又能迅速有效地组成“集团军”实现大规模作战，真正发挥出集中优势兵力打歼灭战的作用，使全省知识产权保护合力空前增强，达到了锻炼队伍，凝聚合力的良好效果。

二、主要开展的工作

（一）抓实效，着力加大打击力度

2014 年，全省各级行政执法部门加强行政执法，共立案 10 020 件，办结 8 809 件，涉案金额 5 198.9 万元，捣毁制假售假窝点 41 个，移送司法机关案件 44 件，案件公开 2 036件。公安机关共破获案件 440 件，抓获犯罪嫌疑人 748 人，涉案金额 5.1 亿元；检察机关共批捕案件 137 件，批捕 218 人，起诉案件 335 件，起诉 614 人；法院系统对于犯罪情节严重、影响恶劣的侵犯知识产权和制售假冒伪劣商品犯罪案件坚决依法从严惩处，共受理案件 404 件，审结案件 379 件，判处 705 人。

（二）抓整治，着力开展专项行动

针对工作中的薄弱环节和群众关心的问题，各部门开展了形式多样的专项整治。工商部门在全省范围内开展了家用电子电器等五大类商品和服务领域为重点的消费维权工作，查处商品违法案件 1 487 件，案值 528.8 万元，罚款、没收违法所得共 498.97 万元；重点服务领域共查处案件 4 541 件，案值 2 934.6 万元，罚款、没收违法所得共 1 921.9 万元。农业部门组织开展农资打假专项整治行动。全省共抽检种子样品 16 281 个，抽检肥料 462 个产品，抽检农药样品 106 个，抽检饲料 491 批，抽检兽药 311 批次。全省共立案 425 件，办结 326 件，涉案金额 110 多万元。质监部门对汽车配件、农机产品及配件、非法改装汽车行为开展了为期半年的专项打假行动，组织抽查全省 16 家生产企业生产的汽车制动元件产品共计 18 组样品，抽查 39 家企业汽车内饰件产品 52 组样品，抽样合格率均为 100%。食药监部门开展了食品专项整治行动，查处食品违法案件 6 037 起，货值 8 746.9万元，捣毁窝点 32 个，查扣假冒伪劣食品 325.6 吨，移送公安机关案件 39 起，抓获犯罪嫌疑人 28 名。邮政管理部门组织开展对全省寄递渠道安全集中检查执法，立案查处安全违法案件 20 起，出具责令改正通知书 74 份，对 12 家快递企业作出责令停业整顿决定，共处罚款 12.3 万元。

（三）抓重点，开展薄弱领域整治

一是开展互联网领域打假专项整治。通信管理部门通过“ICP/IP 备案管理系统”审核通过非经营性网站 57 655 个，注销审核网站 4 158 个，查处违法违规网站 166 个。截至 12 月底，我省接入网站总数为 82 562 个，列全国第 9 位；网站备案率达到 99.99%。工商部门共检查网站、网店 12 364 个，实地检查网站经营者 3 433 个，删除违法商品信息 380 条，责令整改网站 111 个，立案 62 件，移送公安机关 5 件，罚款、没收违法所得共 57.03 万元。省网信办共排查清理网络侵权盗版、虚假广告等有害信息 600 余条，其他有害信息 1 万 1 千余条，关闭非法网站 28 家，有力地净化了我省的网络环境。文化部门在全省网吧监管系统累计屏蔽和拦击各类违法网络文化信息、各种非法信息和网站共 261 万次，屏蔽非法网站 179 万次。全省网吧服务器平均在线率和客户端平均在线率均始终保持在 80% 以上，位居全国前列。二是开展成品油领域专项整治。全省工商、商务部门共出动执法人员4 495人次，执法车辆390台次，下发限期整改通知书374份，取缔非法加油站（点）871个；公安机关立案13起，破案12起，抓获嫌疑人15人，严厉查处制售假劣车用燃油等各类违法犯罪行为。工商部门对全省现有各类加油站点的持证持照情况，摸清底数，指导帮助成品油经营户建立进销货台账和索证索票制度，分类监管，共立案查处不合格油品案件404起，罚款、没收违法所得共95万元。税务部门开展油品企业税务检查，检查企业27户，查处违法企业24户、非法发票458份，查补税款119万元，加收滞纳金1.83万元。

（四）抓震慑，着力查处大案要案

全省各级行政执法、司法保护部门集中优势兵力，主动出击，查处了一批侵权假冒情节突出、国内外影响较大的案件，极大地提高了打击侵权假冒工作的针对性和实效性。食药监局捣毁了亳州市两处注射“沙丁胺醇（瘦肉精）”和一处注水猪肉黑窝点，抓获和控制涉案人员18名，刑事拘留8人，案值120余万元。马鞍山公安局博望分局侦破的制售假冒手机案，已实现交易的案值2 000多万元，缴获的手机按市场价评估达1亿多元，4月29日CCTV-2《第一时间》栏目以“两部神秘手机引出制假大案”为题进行了报道。省公安厅发起宣城冯雪等人制售假名牌集群战役，9月22日开展全国统一收网，彻底摧毁一盘踞在广东、安徽并辐射全国9省的特大网上制假售假犯罪网络，共破案9起，抓获犯罪嫌疑人14名，打掉团伙6个，捣毁窝点9处，查获假冒路易威登、阿玛尼、卡地亚、宝格丽等名牌皮具、箱包、手表、打火机共6 700余件，涉案金额1.45亿元，彰显了我省保护知识产权的坚定立场和国际形象。

（五）抓落实，着力开展案件信息公开

一是率先贯彻落实。国务院批转《全国领导小组办公室关于依法公开制售假冒伪劣商品和侵犯知识产权行政处罚案件信息的意见（试行）的通知》下发后，省政府高度重视，专门召开会议研究部署，在全国率先出台了贯彻实施意见。全国召开推进依法公开行政处罚案件信息电视电话会议后，省领导小组及办公室先后印发实施了《安徽省制售假冒伪劣商品和侵犯知识产权行政处罚案件信息公开监督管理办法（暂行）》、《安徽省依法公开制售假冒伪劣商品和侵犯知识产权行政处罚案件信息工作统计办法（试行）》、《制售假冒伪劣商品和侵犯知识产权行政处罚案件信息公开目录标准和信息内容规范（暂行）》。二是将案件信息公开纳入年度考核。各市、省有关部门行政执法案件信息公开情况列入省政务公开年度考核的内容和省双打工作年度绩效评价的内容省领导小组办公室还制发了《“制售假冒伪劣商品和侵犯知识产权行政处罚案件信息公开”第三方网上评测评分表》，目前，正在组织开展2014年度相关考核工作。我省的做法在2014年5月7日召开的全国领导小组会议上，全国双打办两次提及，给予了充分肯定。截至2014年年底，我省已公开案例2 036件。

（六）抓推进，着力建设长效机制

各成员单位根据打击侵权假冒工作新形势，适时推动修订相关法规，及时出台新的部门规章和规范性文件。省知识产权局修订的《安徽省专利保护和促进条例》被列为安徽省人大常委会立法预备审议项目。省法制办将双打制度建设纳入地方性法规和地方政府规章的清理工作，先后完成《安徽省政府信息公开办法（草案）》、《安徽省专利保护的促进条例（修订草案）》等地方性法规、政府规章草案的办理工作。省公共信用信息共享服务平台建设进展顺利，目前省发改委就信用信息交换与有关部门进行持续对接，并依托“信用安徽”网对外提供社会法人基本信用信息的查询服务。省打击侵权假冒领导小组认定公布了41家2013年全省诚信示范企业，并部署了2014年诚信示范企业创建工作。安徽出入境检验检疫局指定专人每天及时收集世界各国最新发布的产品质量安全信息，已发布预警通报44条，报送并发布产品质量安全信息170条。人行合肥中心支行开展小微企业和农村信用体系试验区建设，初步形成了“金寨模式”、“五河模式”、“桐城模式”等在省内外具有一定影响力的示范典型。省经信委开展了自主知识产权新产品的培育工作，在省级新产品认定中，要求企业必须有自己的专利。目前全省共认定具有自主知识产权的省级新产品319项。

（七）抓深入，着力搭建“两法衔接”平台

一是加强组织领导。省政府领导亲自研究工作方案，召集相关部门协调推进，并把“两法衔接”工作纳入省政府对各市的综治工作考核内容。二是推进平台建设。省财政及时安排230万元，建成了覆盖省、市、县三级13个系统行政执法部门、1 049个终端用户的数据中心，并与国家平台无缝对接，于2014年8月1日投入运行。同时，集中开展了省、市、县（区）三级相关业务培训，培训人员达1 600多人次。三是建立协作配合工作机制。建立了“两法衔接”联席会议制度、专项工作联络员制度，定期通报“两法衔接”情况，研究推进工作中的重要问题。制订出台了“两法衔接”工作实施办法、平台管理办法，提高了两法衔接效率。全年，全省行政执法机关移送案件231件，公安机关立案侦查216件，检察机关依法监督移送涉嫌犯罪线索234件，“两法衔接”信息平台已录入行政处罚案件3 998条。

（八）抓影响，着力开展宣传报道

省打击侵权假冒办公室继续在《安徽日报》、《中安在线》等主流媒体上开设专栏，及时报道我省打击侵权假冒工作情况，还分别在1月和9月份召开专题新闻发布会，通报全省打击侵权假冒工作成效。省委宣传部、省广电局、省政府新闻办以及各有关部门积极组织各种媒体，结合实际开展各类宣传，先后在各主流媒体刊播《安徽：打击侵权假冒 净化市场环境》、《安徽开展专项行动严厉打击侵权假冒行为》、《安徽专项整治网络侵权假冒行为》等。省领导小组办公室专门接受中国网络电视台就我省双打工作访谈。省双打办通过开设专栏、推出专题，通过消息、通信、特写、专访等形式，全方位、多层次、立体化的宣传了双打工作，仅省级新闻媒体在重要版面、时段、主要频道刊播的相关稿件就多达1 500多条、图片260多幅。截至2014年年底，在百度上可以搜索到安徽关于知识产权宣传的网页多达1 080万个，扩大了双打工作在全社会的影响。

（撰稿人：张志）

福建省打击侵权假冒工作报告

2014年，福建省打击侵权假冒工作在省委、省政府的领导下，根据国务院办公厅以及全国打击侵权假冒工作领导小组的工作部署，进一步完善制度建设，围绕重点领域、针对突出问题，组织专项行动，开展集中整治，取得了较好的成效。

一、2014年工作总体情况

国务院办公厅《关于印发2014年全国打击侵犯知识产权和制售假冒伪劣商品工作要点的通知》（国办发〔2014〕13号）下发后，经省政府同意，我省双打办制定印发了《福建省贯彻落实2014年全国打击侵犯知识产权和制售假冒伪劣商品工作要点的任务分工》（闽双打办〔2014〕14号）。我省各地区各成员单位按照分工要求，结合国家对口部委部署和省政府《关于进一步做好打击侵犯知识产权和制售假冒伪劣商品工作的意见》，进一步增强工作责任感和使命感，切实提高对打击侵权假冒工作重要性的认识，推动各项工作的落实。

（一）做好行政处罚案件信息公开工作

2014年2月，国务院批转全国双打领导小组《关于依法公开制售假冒伪劣商品和侵犯知识产权行政处罚案件信息的实施意见（试行）》（国发〔2014〕6号）后，我省高度重视，立即组织贯彻执行，主要做了以下工作：

一是经省政府研究同意，于2014年4月印发了《福建省依法公开制售假冒伪劣商品和侵犯知识产权行政处罚案件信息实施意见（试行）》，从公开的权限、程序和方式、建立工作机制和管理制度等三方面提出十点工作方法和两项监督保障措施。

二是郑晓松副省长代表我省参加了由汪洋副总理主持召开的全国双打领导小组第五次全体会议并在会上作了典型发言。会后，郑副省长在《全国打击侵权假冒工作领导小组第五次全体会议文件》上作出专门批示，要求做好行政处罚信息公开的宣传工作，明确省直各有关单位必须于5月底前出台相关实施细则，要求加快推进我省“两法衔接”信息共享平台的建设工作。

三是组织双打领导小组40多个成员单位参加全国打击侵权假冒行政处罚案件信息公开工作电视电话会议，召集相关成员单位召开了我省双打行政处罚案件信息公开工作推进会，认真贯彻全国信息公开电视电话会议精神，督促相关部门尽快制定案件信息公开实施细则，做好案件信息公开工作并及时报送相关工作情况。

到2014年年底，我省有关部门行政处罚案件信息公开工作基本能按照全国双打办的部署和要求，完成实施细则的制定，公开相关行政处罚案件信息。省工商、质监、农业等部门已公开了各类案件信息达1 616件。

（二）进一步完善行政执法与刑事司法衔接信息共享平台

该平台由省检察院、省法制办牵头，会同省监察厅、省财政厅、省数字办共同建设，于2013年年底建成，2014年4月29日正式启动。平台建成后对推动行政执法部门与司法机关之间将案件信息互通共享、开展执法协作起到了很好的作用。为做好平台信息接入录入工作，省双打办和省检察院保持密切沟通机制，加强协调，提请省政府办公厅召开专门协调会。省检察院同时开展了信息录入和平台使用培训工作，并会同省法制办积极酝酿信息平台管理办法的尽快出台。

截至2014年年底，省检察院已对全省3 054名“两法衔接”工作联络员进行了培训，双打领域共有368家单位接入信息共享平台，录入行政执法案件信息2 660件。

（三）持续开展打击侵权假冒专项整治工作

全省农业、工商、质监、药监、海关等行政执法机关共查办侵权假冒违法案件9 143件，移送司法机关269件；公安机关破获案件1 446件，抓捕犯罪嫌疑人1 280人；检察机关共批捕涉嫌犯罪案件156件、296人，起诉651件、1 067人；审判机关受理刑事案件840件，审结719件，生效判决1 178人。

一是由省双打办统一部署，有序展开的专项整治。根据国务院办公厅国办发〔2014〕13号文件精神，省双打办印发了贯彻落实工作要点的任务分工，各级行政执法机关围绕重点领域开展了专项整治：农业部门开展了“八闽红盾护农”等农资打假专项治理行动，质监部门结合开展“质检利剑”打假行动，实施“五大战役”，建立双打长效机制，食药监部门严厉打击制售假劣食品、保健食品、药品化妆品、医疗器械的违法行为；工商部门突出重点，打击仿冒知名商标特有名称、包装、装潢等不正当竞争行为；林业部门打击制售假劣林木种苗和保护植物新品种权；商务部门开展电视购物专项整治；新闻出版、知识产权部门打击侵犯著作权、专利权违法行为；文化部门打击侵权盗版、加强知识产权海关保护；公安、检察院、法院加强刑事司法，严厉打击侵权假冒犯罪等。

二是由部门联动开展的专项行动。省质监局、发改委、经信委、公安厅、环保厅、住建厅、商务厅、林业厅、工商局9个部门联合开展了建材市场秩序专项整治工作；省版权局、省互联网信息办、省通信管理局、省公安厅联合开展打击网络侵权盗版“剑网2014”专项行动。两个联合专项行动，都取得了较好的成效。

三是重点开展打击互联网领域侵权假冒商品工作。全国双打办关于《打击互联网领域侵犯知识产权和制售假冒伪劣商品工作方案》下发后，我省高度重视并进行了部署，增补了省互联网信息办和省邮政管理局为我省双打成员单位，加强了互联网领域侵权假冒商品违法行为的监管。在此次专项行动中，省工商局共查处利用互联网销售侵权和假冒伪劣商品案件29件，涉案金额33.35万元，罚款53.13万元，捣毁窝点17个；省知识产权局共受理涉及电子商务领域专利侵权案件5件，并根据天津市知识产权局移送案件，立案查处我省某贸易公司在京东商城网店销售商品涉嫌假冒专利案10件；省质监局办理了国家质检总局督办的2起互联网领域涉嫌侵权假冒案件线索，以及杭州质监局转来的2起互联网领域涉嫌侵权假冒案件线索（4起案件线索中，已处罚的案件1起，经查不存在违法行为的1起，另有2起还在办理当中）；福州海关将邮递、快件渠道作为知识产权保护执法的重点领域，加强对“化整为零”、“蚂蚁搬家”式进出口侵权商品的打击力度。开展专项行动以来，驻邮局办事处共查获涉嫌侵权物品7批次，共计531个邮件，涉嫌侵权的物品共计900余件。省版权局开展打击网络侵权盗版“剑网2014”专项行动，接到群众举报或权利人投诉案件11起，占案件总数的73.3%；省公安机关共出动警力125人次，破获各类涉网侵权假冒刑事案件14起，抓获犯罪嫌疑人21名，捣毁制假销售窝点37个，缴获制假设备42台（套），缴获假冒注册商标商品13万多个（件），缴获大量假冒品牌鞋服、食品、药品、卷烟等假冒伪劣产品，涉案金额达1.7亿余元，其中成功发起涉网集群战役1起，配合外省公安经侦部门打击涉网集群战役12起。

（四）做好农村和城乡结合部打击侵权假冒相关工作

2014年6月初，我省接到全国双打办《关于开展农村和城乡结合部打击侵权假冒调研的函》后，即组织省工商、省农业、质监、省药监等有关部门，根据调研参考提纲，针对重点商品、重点区域、重点经营主体和场所、重点环节等，积极开展调研，并及时将调研材料上报全国双打办。我省的前期调研工作得到了全国双打办的肯定，7月初全国双打办柴海涛副主任带队来到我省三明、福州等地进行了实地调研。我省的调研材料为制定农村和城乡结合部打击侵权假冒工作方案提供了参考。全国双打办已经将农村和城乡结合部打假工作列为2015年上半年的工作重点，我省已根据全国双打办《关于印发农村和城乡结合部市场假冒伪劣专项整治方案的通知》精神，制定出我省的贯彻实施意见并下发。

（五）加强新闻宣传，反映工作成效

各地区各成员单位根据全国双打办《2014年全国打击侵权假冒宣传工作要点》，围绕年度的重点工作和重大专项行动，加强知识产权宣传和教育工作。

省政府新闻办制订《关于切实做好打击侵犯知识产权和制售假冒伪劣商品工作的宣传报道方案》，省网信办开展了“崇德向善、诚信福建”宣传活动，通过组织刊发各类稿件300多篇、召开新闻发布会、发挥网络宣传优势等多种形式，加大宣传报道力度，展示工作成效，营造良好社会氛围。省广电集团相关频道频率积极与有关部门联动，并结合福建省知识产权宣传周活动，报道我省知识产权战略实施工作取得的显著成效，执法部门打击侵权假冒工作，并对知识产权典型案例进行集中报道，仅省级媒体播出有关打击侵权假冒的新闻达500多条，取得了良好的社会反响，树立我省在知识产权保护方面的良好形象。

（六）积极发挥双打办协调、推动、督查作用

各级双打办作为领导小组的日常办事机构，认真履行综合、协调、督促、检查的工作职责，做好联络协调、数据统计和信息报送，加强督查督办，建立一系列工作制度，促进部门间协作与配合，形成了工作合力。省双打办将继续牵头协调做好每年全国双打办对我省省级人民政府年度开展打击侵权假冒工作的绩效考评，以及我省对各地市开展打击侵权假冒工作的综治绩效考评工作。

二、下一步工作打算

下一阶段，我省将认真贯彻中央、国务院的决策部署，落实好国务院、全国双打办领导重要讲话和有关会议精神，进一步总结经验，探索有效途径，持续深入地推进我省双打各项工作的开展。

一是积极推动行政处罚案件信息公开。切实贯彻落实国务院《关于依法公开制售假冒伪劣商品和侵犯知识产权行政处罚案件信息的意见（试行）》以及《福建省政府信息公开办法（试行）》、《福建省依法公开制售假冒伪劣商品和侵犯知识产权行政处罚案件信息实施意见》等有关文件，以及各相关单位制定的行政处罚案件信息公开监督管理办法，认真组织实施，依法主动公开案件信息。特别是抓好县级执法部门行政处罚案件的信息公开。

二是扎实推进“两法衔接”工作，着力完善有关制度机制。“两法衔接”工作是双打工作绩效考核的一项重要内容。我省将抓紧出台信息共享平台管理办法，进一步促进信息共享平台管理应用的日常化和规范化，从制度上保障相关信息全面、及时、准确入库，并持续更新（除适用简易程序的案件外，其他所有行政处罚案件均要在结案一个月内完整输入平台），同时建立起各部门之间“两法衔接”的协调联络机制。

三是继续围绕2015年国家部署的工作重点，加大打击力度。我省的农村和城乡结合部市场假冒伪劣专项整治和车用燃油市场整治实施方案均已印发，下一步将重点开展打击互联网侵权、车用燃油市场、农村和城乡结合部市场监管、加强商业秘密的执法和司法保护等各类专项整治活动。加强监测预警和分析研判，及时发现和应对新情况、新问题；加大打击力度，重点打击危害群众生命健康、生产生活安全、粮食安全和农民利益的侵权假冒行为；保持刑事司法打击高压态势，加强侵权假冒犯罪案件的侦办工作，加大侵权假冒刑事犯罪案件的检察和审判工作力度，强化立案监督和审判监督。

四是加强宣传，发挥舆论导向作用，不断增强全社会保护知识产权意识。充分利用电视、广播、报刊、网络等传播渠道，大力宣传打击侵权和假冒伪劣商品的政策措施、工作进展和成效，解读相关法律法规和政策，营造全社会打击假冒伪劣、保护知识产权的良好氛围。

五是完善工作机制，重视信息报送。进一步加强省双打领导小组各成员单位协调配合，按照全国双打办建立的信息报送工作机制，确保专人与双打办衔接配合，加强信息报送，及时提供工作进展情况，反映困难问题，展示工作成效。

（撰稿人：唐薪）

江西省打击侵权假冒工作报告

2014年，在省委省政府和省打击侵权假冒工作领导小组的正确领导下，各地各成员单位密切配合，积极动员社会各界广泛参与，真抓实干，狠抓落实，我省打击侵权假冒工作取得了较好的成绩。

一、2014年打击侵权假冒工作开展情况

（一）主要成效

在省委省政府的正确领导下，按照全国打击侵权假冒工作领导小组的工作部署，加强组织领导和协作配合，强化重点领域和突出问题治理，推进机制建设和宣传引导，我省打

击侵权假冒工作取得重大阶段性成效。主要体现在：

一是案件查办数量大增。2014 年行政执法部门共查处侵权假冒案件 1.5 万件，同比增长 22%。其中，公安机关侦破涉嫌犯罪案件 342 件，抓捕犯罪嫌疑人 450 人，涉案金额 5.5 亿元；检察机关共批捕 95 件，提起公诉 228 件，分别同比增长 1.5 倍和 2 倍；各级审判机关审结侵权假冒案件 88 件，同比增长 1.3 倍，审查期限内结案率达 100%。

二是重点工作成绩突出。一年来，我省公安机关参与打假集群战役，成绩突出，公安部发来 6 份贺电予以表扬。上饶市文化部门查处淫秽网络游戏和色情演艺案件，获文化部通报表扬；赣州市新闻广电部门查处拉拉小说网传播淫秽色情案件获上级机关奖励。全省“两法衔接”平台率先实现中央平台和工商执法系统平台对接，行政处罚案件信息录入量全国排名第二，获全国双打办充分肯定。

三是考核排名位置靠前。在全国打击侵权假冒工作小组办公室组织对 31 个省、区、市及新疆生产建设兵团打击侵权假冒工作进行的绩效考核中，我省打击侵权假冒工作得分 95.36 分，全国排名第 5，比上年前移 3 位，取得了历史最好成绩。

（二）主要工作

1. 打击制假售假，有力维护了群众利益

在保障农林生产方面：农业部门组织开展农资打假专项治理行动，重点打击侵犯品种权和制售假劣种子行为，着重对社会反映强烈的制售假劣农资重点地区、重点市场进行督查。林业部门开展了全省林木种苗质量监督抽查。全省农林部门共立案查处各类假劣农资、种子、苗木案件 600 多起，涉案金额达 2 000 多万元。

在促进放心消费方面：工商部门突出“四重点”，围绕“三结合”，深入开展打击“傍名牌”、酒类市场、“红盾护农”等专项执法行动。强化流通领域商品质量抽查检验，打击利用网络交易平台发布虚假违法广告行为。2014 年查处制售假冒伪劣商品立案 670 起，移送公安机关案件 6 起，涉案金额 500 多万元。质监部门围绕与人民群众密切相关的重点产品，突出农村、城乡结合部等重点地区，全面打响了打击制售假冒伪劣建材、食品、汽配、化妆等产品的违法行为质监“利剑”行动。立案查办假冒侵权违法案件 466 起，查获涉案产品货值 1 200 万元。食品药品监管部门深入开展医疗器械“五整治”专项行动和打击利用互联网销售假药违法行为的专项行动。查处各类案件 1 万余起，涉案金额 2 500万元，罚款、没收违法所得共计 8 000 万元，案件查办数量、罚没款分别是 2013 年的 1.3 倍和 1.6 倍，有力地打击了食药械违法违规行为，维护了人民群众饮食和用药安全。商务部门牵头相关部门开展了电视购物专项整治，监测 110 家电视台 306 个电视频道，覆盖 38 个电视购物广告频道，监测电视购物广告 2 万余条次，责令停止发布电视购物广告 360 条次，责令整改电视购物广告 146 条次，受理消费者举报 38 件，责令整改电视购物广告 60 条次，行政处罚案件 24 件，罚款 31 万元。通信管理部门加强了互联网站备案管理，重点加强了对违法违规电视购物销售咨询电话的监管。

在重点产品整治方面：省商务厅牵头开展全省车用燃油市场专项整治，成立了由商务、工商、交通、住建、环保、国土、公安、安监、质监等单位为成员的专项整治工作小组，统一组织协调全省成品油市场专项整治工作。整治工作期间，开展联合执法 357 次，检查成品油加油站 2 497 个，查处非法仓储点 22 个，查处非法流动加油车 102 辆；查处擅自新建、扩建、迁建加油站及销售假冒伪劣成品油 107 起，查处不符合安全监管、消防安全等规定的加油站 190 个。

在重点市场整治方面：全省开展了以攸关民生的部分生活日用小商品、食品、药品、农资、建材市场等为重点的市场监管专项整治活动。各地各部门积极行动，主动作为，市场整治工作取得了良好效果，民生消费安全得到了有效保障。

在出口环节把控方面：出入境检验检疫部门加大了对出口企业产品质量的安全风险排查力度，确保了出口产品的质量安全，有效维护了“江西制造”、“中国制造”的形象。

2. 保护知识产权，有力遏制了侵权盗版

一是查处侵权行为不断深入。工商部门完善商标行政执法案件审理机制和办案责任制，打击仿冒商标违法行为力度加大。新闻出版广电部门深入开展了“剑网 2014”和“清源 2014”专项行动，对印刷复制企业进行专项检查。全年立案查处各类侵犯著作权案件 27 起，查缴各类盗版制品近 19 万件。文化部门积极参与有关部门开展的“净网”行动，加强网络文化产品监管和净化校园周边社会文化环境的专项整治行动。全年检查各类文化经营场所 27 万家，立案 1 171件，办结案件 1 157 件。知识产权部门在“2014 全省知识产权执法提升年”活动中，推进专利执法维权“护航”行动和网络专利执法维权行动。受理案件近 400 件，同比增长 69%。

二是渠道关口监管不断加强。海关部门加强对入境商品的检查，从进口源头对盗版侵权商品进行查堵。省邮政管理局加强对邮政企业严格落实收寄验视制度的监管，从邮寄渠道遏制了盗版侵权商品的流通扩散。

三是软件正版化成果不断巩固。新闻出版广电部门紧紧围绕推进政府机关软件正版化长效建设，抓巩固、促完善，抓落实、促长效，全面开展了全省机关软件正版化自查整改，不断推进全省政府机关软件正版化。2014年，以省政府办公厅名义印发了《江西省贯彻落实〈政府机关使用正版软件管理办法〉的实施意见》，成为全国率先经省政府批准印发地方性具体实施意见的省份。财政部门细化政府机关采购软件产品的工作措施，完善定价机制和采购方案。省工信委加强对信息系统集成企业、软件企业提供和使用正版软件的监督。省机关事务管理局、省国资委加大了对政府机关和国有企业软件正版化工作的推进力度。

3. 强化刑事司法打击，有力震慑了违法行为

一是不断深化“两法衔接”工作。省领导小组办公室与省工商局合作，省财政厅保障资金，通过网络技术手段，实现了我省打击侵权假冒“两法衔接”平台与全省工商执法信息系统对接成功，实现了平台间数据交换互联互通。我省侵权假冒领域行政执法与刑事司法衔接平台运行一年多来，各地各部门录入行政执法案件和移送司法案件信息共计达1.3万余条，有力地夯实了“两法衔接”工作基础。

二是不断强化刑事司法打击。全省公安机关持续开展“网上打假”等专项行动，强化打假溯源和电商平台协作，发起打假集群战役13起，以高压态势严厉打击各类假冒伪劣犯罪行为。其中，南昌周志勇等人制售假冒名牌建材案，赣州“8·27”制售假冒伪劣日化用品、饮料案，抚州“11·6”制售假冒名牌服饰案等3起战役被公安部评为经典集群战役。全省检察机关开展了危害食品药品安全犯罪专项立案监督活动，依法快捕快诉侵权假冒犯罪案件，及时纠正有案不移和“以罚代刑”等问题。全省审判机关切实履行审判职能，公正、高效审理侵权假冒相关案件，审查期限内结案率达100%，为打击侵权假冒工作提供了强有力的司法保障。

4. 加强机制建设，有力凝聚了工作合力

一是健全考核机制。省领导小组办公室年初制定全年工作要点，按季制订工作安排，明确了打击侵权假冒工作重点；年中召开会议，适时通报工作情况，安排部署下半年工作；年末，按照省综治办的要求，对各设区市打击侵权假冒工作进行绩效考核。南昌、九江、赣州、吉安市考核成绩排名靠前。省环保厅完善了侵权假冒商品无害化处理考评机制。省公安厅、省农业、工商、质监、食药监、文化、新闻出版广电、知识产权、邮政、税务和省检察院等部门开展了不同形式的督查督办活动，确保省领导小组布置的各项工作落到实处。宜春、抚州、鹰潭市制定了2014年打击侵权假冒工作绩效考核办法，工作任务层层分解，工作落实到具体单位，责任落实到具体人员。

二是建立信息共享机制。根据国务院批转印发《关于依法公开制售假冒伪劣商品和侵犯知识产权行政处罚案件信息的意见（试行）》和幼桃副省长在全省领导小组会议上的指示要求，我省制定了行政处罚案件信息公开管理办法。充分利用“两法衔接”平台，部门间的监管信息实现互联共享，利用公开的行政处罚案件信息，建立违规失信经营主体及其责任人员的“黑名单”数据库，全省公开了一批侵权假冒行政处罚案件信息，为社会公众提供信息服务，起到了惩戒违法者、警示经营者、保护消费者、约束执法者的作用。

三是健全部门区域协作机制。我省公安及相关行政执法部门与先锋软件公司、华南城等七家大型电商企业建立了警企、政企协作工作机制，共享企业管理信息，有力保障了企业的合法权益。公安机关与9个行政执法部门不断完善协作机制，开展联合执法专项行动，推动了跨部门、跨区域的协作，合力打击侵权假冒工作成效明显。

5. 加强宣传教育，有力营造了社会氛围

一是注重宣传工作整体策划。宣传部门定期整理宣传素材和采访线索，协调中央和省内主流媒体大力宣传报道，围绕重点工作任务发布新闻通稿。省工商局牵头组织开展了“让市场在阳光下运行——聚焦江西省市场整治深度宣传”大型采编活动。省政府新闻办与省商务厅、省食品药品监督管理局、省工商局、省公安厅等单位建立了信息发布制度，积极拓宽工作信息发布渠道，利用“江西发布”政务微博、微信、网上新闻发布等形式加强对外宣传。省领导小组办公室和省公安厅、省工商局、省食药监局、省知识产权局、省新闻出版广电局、省林业厅、省农业厅等单位还通过召开新闻发布会和网上在线交流及广播等多种形式，向社会通报我省开展打击侵权假冒工作成果，宣传相关政策，积极回应社会关注的热点和问题，营造了浓厚的打击侵权假冒宣传氛围。

二是抓住重要时节集中宣传。江西日报、江西广播电视台、大江网和今视网等省内主流新闻媒体，结合“3·15消费者维权日”、“4·26世界知识产权日”、“5·15打击和防范经济犯罪宣传活动”、“9月诚信兴商宣传月”活动和“12·4法制宣传日”等重要时间节点，全面深入地对我省打击侵权假冒工作进行宣传报道，营造了侵权假冒可耻，诚信守法光荣的舆论氛围。

三是加强信息交流，曝光典型案件。2014年，省领导小组办公室共编发简报53期，率先在中国打击侵权假冒工作网开通了江西门户，加强宣传交流平台建设。南昌、九

江、萍乡、新余、赣州、吉安等地指定专人负责信息报送工作，及时宣传反映打击侵权假冒工作动态，宣传打击侵权假冒工作成果。公安、工商、农业、质监、食药监等部门通过主流媒体曝光典型案件，打造宣传高地，营造了重拳打假、积极维权、警示违法的社会氛围。

四是面向基层开展宣传培训。农业部门举办了放心农资下乡进村宣传周和放心农资下乡进村示范县创建等系列活动，维护了广大农民和农业生产者的合法权益。公安部门举办了业务骨干培训班，提升了办案队伍开展打击侵权假冒工作的能力水平。省领导小组办公室组织开办了6期“两法衔接”等业务培训班，全省9个主要行政执法部门1 400多人参加培训，促进了各地基层执法人员业务素质提高，有力促进了打击侵权假冒工作的实施。景德镇积极开展“陶瓷知识产权维权联盟”活动，在企业和社会加强了陶瓷知识产权的学习、宣传、维权和交流，营造了“重商标、创品牌”的浓厚氛围，推进了陶瓷商标品牌维护和发展。

二、关于2015年打击侵权假冒工作安排

2015年，我省打击侵权假冒工作将深入贯彻落实党的十八大和十八届二中、三中、四中全会精神和国务院、省委省政府决策部署，根据国务院办公厅《2015年全国打击侵犯知识产权和制售假冒伪劣商品工作要点》，以推进全面依法治国为统领，以充分运用新一代信息技术为手段，以完善跨部门跨地区协作机制为重点，以服务经济社会发展大局为宗旨，严厉打击侵权假冒违法犯罪行为，营造公平竞争、放心消费的法治化营商环境。

（一）完善法律法规，健全规章制度

加强打击侵权假冒法规制度建设。坚持“立改废”并举，进一步完善相关法规和规章，出台《江西省赣南脐橙保护办法》等规章。加强地方标准体系建设。出台了江西米粉、江西茶油等产品标准。加强行政执法统一性建设。完善行政执法程序规章，细化执法细则、裁量标准和操作流程，完善行政执法责任的追究机制，促进严格、规范、公正、文明行政执法，提高行政执法的公信力。

（二）围绕社会热点，严格监管执法

按照国务院、省政府的部署，纵深推进互联网领域侵权假冒专项治理、车用燃油专项整治、农村和城乡结合部市场假冒伪劣专项整治、维护中国制造海外形象的“清风”行动4个专项行动。按照国家相关部门的要求，严格执法监管，重点抓好涉及农资、消毒产品、食品药品、建筑材料、汽车配件、儿童用品、旅游纪念品等商品和领域的侵权假冒专项整治。加强重点领域知识产权保护，及时查处侵犯知识产权违法行为。巩固和扩大软件正版化成果，完善长效机制，加快推进我省国有企业软件正版化。

（三）加强保障措施，提高执法效能

一是广泛运用新一代信息技术。运用大数据、云计算、物联网、移动互联网等新一代信息技术手段，提高监管执法能力。二是健全协作机制。各地各部门要加强工作协调，推动实现工作平台互联共享，凝聚了执法合力。三是完善责任措施。建立健全包括政府、企业、用户在内的寄递安全责任体系，改进商品鉴定、涉案物品保管处理等公共服务，加强侵权假冒商品无害化销毁工作，继续深化打击侵权假冒绩效考核工作。

（四）深化改革创新，强化司法保护

一是加强行政执法与刑事司法无缝衔接。推进信息平台网上办理、网上移送、网上监督等一系列工作，使平台管用有效，推动省、市、县三级“两法衔接”信息共享平台的有效同步运行，保持与国家打击侵权假冒“两法衔接”平台、行政执法信息运行平台的顺畅对接，充分发挥行政执法与司法合力在打击侵权假冒工作中的重要作用。加快推进全省“两法衔接”综合平台建设，实现侵权假冒领域两法衔接平台与全省综合平台融合对接，信息资源共享。二是加强刑事打击。强化警企协作，优化集群战役模式，全链条打击犯罪。三是加强检察监督。依法及时批捕、起诉侵权假冒涉嫌犯罪案件。对危害食品药品安全犯罪和失职渎职、徇私舞弊等职务犯罪，严肃追究责任。四是加强案件审理。依法及时受理、审判侵权假冒案件。加强民生领域案件受理工作，优化知识产权审判资源，强化民事司法保护，加大刑事追究力度。

（五）推动社会共治，引导全民守法

一是利用案件信息公开服务社会。加大督导检查和考核力度，推动行政处罚案件信息全面及时公开。依托检察机关案件信息公开网和中国法院裁判文书网等网站，及时公开侵权假冒犯罪案件的相关法律文书和重要案件信息。二是推进社会信用体系建设。加快统一的信用信息共享交换平台建设，建立违规失信经营主体“黑名单”，建立健全失信行为多部门联合惩戒机制。三是广泛开展宣传教育，坚持把全民普法作为打击侵权假冒的长期的基础性工作，推动打击侵权假冒执法活动与普法宣传相结合，推动日常宣传教育与集中宣传教育相结合，多渠道、多形式、多手段开展宣传，增加企业和公民的守法意识。四是加强服务工作。各地各部门要发挥政府服务功能，组织对知识产权密集型企业进行“法

律体检”，开展法律咨询服务；加强电子商务、邮递快件领域的业务培训，提高从业人员素质和能力。提升企业诚信守法和维权意识，加强行业自律，发挥社会组织作用，完善社会多元共治格局。

（撰稿人：韦克非）

山东省打击侵权假冒工作报告

2014 年，在全国打击侵犯知识产权和制售假冒伪劣商品工作领导小组的正确领导下，按照全国统一部署，在山东省委、省政府的高度重视下，山东省结合自身实际，认真贯彻落实《国务院办公厅关于印发 2014 年全国打击侵犯知识产权和制售假冒伪劣商品工作要点的通知》（国办发〔2014〕13 号），以省“两法衔接”平台为端口，以打击侵权假冒信息公开为抓手，以农村和城乡结合部、互联网领域专项整治、汽车燃油整治等专项行动为突破口，加强组织领导，完善工作机制，坚持标本兼治，深化重点领域专项整治，推动各级各有关部门扎实开展工作，全省打击侵权假冒工作取得了积极成效。主要工作开展情况如下。

一、加强组织领导，扎实有效推动工作开展

（一）制定全年工作要点，明确任务分工

按照国家统一部署，认真制定了《2014 年山东省打击侵犯知识产权和制售假冒伪劣商品工作要点》，结合山东实际，将密切关系民生的农资市场、林苗市场、软件市场、文化市场、药品领域、互联网领域、制售假劣烟酒等作为整治重点，从生产、运输、加工、消费等各环节明确部门职责，落实任务分工，部署开展专项整治，推进建设长效机制，确保全省打击侵权假冒工作的稳步有序推进。

（二）召开领导小组会议，加强工作部署

2014 年党中央、国务院对打击侵权假冒工作高度重视，汪洋副总理 2014 年先后主持召开了三次全国打击侵权假冒工作领导小组全体会议，亲自研究部署全国打击侵权假冒工作。为及时传达全国会议精神，总结工作情况，强化工作部署，我省多次召开省领导小组全体成员会议，传达学习全国领导小组会议和汪洋副总理讲话精神，总结全省工作开展情况，对下步工作作出部署安排。每次会议均安排工作扎实到位的成员单位或市领导小组办公室发言，总结经验，说明难点，推进工作深入开展。

（三）规范信息采编、报送、应用和数据统计工作

转发了《全国打击侵权假冒领导小组办公室关于进一步做好打击侵权假冒信息报送和数据统计工作的通知》，要求各成员单位、各市领导小组办公室加强组织领导，指定专人负责报表的填报、汇总、审核，确保上报数据的真实准确，要求月报统计分析、重要案件即时上报，对及时掌握全省工作提供有力的信息数据支撑，对开展风险排查评估、协调督办案件具有重要指导作用，为安排工作计划、调整工作重心，增强风险防控提供了重要的依据。山东省领导小组办公室每月按时向全国双打办报送执法数据类信息、综合分析类信息，工作动态类信息，2014 年全年共编发报送了 230 期工作动态信息，16 期综合信息和 11 期工作简报，工作动态信息被中国侵权假冒网采用信息 110 余篇，综合信息有 3 期被全国双打办以简报形式收录，《落实部门责任 加强舆论引导 努力营造打击侵权假冒的良好社会氛围》的典型发言被全国推广经验。

（四）加快推进“两法衔接”信息平台建设

自启动“两法衔接”信息平台建设以来，省打击侵权假冒领导小组办公室积极协调司法和行政部门加强沟通，建立“两法衔接”部门联络机制，同时积极督促政府采购招标加快工作进度，保证了“两法衔接”各项工作顺利开展。目前，已经按照国家建设规范完成了省、市、县级“两法衔接”信息平台建设、部署、试运行等工作，采集案件信息近 1 100 条，并顺利完成和国家平台对接工作。同时，针对全省 17 个市的实际情况，制定了“两法衔接”信息平台培训计划，对全省 3 000 多个节点用户的培训工作将陆续展开。全省公安机关坚持“整体联动、资源共享、优势互补”，积极推进“两法衔接”，组织开展联合执法行动，共开展联合执法 1 400 余次，排查重点领域 2 万余处，获取违法犯罪线索 800 多条。检察机关建议行政机关移送涉嫌侵权假冒犯罪案件 39 件 46 人，移送后侦查机关已立案查处 32 件 39 人。

（五）不断完善打击侵权假冒行政处罚信息公开制度

2014年5月份，为深入贯彻《关于依法公开制售假冒伪劣商品和侵犯知识产权行政处罚案件信息的意见（试行）》（国发〔2014〕6号），省打击侵权假冒领导小组召开全省打击侵权假冒工作电视会议，对打击侵权假冒行政处罚案件信息公开工作进行详细部署，进一步明确了行政处罚案件信息公开的职责分工、公开的主要内容和时限要求，并就加强行政处罚案件信息公开的监督检查出台了考核评价措施。会后，各级各部门认真贯彻落实会议精神，相继出台了一系列打击侵权假冒行政处罚案件信息公开工作措施和管理办法，有力推动了信息公开工作的长效机制建设。2014年6月至12月，全省共发布打击侵权假冒行政处罚案件信息1 226件。

二、进一步加强流通领域商品质量监管

（一）加大农资产品质量整治

省农业厅从2014年3月份起，在全省开展“农药质量和使用监管安全百日整治”专项行动，对涉嫌违规生产企业进行了集中整顿，将问题较严重的25家企业列为2014年度农药监督抽查“黑名单”企业，要求在市场上“凡见必抽、凡抽必检”，同时由省农药检定所对25家企业负责人进行约谈，签订质量保证承诺书。全省共出动执法人员7 805人次，检查农药生产企业332个，检查农药经营单位9 500个，印发宣传资料25.3万份，检测农药样品342个（次），检出假劣农药产品40个（次）。肥料整治方面，对复混肥料生产企业和经营市场进行抽检，共抽样239个，合格率77.4%，并随机对60个样品进行了重金属检验。种子整治方面，组织开展了春季、秋季市场检查行动，共检查全省17个市30个县（市、区）、3个种子集中交易市场、160个种子经营门店，走访56家农户，扦取131个玉米种子样品；检查小麦良种补贴供种企业42家，种子经营门店97家，扦取56个小麦种子样品。

（二）深入开展整治不正当竞争和“傍名牌”专项执法行动

全省工商系统围绕保护和改善民生，以互联网领域、汽车及配件销售维修、家具建材装修装饰、公用企业等行业和领域为重点，集中整治社会关注度高、反映强烈的仿冒、虚假宣传、商业贿赂等突出问题。专项执法行动期间，全省共查处互联网领域销售仿冒商品、虚假宣传、商业诋毁等不正当竞争案75件，涉案金额53万元；汽车及配件销售维修领域销售或使用仿冒产品、虚假宣传、商业贿赂等不正当竞争案21件，涉案金额107万元；家具建材装修装饰领域销售仿冒家具、建材、装饰材料等不正当竞争案32件，涉案金额63万元。同时，围绕群众和企业关心的侵犯知识产权和制售假冒伪劣商品问题，着力查处“傍名牌”不正当竞争行为。全省工商系统共查处各类傍名牌案件41件，涉案金额67.95万元。

（三）扎实推进“质检利剑”行动

全省质监系统针对建材、汽车配件和儿童玩具等重点产品，加大对生产加工领域违法行为打击力度，共出动执法人员4 638余人次，检查生产企业1 137家，查处案件数85起，查获货值162.466万元，移送公安机关1起。在建材产品专项行动中，以建筑用钢材、水泥、防水材料为重点产品，重点查处无证生产、偷工减料、以不合格品冒充合格品、以次充好、假冒他人厂名厂址、生产国家明令淘汰产品等违法行为。共检查生产企业197家，查处案件26起，货值34.68万元，移送公安机关1起。在汽车及其配件专项行动中，以制动器衬片为重点，共检查生产企业26家，查处案件1起，货值1.5万元。在儿童用品为主的日用消费品专项行动中，共检查生产企业56家，查处案件5起，货值3.9万元。针对我省较为集中的童车产品、毛绒玩具存在问题较多的情况，通过在流通领域开展购样检验，发现一批存在缺陷的儿童玩具，要求生产者主动召回或责令召回。在“六一”儿童节前夕，将不合格信息通过山东省质量技术监督局网站向社会公布。针对媒体陆续报道一些地方不法企业利用各种化工原料生产“调和汽柴油”问题，组织开展了成品油质量执法检查活动。5月组织执法人员对东营、淄博部分民营加油站进行了执法抽样检测，其中包括部分城乡结合部的加油站。

（四）组织开展医疗器械“五整治”

以重点产品、重点企业、重点案件线索为突破口，按照排查、整治、规范相结合的工作模式，着力整治虚假注册申报、违规生产、非法经营、夸大宣传、使用无证产品等五种行为（称“五整治”）。“五整治”行动共核查注册申请真实性品种189个，监督检查生产企业758家、经营企业9 797家、使用单位13 057家，警告、责令整改3 356家，责令停产停业42家，捣毁黑窝点15个；移交相关部门违法广告965条次，撤销广告批准文号5个。通过专项整治，营造了严厉打击的高压态势，有效惩处了违法违规行为，进一步完善了监管制度机制，努力形成各方参与、公众受益、行业发展的监管新格局，切实保障公众用械安全。

（五）加强进出口商品质量检测

突出重点区域，把黄岛、青岛、潍坊、淄博、济南、威

海、临沂等出口退运和国外通报调查集中地区，临沂、潍坊、龙口、东营等出口非洲和中东工业产品主要地区，黄岛、烟台、日照、威海、青岛等口岸查验监管主要地区以及枣庄、泰安等出现过国外不良反映的地区作为出口打假工作的重点地区。突出重点商品，突出小化工、小五金、小家电、建材家装、日用消费品、儿童用品、汽车配件、金属材料、食品添加剂等作为出口打假工作的重点商品。突出重点企业，将质量管理体系不健全的中小企业以及存在诚信不良记录和违法违规记录的出口企业作为出口打假工作的重点企业。全省系统共检验检疫进出口工业产品 22.02 万批、927.24 亿美元。检出进出口工业品不合格 9 160 批次，货值 102.78 亿美元；其中进口 6 458 批、101.63 亿美元，批次和货值不合格率分别为 7.17% 和 12.27% 。

（六）积极开展海关“绿茵行动”

按照海关总署统一部署，在足球世界杯举行期间组织开展“保护 2014 年世界杯足球赛知识产权的专项执法行动”（简称“绿茵行动”）。青岛海关共查处 18 起涉嫌侵犯“绿茵行动”所涉知识产权案件，向公安机关通报 1 条涉嫌侵犯知识产权犯罪案件线索，查获假冒“FIFA”等商标权和“2014·FIFA·世界杯官方标志”著作权的瓷餐具、帽子、钥匙扣、吉祥物、比赛队服等 8 万余件。

（七）严厉打击烟草侵权假冒违法行为

建立由省综治委牵头的规范烟草市场秩序联席会议制度，进一步加强对烟草打假行动的组织领导和指挥协调。在全行业率先建立涉烟案件“黑名单”制度，完善了全省涉烟违法车辆信息库、涉烟刑事案件人员信息库、真烟非法流通涉案人员信息库、违法违规持证零售户信息库和涉假涉私人员信息库等 5 个信息数据库，共计整合汇总全省涉烟案件人员、车辆信息数十万条，打破了地区间的信息壁垒，提高了市场监管工作效率。全省查获涉烟案件 3.49 万起，查获非法卷烟 2.65 亿支，烟丝（烟叶）347.8 吨，总案值 1.3 亿元；拘留涉烟违法犯罪分子 1 409 人，逮捕 442 人，判刑 461 人；破获符合公安部、国家局标准的制售假烟走私烟网络案件 81 起，其中制售假烟网络案件 65 起，被公安部、国家局列为部级督办案件 5 起。

三、不断加大知识产权保护执法力度

（一）深入推进知识产权执法维权“护航”行动

省知识产权局将重点领域、重点地区和重点环节作为整治重点，突出民生、重大项目和优势产业等领域，部署开展专业市场知识产权保护示范培育工作，提高对市场监管和市场知识产权自我管理的能力。建立石墨烯产业、能源化工产业、海洋石油装备产业 3 个省级知识产权保护联盟，制定了《山东省推进产业知识产权保护联盟工作管理办法》。加大了对电子商务领域、展会的知识产权保护力度，形成了展前审查、展中巡查、现场设站、及时处理、注重服务的工作机制。不断推进专利执法协作机制建设，与北京、河北等 9 省市共同搭建了专利行政执法协作信息交流平台，参与签署了《华东地区专利行政执法协作调度工作管理办法》与《华东地区专利侵权判定咨询工作暂行规定》。完善维权援助工作体制，建立知识产权维权援助中心 14 家，其中国家级中心 10 家，省级中心 4 家，均开通了知识产权举报投诉公益电话 12330。

（二）深入开展商标印制专项整治

对全省商标印制业户进行全面调查摸底，全面了解商标印制企业的分布情况、经营规模、持证情况及经营现状，建立《商标印制业户名册》，全省目前有商标印制企业 3 869 家，从事商标印制个体工商户 771 户。同时，发现并取缔无证无照违法从事商标印制业户 26 户。积极开展商标法律法规培训，全省共举办培训班 270 期，培训商标印制业户负责人 3 345 人、商标监管员 3 389 人。强化商标执法力度，各级工商局认真查验辖区内商标印制企业的主体资格，确认前置审批手续是否合法、有效，是否存在超范围经营和无照经营行为；督查商标印制企业“六项制度”落实情况，督促企业加强制度建设，强化内部管理，对管理混乱，制度不全或不落实的，严格督促整改，对造成严重后果的依法处理；坚决查处商标印制中的违法行为，重点加强对印制企业的印制车间、成品仓库、已使用过的模版和胶片、印制过程中的坏片堆放处以及印制企业的发货单和送货凭证等关键环节的检查，一旦发现违法行为，坚决严格依法查处。同时，对印制地点隐蔽、印制环节多、城乡结合部和偏远农村地区的印制企业，以及以往检查中存在违法行为的企业进行重点检查。全省共立案查处侵犯商标专用权案 91 件，结案 90 件，案值 255.41 万元，罚款、没收违法所得 64.85 万元；没收、销毁一大批违法侵权商标标识（含包装、装潢），有力地打击了商标印制领域的侵权行为。

（三）组织开展打击侵犯植物新品种权专项行动

省林业厅研究制定了《2014 年山东省林业厅打击侵犯植物新品种权专项行动方案》，对开展打击侵犯植物新品种权专项行动工作进行了全面动员和安排部署，明确了目标任务和打击范围，对各阶段主要工作任务进行了详细的规定。针对 2014 年冬季和 2015 年春季植树造林用苗高峰时节，重点加强农村和城乡结合部苗木生产经营企业和苗木交易市

场监督检查，通过开展集中整治行动，加强宣传教育，强化林木种苗市场监管，维护正常市场秩序。同时，进一步充实执法检查力量，建立种苗、森林公安、林政、森防检疫等部门联合检查组，确保工作进度。

四、积极推进互联网领域打假行动

（一）加强网络交易监管技术支持能力建设

省工商局顺利完成与总局网监平台对接任务，提升了网监信息一体化整合水平。同时，积极推进电子数据取证分析系统建设及应用，省局及17市局电子数据取证分析实验室于今年3月底全面建成。组织开展了两期全省电子数据取证分析业务专题培训，为全省系统培养了一批电子数据取证分析专门人才。强化电子取证分析设备的实践应用，积极指导各地应用电子取证分析设备查处相关案件，为全省系统查处网络交易等涉及电子数据取证案件提供了有力的取证技术支撑。其中，省局电子取证实验室积极配合省局公平交易局专案组对我省三起垄断案件进行了调查取证，充分运用电子取证分析技术，成功提取到了佐证当事人违法行为的电子数据，为案件的查处提供了重要证据。

（二）深入贯彻落实《网络交易管理办法》

2014年3月份，省工商局专门召开贯彻实施《网络交易管理办法》视频会议，制定下发了《山东省工商局关于贯彻实施〈网络交易管理办法〉的指导意见》，邀请专家分别就电子商务发展趋势和《网络交易管理办法》主要内容等进行讲解，全省工商系统执法人员共计4 760余人参加培训。为进一步营造公平公正的网络交易环境，加强网络经营企业间的交流，省工商局举办了全省网络交易平台规范管理培训班，邀请工商总局对《网络交易管理办法》作了权威解读，京东商城管理人员就开放平台质控管理作了专题报告，阿里巴巴集团专家就网上交易法律环境和网络交易平台管理规则作了专题报告。培训班发放了《致全省网络经营者的一封信》，详细告知了网络经营者应当遵循的行为规范和应当履行的法律义务，以指导全省网络经营者准确掌握并认真执行有关规定，严格依法依规开展经营。

（三）不断加大网络打假执法力度

全省工商系统深入推进红盾网剑专项行动，通过网上网下双线巡查、登记资质信息比对、关键词搜索、受理投诉举报等多种方法，对网络经营者的经营资格、经营商品、经营行为等开展随机抽查和重点检查，多渠道收集案源线索，及时发现和查处侵犯注册商标专用权和制售假冒伪劣商品等网络违法经营行为。专项行动期间共检查网站13万个，实地检查网站经营者4.2万户，删除网上违法经营信息2 406条，责令整改网站1 437个，查处网络违法经营案448件，罚款、没收违法所得363万元。省食药监系统以当前网上非法销售问题最突出的肿瘤、性功能障碍、糖尿病、高血压等病症治疗药物为重点，以主流搜索引擎为监测对象，以实名举报为线索，严查网上非法售药行为。同时，加强互联网药品信息（交易）服务企业行业自律，对违规企业加大查处力度，已移交通信管理部门关闭违法网站12家，移送公安机关查处2家。

五、始终保持刑事司法打击高压态势

（一）不断强化侵权假冒案件侦办力度

全省公安机关先后组织开展了网上打假专项行动、打击液化石油气掺混二甲醚犯罪集中行动、打击制售假劣熟肉制品破案会战、打击药品犯罪“健康保卫战”破案会战、打击食品犯罪夏秋季集中整治行动、打击非法处置危险废物犯罪专项行动、打击食品犯罪“百日行动”等多轮次集中打击行动，会同省食安委有关成员单位先后组织开展了打击食品药品违法犯罪保障“两节”饮食用药安全专项整治、中小学周边食品安全专项整治、农村食品安全监管与专项整治行动，战果显著。2014年以来，全省共立侵犯知识产权类和制售伪劣商品类案件3 364起，破案2 735起，抓获犯罪嫌疑人5 075名，捣毁各类制假窝点890个，涉案金额15.73亿元。其中，在公安部和省公安厅的统一指挥下，枣庄市公安机关成功侦破特大生产销售“毒腐竹”案，抓获犯罪嫌疑人41名，打掉生产有毒有害食品及食品非法添加物的“黑窝点”25个，查扣化工原料、有毒有害食品及食品非法添加物120余吨，涉案金额5 000余万元，国务委员、公安部部长郭声琨签发嘉奖令，对我省成功侦办特大制售有毒有害食品案件予以通令嘉奖；公安部先后7次发来贺电表扬我省打击侵权假冒工作；在公安部部署的各专项考核中均名列前茅。

（二）进一步加强侵权假冒案件检察监督

全省检察机关紧密结合今年开展的“破坏环境资源和危害食品药品安全犯罪专项立案监督活动”，始终把打击侵权假冒犯罪作为维护人民群众切身利益的大事来抓。省院2014年年初就制定下发工作要点，指导全省检察机关开展打击侵权假冒工作；各地市结合本地实际抓好落实，并积极向党委、人大汇报，争取支持。各级检察机关注重对打击侵权假冒犯罪案件的舆论引导，适时选择典型案例，通过网络、报纸等媒体进行广泛宣传，提升了执法的透明度和公信力。全省检察机关受理审查逮捕制售假冒伪劣商品犯罪案件

489 件 755 人，批准逮捕 318 件 454 人；受理审查逮捕侵犯知识产权犯罪案件 135 件 191 人，批准逮捕 77 件 102 人。受理审查起诉制售假冒伪劣商品犯罪案件 974 件 1 985 人，提起公诉 641 件 1 300 人；受理审查起诉侵犯知识产权犯罪案件 360 件 676 人，提起公诉 641 件 1 300 人。建议行政执法机关移送涉嫌侵权假冒犯罪案件 39 件 46 人，移送后侦查机关已立案查处 32 件 39 人。

（三）依法开展侵权假冒案件审判

各级法院突出打击重点，依法公正高效地审理侵权假冒犯罪案件，综合运用多种刑罚手段，进一步加大财产刑的判处力度，确保用足、用好罚金、没收财产等刑罚手段，不断强化对侵权假冒违法犯罪的打击力度。同时，从严把握缓、免刑的适用条件，对于确需适用缓刑的，采用宣告禁止令的方式，禁止其在缓刑考验期间从事与制售假冒伪劣商品相关的行业和活动，防止其再次犯罪。全省法院受理各类侵犯知识产权犯罪案件共计 712 件 1 303 人，审结 665 案，判决生效 1 039 人（包括旧存案件），审限内结案率达 100%。在已结案件中，非法经营罪、生产、销售有毒、有害食品罪、假冒注册商标罪、销售假冒注册商标的商品罪等四类案件居多，结案数和判决生效人数分别是 165 案 199 人、121 案 148 人、114 案 208 人、102 案 154 人，受理该类案件数和审结案件数分别比 2013 年同期增长 24.26% 和 20.04%。

六、完善治本之策，推动长效机制建设

在集中打击的同时，注重从强化基础、完善制度和宣传教育等方面入手，着眼长远，着力治本，加快建立“法规规章健全、部门配合密切、日常监管有力、社会监督到位”的打击侵权假冒工作长效机制。

（一）完善政策法规体系建设

继省人大正式颁布了《山东省专利条例》后，又继续修订完成《山东省专利纠纷处理办法》和《山东省查处冒充专利行为暂行办法》两个行政规章，继续抓好《山东省知识产权促进条例》和《山东省专利条例》的贯彻实施，研究促进重大知识产权纠纷与争端合理解决制度和方案。2014 年 4 月份省政府颁布《山东省农产品质量安全监督管理规定》，这是全国第一家以省政府规章的形式出台农产品质量监管规定，对各级政府、监管部门和生产经营者的责任进行了更加清晰的界定，对基层监管和执法体系建设、经费保障等方面提出了明确要求，对农药经营管理、高毒农药销售、政府储备、低毒生物农药推广应用等作出了具体规定，对违规经营或使用高毒禁限用农药行为设立了更为严厉的处罚条款。省政府办公厅印发《山东省政府机关使用正版软件管理办法》，对全省软件正版化工作的责任、经费保障、使用管理、审计、督导检查、年度报告等方面提出了明确要求，并且注明要求软件选型应坚持勤俭节约、自主可控、信息安全的原则，逐步推广国产化。

（二）推进软件正版化工作

在提前全面完成省、市、县三级党政机关软件正版化检查整改工作的基础上，在加强对软件正版化长效机制建设方面下功夫。全省党政机关新购正版软件 18 785 套，投入资金 926.6 万元；298 家企业完成软件正版化检查整改任务，采购正版软件 2 112 套，采购金额 340 多万元。2014 年 5 月起省版权局下发了《关于对开展软件正版化工作情况进行检查的通知》，从 5 月到 11 月对全省党政机关及企业软件正版化工作情况进行检查，共组织软件正版化检查 12 次，实地检查省、市、县三级党政机关部门 81 个、企业 46 家，检查电脑 600 多台，各市共组织软件正版化检查 660 多次，检查党政机关部门 1 251 个，检查企业 782 家，查处使用盗版软件 153 起。

（三）加大培训力度

省工商局开展商标法律法规培训班，重点讲解《商标法》、《商标印制管理办法》和《山东省商标印制管理工作规范》，限期让商标印制业户对照有关规定进行自查自纠，全面落实商标印制管理工作规范，全省共举办培训班 270 期，培训商标印制业户负责人 3 345 人、商标管理员 3 389 人。省新闻出版广电局通过培训讲解《著作权法》、《计算机软件保护条例》、《政府机关使用正版软件管理办法》等法律法规，提高政府机关各部门及企业人员对使用软件正版化工作的认识，增强使用正版化软件的积极性和主动性，全省共组织党政机关软件正版化培训 32 次，参训单位 946 个，参训人数 2 600 多人，组织企业软件正版化培训 33 次，参训企业 1 116 家。

（四）充分利用投诉举报信息平台，加强日常监督

各媒体通过多种形式广泛介绍“12330”知识产权维权援助举报投诉电话、“12390”侵权盗版举报电话、“12315”消费者投诉举报电话、“12365”产品质量投诉举报电话、“12312”商务举报投诉电话等热线的作用，为社会公众提供方便、快捷、畅通的举报投诉渠道，随时接受群众电话举报、跟进报道，通过媒体的力量有力推动了多起侵权假冒案件地解决，形成全社会齐抓共管的工作格局。省食药监局累计接受“12331”投诉举报 15 835 件，符合受理条件的 8 766 件，已完成查处 6 249 件，其中行政处罚 941 件，涉案

金额980万元，捣毁违法窝点12个，涉嫌犯罪移送司法机关15件。省文化厅根据文化部《文化市场举报办理规范》，建立了统一的“12318”文化市场举报电话、举报网站及短信平台为基础的多渠道、立体化举报监督平台，开通了文化市场举报网站受理包括营业性演出、歌舞娱乐、游艺娱乐、艺术品、网吧、网络音乐、网络游戏、网络动漫等市场门类的举报投诉，为群众举报投诉及文化市场侵权盗版行为提供全面服务。省质监局加大了对“12365”值守工作，全省共受理群众举报3 173起、国家局交办案件7起、媒体转办4起，均依法依程序及时进行了处理，确保我省“12365”举报产品质量及民意诉求渠道畅通。

七、广泛开展宣传，营造浓厚舆论氛围

（一）组织媒体及时关注、梳理新形势下打击侵权假冒工作面临的新问题

省委宣传部制定了《山东省2014年打击侵犯知识产权和制售假冒伪劣商品工作宣传报道方案》，把双打宣传任务落实到单位和个人，省级新闻媒体刊播相关稿件800余篇，各市新闻媒体刊播高检1 700余篇，全年设置打击侵权假冒工作相关网络专题20余个，刊发各类报道、图片、视频1 000余件，积极推动舆论监督、及时解疑释惑、回应社会关切。大众日报、山东广播电视台各频道主要新闻节目刊播的《山东“剑网2014”专项行动正式启动》、《山东集中销毁164万件侵权盗版及非法出版物》、《遏制侵权盗版维护市场秩序》，《我省首个知识产权审判巡回法庭落户中德生态园》等稿件，及时向社会报道我省各地打击侵犯知识产权和制售假冒伪劣商品、保护知识产权的积极举措和进展成效，对网络知识产权保护等新问题进行了集中解析报道，大众日报刊发《网络类知识产权案增多》、《知识产权：亡羊补牢不如未雨绸缪》、《“最终解释权”成商家侵权手段》等稿件，提醒广大群众警惕网络著作权、域名侵权等新型纠纷案件。同时，在网站首页重要位置刊播相关公益广告，与新闻报道遥相呼应，打造多角度、立体式宣传区域，营造出良好舆论氛围。

（二）主动发布工作信息、曝光反面典型案件

协调我省各有关职能部门，公布相关处罚案件信息，向社会发布有关部门一个时期内的双打工作重点和破获的大案要案。如警方查处涉7省制售“毒腐竹”案，济南集中打击生产销售毒豆芽、问题猪头肉，烟台查获贩卖假冒调味品，烟台销毁3万多件山寨品牌包、黄岛海关查获瓷餐具著作权侵权案等案件，在省主要报纸、广播电视、网络媒体上进行了全媒体报道等，对群众关心的社会热点问题进行了宣传，起到了良好的警示和教育作用。

省新闻出版广电局在国家和省内主要媒体上刊登版权保护及软件正版化工作稿件30多篇，编发软件正版化信息15期，继续在全省开展“版权示范单位”和“版权保护示范单位”评选活动，以点带面，发挥典型示范引领作用，使党政机关和企业真正树立抵制盗版、使用正版化意识。省出入境检验检疫部门开展“质量月”活动，积极开展“有机宣传周”，开展宣传11次，制作宣传展板45个，制作、张贴宣传画981张，发放宣传资料2 450份，组织新闻发布会4次，共发布相关专题新闻、信息11条，发表专题文章或新闻报道总数20篇。省农业厅与公安厅联合印发了11万份《关于打击非法生产、销售、使用农药违法犯罪活动的公告》，在农药生产企业、销售点，农产品种植、批发、销售集散地、农村集贸市场等人群集聚地进行了广泛张贴宣传，对杜绝非法生产、销售、使用农药违法犯罪行为发挥了有力地震慑作用。同时各级各部门积极借助“3·15”国际消费者权益日、“4·26”世界知识产权日等活动节点，广泛开展各类宣传活动，集中销毁侵权盗版及非法出版物，向社会公布知识产权审判重大案件，积极营造全社会打击侵权假冒良好舆论氛围。

下一步，山东省将按照全国打击侵权假冒领导小组的部署要求，积极学习借鉴先进省市的成功经验，加强统筹协调，强化区域协作，推进信息公开，完善长效机制，推动我省打击侵权假冒工作再上新台阶。

（撰稿人：石光亮）

河南省打击侵权假冒工作报告

2014 年，河南省各地、各有关部门认真贯彻落实《国务院办公厅关于印发 2014 年全国打击侵犯知识产权和制售假冒伪劣商品工作要求的通知》要求，强化组织领导，注重宣传推动，全面协调配合，狠抓责任落实，扎实开展打击侵犯知识产权和制售假冒伪劣商品工作。主要做法和成效是：

一、加强领导，强化责任，扎实推进打击侵权假冒工作

2014 年，在国务院的正确领导下，在全国打击侵权假冒工作领导小组的指导支持下，河南省委、省政府把打击侵权假冒工作摆在更加重要的位置，作为新常态下转变政府职能、优化市场秩序的重要举措，切实履行职责，加强统筹协调，增强工作合力，强化监督检查，推动工作落实，取得了新的成效。省政府印发《河南省商务厅主要职责内设机构和人员编制规定》，明确单设省打击侵权假冒办公室，工作经费纳入年度财政预算，充分体现了省委、省政府对打击侵权假冒工作的重视和支持。各省辖市政府及省领导小组各成员单位坚持“全省统一领导、地方政府负责、部门依法监管、各方联合行动”的工作格局，把打击侵权假冒工作列入重要日程，结合本地、本部门实际，制定工作方案，细化工作措施，围绕关系人民群众切身利益、群众反映强烈、社会危害严重的问题，以商标权、专利权、著作权为重点，扎实开展打击侵权假冒工作，组织开展了互联网领域侵权假冒专项治理、农村和城乡结合部市场假冒伪劣专项整治、打击劣质油品、打击假冒卷烟等专项行动，始终保持打击侵权假冒的高压态势，工作的广度、深度和力度都是空前的。全省各级行政执法部门共立案 8 796 个，办结案件 7 961 个，涉案金额 9 302.27 万元，捣毁窝点 196 个，为全省经济社会健康快速发展营造了良好的市场环境。

二、突出重点，狠抓落实，打击侵权假冒工作取得显著成效

根据《国务院办公厅关于印发 2014 年全国打击侵犯知识产权和制售假冒伪劣商品工作要求的通知》精神，结合河南实际，省政府办公厅印发了《2014 年河南省打击侵犯知识产权和制售假冒伪劣商品工作任务及分工方案的通知》（豫政办〔2014〕96 号），对 2014 年打击侵犯知识产权和制售假冒伪劣商品工作作了整体安排，明确了目标任务和职责分工，确保打击侵权假冒工作落到实处。各地、各有关部门按照全省总体部署，结合本地、本领域实际，精心组织，周密部署，协同配合，狠抓落实，扎实开展打击侵权假冒专项行动，取得了实实在在的成效。

（一）深入开展打击劣质油品专项行动

2014 年 7 月，河南省商务厅会同省发展和改革委员会、公安厅、工商局、质量技术监督局等 5 部门，在全省范围内集中开展了为期半年的打击劣质油品专项行动，取得了阶段性成果。全省共查处各种违规加油站 1 433 座、行政处罚 65 起、拘留 17 人、整改问题及隐患的加油站（点）1 781 座、非法流动售油车 29 辆，下达整改、停业和限期拆除等通知书 2 177 份，已拆除 562 座。省商务厅对无证无照及违规加油站（点）建立了“黑名单”制度，“黑名单”实行动态管理，对新发现的违规加油站（点）及时加入“黑名单”对社会公布。2015 年 3 月，省商务厅在其网站上公布了首批 1 393 家无证无照加油站（点）名单，省内各大新闻媒体都在显著位置上刊发了这条消息，起到了让全社会监督的效果，社会反响热烈。

（二）扎实推进互联网领域侵权假冒专项整治

河南省打击侵权假冒领导小组印发《河南省集中开展互联网领域侵犯知识产权和制售假冒伪劣商品实施方案》（豫打假发〔2014〕1 号），各有关部门结合职责分工，积极推动相关工作开展。各级邮政部门利用以会代训、发放宣传册等形式，对邮政、快递企业开展法律法规宣传教育活动，进一步提高快递从业人员的法律意识和识别侵权假冒产品的能力。指导企业加强内部管理，严格落实收寄验视制度，防范侵权假冒商品进入寄递渠道。要求寄递企业与电商企业签订协议，杜绝寄递侵权假冒商品。对于未严格执行收寄验视制度违规收寄侵权假冒产品的企业，依法严肃处理，情节严重的依法移交公安机关。版权部门把打击侵权假冒工作列为全省新闻出版、版权管理、“扫黄打非”年度工作完成情况的重要考评内容，与其他工作同部署、同检查、同考

核，推动网络打击侵权盗版工作向纵深发展。文化部门联合北京、安徽、内蒙古等地执法人员，在濮阳、南阳等地开展了网络案件查处工作，并指导地市文化市场综合执法机构查处了文化部督办的违法违规网站。知识产权部门和湖北、湖南省局共同签订了《华中地区执法协作调度中心工作确认书》，深化跨区域执法协作。开展了知识产权执法维权“护航”专项行动，累计受理侵权假冒案件1 078件，结案1 025件，其中专利纠纷案件立案252件，结案199件，假冒专利案件826件，结案826件。工商部门以打击利用互联网销售假冒伪劣种子、化肥、农药等农资商品为重点，加大对假冒伪劣商品的打击力度，共排查各类网站7 347个次，其中农资经营网站293家，责令整改网站30家。省公安厅针对不法分子利用网络销售假冒“好想你”公司枣产品，导致企业销量增速放缓，品牌效益下滑，影响企业信誉等问题，组织开展了打击网络销售假冒“好想你”专项行动。梳理出涉及河南、浙江、上海、湖北等16个省市361家涉假网店，并报请公安部发起集群战役，共打掉侵权销售网店98个，抓获犯罪嫌疑人60名，打掉制假售假团伙17个，捣毁制假窝点58个，现场查获假冒“好想你”品牌枣8 000余箱，假冒“好想你”商标标识200多万枚，内外包装袋、手提袋、纸箱等假冒包装材料6万余个（套），干燥剂10万袋，各类制假设备173台，涉案金额1.5亿元，有效维护了重点知名企业的合法权益。

（三）大力开展农村市场假冒伪劣专项整治

河南省是农业大省，农村人口多，农村和城乡结合部市场制售假冒伪劣商品形势严峻，结合这一实际，制定《河南省农村和城乡结合部市场假冒伪劣专项整治实施方案》（豫打假办〔2014〕5号），组织开展一系列专项整治行动。农业部门重点把好农资生产经营许可关，严格许可后续监管，加大禁用农业投入品清缴力度，大力推进高毒农药定点经营和实名购买制度。扩大种子、农药、肥料监督抽查范围，提高监督抽查覆盖率，提高监督抽查的针对性和实效性。质监部门加强对机动脱粒机、饲料粉碎机、棉花加工机、化肥等的监督管理，组织开展“进千村，入千户，抽千样”农资打假下乡行动，严防不合格农用产品流入农村市场。林业部门组织对核桃、湿地松、木荷、青冈、榉树等15个重点商品树种进行抽查，依法查处无证无照生产经营，规范持证生产经营行为。食品药品监管部门强化对食品药品经营企业的监督检查，严格药品广告审查和备案。邮政部门充分发挥邮政三农服务网点流通主体作用，加大宣传力度，普及法律知识，发展连锁经营、物流配送、电子商务等现代流通方式，净化农村市场商品流通渠道。农业、工商、质监、食品药品监管、林业等部门加大检查力度，严厉查处以物流方式、互联网、农资交易会和展销会等形式经营假冒伪劣商品违法行为。

（四）抓好生产源头和流通环节专项治理

河南省食品药品监管局以打击生产销售假冒伪劣食品、药品、医疗器械为核心，严肃查处并曝光违法犯罪案件，惩处违法经营主体，端掉侵权假冒窝点，处理违法人员，完善市场监管体系，健全打击假冒伪劣违法犯罪行为的长效机制。全省共查处食品药品案件24 603起，案值5万元以上的80起，案值50万元的54起，捣毁制假售假窝点89个，移送司法机关案件254起，刑拘194人，批捕34人。

省工商局推行市场巡查制度，加大日常监管执法力度，相继开展了“红盾网剑专项行动”、“2014年红盾护农专项行动”、“中原红盾砺剑打假行动”等专项执法和集中整治行动16批次，加大对违法行为的整治力度，将打击侵权假冒工作常态化。全省共查处各类商标侵权案件2 943起，案值2 355.7万元。

省质监局深入开展化肥执法联合打假、春季农资专项执法打假、集中整治机动车配件及非法生产销售改装拼装、建筑材料质量排查等专项整治行动。全省共查办案件1 123起，查获案件货值3 574.17万元，移送公安机关案件3起。

省烟草专卖局保持对假烟生产源头的高压打击态势，组织开展“雷霆”三号、四号卷烟打假专项行动，全省共查处5万元以上假烟案件127件，捣毁大型制假窝点16个，其他制假窝点161个，收缴假烟10 156.81万支，刑拘455人，逮捕269人，判刑485人。

（五）强化进出口环节监管

河南出入境检验检疫局狠抓服装、玩具、鞋靴、家具和小型家电五类大宗出口产品的检验检疫，依托风险分析，对出口食品备案企业、重点出口企业、高风险行业进行全面排查，发现案源快速立案，严厉打击违法行为。同时，密切关注对非洲出口、援外产品质量。郑州海关加大对进出口货物的监管力度，增加电池、服装、鞋帽、箱包、手表、香烟等易发生侵权情事的商品作为关区监管和查缉的重点。加大查验力度，提高查验比率，对关区重点侵权商品实施风险布控。全省共立案查处侵犯知识产权案件2起，查获假冒舍弗勒科技有限两合公司“INA”注册商标权轴承35套，假冒阿迪达斯有限公司“ADIDAS三叶草（图形）”、“adidas”、“adidas及三斜杠图形”等注册商标鞋子39双、服装30套，假冒耐克国际有限公司“NIKE及钩形图”、“飞人乔丹图形”鞋子36双。

（六）继续推进软件正版化工作

在完成了省本级 58 个部门使用正版软件检查整改工作的基础上，2013 年，我省重点推进全省市县级政府机关软件正版化工作。截至 2013 年 11 月，全省市县级政府机关完成了软件正版化检查整改工作。2014 年 2 月，省政府新闻办召开新闻发布会，向社会通报市县级政府机关软件正版化检查整改工作情况。2014 年 3 月，我省市县级政府机关软件正版化工作通过了国家推进使用正版化软件部际联席会议检查组的检查验收。

（七）加大刑事司法打击力度

省公安厅将打击侵权假冒工作纳入全省公安工作绩效考评体系，调集优势资源和力量，强化督导考核，抓重点、克难点、举亮点，高目标、高质量、高效率推进打击侵权假冒工作。全省公安机关共破获侵权制假犯罪案件 1 917 起，抓获犯罪嫌疑人 2 323 名，打掉制假售假窝点 3 256 个，涉案价值 15. 6 亿元。漯河、商丘、许昌、周口等地公安机关在公安部、省公安厅统一指挥下，从一个非法拼装假烟机的线索入手，深挖细查，发现了涉及 6 省 10 多个地市的特大假烟犯罪网络，一举破获假烟犯罪案件 5 起，抓获犯罪嫌疑人 14 名，捣毁大型假烟生产窝点 5 个，现场缴获各类假烟 527 万支，涉案价值 720 多万元，受到公安部通令嘉奖。焦作市公安部门破获一个特大制售假冒伪劣计生用品案，抓获嫌犯 20 名，打掉团伙 2 个，捣毁窝点 11 个，现场缴获假冒“第六感”、“杰士邦”等品牌避孕套 20 余万只，被公安部评为“经典战役”并发贺电表彰。

（八）依法从重从快批捕侵犯知识产权犯罪案件

省检察院以行政执法与刑事司法衔接机制为抓手，依法打击涉嫌侵权假冒犯罪，积极开展危害民生专项监督活动，依法严查侵权假冒背后的职务犯罪。全省检察机关共受理提请逮捕涉嫌生产销售伪劣商品犯罪案件 1 022 件 1 309 人，批准逮捕 722 件 898 人；受理审查起诉涉嫌生产销售伪劣商品犯罪案件 3 611 件 4 551 人，提起公诉 3 306 件 4 120 人。受理提请逮捕涉嫌侵犯知识产权类犯罪案件 112 件 178 人，批准逮捕 72 件 97 人；受理审查起诉涉嫌侵犯知识产权类犯罪案件 212 件 379 人，提起公诉 191 件 345 人。

充分发挥刑事审判职能，依法严厉打击侵犯知识产权犯罪和制售假冒伪劣商品犯罪。省法院积极参与打击侵权假冒专项活动，公正高效地审结了一批侵犯知识产权和制售假冒伪劣商品犯罪案件。全省法院共受理侵犯知识产权和制售假冒伪劣商品犯罪案件 4 000 件 5 437 人，审结 3 633 件 4 877 人，其中，侵犯知识产权犯罪 148 件 324 人，制售假冒伪劣商品犯罪案件 3 485 件 4 553 人。目前已生效判决 3 250件 4 231 人。其中，5 年以上有期徒刑的 65 人，判处 3 年以上 5 年以下有期徒刑的 44 人。

三、加强行政执法和刑事司法衔接

河南省十分重视行政执法和刑事司法衔接工作，将此作为促进打击侵权假冒工作的重要抓手积极推动。一是省级行政执法与刑事司法信息共享平台已经建成并正式运行，组织开展了 350 人次的平台应用培训，与中央平台实现对接，并积极推动与各省辖市、省直管县（市）平台的互联互通，目前，已与 8 个省辖市、2 个直管县实现了对接。二是省政府将侵权假冒行政处罚案件信息公开纳入政府信息公开重点工作，出台了《河南省依法公开制售假冒伪劣商品和侵犯知识产权行政处罚案件信息工作监督管理办法》（豫政〔2014〕101 号），强化监督检查考核，依法、主动、及时公开案件信息，促进公正执法。三是健全行政执法和刑事司法衔接工作机制，制定“两法衔接”相关制度，加强调查研究，及时解决机制运行中存在的突出问题，提高机制运行的能力和效果。

四、加强宣传报道，营造良好氛围

充分利用多种媒体，曝光大案要案，大力宣传先进典型，引导全社会进一步增强保护知识产权、抵制假冒伪劣商品意识。“4. 26”世界知识产权日、“3. 15”国际消费者权益日期间，全省各地市和相关部门都组织了不同形式的宣传咨询活动，宣传国家知识产权战略和有关法律法规，向群众讲解识假辨假常识，通过媒体向社会发布打假和消费维权案例，营造保护知识产权，抵制侵犯假冒的良好法制环境、市场环境和社会环境。

五、强化督查考核，推动工作开展

省打击侵权假冒领导小组办公室充分发挥综合、协调、督查、调研职能，不定期地组织督查调研活动，推动各项工作落实。2014 年年底，领导小组办公室组织 6 个督查组，对全省 18 个省辖市 2013 年打击侵权假冒工作进行督促检查，评定结果报送省综治办，纳入社会管理综合治理考核成绩。在全国打击侵犯知识产权和制售假冒伪劣商品工作绩效现场考核中，我省的双打工作排名比较靠前，得到全国打击侵权假冒工作领导小组办公室的充分肯定。

（撰稿人：刘静）

湖北省打击侵权假冒工作报告

为全面贯彻落实《国务院关于进一步做好打击侵犯知识产权和制售假冒伪劣商品工作的意见》（国发〔2011〕37号）和《国务院办公厅关于印发2014年全国打击侵犯知识产权和制售假冒伪劣商品工作要点的通知》（国办发〔2014〕13号）要求，进一步加大打击侵权知识产权和制售假冒伪劣商品（简称双打）工作的力度，建立和完善双打工作的长效工作机制，不断增强全社会的知识产权保护意识，为净化市场、维护正常市场秩序，2014年湖北省双打工作，在国家双打办、省双打工作领导小组的统一领导和各成员单位的共同努力下，以省“两法衔接”平台为端口，以打击侵权假冒信息公开为抓手，以农村和城乡结合部、互联网领域专项整治、汽车燃油整治等专项行动为突破口，加强组织领导，完善工作机制，坚持标本兼治，深化重点领域专项整治，湖北省侵犯知识产权和制售假冒伪劣商品的违法行为得到有效遏制。在双打工作过程中，案件涉及日用百货、食品、药品、化妆品、农资、建材、机电、汽车配件、家用电器、酒类等领域，特别是在重点区域和重点市场，一批涉案案件相继立案并及时得到办结，流通领域市场秩序得到进一步好转，使广大人民群众的商品安全消费环境得到进一步改善，湖北省组织开展双打工作取得了较好的成绩。

一、加强领导，完善机制，切实把双打工作作为维护市场公平竞争，提升治理能力的大事来抓

一是省委、省政府高度重视，把打击侵犯知识产权和制售假冒伪劣商品工作纳入总体工作部署。2014年湖北省《政府工作报告》明确提出：要推进肉、菜、粮食、酒类、药品流通追溯体系建设，努力让消费者安全、放心消费。把农产品质量安全作为转变发展方式、加快现代农业建设的关键环节，用最严谨的标准、最严格的监管、最严厉的处罚、最严肃的问责，确保“舌尖上”的安全。强调要把增进民生福祉、促进社会公平作为一切工作的出发点和落脚点，着力激发市场活力，加强基本公共服务体系建设，着力改善民生，努力实现经济持续健康发展和社会和谐稳定，为“建成支点、走在前列”奠定坚实基础。在2014年开年之际，省政府第一时间就召开了省打击侵犯知识产权和制售假冒伪劣商品工作领导小组全体会议，分管副省长甘荣坤亲自部署双打工作。会后领导小组下发了《关于印发2014年全省打击侵权假冒工作意见的通知》，明确目标任务，落实责任分工，完善协作配合，确保双打工作取得实效。

二是建立完善相互协调联动的工作机制。省双打办结合实际制定了全省打击侵权假冒工作领导小组工作规则，重点推动行政执法机关与刑事司法机关建立线索通报、案件协办、联合执法、定期会商等制度，完善立案协助、调查取证、证据互认、协助执行及应急联动工作机制，形成打击合力，增强打击效果。省检察院以“两法衔接”平台建设为抓手，健全“两法衔接”工作机制，全面加强行政执法与刑事司法信息互联互通，目前，全省已全面建立省、市、县信息平台并实现三级联通，三级信息平台共接入行政执法单位2 007家，有效促进了全省双打工作信息的快速贯通共享。省食药监局从整体入手，打破思维定势，广开思路，探索形成了一整套完整的省市县三级联合办案制度，包括《案源信息管理办法》、《联合执法操作程序》、《稽查专家库专家推选及管理办法》、《办案有功人员奖励激励制度》等十余项工作制度，通过省、市、县三级联合办案这一互动机制，使稽查办案网络变得更宽、更密，在打击违法违规行为时做到了出击迅速、打击准确。省质监局推进与公安、检察院、法院、工商、商务等执法部门“两个双移交”执法打假机制，加大力度查处大案要案，构建执法打假合力。

三是强化案件处罚信息公开工作。2014年年初，省双打办印发了《湖北省制售假冒伪劣商品和侵犯知识产权行政处罚案件信息公开监督管理办法》，率先公布了第一批10起行政刑事处罚典型案件，得到商务部高虎城部长肯定。各执法部门和市州建立了本系统、本地区的行政处罚案件信息公开制度，完善信息公开的审核机制、协调机制、工作流程和档案管理等制度，确保相关信息及时依法公开。省工商、质监、食药监、新闻出版广电局等将行政处罚决定书在其网站上公开，并与企业信息挂钩，起到了规范行政执法行为、警示违法行为的作用。武汉海关在互联网门户网站首页设置了侵犯知识产权行政处罚案件信息公开专栏，方便公众查询，并按要求对2014年4月15日后作出行政处罚决定的案件，在专栏全文公开行政处罚决定书。省国税局不断推进典型案例公开制度，将涉及发票重案、要案按时按规公开。此外，实行行政处罚“黑名单”制度，将发生两次以上同一

违法行为的行政相对人列入“黑名单”，并予以公开。湖北检验检疫局将打击出口假冒伪劣商品工作结果纳入进出口企业信用管理系统，对出口假冒伪劣商品恶性案件或多次违法的责任主体，作为检验检疫机构的重点监管对象纳入“黑名单”管理。对于列入“黑名单”的行政相对人，在办理相关质量证明业务中予以注明；在涉及行政相对人的相关行政许可事项办理过程中予以说明；已通过行政许可的，上报或者通报准予行政许可的工商、质监、药监部门；对于重大违法行为，在“3. 15”等群众关注的特定时点予以对外发布。据不完全统计，2014 年以来，全省共公开打击侵权假冒行政处罚案件信息 460 余件，有 20 家企业被列入“黑名单”。

四是完善考核制度。省领导小组召开了双打绩效考核工作会议，对全年的绩效考核工作进行了全面部署。省综治办将“有效打击侵犯知识产权行为”列入综合治理（平安建设）考评范围。省双打办印发了《关于开展 2014 年度全省打击侵权假冒工作绩效考核的通知》，量化考核评估指标，将“两法衔接”工作、行政执法信息公开、软件正版化、工作信息报送等事项纳入年度绩效考核指标，加强日常督促检查。各市州、相关部门把双打工作成效纳入年度目标责任的考核内容。省政府与省知识产权局签订了专利行政执法及维权援助工作目标任务责任书，该局也首次将执法工作纳入对市州局年终绩效考核，分别对专利行政执法办案量及执法条件建设进行考核，以考核促能力，以考核促落实，不断推进全省执法办案工作。截至 2014 年 12 月 10 日，省知识产权局系统共开展执法检查 300 余次，出动执法人员 700 余人（次），检查商业场所 300 余个，累计调处专利案件 881 件，其中专利纠纷案件 187 件，假冒专利案件 694 件，较上年同期增长 23%，继续保持对侵犯知识产权与假冒专利行为的高压态势。省公安厅科学制定考评方案，开辟网上打假专栏，定期公布考核排名。省文化厅将打击侵犯知识产权工作纳入全省各级文化市场管理部门和综合执法机构年度目标责任考核，严格落实检查、督办、考核制度，严格实行一票否决，有力保障了打击文化市场领域侵犯知识产权工作的有效开展。

五是加强宣传引导，营造浓厚的双打氛围。坚持“打”、“宣”并举，充分利用电视、广播、报刊、网络等各种媒介，以及“3 · 15 消费者权益日”、“4 · 26 世界知识产权日”、“5 · 15 打击和防范经济犯罪宣传日”、“放心农资下乡进村宣传周”等重要节点开展宣传活动，向社会公众普及保护知识产权法律法规知识，提高抵制假冒伪劣商品的自觉性，激发了全社会关注、支持、参与打击侵权假冒行动的热情，为深入推进打击侵权假冒工作营造了良好的社会氛围。省双打办下发了《关于进一步做好打击侵犯知识产权制售假冒伪劣商品宣传工作的通知》，在湖北电视台播放了为期 20 天的“李逵打假”的宣传片。省知识产权局响应省政府知识产权进园区、进企业、进校园、进社区、进机关活动的号召，先后多次深入科技园区和产业聚集区开展以知识产权运用、保护为主题的专题讲座和法律咨询服务活动，积极宣传 12330 知识产权服务热线，提升社会知识产权保护意识。省版权局通过世界知识产权保护日、知识产权宣传周、联系电视台播放专题宣传片、召开侵权盗版典型案件新闻发布会、版权博览会、影视博览会、“4 · 26”公开销毁日和“绿书签”等活动，在大学校园、城市社区、商业步行街等公共场所开展版权法律法规知识宣传，提高公众知晓度和参与度，让更多的人熟悉版权知识，参与版权保护。省农业厅组织开展了全省农资经营诚信建设示范门店公开承诺活动，在《农村新报》上进行专版宣传，229 家农资经营门店参与了承诺活动。武汉海关在关区范围内开展了以“保护 · 运用 · 发展”为主题的 2014 年“知识产权宣传周”。省国税、地税局在车站、码头、集贸市场、大型商场、CBD、游园广场以及主要交通路口等进人流量大的地方，通过大型 LED 屏幕滚动播放税收宣传标语、税收政策以及税收动漫作品，开展“打击发票违法犯罪，规范税收经济秩序”的宣传教育活动，接受群众现场咨询 3 000 多人次，受理举报违法线索 6 条，发放宣传资料 6 200 多份，现场阻止劝导教育 16 人。

二、突出重点，整体联动，加大专项整治力度，形成强大的威慑力

一是突出重要时段、重点领域、重点商品、重点市场整治。为确保元旦、春节两节消费安全，工商部门制发了《全省工商系统优化“两节”市场秩序百日“亮剑”行动方案》，从 2013 年 12 月 1 日至 2014 年 2 月底，在全省开展优化“两节”市场秩序百日“亮剑”行动。行动期间，全省工商系统共出动执法人员 18 万人次，检查市场主体 48 万户次，监测商品 9 872 批次，发现违法线索 22 453 条，媒体刊发稿件 1 195 篇，申投诉调解成功 8 852 件，为消费者挽回损失 1 079. 44 万元，查处一般程序案件 17 484 件、案值 24 861. 70万元、罚没金额 11 707. 68 万元。食药监部门加大打击假冒伪劣食品、保健食品、药品、医疗器械和化妆品力度，截至 2014 年 11 月底，全省食品药品监管系统共查办案件 13 732 件，查处重大和典型案件 37 件（食品 25 起，药品 12 起），铲除药品制假售假团伙 44 个、黑窝点 65 个，抓

获犯罪嫌疑人62名，批捕34名。涉案金额1.65亿元，罚没款5 500万元。国家食药监总局挂牌督查督办的案件17件。打掉和铲除了一批流窜多地、坑害百姓数年、作案数起的制假售假团伙，创造了立案的数量、抓获的人数、捣毁铲除的作案团伙、涉案金额创历年之最。同时，破获的案件性质之恶劣、假药品种之多、影响之大堪称食品药品系统组建以来之最。林业部门重点抓好打击制售假劣林木种苗和保护植物新品种权工作，从源头治理打击假冒伪劣行为，截至目前，全省共查处无证生产、经营户35家，其中，责令限期整改，补办生产、经营许可证20家；取缔15家。全省共没收并销毁假劣苗木160万株，假劣种子约520公斤。农业部门严厉打击农产品、种子、农药、肥料等农资违法行为，查处违法行为共立案查处1 979起，查处假劣农资340余万公斤，挽回经济损失3 600多万元。新闻出版广电部门共查处侵权盗版案件26起，检查出版物市场、店铺摊点、印刷复制企业4万多家次，收缴各类侵权盗版物41万多件。以双打、“剑网”等专项行动为抓手，与公安、网信和通管局等部门建立联合办案工作机制，先后查处了《知音漫客》杂志被侵权系列案、卢言习侵犯著作权案和房县“欢乐幻想神域”游戏私服案等重点侵权盗版案件；此外，武汉“2.13案”、仙桃“3.05案”等5起影响较大的侵权案件已移送公安机关立案侦办。出具《侵权复制品认定书》24份，认定侵权音像制品累计8 639种，累计177 849张。文化部门立调查案件1 568件，办结1 293件，捣毁窝点3个，其中，具有较大影响和典型意义的重大案件有20件，移送司法机关5件，涉案金额351万元。税务部门开展发票打假等活动成效显著，配合公安机关共捣毁了窝点11个，打掉团伙8个，缴获作案机器36台，抓获嫌疑人222名，缴获发票9 375 528份；检查机关起诉案件2起，涉案人员6人；审判机关审判案件1起，判处有期徒刑4人；全省各级税务机关共查处发票违法企业3 480户，查处假冒伪劣等非法发票90 393份，涉案金额140 765.80万元，查补税款27 430.70万元，罚款4 907.22万元，加收滞纳金2 505.05万元。质监部门共出动执法人员33 256人次，检查企业6 342家次，查处侵犯知识产权和假冒伪劣案件1 841起，涉案产品货值17 830万元，查办大案要案196起，移送公安机关案件47起，捣毁窝点30个，没收假冒伪劣产品货值607万元，挽回经济损失9 696万元；武汉海关查获涉嫌侵权案件5起，涉嫌侵权的罐头、眼镜、鞋、尿布等商品总值人民币74万元。查获的武汉美斯通工贸发展有限公司进口“泓乐”婴儿配方奶粉案入选“2013年中国海关保护知识产权十大案例”以及“2013年武汉市保护知识产权十大案件”。知识产权部门共办理案件881件，其中专利纠纷案件187件，查处假冒专利案件694件，案件办理量和增幅均位居全国前列。

二是加强专项整治行动。2014年，省政府组织了春季农资打假工作专项检查，强化农资打假的高压态势，取得显著效果。共组织抽检农药样品185个，查处54个批次不合格产品。抽检肥料样品74个，查处25个批次不合格样品。抽查种植业样品共计544个，查处3个不符合农产品质量安全标准的样品。工商部门部署了“公平使命”、“砺剑”、“红盾护农”、“红盾网剑”等专项行动，据统计，“砺剑”行动中全省质量违法案件罚款5 281.9万元，商标侵权案件罚款2 272.3万元，仿冒知名商标特有的包装装潢案件罚款188.5万元，取得了显著成果。“红盾护农”行动检查农资经营户62 444户次，查处农资案件5 636件，案值3 272.734万元，罚没金额1 715.453万元，取缔无证无照经营307户，受理各类农资投诉641件，为农民挽回经济损失630.015万元。“红盾网剑”共检查网络交易平台4个，检查网店1 058户，开展专家点评4次，检查网络交易平台协议规则4个，指导修改网络交易平台协议规则4个，查处利用格式条款侵害网店经营者和消费者合法权益的案件1起，罚没款为0.2万元。公安机关开展了“打击制假侵权”、平安建设“百日会战”等专项行动，延续去年“打假行动”的猛烈攻势，高规格部署，多措施投入，全方位推进。截至目前，全省经侦部门共破涉假案件519起，抓获犯罪嫌疑人682名，捣毁生产、储存、销售窝点744个，收缴制假设备841套（件），缴获假药品、假食品和伪劣商品200余万件，涉案金额9亿余元，挽回经济损失3.5亿余元。申报集群战役29起，发起集群战役17起，完成外省集群战役落地核查51起，列部督案件8起，获公安部通令嘉奖一次，目前综合排名全国第四位。食药监部门在全省部署开展了为期一年的“铲除食品药品制假售假黑窝点的利剑行动”，共查办案件13 732件，查处重大和典型案件37件（食品25起，药品12起），铲除药品制假售假团伙44个、黑窝点65个，抓获犯罪嫌疑人62名，批捕34名。涉案金额1.65亿元，罚款5 500万元。国家总局挂牌督查督办的案件17件。税务部门开展了发票整治专项活动，2014年，全省地税部门检查企业1 657户，查处违法受票企业户数1 013户，查处假冒伪劣等非法发票份数29 155份，查补税款11 035.78万元，加收滞纳金325.11万元，罚款571.05万元，发票教育宣传1 053次，查办案件1 266个，出动执法人员2 745人次，捣毁窝点3个，打掉团伙2个，缴获作案机器10台，缴获发票322万份，查获犯罪嫌疑人25个，治理发票违法手机短信103.5万条。文化部门开展了文化市场互联网等领域侵犯知识产权专项整治行动，共出动执法人员70 093人次，检查出版物经营单位32 152家次，警告222家次，责令停业整顿3家，查处了一批利用网络销售非法出版物的违规行为和网络侵权盗版案件，以及一批以“私服”、“外挂”方式运营非法网络游戏软件的案件。武汉海关开展了“保护2014年世界杯足球赛知识产权的专项执法行动”，加强了对国际足联和阿迪达斯、耐克和彪马公司等赞助商在总署备案的商标权和著作权的保护力度。

三是大要案查处震慑有力。荆州经侦侦破了卢X侵权著作权集群战案、松滋侦办的肖某组织领导传销部督案，以及叶某某等人非法拼装、销售伪劣电梯案。随州市收缴假冒名优白酒1 681瓶、假冒“华润漆”150件、“榜名牌”服装皮鞋126套（双）、冒充注册商标果冻型固体燃料8 000瓶、假冒厂名厂址农膜200卷、卫星地面接收设施120套（件）等一大批假冒伪劣物品，捣毁制假售假酒窝点4处，对当事人没收侵权物品并处罚款2 400万多元；天门、枝江、枣阳、汉川等地也分别侦破了一批制售假药案件，共抓获嫌疑人32名，捣毁窝点10个，查获各类假性药、假藏药100余万粒（片）。十堰经侦根据外省传递线索，在本地捣毁一制售假冒品牌汽车前挡风玻璃的团伙，查获伪劣产品2 344件。荆州松滋、咸宁通山、襄阳南漳分别立案侦办了数起销售伪劣液化气、伪劣汽（柴）油案。紧盯制售假名牌的涉假犯罪。黄石经侦分别侦破了王某某销售假冒“欧普”集成吊顶案和大冶某公司制售假冒“半球”、“苏泊尔”电热水壶案，缴获集成吊顶890件、电热水壶12万个。潜江经侦破获特大仿冒“三星”、“苹果”手机配件案，缴获耳机、数据线40余万条。武汉经侦打掉一个制售假冒“太阳雨”、“四季沐歌”太阳能热水器的犯罪团伙，缴获假冒太阳能热水器成品547台及生产线1条。武汉、宜昌打掉制售武汉名牌“飞鹤”电缆和宜昌名牌“璜时得”粘合剂的犯罪团伙。国税部门查处了武汉市“2·24”德盛石化变造海关进口增值税专用缴款书案、黄冈市“12·25”制售假发票专案、襄阳市伪造车购税完税凭证案、黄石市西塞山制售假发票案、荆州市“创丰源”虚开发票案、十堰市嘉彦工贸有限公司及浙豪物资贸易有限公司虚开发票案。文化部门查处了“湖北省马前卒文化发展有限公司擅自从事出版发行业务案”、“武汉优翼文化有限公司印刷发行非法出版物案”、“潜江中南房地产发展有限公司擅自从事营业性演出经营活动案”、“谢某某未经著作权人许可，通过信息网络向公众传播其作品案”等4个重大案件。

2014年，检察机关共批准逮捕67件99人，提起公诉131件217人，监督立案74件。建议行政执法机关向司法机关移送涉嫌犯罪案件174件185人，移送公安机关立案侦查157件160人。法院共受理侵犯知识产权案件和生产、销售假冒伪劣商品案件258件，审结242件，生效判决410人，其中，被判处5年有期徒刑以上刑罚的10人，对侵权假冒违法犯罪分子形成强大的震慑力。

三、加强部门配合，上下联动，形成双打工作的强大合力

一是加快“两法衔接”信息平台建设，形成行政执法与刑事司法有效衔接和快捷联动机制。省政府召开了推进行政执法与刑事司法衔接工作会议，对推进“两法衔接”信息平台和工作机制建设进行了全面部署，把省直机关“两法衔接”工作纳入省政府目标责任制效能建设年度目标考核。省检察院认真履行牵头职责，建立了行政执法与刑事司法衔接工作平台，实现了省、市、县三级行政执法与刑事司法信息互联互通，案件网上移送、网上受理和网上监督，截止目前，共受理案件6 064件，涉案金额4 421万元。省检察院与省高级人民法院、省公安厅、省人社厅、省环保厅等部门联合会签了有关工作意见，建立线索通报、案件协办、联合执法、定期会商等制度，完善立案协助、调查取证、证据互认、协助执行及应急联动工作机制。各级检察机关注重“两法衔接”机制建设，黄冈市院制作了“两法衔接”工作专题影片和工作资料汇编，在全市范围内推广应用。荆州、荆门、孝感、恩施等地出台了关于建立行政执法与刑事司法衔接信息共享平台的实施意见。2014年，“两法衔接”信息平台共接入行政执法单位1 087家，上传案件1 065件，移送案件53件。

二是加强跨部门、跨地区联合协作，形成打击合力。食药监部门注重加强与国家总局的沟通联系，寻求上级部门的业务指导和帮助，多次与总局开展食药犯罪案件交流会商，移送案件线索6起，并在技术鉴定方面得到总局大力支持。同时，加强与省公安厅等部门的沟通交流，积极争取公安部门在查处重大违法违规案件中能够提前介入。法院加强与公安机关、检察机关以及知识产权相关主管部门的沟通协调，密切配合，保证了立案、侦查、批捕、审查起诉、补充侦查、司法审判等一条龙快速反应。公安部门进一步深化与行政执法部门的协作配合，形成了定期会商、大案联办、互相支持的良好格局，通过行政移送立案侦查的涉假案件占全部案件的40%以上。荆州经侦根据质监移交线索，侦破叶某某等人非法拼装、销售伪劣电梯案。十堰经侦根据外省传递线索，在本地捣毁一制售假冒品牌汽车前挡风玻璃的团伙，

查获伪劣产品2 344件。在公安部、国家烟草专卖局联合督办的打击涉烟犯罪“903”行动中，随州经侦向兄弟省市警方提供了重要的线索指向和情报支持，为“903”行动成功收网作出了突出贡献。知识产权部门建立了跨部门、跨地区的沟通协调和执法协作机制，主动联系政府相关职能部门，强化执法协助，有效开展横向、纵向联合执法，加大对专利纠纷案件的调处力度，集中力量针对重点领域、重点场所、重点产品组织开展重点检查和整治工作。积极完善跨部门案件移交机制，先后与省工商管理局、省版权局建立了跨部门的案件移交机制，进一步提升了服务效能。据不完全统计，2014年，全省各中心共接收12330咨询电话1 000余件，完成案件移交100余件。检察院进一步完善与公安机关、行政执法机关的信息共享机制，加强与公安机关、法院以及相关行政执法机关的沟通和联系，形成更加强大的打击整治合力。税务部门与公安、地税、工商、审计、城建、通信等部门开展联合行动，加大打击制售假发票、假窝点力度，先后在武汉、湖南冷水查获两处制造假发票窝点，彻底摧毁了以曾某等为首的制贩假发票犯罪团伙及其犯罪网络；在黄石西塞山区查获一处特大制造假发票窝点，抓获3名犯罪嫌疑人，现场查扣制造假发票的电脑、打印机、打码机等制假工具，查获假冒湖北省国家税务局通用手工发票1 051份。

四、适应新形势新常态，不断健全双打工作长效机制

一是大力推进简政放权，规范行政权力。全面贯彻落实依法治省战略，推进法治湖北、法治政府、法治社会一体建设，大力度推进简政放权，更加重视放管结合，最大限度地缩小政府审批、核准、备案范围。全面推行“权力清单”、“监管清单”制度，推进建立省直部门责任清单、监管清单制度和市县级政府行政审批通用目录制度。建立全省行政审批事项统一目录，大力推进网上审批、并联审批和集中审批，加强对行政审批全过程监管。省政府发布实施推进“先照后证”登记制度改革的意见。工商部门从2014年9月1日起，全省除保留53项工商登记前置审批事项外，其余107项审批项目一律先办照、后办证。11月下旬，国务院再次调整和取消一批前置审批事项后，省工商部门立即衔接跟进，把全省工商登记前置审批事项减少至42项，前置改后置项目增加为139项，促进了全省市场主体总量在连续四年高增长的基础上实现新突破。到2014年11月底，全省市场主体总量达到397.6万户、注册资本（金）总额3.4万亿元，同比分别增长21.16%、25.8%，全省市场主体总量比2009年增长2.25倍，由全国第8位跃升到第5位、中部第1位。全省11个市（州）商务部门成立了商务综合行政执法支队，55个县（市、区）成立了商务综合行政执法大队，商务综合行政执法人员1 138人，11个市（州）和53个县（市、区）开通了12312举报投诉服务电话，实现了中央、省、市三级平台互联互通，商务综合行政执法网络基本覆盖。食药监部门完善行政执法体制机制，着力解决权责交叉、多头执法问题，加强食品药品领域基层执法力量，规范执法自由裁量权，加强行政执法监督。知识产权部门依法办案，规范办案，制定出台了《案卷评查工作方案》、《湖北省专利侵权纠纷调处案卷评查计分标准》，邀请知识产权领域业内专家对市州知识产权局专利行政执法案例开展了集中评审，现场公布专家意见及评审结果。严肃查办国家工作人员在知识产权的审批、授权、保护等环节和高校科技成果转化过程中的职务犯罪行为。加大对涉及侵犯知识产权案件的立案活动、侦查活动、审判活动的法律监督力度。

二是强化诚信理念，推进诚信建设。省商务厅周密部署“诚信兴商宣传月”活动，坚持重点示范与面上推进相结合，开展了形式多样的诚信建设宣传活动。组织省重点服务联系36家内贸企业开展诚信兴商、文明经营倡议活动，向全省商贸流通企业发出诚信兴商倡议。开展诚信经营示范企业、百城万店无假货示范店等创建活动，提高商贸企业守法经营和诚信服务的意识，营造诚信兴商氛围。人民银行修订完善了《湖北省社会法人失信行为联动惩戒试行办法》，按照湖北省《关于在行政管理事项中使用信用记录和信用报告的实施意见》的要求，加强信用记录、信用信息、信用报告的应用，率先在药品安全、招投标、政府采购等领域的行政管理事项中采用第三方信用服务机构出具的信用报告，完善守信激励和失信惩戒机制。推动省级信用信息公共服务平台建设，落实省工商局、质监局、公安厅、住建厅、食品药品监管局等五家单位第一批信用数据入库，共享打击假冒伪劣相关信息。文化部门依托全国文化市场技术监管与服务平台，开展了文化市场主体基础信息的采集工作，完成了涉及文化市场、社会艺术水平考级、图书馆借阅书籍、文物单位资质认定、文物拍卖、文物保护、非物质文化遗产调查等方面的信用确认。

三是狠抓队伍培训，提升执法水平。省双打办举办了全省打击侵犯知识产权和制售假冒伪劣商品工作培训班，解读相关法律法规、工作规范及要求，研讨执法疑难问题、剖析各类典型案例，突出针对性、实用性，100多名政府管理部门工作人员和行政执法人员参加了培训。文化部门组织了5批次执法人员参加文化部的执法培训，举办了12期全省管理与执法人员培训班，各市州也先后举办了68期培训班，

邀请全国文化市场综合执法师资库10名优秀老师授课，全省县（市）共有1 200余名管理与执法人员参加了培训，培训范围之广、力度之大、效果之好为历年之少见，有效地提高了综合执法人员的业务水平和治理能力。工商部门组织了“关于推进商标战略相关问题”的法治大讲堂视频学习讲座、全省驰名商标企业法律知识培训班、全省工商系统新商标法师资培训班、全省工商系统公平交易培训班、全省工商系统网络交易监管培训班等，提高了执法人员的专业知识和专业技能。农业部门创新农业综合执法培训方式，组织片区案卷评析、举办农业执法人员知识更新专题培训等，让每一个参训人员积极参与，强化培训的效果。武汉海关本着理论知识与实战技能培训并重的原则，通过举办各类理论培训班、研讨会、征集理论文章、加强关员与知识产权权利人互动等，对各隶属关、办事处一线执法关员进行了形式多样的培训，提高了执法关员实战能力和查发能力。

四是健全统计信息制度，加强工作交流。省双打办建立了全省打击侵权假冒工作信息共享平台，开辟打击侵权假冒工作专栏，强化工作检查督促。建立了双打信息目标管理责任制、双打信息定期通报制度、双打信息绩效评估制度，将信息报送情况纳入对市州双打工作绩效考核内容。2014年，我省共编发双打工作简报300多篇，向省级以上媒体报送信息500余篇，报送的信息被中国打击侵权假冒工作网采纳近300条，信息报送数量位于全国前列。全国双打办2014年第38期简报专题刊发了《湖北省积极推动打击侵权假冒行政处罚案件信息公开工作》。认真做好案件信息公开数据统计，将行政处罚案件信息公开情况纳入省打击侵权假冒案件数据统计系统，定期对数据进行汇总统计，分析侵权假冒违法案件发展趋势，为全省双打工作提供数据指导。

五、双打工作的主要成效

一是市场环境得到净化。2014年，湖北省双打工作按照全国双打办以及省委、省政府的统一部署和要求，各市州和各部门共同努力，加大生产源头治理力度，加强市场监督管理，强化刑事司法打击，努力推进诚信体系建设，建立健全长效治理机制，集中整治侵权和假冒伪劣较为突出的问题，查办了一批大案要案，曝光了一批违法违规企业，依法惩处了一批违法犯罪分子。全省行政执法机关共查处侵权假冒违法案件16 844件，移送司法机关174件。公安机关破案519起，抓捕犯罪嫌疑人682人。检察机关共批捕涉嫌犯罪案件67件99人，起诉131件217人，监督立案74件，建议行政执法机关向司法机关移送涉嫌犯罪案件174件185人，移送公安机关立案侦查157件160人。审判机关受理刑事案件258件，审结242件，生效判决410人。对外公开侵权假冒商品行政处罚案件460多起。有效净化和规范了市场秩序，回应了社会对建设法治市场的新期待。

二是多项工作受到表彰和推广。公安部门在公安部、国家烟草专卖局联合督办的打击涉烟犯罪“903”行动中，随州经侦在捣毁本地制造假烟团伙的基础上，通过审讯深挖，在河南漯河捣毁该团伙关联窝点一处，并延伸发现该团伙上下线长期非法制造、贩卖烟机配件到国内多个省市以及朝鲜、缅甸、老挝等国的犯罪事实，向兄弟省市警方提供了重要的线索指向和情报支持，为“903”行动成功收网作出了突出贡献。2014年7月7日，国务委员、公安部部长郭声琨签发嘉奖令，对湖北等六省公安机关成功开展“903”行动予以通令嘉奖。荆州侦破叶某某等人非法拼装、销售伪劣电梯案被公安部经侦局评为2014年度精品案例。武汉市公安查办的假冒伪劣防火玻璃案件，及时消除了重大消防隐患，得到省委常委、市委书记阮成发专门批示，予以肯定。新闻出版部门的软件正版化工作接受国务院和新闻出版总局检查验收，总体情况良好，受到督查组的好评，在国务院督查情况通报中没有明显问题，在全国综合排名从去年的18位提升到了13位。在国家版权局组织的2013—2014年度查处侵权盗版案件有功单位和有功个人评选活动中，我省有9个单位、18名个人获奖，受奖数量和质量再创历史新高，名列全国第八位。文化部门查处的“湖北省马前卒文化发展有限公司擅自从事出版发行业务案”、武汉市江汉区文化市场综合执法大队办理的“武汉优翼文化有限公司印刷发行非法出版物案”、潜江市文化市场综合执法支队办理的“潜江中南房地产发展有限公司擅自从事营业性演出经营活动案”、鄂州市文化市场综合执法支队办理的“谢某某未经著作权人许可，通过信息网络向公众传播其作品案”等4个案件被文化部市场司通报表扬，占全国案件总数60件的6.7%，位列全国获奖总数第二位。在武汉中小学校园周边开展的清查整治行动得到省委书记李鸿忠等领导重要批示和肯定。省双打办向国家报送的湖北省建立行政处罚案件信息公开机制、实行行政处罚“黑名单”制度、开展案件信息公开数据统计培训和行政执法案卷评查活动等做法和经验被全国双打办印发简报供国家有关部委和各省市参阅。文化厅《湖北省文化市场技术监管与服务平台基础数据采集情况通报》在文化部第135期简报全文刊发，同时配发编者按，对我省的工作给予了充分肯定，并向全国推荐学习。

在取得成绩的同时，湖北省也清醒地认识到本省双打工作离党中央、国务院的要求，特别是离党的十八届四中全会“依法治国、建设法治国家、法治政府、法治社会”的要求

还有相当的距离，工作中也还存在不平衡、执法难等问题。健全法治机制，对市场秩序实行更加严格监管，在全社会形成守法护权的氛围还有很长的路要走，打击侵权假冒违法行为仍是一项长期的工作。湖北省将全面贯彻落实党的十八大、十八届三中全会、四中全会精神，坚持用法治思维和法治方式加强社会治理，进一步加大打击侵权假冒工作力度，为推进全省经济社会发展作出新贡献。

（撰稿人：彭显良）

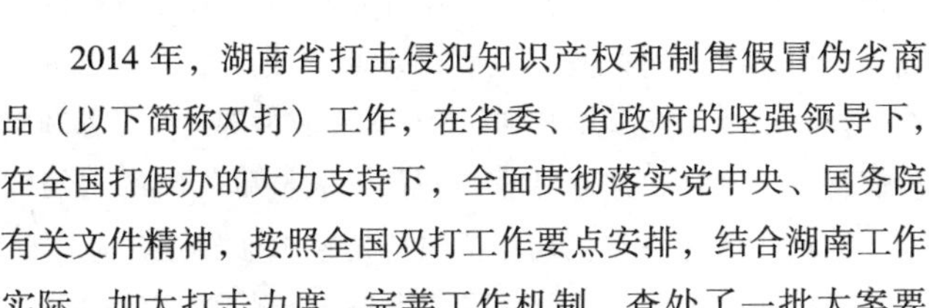

湖南省打击侵权假冒工作报告

2014 年，湖南省打击侵犯知识产权和制售假冒伪劣商品（以下简称双打）工作，在省委、省政府的坚强领导下，在全国打假办的大力支持下，全面贯彻落实党中央、国务院有关文件精神，按照全国双打工作要点安排，结合湖南工作实际，加大打击力度，完善工作机制，查处了一批大案要案，受到了社会各界的高度关注。

一、2014 年度打击侵权假冒工作总结

回顾 2014 年全省双打工作，总结如下：

（一）加强组织建设，基础工作稳步推进

2014 年来，我们加强了双打工作的组织建设，扎实稳步推进各项基础工作。一是加强机构建设。2014 年，省委、省政府在新一轮清理临时议事协调机构时，根据现实需要，保留了省双打工作领导小组。依照全国双打领导小组设置，我省增补了省网宣办、省邮政管理局、省通信管理局、湖南出入境检验检疫局 4 家单位为领导小组成员单位，省政府重新核定了成员名单，印发了调整领导小组成员的文件，进一步完善了领导小组职能。省双打领导小组办公室积极发挥牵头协调职能，加强对市州打击侵权假冒工作机构建设的指导和督促，及时向省政府报告工作情况，向各市州下发了《关于进一步加强打击侵权假冒工作的通知》。二是加强统筹谋划。2014 年年初，省双打领导小组办公室印发工作要点，明确 2014 年度工作重点和部门责任，并根据全国双打领导小组办公室要求，及时部署季度重点工作，以及互联网领域侵权假冒、农村和城乡结合部市场假冒伪劣等专项整治行动。积极与省综治办汇报沟通，制定了年度市州综治工作打击侵权假冒工作考评方案。三是加强督促检查。2014 年，省双打领导小组及时督促版权、环保、检察等部门针对考核中发现的问题查找差距和不足，改进完善工作。省双打领导小组办公室召集省农委、省商务厅、省工商局等九部门进行座谈，督促推进打击农村和城乡结合部市场假冒伪劣专项整治工作。还上门走访了省检察院、省公安厅、省版权局、省政府新闻办等部门，督促研究重点工作落实情况。向市州、省直有关单位下发了《关于开展行政处罚案件信息公开工作专项自查的通知》，督促市州和行政执法主管部门及时公开案件信息。省双打领导小组办公室以电话询问、网络工作 qq 群交流等形式加强了日常工作的督促检查。

（二）加强制度建设，构建完善长效机制

2014 年，我们进一步加强制度建设，逐步形成科学管用的长效管理机制。一是完善日常工作制度。建立和完善信息报送、案件上报制度，及时掌握各地各部门工作进展情况，对重大事件、重要案件快速通报，促进工作交流。集中公布 12330、12312、12315 等举报投诉热线，构建打击侵权假冒工作与公众互动的渠道。建立健全工作考核机制，省委、省政府继续将有效打击侵犯知识产权行为纳入市州综合治理考评内容以及市州党委政府、省直机关单位绩效评估指标。二是推进案件信息公开。自国务院启动案件信息公开工作以来，我省迅速部署，积极落实，印发《关于做好案件信息公开工作的通知》、《案件信息公开监督管理暂行办法》等文件，接连组织召开 5 次案件信息公开工作会议，并邀请全国打假办李振中副主任指导我省案件信息公开工作。有 10 个行政执法部门制定出台了行政处罚案件信息公开实施细则，及时、规范公开各类行政处罚案件信息累计 1 036 条。三是加强诚信体系建设。省社会信用体系建设领导小组办公室下发《2014 年湖南省社会信用体系建设工作要点及职责分工》。省商务厅印发《商务领域信用建设工作要点》，加强商务领域信用信息归集，开展诚信经营示范创建活动。省法制办、省发改委、人民银行长沙中心支行联合开展《湖南省社会信用信息管理条例》立法调研论证工作。人民银行长沙中心支行累计为政府部门提供信用报告查询服务 2 740次。省经信委部署推进全省食品工业企业诚信体系建

设。省国资委指导企业对所售商品进行质量承诺，加强商品配送监管，确保企业产品信誉。省文化厅开展艺术品经营单位调查摸底、备案登记和“湖南诚信画廊”评选工作。四是完善侵权假冒商品环境无害化处理机制。2014 年，省环保厅向各成员单位公布了《拟销毁的侵犯知识产权和假冒伪劣商品分类处理指南》，提供了危险废物类、电子废弃物类、一般固体废物类、其他类等 4 种类别具备无害化销毁能力的单位信息。监督各承担销毁任务的单位及时将销毁情况上报当地环保部门，杜绝拟销毁侵权假冒商品再次流入市场，防止销毁过程中发生二次污染，并按要求逐季向环保部报送我省收缴的侵权假冒商品销毁情况。

（三）加大打击力度，遏制侵权假冒行为

2014 年来，各成员单位各司其职，团结合作，相互配合，加大打击力度，有效遏制了侵权假冒行为。专利行政执法部门立案办理专利行政执法案件 2815 件，同比增长 11.2%。继续推进专利纠纷行政调解协议司法确认工作，全年共有 11 起案件进入司法确认程序，8 件完成确认。商标执法部门加大商标侵权案件的查处督办力度，共立案查处商标侵权案件 1 192 件，罚款、没收违法所得共计 928.62 万元。版权管理部门加强对重点网站的监管，共立网络侵权案件 32 起，其中，“永州谭某某等涉嫌通过网络销售盗版软件案”被列入全国打击网络侵权盗版专项治理行动十大案件。质监管理部门共立案查办假冒违法案件 4 156 件，移送涉刑案件 75 起，刑事拘留、批准逮捕共 27 人，查获假冒伪劣产品货值达 8 000 余万元。农业部门开展种子市场专项整治，进行了春、夏、秋三季种子抽样检查，共对 300 余个种子经营者的近 700 个种子样品进行取样检测，样品合格率均在 92% 以上。林业部门针对春季造林期间的侵犯林业植物新品种权开展专项执法行动，销毁无证无签油茶苗木 3 000 多株。文化部门开展地理标志产品专项检查 200 余次，检查地理标志产品生产企业 1 000 余家次。开展“浏阳花炮”跨省市场联合打假行动，立案查处 600 多起，查获假冒“浏阳花炮”87 500 箱，涉及货值 3 000 余万元。海关知识产权执法部门共查处知识产权案件 61 起，查扣涉案物品 13 万余件。检察机关共批准逮捕涉嫌侵犯知识产权犯罪案件 23 件 36 人，起诉涉嫌侵犯知识产权犯罪案件 73 件 133 人。司法保护知识产权保障作用进一步发挥，法院共受理侵犯知识产权案件 2 156 件，审结 1 721 件，结案率为 79.82%，同比增长 1.25 个百分点。公安经侦、治安部门共侦破侵权假冒刑事案件 752 起，抓获涉案人员 785 人，捣毁制假、售假窝点 608 个，缴获假冒伪劣商品 300 余万件，涉案金额达 1.24 亿元。

二、2015 年度工作计划

2015 年，全省双打工作要认真贯彻落实党的十八届四中全会精神，完善治理体系，将打击侵权假冒作为转变政府职能的重要方向，深化长效机制建设，加强协调联动，着重加强市县工作力度，努力建设法治化营商环境。

（一）逐步完善各项机制

下一步，我们坚持用制度管权、管事、管人。一是建立绩效评估体系。按照全国双打领导小组的要求，进一步加大督促省领导小组各成员单位积极履行打击侵权假冒工作各项现行工作机制和制度，建立健全打击侵权假冒工作绩效评估体系，出台《湖南省打击侵犯知识产权和制售假冒伪劣商品工作绩效评估办法》及相关配套制度。二是建立重大案件督办制度。受理并督促有关地区和有关部门及时办理侵权假冒重大案件，建立健全市州间、成员单位间的密切配合、信息共享的协作机制，依法打击侵权假冒违法犯罪行为，遏制此类违法犯罪行为猖獗势头，防范和化解区域性、系统性风险。三是建立健全工作体系。积极争取省委、省政府支持，加强全省打击侵权假冒工作的体系建设，明确职能职责、理顺管理关系、充实工作力量，确保打击侵权假冒工作思想不松、目标不变、标准不降、力度不减。领导小组各成员单位应根据工作实际及工作职责，制定打击侵权假冒工作规章制度，保障打击侵权假冒工作有序进行和取得实效。

（二）统筹推进各项工作

一是抓好舆论宣传。以报刊、网络、工作简报、宣传活动为载体，加强舆论引导作用，及时报道打击侵权假冒工作进展和成效，进一步营造良好工作氛围。针对各部门、各市州确定和办理的重点督办案件和典型案件，及时进行清理和发布，扩大典型案例的示范指导效应。二是抓好信息公开。深入贯彻落实国务院《关于依法公开侵犯假冒行政处罚案件信息的意见（试行）》的要求，以公开为原则、不公开为例外，切实加大信息公开力度。各有关行政执法部门要结合本系统制定出台的实施细则，指导督促各地依法、主动、及时公开所有符合公开条件的行政处罚案件信息，明确不宜公开事项的范围和批准程序，保证信息公开的严肃性。确保我省 2015 年打击侵权假冒工作绩效考核不扣分。三是要抓好“两法衔接”建设。2015 年，我们要牵头抓好“两法衔接”信息共享平台建设工作，确保年内建成并运行省市县三级共享平台，完成与全国平台的对接。

（三）开展各类专项行动

按照全国双打工作要点要求，2015 年，我省将重点开

展以下专项行动：一是开展邮递、快件渠道专项执法。重点打击通过“海外代购”方式进口侵权商品和“蚂蚁搬家”出口侵权商品的违法行为；督促邮政企业、快递企业加强对电子商务企业等协议客户的资格审查，要求协议客户签署不得寄递侵权假冒商品的承诺书，引导相关企业建立寄递信息追溯制度，督促落实收寄验视制度。二是开展第十一次网络侵权盗版专项治理“剑网行动”。推进国家版权监管平台建设，扩大版权重点监管范围，把应用程序（APP）等新型传播方式纳入监管范围。加强印刷、复制、发行特别是网络发行日常监管，开展印刷、复制、发行专项检查。三是开展车用燃油专项整治。省公安厅、省环保厅、省商务厅、省工商局、省质监督局等部门要按照全国双打领导小组、中宣部《关于印发车用燃油专项整治方案的通知》要求，扎实抓好本系统专项整治的组织实施。从2015年2月起，各有关部门要在每月5日前，按时向省领导小组办公室填报《专项整治月度统计表》。四是深入推进农村和城乡结合部专项整治。围绕与农村居民日常生活和农业生产紧密相关的食品药品、小家电、日用化工、五金电料等消费品和种子种苗、化肥、农药等农资产品，针对各类产品主要生产销售使用地区、小规模生产经营主体聚集地区、区域交界处游商游贩经常活动地区，农村和城乡结合部集贸市场、门店作坊、流动商贩，突出重要农时和节庆时段，开展集中整治。

（撰稿人：刘文慧）

广东省打击侵权假冒工作报告

一、综述

2014年，在广东省委省政府的正确领导下，全省按照全国打击侵权假冒工作领导小组统一部署，加大生产源头治理力度，加强市场监督管理，强化刑事司法打击，努力推进诚信体系建设，建立健全长效治理机制，打击侵权假冒工作取得显著成效。2014年，全省主要行政执法部门共立案查处侵权假冒违法案件21 072件，涉案金额4.74亿元；办结18 081件，向司法机关移送案件1 562件，涉案金额3.65亿元。

二、组织领导统筹协调

广东省委省政府高度重视打击侵权假冒工作，领导小组组长陈云贤副省长参加全国打击侵权假冒领导小组第五次全体会议，向汪洋副总理汇报工作，并亲自主持召开省领导小组会议和全省电视电话会议，传达中央精神，部署全省工作任务。广东省打击侵权假冒工作领导小组办公室积极发挥协调推进作用，组织完成2013年度绩效现场考核，制定并推进年度工作要点实施，深入开展侵权假冒行政处罚案件信息公开、行政执法与刑事司法衔接、互联网打击侵权假冒等专项工作，针对央视曝光问题组织广州市开展皮具行业专项整治，并组织主要成员单位到广州、汕头、佛山、惠州、东莞、江门等地督查，落实工作任务。广东各地按照省政府统一部署，切实加强组织领导，落实工作制度，进一步理顺关系，提升工作效能，为工作的深入推进打下坚实的基础。

三、行政执法与刑事司法打击

广东各地各部门将日常执法与专项行动紧密结合，围绕重点商品和突出问题，切实加大执法监管保护力度。农业部门深入开展以种子、肥料、农药、饲料、兽药和农机等为主要内容的专项整治，有效规范农资市场秩序；林业部门开展林木种苗质量抽查和打击侵犯林业植物新品种权专项行动；商务部门开展电视购物专项整治；地税部门开展虚开发票专项整治；工商部门紧紧围绕“食品、民生、高危、重害”等领域，部署汽车配件、箱包皮具、酒类、农资和网络交易侵权假冒专项整治；质监部门开展“质检利剑”专项行动；食品药品监管部门深入开展保健食品打“四非”、医疗器械“五整治”、食品安全“三打两整治”、农村市场“四打击四规范”等专项行动；知识产权部门开展专利“护航”和电子商务领域执法专项行动；海关部门专门针对世界杯足球赛开展“绿茵”专项行动。

2014年，全省公安机关共针对制假售假立案11 280宗，破案10 334宗，占全国破案数的1/4，打掉职业化犯罪团伙1 100多个，逮捕6 278人，移送审查起诉10 459人，涉案金额约220亿元，打假工作各项数据指标增幅均为历年之最，得到国务委员、公安部部长郭声琨的充分肯定；全省检察机关共批捕侵犯知识产权犯罪案件1 706件3 092人，生产、销售伪劣商品犯罪案件649件973人，起诉侵犯知识产权犯罪案件 1 527 件 2 674 人，生产、销售伪劣商品犯罪案件 2 593 件 3 154 人；全省审判机关共受理侵犯知识产权案件和生产、销售假冒伪劣商品案件 3 535 件 4 969 人，审结3 313件 4 684 人，同期判处 3 735 人，被判处 3 年以上有期徒刑的 168 人，持续保持对侵权假冒违法犯罪分子的强大震慑力。

四、互联网侵权假冒专项整治

互联网侵权假冒专项整治在三个方面取得积极成效：一是各地各部门针对互联网领域侵权假冒的多发环节和重点商品采取积极行动，工商部门开展“2014 红盾网剑专项行动”，全省共检查经营性网站 5.3 万个，责令整改 585 个，检查网络经营者实体店 4 943 个，共查处各类网络交易及有关服务行为违法案件 1 329 宗、罚款、没收违法所得共计 1 931万元，分别比上年增长 136.3% 和 250.46%；质监部门开展电子商务产品专项执法行动，检查皮具、儿童用品、农资、建材、服装等生产企业 5 536 家次，立案 755 宗，货值 1.2 亿元，其中查处大案要案 15 宗，移送公安机关 22 宗，取得阶级性成果；公安部门全年侦破涉及互联网售假案件 1 293宗，查处违规网站、电商平台 616 个。惠州联合北京、天津、西安、郑州等地侦破网上销售假冒动漫玩具全国集群案，涉案金额 2 000 多万元；深圳快播公司涉嫌未经许可通过信息网络向公众传播他人作品，侵犯著作权人合法权益，损害公共利益，深圳市市场和质量监督管理委员会对其立案调查，克服取证难、定性难、法律适用复杂、证据链条长等一系列困难，最终查明侵权行为成立的直接证据，并处以 2.6 亿元罚款，创下了国内互联网行业罚款之最，极大地打击了侵权盗版违法犯罪行为的嚣张气焰。二是电商企业积极开展行业自律，唯品会通过建立“事前审查”和“事后救济”制度，以第三人的身份建立电商平台侵权投诉和调查机制，对侵权假冒采取“零容忍”原则，确保知识产权权利人的投诉和争议得到及时有效处理。三是电商领域立法已经启动，受全国人大委托，深圳市市场和质量监督管理委员会牵头承担电子商务法立法课题，形成《电子商务可信交易环境立法课题研究》等调研项目成果，提出了立法建议，为电子商务领域法律法规的完善提供了重要参考。

五、大案、要案查处

广东各地集中优势力量，加大侦破力度，破获一系列具有重大影响的案件。广州开展菱烨假冒注册商标案全国集群战役收网行动，共抓获犯罪嫌疑人 70 名，打掉制假售假犯罪团伙 7 个，破案 10 宗，捣毁制售窝点 17 处，假冒“施耐德”等知名品牌成品传感器 7 700 件、半成品数万件，制假设备、工具一大批，涉案金额 2 亿余元；深圳联合河北、山东、吉林、山西等地公安机关，侦破特大制售假冒“三星”手机案，共捣毁制假售假窝点 18 处，打掉犯罪团伙 16 个，抓获犯罪嫌疑人 34 名，查获假冒“三星”等品牌手机 1.2 万余部，涉案金额达 3.7 亿元；汕头联合浙江、江苏、天津、重庆等省公安机关，成功打掉一个加工、生产假冒“国际名牌”皮具的犯罪团伙，抓获犯罪嫌疑人 16 名，查获假冒 LV、GUCCI 皮具成品 2 万多件、假冒品牌皮具半成品及制假生产设备一批，涉案金额 4 亿多元；东莞侦破假冒手表窝点案件，查获假冒“精工”、“西铁城”等手表 55 941块，大批半成品以及制作手表的配件，涉案金额约 1 亿元；湛江在保护民族品牌知识产权专项行动中牵头对假冒注册商标案全国集群战役开展收网行动，捣毁制假窝点 3 个，抓获犯罪嫌疑人 8 名，缴获“半球”牌电饭锅成品、半成品一批，涉案金额 5 500 多万元；省公安厅开展的“粤北一号”打击假烟犯罪集中收网行动，毁假烟犯罪团伙 20 多个，侦破 100 万元以上案件 31 宗，抓获犯罪嫌疑人 141 人，捣毁窝点 56 个，查获制假烟机 35 台，缴获假烟货值约 8 500 万元，实现了对假烟犯罪“产、供、销”全链条打击。

六、长效机制建设

（一）行政处罚案件信息公开

广东省打击侵权假冒工作领导小组办公室组织成员单位召开电视电话会议，部署侵权假冒行政处罚案件信息公开工作。陈云贤副省长亲自主持领导小组会议，审议并通过《广东省依法公开制售假冒伪劣商品和侵犯知识产权行政处罚案件信息工作监督管理办法（试行）》，并要求各地各部门切实按照国务院和全国领导小组要求，全部依法公开侵权假冒行政处罚案件信息。各地均制定了本地区行政处罚案件信息公开实施意见，各行政执法部门均在门户网站或其他平台设置了行政处罚案件信息公开专栏，并对案件信息公开的保密审查、审核决定、信息发布、档案管理、部门协调和监督检查等作出规定，及时公开案件信息，接受社会监督。其中，全省工商部门 2014 年共计公开 3 517 宗侵权假冒行政处罚案件信息，对促进依法行政和震慑违法分子起到了积极的作用。

（二）“两法衔接”信息平台建设

全省已按照国务院和全国领导小组要求建成“两法衔接”信息平台，并实现省市县三级平台与中央平台的对接互联。各地各部门深入推进“两法衔接”信息平台建设，珠海市出台《珠海经济特区行政执法与刑事司法衔接工作条例》，该条例为全国首部保障“两法衔接”工作的地方性

法规，其“两法衔接”平台自2012年建立以来共录入案件14 735件，行政执法机关移送涉嫌犯罪案件282件，公安机关立案177件；佛山市检察机关用6个月时间梳理完成《佛山市行政执法与刑事司法相衔接工作刑事案件移送标准汇编》、《证据参考标准汇编》和《案例选编（一）》三册共计70余万字的书籍，明确移送标准和流程；省质监局会同省公安厅、省检察院起草《质量技术监督行政执法移送涉嫌犯罪案件标准指引》，进一步梳理质监部门“两法衔接”领域的法律法规，明确涉刑案件移送细则，实现集中化、系统化、明晰化，指导全省质监部门做好行政执法案件移送工作，有力推动了“两法衔接”工作。

（三）软件正版化工作

2014年，省推进使用正版软件工作联席会议办公室先后派出5批次督查组，联合地市派出的36个督查组，对全省县级政府机关推进使用正版软件工作进行重点抽查，进一步巩固软件正版化工作成果；4月，国务院督查组检查广东省推进政府机关软件正版化工作，认为广东“工作严谨扎实，保障工作到位，组织落实迅速，长效机制健全，支持国产办公软件成效明显”。同时按照国家要求，全省着力推进企业使用正版软件工作，年初便制订了全年推进企业使用正版软件工作计划，通过地市上报等方式编制了重点督办企业名录，确定了165个重点督办单位，通过培训、讲座和督促检查等方式，狠抓企业软件正版化，取得阶段性成效，其中新闻出版行业二级企业通过国家版权局检查组和省联席会议检查小组的抽查，全部达到软件正版化要求。

七、打造社会共治体系

广东各地各部门一是以“3·15”、“4·26”和“12·4”等重要节点为契机，充分利用电台、电视、报刊和网络等各类媒体，通过召开新闻发布会、开展宣传咨询、公开集中销毁侵权假冒物品和曝光典型案例等活动，宣传报道打击侵权假冒工作成果。二是进一步健全完善举报投诉处理制度，开展维权援助，社会公众主动参与打击侵权假冒的积极性进一步提升。出入境部门实现举报投诉100%人工接听、100%调查取证、100%录入电子案卷和实名举报投诉100%回复；全国首个家具知识产权快速维权中心—中国东莞（家具）知识产权快速维权援助中心在东莞正式运行。三是积极开展社会综合治理，司法部门试点开展律师进村居活动，服务基层打击侵权假冒工作；惠州市开展“社会矛盾化解年”百日攻坚活动，共排查各类社会矛盾2 126宗，调解1 972宗，有效化解了因侵权假冒违法犯罪行为引起系统性、区域性风险的可能。四是积极加快诚信体系建设，努力营造诚实、自律、守信的社会信用环境。人民银行广州分行把建立健全社会征信体系纳入全省社会体制改革的整体框架，并积极推动地方信用信息共享，促进信用服务市场健康发展；中山市基本建成以信用信息资源共享为基础的覆盖全社会的征信系统，并与金融服务相结合，整合各类资源，依托人民银行征信管理等业务，搭建了一个多功能于社会征信和金融服务平台，形成社会征信与信贷征信互补共进的良好格局；肇庆市建立地方信用信息管理系统，实现部门信用信息共建共享，“肇庆市征信服务平台”正式运行以来，已采集工商、税务、住房公积金、环保、法院、海关、质监等部门相关信息共计1 139.85万条记录；云浮市全面推进信用村建设，构建公共信用信息管理系统，建立完善市县镇村四级农村征信信息采集机制。

（撰稿人：张元琴）

广西壮族自治区打击侵权假冒工作报告

2014年，在全国打击侵犯知识产权和制售假冒伪劣商品工作领导小组和广西区党委、政府的正确领导下，广西各地各有关部门按照国家的统一部署，加强组织领导，周密安排部署，积极开展打击侵犯知识产权和制售假冒伪劣商品工作，取得了较好的成效。全年各行政执法部门共立案6 023件，结案5 488件，移送司法机关案件91件。检察机关批捕涉嫌犯罪案件139件、229人，起诉226件、385人。审判机关受理案件181件，审结案件139件，生效判决246人。主要开展了以下几方面工作。

一、领导重视，加强统筹协作

广西区政府高度重视打击侵权假冒工作，自治区副主席、打击侵权假冒工作领导小组组长张晓钦亲自主持召开年度领导小组全体会议，研究通过了2014年广西打击侵权假冒工作要点和有关制度性文件。自治区领导小组办公室认真履责，加强组织领导和统筹协调，召开全区打击侵权假冒工作会议，对年度工作进行安排部署，按季度研究下发重点工作任务，并督促检查各地区、各有关部门工作落实情况，确保全区打击侵权假冒工作有序开展。在全区各地、各有关部门积极协同配合下，广西领导小组办公室建立了侵权假冒领域两法衔接、案件信息公开监督、绩效考核等工作机制，构建了“全区统一领导、地方政府负责、部门依法监管、各方联合行动”的工作格局，加强了部门间、区域间协作，形成齐抓共管的强大合力。

二、突出重点，深入开展专项整治

针对侵权假冒多发地区、重点领域和重点商品，各级各有关部门认真谋划，开展了一系列的专项整治行动，保持打击侵权假冒伪劣的高压态势。

一是开展农资打假和重点品种专项整治。各级农业部门精心部署农资打假工作，重点查处种子、农药和肥料经营违法行为，全年共查处农资案件1 398起，办结1 341起，涉案金额674.03万元，捣毁制售假窝点5个，移送公安机关3起。

二是开展药品生产流通领域专项整治。各级食品药品监管部门集中力量在全区范围内开展药品生产流通领域集中整治行动，全年共立案查处侵权假冒违法案件2 006起，捣毁各类制假售假窝点37个，移送司法机关处理98起，涉案金额1 891.23万元。

三是加强商标行政执法力度。各级工商机关以保护注册商标专用权为核心，以商品批发零售市场为重点，加大对商标专用权的保护力度，大力查处各类商标侵权案件。全年共查处商标侵权假冒案件1 429件，罚款、没收违法所得423.21万元。

四是开展“质检利剑”专项执法行动。质监部门组织开展农资产品、人造板、食品相关产品“质检利剑”专项执法打假行动，查办涉及侵权假冒各类案件352起，捣毁假冒伪劣窝点20个。

五是加强传统和网络领域侵权盗版整治。各级新闻出版部门以“剑网行动”为推手，深入开展著作权行政执法工作，全年共查处著作权侵权案件39起。

六是开展林木种苗打假专项行动。林业部门组织开展打击制售假劣林木种苗和保护植物新品种权专项行动，重点检查种苗集散地、种苗交易市场等林木种苗生产、经营比较集中区域，检查苗圃736个、种苗市场159个、责令5个单位进行整改。

七是加大对文化市场侵权假冒的打击力度。各级文化部门加强市场监管，狠抓文化市场各类专项整治行动，共检查文化经营单位7.74万家（次），责令改正748家次，立案调查487件。

八是加强知识产权海关保护。南宁海关重点开展保护2014年世界杯足球赛知识产权的“绿茵行动”，共查获侵权案件34起，货物数量5 008件，货值人民币50万元。

九是深入打击流通领域专利侵权假冒行为。知识产权部门以知识产权执法维权“护航”行动为重点，加强流通领域的专项执法检查，严厉打击制造、销售假冒专利产品等违法行为。查处涉嫌假冒专利案件254起，处理专利侵权纠纷案件10起，调解其他专利纠纷案件1起。

十是组织东盟博览会展会联合执法。由领导小组办公室牵头组织12个部门进驻第11届中国—东盟博览会现场开展联合执法，查处了一批侵权假冒产品，规范了展会展销秩序，保护了消费者合法权益，展示东盟博览会良好形象。

此外，广西出入境检验检疫局强化出入境商品质量监督检查；广西环保厅指导开展全区侵权假冒商品环境无害化销毁工作；广西国税、地税局开展税收和发票使用情况专项整治；广西财政厅积极筹措资金，为打击侵权假冒工作提供了充分的资金保障；其他成员单位也开展了卓有成效的工作。

三、抓住关键，着力查办大案要案

公安机关坚持集群战役主战模式，全面开展侵权假冒线索深挖和案件串并工作，成功侦破公安部经侦局督办案件3起，发起跨多省集群战役4起，参与外省集群战役69起。如贵港公安机关发起的“5·20特大制售假冒世界杯参赛队球衣、侵犯世界杯知识产权案集群战役”，查获假冒世界杯参赛队球衣等运动服装15万余套，成功摧毁了一个特大制售假冒名牌运动服装的犯罪网络，获评为全国公安机关打假经典战役，美国驻广州总领事专门致函感谢；桂林市公安机关发起查获的谢小平等人制售假冒品牌汽车挡风玻璃案，根据案件拓展出多省线索，共抓获犯罪嫌疑人28名，打掉涉案团伙4个，查获假冒宝马、奔驰等品牌挡风玻璃5万多片，总涉案金额达5 374万元。此案对汽车挡风玻璃造假犯罪行业产生极大震慑，权利人称此战役是目前国内最大的假冒汽车挡风玻璃案件。

四、发挥职能，依法快捕快诉

各级检察机关充分发挥职能作用，持续保持高压态势，严打侵犯知识产权和制售假冒伪劣商品犯罪行为。对于公安机关提请批准逮捕、移送审查起诉的相关案件，在加强对证据的审查，准确把握批捕、起诉条件的同时，坚决依法快速批捕、起诉侵犯知识产权和制售假冒伪劣商品犯罪案件。全年共批捕案件139个，审查起诉案件226个。

五、严惩犯罪，依法快审快判

各级审判机关充分发挥刑事审判职能作用，坚持标本兼治、综合治理、打防并举的方针，依法审判了一批侵权假冒犯罪大案要案。比如对涉“全能神”非法出版物系列案件4件26人进行集中宣判，召开全区法院依法惩治制售假冒伪劣商品和生产、销售有毒有害食品等危害民生犯罪新闻发布会，并公布10起民生领域的打假侵权犯罪典型案例。2014年审结案件139个，246人被判处有期徒刑、无期徒刑等刑罚。

六、巩固成果，持续推进软件正版化

全面开展推进软件正版化“回头看”工作，巩固软件正版化成果，重点进行查漏补缺工作和长效机制建设，始终保持强力推进工作的积极态势，软件正版化长效机制建立工作多次得到国家有关部委的肯定。截至2014年底，广西县级以上财政共投入资金1.26亿元人民币，采购正版软件二十万三千四百多套（件），全面完成县级以上各级政府机关、民主党派和人民团体使用正版软件检查整改工作任务。

七、明确职责，加快推进两法衔接

积极推动行政执法与刑事司法衔接工作，印发《关于建立打击侵权假冒领域行政执法与刑事司法衔接工作机制的办法》，明确各部门在侵权假冒领域做好两法衔接工作的基本职责。按照国务院有关工作要求，于2014年6月建成广西“两法衔接”信息共享平台并开通运行，平台覆盖广西、市、县三级行政执法机关和刑事司法机关。及时出台了《广西壮族广西打击侵权假冒领域行政执法与刑事司法衔接信息共享平台运行管理办法（试行）》，明确了各部门信息录入的具体要求和管理职责，要求各行政执法单位，将2014年起已生效的行政处罚决定信息录入信息共享平台。2014年，各行政执法部门登陆平台录入案件2101起。

八、建章立制，推动案件信息公开

认真落实国务院关于侵权假冒行政处罚案件信息公开工作部署，制定《广西制售假冒伪劣商品和侵犯知识产权行政处罚案件信息公开工作监督管理办法（试行）》，强化对执法部门案件信息公开的督促指导、监督检查和考核评价等工作措施，并将案件信息公开情况纳入打击侵权假冒统计通报内容，通过制度来推动侵权假冒行政处罚案件信息公开工作落实。截至2014年底，广西有关行政处罚部门均按照上级部门要求落实行政处罚案件信息公开工作的政府网站地址、内设机构、负责人和联络员，按要求公开相关侵权假冒行政处罚案件。据不完全统计，全区已公开侵权假冒案件信息共2000余条。

九、加强考核，推进工作全面落实

2014年12月，广西打击侵权假冒工作领导小组办公室组织广西公安厅、农业厅等12个单位组成5个考评小组赴各市开展2014年度打击侵犯知识产权和制售假冒伪劣商品工作绩效考核。通过各市自评和现场考核组打分，得出最终考核结果，按行政区域分布，分数在95分以上有5个，90—95分之间的有7个，85—90分之间的有2个。各市普遍存在以下问题：一是应公开未公开的行政处罚案件数量较多，特别是在县级较为突出；二是部分单位录入两法衔接信息共享平台案件数量偏少，案件移送、受理、监督功能未有效发挥；三是日常工作基础比较薄弱，14个市不同程度均存在着数据统计有缺项、报送信息不及时的情况；四是侵权假冒商品环境无害化处理工作机制不够健全。这些问题和我区被国家扣分的情况基本吻合，针对存在的问题和自治区副主席张晓钦的批示，广西双打办已协调相关成员单位制定了整改方案报领导小组。下一步将按照整改方案进行整改，确保在下年度及今后的绩效考核中取得更好成绩。

十、大力宣传，形成良好舆论氛围

采取各种有效形式大力宣传我区打击侵权假冒工作措施和取得的成效，提高公众自觉抵制假冒伪劣商品、重视知识产权保护的意识。2014年，广西双打办按照自治区副主席张晓钦在领导小组全体会议上的要求，集中在全区开展宣传活动，领导小组办公室制作了《打击侵权假冒工作纪实》宣传短片，在广西资讯频道黄金档播出，在广西电视台滚动播放《保护知识产权，打击假冒伪劣》公益广告，同时通过广西商务厅门户网站设置打击侵权假冒宣传工作专栏，大力宣传我区打击侵权假冒工作，社会反响良好。

2014年，广西打击侵权假冒工作实实在在取得了一定的成绩，全国打击侵权假冒绩效考核第十工作组在考核广西双打工作后充分肯定了我区2014年度打击侵权假冒工作，认为自治区政府对打击侵权假冒工作认识到位，高度重视，领导小组办公室对工作认真负责，组织领导和统筹协调得力，各成员单位责任分工明确，各项工作基本落实到位。特别在两法衔接工作、东盟博览会联合打假和新闻宣传等方面成效明显。但是我们也清醒地认识到工作中还存在不少问题，主要表现在：一是仍有少部分市、县对打击侵权假冒工作重要性认识不足，组织领导和工作推进力度不够，整治成效不明显；二是各行政执法部门侵权假冒案件信息公开数量还未到国家要求；三是打击侵权假冒行政执法与刑事司法衔接的机制性建设仍需加快推进；四是部门协作有待加强，相关部门在打击侵权假冒工作中协调配合还不够，综合治理的整体效能尚未发挥出来。下一步，针对存在的问题，我们将认真筹划，拿出具体措施，继续推进广西打击侵权假冒工作走向深入。

（撰稿人：邓文娟）

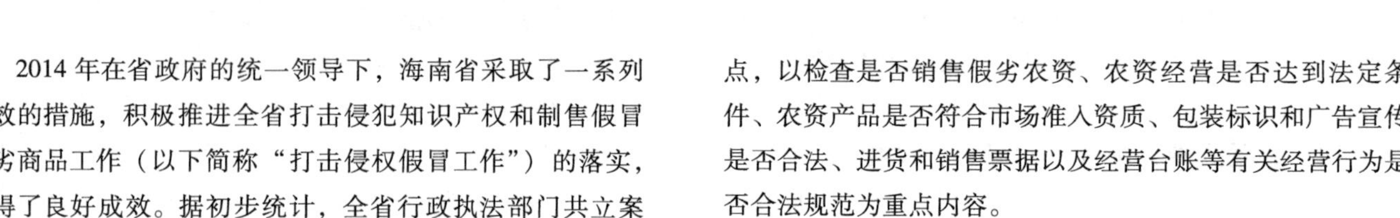

海南省打击侵权假冒工作报告

2014年在省政府的统一领导下，海南省采取了一系列有效的措施，积极推进全省打击侵犯知识产权和制售假冒伪劣商品工作（以下简称“打击侵权假冒工作”）的落实，取得了良好成效。据初步统计，全省行政执法部门共立案3 812宗，出动执法人员36 080人次，检查经营主体54 392家次，捣毁制假售假窝点64个。全省公安机关立案57起，破案37起，抓获犯罪嫌疑人73人，刑事拘留61人，提请逮捕10人。检察机关依法批捕侵权假冒案件23件30人，审查起诉该类犯罪案件40件69人，监督行政执法机关移送该类犯罪案件6件6人，监督公安机关立案该类犯罪案件17件19人。全省法院系统共受理涉及知识产权案件286件，判处57人承担刑事责任。

一、大力开展专项整治，严厉打击制售假冒伪劣违法行为

（一）开展农资打假专项整治

一是从推进农药经营管理体制改革入手抓整治。省农业部门结合我省农药改革的新形势，制定下发了《2014年度海南省农药监管工作方案》，突出抓好严厉打击农药违法行为、加快全省农药监管和可溯源监管系统建设工作。认真组织农药企业备案，并通过海南农业信息网，将备案的农药产品信息分批向社会公布。截至2014年底，全省共受理农药产品备案申请2万余个，通过备案农药产品8 000余个。上架销售的农药产品从上年的2万余种减少到4 000余种。

二是抓好农资产品检查。省农业部门检打结合，以种子、农药、肥料为检查的重点产品，督促市县对辖区内农资市场进行拉网式检查。突出农资经营门店、批发商、代理商、配送中心，以及农资批发市场和乡镇农资集散地等重点，以检查是否销售假劣农资、农资经营是否达到法定条件、农资产品是否符合市场准入资质、包装标识和广告宣传是否合法、进货和销售票据以及经营台账等有关经营行为是否合法规范为重点内容。

三是相关部门各司其职。省质监部门认真开展“质检利剑农资打假下乡”活动，对全省化肥、农药生产企业开展专项执法检查，共对39家肥料生产企业、6家农药生产企业进行了专项监督抽样检验。省林业部门严格执行“两证一签”制度，规范林木种苗生产、经营秩序。在林木种苗集散地、林木种苗交易市场等生产、经营比较集中的区域，开展执法检查，对无证生产、经营者给予处罚。规范林业重点工程使用林木种苗行为，对海防林建设、道路绿化、城镇绿化，特别是“绿化宝岛”行动八大林业重点工程，组织开展种苗质量检查，突出检查产种量高、用种量大的市县和地区，从源头上把好种苗质量管理关。

（二）开展假冒伪劣食品药品专项整治

食药监部门加大了案件查处力度。共立案1 115件，查处黑窝点61个，移送公安部门处理26件，采取强制措施20人，批捕7人。通过查处一批情节恶劣、社会影响较大的黑窝点和违法案件，形成打击威慑力，倒逼企业加强质量建设，从源头上提高食品药品质量水平。

发挥垂管优势组建办案突击队，统领全省稽查执法队伍，开展重点食品药品专项整治。组织开展了违法广告、电视购物、打击互联网销售假药、猪肉熟食加工销售、冷冻肉类产品、地沟油、医疗器械、米粉、中药饮片等11项专项整治行动。在各项专项整治行动中，全省各级食药稽查部门统一行动，充分发挥整体整治效果。

发挥“联打办”作用，有力打击食品药品领域违法犯罪行为。在省食药监局成立了由省公安厅派驻人员组成的联

合打击食药犯罪办公室，充分利用全省近 4 000 警力，积极配合打击食品药品犯罪行为。先后集中组织了打击地沟油、走私冷冻肉制品、制售假冒中药饮片等重大专项行动；查处了违规使用化工原料加工食品、制售假酒、无证加工生产中药饮片等多个黑窝点。

（三）开展重点产品生产流通环节专项整治

一是认真开展建材、儿童用品和汽车配件市场打假行动。针对我省实际情况，组织开展了建材、儿童用品、汽车配件和汽柴油等产品专项执法打假行动。截至目前，共立案查处各类建材案件 86 宗，罚款、没收违法所得达 114.64 万元。

二是开展打击“伪基站”、能效标识专项执法检查。根据国家有关部门《关于切实做好打击非法生产“伪基站”设备和窃听窃照专用器材有关工作的通知》要求，我省依法查处了一批相关假冒伪劣产品。同时，开展“节能产品惠民工程”相关产品能效标识执法检查。重点对洗衣机、家用电冰箱、空调销售企业进行专项执法检查。共出动行政执法人员 320 人次，检查销售企业 135 家，累计检查洗衣机 55 种型号，电冰箱 28 种型号，空调 20 个型号，节能灯 27 个型号，均未发现产品能效标识使用不当和不按规定要求使用能效标识问题。

（四）开展进出口环节专项整治

一是开展进出口法检商品的排查。首先是根据本辖区企业分类管理情况，通过全面复查、抽查验证等方式，对企业获得出口质量许可、注册登记、备案登记等情况进行排查；对出口企业的物资采购、商品设计、生产过程控制、成品检验、不合格品控制等环节进行排查。对不能满足准入条件、不能保证质量安全和整改后仍然达不到备案要求的三家企业，依法予以注销《出口食品生产企业备案证明》。其次是重点排查对大宗出口商品、市场采购出口商品、遭国外投诉、通报、退运商品的监管风险。最后是对在口岸通关检验环节曾被发现存在问题的进口商品，特别是涉及人民身体健康的食品、化妆品，严格把关，实施全程监控，采取“影像存档、登记入册”工作模式，根据货物清单对待销毁物品的品名、规格、数量等信息要素进行严格核查；并设立专用封存货架，入架入册；同时完善通报制度，及时通报相关部门。2014 年，在口岸通关检验环节共检出不合格进口食品货值约 39 万元、不合格化妆品货值约 133 万元。品质不合格的出口商品主要是输非工业产品和输日食品包装。

二是开展对强制性认证产品的市场抽查。结合海南辖区进口强制性产品认证获证产品的实际情况，开展了玩具和小家电获证产品的监督抽查工作。抽查了海南口岸进口韩国吉尼麦格儿童益智拼装玩具及美国沃拿多牌涡流空气循环机和日本虎牌电饭煲，共 6 批次。

（五）抓好互联网领域专项整治

通过加强对重点网站和网络销售平台的监管，严厉查处并曝光了一批案件，关闭了一批违法网站，处理了一批违法人员。同时，针对互联网领域侵权假冒行为跨区域、链条长、虚拟化、智能化等特点，创新监管方式和手段，加强了部门间、区域间信息共享和执法协作，提升了工作合力，较好地维护了我省电子商务市场秩序。

（六）集中打击侵犯商标权违法行为

全省工商、公安等部门以驰名商标、涉外商标为重点，组织开展打击“傍名牌”专项执法活动，重点查处群众反映强烈的家用电子电器、日用百货、食品、建筑装修装饰材料、涉农产品等商品发生的“傍名牌”行为。2014 年，省工商部门立案查处侵犯商标专用权案件 443 件，案值 230.5 万元。与此同时，相关部门还加大恶意抢注商标案件的审理力度，有效制止了恶意抢注商标行为。

（七）突出打击侵犯专利权违法行为

充分发挥知识产权战略实施工作联席会议制度的作用，于 4.26 知识产权宣传周期间，开展联合知识产权执法行动——“雷霆”，严肃查处专利、商标和版权等方面侵犯知识产权的行为。省知识产权局联合海口市知识产权局和中国（海口）知识产权维权援助中心等单位组成联合执法队，每周对海口市范围内商场、超市和药店开展专利行政执法专项行动，排查各类专利商品近 10 000 件，核查专利商品 3 000 余件，查处假冒专利商品 48 件并依法作出下架处理。在 2014 年的省冬季农产品交易会上，开展专利咨询和维权执法工作，认真查处展会中涉嫌侵犯专利的展品，并对个别专利标识不规范的专利产品，现场给予指导改正。

二、强化文化市场监管，巩固推进软件正版化

（一）开展“剑网 2014”专项治理行动

省版权局联合省公安厅、省通信管理局、省互联网信息办公室等部门召开了打击网络侵权盗版专项行动工作会议，明确了职责分工。同时在海南日报、南海网等省内主要媒体上发布了启动海南“剑网 2014”行动信息，并公布了举报网络侵权盗版的方式。

专项治理行动期间，开展了以南海网、天涯在线、凯迪网络等省内大型网络企业为主的网络侵权盗版自查自纠活动，加强了对主动监管网站和重点监测网站的网上监察。查处了南海网举报琼海在线、儋州在线、屯昌 123 网、乐东视

窗网、三亚网及搜房网等5家网站非法转载新闻报道一案；根据国家版权局移转的"霸图中文网"涉嫌网络侵权盗版线索开展了调查并将结果反馈给国家版权局；关闭侵权网站3家。

（二）全面组织印刷复制企业和图书、软件、音像制品市场的清查

省各文化市场执法部门在互联网文化、出版、印刷、图书发行、音像制品发行等领域进行了专项或者不定期的执法检查。2014年全省共出动检查人数11 991人次，检查经营单位8 019家次，立案调查6件，移送案件4件。其中，检查互联网视听节目服务182家次，责令改正11家次；检查音像（电子）出版物经营单位4 169家次，责令改正53家次，查处销售非法音像制品摊点33个，收缴非法音像制品12.5万张；检查书报刊经营单位3 567家次，责令改正29家次。

（三）巩固政府机关软件正版化工作

一是认真开展政府机关软件正版化工作。要求各市县、省直各单位认真开展软件正版化自查，加强日常监管，及早发现和改正问题。将软件正版化工作纳入了市县打击侵犯知识产权和制售假冒伪劣商品工作的年度考核范围，并结合我省实际制定了《海南省政府机关使用正版软件工作考核细则》，下发全省各市县和省直各单位贯彻实施。

二是认真开展软件正版化工作审计。2014年，省审计厅委托中欧会计师事务所等4家单位，对我省各级政府机关一级预算2013年度部门决算情况进行了审计，特别对软件资产的登记、使用和保管情况进行核实，查看账卡、账账、账实是否相符，软件授权是否逾期，软件的来源是否真实、合法，有无使用盗版软件和使用非法软件的情况。

三、加强"两法衔接"，强化刑事司法打击力度

（一）积极推进行政执法与刑事司法衔接

一是部门联动推进衔接。省检察院牵头与省公安厅、省监察厅、省法制办联合制定了《海南省行政执法机关移送涉嫌犯罪案件实施办法（试行）》，规范了行政执法机关与公安机关的线索通报、案件移送以及受理立案等程序，完善了检察机关、监察部门对案件移送、受理、立案的监督机制。省公安厅通过主动走访、召开联席会议，不断加强与工商、商务、质监等行政执法部门的沟通协作，并就信息共享、快速检验鉴定、定期情况通报及加强案件协作等制度达成共识，分别与9家行政执法单位签发了《打击侵权假冒违法犯罪信息共享机制》。各级公安机关主动作为，开展联合执法行动，摸排各类涉假犯罪线索205余条，破获涉假违法犯罪案件57多起，缴获各类伪劣爆竹、盗版光盘、劣质儿童玩具、假冒食品和假劣农药、种子一大批。

二是通过建立高效的信息共享平台，促进衔接。省政府高度重视"两法衔接"信息共享平台建设，把该平台作为改进省"两法衔接"工作的主要抓手，安排了专项经费281万元，完成了该平台项目的建设任务，并开发了案件网上移送、受理、反馈、监督及办理时限预警等功能。目前，信息共享平台已覆盖全省所有市、县（区）的重点行政执法部门和刑事司法机关，通过政务网络接入319个单位，并与中央信息平台实现了对接。制定了《信息平台运行管理暂行规定》明确了各级、各部门对信息平台的运行管理职责，以及信息传送、审核、批转等操作细则。截至2014年12月31日，全省各行政执法部门完成了全年行政处罚案件信息的录入工作。

三是加强行政执法机关依法移送涉嫌犯罪案件的监督。省检察院积极推进两法衔接机制建设，拓宽案源渠道。要求全省各级检察机关高度重视对侵权假冒犯罪案件的立案监督工作。全省各级检察院侦监部门均设专人借助信息共享平台全程、动态监督全省食药监、烟草等10个行政执法机关执法情况，从中获取监督线索，注重提前介入，引导侦查，为后续批捕起诉、打好证据基础。

（二）加强侵权假冒犯罪案件侦办工作

我省公安机关多措并举，强力开展打假行动，严厉打击各类涉假犯罪，成效显著，截至12月23日，全省共针对涉假犯罪案件立案57起，破案37起，抓获犯罪嫌疑人73人，刑事拘留61人，提请逮捕10人。缴获大批假冒伪劣商品，货值共计5 232.21万元。签收部局转发集群战役33起，发起涉嫌省外普通线索19起，其中1起列为部局交办线索，收网12起。

省公安厅制定下发了《海南省公安机关打假专项行动考核办法》，进一步明确各级公安机关目标任务要求和考核细则，省厅"打假办"与督察总队先后20多次联合派出督导组深入一线开展督导检查和协调推进，切实推进专项行动的深入开展。专项行动开展以来，中央电视台及中央级媒体共23次（篇），省级媒体57次（篇）先后报道我省开展打假专项行动情况，取得了良好的社会效果。

（三）加强案件审判工作

一是积极推进知识产权案件"三合一"试点工作。全省知识产权刑事、民事、行政一审案件统一由各试点中级人民法院知识产权庭负责集中审理，对一审裁判上诉的二审案

件由海南省高级人民法院知识产权庭（民三庭）负责集中审理。海南省高级人民法院统一印发了《海南省高级人民法院关于在全省部分法院开展知识产权审判“三合一”试点工作的情况报告》和《海南省高级人民法院关于在全省部分法院开展知识产权审判“三合一”试点工作的意见》。

二是扩大司法宣传，提升司法公信。省高院以“4·26知识产权日”为契机，通过召开新闻发布会，及时向社会公布了“三合一”试点情况及知识产权保护相关措施。发布了《2013年海南法院知识产权司法保护十大典型案例》（白皮书）和《海南法院知识产权司法保护状况（2013）》（白皮书），社会反响良好。我省法院审结的知识产权案件，依照最高人民法院的相关规定在中国知识产权裁判文书网公布生效裁判文书，并在海南省天涯法律网和信息共享平台上公布，自觉接受社会和媒体的监督。

（四）全力推进行政处罚信息公开

省双打办统一协调部署了全省信息公开工作，制定下发了《海南省依法公开制售假冒伪劣商品和侵犯知识产权行政处罚案件信息工作监督管理办法（试行）》，将行政处罚案件信息公开作为年度双打工作绩效考核的重要内容，纳入考核范围，结合省年度双打工作综合考核一并进行。目前，我省行政处罚案件信息公开工作已有序展开，已公开案件信息873件。

四、推进诚信体系建设，从根本上治理侵权假冒行为

（一）推进信用信息系统建设

2014年建立了省级社会信用体系建设联席会议制度。制定了《海南省企业信用信息综合管理系统（一期）建设方案（征求意见稿）》，努力推进信用信息系统建设，实现信用信息的共享与应用。

（二）加强信用法制建设

根据《海南省2014年重点改革工作方案》，积极构建统一的市场主体信息平台，完善信用约束机制。省政府印发了《海南省企业失信行为联合惩戒暂行办法》。在市场准入和行政审批过程中，将参照该办法给予相应惩戒。

（三）稳妥推进“黑名单”制度

省国税局根据国家税务总局有关文件要求，推进建立了“黑名单”制度，制定了我省重大税收违法案件信息公布标准。同时，在省国税门户网站设立“重大税收违法案件信息公布栏”，还统一将信息在《海南日报》上予以公告。

五、深入开展宣传教育，形成打击侵权假冒工作的良好氛围

省知识产权局组织拍摄了《知识产权之光》专题片，通过大量典型案例，宣传介绍知识产权知识，全面展现我省知识产权保护工作成就，并在海南电视台综合频道播出，受到广大观众的好评。海口海关大力做好对外普法及新闻宣传工作。“4·26知识产权宣传周”期间，紧密围绕“保护·运用·发展”主题，积极通过地方各类宣传媒体，发表了4·26知识产权保护宣传系列活动新闻稿件，有效扩大海关打击侵权、维护知识产权的效应与影响。

全省各级检察院认真剖析侵权假冒案件背后的社会原因，利用检察建议发挥职能作用，并通过媒体加大报道和普法宣传力度，引导公众增强防范意识。省检察院利用官方网站、微博、海南日报等媒介向外发布我省检察机关开展专项监督活动的动态信息10余篇。《检察日报》也刊登了《海南：为“舌尖上的安全”加上牢固保险》一文，宣传了我省检察机关打击侵权假冒犯罪活动。省高院积极开展与广大网民、听众直接互动交流活动。2014年4月26日在省高院分管院领导的带领下，知识产权审判法官走进海南省广播电台，就知识产权保护相关情况及知识产权“三合一”试点情况与广大听众、网民进行了在线互动交流活动，收到了良好的社会效果。

（撰稿人：陈永忠）

重庆市打击侵权假冒工作报告

2014年，根据国务院对打击侵权假冒工作的部署，重庆市委、市政府高度重视，严格落实，各区县（自治县）人民政府、各部门和有关单位认真组织，积极行动，以打击知识产权侵权和制售假冒伪劣行为为抓手，以促进创新、保

障民生，防止群体性、系统性风险为目标，工作取得了显著成效。全市各级行政机关共查处案件 5 400 余件，捣毁窝点 109 个，涉案金额 7.5 亿元。全市公安机关共针对涉假案件立案 942 起，破案 785 起，惩处 482 人；共发起集群战役 25 起，破获公安部督办案件 46 起，有效遏制了侵权假冒行为。全市未发生群体性、系统性重大侵权假冒事件。

一、立足贯彻落实责任，切实加强组织领导

为贯彻落实全国打击侵权假冒工作领导小组第五次会议和 2014 年全国打击侵权假冒工作会议精神，研究部署全市打击侵权假冒工作重点。2014 年 7 月，重庆市人民政府副市长吴刚组织召开全市打击侵权假冒工作领导小组会，研究部署 2014 年打击侵权假冒工作重点，全市 37 个市级部门分管负责人、38 个区县（自治县）政府分管区县长以及万盛经开区、北部新区、两江新区管委会分管领导参加会议。市打击侵权假冒工作领导小组办公室先后于 2 月、9 月、12 月召开领导小组联络员会，传达全国打击侵犯知识产权和制售假冒伪劣商品工作领导小组会议精神，研究落实信息报送、互联网领域专项整治、行政执法与刑事司法衔接、行政处罚案件信息公开等工作。全市各级各部门层层落实市领导小组及办公室总体部署，明确工作职责，细化目标任务，加强协作配合，确保组织领导得力，各项措施得到落实。

二、结合贯彻落实党的十八届三中、四中全会精神，积极推动打击侵权假冒重点工作

（一）加强协同配合，推动行政执法与刑事司法衔接信息共享平台建设

为落实党中央、国务院对“两法衔接”的工作要求，重庆市积极落实，加强顶层设计，完善工作机制，加强培训和监督，积极推动“两法衔接”工作向纵深发展。38 个区县政府、16 家市级部门召开专题会议予以落实，确定了牵头部门、责任领导和联络员，建立了定期报送工作开展情况的工作机制。市人民政府办公厅印发《重庆市打击侵犯知识产权和制售假冒伪劣商品工作行政执法与刑事司法衔接信息共享平台管理暂行办法》（渝府办发〔2014〕101 号），对联网单位职责及分工、案件移送、录入规范、信息查询、运行安全等方面做了全面细致的规定，进一步增强了工作可操作性。市打击侵权假冒工作领导小组办公室、市检察院牵头举办了全市“两法衔接”培训电视电话会，全市 16 家市级部门和单位、38 个区县（自治县）打击侵权假冒工作牵头部门和联网单位负责人和相关科室负责人参会，培训重点解读了《重庆市打击侵权假冒行政执法与刑事司法相衔接信息共享平台管理暂行办法》，同时就系统登录、业务功能、平台操作、网站维护与管理等内容做了详细的讲解。市政府办公厅下发《关于开展 2014 年我市打击侵权假冒重点工作落实情况专项督察的通知》，对两法衔接工作开展情况进行督促，确保全市两法衔接信息平台建设和运行如期完成。

（二）强化社会监督，推动行政处罚案件信息公开

召开全市打击侵权假冒工作会，重点部署推动全市打击侵权假冒工作领域行政处罚案件信息公开工作，强调领导责任意识。市政府办公厅印发《重庆市依法公开制售假冒伪劣商品和侵犯知识产权行政处罚案件信息工作监督管理办法》（渝府办发〔2014〕103 号），落实市级有关部门和区县（自治县）人民政府的主体责任，对行政处罚案件信息公开的内容、程序、方式以及规范管理等内容作出明确规定。市政府办公厅下发《关于开展 2014 年我市打击侵权假冒重点工作落实情况专项督察的通知》，对全市打击侵权假冒领域行政处罚案件信息公开工作开展情况进行督促，确保按照一般程序处理的行政处罚案件信息及时如期向社会公布，接受社会的监督。

（三）着眼破网除链，运用集群战役和部督案件全面提升打击效能

我市公安机关树立“破大案、端窝点、挖源头、扩集群”的战略思路，重点围绕集群战役和部督案件的发起，强化情报信息的收集、研判和整合，分批次确定重点案件，倾斜资源强力推进。对各地上报的线索，统一研判，扩线经营，指导办案单位对集群战役线索开展经营，积极协调外省市公安机关深挖扩线，对符合条件的及时指导发起集群战役、呈报部督，并落实专人全程跟进，确保办理质量，提升打击效果。破获孙某某等人制售假冒名牌电缆线案，涉案金额 6 000 余万元；破获重庆长志汽车接插件公司生产、销售假冒品牌汽配案，涉案金额 2 700 余万元，美国 TE Connectivity 公司副总裁及全球知识产权总法律顾问迪克．奈纳一行专程到访总队表示感谢；破获“7.21”侵犯著作权案，被国家版权局列为“剑网 2014”专项行动第二批网络侵权盗版案件重点案件；破获由公安部、海关总署、国家烟草总局联合督办的重庆“2.16”售假贩私卷烟案，涉案金额逾 2 亿元。系列大要案件的成功侦破，有力保障了人民群众生命健康安全和市场经济秩序，彰显了我市公安机关严厉打击侵权制假犯罪的决心和能力。根据公安部通报，截至目前，我市打假工作全国排名第 12 位，西部地区排名第 1 位。

三、坚持日常执法和专项治理相结合，改善市场环境

（一）打击制售假冒伪劣农资

开展农药专项行动，查处问题203起，罚金36.45万元，罚没物资12 218公斤，移送司法机关3件；开展肥料专项行动，立案查处38起，罚金11.6万元；开展兽药专项行动，落实兽药GMP和兽药GSP制度，立案查处119起，罚金41.96万元，罚没物资6 500公斤；开展饲料和饲料添加剂专项行动，立案查处36起，罚金20万元，罚没物资30 357公斤；开展农机专项行动，受理农民投诉9起，成功调解6起。

（二）开展药品领域整治

开展药品生产、流通领域以及医疗器械领域专项整治，全年共查处生产销售假冒伪劣药品和医疗器械案件35起，信息公开22起。加强互联网销售药品监管，对全市获审批的52家互联网药品信息服务网站（包括11家互联网药品交易服务网站）展开了全覆盖专项检查，共查处非法网站10家，办理互联网群众举报14起。加强基本药物抽检，对我市46家生产企业生产的所有593个品种共计331批次进行抽样，合格率为100%。

（三）从生产源头打击制售假冒伪劣产品

以“质监利剑行动”为抓手，全力推进执法打假工作，组织开展食品、农资、建材、汽配等领域专项整治，全市质监系统累计出动执法人员14 621万人次，检查生产加工企业4 198家次，共查办各类质量技术监督违法案件5 272起，其中作出行政处罚案件2 347起，查获假冒伪劣产品货值17 265.4万元，捣毁制假售假黑窝点21个，减少经济损失9 401.2万元。与公安机关联合办案57件，移送公安机关案件13起。12365中心受理咨询举报28 346件，其中投诉举报1 503件，查实立案404件。

（四）打击侵犯注册商标专用权行为

2014年，全市工商系统严查窝点，从源头扼制制假售假行为，加强监管，查堵流通环节售假行为，组织开展打击互联网销售假冒伪劣商品、流通领域成品油质量专项整治等一系列专项行动，全系统在双打行动中累计查处侵权假冒案件1 234件，结案966件，案值4 990.32万元，罚没金额2 353.12万元，其中查处侵犯商标权案件452件。

（五）打击侵犯著作权行为

组织开展“清源2014”、“秋风2014”和“净网2014”行动，全市两级文化执法机构共端掉非法出版物窝点42个，收缴各类非法出版物160多万册（份），其中各类侵权盗版出版物70万多册。我市文化市场基本平稳、总体可控，没有发生重大安全责任事故、群体性事件以及被上级暗访检查通报批评的情况。

（六）有序推进软件正版化工作

加强区县政府机关软件正版化常态化管理，协调市政府出台《关于进一步加强政府机关软件正版化自查整改工作的通知》（渝府办发〔2014〕114号）和《关于贯彻〈政府机关使用正版软件管理办法〉的实施意见》（渝府办发〔2014〕127号），从15个部门抽调人员组成5个检查组，分赴万州、涪陵等15个区县进行抽查。深入渝中、城口、巫溪等31个区县，指导和培训区县政府加强软件资产管理、建立健全软件正版化长效机制。扎实推进政府以外机关软件正版化工作，大力推进市和区县（自治县）两级党委、人大、政协、法院、检察院、人民团体、民主党派等部门使用正版软件工作。继续推进高校软件正版化工作，目前，重庆大学、西南大学等6所高校完成了2014年度的软件正版化工作。

（七）打击侵犯专利权行为

根据国家知识产权局对开展打击侵犯专利权行为的工作部署，我市迅速落实责任，在重点领域、重点市场、重点商贸流通场所开展知识产权执法维权行动，果断查处大案要案，全年共出动专利行政执法人员6 000余人次，检查商家、企业等经营主体17 000余家。全年立案办理专利纠纷案件147件，相比去年的94件增长幅度约为56.3%，办案量位列本系统全国前10，成绩显著。

（八）开展林业植物新品种权保护

下发《关于开展2014年打击制售假劣林木种苗和保护植物新品种权专项行动的通知》，促使全市各区县迅速行动，采取扎实有效措施推进林业植物新品种权保护工作。据统计，全市“打假保新”执法行动共出动行政执法车20余次，发放宣传资料4 008份，19个区县接受了国家林木种苗质量检测中心和市林木种苗质量检测中心的质量抽检，19个区县进行了苗木质量自查，并就抽查结果进行了通报。

（九）严查侵权假冒犯罪案件

全市公安机关共针对涉假案件立案942起，破案785起，打击处理482人；成功发起集群战役25起，破获部督案件46起；涉案金额5.63亿元。重庆市公安局“12.9制售地沟油专案组”因在“打击食品犯罪保卫餐桌安全”专项行动中成绩突出，荣获公安部集体一等功；重庆市公安局“3.25假冒嘉陵摩托车案专案组”因在“打假行动”中成绩突出，荣获集体一等功。

（十）检察机关打击侵权假冒工作

全市检察机关共批捕侵犯知识产权以及制售假冒伪劣商品犯罪共94件128人，其中批捕侵犯知识产权犯罪16件29人，批捕制售假冒伪劣商品犯罪78件99人。起诉侵犯知识产权以及制售假冒伪劣商品犯罪154件264人（含他罪中包含侵犯知识产权行为6件8人），其中起诉侵犯知识产权犯罪39件78人，起诉制售假冒伪劣商品犯罪115件186人，检察监督职能得到充分发挥。

（十一）审判机关打击侵权假冒工作

全市各级法院共审理119件侵权假冒刑事案件，其中生产、销售伪劣产品罪12件21人，生产、销售假药罪40件32人，生产、销售不符合安全标准的食品罪10件9人，生产、销售有毒、有害食品罪21件11人，生产、销售不符合安全标准的产品罪1件1人，假冒注册商标罪13件19人，销售假冒注册商标的商品罪19件35人，非法制造、销售非法制造的注册商标标识罪1件2人，侵犯著作权罪1件2人，侵犯商业秘密罪1件4人，取得了良好的法律效果和社会效应。

（十二）建立健全侵权假冒伪劣商品环境无害化处理机制情况

建立侵权和假冒伪劣商品环境无害化销毁工作部门间协作和信息共享机制，制定了部门协作和信息共享的协调机制。下发了《重庆市环境保护局关于加强侵权及假冒伪劣商品环境无害化销毁工作的通知》（渝环〔2013〕56号），就环境无害化销毁进行了任务再分解、工作再布置，对各区县环保部门提出了具体工作要求。确定了首批20家具备侵权和假冒伪劣商品环境无害化销毁能力单位并予以公布。各级环保部门对侵权和假冒伪劣商品环境无害化销毁实施全程控制，加强销毁过程中的监测。2014年全市实施的9次侵权和假冒伪劣商品销毁活动，未发生一起污染事件。

（十三）打击侵权假冒宣传报道工作

制订出台我市《2014年打击侵权假冒工作宣传方案》。举办“4·26”知识产权宣传周活动，全市38个区县（自治县）统一部署，集中宣传，大力提升了全社会的知识产权意识。举行全市知识产权保护状况白皮书新闻发布会，大力宣传知识产权保护政策、保护状况，为招商引资提供良好的社会环境。举行专利产品进社区活动为主题的专利周活动，拉近专利工作与民众生活的距离。

四、2015年工作打算

（一）进一步加大领导小组办公室服务能力建设

市领导小组办公室将加强与有关部门的沟通协调，进一步加强在机构、经费、人员等方面的投入和保障力度。充分调动部门和区县工作的积极性，根据全国领导小组办公室的考核要求，研究出台全市打击侵权和假冒伪劣工作考核办法。进一步完善领导小组及办公室工作制度，增强领导小组办公室的服务能力和水平。

（二）严厉打击侵权假冒行为，维护良好市场秩序

按照全国领导小组办公室确定的年度和季度工作重点，加大对各种侵权假冒违法行为的行政查处力度和司法打击力度，确保不发生群体性、系统性侵权风险，维护良好的市场环境。

（三）进一步完善知识产权保护长效机制

深化知识产权服务体系建设。探索重大经济科技活动知识产权保护服务改革，建立和完善企业“走出去”知识产权护航与“引进来”招商引资知识产权跟踪服务机制，推动知识产权保护关口前移。分类引导企业建立健全知识产权保护工作机制，建立重点产业预防知识产权侵权风险分析机制，帮助企业防范知识产权侵权风险。建立健全知识产权保护工作平台体系，提高政府和社团组织服务知识产权保护的能力和水平。加大专利行政执法投入力度，推进市与区县两级执法体系建设。

（四）加强交流和培训力度

加强对基层执法人员的培训，不断提升基层执法人员的能力和水平。推动建立市打击侵权假冒工作网站，加大工作宣传力度，提升全社会识假辨假的能力。加强与先进省市的交流与合作，汲取先进省市的经验和做法。

（撰稿人：王平）

四川省打击侵权假冒工作报告

2014年，四川省认真贯彻国务院工作部署，以落实《2014年四川省打击侵犯知识产权和制售假冒伪劣商品工作安排意见》为抓手，强化重点领域和突出问题治理，推进机制建设和宣传引导，较好地完成了年度打击侵权假冒工作任务。2014年，全省行政执法机关针对侵权假冒案件立案13 449件，办结案件12 490件，移送司法机关377件；公安机关破获侵权假冒案件1 193件，抓捕犯罪嫌疑人1 007人；检察机关批捕侵权假冒涉嫌犯罪案件178件327人，起诉334件629人；审判机关共受理侵权假冒刑事案件346件，审结313件，判处372人。

一、集中整治重点领域

（一）开展重点领域和重点商品的专项整治

省农业厅开展农资打假春季、秋季专项整治和夏季百日行动，全年查处案件1 552件，查获假劣农资36.6万公斤。省质监局围绕农资、建材、汽车配件、儿童用品等重点商品开展“质检利剑”行动，全年立案247件，货值734.3万元，移送公安机关3件。省食品药品监管局开展食品药品“亮剑行动”和医疗器械“五整治”专项行动，破获周某等人涉嫌销售假劣药品、医疗器械和假冒保健食品案等大案，全年立案7 331件，罚款、没收违法所得共4 068万元。省工商局开展“红盾春雷行动2014”、“商标专用权保护”、“红盾护农”等专项行动，全年共查处商标侵权和假冒伪劣商品案件2 390件。省卫生计生委打击非法生产经营行为，责令停产停业52户次。

（二）开展打击侵犯知识产权专项行动

省知识产权局开展知识产权双打、“护航”专项行动，全年知识产权系统共立案查处假冒专利案件529件，受理专利纠纷案件140件，开展大型展会执法保护15次；加强跨区域执法协作，牵头与重庆、云南、贵州、西藏建立西南五省市专利行政执法协作机制。省文化厅打击网络游戏、网络音乐、网络动漫、电子游戏及卡拉OK歌曲、图书、音像等著作权领域的侵权盗版行为，查办文化部发布的违法违规案件8件，收缴侵权盗版光碟、音像制品150万余张。省版权局组织开展打击网络侵权盗版专项治理第十次“剑网”行动，捣毁和取缔非法音像制品、图书、印刷品、软件等批销窝点、地摊游商782个，收缴盗版音像制品、图书、软件等198.8万余盘（册、张）；牵头协同相关单位通过了国务院检查组对我省省、市、县三级政府机关和党群机关软件正版化的检查验收，完成了21家新闻出版行业集团二级企业软件正版化工作任务。省农业厅开展打击侵犯植物新品种权和制售假劣种子行为专项行动，对915个样品进行了品种真实性检测，对2 531个乡镇、1.3万余个村、6.6万余家农户进行了进村入户调查。省质监局继续开展地理标志产品专项质量抽查，对宜宾、内江、眉山、凉山、阿坝、资阳、遂宁、广安等市（州）地理标志产品的安全卫生指标、关键质量指标和重要特色指标进行了抽查。省经济和信息化委加强对信息系统集成企业、软件企业提供和使用正版软件的监督。省机关事务管理局、省国资委协同开展政府机关和地方国有企业软件正版化工作。省林业厅结合林木种苗质量抽检、林业植物检疫执法检查等工作，开展了植物新品种权保护专项行动。

（三）开展进出口环节侵权假冒专项整治

四川出入境检验检疫局开展进出口环节侵权行为集中整治，加强对产品出口非洲企业的质量安全风险排查，确保输往非洲产品的质量安全，维护“中国制造”的形象。成都海关开展保护2014年世界杯足球赛知识产权的专项执法行动，加大对通关现场相关货物、物品进出境的查验力度；加大对“化整为零”和“蚂蚁搬家”式进出口侵权商品的打击力度，强化了对机场海关、驻邮局办事处、现场业务处等重点口岸的监管；开展了针对跨境网络交易中通过邮寄、快递运输的日用消费品、电器产品等重点商品的专项执法检查。

二、专项治理突出问题

（一）开展打击互联网领域侵权假冒专项治理

省工商局以第三方交易平台、大型购物网站和团购网站为重点目标，以电子产品、儿童用品、汽车配件、服装、化妆品和农资为重点商品，以销售假冒伪劣商品和侵犯注册商标专用权行为为重点对象，开展打击互联网领域侵权假冒专项行动，共删除违法商品信息672条、责令整改网站323个、关闭网站103个，查处违法案件208件。省公安厅将网上制售假冒伪劣名牌产品、专利产品、高新技术产品等5类产品作为打击重点，加强对淘宝、微信、本地论坛等平台的日常监测跟踪，对重大案件实行挂牌督办。省版权局开展针对新闻、音视频、文学和游戏网站的清理检查，调查处理网站“天天美剧网”、“国漫吧”涉嫌侵权案等5件国家版权局移转案件。省网信办关闭违规从事新闻信息服务的网站35家。省食品药品监管局以互联网搜索引擎监测为手段，通过清理违法有害信息、捣毁窝点、资格审核、宣传引导和鼓励举报等措施，对糖尿病、高血压、冠心病等病症的治疗药品和婴幼儿奶粉等为重点，开展整治网上非法销售假冒伪劣食品药品违法犯罪活动；查办淘宝网店“圣卡斯国际”非法进口婴幼儿食品案。省邮政管理局督促邮政企业严格落实收寄验视制度，防范侵权假冒商品进入寄递渠道。

（二）开展电视购物专项治理

省商务厅等7部门联合开展电视购物专项治理行动，共关停违规电视频道4个，查处违规插播电视购物广告的播出和传输机构4家，责令停止发布、整改电视购物广告4 660条次，查办违法电视购物广告案件20件，罚款、没收违法所得共15.8万元。

三、加强刑事打击和司法保护

（一）加强涉嫌犯罪案件侦办

省公安厅将打假专项行动纳入市（州）公安机关年度绩效考核；开展以打击食品、农资“三假”犯罪为主的“打假一号”和“打假二号”行动；侦破销售“祛寒镇痛胶囊”假药案、假冒“红双喜”牌系列体育用品案、假冒“七度空间”牌卫生巾案和生产销售假冒伪劣涡轮增压器案等一批大要案；加强全国区域协同配合，健全区域内省级协作机制，完善联席会议、重大案件督办、案件移送、信息定期拷贝等制度，全面实现了信息共享、协同打击。上报涉及3个省（区、市）的集群战役53起，成功发起集群战役6起，完成收网行动5起。全年公安机关捣毁制假售假窝点82处，打掉犯罪团伙31个，缴获有毒有害食品100余吨，假化肥2 000余吨。

（二）加强侵权假冒案件审判

省法院加强对中基层法院侵权假冒案件审判工作的规范和指导，规范知识产权类型化案件裁判标准。启动知识产权民事、刑事、行政案件“三合一”审判机制改革，成功审结一批有重大影响的侵权假冒案件。省法院公开审理了宜宾五粮液股份有限公司诉被告刘某某侵害商标权纠纷案，并邀请省人大代表、省政协委员、媒体记者及高校师生100余人现场观摩庭审。

（三）加强检察监督

省检察院开展破坏资源环境和危害食品药品安全违法犯罪两个专项立案监督活动，组成7个联合督查组赴19个市州督查活动开展情况，并对督查中发现的12件重大、复杂、典型案件进行了挂牌督办。全年检察机关监督公安机关立案涉嫌侵权假冒案件26件，监督行政执法机关移送涉嫌侵权假冒案件线索277件。

四、加强工作机制建设

（一）推进侵权假冒行政处罚案件信息公开

落实国务院关于依法公开制售假冒伪劣商品和侵犯知识产权行政处罚案件信息的工作部署，出台了本省的实施意见，从公开要求、公开权限、公开内容、公开方式、监督和保障等方面，对全省侵权假冒行政处罚案件信息公开工作作出了制度安排。10个省级行政执法成员单位制订了操作办法，明确案件信息公开内部工作流程和公开载体。6—12月，全省公开2301件侵权假冒行政处罚案件信息。

（二）推进“两法衔接”信息平台建设

省检察院、省法制办、省食品药品监管局、省打击侵权假冒工作领导小组办公室牵头完成了省“两法衔接”平台建设，实现了与全国打击侵权假冒“两法衔接”平台和省行政权力依法规范公开运行平台的对接。“两法衔接”工作开展情况继续纳入省级依法行政和社会治安综合治理工作考核内容。

（三）积极推进信用体系建设

省发展改革委、人民银行成都分行积极推动社会信用体系建设，编制《四川省社会信用体系建设规划（2014—2020）》，草拟我省信用体系建设的制度规范。“四川信用网”征集、披露行政机关提供的企业信用信息。全省人行系统为全省各级行政执法机关和社会公众提供企业信用报告查询4.87万笔，个人信用报告查询93.65万笔。四川出入境检验检疫局建立进出口质量失信企业“黑名单”制度和出口食品“违规企业名单”制度。

（四）加强知识产权交流合作

我省郫县豆瓣、蒲江雀舌、剑南春酒、峨眉山茶4个地理标志产品入围中欧地理标志保护产品互认名单。邀请美国、斯里兰卡、韩国、澳大利亚驻成都领事馆官员出席2014年四川省知识产权保护新闻发布会，邀请驻川渝领事机构官员观摩侵权盗版及非法出版物集中销毁活动。

（五）加强环境无害化销毁工作

省环境保护厅认真落实环境保护部《拟销毁的侵犯知识产权和假冒伪劣商品分类处理指南》，全年完成14类侵权假冒商品的环境无害化销毁，其中假冒伪劣食品7.3吨、药品7.62吨、烟叶10吨、化妆品7.5吨。

五、有序开展宣传引导

省打击侵权假冒工作领导小组各成员单位将知识产权宣传作为依法治省宣传的重要内容，将知识产权法律法规宣传纳入《四川省“法律七进”三年行动纲要》。省委宣传部组织省内主要新闻媒体对打击假冒侵权工作情况进行宣传。“知识产权宣传周”期间，全省共召开省、市两级新闻发布会8场（次），开展集中宣传咨询活动320次，发放宣传资料35万余份，举办知识产权培训、研讨、讲座145场（次）。四川在线、人民网、中国经济网、搜狐网等媒体刊载转载了我省打击侵权假冒情况。省农业厅组织6家新闻媒体赴基层采风，全面报道农资打假宣传周活动情况。省工商局在《华西都市报》展示驰名商标企业品牌形象。省质监局开展“12365”热线局长接线日活动。省法院发布四川法院知识产权司法保护十大典型案例。省版权局开展侵权盗版及非法出版物集中销毁和加入“绿书签”宣传活动。省司法厅开展各类企业法律巡讲、企业管理人员法制培训2 000余场次，开展企业“法律体检”4 000余次，出具法律意见书3 200多份。全省公安机关在中央、省、市媒体发布宣传信息742篇（次），利用手机短信等发布宣传、警示信息100万条（次）。省打击侵权假冒工作领导小组办公室报送的工作信息有40条被中国打击侵权假冒网采用。全省社会公众打击侵权假冒意识不断提升，全社会鼓励创新创造、尊重知识产权、打假治劣的氛围日益浓厚。

（撰稿人：杨俊）

贵州省打击侵权假冒工作报告

2014年贵州省坚决贯彻落实党中央、国务院的决策部署，打击侵犯知识产权和制售假冒伪劣商品（以下简称打击侵权假冒）工作取得了阶段性成效。情况如下。

一、基本情况

2014年，贵州省打击侵权假冒工作有序开展，扎实推进。贵州省行政执法部门共立案3 513件，办结案件3 352起，涉案金额2 725.778万元；移送司法机关案件5件，涉案金额107.98万元；捣毁窝点4个；行政处罚案件信息公开996件。公安机关共立案各类侵权假冒案件1 259起、破获案件1 218起，抓获犯罪嫌疑人1 556名，涉案金额225 467万元。检察机关批捕案件52件，批捕91人；起诉案件91件，起诉171人。审判机关受理案件133件，审结129件，判决245人。

二、贵州省打击侵权假冒工作领导小组办公室加大工作推动力度

贵州省打击侵权假冒工作领导小组办公室充分发挥协调作用，加大工作推进力度，协助贵州省打击侵权假冒工作领导小组推进2014年工作。一是探索建立打击侵权假冒工作长效考核机制。开展2013年度市、自治州打击侵权和假冒伪劣商品考核评价工作；组织成员单位迎接国家考评组现场考评贵州省2013年工作。二是组织召开2014年第一次贵州省打击侵权假冒工作领导小组办公室会议。3月14日办公室组织成员单位与市、自治州领导小组办公室召开会议，学习贯彻国家有关文件精神，交流工作情况、了解市、自治州工作开展情况，探讨打击侵权假冒工作的有效方式。三是建立和完善信息报送和执法数据报送。建立信息报送和执法数据报送机制，了解和掌握全省工作开展情况，研究突出问题，向领导小组提出工作建议。四是推动侵犯知识产权和制售假冒伪劣商品行政处罚案件信息公开工作。五是报送执法数据和工作信息。向全国打击侵权假冒工作领导小组办公室报送工作动态信息122篇，综合信息5篇，执法数据12次。六是组织开展互联网领域打击侵权假冒专项整治行动，打击互联网领域侵权假冒违法行为，净化网络交易，维护网络交易市场秩序。七是组织开展农村和城乡结合部打击假冒伪劣专项行动，将打击假冒伪劣工作推向监管的薄弱地带，维护更广大的群众利益。

三、各成员单位工作有序开展

（一）公安部门

公安部门制定《贵州省打假工作方案》和《打假行动考核办法》等文件，紧紧围绕食用油、肉类、酒类、调味品、水产品、保健食品等与百姓息息相关的日常用品，以批发市场、农贸市场、超市等为重要场所，集中打击、重拳出击，严惩侵权和制假贩假犯罪行为。一是严厉打击犯罪。贵州省公安部门坚持集群战役主战模式，以“深挖犯罪源头、摧毁犯罪网络、严惩骨干分子、防止死灰复燃”为目标，实施“全链条歼灭式打击”。2014 年贵州省公安机关发起集群战役 8 起，协战集群战役 12 起。对商场超市、批发市场、农贸市场、展销促销会、旅游景区、城乡结合部等重点场所、重点部位，集中打击、重拳出击，惩治制假贩假犯罪行为，并破获了多起有影响力的案件。如，抓获简某等三位贩假者，查获假冒飞天茅台酒 508 件，涉案金额近 600 万元；端掉了遵义市汇川区重庆路的联力汽车玻璃有限公司销售假冒汽车玻璃窝点，查获各种品牌的假冒玻璃 1 776 片（张），涉案金额 120 余万元；侦破叶某等人侵犯商业秘密案。二是提升基础建设。建立健全与各行政部门、市场主体的协作机制，充分发挥机制作用，成功破获一批侵权犯罪案件。公安部门与工商、烟草等行政执法部门建立“两法衔接”机制，实现信息共享、情报互通；与贵州茅台等 4 家大型创新型企业建立协作机制，引导企业积极参与到打假工作中，提高打假的命中率；三是强化情报导侦功能。充分应用经侦系统“云搜索”等情报线索平台，通过情报数据库碰撞信息，扩展线索，串联并案，统一打击。四是加强工作宣传。按照宣传教育与打击同谋划、同部署、同推进理念，积极与新闻媒体沟通联系，多方式宣传重大行动、典型战役、打击成果。2014 年，中央电视台一频道《焦点访谈》专门报道铜仁市“5·05 销售假冒消防器材案”，十二频道报道铜仁市“5·15 非法经营精麻药品案”。截至 2014 年 12 月 20 日，全省公安机关共立各类侵权假冒案件 1 259 起、破获案件 1 218起，抓获犯罪嫌疑人 1 556 名，涉案金额225 467万元。

（二）经信部门

经信部门狠抓认定省级企业技术中心工作中企业自主知识产权管理工作，以质量品牌培育为突破口，推进知识产权培训，完善知识产权保护有关机制，加强知识产权保护工作宣传。一是加强企业技术创新工作的自主知识产权保护。2014 年全年，47 家申报贵州省 2014 年省级企业技术认定的企业中，17 家企业技术中心参与了国家标准、行业标准、地方标准的制定，共主持或参与了 95 项标准的制定。二是开展质量品牌宣传培训。三是完善保护机制。加强技术创新中规范性文件的制定和修改，报送《新产品、新技术管理办法》立法计划。

（三）农业部门

农业部门围绕事关民生安全和创新发展的突出问题，大力开展农资打假专项整治和植物新品种权保护、农特产品地理标志为主要内容的知识产权保护工作，严厉打击侵权假冒违法行为。一是制定农业系统打假执法工作重点，部署贵州省农资专项打假行动。制定《2014 年贵州省农业行政执法工作要点》、《2014 年贵州省农资打假专项治理行动实施方案》、《贵州省农业系统 2014 年打击侵犯知识产权和制售假冒伪劣商品工作要点》等文件，组织“放心农资”下乡进村、种子市场专项检查、农药执法交叉检查与肥料、兽药市场专项整治、打击互联网领域侵犯知识产权和制售假冒伪劣商品专项整治活动等执法行动。二是加强农业植物新品种保护。开展互联网领域农业植物新品种保护，开展农村和城乡结合部等重点领域的农业植物新品种保护工作，探索建立农业植物新品种保护工作的长效机制。三是推进农产品地理标志保护工作。组织开展农产品地理标志申报培训、农业部门管理人员业务培训，提高申报工作服务效率。四是扎实开展各类农资整治。组织开展种子市场专项检查行动、复混肥料专项整治行动、农药执法交叉检查行动、兽药专项整治活动、农药专项整治活动、饲料及饲料添加剂专项整治；2014 年，贵州省各级农业部门出动执法人员 91 974 人次，检查农资市场 31 333 场次，检查农资经营户 114 624 户次、检查农资生产经营企业 3 976 个次，办理农业行政处罚案件1 179 件，其中简易程序案件 171 件，一般程序案件立案 1 008 件、结案 882 件，没收违法所得 23.51535 万元，罚款 144.35701 万元，没收假冒伪劣农资产品 80 435.73 公斤（其中假劣种子 11 505.82 公斤、农药 1 243.37 公斤、肥料 43 590.8 公斤、兽药 1 180.39 公斤、饲料 20 960.5 公斤），涉案金额 43.36522 万元，赔偿受害人获得赔偿 249.08 万元，印发宣传资料 1 323.19 万份。全年无重大假劣农资坑农害农事件发生，无重大农产品质量安全事件发生，农资市场秩序稳定，为贵州省特色优势产业发展、农民增收、农村稳定提供了有力保障。五是开展“放心农资下乡进村”和“夏季百日行动”活动，送科技、送知识下乡，提高农户农资识假辨假能力。其中在“农资下乡进村活动”中，贵州省出动执法及科技人员 12 715 人次、车辆 486 辆次，开展现场咨询培训活动 603 场次，咨询群众 33.35 万人次；发放《农资采购使用、识假辨假明白纸》、《致农民朋友一封信》等宣传资料 86.67 万份、张贴横幅标语 985 条（张）、视听磁带光盘 1470 盒（张）。在“夏季百日行动”（7—9 月）

中，全省共出动农业执法人员 18 839 人（次），检查市场 5 747个（次），检查企业 4 483 个/次，查获违法农业投入品和农产品 3 191. 1 公斤，货值金额 3. 63 万元，立案查处各类农业违法案件 198 件，挽回经济损失 34. 6 万元，印发宣传资料 25. 6 万份；秋冬季农资打假专项治理行动中，贵州省共出动农业执法人员 18 732 人（次），检查市场 7 185 个（次），检查企业 867 个/次，查获违法农业投入品和农产品 9 385. 27 公斤，货值金额 5. 65 万元，立案查处各类农业违法案件 133 件，挽回经济损失 67. 93 万元。

（四）环保部门

环保部门以保护生态环境为目标，加强对侵权假冒物品的无污染、无害监管。一是制定《贵州省环境保护厅关于加强侵权和假冒伪劣商品销毁环境管理有关事宜的通知》，对全省侵权和假冒伪劣商品销毁环境监管进行部署，贯彻落实《拟销毁的侵犯知识产权和假冒伪劣商品分类处理指南》（环保部 2014 年第 18 号公告）要求，防止侵权和假冒伪劣商品销毁污染环境；二是在贵州省环保厅门户网站上发布危险废物处置和废弃电器电子产品拆解处理资质企业等具备无害化销毁单位信息；三是收集侵权和假冒伪劣商品销毁情况。从汇总的情况看，2014 年贵州省环保厅共收到 322 批次销毁或拟销毁信息。

（五）商务部门

商务部门牵头开展电视购物专项整治，增强整顿和规范市场经济秩序的力度，积极开展商务诚信建设，大力协助各部门开展打击侵权假冒工作。一是牵头开展电视购物专项整治。全省开展电视购物专项整治工作共受理举报投诉 115 起，处理完毕 113 起；监测电视购物广告共计覆盖电视频道 146 个，监测电视购物广告 4 468 条；查处违规电视台 50 个，违规企业 71 个；查处违法违规电视购物广告短片 2 752条；共计出动执法人员 749 人；责令停止发布、整改电视购物广告数 2 964 条；曝光违法电视购物广告数 21 条。通过电视购物专项整治监测监管平台共接收、转办、结案 180 件。处理 12312 转办系统发送的监控数据 8 条。二是增强整顿和规范市场经济秩序的力度。加强市场监管，推进商务综合执法。三是加强商务诚信建设。开展商务诚信月宣传活动，推动商务诚信工作不断深入。

（六）文化部门

文化部门以查处侵权案件为着力点，积极开展文化市场专项整治，重点开展校园、书店、音响店、网吧、游戏厅等场所的执法检查，维护文化市场环境。一是认真抓好侵权举报案件工作的查办和督办。制定案件处理机制，成立案件调查组，召开案件分析会，制定查处方案，抓好案件查办与督办。二是规范网络文化市场。开展了对“安卓乐园网”、“酷酷动漫网”、“星绕动漫网”、“手机小游戏网”及“笨狗漫画网”等网站违法违规经营行为的查处工作。三是扎实开展重点场所文化环境整治。开展了贵州省校园周边文化环境专项整治行动，对网吧、游戏厅、书店和音像制品摊点等文化经营场所进行了集中整治清理，重点查缴非法色情“口袋书”、盗版教材、非法教辅读物、盗版音像制品和电子出版物等非法出版物，严厉查处违法违规经营业户。四是开展文化市场专项检查。开展网络游戏、网络音乐、网络动漫、电子游艺及卡拉 OK 歌曲执法检查；整治歌舞娱乐场所歌曲点播系统、曲库，网络游戏“私服”、“外挂”等侵权盗版行为。

（七）林业部门

林业部门部署开展打击侵犯知识产权和制售假冒伪劣林木种苗的专项行动，开展了打击林木种苗的新品种引种不规范行为、规范清理了无证无照生产经营林木种子和苗木的行动，加强有关法律法规的宣传，在全省开展林木种苗专项执法检查。

（八）海关

海关认真履行监管职责，扎实推进打击侵权和假冒伪劣工作。一是落实工作责任。制发《贵阳海关 2014 年打击侵犯知识产权和制售假冒伪劣商品工作要点》，细化目标、明确要求、理清职责，部署打击侵权假冒工作。二是加强工作力度。抽调业务骨干组成工作小组，深入关内从事加工贸易贴牌生产的出口企业走访调研；突击检查企业生产现场和海关监管仓库，全年开展了 4 次突击检查。充分利用 H2000 通关系统、风险系统对进出口货物进行跟踪和分析，并加大对可疑货物和一些重点企业的监控。加强与公安等部门的配合协作，加强海关各处室间、行业间、部门间的配合，与名优产品生产企业建立协作机制。三是总结经验教训。及时总结工作中取得的成绩、存在的不足，提出解决的办法，推进打击侵权假冒工作效能提高。

（九）质检和检验检疫部门

质监和贵州检验检疫部门以农资、建材、汽车及其配件等重点产品，采取专项执法检查、区域整治等多种形式大力开展“质检利剑”、农资等专项执法打假行动。一是开展农资打假战役。制定《贵州省质监系统 2014 年农资专项执法打假工作方案》，以复混肥、磷肥为重点产品，开展农资打假战役。2014 年，贵州省共查处案件 109 件，大要案 7 件，涉案货值 272 万；办理的 2 件案件入选质检总局“质检利剑”典型案例。二是推进建材执法打假行动。以墙体、装饰装修材料及商品砼为重点，组织全省认真开展建材执法打假行动，严厉打击无证生产、以不合格品冒充合格品、甲醛等有毒有害物质释放量超标等各类违法违规行为。三是组织开展汽车及其配件打假战役。打击汽车及其配件生产、销售领域的违法违规行为。四是开展汽柴油打假战役。以城乡结合部、高速公路沿线、农村地区为重点区域，以成品油批发零售、加油站为重点环节，组织全省开展汽柴油打假行动。五是开展儿童日用消费品打假。以玩具、儿童汽车座椅、童装教辅用具等产品为重点，开展儿童日用消费品打假。六是开展案件信息公开、推进“两法衔接”，加强投诉举报工作。2014年，公开案件信息49件；收到投诉举报及咨询电话、信函3 368起，办结3 310起。七是强检测，抓质量，加强对进出境产品质量的检测。加强宏观质量分析，向国家和贵州省报送进出口重点产品质量检测报告36篇；开展食品原料种植基地、备案基地、出口质量安全示范区专项检查和目录外进出口商品监督检查，注销了3家出口食品企业备案资质，抽查21批商品中6批不合格；加强检测能力建设，提高进出口产品检测能力。

（十）工商部门

工商部门采取有力措施，开展了一系列打击侵犯知识产权和制售假冒伪劣商品的专项行动。一是大力开展新《消费者权益保护法》和《商标法》的宣传培训工作。2014年，贵州省工商系统举办培训班189期，培训执法人员9 685人次，培训经营者26 895人次，举办面向社会公众的宣传普法活动376次，印发宣传资料209 530份。二是出台《关于〈中华人民共和国商标法〉（2013修正）实施后驰名商标广告宣传有关问题的通知》，开展驰名著名商标专项检查。三是加强农资市场巡查，积极组织开展农资商品质量监测。开展农资商品质量监测，共抽取化肥样品297批次，农药132批次，合格率分别为79.12%和89.39%。四是开展流通领域商品质量抽检检验。抽查36个品种，2 148个批次，发现不合格商品1 034个批次。在已处理完成的电压力锅和强化木地板、木工板中，总计抽检经营户179户212个批次，经法定检验机构检验，合格81个批次、不合格132个批次，仅标识不合格的有41个批次，不合格率为62%。违法商品货值金额137.3341万元，处理被抽查检验经营者124户，查处违法案件74件，罚没金额14.9247万元。五是严厉打击“傍名牌”不正当竞争行为。查办了诸如假冒侵权“贵州特醇”知名品牌白酒的案、假冒“劲霸”服装案、假冒“安凯达”牌石灰粉案等一批社会影响恶劣，涉案金额巨大的大要案件。六是开展“贵州省十大名酒”专项整治和元旦春节期间酒类市场的专项整治。七是为“赖茅”商标市场清理做调研，向国家工商总局提交了《贵州省工商行政管理局关于请求在全国开展保护“赖茅”商标专用权的报告》，积极为贵州青酒集团有限公司开展打假维权。八是开展互联网领域打击侵权假冒工作。按照属地管辖原则，对本辖区的网络经营企业开展了网络巡查，检查企业网站是否存在涉嫌侵犯知识产权行为，是否存在销售假冒伪劣商品等情况。九是加强虚假违法广告专项整治工作，开展案件信息公开工作。

（十一）新闻出版广电部门

新闻出版广电部门紧紧围绕事关民生安全和创新发展的突出问题，强化执法打击，健全长效机制，深入开展打击侵权假冒工作。一是围绕重点领域，深入开展集中整治行动。组织开展“剑网2014”专项行动；组织开展印刷复制监管专项行动；加大对出版物市场的监管力度，部署开展“扫黄打非·清源（秋风、净网）2014”三个专项行动，部署第24届全国图书交易博览会期间出版物市场清查行动各项工作，认真组织开展深化少儿出版物市场整治专项行动，全面净化校园周边出版物市场环境。2014年1月至9月，贵州省新闻出版和“扫黄打非”战线共出动执法人员21 052人（次），执法车辆3 971台（次），检查出版物市场、店档摊点8 904个，检查印刷复制企业4 725个（次），取缔关闭出版物市场经营门店及游商地摊1 713个，捣毁非法印刷复制企业81个，端掉“黑网吧”39个，收缴各类盗版及非法出版物103.74万件。同时，对1 041家（次）物流企业、1 194家（次）邮政快递公司、1 037个（次）景区景点、1 276个（次）报刊亭，以及1 582（次）超市及软件批销市场进行了联合执法检查。2014年4月，组织开展2014年侵权盗版及非法出版物集中销毁和“绿书签”行动系列宣传活动。二是针对突出问题，加大版权执法监管工作力度。进一步推进软件正版化工作，配合部际联席会议办公室督查，制发《关于贯彻落实〈政府机关使用正版软件管理办法〉的实施意见》，对贵州省各市、自治州及省直部门建立软件正版化工作经费保障制度、采购制度、资产管理制度和考核与责任追究制度的建立提出了要求。三是夯实工作基础，完善打击假冒工作体系。加强行政处罚与行政调解工作并举；强化行政执法与刑事司法衔接；推进行政处罚案件信息公开工作；加强基层执法能力建设，组织开展工作培训。四是推进电视购物专项整治。行动期间，监测电视购物广告3 409条，受理投诉116件，处理投诉116件，责令停止发布、整改电视购物广告109条，自查整改节目67档（下架11单、完全更改49单、停播7单），停播整改11件。加强绩效考核和新闻宣传。五是加强宣传报道。各级广播电视播出机构加强了对打击侵权假冒决策部署、专项执法行动、法规制度完善、诚信体系建设宣传，曝光多起违法案例；贵州广播电视台等新闻媒体推出“3·15”系列报道，发布2013年依法维权十大案例。据不完全统计，贵州省各栏目共播出打击侵权假冒等方面的报道236条次，营造了全社会共同行动打击侵权假冒、维护公平公正市场交易秩序的良好氛围。

（十二）知识产权部门

知识产权部门加强机制体制建设，夯实市场监管基础，完善地方专利保护法规，多措并举，严厉打击侵犯专利权和制售假冒专利商品违法行为。一是完善地方专利保护法规。推进《贵州省专利条例》立法。2014年10月，贵州省人民政府常务会议讨论通过了“条例”草案，11月，贵州省人大常委会对“条例”草案进行了第一次审议。二是加强执法队伍建设，夯实市场监管基础。成立贵州省专利执法总队；开展贵州省市县三级联合执法指导；举办全省专利行政执法资格培训班，培训县级执法人员125人。三是多措并举，推进专利执法工作。制定《贵州省知识产权局关于印发〈贵州省2014年知识产权执法维权“护航”专项行动方案〉的通知》、《贵州省知识产权局关于印发〈贵州省电子商务领域专利执法维权专项行动工作方案〉的通知》和《贵州省知识产权局关于开展电子商务领域专利执法专项行动的指导意见和督导检查工作的通知》等文件，推进专利执法工作。2014年，贵州省共查办专利案件690件（其中处理专利侵权纠纷案件33件，查处假冒专利行为657件），涉案金额9.8万元，结案率达100%。2014年查办专利案件较2013年363件增长95.0%。四是开展案件信息公开工作。制定实行专利行政执法案件信息公开制度、档案管理办法，将案件信息纳入省、市（州）级社会信用体系之中。

（十三）食品药品监管部门

食品药品监管部门严格落实国家有关文件精神，积极开展各种专项整治行动。一是健全组织领导，完善工作制度，扎实推进双打工作。二是强化常态监管。开展“五整治”专项行动，打击农村销售假药行动，开展化妆品安全风险监测。全年查办案件62件，其中生产销售假药10件，生产销售劣药27件，生产销售不符合标准的医疗器械23件；发布《贵州省药品流通领域监督检查工作情况通报》11期，质量公告2期；出动执法车辆4 996辆次，参加检查人数15 020人次，检查含特殊药品范围批发企业80户次，含疫苗、血液制品范围批发企业31户次，其他批发企业262户次，检查药品零售连锁企业总部178户次，门店2 658户次，检查药品零售企业12 600户次，检查公立医疗机构2 876户次，检查民营医疗机构1 738户次，检查诊所1 234户次。三是加强药品、保健品广告审查及违法广告监测移送工作。制定《药品保健食品违法广告品种信用黑名单制度》，发布违法广告黑名单一期。四是加强互联网领域药品监管工作。五是争取国家政策支持，为药品供应提供监管保障。

（十四）邮政管理部门

邮政管理部门切实履行跟踪、核实和监督管理职责，督促企业严把收寄验视关，协助相关部门打击侵权假冒行为。一是提高认识。提高对打击侵权和假冒伪劣商品工作的重要性认识，提高工作积极性。二是出台有力措施。出台《快递企业员工发现并上报可疑邮件奖励办法》，激励快递企业及员工对可疑邮件的举报，维护邮路安全。

（十五）审判和检察机关

审判机关积极部署，稳步推进侵权和假冒伪劣案件的审判，强化大案要案的审判力度，给予违法分子严厉打击。一是高度重视，迅速把各级法院的思想和行动统一到国务院、最高人民法院和省政府的相关精神上来。充分运用刑事司法手段，保护知识产权；充分发挥刑事审判职能作用；按照宽严相济的刑事政策，依法从严、及时审判；二是强化组织领导，建立健全工作制度。建立案件的数据收集、案例整理、信息报送制度，形成长效工作机制。三是强化措施，积极行动，依法严厉打击侵犯知识产权和制售假冒伪劣商品犯罪行为。2014年，全省法院共受理侵犯知识产权和制售假冒伪劣商品犯罪案件共计共133件，审结129件，判处245人，结案率96.99%，法定审限内结案率达到100%。

检察机关强化审查批捕职能、强化立案监督职能，加大打击侵权和假冒伪劣的工作力度，强化协作配合、加强“两法衔接”工作。一是充分发挥检察机关打击犯罪职能，严惩侵权假冒犯罪行为。2014年，贵州省检察机关受理侵权假冒案件80件137人，批捕52件91人，提请公诉91件171人。二是强化机制建设，奠定工作基础。推进“两法衔接”机制建设，强化协作配合，全省各级检察机关与法院、公安工商等单位建立协作机制，定期召开联席会议，通报情况，协商解决问题。三是依法履职，重点开展破坏环境和危害食品药品安全犯罪专项立案监督。省检察院印发《贵州省检察机关开展“破坏环境资源和危害食品药品安全专项立案监督活动”实施方案》，开展专项立案监督工作。立案活动监督期间，共监督行政执法机关移送案件线索4件4人，监督公安机关立案55件70人，批捕10件14人，提请公诉17件24人，发出检察建议3份。

其他部门也积极开展打击侵权好假冒伪劣商品工作。

四、坚持边打边喊，打宣结合

贵州省各地、各部门利用“3·15”、“4·26”等宣传节点，通过开展现场宣传、现场咨询等活动，提高全社会防假、识假和打假意识，营造全民参与和支持打假的浓厚氛围。新闻出版广电部门紧紧围绕事关民生安全和创新发展的突出问题，大力宣传贵州省各级各部门打击侵权假冒、保障群众生产生活安全、促进创新发展的工作成效；公安部门开展了“4·26”知识产权保护的宣传活动和“5·15宣传活动”，全面展现打假成果。农业部门开展专项宣传活动170场（次）、发放宣传资料55万余份、张贴标语900条幅、举办培训班27期、出动宣传车辆1 890辆（次）。文化部门强抓日常宣传。知识产权部门组织开展“4·26”知识产权保护的宣传活动。工商部门大力开展新消费者权益保护法的宣传培训，贵州省工商系统举办培训班102期，培训执法人员4 709人次，培训经营者12 041人次，举办面向社会公众的宣传普法活动172次，向经营户宣传新消法1 684户次，印发新消法宣传资料128 416份。质检部门开展了12365热线“局长接线日”活动，“3·15”宣传活动，向贵州省10万名手机用户发布12365公益性信息，印制并发放5 000余个12365环保宣传袋，进一步扩大了12365质检热线在广大消费者中的认知度。

（撰稿人：周朝胤）

云南省打击侵权假冒工作报告

2014年，云南省认真贯彻落实党的十八届三中、四中全会精神，根据《2014年全国打击侵犯知识产权和制售假冒伪劣商品工作要点》（国办发〔2014〕13号）等工作部署要求，扎实有效地推进全省打击侵权假冒工作，取得了积极成效，有力维护了全省经济秩序和谐稳定。

一、侵权假冒刑事司法打击力度明显加强

据成员单位统计，2014年，全省公安机关共立案查处假冒伪劣犯罪案件927起，同比下降41%；抓获涉案人员1 215名，同比下降37%；缴获侵权假冒伪劣商品126万余件，涉案金额3.6亿余元，同比下降57%；捣毁制贩假冒伪劣窝点141个，打掉犯罪团伙39个，抓获网上逃犯40名，办理公安部督办案件11起，跨国案件7起，移送起诉案件322起，移送犯罪嫌疑人378名。全省检察机关共受理审查逮捕的侵犯知识产权案件48件80人，同比分别减少36%和41%；批捕37件53人，起诉61件117人，同比分别增长69%和67%。受理审查逮捕的生产销售伪劣商品案件36件55人，批捕26件36人，起诉47件159人，同比分别增长96%和127%。全省法院系统共受理侵权假冒刑事案件103起127人，案件数同比上升87%，涉案人数同比下降14%。这些数据一方面表明，2014年我省侵权假冒领域刑事司法打击力度不断加强，进入司法程序的大案、要案明显增加；另一方面也反映出我省侵权假冒案件高发态势得到有力遏制，涉嫌犯罪案件和涉案人员数量明显下降，全省经济发展秩序得到有效改善。

二、打击侵权假冒专项整治行动有序开展

一年来，云南省打击侵权假冒各成员单位紧紧围绕推动经济转型升级、保障和改善民生等重点热点问题，大力开展专项整治。主要有：

林业部门开展了打击制售假劣林木种苗和保护植物新品种专项行动，对种苗生产经营单位林木种苗违法行为进行依法查处。全省共查处种苗违法案件18起，其中：无证经营林木种苗1起、无林木采伐（移植）许可证移植绿化树苗案件17起，涉案苗木1.6089万株，涉案金额8.6216万元。

农业部门开展了农资打假专项治理行动，全省农业部门共出动执法检查人员108 975人次，印发宣传资料269.1万份，检查企业100 138家，整顿市场21 249个，查获假劣农资2 194台件，974 948公斤，货值金额536.35万元。严厉打击了制售假冒伪劣农资的违法行为行为，进一步规范了我省的农资市场，保障了农业生产和农产品质量安全。

工商部门开展了2014红盾护农、2014红盾网剑、农村和城乡结合部市场专项整治等重大行动。全省工商系统在打击侵权假冒工作中，共立案查处侵权假冒案件1 058件，办结975件，案值718.42万元，罚没金额551.9万元。其中，立案查处利用互联网销售侵权和假冒伪劣商品案件9件，办结9件，案值28.92万元，罚没金额13.02万元；立案查处侵犯商标权案件405件，办结363件，案值279.94万元，

罚没金额209.57万元；立案查处仿冒知名商品特有的名称、包装、装潢案件24件，办结22件，案值37.43万元，罚没金额23.88万元；立案查处假冒伪劣商品案件555件，办结507件，案值293.79万元，罚没金额254.52万元，移送司法机关案件1件，案值119.38万元。

质监部门开展了“质检利剑”专项行动，全系统共出动执法人员51 176人次，检查企业19 268家，立案查处案件2 768起，捣毁黑窝点87个，涉案货值39 360万元，其中，14起移送公安机关（其中公安机关立案10起）。

食药监部门牵头开展了11项食品安全专项整治。在保障米线安全专项整治行动中，全省共排查整获证生产加工企业42家、小作坊2 053家、经营企业2万多家，监督抽验905个批次，取缔无证生产、卫生条件差、设备设施简陋、存在严重食品安全隐患的小作坊8家，责令整改223家加工小作坊，查处违规添加食品添加剂、产品质量检验不合格的小作坊114家。开展了“五整治”、“四品一械”专项行动，查处“四品一械”违法案件7 633件，取缔无证经营727户，捣毁制假售假窝点33个，停业整顿382户，责令限期整改餐饮单位1.77万户，罚没款2 190多万元。

税务部门会同公安、工商、保监、银监等部门开展了虚假发票专项整治工作。检查煤矿、商业批发与零售、汽车修理修配等社会关注、违法问题高发的行业企业876户，有发票问题户数670户，查处各类违法发票（收据）33 729份。共出动人员651人次，涉及金额41 165.04万元，查补税款4 197.72万元，加收滞纳金512.5万元，罚款563.6万元，没收违法所得1.63万元，合计查补收入5 275.45万元，打击发票违法犯罪工作取得明显成效。

另外，省双打办协调有关成员单位开展了打击互联网领域侵权假冒犯罪行为专项行动。商务部门牵头开展了预付消费、电视购物、肉及肉制品和酒类流通专项整治。版权部门开展了“剑网2014”行动，海关开展了边境打假专项行动，检察机关开展了破坏环境资源和危害食品药品安全犯罪专项立案监督活动，等等。这些专项行动重点突出，针对性强，有力打击了全省制假售假和侵犯知识产权行为，有效保护了群众利益，进一步净化了全省经济社会发展秩序。

三、知识产权保护工作扎实推进

一是持续深入推进软件正版化工作。全面完成了全省州市县级政府机关软件正版化整改工作，顺利通过全国软件正版化工作考核验收。省内国有、外资、合资、民营企业等行业以及政府序列外国家机关、人民团体等单位的软件正版化工作稳步推进，软件正版化有关管理制度不断完善，社会各界使用正版软件的意识逐渐增强。二是严肃查处知识产权侵权行为。知识产权部门开展了知识产权“护航”专项行动，实施专利保护集中整治。知识产权、文化、海关等部门根据职责分工，深入州市和企业开展知识产权专项联合执法和业务培训，查处了一批侵权违法行为。积极探索会展专利保护，对我省2014年举办的第二届中国—南亚博览会暨第二十二届昆明进出口商品交易会开展了专利行政执法和维权服务。三是加大网络侵权打击力度。文化、新闻出版、网信等部门加强网络侵权行为督导检查，及时查处了“少女心飞扬音乐网站”、“弥勒在线”等一批网络侵权案件，受到国家新闻出版广电总局的表扬。四是积极开展知识产权领域维权援助工作。司法部门制定出台了《关于推进公共法律服务体系建设的实施意见》，建立了中国（云南）知识产权维权援助中心工作站，组建了10大法律服务团，共有3 546名律师为各领域、各群体提供知识产权案件公益性法律服务。

四、打击侵权假冒长效机制建设不断完善

（一）行政处罚案件信息公开工作顺利推进

制定了《云南省制售假冒伪劣商品和侵犯知识产权行政处罚案件信息公开监督管理办法（试行）》，文化、林业、版权、工商、知识产权、昆明海关等成员单位结合工作实际，分别制定了实施细则。据不完全统计，各行政执法部门2014年共公开147件行政执法案件信息。

（二）“两法衔接”取得新的突破

双打办和检察机关共同对全省两法衔接信息共享平台进行了升级改造，并顺利实现了与中央平台的对接，受到全国双打办的肯定和表扬。各成员单位切实加强“两法衔接”工作的协作与配合，案件移送的主动性进一步增强，确保了侵权假冒违法行为责任追究到位。

（三）部门协调机制进一步完善

中国人民银行昆明中心支行与发改部门牵头建立了全省社会信用体系建设联席会议制度，昆明海关建立了侵权假冒货物的绿色销毁机制，国税部门会同通信管理、公安等部门不断健全治理发票违法信息的部门协作机制，食药监与教育部门建立了学校食品安全联席会议制度，各级公安机关与相关行政执法部门、企业共签订了173份协作规定，有力推进了成员单位之间信息联通共享。

（四）创造性地探索建立了中缅打击侵权假冒合作机制

德宏州充分利用与缅甸有关方面的会谈合作机制，将双打工作纳入到双方各层级会谈内容之中，形成了与缅方之间

的良性互动机制，坚决打击边境贸易侵权假冒行为，有力维护了我产品的良好声誉和形象。

（五）宣传工作卓有成效

各地、各成员单位紧紧围绕2014年打击侵权假冒重点工作，采取多种形式积极宣传本地区、本部门在打击侵权假冒工作的具体措施、工作进展和有效做法，充分调动了社会各界和广大群众参与打击侵权假冒的积极性和主动性，营造了全省抵制侵权假冒的良好氛围。

五、办公室牵头协调作用进一步发挥

2014年，省双打办在人员少、任务重、协调难的情况下，认真履行工作职责。一是严格落实双打工作数据统计和信息报送制度。2014年，各州市共报送工作动态信息142条、执法数据48期，省级各成员单位共报送工作动态信息53条、查办案件统计表12期，省打办择优汇总采编上报全国双打办工作动态信息63条、执法统计数据12期。二是切实加强对州市打击侵权假冒工作的指导督促。全年先后对昆明、曲靖、大理、丽江、迪庆、临沧、版纳、德宏等州市打击侵权假冒工作进行了调研，从工作方法、工作重点、工作制度、专项整治等方面进行了检查督促。三是认真做好上情下达和协调工作。加强与各成员单位的沟通协调，定期召开领导小组成员单位联络员会议，及时制定专项整治工作方案，按时传达转发全国双打领导小组及全国双打办工作部署，较好地发挥了办公室协调左右、沟通上下的作用。

六、下阶段工作重点

2014年，云南省打击侵权假冒工作取得了明显进步，为深化沿边开放、促进全省经济社会又好又快发展提供了有力保障，但与全面深化改革和创新云南建设的要求相比还存在诸多问题和不足，突出表现在：一是个别地区和部门还存在对打击侵权假冒工作重要意义认识不足的问题，工作主动性和积极性还有一定差距，致使地区之间、部门之间工作开展不平衡；二是地方双打领导小组办公室尤其是州（市）、县级基层双打工作力量十分薄弱，工作手段极其缺乏，推动工作困难，发挥作用有限；三是打击侵权假冒工作涉及面广、涉及部门多，协调难度大，纵向和横向的双打工作机制还有待进一步健全完善。四是在长效机制建设方面，“两法衔接”案件录入不全面、不及时、不主动的问题普遍存在，行政执法信息公开也普遍存在观望现象，处罚的多、公开的少。针对这些问题和不足，下阶段，我们将重点做好以下工作：

（一）进一步加强打击侵权假冒工作的组织领导

认真落实国务院、全国打击侵权假冒工作领导小组的有关安排部署，结合我省侵权假冒违法犯罪行为的规律特点，将开展打击侵权假冒工作与落实十八届三中四中全会精神、深化经济体制改革、加强事中事后监管、推进社会诚信体系建设等工作相结合，突出重点区域、重点时段、重点环节、重点商品，坚持“打防并举”，切实抓好各项任务的落实。加强上下级之间、成员单位之间的信息沟通和协调配合，健全工作联系制度，增强打击侵权假冒违法犯罪行为的工作合力。

（二）统筹做好各项专项整治工作

根据全国双打办通知要求，在各成员单位例行组织的本部门专项行动基础上，深入开展农村和城乡结合部市场假冒伪劣专项整治、打击互联网侵权假冒专项整治、车用燃油专项整治和维护我产品形象的“清风”行动4项专项工作，通过开展集中整治，严厉查处各类侵权假冒违法犯罪行为，进一步营造全省法制化营商环境。

（三）着力抓好两项长效机制建设

一方面，围绕“两法衔接”不畅的问题开展深入调研，找准问题症结，在提高平台便利性的同时，修改完善“两法衔接”工作保障制度，进一步完善行政执法刑事司法衔接机制，使我省“两法衔接”工作继续走在全国前列。另一方面，稳妥推进行政处罚案件信息公开工作，进一步完善实施细则，加大检查监督力度，协调成员单位依法、主动、及时公开所有符合公开条件的行政处罚案件信息。

（四）努力营造打击侵权假冒社会氛围

适应创新驱动战略新形势、新要求，创新宣传工作方法、手段和措施，不断加强知识产权保护和打击假冒伪劣有关法规、政策和典型案例的宣传，凝聚全社会打击侵权假冒的共识。引导企业牢固树立诚信意识和责任主体意识，自觉守法、合法经营，创造诚实守信的营商氛围。积极开展各类知识产权和打假业务培训，丰富培训形式，拓宽培训渠道，努力提高执法人员依法行政的专业素质和执法能力。

（撰稿人：朱文龙）

陕西省打击侵权假冒工作报告

2014年，陕西省认真贯彻党的十八大和十八届三中、四中全会精神，按照国务院对打击侵权和假冒伪劣工作的统一安排部署和全国打击侵权假冒工作领导小组要求，各级各部门以净化市场环境，确保消费安全为目标，及时安排部署，加强日常监管，在重点领域、重点行业，围绕重点内容集中组织开展专项整治，认真查处违法行为，大力开展宣传教育，加强行政执法与刑事司法的衔接，推进依法行政和行政处罚案件的信息公开，取得较好成效。2014年8月26日，汪洋副总理主持召开的全国打击侵权假冒工作领导小组第六次会议上，我省打击侵权假冒工作领导小组组长王莉霞副省长就我省开展农村和城乡结合部市场专项整治工作情况在会上进行了专题汇报和发言。我省农村和城乡结合部市场监管和专项整治工作得到全国双打办领导的充分肯定。现将我省2014年工作情况报告如下：

一、全面安排部署，明确工作内容和目标

按照国务院和全国双打工作领导小组对2014年双打工作的要求，我省召开会议，进行安排部署，明确工作目标、工作任务、工作内容和工作重点。转发了《国务院办公厅关于印发2014年全国打击侵犯知识产权和制售假冒伪劣商品工作要点的通知》和全国双打工作领导小组2014年打击侵权假冒季度重点工作安排，以农资、食品药品、汽车配件、建筑材料、儿童用品、车用汽柴油等商品为整治重点，加大对商标、专利、著作权、植物新品种、地理标志等知识产权侵权假冒行为打击力度，坚持标本兼治，切实维护良好的市场秩序，扎实推进制度和机制建设，为保障和改善民生奠定坚实基础。西安市、咸阳市、渭南市、安康市、杨凌示范区、延安市、榆林市召开了打击侵权假冒工作领导小组会议和联络员会议，安排部署全年工作，制定并印发2014年打击侵权假冒工作方案和实施意见，积极开展工作。省农业厅、林业厅、文化厅、工商局、质监局、药监局、新闻出版广电局、知识产权局、工信厅、卫计委、西安海关、公安厅、检察院、法院等成员单位，制定印发全年工作安排和专项行动工作计划，有重点、有针对性地组织开展工作。

二、集中专项整治，大力整治市场环境

2014年来，我省双打工作紧紧围绕全年工作要点和每季度工作安排，针对侵权假冒突出问题持续开展专项整治，各项工作稳步推进。全省开展了食品、药品、农资、建材、汽车及其配件、纤维及其制品、文化、成品油等15个类项的专项整治，有力地整治了市场环境。在开展的专项行动中，各级行政执法部门共出动执法人员近17.6万人次，检查各类生产经营主体单位6.8万余户次，检查超市、批发零售市场、集贸市场3 820个次，整治重点区域912处，查处案件1.84万个，立案3 680余件，涉案金额0.9亿元；公安机关立案658起，破案655起，发起集群战役1起，共抓获犯罪嫌疑人852名，逮捕151人，移送起诉223人，涉案总金额1.5亿元；全省检察机关批捕侵犯知识产权案件35件53人，起诉50件95人，批捕生产销售伪劣商品罪129件201人，起诉207件345人；全省法院共受理侵犯知识产权和制售假冒伪劣商品刑事案件32件，其中假冒注册犯罪案件21件，销售假冒注册商品案件7件，销售非法制造的注册商标案件4件，审结案件29件，判处45人。

三、健全制度机制，夯实常态化工作基础

2014年，我省高度重视双打工作的制度和机制建设。省双打办制定了信息报告制度、重大案件督查督办制度、行政处罚案件信息公开监督管理办法等。省新闻出版广电局制定完善了打击侵权举报制度、奖励制度、案件信息公开实施细则。省工商局建立健全了数据统计、重大案件督办、重要信息报送、知识产权保护宣传等工作制度。省质监局修订了质量管理工作手册，制定了行政约谈办法、执法打假和重大行政处罚案件督查督办暂行规定、执法检查任务书制度等。省法院制定了关于全省裁判文书网络公开工作的决定。省公安厅与省质监局签订了打击制售假冒伪劣商品违法犯罪活动协作暂行办法，与省烟草专卖局签订了关于深入卷烟联合打假长效协作机制的工作意见，与陕西坚瑞消防股份有限公司、陕西白水杜康酒业有限责任公司、西安银桥生物科技有限责任公司签订知识产权刑事保护警企合作备忘录。省药监局牵头西北五省区食品药品稽查部门签署工作协作协议，开展联合协作打假工作。省知识产权局统筹协调西北五省区知识产权部门，组建西北地区专利侵权判定咨询中心，共同签订《西北地区专利行政执法协作调度中心工作协议》。西安市工商局与比亚迪等6家企业和西安海纳汽配市场等8个市

场签订了保护著作商标联合打假协作协议、联合打假维权暨知识产权保护行动协议。同时，加强对市（区）政府双打工作考核。按照省社会管理综合治理委员会《陕西省2014年各市及杨凌示范区社会管理综合治理工作考核评价实施办法》要求，我们制定下发《陕西省2014年度市（区）打击侵权假冒工作绩效考核办法》，对2014年各市（区）打击侵权假冒伪劣工作进行了考核。考核内容涉及专项整治执法、制度建设情况、行政执法与刑事司法衔接工作、工作机制建设、社会力量参与打击侵权假冒伪劣工作等方面，共20个考核要点。这些制度、机制的建立完善，落实了工作责任，明确了联系沟通渠道，为全省的双打工作再上新台阶奠定了坚实的基础，为工作的强有力开展提供了有效保障。

四、积极推进依法行政，加强行政执法队伍建设

党的十八届四中全会通过的《中共中央关于全面推进依法治国若干重大问题的决定》要求必须全面推进依法治国，而依法行政是依法治国的重要组成部分。我省各级各部门都把依法行政作为2014年的一项十分重要的工作。组织开展了依法行政、依法执法集中检查和培训工作。省质监局在全系统开展了依法行政、依法执法工作情况集中检查。举办了两期行政综合执法高级研修班和执法领导、骨干集中培训。省工商局举办了60多期新《商标法》修改内容和商标知识培训。省药监局开展“业务大培训、技能大练兵、法规大考核、手段大改善”为主要内容的能力建设活动，先后对300余名市县级执法人员和600余名基层监管所长进行了培训。省文化厅对全省140名文化市场综合执法骨干人员进行了培训。省知识产权局、工商局、版权局联合举办了全省企业知识产权专题综合培训等。全省商务、工商、地税和质监等系统加强12312、12315、12366和12365消费者申诉举报体系建设，及时受理和依法处理权利人和群众举报的涉嫌侵权假冒行为举报投诉。

五、积极推进行政处罚案件信息公开

根据《国务院批转全国打击侵犯知识产权和制售假冒伪劣商品工作领导小组〈关于依法公开制售假冒伪劣商品和侵犯知识产权行政处罚案件信息的意见（试行）的通知〉》文件要求，我省高度重视，及时向各市（区）政府、省双打领导小组的成员单位进行了转发，并召开了省打击侵权假冒工作领导小组成员单位负责人、联络员参加的会议，进行动员和安排部署，全面推进行政处罚案件的信息公开工作。截至2014年年底，省工商局、质监局、药监局、新闻出版广电局、知识产权局、农业厅、林业厅等省级行政执法部门都全面建立行政处罚案件信息公开工作机制，及时制定印发了各自系统行政执法案件信息公开的管理办法，明确了行政处罚案件信息公开的主体、内容和范围，并对行政处罚案件公开的程序、公开的形式、公开的时限等方面提出了具体要求。目前，全省行政处罚案件信息公开工作已经全面展开。

六、加快信息共享平台建设，积极推进“两法衔接”

按照全国双打办《关于加快建设打击侵权假冒行政执法与刑事司法衔接工作信息共享平台的通知》要求，我省多方协调，落实建设资金，积极开展建设工作。目前，我省信息平台一期建设基本完成，进入试运行。近期可实现与国家平台技术、功能的对接，实现省级各成员单位的互联互通。

在推进平台建设中，省检察院强力推动宝鸡市率先建成了覆盖市县两级341个行政执法单位的“两法衔接”信息共享平台，完善了“两法衔接”相关机制，实现了行政执法机关、公安机关、检察机关之间执法、司法信息互联互通，强化了检察机关对行政执法机关移送涉嫌犯罪案件和对公安机关刑事立案的法律监督。截至2014年10月底，宝鸡市检察机关共录入行政及治安处罚案件1 005件，监督行政执法机关向公安机关移送刑事案件51件，公安机关已立案30件，取得了良好的社会效果。

七、积极推进政府机关软件正版化工作

按照中央和省政府对政府机关软件正版化的工作要求，省政府办公厅制定印发了《陕西省2014年推进使用正版软件实施方案》，明确了全年软件正版化工作目标、工作任务及职责。召开省使用正版软件工作领导小组成员单位联络员会议，进行安排部署。2014年5月，由省新闻出版广电局牵头，省工信厅、商务厅、国资委、知识产权局、机关事务管理局、电子政务办公室等部门参加，分5个检查组对全省9个市级政府、27个市级机关、17个县级政府、51个县级机关软件正版化整改情况进行了集中检查，抽查349台计算机软件安装使用情况。根据检查情况，白阿莹副省长亲自主持召开专题会议，进行研究，提出抓落实的具体措施。2014年9月，省政府办公厅印发《关于市县级政府机关软件正版化工作检查情况的通报》，要求各地、各部门针对国务院通报及我省检查发现的问题，认真自查整改，并限期上报自

查整改情况。省新闻出版广电局还专门召开座谈会，邀请市县软件正版化负责人听取意见和建议，上报省政府。截至2014年底，全省各级政府对省、市、县三级2 991个机关进行了督查，全省政府机关在2013年基础上新采购正版软件6 416个，采购金额415.25万元，累计拥有许可软件数107 416个。全省各级政府举办软件正版化培训班57次，参训单位2 336家，参训人数5 648人次。

八、大力开展宣传教育，营造良好社会氛围

在开展专项整治的同时，我省高度重视和大力开展了宣传教育工作，加强对我国保护知识产权工作的成就，打击侵权假冒的具体措施以及重大违法案件查处情况的宣传和报道。全省各级商务、知识产权、工商、质监、食品药品监管、农业、林业、文化、新闻出版广电、工信、海关、法院、检察院等部门充分利用各种新闻媒体，在“诚信兴商宣传月”、“世界知识产权日”、“3·15消费者权益日”和“食品安全宣传周”、“放心农资下乡进村宣传周”等重要时段节点开展宣传活动，结合各自工作实际，举办活动启动仪式，采取宣传展示、播放录音录像、发放宣传手册和宣传资料、播报典型案件、现场咨询等形式，深入开展了双打工作的宣传活动，向社会公众普及相关法律法规知识，提高公众和企事业单位知识产权保护意识。通过广泛宣传，进一步提高了全省各级部门、企业和消费者对双打工作重要性的认识，激发了全社会关注、支持、参与打击侵权假冒工作的热情，为深入推进打击侵权假冒工作营造了良好的社会氛围。

（撰稿人：麻江江）

西藏自治区打击侵权假冒工作报告

——各司其职、主动作为，扎实推进西藏自治区打击侵权假冒工作

为认真贯彻落实党的十八届三中、四中全会精神，2014年在自治区党委、政府的坚强领导下，在全国打击侵权假冒领导小组的领导和业务指导下，西藏自治区打击侵权假冒工作领导小组成员单位密切配合，各司其职、主动作为，打击侵权假冒工作取得了一定成效。

2014年是贯彻党的十八届三中、四中全会精神、落实中央关于全面深化改革各项重大战略部署的开局之年，西藏自治区各成员单位按照全国打击侵权假冒工作领导小组的部署，认真做好打击侵权假冒工作，积极推进长效机制建设，打击侵权假冒工作取得了新的成效。据不完全统计，2014年全区行政执法机关共查办侵权假冒违法案件151余件；涉案金额713.34万元；罚款168.59万元；立案150起，抓获犯罪嫌疑人10人。

一、强化措施、建章立制，不断推进监管执法制度建设

为进一步总结和提升自治区打击侵权假冒工作水平，推进各项工作不断规范化、公开化、科学化，自治区打假办结合近几年工作实际，按照全国打假办的要求，一是会同成员单位制定印发了《西藏自治区打击侵犯知识产权和制售假冒伪劣商品工作工作联席会议制度（试行）》、《西藏自治区打击侵犯知识产权和制售假冒伪劣商品信息报送和数据统计工作制度（试行）》、《西藏自治区打击侵犯知识产权和制售假冒伪劣商品行政处罚案件信息公开工作管理制度（试行）》、《西藏自治区打击侵犯知识产权和制售假冒伪劣商品行政执法与刑事司法衔接工作制度（试行）》四个制度和《西藏自治区打击侵犯知识产权和制售假冒伪劣商品重大案件协调督办工作规则（试行）》一规则。“四制度”和“一规则”的制定使西藏自治区的打击侵权假冒工作有章可循，促使其更加规范、更加科学，达到事半功倍的功效。二是按照全国打击侵权假冒工作领导小组办公室的要求，自治区打击侵权假冒领导小组办公室制定印发了《2014年西藏自治区打击侵权假冒商品工作要点》。三是各行政执法机关积极推进侵权假冒案件信息公开工作。

二、突出重点、联合整治，不断强化部门协作效能

在开展联合检查整治期间，全区公安经侦部门充分发挥侦查破案打击职能，共立侵权假冒案件10起，涉案金额达500余万元，挽回经济损失180余万元，抓获犯罪嫌疑人

10 人。

全区工商系统共查处侵权假冒案件 140 件，案值 51.54 万元，罚款 53.05 万元。其中，查处侵犯商标权案件 49 件，涉案金额 26 万元，罚款 37.05 万元。查处仿冒知名商品特有的名称、包装、装潢案件 11 件，案值 14.7 万元，罚款 2.99 万元。查处假冒商品案件 80 件，案值 10.84 万元，罚款 13.01 万元。

全区农牧部门开展了春季农资打假和农产品质量安全整治 56 余次，检查各类农资市场、经营网点、门市部、个体经营户、饲料加工企业、屠宰场、种养殖基地 389 个；查获过期兽药 2.5 公斤、牧草等种子 8 公斤。

全区林业系统组织了种苗质量检查，开展了打击违法销售假冒伪劣林木种苗行为专项整治。

自治区食品药品监管局开展了“四品一械”市场监督检查，截至目前，共立案 144 起；涉案金额 33.91 万元；罚款 62.49 万元。捣毁销售假药“一滴辟谷丸”窝点，总数 254 688 丸；涉案金额 764 064 元。检查餐饮单位 963 家；其中无证书 58 家；查处 21 家。在“四打击四规范”专项整治中检查食品生产单位 445 户次，其中食品生产经营户 417 户次；校园及周边食品经营户 4 371 次；监督抽查食品 1 906 批次；检查批发市场、集贸市场等各类市场 339 次；取缔无照经营户 40 户；查处侵权仿冒食品 121 公斤，查扣仿冒儿童食品 3 公斤；查扣劣质食品 5 658.3 公斤，劣质儿童食品 1 139.6 公斤；查处不符合食品安全标准的劣质食品案件 31 件；受理消费者投诉举报 27 件。专项行动的整治，有效地震慑了违法犯罪分子，规范了市场秩序。

此外，自治区发展改革委牵头重点就我区信用体系建设进行了规划，并积极开展相关工作；自治区质监局通过抓生产源头、重点产品、抓执法打假，抓长效机制、抓服务意识，努力确保产品质量安全；自治区知识产权局、环保厅、工信厅、检查院、国资委、综治办、人行西藏支行等单位紧密结合各自职能，创新开展相关工作。

三、注重宣传、有的放矢，提高社会认知度

各成员单位结合各自的实际，开展了内容丰富，形式多样的宣传活动，成员单位共同参与开展了“以打击防范经济犯罪，护航改革，保障民生为主题“5·15”打击和防范经济犯罪宣传日、“6·12”食品安全宣传日、“9·16”平安西藏宣传日、“12·4”全国宪法宣传日等活动，通过发放宣传资料，设立咨询台、案例展板等形式，向社会各界广泛宣传识假技能，提高反假、拒假思想意识，同时充分利用报刊、电视、网站、电台等媒体进行广泛宣传，充分调动群众参与打假的积极性。

（撰稿人：林素巧）

甘肃省打击侵权假冒工作报告

2014 年，甘肃省打击侵权假冒工作在省委、省政府的正确领导下，认真贯彻党的十八届三中、四中全会精神，全面落实全国打击侵权假冒工作领导小组办公室的工作部署，坚持打建结合、标本兼治，紧紧围绕净化市场环境、维护市场秩序，强化执法打击，深化改革创新，健全长效机制，完善现代市场体系，建设法制化营商环境，深入开展打假治劣工作，取得了较好成效。全省各级行政执法部门共出动执法人员 704 060 人（次），检查各类市场 52 536 个（次），检查生产经营主体 397 747 多个，受理和查处侵权假冒案件 14 027件，涉案金额 3 708.70 万元，移送案件 456 件，捣毁制假售假窝点 193 个。公安机关针对各类侵权假冒犯罪案件共立案 318 起，抓获犯罪嫌疑人 296 名，涉案金额 5 458 余万元。检察机关批捕涉嫌侵犯知识产权案件 14 件 28 人，涉嫌生产销售伪劣商品案件 38 件 63 人；审查起诉涉嫌侵犯知识产权案件 34 件 54 人，涉嫌生产销售伪劣商品案件 192 件 291 人，深挖侵权假冒案件背后的职务犯罪线索 5 件 5 人。全省法院共受理侵权假冒刑事案件 263 件 299 人，其中，制售假冒商品案件 235 件 265 人，审结 228 件 258 人，侵犯知识产权案件 38 件 45 人，审结 37 件 44 人。全省各级行政执法机关公开行政处罚案件信息 3 751 件。我们的主要做法是：

一、加强领导，精心组织，周密部署

一是各级领导高度重视打击侵权假冒工作。李荣灿副省

长对重点工作7次作出批示，并列为省政府办公厅督办事项。领导小组副组长对打假工作也多次听取汇报，作出安排。各成员单位的领导把打假工作摆上日程，保证了重点整治工作和日常监管工作的落实。领导小组认真研究部署年度工作，制定下发了《甘肃省打击侵犯知识产权和制售假冒伪劣商品工作要点和任务分工》（省打假办发〔2014〕3号）和季度工作要点，印发了《省打击侵权假冒工作领导小组第二次全体会议纪要》（甘打假领发〔2014〕1号），细化、明确工作任务，落实工作责任。二是进一步完善了工作机制和制度措施。省打击侵权假冒工作领导小组着眼创新工作机制、完善制度措施，先后制定下发了《甘肃省打击侵权假冒工作信息报送和应用管理办法（试行）》（省打假办发〔2014〕4号）、《甘肃省依法公开制售假冒伪劣商品和侵权知识产权行政处罚案件信息的实施细则（试行）》（甘打假领发〔2014〕2号），强化行政处罚案件信息公开和信息报送、运用工作，推进依法行政，接受社会监督。在工作部署中，注意完善组织领导机制、工作推进机制、督察督办机制和通报等制度。三是完善打击侵权假冒工作监督考核体系。2014年，省委、省政府将打击侵权假冒工作纳入全省社会管理综合治理之中，与综治工作同部署、同考核。省社会管理综合治理委员会制定下发了《甘肃省平安县（市、区）考核管理办法》和《甘肃省平安县（市、区）考核标准》（甘综治委〔2014〕3号），其中打击侵权假冒工作占综治考核总分值的10%，这对推动双打工作起到很好的促进作用。

二、加强统筹协调，注重凝心聚力，不断推进工作落实

2014年，打击侵权假冒领导小组办公室认真履行牵头组织协调工作职责，积极做好协调沟通和督促检查工作，确保各项工作有布置、有跟踪、有督促、有落实、有总结。一是及时传达上级精神。认真贯彻国家双打办的工作部署，及时向成员单位和市州传达全国打击侵权假冒工作有关精神，印发有关文件，制定有关办法，召开有关会议，同时，结合我省实际，明确工作重点，提出工作要求，加强跟踪督查，推进工作落实。二是积极做好重点工作督办。2014年5月份以来，督促各市州、各成员单位制定了案件信息公开实施细则，明确了案件信息公开的审核机制和工作流程。跟踪采取全省打击互联网领域侵犯知识产权和制售假冒伪劣商品专项整治行动。与省政府法制办、省检察院制定了两法衔接信息共享平台建设工作计划。举办了省市（州）县（区）“两法衔接”信息共享平台运行维护管理培训班，并加强与国家打假办的请示汇报，及时反映我省平台建设的进展情况。三是切实加强督导检查。按照“打建结合、标本兼治”的原则，对涉及全省各领域、各环节的工作进行全面安排部署，对重大问题及时协调解决，对重大案件及时督导检查，对专项整治进展情况跟踪督查，确保了各项工作的深入开展。

三、以查处案件为抓手，条块联动，严厉打击违法行为

2014年，我省各成员单位、各市州充分履行各自职能，突出重点，主动出击，坚持反复查、重点管，通过不懈的努力，全省侵权假冒违法行为得到有效遏制，打击侵权假冒整治工作取得了明显成效。

（一）专项执法扎实有力

农牧系统围绕“打假、护农、保粮、增收”主题，突出工作重点，细化工作措施，深入开展农资打假和监管工作，全年出动执法人员22 560人（次），检查农资市场1 735个（次），检查农资经营门店18 944个（次），捣毁制假窝点2个，涉案金额2 604万元，查办农业违法案件247起，移送公安机关52起，公开行政处罚案件信息9件。文化系统狠抓市场主体准入规范、完善市场主体退出机制、加大对经营秩序整顿规范力度，突出重点内容、重点行业、重点时段，全力打击侵权盗版和各类非法出版物，2014年一年，受理各类举报329件，立案调查223件，移送案件52件，有效打击了各类违法违规经营行为。林业系统深入开展打击侵犯植物新品种权的违法行为，依法查处无证生产经营、以次充好、以假乱真等种苗违法行为，坚决取缔无证生产经营行为。食药监系统以专项整治为依托，深入开展了医疗器械“五整治”、食品安全专项整治、药品质量专项检查、打击食品药品违法广告等专项行动。全年共出动执法人员516 737人次，检查企业354 868户次，行政处罚案件立案4 787件，办结食品药品行政处罚案件4 264件，捣毁窝点92个，行政处罚案件信息公开1 563件，罚款、没收违法所得共计1 229.29万元，移送司法机关案件149件，由司法机关追究刑事责任5人。加强了跨区域案件协查协作机制，签订了《西北五省（区）食品药品稽查协作协议》，延伸了联合跨区域打击违法犯罪链条。工商系统严厉打击仿冒他人知名商标、侵犯商业秘密等违法行为，查处各类侵权案件611件，办结600件，罚款、没收违法所得375.174万元，捣毁窝点3个，移送司法机关案件1件。质监系统以农资、建材、特种设备、汽车配件等产品为重点，组织开展“质监利剑”、双打等各类专项执法打假和整治行动13次，

出动执法人员17 648人（次），检查各类生产企业4 169余家，办理各类案件840起，涉案金额1 412.13万元，捣毁非法加工生产窝点4个，在相关媒体公开行政处罚案件信息11条，督查督办大案要案14起，移送司法机关12起。处理国家总局转办、群众上门举报的案件16件。建立“红黑榜”发布制度，按季度举行甘肃省“德润陇原、诚信红黑榜”新闻发布会。新闻出版广电系统持续狠抓了软件正版化工作，印发了《2014年甘肃省推进使用正版软件工作安排》，启动了党群系统软件正版化工作、推进企业软件正版化建设。我省软件正版化工作不仅得到了汪洋副总理的肯定，而且在国务院《关于市县级政府机关软件正版化工作检查情况的通报》中，我省是四个没有被通报的省份之一。在抓好软件正版化建设的同时，开展了网络侵权盗版专项治理活动（“剑网行动”），查处了一起网站涉嫌盗播案件。组织开展了“净网2014”行动，查处了平凉、玉门、张掖、白银等多地利用网络传播淫秽物品案。知识产权系统实施了专利执法维权“护航”专项行动，开展了电子商务领域专利行政执法试点工作。查处各类专利案件265起，其中办理专利侵权纠纷36起，查办假冒专利案件229起。环境保护系统配合省公安、工商、税务、知识产权等相关单位，对40批次假冒品牌硒鼓、墨盒及假酒、假发票集中进行了无害化处置。卫生系统开展了打击非法行医专项整治行动，查处违法案件216件，移送公安机关9件，没收违法所得480.6452万元，罚款20.6万元；查处群众举报投诉案件46件。遴选了10大案例向社会进行公布。人民银行兰州中心支行深入开展了反假货币活动，制定了《2014年全省人民银行货币金银工作安排意见》和《甘肃省2014年反假货币宣传实施方案》，开展了银行业金融机构人民币净化工程，大力推进金融机构全额清分和冠字号码查询工作。兰州海关加强了知识产权保护和对假冒药品、食品、汽车配件和手机等重点商品的监管和查缉力度，利用“4·26”知识产权宣传周、“8·8”海关法制宣传日和“12·4”宪法日暨全国法制宣传日加大宣传力度，严格进出境货物监管。商务系统围绕整顿规范市场秩序，建设法治化营商环境，开展了万村千乡市场工程清理整治。牵头在全省开展了地区封锁规定清理、电视购物专项整治、油库及加油站安全管理专项检查、典当和拍卖企业检查整改等工作。

（二）重点领域整治成效明显

按照全国打击侵权假冒工作领导小组的安排部署，全省公安、文化、工商、质监、食药、新闻出版广电、知识产权等机构积极配合，依照各自职责，开展了互联网领域打击侵权假冒专项治理行动，全省依法查处网络违法营销案件15起，发出整改指令56份。省工商局建立了省级网络市场经营主体数据库，成为全国首批17个建成运行的网监平台之一。省版权局将甘肃百通影视发展有限公司投诉“56.com”网站涉嫌盗播行为的案件，作为“剑网2014”专项行动网络侵权盗版的重点案件，上报国家版权局，国家版权局将此案转至侵权主体所在地广东省版权局查处。酒泉市食品药品监督管理局根据投诉举报，查处了一起涉及8省市，在淘宝网络涉嫌销售冒牌保健食品的案件，排查涉案单位288家，依法取缔非法宣传销售户21家，查扣违法宣传材料280余份，行政处罚违法经营户6户，罚款、没收违法所得5.8万元。兰州市公安局安宁分局经侦大队成功侦破一期涉嫌非法制造、销售商标标识案，抓获犯罪嫌疑人9名，扣押假水泥40吨、制假原材料1 000余吨、假包装150余万条，捣毁生产窝点5个，涉案金额1 000余万元，并在此基础上，与青海、浙江、陕西等地公安机关协同打击，彻底摧毁了一个跨区域制售假水泥犯罪网络。武威市经侦支队侦破了一起涉嫌非法经营假冒卷烟案，这是我省开展网上打假专项行动以来第一起网络打假成功案件，抓获犯罪嫌疑人3名，查获“万宝路”、“中华”等大量走私卷烟，累计非法经营数额达1 000余万元，彻底摧毁一个利用“微信”、“陌陌”、“QQ”等网上社交平台发布广告、批发零售，利用支付宝等方式进行交易，通过物流快递方式贩售走私卷烟的犯罪网络，涉及除西藏以外30个省、市，公安部就此案的成功侦破发来贺电。

四、密切沟通协调，全力推进“两法衔接”信息共享平台建设工作

2014年，我省打击侵权假冒工作领导小组将“两法衔接”信息共享平台建设作为夯实打假工作的基础、提升打假工作效率、推进打假工作信息化的硬任务强力推进。李荣灿副省长多次作出批示，要求省打假办统筹协调，推进平台建设工作，确保按时完成任务。省打假办充分发挥统筹协调作用，制定了《甘肃省“两法衔接”信息共享平台建设工作任务分解表》，把信息共享平台建设分解为11个目标任务，细化部门责任，明确时限进度，加强沟通协调，采取各种手段推进工作。省检察院不仅提供软件保障，还编写了软件操作使用手册，与打假办一道组织开展业务培训，对本系统平台建设进行检查督促。通过不懈地努力，2014年9月份，我省“两法衔接”信息共享平台软件顺利部署到省电子政务公共平台上，并完成了调试测试，12月份，我省“两法衔接”信息共享平台通过前置机与中央平台实现网络对接，平台建设顺利完成。平台建成后，为了稳妥联网使

用，省领导小组确定了省法院、省检察院、省公安厅、省政府法制办、省农牧厅、省林业厅、省文化厅、省商务厅、省工商局、省质量技术监督局、省新闻出版广电局、省知识产权局、省食品药品监督管理局、兰州海关等14个单位先期接入，并按照条块负责的要求，指导市州、县区相关单位接入平台、加载信息，大部分市州已完成了这项工作，基本实现了省市两级对接，天水、酒泉、定西、庆阳、嘉峪关基本实现了市县区互联互通。在抓好“两法衔接”信息共享平台建设的同时，注意行政执法与刑事司法衔接工作，全年行政执法机关向司法机关移送案件455件。

五、强化措施，积极推进，依法公开案件信息

认真贯彻落实全国打击侵权假冒工作领导小组《关于依法公开制售假冒伪劣商品和侵犯知识产权行政处罚案件信息的意见（试行）》（国发〔2014〕6号）和全国打假办《关于做好制售假冒伪劣商品和侵犯知识产权行政处罚案件信息公开工作的通知》（打假办发〔2014〕8号）精神，2014年我们研究制定了《甘肃省依法公开制售假冒伪劣商品和侵权知识产权行政处罚案件信息的实施细则（试行）》（省打假领发〔2014〕2号），按照“谁处罚，谁公开”的原则，明确了各级行政处罚案件信息公开工作的领导机构、监督指导、监督检查、考核评价和责任追究。各市州和各成员单位也按要求制定了本系统本单位案件信息公开的具体实施细则，明确了案件信息公开的审核机制、协调机制、档案管理制度和工作流程。确定了本级政府网站为信息公开主渠道。全年公开行政处罚案件信息3 751件，其中，省食药监系统3 719件，省质监系统13件，省卫计委10件，农业系统9件。

六、加强宣传信息工作，努力营造打假社会氛围

（一）打假办加强上传下达，促进沟通交流

2014年1月，省打假办在甘肃商务网创建了“甘肃打击侵权假冒工作网”子网站，设立了首页、机构简介、政策法规、工作动态、诚信建设、媒体报道、地方专栏、典型案例、商品鉴别、专项行动、综合信息、工作简报12个栏目。制定下发了《甘肃省打击侵权假冒工作信息报送和应用管理办法（试行）》，建立了执法数据、重点案件督办和重点区域、重点市场整治月报制度以及信息催报制度。各成员单位指定专人，明确工作要求，坚持谁审核、谁负责，严把审核关，保证了统计数据的及时性和准确性。为便于领导和各成员单位及时掌握工作动态，交流推广有益经验，设立了打击侵权假冒工作简报，共编发简报21期，其中3期被全国打假办采编转发。按照全国打击侵权假冒办公室关于信息报送工作的要求，加强与各地区、各成员单位的联系沟通，及时采编报送信息，省打假办向中国打击侵权假冒工作网报送信息189条，其中147条被采用；部门网站、新闻网和各类报刊新闻共有30条被全国打击侵权假冒工作网转载。

（二）市州和部门加强专题宣传，营造氛围

为了提高广大消费者对假冒伪劣产品的防范能力，增强广大生产经营企业的守法意识和维权意识，2014年各成员单位充分利用报纸、广播、电视等新闻媒体宣传法律法规和各自开展打假行动的情况，揭穿各类骗局，曝光典型案例，震慑违法犯罪分子，提高企业和消费者识假防骗、自我保护的意识和能力，调动和发挥群众的参与意识，营造有利于打击各种违法犯罪行为的良好社会氛围。省电视台文化频道的“天天315”栏目，聚集发生在老百姓身边的消费热点，开展以案说法，维权宣传。省工商系统开展了新《商标法》宣传，普及注册商标专用权保护知识。省地税系统利用12366纳税服务平台、税收宣传月和“5. 15”打击与防范经济犯罪宣传日等活动，进行各种形式宣传146次。与省公安厅合作举办的“甘肃省暨兰州市2014年打击和防范经济犯罪5. 15宣传日活动”，曝光了一批发票违法犯罪案件；在门户网站开通了打击发票违法犯罪活动宣传教育专栏，发布发票真伪鉴别知识、打击发票违法犯罪活动工作开展情况等宣传教育信息。省卫计系统利用媒体，及时曝光大案要案，宣传医疗政策法规和科普知识，告知非法行医可能给患者造成的危害。省农牧系统在全省范围内开展了以“放心农资下乡，保障农产品安全”为主题的“2014年放心农资下乡进村宣传周”系列活动。宣传周期间，各地农业部门共出动执法人员和科技人员7 100多人次，印发各种宣传资料135万份，接待咨询群众68万人（次），展销优质农资产品453万公斤、5 588台件。在省广播电台新闻综合频道《陇原听潮》栏目中组织厅系统10名专家开展专题讲座，传授农资购买使用及维权知识。陇南市专门编制《净化农资市场，保护农民利益》专题片一部，在陇南电视台“焦点话题”栏目中播放，宣传效果明显。

（撰稿人：焦宜旸）

青海省打击侵权假冒工作报告

青海省打击侵犯知识产权和制售假冒伪劣商品工作深入贯彻落实党的十八届四中全会精神和省十二届人大四次会议以及国务院决策部署，按照整体推进、突出重点、打防结合、务求实效的总要求，依法严厉打击侵害消费者和权利人合法权益的违法行为，维护了公平竞争的良好市场秩序。

一、青海省打击侵权假冒工作总体情况

青海省打击侵犯知识产权和制售假冒伪劣商品工作全面贯彻党的十八届三中、四中全会精神，按照国务院、全国双打办和省委省政府的具体部署和要求，紧紧围绕推动经济转型升级、保障和改善民生，强化执法打击，深化改革创新，健全长效机制，加快完善现代市场体系、建设法治化营商环境这一主题，及时部署开展各项工作，认真履行工作职责，加强沟通协调，适时召开领导小组成员单位工作协调会，及时传达落实国家和省政府有关会议精神，通报情况、交流经验、及时上报信息统计表和工作总结，推动打击侵权和假冒伪劣商品工作顺利开展；及时调整领导小组成员单位，做到了领导重视、机构健全。同时，在省政府机构改革中，明确设立青海省双打工作领导小组办公室，落实了人员编制和经费。各成员单位思路创新、措施有力，结合本部门工作实际，明确各领域打击侵权假冒工作目标，紧紧围绕商标权、著作权、专利权、农业新品种权和植物新品种权五大重点内容，牢牢抓住关系民生的食品、药品、农资、林木种苗、建材、儿童用品、汽配、出版印刷物、酒类等九大重点产品，针对农业、医药业、餐饮业、建筑业、文化娱乐业、机电业等六大重点领域，瞄准重点地区和重点领域，大力开展各项专项整治，形成了齐抓共管的良好局面，有力地打击了各类侵犯知识产权和制售假冒伪劣商品的违法行为，取得了显著成效。

二、主要做法

（一）依法公开行政处罚信息，加大信息披露力度

为进一步推动全省打击侵犯知识产权和制售假冒伪劣商品工作，促进依法公开制售假冒伪劣商品和侵犯知识产权行政处罚案件信息工作有序开展，根据全国打击侵权假冒工作领导小组办公室和省政府工作部署，结合实际制定印发了《青海省依法公开制售假冒伪劣商品和侵犯知识产权行政处罚案件信息公开工作监督管理办法（试行）》，省打击侵犯知识产权和制售假冒伪劣商品工作领导小组成员单位认真组织实施，各行政执法单位以本单位门户网站为主渠道，主动、及时公开适用一般程序查办的假冒伪劣和侵权行政处罚案件相关信息。通过依法公开行政处罚案件信息，极大震慑侵犯知识产权和制售假冒伪劣商品违法犯罪分子，为深入推进打击侵权和假冒伪劣商品工作奠定了良好的基础。

（二）强化部门联动，形成打击合力

各地区各部门间沟通协作力度进一步加大，以群众关心、社会关注、问题突出的产品为重点，形成打击合力，精心组织、严密安排，有针对性地开展了各类专项整治活动。

据不完全统计，全省各级相关执法部门共出动执法人员3万人（次），检查食品、药品、农资、农副产品、家用电器、建材、机电、汽配等各类市场3 500余个，检查生产经营主体5.4万个，共受理和查处侵权和假冒伪劣商品案件1 236件，捣毁制假、藏假窝点180处。其中，省食药监部门通过食品药品安全监督抽查和风险检测手段，共监督抽验食品1 550批次、药品1 651批次、保健食品520批次、医疗器械212批次、化妆品450批次，共查处食品违法案件910件，立案调查药品医疗器械案件57起，没收违法所得180余万元；省农牧部门积极开展农资打假，检查农资经营门店1 175家次、农产品生产基地和市场580家，立案查处农资违法案件50余条，查扣封存禁限农药12 025公斤，没收假劣农资200余公斤；省文化和新闻出版部门对全省印刷复制发行市场开展专项行动，检查印刷企业74家、打字复印店270多家，出版发行单位140多家，进一步规范了我省印刷复制发行市场经营秩序，有效保障了全省印刷复制发行行业的健康发展；省工商部门共查办各类打击侵犯知识产权案件194件，涉案金额81万元，罚款、没收违法所得93万元，捣毁制假、藏假、售假窝点7处。其中，涉嫌销售侵犯我省“互助”、“天佑德”等驰名商标专用权案件的涉案金额达21余万元，有效地打击了制假售假等违法犯罪行为；省质检部门将农用产品监督抽查工作融入到农资执法打假活动中，使监督抽查与执法打假相结合相推进，及时查处非法行为，有效提高了我省农资产品质量水平，共检查生产企

业 933 家，捣毁窝点 4 个，立案查处案件 28 件；省环保部门加强与相关执法部门的衔接配合，对本地区侵权假冒伪劣商品环境无害化销毁工作进行指导和监控，强化了侵权假冒商品环境无害化销毁工作部门协作和信息共享机制；省林业部门积极开展打击假冒伪劣林木种苗和保护植物新品种权专项行动，对全省 10 个县 15 个单位的林木种子样品 12 个，苗批 57 个进行抽查，合格率 100%；省知识产权部门加大打击专利侵权和假冒专利行为的执法检查力度，受理专利侵权纠纷案件 7 件，结案 6 件；省广电部门制定宣传方案，公开舆论监督机制，加大各类侵权假冒案件的曝光力度。全省公安机关针对各类侵权假冒商品违法犯罪案件 48 起，破获 46 起，抓获犯罪嫌疑人 65 人，涉案金额 749.5 万余元，捣毁窝点 46 个，移送审查起诉 50 人；全省检察机关全年共依法批准逮捕侵权假冒商品案件 24 件 45 人，其中批准逮捕制售假冒伪劣商品案件 18 件 34 人，批准逮捕侵犯知识产权 6 件 11 人；全省各级人民法院共审理侵犯知识产权和制售假冒伪劣商品犯罪案件 33 件 43 人，保持了打击侵权假冒的高压态势。

（三）推进软件正版化，净化文化市场

按照国家版权局印发的《2014 年推进使用正版软件工作计划》，结合我省实际印发了《青海省 2014 年推进使用正版软件工作实施方案》，以国有大中型企业和金融机构为重点，推进企业使用正版软件工作。省推进软件正版化工作领导小组办公室对部分州、县政府机关和企业推进正版化工作情况进行了集中督查和重点检查。

省文化新闻出版厅与相关厅局联合制定了《青海省开展打击网络侵权盗版"剑网 2014"专项行动工作计划》（青权〔2014〕2 号），对全省开展"剑网行动"作出了安排和部署，要求各市州积极查办网络侵权案件，主动开展视频网站监管工作，不断加强网络交易平台的版权监管和宣传教育，帮助企业树立保护版权、"先授权、后传播"的法律意识。同时，要求省内各网站建章立制，规范网站使用和传播作品的行为，避免发生版权侵权事件。与此同时，加大了对网络文化市场的监管力度，始终对互联网有害信息管理保持高压态势，严格审批备案制度，及时按照文化部下发的各类非法网站和网络音乐名录，积极配合有关部门开展清理互联网有害信息行动。通过网吧监控平台封堵、网吧计算机内容信息排查等手段，重点对网吧内存在的含有暴力低俗、淫秽色情的网站、网络游戏、网络音乐的产品链接及非法下载的图片、影像资料、游戏，非法网络游戏私服、外挂等问题进行了清理查处。由于措施有力，工作突出，省文化和新闻出版厅工作人员被国家版权局表彰为"2013 年度查处侵权盗版案件有功个人三等奖"。

（四）积极培育，有效保护地方品牌

近年来，各级政府、商务、工商、质监等各有关部门围绕"品牌培育和保护"做了大量工作，取得了明显成效。我省现有的驰名商标总数达到了 35 件、青海著名商标 157 件、地理标志证明商标 29 件、青海省名牌产品 72 个。截至目前，全省累计注册商标总数达 10 429 件，初步形成了格局合理的注册商标、青海品牌和中国品牌"三大方阵"。通过充分借助"环湖赛"、"青洽会"、"国际藏毯展览会"、"国际清真食品展览会"、"国际冬虫夏草暨藏医药展交会"等省内重大活动，大力宣传推介我省品牌的同时，坚持"走出去"，积极为我省品牌走进省外国外搭建平台，扩大了企业和品牌在国内外的影响力和知名度。

（五）建立长效机制，加强"两法衔接"

省打击侵权假冒办公室按照《2014 年青海省打击侵犯知识产权和制售假冒伪劣商品工作要点》分工安排。一是研究制定联席会议制度、案件咨询制度、走访检查制度、统计通报制度和培训制度等七项制度；二是根据《中共中央办公厅国务院办公厅转发国务院法制办等部门〈关于加强行政执法与刑事司法衔接工作的意见〉的通知》精神，向省财政厅报送了《关于申请建设青海省打击侵权假冒行政执法与刑事司法衔接信息平台建设资金报告》，通过积极协调，落实建设资金 200 万元。目前，"两法衔接"信息平台现已启动建设。

各级检察机关认真贯彻落实《关于进一步做好青海省打击侵犯知识产权和制售假冒伪劣商品工作中行政执法与刑事司法衔接的实施意见》和《关于进一步加强工作联系，建立行政执法与刑事司法相衔接工作机制的意见》精神，与行政执法机关进一步建立健全行政执法与刑事司法相衔接工作机制，加大对行政执法机关移送涉嫌犯罪案件的监督力度，对行政执法机关查处的侵犯知识产权和制售假冒伪劣商品案件，逐一进行阅卷审查，对达到立案标准需追究刑事责任的，建议移交公安机关立案查处，确保涉嫌犯罪案件及时进入司法程序。

（六）广泛宣传，营造良好氛围

为确保打击侵权和假冒伪劣商品工作取得实效，全省各级商务、公安、工商、质监、知识产权、新闻出版、农牧、食品药品监管等单位联合新闻媒体，利用"3·15 消费者权益日"、"4·26 世界知识产权日"、"5·15 打击和防范经济犯罪宣传日"、"放心农资下乡进村宣传周"等重要节点开展宣传活动，结合各自工作实际，采取宣传展示、播放录音录像、发放宣传手册和宣传资料、播报典型案件、现场解答等形式，深入开展了打击侵犯知识产权和制售假冒伪劣商品宣传活动，向社会公众普及保护知识产权相关法律法规知识，提高公众和企事业单位知识产权保护意识。通过广泛宣传，进一步提高了全省各级部门、企业和消费者对打击侵犯知识产权和制售假冒伪劣商品重要性的认识，激发了全社会关注、支持、参与打击侵犯知识产权和制售假冒伪劣商品行动的热情，为深入推进打击侵权和假冒伪劣商品工作营造了良好的社会氛围。

三、下一步工作打算

（一）明晰工作思路，不断提高认识

青海省打击侵犯知识产权和制售假冒伪劣商品工作将坚持整体推进、重点突出、打防结合、务求实效的原则，按照国家工作领导小组和青海省工作领导小组的相关要求，以商品制造地、商品集散地、侵犯知识产权和制售假冒伪劣商品案件高发地为重点整治区域，以图书、音响、软件、出口商品、汽车配件、烟酒、食品、药品（农药、兽药）、农资、林苗等为重点产品，遏制规模性侵犯知识产权行为，大力净化市场环境。

（二）抓好重点工作，巩固既有成效

以市场整治为主体，以专项行动为抓手，以案件查处为突破口，以提升监管能力为目标，深入开展专项行动，做到把握"一个目标"，即严防侵犯知识产权和假冒伪劣商品进市上架，千方百计把侵权假冒产品处置在未流通环节。实现"两个减少"，即实现侵权假冒商品投诉减少、侵权假冒商品伤害消费者利益，影响供需关系情况减少。着力"三个提高"，即提高上市商品检验合格率，提高经营网点服务能力，提高广大消费者满意度。突出"四个加强"，即加强生产经营主体整顿，依法规范生产经营行为；加强农资商品质量抽检，严防假劣农资进入生产领域；加强文化市场宣传出版物的查处力度，净化文化市场；加强机动车辆燃油、食品安全等重点领域整治力度。同时加大对大案要案查处，不断把专项行动推向深入，为全省实现经济较快发展营造和谐稳定的社会环境。

（三）加强舆论宣传，形成人人打假共识

制订阶段性宣传方案，明确宣传重点，建立简报信息制度，做好整顿和规范市场经济秩序宣传教育工作，充分利用"保护知识宣传周"、"食品安全宣传周"等活动和电视、广播、报刊、网络等传播渠道，大力宣传整顿和规范市场经济秩序、保护知识产权、食品药品安全、社会信用等工作取得的成效，普及识假防骗知识，加强舆论监督，及时公布曝光典型案件，震慑违法犯罪分子，组织对执法人员、工作人员和企业管理人员的培训。发动公众自主维权，畅通举报投诉渠道，加大查办和举报奖励力度，方便公众打假维权。

（四）积极开展农牧区市场假冒伪劣专项整治

针对农村牧区居民消费层次低、识假辨假能力弱、风险防范意识不强以及农村牧区和城乡结合部经营主体多、小、散、乱的现状，集中开展农村牧区和城乡结合部市场假冒伪劣商品专项整治。通过开展集中整治，严肃查处并曝光违法犯罪案件，惩处违法经营主体，端掉侵权假冒窝点，处理违法人员，完善相关法律法规和监管制度，健全打击农村牧区市场假冒伪劣违法犯罪行为的长效机制，维护正常的农村牧区市场秩序。

（五）完善工作机制，建立长效监管体系

在巩固完善省、州（地）、市（县）三级打击侵犯知识产权和制售假冒伪劣商品专项领导机构的同时，充分发挥现有举报投诉机制的作用，调动社会力量参与监督。通过已设立的"12312"商务举报投诉服务电话、"12330"知识产权维护救助与举报投诉电话、"12315"消费者投诉举报电话、"12390"侵权盗版举报电话、"12358"价格举报电话和"12365"产品质量投诉等举报电话作用，充分调动各执法单位的积极性和主动性，发挥各自的职能优势，在完成各自专项执法的同时，密切配合、联合执法，最大限度的整合执法力量，使既有的执法资源发挥最大效力，从而形成一个由政府牵头、部门联动、信息共享、互通有无、优势互补、行之有效的打击侵权假冒工作的长效监管机制。

打击侵权假冒工作是一项长期的工作任务，我省要以此次考核为契机，在总结经验的基础上，认真落实国务院、全国打击侵权假冒工作领导小组的新任务、新部署、新要求，全力以赴，抓好重点，逐步形成双打工作的长效机制，确保双打行动的各项工作扎实有效地开展下去，不断推动我省打击侵权假冒工作再上新台阶，为构建和谐青海再作新贡献。

（撰稿人：李文利）

宁夏回族自治区打击侵权假冒工作报告

一、基本情况

2014年，在自治区党委、政府的正确领导下，按照全国双打办的安排部署，全区上下积极行动，团结协作，使我区的打击侵权假冒工作扎实有序开展，在推进侵权假冒案件信息公开，推动行政执法与刑事司法衔接，加大执法打击力度，开展专项整治，推进诚信体系建设，防范和化解系统性区域风险等方面取得了明显成效。截至目前，全区公安机关共受理各类假冒伪劣案件87起，立案85起，破案79起，抓获犯罪嫌疑人61人，涉案金额1 861.63万元。检察机关共受理侵犯知识产权和生产、销售伪劣假冒商品犯罪审查逮捕案件12件18人，批准逮捕10件14人，审查起诉案件20件29人，起诉19件29人；监督行政执法机关移送涉嫌犯罪案件线索32件37人，公安机关立案24件29人。法院共受理侵权假冒犯罪案件21件，审结17件，判处刑罚15人。质检系统共出动执法人员8 231人次，监督检查企业2 617家，立案54起，端掉制假窝点133个，货值21.65万元。知识产权系统共出动执法人员546人次，会同各市知识产权局等联合执法86次，检查商业场所138次，检查商品8 062件，登记专利商品954件，依法查处假冒专利案件25件，调处专利侵权纠纷案件6件。农牧厅全年实施专项检查6次，共出动执法人员1 563人次，发放宣传资料12.3万余份，开展农业普法宣传26场次，培训农资经销人员2 000多人，依法检查农资经营门店1 800多家，清理整顿市场83个，抽检农资样品1 300多个，查处农资案件50多件，收缴不合格农资380公斤，涉案金额达830多万元。食品药品监管部门共出动执法人员72 270人（次），检查涉药、餐饮单位79 061家次，查处违法案件745起，罚款、没收违法所得共计347.49万余元。工商系统共查处各类侵犯商标侵权假冒案件283件，结案281件，案值134.5万元，罚款、没收违法所得共计92.216万元。

二、主要做法

（一）加强领导，抓好部署落实

2014年以来，按照全国双打办《2014年全国打击侵犯知识产权和制售假冒伪劣商品工作要点》要求，制定了工作计划，确定了打击侵权假冒的总体目标、打击重点和各阶段任务，多次召开专题会议，落实责任分工，抓好组织实施，为加快完善现代市场体系、建设法治化营商环境提供有力保障。

（二）突出重点，开展专项整治

自治区打假侵权假冒领导小组成员单位充分发挥行业监管职能，注重将打假侵权假冒工作与部门日常监管相结合，加强专项整治力度，严厉打击侵权假冒违法犯罪。

一是农牧厅联合自治区商务、公安、工商、质监等部门，连续三年联合开展“绿剑护农”活动，印发了《关于切实做好春耕备耕农资打假工作的通知》（宁农〈法〉〔2014〕2号），重点加强国家禁用以及未经有关部门审定或批准生产、销售的农资商品的违法行为的查处；加强对生产、销售掺杂使假、以次充好等假冒伪劣农资商品的违法行为以及虚假标识、标识不清、商标侵权假冒等违法行为的查处；加大对制作、发布种子、化肥、农药和农机具等虚假农资广告的违法行为以及“傍名牌”违法行为查处力度。

二是质监局围绕“质监利剑”行动，开展了农资打假、儿童用品执法检查、土炼油专项整治、建材、电线电缆专项打假、汽车及配件市场专项检查、能效标识专项执法检查、絮用纤维制品质量监管等专项整治行动，引起了社会的广泛关注，取得了良好的社会效果。

三是食品药品监督管理局开展以治理校园周边食品安全顽疾、规范牛羊肉产销行为、集中整治农村食品市场、规范食用明胶市场、加强药械经营使用环节监管为中心工作的打击侵权假冒专项整治行动，提出了食品药品整治“出拳要重、打击要狠、声势要大、效果要好”的工作要求，确保全区食品药品领域专项整治工作取得实效。

四是工商局组织力量对侵犯我区中宁枸杞、盐池滩羊等驰名商标的行为进行了专项整治。特别是在全区集中开展了打击侵犯知识产权和制售假冒伪劣商品专项行动，各地工商部门集中执法力量，重拳打假治劣，捣毁了一批制假售假窝点，处罚了一批违法违规企业。

五是公安厅对全区网上打假专项行动进行了安排部署，成立了由刘德忠副厅长任组长的网上打假专项行动工作领导小组，下发了《全区公安机关网上打假专项行动工作方案》，确定了全区网上打假工作任务和目标，全面启动了网上打假专项行动工作，各地公安机关也成立了相应的组织机构，负责打假工作的开展，同时对各地实行量化考核。

（三）协同配合，形成工作合力

双打工作涉及部门多，领域宽，环节多，各部门之间团结协作，相互配合，才能形成合力。今年以来，我区双打领导小组成员单位联合部署开展的专项行动有10多个，如：商务厅、公安厅等八部门联合下发了《关于印发宁夏回族自治区电视购物专项整治工作实施方案的通知》，从2014年1月至6月底，集中开展了电视购物专项整治，共监测电视购物广告23 749条次，查处违法电视购物广告77条次，责令停止发布、整改14条，立案3件，结案2件，罚款2.5万元。吴忠市建立了电视购物广告备案制度，加大了广告监测和查处力度。农牧部门积极联合工商、公安、质检等部门，集中力量查处了“稻可达”水稻除草剂发生药害事件、“欧盾”西红柿种子案件、水稻假种子案等一批案值较大、影响面广、情节恶劣的案件。对于涉及跨行政区域的案件，及时上报案件信息，发送协查通报，确保彻查源头，端掉窝点，消除危害。质监与公安、工商、环保等部门密切配合，根据宁夏地理特点，先后5次对宁东开发区内土炼油炼制窝点和零散点展开集中整治，共清理取缔非法“土炼油”111座，其中：集中爆破65座、业主自行拆除46座，对清理取缔后的“土炼油”装置撤离现场，并对现场进行推平还原清理，彻底整治恢复周边生态环境。自治区双打办按照全国双打办有关文件精神，结合我区农村和城乡结合部市场的实际，印发了《宁夏回族自治区农村和城乡结合部市场假冒伪劣食品药品专项整治方案》，针对农村居民消费层次低、识假辨假能力弱、风险防范意识不强，以及农村和城乡结合部经营主体多、小、散、乱的现状，自2014年12月至2015年6月，集中开展农村和城乡结合部市场假冒伪劣食品药品专项整治，全面提升我区食品药品安全水平，保障人民群众饮食用药安全，有效构建食品药品安全风险防控机制。

（四）健全机制，实现“两法衔接”

我区历来高度重视“两法衔接”工作。为不断完善“两法衔接”工作机制，切实解决影响两法有效衔接的突出问题，自治区检察院认真贯彻落实自治区人民政府出台的《宁夏回族自治区行政执法工作和检察监督工作相衔接的若干规定》，2014年推动自治区党委办公厅和政府办公厅转发了《关于进一步推进行政执法与行政司法衔接工作的实施意见》，从基本工作要求、法定职责、工作机制以及监督机制等四个方面为进一步加强和完善“两法衔接”工作机制提出具体要求，明确录入信息标准、范围和时限，并开创性地将“两法衔接”工作的落实情况纳入政府效能考核体系。2月份，对全区554家行政执法单位近700人进行了培训，使相关工作人员较好的熟悉、了解、掌握信息平台软件。1—10月份，各级检察机关通过专项检查、重点抽查及信息平台监督，监督行政执法机关移送涉嫌犯罪案件32件37人，公安机关立案24件29人。其中，同心县检察院依托“两法衔接”信息共享平台，发现并成功监督了一起行政执法案件，追回犯罪嫌疑人拖欠69名民工79.45万元，取得了良好的社会效果和法律效果。为了充分发挥我区的“两法衔接”平台作用，能够及时获取平台数据，我区双打办近期做了大量的工作，已与检察院达成协议，将在最短的时间内真正实现与全国双打办的”两法”有效衔接。

（五）完善制度，构建长效机制

一是自治区食品药品监督管理局制订了食品药品行刑衔接制度、食品安全黑名单制度、食品安全网格化监管责任制，完善了食品流通环节“三合一”台账制度、食品配送“五项制度”、食品经营户十项自律制度、临期食品管理制度，研究制定了《食品冷链企业仓储登记备案制度》。修改完善了《案源管理暂行规定》、《行政处罚案件监督管理办法》、《稽查办案行为规范》、《稽查执法文书范本》等6项稽查工作制度。草拟了《宁夏回族自治区牛羊肉管理办法》，该办法已被自治区法制办列入2015年立法计划。

二是自治区知识产权局加强专利地方性立法工作，积极做好《宁夏专利条例》、社会信用体系、物联网知识产权保护等地方性法规、规章、规范性文件和政策的制定工作。

三是质监局强化行政执法与刑事司法衔接机制，完善联合执法案件移交等制度，使部门间、地区间联动打假制度化、常态化，形成部门联动、上下联动、区域联动的打假执法格局。

（六）加大宣传，提高整体素质

2014年全区上下组织开展了内容丰富、形式多样的培训宣传活动。一是邀请中科院院士、知名食品安全专家陈君石，举办了以主管市、县（区）长为主参加的食品安全培训班；二是举办了以“尚德守法，提升食品安全治理能力”为主题的食品安全宣传周等系列宣传活动。通过媒体招募，开展了“食品安全知识大讲堂”、“消费者下企业、看后厨”和食品安全快速检测咨询服务等系列活动，宣传监管成果，为消费者解惑答疑。宣传周期间，牵头在宁夏日报刊登2期安全宣传专版，在宁夏电视台播发了8期专题新闻，其他报社利用专版连续4天对宁夏食品安全进行了系列报道。三是针对元旦春节重大节日、春夏季高温季节、“五一”野外用餐、中秋国庆外出旅游等，通过新闻媒体发布了4次食品消费和预防食物中毒警示公告，增强群众的互动性和参与性。

四是在3.15消费者权益日、4.26世界知识产权日、5.15打击和防范经济犯罪宣传日期间，通过发放宣传资料、制作展板、集中展示假冒伪劣商品样品，现场法律咨询服务等形式，宣传相关法律法规，提高广大群众和市场经营者防假识假、拒绝假货的能力。五是充分发挥“12362”、“12365”、“12330”举报投诉热线的作用，及时受理群众举报，联合社会力量开展执法打假。六是通过宁夏各媒体共刊发打击侵权假冒相关稿件304篇，开设了“知识产权宣传周”专栏。七是在9月份的诚信兴商宣传月活动中，商务厅积极与14个部门协作，开展了多种形式的宣传活动，初步形成了“诚信兴商宣传月”活动的联动机制。

三、2015年工作计划

（1）继续抓好专项整治。全区双打工作，要针对群众关心、社会关注的重点产品、重点领域、关键环节继续抓好专项整治，查处大案要案，震慑犯罪行为。

（2）切实做好“两法衔接”工作。加强“两法衔接”组织建设，进一步完善“两法衔接”工作制度，确保“两法衔接”工作到位。

（3）建立打假帮扶制度。在行政监管、检验检测、稽查执法“三位一体”的基础上，以督查执法为起点，运用行政监管、检验检测手段为问题企业提供后续帮助，引导和指导问题企业规范生产、合法经营、诚信发展。

（4）加强与各成员单位联合，加大监督检查力度，切实形成打击侵犯知识产权和制售假冒伪劣商品工作的合力。

（5）进一步加大舆论宣传力度，增强人民群众对食品药品知识及监管常识的了解，为不断推进双打工作创造良好的舆论氛围和社会环境。

（6）建立健全自治区监督考核机制，不断完善各项工作制度，贯彻落实全国打击侵权假冒工作绩效考核办法，推动我区双打工作再上新台阶。

（7）认真完成好全国双打办安排的各项工作任务。

（撰稿人：杨文军）

新疆维吾尔自治区打击侵权假冒工作报告

2014年，在全国打击侵权假冒领导小组的指导下，在新疆维吾尔自治区党委、政府的正确领导下，自治区打击侵权假冒领导小组及其成员单位认真贯彻落实党的十八大以来中央和自治区有关会议精神，严格按照自治区党委、政府的工作部署，认真执行“地方政府负总责、部门各负其责”的方针，坚持“标本兼治、着力治本、打防结合、综合治理”和属地管理的原则，建立健全打击侵权假冒工作保障机制，积极探索打击侵权假冒工作长效机制，深入开展专项整治。全区各有关行政执法机关立案结案侵权假冒案件10 721件，案值5 337万余元，案件信息公开161件，司法机关查办案件353件，涉案金额2 329.44万元，捣毁制假售假窝点31个。未有发生因侵权假冒行为发生突发事件或导致重大事件，取得了较好成效，有力维护了公平竞争的市场秩序。

一、主要工作及成效

（一）完善制度，加强系统建设

按照全国打击侵犯知识产权和制售假冒伪劣商品工作的统一部署安排，紧紧围绕《2014年全国打击侵犯知识产权和制售假冒伪劣商品工作要点》，进一步完善打击侵权假冒工作机制，主要把好“五关”：

（1）月报信息关。为进一步完善打击侵权假冒工作信息报送和数据统计制度，规范信息采编、报送、应用和数据统计等工作，充分、及时反映各地区、各有关部门打击侵权假冒工作进展情况，要求各成员单位和有关部门、各地区报送内容包括三类信息：工作动态类信息、综合分析类信息、执法数据类信息。自治区有关部门上报案件信息1 074件，收集打假信息150余篇，编辑上报全国打假办28篇。

（2）信息公开关。制定印发《关于做好依法公开制售假冒伪劣商品和侵犯知识产权行政处罚案件信息工作的通知》（新打假办〔2014〕4号）以及《关于切实推进打击侵权假冒领域行政执法案件信息公开工作的通知》，推动信息公开工作。各行政执法部门按照要求自2014年6月1日起，对适用一般程序查办的行政处罚案件信息以本级门户网站为主渠道进行公开。并于2014年底制定印发了《新疆维吾尔自治区依法公开打击制售假冒伪劣商品和侵犯知识产权行政处罚案件信息工作监督办法（试行）》。

（3）衔接平台关。自治区打击侵权假冒工作领导小组办公室牵头自治区人民检察院，建立联席会议和通报制度，对案件查询、咨询、走访检查、建立统计通报制度、举办业务座谈会、工作经验交流会、业务交叉培训班等方面做了具体的规定。全区大多数地州检察院和县市（区）检察院都与当地行政执法机关建立了联席会议制度、案件查询制度、案件通报制度和培训制度。并启动了自治区两法衔接信息平台建设工作，与上海迈向、河南金明源、陕西中科创想、安徽易商数码等两法衔接信息平台建设单位进行了工作沟通、技术咨询、可行性调研和初步的建设方案设计。积极协调争取经费支持，推动各项准备工作，努力争取推进建成“两法衔接”信息平台，实现与中央信息平台对接。

（4）专项整治关。按照全国打假办部署要求，自治区组织开展了打击互联网领域侵权假冒商品专项整治，并对即将开展的农村和城乡结合部打假专项整治进行了动员部署，制定下发了《开展农村和城乡结合部市场假冒伪劣专项整治方案》。在打击互联网领域侵权假冒工作方面明确了工作任务、工作重点和要求。全区相关的 12 个厅局单位，从 2014 年 6 月起，集中开展互联网领域侵权假冒专项治理行动，本着曝光一批案件、关闭一批违法网站、处理一批违法人员的原则。依法关闭了 6 家违规视听节目网站。检查网站 6 183 个次，实地检查网站经营者 1 626 个次，查处违法案件 14 件，案值 2.1 万元，罚款、没收违法所得 3.76 万元，对经营者和消费者起到了很好的警示作用。自治区各有关部门抓住重点环节，推动网络商品交易监管，一是利用网络商品交易监管搜索，获取辖区内经营性网站（网页）数据，对辖区网站的数量、规模、分布和类别等信息进行了摸底巡查，建立网络经济户口档案。二是依托“新疆网络商品交易监管平台”督促网络经营主体开展网上亮照。通过网上受理、网上审核的方式，引导和帮助网络经营主体，主动公开真实合法的市场主体信息，促进网络经营主体诚信经营，赢得网络消费者的信任。三是利用网络交易监管平台在互联网上进行定向及不定向搜索，掌握企业网上经营情况，发现涉嫌违反工商法律法规行为的网站（网页），对其进行实时监控及定位。四是规范网络交易监管规程，全区各地结合实际和规范网络交易规则工作要求，制定完善了网络监管工作制度规范。

（5）网站维护关。中国打假侵权假冒工作网建立了地方站接入端口，所有打假工作和信息的上报全部实现网络化，这使打假工作迈上一个新台阶，也对新疆的双打工作提出了更高的要求，自治区打击侵权假冒领导小组办公室积极做好地方子站的运行准备工作，制定自治区级的网站运行管理办法和相关规章制度。

（二）加强执法，严惩违法行为

认真部署落实全国打击侵权假冒工作，结合我省实际，围绕食品安全以及商标、专利、版权、农资等领域的突出问题，加强组织协调，加强督促检查，逐项落实重点工作。各行政执法机关紧扣工作重点，采取切实措施，组织开展了农村市场重点商品和农资打假专项治理行动，保护注册商标专用权、知识产权执法维权“护航”专项行动，“质检利剑”专项打假行动、“剑网”行动等专项整治行动，优化了市场经济秩序。

农业部门与相关部门密切配合，在全区组织开展了农资打假春季、夏季和秋冬季三个专项治理行动和农业植物新品种保护科技执法大检查。围绕种子、农药、肥料等重点农资产品，组织各地对辖区内所有的农资生产经营企业、农资批发市场和乡村农资集散地开展拉网式检查，区各级农业部门共出动执法检查人员 14 743 人次，发放各类农资打假宣传资料 35 万余份，检查各类农资企业 11 782 个（次）、整顿市场 1 042 个（次），查处违法违规案件 537 起，捣毁制假窝点 4 个，查扣不合格农资商品 4 062 吨，涉案金额 1 716 万元，为农民挽回经济损失 2 423 万元。畜牧部门开展了“畜牧生产资料执法年”和“畜牧业生产资料打假”等专项整治活动，2014 年，全区“瘦肉精”专项整治重点区域 49 个，整治行动出动执法人员 9 241 人次，检查饲料生产经营企业 635 个次，生猪及肉牛肉羊养殖场（小区）、养殖大户 8 986 个次；检查生鲜乳收购站 1 211 站次，运输车 1 022 辆次，出动执法人员 2 315 人次；通报整改生鲜乳收购站 9 个，取缔生鲜乳收购站 3 个。

文化部门以打击网络游戏、音乐、动漫，电子游戏、卡拉 OK 歌曲及假唱假演奏等侵权盗版行为为重点内容，以社会反响较为强烈的热点难点问题为重点，全面加大执法力度，维护了文化市场健康有序发展，共出动检查 30 余万人次，检查经营场所 20 万余家次，罚款 200 余万元，责令停业整顿 300 余家，没收违法所得 4 000 余元。

知识产权部门深入开展知识产权执法维权“护航”专项行动，制定印发了《自治区知识产权执法维权“护航”专项行动实施方案》，实施专利执法月查制度，确定并公布全区 15 个地州市“护航”专项行动举报投诉电话，积极受理专利侵权纠纷，依法进行处理。

司法部门积极开展全方位的保护知识产权、保障消费者权益等法律服务工作，选拔优秀的律师和公证员，组成“第三届中国—亚欧博览会法律服务团”，起草了《关于中国—亚欧博览会知识产权保护的法律意见书》，为博览会提供全方位、全过程法律服务。

工商部门将双打工作写进年度工作部署，纳入绩效考核指标，动员系统上下，以强化执法力度，着力抓好大要案件查处；突出工作重点，保护注册商标专用权；加强食品监管，保障群众安全健康消费；关注农民权益，深入开展“红盾护农”行动等四项重点工作为抓手，加大监管执法力度，保持打击侵权和假冒伪劣的高压态势。

质监部门狠抓“质检利剑行动”、建筑钢材行业整治、滴灌带节水设施等优质产品示范基地创建、重点区域整治规范产品质量提升活动落实，执法打假社会效果明显增强。以农资打假为首要任务，全力推进五大“质检利剑行动”，将农资打假公示牌推向田间地头，组织实施了“进千村、入千户、抽千样”的农资打假下乡活动，深入612个村庄服务；与300余家农资经营企业签订了质量承诺书共同向社会作出承诺；联合9部门开展建材专项整治，梳理形成《自治区建筑钢材系列案件专题报告》、《关于规范整治自治区建筑钢材行业秩序的意见》全面规范整治新疆建筑钢材行业秩序。推进以政府牵头、质监推动、部门联动、企业参与、群众监督的区域整治模式，以创建优质产品示范行业和基地带动区域内产品质量整体水平提升。

食药监部门在全区范围内开展以严厉打击药品违法生产、严厉打击药品违法经营，加强药品生产经营规范建设、加强药品监管机制建设为主要内容的药品“两打两建”专项整治行动和开展全区打击保健食品“四非”专项行动。全区共查办假劣药品案件452件，医疗器械案件131起，假冒药品、医疗器械案值154.26万元；运用各种手段对药品市场的违法行为造成高压态势，药品生产经营秩序持续好转，药品质量安全保障水平不断提高。

检验检疫部门以边境贸易货物集散地为重点地区，以大宗出口产品为重点产品，重点查处掺杂掺假、以假充真、以次充好等违法行为，抽查服装、小型家电及类似用途电器、玩具、鞋靴、家具等形成打击制售假冒伪劣产品的高压态势。

乌鲁木齐海关以打击侵权货物进出口为中心，充分发挥职能作用，密切联系风险、监管、企管、审单和现场查验单位，精准高效地打击了假冒药品、侵权服装鞋帽、电子产品和汽车配件等物品的进出口活动，基本规范了关区知识产权海关保护工作的统一性做法，关区查获各类知识产权侵权案件同比大幅减少。

（三）强化打击，震慑犯罪分子

2014年，新疆公安机关、检察机关、审判机关认真履行职责，依法严厉打击侵犯知识产权和制售假冒伪劣商品的犯罪，全力保障经济社会健康有序发展，有力震慑了侵犯知识产权和制售假冒伪劣商品的犯罪分子。公安机关以打击破案、夯实基础、舆论宣传为重点，将案件侦办和基础工作并重推进，采取有效措施，集中力量扎实推进打假专项行动深入开展，成功协助侦破外省集群战役案件11起，参与外省发起的集群战役协查175起。检查机关办理侵犯知识产权和制售假冒伪劣商品刑事案件共批捕22件32人，起诉76件139人。审判机关受理侵犯知识产权和制售伪劣商品刑事案件97件，审结案件82件，判决人数137人。

（四）加大宣传，营造良好环境

（1）加强新闻报道，营造良好氛围。新疆人民广播电台、新疆电视台播出加强诚信道德建设等一批公益广告宣传片、宣传语1 500多次；维、汉、哈、蒙、柯五种语言广播和维、汉、哈、柯四种语言电视新闻节目在各档新闻栏目中集中报道查处的各类侵权案件，警示违法行为。对发生的制假贩假、侵权事件，采取追踪、连续报道的形式，揭露事件本质，让丑行昭示天下，无处藏身。汉语电视《直播民生》、《四套来了》、《直播交通》，维吾尔语电视《沃土》、《公民与法》、《幸运之星》，哈萨克语电视《商桥》、《消费与健康》等专题栏目开展深度报道，普及知识、访谈专家、分析案例、追踪事件等栏目报道相关部门开展的市场监督检查活动。《新广行风热线》、《法律与你同行》、《今日农村》、《周末访谈》、《新疆企业之声》等围绕各自节目定位，就消费者权益法、农资打假、农民权益保护、企业诚信承诺等话题，扩大社会宣传面。

（2）开展宣传活动，扩大社会影响。工商、新闻出版广电、质监、食药监、农业、畜牧和司法等部门以及检验检疫系统，结合“3.15”国际消费者权益保护日；“4.26”世界知识产权日；“5.15”打击和防范经济犯罪宣传日；放心农资下乡进村宣传周等，深入开展各项宣传活动。公安机关通过召开新闻发布会、公开销毁侵权商品、网络互动、民警访谈、记者随警作战等方式，强化宣传促防范，充分展示公安机关执法震慑和为民的良好形象。

（3）建立工作专栏推进信息公开。自治区打击侵权假冒领导小组办公室在新疆商务门户网站开设专栏，并积极筹备两法衔接平台建设。各有关成员单位也以不同形式在各自系统门户网站建立了打击侵权假冒工作宣传栏等及时发布信息，向社会公布12315、12316、12318、12365、12330、12312等举报投诉电话，营造网络宣传环境，推进信息公开，接受社会监督。

二、2015年工作思路和重点工作安排

2015年，自治区有关部门认真贯彻党的十八大和十八

届二中、三中、四中全会精神，贯彻落实全国打击侵权假冒工作部署安排，围绕扩大消费，营造安全、放心消费市场环境这一主题，深入推进制度建设，继续开展重点领域和重点商品集中整治，健全行政执法与刑事司法衔接机制和平台建设，落实侵权假冒行政处罚案件信息公开制度，广泛开展宣传教育，逐步建立和完善社会和部门合力监管的长效机制，构建侵权假冒社会共治新格局。

（一）加强组织领导

贯彻落实全国打击侵权假冒工作部署安排，落实领导小组会议制度和办公室工作会议制度，进一步细化各个成员单位的分工责任，充实领导小组办公室力量，为开展好自治区打击侵权假冒各项工作提供有力的组织保障。

（二）开展专项整治

打击侵犯知识产权和制售假冒伪劣商品，保障民生和产业的健康发展，学习贯彻党的十八届四中全会精神，按照国家的有关部署，依法集中重点组织开展农村和城乡结合部市场、车用汽柴油、互联领域等重点商品专项整治，启动维护“中国制造”海外形象“清风行动”，巩固和扩大软件正版化成果，完善长效机制，始终保持打击侵权假冒的高压态势，确保工作不断取得新成效。

（三）实现信息网络化

实现打假月报数据和各类信息报送网络化，积极做好中国打击侵权假冒工作网地方站的建设和管理工作，指定专人负责信息的采集、整理、撰稿、报审和发布工作，制定开展打击侵权假冒工作网络化的相关规章制度。

（四）推动两法衔接

做好行政执法和刑事司法衔接工作，积极协调完成自治区“两法信息平台”建设，争取经费支持，力争在推动各项准备工作到位，建成“两法衔接”信息平台，实现与中央信息平台对接。

（五）完善绩效考核机制

认真总结行之有效的做法和经验，探索和把握规律，进一步优化已有的各项工作制度，逐步建立完善自治区有关成员单位的打假制度建设，信息上报、信息公开、“两法衔接”工作绩效考核制度，为开展好自治区打击侵权假冒各项工作提供全面的制度保障。

（六）加大宣传力度

加大正面宣传力度，曝光反面典型，充分发挥舆论媒体的教育、监督和震慑作用。加快促进诚信体系建设，推动依法经营行风建设，引导企业自觉履行质量诚信、服务诚信承诺，提高公众消费安全意识。加强社会监督，鼓励社会公众踊跃举报投诉侵权行为，营造更贴近民生的打击侵权假冒工作氛围。

（撰稿人：杨苏峰）

新疆生产建设兵团打击侵权假冒工作报告

一、总体情况

2014 年，按照全国打击侵权假冒工作领导小组及办公室的统一安排部署，兵团紧紧围绕《2014 年全国打击侵犯知识产权和制售假冒伪劣商品工作要点》，结合兵团特殊体制的实际，各成员单位依据自身职能，采取一系列措施，开展了多种专项整治行动，努力维护公平竞争的市场秩序，取得了较好成效。据不完全统计，2014 年兵团各级行政执法部门共立案查处侵犯商标权 15 件，涉案金额 11.43 万元；查处生产假冒伪劣建材案 4 件，涉案金额 15 万元；查处生产销售假药案 36 件，涉案金额 8.19 万元。生产销售伪劣农药、兽药、化肥、种子共受案 15 起，立案 12 起，破案 10 起，涉案总金额超过 1 000 余万元。抓获违法犯罪嫌疑人 76 人，刑事拘留 20 人；捣毁制售假犯罪窝点 56 处，打掉犯罪团伙 4 个。法院系统受理侵犯知识产权案件 11 件，10 件已审结。

二、主要工作

（一）健全完善组织机构，保障打击侵权假冒工作的顺利开展

兵团各级领导高度重视打击侵权假冒工作。根据国家打击侵权假冒工作的有关要求，兵团成立了由副政委徐伟华任组长，兵团副秘书长、商务局局长、科技局（知识产权局）局长任副组长，19 个部门主管领导为成员的打击侵犯知识产权和制售假冒伪劣商品工作领导小组，领导小组办公室设在兵团商务局。各师也都按照兵团的模式成立了打击侵权假冒工作领导小组和办公室，抽调人员具体负责此项工作。

兵团食品药品监督管理局成立了以局长雷诚为组长的打击制售假劣药品违法行为工作领导小组，明确了各处室的责任分工。兵团公安局结合网上打假工作，专门成立了以张明江副局长为组长，公安局内各成员单位领导为成员的打假领导小组。

（二）相关职能部门加强宣传教育，营造打击侵权假冒工作的社会环境

兵团打击侵权假冒工作领导小组办公室根据全国打假办《关于进一步加强打击侵权假冒宣传工作的通知》要求，布置各成员单位和各师打击侵权假冒工作领导小组办公室在工作中要突出宣传重点、拓展宣传形式、加强统筹协调和舆情监测。

兵团党委宣传部根据兵团打击侵权假冒办公室的工作安排，积极利用报纸、广播、电视，广泛宣传打击侵犯知识产权和制售假冒伪劣商品违法犯罪活动，在《兵团日报》开辟专栏，兵团广播电视台实时报道兵团各师（市）开展打击侵权假冒活动情况，为打击侵权假冒工作营造良好舆论氛围。

兵团农业局联合兵团质监局、商务局、公安局，组织兵团农业技术推广总站等6个相关部门的人员，在七师123团举行了“2014年兵团放心农资下团进连现场宣传咨询活动”。兵团13个师农业局也分别在重点团场举办了大型放心农资下乡进村宣传咨询活动，向职工赠送农资识假辨假宣传资料，以及放心农资产品小包装。兵、师、团三级农业部门都广泛开展了培训工作，通过举办各类培训班和讲座，向职工群众传授农资识假辨假知识及科学安全使用农资方法。宣传周活动期间，全兵团共举办现场宣传咨询活动百余场次，出动工作人员3 950人次，共发放各类农资打假宣传资料30万份，举办各类培训班30余期，培训人员65 000人次，宣传周活动参与人数达到20余万人次。

兵团食品药品监督管理局在医疗器械“五整治”专项行动中，结合新颁布的《医疗器械监管理条例》和国家举办的“理性选购正确使用”医疗器械安全知识竞赛活动，在辖区内开展形式多样的宣传活动，组织相关人员参加网络和答题，参加人数为844人。各师也开展了形式多样的宣传活动，利用电视、广播、板报及现场咨询、发放宣传资料、建立使用单位QQ群等方式宣传医疗器械专业知识，开展安全用械咨询。据不完全统计，“五整治”专项行动阶段，电视、广播宣传累计600分钟以上，宣传板报14期，现场咨询活动21次，发放宣传资料（手册）10 000余份（册），30 000余人次受益。

兵团知识产权局通过“3·15”、知识产权宣传周、专利周等时间开展宣传活动，将宣传资料发放到了企业、中介机构、大学、党校、药店、超市等单位及前来咨询的群众手中，发放宣传材料约8 000份。利用各种培训的时机，将知识产权保护纳入培训内容，提升企事业单位人员知识产权保护意识。

兵团各级质监部门在“3·15”、“质量月”、“消费品质量安全宣传周”期间，利用广播、电视、板报、宣传单页等形式多渠道、多层面、多角度地广泛宣传双打识假辨假科普常识、法律法规，使民众正确认识侵权假冒伪劣商品的危害，提高了广大群众识假辨假能力和法律维权意识。

兵团公安局在“5·15”经济犯罪宣传日，以“打击防范经济犯罪，护航改革，保障民生”为主题，组织开展了“打击防范经济犯罪，护航改革，保障民生”集中宣传活动。联合中华联合财产保险公司、五家渠市国税局、质监局、食品药品监督管理局、工商局、烟草专卖局等12家相关单位人员参加宣传活动。设立宣传展板20余块，接受群众咨询500余人（次），发放宣传资料10 000份。

兵团检察院系统为让人民群众了解侵权假冒伪劣商品犯罪的性质和产生的社会危害，深挖犯罪线索，充分发挥团场电视台、广播站、报刊等媒体的作用，对打击侵权假冒的工作内容及举报电话予以公示；将《刑法》中有关制售假冒伪劣商品及假冒注册商标等犯罪条文整理成材料，并将有关法律条款打印成册，向团场的有关部门、个体工商户进行分发；向广大干部、职工群众发布“通告”，号召对侵权假冒犯罪行为踊跃举报。

兵团国资委通过举办兵团国有企业法律事务工作人员培训班，使企业人员了解了企业软件正版化的意义、目的和要求，以及企业使用盗版软件的风险。

（三）建立符合兵团实际的制度和机制，加大打击侵权假冒工作力度

兵团打击侵权假冒办公室根据兵团的特点，按照全国打假办对2014年度工作的要求，制定了以农资、建材、食品药品、软件正版化、汽车配件、互联网打假为重点的工作安排。以兵团名义转发了《关于依法公开制售假冒伪劣商品和侵犯知识产权行政处罚案件信息的意见（试行）》（国发〔2014〕6号），要求兵团各师、团结合自身的情况对本单位处理的侵权假冒行政处罚案件进行信息公开。为进一步加强报表统计和信息报送工作，兵团打击侵权假冒办公室根据全国打假办工作要求，下发了《关于进一步做好打击侵权假冒信息报送和数据统计工作的通知》（兵打假办发〔2014〕

4 号），对信息报送和数据统计工作做了详细要求，同时发布了这项工作的考核评分标准。为推动“两法衔接”平台建设，兵团打假办在牵头制定《新疆生产建设兵团综合举报投诉服务平台工作方案》时要求：对各职能部门举报投诉服务平台的整合优化，推进行政执法与刑事司法的有效衔接，形成职能互动、优势互补、资源共享，建设统一便民高效的举报投诉、经济违法行为举报和行政效能投诉平台。

兵团农业局把农资打假专项治理行动作为工作重点，制定了“2014 年兵团农资打假专项治理行动实施方案”。兵、师、团农业部门和相关事业单位紧紧围绕保障农业生产和农产品质量安全两个重点，强化开展了清理整顿农资生产经营主体、加大农资市场监管力度、加强农资产品质量监督抽查、集中力量查处违法案件等工作，紧紧围绕种子、农药、肥料、兽药等重点农资，组织了农资打假督查组深入师、团农资公司、国营农资库房、个体私营门店进行监督检查，对涉及生产的化肥、农药、种子等生产资料储备情况和农资市场进行了全面检查。在今年的农资打假专项治理行动中，兵、师农业行政主管部门共出动人员 5 000 人（次），检查农资仓库、农资市场和经营门店 1 500 多个，整顿市场 123 个，印发各类宣传资料 25 万份。

兵团食品药品监督管理局根据国家要求，开展了“两打两建”和医疗器械“五整治”专项行动。重点抽查了部分师（市）“两打两建”专项行动工作情况，专项检查兵团药品生产企业覆盖率 100%，检查经营企业覆盖率约 90%，检查个体诊所覆盖率约 70%，共立案查处案件近 10 起。兵团第十二师食品药品监管局与相关部门联合行动，捣毁非法生产加工中药饮片窝点 1 个，涉案金额约 50 万元，此案已移送辖区公安机关；九师通过“两打两建”专项行动，规范个体诊所药品质量管理行为，要求统一建立药品购进、验收、销售、使用等环节台账；一师阿拉尔市、三师图木舒克市以“两打两建”为契机，督促企业建立和完善“可操作、能追溯、讲信用”的质量管理体系。据统计，医疗器械“五整治”专项行动期间，兵团出动执法人员 2 000 余人次，检查医疗器械生产、经营企业 305 家，师、团辖区医疗机构 223 家；立案 7 起，罚款。没收违法所得 4. 56 万元，没收非法生产经营使用物品折合 67. 22 万元；对涉械单位责令整改 22 家，给予警告 3 家；向相关部门移送案件 1 起。

兵团质监局重点开展了液化石油气质量安全专项整治行动、生产流通环节治理整顿、组织开展了获证农产品认证监管和家具市场环保认证检查工作、农资产品专项监督检查、配合开展打击标准侵权盗版行为、组织企业试点发布质量信用报告、探索建立质量失信“黑名单”制度等工作。印发了《关于开展液化石油气质量安全专项整治行动的通知》，联合安监、能源等相关职能部门，集中开展液化石油气产品质量监督检查，严厉打击以次充好、以不合格产品冒充合格产品等行为；围绕农资、食品、建材、汽车配件等重点产品继续开展“质检利剑”行动，狠抓城乡结合部等薄弱环节的执法打假，加大执法工作力度。兵团各师质监局积极联系自治区各地州质监局，配合开展以化肥、滴灌带、农膜、农药、农机及零配件为重点产品，“农资打假下乡”、“农资打假质检利剑行动”、“深化区域整治”为主要内容的专项监督检查工作；在兵团政务网开通标准化在线平台，收集标准侵权盗版案件线索，组织动员社会公众投诉举报标准网络侵权盗版行为，为稽查部门开展打击行动提供案源线索和技术支撑；印发了《关于组织企业试点发布质量信用报告的通知》，兵团共有 67 家企业编制了《企业质量信用报告》，选出了新疆青松建化、新疆天业等 20 家企业的《企业质量信用报告》发布在兵团质监局政务网上。

兵团知识产权局重点开展了专利行政执法工作。结合《国家知识产权局在知识产权系统开展护航行动方案》和《电子商务领域专利执法维权专项行动工作方案》，制定了《2014 年兵团专利执法维权“护航”专项行动工作方案》、《兵团电子商务领域专利执法维权专项行动工作计划》以及《兵团促进专利市场公平竞争实施意见》等工作计划方案，加大了假冒专利的查处力度。针对食品、药品、农资产品等重点，今年共出动执法人员 120 余人次，对药店、超市等开展联合执法 13 次；对食品、药品、建筑材料等领域开展专项执法检查 40 余次，检查场所 40 家，检查商品 5 000 余种，登记、检索专利产品 165 件，立案查处假冒专利案件 31 起，已全部结案。查处了发明专利侵权纠纷案件 3 起，结案率为 100%。与自治区知识产权局组成合议庭口审了玛纳斯骆氏兄弟诉石河子开元大厦丰田农机、绿洲农机两家商户涉嫌专利侵权纠纷案。兵团知识产权局首次进入亚欧博览会兵团筹备组展览活动处，进一步加强了兵团会展知识产权保护力度。

兵团党委宣传部重点开展了“扫黄打非”工作，制定了兵团《2014 年“扫黄打非”行动方案》，全面开展了“扫黄打非 · 秋风 2014”、“扫黄打非 · 清源 2014”、“扫黄打非 · 净网 2014”以及打击假媒体、假媒体机构、假记者工作专项整治活动。据不完全统计，共出动检查人员 48 556 人次，检查经营单位 21 465 家次，责令改正 307 家次，受理举报案件 10 件，立案调查 86 件，移送案件 7 件，办结案件 78 件，警告 150 家次，罚款 204 000 元，责令停业 75 家次。查处接纳未成年人网吧 110 余家，取缔黑网吧 12 家、游戏厅14家、娱乐场所9家；查处违规印刷企业2家；收缴盗版书籍8 832本，非法出版物10 200册，盗版音像制品4 824盘，淫秽色情制品4 600余盘（册），盗版教辅资料8 400多份；收缴非法宗教宣传品1 556册（盘）。

兵团公安局重点开展了打击假酒、假种子案。不完成统计，破获假酒案2件，抓获犯罪嫌疑人5人，2人被批捕，涉案金额260余万元。立案侦察假种子案1件，涉案金额182.78万元。目前，案件正在进一步办理中。

兵团检察院通过与相关部门沟通，推动“两法衔接”工作。主动到公安局、监察局、商务局等征询意见，磋商推动打假工作有序开展的具体措施和工作计划；走访相关行政执法机关，掌握行政执法机关自2008年以来处理该类行政处罚案件的情况，邀请行政执法机关的主要领导召开“行政执法监督联席会议”，共同学习《关于在行政执法中及时移送涉嫌犯罪案件的意见》等相关法律法规，通报打击侵权假冒伪劣商品案件的工作情况，就办理打击侵权假冒伪劣商品案件的情况进行交流，对各部门发现、移交、查处案件线索进行职责分工。通过各部门的密切配合，形成打击合力，也为建立健全“两法衔接”长效机制奠定基础。在打击侵权假冒工作中，检察机关认真履行审查批捕、审查起诉和法律监督职能，依法批捕制售假冒伪劣商品犯罪嫌疑人6人，依法起诉假冒注册商标犯罪嫌疑人8人（均被法院判处刑罚）。对不构成犯罪的2件2人依法作出不予批捕的决定。

兵团法院在2014年以来，要求各分院注意做好侵权假冒伪劣商品刑事案件的监督，确保公正审理此类案件，并不断提高此类案件的审判质量和水平。2014年，兵团法院系统受理侵犯知识产权和生产刑事案件5件，4件已结，1件未结，结案率80%；销售假冒伪劣商品刑事案件6件，均已审结，结案率100%。

兵团环保局2014年重点抓好关系到职工群众切身利益的环境问题，深入开展食品、药品、农资、建材、绿色无公害食品的生产基地经营加工等专项环境整治工作。

（撰稿人：俞明权）

大连市打击侵权假冒工作报告
——以“三个推动”为主线

2014年，打击侵犯知识产权和制售假冒伪劣商品工作（以下简称打击侵权假冒工作），始终坚持以党的十八大、十八届三中全会、十八届四中全会精神为指导，坚持贯彻落实科学发展观，坚持贯彻落实中央关于做好打击侵权假冒工作的一系列指示精神，在全国、省打击侵权假冒办公室的指导下，在市委市政府正确领导下，以深化改革、勇于创新的精神，以抓铁有痕、踏石留印的态度，以“三个推动”为主线，乘势而上，奋力开拓，打击侵权假冒工作取得显著成效。软件正版化得到检查组肯定，村镇银行接入征信系统数量和进度走在全省前列，案件信息公开数量居全省第一，“全国质量强市示范城市”创建工作通过预验收，3个单位和6名同志分别被上级评为先进单位和先进个人。截至11月，查处相关案件1 164起，立案595起，破案566起，涉案金额2.7亿余元，抓获犯罪嫌疑人423人。开展各种专项行动50余次，出动执法人员76 113人次，检查经营主体40 205个次。采集诚信信用数据4 013个，维护信用数据49 337家企业和294万人，更改诚信代码17 839个。组织各种培训500余次，培训人员15 600人次。组织宣传356场次，发放宣传资料20万余份。

一、高度重视，统一思想，提高认识，把落实打击侵权假冒工作主体责任作为政治任务抓落实

市委、市政府高度重视打击侵权假冒工作，把打击侵权假冒工作主体责任的落实作为一项政治任务来完成，并要求纳入“工作落实年”建设内容，纳入政府绩效和综治考评内容。用上级的指示精神统一思想，提高认识。坚持用党的十八大、十八届三中全会、十八届四中全会和中央关于打击侵权假冒工作指示，用国务院打击侵权假冒工作会议精神统一思想，提高认识，指导领导小组工作。汪洋副总理多次强调，“打击侵权假冒工作任重道远，我们既要有打攻坚战的决心，又要有打持久战的准备，是转变政府职能从重审批轻监管到加强事中事后监管，集中打击与制度建设并重，保持打击侵权假冒高压态势。”；“坚持标本兼治打建结合，不断提升打击侵权假冒工作水平”；“加快完善相关法律法规，

坚持严格规范公正文明执法，提高司法审判水平，营造全民自觉抵制侵权假冒行为的社会氛围，确保打击侵权假冒工作在法治轨道上前进”。坚持用商务部部长高虎城的指示指导领导小组办公室工作，高虎城部长多次强调，“各地办公室要充分发挥协调服务作用，积极配合各成员单位工作，完善工作机制，协调解决问题，认真履行职责。”各领导小组、成员单位多次召开会议和传达上级会议精神，进一步统一了思想，提高了认识。加强组织领导落实主体责任。成立了以大连市分管副市长曲晓飞为组长的市打击侵权假冒工作领导小组，具体负责领导我市打击侵权假冒工作。在服务业委员会设立办公室，具体负责打击侵权假冒工作的组织协调。办公室根据各单位人员变动情况，主动协调市政府和各成员单位，调整市打击侵权假冒工作领导小组，明确市打击侵权假冒工作和各成员单位的主体责任。根据全国打击侵权假冒领导小组办公室《关于增补国家互联网信息办公室和国家邮政局为全国打击侵犯知识产权和制售假冒伪劣商品领导小组成员单位》的通知，增补了网信办和邮政管理局为市打击侵权假冒领导小组成员单位。各成员单位和各区市县也成立了相应组织，明确了工作的主体责任和职责。市打击侵权假冒工作领导小组组长、大连市副市长曲晓飞，副组长、大连市服务业委员会主任陈祥立多次作出批示，要求市打击侵权假冒工作领导小组各单位认清形势，结合实际，分析特点，认真研究，抓好落实。4月，市打击侵权假冒领导小组召开会议，总结了2013年工作，部署了2014年工作。各成员单位和各区市县领导小组先后132次召开了部署会、调度会、推进会等各种会议，落实打击侵权假冒工作，形成齐抓共管的工作局面。各成员单位和各区市县领导，身先士卒，率先垂范，下基层进行检查指导共122次。西岗区等区市县把打击侵权假冒工作纳入政府2014年重点工程和主要工作任务。

二、主动作为，勇于创新，敢于亮剑，努力推动年度打击侵权假冒工作要点落到实处

研究制定了《大连市2014年打击侵犯知识产权和制售假冒伪劣商品工作要点》，根据贯彻落实《2014年全国打击侵犯知识产权和制售假冒伪劣商品工作要点》任务分工的通知，积极主动地协调年度工作要点和各季度重点工作安排。

开展集中整治。1—6月组织电视购物专项整治工作，共监测电视购物类广告843条，其中违法广告67条，发放“广告监测通知书”5份，“责令整改通知书”7份，立案调查1件。6—12月组织打击互联网领域侵权假冒工作，共监测网站20余个，查处违规违法案件67余起，移交案件线索48个，立案37件，打掉犯罪团伙18个，捣毁各种制假、储假窝点19处，抓获犯罪嫌疑人71人。

开展专项行动。全年共开展各种专项行动50余次。公安局开展了打击伪劣、有毒有害食品、药品、假农资等领域犯罪专项行动，农委开展了种子、农药、肥料、饲料、兽药等农资产品打假专项整治行动，工商局开展了“红盾护农”专项行动，质监局开展了“质检利剑”行动，食药监局开展了保健品等8项专项整治，文广局开展了出版物市场专项整治，知识产权局开展了“利剑护航”专项行动，烟草专卖局开展了“飞鲨”专项行动，林业局开展了林木种苗和新品种专项行动。各区市县还组织了“净网2014”、“清源2014”、“秋风2014”等专项行动。通过开展各种形式的专项行动，有效地震慑了侵权假冒行为，始终保持了打击的高压态势。

完善工作机制。公安局联合行政执法机关制定《关于在打击制售假冒伪劣商品违法犯罪工作中进一步加强公安机关与衔接配合的意见》，明确了案件移送、联席会商、联合执法、信息共享、线索转递有关要求。烟草专卖局与工商局签订了《关于建立烟草市场监管协作机制的意见》。检察院建立了n+1联席会议、“两级三片”制度。质监局与企业负责人建立约谈制度。食药侦支队对《刑法》规定的食品药品犯罪案件法律法规依据进行全面梳理，形成《食品药品犯罪侦查部门管辖〈刑法〉规定的案件立案追诉量刑法律汇编》、《打假行动期间案件管辖工作指导意见》等文件，进一步规范打击侵权假冒行为。

创新工作方法。质监局以非营利性质开放5个质监实验室、部分检测鉴定减半征收、在重点地区开设免费检测点等措施，减轻消费者负担。烟草专卖局推进APCD工作法，提高现代化监管水平。工商局与上海佳信知识产权咨询有限公司建立长期的知名品牌保护合作关系，与广州鸿誉商标代理有限公司合作，对大连地区多家店铺涉嫌侵犯苹果商标专用权案件进行查处。知识产权局编集了《大连市典型专利案例汇编》，农委在《大连日报》公布了依法查处的10起典型案件，营造崇尚创新、尊重知识、诚信守法的知识产权文化氛围。

加强监督补短板。公安局为了找准短板，开辟了专门打假行动工作网站，及时转递相关信息，及时通报问题。组织了3次集中对16个分局进行了现场的跟进督导，实行“走进县区”的常态化指导工作模式，和基层实行无缝对接，解决了基层执法过程中遇到的适用法律依据和规范执法程序等难点问题，补齐了短板。加大培训强素质。两级办公室

组织对“两法衔接”平台操作人员技术培训300余人。文广局针对企业软件正版化培训6次共200余家企业，全部使用正版化软件。知识产权局组织培训20余期，使各区市县具有执法资格人员达到2人以上，成功保障第九届中国国际专利技术与产品交易会举办。国税局等18个单位组织依法行政培训500余次，提高执法人员政治和业务素质，杜绝以罚代刑、以罚代管行为。

三、明确分工，加强培训，完善制度，努力推动“两法衔接”平台运行管理连续顺畅

明确分工抓责任。根据《省打击侵犯知识产权和制售假冒伪劣商品工作行政执法与刑事司法信息共享平台管理办法（试行）的通知》，结合我市实际，明确了各级、各部门对平台运行管理的职责、信息传送、审核批转、操作细则等。甘井子区“两法衔接”工作被纳入2014年区社会管理创新工作范畴，制订了《甘井子区行政执法与刑事司法相衔接信息共享平台建设实施方案》，对录入信息派员检查，及时发现和解决问题。加强培训保安全。为保障平台顺利运行，5月29日，组织对全市操作员进行了培训，同时，各部门结合实际工作，根据需要实时开展培训，增强培训的针对性。为加强安全管理，免费配发电子密钥认证，明确专人专机录入案件信息。花园口区组织各相关部门对“两法衔接”平台信息系统使用进行工作经验交流，积极推进“两法衔接”工作建设进程。完善机制促建设。检察院成立了“两法衔接平台”工作联系办公室，定期召开会议，及时解决两法衔接工作中遇到的实际问题，定期组织操作人员进行信息工作情况交流，研究解决平台运行管理中的问题，保证信息平台各节点信息传送不间断，连续顺畅运行。目前我市“两法衔接”平台建设，已覆盖9个执法部门和14个区市县，基本实现了案件移送、跟踪监控、工作监督、执法动态、法规法律整理更新、时限监察预警、查询统计、系统管理等基本功能。

四、规范管理，落实责任，宣传监督，努力推动行政处罚案件信息公开工作有序展开

落实责任抓管理。根据《国务院批转全国打击侵犯知识产权和制售假冒伪劣商品领导小组〈关于依法公开制售假冒伪劣商品和侵犯知识产权行政处罚案件信息的意见〉》，制定并印发《大连市制售假冒伪劣商品和侵犯知识产权行政处罚案件信息公开工作监督管理办法》（大打假办发〔2014〕5号），进一步规范了行政处罚案件信息公开工作的职责、内容、程序和方式、管理与考核，明确了各单位门户网站为案件信息公开的渠道。各成员单位均已明确了案件信息公开的工作机构和指定专人负责，每月定期向市打假办报送信息公开进展情况。林业局制订了《大连市关于依法公开侵犯林业知识产权和制售假冒伪劣林木种苗行政处罚案件信息的实施细则》。

宣传监督促诚信。大连市人民银行中心支行积极推进村镇银行接入征信系统，辖内接入征信系统的村镇银行达到3家，另有4家正在组织测试，接入数量和接入进度走在全省前列。通过1 700多个网点，举办各类宣传120场次。通过大连电视台新闻综合等5档节目、《大连日报》等4家平面媒体介绍个人信用报告查询方式和渠道、小微企业信用体系建设等征信内容。组织开展面向小学至大学不同年龄的学生群体宣传，共举办校园活动7场，发放宣传品7 000余份。全年累计提供企业信用报告查询1 000余户、个人信用报告查询9万人次，办理机构信用代码发放、变更、修改等17 839笔。市工商局联合文明委，评选了568个十星级文明个体工商户。服务业委评选了228家商贸领域诚信示范企业。自7月起，市打假办已将案件信息公开工作纳入打击侵权假冒案件数据统计范围。

（撰稿人：李秀庚）

青岛市打击侵权假冒工作报告

根据国家、山东省打击侵犯知识产权和制售假冒伪劣商品工作领导小组要求，结合我市实际，积极开展打击侵犯知识产权和制售假冒伪劣商品工作。全市执法部门共出动执法人员24 589人次，查处各类侵权制假案1 422起，涉案金额572万元，扣留货物23万件。工作情况报告如下。

一、加强协调联动，保障双打顺利开展

一是及时调整了市打击侵权假冒工作领导小组。二是建立了部门常态化议事机制，积极推进各部门信息资源共享，提高工作效率。三是工商、质监、商务、文化执法、知识产权保护、食品药品监管、海关、检疫检验等部门，均与公安、检察、法院等部门建立联动机制，互设联络员、互通案件信息、培新互助，不断完善行政执法与刑事司法衔接工作机制。四是会同市法制办、电政办等部门开发打击侵权假冒行政处罚信息公开系统。五是建立健全了商标管理社会辅助网络，在驰（著）名商标企业、商标代理组织等设立了商标联络员，在商标印制企业和 28 家大中型商场、专业批发市场设立了商标监管员，全市“两员”达 1 500 余人，明确监管责任，强化了企业自律意识。

二、加大宣传力度，营造良好舆论氛围

一是以“4・26”世界知识产权日为契机，开展了“2014 建设文化环保城市系列宣传暨非法文化产品集中销毁活动”和“著作权免费登记月”活动。向广大市民发放了《青岛市知识产权诉讼指南》，接受了广大市民关于知识产权相关问题的法律咨询；与青岛市律协知识产权委员会联合举办“知识产权保护若干热点问题业务研讨会”；与《青岛财经日报》联合开辟知识产权专版，详细介绍 2014 年青岛市知识产权司法保护的十个典型案例。充分利用元旦、春节、赶大集、“3・15”消费者权益日和“农技下乡”、“科技下乡”宣传月、“放心农资下乡进村宣传周”等活动为契机，组织各成员单位采取集中制做看板、印发宣传资料、设立咨询点等多种形式，广泛宣传保护知识产权法律、法规及开展保护知识产权的重要意义和作用，并通过“行风在线”、“民生在线”、“网络在线问政”等相关访谈活动和各类媒体进行广泛宣传。二是搞好为民服务与宣传相结合。3・15 国际消费者权益日服务民生系列活动期间，全市各系统共出动执法人员 1 511 人次，检查企业 483 家，现场与电话接受咨询 1 507 起，现场与电话受理举报投诉 122 起，抽查 68 批次，挽回消费者损失 2.62 万元。免费提供简易检测服务 2 985 件，组织媒体宣传报道 90 篇，接待参观人数 850 人次，发放宣传材料 10 220 份。三是及时曝光群众反映强烈的侵权问题和典型案例，建立销售假冒伪劣商品黑名单，在全市营造保护知识产权、自觉抵制侵犯知识产权和假冒伪劣商品的良好社会氛围。采取发放《致市民的一封信》、进行集中销毁等多种形式，充分利用《中央电视台》、《青岛电视台》、《半岛都市报》等各级主流媒体以及网站、经侦微博等新型媒体，在中央电视台宣传报道 6 次，省级媒体宣传 13 次，向群众宣讲识假辨假常识，及时披露大案要案查处情况，对违法犯罪分子形成有力震慑。

三、开展集中整治，确保专项行动取得实效

各相关职能部门按照各自职责分工，集中力量，突出重点，深入细致地开展了多项重点整治行动，并取得了显著成绩。

（一）市知识产权局

一是积极开展《青岛市专利条例》地方立法调研工作。二是制定了青岛市“护航”维权专项行动方案，组织全市专利管理系统，针对商品流通领域，以家电、食品、药品、农产品、工业设计产品等为重点查处产品，严厉打击专利违法行为，累计出动执法人员 1 500 余人次，检查商业场所 600 多家，检查专利商品 10 000 余件，发放宣传材料累计超过 5 000 份，立案 232 件，结案 83 件。三是开展展会执法，联合商务、工商、海关、版权等单位组成知识产权保护工作组入驻展会，今年在 20 个多个展会上设立并公开专门的知识产权投诉电话、投诉站，为参展商提供法律咨询，接受参展商的相关投诉，严厉查处展会中发生的知识产权违法行为，为维护展会秩序，树立青岛市良好国际形象发挥了积极作用。

（二）市商务局

一是按照要求履行打击侵权假冒工作领导小组办公室职责，认真做好牵头组织协调、信息报送、简报编发等相关工作。二是积极开展《青岛市商品流通条例》地方立法调研工作，完成了全年的调研任务，列入 2015 年地方立法完成项目。三是积极开展电视购物专项整治工作，利用商务部监控平台监测电视购物广告 900 余条次，责令媒体自纠 80 余条次，查办 26 起案件。同时，与 60 家互联网信息服务单位签订了《青岛市互联网站抵制低俗之风自律公约》，130 家互联网接入单位、信息服务单位签订了《互联网行业网络信息安全责任书》。四是组织开展制售假冒法国葡萄酒专项治理行动，出动执法人员 1 454 次，检查企业 909 家，补办备案登记 43 家，补领《随付单》41 家。

（三）市农业局

一是深入开展农资打假。紧紧围绕“放心农资进乡村，打假护农保生产”这一主题，先后开展了农资打假专项治理春季行动、夏季百日行动和秋冬季行动，组织了对种子、肥料和农药专项监督治理行动；全市累计出动执法检查人员 7 200 人（次），车辆 1 800 台（次），检查各类农资经营门店、农资市场及农产品生产基地 2 400 家（次），印发宣传

材料22万份；共受理案件450起，立案查处案件406起，罚没金额62.1万元；查获各类假冒伪劣农资4.67万公斤。二是完善农资市场监管制度。进一步完善农资经营单位进出货台账管理制度，落实农资质量承诺制，特别是在无公害农产品生产区域，建立了严格的农药、肥料经营销售登记、承诺和追溯制度，严禁违禁农业投入品进入生产区域进行销售。三是根据农资生产经营企业资格、商业信用、守法程度等相关信息，对其实行信用等级分类动态管理。对信誉好的给予扶持鼓励；对失信和具有不良记录的予以警示和限期整改，并列入重点监测检查对象；对多次违法违规、信用差的重点监控，直至依法取消其经营资格。

（四）市工商行政管理局

一是做好世园会知识产权保护。制定了《2014年青岛世园会知识产权保护及特许产品市场规范工作方案》，成立了市级领导小组，办公室设在市工商局，在园区设立派出机构。世园会期间，办理特殊标志备案270件，许可合同存查47份；清理无照销售假冒世园会吉祥物20余起，先后依据世园会组委会投诉立案，查处侵犯世园会标志所有权违法案件6起，罚款3.8万元，行政指导1起。二是突出商标印制监管。制定下发了《开展商标印制专项整治行动工作方案》，组织对辖区企业、个体登记注册库中有印制经营范围的企业和个体工商户进行逐户走访，建立辖区商标印制单位台账，做到底数清、情况明。共调查摸底商标印制企业520户，从事商标印制的个体工商户138户，规范证照125户，指导160户单位健全完善印制制度，以会代训等形式举办法规培训35起，培训商标印制业户负责人142人，培训商标监管员246人；立案查处商标印制违法行为16起，结案4起，罚没款2.15万元。三是突出大要案件查办。市工商局把查办大案要案作为加强执法监管的主攻方向，深挖线索，重拳出击。查办侯广聚利用网络销售假冒“大嘴猴”图形及（PAUL FRANK）文字商标服装和假冒“Pancoat”商标服装案件，罚款25万元。四是注重拓展执法办案领域。以打击网络销售假冒伪劣化妆品、服装鞋帽等商品为重点，明确了“三个一”工作目标，即查处一批销售假冒伪劣商品大、要案件，曝光一批违法违规网络经营者，关闭一批违法违规经营网站（网店），加大“网上亮照”工作力度，做好销售服装、化妆品的平台、网站、网店的巡查，从快从严查处网上违法经营行为。

（五）市质量监督局

一是开展全年“农资打假利剑行动”。以化肥、农药产品为重点，严厉查处故意降低化肥有效养分含量，生产掺杂、掺假，以次充好、以假充真、以不合格品冒充合格品农资产品，化肥产品虚假标注坑农害农，无证生产化肥、农药等违法行为。全年共出动执法人员750人次，进入77个乡村，立案查办农资案件9起，涉案货值70.7802万元，接受群众咨询300多人次，发放宣传资料6 000余份。二是开展春季农资产品执法打假行动。突出重点地区和重点农资产品，全市的化肥、农药、农膜市场和生产企业进行拉网式检查。检查农资产品生产经营单位97家，立案5起，涉案货值2.6万元。同时加大对生产农资产品的执法抽查力度，共抽取农资样品81批次。三是开展“质检利剑”行动儿童用品打假战役。重点检查是否存在以次充好、有毒有害物质超标、标识欺诈、使用不合格原料加工生产儿童玩具、未经检验合格出厂等问题，出动执法人员97人次，检查生产企业32家，立案查处生产不合格玩具案3起。四是开展机动车及零配件专项整治。重点查处生产不符合国家强制性标准、无证生产和未经强制性产品认证等违法行为，积极向机动车及零配件生产企业宣传生产企业产品质量主体责任，出动执法人员77人次，检查企业31家，立案调查1起。五是开展消防产品质量专项整治。重点检查产品强制性认证市场准入资格、工厂生产条件和质量体系运行情况，共出动执法人员96人次，检查生产、销售单位26家。

（六）市林业局

一是积极开展林木种苗质量检查活动。抓住春季、雨季和秋冬季植树造林用苗高峰期，集中开展了林木种苗安全生产和苗木质量大检查行动，全年各级累计出动检查人员1 200余人次，检查种苗生产经营企业300余家，有效整顿和规范了我市林木种苗生产经营秩序。同时，制定了造林良种壮苗使用率工作标准及检查办法，将良种壮苗使用情况和苗木质量情况纳入各级造林绿化工作考核。二是进一步规范林木种子行政许可程序。针对我市林木种苗生产经营规模不断扩大的情况和土地使用日趋规范的实际，严格林木种子生产经营许可证办证材料和办事程序，有效维护了全市林木种苗行业依法有序健康发展。

（七）市文化市场行政执法局

一是积极开展“剑网”、“净网”专项行动。加大对通过互联网大量非法复制、传播未经授权的软件盗版行为的打击力度，组织执法人员对青岛市70余家大型门户网站进行了检查，通过网络检查1 000余家。二是整合全局执法力量开展巡查。针对市场范围大，执法力量相对薄弱的实际，全局组成五个督导组，划区督导检查，每周至少到市场暗访巡查两次，发现问题随时立案督办，净化了文化市场。三是在政府机关、国有公司、上市公司、金融行业软件正版化基础上，积极推进新闻出版行业和星级酒店推进软件正版化工作，目前全市印刷企业 1 500 余家（包括包装和各类专项印刷）、130 余家三星级以上酒店已基本上完成办公软件正版化整改任务，两个行业共采购正版办公软件 1 200 余套，其中国产软件 900 余套，国产率达到 75%，采购金额达 250 余万元。

（八）市食品药品监管局

一是积极开展打击使用假劣药品行动，重点查处了某医院使用假劣蒲黄等中药饮片的案件，并针对可能涉及假劣的中药饮片进行了重点抽验。严厉打击从不具有相应药品生产、经营资格的单位购进药品行为。二是围绕药品使用环节，突出抓好重点品种的排查整治，以近几年全市抽检不合格药品较多的单位及列入“黑名单”的单位为重点。加强监督抽验，监督抽验结合落实年度抽验计划进行。对监督抽验不合格的药品立即查封扣押，并追根溯源，决不放过任何一个疑点。加强定期检验分析，及时通报质量信息，发出预警预报，推动药品各监管环节加强监管。在依法查处涉及食品药品违法行为过程中，对符合刑事追诉标准、涉嫌犯罪的案件，全部及时向同级公安机关移送，全年依法移送公安机关案件 10 余起，涉及非法进口巴西牛肉、假劣中药饮片、假劣医疗器械等问题。

（九）市检验检疫局

加强对食品、药品、化工产品、汽车配件等重点商品进出口的监管。严厉打击骗取、假冒或伪造检验检疫证书行为，严厉查处逃避检验检疫监管行为，加强进出口商品检验，加大原产地标记查验与管理制度，严厉打击冒用、乱用和买卖原产地证书等违法行为，对 6 家企业进行了处罚，涉案金额 19 万元。

（十）市公安局

一是制定了《全市公安机关打击侵犯知识产权和制售伪劣商品犯罪专项行动方案》和《考核办法》，积极开展“网上打假”和“打四黑、除四害”专项行动，共破获各类专项行动案件 149 起，破获案件 127 起；抓获犯罪嫌疑人 135 名，移送起诉案件 151 起，涉案金额 10.03 亿，受害人得到赔偿 185.5 万元。二是积极开展集群战役。青岛自主发起并发起全国核查及收网集群战役 45 起，其中 13 起已核发战役号，另有 5 起集群战役号待批，与外省共同发起集群战役 13 起并核发战役号。如年初与阿迪达斯中国权利机构取得联系，从青岛一个销售网店着手整合出一条利用网络制、售假冒阿迪达斯等数个运动品牌商品的犯罪线索，经梳理该制售网络涉及全国 12 省 17 市，还涉及境外的哥伦比亚、越南、波兰、非洲等国家，涉案金额近亿元人民币。8 月 12 日该战役在公安部指挥下成功收网，经统计共捣毁生产、销售、仓储窝点 13 处，抓获犯罪嫌疑人 26 人，缴获制假工具 40 余部，涉案金额 1.3 亿元人民币，一举摧毁了产供销犯罪网络，战役打击目标涵盖国内多个省市并延伸到哥伦比亚及波兰等国家。为此，公安部发贺电对该起战役的成功侦破予以表彰。三是依法严厉打击侵权盗版犯罪。按照扫黄打非“秋风 2014”部署，积极会同文化执法等相关部门开展联合执法检查，保持对销售侵权盗版违法犯罪的高压态势。4 月 22 日，根据群众举报，与文化市场行政执法部门在李沧区宝龙城市广场查处一销售非法出版物窝点，当场查获盗版图书、光盘 4 700 余本（张），抓获涉嫌贩卖盗版出版物嫌疑人 1 名。

（十一）青岛地区海关

一是积极开展风险分析，对涉嫌侵权高风险航线、商品和企业加大布控力度，成效显著。青岛地区海关根据以往查处案件积累的经验，梳理易发生侵权情事的航线、商品、企业等要素，通过预定式、预警式和即决式布控相结合的方式，构建高效严密的全方位监控网络，今年以来通过自主布控查发侵犯知识产权案件 19 起，涉案金额人民币 709 万余元。二是组织内部培训，提升一线关员的知识产权商品保护意识和鉴别能力。2014 年，青岛地区海关先后 6 次开展法制送教上门活动，邀请有关业务专家以及知识产权权利人深入海关工作一线，就知识产权海关保护、商品鉴别方法、侵权假冒货物主要产销地等问题与现场审单、实货查验、风险布控等岗位关员进行面对面交流，切实提高了一线关员的布控分析和实货查验水平。三是加强与地方公安机关的联系配合，向公安机关通报案件线索 5 起，切实做好行政执法与司法衔接工作，已刑事立案 1 起，有 2 起正在案前摸排过程中。今年以来，青岛地区海关共查发涉嫌侵权案件 378 起，涉及服装、轴承、鞋帽、刹车盘等商品共计 146 万余件，涉案货值人民币 1 060 余万元。

（十二）市中级人民法院

一是扎实开展审判工作，切实维护知识产权人的合法权益。今年，中院受理知识产权一审民事案件 453 件，二审民事案件 4 件，一审行政案件 1 件。这些案件中既包括美国 NBA、耐克、阿迪达斯、哥伦比亚等国外知名企业提起的知识产权诉讼，也包括“七匹狼”、“五粮液”、“苏泊尔”等民族企业提起的诉讼，涉及电器、食品、服装等众多与人民群众生活息息相关的领域，这些案件的顺利审结不但有效制止了侵权行为，保护了权利人的合法权益，同时也维护了广大消费者的合法权益。二是积极开展审判模式创新，推进“三审合一”工作的开展。开展了知识产权审判的“三合一”，顺利审结了“三合一”以来首起知识产权行政案

件——青岛东燃燃气设备有限公司诉青岛市知识产权局行政诉讼案，实现了真正意义上的“三合一”。三是积极优化知识产权案件管辖格局，新增知识产权案件管辖法院。为了进一步增强专项行动力度，优化我市知识产权案件管辖格局，满足不断增长的审判需求，中院积极争取基层法院对知识产权案件的管辖权。我市黄岛法院经最高法院批准，拥有部分知识产权案件管辖权。我市成为全省唯一有两个基层法院管辖知识产权案件的地区，这对于进一步优化我市知识产权案件管辖格局，加大知识产权司法保护力度具有重要意义。

（十三）市人民检察院

市检察院立足本职，服务大局，继续部署开展打击侵犯知识产权和制售假冒伪劣商品犯罪工作，双打的重点围绕食品、药品、农资、机电等重点商品，以及著作权、商标、专利等领域的突出问题，继续保持司法打击的高压态势。两级检察机关依法批准逮捕侵犯知识产权和制售假冒伪劣商品案件共计37件48人，依法建议有关行政执法机关移送涉嫌侵犯知识产权和制售假冒伪劣商品案件犯罪案件8件12人，涉案金额为967.37万元，其中重大案件6件13人，重大案件涉案金额为454.46万元。同时，不断完善行政执法与刑事司法相衔接机制建设，与市公安局、市中级法院印发的《关于办理侵犯知识产权和食品药品安全刑事案件相关证据规范的指导意见》。狠抓办案，在检察环节强化监督，快审快捕快诉，有效地打击了侵犯知识产权、制假售假犯罪活动，成果明显。

（十四）市烟草专卖局

狠抓专项整治，保持高压态势。制定《2014年综合整治卷烟市场秩序工作方案》，积极组织开展了“春雷—2014”、集中整治“两节”卷烟市场经营秩序专项行动等6个专项整治行动。今年以来，全市查获涉烟案件1 502起，其中万元以上涉烟大要案274起；查获违法卷烟2 301万支，其中，假烟529万支，走私烟422万支，非法渠道烟1 349万支，查获烟丝烟叶13吨。查获违法烟草专卖品总案值1 579万元。全市司法部门依法处置涉烟违法分子226人，其中，刑事拘留123人，逮捕63人，判刑40人。

（撰稿人：牛德军）

宁波市打击侵权假冒工作报告

2014年是完成“十二五”规划的关键一年，国务院发布《深入实施国家知识产权战略行动计划（2014—2020年)》，全面提升知识产权综合能力，实现创新驱动发展，推动经济增效升级。2014年，根据国家知识产权局知识产权示范城市工作部署，我市大力实施“发明专利增量提质服务工程”，发明专利继续增长，专利结构进一步优化。全市全年专利申请量和授权量分别达58 530件和43 286件，其中，发明专利申请量、授权量达12 957件、2 832件，同比增长32.1%和26.1%，发明专利申请量和授权量占比分别提高10.3和6.5个百分点，创历史新高。截至2014年，全市累计拥有注册商标12.3万件，其中，国际商标达到10 100件，地理标志达25件，均处于全省领先地位。2014年全市版权登记量达到2 450件，比上年增加114%。

一、完善专利管理与服务体系建设

市知识产权局出台《宁波市专利资助及产业化管理办法》（甬科知〔2014〕15号），调整国内外专利授权资助的额度和条件，使得专利资助更有利于提高质量，加大推动专利技术产业化的力度，新增专利涉外维权资助，做好企业涉外维权保障，进一步优化专利示范企业资助和专利代理机构发明专利授权资助等。截至2014年底，全市累计共培育5家国家级知识产权示范企业、12家国家级知识产权优势企业、165家省级专利示范企业、386家市级专利示范企业，其中，2014年新申报市级专利示范企业的34家企业上年度的专利产品的销售额占总销售额的74.8%，实现利润6.1亿元。沁园集团、得力集团等21家企业通过《企业知识产权管理规范》认证并获得认证证书。

2014年，全市共立案专利纠纷案件520起，结案510起，其中共查处假冒专利案件15起，移送专利侵权纠纷案件4起。参加第十六届“浙洽会”、高分子新材料新装备博览会、食品博览会现场知识产权保护工作。贯彻落实国家知识产权局《电子商务领域专利执法维权专项行动工作方案》，派专人进驻阿里巴巴公司，现场处理知识产权投诉，处理侵权投诉案件400余件。维权援助中心共接听有效咨询电话2 000余次，接待上门来访100余次，受理各类案件99起，帮助企业维护自身权益。

知识产权公共服务体系日趋完善。围绕专利信息挖掘与分析、保护等方面开展基础服务。市知识产权服务平台累计注册用户4 000多个，为1 150多家企业建中外专利特色数据库1 445个。市科技信息研究院与高校共建“科技信息挖掘与应用实验室”，相继发布钕铁硼、植物提取物锂电池等十余份行业分析预警报告；开通“天一生水网——知识产权转化交易平”，缓解中小企业技术及资金需求，提高高校科技成果转化率。2014年，中国（宁波）知识产权维权援助中心（市科技信息研究院）获得首批“全国知识产权服务品牌机构”、“宁波市服务业标准化示范单位”等荣誉。

二、加强商标监管与保护

2014年，对新修改的《商标法》开展宣传和培训工作，对其中增加的关于商标注册审查和案件审理时限、惩罚性赔偿等规定进行了宣传，特别是“驰名商标”不得用于广告宣传等内容予以重点讲解，为落实新法奠定基础。对实施《关于进一步推进商标战略实施促进经济发展的意见》开展评估工作，为制定宁波市商标“十三五”发展规划做好准备。与宁波市中级人民法院共同制定《关于建立商标民事纠纷诉调对接机制的试行意见》，建立商标民事纠纷诉调对接机制，提高商标权保护工作效率。

2014年，全市44件商标被新认定为省著名商标，省著名商标总数达到550件，82件商标被新认定为宁波市知名商标，市知名商标总数达到1 187件。

继续结合深入开展打击侵犯知识产权和制售假冒伪劣商品专项行动，强化监管和保护，全年全市共立案查处案件644件，涉案金额1 467万元，罚款。没收违法所得1 284万元，移送司法机关案件15件17人。在商标专用权保护的工作方面，确定小家电、汽配、洗护用品、服装、酒类等40余项议题，以“议题管理”模式开展行政指导127起，处理涉及议题管理的商标侵权案件210起，涉案金额506万元，罚款405万元；实施信用监管，规范商标代理机构和商标印制企业行为。全市立案查处违法印制商标标识案件41起，罚款47.5万元。

三、强化版权保护和管理

做好作品著作权登记资助工作。鼓励各类作品进行著作权登记，指导市版权协会开展工作宣传、提供登记服务，继续开展著作权登记政府资助工作，加强审核把关，努力提升全市版权登记申报作品的数量和质量。2014年全市版权登记量达到2 450件，比上年增加114%，其中，办理版权登记申报政府资助1 259件，同比增长61%。

与宁波中院签订《关于加强版权保护合作框架协议》，成立全省首个市级版权纠纷调解中心，主要开展版权投诉和举报的纠纷调解工作，并建立健全版权诉调对接、行政执法与调解对接运行机制。指导市版权协会与宁波市大学科技园签订协议，挂牌成立版权工作服务站，为园区企业提供全方位版权服务。

四、注重海关知识产权边境保护

修订和发布了《宁波海关知识产权保护工作规程》，将进一步从制度层面加强关区知识产权保护执法的规范性和统一性，对减少执法风险起到积极的作用。2014年共查获涉嫌侵犯知识产权案件413起，涉案金额5 007万元，查扣涉嫌侵权货物985万件。共中止放行涉嫌侵权货物1 394起，涉及侵权嫌疑货物5 390万件，货值15 172万元。开展国际合作，协查69起，交换信息5起；向公安机关通报涉嫌侵犯知识产权犯罪案件线索39起。

拓宽法务公开渠道和方式，提高执法透明度。在门户网站开设公开专栏，公开进出口侵犯知识产权货物行政处罚案件信息；组织推进证据开示会，邀请侵权纠纷案双方当事人公开陈述意见，一方面降低了海关执法的风险，另一方面为当事人寻求司法途径处理复杂的侵权争议作出了正确指引，实现了海关、权利人和出口企业“多赢”的良好社会效果。

通过信息互通、风险分析和重点监控等手段开展专项行动。特别在保护2014年世界杯足球赛知识产权“绿茵行动”上，共查获涉嫌侵犯相关知识产权案件20起，涉及权利项25项，涉嫌侵权货物75.7万件，非法经营所得共计约254万元人民币，其中，涉嫌侵犯国际足球联合会的案件14起，涉嫌侵犯世界杯赞助商的案件6起，主要涉及“FIFA”、“BRAZIL 2014”、“ADIDAS”等品牌。

五、提升知识产权刑事司法保护强度

2014年，全市公安机关共立侵犯知识产权和制售假冒伪劣商品犯罪案件203起，破案193起，抓获犯罪嫌疑人211人，提请发起集群战役6起，专项行动绩效位列全省前列。其中，杭州湾余某某等人假冒“方太”等知名品牌厨具案集群战役被评为全国经典战役，北仑陈某某等人贩卖假烟和走私烟集群战役被评为全省经典战役。2014年，全市检察机关共批准逮捕涉及侵犯知识产权犯罪案件7件8人，提起公诉77件113人，其中，假冒注册商标案件11件23人；销售假冒注册商标的商品案件23件44人；非法制造、销售非法制造的注册商标标识案件1件1人；侵犯著作权罪42件45人。职务犯罪3件3人。

“打假行动”期间，坚持集群主战模式，注重对重点县（区）围绕本地品牌保护开展犯罪打击。市局经侦支队主动走访慈溪、余姚等地品牌企业，多角度、多维度搜集全市品牌企业被侵权假冒的案件线索，经市局经侦支队的组织协调，慈溪公牛、方太集团主动向公安机关提供相关线索，并成功发起了慈溪郑某某等人假冒“公牛”知名品牌电器插座案集群战役和杭州湾余某某等人假冒“方太”等知名品牌厨具案集群战役。

以“挖源头、捣窝点、摧网络、破团伙”为目标，注重对涉假网络化犯罪线索的深挖打击，成功发起了江东新秀丽国际贸易有限公司被假冒注册商标案等多个集群战役，也破获了江东吴某某销售假冒注册商标的商品案，镇海郑某某等生产、销售有毒、有害食品案、北仑田某销售假冒注册商标的商品案等多个涉案金额达100万元以上的案件。

六、兼顾知识产权民事司法保护

2014年，宁波两级法院认真贯彻落实市委创新驱动发展战略，市中院出台《关于为“宁波市‘八翻番、四提升’科技服务专项行动”提供有力司法保障的实施意见》，该意见先后受到市委副书记、市长卢子跃和副市长陈仲朝的批示肯定。全年共新收各类知识产权案件（包括民事、刑事及行政）1 826件（其中二审案件107件），较去年同期的1 277件增长43%；审结案件1 801件，较去年同期的1 246件增长44.5%。其中，新收民事案件1 650件，审结1 631件，审结民事案件中判决366件、调解156件、撤诉1 101件、其他8件，调撤率77.1%；新收刑事案件170件，审结165件；新收行政案件6件，审结5件。

执法办案取得显著成效。一方面，加大赔偿力度，对于侵权行为尤其是恶意、重复侵权行为，大幅提高赔偿标准。另一方面，对于权利人难以取得的维权证据，积极采取证据保全措施，如微软、西门子案，不仅出动多名干警，还配备技术专家，切实减轻了知识产权权利人的举证负担。同时，针对审判实践中发现的突出问题、共性问题和隐患，积极向相关部门发出司法建议或司法预警，促进问题的实质解决。

改革创新积累有益经验。其一，试行诚信诉讼宣誓制度。在全省率先推行当事人庭前诚信诉讼宣誓制度，引导诉讼参与人诚信诉讼，防止出现虚假诉讼、恶意诉讼的情形。该制度的试行取得了较好的法律效果与社会效果。其二，完善案件事实查明机制，加强对事实审与法律审适度分离的调研，继续探索知识产权审判大陪审制，强化专业型人民陪审员在案件事实认定方面的作用。其三，推进审判“三合一”，充分发挥了“三合一”审判统一裁判标准、形成保护合力的优势。

七、知识产权环境氛围营造和宣传

积极营造良好的知识产权保护氛围。定期走访重点企业，邀请资深律师为企业提供知识产权咨询服务。知识产权宣传周、中国专利周宁波活动周以及发明创新大赛期间，以培育知识产权文化、宣传知识产权战略为重点开展专题性宣传活动。

“4·26”知识产权宣传周期间，全市知识产权保护职能部门制定活动方案，开展电子商务领域专利保护专项行动、查处假冒专利行为专项行动；举办创新驱动与知产保护研讨、知识产权司法保护法律咨询、美国专利规则解读、专利分析初级实战班，利用媒体广泛宣传实施商标战略成果，组织版权进校园、进园区系列活动，举行海关知识产权保护“在线访谈”在宁波海关门户网站开展在线访谈等活动。

第八届中国专利周宁波活动周期间，结合宁波区域特色，开展知识产权管理与宏观政策研讨会、宁波市企业知识产权高级研修班、知识产权运营论坛、专利执法业务提升班、专利挖掘与撰写实战班、外观设计实务班等活动。重点宣传宁波市近年来专利工作成效，报道市知识产权服务平台、国家专利产业化试点基地等服务企业创新情况，协调相关网站对活动进行追踪报道并开辟专栏进行宣传，宣传专利文化，营造活动气氛。

（撰稿人：王一波）

厦门市打击侵权假冒工作报告

2014 年，厦门市根据全国、省打击侵犯知识产权和制售假冒伪劣商品（简称打击侵权假冒）工作领导小组的部署和要求，在厦门市委、市政府的领导下，围绕推动经济转型升级、针对突出问题强化执法打击，积极建立健全长效机制，各成员单位相互配合、积极行动，打击侵权假冒工作取得新的阶段性成效。1—11 月，全市行政执法部门共针对侵犯知识产权和制售假冒伪劣商品案件立案 730 起，办结 596 起，涉案金额 4 223. 3 万元，移送司法机关涉嫌犯罪案件 6 起，涉案金额 525. 7 万元，捣毁犯罪窝点 1 个，行政执法案件信息公开 322 件；公安机关共破获侵权假冒案件 242 起，抓获犯罪嫌疑人 136 人，涉案金额 2116. 69 万元；检察机关共批捕侵权假冒案件 26 起，批捕 51 人，起诉案件 126 起，起诉 212 人；审判机关共受理侵权假冒刑事案件 153 起，已判决案件 125 起，生效判决人数 195 人。

一、主要工作情况

（一）加大执法打击力度开展专项整治

市农业局组织开展各类农资打击侵权假冒专项行动，对全市农资投入品开展安全检查，对农作物种子开展打假护权专项行动。加大禁限用高毒农药的执法监管，对兽药、饲料等开展相关的执法检查。对农药、兽药等农资产品开展了 61 批次的执法抽检。发现有 3 批次的假劣兽药和 1 批次的假农药，并已责成相关区农业部门进行立案查处。

市质量技术监督局将日常监管与打击侵权假冒及“质检利剑”国质检执〔2015〕162 号行动有机结合起来，保持高度的职业敏感性，加强与检验检疫、公安、工商等部门的合作，加大对违法案源的挖掘力度。截至 2014 年 12 月 15 日，共出动执法人员 2 078 人次，检查了食品、建材、汽车配件、洗涤用品、低压电器、服装、儿童用品、人造板、食品用一次性餐具等领域的 1 052 家企业。立案查处案件 68 件。

市食品药品监督管理局按照福建省开展查处无证无照经营八闽出击专项行动有关精神和部署，结合厦门辖区实际，采取有力措施，扎实有效地开展查处无证无照经营。行政立案查处无证经营案件 12 起，罚款、没收违法所得 27. 5 万元；与公安机关联合办理非法经营案件 8 起（其中无证生产保健食品 2 起、非法经营保健食品案件 1 起，非法经营药品案件 3 起，非法经营医疗器械案件 2 起）。

市工商行政管理局以保护注册商标专用权、打击不正当竞争行为、强化网络监管、加强流通环节食品安全监管等为重点内容，围绕“八闽红盾出击”闽工商标志〔2014〕53 号专项整治、网络商品交易行为监管与网络打假、“红盾护农”、打击“傍名牌”不正当竞争、食品安全监管、商品质量抽检、电视购物和网络广告整治等，结合每个专项整治需要、规范的重点问题，组织实施了“春季打假保春耕”、网络商品交易专项整治、查处违法商标印制等 30 余项颇有声势且卓有成效的专项或集中执法行动，加强与公安、异地工商部门等职能部门的配合，加强两法衔接，加大宣传、曝光力度，打击侵权假冒各项工作有部署、有落实，取得了阶段性成效。1—11 月，立案查处双打案件 338 件，其中重大案件 13 件；办结案件 315 件，结案案值 1 152. 04 万元，其中办结重大案件 14 件，案值 402. 69 万元，移送公安部门 1 件。

3 月 29 日，汪洋副总理在厦门松柏市场现场观摩和听取市工商局“两系统一平台”（生鲜食品监管系统、预包装食品监管系统、食品监管移动平台）的建设和运行情况汇报时予以充分肯定，并表示：“用技术监管很好”。国家工商总局副局长甘霖视察市工商局网监中心时，对网络交易监管工作表示充分肯定。

市文化广电新闻出版局结合全市印刷、发行企业年度核验工作，组织我市 715 家印刷企业进行自查，并出动检查人员 600 余人次，检查印刷、发行企业 210 余家次。在“剑网 2014”专项行动期间，开展网络巡查，检查网络文学、音乐、视频、游戏、动漫、软件等重点领域 110 余次，查办各类违法违规案件。加大著作权行政处罚和行政调解工作的力度，对投诉受理的网络侵权盗版案件查处率达到 100%。1—11 月，共办理行政案件 19 起（含移送刑事案件 1 起），其中：涉及出版物（印刷复制、发行）的侵权案件 6 起 5 查办盗版软件侵权案 1 起，查处侵犯影视作品案件 1 起。此外，会同并协助公安部门查办传播网络淫秽信息案 1 起。

以厦门市创建全国版权示范城市为契机，进一步推进全市机关单位软件正版化工作长效机制建设。明确全市各相关单位工作职责，推进完善软件正版化工作第一责任人制度以及软件采购、审计、资产管理、督促检查、考核和责任追究等制度，规范各单位正版软件的使用和安装，并组织开展自查整改和实地联合检查。

市知识产权局创新专利保护模式，打破常规性日常检查执法方式，建立市区联动、全员执法专利保护工作模式。坚持日常执法与市、区联动执法相结合方式，以大型商场、大型超市及专业市场为重点检查对象，与工商、版权、公安等部门开展知识产权联合执法行动，规范市场秩序。1—11月，共立案受理了专利侵权纠纷案件30件，已结案15件，查处假冒专利案件159件，发出责令改正通知书153份，罚款21 000元。

市林业局为了严厉打击生产经营假劣林木种苗以及无证、无签生产经营林木种苗违法行为，严查全市范围内林木种苗场圃侵犯植物新品种权行为，规范林木种苗市场秩序，检查领导小组通过各区自查和重点抽查的方式，打击侵犯植物新品种权违法行为。

厦门出入境检验检疫局加强对输非出口商品口岸装运前检验工作出口玩具、食品等重点商品产地证抽查核实，强化关检合作机制，对出口退运货物开展追溯调查，对法检目录外进出口商品进行监督抽查。1—11月，厦门检区涉及的侵权和假冒伪劣重点产品和大宗出口商品共实施检验检疫12 830批次，货值8.535亿美元，涉及2 534家出口企业，检出不合格115批，货值299.16万美元。

厦门海关积极运用风险管理系统，及时发布风险提示，明确查缉重点，加大对服装、鞋、汽车配件和手机等关区易发侵权重点商品的监管力度，进一步提高风险处置及反馈能力，促进风险分析成果向监管成效的快速转化。畅通与知识产权权利人的沟通渠道，支持权利人自主调查侵权货物来源及动向，相互配合，及时转化。1—11月，共通过风险管理系统制发风险布控处置单15份；结合权利人提供的信息和线索，制发情报式风险布控处置单6份，查获侵权案件3起，布控有效率达50%。

（二）加强刑事打击保持高压态势

市公安机关在市委、市政府的领导下，按照公安部、省厅的统一部署，突出打击重点，强化战役攻坚，严厉打击侵犯知识产权和制售假冒伪劣商品犯罪，取得一定成效。1—11月，全市公安机关共缴获假药3 530余盒、假酒600瓶、假烟丝5 253余公斤、毒豆芽100余斤等，涉案总金额3 900余万元人民币。全市公安机关共发起3起集群战役，其中已成功收网2起。

市检察机关内部加强捕诉衔接，外部加强与公安机关、法院的协同和配合。建立专项监督台账，批捕与起诉部门信息互通，同步监督后续情况。强化疑难案件检法会商机制，确保捕诉判标准统一。对公安机关在侦重大、疑难案件及时提前介入，引导侦查取证。在配合的基础上强化诉讼监督职责，进一步加强立案监督和侦查活动监督职责，防止打击不力，依法纠正有案不移、有案不立、以罚代刑、立而不侦等情况，确保侵权假冒犯罪得到依法及时处理。1—11月，市检察机关受理审查逮捕侵权假冒类犯罪案件13件24人，起诉侵权假冒类案件65件95人，监督行政执法机关移送并监督公安机关立案的侵权假冒类案件1件1人。萧宗华、陈月蕉销售假冒注册商标的商品案在2014年4月被最高人民检察院评选为2013年中国检察机关保护知识产权十大典型案例。

厦门两级法院继续深入推进知识产权审判“三合一”试点工作，围绕“加强民事保护，加大刑事打击”的工作原则，公正高效审理各类知识产权案件，切实发挥知识产权司法保护的主导作用。1—11月，全市公安机关共立假冒伪劣案件256起、破249起，捣毁制假窝点27个，抓获犯罪嫌疑人236名，缴获假药3 530余盒、假酒600瓶、假烟丝5 253余公斤、毒豆芽100余斤等，涉案总价值3 900余万元人民币。全市公安机关共发起3起集群战役，其中已成功收网2起。

（三）大力推动行政执法与刑事司法衔接

市法制局和市检察院按照《中共厦门市委办公厅厦门市人民政府办公厅转发市法制局等部门〈关于完善我市行政执法与刑事司法衔接工作机制的意见〉的通知》（厦委办〔2012〕70号）及《厦门市人民政府办公厅关于建立市行政执法与刑事司法衔接工作联席会议的通知》（厦府办〔2012〕309号）要求，牵头召开2014年度两法衔接联席会议，研究部署我市行政执法与刑事司法衔接工作，进一步推动两法衔接工作的开展。不断强化与烟草、工商、地税、食品药品监管局等部门的“两法衔接”工作机制建设，组织了全市“两法衔接”信息共享平台应用培训，市区两级行政执法和司法机关共210家300多名平台管理员参加，实现与省级“两法衔接”平台接入。两法衔接平台在行政执法机关录入后，能做到按时跟踪录入，确保了全市行政执法与刑事司法信息共享平台有效运行和利用。

（四）扎实推进侵权假冒案件信息公开

遵照全国打击侵权假冒领导小组办公室有关信息公开的部署，我市领导高度重视，立即召开动员会展开部署，着力抓基础、抓根本、抓重点，有序推进打击侵权假冒行政处罚案件信息公开工作。全市9家具有行政执法职责的部门，明确了专门工作机构及相关责任人，并按照本系统上级机关的要求，出台行政处罚案件信息公开工作细则（或执行本系统上级制定的工作细则等），在其单位的门户网站的首页上开辟了行政执法案件信息公开专栏，公布打击侵权假冒行政处罚案件信息。市打击侵权假冒领导小组办公室为确保信息公开工作顺利开展，经市政府同意，印发了《厦门市依法公开制售假冒伪劣商品和侵犯知识产权行政处罚案件信息工作监督管理办法（试行）》（厦打假办〔2014〕20号），并将案件信息公开情况纳入打击侵权假冒工作统计通报范围，1—11 月，全市具有行政执法职能的成员单位在各自单位的门户网站上公开了应全部公开的打击侵权假冒案件信息共 322 件。

（五）宣传教育营造良好舆论氛围

市打击侵权假冒办公室印发了《关于进一步加强打击侵权假冒宣传工作的通知》（厦打假办〔2014〕10 号），在宣传重点、宣传形式、开展集中宣传活动、举办新闻发布会、开设宣传专题专栏、统筹协调和舆论监测等方面提出要求，要求各成员单位和各区认真执行。

相关成员单位召开新闻发布会，向社会通报我市打击侵权假冒工作决策部署和阶段成果，曝光违规违纪行为，积极回应重要舆情和社会热点问题、释疑解惑，通报工作进展。市政府新闻办主持召开 2014 年知识产权宣传周新闻发布会；厦门东渡检验检疫局邀请 18 家中央、省、市新闻媒体的 21 位记者参加通报今年进口儿童商品质量安全情况的新闻发布会；厦门中院民三庭召开了知识产权专业审判二十周年的新闻发布会。

发挥厦门广播电视、厦门日报、厦门晚报、厦门网等主流媒体舆论引导作用，正面宣传打击侵权假冒工作，围绕增强企业和消费者维权意识、帮助企业和消费者维权、推进诚信建设等主题，结合日常工作的措施与亮点，结合重要节日，及时播发打击制售假冒伪劣商品宣传方面报道。引导社会公众加强对打击侵权假冒工作的认知和理解，提高全社会遵法守法用法的自觉性和主动性，不断增强全社会的打击侵权假冒意识。

（六）诚信体系建设取得新成效

社会信用体系建设成为经济领域体制改革 2014 年工作任务之一，市发改委组织开展全市社会信用体系规划的编制工作，完善地方信用政策法规体系，推进诚信信息共享平台建设。将在产品质量及食品和药品安全、电子商务和医疗卫生等领域，加快建立信用档案和信用体系，严厉查处制假售假、虚假广告、以次充好等欺诈行为，健全信用奖惩机制。厦门人民银行中心支行积极通过各种渠道进行中小企业信用体系建设宣传，培育和强化中小企业诚信意识，鼓励中小企业和银行建立长期信用关系，有效促进了中小企业信用体系建设。

二、2015 年主要工作打算

2015 年，要深入贯彻落实党的十八届三中、四中全会精神，坚持严格规范公正文明执法，提高司法审判水平，营造全民自觉抵制侵权假冒行为的社会氛围，确保打击侵权假冒工作在法治轨道上前进。

（一）进一步提高思想认识

切实增强打击侵权假冒工作的责任感和紧迫感，把思想和行动统一到国家、省打击侵权假冒工作的决策部署上来，把打击侵权假冒行动作为贯穿全年的重点工作，进一步强化组织领导，确保打击侵权假冒成为常态化工作，常抓不懈，抓出成效。

（二）组织开展打击侵权假冒专项行动

继续围绕关系人民生命财产安全的重点商品以及影响创新发展的突出问题持续开展专项整治，保持执法打击的高压态势。

（三）健全软件正版化工作长效机制

继续按照国务院和省里的工作部署，会同我市相关部门，在 2014 年全面贯彻落实政府机关软件正版化长效机制建设为重点，巩固政府机关软件正版化工作成果，并指导推进国有企业使用正版软件。

（四）加强执法与司法衔接

加强知识产权行政执法与刑事司法相衔接机制建设。进一步推进两法衔接信息共享平台建设，加大对行政执法部门执法行为的监督力度。强化与烟草、工商、新闻出版、版权、文化等部门的行政执法与刑事司法相衔接的工作机制，通过综合执法和联合执法的方式，切实发挥衔接机制在整合执法资源、形成打击合力方面的作用，促使一批涉嫌侵犯知识产权犯罪的案件依法立案，依法顺利进入刑事司法程序。

（五）继续推进打击侵权假冒行政处罚案件信息公开

跟踪打击侵权假冒行政处罚，强化监督，促进严格、规范、公正、文明执法，确保打击侵权假冒行政处罚案件信息公开落到实处。

（六）加强打击侵权假冒工作宣传教育

在全社会广泛开展打击假冒伪劣宣传教育，发挥举报投诉电话的作用，为群众提供畅通便捷的举报、投诉、申诉和咨询渠道。引导企业自觉履行社会责任，增强企业诚信守法意识，大力推进社会信用体系建设，营造自觉抵制侵犯知识产权和制售假冒伪劣商品的良好社会氛围。组织开展专题宣传、系列宣传、座谈培训等形式多样的宣传活动，及时曝光典型案例，以案释法，加大宣传、曝光力度。

（七）进一步建立健全信用体系

加快完善地方信用政策法规体系，推进诚信信息共享平台建设，推动在行政管理事项中使用信用记录和信用报告，健全守信激励和失信惩戒联动机制。

（八）加强打击侵权假冒执法队伍和机制建设

进一步健全工作机制，转变工作职能，建立起与市场经济相适应的打击侵权假冒工作机构和行政执法队伍。

（撰稿人：郑瑾）

深圳市打击侵权假冒工作报告

2014年以来，在上级有关部门的指导下，我市认真贯彻落实国务院办公厅发布的《2014年全国打击侵犯知识产权和制售假冒伪劣商品工作要点》和全国打击侵犯知识产权和制售假冒伪劣商品工作领导小组四个季度重点工作安排，严厉打击知识产权违法犯罪行为，积极开展专项整治工作，探索建立长效工作机制。全市打击侵权假冒工作取得较大进展，全年出动执法人员逾10万人次，共查办侵权和制假售假案件7 041宗，办结5 103宗，行政执法单位向公安机关移送案件347宗，公安机关共破获侵权和制假售假刑事案件814宗，抓获犯罪嫌疑人762人，公安机关破获侵权假冒案件涉案金额达2.5亿元。检察机关审查起诉侵权假冒案件831宗，批准逮捕1 247人。人民法院受理侵权假冒案件1 190件，审理完结1 093件，判处刑罚1 361人。现将工作情况汇报如下。

一、全面开展打击侵权假冒工作，维护良好经济秩序

（一）进一步加大行政执法协作力度

一是行政执法体系不断完善。2014年上半年，深圳市市场监督管理局与深圳市药品监督管理局合并，成立深圳市市场和质量监督管理委员会，我市打击侵权假冒工作执法体制进一步完善，为构建“大市场、大质量、大标准、大监管”体系奠定了坚实的执法基础。新的执法体系下，深圳市市场监督管理委员会行使综合监管职能，经信委、住建局、交通运输局、海关、出入境检验检疫、烟草专卖、盐务等部门分别行使专业监管职能，各区和街道行使辖区管理职能，文化宣传部门加大宣传教育力度，财政、法制、监察部门强化保障和督导，公、检、法依法加强打击侵权假冒刑事犯罪打击和审判工作，宣传部、发改委、教育局等单位在职责范围内配合打假执法工作，各单位相互促进，形成倍增效应，通过加强组织协调、签订信息共享协议等方式，成员单位之间案件信息互通、线索移交、案件协作等方面工作进一步完善。

二是跨区域执法协作进一步加强。2014年在继续履行深莞惠打假联席会议制度及闽粤沿海十二城市共同打击假冒专利合作备忘录等跨区域执法协作职责的基础上，与广州、珠海两地签署《区域检验检疫执法稽查合作备忘录》，与香港联合开展粤港海关保护知识产权联合执法行动。

（二）持续抓好重点区域专项整治

东滨路服装市场整治初见成效。2013年我市将东滨路服装市场作为重点整治区域，成立专项整治工作领导小组，制定工作方案，全面排查，深挖案源，采取交叉执法、多部门联合行动等方式重拳打击服装制假售假行为，同时坚持“疏堵结合，以疏为主”的方针，改善市场的经营环境和经营秩序，推广“授权经营”模式，进一步整合服装行业资源，打造集中采购、销售、展示、寻求投资合作的平台，增强自主培育品牌的能力，促进辖区服装产业链各个节点的价值提升。

手机行业产品质量不断提升。一方面，充分发挥深圳市行政执法部门“大部制”体制优势，手机监管从生产领域到流通领域由市场和质量监督管理委员会全面监管。2014年以来，为整治规范手机市场，全市共出动人员3 232人次，检查生产企业1 483家，查处企业15家，查处窝点5个，立案19宗，移送公安机关涉嫌犯罪案件1宗，始终保持了对手机行业的高度重视，对违法行为予以了严厉打击。另一方面，依托上级相关部门的领导和支持，借助深圳创建“全国质量强市示范城市”的契机，引领手机产业进一步升级为新兴信息终端产业，产业质量状况得以持续提升。

（三）大力开展互联网领域打击侵权假冒工作

根据2014年全国打击侵权假冒重点工作安排，市打击侵权假冒办印发互联网打假工作方案，积极组织我市相关执法部门加大互联网执法力度。市场监管局积极开展专利护航专项行动，药品监管局成立了打击互联网制售假药专项领导小组。烟草局在涉烟销售网站、网络交易平台中搜索涉烟违法信息，筛选有价值的线索，顺藤摸瓜，积极查处。文体旅游局开展净网行动，将互联网销售盗版音像制品、电子出版物、书报刊列为重点整治内容，严厉打击查处互联网非法生产、印刷、复制图书、音像制品等侵权行为。市场监管局、互联网信息办、公安局、通信管理局联合开展打击网络侵权盗版“剑网2014”专项行动，保护数字知识产权，打击侵权盗版。2014年3月，因快播公司涉嫌未经许可通过信息网络向公众传播他人作品，侵犯著作权人合法权益同时损害公共利益，深圳市市场监督管理局对其立案调查。经过数月攻坚克难，最终查明了当事人实施侵权行为的直接证据，同时，在大量事实和证据的基础上，创新性、突破性地在法律框架内认定当事人的非法经营数额为8 671.6万元，对其处以3倍罚款2.6亿元。该案创下了国内互联网行业的处罚之最，中央电视台等三十多家媒体现场进行了跟踪报导，并在央视新闻频道进行了现场直播，《人民日报》第9版也专门就本案发表了视点评论。“快播案”一时间成为舆论焦点。2014年6月26日，我局对深圳市快播科技有限公司就其侵犯著作权一案作出2.6亿元的行政处罚，创下国内互联网行业行政处罚额度之最。

该案的办理，对互联网侵权行为予以了重大打击，对净化互联网环境起到了良好的效果，网络侵权作品大幅减少，给互联网从业者起到了巨大的震慑作用，给广大民众上了生动的一课，对规范互联网版权市场秩序乃至整个知识产权相关领域都具有深远的意义。该案是业内版权案件查处中取得的一项重大突破，极大地震慑了侵权盗版违法犯罪分子。该案也受到了中共中央政治局委员、国务院副总理、全国打击侵权假冒工作领导小组组长汪洋同志的高度肯定，汪洋副总理称：“深圳查处的快播侵权案，开出罚单2.6亿，是全国查处侵权假冒处罚之最，真正做到了让违法分子倾家荡产。”

（四）认真开展展会知识产权保护行动

2014年，在我市举办中国（深圳）国际文化产业博览交易会、中国国际高新技术成果交易会期间，为做好展会知识产权保护、打击假冒伪劣等各项工作，在市政府领导关心指导下，市场和质量监督管理委、公安局、城管局等40多个单位派出现场执法保障服务工作组，在“文博会”、“高交会”现场设立办公室驻点办公，开展现场执法、受理投诉、提供咨询等保障工作。共提供咨询服务350多宗，处理消费投诉20宗，处理专利纠纷1宗，责令改正违规销售产品展位20余个，组织联合执法行动2次，暂扣不合格产品100余件。

二、构建打击侵权假冒长效工作机制

（一）案件信息公开工作顺利推进

2014年4月，全国打击侵权假冒办将案件信息公开工作列为工作重点，在全国大力推进。我市召开领导小组会议，高国辉副秘书长对工作进行部署，要求对案件信息公开工作务必高度重视。市、区两级打击侵权假冒办印发相关通知，全力推进该项工作，对工作提出具体要求，制定案件信息公开监督管理办法，将案件信息公开工作纳入考核。目前我市所有打击侵权假冒行政执法单位均按要求制定了案件信息公开实施细则，并于6月1日前主动公开侵权假冒案件，其中，市场监管局已实现所有案件全部主动公开。

（二）“三合一”审判体制初见成效

深圳法院着力创新审判体制和机制，积极探索知识产权“三合一”审判体制改革，整合知识产权刑事、民事和行政司法审判职能，构建知识产权全方位保护的机制，确立了符合知识产权审判特点和内在规律的审判体制，形成了具有自身特色的“深圳模式”，公正、高效地审理了大量侵权假冒案件。

（三）“两法衔接”信息共享平台逐步升级

全市“两法衔接”工作平台自2012年底运行以来，覆盖全市两级检察机关、监察机关、政府法制机构、公安机关、行政执法机关169家成员单位加入，开通用户589个，共有2 035宗案件信息录入平台接受了监督。其中，涉及打击侵犯知识产权和制假售假案件972宗。2014年以来，我市积极推动对信息共享平台进行全面升级改造，力争在全国率先建成“两法衔接”监督工作平台，实现通过新平台对案件移送和办理进行全流程监督和管理。同时，专门研发打击侵权假冒工作子平台，推动实现对案件的查询、统计、工作信息发布等管理工作一体化办理。目前整体框架已初步搭建完毕。

（四）监督考核机制持续跟进

根据国务院和广东省政府关于减少和合并考核项目工作要求，2014年年初，我市将打击侵权假冒工作纳入社会综治、两建、平安深圳考核内容，并对考核对象、考核内容、考核程序和考核方式加以明确。通过不断完善考核机制，充分调动各区和相关行政执法单位打击侵权假冒工作积极性，保障我市打击侵权假冒工作顺序推进。

三、高度重视，积极完善各项保障措施

（一）加大组织协调力度

深圳市领导高度重视我市打击侵权假冒工作，陈彪副市长多次听取有关汇报，作出工作部署。2014 年以来，我市以现场会、视频会的方式多次开展全市打击侵权假冒工作会议，市领导出席会议，对前期工作落实情况予以通报，部署指导下一阶段重点工作。市打击侵权假冒办公室积极协调成员单位在职责范围内开展工作，传达上级部门各项工作任务及工作要求，多次赴相关单位检查指导工作，督促落实工作任务，召开全市联络员会议，充分调动打击侵权假冒工作积极性。

（二）加强执法队伍建设

市打击侵权假冒办公室通过组织培训，进一步提高成员单位联络员信息报送水平，对阶段性重点工作作出指导。各执法部门也积极组织形式多样的培训活动，提升执法人员办案能力。为满足互联网案件对执法人员综合能力的更高要求，市场监管局、烟草局、公安局等单位抽调具备计算机专业技能的执法人员，分别成立互联网涉案案件查办小组，加强学习和培训，集中精力侦办互联网重大疑难案件，打造互联网专业人才。

（三）推动法律法规逐步完善

随着互联网的迅猛发展，电子商务领域法律法规亟需完善，2014 年 2 月，我市受全国人大委托，承担三个电子商务法立法课题，由深圳市市场监督管理委员会牵头，通过几个月的努力，形成了《电子商务可信交易环境立法课题研究》、《数据电文与电子合同相关法律问题研究》、《在线数据产品财产权保护研究》三个电子商务法立法课题调研项目成果，提出了立法建议和代拟的 92 条立法条文，经专家评审予以通过。为进一步加强食品安全监管，我市率先研究起草《深圳经济特区食品安全条例》、《深圳市豆制品监督管理若干规定》和《深圳市亚硝酸盐监督管理若干规定》，对特定产品提出具体监管要求，对《中华人民共和国食品安全法》作出细化和补充，在执法实践中具有较强的指导性和可操作性。

四、加强宣传教育，营造良好社会氛围

一是利用传统媒体平台，在深圳特区报和深圳商报刊登报道知识产权保护新政策和新动向，专版发布系列报道，邀请省、市主流媒体深入执法现场实地采访，及时报道、曝光典型案件和突出问题，发布最新动态，提高公众对专项行动的认知度、参与度。二是利用新媒体平台，通过政务微博、微信、QQ、短信等向广大群众发布工作信息，敦促企业合法经营，扩大群众基础。三是开展实地宣传平台，开展进社区等活动，派发打假维护宣传手册，普及政策、法律和相关产品辨别知识，宣扬诚信经营和依法维权。四是利用白皮书及新闻发布制度，定期向社会通报知识产权保护情况。五是举办讲座和培训，通过“市民文化大讲堂”活动，讲授“知识产权让你认识不一样的世界”；举办“新商标法解读”培训，为深圳企业答疑解惑，反响极为热烈，会场内座无虚席，提问踊跃；举办企业知识产权维权、诉讼及运营高端论坛，邀请来自中、美、欧、日的长期从事知识产权诉讼和代理方面的专家围绕知识产权海外运营及海外维权等热点问题，结合实际案例进行讨论及交流。六是印发工作简报。2014 年以来，市打击侵权假冒办公室将我市打击侵权假冒重大事件、典型案例、工作成效、经验做法等以简报形式，发送全市各成员单位、市领导及上级相关部门，共印发工作简报 9 期，其中有 3 期被《全国打击侵犯知识产权和制售假冒伪劣商品工作简报》采用。

在今后的打击侵权假冒工作中，我市将再接再厉，增强责任感和使命感，争取全市的打击侵权假冒工作再上一个新台阶。

（撰稿人：张泽新）

行业工作

Work of Industrial Associations

中国产学研合作促进会反侵权假冒创新战略联盟打假维权工作报告

一、中国产学研合作促进会反侵权假冒创新战略联盟打假维权工作情况

为贯彻落实党中央、国务院依法治国、建设知识产权强国和鼓励大众创业万众创新的精神，开创保护知识产权和打击假冒伪劣商品工作社会共治新局面，2013 年 10 月 24 日在全国打击侵犯知识产权和制售假冒伪劣商品工作领导小组办公室（以下简称全国双打办）和相关部门的指导下，由中国防伪行业龙头企业北京兆信信息技术股份有限公司（以下简称兆信股份）发起，联合有关高校、科研院所、行业协会、相关行业重点龙头企业代表成立了中国反侵权假冒创新战略联盟筹备委员会（以下简称筹委会）。一年多来，在全国双打办的指导支持下，筹委会积极开展相关工作，取得一定的成绩。现将主要工作情况介绍如下。

（一）中国反侵权假冒创新战略联盟筹备委员会工作情况

1. 召开筹委会首次意见征求会

2013 年 11 月 12 日，兆信股份组织相关行业协会、科研院所、企业在北京举办中国反侵权假冒创新战略联盟首次意见征求会。会上，全国双打办领导向参会人员就全国双打工作的五点认识、六项任务及一个专项行动的具体内容作了权威解读，参加会议的 62 家行业协会、科研院所、企业的 80 余名代表现场签署“发起单位确认书”。全体筹委会委员一致表示，筹委会将充分发挥行业组织的桥梁作用，在全国双打办的指导支持下统筹行业协会、科研院所、企业等优势资源，形成合力，推进社会共治和信息共享，提高中国反侵权假冒的专业水平，完善保护知识产权体系，共筑反侵权假冒统一战线。

2. 举办电子商务企业维权打假工作座谈会

2014 年 1 月 13 日，全国双打办委托筹委会举办电子商务企业维权打假工作座谈会。阿里巴巴集团、北京京东世纪贸易有限公司、亚马逊公司、北京当当网信息技术有限公司等知名电商企业代表与专家学者共同参加会议。会上，全国双打办领导向参会人员传达了党中央、国务院对于双打工作的最新部署以及网络维权打假专项行动的开展情况。与会企业代表表示，将充分发挥发挥电子商务公司的大数据优势，统筹利用线上线下优势资源推进网络维权打假专项行动。

3. 组织筹委会委员及相关专家学者多次参与全国双打办维权打假活动

在全国双打办的支持下，筹委会多次组织专家学者、企业代表参加全国双打办举办的中国打击侵权假冒工作网联络员培训班、全国“两法衔接”工作推进会、京津冀汽柴油专项整治会议、秀水南街专项整治行动、绥芬河边贸市场调研考核等一系列双打活动，更加清晰的认识到当前打击侵权假冒的形势与特点。

4. 组织互联网领域双打工作方案座谈会

2014 年 8 月 29 日，受全国双打办委托，筹委会组织阿里巴巴集团、北京京东世纪贸易有限公司、亚马逊公司、北京当当网信息技术有限公司等知名电商企业代表、相关行业协会和专家学者在商务部举办互联网领域双打工作方案座谈会。会上，全国双打办领导就《关于印发打击互联网领域侵犯知识产权和制售假冒伪劣商品工作方案的通知》的重要意义和具体落实要求向各电商企业进行了阐释，会议围绕电商企业内部质量监控体系构建、增强自律意识和维权打假人才队伍建设等问题进行了深入讨论。筹委会主任洪云峰先生指出，各电商企业应当在全国双打办的领导与支持下，加强与品牌权利人的合作并建立长效沟通机制，主动进行侵权信息统计收集并报全国双打办，推进案件信息公开进程；有效地引导品牌权利人共同推进“两法衔接”工作；建立电子商务领域警示名单共享机制和保护知识产权、打击假冒伪劣商品的“绿色通道”。

（二）中国反侵权假冒创新战略联盟成立后工作情况

筹委会经过近一年的紧张筹备，2015 年 1 月 23 日在全国双打办和中国产学研合作促进会的支持下，由兆信股份发起，联合中国防伪行业协会、中国版权协会、中国质量检验协会、中国林业产业联合会、中国电子商会等行业商协会和中国石油大学互联网研究院、厦门大学知识产权研究院、阿里巴巴集团、小米科技有限责任公司、北京慧聪国际资讯有限公司、中国种子集团、中国石化润滑油有限公司、亚宝药业集团股份有限公司、北京世纪云联科技发展有限公司等 500 余家单位，正式成立“中国反侵权假冒创新战略联盟”（以下简称联盟）。联盟成立后开展了如下工作：

1. 召开中国反侵权假冒创新战略联盟成立大会暨全国反侵权假冒经验交流会

（1）召开中国反侵权假冒创新战略联盟成立大会。2015 年 1 月 23 日，中国反侵权假冒创新战略联盟成立大会在北京正式召开。国家科技部原副部长、中国产学研合作促进会副会长陈小娅，全国双打办副主任柴海涛及全国双打领导小组成员单位相关领导和有关高校、科研院所、行业协会、相关行业重点龙头企业代表三百余人出席会议。全国双打办副主任柴海涛对联盟的成立表示热烈祝贺并作了题为“形成打击侵权假冒社会共治新局面”的讲话。柴海涛主任通过分析当前打击侵权假冒的形式与特点强调当前形势下打击侵权假冒工作社会共治的重要性，并表示要加强政企合作，发挥社会组织的作用，落实企业责任，培育打击侵权假冒的社会多元共治新格局。

会议当天，联盟成立了第一届中国反侵权假冒创新战略联盟理事会，并选举产生第一届理事长、秘书长。联盟首任理事长洪云峰先生表示，当前是飞速发展的互联网时代，面对新的环境，反侵权假冒领域也迫切需要机制创新、结构创新和模式创新等研究工作。联盟将在探索构建大数据分析、信息共享、技术集成、人才汇聚、协同管理的公共服务平台等方面进行努力，不断推动保护知识产权和打击假冒伪劣商品工作取得新进展。

（2）举办全国反侵权假冒经验交流会。交流会上，来自社会各界反侵权假冒领域的代表和专家齐聚一堂，深入交流在保护知识产权打击假冒伪劣商品工作中获得的经验。阿里巴巴集团代表就其大数据打假模式进行解读；小米科技有限责任公司、中国石化润滑油有限公司、亚宝药业集团股份有限公司等企业代表也分享了各自行业一线维权打假心得；到场领导与企业代表们还进行了精彩的互动，并就联盟即将开展的“年度反侵权假冒先进单位”、“年度反侵权假冒先进个人”评比、表彰活动，以及利用阿里巴巴集团大数据优势开展“网络维权打假专项行动”等活动展开讨论并达成一致意见。会议在热烈的气氛中落下帷幕。

2. 推动中国商业秘密保护工作研讨会

为推动中国商业秘密保护的立法工作，2015 年 3 月 15 日，中国反侵权假冒创新战略联盟联合中国国际贸易学会、中国世界贸易组织研究会竞争政策与法律专业委员会、厦门大学知识产权研究院在北京法律出版社会议厅共同举办“推动中国商业秘密保护工作研讨会”。会议得到全国双打办的指导和支持，有关主管部门领导、部分地方执法单位代表以及科研院所的专家学者、企业家代表等百余人共聚一堂，为中国商业秘密保护法的立法建言献策。

研讨会从中国商业秘密保护的现状出发，介绍分析了美、英、德、日等国商业秘密保护法及台湾地区的商业秘密保护工作，与会代表和专家纷纷发言，就企业在发展中遇到的商业秘密保护等方面问题进行了热烈讨论。如阿里巴巴集团、小米科技有限责任公司、中国石化润滑油有限公司等企业代表作了典型发言，提出商业秘密的保护正向互联网、大数据方向延伸，商业秘密保护越来越重要和迫切，对硬件投入和政府支持的要求也越来越高。与会代表也呼吁企业要练好内功，迅速熟悉国际规则，在国际竞争中更好地维护自身利益，同时中国要努力做国际规则的制定者。同时，与会专家还建议组建知识产权应急专家公共服务平台，借助联盟所搭建的平台切实地帮助权利人保护合法权利。会后，研讨会形成了研讨成果综述报告，上报全国双打办及相关单位并得到好评。

（三）联盟的核心任务与职责

1. 联盟的核心任务

联盟的核心任务是联合国内外同心同德的企事业单位，共筑反侵权假冒创新战略联盟，推进打击侵犯知识产权和制售假冒伪劣商品工作，为企事业单位树品牌，为其开展打击侵权假冒工作提供服务，形成企业积极行动和群众广泛参与的社会共治新局面，为推进诚信体系建设和信息技术体系建设、提高产品质量和维护中国制造的国际形象发挥积极作用。

2. 联盟的主要职责

（1）贯彻落实党中央、国务院依法治国、建设知识产权强国和鼓励大众创业万众创新的精神，在全国双打办及其各省、地市县直属机构的大力支持下，与各执法部门及各地方双打办建立沟通机制，协助政府部门推动打击侵权假冒领域行政执法与刑事司法衔接、案件信息公开等一系列专项工作顺利开展。

（2）协助相关部门组织协调知识产权涉外应对事项，推动建立和完善反侵权假冒工作多边合作机制。

（3）为联盟成员提供服务，建立管理交流平台；接受成员单位投诉，协助成员单位依法维权。

（4）加强行业自律，规范联盟成员行为；树立品牌、保护品牌，推动品牌建设。

（5）开展保护知识产权和打击侵权假冒知识的宣传教育工作，包括举办报告会、研讨会、维权打假成果展示会等活动。

（6）开展相关国际经济、贸易、科学技术等交流与合作，创办网站、刊物，组织技术、人才、职业等培训。

（7）在全国省、市、县等范围内推动开展反侵权假冒专项活动，适时设立下属联盟专业委员会和联盟地方分会。

（8）为政府机构、企事业单位、团体和个人开展相关的课题提供研究咨询、代理服务等工作。

（9）开展调查研究，积极向政府和有关部门提供关于经济、技术、政策等方面的意见和建议。

（10）积极参与相关法律法规与行业标准的制订、修订工作；推动相关行业检验、鉴定工作，制订反侵权假冒工作规划和实施办法，完善反侵权假冒案件统计制度和数据库建设。

（11）推动诚信体系建设，表彰诚信示范企业，宣传诚信服务企业和优质品牌产品。

（四）联盟2015年重点工作计划

1. 利用大数据推动互联网维权打假专项行动

随着互联网时代的飞速发展，具有互联网烙印的侵权假冒行为也随之而来。为了探索互联网+时代保护知识产权和打击假冒伪劣商品的新途径，有效结合线上、线下的维权打假资源，2015年，联盟将联合公安、质检、工商等执法部门与各大电商企业针对重点行业、重点企业利用大数据优势推动互联网维权打假专项行动。

2. 建立侵权假冒警示名单共享机制和开通维权打假“绿色通道”

联盟将在全国双打办的指导支持下，联合电子商务领域各大企业共同搭建侵权假冒信息数据库，建立侵权假冒警示名单共享机制，规范电子商务领域市场秩序。

在全国双打办及有关部门的支持下联盟已与部分电商企业签署框架合作协议，建立维权打假的快速响应机制，并开通维权打假“绿色通道”。联盟将继续推进与电商企业的合作，逐步实现与各主流电商企业达成战略合作，更好地服务于成员单位，推动互联网领域的保护知识产权打击假冒伪劣商品工作。

3. 开展《2015中国反侵权假冒年度报告》编撰工作

为了进一步加强打击侵权假冒的宣传工作，展示我国打击侵权假冒工作成效，受全国双打办委托，联盟成立《中国反侵权假冒年度报告》编辑部，承担《2015中国反侵权假冒年度报告》编辑、出版、发行等具体工作。

4. 评选先进

联盟将在全国双打办的指导支持下，联合各行业专家、学者制定“反侵权假冒先进单位”、“反侵权假冒先进个人”评选办法，并面向全国各重点行业、单位评选年度反侵权假冒先进单位、先进个人，形成常态化，逐年评选。

5. 组织反侵权假冒论坛及相关培训

联盟将联合相关行业商协会组织开展反侵权假冒工作主题研讨会、高峰论坛；有针对性地联合各大电商企业举办互联网+维权打假专业讲座及技能培训活动。

6. 建立并完善公共服务平台并推动鉴定、保管中心建设

在全国双打办的指导支持下联盟将联合各行业商协会建立全国产品防伪追溯公共服务平台及侵权假冒物品鉴定检验平台，推动侵权假冒物品鉴定中心与保管中心的建立。联盟搭建的快捷法律服务平台，将免费为消费者、企业提供反侵权假冒法律咨询服务。

为了更好地促进行政执法与刑事司法的“两法衔接”工作，联盟将联合相关单位组织调研活动与专家研讨会议，将反侵权假冒工作的社会共治落到实处。

二、行业知名企业维权打假工作情况

（一）阿里巴巴知识产权保护工作情况

阿里巴巴是一个巨大的网络生态圈：包括消费者群体、卖家群体和巨额成交量。在这个平台上保护知识产权，将会涉及法学、社会管理学、犯罪心理学等一系列综合管理体系。阿里巴巴从成立以来一直非常重视对于知识产权的保护，通过不断的摸索及推进，阿里巴巴逐步建立了一套集消费者保障、卖家管理、权利人合作、权利人维权、社会化管理、法律普及等业务职能的多元化知识产权保护体系。目前，阿里巴巴每年在打击假冒伪劣商品方面投入了数亿元人民币，组建了一支包括公司相关业务部门及网络志愿者在内5 000余人的知识产权保护专业管理团队。面对知识产权保护这一全球性的问题，阿里巴巴作为一个全球领先的平台型电子商务企业，从政府执法者和权利所有者之外的第三方角度出发，克服不同国家、不同地域对于知识产权保护法律、惯例存在的差异，找到一个符合互联网发展，能够形成统一共识的保护途径。在这套立体保护机制的高效运作下，2014年全年，阿里巴巴处理各类侵犯知识产权商品1.29亿件，处罚会员192万余个，其中九成数据来自阿里巴巴大数据主动发现管理。

1. 阿里巴巴知识产权保护机制

（1）消费者保障。互联网的优势在于大数据的运用，阿里巴巴已经着手把消费者的留言、投诉、来电等信息，进行语义分析，抽象假冒特征，运用于平台的知识产权保护工作中。使用文本识别引擎对商品的文本属性进行关键词过滤和语义分析，目前已经通过收集分析，得到大约100万条假货相关的训练样本，实现每天消息处理量2亿以上。此外，阿里巴巴为消费者建立的保障体系，其中的网络购物“7天无理由退货”、“先行垫赔”等制度已被最新的《消费者权

益保护法》所采用。

（2）卖家管理。对于卖家管理，阿里巴巴根据交易者的网上行为和社交关系展开针对性分析，将网上的“人、物、行为”进行全面地还原并追溯。阿里巴巴不断升级的“认证系统”，已经从“实名认证”向“实人认证”迈进。所有卖家在绑定实名认证的支付宝账号后，阿里巴巴通过公民身份信息查询中心及绑定的银行卡进一步验证身份。针对淘宝卖家，额外要求根据指定手势拍照、手持当地报纸拍照，甚至小二视频通话等方式进行核实。阿里巴巴的“实人认证”为相关执法部门开展线下精确打击和集群作战提供极大的支撑。

（3）权利人合作。阿里巴巴与广大权利人机构和行业协会不断增进合作互动。仅今年阿里巴巴就与全球 1 万余个品牌权利人以及行业协会建立了合作互动。截至目前，阿里巴巴已经与国际反假冒联盟等 10 余全球行业协会和 1 000 多个品牌权利人定期开展研讨等深入合作沟通会议。作为一个第三方的网络平台，阿里巴巴并不具备判断和识别假货的能力，基于社会责任，阿里巴巴通过与上述品牌权利人和行业协会建立紧密的合作互动，广泛收集不同品牌商品的信息、标准，用于阿里巴巴电子商务平台的知识产权保护工作。

（4）权利人维权。阿里巴巴建立了一个全球领先的知识产权线上维权通道——阿里巴巴知识产权保护系统。该系统集合了权利人资质验证、权属备份、发起投诉、反通知处理、数据分析等众多功能于一体，目前在全球范围内已经有超过 5.6 万品牌权利人注册使用。

图 1　阿里巴巴与微软签署知识产权合作备忘录（MOU）仪式现场

（5）社会化管理。知识产权保护是一个社会问题，阿里巴巴十分重视并致力于推动与社会管理者共同应对知识产权保护问题。截至目前，阿里巴巴已经与国家多部门联合发起了“打击假冒伪劣、保护知识产权、共创电子商务健康环境”的新型合作模式。公安部已启用了阿里经济案件协作平台，建立起高效快速的案件信息报送通道，阿里巴巴定期整理并上报的售假卖家线索得到了及时查办。此外，质检总局与阿里巴巴在杭州设立了“互联网电子商务产品质量风险监测中心”，知识产权局、新闻出版广电总局等也都与阿里巴巴建立了顺畅的打假维权联动机制。随着这一新型打假合作模式的进一步深入，2014 年，阿里巴巴协助各级执法部门共破获各类双打案件 1 000 余起，抓获犯罪嫌疑人近 400 人，涉案金额近 6 亿元。

（6）法律普及。卖家的法律普及，也是阿里巴巴知识产权保护的核心机制。通过卖家调研、走访、淘宝大学线下培训、各地卖家座谈会、共创会、公益倡导等多样的形式，阿里巴巴逐步展开了立体化的法律普及手段。从淘宝网知识产权规则入手，将知识产权概念进一步普及和深入到用户群体中，引导知识产权意识薄弱的卖家进行产业升级，自主创新。

2. 阿里巴巴知识产权保护历史大事记

2002 年，阿里巴巴 B2B 业务网站陆续接到品牌权利人的知识产权投诉，开始建立邮箱投诉通道并受理品牌权利人投诉。

2004 年，阿里巴巴淘宝网建立专门的知识产权维权邮箱，便于品牌权利人的知识产权维权投诉。

2010 年 11 月，阿里巴巴联合浙江省知识产权局、浙江省工商局、中国外商投资企业协会优质品牌保护委员会（以下简称为 QBPC）召开“知识产权工作交流会”第一次会议。

图2　阿里巴巴与 QBPC 召开“知识产权工作交流会”第一次会议现场

2011 年 3 月，淘宝网正式建立商品抽检机制。为了保护广大消费者的权益，并响应国家商务部、工业和信息化部、公安部等九部门网络购物领域打击制售假冒伪劣商品侵犯知识产权的行动，淘宝网正式建立商品抽检机制，对平台卖家的商品进行抽检，抽检产品委托合作的品牌方进行真假鉴定以及第三方质检机构进行品质鉴定。

2011 年 4 月，淘宝网知识产权投诉系统 1.0 版本正式上线（qinquan. taobao. com）。为知识产权投诉方与申诉方提供一个公开、透明、实时的预处罚系统。

2011 年 8 月，在中华人民共和国商务部、国家工商行政管理总局及日本经济产业省的共同见证下，淘宝网、上海日资企业知识产权保护联盟、国际知识产权保护论坛三方代表于第二届中日互联网知识产权保护研讨会召开之际，正式签署知识产权保护合作备忘录。

2012 年 9 月，淘宝网与美国电影协会（MPAA）签订谅解备忘录，协议中双方达成多项共识，淘宝网对美国电影协会成员公司确认出售的盗版或其他形式涉及美国电影协会成员公司的侵权产品进行清理。美国电影协会对于淘宝网的打假工作给予肯定，赞扬淘宝网“2012 年在解决网站上存在假货的问题上取得了重大进展”。

2012 年 9 月，淘宝网与国际反假联盟（The International AntiCounterfeiting Coalition）宣布签订谅解备忘录，双方达成协议共同打击网上假冒商品。

2013 年 9 月，阿里巴巴集团统一的知识产权保护系统（ipp. alibabagroup. com）正式上线。该系统不仅能够受理来自全球范围品牌权利人对阿里巴巴旗下平台的维权诉求，还实现了线上“合作签约”功能，品牌权利人可以通过合作签约板块实现与阿里巴巴知识产权保护专线服务、专项活动等方面的合作。打造了集权属备份、投诉维权、品牌合作等多元化功能的一站式维权平台。

2014 年 3 月，世界知识产权组织大会在日内瓦召开，中国政府派出了由国家版权局、国家知识产权局、国家工商总局组成的强大代表团。阿里巴巴作为中国唯一一家企业参加代表团，向与会各国代表介绍近年来阿里巴巴知识产权保护工作。阿里巴巴代表团的发言成为一大热点，参与讨论的国家最多，同时阿里巴巴在知识产权保护方面作出的成果得到了与会各国代表的充分肯定。

图3　阿里巴巴代表在世界知识产权组织（WIPO）成员国会议上发言

2013 年 4 月，阿里巴巴联手公安部、国家质检总局、国家新闻出版广电总局、国家知识产权局和工商部门，在杭州启动“打击假冒伪劣、保护知识产权”深度合作，试图通过多部门联动打通产、供、销、储各环节，为爆发式增长的中国网购市场除去假货“毒瘤”。

2014 年 4 月，阿里巴巴与韩国知识产权保护协会（KI-PRA）正式签署知识产权保护合作谅解备忘录，总部设在首尔的韩国知识产权保护协会是一个隶属于韩国特许厅，专门协助韩国企业进行知识产权保护相关事务的机构。此备忘录的签署受到了两国政府的高度重视。

2014 年 8 月，在英国政府的见证下，阿里巴巴与英中贸易协会（CBBC）共同签署了知识产权保护合作备忘录。双方将共同致力于开展阿里巴巴旗下各平台侵权品的打击行动。

2014 年 9 月，阿里巴巴与商业软件联盟（BSA）正式签署知识产权合作备忘录，双方将携手共同打击网上侵犯 BSA 各成员公司知识产权的行为。

3. 阿里巴巴知识产权保护机制创新

（1）阿里巴巴推出知识产权诚信维权机制。诚信维权机制是第三方平台在对品牌权利人充分信任的基础上，基于“诚信理念”，协助品牌权利人开展知识产权保护的机制。阿里巴巴推出诚信维权机制旨在通过知识产权投诉方的历史投诉数据，帮助诚信、谨慎、认真的投诉方享有更为便捷的维权体验。

阿里巴巴知识产权团队通过每月的投诉系统数据模型分析邀请符合诚信理念并且权利稳定的品牌权利人加入项目，为其提供全面的维权支持。截至 2015 年 5 月，已经有包括 P&G、Amway、Kohler、New Balance、3M、Apple、Beats、Giant 等品牌在内的 271 个品牌加入该项目，所有品牌均由精通双语的员工直接对接。

（2）全集团全面推行假货“三振出局”政策。从 2015 年 1 月 1 日开始，阿里巴巴集团旗下的电子商务平台淘宝网、Alibaba. com、速卖通、1688 正式实行目前在国际上被广泛采纳的假货“三振出局”管理政策，以进一步加大打假力度，截至 2015 年 5 月，因出售假货被“三振出局”的会员数量：淘宝网共 6 688 个，Alibaba. com 共 16 个，速卖通共 387 个，1 688 共 112 个。天猫平台继续实行假货零容忍政策。

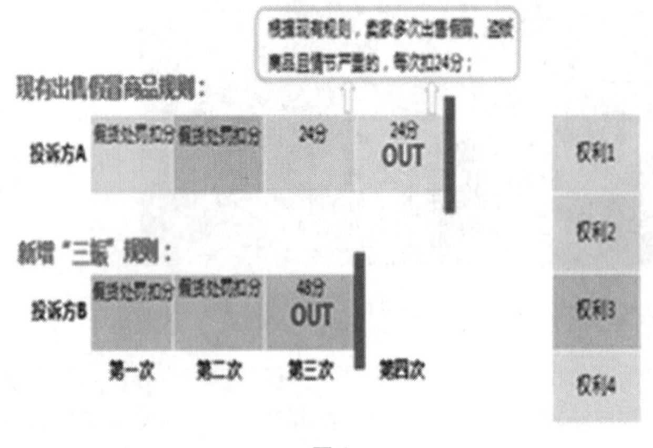

图 4

（3）推出“满天星”战略，建立健全商品验证和追溯体系。2015 年 5 月 18 日，在国家质检总局全国组织机构代码管理中心、中国物品编码中心支持下，阿里巴巴正式推出“满天星战略”，与各大厂商共享最先进的二维码技术，确保每件商品在生产过程中获得独一无二的二维码身份证，从生产源头截断不良商家造假售假行为。消费者通过手机淘宝扫码进行商品真伪验证和产地溯源。满天星计划主要以“码”作为连接，为厂商提供从生产数据管理、产品溯源、防伪验真、产品说明、用户互动的一整套解决方案。“满天星”计划所采用的“码”采用了目前国际先进的二维码技术，通过个人秘钥数字签名加密，与线下离线 SDK 数据验证相结合等方式，确保每一件商品上的二维码都是独一无二的。若有不良商家复制个别二维码进行造假售假，厂家在通过阿里大数据对二维码作出扫码次数判断，以及打假雷达自动追踪扫码地理位置后，也可迅速排查出假冒产品售假地址，从而截断线上线下的售假行为。

（4）与浙江省知识产权专利局共建专利研究服务中心。阿里巴巴知识产权保护系统中涉及专利侵权的投诉处理难度大，特别是涉及内部结构的发明、实用新型专利判断对于平台来说没有完全的辨别侵权的能力，在案件处理中需要有公信力的机构介入进行判断并给出专业的咨询意见。基于阿里巴巴与浙江省知识产权局签署的合作备忘录和合作协议，浙江省知识产权研究客服中心主要针对发明专利、实用新型专利和疑难专利的投诉和申诉出具专业性咨询意见或进行专利性检索，协助平台处理专利侵权问题。自 2015 年 1 月双方正式开展合作以来，阿里巴巴共向中心移交 500 起侵权判定咨询案件和 5 起专利稳定性检索案件，中心共处理 483 起侵权判定咨询案件，涉及 2 415 条网页链接，投诉案件约占 65%，申诉案件约占 35%；涉及的专利种类为发明 54 起、实用新型 361 起、外观设计 68 起。

（5）进一步拓展知识产权合作领域。知识产权品牌合作范围进一步扩大。除了在知识产权投诉受理领域和主动假货管理方面推出诸多举措，阿里巴巴在假货特征收集、产品鉴定资源、案件打击资源等方面与品牌权利人达成知识产权保护合作，截至 2015 年 5 月，阿里巴巴已经与 1 634 个品牌权利人达成合作。特别是 2015 年上半年，阿里巴巴与微软公司签署《知识产权保护及推动软件消费者信息安全合作备忘录》，根据双方达成的备忘录，在收到微软的投诉后，阿里巴巴将及时有效地删除或屏蔽售卖假冒、未授权微软产品的网页、内容、图片、链接等信息，从而避免消费者因为诱导而误买。此外，为了让误买未授权软件的消费者在遭受损失后能充分行使消费者权利进行索赔，阿里巴巴也

将配合有关部门，协调提供相关信息，以便消费者进行有效维权。

重点行业协会持续合作。目前阿里巴巴已经与美国电影协会（MPAA）、国际反假冒联盟（IACC）、商业软件联盟（BSA）三大在全球领域具有影响力的知识产权保护协会签署知识产权保护合作备忘录，并持续保持良好的合作。

组织海外权利人交流会。阿里巴巴一直积极向世界各地的品牌权利人提供沟通渠道，并持续开展全球性的研讨会。目前阿里巴巴已经先后在美国、法国等国家先后开展10余场品牌权利人交流会。

2015年2月，为了更好地向美国品牌权利人介绍阿里巴巴在知识产权保护方面的理念和举措，进一步收集美国品牌权利人对于阿里巴巴打击假货问题的需求和建议，阿里巴巴知识产权团队远赴洛杉矶、芝加哥和华盛顿三个城市，组织了三场品牌权利人交流会，共134个美国品牌权利人与会。会议获得了美国品牌权利人积极正面的评价。

2015年6月，阿里巴巴在法国巴黎与Unifab联合开展欧洲权利人交流会，介绍了阿里巴巴过去几年在打击假货方面的努力和成果，以及即将推出的知识产权保护新举措。会议交流期间，在场的品牌权利人对阿里巴巴打击假货方面的举措表示关注和认可。

图5　阿里巴巴与Unifab联合开展欧洲权利人交流会现场

（6）推出“中国质造”项目，打造“帮扶—保障—监管”的平台管理模式。随着网络平台打假工作的日益深入，虽然售假卖家的盈利会越来越少，但是假货产能没有自然消耗，依然存在。以福建莆田为例，当地运动鞋生产厂家集中，且生产工艺上乘，但当地企业长期以来以外来品牌代加工为主，缺乏自有品牌的塑造和培养意识。当地售假网商的网络的销售能力也有独特的一面，当所有平台流量都向售假卖家关闭后，这些卖家总能找到流量入口，如通过第三方网站做广告，引流到淘宝上进行成交。这虽然会提高其经营成本，但是售假利润依然存在，当地制鞋企业趋之若鹜。鉴于莆田制鞋业这种生产能力强、网络的销售能力强，但是缺少品牌意识的特点，阿里巴巴与莆田市政府合作推出“中国质造”项目，调集淘宝和天猫优势平台资源，帮助莆田当地制鞋企业打造自有品牌，打造出一套“帮扶、保障、监管”的知识产权保障模式。

帮扶。阿里巴巴利用平台优质的运营资源，帮助莆田的原创运动鞋品牌进行更好的销售。从2014年底开始，阿里巴巴调查了解了当地制鞋企业的品牌资源、库存资源和生产能力。在今年的3月至4月间，阿里巴巴针对莆田的原创品牌的运动鞋，调集了旗下淘宝、聚划算、村淘、Aliexpress（速卖通）等各平台和莆田市政府一起全力推动莆田原创品牌运动鞋的销售。阿里巴巴坚信，随着原创品牌销量显著后，商家对于建立自身品牌、发展百年企业就会有更强的信心，在当地可以很大程度上吸收假货的产能和销售能力，将之前灰色、黑色的能量转化为原创品牌的正能量。

保障。阿里巴巴通过莆田市政府，联合当地行政执法部门，建立起阿里巴巴第一个线下卖家身份认证窗口。作为开设网店的第一道门槛，当店家进行了线下实人认证后，其对于今后的经营行为会更为谨慎。在国家质检总局的支持下，阿里巴巴与莆田市政府和当地质检部门合作，在莆田推动“莆田好鞋”的区域性行业标准的建立，有效提升莆田制鞋业行业的产品质量标准和品牌形象。同时，阿里巴巴也在与制鞋企业合作推广产品二维码技术，推动和完善制鞋行业的产品质量追溯体系。

监管。阿里巴巴正在推动把莆田当地实地认证商家的数据和当地工商局、质检局进行数据同步。一方面，当地的工商、质检部门可以对上述电商企业、生产厂家进行日常的监管，并且把这些监管的信息第一时间同步到阿里巴巴平台的管理体系。当发现有了劣质或假冒的商品的时候，阿里巴巴即对商品进行下架。同时，阿里巴巴在平台管理过程中，针对当地的店铺管理和处置信息也第一时间与当地行政管理机关进行同步，便于行政执法的机关进行处理。

（二）小米科技有限责任公司知识产权保护工作情况

1. 企业介绍

小米科技有限责任公司是一家专注于移动互联网行业的创新型科技企业。自 2010 年 4 月在北京成立以来，迅速崛起成为我国“信息消费”领域创新型企业的典范。小米公司的互联网销售硬件产品模式也是国内首创，2012 年小米公司全年含税销售额达到 126.5 亿元人民币。2013 年全年含税销售额 316 亿元人民币，销售手机 1 870 万台，2013 年纳税总额约 42 亿元。2014 年销售手机超过 6 112 万台，销售额 743 亿元人民币。小米公司在整合资源集成创新方面的能力，使小米迅速成为全民关注的优秀企业。

2. 小米科技维权打假工作情况

小米自 2012 年 8 月成立打假团队，组织专业、职业的打假维权人员负责全国的打假事务，建立了一整套打假体系、打假网络、打假情报系统；同时聘请专业打假公司，依靠专业打假公司及其分支在全国建立起的打假网络，在线上线下同时展开，对生产销售假冒小米手机、配件等侵权行为进行打击。各方在工商、公安的执法力量支持下，取得了一系列打假成绩。

图 6　行动现场照片及查处假货

2012 年小米共进行了 9 次成功的打假维权行动，累计查没假冒小米手机整机 3 000 余台、电池等半成品及相关原料配件十余万个，涉案金额近千万；行政处罚 7 人、刑事拘留 6 人。2013 年小米协同工商对深圳、武汉、北京三地各大电子卖场进行了不间断清扫，协同公安部进行了横跨重庆广东四川三省的联合打假专项行动，累计查获假冒小米手机整机 14 500 余台、涉案金额 3 500 余万元；行政处罚 16 人、刑事拘留 22 人、网上追逃 3 人、批捕 4 人。

2014 年小米全年协同执法机关展开打击制假售假案件合计 123 起，平均每月近 11 起，其中大型执法活动超过 20 次，端掉制假工厂 40 余个，累计查没上万台假冒小米手机整机，涉案金额近 2 亿元人民币。除对制假工厂进行常态打击外，小米还协同各地工商、公安、阿里巴巴进行了多次维权专项行动。

自成立维权团队以来，每年小米都会展开维权 3·15 专项行动。2014 年 3·15 专项行动期间，小米公司在成都、武汉、昆明、广州、深圳、北京共 6 城市发起了维权行动，协助查获 300 余台假手机，行政处罚 10 余起、刑事拘留 3 人。

每年在北京地区，小米得到工商、公安、质监联合执法支持，持续对中关村、百脑汇、公主坟龙泽市场、木樨园等手机卖场定点清查，同时中关村管委会、海淀园管委会也会联合上述执法部门帮助小米对中关村各大电子卖场进行连续一个多月的专项整治。全国共计整治涉及上千家卖假冒小米手机的档口，极大地帮助小米净化了市场环境。

图 7　整治假冒小米专卖店

除此之外，小米还专门设立了自己的投诉平台，及真假鉴定 APP。

- 2014n年10月度扩展支持动态扫码鉴定提升安全级别，防止山寨鉴定客户端
- 截至到2014年12月16日，共鉴定563526台设备，发现山寨手机78860台（按照平均每台设备1300元计算，价值9000万人民币），占比：14%

检验出假机器：

红米note 移动版 共计 15668台

小米3 移动版 共计6706台

小米4 4G移动版 共计6379台

小米4 联通版 共计5476台

图 8　真假 APP 示意

尽管取得了一些成绩，但小米在打假维权道路上仍是困难重重，虽然工商、公安等执法部门一直大力支持小米的维权诉求，但未形成执法部门系统性专项行动；相对而言制假势力仍呈压倒性优势，单靠几次专项行动或者企业自身打假取得的成果实在是沧海一粟。

假冒小米手机及配件的泛滥成灾，除挤压小米的正品市场、毁坏小米品牌美誉度之外，消费者在购买假冒产品后误认为是正牌产品质量下降，我们也期待全社会各方能够齐心协力共同抵制制假贩假，给企业和消费者提供一个更加健康的市场环境。

（三）360 公司知识产权保护工作情况

知识产权是保护企业自主创新成果最有力的武器。在 360 公司副总裁、总法律顾问傅彤律师的带领下，360 知识产权团队在短短几年时间内，迅速为公司积累了数以千计的专利、商标及著作权等无形资产。近年来，国家知识产权局、国家商标局、北京市委、北京市知识产权局、中关村管委会领导多次亲临公司调研，对公司知识产权工作进行现场指导，更加坚定了公司加强知识产权工作的决心和信心。公司周鸿祎董事长、齐向东总裁高度重视知识产权工作，将知识产权工作列为公司战略发展的核心工作，每年投入上千万资金发展自主知识产权，将知识产权战略作为企业凝聚核心竞争优势，从激烈的互联网市场竞争中脱颖而出的重要依托。360 公司通过多年来对知识产权的创造、管理和维护，在为公司业务“保驾护航”的同时，也进一步铸就了“360”品牌“安全”的力量。

1. 激励知识产权创新

（1）知识产权目标。自 2012 年起，360 即确立了“数量”和“质量”并举的知识产权发展战略：

持续加大商标、专利和著作权申请数量、进行横向“圈地”布局；

多种措施不断提升知识产权的质量、增加授权率，尤其在核心业务领域具备与竞争对手的抗衡力。

（2）数量成效。在前述目标的指引下，360 公司目前已申请专利超过五千件，商标申请过千件，软件著作权五百余件，并仍在持续不断积极为公司积累和储备无形资产。

（3）量质并重。2014 年，360 公司发明专利申请总量和 PCT 申请量双双入围“全国十强”，在互联网业内引起巨大反响。在公司核心的安全技术领域，360 专利布局在国内处于绝对领先地位，很多专利授权给高通和腾讯等著名 IT 公司。

（4）其他举措。举办代理人培训、优秀代理人评选、专利评审会和发明人奖励等一系列激励措施，以及与国家知识产权局、中关村促进局、专利保护协会、国家商标局、中华商标协会、北京市工商局等多个知识产权主管部门的密切沟通和交流，不断促进专利和商标质量的提升。

（5）所获荣誉。

2013 年，公司主商标“”在消费者调查活动中荣获“2013 年度中国最具成长力商标”称号；

2012—2014 年连续三年获得“北京千件专利企业”荣誉称号；

2014 年被评为首批“中关村知识产权领军企业”；

2013 年“安全漏洞修复技术”专利获第十五中国专利优秀奖；

2014 年“实时防护文件技术”专利获十六届中国专利优秀奖；

2014 年“云端白名单技术”专利荣获北京市发明专利三等奖；

2014 年“QVM 人工智能引擎”专利荣获“2014 北京市科技进步奖”；

2014 年 8 月 14 日，360 更是获得由朝阳快维中心颁发的我国第一件 GUI 外观设计专利保护证书，标志着中国 GUI 专利保护的首次破冰；

2015 年初，360 知识产权团队荣膺“中国杰出企业知识产权管理团队”殊荣；

2015 年被英国媒体 IAM 评为“知识产权倡导者”。

2. 提升知识产权管理

（1）基本宗旨。知产团队的每个成员都有着各自擅长的业务领域，能够对所负责业务线的知识产权问题作出及时、可信的响应和反馈。“深入前线”是知产挖掘工作的基本宗旨。只有及时了解业务线在知识产权方面的需求、提前了解可能存在的风险，才能够有针对性的提供方案，也才不会让任何一个“闪光点”漏掉。

（2）多项举措。为了鼓励和吸引普通员工加入到知识产权工作当中来，培育和强化员工的知识产权意识。

长期实施并执行专利申请奖励制度，对申请专利的发明人给予奖励报酬；

专利申请荣誉表彰，在每年年底对申请专利的发明在数量、质量、应用等多方面进行评比，并颁发荣誉奖章；

每两月召开专利评审会，经技术专家、市场专家、法律专家等多种角度综合评审，评选出优秀专利一、二、三等奖，在全公司进行表彰并给予获奖发明人现金奖励；

举办专利代理人技术培训会，加强专利代理人对行业最新技术和趋势的了解，提高业务水平等。

3. 拓展知识产权保护

随着360知名度的不断提升，某些不法分子嗅到了360品牌背后所蕴藏的巨大商业利益，各种仿冒假冒的侵权行为不断涌现，严重损害了360公司的合法权益，在公众中造成了恶劣的影响。

案例一：

360公司在2014年3月推出“智键”产品并在京东首轮销售创造10分钟销售10万台的记录后，各大知名电商平台上的山寨“智键”随即蜂拥而至、趁机浑水摸鱼：部分卖家直接盗用360官网的智键图片，或宣称其销售的是360“智键”，但提供给用户的却是其他山寨厂家生产的产品；还有卖家销售的产品虽然明确表明了品牌，但产品外观与360智键高度趋同；更有甚者直接把真“智键”的产品包装拆掉，另行包装赋予一个新的品牌加价销售（见图9），以上种种行为均给360“智键”产品的正常销售秩序造成了严重的损害。

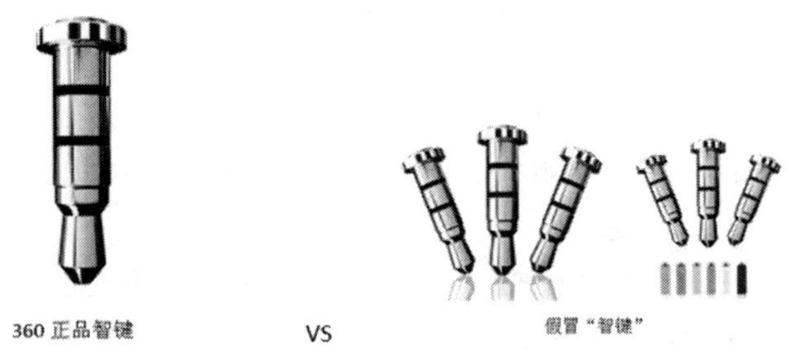

图9 正品智键 VS 假冒“智键”

针对这种情况，360多次与该电商平台沟通无果，随后在北京朝阳设计服务业知识产权快速维权中心的建议和全力支持下，360首次诉诸于“专利行政执法”，就该电商平台上的五家商铺向北京市知识产权局发起投诉。后在北京市知识产权局的主持下，360与该电商达成了书面调解协议，该电商承诺侵权产品不再上架销售、断开侵权产品链接，并会对涉案的五家店铺重点监控。至此，360取得了智能硬件行政执法维权第一案的胜利。

案例二：

随着“360”、“ ”、“奇虎”等商标影响力和知名度的不断提升，线上、线下不断涌现各种搭便车、傍名牌的侵权行为：

（1）在APP store、Google Play、安卓平台上，就有名为“360导航”、“360浏览器”、“360游戏助手”、“360网址大全”、“360应用管家”等20余个与360公司现有业务高度趋同的假冒APP供用户下载。（见图10）

图10 假冒APP列举

（2）在PC端，也有大量包含有“360”域名的假冒网站在堂而皇之的误导用户，包括但不限于360tuan. com、hao360. cwww. 360swp. com、 www. 360dns. com、 www. hao-360. cn、360soso. com、www. 360gem. com/、www. iq360. com/等（见图11），这些网站或是名称、域名、网页内容中含有360，误导用户，或在网站上虚假标注360安全认证信息（见图12），欺骗用户。不仅蚕食了360的流量，也严重损害了用户的利益和360的商誉。

图11 PC端，包含有“360”域名的假冒网站

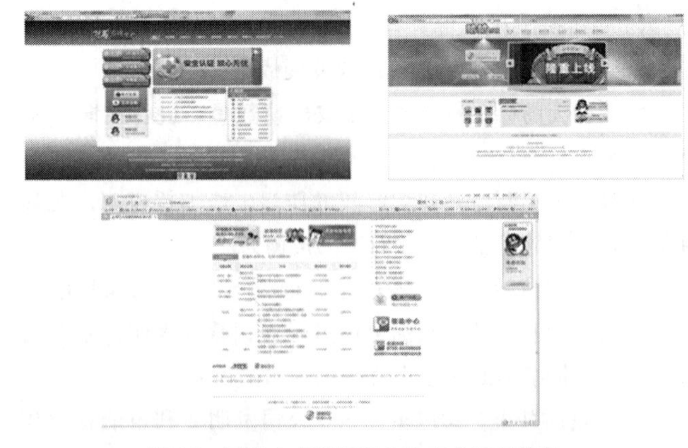

图12 网站上虚假标注360安全认证信息

（3）2014年4月，青岛、石家庄、成都三家医院在派发的宣传卡片上，不仅在卡片封皮上擅自印制了360公司具有极高知名度的360和 商标，还使用了“健康卫士”字样，这与360公司的“安全卫士”命名逻辑完全相同、文字

高度近似，使消费者误认360公司进入医疗领域，或这三家主体与360公司存在某种关系；不仅如此，三家医院在卡片内置的产品宣传页上方，亦直接抄袭了“360安全卫士”产品的界面运行图标（见图13和图14）。

图13

图14

（4）某品牌杀虫剂不仅在瓶身正面直接印制了360公司商标，还打出了“安全无味、纯净空间”的广告语（见图15）。而“安全”恰恰是360公司产品的主要定位。某牙膏厂商，也在其产品外包装上，明目张胆地使用了360公司的商标（见图16）。

图15

图16

针对这些情况，360公司提出了“像保护自己眼睛一样保护自己的品牌”的口号。只有及时发现侵权行为，并快速响应、积极应对，才能将360的商标以及品牌的影响力牢牢掌握在自己手中。在净化市场环境方面，360打出了“监测常态化+处理快速化”的组合拳，取得了不错的效果。

在监测常态化方面，360公司配有专人负责各类侵权行为的搜集和汇总，定期通过关键字检索、主要第三方平台检索、商标公告监测等方式，第一时间发现侵权行为；此外，360还开通了针对用户的侵权举报绿色通道，用户可以直接将发现的侵权线索提供给360公司。

在侵权处理快速化方面，本着尽快消除侵权影响的目标，360公司会根据侵权方的基本情况、侵权行为的恶劣程度等因素，综合采取出具律师函、申请工商行政查处和法院诉讼等措施。在未来的几年，360将陆续启动“北京市著名商标”认定申请等工作，从而为商标维权提供更为充分的法律基础。

正是因为这种“像保护自己眼睛一样保护自己品牌”的意识，作为民营互联网企业的360公司成功地把品牌作为了自己的立身之道，才有了滚雪球般的品牌和商标增长优势。与此同时，360品牌的维护又有力的保障了各个业务线和产品线的发展，创造了良好的市场环境。

案例三：

某家名为“香港奇虎投资有限公司”的主体（见图17），在中国大陆抢注140余件中国互联网公司商标（见图18），该主体因含有“奇虎”商号，纷纷剑指360，在业内引起轩然大波，给360的声誉造成了严重损害。

公司名稱 Company Name

奇虎投資有限公司
QIHOO VENTURES LIMITED

截至本申報表日期的成員詳情 Details of Member(s) as at the Date of this Return

股份類別 Class of Shares: Ordinary

姓名／名稱 Name	地址 Address	股份 Shares 現時持有量 Current	轉讓* Transferred* 數目 Number	轉讓* Transferred* 日期 Date	備註 Remarks
楊X YANG	2-5-2，NO.3，ZHONGJING GARDEN,ZHONGNAN ROAD,ZHONGSHAN DISTRICT,DALIAN CITY,LIAONING PROVINCE,CHINA	10,000			

图17

360在媒体报道当日，即迅速查清该主体为辽宁大连人杨某在香港设立，与360没有任何关联。360马上通过官方微博和各大网站发布了澄清声明，同时在当日委托香港律师给杨某及“香港奇虎投资有限公司”发出了警告函。

5 月份，360 在香港启动对奇虎投资有限公司的不正当竞争之诉，香港高等法院于 7 月份下达判决，支持了 360 全部十项诉讼请求，香港奇虎投资公司必须立即更名。在判决书生效后，360 第一时间通过各大媒体向公众通报了此消息。

"奇虎"抢注大量知名网站商标,360:不是我干的! - 超能网
2014年4月17日 - 抢注大量知名网站商标,360:不是我干的! "奇虎"抢注大量知名网站商标,360:不是我干的! 2014-4-17 14:27 | 作者:灯蛊 | 关键字:360,奇虎,抢注商标 ...
共7张图片
www.expreview.com/32807.html 2014-04-17 - 快照

奇虎投资抢注一百多家互联网公司商标
首页 热点问题 奇虎投资抢注一百多家互联网公司商标 奇虎投资抢注一百多家互联网公司商标(2014-04-17) 奇虎投资抢注一百多家互联网公司商标 今天有一位行业人士爆料...
www.cnip.cn/news/r...3766.htm 2014-04-17

奇虎投资抢注一百多家互联网公司 倍增知识产权 新浪博客
倍增知识产权, 奇虎投资抢注一百多家互联网公司_倍增知识产权_新浪博客,倍增知识产权,杂 北京倍增知识产权的博客 [订阅] 倍增知识产权 加关注 查看更多 正文 字体大小...
新浪博客 - blog.sina.com.cn/s/b... 2014-04-17 - 快照 - V

ZT--奇虎投资公司恶意注册一百多家互联网公司商标---话说"虎...
发贴时间：2014年4月17日
现在已经有139多家的公司名字被"奇虎投资公司"所抢注,这场阴谋一旦成功的话,估计这些公司只能哭着给他们送钱去。为了避免这样的事情发生,有请下面的公司引起高度注意...
虎扑体育论坛 - bbs.hupu.com/9315... 2014-04-17 - 快照 - V

#盈科资讯# 奇虎投资抢注一百多家互联网公司商标 盈科律师事...
发表时间：2014年4月25日
盈科律师事务所成都分所, #盈科资讯# 奇虎投资抢注一百多家互联网公司商标_盈科律师事务所成都分所_新浪博客,盈科律师事务所成都分所,法律,文化,新闻,盈科成都,盈科律师...
新浪博客 - blog.sina.com.cn/s/b... 2014-04-25 - 快照 - V

图 18

在短短 3 个月的时间内，360 高效地处理了这一危机事件，不仅向外界彰显了 360 保护自主知识产权的坚定信心，也将此事件对 360 商誉造成的损害降到了最低。只有具备视品牌如生命的理念，才会有高效的危机处理机制的贯彻和执行，也才能长久赢得用户的信任和尊重。

4. 互联网领域打假维权典型案例

（1）打击假冒山寨 APP。

盗版一直是制约软件行业健康发展的毒瘤。2014 年 5 月，360 互联网安全中心对各类安卓应用商店和第三方下载渠道进行了一次盗版 App 的分析检测。检测过程共选取了目前市面上比较流行的 11 153 款正版 App，其中，软件类 App 8 030 个，占 72%，游戏类 App 3 123 个占 28%。统计结果显示，11 153 款正版 App 对应的盗版 App 数量竟然高达 293 405 个，平均每款正版 App 对应 26. 3 个盗版 App 和 4. 8 个盗版签名。其中，平均每款正版软件对应 28. 0 个盗版软件，平均每款正版游戏对应 21. 5 个盗版游戏。

2014 年 4 月 23 日，360 移动开放平台推出“360 加固保”产品，专为开发者们的应用提供免费安全加固服务。开发者们为防止产品被山寨或破解，可直接提交产品到 360 加固保页面（http：//dev. 360. cn/protect/welcome/），为自己的应用加上安全保护。据相关负责人透露，“360 加固保”率先向国内所有不安全应用程序宣战，采用国内最领先的技术，专门应对各类山寨、破解等问题应用。

截至目前，“360 加固保”产品累计保护用户数超过 10 亿人次。

（2）打击高危风险网站。

2014 年 360 互联网安全中心共截获新增挂马网站 1 468 个，相比 2013 年的 22 472 个大幅下降了 93. 5%。2014 年，平均每月截获新增挂马网站 122 个，平均每天截获新增挂马网站 4 个。

2014 年，360 互联网安全中心共截获新增钓鱼网站 262. 1 万个，较 2012 年、2013 年分别增长了 200. 1% 与 19. 1%。平均每天截获新增钓鱼网站约 7 080 个。2014 年，360 安全产品共为全国用户拦截钓鱼网站攻击 406. 0 亿次，较 2012 年，2013 年分别增长了 4 倍与 3. 8 倍，平均每天拦截钓鱼网站攻击 1. 11 亿次。

从各类钓鱼网站新增量来看，虚假购物是新增数量最多的钓鱼网站，占比高达 50. 6%。其次是银行证券和假医假药，占比分别达 17. 9%、9. 3%。此三类钓鱼网站位居所有类型钓鱼网站的前三甲。而从新增钓鱼网站的拦截量来看，仍然是访问虚假购物网站的比例最高，占比为 56. 9%；其次为假医假药网站，占比高达 17. 0%；排在第三位的为虚假招聘网站，占比为 9. 2%。

培育一个好品牌非一日之功，毁掉一个好品牌确可以在一夕之间。无数经验教训表明，只有对品牌投入百分之百的爱护和关注、对任何侵权行为“零容忍”，才能够确保品牌之树长青。保护 360 品牌，知识产权团队一直在行动。

（四）新净信知识产权保护工作情况

1. 企业简介

上海新净信知识产权服务股份有限公司（以下简称新净信），自 2009 年成立以来，一直专注于“一站式”知识产权保护的专业服务。通过提供知识产权专业服务外包、管理咨询和信息化服务，累计为二百多家跨国企业、国内知名品牌提供“一站式”知识产权保护解决方案。新净信现为国际反假冒联盟（IACC）中国策略合作伙伴、国际刑警组织知识产权刑事保护轩国际论坛策略合作伙伴、科技部火炬中心第三届中国创新创业大赛指定知识产权服务商、商务部及最高检“两法衔接信息共享平台”技术开发及咨询单位、《中国知识产权杂志》2014年度中国知识产权最有价值企业。

新净信通过高质量的知识产权服务，全面保护客户的知识产权权利，提升客户无形资产价值，保障客户知识产权合法权益不受侵害，受到了客户的高度认可。公司的主要客户既包括三星、飞利浦、惠普、可口可乐、微软等世界财富500强公司，也包括小米、盛大文学等国内的新兴产业企业。2014年全年共办理知识产权反侵权假冒行政、刑事案件3 000余件，涉及十几个行业，查获涉案金额总计达二十亿元，其中刑事案件300余件。

2. 新净信保护知识产权主要创新模式

新净信首创性地提供在线维权、电子政务和商务服务，变传统"个案咨询"为"咨询顾问+维权外包+信息化产品"的服务外包模式。

新净信凭借自身的技术优势和执行能力，真正实现了线上线下"一站式"的服务，有效提高了客户的满意度和依赖度。

新净信自主研发的SaaS模式"互联网知识产权保护和维权服务平台（IPRSEE)"，依托互联网技术手段和大数据挖掘能力，结合公司专业服务团队，为客户提供一体化服务平台，引领知识产权保护业务的新方向。

3. 新净信2014年度保护知识产权主要工作

（1）自主研发"商标在线监测和维权服务平台"。2014年，新净信应用SaaS模式自主研发的"商标在线监测和维权服务平台（IPRSEE)"正式发布。通过"线上技术解决方案"和"线下专业服务团队"相结合的服务体系，为客户提供整体知识产权保护解决方案，为快速发展的科技型中小企业提供知识产权托管服务，形成以知识产权保护为业务核心的科技服务品牌。2014年，新净信受托执行奢侈品网络侵权销售集群案，通过应用IPRSEE进行交易数据分析，导向制售假不法团伙的目标上下游，最终完成关联目标交易信息的梳理，将制售假产业链的"上线"与"下线"也被一网打尽。

（2）提供知识产权服务，助力创新创业发展。科技部第三、四届中国创新创业大赛，新净信被大赛组委会聘任为大赛总决赛唯一知识产权服务机构，为大赛全程提供知识产权服务，全面助力参赛企业的创新发展。新净信作为大赛服务机构代表在启动会上进行发言，分享了其秉持"保护促运用"的理念，回顾2014年的工作并阐述了2015年大赛的服务计划。同时还分享了新净信秉持"保护促运用"的理念，将利用基于SaaS商业模式下自主研发的EASY-IP（易智客）互联网知识产权服务平台为近千家参赛企业提供覆盖知识产权托管、维权、管理运营及咨询的服务实践，利用丰富的知识产权保护、运营、咨询及价值评估的经验与专业背景，也为2015年大赛提供优质服务提供了经验的积累、为中国的创新创业保驾护航。

2014年，新净信还正式入选张江国家自主创新示范区第二批试点单位名单。标志着新净信为张江示范区在科技金融服务领域插上了创新的双翼，为试点平台整合发展为功能专业化、服务规模化、运作规范化，并能够承担张江示范区分园管理机构赋予的有关工作事项的市场运作主体

（3）提供检测服务，协助权利人维权。新净信与中国电影著作权协会正式签署战略合作协议。双方将携手，在影视著作权保护领域全面展开战略合作，共同组建"影视作品著作权监测管理中心"和"影视作品维权调解中心"，为影视作品权利人提供监测和维权服务，并积极探索新型合作模式，以推动建立中国影视作品行业行之有效的著作权保护机制。例如，2014年新净信受托执行《狼图腾》网络传播权纠纷案，使用IPROC平台，提供互联网版权监测与维权证据，为权利人维权工作提供的有力证据。

（4）参与国际交流与合作，树立中国知产保护新形象。2014年，新净信参加"2014国际知识产权执法会议"，讨论在全球化背景下如何加强跨境合作以更有力地打击知识产权领域的有组织犯罪。作为会议合作机构，新净信凭借其在知识产权保护领域的影响力连续多年赞助并主持以中国知识产权刑事保护为主题的专题研讨。

此外，新净信作为中国规模最大的知识产权保护机构之一，还积极参与了第三届中国（上海）国际技术进出口交易会。围绕本届上交会"创新驱动发展、保护知识产权、促进技术贸易"的主题，新净信参与了各项活动，并与海内外客商和技术专业人士进行了广泛交流和接触，深度了解了当今技术贸易市场发展动向和知识产权保护的新趋势，为进一步扩大知识产权相关业务打下基础，凸现了中国知识产权保护的新形象。

（撰稿人：上官明顺　倪良　刘艳霞　刘文博　刘燕）

中国版权协会打假维权工作报告

一、协会介绍

中国版权协会是国家新闻出版广电总局（国家版权局）主管的全国性版权专业社会团体，是我国版权领域唯一具有广泛代表性的社会团体。

中国版权协会遵循为人民服务，为社会主义服务的方向，遵守我国宪法及有关法律、法规和国家政策，遵从社会道德规范，团结全国热心版权事业的团体和个人，推动版权法律实施，组织、推动版权的理论研究与学术交流，促进我国版权制度的不断完善。同时为著作权人及作品使用者提供相关服务，维护权利人的合法权益，促进社会主义文化和科学事业的发展与繁荣。

中国版权协会致力于协助国家立法、司法和行政管理部门推动版权法的实施，承担政府职能转变后分离出来的社会服务工作，协助权利人维权，提供法律咨询和相关服务，包括协助与版权相关的产业建立版权保护机制；在版权所涉及的政府部门、权利人组织和作品使用者之间起协调作用。同时，为学习、宣传新修订的著作权法及其配套法规，推动新版权法的实施，中国版权协会与有关部门、社团合作，举办一系列的研讨会和培训班，促进版权各有关方面的沟通、交流和合作。

其主要业务是：促进版权立法、司法与管理的理论研究；开展国内外有关版权的学术与信息交流；宣传普及版权知识，组织版权专业培训；提供版权法律咨询和政策建议；推动版权集体管理，承接版权鉴定，为版权代理、版权贸易等提供服务；调查举报侵权盗版，维护权利人的合法权益；举办符合协会宗旨的社会公益性事业。

二、2014 年反侵权假冒工作综述

2014 年，中国版权协会（以下简称协会）在阎晓宏理事长、王国庆常务副理事长及孙悦秘书长的带领下，严格按照 2014 年重点工作计划开展工作，认真贯彻落实中央精神，紧紧围绕协会服务大局、服务会员的宗旨，圆满的完成了各项工作任务，纵观 2014 年，在反侵权假冒领域，协会重点做了以下几项工作：

（一）积极贯彻中央精神，落实依法维权的各项部署

为贯彻国务院 2014 年打击侵犯知识产权的工作部署和国家版权局等联合开展的治理侵权盗版“剑网专项行动”的工作方案，中国版权协会积极落实中央要求，以“规范网络转载”为主题，召开了“网络媒体作品使用版权问题”座谈会，来自新闻网站、报刊社、司法、学术以及行政管理等版权相关各界代表 60 多人与会，话题从个案开始，延伸至对整个行业现状的探讨，与会同仁达成依法维权、严格律己、创新内容、合作共赢的共识。规范使用媒体作品，以净化网络环境，引起良好的社会反响。中国版权协会联合中国报业协会向业界发起“积极维护报业版权营造健康传播环境”的倡议。全国 600 多家媒体积极签字响应。目前，传统报业新媒体版权联盟也正在积极筹建中。这些活动贯彻落实了中央精神，极大的提高了业界依法维护版权的自觉性和主动性。

（二）深入推进使用正版软件工作，做好宣传培训工作

培训工作是中国版权协会为会员单位提供的一项重要服务内容。2014 年协会实行普及版权业务培训和高级研修相结合，围绕版权业遇到的热点、难点问题和版权业务实际需要，为会员开展专题培训和讲座，同时邀请著名专家就国际版权咨询和国内版权实用案例以及在新媒体环境下的版权保护和应用等，举办高级研修班。

2014 年地方政府机关软件正版化工作培训班及中央和国家机关软件正版化工作培训班分别于 2014 年 10 月 15—17 日、2014 年 10 月 20—21 日在北京鸿坤国际酒店顺利举办。此次会议对来自 100 多个中央和国家机关及全国 31 个省（市）的政府办公厅、工信厅、财政厅、发改委、版权局等 400 多名代表进行了培训。通过这次培训，让中央和国家机关及全国各省（市）各部门的版权负责人了解全国政府机关推进软件正版化工作情况。

2014 年 6 月 29 日至 7 月 1 日在国家新闻出版广电总局研修学院举办了一期中国版权高级研修班。来自全国各地出版、报刊、互联网、软件、电影电视等行业的大型企业高层管理人员近 120 人参加了本次研修班。本次培训班由中国版权协会常务副理事长王国庆主持，国家新闻出版广电总局副局长、国家版权局副局长阎晓宏致开班辞，全国人大常委、全国人大教科文卫委员会主任委员柳斌杰、国家新闻出版广电总局副局长、国家版权局副局长阎晓宏、中央文资办主任王家新、中国出版集团公司总裁谭跃、奇虎 360 公司总

裁齐向东、恒大音乐公司董事总经理、著名音乐人、导演、制作人、词曲创作者宋柯等围绕主旨进行了精彩而深刻的授课，并与研修人员进行了互动答疑，讨论现场气氛热烈。

（三）聚焦网络媒体版权侵权问题，谋求合作双赢

2014 年 6 月 13 日，为响应“剑网 2014”专项行动的要求，中国版权协会和中国版权杂志 13 日在京主办网络媒体作品使用版权问题座谈会。

国家版权局、国家互联网信息办公室、工信部、公安部联合启动的“剑网 2014”专项行动明确要求，将规范网络转载作为重点任务之一，打击部分网站未经授权大量转载传统媒体作品的侵权行为，引导报刊社与大型商业网站开展版权合作，形成网络转载等使用作品的行为依法依规许可付费的合作双赢机制。

座谈会上，学者、法官、行政管理部门、报刊、网站等相关人员，以 2014 年 3 月，重庆日报报业集团集体发表维护自身版权的声明和近期《广州日报》起诉“今日头条”引发的热点和关注为切入点，对网络媒体作品使用中的版权法律问题、传统媒体和网络媒体如何保障维护自身权益、寻求切实有效的途径促进版权良好生态环境的建设等进行探讨，以达成共识。

社会上有种声音认为网络侵权是现有法律不完善造成的，对此，与会代表认为，传统媒体遭遇侵权并非法律缺失造成，依据现有法律完全可以实现权利主张，且司法和行政维权通道都是畅通的。传统媒体和网络媒体应充分运用好司法和行政维权，同时加强自身的版权资产管理。中国版权协会常务副理事长、座谈会主持人王国庆表示，中国版权协会要借助剑网行动的契机，将来进一步建立我们报刊媒体企业同盟组织，要通过机制、通过会员单位的努力，来真正实现版权内容的有效传播。

三、行业内知名企业维权打假工作情况

（一）掌阅科技 6 年无版权纠纷，获中国版权产业最具影响力企业奖

北京掌阅科技有限公司（下称掌阅科技）是国内市场占有率居首位的移动阅读企业，其旗下的手机阅读软件“掌阅 iReader”累计用户规模逾 3 亿，权威第三方数据报告显示其占据国内移动阅读市场 30% 以上的份额。

成立近 7 年的掌阅科技一直专注做数字阅读，如今产品已横跨电脑、手机、平板电脑等各个终端，年发行 15 亿册正版图书，用户累计达到 5 亿，覆盖了 150 多个国家和地区，拥有大量的海外华人华侨读者。

掌阅科技自 2008 年成立以来，无一例版权纠纷。其严格规范内容，在版权推广上作出巨大贡献：现有签约版权图书资源 20 多万册，日更新 8 000 万字，日下载量达到 200 万册以上，是国内最大的移动阅读平台。

掌阅科技当选中国版权协会常务理事，在北京召开的第六届中国版权年会上，北京掌阅科技有限公司荣获中国版权产业最具影响力企业奖，成为获得该奖项的唯一移动互联网公司，这也是第一次有移动互联网公司获此殊荣。

（二）乐视网诉 100TV 侵权案一审胜诉　聚合类平台被认侵权

2014 年，中国第一长视频网站乐视网诉北京风网信息技术有限公司 100TV 高清播放器侵权案一审胜诉，六案共计赔偿 59 800 元。这是目前国内最大的手机聚合类视频 App 侵权案。

庭审过程中，被告北京风网信息技术有限公司主张其开发的 100TV 高清播放器是一种全网搜索链接工具，只提供了技术服务，不应承担侵权责任。对此，北京市朝阳法院组织双方代理人进行了现场勘验，将 100TV 高清播放器软件进行的随机视频搜索与百度视频的对比，前者范围明显较小，从该结果看出被告并非提供全网视频搜索软件。

最终，北京市朝阳区人民法院根据双方的举证情况，采纳了乐视网提供的证据，认定北京风网信息技术有限公司未经许可在线传播影视作品，侵害了乐视网所享有的信息网络传播权，应当依法承担侵权责任。

据业内不完全统计，目前国内聚合类视频 App 包括芭乐影视、100TV、奇狗影视、开迅视频等至少 18 家，此类 App 几乎共有的特点是本身不采购版权，而是定向链接视频网站的资源“化身”影视搜索，以此获利。

对此，乐视网 COO 刘弘称：“这些打着‘影视搜索’招牌的 App，以及像‘思路高清’那些靠盗版谋取暴利的网站给新媒体行业冲击很大。而乐视近些年在版权和技术方面做了很大努力。多年累积投入了数十亿元购买版权，目前已经积累起 9 万部影视剧集，5 000 部电影的庞大正版影视版权库，并在 2014 年 4 月推出了革命性的“ScreensPlay”多屏合一界面技术，所有的视频都可以在 PC 端、手机端、Pad 端及电视等多个屏幕终端观看，满足不同用户需求，有力地打击了此类不法行为。”

对于未来，刘弘相信，随着人们版权意识越来越强，有越来越多的用户会选择接受正版内容。而乐视一直在打造中国最大的正版影视版权库，符合用户的需求和趋势，而这种趋势会越来越明显地转化为商业价值。

（三）中国建筑工业出版社维护版权从自身做起

国家版权局、国家互联网信息办公室、工业和信息化部、公安部联合展开“剑网2014”专项行动，中国建筑工业出版社维权列入专项行动第三批12起网络侵权盗版案件。

2014年3月，根据中国建筑工业出版社的投诉，广东省广州市文化市场综合行政执法总队联合广州市公安局便衣侦查支队对向某某等涉嫌销售盗版图书案进行调查。经查，向某某租用房间储存53个品种2.8万余册盗版图书，通过低价方式大量批销给网店经营者。根据销售清单、进货单据及相关线索，专案组抓获了多名销售商和供货商，共计打掉8家黑仓库、4家物流公司、1家网络销售点，收缴盗版图书500余种15万余册，码洋（即图书定价总额）700余万元，立案35宗，抓获犯罪嫌疑人9名，其中2人被批准逮捕；向某某侵犯著作权案已进入移送审查起诉阶段。

一直以来，各大出版社、集团、公司都在打盗、维权方面用功不小，而建工社却觉得，打盗是维护出版业公共秩序、捍卫出版者权益的大举措，意义固然重大，但是维护版权的专属性却要从自身做起，严于律己是净化国内版权大环境的第一步。因此，建工社严格做到以下几点：

（1）建工社绝不侵权，同时要求社内责任编辑在可能侵权的出版物方面引起极高关注，坚决杜绝；

（2）购买引进版权的出版物时，严格按照国家和国际版权公约的相关规定执行，明确版权所在。特别是在购买版权需要经手中介机构的情况下，一定明确版权所在，按规定支付许可费；

（3）建工社自己的出版物有涉及图片、资料的方面，都会要求作者标明出处，如有纠纷一般建议作者不予采用。

2014年中国建筑工业出版社与小米科技、爱奇艺、中国科技出版传媒集团、阿里巴巴集团、盛大文学公司、雅昌文化集团、优酷土豆集团等其他43家企业一起，荣获中国版权协会“中国版权最具影响力企业”称号。

（撰稿人：尚宗宝）

中华商标协会打假维权工作报告

一、协会简介

中华商标协会成立于1994年，是由国内一些知名企业发起并经民政部批准、受国家工商行政管理总局直接领导的全国性社团组织，拥有会员1 000多家，现任会长刘凡，秘书长王培章。协会下设办公室、会员部、法律咨询部、中企商标鉴定中心、中企商标发展中心、《中华商标》杂志社等工作部门。

中华商标协会的宗旨是：服务商标战略，助推民族品牌。主要任务是宣传、贯彻商标法律法规，增强全社会的商标意识；指导和协助会员企业实施商标战略，提高商标运用、保护和管理水平；为会员企业提供法律咨询服务；举办学术活动，开展商标品牌调研工作，向政府有关部门提出建议；传播国内外商标最新信息，推广先进的理论和成功经验；开展商标国际交流与合作；出版发行商标专业资料、刊物等。为会员具体服务内容包括免费向会员赠阅《中国商标年鉴》、《中华商标》杂志和《会员通讯》；免费为会员在协会网站和《中华商标》上刊登《保护会员企业商标专用权声明》；免费注册参加协会组织的商标知识培训班、讲座和座谈会；免费为会员提供法律咨询，协会下属中企商标鉴定中心为会员组织法律鉴定出具专家论证时实行优惠；根据企业会员申请，协会将帮助企业解决商标注册纠纷问题；根据企业会员申请，帮助企业做好打假维权工作等。

中华商标协会的会员分为单位会员和个人会员。单位会员是由商标知名度高，经济效益好的企业、商标代理机构以及相关团体等单位组成；个人会员是由对商标理论有相当造诣的、经验丰富的专家学者或法律工作者组成。

中华商标协会作为专业的商标社团组织，工作重点主要放在宣传商标法律，提高全社会商标意识方面，同时指导会员正确运用商标战略，提高企业商标注册、使用、管理和保护的能力，对会员遇到的商标问题提供专家法律咨询，帮助企业通过法律手段维护自己的合法权益。中华商标协会负责这一工作的主要部门是协会法律部和协会下属的中企商标鉴定中心。

中企商标鉴定中心（以下简称“中心”）成立于2003年4月18日，是经国家工商行政管理总局批准并登记注册的，从事商标法律咨询和专家论证的专业机构，遵循公正、求实、诚信和优质的经营服务理念，竭诚为广大国内外客户服务。中心隶属于中华商标协会，主要业务有：提供公正的商标法律论证意见，开展商标法律咨询服务，组织研讨会、培训班和座谈会等活动。中心设有专家委员会，由中国社会科学研究院、北京大学、中国人民大学和中国政法大学等高等院校，科研机构，商标代理机构，原司法机关、行政机关的工作人员以及在我国知识产权界、法律界享有盛誉的专家学者组成。专家委员会根据上述服务对象的委托对商标疑难案件进行评议，由中心出具商标法律论证意见书。

中心服务对象是各级人民法院、商标行政管理部门、社会各有关单位、国内外企业、商标代理机构、律师事务所及个人等。

二、反侵权假冒工作综述

2014 年，中华商标协会在国家工商行政管理总局党组的领导下，紧紧围绕总局中心工作，立足协会实际，按照“一项调研、两项活动、三项建设”的年度任务，开拓工作思路、创新工作方法、加强自身建设，为落实总局张茅局长建设中华商标协会打下了坚实的基础。

（一）拓宽思路，服务经济，开展品牌建设调研工作

根据总局领导的部署，协会开拓思路，开展了品牌建设调研工作，力图服务于市场、服务于经济转型发展。一是针对品牌建设调研工作的基本要求、基本任务、时间安排、组织保障等问题制定了《品牌建设调研工作方案》；二是基本摸清了国内外品牌研究机构设立及其工作开展的情况；三是召开了品牌建设调研专家会，就品牌研究院的设立方式、品牌评价数学模型和指标体系的构建及品牌排行发布、品牌发展报告的撰写等相关议题进行了深入讨论。

（二）创新模式，市场运作，举办中国国际商标·品牌节

2014 中国国际商标·品牌节（以下简称商标节）于 2014 年 11 月 8 日至 10 日在江苏省苏州市成功举办。本届商标节以“助推民族品牌建设，促进商标国际交流”为主题，吸引了商标领域各界人士近 800 人报名参会；品博会进馆参观者高达 15 万人次。

（三）积极探索，多措并举，为会员提供服务

2014 年年初，在充分走访、调研的基础上，协会制定了《关于加强会员队伍建设的若干意见》，具体强化了服务理念、创新服务方式、丰富服务内容。一是为了适应经济和品牌发展的新形势，将协会服务宗旨概括为“服务商标战略，助推民族品牌”。二是完善了服务内容，进一步将服务会员的主要内容明确为“四免、三优、两帮、一推动”等 10 项内容。三是梳理了主动发展会员的 8 种途径。四是提出了加强组织领导、宣传报道和实行奖励等 5 个重要举措。五是编辑整理协会新的服务宗旨、服务内容等，印制宣传册，通过多种形式发放，吸引更多的企业加入协会。2014 年新发展会员近百家。

（四）履行职能，提供服务，多形式宣传修订后《商标法》

按照总局关于宣传贯彻修订后《商标法》的工作方案要求，协会组织了一系列活动。一是当年的商标节商标年会以“推进新《商标法》实施，提高民族品牌竞争力”为主题，设置了主论坛和 9 个分论坛，参会人数高达 5 000 人次。二是分别于 2 月、3 月、4 月、5 月以及 6 月在上海市、南京市、广东省、北京市围绕新《商标法》举办不同层次的培训班，来自全国企业和商标代理机构的代表共计 1 200 多人参加了培训。三是充分利用协会官方网站、微博、微信、《中华商标》杂志等，开设专栏，展开讨论。

修订后《商标法》赋予了中华商标协会规范商标代理机构行为的职能。经反复征求会员意见，协会制定了一系列文件作为推动代理行业健康发展的有力抓手。

（五）调解纠纷，咨询论证，协助企业解决商标纠纷

2014 年，共接受 13 家企业委托，就商标纠纷进行专家论证，并撰写法律论证意见书；为商标代理机构会员出庭应诉向各级法院出具了 63 份推荐函。完成的 13 件商标确权、侵权案件论证工作，依据商标法律论证问题类别，主要有五种类别，包括商标近似、商品类似、商标显著性、在先权力、商标侵权与不正当竞争，包含了市场竞争中常见的商标纠纷类型。这些案件类型比较典型，在法律实践中，由于案情复杂，往往出现意见截然相反的法律判断。针对企业在案件纠纷中遇到的实际问题，协会组织专家对委托案件进行认真研究，为企业作出有说服力的法律认证，提供切实有力的帮助。

三、为企业维权提供咨询并胜诉的案例

（一）关于商品类似的案件

案情简介

积水株式会社 1995 年在中国申请第 1057204 号“积水 SEKISUI”商标，于 1997 年 7 月获准注册，指定商品是第 19 类的“塑料波形板、非金属建筑材料和含碳纤维的水泥等”。2003 年至 2009 年期间，其又申请了“积水”和“SEKISUI”商标，指定商品包括第 19 类的“地板、非金属

地板砖、非金属地板和非金属建筑材料等”，这些商标均已获准注册，理应受到法律保护。上海积水公司的被异议商标（第 7483913 号“积水 SEKISUI 及图”），指定使用商品是第 27 类：地毯、垫席、人工草皮、汽车毡毯、汽车用垫毯、地垫、橡胶地垫、塑料或橡胶地板块、塑料或橡胶地板革和墙纸。对“地板、非金属地板砖非金属地板”与“塑料或橡胶地板块、塑料或橡胶地板革”是否构成类似商品实践中有争议。

专家论证

专家认为，判断双方的商品是否构成类似商品需从如下两个角度考虑：

第一，按照上述最高人民法院《关于审理商标民事纠纷案件适用法律若干问题的解释》和《关于审理商标授权确权行政案件若干问题的意见》的标准来判断，积水株式会社引证商标指定使用的“地板、非金属地板砖、非金属地板”和上海积水公司的被异议商标指定使用的“塑料或橡胶地板块、塑料或橡胶地板革”，在功能、用途、生产部门、销售渠道、消费对象等方面相同。重要的是，双方的商品实际上高度重合，积水株式会社的“地板、非金属地板砖非金属地板”应该包含上海积水公司的“塑料或橡胶地板块、塑料或橡胶地板革”。具体来讲，从功能和用途上看，二者均为装修或装饰材料，用于铺设装饰地面；从生产厂商来看，二者均为各种建材生产商；从销售渠道和销售场所来看，两者均在家居建材市场进行销售；从消费群体来看，两商标指定使用商品作为各种装修材料，一般均是面向有房屋装修需求的人员。

第二，从作为判断类似商品或者服务的参考工具《类似商品和服务区分表》的角度看，双方争议的商品无疑也是类似商品。被异议商标申请于 2009 年 2 月，在 2010 年 6 月获得初审公告，“塑料或橡胶地板块、塑料或橡胶地板革”商品是《类似商品和服务区分表》（基于尼斯分类第九版）第 27 类中的商品。此后在 2012 年，国家工商总局商标局修改《类似商品和服务区分表》时，将“塑料或橡胶地板块、塑料或橡胶地板革”等商品从第 27 类删除，在第 19 类第 1909 类似群增加了“塑料地板、橡胶地板”两项商品。《类似商品和服务区分表》（基于尼斯分类第十版）从 2012 年开始实施至今，“非金属地板”和“塑料地板、橡胶地板”被作为类似商品列入同一类似群，并且在此类似群的注释中明确“非金属地板、塑料地板、橡胶地板与第九版及以前版本 2703 塑料或橡胶地板块、塑料或橡胶地板革、塑料或橡胶地板砖类似”。

综上，本案涉及的上述商品均应属于类似商品。

（二）levi’s 商标近似案

案情简介

委托人利惠公司的第 75383 号注册商标为竖排的“levi’s”字样与裤袋形状的五边形的文字图形组合，第 1497177 号注册商标为“levi’s”字样纵向排列的字母组合，第 8497624 号注册商标为纵向长方形及两道并列竖线条图形。而爱德恩公司所使用的红色标识是由“EDWIN”横向排列的字母附着于红色纵向长方形标签组合而成。该标识的图形部分与委托人第 75383 号、第 1497177 号和第 8497624 号注册商标所使用的图形在文字图形颜色、组合方式、使用位置上完全相同。

专家论证

专家认为，由于“EDWIN”标识由多个要素共同组成，每一个组成元素并非独立要素，应进行整体比对，不能简单拆分单独比对。将爱德恩公司生产并销售的牛仔裤右后裤袋所使用的红色标识与委托人的第 75383 号、第 1497177 号和第 8497624 号注册商标相比较，从整体外观上对比，二者均由纵向红色长方形标签作为商标嵌于牛仔裤右后裤袋。虽然爱德恩公司标识图形中字母为“EDWIN”，委托人注册商标图形中字母为“levi’s”，但两者在图案设计、文字图形颜色、文字图形组合方式以及使用位置上完全相同，造成二者文字图形组合后整体近似。相关公众施以普通注意力观察，易导致在看到爱德恩公司的红色标识时误认为是与委托人相关联的商品。

委托人通过多年的使用，红标已经成为 Levi’s 牛仔裤的品质标记，不仅使 Levi’s 文字本身，更使文字与右后裤袋的红色标签组合获得了极强的显著性，较标签中的文字而言，红色标签的使用显然是显著性较强的部分，消费者很容易将这种使用方式与委托人的产品联系起来。同时，委托人请求保护的商标在中国具有很高知名度，而爱德恩公司在相同商品上使用了与委托人的注册商标完全相同的图形标识，虽然在红色标签中将委托人的文字商标“Levi’s”替换为“EDWIN”，但是仍然可以看出爱德恩公司具有抄袭、模仿委托人注册商标和攀附其注册商标知名度的故意，易使相关公众对产品的真实来源产生混淆。

因此，爱德恩公司经销的牛仔裤产品右后裤袋上使用的红色标识与委托人第 75383 号注册商标构成近似，与第 8497624 号注册商标在使用方式上相同，同时与委托人上述三个注册商标组合使用的方式构成近似，易使相关公众对商品的来源产生误认。

（三）“科麦”商标异议复审案论证

在“科麦”商标异议复审案论证中，专家认为，依据国家工商行政管理总局商标局第 10126450 和 10126448 号商标驳回通知书显示，济南科麦公司的第 9079276 号“**科麦**”文字商标与委托人上海科麦公司的科麦文字及图（科 麥）商标，构成类似商品上的近似商标。同时，依据案情事实显示，郭丽萍曾是上海科麦公司济南办事处的员工，显然知道上海科麦公司在先使用但未注册的科麦文字及图（科 麥）商标，而抢先注册，又将该商标转让于济南科麦公司，而济南科麦公司的法定代表人林涛与郭丽萍二审案件中的委托代理人是同胞兄弟，可得知林涛也同样知晓上海科麦公司在先使用但未注册的科麦文字及图（科 麥）商标的事实，在此情况下，济南科麦公司仍然在 2011 年申请注册“**科麦**”文字商标，其行为属于《商标法》第 15 条第 2 款规定的就同一种商品或类似商品申请注册的商标与他人在先使用的未注册商标相同或者近似，申请人（济南科麦公司）与该他人（上海科麦公司）具有前款规定以外的合同、业务往来关系或者其他关系而明知该他人商标存在的情形。

关于损害上海科麦公司商号权的判定要求，上海科麦公司商号的登记、使用日应当早于济南科麦公司对“**科麦**”商标注册申请日，同时该商号在中国相关公众中具有一定的知名度，并且“**科麦**”商标的注册与使用容易导致相关公众产生混淆致使在先商号权人上海科麦公司的利益可能受到损害；关于上海科麦公司对科麦文字及图（科 麥）商标已经使用并有一定影响的判定要求综合考虑相关公众对该商标的知晓情况，该商标使用的持续时间和地理范围，该商标的任何宣传工作的时间、方式、程度、地理范围，以及其他使该商标产生一定影响的因素；关于济南科麦公司是否具有恶意的判定要综合考虑济南科麦公司与上海科麦公司曾发生的诉讼纠纷，因而知晓上海科麦公司对科麦文字及图（科 麥）商标在先使用但未注册的情形等因素。

依据委托人提供的上海科麦公司企业营业执照、中华全国工商业联合会烘焙业公会提供的证明、中国焙烤食品糖制品工业协会提供的证明、中国食品工业协会荣誉证书以及大量广告宣传页、杂志报道、自建网站信息和展会照片等材料显示，上海科麦公司成立于 1998 年，“科麦”是上海科麦公司的商号，具有独创性，同时也是上海科麦公司所使用商标的文字部分，上海科麦公司一直以“科麦”这一商号和科麦文字及图（科 麥）商标对外使用并进行广泛宣传，上海科麦公司十分注重自身产品的品质和品牌的塑造，通过多年的努力，“科麦”早已成为公司的代表品牌，在国内食品行业市场竞争中获得了广大消费者的认可，具有较高的影响力和知名度。在食品行业中，“科麦”两个字已被认为是上海科麦公司所专有，如若在市场上同时存在与上海科麦公司商号相同和与上海科麦公司文字及图（科 麥）商标近似的“**科麦**”文字商标，容易导致消费者对商品来源的误认和混淆，进而损害上海科麦公司的合法权益。同时，依据上述案情事实，上海科麦公司和济南科麦公司发生的关于上海科麦公司文字及图（科 麥）商标的诉讼纠纷，考虑到郭丽萍曾是上海科麦公司济南办事处的员工，显然知道上海科麦公司在先使用但未注册的科麦文字及图（科 麥）商标，而抢先注册，又将该商标在案件审理期间转让于济南科麦公司，而济南科麦公司的法定代理人林涛与郭丽萍二审案件中的委托代理人是同胞兄弟，可得知林涛也同样知晓上海科麦公司在先使用但未注册的科麦文字及图（科 麥）商标的事实，而正是在该案的二审期间，济南科麦公司又申请注册了“**科麦**”文字商标，该行为具有明显恶意，可以判定为恶意抢注行为。

上述案件的委托方最终都在司法诉讼中获胜，专家论证意见被法庭采纳并收入北京市高级人民法院知识产权庭编著的《商标授权确权的司法审查》一书中。

（撰稿人：陈辉）

中国文字著作权协会打假维权工作报告

一、协会简介

中国文字著作权协会（简称“文著协”）成立于2008年10月24日，是经国家版权局（原新闻出版总署）批准、在民政部核准登记的非营利性社会团体，是中国唯一的文字作品著作权集体管理组织，是国家新闻出版广电总局（国家版权局）主管的国家一级协会。

文著协由中国作家协会、中国文学艺术界联合会、中华全国新闻工作者协会、国务院发展研究中心、中国科学院、中国工程院、中国社会科学院、中国科技协会等12家单位和陈建功、张抗抗等500多位中国各领域著名的文字作品著作权人依法发起成立。协会拥有个人会员8 000余人，单位会员100多家，作者译者库拥有7万多人，个人会员授权作品4万余部，单位会员授权作品数万部（篇）。

二、反侵权假冒工作综述

（一）推动著作权法律法规和部门规章的完善

1. 再次向两会提交提高作家稿酬个税起征点提案

文著协连续多年通过全国政协常委、会长陈建功、国务院参事、副会长张抗抗、宋鱼水法官等代表委员向全国两会提出修改著作权法，加强网络版权保护，完善著作权集体管理，提高作家稿酬个税起征点，加强对教科书、教辅图书市场版权保护整顿治理等提案议案，受到社会关注和政府有关部门的重视。2014年，协会又通过国务院参事、全国政协委员、副会长张抗抗向全国政协提交《关于提高作家稿酬个人所得税起征点的提案》，受到媒体和社会的广泛关注。张抗抗副会长还利用国务院参事身份，将此事正式致函国务院领导，也得到国务院领导的批示。

2. 推动国家出台《使用文字作品支付报酬办法》

自2001年著作权法规定教科书选用各类作品属于先使用后付酬的法定许可以来，教科书法定许可使用作品稿酬标准迟迟没有出台，报刊转载稿酬标准也自1999年以来没有提高，广大作者对此反应强烈。为此，文著协积极呼吁，并主动承担国家版权局的调研任务。在协会的积极参与和直接推动下，国家版权局和国家发改委于2013年颁布实施了《教科书法定许可使用作品支付报酬办法》，于2014年9月23日颁布了《使用文字作品支付报酬办法》。教科书选用文字作品每年应该向作者或文著协支付稿酬300元/千字；报刊转载稿酬标准提高至100元/千字，结束了教科书选文没有稿酬标准和报刊转载稿酬标准长期不变的历史，受到广大文字作品作者的欢迎。

2014年，协会分别走访了高等教育出版社、现代出版社、北京师范大学出版社、人民教育出版社等多家教科书出版单位和一些文摘类报刊社，在进行调研的同时积极宣传《教科书法定许可使用作品支付报酬办法》和《使用文字作品支付报酬办法》，同时通过协会网站、媒体积极对外宣传，严格按照新的办法和报刊社、杂志社合作。在国家版权局和国家发改委正式实施《教科书法定许可使用作品支付报酬办法》后，人民教育出版社在全国出版社中率先向文著协交纳教科书法定许可使用费，意林杂志社、金盾出版社等报刊社也已经按新的稿酬标准和协会签约并交纳报刊转载稿酬。

（二）落实法定许可稿酬收转分配和转付

中国文字著作权协会是负责全国报刊转载、教科书等法定许可使用文字作品著作权使用费收转的唯一法定机构，协会也始终将收转分配工作放在协会工作的首位。文著协成立6年来，与人民教育出版社、《意林》、《知音》等200多家出版社报刊社签订了《法定许可稿酬转付协议》，向作者转付教科书和报刊转载稿酬600多万元，惠及作者数千人次，涉及作品数万篇次。2014年的收转分配工作有条不紊，稳步推进。

在稿酬转付分配工作中，协会通过短信及信函的形式与作者联系确认汇款地址，对信息库中的信息及时更正，确保了分配的准确性。

2014年协会进一步加大了对稿费及样书的分配力度，同时对转付业务中暂时没有联系方式的作者多方面查找，积极取得联系，与很多作者建立了联系。国家版权局和国家发改委联合发布的《使用文字作品支付报酬办法》自2014年11月1日生效后，报刊转载稿酬由原来的每千字50元提高到每千字100元。协会积极与出版社、报刊社联系，将该办法下发至所有报刊社，做好督促和提醒工作，严格按照新稿酬标准执行。

（三）开展数字版权集体管理业务

针对2013年中央提出的媒体融合发展伟大战略和网络

新媒体发展带来的新问题，文著协深入传统媒体和新兴媒体，开展调研，积极追踪研究媒体融合发展的版权集体管理问题，与有关机构合作，探索打造新闻作品网络即时备案、网络转载稿酬转付和网络监测维权平台以及微信公众号版权服务平台。

2014 年，协会继续与中国移动杭州阅读基地、亚马逊中国、中文在线、国家数字图书馆推广工程、中央党校数字图书馆、超星数字图书馆、人民出版社中国共产党思想理论资源数据库等机构合作，开展会员作品信息网络传播权授权，通过数字新媒体平台主动推广会员作品，为会员创造数字版权收益数百万元，并向会员及时分配。

（四）服务版权代理，预防版权侵权

1. 汇编作品授权代理

协会依靠会员资源和庞大的作者译者数据库，每年为逾百家出版社解决 100 余种汇编作品的作家、翻译家授权，并向其转付稿酬，受到出版社和广大作家、翻译家好评。

2014 年，协会利用长期积累的会员和作者信息，与高等教育、华文天下、北京青年、长江少儿、译林、安徽少儿、人民文学、武汉大学、上海大学、希望等 30 余家出版社和民营出版策划机构签订了《汇编作品委托代理协议》72 个，代理解决了 100 余种汇编作品的作者译者授权问题。

2. 版权贸易代理

协会充分发挥海外资源和海外渠道优势，开展国际版权贸易，加强国际版权交流与合作，积极推动中国文化“走出去”。目前，协会与多家中央出版单位和地方出版集团结成战略合作伙伴关系，开展国际版权贸易代理。林语堂的《中国人》、姜戎的《狼图腾》、中国国际广播电台的《中国百科》等作品已由文著协代理输出到俄罗斯、白俄罗斯、乌克兰、阿尔巴尼亚等多个国家翻译出版。

2014 年，协会与我国香港知识共享协会有限公司、香港教育局、香港启思出版社、日本株式会社公文教育研究会、新加坡名创教育出版社、韩国爱力阳版权代理公司等相关出版机构签订了 9 份版权贸易合同，输出叶兆言、高洪波、艾青、孙海浪、雷抒雁、白冰、金波、冰心、叶永烈、戴巴棣等多位知名作家的作品。韩国、日本、新加坡和我国香港、台湾等地区教材选用中文著名作家作品均由文著协代理授权。文著协已经成为中国出版、中国文化“走出去”的一支重要力量，一个重要窗口。

3. 其他领域的版权代理

（1）影视剧改编权代理：2010 年文著协成功代理了会员曲波小说《林海雪原》电影改编权。2014 年 12 月底，根据该小说原著改编拍摄的电影《智取威虎山》（著名导演徐克执导）上映后，获得 8.9 亿元票房，大获成功，电影制片方和原著作者家属都非常满意。2014 年年底，协会还成功代理了儿童文学作家余丽琼的儿童绘本《团圆》改编成微电影《毛毛的团圆》。该影片荣获国家新闻出版广电总局电影频道 2015 年中国影响力青年导演剧情短片创作季“十强青年导演”的十大获奖作品之一（该影片由青年导演韩可一执导）

（2）戏剧改编权代理：2014 年底，文著协代理了国家话剧院改编上演俄罗斯经典文学作品、著名作家瓦西里耶夫的《这里的黎明静悄悄》的戏剧改编权。

（3）邮票、邮品版权代理：继 2013 年协会为中国集邮总公司设计出品的《小蝌蚪找妈妈》个性化邮票小本票、《水墨童真》水墨画邮册、《喵天使一名家笔下的猫咪》珍藏邮票书等邮品成功解决了所涉作家作品的授权后，2014 年又为中国集邮总公司解决《水果甜美》这一邮票书的作家作品授权问题。

除此之外，文著协还利用自身渠道和作者资源优势，策划、代理一些作家书稿出版，帮助会员向有关出版社报刊社追讨稿酬。文著协的专业版权代理服务受到权利人和使用者的普遍认可。

（五）调处版权纠纷，服务会员维权

2014 年，针对会员的投诉，文著协采取舆论监督、调解、向版权行政管理机关或文化市场执法部门投诉要求进行著作权行政处罚等手段，处理会员维权事件数十起，有力地维护了会员合法权利。

与此同时，协会还免费为会员或其他著作权人审核、起草图书出版合同、委托翻译合同、影视剧改编权授权合同、数字版权授权合同、版权贸易合同等各类版权法律文件数十件，针对疑难案件出具版权意见书，免费提供版权咨询。

（六）组织版权产业市场调研，加强著作权法宣传培训

2014 年，文著协主持完成了国家版权局《海外复制权集体管理现状及发展趋势》、中国记协的《新舆论格局背景下新闻界的版权保护》等调研课题项目，还参与完成了总局、西南政法大学等有关部门的《我国著作权集体管理现状及对策》《中英著作权集体管理现状》等课题任务。

与此同时，2014 年协会多次参加了与自身业务发展紧密相关的版权宣传推广活动，如北京国际图书博览会、第五届中国国际版权博览会（成都）、中欧版权集体管理研讨会等，利用大量的文字、图片，通过发放宣传资料、现场咨询等活动，以及参加演讲，宣传协会的职能、宗旨、服务理念、重要活动和取得的成绩，向广大公众普及著作权和集体管理的相关知识。经总局批准，文著协邀请政府主管部门领导、业界精英人士和权威专家，为新闻出版界、数字出版界、实务界、学术理论界举办了媒体融合背景下版权资产管理与版权运营、数字版权运营管理与版权贸易、数字网络环境下著作权司法保护等实务培训班，在业内逐渐树立了品牌，受到业内欢迎。

（七）积极开展国际交流活动，促进我国作品海外授权

1. 中俄现代与经典作品互译出版项目

2013 年，经国家新闻出版广电总局批准，文著协成为中俄文学作品互译出版项目的中方承办执行单位，承担项目的具体执行协调工作。

截至 2014 年底，经过协会协调，在中俄互译出版项目框架下，中国翻译出版俄罗斯文库作品 9 部，俄罗斯翻译出版中国文库作品 10 部。协会与俄罗斯有关方面在北京举办了推介活动。协会协调我国驻俄罗斯大使馆和莫斯科中国文化中心在莫斯科国际书展期间专门举办了 5 次中俄互译出版项目首批成果发布会，总局代表团领导参加并致辞。随后，莫斯科中国文化中心还举办了互译项目首批成果系列发布活动，受到俄罗斯出版与大众传媒署和莫斯科当地民众的欢迎。老舍、王蒙、铁凝、张贤亮、何建明、莫言、阿来、麦家、王安忆、毕飞宇、余华和盛可以等作家的作品陆续在俄罗斯翻译出版。

2. 促进中文作品海外授权

中国文字著作权协会是国际复制权组织联合会（IFRRO）会员，并与世界知识产权组织（WIPO）和国际作者作曲者协会联合会（CISAC）保持良好的关系，与英国、澳大利亚、挪威、意大利、瑞士、瑞典、德国、法国、美国、加拿大、新加坡、日本、韩国、越南、巴西、阿根廷、俄罗斯、罗马尼亚等国家以及我国香港地区的版权集体管理组织、版权机构建立了业务联系。

2014 年，文著协在开展中文作品海外复制许可收费方面取得重大进展。在国家版权局和国际复制权组织联合会（IFRRO）的大力支持下，文著协一直致力于加强与海外复制权集体管理组织的交流，积极开展中文书报刊海外复制权和数字化复制权的许可收费业务。2014 年 9 月 2 日，在国家版权局和英国驻华使馆的支持下，文著协与英国复制权集体管理组织——英国著作权许可代理机构（CLA）在京签署合作协议，授权该机构收取英国政府机关、大中小学和企业影印复制和数字化复制中文报刊文章和图书片段的版权费。这开启了中文书报刊文章在海外受版权保护并收取版权使用费的先河，也将推动我国在著作权法修改过程中关于复制权、延伸集体管理制度的完善，更拓宽了中国文化“走出去”的路径和范围。此举有利于提高中国文字作品和中国出版企业在海外的传播力、影响力和国际竞争力，将对中国出版产业的未来产生积极影响。

3. 加强国际交流学习

2014 年，协会接待了国际影印复制权组织联合会（IFRRO）秘书长奥拉夫和澳大利亚等国复制权集体管理组织代表来访，并安排上述专家分别到清华大学和中国政法大学举行海外复制权集体管理现状及发展趋势和版权对文化创意产业的贡献与作用的专题讲座，受到学校师生的一致好评。2014 年 10 月，协会派员参加了在韩国举办的 IFRRO 年度大会；11 月；又派员随总局代表团赴英国调研考察著作权集体管理现状。

通过国际交往与合作，不但可以了解学习海外著作权集体管理的经验，还能够宣传我国政府加强版权保护、推动作品传播和产业发展的国际形象，进而通过合作，推动中国文化“走出去”。

（中国文字著作权协会）

中国音像著作权集体管理协会打假维权工作报告

一、协会介绍

中国音像著作权集体管理协会（以下简称协会）成立于 2008 年，是我国唯一的音像集体管理组织，依法对音像节目的著作权以及与著作权有关的权利实施集体管理。协会的主管部门为新闻出版广电总局（国家版权局）。

协会的宗旨：遵守我国法律、法规和我国参加的国际著作权条约，本着提供服务，反映诉求，规范行为的精神，维护会员的合法权利，规范音像节目的合法使用，促进我国音像业及音像市场的发展。

协会的职能：（1）对会员及音像节目作品的登记、管理；（2）依法收取使用者交纳的使用费，并发放许可证；（3）根据作品被使用情况向权利人定期分配使用费；（4）对非法使用音像节目作品的行为提出法律交涉；（5）进行著作权集体管理的宣传；（6）经国家版权局授权，承担法定许可使用费的收转工作；（7）经与海外同类组织签约，可代为管理和行使海外音像节目作品在中国大陆地区的著作权。

截至 2014 年年底，协会共发展会员 127 家，代表 261 家音像权利人的权利（部分会员代理多家权利人权利），积累了授权作品 95 888 首，占卡拉 OK 娱乐市场使用率 90% 以上。协会目前主要业务为卡拉 OK 授权许可业务，已在全国 26 个省、自治区、直辖市有效开展工作。2009 年至 2014 年，协会卡拉 OK 著作权收费额连续 6 年突破 1 亿元，不仅使权利人在卡拉 OK 著作权许可领域获得了可观的收益，更为维护音像著作权人合法权益、畅通使用者获取授权渠道、提高社会保护版权意识、推动相关产业健康发展作出重要贡献。

二、打击著作权侵权行为的主要工作

协会成立之初，在启动卡拉 OK 著作权许可工作之时，面临的是卡拉 OK 经营者普遍侵权的混乱局面，社会各界对卡拉 OK 著作权许可工作也存在种种不理解，收费工作非常困难。为了打破坚冰，协会从 2008 年起，开展针对侵权卡拉 OK 经营者的大规模维权工作，终结了卡拉 OK 行业长期以来的免费午餐，打开了工作局面，此后维权工作一直延续至今，成为我会推动收费工作的一项重要手段。

2014 年，根据工作需要，协会进一步扩大了诉讼维权的规模，在全国 25 个省、市、自治区开展了维权诉讼活动，签约维权律师事务所累计达到 110 家，总计提起诉讼案件 5 000余起，打击侵权卡拉 OK 侵权行为达到空前规模。为了最大程度发挥诉讼对卡拉 OK 著作权使用费许可工作的推动作用，除扩大打击范围外，协会着眼进行整体布局，以市场实际情况为依据，不断探索有效的诉讼维权模式，取得了显著工作成果，主要体现在建立了适合实际工作需要的诉讼模式。针对卡拉 OK 侵权者数量大、分布地域广的特点，协会建立了具有如下特点的诉讼模式：

第一，诉讼以促进卡拉 OK 经营者依法交费为目的。与一般诉讼不同，协会的诉讼维权工作，不以获取赔偿款作为诉讼维权的首要目的。协会在诉讼过程中，着重向卡拉 OK 经营者宣讲版权知识，在判决前保持与卡拉 OK 经营者的沟通和谈判，积极推动卡拉 OK 经营者建立保护版权、依法使用的法律意识，通过引导扶持建立合法的取得授权的机制。在卡拉 OK 经营者同意缴纳著作权使用费、签订著作权许可使用合同的前提下，协会积极促进与卡拉 OK 经营者和解结案，促进卡拉 OK 经营者建立著作权使用费付费习惯，从而推动建立健康有序的行业秩序。

第二，严厉打击恶意侵权者。对于经过诉讼、协商仍拒绝交纳著作权使用费的卡拉 OK 经营者，协会予以严厉打击，依法追究其侵权责任，并对典型案例进行广泛宣传，配合新闻媒体等舆论力量，对侵权卡拉 OK 经营者起到震慑作用。

第三，与律师事务所采取以风险代理为主的合作模式。协会与全国律师事务所进行广泛合作，一般由律师事务所前期垫付维权成本，既能够节省诉讼维权成本，又可以扩大对侵权行为的打击面和打击力度，有利于维权工作迅速在全国铺开，有力的推动卡拉 OK 著作权许可工作。

第四，法院判决所获赔偿款，协会在扣除律师费、公证费等维权成本后，全部分配给相关权利人，不收取任何管理费，最大程度实现权利人利益，提高权利人参与和积极配合诉讼工作的积极性。

2014 年，协会针对卡拉 OK 经营者的维权诉讼的绝大部分案件以和解结案，通过工作促成了被诉卡拉 OK 经营者与协会签订著作权许可使用合同，并支付著作权使用费。协会通过诉讼维权工作直接促进合同金额共计达 2 000 余万元，不仅打击了侵权行为、维护了权利人合法权益，更重要的是提高了卡拉 OK 行业尊重版权的整体意识，规范了行业秩序。对于少部分拒绝和解交费的侵权卡拉 OK 经营者，协会依照法院判决赔偿数额向其追缴执行款，并向权利人进行分配。2014 年，协会共向权利人分配共计 46 万余元诉讼赔偿款（2014 年大部分判决案件尚未执行完毕，赔偿款仅部分执行到账）。

2014 年的诉讼维权工作，协会除了在诉讼模式上做好布局，在诉讼策略上也做了新的尝试。协会以往的诉讼主要以侵权作为主要诉由，2014 年针对业内影响较大的侵权对象——好乐迪，协会分别以违约和侵权作为诉由进行起诉，将好乐迪旗下位于上海市的总店及其他 30 余家连锁店诉至上海杨浦、浦东、普陀、闵行、徐汇等区人民法院，截至 2015 年 7 月 20 日，协会针对好乐迪的违约案件 19 起全部经过一、二审胜诉，在卡拉 OK 行业内产生重要的积极影响；侵权案件中有 8 件一审判决协会胜诉，其余还在审理当中。由于违约案件具有举证成本低，胜诉率较高等特点，并且有利于保证卡拉 OK 经营者交费的连续性，在今后的工作中，在条件具备的情况下，协会将予以尝试广泛推广。

除民事诉讼维权以外，行政投诉亦是协会重要的维权手段，2014 年，协会在 9 个省市针对卡拉 OK 经营者侵权行为提起了 426 例行政投诉，政府版权执法部门、文化管理部门根据我会投诉对侵权卡拉 OK 经营者进行了查封、没收机器、罚款等行政处罚，充分发挥了行政投诉程序简便、效果直接的优点，有力打击了卡拉 OK 经营者的侵权行为。同时，协会还配合诉讼和行政投诉做了大量宣传、协调工作，2014 年协会向有关政府部门、各级法院、娱乐行业协会、卡拉 OK 经营者等 18 个省市的相关单位制作并发送了有关函件共计 645 份，介绍著作权集体管理组织的工作，解释诉讼中碰到的疑点、难点问题，同时举办各种座谈会、研讨会、接待司法部门来协会调研，促进沟通与交流，争取司法系统、行业组织的配合和支持。

（撰稿人：国琨）

中国音乐著作权协会打假维权工作报告

一、协会简介

中国音乐著作权协会（简称“音著协”）成立于 1992 年 12 月 17 日，是由国家版权局和中国音乐家协会共同发起成立的目前中国大陆唯一的音乐作品著作权集体管理组织，是专门维护作曲者、作词者和其他音乐著作权人合法权益的非营利性机构。音著协依据《著作权法》、国务院《著作权集体管理条例》和《社会团体登记管理条例》以及协会章程等开展各项工作。其具体工作包括：在中国大陆范围内，以自己的名义吸收音乐词曲作者以及其他音乐著作权人加入协会、向音乐使用者发放著作权许可并收取使用费、向音乐著作权人分配使用费、提起维权诉讼等。会员大会是音著协最高权力机构，理事会和常务理事会是音著协的领导机构，总干事领导下的各工作部门是音著协的执行机构。

截至 2014 年年底，音著协会员总数达到 7 700 人，其中含词作者 2 876 人、曲作者 4 578 人、出版公司 63 家，其余为继承人等。此外，作为国际作者作曲者协会联合会（CISAC）的成员，音著协共与 60 个国家或地区的同类组织签署了相互代表协议，共管理全球范围约 1 400 万首音乐作品的著作权。

2014 年，音著协许可总收益约为人民币 1.37 亿元（含海外收益约人民币 554 万元），创历年收入新高。截至 2014 年年底，音著协历年许可收费总额约 8.91 亿元人民币，其中约 83% 的许可使用费均按照会员大会制定的《分配规则》向音乐著作权人进行了分配。

在信息公示方面，音著协每年按照 CISAC 的要求制作年报，同时通过会讯、官网、理事工作月报、宣传册等多种方式，向协会理事、全体会员、使用者、业务主管部门及社会有关方面及时公示会员发展、许可收费、版税分配等各项工作情况。

二、反侵犯知识产权工作综述

作为著作权集体管理组织，音著协主要管理音乐词曲著作权人个体难以行使的权利，包括复制权（发行权）、表演权、广播权和信息网络传播权。与之对应，其维权范围及对象如下：

复制权涉及图书；音像制品；影视广告制作；点歌机、手机、玩具等工业制品等使用音乐作品。

表演权涉及现场表演—演唱会、演奏会等演出中使用音乐作品。

机械表演涉及商场、超市、宾馆、酒店、餐厅、歌舞厅、交通工具等场所公开播放背景音乐。

广播权涉及广播电台、电视台播放节目使用音乐作品。

信息网络传播权涉及：互联网、无线网络等使用音乐作品。

针对音乐著作权侵权较普遍的现象，音著协在普法宣传、协商谈判之外，视侵权行为的严重程度，分别采取发函（法务部函或律师函）、取证、诉讼等法律手段，一方面打击严重侵犯音乐著作权的行为，一方面维护公平的著作权市场秩序。音著协的维权思路是：以法律手段严厉打击严重侵权行为，以合作模式开拓巩固产业共赢之路。

2014 年，音著协共向侵犯音乐著作权的使用者发函 66 封、对侵权行为取证 86 件、起动诉讼程序 83 件。其中，凡是进入诉讼后已有判决的案件，音著协 100% 胜诉。采取以上维权行动后，经和解、调解或者判决，音著协为音乐著作权人索赔和追回的著作权使用费达人民币 1 300 余万元。相关数据见表 1。

表 1　中国音乐著作权协会维权数据统计（2014 年）

	发函数量（份）	证据保全（件）	起动诉讼程序（件）
复制权	2	—	3
表演权（现场表演）	21	31	43
表演权（机械表演）	20	55	28
广播权	21	—	6
信息网络传播权	2	—	3
合计	66	86	83

注：发函数量以函号计算，同一函号可能涉及多家单位。

（一）复制权维权

与我国音乐唱片产业的发展状况相关，几年来此类许可业务的比重一直不高，相应的维权数量也较少。2014 年的几例维权案例主要集中在 CD/VCD 的制作和发行、影视剧音乐的制作等方面。

（二）表演权（现场表演）维权

依照我国《著作权法》，演出组织者应当事先取得著作权许可，才能在演出中合法使用音乐作品，否则将侵犯著作权人的表演权。此类案件中，多数演出组织者在演出前均以工作繁忙、售票不理想等各种理由拖延办理著作权许可，演出后经音著协反复多次交涉，仍然不予配合，严重损害了音乐著作权人的合法权益。

2014 年，音著协此类维权行动发生在北京、上海、南京、广州、武汉、长沙、郑州、合肥、济南、洛阳、苏州、青岛、温州、惠州、江阴、连云港、宁波等全国多个城市。其中采取诉讼方式维权的包括：第四届农博会第十四届花博会群星演唱会、“当我们一起走过”2013 苏打绿青岛演唱会、郭富城 2013 年广州演唱会、沙宝亮“最初的信仰”2014 西安演唱会、2014 邓紫棋世界巡回演唱会、SHE 2GETHER 4EVER 世界巡回演唱会、陈奕迅 2014 巡回演唱会、SHE2013 世界巡回演唱会、张信哲 2014 巡回演唱会、张惠妹 AMEIZING 世界巡回演唱会、林宥嘉 2014 巡回演唱会等。

此类维权案件不仅涉及中国大陆音乐著作权人的作品，而且涉及很多港台及海外流行音乐作品，因此音著协的维权行动直接关系到全球音乐著作权人的合法权益。

（三）表演权（机械表演）维权

依照我国《著作权法》，公开播放音乐作品应当事先取得著作权许可，否则将侵犯著作权人的表演权。表演权（机械表演）许可中，始终存在着著作权人授权难、使用者获权难的现实问题。而国际上著作权集体管理组织上百年的实践表明，“一揽子许可模式”可以有效地解决这一两难问题。在我国，由于著作权法律意识、权利意识淡薄等原因，大多数使用者还不能主动、事先获得著作权许可。

音著协此类维权案件中，公开播送音乐作品的主体均为商业经营者，涉及商场、超市、餐厅、酒店、专卖店、车展、主题公园等不同业态。这些商业经营者在所经营场所内大量、长期播放背景音乐，但是并未获得著作权许可，而且经音著协多次交涉后，仍然拒绝办理许可，严重损害了音乐著作权人的合法权益。因为商业场所播放背景音乐涉及行业广泛、地区众多，所以相关维权行动范围较大，涉及全国多个城市，起动诉讼程序的城市则主要集中在上海、江苏、浙江等地。

2014 年此类维权行动的对象主要包括：上海伊势丹百货、北京王府井百货大楼、浙江老娘舅餐厅、南京商厦、上海大悦城、达芙妮专卖店、2014 北京车展的多家参展商等。

（四）广播权维权

根据我国《著作权法》、国务院《广播电台电视台播放录音制品支付报酬暂行办法》等相关法律法规，广播电台、电视台播放他人已发表的作品，应当支付著作权使用报酬；音著协作为依法成立的著作权集体管理组织，有权以自己的名义向广播电台、电视台发放授权许可并对侵权播放相关音乐作品的责任方提起诉讼。

2010 年，中央电视台与音著协签署付酬协议，开启了中国内地音乐作品广播权付酬的历史元年；2011 年，中国广播电视协会先后成立了广播、电视两个版权委员会，作为行业组织与音著协共同洽商出音乐作品广播权付酬的行业解决方案；2012 年 1 月，在电视行业解决方案的基础上，32 家在国内有重要影响力的电视台与音著协集体签署付酬协议；自 2013 年下半年开始，在广播行业解决方案的基础上，陆续有 40 多家在国内有重要影响力的电台与音著协签署付酬协议。5 年来，全部中央级电台、电视台，大部分省级电台、电视台，部分重点市级电台、电视台均已与音著协签署了付酬协议，获得了音著协的著作权许可及相关法律服务。

2014 年，对于部分坚持侵权使用或仍在观望的电台、电视台，音著协开始启动一系列的维权行动。自 2014 年 4 月开始，音著协先后向黑龙江广播电视台、云南广播电视台、天津广播电视台、陕西广播电视台、武汉广播电视总台、深圳广播电视台等 16 家长期侵犯音乐著作权的电台、电视台发出了律师函，并对其中久拖不决的部分电台、电视台的侵权事实进行了公证。其中，厦门广播电视集团、济南人民广播电台、南京广播电视集团、宁波市广播电视集团等播放音乐作品侵权案已被确立为第一批维权案件。

（五）信息网络传播权维权

数字时代的来临，使得音乐作品可以更自由地传播，而著作权的保护也面临着新的难题。为此，音著协于 2011 年与百度公司建立了“数字音乐著作权主渠道合作模式”，几年来持续致力于推广该合作模式，以便更好地保证音乐著作权人的利益，更好地促进互联网行业的健康发展。2014 年音著协对该合作模式的推广既有巩固又有创新，许可维权成绩显著。

2014 年下半年，经过诉讼、调解、谈判，音著协与腾讯公司建立了主渠道模式的合作。此外，音著协还与中国移动、中国联通开展了音乐作品版权清算方面的新合作，为更好地维护国内外音乐词曲著作权人的权益作出了有益的尝试。

（中国音乐著作权协会）

中国知识产权研究会
网络知识产权委员会打假维权工作报告

一、中国知识产权研究会网络知识产权委员会介绍

中国知识产权研究会网络知识产权委员会（简称“网络知识产权委员会”）是由中国知识产权研究会设立的，为网络知识产权研究工作建言献策、提供指导性意见和建议的咨询顾问机构。

网络知识产权委员会是一个行业性的、全国性的非营利性社会组织，在上级业务主管单位—中国国家知识产权局的指导和支持下开展工作，以保障我国互联网经济有序的发展，促进互联网创新活动，推进网络知识产权制度的完善。

网络知识产权委员会主要进行网络知识产权理论研究，解决网络知识产权实务问题，针对网络知识产权热点、难点问题立项研究。

网络知识产权委员会设主任委员 1 人，副主任委员以及委员若干；中国知识产权研究会理事长田力普任主任委员，中国互联网协会副理事长、中国国家知识产权局原局长高卢麟任副主任委员，副主任委员还有 3 位来自知名互联网企业的负责人：小米科技董事长雷军、时代集团公司总裁王小兰、阿里巴巴集团副总裁俞思瑛。

网络知识产权委员会下设秘书处，为该委员会日常办事机构，秘书处设秘书长 1 人，副秘书长 2 人；北京同立知识产权代理有限公司合伙人刘芳任秘书长，中国知识产权研究会副秘书长马秀山、北京同立知识产权代理有限公司合伙人臧建明任副秘书长。

二、2014 年反侵权假冒工作综述

在 2014 年夏季达沃斯论坛第八届年会上，国家互联网信息办公室主任鲁炜表示，中国互联网经济增长速度在全世界是绝无仅有的。据统计，当前中国的互联网站近 400 万家，网民有 6 亿多，手机用户 13 亿，智能手机上网用户也突破 5 亿。中国的网民数超过了很多国家的总人口数，占世界网民的 1/5 左右。中国互联网经济增长速度有两位数，而且是以 30% 的速度递增，这样的速度在全世界是绝无仅有的。以电子商务为例，每年中国电子商务交易额都突破 10 万亿元，2015 年可能要再增加 20% 以上，上半年已经比同期增长了 20% 。

毋庸置疑，基于互联网的创新的确已经彻底地改变了我们生活的方方面面，基于互联网的创新知识产权保护需求迫切，与此同时，各种山寨资源、非法转载、盗版视频等网络侵权行为也逐渐增多，网络知识产权侵权问题日益凸显。为加强网络知识产权保护、运营和管理，促进我国网络知识产

权研究工作深入发展，推进网络知识产权制度的完善和发展，并推动国内外民间交流合作，经国家知识产权局批准，2014年12月中国知识产权研究会设立了二级分支机构——网络知识产权委员会。

事实上，在网络知识产权委员会成立之前，2014年下半年中国知识产权研究会就已经开始针对网络知识产权的相关问题进行调研，调研工作由中国知识产权研究会田力普理事长亲自带队，刘芳秘书长组织了多次研讨会针对网络知识产权的难点热点问题进行讨论，同时参与调研讨论的还有来自国家知识产权局的司部长、法院知识产权庭庭长及法官、高校的知识产权学者以及各大互联网巨头的总裁、知识产权总监，从审查、审判、理论研究以及现实存在的问题等多维角度进行调查研究，全方位地了解当前互联网知识产权保护的现状以及其中存在的问题。

2014年12月11日，中国知识产权研究会第六届届中理事大会在北京召开，经本次理事大会会议通过，中国知识产权研究会决定成立分支机构——网络知识产权委员会。根据网络知识产权委员会机构章程的有关规定，网络知识产权委员会的主要职责为：

（1）依托知识产权界、互联网技术界与产业界资源，深入调查互联网创新活动特点与知识产权保护的需求和问题，形成研究报告，适时发布；

（2）探索研究适于互联网发展的知识产权解决方案；

（3）跟踪网络知识产权国内外的新动态，适时发布态势报告，并向有需求的机构提供业务顾问咨询和指导；

（4）与国际相关机构建立互动交流关系，组织开展网络知识产权交流活动，努力扩大网络知识产权研究成果的国内外影响力。

网络知识产权委员会根据主任委员建议或委员提议，不定期举办网络知识产权委员会交流活动，就重大网络知识产权问题进行研讨；承接网络知识产权研究项目，并根据研究需要组织国际学术研究交流活动、国内外调研和考察活动。原则上，网络知识产权委员会每年召开一次全体委员会议，总结上年度工作，安排下年度活动计划，确定研究方向。

网络知识产权委员会由相关立法、司法以及执法部门的专家、学者、企业管理和实务专家组成，组成方案由中国知识产权研究会审查批准，网络知识产权委员会设立多个专家工作组，各专家工作组由网络知识产权委员会领导和协调。根据工作需要，各专家工作组可邀请更多专业人士参与组成，并定期向网络知识产权委员会报告工作。2014年年底，网络知识产权委员会成立了4个专家组：电子证据与知识产权专家组，‘互联网+’与知识产权专家组，众创空间与知识产权专家组，电商平台与知识产权专家组，不同的专家组分别对不同领域内的网络知识产权保护问题进行立项研究，了解各领域内知识产权的保护现状，针对当前知识产权保护中存在的问题进行研讨，并形成研究报告，针对网络知识产权保护的新需求提出建议或意见，从而推进我国网络知识产权制度的完善。

一经成立，各专家组就立刻启动调研工作，电商平台与知识产权专家组对阿里巴巴等多家电商平台中存在的侵权问题和知识产权保护新需求进行了调研，众创空间与知识产权专家组立刻前往深圳创客空间、北京创客空间以及中关村创业一条街等地深入调研，调研过程中发现，初创企业、创客们的很多创新创意都没有及时进行保护，多数人只有到寻找投资的时候才意识到知识产权保护的重要性，但事实上，在“互联网+”的新形势下，初创企业、众创空间更要注重新商业模式的保护。另外，个人也应加强对开源硬件、创新创意的保护，及时存储，合理管理，因为它们以后可能极具价值。

2014年11月，李克强总理出席首届世界互联网大会时指出，互联网是大众创业、万众创新的新工具，互联网的创新成果正在与社会各领域深度融合，有力地推动技术进步、效率提升和组织变革，提升实体经济创新力和生产力。可以预见，在全球新一轮科技革命和产业变革中，互联网与各领域的融合发展具有广阔前景和无限潜力。近年来，我国在互联网技术、产业、应用以及跨界融合等方面取得了积极进展，已具备加快推进“互联网+”发展的坚实基础。由此可见，“互联网+”创新知识产权保护问题急需研究，网络知识产权委员会“互联网+”与知识产权专家组的专家们分别研究了“互联网+”时代下新业态、新模式，新方法等基于互联网的创新成果的知识产权保护方法，成立了“互联网+”新商业模式保护研究课题组，并着重针对进一步加大网络商业方法领域发明专利的保护进行了调查研究。

正如前面所述，现如今我们的生活已离不开互联网，网络给人们的生产生活带来了巨大的便利，但也开始引发越来越多的新形式纠纷、侵权假冒行为甚至是违法犯罪活动。显而易见，不论是民事纠纷还是刑事犯罪都离不开电子证据。学界对于电子证据的讨论由来已久，随着2012年新《刑事诉讼法》和新《民事诉讼法》正式将“电子数据”规定为法定证据种类之一，电子证据在诉讼中取得了合法地位。因此，在今后的诉讼活动中，公检法机关将更多地面对电子证据这一新的证据种类，但如何审查认定电子证据，有必要深入探讨。

在知识产权纠纷中，电子证据的认定同样存在各种各样的问题，网络知识产权委员会的电子证据与知识产权专家组特别成立了电子证据研究课题组，对时间戳技术在电子证据中的使用、专利确权维权程序中互联网证据等问题进行了调研，与各知识产权庭的审判长、法官等以座谈会等形式进行沟通讨论，深入研究了电子证据在知识产权侵权中的各种问题。

尽管网络知识产权委员会成立于2014年年底，对网络知识产权的研究才刚刚起步，但是各项研究定能推动我国网络知识产权制度的完善，助力“大众创业、万众创新”。

（撰稿人：吴志红）

中国防伪行业协会打假维权工作报告

一、中国防伪行业协会介绍

中国防伪行业协会（China Trade Association for Anti-counterfeiting），英文简称（CTAAC）成立于1995年3月，是中国防伪行业第一家经中华人民共和国民政部登记注册、具有独立法人资格的国家一级社会团体，业务主管部门为国家质量监督检验检疫总局。该协会由全国从事防伪技术及防伪技术产品研制、开发、生产、应用的企事业单位、大专院校、科研院所和国内著名的防伪技术专家组成。中国防伪行业协会的宗旨是：规范、服务、创新、发展。

中国防伪行业协会的主要职能为：

一是宣传贯彻国家关于防伪打假工作的方针政策和法律、法规，积极向政府反映国内外团体人士对防伪打假工作中重大问题的意见和建议。

二是协助政府部门研究制定我国防伪行业发展战略、发展规划、年度计划、法律、法规、政策，开展对防伪行业的监督规范工作。

三是承担全国工业产品生产许可证办公室防伪技术产品审查部、防伪技术评审组织机构、境外防伪技术产品注册登记备案实施等工作；开展防伪技术产品使用备案注册、防伪技术核查评定等工作并定期向社会公告。

四是对行业的情况进行统计、收集、分析，发布行业信息；负责行业诚信体系建设，开展企业质量信用评价；制定并监督执行行规行约，规范行业行为，维护公平竞争。

五是组织防伪行业新产品、新技术、新工艺、新材料的研究、开发、推广、监制工作；联合科研院所、大专院校、专家承担国家相关科学领域重大项目攻关任务，建立产品与公共安全领域防伪产业技术创新战略联盟，帮助会员增强自主创新能力，提高企业核心竞争力和可持续发展能力。

六是推动防伪技术商品化、产业化、国际化进程；在科技成果转化过程中，协调知识产权保护、专利技术转让等重大工作。经科技部批准，组织开展防伪科技奖励。

七是承担全国防伪标准化技术委员会的工作，配合相关部门组织防伪技术产品国家标准的制定和修订；开展国际交流，提出相关建议，跟踪国际防伪标准技术发展。

八是接受政府委托承办或根据市场和行业发展需要，组织国内外的先进产品和先进技术的展览（销）会和技术交流，为企业走向国际市场服务，提供信息咨询、维权、培训服务等。

九是主办《中国品牌与防伪》杂志；出版其他专业技术资料；建设中国防伪行业协会网站；

十是承担政府部门委托的其它工作任务。

二、反侵权假冒工作综述

随着全球贸易的发展，假冒伪劣商品越过国界，成为世界仅次于贩毒的第二大公害。国际上对产品假冒问题非常重视，经合组织（OECD）在《假冒和盗版对经济的影响》报告中指出“假冒和盗版对贸易、投资、就业、商业创新甚至环境和犯罪率都有着深远的影响。对投资、特许经营和品牌价值中的销售量、价格和成本影响极大。对于消费者来说，假冒和盗版产品作为一种廉价的替代品往往质量低下，可能对健康和安全产生威胁。对于政府来说，假冒和盗版影响政府的税收和财政支出。”据世界贸易促进会估算，每年假冒伪劣商品的成交额占世界贸易总额的8%，实际货值为7 000亿美元。

在我国国民经济建设和打假工作中，防伪技术已经成为预防和打击假冒伪劣产品的重要措施，防伪技术产品在保护名优产品免遭假冒伪劣商品冲击、保护企业和消费者利益、维护社会主义市场经济秩序、净化经营环境和建立诚信氛围等方面发挥着越来越重要的作用。防伪行业保护了众多领域的数百万亿价值的各种产品，防伪行业也在不断发展壮大。目前，我国防伪企业达3 000家左右，防伪产品的年产值可达2 000亿元。

2014年，中国防伪行业协会围绕《质量发展纲要》核心工作，贯彻“推动三个转变，建设质量强国”精神，重点开展了防伪行业立法工作、防伪行业诚信体系建设、防伪行业监管、人才培训与宣传、防伪标准化体系完善和帮助企业打假维权等工作，充分发挥了社团组织的桥梁和纽带作用。协会为配合政府主管部门执法打假，组织研发了执法人才库管理信息系统；研制并立项了一项国家标准——《基于组织机构代码和物品编码的防伪编码技术要求》；健全了反侵权假冒的规章制度；制定行规行约，推动行业诚信建设；内设了专门的防伪维权中心负责帮助企业打假维权等具体措施，为积极探索防伪行业规范管理和创新发展做了大量卓有成效的工作。

（一）加快推进防伪行业立法及办法修改工作

2014年，中国防伪行业协会积极配合国家质检总局全国防伪办、法规司，加快推进《产品防伪监督管理办法》（以下简称《办法》）的修订工作。并赴广东省开展《办法》执行情况监督检查，选取了防伪企业相对集中的广东省进行重点检查和调研，听取了广东省质量技术监督局、广州市质量技术监督局、深圳市市场与质量监督管理委员会的工作汇报，并赴深大反光材料厂等行业重点企业进行调研，与深圳防伪协会和30多家有关企业进行了座谈。

与此同时，中国防伪行业协会还积极推动《防伪管理条例》的立法工作。推动人大代表、政协委员提出建议和提案，呼吁各方重视并有效推动《防伪管理条例》的立法工作；深入研究《防伪管理条例》中与行业管理和发展相关的重点内容，对国内外相关法律法规情况进行调研，组织专家撰写《防伪管理条例》立法研究报告，广泛调动专家和企业积极性，参与到条例立法工作中，推动条例尽快列人立法计划。

（二）进一步完善防伪标准体系

合理规划防伪标准体系的布局，针对防伪行业现有标准需求，重点对实现产品质量追溯的关键技术进行研究，并组织起草了《基于组织机构代码和物品编码的防伪编码技术要求》国家标准（草案），实现了国家标准的立项。同时，完善防伪国家标准、团体标准、企业标准三级标准体系，进一步完善基础和通用领域的防伪国家标准，提出急需制修订的标准规划，开展相关标准的制修订工作；适时探索开展团体标准的研制；推动防伪领域企业标准培训和服务工作。

（三）开展防伪行业诚信体系建设

2014年，中国防伪行业协会积极开展行业诚信体系建设工作。按照国务院《关于促进市场公平竞争维护市场正常秩序的若干意见》、《社会信用体系建设规划纲要（2014—2020年）》等文件提出的加强行业自律和诚信建设要求，对防伪行业诚信体系和自律相关制度进行研究，起草包括行业信用评级管理办法以及评价细则等。2014年9月，举办了企业质量诚信国家标准宣贯会，来自全国防伪企业主管质量工作的代表共计60多人参会。邀请中国标准化研究院专家解读《企业质量诚信管理实施规范》国家标准相关知识和《企业质量信用报告》编制要求，有11家防伪企业递交了2014年度《企业质量信用报告》。

协会还在行业内部开展防伪行业自律和企业质量诚信的倡议和承诺活动，发布了《中国防伪行业自律公约》。目前，已经有50余家防伪企业签订《企业质量诚信倡议书》，48家防伪企业签订《企业质量诚信承诺书》。倡导行业公平竞争，严守国家法律法规，恪守职业道德规范，推进质量社会共治，营造行业质量诚信环境。

（四）加强行业监督管理

2014年，协会继续协助政府主管部门做好防伪行业日常监督管理工作，规范行业秩序，保障防伪技术产品质量。一是顺利完成本年度防伪技术产品生产许可证的实地核查工作，共完成生产许可证实地核查企业116家（标识48家，材料22家，票证46家）。二是分别组织对防伪企业和注册审核员进行培训，传达学习了生产许可新的政策和办法，加深法律法规意识，提高业务能力。三是继续做好防伪技术评审工作，寓监管于服务之中，全年共完成防伪技术评审38项。四是受全国防伪办的委托，开展防伪注册登记推广代理机构的现场审查工作，完成了3家境外企业产品境内推广代理企业的审查工作。截至2014年年底，共完成防伪行业生产许可有效企业总数为649家，防伪技术评审总评审项目数量382个，防伪注册登记企业数量为28家。

（五）开展保护知识产权及鉴别真假技术培训，提高防伪工程技术人员业务水平

2014年，协会结合行业工程技术人员的实际需求，以《现代防伪技术与应用》教材为主要培训内容，结合保护知识产权及鉴别真假等技术内容，分别于4月、7月和9月组织了三期全国防伪工程技术人员培训班，共培训258余名来自全国防伪企业从事技术管理、研发、生产、检验、销售等防伪技术人员。有效提高了防伪工程技术人员的素质和专业

技能，提升行业整体技能水平。

（六）承办质量法制与诚信建设分论坛

2014年，协会作为国家质检总局“质量月”活动的重要参与和支撑服务单位之一，于9月承办了质量法制与诚信建设分论坛。论坛邀请美国康涅狄格大学Pandya教授、我国著名行政法专家应松年教授、原全国政协委员艾丰、总局刘兆彬总工程师、对外经贸大学李俊教授、海尔集团任贤全副总作为演讲嘉宾。有关部门领导、企业代表、业界专家、大专院校师生共200多人参加了会议。论坛主题包括美国的产品责任法和产品安全法的实施情况、实施质量强国战略、强化质量诚信管理、我国质检法制工作的历史进程、我国质量诚信体系建设中的制度创新、海尔集团质量信誉的建设，从国外经验、政府治理、企业管理等多视角、多维度分析了我国质量法制与诚信建设工作，并提出了诚恳的意见和建议。

（七）积极为政府提供服务支持

协助总局各司局做了大量服务工作。一是积极宣传“质量月”活动。协会通过网站、杂志和手机短信等平台和渠道，开展“质量月”宣传工作。在《中国品牌与防伪》杂志上对“质量月”活动进行专题报道，发表10篇文章，近40页篇幅，制作印发全国“质量月”宣传画36 000张，全面报道了2014年全国“质量月”启动仪式、各分论坛的情况，重点选取“借鉴德国先进经验、实施质量强国战略”等精彩专题进行介绍。同时，在协会网站发布多篇新闻报道“质量月”系列活动，并用短信方式向会员和行业相关企业进行宣传，共计发出宣传短信600余条，对宣传“质量月”活动，提升行业质量意识起到积极作用。二是完成质检执法人才库管理系统（二期）的研发和调试，并继续完善该系统的各项功能，保障系统的稳定运行。

三、行业内知名企业维权打假工作情况

（一）北京兆信信息技术股份有限公司

1. 企业简介

兆信股份（股票代码430073）以产品数字身份管理技术为核心，基于云平台，利用大数据、物联网、移动互联网技术，通过数字码、二维码、RFID等标签为载体，以防伪保真为切入点，为企业提供产品信息全生命周期管理服务，包括软件应用服务、综合解决方案服务和平台运营服务，实现产品从采购、生产、加工、仓储、流通及销售等环节的全程追溯，涵盖物料管理、生产赋码、质量管理、智能仓储、物流防窜、生产召回管理、多级经销商管理、溯源防伪、门店管理、会员管理、价格体系管理、移动营销、数据分析、维权打假等全方位服务，不仅为企业产品安全保驾护航，更为企业实现信息化战略，开展数字化管理与移动营销，提供了强有力的支持。

2. 企业维权打假工作情况

（1）发起成立反侵权假冒相关机构。2014年，在全国打击侵犯知识产权和制售假冒伪劣商品工作领导小组办公室和中国产学研合作促进会指导下，兆信股份发起成立了中国反侵权假冒创新战略联盟和北京侵权伪劣物品检验鉴定技术创新联盟，均任理事长单位；同时，兆信股份也是中国产品质量检验信息公共服务平台和全国产品质量追溯第三方验证公共服务平台的技术支持方。联盟的助力以及第三方平台的建设，保证了兆信从更高层次上更好地为企业知识产权保护和打击假冒伪劣工作提供帮助，为企业产品信息管理及追溯提供服务。

（2）组织开展打击侵权假冒相关活动。兆信股份携手入网企业先后组织开展了百家企业百日联合打假行动、放心药工程双三百大行动等，配合执法部门破获了制售假毓婷案、广东增城假药案、河南安阳假药案、安徽阜阳假药案、湖南娄底假药案、河北安国假药案、浙江义乌制售假保健品案、东北三省宝洁SK-II产品遭侵权案等大案要案。全国各大媒体曾在显著时段或版面进行了报道，在全国各界引起较大的反响。据不完全统计，近年来，兆信股份及入网企业为工商、质监、药监、公安等执法部门共提供假冒、侵权案源1 700多件，配合执法部门查处制假、售假及侵权案件900多起，货值近2亿元。

打击侵犯知识产权和制售假冒商品是一项长期工作，今后，兆信在进一步提高和创新自身产品的同时，将继续积极参加联盟活动，继续加强对维权打假工作的支持，争取得到更多来自监管部门和公、检、法、司部门的指导和帮助，为打击侵犯知识产权和制售假冒伪劣行为作出更大贡献。

（二）山东泰宝防伪技术产品有限公司

1. 企业简介

山东泰宝防伪技术产品有限公司始建于1993年，目前为国内最大的信息化防伪产品生产基地，是中国防伪行业协会副理事长单位，国家级高新技术企业，是国家新材料成果转换及产业化基地骨干企业，国家科技部、工信部、发改委重大项目的实施单位，多次主持或参与国家标准的制修订工作。公司年产信息化防伪产品规模达150亿枚，每年为3 000余家企业、上万种知名品牌提供信息化防伪保护。

公司拥有三个省级研究中心，每年研发费用投入2 000余万元，研发产生的知识产权全部申请专利保护，目前拥有

专利300余项，其中发明专利32项。“泰宝牌”先后被评为山东省著名商标、山东省名牌产品。公司大力推进防伪技术的研究开发，建有山东省防伪工程技术研究中心、山东省企业技术中心、山东省射频识别工程技术中心，超过100人致力于创新研发，为国内广大知名企业提供完善的防伪保障。建设了庞大的数据平台，为广大消费者和客户提供防伪查询和物流查询服务，有效保证了产品相关方的信息互动。

公司凭借高端防伪技术，不断提升产品制造门槛，同时定期对客户产品的防伪技术优化升级，提高防伪产品技术含量，切实保护了客户和消费者的利益。

2. 企业维权打假工作情况

公司为加强知识产权保护和打假维权，制定了专门规章制度，采取了一系列创新举措：一是通过知识产权管理体系认证，全面实施知识产权战略，在注重自身知识产权保护的同时，也防止侵犯别人的知识产权，并通过知识产权布局，扩大自主知识产权的拓展空间；二是加强公司内部保密行为管控，对公司内部的工作行为都进行了严格的规定；三是在打击假冒伪劣方面，不断融合先进的无线射频识别（RFID）技术，将RFID技术融入到防伪产品中去，增加了信息获取的效率，方便了公司客户和广大消费者的使用；四是加快推进物联网技术应用，实现物物互联，每个产品都被赋予了唯一的身份码，可通过网络等信息工具随时对其状态进行查询、确认，实现了对假冒伪劣的系统性屏蔽等。2014年开展的主要相关工作和活动以及工作成效和经验如下：

（1）2014年，公司在维权打假工作方面主要以企业信息化为中心，加快由单纯提供防伪技术向提供防伪系统解决方案过渡，从源头上建立产品信息库，达到全程监控的目的。

（2）注重在产品的外包装上集成防伪信息。例如，在景芝集团，通过在瓶盖上加信息电化铝，在流水线上自动采集，自动装箱，实现信息一一对应，并由此组建产品的原始数据库，从源头对产品进行信息设定，保障了信息的唯一性和准确性。这一方案成为打击假冒伪劣的有效措施，并被泸州老窖等著名企业采用实施。

（三）浙江维融电子科技股份有限公司

1. 企业简介

浙江维融电子科技股份有限公司坐落在省级开发区苍南工业园内，注册资本5 000万元。维融公司是专业从事金融设备研发、生产、销售及金融信息服务的国家级高新技术企业；是中国防伪行业协会副理事长单位，中国防伪技术协会理事单位；是国家标准GB16999-2010《人民币鉴别仪通用技术条件》的主要起草单位之一；获得国家发明、实用新型和外观设计专利以及计算机软件著作权等108项。企业法人魏伟曾获得第三届防伪注册专家称号，其主要负责的人民币伪钞鉴别仪项目曾获得第三届中国防伪行业防伪科学技术一等奖。

2. 企业维权打假工作情况

假冒人民币，是危害国家金融安全的严重违法行为，必须予以严厉打击。维融公司以维护金融安全为使命，结合自身特点，加强反假货币工作。2014年以来，在以往为银行机构、大型集团、大量民用商铺等提供先进的防伪技术与设备的基础上，积极开展反假货币技术研发、建立反假货币宣传阵地、开展反假货币公益宣传活动，为我国反假货币斗争，发挥了积极的作用。具体做好以下三个方面的工作：

（1）加强科技创新研发，为反假货币提供技术与设备支持。在反假货币斗争严峻态势下，维融公司以企业研究院为科研平台，深度研发适合时代发展的高科技产品，做好金融装备物联网信息技术的融和，为银行机构反假货币提供大量的具有先进技术的人民币反假现金处理设备，为金融机构反假货币工作提供技术与设备支持，解决了银行机构对假币数据的实时上传与监控，有效打击假币的流通，有效保障了人民币的流通安全与信誉尊严。同时，维融公司还开展了民间反假货币技术与设备的研发工作，为建立民间反假货币“铜墙铁壁”作出努力，研发了“金融卫士”软件，2014年研发了全球首台网络点验钞机，实现了应用物联网技术对现金流通中出现假币的实时跟踪、鉴别与堵截，取得了良好的反假效果和社会效益。

（2）建立反假货币教育基地，加强反假货币基础投入。开展反假货币斗争，是维融公司企业的义不容辞的社会责任。在国家和地方反假货币机构的支持下，维融公司建立了苍南县反假货币教育基地。维融公司组成了以维融公司高层为成员的机构，投入较多经费专门建立了有350平方米的浙江维融公司反假货币陈列馆，陈列古今中外各国货币、假币样张与图解、相关图书刊物资料、视听电子设施设备、反假货币仪器设备、演示体验设备等，浙江维融公司反假货币陈列馆同时加入了中国金融博物馆联盟，并向全国会员无偿赠送反假货币设备30余台。为开展各项反假货币教育宣传活动，提供了基地和窗口，有效地促进了反假货币工作的开展。

（3）加强与配合政府机构积极开展反假货币宣传。2014年以来，维融公司发挥自身优势，积极开展各种形式的反假货币工作。一是组织召开由防伪机构专家、地方政府机构、反假货币机构、地方银行机构、和社会各界人士出席与参加的600多人全国性反假技术、宣贯有关会议；二是投入10万多元设计反假货币展览版、展架、展柜灯箱、视频设备5套130多幅面和12个展柜；三是开展经常性教育培训与展品参观活动，陈列馆常年开放，接待政府领导、中外客商、社团组织等1 000多人次，2014年以来与地方反假货币与银行机构共同主办培训班1期，50人；在社区、商业广场、农村、学校、图书馆反假货币巡回展出6次，受众约达10 000余人。

（撰稿人：陈锡蓉）

中国质量检验协会打假维权工作报告

一、协会简介

中国质量检验协会成立于1995年，是由全国产品质量检验机构、与质量检验工作有关或从事质量工作的单位和个人自愿结成的行业性、全国性的非营利性国家一级社会组织，归口国家质量监督检验检疫总局。

协会现有团体会员近3 000家，其中企业会员2 369多家，检验技术机构会员300多家，含全国重点质检院（所）48家、国家质检中心100多家。2010年11月召开了第三次全国会员代表大会暨第三届理事会第一次会议，成立了第三届理事会；理事会成员共有419名，其中常务理事127名。周铁农副委员长、白立忱副主席和顾秀莲副委员长为协会名誉理事长。

主要业务范围：宣贯国家有关质量的法律法规等；开展学术交流和技术培训；实施国家质量检验师执业资格制度的管理；开展技术咨询、服务、国际交流合作；组织出版专业刊物、书籍；接受国家质检总局委托，承担产品质量申诉处理、质量纠纷调解、质量法律咨询、仲裁检验、质量鉴定等工作；承办国家质检总局有关司（局）交办及质量相关等工作。

协会下设12个分支机构：机动车安全检验、煤炭质检、食品、电子电器、冶金产品质检、磨料磨具质检、建材、移动实验室分会、服务业质量、净水设备、印刷包装、空气净化器等专业委员会（分会）。

二、反侵权假冒相关工作

协会承担国家质量监督检验检疫总局产品质量申诉处理中心工作，该中心是国家质量监督检验检疫总局为履行国务院赋予其“管理产品质量仲裁检验、鉴定”职能，做好受理用户、消费者质量申诉，调解产品质量纠纷，接受产品质量仲裁检验和组织质量鉴定而成立的机构。中心按照其职能开展相应产品质量鉴定和产品质量申诉等相关工作。

（一）2013年产品质量状况分析

2013年各级质监部门受理的产品质量申诉主要集中在交通运输类产品、通信计算机电子类产品、制造食品类产品、家用电器及轻工等类产品上，申诉产品按行业分类排在前五位的分别是制造食品、特种设备、计量器具、家具、农副加工食品。对于轿车类产品，主要部件质量问题申诉较多，集中出现在汽车发动机、变速箱、刹车系统、减震器等汽车部件上。

典型案例：大众DSG变速箱的设计缺陷。从2013年3月份大众中国开始实施DSG车型的大规模召回，然而大众的召回措施却问题频出，大众公司在召回声明中并没有明确产品召回界定原则。消费者反映车辆出现顿挫、异响等问题，车辆生产信息也符合声明规定的范围，但经VIN码查检，车辆不属于召回范畴。部分车辆不在声明规定的范围内，但也存在诸如异响、顿挫、甚至动力中断等故障。在3月份召回38万辆问题汽车后，11月大众再次实施DSG车型的大规模召回，承诺除免费更换变速器润滑油外，还将更新最新版变速箱软件。此次大众DSG缺陷问题，涉及面广，问题突出，影响力大，在质量把关和诚信体系建设中需要进一步加强。

（二）2014年产品质量状况分析

2014年各地质检部门受理的产品质量申诉中，申诉产品按行业分类，依据申诉量排序，前五位分别为：交通运输设备、特种设备、计量器具、电气机械及器材、专用设备。随着2013年10月1日家用汽车三包规定实施以来，家用小轿车投诉量明显增加，投诉主要问题有汽车抖动异响，汽车异味、空调不制冷、发动机故障灯亮、发动机漏油、后悬挂变形、正时链条断裂等。

典型案例：一汽大众的新速腾后悬挂存在安全隐患的问

题。据消费者反映一汽大众汽车有限公司于2012年至2014年5月期间生产的新速腾汽车后悬挂设计存在缺陷，纵臂受力过大容易导致断裂，存在安全隐患。消费者认为车辆存在安全隐患，要求企业召回相应批次车辆。企业在各方的压力下，发布了召回方案，将召回的相应批次车辆后悬架安装金属衬板。此召回措施发布后，引发广大消费者对召回方案的强烈不满，再次出现大量的对召回措施的投诉。此次新速腾后悬架安全隐患问题，社会关注度高，反映出企业处理问题拖沓，缺乏危机意识和诚信理念。

三、质检院（所）维权打假工作情况

（一）概述

据协会不完全调查统计，2013年度，福建、广东、黑龙江、浙江、安徽、北京等23省市开展产品质量鉴定工作，受司法机关委托受理610件、实施551件，受仲裁机构委托受理10件、实施10件，受质量技术监督部门委托受理16件、实施15件，受其他行政管理部门委托受理1 061件、实施1 060件，受有关社会团体（其处理产品质量纠纷的）委托受理4件、实施3件，受产品质量争议双方当事人委托受理35件、实施34件，共计受理1 736件、实施1 673件。

2013年度，全国山东、重庆、天津、福建等12省地开展产品质量仲裁检验工作，受司法机关委托实施仲裁检验515件，受仲裁机构委托实施仲裁检验1件，受质量技术监督部门委托实施仲裁检验1 192件，受其他行政管理部门委托实施仲裁检验1 025件，受有关社会团体（其处理产品质量纠纷的）委托实施仲裁检验4件，受产品质量争议双方当事人委托实施仲裁检验158件，共实施仲裁检验2 895件。

（二）以福建省产品质量检验研究院的维权打假工作为例

1. 简介

福建省产品质量检验研究院（原福建省中心检验所，以下简称“福建院”）于1964年成立，是我国最早组建的省级质检机构，经过几十年的努力，具有电气、电子、建材、食品、塑料、轻工、机械、化工、消防、环保等60大类两千多种产品的检验能力，全院实验室面积3.5万多平方米，仪器设备6 000多台（套），固定资产2亿多元，收存各类国内外标准资料10多万份。在职员工460多人，技术人员中的中高级职称人数占60%以上，其中3C工厂检查员、生产许可证工厂检查员、QS审核员、质量管理体系审核员、环境管理体系审核员、职业健康安全体系审核员和实验室评审员100多人。

经国家质监总局和有关权威机构授权、认可，设在该院的国家级实验室有：国家塑料制品质量监督检验中心、国家加工食品质量监督检验中心、国家电子信息产品质量监督检验中心、国家中小型电机产品质量监督检验中心、国家低压开关电器产品质量监督检验中心、国家建筑装饰装修产品监督检验中心等6个国家级检测中心，国家强制性产品认证指定实验室、国家食品质量安全检验单位（国家示范实验室）、科技部科技成果国家级鉴定机构、商务部农产品定点监测单位、农业部无公害农产品检测机构、公安部授权安防工程检测单位等。

2. 产品质量司法鉴定工作简介

福建院最早于20世纪80年代开展质量鉴定，2004年成立质量技术鉴定中心专门受理争议产品质量鉴定，2005年经福建省司法厅核准登记授予福建东南产品质量司法鉴定所资质，成为福建省内首批通过核准登记从事产品质量鉴定的司法鉴定机构。

2004年至今，受理并完成各类鉴定案件1 500余件。鉴定产品涉及机械、食品、塑胶、电机、电器、建材、车辆、化工产品等各个领域。

（1）2014年反侵权假冒工作主要成效。

2014年，福建东南产品质量司法鉴定所服务福建省内外公安、环保、安监、质监、工商、食药局等部门执法办案共计164件。一是技术支持福建省安监部门查办致人伤亡的重大安全事故8起。通过对小型游艺设备升降飞机、儿童摇摇车、热水器、钢芯铝绞线、大型起吊船事故鉴定、电线盘、电动手磨机质量鉴定，查明小型游艺设备升降飞机、儿童摇摇车、大型起吊船质量缺陷，热水器、电线盘、电动手磨机存在漏电安全隐患。与行政机关形成合力，助力安监部门安全监管，排除安全隐患，服务一方和谐稳定。二是协同福建省内外公安机关查处“无根水”泡豆芽、“松香拔（禽畜）毛”违法活动106件，协助公安机关打击食品犯罪，保卫餐桌安全。三是通过对油类液体属性鉴定，协助政府部门取缔非法炼油窝点，服务环保部门环境监管，2014年，技术支持环保部门执法办案共25件。此外，通过翻新轮胎鉴定，为多省公安机关打击非法生产翻新轮胎活动提供技术支持，协助公安机关经济犯罪案件侦查；技术服务福建省某市边防公安打击违法犯罪活动3件，为边防公安查获越境但无合法手续的牛肉制品、鸡爪等冻品提供技术支持，维护边境地区稳定和谐；通过对一批河豚毒素含量鉴定，帮助福建省某市食药局规范海鲜市场经营，打击非法经营销售活动。2014年协助福建省各地市食药局执法办案19件。

（2）2014年反侵权假冒工作典型案例。

一是跨区域制假售假，技术鉴定解燃眉之急。2014年

12 月内蒙古呼和浩特市公安局向福建东南产品质量司法鉴定所寻求技术援助，据了解，犯罪嫌疑人生产假冒某知名品牌雪糕，并销往全国，且金额较大，经该所鉴定，查明该批雪糕不符合标准要求，及时出具了鉴定意见，为司法机关案件侦查及最终司法机关定罪量刑提供了重要依据，解决了公安机关案件侦办的燃眉之急。

二是水泵漏电致少女死亡，技术鉴定揭开电击迷雾。2014 年 11 月，福建省泉州市某山村一花季少女在一水塘内清洗鸡蛋时不幸被电击身亡。福建东南产品质量司法鉴定所获悉后，协同当地公安机关办案民警赶赴案发现场展开勘察。经排查，鉴定工程师发现安装在水塘内的水泵绝缘已失效，水泵接入电源后其外壳金属件带电，存在漏电安全隐患。经该所技术介入使花季少女死亡案件得以真相大白，同时，该所与当地公安机关合力排除了安全隐患，保障了该片区域的公共安全。

三是儿童乘坐摇摇车身亡，缜密勘察还原死亡真相。2013 年 9 月，福建省某市一名 8 岁男孩在玩儿童摇摇车时，被车身和底座夹住胸背部，不幸死亡，小生命的离去使亲人陷入巨大悲痛，闻讯的家长也纷纷陷入恐慌。该起事件引起了当地政府的高度重视。福建东南产品质量司法鉴定所了解情况后，紧急指派鉴定专家奔赴当地给予技术援助，经缜密勘察，发现该儿童摇摇车存在机械挤压危险、舱门的锁紧装置不可靠、安全标志缺失、周边未设置安全栅栏或其他有效隔离设施等安全隐患。2014 年 3 月 26 日，该市安监局以此鉴定意见为重要证据作出相应行政处罚决定。

（撰稿人：章娜）

中国电子商会打假维权工作报告

一、协会介绍

中国电子商会于 1988 年成立，并在国家民政部登记注册。它是全国生产经营电子信息产品的单位及团体自愿组成的行业性社团组织，具有独立法人资格，业务上受工业和信息化部指导。中国电子商会在国内已有 21 个地方电子商会，11 个专业委员会和 6 个产业联盟，拥有直属会员、分会会员、专业会员 5 000 多个。中国电子商会会员的年销售额占中国电子信息行业销售总额的 1/3 以上。

中国电子商会的宗旨是：坚持改革开放的方针，执行国家有关电子信息行业发展的方针政策，按照发展社会主义市场经济的原则，通过本会的工作，促进电子信息产品生产与国内外贸易的不断发展，壮大会员的经济实力，扩大商会的社会影响，维护会员的合法权益，为电子信息行业的生产经营培育良好的市场环境。

中国电子商会的主要任务是：在会员和政府之间发挥中介作用。维护会员的合法权益，及时地反映会员的意见和要求；协调会员之间的利益；帮助企业、会员促销；消除恶性竞争；传达政府的方针政策，协助政府对电子信息产品的经营销售进行指导、协调、咨询和服务，监督会员正确执行国家的法规制度。

中国电子商会在全国电子信息行业中占有重要位置，在国内外电子信息产业界享有很高的声誉。中国电子商会的几千个会员单位，形成了一个覆盖全国 31 个省市自治区的电子信息产品销售网络，可以为任何一个厂商的产品采购、代理、加工提供服务。中国电子商会也是世界电子行业的重要成员，与国际上许多国家的电子协会、商会和政府机构，如美国电子工业联盟、美国消费电子协会、美国驻华使馆商务处、德国投资贸易署、日本电子信息技术协会等，保持着密切的联系。通过这些国际商协会及相关组织机构、商会可以为广大国内会员企业提供走向国际市场的方便条件。

二、反侵权假冒工作综述

2014 年 6 月，为了形成打假合力，有效打击电子电器产品质量违法行为，切实维护电子电器产品生产企业的合法权益，国家质量监督检验检疫总局委托中国电子商会协助开展电子电器执法打假工作。为开展电子电器执法打假相关工作，中国电子商会向会员企业发出协助打假通知，一方面通知行业会员企业利用企业在全国的网络资源，组织开展明查暗访活动，发掘电子电器产品造假内幕，提供一批电子电器产品质量违法案件线索；另一方面也加强执法打假工作联系，提出对质检部门加强电子电器产品执法打假工作的意见和建议；同时，建议企业将该活动作为重点活动长期开展下去。

经过半年的努力，中国电子商会在协助相关职能部门执法打假方面取得了一些成果，具体情况如下：

（一）大力开展相关活动

2014年7月30日，中国电子商会在深圳召开手机及手机配件执法打假工作座谈会，邀请了82家企业共105人到会参与讨论，深圳作为手机行业生产及销售的集中地，中国电子商会以深圳为试点地区，在生产企业、卖场、维修网点等领域征集假冒线索，通过会议座谈形式达成行业共识，调动行业从业人员的工作积极性。

8月7日，中国电子商会向行业内相关企业正式发文，通知联系了418家企业，商请相关企业协助开展电子电器执法打假工作，发挥全行业参与打假的作用，并且通过官方网站、微信社交平台扩大影响力，加强舆论曝光的力度。

针对手机行业假冒热点产品，中国电子商会联合行业重点手机企业共同开展假冒线索征集及执法打假举报工作，如与小米公司在北京、武汉、广州、昆明、成都、深圳、西安等地发起了维权专项活动，接获群众举报的假冒线索3 000多条和第三方打假公司报送的线索150条，其中，有关部门确认立案的行政刑事案件123宗。2014年全年，中国电子商会协助执法和司法机关查处的案件的涉案金额高达2亿元。

（二）取得一定工作成效

1. 解决组织工作散乱问题

通过行业协会发挥组织行业的优势，有效加强了企业间的凝聚力，将专项活动的精神深入贯彻到社会各层级，节省了大规模开展专项行动的时间和成本。

2. 工作开展更具针对性

通过团结行业协会中的中坚企业力量，有效调动了企业打假的积极性，特别是先围绕行业内热门假冒对象开展试点工作，树立了行业打假的典型，彰显了政府打假的决心，使得工作开展更有针对性和说服力，提升了政府公信力。

3. 线索举报征集更具灵活性和保密性

本次项目除了通过会议宣传、卖场定点征集等方式向公众、生产企业搜集相关情况外，中国电子商会还重点采用线上有奖征集的方式，向广大网友征集意见。如通过官方网站向100多万名网友进行宣传告知，通过微信公众号向4 000多名企业人员发送有奖线索征集宣传，充分发挥互联网的优势，不仅所有信息高度保密，消除了举报人怕遭报复的顾虑，而且推动了活动的灵活开展，根据实际情况作出及时调整。

4. 业界人士高度赞赏，群众满意度高

与以往执法打假工作不同的是，中国电子商会更注重企业的需求及群众的互动，通过座谈、电话、问卷等多种调研方式，与生产企业反复沟通，最终与企业确认了行业打假线索征集的重点、地方打假工作的难点，根据企业需求解决实际问题。同时在消费群体中，通过一线维修网点、卖场的消费指导、网络社交平台的互动咨询，及时解答用户的疑惑，消除用户对政府工作的误解，电话解答次数约200次，网络解答40次，群众总体满意度较高。

（三）及时总结打假维权经验

总结本次协助打假工作，中国电子商会认为，要充分挖掘行业假冒伪劣线索，有效开展执法打假协助工作，既离不开政府部门的指导，也需要全行业的共同参与。具体情况如下：

1. 调动企业一线人员的积极性，进行政策指导培训

生产企业一线人员是行业假冒侵权现状的第一接触人，要充分掌握行业具体情况，离不开对一线人员的培育指导。在工作中，中国电子商会发现，一线人员反馈掌握的线索非常关键，往往多数是消费者热点关注的、假冒侵权严重的情况，非常具有代表性。因此，2014年，中国电子商会注重对基层一线人员的培训，促进其积极地配合相关工作，认真对待并及时报送每一条线索。

2. 根据侵权情况与行业企业定期沟通，密切保持联系

行业在不同季节有不同的销售特点，假冒侵权的现象也往往随之变化。因此，在不同时期，中国电子商会注重对行业的重点企业的回访沟通，了解行业不同产品在不同时期的被侵权情况，建立起定向沟通机制，密切保持联系。

3. 利用信息技术，为企业、公众提供多元举报反馈渠道

在本次项目中，中国电子商会一共建立了5种现代信息化服务工具，如网站平台、电子邮箱、微信、微博、手机APP等，用于接受企业、公众的联系沟通，使得工作开展更具时效。

（四）工作存在的问题及改进方向

1. 工作存在的问题

（1）线索甄别困难，产品识别度低。由于很多线索都是散乱式汇总而成，对线索甄别工作带来一定难度，加上目前电子产品识别度低，连企业普通员工也无法辨别真假，对线索征集工作的有效性造成一定影响。

（2）假冒工厂转移迅速，对目标锁定不易。通常假冒工厂多在半夜或隐蔽的地区进行生产制造，加上部分正规的小工厂也参与造假，常常在特定时间生产出一批假冒产品后便迅速转移，因此，要准确锁定制假工厂目标极具挑战性，存在很多不稳定因素。

（3）地方保护主义严重，执法力度有待强化。在与企业的沟通中，多数企业建议地方要加强执法力度，去除地方保护主义。

2. 相关改进建议

（1）成立专项打假基金，提高全民打假举报积极性。对于公众或企业提交的有效假冒线索，在经过执法查处后，能够对举报人或举报机构有一定的奖励，提升全民打假积极性，且专款专用，形成对执法打假工作给予长久支持。

（2）完善有效的举报制度、打假奖励制度，制定行业规范。目前，行业反制假侵权的相关制度还不完善，在甄别、指导、侦察、奖罚等方面尚未有统一的行业参考标准，相关企业认为在政府部门的指导下，行业协会组织应该牵头起草。

（3）集中资源，打击地方保护壁垒。对于个别地区存在的地方保护主义现象，有关部门应给予重视，一视同仁地维护企业合法权益。

（4）支持行业成立反侵权联盟组织，团结行业企业力量。打假侵权是一项持之以恒的工作，要有效有序开展，需要专门的第三方平台团结维系行业的力量，因此非常有必要支持行业企业发起第三方的联盟组织，持久开展打假维权工作。

（中国电子商会）

中国电子商务协会政策法律委员会打假维权工作报告

中国电子商务协会是由信息产业部申请，经国务院批准，国家民政部核准登记注册的全国性社团组织，其业务活动受国家工业和信息化部的指导和国家民政部的监督管理。协会于 2000 年 6 月 21 日在北京成立。中国电子商务协会政策法律委员会是中国电子商务协会的政策法律专业委员会，在协会创立初即设立，定位于中国及国际电子商务政策法律领域的学术研究、咨询服务、交流研讨以及活动组织。

中国电子商务协会政策法律委员会具有多年的法律实务经验，其在电子商务领域的立法研究、行业法律咨询等工作一直处于国内理论与实务工作的前沿。曾参与《电子签名法》（2004 年）、《国务院办公厅关于电子商务发展的若干意见》（2005 年）等多个重要的电子商务立法活动，承担过《国家十五重点科技攻关计划专题“中国电子商务法律法规体系研究”》等多项政府关于电子商务的研究课题，并先后参与发起组织“中国电子商务诚信联盟（2005 年）”、“网上交易保障中心（2006 年）”、“网规研究中心（2010 年）”等平台的建设。

2013 年底，在全国人大财经委的指导下，中国电子商务协会政策法律委员会联合网规研究中心、北大法学院互联网法律中心、北大电子商务法律发展研究基地、北师大互联网政策与法律研究中心、北京邮电大学互联网法律与治理研究中心等单位联合在京发起成立了“电子商务立法支撑研究平台”。

一、中国电子商务发展现状

随着我国互联网普及率的日益提高，通过网络进行购物、交易、支付等电子商务新模式发展迅速。电子商务凭借其低成本、高效率等优势，不但受到普通消费者的青睐，还有效促进了中小企业寻找商机、赢得市场，已成为我国转变经济发展方式、优化产业结构的重要动力。

商务部的《中国电子商务报告（2014）》综合分析了我国电子商务发展的四个主要特点：一是电子商务成为国民经济重要的增长点。2014 年，我国电子商务交易总额增速（28.64%）是国内生产总值增速（7.4%）的 3.86 倍；全年网络零售额增速较社会消费品零售总额增速快 37.7 个百分点。2014 年，与电子商务密切相关的互联网行业收入增长 50%；全国信息消费规模达到 2.8 万亿元，同比增长 18%；信息消费的拉动带动了相关产业 1.2 万亿元的发展，对 GDP 贡献约 0.8 个百分点。二是移动电子商务呈现爆发性增长。三是涉农电子商务快速发展。四是我国电子商务国际影响力显著增强。2014 年，我国两家大型电子商务企业先后登陆美国资本市场，国际资本市场反应热烈。

另一方面，我国电子商务领域尽管发展迅猛、成绩显著，但目前仍然存在一些问题，如信息安全保护、个人信息保护、知识产权保护等，其中网络售假问题也是其中的一个重要方面。在《国务院关于大力发展电子商务加快培育经济新动力的意见》中，明确指出：

"近年来我国电子商务发展迅猛，不仅创造了新的消费需求，引发了新的投资热潮，开辟了就业增收新渠道，为大众创业、万众创新提供了新空间，而且电子商务正加速与制造业融合，推动服务业转型升级，催生新兴业态，成为提供公共产品、公共服务的新力量，成为经济发展新的原动力。与此同时，电子商务发展面临管理方式不适应、诚信体系不健全、市场秩序不规范等问题，亟需采取措施予以解决。"

根据国家工商总局商标局、商评委发布的2013年《中国商标战略年度发展报告》，工商总局共查处商标侵权假冒案件共8.31万件，查处网络侵权案件300余件。如果按照最高的399件计算，占比约为0.48%。而2013年中国网络购物市场交易规模相当于社会消费品零售总额的7.8%。①

全国打击侵权假冒工作领导小组办公室副主任柴海涛2014年11月21日在国新办新闻发布会上表示，今年1至9月份，全国行政执法部门一共查处侵犯知识产权和制售假冒伪劣商品的案件11.27万件。②

"2014年以来，质检总局执法督查司按照网上发现、源头追溯、属地查处的要求，组织开展了电子商务产品专项执法打假活动，下半年来，共组织查处电商产品质量违法案件400余件"。③

通过对上面两项数据进行对比，如果全年按照1000件电商产品质量违法案件、15万件侵犯知识产权和假冒伪劣商品计算，网上的占比约为0.67%。而2014年第三季度，中国网购市场交易额规模已经相当于社会消费品零售总额的10.6%。④

二、电子商务企业打假情况概述

1. 阿里巴巴

从2013年1月1日至2014年11月30日，阿里巴巴在消费者保障及打假方面的投入已经超10亿元人民币。阿里巴巴目前投入在消费者保障及打假方面的员工超过2 000人。此外，阿里巴巴还招募了来自全国各地各行业的5 400多人的志愿者队伍，负责配合进行日常线上巡查和抽检等。

与知识产权权利人的联动层面，阿里建立了全球领先的知识产权线上维权通道——"IPR投诉平台"。2014年前三季度，该系统共受理了各类权利人投诉近54万单，删除近600万件涉嫌侵犯商标权、著作权及专利权的商品。相关主管部门与阿里巴巴建立了顺畅的打假维权联动机制，2014年阿里巴巴配合各级行政执法部门，办理侵犯知识产权案件1 000余起，抓获犯罪嫌疑人近400人，涉案金额近6亿元。

阿里巴巴在十五年的摸索中，逐渐打磨出一套基于互联网的打假模式，其中最核心的部分是大数据打假。简言之，就是通过智能图像识别、数据抓取与交叉分析、智能追踪、大数据建模系统等技术，将假货从10亿量级的在线商品中捞取出来。

此外，阿里巴巴正在逐步打通淘宝、天猫、阿里巴巴等平台上的账号系统，建立卖家的售假信用体系数据库，当卖家历史记录达到危险值后，就会推送给客服做为处罚的判断依据。

2013年淘宝出台被称为"史上最严格的打假规则"的"三振出局"规则，该规则加大了处罚力度，严厉处罚商家售假的违规行为，出售假冒、盗版商品情节严重的，最高将给予删除店铺的处罚。目前，淘宝正与众多的专业检测机构合作，与一千多名权利人、数十家行业协会和国际组织合作，织成了一张面向电子商务打假的天罗地网。

经过多年的摸索和努力，淘宝网建立了一系列完整的打假体系。其中包含商家准入（自然人实名制、法人的法定资质和销售资质），商家和商品的自动化的大数据风控和重点管理风控，网站规则体系和卖家处罚体系，消费者保障和救济体系，权利人投诉与合作体系，社会化管理体系的一整套打假、维权和管理体系。可以说，该体系是阿里巴巴互联网治理实践最宝贵的财富之一，在世界范围内，也是电子商务领域知识产权保护体系中的标杆和翘楚。

2. 京东

京东在打假方面陆续出台了一些具体的规则和措施加强商品质量管理，在商家入驻、运营、售后、监管等流程环节加大了治理力度，维护卖家健康的竞争环境，提升用户的购物体验。

比如，在卖家的招商和入驻环节，京东采取严格的标准保证入驻卖家的质量。京东增加了新的审核环节，除了对相关各类资质文件进行严格的审查之外，还对卖家背景、进货渠道等信息进行进一步的调查，严把入驻关。同时，京东近期对所有已入驻卖家的资质文件开始了又一轮的梳理，并进行多维度的筛选，对于资质不完整或不完全符合京东管理标

---

① 艾瑞咨询：《2013年中国网络购物市场报告》（还应附有出版社信息或发表刊物信息，发表时间）。

② 人民网：《2014年打击侵权假冒：刑事司法案件大幅攀升》（http://ip.people.com.cn/n/2014/1121/c136655-26068481.html，最后访问日期：2015年9月8日）。

③ 国家质检总局网站：《电子商务产品质量执法打假现场交流会在杭州召开，质检总局将建立电子商务产品执法打假全国协查机制》（http://www.aqsiq.gov.cn/zjxw/zjxw/zjftpxw/201412/t20141202_427868.htm，最后访问日期：2015年9月8日）。

④ 艾瑞咨询：《2014年Q3中国网络购物市场报告》。

准的商家进行清退。

在运营环节，京东一直在不断强化对平台卖家所售商品的抽检工作，目前每周抽检不少于三次，且抽检覆盖全部品类。下一步，京东将在进一步强化抽检工作的同时，提高运营敏感度，加强对卖家运营数据的监控。例如，对卖家库存设置、商品价格合理性、商品上架情况、客户评价等大量运营数据进行更加细致的分析，发现异常时，及时反馈到决策层并进行相应的调查和处理，以实现持续的商品质量监控和管理。

还有，京东进一步加强售后体系与运营部门之间的联动机制，从用户反馈回溯的角度，辅助对假冒伪劣商品的鉴别。京东对用户评论及平台卖家的用户投诉率、投诉内容、退货率、返修率等数据指标进行实时监控，并进行重点分析，一旦发现有“涉假”苗头，立即启动调查机制。

3. 其他电子商务平台

苏宁易购前不久启动的“蓝盾行动”的主要措施包括：对标正品行货底线，专项自查自纠，强力提高平台商户商品的品质准入门槛；探路网购服务行业规范，借力外部专业资源、开放企业内控流程，着力营造便利消费、放心消费的网购氛围。其中，招聘民间监察员是“蓝盾行动”的一大强力举措。500名兼职监察员将来苏宁“找茬”，主动寻找各品类假冒和不合格商品，杜绝假货存活空间，为广大消费者营造健康消费土壤。

聚美优品2013年发起成立了中国化妆品真品防伪码联盟（Authentic Cosmetics Alliance），并推出防伪码体系，消费者可按照商品包装上的16位数字防伪码进行真伪验证。乐蜂网和唯品会2014年为响应3·15行动，共同发布宣言，作出了“拒绝水货，拒绝掺假，100%行货正品”的承诺，明确向网购化妆品制假售假行为宣战。

1号店2014年宣布入驻商家百万质保承诺书计划，进一步规范入驻商家的经营行为，一旦证实售假，商家将向1号店平台承担最高100万元的违约金，并由1号店决定用于追责和消费者权益保障等事宜。

三、大数据打假典型案例

一般来说，治理假货主要通过下面十个手段：推广科学技术、宣传教育、渠道的简化和透明、消除信息不对称、建设信用制度、降低鉴定成本、提高维权意识、发展市场经济、完善法制和自律、促进社会均衡发展。而通过分析，我们发现，这些措施都或多或少地和可以和大数据相关联。或者说，在打假领域，由于大数据的特殊性质，导致这十个方面的特点和手段都发生了量变甚至质变，发展出了一整套新型的打假模式，我们称其为大数据打假。我国电子商务领域的打假的最突出特点就是大数据打假的充分应用和发展。

1. 淘宝大数据助警方查获2 000万售假大案

2014年12月16日晚间，淘宝联手上海、福建、浙江、湖南等地公安机关，运用大数据查获一起网售假冒运动鞋案件，涉案总金额2 150余万元。各地警方共立案5起，破案5起，抓获犯罪嫌疑人8名（其中刑事拘留8名），捣毁犯罪团伙1个、捣毁销售、仓储窝点7处，现场缴获各类假冒“耐克”运动鞋300余双，查封生产流水线2条。值得注意的是，大数据在这起案件中大显神威，对案件破获过程中发挥了关键性作用。

2014年4月，上海市公安局奉贤分局经侦支队在侦办“褚某等人销售假冒‘耐克’品牌运动鞋案”中发现，犯罪嫌疑人褚某，赵某利用淘宝等网络平台销售假货，这为打击留下了可追寻的线索。经过警方和阿里巴巴集团网络信息安全部的努力，通过嫌疑人的账户交易数据、物流发货信息等进行交叉对比分析，警方迅速掌握了一个以福建莆田为生产源头，经销网络涉及上海、浙江、福建、湖南等地的生产销售假冒“耐克”等品牌运动鞋的犯罪团伙。在掌握了整个假货生产销售体系的数据信息后，10月底，上海、福建、浙江、湖南等地警方联手出动51名警力，对上海市奉贤区褚某等人销售假冒“耐克”品牌运动鞋案战役开展集中收网行动，一举捣毁了这一覆盖假货生产、批发、销售全链条的黑色产业链。

随着淘宝网保护知识产权水平的不断提高，售假者的行为已变得越来越隐蔽。本案犯罪嫌疑人就改变经营模式，利用下家的地理优势，发展下线经营，从幕前退到幕后，从事批发、代发；或者购买其他地区淘宝卖家店铺进行经营，或者将店铺经营地搬到外地，在外地发货，掩人耳目，从而达到成功销售假货的目的。但网上交易行为都会留下数据记录，通过大数据手段对这些数据进行交叉分析，再狡猾的狐狸也终会难逃法网。

2. 腾讯启动“雷霆行动”，打击微信假货和假代购

微信作为目前使用作为广泛的即时通讯网络社交工具，在沟通好友分享近况的同时也可能成为各种假货假代购滋生的温床，这些人在朋友圈发布包括包、鞋子、饰品、手表在内的各种名牌产品，并提供各种以假乱真的单据发票，使不少消费者上当。2014年5月腾讯宣布启动新一轮打击假货行动——“雷霆行动”，专门针对微信公众账号和朋友圈中的假冒商品、假冒海外代购，进行大规模清理。腾讯还表示，一轮打击之后，假货如果卷土重来，就发起另外一轮新的打击。充分展示了腾讯在打击假货工作方面的决心。

四、我国电子商务领域的主要打假经验

2000年5月，世界性的“.COM泡沫”就要破灭的时候，我国的一些媒体抛出了这样一个结论：中国的电子商务十年没戏！得出这个结论很重要的一个原因就是信用、物流、支付三座大山的阻碍，这些问题都没有得到解决，且无法在短期内解决。而仅仅在2003年“非典”之后，我国的电子商务就有所起色，2008年左右开始腾飞，直到今天一飞冲天。其中最重要的原因，就是这三座大山基本已经被业界通过互联网和草根创新的方式在政府的支持和指导下解决了。

互联网的自我进化和自我修复的能力远超我们的想象。今天，围绕电子商务的信用、支付和物流的服务正在带动网下相应服务的发展创新，尤其是在透明度、碎片化、即时性和人性化服务等方面。随着互联网金融、菜鸟物流、芝麻信用、打车软件、网上挂号、网上司法拍卖的不断推出，这些“出生”于网络的事物已经开始走出虚拟世界，帮助我们解决网下的那些“老大难”问题，提升网下的服务。基于互联网的草根性和创新力的网上治理模式一定会全面帮助我们改善网下世界的治理，实现国家治理体系和能力的现代化。

假货产生的根源是信息不对称和信用制度的不健全。而这两项恰恰都是电子商务的强项，正好弥补网下治理的短板。一方面，电子商务的核心是信息流，是信息的充分流动，自然是信息最为透明、公开和对称的领域；另一方面，在没有电子商务的时候，网下的交易信用是无法统计的，是碎片化和不断被遗失的。电子商务的产生和发展真正解决了交易信用的问题，使其得以浮出水面，“因为信任，所以简单”，使信用成为一种财产。概括下来，我国电子商务领域以大数据为核心的创新打假模式具有以下几个方面的显著特点：

1. 充分运用基于大数据的智能化手段

通过大数据主动防控措施可以实现防患于未然；对于细小分散的违法案件，可以实现并案处理，加大了处罚和打击力度；由于信息的可追溯，可以通过智能化手段提高打假的效率和精度；利用物联网和“一品一码”，可以实现全过程的监控，最大限度地实现信息公开透明，使侵权人无处藏身。此外，由于网上的所有行为都是记载在案的，可以有效运用大数据的手段进行分析、汇集和整合，从而发现蛛丝马迹，使制假售假者无处遁形。

2. 实名认证制度为打假工作奠定了很好的基础

2014年淘宝的实名认证升级为“实人认证”，就是淘宝年检。在开店“实名认证”的基础上，还要进行每年一次的“实人认证”。新“实人认证”系统针对所有卖家进行定期复核，对有不良记录的卖家，还将增加不定期身份复核，最大限度避免造假者钻漏洞。

此外，我国消保法第四十四条、工商总局《网络交易管理办法》等都明确了平台对卖家实名验证的义务，经过十余年的发展，以阿里巴巴为代表的平台建立了一整套的实名化制度，这套制度基本可以做到落实具体的责任人，为打假工作奠定了很好的基础。

3. 适当运用人性化处理措施

2013年，淘宝网在主动打击假货方面运用了一系列人性化的处理，值得借鉴。例如在商品发布的时候，对可能涉及侵犯知识产权的用户进行提醒。同时，还建立了一个“体检中心”，对可疑的商品，会进行拦截并放入“体检中心”，提示卖家进行调整或者提供申诉的材料。并且会向嫌疑售假的商户推送供销平台的商品货源，帮助其改邪归正。通过一系列的卖家转型计划实施，包括一些线下的面对面的辅导和帮助的实施，并在处罚与教育相结合的过程中，进行“初犯”的教育和警示，实施“累犯从重”的管理方式，已有约25%的初次售假卖家不再出售假货。

4. 线上的发现线索和治理与线下的发现源头和处罚、制裁相结合

目前，淘宝利用定位自然人的指标，可以对从账户信息到自然人的定位采取核心归集、多层扩展逻辑的解决方法。同时基于用户机器信息、身份信息等各种纬度计算出用户与用户之间关联程度，最终锁定相关信息。这样，将基于线上的发现线索和治理与线下的发现源头和处罚、制裁相结合，利用动态的信息和信用机制、信息化手段，就可以建立一种新型的线上线下联动的打假，是一种根治型的、标本兼治的打假模式。

5. 自下而上的打假模式

发达的市场经济和商品经济，归根结底，依靠的是社会分工的不断细化和创新能力的提高，直至细到每一个人、每一个家庭、作坊或每一个村庄。基于这样的细分和产业集群的经济模式最有活力，也往往可以抵御各种风险。类似的模式不只出现在我国，德国、日本、瑞士、意大利、西班牙也都是如此。但其带来的另一面的弊端就是假冒伪劣的易发。就像一个人体，毛细血管的畅通决定了人的健康，但也容易出现堵塞。

基于这种特性，假货的治理往往只依靠法律是不够的，法治必须与基于自下而上的自治有机结合，法律的作用主要在于打击违法行为。将小生产者组织起来，一起提高产品品质

量、创立品牌、规范流程等工作无法靠法律实现，商会在国内外的假货治理中扮演着非常重要的作用。但我国的封建社会与西欧的封建社会差别较大，没有形成约束力较强的商会和城邦组织，历史和文化的差别导致我们最底层的商业组织不发达，在打假中的作用有限。而在今天互联网社会电子商务时代，基于网络的商盟不断涌现，再辅之以网规和信用的作用，一种全新且有效的自下而上的治理模式正在形成，成为网络打假的生力军。

6. 面向信息社会的治理模式

我们比较了线上线下两种治理模式的主要区别，发现在四种治理要素：主体、客体、内容和载体上，主体、客体和载体存在虚拟化和跨区域和行业的变化；内容存在多样化和个性化、海量、即时的变化；在治理手段上，需要解决虚拟化、跨区域和行业以及海量、个性化等问题。这些挑战都是线下所不存在，需要在治理理念、手段和组织架构等方面不断创新，探索真正适合电子商务的监管模式。

从淘宝网充分利用大数据打假的经验看，电子商务解决假货问题有着网下无法比拟的优势，如果我们能推广这些经验和做法并有效地与网下联动，有望开启一个真正逐步根除假货的新时代，根治商品经济里的这个顽疾。大数据打假是基于数据的打假，是智能化的打假，是全社会通力合作、网民广泛参与的打假，是动态的无处不在的打假，是面向信息社会的打假。

（撰稿人：阿拉木斯）

中国林业产业联合会打假维权工作报告

一、协会介绍

中国林业产业联合会是经国务院批准成立的全国性行业协会，是由国内从事森林培育、林木种苗、林特产品采集加工、森林食品和药材、木材生产、人造板、林产化工、木浆造纸、林业机械、森林旅游等国有、集体、民营、股份制、合资企业，及生产、经营、科研、教学企事业单位、社团组成的行业性社会团体，协会的具体业务由国家林业局归口。全国政协人口资源环境委员会主任、国家林业局原局长贾治邦任会长，国家林业局局长张建龙任常务副会长。

中国林业产业联合会宗旨：按照国家林业建设的方针政策，组织协调全国林产品生产、加工、贸易等企业单位，开展国内外林业产业相关技术、信息合作与交流，规范行业行为，维护行业利益，促进行业发展。中国林业产业联合会的主要业务范围：一是开展对林业产业发展的调查研究，收集、整理产业发展有关信息，反映会员单位要求，传达政府主管部门意图；二是制定并监督执行有关的行规行约，建立行业自律机制，规范行业行为，协调同行价格争议，促进企业公平竞争；三是经政府主管部门同意和授权进行林业行业统计，收集、分析、发布行业信息，发挥联合会联系面广的优势，为全行业提供国内外经济情报和市场信息；四是向政府主管部门提出制定行业规划、经济政策及有关法律、法规的意见和建议，并参与有关活动；五是协调林业产业内部以及与其他行业间的经济技术合作，促进企业之间的横向经济联合，推动企业技术进步，指导、帮助企业提高经营管理水平；六是联系国内外有关企业、部门和民间组织，开展国内外经济技术交流与合作；七是组织开展有益于林业产业发展的各种公益活动；八是承办政府部门委托办理的事项；九是承担国务院纠风办核准的林业产业突出贡献奖、林业产业创新奖评比及表彰工作；十是负责按照《中国林业产业特色区域认定管理办法》，对有关单位进行林业产业特色区域认定及命名工作；十一是负责“中国林业产业诚信联盟”的入盟审查批准、各种奖项评比表彰及日常管理工作；十二是负责中国林业产业专家库的日常联系和管理工作；十三是负责按照《推荐企业商标为中国驰名商标管理办法》，对林业企业商标进行审查、评审并向国家工商行政管理部门出具推荐意见；十四是支持和指导中国林产工业协会开展林产工业企业木材合法来源认定、进口木材及加工产品合法验证试点等工作。

二、2014 年反侵权假冒工作综述

2014 年，中国林业产业联合会形成了“上下齐动、凝聚力量、共谋发展”的大好局面，把整个行业统一了起来、调动了起来、组织了起来，推动行业管理、行业规范和行业自律，在林业产业发展的重要阶段“有声音”“有办法”“有效果”，有力地推动了林业产业繁荣和发展。

（一）在政府主管部门的支持下，积极参与和组织制定行业规划、行业规范、行业标准和行业政策，打造和扶持优势产业

积极收集大多企业会员都需要的林业行业信息，开展市场调查及预测，组织人才、技术及职业培训，举办行业性展销或招商引资，向政府反映企业呼声和要求。向企业提供系统化、规范化、专业化、标准化和国际化的优质服务体系，建立和完善科技服务体系、法律服务体系、信息服务体系、品牌服务体系、诚信经营体系、金融服务体系、人才服务体系。引进和吸收人才，为企业提供技术转化、品牌营销、市场流通、投资咨询、国际交流等服务“智囊团”和产业政策研究，为行业发展提供政策、市场、法律、技术等方面的咨询和支持，及时发布市场供求信息和技术转化信息。引入基金、担保、股权投资等金融手段，增强企业风险抵御能力，发挥有限财政资金的引导作用，缓解林业企业融资难、贷款难等问题，增强林业产业发展的融资能力。

（二）发挥联合会在企业合作和国际交流活动中的促进作用

坚持“走出去”和“引进来”相结合的方针，鼓励国外先进技术的引进、消化和吸收，支持优势林业企业实施跨地区、跨行业、跨国际兼并重组，支持企业拓展国际市场、开发国际资源，逐步培育100个林业跨国集团公司。支持企业走出去，开展反倾销、反补贴、贸易保护措施调查的应诉工作，形成应对国际贸易争端的合力。根据国际惯例，政府不能直接应对国外贸易纠纷案件（突出地表现在反倾销案件），而凭单个企业的力量又不足以对抗外部团体，此时行业协会就能集中众多会员企业的力量有效应对贸易纠纷，保护国内企业的共同利益。加强行业协会指导，支持协会组织林业企业参与涉林国际公约、规则和标准的制订，规避林产品绿色贸易壁垒，应对和解决林产品国际贸易争端，与世界林业产业的接轨，提升我国林业行业的国际形象，提高我国涉林企业国际竞争力。加强与各国林业政府管理部门和国际重要林业产业协会等社团组织的沟通联系，通过建立广泛有效的交流合作机制，形成多形式、多渠道、多层次的合作与交流平台，为林业产业发展创造良好国际合作条件。

（三）建立健全保证产品质量的行业规则，率先建立信用体系，倡导会员企业守信经营

中国林业产业联合会为维护诚信林业企业的社会声誉，构建绿色、诚信的林业产业体系，搭建政府、社会组织、媒体、消费者互动的诚信平台，充分展示诚信企业的形象和品牌，发挥诚信企业的主导作用，净化行业市场环境，促进产业健康、有序发展，发布《中国林业产业信用体系建设规划纲要（2015—2020年）》《中国林业产业行业诚信评价标准》《中国林业企业信用评级规范》《中国林业产业诚信企业品牌评定、品牌标识使用管理办法》等相关文件。在江西宜丰召开了全国林业产业诚信座谈会，并组织吉林森工、龙江森工、泰格林纸等30余家企业赴井冈山进行了诚信联盟发起单位宣誓活动，在社会上产生了广泛的影响。与此同时，企业自律意识的确立离不开行业协会的监督。对于生产伪劣产品而造成行业损失的失信企业，行业协会应利用行业的力量对其加以惩罚性限制，剔除其分享行业共同利益的权利。加快推进林业产业诚信商务建设，在林产品生产、流通、销售以及林权交易、碳汇交易、林业休闲服务等林业产商务领域，培育大批社会化、专业化、职业化、善经营、会管理的诚信商务经纪人队伍，大力推进我国林业产业诚信商务职业经纪人才职业化标准及规范建设，强化和全面提升林业产业商务从业者的职业技能和素养，开展“林业产业诚信商务职业经纪人岗位培训”项目，推动林业产业诚信商务职业经纪人人才队伍的建设和培养。

（四）发挥联合会在林业产业转型和升级上的推动作用

结合国家的产业结构调整，通过调整优化第一产业，优先发展第二产业，大力提高第三产业，促进三大产业均衡、协调、健康发展，做到“生态产业化、产业生态化”，全面提升林业产业的整体竞争力。以龙头企业和产业园区建设、林业企业品牌评价为重点，促进林业产业的含金量，促进林业产业向着精细化、科技化、标准化方向转变。重点发展名特优新干鲜水果和精细化深加工，实施品牌战略提高产品附加值，延长产业链提高企业盈利能力，建立林产品溯源流通体系增强林产品市场竞争力，为人们提供更多更好的绿色、纯天然、无污染林产品。要推进企业自主创新能力，鼓励企业拥有自主知识产权，提高森林产品的单位产量和技术含量，推进林业往产业规模化、集群化、效益化方向发展。

（五）发挥联合会在林业产业快速发展上的整合作用

林业产业要发展，必须是“一盘棋”的协调发展，各类社团均有各自的优势和竞争力，联合会要发挥起其在林业产业的“联合”“整合”功能，在横向上通过业务合作、联席会议制度等形式，积极与其他国家级产业类协会进行横向联合、业务对接、资源整合，共享信息资源，优势互为补充，协作共同发展。在纵向上要加强与地方林业产业协会的联合，以现有的平台为依托，以各省产业部门为载体，统一行动，上下贯通，形成合力。要开展林产品交易信息平台、搭建行业信息共享平台，建立健全林业产业行业预警机制，让林业产业各种信息通畅的上传下达，让林产品生产和贸易健康有序地进行。

（六）发挥联合会在宏观指导和行业自律上的保障作用

林业产业发展是以兴林富民、增加森林产品供给为根本目标的，这既要切实维护好森林产品生产者、经营者的权益，又要使得广大消费者吃得放心、用得安心，这就需要通过质量监督、产品认证、品牌认定、名牌评定等手段，赋予森林产品一个“身份证”“健康证”“安全证”“通行证”，不断培育和壮大森林产品生产和消费市场。要在行业标准制定、行业诚信、社会责任、行业集体维权等方面突出联合会的作用，建立专业运营团队为社会提供健康绿色的林产品，全面促进林业产业的健康、有序和快速的发展。建立行业诚信同盟、规范流通体系，加强自我监督和社会监督相结合，增强企业的社会责任感和恪守职业道德的自觉性，建设信息管理数据库、森林食品溯源体系，通过该管理系统可建立企业自营电商平台，实现林产品直接销售，并与国内的知名电商都有很好的合作关系，通过合作为林产品提供更专业的销售平台，保证向社会提供最好的产品，做到问心无愧、童叟无欺，规避各自为战、假冒伪劣、竞相降价等恶性竞争，促进林产品品牌培育和林农增收致富。加强品牌保护与防伪查验的工作，同时也借力全国双打办和商务部的12312 进行全国范围的打假及投诉。

三、行业知名企业维权打假工作情况

（一）中林公信企业管理（北京）股份有限公司

中林公信企业管理（北京）股份有限公司作为中国林业产业诚信品牌建设的推广机构，并承担中国林业产业联合会诚信商务促进会秘书处的职能，组织召开第一次理事会议并举办首届中国林业产业诚信品牌高峰论坛。

一是组织开展首批“中国林业产业诚信企业品牌”评定工作。目前，共收到 103 家企业的申报材料，经初评、复核、专家评审会、公示等程序，最终吉林森工“泉阳泉”牌矿泉水等 50 个品牌获评首批“中国林业产业诚信企业品牌”。

二是积极开展我分会宣传推广及会员发展工作。到目前为止，我分会参加了在广东、浙江、江西等地举办的林业行业相关会议，会议期间积极宣传我分会，推介“中国林业产业诚信企业品牌”，并积极发展会员。同时促进宣传推广工作的开展，我分会编制和印刷了宣传画册、资料袋等印刷品，向社会广泛宣传“中国林业产业诚信企业品牌”。

三是进一步丰富和完善“中国林业产业诚信企业品牌”体系规范化文件。我分会在首批“中国林业产业诚信企业品牌”评定工作中，发现体系文件还存在着指标表述不够详细等问题，同时也收集和汇总了申报企业反馈的建设性意见。我分会根据前述工作总结出来的经验，起草编制了《中国林业产业联合会诚信商务促进会入会说明》《“中国林业产业诚信企业品牌”申报指南》《“中国林业产业诚信企业品牌”标识使用合同》《中国林业产业诚信示范基地评定规范》《中国林业产业诚信合作社评定规范》《中国林业产业诚信市场评定规范》《中国林业产业诚信示范店评定规范》等相关规范化文件，使“中国林业产业诚信企业品牌”体系文件更为丰富和完善。

四是为全面开展“中国林业产业诚信企业品牌”评定和推广做好准备工作。根据首批未获评企业的申报书材料不够充分的实际情况，要求未获评企业补充申报书材料，目前共收到 32 家企业提交的补充资料，目前已基本完成了补充资料的评审录入工作。同时为了持续开展“中国林业产业诚信企业品牌”评定和推广工作，在总结首批评定工作经验的基础上，起草了《关于全面开展“中国林业产业诚信企业品牌”申报推广工作的通知》，以期进一步广泛开展相关工作。

五是鉴于大多消费者不完全了解森林产品，有的消费者认为森林产品属于有机产品，有的消费者认为森林产品是养生产品，对如何利用森林产品的常识缺乏基本的了解，同时，森林产品由于特殊的产地特性，还有很多有效利用不被消费者所认识，公司编制了《生态林产品精品工程》系列丛书，定位为生活休闲类科普图书，以小品文的方式，坚持通俗性和专业性的结合，通过讲故事、图文并茂，讲述产品的背后故事、产品的良好生态环境、产品的环保绿色生产过程，用通俗易懂的科普语言表达，最终成为消费者的“床头书”和“生活指导书”，让更多地消费了解森林产品的“前世今生”，让更多的人喜爱森林产品，统一保护森林产品的品牌和知识产权，更好地享用森林所给予人类的馈赠。

（二）大兴安岭林业集团公司

大兴安岭行政公署与大兴安岭林业集团公司实行政企合一的管理体制。大兴安岭林业集团公司为国家林业局直属企业，大兴安岭行政公署是黑龙江省人民政府的派出机关。截至 2014 年年底，全区绿色食品实现产值 4.35 亿元，林下经济五大产业实现产值 4.7 亿元。

2014 年，编制下发了《大兴安岭绿色食品品牌建设工作实施工作方案》、《大兴安岭林下生态产品专卖店建立标准及规范》等相关文件，制定《大兴安岭林下生态产品专卖店补贴扶持办法》和《大兴安岭商标使用管理办法（征求意见稿）》。鼓励引导我区企业和林下经济合作社统一使用“大兴安岭”商标及“大兴安岭黑木耳”和“大兴安岭野生蓝莓”地理标志证明商标。

1. 研究制定产品标准

一是黑木耳标准。依托地区农林科学院和塔河科技示范园区，已经制定了《大兴安岭黑木耳技术标准方案》，从菌种技术、栽培技术、产品技术这三个层面全面系统地进行试验研究，以此为依据，制定我区黑木耳协会标准，确保同类产品同一质量标准。目前，前期试验工作已经按计划开展进行。二是蓝莓产品标准。大兴安岭蓝莓协会与各企业及行业部门积极沟通，对《大兴安岭地区蓝莓协会野生蓝莓产品联盟标准》有关参数进行修订。

2. 产品质量追溯体系建设

依托国家林业局林产品质量安全追溯体系为平台，启动了我区质量安全追溯体系建设工作。目前，食用菌 25 家单位 37 个产品已填报了《林产品溯源信息备案表》、《林产品特性登录表》；蓝莓 13 家企业 30 个产品已填报了《林产品溯源信息备案表》、《林产品特性登录表》。蓝莓、食用菌产品基础信息采集完成，待国家林业局产业联合会备案后，进行产品信息采集、上传、审核、发标。

3. 开展林下产品检测工作

已经筛选、确定了我区具有代表性的 20 余种林下产品和 5 种其他地区的同类产品，并与上海权威检测机构数次联络相关事宜，检测资金的请示报告已于 4 月份上报林业集团公司，待检测费用到位后即可开展送检工作，以此来证明我区产品自然特性及优势。

4. 提升诚信机制

一是建立绿色食品质量安全追溯体系。以国家林业局林产品质量安全追溯体系为平台，率先在食用菌和野生蓝莓产品上建立大兴安岭地区质量安全追溯体系，力争实现“来源可溯、流向可追”，并在今后逐步实现全区绿色食品的质量信息追溯链。二是抓好我区绿色食品的质量安全监管，不定期的在全区范围内进行抽查，特别是对超标使用添加剂等要进行严查严办，规范绿色食品企业行为，保护绿色食品品牌，切实维护消费者权益。三是充分发挥产业协会、企业联盟的作用，相互支持、相互制约，共同维护大兴安岭绿色食品的质量。

（三）湖北正全农业科技开发有限公司

湖北正全农业科技开发有限公司位于谷城县城关镇贡品农业园，主要利用中农大学的国家专利核心技术，从事“人人康”牌山茶养生油等系列产品的研发生产，确立了“高端定位，中低端兼容”的品牌发展战略，产品自上市以来供不应求深受广大消费者青睐，2012 年获得第九届中国武汉博览会金奖。公司目前是襄阳市级农业产业化重点龙头企业、湖北省级林业产业化重点龙头企业、谷城县油茶产业协会牵头单位。

公司现有员工 238 人，其中技术人员 42 人；占地面积 52 亩，储油能力达 2 万吨；现有资产总额 2.5 亿元，其中固定资产 1.75 亿元，流动资产 0.75 亿元；拥有一条年产 10 万吨茶油的现代化生产线。

公司充分发挥县油茶协会牵头作用，采取“公司 + 基地 + 专业合作社 + 农户”的经营模式，7 家油茶种植专业合作社、50 家油茶种植大户，组建了 6 个科技服务站、7 个科技专业服务队，建成了 5 万亩标准化油茶原料林基地，辐射带动了 8 千农户种植油茶 8 万亩，并使其每年从中获益近亿元。

以林业产业诚信企业品牌建设为基点，推进林业产业信用体系与生态文明建设进程。作为国家林业产业龙头企业，正全农业始终以诚为本，坚持理性、科学、可持续性的发展道路，其行业的标杆、示范作用不可小觑。无论是保护环境，服务客户，还是致富山民，正全农业都绝对撑得起这块金字招牌。

在经济新常态下，发展生态林业、民生林业是大势所趋。在上级主管部门的领导下，正全农业积极绿化宜林地、无林地，加强改造低效林，助推谷城现代农业木本油料项目建设。既还了青山绿山，又造了金山银山，保了生态、富了乡人。正全农业自成立以来就有着清晰的发展思路，积极投建公司自办的茶油基地，大力发展产业化，助推绿色谷城、生态文明建设，为实现林业产业的“中国梦”，承担了更多的社会责任。

公司品牌对外传播的口号“茶油思想人人康”凭借的就是茶油的精华，传达的就是祈福天下苍生人人健康的思想。这也是正全农业对消费者的承诺。在深知茶油具有神奇功效之后，正全农业只需要做两件事情：一就是将高品质茶油生产出来，二就是把这些“软黄金”送到每个人的身边。

中国绿色产品交易会金奖、中国有机认证等名片的背后，是正全农业以自主创新、建立标准的实际行动，在向世人展现“人人康”品牌的高品质、高规格。正是因为正全农业一诺千金，重信用、守承诺，才赢得了社会各界的认可，才能成为全国林业产业诚信企业之一。

作为一个年轻、充满朝气活力的茶油加工企业，始终以“合作共赢”为导向，以“人人康”为理想；始终把顾客的利益放在首位，力求做到“质量第一、服务第一、用户第一、信誉第一”，我们有信心、有能力把从事的茶油产业做大做强，为广大客户奉献优质原生态、有机养生茶油。

（撰稿人：程受珩）

中国林业与环境促进会打假维权工作报告

一、协会介绍

中国林业与环境促进会是由国家林业局、国家环保总局、中国科学院等单位共同发起，1995 年在民政部正式登记注册的全国性非营利性社会团体，受国家林业局领导，接受国家民政部社团登记管理机关的业务指导和监督管理，现有 2000 名会员。本协会是由中科院院士阳含熙、国家环保局副局长祝光耀、北京市环保局卞有生等生态、环保、林业等领域的院士和专家发起，全国政协副主席阿不来提·阿不都热西提、全国人大常委会副委员长成思危等一直在支持中国林业与环境促进会的活动，拥有多领域的专家队伍。

中国林业与环境促进会致力于团结林业界与环境科学界有关单位和个人，并同经济发展决策部门紧密联系，共同研究林业生态建设以及合理利用资源和保护环境的理论与实践问题，以促进国家经济的可持续发展。一是组织开展国内外林业界与环境科学界学术交流活动，促进国际民间林业界与环境科学界科学技术合作；二是为林业、生态、环保、节能等行业的建设与发展服务，组织林业生态建设和环境保护方法的研究以及实践活动，促进社会公益事业；三是对行业信息进行统计、收集、分析和发布；四是经政府部门授权或相关单位委托，参与和制定行业行为规范和行业行为自律；参与行业规划和行业标准的制定活动；五是探讨林业、生态与环保产业及其资源开发的理论与实践，组织行业相关的论坛、研讨会、展览会；六是受委托组织行业科技成果的鉴定、相关产品市场的建设和项目推广；七是作为政府与企业之间连接的桥梁和纽带，及时反映会员和行业及相关企业的要求的同时，把政府的政策贯彻到行业企业中去；八是普及林业科学知识和环境科学知识，编辑出版相关书刊、学术论文专辑；九是承担国家林业、环保主管部门及相关业务主管部门的委托的工作；十是为会员和林业、生态、环保工作者服务，反映会员的正当要求，维护会员的合法权益。

二、2014 年反侵权假冒工作综述

（一）立足生态原产地产品保护，品牌建设与维权相结合

中国林业与环境促进会高度重视会员的维权工作，把保护行业利益和维护企业权益作为现代林业建设的重要内容纳入议事日程，设立专门机构或配备专职人员，明确职责，落实责任，充分利用广播、电视、报纸、广告、网络等多种媒体渠道，普及知识，扩大影响。

按照“政府主导、行业组织、企业自愿、社会监督”的原则进行市场化运作，大力发展木本油料、特色经济林、花卉苗木、竹藤、林下经济、森林旅游等绿色富民产业的生态原产地保护工作，规范市场流通秩序，打造林业行业的品牌，树立林业行业形象，维护林业行业利益，引导公众绿色、健康消费，快速占领生态文明的主阵地。

组建国家生态原产地产品保护委员会专家技术组、评定机构等管理体系，建立行业自律机制，规范行业行为，突出行业特点，维护行业利益。组织相关的行业主管部门、科研院校和社会机构的专家，充分借鉴《中华人民共和国森林法》《中华人民共和国环境影响评价法》《中华人民共和国认证认可条例》等相关法律法规，采用 GB4285《农药安全使用标准》、GB/T 8321《农药合理使用准则》、GB 2760-2011《食品安全国家标准食品添加剂使用标准》、GB/T 23734-2009《食品生产加工小作坊质量安全控制基本要求》、LY/T 1678-2006《森林食品产地环境通用要求》、LY/T 1684-2007《森林食品总则》、LY/T 1594-2002《中国森林可持续经营标准与指标》、GB/T19011-2003 质量和（或）环境管理体系审核指南、GB/T27925-2011 商业企业品牌评价与企业文化建设指南、GB/T 28951-2012《中国森林认证森林经营》、GB/T 28952-2012《中国森林认证产销监管链》等标准，编写了《生态原产地产品评定要素》《生态原产地产品符合性评估要求》。

利用生态原产地产品整体品牌，帮助企业提升产品价值，开拓销售渠道，探讨林产品的统一品牌、统一标识、统一口号、统一服务的联动体系建设。同期，建立生态原产地产品的信息服务平台及林产品溯源体系，提高产品可信度，从而提高产品附加值。以生态原产地产品作为整体品牌形象建立专营店、连锁店等，提升林产品的品牌价值、知名度和美誉度。

中国林业与环境促进会诚信为先不懈追求，通过调查研究，设计、推进和建设以诚信为基础的中国林权信用交易体系。本着公开、公平、公正、诚实守信的原则，充分利用创新金融工具、先进物流理念及现代信息技术，在建立集信息

流、物流、资金流“三流合一”的现代物流系统的总体框架下，提供林权信用交易平台，提高企业信用意识，促进林权信用交易方式的运用，缓解企业流动资金紧张的矛盾，盘活存量资产，降低交易成本，增强企业的活力，提高经济运行效率，促进中国经济快速、稳定、持续的增长，并促进中国林权信用交易体系和商业道德规范的完善和发展。

（二）统一领导，规范管理，建立专门的产品评定和法律维权机构

一是中国林业与环境促进会成立专门内设机构——林产品评定工作委员会，工作宗旨为制定林产品质量监督检验的发展规划，指导执行林产品国家标准和行业标准，完善林产品质量监督检验的技术规范工作，建设推进林产品质量诚信体系；建立林产品质量监督和检验检测服务体系，健全质量检测和安全评估体系，确保林产品质量安全；组织开展林产品质量监督检验方面的交流与合作，促进林产品企业之间的横向经济联合，推动林产品企业技术进步，指导、帮助林产品企业提高经营管理水平；负责林产品质量监督检验咨询服务工作，开展科技成果转化、技术咨询推广活动，支持有实力的企业与高等院校、科研院所组建林业产业质量建设和品牌合作联盟；制定国家森林标志产品、林下经济、特色区域基地等认定标准、实施细则和操作指南，开展国家森林标志产品的认定、认证工作，协助主管部门发布国家森林标志产品目录，推动列入政府采购清单；加强林产品质量监测工作，参与建立林产品信息预测预警系统和信息发布平台，定期发布质量监督检查结果；配合有关部门组织企业及相关单位开展经贸交流、研讨、培训、考察、合作等；负责组织质量监督检验等方面人才进行技术、管理、法规等培训，组建质量监督检验方面专家团队。

二是结合国家林业局围绕改善生态改善民生的总任务，为更好地维护林业、生态、环保、节能等行业和会员单位的合法权益，在行业内深入开展法律咨询、法律培训、法律维权等服务，参与和制定行业行为规范和行业行为自律，按照《中国林业与环境促进会章程》的要求，经国家林业局主管部门批准，启动成立法律工作委员会。其工作宗旨为积极参与国家林业、环保等普法计划，进行企业法律知识的普及宣传，组织调研收集，编撰普法书籍，组织学术征文，为行业标准及行业法律规范的完善提供建议等相关公益活动；组织相关工作研讨和经验交流，对企业共同关注的法律领域中涉及企业利益的重大理论性、政策性和工作实践中遇到的问题开展专项调研，为企业依法发展与经营提供方向性法律咨询指导，推动中小企业法律保障体系建设与完善；维护会员企业的合法权益，代表企业、企业家协调劳动关系；反映企业、企业家的意见和要求，为国家制定与企业相关的法律、法规和政策提供有益的建议，承担相关部门委托的有关课题项目工作研究和探讨；引导企业、企业家遵纪守法，规范自身行为，维护市场经济秩序；提倡诚信经营，积极承担社会责任，自觉维护企业员工的合法权益；组织有关企业开展与境内外企业维权工作及有关组织间的交流与合作；发挥自身与政府部门、司法机关、行业协会等机构的渠道优势，推动政府和企业之间、法律工作者和企业之间的合作与交流，为企业发展创造良好的运营环境和法律环境；与著名高等学府及科研机构建立战略合作关系，组织开展多种形式调研、论坛、培训、讲座等活动，提高企业法律风险防范意识和水平，增强企业整体法律素质；发挥法学界专家学者、法律实务专家资源优势，加强企业法律风险管理，为企业提供专业、及时、有效的法律服务，保护企业合法权益。

（三）尝试产品闭环销售模式，减少中间环节，避免假冒伪劣

一是产品落地。由中国林业与环境促进会牵头，整合各方资源，利用生态原产地产品整体品牌，帮助企业提升产品价值，开拓销售渠道；探讨林产品的统一品牌、统一标识、统一口号、统一服务的联动体系建设。

二是追溯体系。建立生态原产地产品的信息服务平台及林产品溯源体系，提高产品可信度，从而提高产品附加值。

三是线下销售。在线下流通渠道，以生态原产地产品作为整体品牌形象建立专营店、连锁店等，帮助林产品进行销售。

四是线上营销。建立林产品电子商务交易平台，利用生态原产地产品作为信誉保障，开拓网络营销渠道，规范市场流通体系。

五是产品展示平台。搭建国内首个林业产品全产业链服务基地，集木材、木本粮油和特色经济林、森林旅游、林下经济、竹产业、花卉苗木、林业生物、野生动植物繁育利用、沙产业、林产工业等产品交易、信息、商贸物流配送服务于一体的复合型功能平台。通过构建信息服务、营销服务、政务服务、社会服务、物流服务、评价体系，搭建优质高效的生态特色产品发展市场服务平台，努力将其建设成为国家重点生态特色产品市场信息监测与预警基地，着力打造成为中国一流的生态特色产品产业高端平台、标准化展示基地、信息化商务平台、多样化物流体系、完备化综合服务。

三、行业内知名企业维权打假工作情况

（一）中亚置业集团有限公司

中亚置业集团有限公司经国家工商行政管理总局审核

批准，注册资本人民币10 000万元。中亚企业主导产业战略性开发，着眼跨区域、跨行业“一体化”合作，目前，集团旗下有中亚控股集团、中亚股份、中亚实业、惠鹏实业、中亚地产、中亚物业、中亚科技、中亚投资、中亚酒店、中亚汽车租赁、中亚广告等多家综合多元化实体企业。集团经营范围包括：投资兴业、地产开发、电子配套中心、科研开发、资金结算、建筑施工、室内装饰、物流发展、物业管理、地产经纪、商业托管、物资供销业等多个领域。

中亚置业集团有限公司作为中国林业与环境促进会理事长单位，在深圳沿江新城建设60万平方米的研产办一体化园区，打造OMO线上线下产业链，着重发展以交易中心、会展中心、文化中心为核心，总部经济、商业服务为支持的现代服务业。结合我国林业产业、林下经济发展实际需要，为提升我国农业生态特色产品流通效率及国际竞争力、规范我国生态特色产品市场，经我会同意在深圳设立中国（深圳）生产特色产品交易中心（区），该中心定位为国家级、国际性、产业型、中国规模最大的生态产品品牌推介交易平台，是中国生态产品及品牌对外开放的重要窗口。

中国生态特色产品交易中心将为产品生产商、供应商、采购商和经销商、市场管理机构、金融及投资机构等提供综合性生态特色产品价格数据信息服务，建立中国生态特色产品OMO电子商务平台。通过设置现货期货交易平台，并配套完善的金融、法律、商务服务，通过一流的硬件及软件设施，吸引国内外生态特色产品交易商聚集。

本项目总投资10 000万元，项目建设主要内容由仓储加工配送区基础设施建设、质量安全控制体系建设和城市配送体系建设三部分组成。根据市场需求和项目一期建设规模，项目用地总占地面积为8 000平方米。拟配置仓储设施4 000平方米、加工设施2 000平方米、配送设施1 000平方米、综合办公服务设施5 000平方米、质控中心设施200平方米、消防、污水处理、电力等室外公共工程建筑面积500平方米。总建筑面积合计10 000平方米，另道路及停车场占地面积10 000平方米。同时在已有信息、检测设施设备基础上进行信息、交易、检测系统的更新和布设，并与仓储加工区形成联接，构建一体化的供应链管理体系。本项目新增信息系统设备1 000台（套），估价1 000万元；新增信息系统软件及研发1 359万元，新增检测系统设备800万元。

（二）北京五洲恒通认证有限公司

北京五洲恒通认证有限公司，是经国家认证认可监督管理委员会批准（批准号：CNCA-R-2003-115），批准业务范围：质量管理体系认证，食品安全管理体系认证，乳制品生产企业良好生产规范认证（乳制品GMP认证）、乳制品生产企业危害分析与关键控制点（HACCP体系）认证、有机产品认证，由独立的自然人出资组建的具有独立法人资格、专业从事国家食品安全、国家有机农业基地建设、中国有机产品认证、检查、颁证，独立、公正、权威的第三方认证机构。

北京五洲恒通认证有限公司成员由来自国家粮食行业以及中国农业大学、中国农科院、北京农学会等国内知名研究机构相关认证的专业人员组成，旨在帮助广大企业和农户生产安全、有机的农产品，为农业政府主管部门、企业和有关农户提供高效、便捷的增值服务。目前已成功地为国内部分知名企业和有关农业基地提供有机产品认证，并推荐作为国家农业产业化示范基地。利用“公司+基地+农户”的模式，扩大农业基地建设，提高农产品质量，增加了企业和农民最直接的收入，为企业产品进入国内和国际市场，打通了一条绿色通道，产品适销对路，通过获证企业、认证机构、国际采购商以及国际贸易组织等的产、供、销一体化平台建立，实现“双赢”策略，从而切实地解决了有关地区的三农问题。

北京五洲恒通认证有限公司承担《国家有机产品标准》《食品安全管理体系标准》的起草，《有机产品管理办法》和《有机产品认证实施规则》的制定工作，承担科技部国家十二五科研课题《区域优势特色有机产品认证关键技术研究与示范》《有机产品加工过程质量保证技术研究》和《有机产品全程追溯技术研究》以及国家质检总局的公益课题研究工作。

由公司出资1 000多万元的有机产品营销平台—“蜀汉堂”生态农业有限公司，旨在为全国的高端有机产品获证企业，提供免费展示、营销的窗口，同时为广大消费者提供安全可靠的鲜活有机农产品和礼品配送服务。成功地为四川省西充县、北京市延庆县等打造国家有机产品认证示范县提供了全方位的技术服务，获得国务院各有关部门和地方政府的好评。由四川西充、四川蒲江、江西万载、山东峡山等9个县联合发起，在贵阳正式成立国家有机产品认证示范县区域产业发展联盟。

（三）北京世纪云联科技发展有限公司

诚品快拍始建于2010年3月，是原北京灵动快拍信息技术有限公司与北京世纪云联科技发展有限公司合并而成的全新平台。诚品快拍长期以来专注自动识别技术，自主研发出独特的三维码防伪及溯源技术，同时通过拥有自主知识产权的移动客户端“诚品快拍”进行识读，为政府、企业及消费者提供商品信息管理和查询服务，在消费者和诚信商

品之间搭建更直接更全面的多功能连接桥梁。

诚品快拍客户端（原快拍二维码）可以识别商品条形码、二维码、和全国诚信企业商品流通溯源公共服务平台授权的三维防伪溯源码。目前诚品快拍客户端已在超过200家应用商店上架，市场占有率达到60%以上，用户规模已突破8 000万，月度扫码用户超过600万人次。

根据追溯平台项目建设需求分析报告，提供“诚信标识”的编码技术支持。标识编码体系可以满足异构系统的融合和互连、实现编码数据与其他系统的共享和利用，接纳已有认证系统的编码数据在新建系统上实现正常查验，并将“追溯平台”查验通道与全国商品诚信平台、商务部维信312平台等系统的对接，扩展认证标识的价值，提升社会认可度，提高认证查验结果的权威性。

独创三维码，这是全球领先的具有中国自主知识产权的新一代编码技术，它是在一维、二维码技术基础上扩展出的具有可读性的多维安全条码。设备扫描三维码，通过将识别的条码二进制数据及隐含的光学色谱区段值，传输至云端获取其中所包含的信息。相比一维、二维条码，三维码不但能够承载更多更复杂的数据，还具备光谱加密、防复制、实名制注册等安全特性。

基于大数据的消费者生命周期管理系统。鉴于消费者的生命周期一般要经历六个阶段：认知期、关注期、购买期、互动期、重复购买期、品牌忠实期，通过获得消费者的生命周期信息，促进消费者进阶，完成“追溯码”网络查验接口软件设计，实现按“平台”编码标准生成的编码的“追溯码”查验。通过手机查验客户端软件开发，完成非标准数据的转换接口软件开发，实现对现已存在的系统、并且未按“平台”编码标准生成的编码的“追溯码”查验。

（撰稿人：张鑫）

中国种子协会打假维权工作报告

一、协会简介

中国种子协会成立于1980年，是由在我国依法进行农作物种子（以下简称种子）科研、生产、经营、管理以及与种业相关的单位和个人自愿组成的群众性、非营利性、自律性的行业社团组织，是独立的全国社团法人。登记管理机关是民政部，业务主管部门是农业部，归口指导是农业部种子管理局，挂靠单位是全国农业技术推广中心。本会是亚太种子协会（The Asia and Pacific Seed Association）和世界种子联盟（International Seed Federation）的会员单位。中国社会组织评估等级2010年为AAA级、2015年为AAAA级；2010年和2015年两次被民政部评为“全国先进社团组织”。

（1）组织情况：截至2015年6月底，协会拥有会员近802个。其中个人会员65人、企业会员643家、省市级种子协会32个、事业单位62个。间接会员（省级协会会员）3 800多个。协会目前共有8个分会：水稻种业分会、玉米种业分会、蔬菜种子分会、棉花种业分会、种衣剂分会、种业机械化分会、国际交流合作分会、南繁制种分会。

（2）协会宗旨：依据市场经济发展要求，坚持以推动现代种业发展为目标，以深入贯彻落实国家有关法律法规和政策为主线，以反映诉求、规范行为、提供服务为重点，围绕中心、服务大局、理清思路、创新方式，认真履行协调、服务、维权、自律的职能，发挥政府和企业间的桥梁和纽带作用。为促进我国种业健康发展、确保国家粮食安全作出新的贡献。

（3）主要职能：参与制定、修订有关法律法规和行业发展规划，参与制定修订行业技术、产品国家（行业）标准工作；开展行业调研和协调服务，当好政府参谋；制定行规行约，开展行业信用评价，构建诚信体系，加强行业自律，打击假冒伪劣商品，保护知识产权；组织技术培训，提升种子企业技能水平；组织交流交易，为企业搭建展示平台；发布行业信息，为会员提供咨询服务；开展对外交流，开拓国际市场，促进种业走出国门；创办刊物、设立网站，为会员提供政策、技术、信息等方面的咨询和交流服务。

二、2014年反侵权假冒工作综述

协会秘书处下设信用评价工作办公室，负责反侵权假冒工作。农业部每年为协会开展市场打假反侵权、行业信用评价预算专项经费25万元。2014年协会在反侵权假冒工作中做了以下工作，并取得了较好的成效。

（一）强化行业信用评价管理

为了发挥种子协会在保障种子质量安全和种子产业安

全、维护种子市场秩序和广大农民利益、创建中国种业诚信体系、推进现代种业发展中的作用，在2011年初起草《国务院关于加快推进现代农作物种业发展的意见》时，争取为种子行业协会专门增设一条："发挥行业协会作用。充分发挥种子行业协会在现代农作物种业发展中的协调、服务、维权、自律作用。加强对企业的服务，组织开展企业间、企业与科研单位间的交流与合作；加强行业自律，规范企业行为，开展种子企业信用等级评价，帮助企业做大做强。"据此，按照商务部和国资委的规定，协会从2011年起开展中国种子行业信用评价工作。2014年对新申报的86家企业开展了信用评价，对255家企业进行了年度审查。截至2014年，全国已有342家企业获得A级以上信用等级，其中：AAA级101家，AA级160家，A级81家。4年来，有12家企业因兼并重组、1家企业因没申报年度复查材料被取消信用等级。信用评价工作的开展，对于推动行业自律，推动种业信用体系建设发挥了积极作用。为了更好地发挥信用评价在反侵权假冒工作中的作用，2014年5月经第五届六次常务理事会通过了修改后的《中国种子协会行业信用评价管理办法》，加强了对侵权假冒的约束，进一步规范和提升了信用评价工作。

（二）制定玉米育种收益分成规则

杂交玉米种子由父本和母本两个自交系配制而成，父本、母本和杂交种都享有知识产权。但多数情况下父本、母本和杂交种的知识产权不是一人所有。育成的杂交种应如何分成？多年来标准不一。玉米种业分会在大量调研的基础上，提出了玉米育种收益由品种的父本所有者、母本所有者和品种育成人分享的建议，并就其分享比例广泛征求了会员和业内专家的意见，最后形成统一意见：父本、母本、杂交种的权益比例定为3∶3∶4。即父本和母本各占30%，杂交种组配者占40%，该意见作为行业规则在2014年9月第五届七次常务理事会上通过，已成为业内规则被广泛采纳。

（三）协调水稻南繁制种供求关系

海南是我国的天然温室，冬季到海南进行制种，是弥补内地种子生产不足的重要手段。但供求双方纠纷不断，为了协调南繁杂交水稻制种供求双方的关系，维护制种市场秩序。协会于2014年12月在三亚召开了杂交稻南繁制种供求双方座谈会。会议通过了"南繁杂交水稻制种生产合同（示范文本）"，受到供求双方的欢迎。

（四）参与《种子法》修改

协会秘书长参加了全国人大农委牵头的《种子法》修改工作组，多次组织召开种子企业代表参加的《种子法》修改座谈会，广泛听取企业和种子管理部门的意见。特别对加强知识产权保护、打击种子的侵权假冒，企业反响强烈，一致要求通过修改《种子法》，加大对侵权假冒的打击力度，促进中国种业科技创新。这次《种子法》修改草案，加大反侵权假冒是其中的重点之一。

（五）开展种子市场秩序行业评价工作

为落实党的十八届四中全会精神，提高农业机构依法行政水平，根据《农业部办公厅关于开展2014年种子市场秩序行业评价的通知》的要求，受农业部种子管理局委托，协会开展了种子市场秩序行业评价工作。向全国重点种子企业发放调查问卷，评价对象包括全国31个省区市和新疆生产建设兵团、黑龙江农垦的种子管理部门。问卷按照"种子市场壁垒、种子市场监管、种子案件处理"三方面分省打分。到期收回问卷128份，经过统计分析，综合评分结果为73～88分，总体上处于满意状态。农业部种子管理局对个别单项得分较低的省级种子管理部门进行了诫勉谈话。这种评价对破除地方种子管理封锁保护有显著推动作用。

（六）配合政府部门打假

打假和维权是对应的，维权的对立面就是侵权假冒。协会和农民日报社顺应种业市场需求和种子企业期盼，共同发起成立全国种子企业维权联盟。2014年6月中旬召开了联盟成员大会，会上发出了《关于加强自律联合维权倡议书》。10月中旬，联盟在黑龙江省佳木斯市召开了种子企业维权座谈会，就打击侵权假冒，规范种子市场秩序，维护企业合法权益进行了深入交流和探讨。在农业部、公安部、工商行政管理总局的共同推动下，全国种子市场秩序明显好转。

三、行业知名企业维权打假工作情况

（一）袁隆平农业高科技股份有限公司

1. 企业简介

袁隆平农业高科技股份有限公司是国内一家创新型民族种业企业。公司成立以来，在袁隆平院士精神的感召下，始终坚持把科技创新放在公司发展的首要战略位置。特别是在杂交水稻、杂交玉米这两大作物上，先后选育出一大批优良品种，为我国粮食安全和农民增收作出突出贡献。但是，目前行业内仿冒、套牌等侵犯知识产权的现象时有发生，严重影响了公平竞争的市场秩序，相关企业利益受到了较大侵害。农业部种子管理局和中国种子协会积极号召并推动企业维权工作，为维护行业秩序、推动种业健康发展作出了重要部署。为落实农业部号召，维护公司合法权益，公司总部专门成立了维权打假工作机构，各子公司也成立专业工作小组具体开展工作，经过诸多努力，取得了良好的效果。特别在杂交玉米品种隆平206维权打假工作中取得了初步成效，现将有关情况汇报如下：

2. 企业维权打假工作情况

（1）维权工作主要创新举措

自主维权是基础。公司高度重视自主维权，充分调动了各级代理商维权打假的积极性和主观能动性。首先，通过新品种示范会、销售启动会、营销工作总结会等各种会议，对各级代理商进行相关法律法规及维权技巧培训，使其能够快速识别侵权行为、搜集有效证据、及时反馈信息并寻求公司或其他方面支持；同时，出台相关激励政策，对维权打假工作突出的，不仅给予物质奖励，还享受公司内部评优评先、短期培训或出国旅游等奖励，充分调动了各级代理商打假维权的积极性，实现了渠道内全员参与，取得良好成效。据不完全统计，近年来通过各级代理商自主维权打假占到维权打假总数量的85%以上。

此外，为发挥各自优势、统筹各方资源，公司牵头发起，并和行业内其他企业组建了维权联盟，搭建了企业间、企业和政府及媒体间的沟通平台，将个体公司的维权打假上升到集体维权打假的新高度，极大地震慑了侵权造假行为，提高了维权打假的工作成效。

（2）处理案件数及典型案例

新品种侵权主要体现在生产环节无证生产、私繁滥制以及销售环节套牌、张冠李戴等行为。而在生产环节维权打假是最直接、最有效的。

2014年秋季，公司在甘肃生产基地累计发现侵权面积7 000余亩，直接向农业部投诉案件14起，法院诉讼案件30余起。调解回购种子30万斤，道路查扣30万斤。其中典型案例为上述甘肃桑大叔种业侵权生产案。2014年7月起，公司通过生产基地自查和经线人举报，证实甘肃高台县桑大叔种业侵权生产袁隆平农业高科技公司玉米品种“隆平206”480亩。公司上报并举报到该县农业局执法大队及张掖市中级人民法院。通过农业执法调解，公司回购种子30万斤，法院二审判决赔偿损失50万元（申请执行中）。

2014—2015业务年度，公司在销售市场打假维权也取得了显著成绩。本季累计向各地执法机关举报制假售假窝点23个，查扣各类侵权套牌种子约350万斤。刑事立案4起。在零售市场上，通过客户打假，累计行政查处案件1 000余起。其中典型案例为2014年12月14日查处的郑州亿佳丰种业生产套牌种子案。该案件经郑州市公安局须水分局办理，现场查扣各类侵权套牌种子约30万斤，此案件已经由郑州市中原区检察院刑事立案，相关责任人已被批捕。

（3）今后工作部署

① 继续加强对维权打假工作机构工作的支持和指导，完善激励和约束机制，进一步提高全员维权打假意识，提高维权打假工作的针对性、有效性，对侵权造假行为形成强大的震慑。

② 定期组织联盟会议，加强沟通和协调，力争得到行业主管部门以及公、检、法部门更多指导和支持，进一步完善维权联盟功能。

成绩只能代表过去，成绩也表明未来道路的艰辛。公司将总结经验教训，为营造公平公正的市场环境而不懈努力。

（二）山东登海种业股份有限公司

随着市场经济的发展，假冒侵权方式不断变化，形势愈发紧迫，给国家、企业带来了巨大经济损失。

山东登海种业股份有限公司积极响应三部委联合声明，积极开展打假维权工作。现将有关情况报告如下：

1. 2014年公司办理的案件

2014年，登海种业反侵权工作提起3起刑事诉讼案件，其中一起涉及榆林市雨欣种业的案件已作出刑事判决；另两起，涉及河南新乡鑫硕丰种业和河南南阳乐农种业，现已移交检察院审查起诉。为办理该类案件，公司先后投入资金约50万元，设置专门维权人员5名，在各地区安排负责辅助维权的业务代表若干名，同时聘用专业维权公司一家。上述3起案件中，只有雨欣种业一家诉前调解赔偿。

2014年，登海种业反侵权工作办理行政案件40余起，其中有近30起行政案件已作出行政处罚，剩余案件行政机关仍未作出处罚。为办理该类案件，公司投入资金近20万元，并投入了大量的人力、物力。

2. 维权打假工作遇到的问题

（1）农业主管部门的执法权限极其有限

农业主管部门对侵权人的侵权行为进行现场查处，由于没有直接查封侵权人仓库权限，所以，往往只能查到店面为止。因此，农业主管部门只能查处一小部分发生在店面的侵权行为，有时甚至根本查处不到仓库等场所的侵权行为，不能对侵权人形成强有力的打击。

（2）工商行政管理部门的执法权限也极其有限

与农业主管部门相似，由于受执法权限的限制，工商行政部门对侵权人的侵权行为进行现场查处时，只能查处在店面出售的成品小包装种子，其它涉案场所很难查处。

（3）公安机关查处侵权案件时，经常出现以下几种情况：

① 公安机关受到相关法律限制，对于达不到刑事立案标准的案件，不予受理；有的省、市级公安机关的相关部门，甚至将本级公安机关案件受理标准确定为百万元以上。

② 对于散种子，很多公安机关的经侦队、治安大队等相关部门都以散种子不在自己的职权范围内而拒绝查处、立案。

（4）目前，在维权后的诉讼过程中，加大了原告（商家）的举证责任，甚至连行政处罚决定书也不能作为被认定的证据，让原告的诉讼工作很难继续进行，有的部门甚至劝说原告撤诉。在这种形势下，侵权人就更加肆无忌惮地从事造假售假行为。

（5）维权单位的维权成本高，困难重重。侵权人仓库隐蔽，很难查到；侵权人侵权方法灵活，走乡串户，甚至利用网络等工具开展销售，有的还设置了400查询电话，查处工作很难进行；有的侵权人“化整为零”，将侵权涉案金额控制在5万元以内，达不到立案标准，借此逃脱法律制裁；有的侵权人在本地受到各种社会关系的保护。上述现象的存在，使维权单位寻求维权的途径极其有限，加大了维权难度，增加了维权成本，甚至不能达到依法维护本单位合法权益的目的。

3. 今后工作部署

2015年及以后的维权工作，将主要侧重于以下两个方面：

（1）维权关键环节前置，重点加强生产前期的制种基地维权工作。公司派遣的部分工作人员与雇佣的专业维权公司合作，在制种基地全面收集假冒侵权信息，配合当地执法部门对侵权行为实施打击。

（2）进入销售期后，公司专业维权部门工作人员、各地区销售代表与经销商紧密配合，争取工商、农业管理部门与司法机关的大力支持，对各地区侵权行为实施严厉打击。

（三）北大荒垦丰种业股份有限公司

北大荒垦丰种业股份有限公司是全国首批育繁推一体化大型种业公司，主要从事玉米、水稻、大豆、麦类等农作物种子的研发、生产、加工、销售和服务工作。由于企业的产品深受广大农户的欢迎，在市场上非常畅销，因此很多不法分子为谋取利益采取多种方式非法生产、销售畅销品种。此行为不但侵犯了企业的合法权益，给企业造成极大的经济损失，更扰乱种子市场正常经营秩序，使用种安全受到严重影响，受损失的农户逐年上升，由此造成了很多群访事件，给社会增加了不稳定因素。仅2013年至2014年期间，黑龙江全省范围内由公安、工商、种子管理部门查处侵权的和假冒垦丰产品的案件就达20余起，而这只是侵权假冒案件的一部分，大部分案件由于缺少证据而无法查处。

针对市场上日益泛滥的侵权行为，公司在维权机构设置与打假措施上加以完善。

在机构设置上实行统一领导，突出重点，全面铺开的工作方式。法律事务部负责维权打假全面工作，配备人员4人；重点区域设置维权工作站，负责增加市场宣传维权力量。

各事业部、分公司、直营店是本区域维权打假的直接责任单位；经销商，尤其是独家代理经销商也是维权市场的责任主体；由公司法务部统一指导各部门采取灵活多样的维权措施，如各种方式的广告宣传，相关部门不定期的市场巡查、举报奖励制度的制定实施。加强与执法部门和媒体的沟通联系，发挥新闻媒体的舆论监督作用等，取得了显著的效果，有效地震慑了违法犯罪行为。

1. 典型案例一

2013年2月初，段某某等5人在黑河市爱辉区某乡镇大量贩卖假冒北大荒垦丰种业公司包装的“德美亚一号”玉米种子，公司得知线索后，马上联系公安机关，配合公安机关当场查获假包装的种子985袋，进一步查明本案涉案人员5人，涉案金额200万元，因侵犯了我公司商标权等多项知识产权，行为人最终赔偿公司40万人民币。

2. 典型案例二

2013年初，公司得到消息，宝泉岭农场几十户农民上一年种了假“德美亚三号”玉米种子，损失惨重，法务部随即与黑龙江垦区公安局联系，同时指导农民去公安局报案。

2013年3月24日农民到宝泉岭公安局报案，接到报案后公安局的各级领导高度重视，迅速成立3·26打假专案组，在全局范围抽调10名骨干力量，侦办此案。垦丰种业也在专业技术等方面提供必要帮助。经公安机关调查，2012年销售季由于“德美亚”系列种子紧俏，价格暴涨，宝泉岭农场第八作业站的职工唐某某联系黑龙江省农科院的佟某某，想购买便宜的“德美亚三号”玉米种子，佟某某联系了长春农科院负责玉米种子培育的高某，高某指使其妹夫高某某将不知名的玉米种子冒充“德美亚三号”卖给佟某41 000斤，佟某又加价卖给了唐某某，唐某某除自用部分以后，又将其中的38 000斤加价卖给了农场种植户。出苗后农户发现与“德美亚三号”不符，于是找到佟某和高某，高某同意按“德美亚3号”的产量赔偿。秋天该玉米不能正常成熟无法收获，后期又连降大雪，玉米被大雪盖在地里，受灾农户42户，受灾面积725.5亩，直接经济损失700余万元。涉案两名主犯已被判处最高7年有期徒刑。

3. 典型案例三

2014年3月销售季，黑龙江省绥化某公司以“育选7”

的名称包装销售北大荒垦丰种业公司具有植物新品种权的水稻品种“垦稻十二”，在公司多次要求其停止销售无果的情况下，公司举报到黑龙江省海伦市工商局，办案机关沿着这批种子的销售渠道，一直查到了购买此产品的农户，并查获了这批侵权产品，经鉴定绥化某某种业生产、销售的“育选7”水稻种子就是公司的“垦稻十二”（品种权号：CNA20030138.1），包装上用的名称“育选7”是未审定的品种名称，为此公司起诉到哈尔滨市中级人民法院，要求绥化某某种业公司停止侵权并赔偿损失，虽然被告公司拒不承认侵权事实，但法院依据庭审证据及损害程度，判令该公司向垦丰赔偿损失20万元，目前二审判决已经生效。

（撰稿人：邹吉良）

中国酒类流通协会打假维权工作报告

一、协会介绍

中国酒类商业协会于1995年4月正式成立，是经国家民政部批准注册的国家一级协会。2006年4月经民政部批准更名中国酒类流通协会。

中国酒类流通协会以繁荣中国酒类市场，促进酒类商品流通，弘扬中国五千年酒文化为己任。协会会员单位约为364家，由酒类生产企业、流通企业、酒类批发市场、商场超市、科研单位等组成，涵盖了酒类商品生产、流通、配送、科研等各领域。

中国酒类流通协会宣传贯彻国家酒类流通管理办法、酒业产销政策，加强酒类企业诚信自律，充分发挥桥梁和纽带作用，协调酒类产销企业与政府部门之间的沟通与交流；加强酒类流通的调研与指导工作，传播交流酒类产销和市场信息，举办酒类营销技能培训和大型酒类博览会、酒业高峰论坛、酒业经销商联盟等活动，宣传、推广全国酒类知名品牌；积极开展对外联络与合作，组织酒类企业到国内外进行业务合作、商务考察等活动。

二、2014年反侵权假冒工作综述

为认真贯彻落实《食品安全法》、国务院食品安全委员会办公室《关于进一步加强酒类质量安全工作的通知》（食安办〔2011〕23号文件）、商务部《酒类流通管理办法》和商务部办公厅《关于做好2014年商务系统食品安全工作的通知》，倡导诚信经营，引导行业自律，规范酒类流通秩序，为企业营造健康的市场环境，为消费者建立安全放心的消费环境，经多次与各省、市、自治区协会研究探讨，数次修改标准方案，中国酒类流通协会联合各省、市、自治区协会，共同开展国家级放心酒示范店创建工作。

2014年，在全国各省、市、自治区协会的共同努力和广大流通企业的大力支持下，我们在全国范围内开展了国家级放心酒示范店创建活动，发挥了树立正气，抵制假酒的作用，受到了行业和社会广泛好评。为了进一步推进行业自律，营造健康有序的市场环境，2015年我们将继续在全国开展放心酒工程创建工作。

按照商务部制标计划，代商务部起草《进口酒经营服务规范》，为此我们对进口酒流通情况做了大量的调研，召开了7次制标工作会议，其中防范假冒产品是规范的重要内容，现已完成初稿待专家评审。

2014年上半年，中国酒类流通协会、歌德盈香股份有限公司携手中国科学院生物物理研究所、江南大学成立“中国陈年白酒品质鉴定及价值研究联合实验室”，并于2014年9月举行联合实验室的揭牌仪式。

联合实验室以建立中国白酒品质开瓶及无损鉴别方法体系为项目目标，针对高价值中国白酒品质科学鉴别，并为市场上流通的中国白酒鉴别提供科学指导。联合实验室成立后，将确定陈年老酒的鉴定程序和标准，研究白酒专家品鉴和科研机构检测等方式，并将定期发布中国陈年老酒行业发展白皮书。尤为重要的是，陈年老酒的无损鉴定是在保护老酒外包装不受损害的前提下，对老酒真伪进行鉴定。无损鉴定对于健全老酒鉴别的标准体系，保持老酒的品相，提高鉴别准确率，维护收藏者的权益，提高陈年老酒的收藏可靠性起到积极的作用。

三、行业内知名企业维权打假工作情况

（一）古井集团

1. 企业简介

古井集团是中国老八大名酒企业，是中国第一家同时发

行 A、B 两支股票的白酒类上市公司安徽古井贡酒股份有限公司的母公司，坐落在历史名人曹操与华佗故里——安徽省亳州市。公司的前身为起源于明代正德十年（公元 1515 年）的公兴槽坊，1959 年转制为安徽省营亳县古井酒厂，1992 年集团公司成立，1996 年古井贡股票上市，2008 年古井酒文化博览园成为中国白酒业第一家 AAAA 景区，2013 年古井贡酒酿造遗址荣列全国重点文物单位。

公司以“做真人，酿美酒，善其身，济天下”为价值观，目前拥有员工 8 000 多名，是国家大型一档企业，致力于打造以白酒主业为核心的“制造业平台”，以地产、商旅、农产品深加工为主的“实业平台”，以金融集团为主的“金融平台”和以酒文化、酒生态、酒产业、酒旅游为核心的“文旅平台”。在“华樽杯”第六届中国酒类品牌价值评议活动中，古井贡酒以 301. 52 亿元的品牌价值位列安徽省第一名，中国白酒第六名。

2. 企业维权打假工作情况

（1）建立完善以总部为核心的分级知识产权保护或反侵权假冒管理架构。古井集团知识产权保护和反侵权假冒实施集团统筹管理，下属企业分级负责的制度。集团总部知识产权管理组织，负责指导、监督、协调集团各知识产权管理组织的工作开展。其中，销售公司品牌管理中心承担商标、专利、著作权的具体实务工作，销售公司维权监管中心负责打假维权的具体工作，集团法律事务室负责法律支持，集团及股份公司各其他职能部门依其职责协助上述专业管理部门做好本系统的知识产权管理。各子集团设立专兼职知识产权管理人员，分子公司设立兼职知识产权管理人员。随着企业规模的扩大和市场销售的增长，古井集团知识产权组织机构不断细分，人员队伍不断增加。截至 2015 年上半年，工作人员约 100 人，配备专用车辆约 10 台。

（2）加强制度建设，制定并颁发了一系列知识产权保护和反侵权假冒管理规范制度。为促进古井集团知识产权工作的健康发展，2011 年，公司制定并颁发了《安徽古井贡酒股份有限公司知识产权工作五年规划纲要》，修改并完善了《安徽古井贡酒股份有限公司商标管理办法》、《安徽古井贡酒股份有限公司专利管理办法》；2012 年，公司制定并颁发了《2012 年股份公司知识产权工作推进方案》、《安徽古井贡酒股份有限公司著作权管理办法》、《安徽古井贡酒股份有限公司新产品开发知识产权风险控制管理办法》、《安徽古井贡酒股份有限公司知识产权奖励办法》、《安徽古井贡酒股份有限公司打假奖励办法》等一系列管理制度文件，这些文件对开展公司的知识产权保护或反侵权假冒工作具有非常重要的指导意义。

（3）创新维权打假工作模式，取得了显著成果。

① 创新与各级执法机关的合作模式，构建长效打假机制

第一，与公安机关建立“警企合作”机制。建立了古井集团与亳州市公安、检察、法院、质监、工商等执法部门参与的“古井打假维权工作联席会议制度”，创造了政企联合打假工作机制；与安徽省公安厅合作，成立了安徽省公安厅与古井集团联合打假办公室，率先在全行业、全省建立“警企合作”机制，在全国也极为少见。

第二，与工商部门建立“政企合作”机制。2015 年 6 月 18 日，安徽省工商局与古井集团联合打假办公室在合肥正式成立。这表明古井集团又一次创新“政企合作”的模式，也开启了古井集团与工商系统联合打击假冒仿冒违法活动工作的新机制。

第三，与各级检察、法院互动协作。多年来，开展了形式多样、规格不等的与司法机关的互动和交流活动，不仅密切了相互之间的关系，更有利于提高案件办理的质量和效率。

② 创新维权打假的具体工作模式

第一，紧紧依靠工商查“面”，查门店，查售假、查仿冒。对于达到刑事立案追诉标准的案件，积极协调移交公安机关立案侦办，追究其刑事责任。

第二，紧紧依靠公安机关打“点”，打源头，端窝点、抓主犯。对于不够刑事立案的制假售假行为，积极协调移交工商部门予以行政处罚，追究其行政责任。

第三，利用民事索赔维权，对制售假酒者提起民事诉讼，再次加大打击震慑力度。

古井集团通过创新维权打假工作模式，在知识产权保护和反侵权假冒方面取得了显著的成果。2014 年，古井集团知识产权维权打假工作成果：刑事立案人数 149 人、工商查处案件 472 起、民事索赔 1 156 565 元。特别是在合肥、淮南、亳州、安庆、芜湖、铜陵等地市成功办理了多起知识产权维权案件。

（二）四川省宜宾五粮液集团有限公司

1. 企业简介

五粮液集团有限公司前身是明朝初期沿用下来的 8 家酿酒作坊在 20 世纪 50 年代初联合组建的“中国专卖公司四川省宜宾酒厂”，1959 年正式命名为“宜宾五粮液酒厂”，1998 年改制为“四川省宜宾五粮液集团有限公司”。

公司始终坚持“发展才是硬道理”的战略思想，坚持“为消费者优、为消费者乐”的核心价值观，秉承“创新求进、永争第一”的企业精神，通过实施“酒业为主、多元

发展”战略，不仅成为全球规模最大、全国生态环境最佳、产品品质最优、古老与现代完美结合的酿酒圣地、中国酒业大王，而且在现代制造、高分子材料、光电玻璃、现代物流、循环经济等诸多领域占领高端市场，是具有深厚企业文化的国有特大型企业集团。公司建立有国家级企业技术中心和博士后科研工作站，被批准为全国白酒标准化技术委员会浓香型白酒分技术委员会秘书处承担单位和首批国家商标战略实施示范企业，是唯一三次获得国家质量管理奖，唯一两度获得中国最佳诚信企业、唯一摘得亚太质量组织授予全球卓越绩效奖殊荣的白酒企业。现有职工5万多人，占地12平方公里。截至2014年年底，五粮液品牌价值已达735.8亿元，连续20年领军中国食品行业。

2. 企业维权打假工作情况

五粮液集团有限公司在全国各级执法单位的大力支持下，紧紧围绕“改革、创新、转型、发展”思路，大力加强品牌保护队伍建设，积极开展“打窝点、破网络、溯源头、强队伍、控市场”工作，取得了十分显著的成绩。

（1）健全组织机构，开展品牌保护

1991年，五粮液集团有限公司成立打击假冒维权管理办公室，配备专职人员46名、兼职人员300余名，驻守全国各地开展工作。2013年，更名为“品牌保护与售后服务管理办公室”，负责企业品牌保护与售后服务管理工作。

2008年，五粮液驰名商标知识产权保护工作领导小组成立，充分整合利用资源，高效开展各项工作。在宜宾解决了生产地侵权行为，公安部确定了“五粮液”侵权案件的指定管辖权，法院也加大了刑事处罚力度。

在业内率先建立外聘律师法律保障体系，充分利用各地律师资源，加大对商超、酒楼、饭店、名烟名酒店、批发市场等场所的查处力度，通过民事诉讼等手段，有效打击和遏制了制售假冒“五粮液”的侵权行为。

（2）完善管理制度，创新工作举措

一是建立品牌保护管理工作流程图和组织机构图，制定了《品牌保护工作职责》等规章制度，严格实行制度化管理。

二是针对公司品保人员，每季集中进行专业技能培训，每年开展资质认证考核，成为业内率先完善鉴定师资质认证的企业。

三是自主研发防伪新技术，为五粮液专卖店、旗舰店配备RFID大型检测器，搭建防伪查询专网平台，为公司和产品品牌提供宣传条件。

四是加强网络监控打击工作，破获多起制售假冒公司产品的重大案件，抓获制售假冒违法犯罪分子上百人。

（3）打击违法犯罪，取得显著成效

一方面，制售假酒得到明显遏制。查获假酒数量、破获案件数量、抓捕追刑数量逐渐减少，进一步夺回了被假五粮液系列酒侵占的市场空间。专卖店、大型商超、大型名烟名酒行已经比较规范，鲜见假冒、侵权产品销售。另一方面，五粮液品牌保护队伍的维权能力有所提高。根据线索进行跨省作战，在跨区域打击侵犯五粮液知识产权犯罪上取得了较大突破，达到了查处一起案件、摧毁一个团伙的效果。例如，配合执法单位开展了涉案批发商户的案件线索经营，相继破获莫平虎、黄全明等假冒注册商标案，打掉了两个长期在成都从事制贩假冒五粮液的犯罪团伙。配合宜宾市公安局成功破获公安部督查的“12·19”淘宝网店销售假冒注册商标商品的案件，发起全国性集群战役。最终，打掉窝点5个，打掉团伙4个，抓获犯罪嫌疑人8名。配合执法单位对各地宾馆、酒店进行专项检查，发现近百家宾馆、酒店存在问题，引导其到正规商超或公司专卖店进货。

（三）四川壹玖壹玖酒类供应链管理股份有限公司

1. 企业简介

2010年8月31日，在成都市高新区正式注册成立“四川壹玖壹玖企业管理连锁有限公司”；2013年10月14日，完成股改，更名为“四川壹玖壹玖酒类供应链管理股份有限公司”（以下简称1919）。

2014年8月13日，新三板正式挂牌，成为国内资本市场第一家受证监会监管的酒类流通行业的公众化公司，证券代码：830993。

1919是线上线下一体化的酒类服务平台商，公司专注于酒类行业，致力于打造从厂家到消费者之间最快捷、成本最低、推广效率最高的集订单、采供、物流三位一体的专业数字化服务平台。公司在信息化系统的基础上通过线下实体门店、官网（www.1919.cn）、微网（w.1919.cn）、第三方平台（天猫、京东等）、呼叫中心（4009991919）、O2O平台（中酒网、也买酒等）等全渠道方式为零售和供应链管理提供订单服务，为全国的终端消费者提供货真价实、便捷高效的体验式服务。

2. 企业维权打假工作情况

（1）1919反侵权处置机构介绍

1919反侵权处置机构由两级组织和4个部门组成，见表1。

（2）1919反侵权工作资金投入情况

① 商标保护方面共计投入资金近200万元，其中主要投入项目如下：

第一，公司截止到目前为止共计注册完成包括“1919”在内的商标 169 个，正在初审中的 8 个，待审中的 12 个，注册失败的 10 个，共计投入资金 40 余万元；

第二，针对恶意抢注与“1919”及 1919 自主品牌酒类商标高度相似的企业和个人提起商标权争议 36 件，投入资金 13 余万元；

表 1　1919 反侵权处置机构组成

处置部门	所属组织	所属中心	人员构成	工作职责
综合管理部	省级子公司	全国各大区	综合管理部经理、专员	1. 负责监控和上报本省级子公司辖区内的各类侵权行为； 2. 根据总部维权处置部门的指导具体实施本省级子公司辖区内的各类侵权事件； 3. 上报处理过程和结果
行政管理部	总部	行政中心	行政经理、外联主管	1. 负责梳理、分类各省级子公司上报的侵权事件； 2. 根据侵权事件的严重程度和影响大小指导省级子公司按流程维权或移交法务部处理； 3. 跟踪处理过程和处理结果
法务部	总部	董事会办公室	法务主管、专员	1. 负责处理行政管理部移交的较严重的侵权事件或已升级为法律诉讼类的侵权案件； 2. 给予行政管理部和省级子公司综合管理部必要的法律指导和支持
合作者关系管理部	总部	投融资管理中心	投资者关系主管、专员	1. 搜集和反馈各地投资者发现的侵权事件； 2. 负责处理各地侵权事件中利益相关投资者关系的维护工作

第三，变更、转让及续展 1919 旗下注册商标 203 件次，投入资金 15 余万元；

第四，成功申请四川省著名商标、成都市著名商标称号，投入近 10 万元。

② 专利保护方面

1919 公司共计申请并完成专利 30 项，其中发明创造 3 项，正在进行申报的有 13 项，共计投入资金近 10 万元。

（3）1919 保护知识产权的创新举措

从地方到总部建立起一整套完整的“反侵权”工作处置机制：

第一，各地省级子公司综合管理部负责监控上报辖区内仿冒 1919 的酒类经营实体侵权事件，在总部行政管理部门的指导下完成相关拍照取证工作，同时将侵权事件在协同中上报总部相关部门，整理归纳总部提供的相关投诉资料，及时向当地工商行政管理局递交和提起侵权投诉；

第二，总部合作者关系管理部负责接受投资合作者发现的侵权案件信息，及时反馈侵权发生所在地的省级子公司综合管理部，按流程进行处置；

第三，公司战略合作的知识产权代理服务商为公司监控网络侵权信息，发现侵权事件后立即对接总部行政管理部；

第四，总部行政管理部负责对各地侵权事件进行一级处置和指导，向各省级子公司综合部提供工商侵权投诉书样本、1919 相关商标注册证、省著市著证书、行业地位证明等有关 1919 商标使用时限、范围、影响力等方面的证据材料；同时根据侵权事件的严重程度、影响大小、涉案金额等因素判断是否将案件移交法务部进行升级处置；

第五，总部法务部负责对行政管理部移交的侵权案件进行二级处置，准备相关证据材料向人民法院提起法律诉讼。

（4）2014 年开展的主要相关工作、成效和经验

2015 年 4 月，1919 起诉广州微窝网络科技有限公司未经授权许可，在其开发的 APP 应用中使用 1919 告注册商标，并且标识“1919 酒类直供”字样，严重侵害了 1919 的注册商标专用权并造成 1919 丧失大量客户资源，目前此案正在进一步审理中；

2014 年，1919 起诉天津昊盛商贸有限公司，在店招、宣传中使用“1919”字样的侵权行为，目前此案仍在审理之中。

（5）1919 为维护中国酒类流通行业和消费者正当权益作贡献

一直以来，1919 为实现所售商品“全程溯源”和“完美防伪”而在二维码管理模式上倾注了大量心血，耗费了大量人力，截至 2015 年，在软件系统和硬件配备上已投入了近 400 万元。

① 二维码溯源防伪管理模式

第一，一瓶酒对应一个二维码，二维码相当于商品的指纹，使公司内部随时掌控商品动态信息。

第二，二维码即撕即毁，防止被盗用，严格保障进出1919商品的真实性，真正做到二维码溯源。

第三，二维码查询方便，客户可用手机扫描二维码，随时查询商品相关信息，确认商品真伪。

第四，下一步，公司将与上游厂家合作，从出厂即实现黏贴二维码，真正做到从厂家到顾客的全程溯源。

② 实际运用情况

第一，1919的商品从采购到入库到配送到门店再到销售给终端消费者，全程采用“二维码溯源”管理模式。

第二，门店在售卖酒品时如发现无法扫描瓶身上的二维码，系统会立即终止售卖行为，同时对酒品进行封存和上报，确保不会有任何一瓶问题酒流入消费者手中。

（四）歌德盈香股份有限公司

1. 企业简介

歌德盈香股份有限公司成立于2012年3月，注册资本1.16亿元，现有员工约500名，是国内领先的中国陈年名酒与全球美酒O2O运营商，旗下拥有国内规模最大的老酒资源和销售网络以及全球最大的葡萄酒垂直电商——也买酒。公司下设北京歌德盈香拍卖有限公司、北京歌德盈香电子商务有限公司、北京歌德盈香投资管理有限公司、北京歌德盈香贸易有限公司、北京歌德拍卖有限公司等全资子公司，2015年5月，歌德盈香股份有限公司战略收购也买酒，成为也买酒的控股股东。

公司前身是国内最大的中国核心老酒资源控制商和运营商，其15 000平方米的老酒库存基地藏有近百万瓶陈年名酒，最专业的老酒鉴定团队和科学的鉴定体系确保酒品保真可追溯。公司经营包括许可经营项目和一般经营项目，其中许可经营项目为批发预包装食品，一般经营项目包括项目投资、投资管理、资产管理、投资咨询、营销策划、企业形象策划、货物进出口、技术进出口、代理进出口、计算机系统服务、技术推广、销售化工产品（不含危险化学品及一类易制毒化学品）、电子产品、金属材料、技术培训（以工商局核定为准）。

2. 企业维权打假工作情况

（1）反侵权假冒机构建设情况

为规范名酒收藏市场秩序，协同国家相关部门打击名酒制假售假行为，2014年3月25日，歌德盈香股份有限公司携手中国酒类流通协会、中国食品工业协会白酒专业委员会于成都春季糖酒会期间，成立中国酒类流通协会名酒收藏专业委员会。

名酒收藏专业委员会以传承名酒文化，发掘名酒价值为宗旨，以保障会员和行业的根本利益为方针，承担国家相关部门委托的部分管理功能，引导企业规范市场行为和流通秩序；向国家有关主管部门反映行业要求，代表名酒类企事业单位维护行业利益；协同国家相关部门打击名酒制假售假行为，促进公平公正的名酒流通和市场的建立；指导民间收藏品的依法交流交易活动，促进行业的健康快速发展。

（2）创新举措

① 组织中国陈年名酒鉴评师培训

为促进中国陈年名酒行业健康发展，打击制假售假行为，填补行业空白，2014年9月，由歌德盈香股份有限公司发起成立的名酒收藏专业委员会与江南大学组织了“中国陈年名酒鉴评师”培训教材编写小组专家研讨会，正式开启“中国陈年名酒鉴评师”的培训工作。中国酒类流通协会会长王新国，中国食品工业协会白酒专业委员会常务副会长兼秘书长马勇，中国酒类流通协会常务副会长兼秘书长刘员，中国著名酿酒专家高景炎，著名白酒专家沈怡方，中国著名评酒专家、茅台集团名誉董事长季克良，江南大学副校长徐岩，中国科学院生物物理研究所研究员王琳，国家食品质量监督检验中心副主任程劲松，中国酒类流通协会名酒收藏专业委员会常务副会长、歌德盈香股份有限公司总裁连庆等专家领导，出席会议并对教材编写提出意见和建议。

中国陈年名酒鉴评师着重学习中国白酒传统文化知识，熟悉各高端白酒的历史传承、品牌变迁和酿造工艺，拥有鉴别中国名酒真伪及其内在价值的能力，更多的从流通环节以及名酒的价值上对白酒进行评价、鉴别、估值。因此，名酒鉴评师将是中国酒行业的复合型人才，他们不仅仅是中国名酒价值的鉴定者，中国名酒真伪的鉴定者，同时也是中国酒文化的传播者，将为中国名酒收藏、鉴赏和经营活动的健康有序发展发挥着重要作用。

② 成立中国陈年白酒品质鉴定及价值研究联合实验室

为建立中国白酒品质开瓶及无损鉴别方法体系，打击假冒产品，2014年上半年，歌德盈香股份有限公司携手中国科学院生物物理研究所、江南大学成立中国陈年白酒品质鉴定及价值研究联合实验室，并于2014年9月举行联合实验室的揭牌仪式。

联合实验室以建立中国白酒品质开瓶及无损鉴别方法体系为项目目标，针对高价值中国白酒品质科学鉴别，并为市场上流通的中国白酒鉴别提供科学指导。联合实验室成立后，将确定陈年老酒的鉴定程序和标准，研究白酒专家品鉴和科研机构检测等方式，并将定期发布中国陈年老酒行业发展白皮书。尤为重要的是，陈年老酒的无损鉴定是在保护老酒外包装不受损害的前提下，对老酒真伪进行鉴定的方法。无损鉴定对于健全老酒鉴别的标准体系，保持老酒的品相，提高鉴别准确率，维护收藏者的权益，提高陈年老酒的收藏可靠性起到积极的作用。

（五）泸州老窖股份有限公司

1. 企业简介

泸州老窖源远流长，是在明清 36 家古老酿酒作坊群的基础上发展起来的，享誉海内外的国有大型骨干酿酒企业和百年老字号名酒企业，以众多独特优势在中国酒业独树一帜。拥有 50 年窖龄以上老窖池 10 086 口，百年以上老窖池 1 619 口，为全球最大规模的酿酒老窖池群落。

泸州老窖以“让中国白酒的质量看得见”作为质量理念，在产品质量上永远精益求精，生产高品质的国窖 1573、泸州老窖特曲、百年泸州老窖等产品。其中，泸州老窖特曲成为唯一蝉联五届“中国名酒”称号的浓香型白酒，被誉为浓香型白酒的典型代表。

2. 企业维权打假工作情况

公司打假办专职负责企业知识产权保护工作，目前有综合部、维权部、业务部等三个内设机构，并有华北、东北、西北、华中、华东、华南、西南、机动等 8 个派驻机构遍布全国各地，共有人员 66 人。综合部负责所有知识产权保护的后勤保障、维权部专职负责网络打假和民事维权；业务部专职负责市场梳理、产品鉴定和传统打假；8 个派驻机构专职负责全国范围内的综合打假维权工作。

2014 年，我公司打假办积极协调全国公安、工商、酒管等执法部门，以国窖系列、百年系列、特曲系列、头二曲系列核心品牌产品为主，认真开展打假工作，取得了显著效果。快速推进工作主要有以下创新措施：

（1）民事维权效果显著

民事维权是我公司近年的工作重心之一。在知识产权保护方面，彻底改变以往传统的以赔代罚、以赔代刑的维权方式。公司精选在知识产权保护方面有相当建树的全国优秀律所，与之合作创建了公司崭新的维权体制，以已经刑事打击和行政处罚并超过法律风险期的案件和疑难假仿冒案件为主，通过深度民事维权方式，对其进行二次打击或司法认定深度打击，增加了制假售假违法犯罪行为成本，同时通过打击和沟通为其梳理进货渠道，增加了公司产品的市场占有率。目前与公司合作的律师所达到 36 个。

（2）网络打假发展迅速

根据现在电商发展趋势及消费者日益改变的消费方式，通过与电商平台和大数据分析机构合作，公司在全国部分地方建立了网络打假中心，切实构建网络打假模式，形成网络打假维权体系。

（3）情报中心精确制导

通过全国执法体系、公司线人体系、公司销售体系、八大片区体系、律所合作体系、网络维权体系、社会举报体系、消费维权体系等建立公司打假情报中心，收集海量信息经过综合研判，优化布局进行精确打击。

（4）信息平台数据保障

一是结合全国各地成功打击仿冒侵权公司产品的案例，录入数据库，为打击类似行为提供基础法律依据。二是完善数据库的管理，对黑名单库、线人体系网络、执法资源、法律法规、案例参考等项目进行不定期更新，确保第一手资料的时效性。三是新增公司知识产权综合信息数据库，开展全面法律打假保护。

（5）建立假仿冒产品实体标本

收集全国典型案件中假仿冒公司产品的实物，梳理假仿冒产品的特点和细节，设立假仿冒产品陈列室（打假博物馆），按其特点进行分类陈列，为打假工作建立较为准确的实物标本数据库，为打假工作提供参考，同时促进公司产品的防伪工作。

（中国酒类流通协会）

中国香料香精化妆品工业协会打假维权工作报告

一、协会介绍

中国香料香精化妆品工业协会（简称“中国香化协会”），协会英文名称：China Association of Fragrance Flavour and Cosmetic Industries（简称 CAFFCI）。中国香化协会成立

于1984年8月21日，是经国家民政部批准，具有社会团体法人资格的国家级工业协会。本协会是由香料香精、化妆品生产企业及其原料、设备、包装企业和相关科研、设计、教育等企、事业单位和个人自愿组成的全国性、行业性、非营利性的社会组织，现有会员单位1 100余家。本协会按照其章程开展活动，其最高权力机构是会员代表大会。

中国香化协会的宗旨：遵守法律，代表行业，沟通政府，维权自律，服务企业，促进发展。中国香化协会主要职能：

（1）受政府委托起草行业发展规划，积极推动行业发展。

（2）对行业发展中的问题进行调查研究，向政府部门提出有关行业法规和政策的建议；参与政府部门有关本行业法规、政策、标准等的制定、修订工作，并组织宣讲培训和贯彻实施。

（3）制订并组织实施行业自律性管理制度和行业道德准则，规范会员行为，推动行业诚信建设，维护公平竞争的市场环境。

（4）维护会员合法权益，协调处理会员发生的纠纷和应急事件。根据授权开展行业统计工作，搞好信息的收集、分析、管理和发布，为政府部门制订产业政策提供依据，为行业提供信息指导与服务，编辑出版协会刊物。

（5）与有关部门配合对本行业的产品质量实行监督，发布行业产品质量信息，组织开展行业新技术、新工艺、新原料、新产品等推广应用和交流。

（6）受政府部门委托，参与承担本行业生产许可、科技成果鉴定的有关工作。

（7）受政府委托承办或根据市场和行业发展需要组织行业的国内外展览会、订货会，参与培育国内的专业市场。

（8）组织开展行业职业技能和其它技术的培训活动。代表行业参加有关国际行业组织和国际行业会议，开展国际或地区行业组织间的交流与合作。

（9）参与协调对外贸易争议，帮助会员做好反倾销、反补贴和保障措施的应诉、申诉等工作，维护日常的进出口经营秩序和国内产业的利益。

（10）代表行业参加有关国际行业组织和国际行业会议，开展国际或地区行业组织间的交流与合作。

（11）参与协调对外贸易争议，帮助会员做好反倾销、反补贴和保障措施的应诉、申诉等工作，维护正常的进出口经营秩序和国内产业利益。

二、反侵权假冒工作综述

近年来，中国香化协会在国务院国资委和中国轻工业联合会的领导下，认真履行协会的工作职能，全面加强协会的自身建设，推动全行业科学快速发展，在维权自律、诚信建设、打击制售假冒伪劣化妆品违法行为等方面，亦取得了较好的成果。

（一）组建专门机构进行行业维权打假工作

为了维护企业、行业和消费者的权益，行业协会站在了知识产权保护与打假工作的前列。2001年，协会便成立了“打假办公室”带领全行业相关企业开展了长期、艰苦的工作，2010年9月，在国家质量监督检验检疫总局执法督查司的领导下，在北京正式成立了中国优质化妆品维权打假协作网（以下简称“打假网”）。会员共同确定了打假网章程，明确了打假网成员的责权利，按照“信息共享，稳步发展，务实工作，注重实效”的方针积极开展打假工作，维护了企业合法权益。打假网现有18家成员，都是国内外著名化妆品企业，既有上海家化，天津郁美净等国内企业，也有欧莱雅，雅诗兰黛等国际大公司。在这个平台上大家共享打假信息、交流打假经验、在政府执法部门的领导下共同参与对生产假冒和销售假冒产品行为的打击行动。

通过成立专门的组织，指派专门部门的人员负责此方面的工作，每年都根据具体情况，确定相关的工作计划，确保了行业反侵权和打击假冒伪劣工作有序健康发展。

（二）建立长效机制探索打假新途径

协会利用打假网这个平台，积极组织开展行业维权打假的各项活动，探索建立长效机制，做好日常监管工作，有效地抑制造假等问题。协会制订了《中国香料香精化妆品行业职业道德规范》、《行业自律公约》、《中国优质化妆品维权打假协作网成员单位诚信公约》、《行业自行惩罚制度》等，要求化妆品行业入网企业严格执行、严格自律，自觉遵纪守法。协会在展开工作中，根据内资与外资企业制订出不同方案，多种方法相结合，多次举办打假经验交流会，及时推广成功企业经验，交流各会员企业的打假实务，提高打假水平。做好平台工作，注意拓宽行业与协会、企业与政府主管部门之间的合作范围，努力查找案源，提供详实的证据，为政府打假提供技术支持。在开展化妆品行业知识产权保护工作的同时，注重打防结合，做好正面宣传。协会专门邀请防伪技术公司介绍最新防伪技术，特邀请律师事务所的律师和专业打假公司介绍知识产权的保护、打假实践中的经验和典型案例。密切与药监局、公安部、工信部、质监总局等政府部门紧密联系，在全国双打办的指导下，行业打假工作取得了初步成果。2012年7月，在广州白云区举办现场会，与地方政府和企业交流打假维权工作经验，得到地方政府的支持，宣传品牌建设的意义。2013年，协会参加了由玫琳凯（中国）化妆品公司支持的北京大学法学院电子商务立法研究工作，提交了报告《公平规制视野下的电子商务立法》，为相关政府部门提供作为化妆品行业电子商务立法工作创立基础。

（三）通过多渠道、多形式开展反侵权假冒工作

1. 电子商务打假探索

当今电子商务发展十分迅速，化妆品在互联网上销售份额越来越大，化妆品企业利用网络打假也成为新热点，化妆品企业努力与电商企业进行沟通。中国香化协会 2012 年 8 月专程派人赴杭州与淘宝网接合，针对化妆品相关法规向淘宝网有关工作人员进行了宣传讲解，帮助电商完善内控机制。中国香化协会还利用打假网这个平台，出面组织打假网成员及相关企业与电商平台进行面对面的沟通，共同研讨电商平台的自控方式及与名牌化妆品合作的途径，探索双方可以接受的打假途径与方式。通过接触加深双方的了解，明白了双方的诉求，为今后各方面合作打下了基础。

2. 组织打假网与双打办等机构成员互通

中国香化协会积极组织打假网成员单位向全国双打办汇报全行业在过去几年中维权打假和开展行业自律取得的工作成果，以及在打假过程中遇到的困难，希望国家政府相关部门给予高度重视和支持。全国双打办领导介绍了国家对打击假冒伪劣产品、维护知识产权方面的各项工作及组织机构，以及国家在打假维护方面的工作重点和举措，并对化妆品行业打假提出了指导性意见，这也对协会和会员单位打假起到了极大的推动作用。

3. 举办打假成果展，传播正能量

2014 年 9 月，中国香化协会借成立 30 周年时之际，举办了中国优质化妆品维权打假协作网工作成果展示活动。通过活动展示打击制售假冒伪劣产品、查处侵权的案例，维护企业及消费者权益、利益成果，同时也展示出中国香化协会和会员单位进行行业自律的成效，传播行业正能量，引导行业和业内企业遵纪守法，坚守诚信，共同抵制业内不规范行为，净化市场环境，为消费者提供安全可靠的优质产品，促进行业健康发展。

4. 会员与政府主管部门沟通弄清政府打假渠道

2014 年 9 月，中国香化协会组织召开打假协作网工作会议，国家食品药品监督管理总局稽查二处金国英副处长和浙江省食药局稽查处姜舜尧局长以及打假协作网成员单位共 20 余名代表出席了会议。金国英处长首先介绍了国家食品药品监督管理总局稽查局的工作分工和责任，化妆品质量涉及到每个使用人的健康问题，涉及民生，总局领导很重视化妆品管理。2014 年上半年，国家食药总局稽查局接到打击假冒伪劣化妆品案例 10 余起，有的案值上亿元。对此，国家食药局领导非常重视打假工作，要求从源头抓起，抓住线索，一查到底，希望企业及时提供打假信息，群策群力，共同抵制假冒伪劣，净化化妆品行业市场。与会代表积极发言，就本企业在打假过程中遇到的问题，希望政府相关部门给予支持，并就网络售假问题、如何快速封杀售假网站等问题进行了深入探讨。国家食药总局再次明确，今后涉及化妆品生产、流通的维权打假问题（即除了广告外的所有问题）都由食药总局负责，企业可直接向地方食药局举报投诉，提供案情线索应详细具体以便查处。

三、行业内知名企业维权打假工作情况

（一）章华公司打假维权成果

1. 企业简介

章华公司始创于 1980 年，在景色秀丽的桔乡——浙江黄岩创建了第一家工厂。如今，章华下辖浙江章华保健美发实业有限公司、上海章华保健化妆品有限公司、章华化妆品科技有限公司、北京章华天然美容美发研究中心等 11 家子公司。分别在上海市、杭州市、台州市建立四大生产基地。至今，章华旗下共有章华生态、深海植物（海深植藻）、丝精、（章华）轻松染、章华汉草、一抹、章华草本、天峰等十大系列品牌，多达 1 000 余种单品。

2. 企业维权打假工作情况

多年来，由于章华公司已形成著名品牌，假冒章华染发产品的三无假冒伪劣产品也尾随而来，很多假冒产品采用含有苯二胺等对人体有害的劣质原料，冒充章华高科技原料生产假冒章华世界领先科技无过敏生态焗油染发霜，不仅侵害了企业知识产权，使品牌美誉蒙羞，损害了经销商的利益与广大消费者的合法权益，更给消费者的身心健康带来了巨大危害。

为维护精心培育起来的品牌信誉，章华公司对打击制假贩假的不法行为从不手软。章华公司专门成立了打假部门，将打假工作当作重点任务长期抓紧抓好。并联合技术监督局、工商部门和药品监督管理局强力打假，积极配合相关部门打假行动，在全国各地协助执法部门查获了多起制假售假案件。

例如，2013 年 8 月，章华公司打假办和哈尔滨公安局道里分局一起在哈尔滨某商行和某仓库，连续多天分兵守候蹲点。在掌握基本犯罪事实后，公安局开出拘传证，对高岩、赵巍等执行拘传，同时决定对其商店、仓库、居所进行搜查。查获假章华一抹黑 37 件，假冒一抹黑十几箱。公安人员将仓库和商店全部查封，扣留所有假货以及售假嫌疑人

的电脑、银行卡，并对2名售假嫌疑人进行审问。

2013年10月，章华公司打假办联手广州市质量技术监督局稽查分局于白云区太和镇成功捣毁一大批量伪造章华公司产品制假窝点。缴获章华生态焗油染发霜套装（140毫升/盒）912支，活角素（2克/袋）5 000袋等大量产品及梳子等，案值大约50万元。执法人员依法对上述物品予以扣押，销毁，并将所有造假人员绳之以法。

2014年9月3日，在兰州市，章华公司打假办人员又一次协助当地公安局成功查获兰州市城关区某批发市场商店和日化仓库假章华一抹黑42克产品47 316盒，以及电脑账单销售清单显示销售章华一抹黑42克产品5万元。此两处涉嫌售假人员已被拘留。

此外，章华公司网络打假人员积极清查在线销售假冒章华产品的卖家，通过阿里巴巴和网络管理机构对这些卖家进行了取缔，并关闭其网站售卖点。章华公司发起的打假“集群战役”各地共捣毁生产、储存窝点7个，关闭网络售卖点3个，缴获假冒染发剂成品1 000箱，原材料5吨以及大批半成品、包装材料，价值520多万元。协助公安部门抓获涉嫌造假、售假人员11人，使不法犯罪分子受到严厉的法律制裁。

（二）资生堂丽源化妆品有限公司维权打假成果

1. 企业简介

资生堂丽源化妆品有限公司（简称资生堂丽源）成立于1991年12月9日，作为日本资生堂与北京丽源公司的合资企业，秉承资生堂“高品质、高服务、高形象”的企业文化理念，旨在引进日本资生堂的先进技术和科学的经营管理方法，生产经营高知名度、高品质的化妆品，以适应中国市场和国际市场的需求。

1993年，资生堂丽源在北京经济技术开发区建立工厂，开始生产“AUPRES/欧珀莱”系列化妆产品，并以北京为总部，在全国先后建立了22个分公司负责当地及周边地区的销售工作。“AUPRES/欧珀莱”产品自1994年1月推向市场至今，已经在全国1 000多家百货商场开设了形象专柜，并连续多年保持着高额的年销售增长率，成为深受中国女性喜爱的化妆品牌。

2. 企业维权打假工作情况

资生堂丽源化妆品有限公司一直以来都非常重视企业知识产权保护及打假维权工作。在法务部专门设立知识产权科，全面负责打击假冒侵权、维护品牌价值的工作。已建立起一套较为完整的知识产权保护机制，包括但不限于从商标权、著作权、域名权利等多角度、多渠道应对侵权，并着力于针对假冒/侵权产品生产商、批发商、零售商的持续性打击。同时，资生堂丽源注意到了近年来电子商务领域侵犯知识产权现象屡有发生的状况，并为此制订和实施了专门针对网络假冒/侵权行为的打击策略。

2014年，资生堂丽源继续开展向各地执法部门投诉，配合执法部门进行打击假冒/侵权的工作，并取得了一定成绩。全年针对线下实体侵权人的打假案件共计90件（刑事案件4件、行政投诉打击案件86件），其中，假冒品制造工厂（窝点）11个、批发商72个、零售商4个、侵权美容美体机构3家，全年行动共计查获假冒/侵权产品15.9万个，涉案金额2 338万元。

2014年，资生堂丽源还进行了针对网络（电商）领域假冒、侵权行为的打击行动。全年共进行针对网络侵权的投诉行动53件，侵权人包括淘宝网售假店铺30个，阿里巴巴网络售假店铺21个，假冒公司官方网站2个。资生堂丽源在网络领域维权中，充分采取向网站运营商及相关执法机关投诉相结合的方式，成功关闭售假网店10个，屏蔽售假网店41个、删除假冒/侵权品网络链接154个，关闭假冒公司官方网站2个。

在以往的打假维权工作中，资生堂丽源得到了各级政府执法部门，包括但不限于工商、公安、食药监局、质监等部门的大力支持，同时也得到了中国香化协会的各级领导对打假工作的协调与配合。资生堂丽源将继续加强针对假冒侵权的打击力度，切实维护品牌形象、维护消费者的合法权益不受侵犯。

（三）上海家化联合股份有限公司维权打假成果

1. 企业简介

上海家化联合股份有限公司（以下简称“上海家化”）是中国历史最悠久的日化企业之一，历经百年发展，于2001年在上海股票交易所上市。上海家化高度重视自主品牌建设，旗下拥有“佰草集”、“六神”、“美加净”、“高夫”、“启初”等诸多中国著名品牌。在激烈的市场竞争中，采取差异化的品牌经营战略，在众多细分市场确立了领导地位，取得了骄人的经营成果，营业收入从2004年的16.7亿元增长至2014年的53.35亿元，大幅提升了经济实力。上海家化的战略目标是建设成为国际一流的综合性日化企业，持续创造新价值。

2. 企业维权打假工作情况

20世纪90年代初，为保护品牌健康发展，维护消费者的利益，上海家化组建了一支10个人队伍的打假办公室，每年投入百万元专职假冒侵权案件的调查、取证，配合执法部门进行打假维权工作。依据假冒产品的生产和销售规律，假冒侵权产品的市场分布状况，采取主动调查、主动出击方式，尽可能将假冒产品堵在源头。为能准确打击假冒侵权当事人，规范打假人员的打假行为和明确打假人员工作职责，相继制订了《打假人员操作流程》、《工作职责》、《考核标准》、《举报奖励制度》、《奖励审批制度》、《资料管理制度》、《案卷管理制度》。办案必备的书证材料（投诉函、授权委托书、鉴定书、证明函、公司及品牌的资质证明等）格式化、统一化，现场出具、现场提供，及时有效地配合执法部门的行政执法。这种无缝式连接的配合执法部门办案，赢得了行政执法部门的赞许，也获得了更多的支持。

为了防止企业的知识产权被侵害，所有与公司品牌产品的标识包装加工生产有关联的单位都签订《知识产权保护协议》、《防止商标标识流失协议》，重点强调协议单位所必须承担的违约责任，具有较强的约束力。

为更好的净化流通市场，维护消费者的利益。在不放弃鉴定权的前提下，委托第三方知识产权代理服务公司，通过公证取样，司法追诉等全风险代理的形式，在流通市场打击假冒侵权行为，收到明显的效果。

2014 年，在各地行政执法部门、司法部门的大力支持和配合下，在协会打假网络有效的沟通和支持帮助下，打假行动覆盖全国 23 个省、自治区、直辖市 200 多个地区、县市，查处各类假冒案件 847 件，其中查处地下黑工厂 12 个，假冒产品仓库 62 个，托运站 5 个。在这些假冒源头案件中查获的假冒产品、各种包装物品、商标标识、半成品等折合成品超过 3 万件，挽回损失近千万元，有近 30 名假冒当事人被刑事拘留或立案侦查，另外还对超过 400 家的售假门店及当事人提起司法追讼，有效打击了假冒侵权的嚣张气焰。

（撰稿人：张京原）

中国纺织工业联合会打假维权工作报告

一、联合会介绍

中国纺织工业联合会成立于 2001 年，原名中国纺织工业协会，2011 年经批准更名为中国纺织工业联合会（以下简称“中纺联”）。中纺联由前纺织工业部、中国纺织总会、国家纺织工业局沿革改组而来，现由国务院国有资产监督管理委员会代管。2001 年国家纺织工业局撤销，成立行业协会，表明纺织行业进入了由社会中介组织进行服务，协调自律的发展新阶段。

中纺联是全国性纺织行业组织，成员主要为有法人资格的纺织行业协会及其他法人实体，属综合性、非营利性的社团法人和自律性的行业中介组织，下属 10 个业务部门、12 个专业协会以及若干事业、企业法人单位和社会团体。中纺联自成立以来，始终致力于努力维护会员和纺织企业合法权益，贯彻国家产业政策和履行政府授权委托的职能，积极引导和指导纺织行业走新型工业化道路，为会员、企业、行业、政府做好服务，促进我国纺织服装行业健康发展，建设纺织强国。

中国纺织工业联合会的主要服务领域包括：调查研究国内外纺织服装行业现状及发展趋势，提出有关意见和建议；在纺织行业发展战略、发展规划、产业政策、结构调整、技术进步、品牌建设、市场开拓、人才培养等方面开展工作；开展行业商贸、科技、投资、人才、管理等各种推介活动；建立行业自律机制，维护行业利益；组织开展行业对外经济技术协作与交流；编辑出版纺织服装类出版物；组织发展本行业的公益事业，承担政府和有关部门委托的各项任务等。

二、2014 年反侵权假冒工作综述

我国纺织企业数量众多，全国第三次经济普查统计到的纺织企业达到 23.5 万户，其中 96.6% 为小微型企业。由于企业数量多，相互之间发展水平差异较大，大量小微企业在技术、产品、品牌等方面的自主创新能力仍然不足，造成纺织行业中存在部分企业缺乏公平竞争意识，在产品、技术、品牌方面进行侵权、仿冒等现实问题。中纺联作为行业组织，多年来一直十分注重引导企业提升自主创新能力，规范参与市场竞争，杜绝侵权、仿冒等行为，并开展大量工作，努力建立公平、有序的市场竞争环境，2014 年开展的工作主要有以下 5 个方面：

（一）加强专业展会知识产权保护

专业展会是纺织行业开展对外贸易的重要平台，也是行

业展示自身发展成果和与对外开展交流合作的重要窗口。中纺联定期在国内外组织举办中国国际纺织面料及辅料博览会、中国国际服装服饰博览会、国际纺织机械展览会（ITMA）亚洲展等重要展会，为纺织企业开拓市场和自我展示创造条件。展会的知识产权保护不仅关系到展会自身的形象，也关系中国纺织行业的形象，为保障展会秩序，提升展会水平，中纺联市场部于2005年制定了《展会知识产权规则》，2006年起要求所有参展企业单独签署《知识产权承诺书》，并对参展方及参展项目进行知识产权状况审查。中纺联主办的国内大型展会设置有知识产权办公室，与举办会展的地方知识产权执法机构合作，在展会现场进行指导和巡视，现场协调、处理展会期间发生的知识产权纠纷，并通过展会现场法律咨询和宣传等形式，增强对参展企业的知识产权意识教育及知识普及。

2014年，中纺联在国内主办专业展会10个，参展企业超过1.1万家。其中，面料展、家纺展、纺机展等5个主要展会设置了知识产权办公室，共计处理参展企业及专业观众提出的知识产权纠纷61起。展会现场邀请上海市知识产权局入驻，对于重大涉嫌侵权的投诉，结合专业执法机构意见，对参展单位采取暂停展出或撤下相关展品等措施。

（二）完善行业标准体系

健全的产品质量、技术及检测标准体系是预防产品仿冒、保护企业合法权益的重要基础。中纺联长期以来将标准体系建设作为纺织行业创新发展的重要保障和行业工作的重要内容，“十一五”时期即已基本建立起行业标准体系，“十二五”期间进行了系统的优化完善，目前标准总数达到1 900余项，全面覆盖服装、家用纺织品、产业用纺织品三大终端领域，为检验纺织产品质量、认定仿冒产品和维护企业合法权益提供重要依据。

2014年，中纺联科技部组织申报了200余项标准的制定、修订计划，完成了160项标准的报批工作和159项标准的复审工作；围绕提升消费品安全，参与了纺织产品国内外安全标准对比工作；积极组织标准宣贯以及相关人才培训等，努力推动纺织行业标准化水平提升。

（三）积极推广企业社会责任

推广纺织企业社会责任体系是中纺联开展行业自律工作的重要内容。中纺联于2005年设立社会责任办公室，编制了中国纺织企业社会责任管理体系（CSC9000T）面向全行业推广，并于2006年起每年发布纺织行业及重点企业、产业集群社会责任年度报告。CSC9000T细则中包含公平竞争条款，指出纺织企业应当将自愿、平等、公平、诚信作为企业治理、生产经营和市场竞争的核心原则，积极培养创新和管理能力，促进知识产权和专有技术的开发、应用与保护，采取管理措施尊重和保护他人知识产权。

截至2014年，中纺联已发布了9份纺织行业年度社会责任报告，并有64家企业发布171份社会责任报告，11个产业集群发布13份社会责任报告。其中，2014年有41家企业和7个产业集群发布年度报告，披露包括知识产权保护在内的企业社会责任信息，主动开展社会责任能力建设。纺织企业通过导入CSC9000T，提升了在保护知识产权和维护市场秩序方面的意识，同时也通过完善内部管理措施，有效规范了市场行为。纺织产业集群则通过引入社会责任体系，促进了集群内企业公共竞争意识和水平的整体提升，目前已发布过社会责任报告的11个产业集群所覆盖的纺织企业超过2万家。

（四）引导企业加强自主创新

不断提升企业在科技、品牌方面的自主原创能力，是杜绝产品仿冒和知识产权侵权的根本途径。加快科技进步和品牌培育是当前纺织行业加快转型升级的重要内容，也是实现建设纺织强国目标的重要战略任务。中纺联以促进产业转型升级为工作核心，开展了科技奖励、科技推广、品牌评价、先进质量管理模式导入以及检验检测、综合宣传的行业性服务，正面引导企业提升科技创新能力和加快自主品牌培育，防范和杜绝侵权假冒。

2014年，中纺联对135项纺织原创科技进行了奖励，授予“纺织之光”科学技术进步奖，激励企业加强自主创新；发布了“纺织行业品牌培育管理体系”，开展行业宣贯和重点企业、集群试点，促进企业自主品牌价值提升；开展全国质量管理小组先进推广、卓越绩效管理模式推广以及行业质量奖评优等活动，鼓励企业自主提升产品质量；完善中纺联自有检测中心的软硬件能力，帮助企业客户进行市场质量抽检，辅助工商部门开展市场抽查等，推动企业加强产品创新和质量提升，减少产品仿冒以及技术、品牌侵权等行为。

（五）开展行业信用体系建设研究

纺织行业由于中小微型企业主体众多，开展行业性社会信用管理的工作难度较大，行业中一直缺少统一协调的社会信用体系。受有关政府部门委托，2014年，中纺联着手研究编制了《纺织行业信用体系建设指导意见》，并将规范企业市场行为作为纺织加强信用建设的重点领域，提出了广泛开展行业自律，杜绝商标和专利侵权、虚假宣传等违法行为，保护市场竞争秩序等行业要求。中纺联将于2015年发布该指导意见，并成立相关工作小组，在行业里逐步推动开展行业信用机制、诚信文化、信用信息平台建设等工作。

（撰稿人：赵明霞）

中国纺织品商业协会打假维权工作报告

为进一步做好纺织、劳保行业反侵权假冒工作，加强行业自律，帮助纺织劳保企业保护知识产权和打击制售假冒伪劣商品，按照国资委和全国打击侵犯知识产权和制售假冒伪劣商品工作领导小组办公室的要求，中国纺织品商业协会在 2014 年度进一步加强纺织商业领域诚信体系建设，开展了卓有成效的工作。

中国纺织品商业协会根据行业特点、产业需要、企业需求，多维度、多视角、多层面地开展了纺织劳保行业反侵权假冒工作，进一步完善保护知识产权体系，提高反侵权假冒的专业水平，强化服务能力，推动纺织行业建立维权机制，加强国际知识产权保护合作等。

当前，互联网时代飞速发展，面对新的环境，纺织、劳保行业反侵权假冒领域也迫切需要机制创新、结构创新和模式创新等，探索构建纺织行业大数据分析、信息共享、技术集成、人才汇聚、协同管理的公共服务平台，建立适合纺织行业特点的反侵权假冒市场运作机制。

中国纺织品商业协会将一如既往地与行业、企业一道，为保护知识产权、打击侵权假冒伪劣、建设诚信社会体系贡献力量。

一、中国纺织品商业协会介绍

中国纺织品商业协会是经民政部批准，在国务院国有资产监督管理委员会指导下，由从事服装、纺织品、针织品、安全健康防护用品、户外用品的流通及生产、科研、教学活动的各种所有制企业、单位和相关社团自愿组成的，具有社团法人资格的非营利性质的全国性行业组织。

中国纺织品商业协会一直以“服务为根、自律为本、沟通协调、凝聚行业、助推发展”为工作方针，以“发挥政府与企业间的桥梁、纽带作用，坚持为政府、企业、市场、社会服务，维护企业的合法权益，推动行业和企业的健康发展”为服务宗旨。

中国纺织品商业协会下设安全健康防护用品、户外用品、丝绸、家居服、商业模特、服装商贸、内衣、纺织服装专业市场、纺织服装经销商、纺织服装专卖店、服装流通、床品、工装及职业装、家居夏凉用品、婚纱礼服等 15 个分支机构。中国纺织品商业协会主办的专业展会——中国针棉织品交易会、中国劳动保护用品交易会、中国丝绸交易会已经成为切合行业发展需求，反映行业发展趋势的专业化、市场化的权威品牌展会。

中国纺织品商业协会下设安全健康防护用品委员会（以下简称“安健委”）是由全国大中城市劳保用品经销企业发展到如今成为由生产、经销、代理、检验、科研单位组成的劳保用品全国性社团组织。安健委多年来一直坚持行业自律，自我完善、健全发展。

二、2014 年度协会反侵权假冒工作综述

中国纺织品商业协会下设安全健康防护用品委员会始终坚持发挥协会的行业引导作用，根据国务院、中宣部、中央文明办等部门关于开展创建诚信体系建设的要求，结合安全健康防护用品行业的特点，为建立行业自律性管理约束机制，规范从业者行为，推动行业诚信经营，促进行业可持续发展，开展了以下几方面的工作：

（1）制定了《开展诚信经营，加强行业自律公约》。自律公约中涉及反侵权假冒的内容有：遵守有关防护用品生产的法律、法规和标准，建立健全企业内部产品安全防护性能及质量管理制度，提高产品安全防护性能，不掺杂用假、制假、造假，不经营假冒伪劣产品，不损害使用者的合法权益，不假冒他人的注册商标，不擅自使用他人的企业名称，不伪造或冒用生产许可证证书、安全标志，不对产品作引人误解的虚假表述，不经营不符合国家或行业标准、或违反有关法律法规规定生产的防护产品。公约成员单位应共同维护本行业内技术和管理人才的正常流动秩序，在聘用业内其他单位人员为本单位服务时，不得侵犯其原单位的商业秘密等知识产权权益。

对违反本公约，造成不良影响，经查证属实的成员单位，可根据协会章程和本公约的有关规定采取批评警示、限期改正、内部通报、公开通报等自律处分措施，并适时进行行业谴责，取消会员资格，禁止参加中国劳动保护用品交易会等行业活动。目前签订行业自律公约规模企业 143 家。

（2）在全行业会员企业推行行业自律公约的同时，针对反侵权假冒工作，在国内会员生产企业中开展劳保行业推荐品牌工作，提高中国民族品牌市场竞争力，通过全国劳保行业品牌建设工作，树立行业品牌，提升国内品牌的自信度、知名度，应对国际品牌对国内劳动保护用品市场的冲

击，杜绝侵权假冒事件发生。品牌推荐工作，需经过企业自愿申报、用户推荐评选、专业机构检测、行业公示、专家评审、理事会批准等程序，2012 年获得全国劳保行业推荐品牌。共有 46 家企业 47 个品牌获得全国劳保行业推荐品牌，收到良好社会效果。行业推荐品牌不是终身制，每三年开展复评，目前第三批推荐复审工作在进行中。

（3）为进一步加强行业自律管理，做好商业流通企业特种劳动防护用品的质量管理工作，杜绝侵权假冒行为，正面引导企业发展向上，铲除侵权假冒产品生存土壤，努力提高商业流通会员企业的规范化管理水平，更好地发挥会员企业在劳保行业中的标杆作用，根据《中国纺织品商业协会章程》和《安全健康防护用品委员会理事会工作条例》的有关规定和要求，在会员商业流通企业中开展《劳动防护用品企业服务规范化管理》工作。

通过服务规范化管理工作，进一步规范劳动防护用品经销企业在营业场所、环境管理、商品陈列、人员素质、专业知识、服务能力、商品品种、质量监管、经营管理、物流配送等方面的工作，使之成为经营品种齐全、无侵权假冒商品、服务质量优良、商品质量可靠、社会反响良好的优秀的商业流通企业，不断提升会员企业在社会和市场中的地位和作用。今年 4 月首批 25 家商贸流通企业服务规范化评估工作获得通过，并取得相应钻级（5 钻 – 3 钻）证书。

（4）针对行业发展过程中遇到的技术、标准、渠道等问题，安健委成立专家委员会，下设商业流通，安全帽、带，安全鞋、靴，防护眼、面部、口罩，防护服装，防护手套，特种防护装备 8 个工作委员会，为会员企业解决产品标准、新品研发、技术交流与生产难题，同时各专家工作委员会，每年例行监督检查企业是否存在侵权假冒仿造行为，发现问题及时处理解决。

（5）每年举办的中国劳动保护用品交易会，在招商过程中严查参展企业资质、产品标识，特别是特种劳动保护用品，杜绝问题商品参展，在交易会举办过程中，开通投诉电话，设立法律顾问接待处，随时接受企业投诉，维护企业合法权利，发现问题及时与工商、技监部门联系解决，多年来没有出现重大问题，维护了交易会正常交易秩序。

（6）为加强会员企业间的横向联系，发挥信息资源共享优势，安健委开设企业专利备案平台，避免会员企业间侵权假冒行为发生，同时为会员间技术输出转让建立协调机制，目前已经为 29 家企业备案各种专利 285 项，方便企业随时查询，防止会员企业间产品侵权假冒仿冒事件发生。

（7）维护会员企业合法权益，支持防护服、防护手套、防护口罩生产企业深入河北、山东、安徽等地开展打击假冒伪劣产品活动，在各地工商、公安部门的配合下，打击和取缔了一批假冒伪劣产品的制造窝点，净化了市场，并将企业打假成果在协会会刊、网站公布。积极配合会员企业应对外资品牌的专利商标诉讼工作，维护民族品牌的声誉，打好民族品牌保卫战。

三、行业内知名企业维权打假典型案例

南通市包健特种职业服装有限公司创办于 2005 年，主要生产酸碱类化学品防护服、防静电服、阻燃服等系列产品。拥有先进的生产设备、检测设备及过硬的技术人才，经销网络遍布全国。公司历来重视产品质量及品牌管理，已通过 ISO9001 质量体系、ISO14001 环境管理体系、OHSAS18000 职业健康安全管理体系等认证，包健牌被中国纺织品商业协会安全健康防护委员会推荐为全国劳保行业推荐品牌，被南通市工商局认定为南通市名牌产品，包健牌商标被认定为南通市知名商标。

2014 年，南通市包健特种职业服装有限公司为加强企业知识产权管理，编写了知识产权管理体系文件，其中包括知识产权管理手册、整理完善管理制度（知识产权管理制度、专利管理制度、商标管理制度、版权管理制度、商业秘密管理制度、合同管理办法、知识产权应急方案、知识产权申请控制程序、知识产权检索控制程序、知识产权信息发布控制程序、企业预警机制、企业技术研究开发活动知识产权管理工作流程规定、采购活动知识产权管理工作流程规定、企业生产中的知识产权管理工作流程规定、企业销售活动知识产权管理工作流程规定）和活动记录等，按照知识产权管理手册、管理制度来规范各自的工作流程。

南通市包健特种职业服装有限公司开展了多年企业知识产权管理标准的贯彻工作，并取得了良好的效果，公司于 2013 年 6 月 3 日向兴隆县工商局书面举报承德健龙特殊钢有限公司劳保仓库有假冒包健牌阻燃工作服，随后当地经济检查大队执法人员对承德健龙特殊钢有限公司劳保仓库现场检查，查获涉嫌假冒“包健”牌阻燃工作服 590 套，其余 6 套已发放到工人手中。执法人员从 590 套阻燃工作服中随机抽取 1 套，送我公司进行鉴别，对其余 589 套阻燃工作服予以就地封存。2013 年 6 月 9 日确认该批包健牌阻燃工作服属于侵权“包健”注册商标专用权的假冒产品。当事人销售假冒包健牌商标产品的行为，违反了《中华人民共和国商标法》第五十二条一款（二）项“有下列行为之一的，均属侵犯注册商标专用权……销售侵犯注册商标专用权的商品的”规定，当事人已构成销售侵犯注册商标专用权商品行为。兴隆县工商行政管理局对当事人处罚款人民币 5

万元整。

此外，山东星宇手套有限公司自2014年春季展开打假风暴以来，席卷了全国大部分省份和地区，战果累累、成效显著，给予造假售假不法者以沉重打击和震慑，为企业减少经济损失百万余元。

浙江建德市朝美日化有限公司也成立了打假小组，在安徽安庆市工商管理局的指挥下，端掉了制假窝点，为企业减少经济损失15余万元，维护了朝美公司的合法权益，树立了良好的“CM 朝美”品牌形象，同时也体现了行业协会和有关部门对维权打假行动的支持，净化了劳保用品市场，有效推动了劳保市场的健康发展。

综上所述，中国纺织品商业协会通过一系列卓有成效的反侵权假冒工作，帮助行业企业进一步增强了知识产权意识，维护了市场竞争秩序，保护了企业创新积极性，树立了保护知识产权的典型。纺织、劳保行业知识产权保护涉及登记、注册、备案、侵权查处等各个环节，创新者的合法权益要得以保护，离不开协会营造的良好创新氛围，也需要市场主体的遵约守法。纺织、劳保行业知识产权保护工作任重道远，中国纺织品商业协会将一如既往地为纺织企业转型升级鸣锣开道，也将为中国纺织产业结构调整保驾护航。同时，中国纺织品商业协会也将进一步引导纺织、劳保企业充分认识知识产权工作的重大战略意义，真正把知识产权工作作为增强企业创新力和市场竞争力的重要手段，定期研究、专门部署，加强企业知识产权运用与保护体系建设，对于恶意侵权的行为给予坚决打击。

（中国纺织品商业协会）

中国针织工业协会打假维权工作报告

一、协会介绍

中国针织工业协会成立于1990年5月。协会宗旨是遵守宪法、法律、法规和国家政策，遵守社会道德风尚；维护行业的整体利益和会员的合法权益，发挥政府和会员之间的桥梁和纽带作用；为企业服务，推动行业健康发展。协会会员企业600多家。会员中拥有一批国内知名的纺织工业企业，如申洲集团、青岛即发集团股份有限公司、上海三枪（集团）有限公司、常州老三集团有限公司、江苏东渡纺织集团有限公司、富润集团有限公司、济南元首针织股份有限公司、北京铜牛针织集团有限责任公司、江苏AB集团有限责任公司、福建凤竹纺织科技股份有限公司、泉州海天轻纺有限公司、浪莎针织有限公司、广州全新针织厂、国家针织产品质检中心、浙江宏达经编有限公司、武汉爱帝集团有限公司、江苏雪竹服饰实业有限公司等。

协会围绕为行业、为企业服务的宗旨开展活动，主要有：

（1）宣传贯彻国家有关方针、政策、法令，向政府部门提供行业动态，反映企业要求和建议。

（2）开展基础调研，摸清行业基本情况，掌握针织行业及针织品市场动态，为会员企业和有关部门提供咨询、培训等服务，以主办刊物、通讯、汇编资料及互联网等形式提供信息。

（3）组织新技术交流，推广行业最新技术成果，发布新设备、新工艺、新产品信息，推动行业技术进步。

（4）实施名牌战略，推荐和宣传针织行业名优品牌和优质产品。

（5）组织针织行业展会、产品流行趋势发布，帮助企业开拓市场，引导消费。

（6）组织参与针织标准制定，引导行业自律，营造公平、公正、规范的竞争有序的市场环境。

中国针织工业协会将进一步解放思想、开拓进取、努力工作，更好地服务企业，发挥桥梁和中介作用。

二、反侵权假冒工作综述

中国针织工业协会从设立起，高度重视知识产权保护和质量规范化管理在行业及会员企业中的宣传与推广。下设会员部版权项目组与产业咨询部标准项目组两大机构，配备专职人员从事该项工作的开展，并设有专项资金投入。

（一）推广版权保护登记，依法获得产权保护

中国针织工业协会从2005年起开展以花边为主要作品的版权保护登记，截至2014年，共向中国版权保护中心申报作品1 728幅，涉及作品系列23套，申报企业有广州市天海花边有限公司、嘉兴市华严花边织造有限公司、福建东

龙针纺有限公司、福建兴联发针织有限公司、福建省长乐市航港针织品有限公司、长乐市永诚针织有限公司、福建省恒益有限公司等。参与申报的企业对这样的版权保护措施非常认同，同时，协会也在积极探索花边以外的服饰花型、组织结构、廓型等的申报与保护方案，使得该法律保护手段能适应到行业内更广泛的产品类别与企业，切实提升全行业的法律保护意识，掌握法律保护手段，有效实施法律保护。

（二）建立健全行业标准，深化业内规范意识

行业标准是为行业产品打造的准则。中国针织工业协会一直重视行业标准制定，注重行业调研，为标准制定提供大量信息，积极开展标准宣贯。从2009年起参与制定行业标准16项，其中2014年两项，分别为保暖袜与热湿性能针织内衣。行业标准涉及范围广泛，从产品分，有内衣、袜子、面料、口罩、手套等品类，从工艺分，涵盖经编、纬编两大针织工艺，从用途看，涉及医疗、广告、土工、民用等多个领域。行业标准的制定，是行业内部规范的有效参照，为反侵权打假工作提供了有力依据。

（三）协助会员企业组织调研认定，公正、公平、公开原则维护行业整体利益

行业协会作为业内权威的平台，坚持以维护行业的整体公共利益与会员合法权益为己任，在侵权纠纷处理中，协会积极进行组织调研认定，通过专家团队研讨、技术手段等措施，配合企业取证，并通过协会与政府的良好关系，为企业维权提供了有力保障。

三、行业知名企业维权打假工作情况

（一）三枪集团2014年反侵权打假情况介绍

1. 企业简介

上海三枪（集团）有限公司（以下简称“三枪集团”）成立于1994年11月，是以生产三枪牌内衣著称的上海针织九厂，经过自我发展、优势扩张形成的品牌集团。旗下品牌包括三枪牌、鹅牌、菊花牌、迪士尼（少儿版、青春版）、Elsmorr（青春时尚品牌）、Nivagare（高端品牌）等。秉承“扬民族之魂、攀名品之巅”的企业文化和“引领内衣发展趋势，倡导身心合一的温馨生活”的品牌发展理念，三枪的品类以内衣为主，兼有休闲、舒适的产品特性，在传统的风格中融入了时尚元素。三枪雄厚的研发、制作实力，紧跟时尚潮流的科技创新，以及与多家世界知名企业的长期战略合作，使得三枪集团的产品研发一直处于国内领先水平。高品质的面料、精良的制作和时尚的款式赢得了市场的广泛关注。自1994年以来，产品的销量和市场占有率在行业内始终处于领先地位。

品牌是公司发展的生命力。上海三枪集团旗下设立知识产权部，主要负责商标专利的申请和保护、名牌著名商标的申报工作。安保科主要负责对市场上假冒伪劣商品的打击工作。历年来，两个部门紧密合作，积极的各自采取不同的方式、方法保护着品牌的权利、维护着品牌的声誉。

2. 企业维权打假工作情况

案例一：2012年3月，在苏州吴江，三枪集团曾联合上海及当地质量技术监督部门捣毁重大售假窝点苏州安尔凡尼商贸有限公司，查获并没收假冒产品12 321件，涉案金额27万余元，3月15日上海《新民晚报》对此事作了大幅报道。

案例二：2014年，三枪集团在维权和打击假冒伪劣产品的工作中做了大量的工作，整顿上海市场上未经许可乱用“三枪”店招的内衣销售店；打击出售假冒伪劣三枪产品的商店、超市等，取得了良好的效果。

2014年8月20日，三枪集团上海贸易部负责菊花牌内衣销售的业务员向领导反映，今年湖南省长沙市沙隆贸易公司向三枪集团批发菊花牌男式背心数量比往年少了40%，金额近20万元。了解情况后得知，湖南市场上出现了很多9.9元一件的菊花牌男士背心假冒产品，湖南客户并寄来一件样衣和超市小票，并希望安保科可以出面打假维权。安保科立即联系了出售假冒菊花内衣的湖南省常德市风采超市所在的常德市工商行政管理局德山分局，通过写举报信、出示该假冒伪劣产品的鉴定报告、授权证明等方式请其协助打假维权。

2014年9月5日，常德市工商行政管理局德山分局人员前往风采超市进行突击检查，查扣了超市内15件假冒菊花牌男士背心，并将超市经理带回协助调查。通过调查得知这些假冒的菊花牌内衣来源于当地的一个市场，但超市售假事实明确，最后工商行政管理局对风采超市作出了行政处罚，没收假冒菊花牌男士背心15件，责令改正违法行为，并处罚款5 000元。

案例三：近年来，三枪集团在进出口商品知识产权保护方面也屡有动作。上海三枪（集团）有限公司的鹅牌背心及T恤在东南亚及港澳市场上销售火爆，知名度非常高。这也给一些不良商贩带来了商机，他们未经上海三枪（集团）有限公司授权，大肆出口假冒伪劣的鹅牌产品。上海三枪（集团）有限公司得知后，协同海关部门对此也进行了严厉的打击。

2013年8月7日，江西省瑞宇服装进口有限公司未经三枪集团同意授权，将标有鹅牌及图形的棉制针织男背心138 000件、棉制针织男T恤60 000件（涉案金额849 609元）以一般贸易方式向深圳海关隶属蛇口海关申报出口。三枪集团认为上述货物侵犯三枪集团在海关总署备案的商标专用权，向海关提出采取知识产权保护措施申请。经海关查实侵权事实明确，对该公司作出了没收上述侵权货物并处罚款人民币90 000元的行政处罚。

（二）AB集团2014年反侵权打假情况介绍

1. 企业简介

江苏AB集团股份有限公司（简称“AB集团”）前身为昆山正仪针织内衣厂，成立于1979年，位于昆山市巴城镇新城路8号。AB集团秉承“追求卓越，致力健康”的理念，坚守针织内衣的主业，历经10年求索创业、10年崛起创牌、10年飞跃创新，如今AB集团已是一家集研发、营销于一体，统织造、染整、成衣一条龙的大型企业，连续多年位列中国针织行业综合实力前五强。公司屡获中国驰名商标、中国名牌产品、国家免检产品、国家级技术中心等称号。AB集团积极贯标，通过一系列认证。AB产品以“天然、绿色、健康”为定位，以“开放、诚信、创新、宽容”的企业宗旨，明确“天然、绿色、健康”的发展方向，坚持“节能、减排、低碳”的发展理念，在商业模式上坚守客户导向，在内部运作模式上坚守流程导向，在企业文化上坚守高绩效导向，不断提高品牌附加值，提升产品附加值。

如今，AB集团已进入了一个新的发展阶段，正在为了实现“百年AB”大计、创国内针织内衣第一品牌、打造国际化的品牌和全面建设一个务实创新自强的集团公司而努力。

2. 企业维权打假工作情况

（1）做到机构落实，明确工作职能。AB集团在2001年末就成立了知识产权办，并明确其主要职能是鼓励技术创新、推动技术进步、维护合法权益、提供过程服务，以推进知识产权的创造、运用、保护、管理工作。知识产权办成立以来，积极发挥专业部门的职能作用。

（2）做到人员落实、专人负责管理。对知识产权工作，AB集团从人员配置上加以落实：其一，领导挂帅，总经理亲自主管；其二，专人负责，知产办配备4名专兼职人员，除做好知识产权申请、维护等日常管理外，还参与科技项目申报、打假维权、组织培训等工作。常年聘请苏州新天伦律师事务所的2名律师担任法律顾问。

（3）做到制度落实，推进创新工作。AB集团与时俱进，不断完善、落实知识产权工作的有关制度，先后制订了知识产权保护工作制度和专利奖励管理办法，推行企业知识产权管理规范，逐步规范知识产权工作的程序，提高了知识产权创造、运用、保护、管理工作的水平。

（4）做到经费落实，提供资金保障。据不完全统计，AB集团知识产权办设立至今，每年用于知识产权的专项费用超过50万元。公司现有境内商标78件涉及34大类，境外商标7件，实用新型专利19件，发明专利7件。

（5）加强商标维护，打假维权取得新成果。为进一步遏制商标侵权行为，AB集团将常熟小商品市场作为打假的重点地区，知产办人员常年蹲点常熟，并与当地销售公司联手摸线索、查对象，在常熟、江阴、无锡、苏州、合肥等地工商、质监部门的帮助下，查处了多起商标侵权案，有力打击了以AB集团抗菌裤为主的制假、售假违法行为，维护了AB集团驰名商标的合法权益。为公司挽回了数十万元的损失。

（6）加强宣传培训，提高知识产权认识水平。公司多次派员参加了苏州市知识产权工作会议，以及昆山市局组织的各类培训，还派员参加了上海市专利工作的培训班，并在企业内部加强知识产权的宣传、教育工作，提高员工对知识产权的认识水平与保护意识，提升了专业人员的知识产权实务工作能力，进一步增强了尊重知识、崇尚创新、诚信守法的知识产权文化氛围。

（7）维权打假任重道远。假货销售量大、铺货面广，交易手段愈益隐蔽，打假难度明显增加。虽然投入大量人力、财力打假，但收效甚微，表面上查获的假货只占实际销售量的很小一部分，且很难查到藏匿假货的仓库和生产源头，维权打假形势十分严峻。形似商标、形似包装设计的误导，令人防不胜防。

（8）不断增加数量，实现品牌溢价。商标的申请、注册的数量和质量上有明显的增加、努力提高品牌溢价效应、提升产品的附加值。加大商标专用权的保护力度，设计附有产业和商标相结合，形成具有特殊的系列组合。

（三）都市丽人公司2014年反侵权打假情况介绍

1. 企业简介

广东都市丽人实业有限公司（简称都市丽人公司）是一家集研发、生产、仓储物流、销售和营运于一体的现代化大型内衣品牌运营集团，致力于成为世界级悦时尚内衣领导品牌。2014年6月，都市丽人公司成功登陆香港资本市场，成为“内地内衣品牌上市第一股”。都市丽人公司总部位于东莞，在北京、上海、深圳、重庆设有运营中心，并在全国31个省市设有办事处。都市丽人公司在全国拥有广泛的销售网络，零售网点遍布中国330多个地级城市，拥有7 000

多家零售门店。

2. 企业维权打假工作情况

都市丽人公司的都市丽人内衣产品受到了广大消费者的青睐与好评，取得了良好的市场效益，但是商标侵权、不正当竞争等案例屡有发生，主要有心美都市丽人、魅力都市丽人、都市丽衣商标侵权及不正当竞争、夏娃之秀不正当竞争、淘宝网店及微信微店未经授权销售都市丽人公司产品等。由于现行法律在打击侵权行为力度方面、侵权行为认定方面尚有完善的空间，且各地工商行政部门对侵权行为认识及打击力度方面存在差异，使得维权工作有一定的难度，都市丽人公司打假维权成本高。

面对层出不穷的商标及其他合法权益侵权行为，都市丽人公司坚决进行打击，对不法行为起到了威慑与警示作用，维护了自身利益，也维护了消费者的权益。

（1）建立高效的维权打假机制。首先，打造由公司法务部主导，全国各地督导、连锁店人员配合，外聘专业机构专案处理要案的维权团队，形成了对案件的及时发现与反馈，及时核实并落实解决方案的反应机制。依法借助行业协会、工商行政部门、公安司法机关的力量，采取发送警告函、投诉、诉讼等方式，多措施并举的打击侵权行为。其次，通过公司官方网、公司微信、媒体等网络平台以及召开发布会等形式，宣传公司品牌产品，揭露侵权违法行为，引导消费者对都市丽人公司品牌产品的认识及对假冒伪劣产品的甄别，从而更好的维护消费者的合法权益。

（2）在打击侵权方面成绩斐然。都市丽人公司协助工商查处了魅力都市丽人、心美都市丽人、都市丽衣等实体侵权店铺149家；对心美都市丽人所属公司进行起诉，并取得一定的效果；对魅力都市丽人、心美都市丽人及都市千彩丽人等侵权行为网页成功进行证据固化，为维权工作打好坚实基础；成功删除淘宝平台侵权链接1 800条以上，屏蔽淘宝侵权网店8家。

（3）打假维权离不开政府、行业协会的大力支持。都市丽人公司在打假维权道路上投入了大量的人力、财力，取得了一定的见效，但因市场上存在许多经营者不是在树立品牌、做好自身产品质量层面上下功夫，而是抱着“傍名牌”、“浑水摸鱼”的侥幸心理，使用与都市丽人公司店铺相同或类似的名称、向顾客宣称是都市丽人公司旗下品牌等形式的侵权行为。近期更有夏娃之秀、莱特妮丝等品牌商，在销售其内衣产品时，既夸大宣传自家胶罩杯产品的功效，又毫无根据地指责行业普遍使用的海棉内衣有毒、对人体有害、透气性差、极容易滋生细菌等谣言。这一系列不正当竞争行为，既严重地影响了同行业经营者的权益，也欺骗了消费者，影响了正常的市场经营秩序。打击上述侵权行为，净化市场，离不开政府、行业协会及企业的联动。加大打击力度，给侵权行为人以严厉打击，使假冒伪劣、不正当竞争、侵犯商标等行为根离生存的土壤。

（四）浪莎集团2014年反侵权打假情况介绍

1. 企业简介

浪莎集团成立于1995年，以其优质的产品，时尚的造型，多样的款式赢得了市场的认可，历经20年的发展，目前集团占地面积1 000多亩，员工6 000余人，拥有国际上最先进的美、日、德、意等国设备5 000台（套），企业严格实施ISO9000-2000质量管理体系、ISO14001-2000环境管理体系，全面质量管理，引进国际人才，潜心研究消费者需求，产品远销国内外100多个国家，是当今世界最大的袜子研发、生产、销售一体化企业。

2. 企业维权打假工作情况

浪莎集团在当地政府和广大消费者的关爱下不断发展壮大。与此同时，浪莎集团生产的产品却不断受到山寨仿冒的困扰，在市场上严重侵害了消费者和企业的利益。浪莎集团历来重视对假冒伪劣产品的打击和对知识产权的保护工作，公司专门成立打假和维权部，由法务专员和20多位专门的打假人员以及当地聘请的律师组成，负责日常在线下市场上进行巡查，一旦发现有此现象，立即举报和联合当地工商局进行严厉打击，在行政处罚后，联系当地律师事务所以侵犯知识产权行为进行维权，但效果总是很不理想，无法直接对源头进行有效打击。尤其是当前电子商务的快速发展，网络假货也是愈发严重，企业销量进一步被蚕食，严重影响了企业的发展。

为打击假冒产品，维护知识产权，浪莎集团将继续加大力度，对费用的投入将不设上限，继续协助有关部门净化市场环境，为消费者提供更为优质的产品和服务。

（撰稿人：赵洪）

中国化学纤维工业协会打假维权工作报告

一、协会介绍

中国化学纤维工业协会（以下简称“化纤协会”）是经中华人民共和国民政部登记注册的全国性社团组织，由从事化学纤维生产、研究的企事业单位和个人以及有关的社会团体自愿结成的行业性、全国性、非营利性社会组织。化纤协会成立于1992年11月10日，截至2014年底，单位会员500多家，个人会员20余名。协会被国家民政部授予AAAAA等级。

化纤协会始终以维护会员的合法权益，贯彻执行国家的产业政策，促进技术进步，推动全行业的发展作为主要工作任务。以“服务行业、服务政府、服务企业”为工作目标，做到“服务高效、诚实守信、创新发展、自律和谐”。化纤协会的宗旨是：遵守宪法、法律、法规和国家政策，遵守社会道德风尚，维护会员的合法权益，贯彻执行国家的产业政策，促进技术进步，推动全行业的发展。

化纤协会的主要任务是：在企业和政府部门间起桥梁和纽带作用，反映企业的愿望和要求，传达政府的意图，协助政府推行经济政策法规和完善行业管理。

二、反侵权假冒工作综述

多年来，化纤协会为保证行业生产经营，维护市场营销秩序，打击侵犯知识产权和制售假冒伪劣商品，保护行业利益，做了大量的工作。基于化纤行业是国民经济的基础产业，为纺织和其他相关行业提供原材料的特点，协会先后成立了化纤产业技术创新战略联盟、中国化纤再生与循环经济产业技术创新战略联盟；开展了制定协会标准和产品吊牌等实质性工作，有效地制约了新生产技术、新生产工艺的泄露，延长了差别化产品的生命周期，避免了同质化低附加值产品泛滥的现象出现，很好的维护创新型企业的利益。

（一）成立化纤产业技术创新战略联盟维护行业创新企业利益

化纤产业技术创新战略联盟（以下简称“化纤联盟”）是化纤协会会同中国纺织科学研究院，组织化纤行业中的主要大型企业和有特点的差别化企业，高等院校和科研院所等单位组成。2010年1月8日，国家科技部发文“国科办政〔2010〕3号”，决定在已成立的联盟中选择一批符合条件的联盟开展试点工作，化纤产业技术创新战略联盟成为首批36家试点单位之一。联盟成立之初有成员单位24个，根据联盟产业链建设的需要，成员单位增至44个，其中企业28个、科研机构11个、大学4个。目前，化纤联盟企业的产能占我国涤纶长丝的32%，占化纤总产量的22%。

化纤联盟以产、学、研、用等缔约各方的有机结合，构建从原料开发、纺纱、织造与染整、面料开发等整个过程的技术创新链，通过技术创新与集成、产业化运行、行业标准制定与知识产权战略实施，突破阻碍行业进步的技术瓶颈，开发出以高品质、多功能、低能耗为特征的新一代化纤产业化技术，为促进化纤行业的技术、产品升级服务，提升联盟企业的国际和国内竞争力。

化纤联盟将充分利用联盟成员单位在应用基础研究、工程化技术开发、产业化运行、市场推广等专业领域的优势，通过差别化聚酯熔体直纺技术、聚酯废水处理技术、大容量聚酯工业丝关键技术、瓶片再生聚酯工业丝液相增粘技术等制约化纤行业节能减排、提质降耗、循环经济发展的关键与共性技术开发，形成领先优势。

化纤联盟形成完备的技术开发链条，建成功能完善、运行机制高效灵活的纤维材料工程化技术创新服务平台，开发出重大关键技术和成套技术10项以上，申报专利50项，制定行业标准和国家标准10项，开发10项以上具有国际先进水平的新产品。显著提升我国化纤产业的自主创新能力，有效地维护了行业创新企业的利益，推动了行业的可持续发展。

（二）组建中国化纤再生与循环经济产业技术创新战略联盟，保护知识产权

中国化纤再生与循环经济产业技术创新战略联盟（以下简称“再生与循环联盟”）是化纤协会化纤组织化纤再生涤纶企业和上下游配套企业及高等院校等40多家单位组成。整合了再生产业链、中介组织和高等院校、科研院所的科技、检测、认证人才优势，在优势互补、合作创新的基础上建立起来的。利用契约形式成立理事会机制下的再生与循环联盟，促进企业充分利用科研的技术沉淀、前沿信息，重新整合后，实现在纺织新原料、新材料、新工艺、新装备、新用途、新理念及高性能绿色环保染化料及助油剂等基础性的研究、应用基础研究方面的成果转化，申请技术专利、保护

知识产权。

再生与循环联盟在共同投入，组成产、学、研、用的联合创新团队，以合同契约的形式明确责、权、利及知识产权的归属，各方在利益共享、风险共担的前提下，促进并推动了再生行业共性技术的开发、利用及示范推广。

（三）适应市场经济发展，制定协会标准

制定协会标准，是化纤协会为了适应市场经济快速发展和企业创新研发的新技术、新工艺、新产品和新装备周期不断加快的形势，很好满足企业生产经营和相关贸易的需求。

化纤协会是国标委团体标准审批试点单位。化纤协会标准参与单位74家，其中，化纤企业62家、科研院所6家、工程技术2家、下游用户4家。先后完成两批23项协会标准的制定和发布，其中方法标准4项、产品标准14项、清洁生产评价指标体系5项、技术要求1项。

协会标准完善和丰富了现有化纤标准体系，反馈了市场的实施情况，有效的支撑了化纤行业的产品创新，获得了国标委认可、化纤企业的认可和贸易双方的认可。

（四）实施品牌认证吊牌，规避假冒伪劣产品

化纤协会在密切跟踪行业情况和积极研究行业问题的基础上，针对国内化纤产品市场品牌混乱、公信力不足的情况，设置行业内统一的吊牌，旨在规范国内化纤产品吊牌标准。统一的吊牌除具有品质保证、安全保证和功能性、差别化保证三方面作用外，还特别强调排他性这一核心要素，确保单一领域内的行业领先产品的独占性使用。

化纤协会分别制订了企业品牌认证吊牌和行业品牌认证吊牌的工作程序、产品检测标准和管理制度。先后已经为业内某领域6家龙头企业的7个相关品牌产品进行了认定吊牌。被吊牌纤维产品的生产和销售需完全依照有关标准进行，严格地控制纤维的销售渠道，保证面料商和成衣商正确地使用纤维，从销售源头上控制以保证吊牌产品的品质。

为避免不法企业冒用品牌纤维产品欺骗消费者，保障品牌纤维产品用户的合法权益不受侵害，品牌产品生产企业需联合国家权威检测机构，对市场上的该品牌纤维产品及其下游产品的纯度、真伪进行定期抽样检测、鉴定，并将检测、鉴定结果在媒体上进行公布。针对获得认证的企业品牌产品，在吊牌上已设计该产品专属的二维码，通过扫描吊牌二维码的方式可以直接在协会官网上查询到认证的产品及企业详细资料，从而使消费者可以有效区分认证产品信息的真伪。对于发现以其他纤维冒充吊牌纤维产品及弄虚作假、实际含量与吊牌不符的企业或个人，产品生产企业将采取法律手段追究其相应责任的权利，以确保吊牌产品的健康成长。

三、行业企业维权打假工作情况

（一）吉林化纤集团有限责任公司维权打假工作情况介绍

1. 企业简介

吉林化纤集团有限责任公司（以下简称“吉林化纤”）是一个以化纤生产、商业贸易、建筑安装等集于一体的大型、综合性的企业集团。公司占地面积200公顷，现有员工万余名，总资产68亿元。目前，集团旗下有股份公司（深圳上市）和奇峰公司（香港上市）两家上市公司、河北吉藁化纤等17家子公司。

吉林化纤作为天竹联盟的发起者，自2005年联盟成立伊始，就始终坚定不移地维护“天竹”这一中国创造民族品牌的健康与发展。企业先后通过中华人民共和国国家知识产权局申请了利用竹材生产粘胶纤维素浆粕的工艺（专利号：ZL 00 1 35021.8））和竹材粘胶纤维及其制备方法（专利号：ZL 03 1 28496.5）两项国家专利，并且获得了伦敦国际专利技术博览会金奖。

2. 反侵权假冒工作的机构

（1）天竹联盟是与天竹产业相关的企事业单位、社会团体等自愿组成的行业性、非营利性社会组织，是竹纤维产业发展的组织者、生产经营的协调者、产品市场的开拓者、深度开发的推动者。天竹联盟在有关法律和政策范围内依据《天竹联盟章程》组织实施开展各项有利于产业及联盟发展的活动。下设联盟办事机构和秘书处，联盟秘书处为日常的产权保护及反侵权假冒的协调与组织工作的执行机构。

（2）资金投入途径：天竹联盟通过国内外大型展会宣传；检测产品、免费提供吊牌、贴标；组织各种专业会议、论坛；联合相关纤维检验单位进行市场抽查检测；通过法律诉讼维护专利技术推进反侵权假冒工作，近年来共计投入资金近4 800余万元。

3. 反侵权假冒的规章制度

（1）为了维护所有联盟成员和客户的利益，联盟免费提供检测和免费发放吊牌、贴标，但对吊牌和贴标实施严格的申领程序和检测管理。

（2）天竹联盟内部上下游企业签订诚信公约，通过企业自律声明来提高产品在市场中的地位，进而达到保护自身利益，打击假冒伪劣竹纤维产品的目的。

4. 反侵权假冒的主要工作与成效

（1）注重品牌建设全力推广

天竹联盟成立以来，先后组织法国、土耳其、印度、韩国、俄罗斯、北京、上海等国内外专业纺织展览会50余次；召集召开天竹联盟代表大会、天竹联盟理事会议、产业链接会议和专业技术论坛等活动70余次。“天竹（英文商标：TANBOOCEL）”以中国创造的生物基再生纤维素纤维品牌成功登陆世界流行趋势顶级展览盛会—PV（Premieve Vision）展，很多欧美企业选择竹纤维面料都指定用天竹纤维的产品。

（2）重视自主知识产权保护

为拓展国际市场，保护自主知识产权，已经先后在韩国、日本、欧盟、美国、巴基斯坦、印度以及台湾地区对“天竹”、“Tianzhu”、”TANBOOCEL”、“JIGAO BAMBOO”商标进行了注册，为拓展国际市场奠定基础。

（3）强化知识产权监督管理

对吊牌、贴标的发放采取严格的检测和管理制度，定期联合纤维检验局和检测机构对市场上含有天竹吊牌或贴标的产品进行抽查检测。对发现标有竹纤维标识但是不含竹纤维的产品企业进行通报、举报；对标有假冒标识的企业发送律师函，限期整改；对“三无”产品向当地工商部门进行举报。

（4）加大宣传力度，增强消费者识别天竹的能力

近年来，天竹联盟与中国中央电视台合作，制作播出了三档关于竹纤维及竹纤维产品的科普类节目。

（5）维权打假典型案例

天竹纤维推向市场不久，市场上就出现了一些假冒竹纤维产品，更有甚者出现了个别单位利用我公司的专利技术开始大批量生产该产品的不法行为。为了维护我公司的合法权益，维护知识产权不被侵犯，我公司于2005年9月23日向石家庄中级人民法院起诉了唐山三友集团化纤有限公司侵犯我方“竹材粘胶纤维及其制备方法”专利权一案。在石家庄中级人民法院的主持下，知识产权鉴定机构经过认真的勘察现场、测试产品、调查市场取得了大量的资料证据，又经过对双方多次耐心的调解，最终使这一侵犯知识产权的案件在2006年12月26日得以顺利解决，使我方的利益得到了有力维护。事实证明：当自身的合法权益受到侵害时，只有拿起法律武器，才能有效维护自身权益。

（二）江苏恒力化纤股份有限公司企业知识产权情况介绍

1. 企业简介

江苏恒力化纤股份有限公司成立于2002年11月8日，主要是从事化学纤维的制造，拥有涤纶民用丝产能达80万吨，涤纶工业丝产能达20万吨，主要产品为超细旦长丝、异形功能性长丝、复合长丝等差别化产品，以及超高强型、高强低缩型、超低收缩型、高模低缩型以及各种活化型、抗芯吸型等涤纶工业长丝。2014年公司实现销售收入达126亿多元，利润总额达1.5亿元。

公司大力推行科技创新工作，先后建立国家级认定企业技术中心、江苏省工程技术研究中心以及国家级博士后工作站分站等科研载体，被认定为“高新技术企业”、“江苏省创新型企业”及“国家火炬计划重点高新技术企业”。

公司每年都拿出超过销售收入的3%左右作为研发经费，主要用于新产品开发、新技术研发、专利技术的成果推广、相关知识产权申请及人员培训等科技研发工作。

2. 企业维权打假工作情况

公司将“技术创新、科技创新和管理创新”作为企业发展的基础，充分认识到知识产权的重要性，公司建立了由总经理直接领导的知识产权管理机构——企业管理办公室，任命知识产权主管，同时聘请资深专利工程师担任公司的知识产权顾问，对公司的知识产权工作给予指导。在公司内部基本上形成了知识产权创造、管理、应用、保护等为一体的知识产权工作体系。

技术创新来源于人才，公司重视每一位员工在知识产权工作过程中所起的作用。聘请8位外籍专家，拥有高级工程师21人、中级工程师63人的一支创新能力很强的研发队伍。知识产权方面配备专职人员，聘请有知识产权顾问，同时在各职能部门配备了兼职人员，每年至少报送一人参加知识产权工程师的培训，保证了公司整个知识产权工作的有序进行。

（1）建立和完善了知识产权管理制度

结合企业的实际情况，制定便于操作的管理制度是开展知识产权工作的一个重要保障，只有这样才能使知识产权工作规范、顺利、持续的开展下去。公司先后制定了《专利管理制度》、《商标管理制度》、《商业秘密管理制度》等一系列制度，并在实际工作中，不断的对这些制度加以修改完善。2010年，公司依据江苏省地方标准DB/32T 1204-2008《企业知识产权管理规范》，对原有制度重新进行了梳理和补充，形成了第一层次的《知识产权管理手册》、第二层次的《知识产权管理办法》、《专利管理制度》、《商标管理制度》、《著作权管理制度》、《商业秘密管理制度》、《科技创新奖励管理办法》等10项管理制度以及《知识产权申请控制程序》、《知识产权检索控制程序》等10项内部控制程序，还有第三层次的《年度知识产权目标分解及考核记录》、《知识产权奖励台账》、《知识产权海关备案记录》等40余项记录文件。这些管理制度规范了公司知识产权工作

流程和各部门、人员的职责，使知识产权各项工作有人负责，有文件可依、有程序可执行，提高了知识产权工作效率与可操作性。

公司制定了《知识产权预警及应急预案》，加强对知识产权的预警及发现侵权时应该采取的措施及对策，通过对相关的专利状况、发展趋势和竞争态势的分析，尽早发现可能出现专利纠纷的前兆，并尽可能地将可预见的商业纠纷消灭于萌芽状态，最大限度地减少损失，以维护国家和企业的利益。

公司不断加大专利的奖励力度，几乎每年都对奖励管理办法进行修订，专利的奖励措施从开始的发明专利授权奖励3 000元，提高到授权一个发明专利奖励10 000元，激励企业员工积极开展发明创造。

（2）产品研发创新和专利工作紧密结合

专利工作的最终目的是促进公司的技术创新和进步，合法借鉴公有技术、避免侵权纠纷，因此专利工作必须深入到产品研发的各个环节。公司要求，对于新产品或新技术开发，在申请立项前要求项目组进行国内外专利的检索，以专利检索和分析报告作为新项目立项的重要参考依据，从而确认新项目的新颖性，防止重复研究和侵犯他人专利权。在产品研发过程中，要求项目组以半年为周期进行专利检索，并形成分析报告。项目结束时，项目组必须将检索报告作为项目结束申请验收的文件之一。只有使专利工作融入到产品研发活动的全过程中，才能形成自主知识产权、促进并保障公司的研发活动顺利开展，否则很难使专利工作发挥实际作用。

（3）建立专利平台，提升知识产权运用能力

公司建立了个性化企业专利数据库，该数据库包含了中国、美国、日本、英国、德国、法国、瑞士以及WIPO、欧洲七国等组织的海量专利数据，实现对海量专利信息的全文检索，实现了一站式的信息检索、信息分析功能，并且可对竞争对手的情况进行有针对性罗列分析。在新项目研发之前，公司借助专利平台，对项目进行专利检索和分析，关注竞争对手的动态，寻找仍有利用价值的失效专利，规避已有专利风险，确定研发方向，避免重复研究，加快项目研发进程。

（4）加强了宣传培训，提高知识产权意识

在公司知识产权工作开展过程中，我们发现公司技术人员的知识产权知识非常匮乏，对很多技术人员都需要进行专利基础知识的培训。为此，公司知识产权工作人员联合培训部制订了培训的年度计划，对公司相关部门和人员进行了知识产权等相关知识培训。积极帮助公司员工将平时的好创意、好点子进行总结，以专利的方式保护起来。

同时，借助公司网站、内刊进行宣传，在广大员工中普及知识产权知识，在全公司范围内组织培训学习公司知识产权标准化管理体系内容，做到人人尊重知识产权，人人为知识产权建设作出应有的贡献。

（5）知识产权成效显著

在公司领导的大力支持下，公司的知识产权也取得了显著的成果。到目前为止，公司拥有专利达到了105项，其中发明专利23项，实用新型专利82项。

公司根据产品系列在国内申请注册了恒远、亮丝隆、超力特等130多个商标，恒远、亮丝隆、超力特、酷派丝等29个商标取得了马德里国际商标注册及日本、韩国、美国等多国注册证。同时，公司的商标取得了一系列的荣誉。恒远牌涤纶长丝荣获中国名牌产品称号。亮丝隆牌超亮光长丝和超力特涤纶工业长丝荣获江苏名牌产品，亮丝隆也被评为2011—2013年江苏省重点培育的国际知名品牌。

在著作权方面，已取得了化纤产品生产销售管理系统V1.0等11件计算机软件著作权登记证书。

近年来，冒用商标的现象有增无减，并呈现分散性和多样化情况。2014年以来，陆续发现有企业冒用、擅改我公司注册商标、近似商标以及商标吊牌销售该企业自产产品。其中，有行业龙头上市企业使用与我公司注册商标“酷丝绵”高度近似的“酷丝棉”作为商标和品名，在其自产的差别化DTY产品上。也有采购商和贸易商冒用我公司注册商标“酷派丝COOLPASS”吊牌，并对我公司吊牌样式擅自进行更改，使用在其吸湿排汗纤维产品上，以冒充我公司产品，转手销售或者对外出口。

针对行业龙头上市企业对我公司注册商标的侵权行为，公司采用渐进方式按公函→律师函→约谈协商→调解处理→诉讼或仲裁等步骤处理，目前已通过公函形式予以告知，并督促其停止其侵权行为，消除负面影响；针对贸易商、采购商的侵权行为，公司通过商标海关备案形式，阻止其进入海外市场，防止其对出口市场造成负面影响。

（三）徐州斯尔克企业知识产权保护情况介绍

1. 企业简介

徐州斯尔克纤维科技股份有限公司（以下简称公司）是国家火炬计划重点高新技术企业，位于江苏新沂，成立于2006年11月，注册资金7 500万元。公司通过了质量、环境、职业健康“三标一体化”认证，2014年7月份公司开展了企业知识产权管理体系规范认证工作，获绿叶低碳认证，通过了江苏省企业知识产权贯标、江苏省企业信用管理

贯标等。

2. 企业维权打假工作情况

为落实企业知识产权保护工作，认真执行“产品未动，专利先行”的专利网保护策略，加强以商标权、商业秘密为重点的知识产权的价值保护，完善知识产权制度，优化知识产权环境，着力提升本企业知识产权保护能力。

公司近几年在知识产权保护方面进行了一些积极探索，取得了诸多成效，提升了企业创新能力和核心竞争力。目前公司拥有专利 82 件，其中发明专利 31 件，实用新型 51 件，注册商标 15 件，其中“斯尔克 SHILK”商标荣获江苏省著名商标称号，主导起草制定了两项行业标准，制定了三项企业标准。

公司主要产品为“一步法 PET 异收缩复合丝”，根据生产过程中产生的新技术和新设备申报了专利。现有的知识产权大部分有效保护了申报当时最新的技术创新点，“一步法 24 头/位多异混纤复合纤维的纺丝、卷绕联合制造工艺”发明专利已在 2012 年获得授权，此项核心专利的工艺技术一直在公司生产上得以应用。在此专利基础上，又将生产设备改造，申报了“一步法双收缩复合纤维的纺丝与卷绕联合装置”发明专利，已在 2014 年授权，实现了一步法多组分网络复合丝的产品、方法和设备保护。另外，还围绕“一步法”工艺、设备申请了一系列外围专利，如网络器、喷丝板、侧吹风空调等相关专利，围绕核心专利，扩散变成专利集群，使竞争对手在“一步法 PET 异收缩复合丝”这一领域丧失活动余地，保护了公司的知识产权。

公司研发了具备自主知识产权的生产工艺技术和专有设备，并对主导产品进行进一步加工，实现以主导产品为原料的更多新产品的专利申报。通过继续深入研究异收缩混纤丝的一步法生产工艺，公司开发了第二代产品“一步法异彩”系列复合丝和第三代产品“超仿棉”系列复合丝，并及时申报了国家发明专利“涤纶阳离子异彩复合丝及其制造方法”，由不断创新的改进专利形成了又一张专利网，以防止竞争对手抢先开发，进行反包围。通过专利手段使公司始终走在市场的前沿，公司主导产品“一步法 PET 异收缩复合丝”在国内市场占有率达 40% 以上，尤其是“一步法异彩高仿真多功能混纤丝”占有率达到 100%，具有非常强大的竞争力。

（撰稿人：张远东）

中国毛纺织行业协会打假维权工作报告

一、协会简介

中国毛纺织行业协会（China Wool Textile Association，CWTA）是国资委主管，在民政部注册，由中国毛纺织行业的有关单位和个人自愿组成的全国性、行业性、非营利性的社会团体，成立于 1995 年 11 月，并于 1998 年 3 月代表中国加入国际毛纺织组织（IWTO），是国际毛纺织组织中国国家委员会。

中国毛纺织工业由羊毛初级加工产品、毛纱、服装面料、人造毛皮、毛毯、毛针织服装等上下游配套齐全的多个产品门类组成。中国毛纺织行业协会坚持服务于行业并维护行业利益，协会下设毛毯专业委员会、人造毛皮专业委员会、原毛专业委员会和山羊绒专业委员会，分别在不同的专业领域开展活动。截至 2014 年，协会共有直接会员近 450 家，间接会员 13 000 余家，涉及羊毛生产、流通、加工、外贸、科研、检测等多个领域及相关行业，具有广泛的代表性。

中国毛纺织行业协会本着服务企业、服务政府、推进毛纺工业健康发展的宗旨，组织交流、信息发布、调查研究、产品促销等多种活动，促进毛纺新技术、新工艺的推广应用，帮助企业开拓市场，积极开展国际交流与合作，促进中国毛纺织行业走向世界。

我国是世界第一的山羊绒生产、加工和原料及制品出口大国，山羊绒加工业一直是毛纺工业的重要分支。近年来，众多国内羊绒自主品牌企业重视品牌建设，下大力气开拓国内市场。特别是在互联网应用方面，羊绒自主品牌企业纷纷打造电子商务营销渠道，这也出现了个别不法商家从事未经授权、滥用知识产权、制假售假，诱导、误导消费等违法经营行为。中国毛纺织行业协会针对山羊绒行业流通领域存在的问题，一直倡导并加强规范终端产品标识、杜绝掺杂使假等行业自律与行为规范。

二、行业内知名企业维权打假工作情况

（一）鄂尔多斯集团

1. 企业简介

鄂尔多斯集团是一家以羊绒产业为基础，冶金、化工、煤炭、电力、能源和置业等多产业并举的大型企业集团。目前，集团总资产超过650亿元，拥有成员企业100余家，在册员工40 000多人。“鄂尔多斯”作为行业标志品牌，其品牌价值从2014年的667.97亿元增长到2015年的807.15亿元，一年时间增长了20.84%，连续多年位居纺织服装行业第一，在中国500个最具价值品牌排行榜上居于第36位。

2. 企业维权打假工作情况

品牌即命牌。为了统筹和抓实、抓好鄂尔多斯系列品牌的权益保护工作，集团在其品牌事业部的架构下，专门设立了市场监管部门，具体负责知识产权保护和打击假冒鄂尔多斯系列商标、产品等侵权行为。

近年来，市场监管部门在集团领导的重视下，本着“守土有责、守土负责”的理念，根据鄂尔多斯品牌战略需求和市场不断变化的新情况、新问题，大力推行组织盘点和系统优化工程，不断丰富打假维权的内容与形式，先后出台了商标管理、专利保护、市场规范和部门精细化作业等20多项规章制度，实现了开展维权打假工作的“有章可循、有据可依”。这些举措的推行，极大地提升了监管团队的业务技能、执法力度，有效净化了鄂尔多斯品牌的市场环境，有力保护了鄂尔多斯品牌的合法权益。

2014年，由市场监管部门主抓或牵头的打假维权案件达到26起、所办案件案值达到800万元以上、案件发生地辐射全国10多个省区。其中，广州假冒商标案件和浙江假冒商标案件情节非常严重、影响非常恶劣。广州假商标案件，缴获假冒商标吊牌30余吨；浙江假冒商标案件，清缴假冒商标辅料10万余套、扣押假冒鄂尔多斯服装1 000余件，两起大案要案的查办，基本肃清了假冒商标的生产源头。

近日，内蒙古鄂尔多斯市检察院提起公诉的李某某等人非法制造、销售非法制造的“鄂尔多斯”注册商标、标识、帮助毁灭证据案，入选最高检2014年度检察机关保护知识产权十大典型案例。

打假维权工作开展的好坏，直接关乎一个品牌的兴衰。打假维权工作任重道远。今后，我们继续牢记使命，抓源头、强手段，切实为“鄂尔多斯”系列品牌保驾护航：一是继续凝聚当地公安、工商和质检等部门的打假维权专业力量，联手建立鄂尔多斯品牌打假溯源数据库和协同作战机制；二是会同阿里巴巴积极探索和创新线上维权新思路、新途径，对淘宝网出现的售假行为进行专项整治；三是加强打假维权工作的宣传，充分发挥媒体和舆论作用，传导打假维权正能量；四是学习与借鉴。多向行业内的兄弟部门和单位“取经”，以使我们的打假维权工作更职业、更专业！

（二）北京雪莲集团有限公司

1. 企业简介

北京雪莲毛纺服装集团公司组建于2002年12月，2009年9月改制为一人有限责任公司，同时公司名称变更为“北京雪莲集团有限公司”（以下简称“雪莲集团”），北京纺织控股有限责任公司为雪莲集团的唯一股东，雪莲集团现有投资企业18家，注册资本为26 060.1万元，2014年12月员工总数为954人。按照统计上企业划分标准，雪莲集团规模为中型企业。现雪莲集团旗下品牌有三类：羊绒衫品牌：雪莲、红莲；纱线品牌：埃姆；衬衫品牌：坦博。2014年实现主营业务收入95 202万元。

2. 企业维权打假工作情况

（1）机构建设情况

雪莲集团总经理办公室是公司知识产权保护及商标的主管部门，由办公室副主任主管，负责制定公司商标管理的规章制度、商标的申请、注册、转让、使用许可、评估的审核，办公室法务指导并参与集团公司解决商标被侵权及纠纷案的工作。

集团技术中心为品牌管理部门，由专人负责品牌管理工作，主要负责集团各品牌发展中长期计划的汇集、整理；品牌管理工作计划的制订和实施；汇集、整理品牌推广计划、预算；对企业品牌工作过程的监督和推进，对下属企业品牌工作提供指导和服务。

（2）规章制度及创新举措

为了提高企业竞争力和经济效益，完善商标的管理制度，对公司商标的注册、申请、使用、管理等进行规范管理，不断提高商标的信誉价值，2014年雪莲集团制定了《北京雪莲集团有限公司商标管理办法》。为提升雪莲集团品牌优势，加强品牌管理，雪莲集团制定了《北京雪莲集团有限公司品牌工作管理（暂行）办法》，商标与品牌逐步实现规范化管理模式。

（3）通过诉讼争取商标权益

为维护公司商标权益，完善雪莲商标体系，雪莲商标所有权人（雪莲集团投资企业）北京雪莲羊绒有限公司（以下简称为“北京雪莲公司”）于2014年3月向国家工商行政管理总局商标评审委员会（以下简称为“商评委”）申请注册“雪莲 SINCE1965”和“SNOWLOTUS SINCE1965”商

标，商标评审委员会均予以驳回，北京雪莲公司因不服商评委驳回决定，向北京市第一中级人民法院提起行政诉讼，一中院维持被诉决定。北京雪莲公司不服判决，向北京市高级人民法院申请再审申请，高级人民法院驳回申请，维持原判。虽然北京雪莲公司的申请被驳回，但公司仍将不断完善商标管理制度，维护公司商标权益。

（4）线上、线下同时打击假冒雪莲商户

2014 年，北京雪莲公司在北京市范围内共发现 5 家实体店出售假冒雪莲牌产品，其中大兴丽园雪莲羊绒店、新街口雪莲羊绒店、东四十条雪莲羊绒店、大兴欣旺大街雪莲羊绒店通过协商，已责令其自行改正，通州雪莲羊绒店通过行政手段进行了处理。

2014 年，在线上发现假冒雪莲品牌店铺共 3 个：淘宝雪莲羊绒制品销售店、淘宝清河雪莲羊绒衫旗舰店、淘宝雪莲羊绒店，已通过淘宝投诉的方式解决。

（5）企业名称使用“雪莲”字号维权

江阴市雪莲纺织品贸易有限公司未经授权使用“雪莲”字号，北京雪莲公司已行政举报，正在沟通交涉中。

（三）内蒙古鹿王羊绒有限公司

1. 企业介绍

内蒙古鹿王羊绒有限公司是在“鹿王羊绒（集团）公司”转制基础上诞生的中外合资民营企业，是大型的生产羊绒系列产品的纺织服装企业。是国家级农业产业化重点龙头企业，国家级高新技术企业，拥有国家级企业技术中心和国家级工业设计中心。

内蒙古鹿王羊绒有限公司秉承“诚信、责任、创新、振兴、超越”的核心企业文化，全力推进品牌建设，建立技术创新机制，形成质量保证体系，集聚企业竞争优势，着力将产品打造成“当今的时尚，日后的经典”，将企业塑造为“品质专家，诚信天下”。

2. 企业维权打假工作情况

（1）侵权假冒现象概述

30 年来，鹿王的品牌知名度、行业影响力以及广大消费者的认可和信赖有目共睹，致使不法商家利用其作为商机从事未经授权、滥用知识产权、制假售假等违法经营行为。侵权假冒行为主要包括两方面：一是线上滥用鹿王各项知识产权以价格优势、搜索关键词等诱导、误导消费者消费；二是线下不法商户肆意使用鹿王终端装修形象设计和商标，混淆视听，以假乱真。2014 年 11 月打假工作开始，线上通过搜索“鹿王”关键词，搜索到的店铺达 1 000 多家，每年产生的销售数以亿计，消费者差评如潮。在线下收到了来自各个市场的反馈，皆存在违法经营的店铺。侵权假冒对鹿王品牌形象和销售造成了恶劣的影响，严重侵蚀鹿王品牌价值。

（2）反侵权假冒组织机构建设

经集团研究决定，将原来内贸品牌推广部调整为品牌运营监管部，着重加入打假职能，并给予大力支持和保障，由专人专项负责打假工作，通过调集内外部各方资源，排除一切在打假过程中所面临的障碍因素，以保障打假工作的顺利开展。

（3）反侵权假冒机构的运营

前期根据侵权假冒的各种现象，分别向集团品牌部及档案室收集整理鹿王各项知识产权信息、商标注册证及各授权品牌的商标许可合同，并组织学习以上材料中的各项信息。

线上：通过阿里巴巴集团知识产权保护平台，以在线签约模式，与阿里巴巴建立合作，共同保护知识产权，向淘宝知识产权中心提交了企业法人营业执照、淘宝侵权投诉承诺函、以商标注册证为主的知识产权等材料，注册建立了内蒙古鹿王羊绒有限公司阿里巴巴知识产权保护平台，并出台了规范鹿王网络销售的文件，全面实施线上清理滥用鹿王品牌各项知识产权出售假冒伪劣产品及未经授权非法销售鹿王产品的网店。

线下：建立线下打假团队，深入市场对市场举报的侵权现象进行鉴定，并配合一线销售团队及政府相关行政机关进行打假。

3. 企业反侵权假冒工作的规章制度

（1）鹿王线上反侵权假冒工作的规章制度

① 对未经授权销售鹿王产品，滥用鹿王品牌销售假冒伪劣产品等非法网络销售平台，只要在店铺招牌、店铺公告、产品描述中滥用鹿王各项知识产权误导消费者，有损鹿王品牌形象的店铺一律交予淘宝产权中心处理，申诉无效。对于未经授权但经营鹿王产品的店铺，给予一周的调整期，未按时调整，交予淘宝产权中心处理。

② 专人负责内蒙古鹿王羊绒有限公司对接阿里巴巴知识产权平台相关事宜，根据反侵权假冒需要，及时与平台人员进行沟通，准备各种所需材料；

③ 实时监控各销售网站侵权假冒的商家、产品以及未经授权销售的鹿王商家、产品，做好前期的资料收集上报工作；

④ 配合网站服务中心、投诉部门做好取证工作，直接参与打假工作；

⑤ 每年 3 月—9 月份期间，每两周作为一个处理周期，每年 10 月—第二年 2 月份期间，每一周作为一个处理周期；

⑥ 进行后期的监督及收尾工作，处理完毕后，将材料

汇总上报。

（2）鹿王线下反侵权假冒工作的规章制度

① 对授权公司及品牌，严格比对授权合同，只要出现违规现象，触犯内贸利益，在和授权公司进行协调沟的前提下，能按要求调整的情况下尽量调整。不按要求调整的，则通过法律手段予以查处；对于进行制假售假的不法商家，坚决通过法律手段予以追究；

② 对市场举报的侵权商标、产品进行鉴定，并对举报的材料鉴定后汇总上报；

③ 整理收集打假所需要的资料，制作打假有关法律文书；

④ 与分公司、代理商打假工作开展的沟通配合及协调，并指导打假人员、分公司、代理商完成打假工作，并与相关政府行政机关进行协调；

⑤ 根据打假实际情况及工作计划，前往一线协助销售团队、分公司及代理商打假；

⑥ 跟进各地打假进度，随时提供法律咨询和打假指导，对打假结束的结案材料的汇总、归档。

4. 开展的主要工作和活动以及工作成效

（1）线上开展工作的活动及成效

线上工作主要分为两个阶段，一是2014年11月至2015年4月利用鹿王第25类的商标注册证“鹿王”、“鹿头logo”、“king deer”对鹿王主营产品服饰类进行反侵权假冒的打假，截至4月30日，共清理调整天猫店铺4个，淘宝店铺243个；二是2015年5月份至7月份利用鹿王第23类商标注册证“鹿王”对鹿王从未在线上进行销售的羊绒纱线品类进行反侵权假冒的打假，截至2014年7月15日，共清理天猫店铺3个，淘宝店铺371个。

目前，在淘宝和天猫搜索“鹿王”关键词后，现在基本是鹿王自营店铺和鹿王授权公司的店铺，明显侵权的店铺基本被清理掉。很大程度上优化了鹿王网络销售的环境。鹿王自营网络渠道的销量同期有了大幅提升。

（2）线下开展工作的活动及成效

从线下打假的步骤和内容也可以发现，任务量大，缺乏相关人员，而且对整个流程缺乏相关经验，进展比较慢，在这一阶段的工作过程中主要选取了北京市场作为试点。共清理和调整5家店铺，并总结了线下的工作经验。现陆续收到来自各市场的侵权假冒信息的汇总报告，计划9月份进入销售旺季前全面展开线下反侵权假冒系列工作。

（3）相关经验

企业往往在品牌宣传和推广上投入了很大的资源，却忽视反侵权假冒的工作，品牌推广宣传对企业的推进作用固然很大，但侵权假冒的现象对企业发展的阻碍力量也不容小觑，从近一年鹿王的反侵权假冒工作的经验来看，侵权假冒给企业带来的危害更为严重，留住忠诚顾客比培养新顾客更为重要。侵权假冒现象破坏了消费者对企业的良好品牌形象，严重侵蚀品牌价值，导致消费者不再对品牌认可和忠诚，不可避免地造成顾客的大量流失。尤其是对于类似“品质专家　诚信天下”以产品质量为生命的鹿王企业来说，必须把反侵权假冒的工作提升到公司发展战略高度，作为一项长期不懈的工作，给予高度重视。

（撰稿人：刘焱）

中国石油和化学工业联合会打假维权工作报告

一、协会介绍

中国石油和化学工业联合会（以下简称：“联合会”）于2001年4月28日在北京成立，目前拥有会员单位300多家。联合会接受民政部和国务院国有资产监督管理委员会的业务指导和监督管理。

联合会的宗旨是：以中国特色社会主义理论为指导，全面贯彻科学发展观，按照市场化原则规范和发展，履行提供服务、反映诉求、规范行为的职责；遵守宪法、法律法规和国家政策，遵守社会道德风尚；广泛联系国内外石油和化工及相关行业的企业、事业单位和同业组织，为会员、行业、政府服务，贯彻国家产业政策，参与行业管理，开展行业自律，维护行业合法权益，发挥桥梁纽带作用，引导行业健康发展。

联合会的职能主要有以下几方面：开展行业经济发展调查研究，向政府提出有关经济政策和立法方面的意见与建议；开展行业统计调查工作，建立统计调查制度，负责统计信息的收集、分析、研究和发布；参与制定行业规划，对行业内重大投资与开发、技术改造、技术引进项目进行前期论证；加强行业自律，规范行业行为，维护市场公平竞争；开展国内外经济技术交流与合作，组织展览会、技术交流会与学术报告会等；开展知识产权保护、反倾销、反补贴、打击走私等咨询服务工作；组织重大科研项目推荐，科技成果的鉴定和推广应用；组织开展质量管理，参与质量监督；参与制定、修订国家标准和行业标准，组织贯彻实施并进行监督；反映会员要求及行业情况，维护其合法权益；创办刊物，开展咨询服务；组织人才技术、职业等培训；指导帮助企业加强和改善经营管理；参与相关产品的市场建设。

二、反侵权假冒工作综述

联合会作为一家石油和化工行业具有服务和一定管理职能的全国性、综合性的社会团体组织，其宗旨为：开展行业自律，维护行业合法权益，发挥桥梁纽带作用，引导行业健康发展。由于之前反侵权假冒工作主要由国务院有关部门及地方政府有关机构等行政管理和司法强制执行，联合会因缺乏行政和执法手段，尚未针对反侵权假冒工作建立专门的工作体系。联合会的工作重点放在引导行业企业加强对知识产权保护及运用的战略意识和能力，倡导行业自律，营造相互尊重知识产权的氛围，引导行业健康稳定发展。

由于石油和化学工业涉及面广，联合会通过成立分支机构、专业协会等方式，对石油和化学工业的各个产业进行专项协调管理。联合会结合国家在知识产权战略层面的方针政策，在行业内针对知识产权应用和保护做了大量工作，主要有以下几方面的工作：

（一）成立行业知识产权工作机构、制定管理制度

2013 年，经过酝酿筹备，联合会成立了石油和化工行业知识产权促进委员会（以下简称“知促委”），作为行业知识产权组织和管理工作的协调议事机构，知促委秘书处挂靠在石化联合会科技部，负责日常协调管理工作。主任由联合会主管科技工作的副会长兼任，副主任分别由石油、石化和化工大型集团主管知识产权的分管领导、业内知识产权专家以及国家知识产权局、科技部等有关主管司局领导担任。此外，还编制了《石化行业知识产权促进委员会工作规程》和《知识产权保护和管理制度》，为知促委的工作开展奠定工作规范。知促委将继续推动各石化企业建立相关的知识产权制度，加强企业对知识产权的重视度，营造相互尊重知识产权的良好氛围。

（二）加强行业知识产权专家队伍建设及培养行业企业知识产权专业人才

知促委与中石油集团、中石化集团、中海油集团、中国化工集团、中化科学技术研究总院、中科院大连化物所、北京化工大学、南京工业大学、华东理工大学等 80 多家单位建立了较为紧密的合作关系，并且建立了一支由 60 位技术、工艺、装备等方面的专家组成的服务队伍。此外，还根据各自领域的专利技术的需求，进一步联络熟悉石化行业的专利代理人、专利分析师、专利律师等，进一步拓展了服务企业范围和专家服务队伍。成立知促委后，我们还引导企业开展知识产权方面的专业培新，培养了一批紧密联系的、负责专利申请与维权工作的企业知识产权专业人才，加强了知识产权工作的专业能力，增强了企业对专利的重视度，为进一步做好行业知识产权的服务和引导工作奠定了基础。

（三）建立专利信息服务平台及国家石油和化工专利门户网站

联合会针对石化行业企业对专利信息的需求，搭建了石油和化工行业的知识产权服务平台，并建立了国家石油和化工专利网。专利信息服务平台整合了石油和化工行业的专利信息，重点统计行业内各专业领域的专利数量、专家、企业资源，为企业专利创新战略提供服务。而国家石油和化工专利门户网站的建立，则为服务平台在行业落地的建设工作之一。门户网站由石油和化工行业的专利检索数据库、资讯类信息模块以及个性化专利信息服务模块三大部分组成。该数据库包含石油工业、石油化工、橡胶、化工新材料、煤化工等 16 个领域，专利数据库集专利检索、统计分析、信息咨询、专利信息管理于一体；数据范围包含 1985 年统计以来中国和“六国两组织”的全部数据资源，中英文专利信息达 100 万条以上。资讯类信息模块实现与联合会网站的对接，实时检索到最新的专利技术和企业专利资源概况，使企业通过网站既可以查询数据库中公开的国内外专利、成果、专家，又可以了解有关专利政策、行业专利情况、国内外最新行业技术进展、发展动态等信息。个性化专利信息服务模块方便用户对某一检索条件建立一个数据库，以便日后的查询。

联合会利用该平台和网站，加强了行业专利宣传和培训工作，提升了企业知识产权运用和保护能力，为减少行业内专利侵权事件的发生奠定了基础。

（四）加强宣传和培训，提高企业知识产权运用和保护能力

在普及宣传方面，加大《专利法》、《商标法》等知识产权相关法律法规的宣传力度，并结合国内外典型的知识产权纠纷案例，从制度层面强化研发人员和管理人员的知识产权意识，提高员工知识产权保护方面的素质和水平。通过持

续开展知识产权知识的宣传、培训工作，极大地提高了员工素质，增强了石化企业全体员工尊重他人知识产权、保护自主知识产权、自觉维护企业知识产权的意识和能力。

在培训方面，石油化工联合会专门组织召开了两届石油和化工行业知识产权论坛，邀请到了知识产权领域相关专家出席授课，培养了企业知识产权人才，提高了企业维护自身知识产权的能力。联合会还加强与国家知识产权局的合作，组织行业企业积极参加联合会与国知局合作举办的专利分析普及推广项目合作单位专利分析培训班、2014 年专利导航试点工程高级培训班、轮胎行业专利分析实战培训班等培训活动，通过全方面的培训及实战班，使企业员工通过实践了解如何开展专利保护，明确专利保护的重要性，提升保护知识产权的意识，避免了恶性侵权行为的发生。

当前，侵权假冒事件在行业内仍有发生，联合会今后将继续加大宣传培训力度，提高企业专利保护和运用能力，提高企业反侵权假冒的意识和能力，加强行业自律，进一步减少侵权假冒事件的发生。

（撰稿人：王秀江　杨少星）

中国建筑装饰装修材料协会打假维权工作报告

一、协会介绍

中国建筑装饰装修材料协会（以下简称协会）英文全称是 China Association of Decorative Building Materials 简称 CADBM。协会成立于 1991 年 11 月，是经民政部注册登记的社会团体法人，业务主管单位国务院国有资产监督管理委员会。现任会长曹江林，第一副会长王兵，副会长兼秘书长张乃岭（法定代表人）。拥有近千家会员单位，其中，中国建筑材料集团有限公司、中国建材股份有限公司、中国建材检验认证集团有限公司、北新集团建材股份有限公司、北京金隅股份有限公司等企业为本协会会员单位。本协会的业务范围包括：参与制定国家和行业标准；开展行业数据调查研究；开展新技术、新产品的推广应用和技术成果评价、鉴定；举办论坛、展览、培训；推动建立行业自律和行为规范，维护行业公平竞争。协会在成立后的二十几年时间里，为规范建筑装饰装修材料行业的管理，召开行业会议、组织行业价格自律、制止不正当竞争、签署行规行约，对制止盲目重复建设、扩大产品应用领域、淘汰落后产能和帮助企业扭亏增盈发挥了积极作用，为维护市场秩序和促进行业持续、健康、有序发展做了大量工作。

二、反侵权假冒工作综述

2014 年，中国建筑装饰装修材料协会召集各部门、各分支机构和部分重点企业在京召开了装饰装修材料行业的打击反侵权假冒伪劣产品工作座谈会，会议决定在全行业大力推进反侵权假冒工作，重点确定在用量面积较大和装修必备的材料如石膏板、油漆涂料和墙纸行业树典型，立标杆。由所属各分会组织，企业牵头等形式，通过行业自律公约，向全社会公开保证遵纪守法，执行国家法律法规；严格管理，为消费者提供质量优良、安全可靠的产品；规范行为，有序竞争，反对虚假宣传，打击假冒伪劣；坚守诚信，恪守职业道德，加强自律。积极参加行业诚信体系建设，履行行业自律公约。

三、行业知名企业维权打假工作情况

（一）北新集团建材股份有限公司

1. 企业简介

北新集团建材股份有限公司（简称北新建材），北新建材是国务院国资委直属央企中国建材集团旗下的 A 股上市公司，1979 年在小平同志的亲切关怀下成立，目前已发展成为全球最大的石膏板产业集团和中国最大的新型建材产业集团，业务规模 17.8 亿平方米。作为中国新型建材、节能环保、循环经济、规模化生产和应用的引领者，北新建材重点发展以循环经济为主要特征的节能环保建筑新材料，为各类建筑和家庭客户提供从节能环保新型建材全套解决方案。

2. 企业维权打假工作情况

北新建材作为业内第一家将品牌建设提升到公司战略高度的企业，一直对维权工作相当重视。龙牌产品作为新型建筑材料行业的第一品牌，多年以来，在质量、技术、规模、信誉等方面享誉国内、名扬海外。然而众多傍名牌、搭便车品牌的不断出现，不仅混淆了客户的认知，同时因为这些假冒仿制产品的质量粗劣，还严重影响了龙牌品牌的声誉，也给企业造成了巨大的损失和伤害。

2014 年，北新建材持续加强人员投入，维权专职人员增加了近一倍。在中国建筑装饰装修材料协会石膏制品分会的支持下，北新建材牵头，通过和联合工商、公安及监督局，电视台等部门对施工工地、建材市场、制假工厂、制假窝点进行了假货查处及曝光，严厉惩治不法侵权行为，肃清市场，并对其他潜在制假者起到强有力的震慑作用。2014 年维权打假行动 99 次，查获仿冒龙牌石膏板 3.5 万张、假冒龙牌轻钢龙骨 26 万余根、假冒龙牌烤漆龙骨 10 余吨、假冒龙牌矿棉板近 3 000 箱，案值粗略估计超过 600 万元。

北新建材积极开展商标保护工作，委派专人进行商标监测工作，并积极开展防御性注册工作，2014 年进行商标防御性注册 75 件，对疑似侵权商标进行异议 65 件。同时积极运用法律武器进行商标维权工作，历时 4 年成功胜诉“西三旗龙”商标侵权案件，终于从根源上遏制了“西三旗龙”商标对于北新建材早在 2008 年就已获得中国驰名商标的“龙牌”的仿冒侵权。

北新建材拿起法律武器，与“傍名牌、搭便车”的不良行为作斗争，坚持以法律武器维护自身合法权益、维护社会正义、维护正宗“龙牌”的做法值得行业及企业学习。企业和消费者只有加强维权意识，有效打击市场上假冒伪劣等伤害品牌的行为，才能净化与营造良好的市场环境并保障消费者的权益。

（二）广东华润涂料有限公司

1. 企业简介

广东华润涂料有限公司的华润漆品牌始创于 1991 年，产品系由专业生产建筑装饰装修涂料、高档木器涂料、水性涂料及高科技工业涂料的高新技术企业所生产。华润漆采用欧洲最先进的生产设备和自动化配色系统制造，产品产销量长期位居国内前列，木器涂料更是稳居国内行业龙头地位。

2. 企业维权打假工作情况

2014 年 3 月 15 日，在中国建筑装饰装修材料协会建筑涂料分会的支持下，华润涂料集团集合当地经销商，配合全国各地执法部门，统一展开打击假冒伪劣产品专项行动，对涉嫌侵犯华润产品商标权的假冒产品进行全面而严厉的打击。这是华润涂料有史以来规模最大的一次打假行动，湖南长沙警方查获了自华润成立以来最大规模的制假工厂和仓库。当天，警方出动警力 40 余人，共查处制假工厂 1 个，仓库 8 个，查扣仿冒“Valspar”及“华润漆”产品共 7 000 余件，包装物 1 300 余个，商标标识 8 000 余件，涉案产品价值人民币近 100 万元。长沙警方当天共传唤制售假人员 19 名；刑事拘留涉嫌制假售假犯罪嫌疑人 8 名、取保候审 1 名。“3·15 国际消费者权益日”打假维权行动，是华润涂料对全国旗下产品市场进行的一次全面深度清理，华润涂料保持了对假冒伪劣产品一贯的高压态势和打击力度，维护了自己品牌的权益，保护了消费者的合法利益。

对华润涂料而言，为维护企业信誉和消费者权益，华润漆对假冒伪劣产品一贯是采取零容忍的态度。多年来，华润法务部门始终保持对制售假冒伪劣产品行为的高压态势，保证发现一宗，查处一宗，绝不留情。长期以来，华润涂料各地经销商对华润品牌的忠诚度和延续性，保证华润漆能及时发现和打击假冒伪劣产品。同时，各地执法部门也会对假冒产品给予迅速有效的打击。涂料企业要深刻地认识到，维权打假不仅是企业个人的事，更是整个行业，整个市场的事，维权的目的是打击假冒伪劣，目标是扫清企业间良性发展与竞争的障碍，推进新产品创新研发，维护市场健康与和谐。

（三）展拜邸（保定）墙纸有限公司

中国墙纸墙布行业近几年发展迅速，随着墙纸消费空间日渐扩大，墙纸墙布产品激烈日趋竞争，墙纸墙布行业知识产权侵权事件频频发生。这主要源于国内墙纸行业产品设计水平较低，缺乏专业的墙纸设计人员。目前墙纸行业的知识产权侵权有两种情况：①直接对国内外产品图案、色彩进行抄袭；②国内外的制辊、制版厂为了利益，将原创企业的印花版直接再制作卖给其他厂家进行。展拜邸（保定）墙纸有限公司作为一家有着 60 多年历史的世界著名墙纸品牌企业，是意大利以及全球最大的高端墙纸生产企业，从 90 年代开始进入中国市场，近几年来随着国内墙纸生产水平的不断提高，抄袭公司的产品在市场大量涌现，甚至达到了与正品同步、同时发售的地步，这给企业带了一定程度的损失。

目前，该公司正与中国建筑装饰装修材料协会墙纸墙布分会一起在行业内展开全面的维权工作，根据产品被侵权的特点进行维权。比如在展会上出现的侵权产品，在展会现场收集相关证据，与现场维权律师直接采证，提起诉讼。这类诉讼每年行业内都会发生几十起。另外，有些侵权产品是国外的经销商将抄袭的设计拿给国内厂家，并由国内厂家负责生产，国内厂家在不了解相关情况下，在抄袭产品上印上自己厂名及厂址，随后相关产品通过自身渠道流进国内市场。在市场被国外原创生产企业发现后找到抄袭国内工厂，并向

行业协会要求进行投诉。行业协会会同律师事务所及地方文化部门的执法大队，共同对争议双方展开调解，找到仿冒的源头，对仿冒企业进行行政处罚。例如：展拜邸公司在2014年与一家广州厂家发生上述侵权纠纷，公司当时与行业协会及双方的律师一起就侵权事件进行调查，最终有关执法部门作出以下行政处罚：①销毁生产仿冒产品的印花辊；②收回并销毁仿冒产品；③罚款赔偿金额30万元。

展拜邸公司还发现有些墙纸生产企业，特别是代工工厂，并不知道自己生产的产品是仿冒产品，为此，公司及行业协会呼吁全行业要求代工厂家生产前签订代工产品知识产权保护协议，以免利用代工侵权，损坏公司利益，从源头上阻断侵权行为的发生。

（中国建筑装饰装修材料协会）

中国建筑材料流通协会打假维权工作报告

一、协会简介

中国建筑材料流通协会是经国家民政部批准登记的全国性行业组织，是由全国建材流通（销售、仓储、运输等）企业和建材生产企业自愿参加的非营利性社会组织，接受国务院国有资产监督管理委员会的业务指导和监督管理，成立于1991年，有2 000多个会员单位。会员中既有各省市区建材流通企业，又有大中型建材生产企业，以及民营建材生产和流通企业。

协会宗旨是“服务会员、服务企业、服务社会”。遵守国家宪法、法律、法规和国家政策，遵守社会道德风尚，坚持面向广大建材流通企业和生产企业，并提供服务，成为沟通政府与企业之间的桥梁和纽带，发挥市场中介组织的积极作用，促进建材流通业的发展。

协会设有办公室、财务部、专业委员会管理办公室、会员部、行业事务部、会展部、标准化服务部、信息中心、培训中心、国际合作部、规划咨询部、企业营销与品牌服务中心、企业家俱乐部、专家委员会工作部，各部门之间相互合作，使协会形成一个紧密而团结的、以企业为中心的服务集体。此外，协会家居建材市场专业委员会、涂料专业委员会等多个专委会为建材流通领域的各细分行业提供专业、细致的服务。本协会面向全国各建材流通和生产企业，提供各类行业信息、认证咨询、培训、质量监督、会议展览、项目规划等配套服务，不断向政府反映企业呼声、向企业传达政策信息，为各企业排忧解难、提高企业效益，起到了服务会员和指导行业发展的作用。

二、反侵权假冒工作综述

作为全国性建材流通行业的社会组织，协会秉承“服务会员、服务企业、服务社会”的宗旨，将反侵权假冒视为服务工作的重点之一，在协会领导的带领和指导下，各部门高度重视、共同努力，在反侵权、打击假冒伪劣、维护消费者权益等方面做了大量工作。

（一）制定行业标准，使打假维权有据可依

近年来协会先后制定并由商务部正式发布实施了《环保型建材及装饰材料技术要求》、《建筑装饰材料流通企业经营管理规范及等级划分》、《装饰装修材料售后服务管理规范》、《建材及装饰材料安全技术导则》4项标准，《集成家装产品售后安装技术规范》、《建材家居供应商管理规范》2项标准于2015年年初已经完成送审，由住建部立项的标准《建材及装饰材料经营场馆技术规程》正在按计划制定。这些标准的制定实施，使建材流通企业从生产技术、经营管理到售后服务以及流通环节的监督把控有据可依，填补了行业标准化的空白，在各项标准的宣传贯彻中，有效的维护了消费者的权益，促进了行业的健康发展。

（二）参与政府部门有关政策制定

2014年，协会参与起草了《质检总局、发展改革委、公安部、环境保护部、住房城乡建设部、商务部、工商总局、林业局、能源局关于印发〈2014—2015年全国建材市场秩序专项整治工作要点〉的通知》”，建议提高对三、四线城镇和网络流通的建材产品进行重点管控，在行业内大力宣传倡导行业自律，打击假冒伪劣。

（三）在商务部、国务院国资委授权下，持续开展全国建材交易信用等级评估工作

自2009年开始协会在行业内全面推进建材行业交易信用创建工作，开展了构建全国建材交易信用万家数据库工

程，近年来得到众多建材生产、流通及上下游企业的积极响应。截至2014年年底，由协会评估的72家建材家居行业企业已经在商务部和国资委备案，名单在由商务部主办的中国反商业欺诈网（www.12312.gov.cn）上公示，此项工作将评估结果社会化，实现了企业诚信信息的互联共享。

协会创建的建材行业交易信用等级评估体系，被商务部、国资委作为开展信用评价工作的创新代表，在行业信用建设工作交流会上进行经验介绍。协会将继续加强对信用等级良好企业的扶持工作，营造诚信安全的建材家居市场环境，推动建材家居行业健康有序发展。

（四）积极与媒体建立长效合作机制

由于建材家居行业与生俱来的“大市场、小行业”的特性，发生消费纠纷、维权等问题也越来越多。协会与媒体积极互动、紧密配合，通过媒体的视角和借助媒体的力量，传播和宣传维护消费者权益的活动和信息，呼吁行业构建和谐、诚信的消费市场。

《中国建材报》是协会“双反”的战略合作媒体。作为中央人民广播电台“天天3·15”节目特约合作成员，积极通过电波为消费者维权、答疑解惑。曾参与新浪家居以“消费与民生”为主题的高端论坛，和主流媒体、各行业协会等行业发声者共同探讨“如何构建和谐、诚信的家居消费环境”。积极倡导和谐消费，构建现代诚信的经营消费体系。

（五）成立全国家居建材消费投诉调解工作办公室

2011年起，在国家工商总局消费者权益保护局和中国消费者协会的支持和监督指导下，协会成立了全国家居建材消费投诉调解工作办公室，并在全国31个省、自治区、直辖市、计划单列市的县以上地区设立家居建材消费投诉调解工作站，各工作站设专门投诉调解工作协调员和维权志愿者，对全国家居建材商品和服务进行行业指导与监督，调解消费争议，保护消费者合法权益，促进全国家居建材产品消费服务工作的进一步科学和完善。

（六）推进家居消费指导师项目

2011年起，协会与消费指导师国家职业培训项目执行办公室为正确引导建材家居产品科学、安全、合理消费，帮助消费者树立正确的消费理念，营造和谐的消费环境，配合建材流通销售企业规范管理、诚信经营，在家居建材行业共同推进家居消费指导师项目。将全国数十家商业职业院校确定为首批家居消费指导师国家职业培训基地，近百家行业企业成为家居消费指导师国家职业实习基地。同时，协会积极将项目落地，在协会骨干会员单位北京集美家居集团成立了首个集美家居消费指导服务中心，形成售前消费指导、售后服务跟踪、消费维权咨询和调解的完整机制。家居消费指导师首期培训也在集美家居市场启动，近200名员工参加了此次培训。集美家居100名消费指导师持证上岗，大力推进“尊享消费、全程导购”家居消费服务方式，对消费者的消费行为进行了全程引导和负责。

（七）协助解决国际争端，维护会员企业合法权益

在反侵权假冒工作方面，协会也配合协调处理了一些典型案例，如此前美国媒体竞相报道了佛罗里达地区一些家庭石膏墙体散发含有硫气味，美国有关方面认为是石膏板干式墙体散发出来的，一些媒体提出了石膏板对环境和人体的安全质疑。美国有关方面将问题都归咎于来自中国的石膏板，协会会员单位北新建材集团等也卷入此次争端。协会对此次事件及时做出反应，通过多种渠道，对事件相关情况进行了及时地调查和了解，并为企业发声，全力维护会员单位和企业的合法权益。

三、行业内知名企业维权打假工作情况

（一）集美控股集团有限公司

1. 企业简介

集美控股集团有限公司（以下简称“集美集团”）成立于1984年，现有员工4 000余人，为社会提供就业岗位20 000余个。三十年来企业迅猛发展，已形成集200多万平方米的11家大型家居市场、投资管理、家具制造、国际贸易、电子商务、物业服务、养生产业和商业地产等多元业态的全资、控股和参股的混合所有制的“泛家居”产业集团，集美家居商业品牌赢得了广泛的市场美誉。集美集团拥有“以关爱为主线”的企业文化和“亲民惠商”的经营理念，淬炼了“团魂成就你我”的核心价值观、“打造多彩生活”的企业使命、“引领家居潮向”的企业发展愿景；践行了“对顾客真诚、对厂商坦诚、对员工挚诚、员工对社会、对企业忠诚”的“四诚”文化，凸显了集美独有的文化体系精髓。

集美集团历来注重企业的品牌建设和品牌品质的塑造，不断调整品牌结构、优化品牌资源、增强品牌竞争力。优秀的促销手段和市场的品牌影响力都是吸引卓越品牌进驻集美市场的重要条件，集美集团的“四诚文化”更是有力地把消费者、参展厂商、员工凝聚起来，不断提升集美品牌的社会影响力。2014年1月，集美集团通过了中国商业联合会等4家机构首批中国企业五星品牌的联合认证，成为建材行业全国首家五星品牌企业。

2. 企业维权打假工作情况

2013年以来，集美集团着力进行企业品牌申请著名商

标和驰名商标工作，对发现的十几家对集美商标造成侵权影响的企业和个人进行不同程度的法律追究与追诉，确保集美商标在消费者心中的唯一性与美誉度，为保护消费者的合法权益不受侵害。

集美集团不仅注重自身的品牌建设和产权维护，更是把保护所有参展厂商产品的品牌、质量、产权保护、服务理念作为集美市场管理的重要任务。先后投入300万元作为家居产品质量免费检测的专项资金，建立健全了免费检测制度，并委托国家家具及室内环境质量监督检验中心协助对集美消费者所购产品进行检验检测。对确实存在问题的产品，集美坚决追究厂商的经营责任，免除顾客的一切检测费用。这一举措让仿冒伪劣产品无所遁形，得到广大消费者和参展厂商的充分认可，在净化集美家居市场的同时，对行业品牌维护更是起到了重要的推动作用。

集美集团不断健全各项产权保护措施和参展产品的产权监督管理机制，成立了集美市场品牌管理和售后维权机构，对市场参展品牌实施有效管理，对进驻的参展厂商建立品牌档案分级管理，对进驻厂商的经营品类、产品类型进行定期检查。利用展员晨会等形式，宣传产权保护的意识和侵权的责罚等产权维护方面的法律法规，对出现的仿冒产品，集美市场坚决予以取缔。这些举措不仅使消费者得到了放心的服务，更有效地保护了市场产品的产权不被侵害，大大降低了高端设计的产品被仿冒造假的发生概率。

面对经济全球化和国际知识产权保护发展的新形势，知识产权工作面临着巨大的压力和挑战。集美集团将继续加强知识产权保护工作，通过有效的知识产权保护，使企业在知识资源上形成比较优势，促进企业的发展和科技的进步。

（二）环渤海金岸（天津）集团股份有限公司

1. 企业简介

环渤海金岸（天津）集团股份有限公司（简称“环渤海”）为天津建材集团控股企业，营业面积近70万平方米，是覆盖天津市区和滨海新区市场的家居专业市场航母，也是家居建材行业的领头羊，早在1999年就被评为百城万店无假货示范市场，连续7年被评为中国服务业500强，并多次获得诚信市场的光荣称号。多年来，环渤海坚持诚信经营理念，服务与管理经营业绩突出，取得社会各界的一致认可。

2. 企业维权打假工作情况

反侵权假冒工作是环渤海市场运营整体工作中的重点，也是市场诚信服务的一项重要内容，它标志着市场规范管理、优质服务、维护消费者权益的焦点。集团下属的环渤海建材市场是天津市最大的建材批发中心，环渤海滨海国际家居中心是天津市最高档的家居市场，因此，在行业起着风向标作用。环渤海对反侵权假冒工作历来非常重视，为此做了大量工作，早在1999年就被评为无假货市场的光荣称号。环渤海认为：

（1）强化商品资质管理是社会稳定、维护消费者权益的重中之重

在市场管理过程中，发现商户建材商品在销售过程中对侵权假冒商品的检查十分复杂，由于代理品牌等级不一样，进货渠道不一样，其价格的费用也不一样。因此，销售中价格较为混乱，其真伪程度也很模糊，对此管理难度也较大。但随着问题的出现，侵犯了消费者的权益，同时随着消费者的投诉，对市场的信誉也产生负作用。对此，环渤海认真研究如何把好这个关卡，认为应把市场大区域管理划分为商品类别管理，其管理的内容为商品的资质，也就是商品溯源，严把商品的进货渠道，将商品“三证”（资质证书、合格证、产品说明书）进行搜集备案，在商户档案里存有商户信息档案及商品信息档案。这样既把控了产品的安全性，又督促商户在管理上、销售上的规范性，从而大大减少了由于商品进货渠道不明而产生的侵权及假冒商品的销售工作。环渤海把此项工作纳入诚信管理之中去，积累在营销过程中的文明售卖及对社会赋予责任的重担，并且对年底考核客商因此问题的投诉，以末位淘汰的形式扶优砍劣净化市场，从而实现了行业自律。

（2）告之义务要明确、文字提示放首要、注重物价签填写

商品标示的物价签工作是销售文明的开始，也是买卖双方相互信任的基础。在此问题上有些个别商户也浑水摸鱼误导消费者，产生投诉较多，对此环渤海将物价签纳入诚信工作管理的重要项。将物价签由市场向商贸旅游局申请标准规范格式统一制作。针对所设条款认真作出标准样板然后推行下去，使得商户在执行过程中学有榜样，填写有样板。使得商户在填写过程中学了不少商品知识。针对不明白的条款及管理知识，市场邀请专家组织商户培训，讲解关于商品的科学性、对比性及实用性。大家在工作中得到了充实而且也受到了消费者的好评。针对夸大宣传商品误导消费者的行为坚决打击，同时，对受投诉的商户要求限期整改。把工作做细，一切从我做起，真正让商家感觉到自己在社会的地位，也是对社会应负的责任。

（3）品牌专卖店及一般商品的管理

品牌专卖是品牌厂家授予商家的权力，要求商家在售卖

时对此品牌的宣传上、服务上都要上水平。但有些商户针对商品专卖不理解，私自又引进其他品牌进行销售，产生了误导消费者、欺骗了品牌商家的行为。市场针对此现象，首先检查专卖的厂家授予商户的委托书及资质并指出专卖店的特点，即只能销售品牌系列性产品，不能销售其他产品。一经查出，定性为欺诈。并由市场进行针对性培训及认真检查，对专卖店的商品一经查出不是专卖商品系列应全部撤出，并限期改正。凡有备案的商户一经出现此类问题要严格处理并加以公示，确保专卖店的纯洁及义务。这样能保护品牌商品的优势及专利权，保护消费者权益，规范商家的销售行为，能够使商户在商品销售上明白文明销售的意义，同时也是环渤海对消费者应尽的责任。

（撰稿人：冯斯静　陈媛）

中国建筑防水协会打假维权工作报告

一、协会介绍

中国建筑防水协会（以下简称“防水协会”）于 1984 年经国家建筑材料工业局批准，在国家民政部登记成立，是由从事建筑防水材料生产、科研、设计、施工等相关行业的企事业单位、院校和社会团体以及有关人士自愿结成的全国性、行业性、非营利性的社会组织。协会接受登记管理机关中华人民共和国民政部和业务主管单位国务院国有资产监督管理委员会的业务指导和监督管理。截至 2014 年年底，共有在册会员 500 余家。

防水协会的宗旨是：遵守国家宪法、法律和国家政策，遵守社会道德风尚；坚持为建筑防水材料行业企事业单位服务，为政府服务，发挥桥梁纽带作用；维护国家利益，维护行业和会员单位的合法权益；推动我国建筑防水材料工业和防水事业的健康发展。业务范围包括以下内容：

（1）贯彻执行党和国家的有关方针、政策、法规，研究、探讨本行业发展中存在的重大问题，随时向政府有关部门反映行业情况、要求和建议，协助政府有关部门完善行业自律。

（2）组织对本行业基本情况和发展状况、统计资料的调查、搜集、整理、分析，为政府有关部门制定行业发展规划、经济技术政策、立法等提供依据，并参与有关活动。

（3）为会员企业和委托单位组织专家对科技成果、新产品、新技术等项目进行评估，对经营管理活动进行诊断和咨询。

（4）参与制定修订本行业有关标准并组织贯彻实施；组织开展质量管理成果活动，协助企业加强质量管理，协助政府主管部门开展产品质量监督和管理工作，打击假冒伪劣产品。

（5）根据行业特点，组织协商订立行规行约，建立行业自律机制和公平竞争秩序，维护行业和会员合法权益。

（6）搜集和提供国内外有关技术经济信息，编印会刊、会讯、专题资料和书籍，开办网站。受政府委托承办或根据市场和行业的需要举办展览展示和经济技术研讨会、交流会，开展技术咨询和技术服务，为会员提供多方位多层次的服务。

（7）开展多种形式技术培训和职业教育工作，为会员企业培养各类技术和管理人才。

（8）加强同国外有关行业组织和企业的联系与交流，组织对外经济技术交流和协作活动；在会员企业对外出口、利用外资、引进技术以及开拓国际市场等方面进行协调；组织行业开展反倾销、反补贴和保障措施工作，维护产业合法权益。

二、反侵权假冒工作综述

2014 年，防水协会继续与国家质检总局合作开展“质监利剑行动”，对建筑防水材料开展打假活动。2014 年 11 月，在协会配合下，质监系统在河北、山东、辽宁等 11 个省市质监局开展了“质监利剑行动”，重点打击防水卷材假冒伪劣和无证生产建筑防水卷材。防水协会组织有关企业做了一些暗访的区域，一共摸排出 88 个涉猎制造假冒伪劣防水建材的企业，通过两天的集中行动，现场查获并扣押假冒伪劣防水卷材 2 745 卷，涉案金额 16.64 万元，查实无生产许可证的企业窝点 54 家，其中，集中行动前已被地方质监局立案查处的企业 6 家，因各种原因停产 43 家，已被工商部门注销营业执照的企业 2 家。

2014 年 10 月，在国家质检总局支持下，31 家防水行业骨干企业自愿组成了全国建筑防水行业打假保优协作网，企业负责人签署了全国建筑防水行业打假保优协作网发起人宣言，宣誓加强企业自律，承担产品质量的主体责任，强化内部质量管理和外部市场监控，愿在打假保优、促进防水行业健康发展中发挥积极作用。

2014 年，全国防水产品主产区纷纷开展质量提升活动，地方防水社团组织辖区内骨干企业开展质量提升工作，全国 11 个省市开展了质量提升省市行活动，并且有 6 个地区组建了地区质量联盟。各联盟的主要工作包括在地方防水社团组织牵头下，在当地质检、住建政府主管部门的支持下，建立防水卷材市场应用信息收集、加强行业自律、打击假冒伪劣、配合有关部门开展防水卷材市场整顿工作和建筑工程领域防水产品质量监督抽查工作等。

三、打假案例——天津南开大学图书馆工地案

2014 年 8 月 30 日晚十点，协会接到举报称怀疑天津南开大学项目工地有假冒北京东方雨虹防水技术股份有限公司卷材产品。打假办专职打假人员连夜赶到天津，并于次日早晨来到项目工地，经现场调查辨认，确定项目工地上 1 000卷卷材为假冒伪劣产品。打假办联系工商公安等相关部门后，执法机构决定次日对其展开执法行动。打假人员考虑到用假人员有可能得到消息连夜转移假货，于是整夜对其蹲守，防止假货转移。9 月 1 日上午，工商公安联合执法，成功查处该项目工地，扣押仿冒北京东方雨虹防水材料有限公司卷材 1 000 卷，并对该用假人员进行行政处罚。

（中国建筑防水协会）

中华全国工商业联合会石油业商会
打假维权工作报告

一、商会介绍

中华全国工商业联合会石油业商会（简称“全国工商联石油业商会”）是由中国民营石油企业发起，依照国家法律、法规，经中华全国工商业联合会批准，于 2004 年 12 月 11 日在北京成立，是石油行业及与本行业领域相关的企业、团体和个人自愿结成的行业性、全国性、非营利性社会团体。

商会致力于推动民营石油行业市场化进程，积极从信息、金融、商务、国际合作等多层面为会员企业搭建行业平台，为实现企业健康、有序、和谐发展，真正发挥政府与企业间的桥梁纽带作用，为建立公平、公正、竞争的市场环境作出积极贡献。

截至目前，商会拥有涉及我国上游勘探开采、中游炼化、下游仓储、物流、码头、加油站以及为石油行业提供相关服务的直属会员企业共计 400 余家，其中包含民营石油行业大多数最具实力的代表性企业，具有广泛的代表性。商会下设加油设备、润滑油、石油天然气勘探开发等专业委员会，并有 16 家省级、地方商协会为商会团体会员，会员数量超过万家。

商会的主要任务：积极在会员中宣传、贯彻党和国家的方针、政策，促进企业科学发展；支持和引导会员自觉履行社会责任，积极参与社会公益事业，树立良好社会形象；举办经贸活动，促进交流与合作；提供信息、法律、融资、技术、人才、培训等方面服务；增进与境外工商社团的交往，促进会员的国际交流与合作；畅通渠道，积极反映会员合理诉求；开展调查研究，就非公有制经济发展的法制和政策环境等提出政策建议；积极参与工商联建言献策工作；帮助会员排忧解难，维护会员合法权益；引导会员遵守国家法律法规，制订自律公约，规范会员行为，维护市场秩序；增强会员诚信意识，倡导诚信经营，推动诚信建设；引导会员企业构建和谐劳动关系，促进和谐社会建设；完成全国工商联和有关部门交办事项。

二、反侵权假冒工作综述

商会未设立专门的反侵权假冒工作部门，而是把反侵权假冒工作融入到商会日常工作中，商会秘书处的每个员工都参与相关工作。商会也未单独统计开展相关工作的费用支出。

（一）我会反侵权假冒工作开展情况

我会反侵权假冒主要工作是从建立行业质量标准和诚

信体系做起。

1. 充分发挥商会在质量发展中的桥梁纽带作用

全国工商联一直非常重视质量工作，自2010年开始成为全国“质量月”活动的主办单位之一，每年都会结合民营经济发展需要和特点，联合各地方工商联和直属商会在会员企业中开展形式多样的群众性质量活动。每年商会均积极参加全国工商联质量月的相关活动，并把质量工作作为长期战略工作来抓，充分发挥商会在质量发展中的桥梁纽带作用，逐步建立、完善行业自律性机制，积极开展技术、标准、质量管理、品牌建设等方面的服务，引导企业牢固树立“质量是企业的生命”的观念，帮助企业增强质量安全意识、质量诚信意识和社会责任意识，全面提升企业管理水平和产品质量水平。

国家质检总局、环保部、商务部、国家能源局于2014年8月底联合发布的《关于促进车用汽柴油产品质量提升的指导意见》，我会认真贯彻落实，及时向企业传达文件精神，要求企业提高履行产品质量安全主体责任意识，在生产、经营过程中严把质量关。

2. 积极推动建立加油加气设备标准体系

我会积极发挥商会优势作用，以推动建立加油加气设备标准体系为重点，努力构建诚信计量、诚信质量、诚信服务的中国加油设备市场。我会组织相关专家会同国家质量监督检验检疫总局中国特种设备检测研究院、中国标准化研究院等相关单位组成专家组，于2012年9月启动《中国加油加气设备制造质量基本要求》（暂定名，下称《基本要求》）的撰写工作。《基本要求》的编撰旨在进一步系统化完善和补充现行行业相关标准，以利于国内加油加气设备制造企业质量安全的进一步加强，促进国内加油加气设备制造行业整体转型，有利于企业的经营与发展，并逐步消除因加油加气计量失准而造成的国内消费者集中投诉现象的发生。

商会计划以《基本要求》为加油加气设备制造行业质量控制的基准，并以此为依据，争取参与制订或修订加油加气设备制造行业标准。

3. 开展年度诚信企业评选活动，提出行业诚信经营自律公约

商会在2014年度工作中，围绕“诚信守法”这一主题，狠抓企业诚信经营、依法纳税、产品狠抓产品质量战略与实际落实工作，组织开展2014年度诚信企业评选活动，选拔出典型企业、典型范例，大力弘扬“狠抓质量、狠抓落实、诚信为本、服务至上”的标准与理念，彰显遵纪守法、诚信经营、服务优质的典范企业形象，大力抓质量、全力出精品，从专业角度促进本行业的健康发展。2014年度评选出诚信生产商与诚信经销商各10家企业，我会在4月27日召开的加油设备专业委员会“走进四川”2015年会上对此次获奖企业进行了表彰和授牌。这些诚信企业的产生，对于弘扬加油设备人勇于创新、甘于奉献的时代精神，倡导企业承担社会责任，传递积极向上的正能量，激励企业和个人发展，净化加油设备市场，规范经营秩序，具有重要的示范意义。

在加油设备行业提出《加油设备专委会会员单位诚信经营自律公约》，鼓励但不强制全体会员企业以自愿加入的方式签署此项公约。该公约的签署即表明企业自愿接受来自政府行业主管部门与广大消费团体、消费者的监督。公约签署后，商会向会员企业所在地区政府主管部门以及国有几大石油化工企业提供签署企业的名单；企业一旦出现违背诚信自律公约的行为，商会依据公约规定将该企业从公约中剔除，并向企业所在地相关主管部门、国有几大石油化工企业以及全体会员企业告知并公示。

4. 积极参与反侵权假冒相关活动，组织承办相关会议

我会受全国打击侵犯知识产权和制售假冒伪劣商品工作领导小组办公室委托，于2014年4月在北京组织相关行业专家、企业代表召开车用汽柴油专项整治座谈会，就车用汽柴油领域假冒伪劣的突出问题，专项整治需要突出抓好的重点环节，长效机制建设等内容座谈研究。会议为在京津冀地区集中开展车用汽柴油专项整治行动工作提供了有力支撑。

（二）我会开展反侵权假冒工作的设想

我会将针对成品油生产、仓储、批发、销售企业特点，积极推进油品行业质量诚信体系建设，开展质量诚信评价活动，表彰和宣传质量守信企业，引导企业建立完善生产、经营过程质量控制相关制度，总结交流和推广应用先进质量管理方法，建立支撑行业发展的质量服务体系。

我会目前正逐步细化行业分类，拟筹备建立润滑油、石油天然气勘探开采、沥青、陶粒砂、海洋石油装备服务、品牌发展保护等专业委员会，其中润滑油、石油天然气勘探开采已向全国工商联报批，预计2015年度挂牌。

各专业委员会将紧密联系和依靠广大会员、科研机构、专家学者和行业相关部门，积极推动制定行业规范，建立行业标准。已运行多年的加油设备专业委员会计划会同国家标准委与国家质检总局特种设备安全监察局等单位进行三方商榷，共同制定《中国加油加气设备行业标准体系》；该会还将与国家质检总局计量司紧密配合，开展对加油设备行业不正当经营的整顿工作，抵制加油设备作伪、作弊行为，协助其完成计量法的修订工作；同时，在有关部门的支持下，

制订《加油加气设备产品推荐目录》。

我会还将协同有关部门拟对润滑油、石油天然气勘探开采、沥青、陶粒砂、海洋石油装备服务等专业委员会制定相关行业标准、建立产品质量追溯系统，控制假冒产品进入市场，促进行业健康规范发展。同时，我会将加强与相关政府、机构的互动交流，建立合作机制，拟通过国家安全质量公共服务平台，运用信息管理手段为相关行业搭建绿色通道，以保护企业自主品牌、维护企业合法权益。

我会拟2015年间筹备建立品牌发展保护委员会（暂定名），将通过专业机构和专业人员，为企业提供品牌业务指导、培训、策划和专业的知识产权服务，保护企业生产经营的产品的知识产权不受侵害，配合相关部门进行持续性的反假冒市场调查，协助公安部门及内地执法部门对假冒伪劣市场进行情报收集与联合打击，为企业和相关部门在开展反侵权假冒工作中提供专业技术方面的支持，并将工作重点延伸到其他与知识产权相关的领域，其中包括：商标、商品外观和设计侵权等。

三、行业知名企业维权打假工作情况

（一）珠海市贝林加油设备有限公司

1. 企业简介

珠海市贝林加油设备有限公司成立于1999年6月，是集研发、生产、销售和服务于一体的现代化高科技企业，是全国工商联石油业商会加油设备专业委员会理事单位、中国计量协会加油设备委员会会员及广东省石油燃气协会理事单位。

贝林公司先后成功开发多彩系列、凯贝系列、浪潮系列、旋彩系列、普贝系列、蓝贝系列、旋风系列、远翔系列等众多加油机产品。近年来更是加大研发投入，不仅对产品整机性能和外观进行多次优化设计，还相继研发出小票打印、IC卡加油、投币自助加油、总台管理系统等功能产品，并在行业内首家推出直接在油机上应用的真正的银联卡加油功能。贝林公司产品安全、节能、环保、易于操作和联网化管理。贝林公司通过创新转型，逐步走出传统行业产能过剩、人力成本高企的困局，得到不断发展壮大。

2. 企业维权打假工作情况

在反侵权假冒工作方面，贝林公司首先从自身做起，十分重视知识产权保护工作，设专人负责知识产权管理和法律事务。在产品开发前，由专职人员对行业的相关专利进行全面的检索，做到既要清楚自己企业所拥有的专利技术，同时也要了解技术领域里的公知、公用的技术信息，避免造成侵权或者浪费资源。不断研发创新使得贝林拥有更多的自主知识产权，同时知识产权也为贝林创造了更多更好的效益，对于自主研发的成果，贝林公司及时申请专利保护，维护本企业的知识产权。

贝林自主研发的远翔系列机型，新概念流线型外观，行业内独树一帜，外观设计获得了广东省工业设计大赛“最佳设计奖”，贝林公司及时申请外观专利，并在2013年获得外观设计专利证书。贝林自主研发的“一种用于加油机的银联卡支付装置”，颠覆了中国传统加油机的设计理念，可以使用有“银联”标志的银行卡直接在油机上刷卡加油，真正意义上实现了无人看护的自助加油，为油站节省了人工成本，此项设计属全国首创。贝林公司在研发成功后第一时间申请专利，并在2014年获得实用新型专利证书。

在维护知识产权方面，贝林公司通过市场或其他渠道获悉知识产权可能被侵犯时，由负责知识产权管理的专职人员对疑似侵权产品与授权专利的技术方案进行比对，若确实认为被侵权，通过各种渠道收集证据后，公司法务人员整理资料，向侵权主体提出诉讼。

知识产权保护工作方面，贝林公司“双管齐下”，一是研发创新创品牌，一是积极主张打假冒。既要研发新技术，又要巩固老市场；既努力创新提高产品竞争力，又不断加强知识产权保护，遏制假冒伪劣产品。

（二）江苏龙蟠科技股份有限公司

1. 企业简介

江苏龙蟠科技股份有限公司成立于2003年（原名江苏龙蟠石化有限公司），坐落于国家级南京经济开发区，旗下拥有江苏可兰素汽车环保科技有限公司、南京尚易环保科技有限公司、南京精工塑业有限公司、龙蟠润滑新材料（天津）有限公司、龙蟠科技（香港）有限公司等5家子公司。目前，龙蟠公司是全国工商联石油业商会常务理事、润滑油专业委员会的主任委员单位。公司旗下的子公司可兰素，其主营产品可兰素车用尿素溶液2013、2014年均被英国权威咨询机构认定为国内同类产品中市场占有率最高的品牌。

2. 企业维权打假工作情况

公司自2014年1月起正式成立品牌管理部和法务部。品牌管理部负责品牌维护工作，法务部负责反假冒、反侵权等品牌维权工作。品牌管理部和法务部目前共计5名工作人员，每年用于知识产权保护方面的资金投入均在50万元以上。

在产品研发到上市阶段，公司对行业相关专利进行全方位的检索，全面了解行业技术信息，避免造成侵权与资源浪费。对于公司拥有的专利技术及研发成果，公司即刻申请专利保护，以有效维护企业知识产权。此外，除了设置法务专职岗位，公司还与外部律师事务所建立了合作关系，作为企业日常法律顾问。

2010 年至 2015 年，公司成功转化科技成果 20 余项，其中，江苏省高新技术产品 8 项，有效专利 14 项，与国内同行业竞争对手比较，公司的技术专利的数量增长速度较快，每年申请量以 30% 的速度增长，现有有效专利 24 项，其中授权发明专利 6 项。同时，公司主要的润滑油产品听型均拥有外观设计专利。

2014 年 4 月，我公司发现济南胜望润滑油公司存在对我公司净威润滑油产品的侵权行为，我公司随即派出专人，在当地工商部门的协助下，对该公司的侵权行为进行了有效的查处。工商部门出具了相关商标侵权判定书，责令该企业限期进行整改。对方公司承诺销毁所有剩余的仿冒净威产品的包装，并承诺不再使用这一商标。

（撰稿人：林凌）

中华全国工商业联合会汽车摩托车配件用品业商会打假维权工作报告

一、商会介绍

1997 年 10 月，为规范和发展中国汽车售后市场，在“以自律求联合，以联合谋发展”的旗帜下，企业自发地成立了“全国汽车配件市场联合会”（以下简称联合会）。近 10 年来，为规范和整治汽配市场，联合会配合国家工商总局、国家质监总局等部委开展了大量的打击假冒、扶优限劣活动，为促进行业发展起到了很好的作用，得到了行业主管部门和企业的广泛认同。2002 年，在全国工商联的关怀下，在全国汽配市场联合会的基础上成立了中华全国工商业联合会汽车摩托车配件用品业商会（简称全国工商联汽摩配用品业商会），是中国目前首屈一指的全国性汽摩配用品行业民间组织，现任会长章宏伟。

全国工商联汽摩配用品业商会现有 268 家直属会员，基层会员 20 000 余家，其中包括国内外汽摩配用品行业著名的生产企业、流通企业和专业市场以及北京、上海、广东、吉林、辽宁、浙江等 20 多个省、市的 50 余家专业团体、行业商会（协会），会员遍及全国各地。全国工商联汽摩配用品业商会目前已与国内上千家的主流汽车零部件生产厂、汽车用品生产厂、汽车维修设备生产厂等厂家建立了产品供应网络；并与上百家汽摩配及用品大型专业批发市场及数万家汽摩配用品经销商结成强大的物流网络。全国工商联汽摩配用品业商会为中国名优产品的推广、渠道的开发做了大量工作，并积极搭建产品进出口的贸易平台，得到了行业的广泛关注和认同，在国内外同业中有着较高的知名度。

全国工商联汽摩配用品业商会在全国有 50 余家地方分会，直属的分支机构有：专家咨询委员会、全国汽配市场联合会、汽车用品专业委员会、制造业专业委员会、改装车专业委员会、摩托车专业委员会、微型车专业委员会、标准化专业委员会、皮卡（SUV）专业委员会、物流专业委员会、项目投资服务专业委员会、客车配件专业委员会。

全国工商联汽摩配用品业商会下设会员部、信息部、对外经济部和综合部，出版杂志《中华汽摩配》、报纸《中国汽车后市场报》、工具书《中国汽车配件及用品采购指南》和《中国汽摩配用品行业年度报告》，官方网站为 www. auto-parts. org. cn。

全国工商联汽摩配用品业商会非常重视国际交往和产品的进出口工作，每年都多次组织中国汽车零部件考察团赴国外进行考察和访问，并组织国内知名零部件生产企业赴国外参加行业展会；与美国、德国、法国、意大利、阿根廷、澳大利亚、日本、韩国、东南亚各国及港、澳、台地区的汽摩配同行都建立了友好往来关系。

二、2014 年反侵权假冒工作综述

全国工商联汽摩配用品业商会一直坚持依法立会，坚持鼓励行业诚信自律、守法经营，尤其是在当前非公经济理想信念教育大背景下，不断规范行业发展、努力提升从业人员法律素质，发出行业自律经营倡导，在行业规范自律、企业诚信守法经营等方面作出了一些具体工作。

（一）诚信百强评定活动

2014 年，全国工商联汽摩配用品业商会与全国工商联经济部、工商杂志社、标准化委员会协商策划启动汽车后市场（生产）百强诚信企业评定活动。

（二）向政协上交行业提案，完善汽配行业的法律法规

连续多年通过提案渠道反映行业诉求，建立公平、公正

的市场环境。2014 年，全国工商联汽摩配用品业商会的提案名为《关于明确商协会标准法律地位的提案》于 2014 年 8 月得到了国家质检总局的回复。目前国家修改的《标准化法》将涉及提案内容。

（三）制定出台行业标准

目前汽车配件和用品市场上存在无标生产的情况，特别是汽车用品，没有国家、地方、行业和企业标准，严重影响了车主的安全和健康。对此，全国工商联汽摩配用品业商会专门成立了标准化技术委员会由原国家质检总局总工程师叶柏林、国家标准化研究院教授陈志田牵头，按照国际通用法则制定出台了 21 项行业标准，其中 17 个是产品标准，4 个是管理标准。并获得了黑龙江、浙江、辽宁等质检部门的承认。

（四）组织质量月活动，发出诚信自律号召

2013 年、2014 年先后两年配合全国工商联经济部举办了“2014 年创新提升产品质量，诚信促进行业发展”主题质量月活动，并在会上发起了关注行业质量倡议书。

（五）帮助会员企业维权，协助政府职能部门打假

利用法律平台，积极采取措施维护民营企业生存发展和合法权益。2014 年为会员维权主要案例情况：北京丰本汽车配件有限公司马碧英汽配经销商被商业打假公司联合公安部门扣人扣货 557 天，我商会积极为会员企业维权通过咨询国家商标管理部门、质检部门，通过全国工商联法律部审查，给法院出具了邀请独立第三方对扣押产品鉴定的建议函，在发出建议函后，该案经历了变更起诉书、原法官回避、重新审理，后北京市朝阳区检察院撤诉结案。

（六）依法办会，完善秘书处内部管理

全国工商联汽摩配用品业商会聘任专业律师，为会员企业及秘书处业务发展把关护航，同时，鼓励各地会员企业行业组织聘请专业律师，依法办企、依法办会。

全国工商联汽摩配用品业商会办公制度健全，严格按照各项管理条例办法进行管理。2014 年新修订了《员工手册》，包括 1 项员工守则、1 项工作人员行为规范、4 项岗位职责、9 项管理制度。现有《商会章程》、《财务管理制度》、《会费管理办法》、《会员管理条例》、《考勤管理办法》、《用车制度》、《印章使用管理办法》、《文件收发管理办法》等各项规章制度。

（七）组织培训，帮助提高执法人员素质

2014 年 8 月，全国工商联汽摩配用品业商会与国家质检总局共同在北京举办了首期全国质检系统汽配打假业务专题培训班，我会邀请了汽配生产、市场管理、经销商副会长单位为全国各省市质检局稽查局局长、稽查队队长等共计 105 人授课。针对市场假冒伪劣产品的形成原因、分类、执法技巧等内容进行了详细分析讲解，并与学员现场互动，解答稽查领导提出的汽配打假问题。通过授课，参会学员了解了行业打假实际情况，学员纷纷表示过去对中国汽车产业情况了解不多，执法也比较盲目，今后坚决打击假冒三无产品，保护好的民族品牌，培训班效果非常好。

三、行业内知名企业维权打假工作情况

（一）瑞立集团

1. 企业简介

瑞立集团成立于 1987 年，主要从事汽车零部件的研发、生产和销售，企业现有注册资金 2.51 亿元，现有员工 4 000 多人，厂房建筑面积 27 万平方米，生产设备 3 000 多台（套）。2004 年 7 月成功实现在美国纳斯达克上市，开创了温州民营企业境外上市的先河。瑞立集团生产的汽车气制动系统、液压制动系统、转向系统、汽车电器等产品已为中国一汽集团、东风集团、上汽集团等 60 多家国内汽车制造厂以及欧洲、美洲和日本等车系提供服务，并为北京奥云会、上海世博会、广州亚运会公交车和深圳大运会、宇通校车、中联重科工程车提供产品配套服务。企业已通过了 ISO/TS16949：2009 质量管理体系、ISO14001 环境管理体系、OHSAS18001 职业健康安全管理体系和 GB/T 29490-2013 企业知识产权管理规范认证。瑞立集团已经发展成为温州地区汽摩配行业龙头企业、浙江省工业行业龙头骨干企业、浙江省制造业百强、国家火炬计划重点高新技术企业、全国民营企业 500 强。

2. 企业维权打假工作情况

从 2005 年开始，瑞立集团成立了知识产权工作领导小组，建立完善了知识产权管理制度，制定了《合同评审管理程序》、《知识产权申请控制程序》、《商业秘密管理制度》、《专利管理办法》、《商标管理办法》《知识产权档案管理规定》等系列标准，切实将知识产权工作纳入企业生产经营全过程，确保知识产权创造、运用、保护和管理各项活动都有标准可依，并建立专利信息库，把掌握的专利信息纳入到技术创新的全过程。早在 2008 年，瑞立集团就紧紧围绕国家知识产权战略，制定了《瑞立集团知识产权战略发展规划》，完善组织机构保障，提高知识产权保护水平，加大知识产权资金投入，并积极开展知识产权管标工作。截至 2014 年瑞立集团专利授权数达到 421 项，其中发明专利 42 项，还被国家知识产权局评为全国知识产权优秀企业。

另外，为进一步加强知识产权的管理工作，瑞立集团还在知识产权工作领导小组下设知识产权办公室，配备专职人

员，并联动各研发室、销售、人力资源、采购以及法务等部门，联合开展知识产权的管理和保护工作。2013 年，针对之前销售部门在市场发现浙江某汽车零部件公司销售的一款继动阀与我瑞立专利号为 ZL200910119412.6 的“继动双通快放组合阀”发明专利机为相似，且在以律师函、投诉等方式都不能使该公司停止侵权行为的情况下，瑞立集团果断就该公司侵犯专利权之事向法院提出专利侵权诉讼。该专利侵权案经山东省潍坊中院一审和山东省高级人民法院二审。2013 年 11 月，山东省高级人民法院作出终审判决，判决要求该公司立即停止制造、销售侵犯瑞立集团 ZL200910119412.6 号“继动双通快放组合阀”发明专利权产品的行为，并赔偿瑞立集团相关经济损失。此次专利侵权案件的胜诉，是瑞立保护知识产权、打击侵权行为的重大胜利，也是对瑞立知识产权管理的全面肯定。今后，瑞立集团也将会一如既往地加大产品创新设计和对知识产权的保护力度，进一步增强企业知识产权保护意识，并积极采用法律途径，坚决打击侵权行为，为营造机械制造业保护知识产权、鼓励创新和诚实守信的市场经济秩序贡献力量。

（二）上海瑞尔集团

1. 企业简介

上海瑞尔集团创建于 1995 年，注册资金 500 万元，产品涉及汽车、轨道交通、航空、船舶等行业，已发展成为拥有工业制造、科研教育、汽车金融、产业地产等四大平台的产业集团。上海市民营制造企业 50 强、上海市民营企业 100 强，全国工商联汽摩配用品业商会副会长单位，是高新技术企业、为全球 48 家汽车品牌配套，基本覆盖全球主流汽车品牌市场。公司通过了国家三级保密认证，承担了重大军工科研生产任务，是全国科技装备业（军工）商会副会长单位。

2. 企业维权打假工作情况

随着企业知识产权制度的完善，近几年知识产权硕果累累：

（1）获得的专利数：上海瑞尔实业有限公司获得授权专利 134 件，其中发明专利 21 件，实用新型 53 件，外观设计 29 件；国际专利 3 件。

（2）获得的商标数：拥有注册商标 23 件，其中“瑞尔”商标 8 件，“RIC + 图”商标 9 件，“RIC”商标 3 件；“SRIC”商标 3 件；另我公司于 2012 年申请的“RIC + 图”商标的国际马德里国际注册，已获得德国、英国、比荷卢、波兰、捷克、意大利、欧盟的保护。2012 年，我公司“瑞尔”和“RIC + 图”获得上海名牌和上海市著名商标称号。

（3）获得的荣誉：上海市专利工作试点企业、嘉定区专利示范企业、上海市知识产权优势企业、国家博士后工作站。

3. 企业知识产权管理措施

（1）设立知识产权管理岗位。总经办是本公司知识产权工作的领导机构，管理部科技事务管理科设主管和科技事务专员各一名，负责处理本公司知识产权管理的日常事务，各技术部门设知识产权管理员负责本部门的知识产权工作。公司先后培养了专利工作者一名、专利管理工程师两名。知识产权主管由法务经理担当。

（2）制定企业知识产权管理制度。制定公司的知识产权发展规划及发展战略、注册商标使用规定、知识产权工作管理办法、专利奖励制度。

（3）与知名的北京集佳知识产权机构合作。北京集佳知识产权公司是国家知识产权局指定的涉外专利代理机构和国家工商行政管理局指定的涉外商标代理机构，上海瑞尔集团的商标代理全由集佳全权代理。专利方面，也和新天专利代理公司保持了长达十年的合作，并由其定期提供专业的专利知识培训及对专利系统的维护。

（撰稿人：侯春华）

中国外商投资企业协会优质品牌保护委员会打假维权工作报告

一、协会介绍

中国外商投资企业协会优质品牌保护委员会（以下简称“品保委”）在外经贸部的支持下，于 2000 年 3 月在北京成立。现有会员 208 家，主要来自北美洲、欧洲、亚洲、大洋洲等国家和地区。

品保委自成立以来，就秉承“加强与中国中央和地方政府、部门、机构、企业及国际社会合作，为完善中国知识产权相关法律，强化知识产权行政执法和司法工作，营造公平有序的经济发展法治环境，推动形成深度融合的开放创新局面，作出积极的贡献”的宗旨，并把自己的角色定位在知识产权执法、司法保护的积极参与者，知识产权立法、修法的积极建议者，知识产权国际交流合作桥梁的积极搭建者，内资企业知识产权能力建设的积极帮助者，知识产权文化建设的积极推动者等5个方面，为中国知识产权事业的发展作出了不懈的努力与积极的贡献。

15年来，品保委的工作得到了中央、地方政府、部门、组织、机构特别是全国“双打办”及其成员单位的支持和帮助，也得到了一些国际组织的理解和认可。原国务院副总理吴仪女士高度评价品保委是政府的得力助手。原国务院副总理王岐山先生在中国外商投资企业协会第五次会员代表大会上，亲切接见了品保委代表。全球反假冒机构两次授予品保委“全球反假冒组织杰出贡献奖”。

二、2014年反侵权假冒工作综述

2014年，品保委最佳案例/执法委员会、宣传委员会、海关委员会、政府合作委员会、法律委员会、会员服务委员会及专利与创新委员会等7个工作委员会，有条不紊地推进了品保委各个工作项目的开展；农业、汽车、创意、配电、家电、信息技术、照明、高档品牌、个人护理品、制药及医疗器材、运动产品、玩具及授权产品、无线与集成电路、多领域等14个行业工作组，关注会员企业所涉及的行业知识产权保护问题，认真研究、积极探索；创新政策、商业秘密、假冒商品网上销售与互联网著作权保护、知识产权刑事程序公开透明、新商标法第60条、定牌加工中的商标侵权问题、品保委机构改革等7个专责工作小组，对会员企业重点关心的知识产权问题进行了研究分析，为改善立法、执法、司法环境，积极进言献策。

2014年，品保委致力于推进知识产权执法的强化，与海关总署、上海海关、福州海关、厦门海关、南京海关、昆明海关、义乌海关等举办多场交流、培训会议，为增强中国知识产权边境保护而努力；与全国双打办、公安部、上海市双打办、上海市公安局经侦总队、上海市公安局食药总队、广东省工商局、广东省药监局、南京市工商局、大连市药监局、大连市公安局等进行了务实、有效的交流沟通；并积极参与反不正当竞争与知识产权保护执法研讨会、新《商标法》热点问题研讨会等会议，为重点领域、重点地区、重点行业的知识产权保护行政执法和司法工作的改善作出了积极贡献。

2014年，品保委致力于推进知识产权立法的完善，先后就《商标法实施条例（征求意见稿）》、《商标评审规则（征求意见稿）》、《广告法（征求意见稿）》、《驰名商标认定和保护规定（修订征求意见稿）》、《关于禁止滥用知识产权排除、限制竞争行为的规定（征求意见稿）》等立法项目认真研习、群力群策、积极建言。

2014年，品保委致力于推进知识产权司法的优化，积极参加创新驱动与知识产权司法保护研讨会、涉自贸区知识产权保护问题暨纪念上海人民法院知识产权庭成立二十周年专题研讨会，北京市法院第六届知识产权精品案件研讨会、全国检察机关知识产权培训班暨行政执法与刑事司法衔接工作现场推进会、2014年上海知识产权法官培训等会议，并与上海市检察院签订了合作备忘录，努力促进中国知识产权司法工作的改善。

2014年，品保委致力于推进知识产权国际交流，与越南海关、印尼海关、丹麦商标专利局代表团等进行了交流座谈，并邀请美国总统国际事务顾问，美国、法国、以色列、南非等国驻华使领馆代表，国际刑警组织、国际商标协会、全球反假冒机构、印度工业联合会、美商会等组织的代表参加品保委十四周年庆典，积极宣传中国知识产权保护的成果；并与美国密歇根州立大学反假冒和产品保护中心、国际刑警秘书处签署了合作备忘录，力促知识产权保护的国际合作。

2014年，品保委致力于推进知识产权文化的建设，参与2013年中国公司法务年会，湖北、湖南、浙江、山东、河南、甘肃、江西等地工业企业知识产权运用能力实务培训会的举办；并积极参加2014年知识产权南湖论坛“知识产权与创新型国家建设”国际研讨会、上海市法学会竞争法研究会成立暨知识产权与反垄断法学术研讨会、第18届中国国际投资贸易洽谈会、互联网优质品牌保护专题恳谈会、阿里巴巴网络交易平台打假工作汇报会等会议，推动营造全社会尊重知识产权、保护知识产权的良好氛围，支持中国知识产权创造、管理、保护和运用能力的提升。

2014年，品保委致力于知识产权保护经验的传播，通过2013—2014年度知识产权保护最佳案例及行政执法与刑事司法衔接典型案例的评选、发布与宣传，对会员企业提名的年度知识产权案件进行回顾与总结，对各地执法、司法部门在知识产权保护方面所作出的积极努力与贡献表示诚挚感谢，并与会员分享通过分析案例获得的学习经验以帮助会员或其他权利人复制更多的成功案例。

今天，品保委不仅成为会员企业与中国政府、执法部门在知识产权领域交流与合作的有效平台，成为会员企业相互学习、交流知识产权工作经验，提高知识产权保护和创新能力的良好渠道，而且发展成为中国政府、国际组织、国内外执法部门、内外资企业、学术界、媒体等关于知识产权交流、合作的有效桥梁和纽带。2015 年，品保委仍将坚持“互信、合作、服务、共进”的传统，沿着“会员驱动、专业引领、国际融合、项目合规、共治助力”的道路，继续阔步前进，谱写健康、快速发展的崭新篇章。

（撰稿人：侯春华）

典型案例

Representative Cases

侵犯著作权典型案例

一、武汉市中级人民法院裁决“网易云音乐”侵犯信息网络传播权诉前禁令纠纷案

（一）案情简介

深圳市腾讯计算机系统有限公司（简称腾讯公司）向武汉市中级人民法院申请诉前禁令，请求：（1）责令广州网易计算机系统有限公司（简称广州网易）、网易（杭州）网络有限公司（简称杭州网易）、杭州网易雷火科技有限公司（简称网易雷火）停止通过“网易云音乐”平台（music.163.com及其PC端、移动客户端）向公众传播申请人享有专有著作权的《时间都去哪了》、《爱的供养》、《画心》等623首歌曲；（2）责令中国联合网络通信有限公司湖北省分公司（简称湖北联通）停止提供“网易云音乐”畅听流量包服务；（3）责令广东欧珀移动通信有限公司（简称广东欧珀）停止在其OPPO品牌手机中内置“网易云音乐”行为。腾讯公司提交了证明其享有涉案音乐作品著作权及遭受侵权损害事实的证据，并提供了担保。

（二）裁判结果

武汉市中级人民法院审理后认为，腾讯公司对上述623首音乐作品依法享有信息网络传播权，五位被申请人以互联网络、移动手机“网易云音乐”畅听流量包、内置“网易云音乐”移动手机客户端等方式，向公众大量提供涉案音乐作品，该行为涉嫌侵犯腾讯公司对涉案音乐作品依法享有的信息网络传播权，且被申请人向公众提供的音乐作品数量较大，造成了腾讯公司巨大的经济损失。在网络环境下，该行为如不及时禁止，将使广州网易不当利用他人权利获得的市场份额进一步快速增长，损害了腾讯公司的利益，且这种损害将难以弥补，理应禁止各被申请人通过网络传播623首音乐作品涉嫌侵权部分的行为。遂裁定发布如下诉前禁令措施：（1）广州网易、杭州网易、网易雷火于裁定生效之日起立即停止通过“网易云音乐”平台向公众提供涉案623首音乐作品的行为；（2）湖北联通于裁定生效之日起立即停止向其移动手机客户提供“网易云音乐”畅听流量包中涉案的623首音乐作品的移动网络服务行为；（3）广东欧珀于裁定生效次日起十日内停止通过其品牌为OPPO R830S型号（合约机）移动手机中内置的“网易云音乐”客户端向移动手机客户传播涉案623首音乐作品的行为。禁令发布后，湖北联通、广东欧珀立即停止了被诉行为。广州网易、杭州网易、网易雷火不服该禁令，申请复议，武汉市中级人民法院予以驳回。复议中，腾讯公司发现被诉行为仍在继续，书面申请对违反禁令行为予以处罚。人民法院作出相应的处罚措施。至复议决定书发出后，被诉行为已经按照禁令要求全面停止。

（三）典型意义

近年来，网络产业与音乐产业结合形成新生网络文化传播媒介，可以使音乐作品被无限传递、下载，不受限制地被反复欣赏，在方便社会公众欣赏音乐的同时，盗版网络音乐也对著作权人造成了难以弥补的损害。本案中，人民法院及时发布诉前禁令，并对违反禁令的行为予以处罚，为打击网络音乐盗版、规范网络音乐市场、整治网络环境提供了一种可行的保护模式，充分体现了知识产权司法保护的主导作用。

（最高人民法院）

二、浙江省高级人民法院审判杭州聚合网络科技有限公司诉中国移动通信集团浙江有限公司等侵害计算机软件著作权纠纷上诉案

（一）案情简介

浙江省卫生信息中心（以下简称信息中心）代表浙江省卫生厅（以下简称卫生厅）牵头建设浙江省医院预约诊疗服务系统，该系统软件由中国移动通信集团浙江有限公司（以下简称浙江移动公司）负责，并由其全资子公司浙江融创信息产业有限公司（以下简称融创公司）具体实施，融创公司委托杭州聚合网络科技有限公司（以下简称聚合公司）进行软件开发。2010年9月，聚合公司开发的系统软件上线试运行。2011年9月底，因聚合公司与浙江移动公司、融创公司的合作发生争议，聚合公司开发的软件于2011年10月9日后被停用。融创公司利用聚合公司所开发软件的部分源代码重新开发了系统软件。聚合公司以浙江移动公司、融创公司、卫生厅、信息中心未经其许可，复制、剽窃并使用涉案软件的行为侵害其软件著作权为由，向浙江省杭州市中级人民法院提起诉讼。

（二）裁判结果

一审法院认为，涉案软件的著作权由聚合公司享有，但

融创公司作为委托方，有权在委托创作的特定目的范围内免费使用该作品。遂判决驳回聚合公司的诉讼请求。聚合公司不服，向浙江省高级人民法院提出上诉。二审法院认为，浙江移动公司、融创公司仅能在委托创作的原有目的范围内继续使用，但不能对聚合公司享有著作权的软件作品作为技术成果加以利用。融创公司的行为构成侵权，但由于涉案软件具有公益属性，不宜停止使用。遂判决撤销一审判决，由浙江移动公司、融创公司共同赔偿聚合公司20万元人民币。

（三）典型意义

本案以软件著作权案件为视角，诠释和明晰了委托创作合同关系中委托方和受托方的权利范围。二审法院指出，在著作权归属于受托人的情况下，如双方未就作品的使用范围作出约定，委托人可以在委托创作的特定目的范围内免费使用软件作品。但基于软件作品的特殊性，委托人的具体使用方式应仅包括通过软件客户端正常使用软件的各项功能和基于使用环境、功能和目的的改进所进行的必要修改。但委托人不能将软件作品作为技术成果加以利用，若委托人采取修改程序源代码的方式对软件进行重新开发利用，将直接侵害受托人的著作权。本案的审理，对于软件著作权案件中合理划分委托人与受托人的权利义务，以及明确侵权行为的认定标准具有一定的借鉴意义。

（最高人民法院）

三、上海市普陀区人民法院审判张俊雄侵犯著作权案

（一）案情简介

2009年年底，被告人张俊雄设立 www.1000ys.cc 网站（网站名称为“1000影视”）。其后，张俊雄未经著作权人许可，通过网站管理后台，链接至哈酷资源网获取影视作品的种子文件索引地址，通过向用户提供并强制使用 QVOD 播放软件的方式，为网站用户提供浏览观看影视作品的网络服务。为提高网站的知名度和所链接影视作品的点击量，被告人张俊雄以设置目录、索引、内容简介、排行榜等方式向用户推荐影视作品。同时，被告人张俊雄加入“百度广告联盟”，并获取广告收益。经鉴定，网站链接的影视作品中，有941部与中国、美国、韩国、日本等相关版权机构认证的具有著作权的影视作品内容相同。

（二）裁判结果

上海市普陀区人民法院审理后认为，被告人张俊雄以营利为目的，未经著作权人许可，发行（通过信息网络向公众传播）影视作品达941部，情节严重，其行为已构成侵犯著作权罪，依法判处被告人张俊雄有期徒刑一年零三个月，缓刑一年零三个月，并处罚金人民币3万元；违法所得依法予以追缴；扣押在案的作案工具，依法予以没收。判决后，被告人张俊雄未提起上诉，公诉机关未提起抗诉，判决已发生法律效力。

（三）典型意义

本案中的被告人所实施的并非作品提供行为，而是网络服务提供行为。目前的刑事司法实践中，对于此类帮助型间接侵权行为能否（或有必要）上升为刑事犯罪行为——即司法解释中“通过信息网络向公众传播”的行为是否包括提供网络服务的行为——如入罪，网络服务提供者应认定为正犯还是帮助犯；如系正犯，如何掌握“未经著作权人许可”等犯罪构成要件的审查标准，如何处理民刑衔接的证据认定和证明标准等问题在司法实践中都尚存争议。本案围绕网络服务提供行为这种新的犯罪类型，从入罪路径、犯罪构成要件审查、证据审查标准等角度进行了较为深入的研究和探索，具有一定的创新意义。

（最高人民法院）

四、北京市第一中级人民法院审判周志全等7人经营思路网侵犯著作权案

（一）案情简介

被告人周志全于2008年8月注册成立北京心田一品科技有限公司，经营思路网站。思路网站下设门户网（网址 www.siluhd.com）、思路论坛（网址 bbs.siluhd.com），并以 HDstar 论坛（网址 www.hdstar.org）作为思路网站的内站。2009年1月至2013年4月间，被告人周志全雇佣被告人苏立源、曹军、贾晶洋、李赋然等人，未经著作权人许可，以会员制方式，将他人享有著作权的大量影视、音乐等作品以种子形式上传至 HDstar 论坛，供2.6万余注册会员下载，在思路网站投放广告，并通过销售网站注册邀请码和 VIP 会员资格营利。被告人寇宇杰于2012年5月至2013年4月间，雇佣被告人崔兵等人，未经著作权人许可，复制他人享有著作权的电影至4 000余份硬盘中，并通过淘宝网店予以销售。

（二）裁判结果

北京市海淀区人民法院一审认为，被告人周志全雇佣被告人苏立源、曹军、李赋然、贾晶洋以营利为目的，未经著作权人许可，通过信息网络传播他人作品，情节特别严重；被告人寇宇杰雇佣被告人崔兵以营利为目的，未经著作权人许可，复制发行他人作品，情节特别严重，上述被告人的行

为均已构成侵犯著作权罪，应予惩处。人民法院根据各被告人在共同犯罪中的作用和认罪态度依法予以减轻、从轻处罚或者适用缓刑，分别判处各被告人有期徒刑一年至五年，并处罚金等。一审宣判后，被告人苏立源、寇宇杰提起上诉。北京市第一中级人民法院二审驳回上诉，维持原判。

（三）典型意义

思路网号称“中国最大的数字高清门户网站”、国内最“顶尖”的蓝光高清网站。思路网管理层汇聚了多名IT精英，在案被告人均为大学文化程度。该网站刊载高清资讯和高清电影，表面上看是一个介绍蓝光技术的普通网站，但其链接到的HDstar论坛却存有大量蓝光高清格式的盗版电影和电视剧资源可供付费下载，网络上的很多盗版高清影片片源均来自思路网。通过这种方式，思路网积累了大量的注册用户，成为国内最著名的盗版高清电影网站。

该案技术关系之复杂、侵权手段之隐蔽、侵权形式之新颖前所未有，被媒体广泛报道为“中国版权第一案”。将种子文件上传至互联网供注册会员下载被追究刑事责任，在国内尚属首例。办案之初，为准确适用法律，检察机关充分运用行政执法和刑事司法衔接机制，与版权执法部门多次召开联席会议，从刑事司法角度提出收集证据的注意事项，确保了行政执法机关收集的证据在刑事诉讼中可以使用。在侦查阶段，检察机关围绕关键证据的取证方向和重点引导公安机关侦查，为案件的成功办理打下了坚实基础。同时，检察机关通过走访视频网站企业，了解网站传播权利人作品的技术问题；向知识产权领域专家咨询，获得专业支持，将上传种子文件供他人下载的行为认定为刑法规定的“复制发行”行为，以注册会员标准认定犯罪数量，攻克了技术难关和法律难关，准确地指控了犯罪。

本案发生后，社会关注度高，特别是在高清电影爱好者中引起强烈反响。检察机关始终保持法律理性，恪守检察官客观公正义务，严格贯彻宽严相济刑事政策，对情节严重的7人依法提起公诉，对情节较轻的其他3人依法作出相对不起诉决定，取得了良好的法律效果和社会效果。该案判决对于打击互联网环境下著作权犯罪、保护知识产权具有重要作用。

（最高人民法院、最高人民检察院）

五、安徽省公安机关查处徐成林等6人侵犯著作权案

（一）案情简介

2007年至2013年7月，被告人徐成林在互联网开办个人网站“999宝藏网”，域名为www.rin9.com，案发前网站服务器所在地点为安徽易速网络科技有限公司全椒双线机房。“999宝藏网”系论坛模式，设电脑综合、移动设备、宽带娱乐、文艺休闲、站务管理板块，各版块下设子版块。“999宝藏网”以发布广告和收取网站会员注册费获利，网站有下载权限注册会员2万余人。为增加网站人气、提高收益，被告人徐成林未经著作权人许可，通过“999宝藏网”，鼓励、放任网站会员刘海斌、周星言等人，发布、上传经封装的Windows XP、Windows 7等侵权操作系统下载贴4 000余个，供网站会员浏览、下载。其中，被告人刘海斌、周星言、苏晓华、郭坚等人未经著作权人许可，自行封装微软操作系统软件，以“999宝藏网”为平台，发布、上传经其自行封装的微软Windows XP、Windows 7、Windows 8等侵权操作系统下载贴，供网站会员浏览、下载，分别从第三方收取推广费用达人民币100万、110万、99万、15万余元。被告人丁丽系“999宝藏网”论坛管理员，在明知网站上发布的大量操作系统软件未经著作权人许可，仍对侵权软件贴进行评测、回复、加精、加亮等管理操作，违法所得4.8万元人民币。

（二）处理结果

2013年6月21日，安徽省公安机关会同版权部门以徐成林等6人涉嫌侵犯著作权罪立案侦查。经查，该网站注册于2007年，以提供盗版微软软件供注册会员下载使用、发布广告、捆绑插件、收取会员费等方式获利。网站注册会员总计3 634 222人，侵权人通过会员注册费用、网站广告收益、上传自行封装的盗版软件等方式非法牟利300余万元人民币。安徽省全椒县人民检察院分别于2013年9月10日、11月22日，及2014年1月2日批准逮捕徐成林和刘海斌、周星言、苏晓华。2014年6月11日，该案被提起公诉。同年10月9日，全椒县人民法院以侵犯著作权罪，分别判处6名被告人有期徒刑三年零六个月至有期徒刑一年、缓刑一年不等，各并处罚金人民币15万元至5万元不等。该判决为生效判决。

（三）典型意义

本案系全国“扫黄打非”工作办公室、最高人民检察院、公安部、国家版权局联合督办的重大网络侵犯著作权案例。侵权时间跨度长达6年，网站注册会员达2万余人，非法获利达300余万元人民币，社会关注度较高。检察机关在办案中提前介入侦查，引导公安机关明确侦查方向，及时收集固定定案的关键证据，依法及时批捕、起诉。省、市两级检察机关还多次赴办案单位现场指导，促进了案件实现快侦、快诉、快审、快结。本案的成功办理，不仅及时打击了

犯罪，也彰显了我国检察机关保护知识产权的能力和决心，得到了权利人的高度赞赏。

本案的成功查办既有效维护了权利人的合法权益，也积极回应了群众的举报，对于鼓励社会公众共同参与打击侵权盗版具有良好的引导意义。安徽省版权局根据《剑网行动侵权盗版案件举报奖励办法》对举报人给予了人民币1万元奖励。

（最高人民检察院、国家新闻出版广电总局）

六、黑龙江省哈尔滨市公安机关查处刘某等侵犯“逐鹿中原”网络游戏著作权案

（一）案情简介

2014年，根据权利人投诉，黑龙江省哈尔滨市公安机关会同版权部门成立专案组对刘某等涉嫌侵犯“逐鹿中原”网络游戏著作权案展开调查。经查，刘某、李某、桑某通过VPN代理服务等方式运营侵权网络游戏，先后在境内外多地租用服务器，通过不断变更第三方支付平台进行资金流转，玩家数量达数十万人，规模接近该正版游戏，涉案金额近300万元人民币。

（二）处理结果

2014年7月和8月，专案组先后抓获犯罪嫌疑人刘某（北京某网络科技公司技术总监）、李某和桑某（佳木斯某机房法人）。移送检察机关起诉后，人民法院以侵犯著作权罪判处3名被告最高三年零六个月不等有期徒刑，并处罚金人民币40万元至6万元不等。

（三）典型意义

本案为国家版权局督办案件。本案中，侵权人利用多种网络技术掩盖侵权行为，但办案人员通过对海量数据的分析、对比、排查，查明了案情，充分体现了网络侵权盗版案件查办工作的专业性和技术性。

（国家新闻出版广电总局）

七、江苏省扬州市公安机关查处“高清影视下载网”侵犯影视作品著作权案

（一）案情简介

2014年，江苏省扬州市公安机关对“高清影视下载网”涉嫌侵犯著作权案立案调查。经查，胡某某于2009年年底创办“高清影视下载网”（www. gaoqing. tv），并负责技术维护和经营，其妻丁某某负责财务及采购。两人利用高清影视下载网及关联网站和丁某某开设的淘宝网店，提供高清影视资源拷贝、硬盘或高清播放器捆绑销售服务，胡某某还利用自己开设的淘宝店铺销售高清影视网会员邀请码，2013年度违法所得90余万元人民币。

（二）处理结果

人民法院以侵犯著作权罪分别判处胡某某有期徒刑一年零六个月，缓刑二年，并处罚金人民币16万元；丁某某有期徒刑六个月，缓刑一年，并处罚金人民币6万元。

（三）典型意义

本案为国家版权局督办案件。本案传播侵权作品数量大，侵权方式多样，非法获利数额高，涉及权利人多，是一起侵犯网络影视作品著作权的典型案件。

（国家新闻出版广电总局）

八、山东省淄博市公安机关查处刘某某等涉嫌通过网络销售盗版音像制品案

（一）案情简介

2013年，根据群众举报线索，山东省淄博市公安机关会同版权部门成立专案组对刘某某等涉嫌通过淘宝网店批发销售侵权盗版音像制品案展开调查。经查，自2012年起，刘某某、宋某（刘某某之妻）、杨某以营利为目的，从互联网下载书法、教育等相关视频资料，雇佣孙某某刻制侵权盗版光盘41 200张，在淘宝网开设“仁宇书法”、“仁宇五宝”、“水滴科技”三家网店对外销售，非法经营数额400余万元人民币。

（二）处理结果

2014年8月，专案组抓获涉案人员11名，现场缴获涉嫌侵权盗版光盘3 400余张。目前，该案已移送检察机关审查起诉。

（三）典型意义

本案为国家版权局督办案件。本案是一起通过网店销售侵权盗版音像制品的典型案件，网络销售平台在其侵权盗版行为链中充当了重要工具。本案的查办，说明通过第三方销售平台从事侵权盗版行为同样是触犯法律的。

（国家新闻出版广电总局）

九、湖北省公安机关查处多家网站涉嫌侵犯《知音漫客》杂志著作权系列案

（一）案情简介

2014年8月，根据湖北知音传媒集团的报案线索，湖北省公安机关对多家网站未经许可通过网络传播该集团旗下杂志《知音漫客》案进行了调查。湖北省公安机关确定

了12个重点网站，并组织黄石、襄阳、荆门、鄂州等地公安机关开展会战。

鄂州、黄石已查处了3个涉嫌侵权网站，抓获5名犯罪嫌疑人。经查，涉案侵权网站为提高网站访问量并赚取广告费，未经权利人湖北知音传媒集团许可，通过信息网络传播其《知音漫客》杂志，涉案金额达1 300余万元人民币。

（二）处理结果

目前，案件正在进一步查办中。

（三）典型意义

本案为国家版权局督办案件。本案中，多个网站未经许可通过信息网络传播他人作品，侵权盗版成本低，但给权利人造成了巨大损失。对此类严重的网络侵权盗版行为，版权执法部门和司法部门一贯予以严厉打击。

（国家新闻出版广电总局）

十、湖南省永州市公安机关查处谭某某等涉嫌通过网络销售盗版软件案

（一）案情简介

2014年5月，根据权利人投诉，湖南省永州市公安机关会同永州市版权部门对谭某某等涉嫌通过网络销售盗版软件案进行调查。经查，2013年7月以来，谭某某等分别购买盗版微软公司的软件光盘、密钥空白标签和密码，制作盗版软件光盘，并通过“DELL HP IBM服务器”、“电脑软件批发”、“金英团队”、“迷彩指望”、“鑫城软件”、“樱花肆虐的季节”等淘宝店进行销售，涉案金额达1.03亿元人民币。

（二）处理结果

在版权部门的积极配合和协助下，公安机关已抓获5名犯罪嫌疑人，捣毁制作、发布盗版光盘窝点2处，案件已侦查终结并移送检察机关审查起诉。

（三）典型意义

本案为国家版权局督办案件。本案的成功查办，彰显了中国政府对国内外权利人一视同仁、打击网络侵权盗版的决心和力度，体现了在查处网络侵权案件中版权部门与公安机关协作配合、发挥合力的重要作用。

（国家新闻出版广电总局）

十一、广东省广州市公安机关查处向某某等网络批销盗版图书案

（一）案情简介

2014年3月24日，根据中国建筑工业出版社投诉，广东省广州市公安机关会同广州市文化市场综合行政执法总队成立专案组对向某某等网络批销盗版图书案（称为“3·24”网络批销盗版图书案）进行调查。同年5月初，在文化部文化市场司具体协办下，先后投入文化执法、公安警力380余人次，转战广东、河南、北京和山东等省份，首次完成跨地域、跨行业、跨部门的一次执法大行动。经查，向某某租用房间储存53个品种2.8万余册盗版图书，通过低价方式大量批销给网店经营者。

（二）处理结果

根据销售清单、进货单据及相关线索，专案组抓获了多名销售商和供货商，共破获7宗系列案件，共计打掉8家黑仓库、4家物流公司、1家网络销售点，收缴盗版图书500余种15万余册，码洋（即图书定价总额）高达700余万元人民币，立案35宗，抓获犯罪嫌疑人9人，其中2人被批准逮捕。向某某批销盗版图书案已进入移送审查起诉阶段。

（三）典型意义

本案为国家版权局督办案件。本案是网络批销侵权盗版与传统批销侵权盗版相结合的典型案件，多名供货商、销售商分别在线上或线下进行侵权盗版，形成了存储、批发、运输、销售盗版图书的链条，涉案盗版图书数量大，涉案嫌疑人多。本案的查办，是对线上、线下并行批销侵权盗版行为的严厉打击，实现了“打重犯、拆网络、显威力”的办案目标。

（文化部、国家新闻出版广电总局）

十二、浙江省宁波市文化部门查处赵某某未经著作权人许可，通过网络向公众传播他人作品案

（一）案情简介

根据举报，宁波市文化市场行政执法总队于2013年3月查获赵某某开设经营“520音乐网”。赵某某在未取得相关权利人许可的情况下，擅自通过该网站传播他人的音乐作品500余首，并通过提供铃声下载的方式非法获利4 000余元人民币。案件依法移送公安机关后，赵某某主动投案自首。2014年3月14日案件侦查终结，提起公诉。

（二）处理结果

2014年3月19日，宁波奉化市人民法院认定赵某某已构成侵犯著作权罪，鉴于其有自首情节，酌情从轻判处赵某某有期徒刑八个月，缓刑一年零六个月，并处罚金人民币5 000元，追缴违法所得人民币4 000元，没收作案工具服务器硬盘一个。

（文化部）

十三、安徽省蚌埠市文化部门查处尤某等 3 人侵犯著作权案

（一）案情简介

2012 年 10 月 12 日，根据群众举报，安徽省蚌埠市居民尤某等人开办“中国特色美食创业网”，以快递公司代收货款的方式，制作并在全国范围内销售各类侵犯他人著作权的美食小吃制作教学光盘。经蚌埠市文化部门调查，非法经营数额达 100 多万元人民币，此案涉案金额较大，已涉嫌构成侵犯著作权罪。蚌埠市文化执法与公安机关成立联合办案组，自 2012 年 10 月至 2013 年 4 月期间，先后奔赴广东、湖北等地取证，抓捕犯罪嫌疑人 4 人。分别与北京、四川、广东等地的被侵权人取得联系，获取侵权事实证据。2013 年 5 月公安机关将该案移送检察机关提起公诉。

（二）处理结果

2013 年 9 月，蚌埠市禹会区人民检察院以侵犯著作权罪，对 3 名犯罪嫌疑人提起刑事诉讼程序。2013 年 12 月 25 日经蚌埠市禹会区人民法院审理，分别判处 3 名被告有期徒刑五年、三年、二年，共处罚金人民币 12.6 万元。

（文化部）

十四、浙江省宁波市文化部门查处俞某某侵犯著作权案

（一）案情简介

根据宁波市文化市场行政执法总队技术监控发现的线索，2013 年 5 月 29 日，宁波市及江北区两级文化、公安机关联合采取行动，查获俞某某制售非法音像制品案。经查，从 2007 年开始，俞某某购置电脑及刻录机、打印机等设备，大量复制音乐、录像作品，制作成光盘后通过淘宝网店予以销售，光盘累计达到 6 万余张，金额达 30 余万元人民币，违法所得 18 万元人民币。案件移送公安机关后，于 2014 年 3 月 28 日侦查终结，案件移送检察机关提起公诉。

（二）处理结果

2014 年 4 月 9 日，宁波市江北区人民法院认定俞某某的行为已构成侵犯著作权罪，同时鉴于其能如实供述罪行，并有悔罪表现，酌情从轻判处俞某某有期徒刑三年，缓刑四年，并处罚金人民币 18 万元，追缴违法所得人民币 18 万元，没收作案工具刻录机 2 台、电脑主机 1 台、可打印光盘 8 盒、非法光盘 11 263 张。

（文化部）

十五、贵州省黔西南州文化部门查处朱伯军销售盗版光碟案

（一）案情简介

2014 年 5 月 28 日，根据黔西南州安龙县万峰湖派出所提供的案件线索，该州文化市场综合执法支队在该州兴义市公安局、安龙县万峰湖派出所的配合下，在兴义市柯沙坡涉案当事人朱伯军租住屋的二楼、三楼查获涉嫌盗版光碟 31376 张，同时发现制作盗版光碟的刻录机 1 台，并将其物品全部扣押，经鉴定，均属盗版光碟（非法出版物）。案发后，该州文化市场综合执法支队、安龙县万峰湖派出所将涉案人员进行立案查处。

（二）处理结果

目前，当事人朱伯军已被批捕，兴义市人民检察院以朱伯军侵犯著作权罪向兴义市人民法院提起公诉。

（文化部）

十六、黑龙江省齐齐哈尔市文化部门查处胡某某、于某某未经著作权人许可，发行其作品案

（一）案情简介

2013 年 4 月 11 日，齐齐哈尔市文化广电新闻出版局执法人员接举报，对克东县第二中学、第三中学进行了检查。检查发现该两所学校学生使用的《资源与评价》涉嫌为盗版教辅图书，执法人员当场对涉案图书和相关人员进行调查取证。4 月 17 日黑龙江省新闻出版局对该案件进行了挂牌督办，齐齐哈尔市文化广电新闻出版局与公安机关成立了专案组，经专案组调查该案件为克东县教育局副局长于学成个人擅自委托拜泉县泉威印刷厂负责人胡福刚印刷了初三年级《资源与评价》教辅图书一套 7 科 14 册，共计的 960 套 13 440 册。克东县共有 5 所学校的 960 名学生订购了该类《资源与评价》教辅图书，每套图书为 105 元人民币，案发前书款 10.08 万元人民币校方已从学生处收取。

（二）处理结果

公安机关将案件移送检察机关提起公诉，人民法院 2014 年 6 月 19 日判决，胡福刚犯侵犯著作权罪，判处有期徒刑六个月，缓刑一年，并处罚金人民币 2 万元。于学成犯侵犯著作权罪，免予刑事处罚。

（文化部）

十七、天津市河北区文化部门查处饶某某侵犯著作权案

（一）案情简介

2013 年 9 月，天津市河北区文化市场综合执法人员在日常执法检查中，发现河北区泰康花园 3 号楼内有人涉嫌无证照从事非法光盘经营活动。河北区文化市场行政执法大队、天津市公安局河北区分局迅速成立专案组，开展联合执法行动，当场抓获犯罪嫌疑人饶某某，并查获涉嫌侵权盗版光盘 38 596 张。经鉴定，其中非法光盘 19 811 张，侵权盗版光盘 785 张。根据鉴定结果，天津市河北区文化市场行政执法大队依法将此案移交公安机关立案调查，并与天津市公安局河北区分局密切配合，进一步明确了犯罪事实及相关证据。2014 年 6 月，天津市河北区人民检察院依法对犯罪嫌疑人饶某某以侵犯著作权罪向天津市河北区人民法院提起诉讼。

（二）处理结果

2014 年 7 月 26 日，天津市河北区人民法院依法以饶某某犯侵犯著作权罪判处有期徒刑三年，缓刑三年，并处罚金人民币 4 万元，没收非法经营光盘 38 596 张。

（文化部）

十八、湖北省武汉市文化部门查处优翼文化有限公司印刷、发行非法出版物案

（一）案情简介

2013 年 4 月 16 日接到举报：武汉市江汉区江花苑 1 号楼有一处非法编辑制作、出版发行的窝点。武汉市文化市场综合执法总队、江汉区文化市场综合执法大队于当日晚联合江汉区公安局对该处进行突击检查，发现该小区三套住房里面摆放大量各类教辅书籍及二十余台编排版电脑。当日武汉市江汉区文化市场综合执法大队暂扣制排版胶片若干，样书三十余本，并下达调查询问通知书，要求该公司负责人于次日到江汉区文化市场综合执法大队配合调查。通过调查得知，该公司名为“武汉市优翼文化有限公司”，成立于 2012 年 4 月，企业法人为余利平。该企业已办理了“工商营业执照”、“税务代码证”、“出版物经营许可证”、“组织机构代码证”等证件，但未取得“出版物发行许可证”，遂认为该公司涉嫌非法从事编辑、制作、印刷出版物活动。2013 年 4 月 18 日，江汉区文化市场综合执法大队联系江汉区公安局经侦大队对上述三个办公场所及在江岸区兴业路特 19 号华中图书交易中心 C321 的图书批销点内的所有书籍予以暂扣，共扣押涉嫌违规出版物 8 万余册，制排版电脑 28 台。后经立案调查，怀疑优翼文化有限公司编辑、制作、出版、发行单位为安徽美术出版社的《优翼字帖—写字临写本 · 语文 · 五年级 · 上 · 鄂》等书籍为非法出版物。经办案人员赶赴安徽美术出版社调查取证，安徽美术出版社证明优翼文化有限公司编辑、制作出版发行的《优翼字帖—写字临写本 · 语文 · 五年级 · 上 · 鄂》、《优翼字帖—写字 · 英语 · 四年级 · 下 · PEP》等 50 种书籍不是该出版社出版的合法书籍。经湖北省新闻出版（版权）局出具编号为鄂新出鉴字〔2013〕010 号的出版物鉴定书，认定《优翼字帖—写字临写本 · 语文 · 五年级 · 上 · 鄂》、《优翼字帖—写字 · 英语 · 四年级 · 下 · PEP》等（50 种，计 14 538 册）出版物均为非法出版物。公安机关侦查终结后将案件移送检察机关提起公诉。

（二）处理结果

2014 年 4 月 24 日，武汉市江岸区人民法院对该案作出判决，被告单位武汉优翼文化有限公司犯非法经营罪，判处罚金人民币 50 000 元；被告人余利平（企业法人）犯非法经营罪，判处有期徒刑三年，缓刑三年，并处罚金人民币 50 000 元。

（文化部）

十九、上海市文化部门查处“射手网”侵犯影视作品著作权案

（一）案情简介

2014 年 9 月，根据美国电影协会投诉，上海市文化市场行政执法总队对“射手网”涉嫌侵犯著作权案进行调查。经查，“射手网”（www. shooter. cn）由上海射手信息科技有限公司经营，该公司在“射手网”上开设商城，以营利为目的，销售其复制于硬盘存储设备的“2TB 高清综合影音合集资源”、“3TB 高清超级影音合集”等产品，自 2013 年 5 月起共销售约 100 台。2014 年 10 月 20 日，该公司主动向执法部门上缴“2TB 高清综合影音合集资源”产品 1 台，内有其自行复制并可播放的 200 部电影作品，该公司无法提供上述电影作品的相关著作权许可证明材料。另查，该公司未经权利人许可，自 2013 年开始在“射手网”登载《驯龙高手》等影视作品的字幕，用户无需注册即可浏览、下载和使用，网站每日 IP 访问量 20 万左右，每日 PV 访问量 40 万左右，该公司无法提供上述影视作品字幕文件的相关著作权许可证明材料。经美国电影协会北京代表处认证，上述电影作品中的 79 部和影视作品字幕文件中的 4 部未经著作权人授权。

（二）处理结果

上海射手信息科技有限公司在上海市文化市场行政执法总队开展调查后停止了侵权行为，并于 2014 年 11 月 23

日关闭了网站，上海市文化市场行政执法总队依法对该公司作出罚款人民币 10 万元的行政处罚。

（三）典型意义

本案中，涉案网站的侵权行为有两种：一是销售存有侵权电影作品的设备，属于未经许可复制发行他人作品；二是未经许可通过网络传播侵权字幕文件，属于通过信息网络向公众提供他人作品。上海市版权行政执法部门对上述两种侵权行为分别作出罚款人民币 7 万元和 3 万元的行政处罚。本案的查处，给以“免费、分享”之名、行侵权盗版之实的字幕组敲响了警钟。

（国家新闻出版广电总局）

二十、国家版权局查处一点网聚公司非法转载文字作品案

（一）案情简介

2014 年 12 月，根据多名权利人投诉，国家版权局对北京一点网聚科技有限公司涉嫌非法转载文字作品案立案调查。经查，该公司未经中国周刊杂志社、北京财经天下文化传媒有限公司、北京人物天下文化传媒有限公司许可，通过其运营的“一点资讯”网站和手机客户端软件“一点资讯”，向公众传播《柴静：一根宁静的火柴》、《喜剧选秀大爆炸》、《瑞典广场舞登陆中国》等 246 部文字作品，侵犯了相关权利人的著作权。

（二）处理结果

国家版权局依法对该公司作出罚款人民币 10 万元的行政处罚。

（三）典型意义

近年来，网络媒体非法转载他人作品的现象日益突出，严重损害了权利人的合法权益。为此，“剑网 2014”专项行动将打击未经许可通过网络转载他人作品的侵权行为列为工作重点之一。国家版权局希望通过该案的查处，推动各类媒体加强行业自律，强化版权审核监督，建立诚信合作机制，形成网络转载作品依法依规许可付费使用的合作双赢机制。

（国家新闻出版广电总局）

二十一、江苏、山东两省版权部门查处“建工之家”网侵犯软件著作权案

（一）案情简介

2014 年，根据群众举报线索，江苏省扬州市版权行政执法部门会同山东省菏泽市版权行政执法部门组成联合专案组，对“建工之家”网涉嫌侵犯软件著作权案进行调查。经查，该网站为山东菏泽新天空电脑科技有限公司主办，服务器位于江苏扬州，主要销售建工类软件以及提供软件在线下载服务，网站提供大量其他公司的破解版软件下载并以加入会员形式收取费用。截至 2014 年 9 月 15 日，该网站会员人数共计 1 430 332 人，当日登录网站会员为 6 268 人。10 月 10 日，两地版权行政执法人员同步对该网站服务器及涉案公司进行了检查。

（二）处理结果

江苏省扬州市版权行政执法部门对当事人作出罚款人民币 10 万元的行政处罚。

（三）典型意义

该案为国家版权局督办案件。网络侵权盗版案件往往涉及区域较广，网站备案地、服务器所在地和侵权人所在地通常不在同一地区，增加了案件查办的难度。本案中，江苏、山东两地版权行政执法部门密切配合、联合行动、高效协作，保障案件顺利查办，使本案成为区域间合作查办软件侵权盗版案件的优秀范例。

（国家新闻出版广电总局）

侵犯专利权典型案例

一、广东省知识产权局查处中山市北羚电器有限公司榨油机侵犯专利权案

（一）案情简介

请求人佛山太电智能科技有限公司就其与被请求人中山市北羚电器有限公司关于名称为“一种带加热装置的榨油料理机”，专利号为“ZL201120478488.0”的实用新型专利权纠纷，向广东省知识产权局请求处理。广东省知识产权局于 2013 年 6 月 28 日受理立案。

请求人称：请求人拥有名称为“一种带加热装置的榨油料理机”，专利号为“ZL201120478488.0”的实用新型专利权，该专利于2012年8月22日授权并公告，至今仍有效。被请求人未经请求人的许可，擅自制造、销售和许诺销售侵犯本案专利的产品，给请求人造成了经济损失。请求事项：一是对侵权产品取样，查阅、复制相关生产和销售合同；二是要求被请求人立即停止制造、销售和许诺销售侵犯本案专利的产品，并从市场上回收全部侵权产品；三是要求被请求人销毁库存侵权产品以及专用模具；四是要求被请求人销毁侵权产品的宣传资料及包装材料，并从相关网站上撤下印有侵权产品的图片；五是请求省知识产权局对侵权损害赔偿及维权合理费用的补偿问题进行调解。

（二）处理结果

2013年7月8日，广东省知识产权局执法人员到被请求人中山市北羚电器有限公司现场勘验检查时，发现被控产品欧科榨油机26台，康佳榨油机48台，北之羚榨油机16台，榨油机的半成品480个，均进行了取样。

2013年7月30日，广东省知识产权局对本案进行了口头审理，双方当事人均进行了充分的意见陈述。请求人方面，请求事项和理由均没有变更，但主张以“权利要求四”进行侵权比对。被请求人则认为，针对“权利要求四”，被控产品“传感器的位置不一样”，“温控器和金属罩没有接触”。

2013年9月25日，被请求人以就本案专利权向国家知识产权局专利复审委员会提出专利权无效宣告的请求并于2013年7月22日获受理为由，申请中止处理。经对被请求人所提出的中止请求和所附的证据进行审查，广东省知识产权局认为被请求人提出的中止理由明显不能成立，随即作出不予中止处理的决定。

广东省知识产权局将被控产品“榨油机”与ZL201120478488.0号实用新型专利的“权利要求四”的技术方案相比较，认为其具有后者的全部必要技术特征，落入了ZL201120478488.0号实用新型专利的保护范围。

2013年12月17日，依据《中华人民共和国专利法》第十一条第一款、第五十九条第一款和第六十条，《广东省专利条例》第三十七条第一款和《中华人民共和国行政强制法》第二十七条的规定，广东省知识产权局作出处理决定如下：被请求人立即停止侵权行为，即停止制造、许诺销售与ZL201120478488.0实用新型专利相同的榨油机产品。

被请求人对上述处理决定不服，向广州市中级人民法院提起行政诉讼，该院作出维持广东省知识产权局处理决定的裁决。请求人不服一审判决，上诉至广东省高级人民法院，该院于2014年12月16日作出维持原判的终审判决。

（三）典型意义

本案经历了立案、现场勘验、口头审理、中止与否审查和处理等完整的专利行政执法程序，并接受了行政诉讼一审和二审的司法审查，是一宗典型的专利行政执法案例。

（国家知识产权局）

二、山东省知识产权局查处淄博干式真空泵有限公司“螺旋体铸造模型及其造型方法”侵犯发明专利权案

（一）案情简介

本案请求人尹洪珠于2005年5月13日向国家知识产权局提出了名称为“螺旋体铸造模型及其造型方法”的发明专利申请，2007年2月14日获得授权，专利号为ZL200510043477.9。

请求人尹洪珠在被请求人淄博干式真空泵有限公司处发现了其使用的螺旋杆转子铸造毛坯件，其上带有“范线”，而“范线”是普通铸造工艺沿中心线分型造型在合范处留下的痕迹。请求人由此判定被请求人生产的螺旋杆转子的铸造技术使用了其发明专利“螺旋体铸造模型及其造型方法”，向山东知识产权局提出侵权处理请求。

被请求人辩称：（1）涉案专利所涉及的沿中心线分型造型方法在1993年6月的杂志已提到，是传统工艺。（2）螺旋杆转子是被请求人干式真空泵的构成部件，其毛坯件皆为购入件，非被请求人生产制造，有委托铸造技术协议为证。（3）被请求人的螺旋杆转子采用消失模铸造，模型为泡沫材质的螺杆转子，其上的“范线”是铸造前用胶水在模具的中线上粘贴上的，这条“范线”是一个基准，在加工过程中用于参照。综上，其螺旋杆转子不构成对涉案专利的侵权。

（二）处理结果

山东省知识产权局受理后依法进行了口头审理。山东省知识产权局认为：

（1）被请求人（甲方）提供模型及相关技术要求委托乙方制造螺旋杆转子，用于组装干式真空泵，并以制造人的身份向社会销售，双方是一种加工承揽关系。本局认为被请求人应对其产品承担相应的法律责任，其委托加工的行为应当认定为专利法第11条规定的“制造”行为。

（2）本案请求人发现了可能是由其专利方法直接获得的产品，但要求其进入生产现场进行调查，取得被请求人实施专利方法的证据几乎是不可能的。专利权人已尽合理努力

穷尽其举证能力仍难以证实被告确实使用了其专利方法。考虑到被请求人螺旋杆转子毛坯件上带有“范线”，而涉案专利技术是对普通铸造工艺沿中心线分型造型铸造螺旋体方法的改进，改进后使用该方法铸造螺旋体由困难变为简单，适于工业生产。结合已知事实以及日常生产经验，能够认定被请求人使用其专利方法生产螺旋杆转子的可能性较大。山东知识产权局不再苛求专利权人提供进一步的证据，而将举证责任适当转移给被请求人。

（3）铸造时有意让制造出的螺旋杆转子毛坯件产生“范线”，又在后续的机械加工中打磨掉，这无疑增加了钢材消耗量和后序加工量，费工、费料和费时，导致螺旋杆转子的制造成本大幅上升，显然不利于工业化生产。而且这与被请求人提供的答辩材料中提到的“消失模铸造的产品精度高、表面光洁、减少清理、节省机械加工的特点”相背离。并且粘贴上的“范线”没有再现性，即其粘贴的“范线”线条每一条都不一样，相对于加工基准应当非常精确的要求相去甚远。而被请求人在审理期间也未提供其“加工基准说”的合理依据和证明。所以，对被请求人提供的其使用的螺旋杆转子毛坯件是通过消失模技术铸造的说法不予采信。

参照《最高人民法院关于民事诉讼证据的若干规定》第二条、第七十五条的规定，山东省知识产权局认为被请求人提供的证据不足以证明其事实主张，应承担不利后果。

山东省知识产权局于 2013 年 8 月 29 日作出行政处理决定，认定被请求人为生产经营目的使用了涉案发明专利，侵犯了请求人的专利权。

被请求人不服山东省知识产权局的决定，向济南市中级人民法院提起行政诉讼，济南市中院于 2015 年 1 月 26 日判决维持山东省知识产权局的处理决定。

（三）典型意义

本案是合理运用证据规则以事实推定的方式认定侵犯产品制造方法专利权的典型案例。由于侵权证据难以获得，非新产品制造方法专利一直是知识产权保护的难点。本案中，山东省知识产权局根据案件具体情况，在权利人已尽合理努力并穷尽其举证能力，结合已知事实以及日常生产经验，能够认定同样产品经由专利方法制造的可能性较大的前提下，不再苛求专利权人提供进一步的证据，而将举证责任适当转移给被请求人。在被请求人提供的证据不足以证明其事实主张的情况下，认定其使用了专利方法。这种处理方法合理减轻了方法专利权人的举证负担，对于便利非新产品方法专利权人依法维权具有重要意义。

（国家知识产权局）

三、河南省洛阳市知识产权局查处洛阳某高科技有限公司“高频线圈”侵犯实用新型专利权案

（一）案情简介

此案全称为“一种一次可生产六根硅芯或其它晶体材料的高频线圈”实用新型专利侵权纠纷案。请求人 1：洛阳某机械工程有限公司；请求人 2：刘某某；被请求人 1：洛阳某高科技有限公司；被请求人 2：西安某科技有限公司。

请求人洛阳某机械工程有限公司、刘某某就被请求人洛阳某高科技有限公司、西安某科技有限公司侵犯其专利号为“ZL200720089215.0”，名称为“一种一次可生产六根硅芯或其它晶体材料的高频线圈”实用新型专利一案，于 2010 年 12 月 2 日向洛阳市知识产权局（以下简称洛阳局）提出处理请求。请求人称，2009 年起，西安某科技有限公司以技术改造为名，在洛阳某高科技有限公司的生产设备制造、使用侵犯 ZL200720089215.0 专利的产品，给请求人造成了极大的损失。为此，请求人请求洛阳市知识产权局责令两被请求人停止侵权行为，根据侵权事实对侵权损失进行调解。

（二）处理结果

本案涉及等同原则在专利侵权判定中的运用。洛阳局受理后，依法组成合议组，对本案进行审理。审理过程中，西安某科技有限公司就专利号为“ZL200720089215.0”的专利向专利复审委员会提出无效宣告请求，洛阳局依法中止处理程序。2011 年 8 月 2 日，专利复审委员会作出第 17071 号无效宣告决定，维持专利权有效。洛阳局恢复了处理程序，派出执法人员对被请求人洛阳某高科技有限公司处进行现场调查取证，现场拍摄了设备和线圈的照片，并调取了使用过的高频线圈。请求方和被请求方的代理人参加了在洛阳局主持下的口头审理，在庭审中展示了执法人员在被请求方洛阳某高科技有限公司车间内取得的线圈照片证据和使用过的线圈实物证据。

审理中，请求人和被请求人对请求方提供的证据进行了质证。请求人同时明确以驳回无效宣告决定后的“权利要求 1 和 6”作为与被控侵权物技术对比的基础。洛阳局予以确认。听取了请求方和被请求方的意见后，经合议组认定被请求人生产、销售和使用的高频线圈与本案专利的“权利要求 1”和“权利要求 6”所述全部技术特征对应，除“直开口”和本案专利所述“斜开口”技术特征不完全相同外，其余所述技术特征与本案专利技术特征相同，但“直开口”和本案专利所述“斜开口”为等同特征，被控高频线圈包含了本案专利的全部技术特征和等同的技术特征，已经构成

侵权。

根据《专利法》、《河南省专利保护条例》以及《专利行政执法办法》有关规定，合议组作出如下决定：（1）被请求人洛阳某高科技有限公司停止使用西安某科技有限公司生产的侵权高频线圈。（2）被请求人西安某科技有限公司立即停止生产、销售侵犯专利号为“ZL200720089215.0”的实用新型专利权的高频线圈。

原告西安某科技有限公司不服洛阳局的处理决定，先后向洛阳中级人民法院和河南省高院提起行政诉讼。洛阳市中院和河南省高院驳回了原告的上诉，维持了洛阳局的处理决定。

（三）典型意义

本案被控侵权产品包含与涉案专利权利要求记载的全部技术特征相同或者等同的技术特征，应当认定其落入专利权保护范围，构成专利侵权。

本案是一起典型的利用技术方案不同进行抗辩，行政执法部门依法采用全面覆盖原则和等同原则处理的侵权案件。但案件处理过程曲折，历时3年，经历了宣告专利无效、行政处理、行政诉讼一审二审，最后还引起双方当事人的民事诉讼，最终维护了行政处理决定。

（国家知识产权局）

四、湖南省长沙市知识产权局查处K制药公司“九味肝泰”宣传册假冒专利案

（一）案情简介

专利执法人员对一起举报假冒专利行为的调查发现，长沙市一家药店销售的“九味肝泰”胶囊产品宣传册上印有ZL93117585.2“肝泰宝胶囊及其生产工艺”专利证书字样；该宣传册上还印有K药业公司字样。

经调查，发明专利ZL93117585.2“肝泰宝胶囊及其生产工艺”申请日为1993年9月24日，原专利权人为肖某，2009年11月变更为K制药集团公司；2010年11月变更为K药业管理集团公司；该专利于2012年9月24因未缴年费专利权终止。K药业管理集团公司与K药业公司、K制药公司均为关联企业。“九味肝泰”胶囊产品由K制药公司制造，并由K药业公司经销。该产品宣传册2011年初开始印制并随产品投放二级分销商，公司称其于专利权终止前停止了该“九味肝泰”胶囊产品的宣传册的印制，但在二、三级分销商还存有“九味肝泰”胶囊产品的宣传册。

专利ZL93117585.2权利要求1记载的技术方案为：一种肝泰宝胶囊，其原料特征为（重量比）郁金7.80%、田三七3.91%、姜黄3.91%……等13味中药配比制成，而“九味肝泰胶囊”产品说明书的成分为“三七、郁金、姜黄”等9味中药。

（二）处理结果

长沙知识产权局根据《中华人民共和国专利法实施细则》第八十四条第一款第五项之规定，K药业公司与K制药公司在产品宣传页中宣传与产品实际配方不一致的专利技术，且在专利权终止后继续使用上述宣传资料，使公众混淆认为该产品采用了专利技术的行为，已构成假冒专利行为。根据《中华人民共和国专利法》第六十三条及《专利行政执法办法》第四十三条第五项之规定，责令当事人立即停止使用标有“ZL93117585.2‘肝泰宝胶囊及其生产工艺’专利证书”字样的宣传资料。

（三）典型意义

在确定“使公众混淆，将未被授予专利权的技术或者设计误认为是专利技术”时，一般不涉及技术方案的比对，但如果经过简单技术比对，明显可以看出实际产品与标识标注的专利技术有所区别，即使区别较小（例如，实际产品是对相关专利产品的少许改动或改进），也应依法认定为假冒专利行为。

（国家知识产权局）

五、青岛海关查处威海海欣公司出口侵犯专利权风扇案

（一）案情简介

戴森技术有限公司是一家专门从事高端家电产品生产研发的国际知名公司，在全球首创了“无叶风扇”产品，并于2012年经国家知识产权局授权获得了“风扇组件”的发明专利。

2013年7月14日，青岛海关接到戴森公司举报，称其发现威海海欣进出口有限公司即将在威海出口侵犯其专利权的无叶风扇，请求海关采取保护措施。青岛海关立即向威海海关下达查验指令。

威海海关按照专利权人提供的集装箱编号进行布控。考虑到主动布控无法即时生效，为防止货物在布控生效前出口，威海海关决定启动监管区域全程监控模式，确定重点监控码头，最终锁定目标集装箱准确位置。但在审核报关单时，没有发现申报商品中包含无叶风扇，于是对该集装箱进行开箱检查。海关开箱后检查了码放在该集装箱外侧的货物，发现装载的都是日用品，并没有发现无叶风扇。办案人员决定继续掏箱作业，对箱内侧货物进行查验，在箱体中部

发现了夹藏在其他货品中的504台无叶风扇。经与专利权人比对，确定了该批无叶风扇正是戴森公司举报的侵权产品。

为追究侵权人的法律责任，戴森公司向济南市中级人民法院提起民事诉讼，并请求人民法院对威海海关扣留的504台无叶风扇予以查封。2013年8月1日，济南市中级人民法院派员到威海海关对该批无叶风扇实施了司法扣押。

2013年12月9日，济南市中级人民法院作出判决，责令海欣公司停止销售侵害戴森专利权的无叶风扇产品并销毁已侵权产品，并向戴森公司赔偿各类经济损失人民币25万元。

（二）典型意义

此案是海关履行口岸监管职责、有效保护专利权的典型案例。青岛海关积极履行国家赋予海关的知识产权边境保护职责，有效地开展了保护专利权的执法。在办理此案过程中，海关不仅及时制止了侵权货物的出口，而且还积极配合人民法院对侵权产品实施扣押和销毁，实现了海关边境执法与民事司法的衔接，为专利权人维权提供了全方位的法律保障。此案对进出口企业具有警示作用和教育意义，同时也对今后海关强化保护专利权的执法具有借鉴作用。

（*海关总署*）

侵犯商标权典型案例

一、江苏省高级人民法院审判南京宝庆银楼首饰有限责任公司等诉南京宝庆银楼连锁发展有限公司等商标特许经营合同纠纷上诉案

（一）案情简介

南京宝庆银楼首饰有限责任公司（简称宝庆首饰公司）、南京宝庆首饰总公司（简称宝庆总公司）系“宝庆”系列注册商标的权利人。南京宝庆银楼连锁发展有限公司（简称连锁公司）、江苏创煜工贸有限公司（简称创煜公司）自2005年开始与宝庆首饰公司、宝庆总公司签署了一系列合作协议，以特许经营的方式进行合作。在双方合作期间，宝庆品牌获得了巨大发展，年销售额达数十亿元人民币，但双方后因协商合资失败而最终导致合作关系破裂。宝庆总公司、宝庆首饰公司遂以连锁公司存在多种违约行为且构成根本违约为由，发函要求解除双方的合作协议，并同时在江苏多地人民法院提起商标侵权系列诉讼。而连锁公司、创煜公司亦诉至人民法院，要求确认解除协议通知无效。

（二）裁判结果

江苏省南京市中级人民法院就双方争议的特许经营合同纠纷案作出一审判决，确认宝庆首饰公司、宝庆总公司提出的解除涉案协议无效，并驳回连锁公司其他诉讼请求。双方均不服，提起上诉。江苏省高级人民法院在充分衡量双方发生纠纷的原因、连锁公司多种违约行为的性质及程度、连锁公司违约擅自开店的数量、双方对宝庆品牌的贡献等因素的基础上，合理平衡双方利益，通过判决明确界定了双方合作关系的性质以及宝庆总公司、宝庆首饰公司的权利边界和连锁公司合法经营行为的法律边界，在对一审裁判理由中所确定的连锁公司对宝庆商标合理使用范围予以纠正的基础上，维持了一审确认解除协议无效的判决。根据在特许经营合同纠纷案中所确定的裁判规则，即凡是未经许可，连锁公司擅自使用宝庆商标开店经营的，构成商标侵权，判令停止侵权、赔偿损失；凡是已经过许可的，连锁公司可以继续经营。二审法院对双方之间系列商标侵权纠纷作出相应的终审判决。

（三）典型意义

对于此类双方以特许经营为基础的合作纠纷，特别是合作已久、品牌声誉及市场获得巨大增长、裁判结果涉及双方重大利益的案件，二审法院并没有采取简单的裁判方式，而是充分运用司法智慧，以利益平衡为指引，探索了一种更加理性的纠纷解决思路，即在判决不予解除合同、要求双方继续合作的同时，通过判决进一步划清双方权利义务关系的边界：一方面，确保特许人对特许经营资源特别是商标等知识产权的绝对控制，明确被特许人应当依约诚信经营，不能突破被特许人的权利范围，试图攫取特许人的知识产权利益；另一方面，则要求对于被特许人依约诚信经营的，特许人亦应当按合同约定继续允许并正常审批，无正当理由不得拒绝许可，不得不当损害被特许人的合法权益。根据特许经营合同纠纷判决中确立的上述裁判规则，双方之间系列商标侵权纠纷亦得到妥善处理。案件裁判结果对“宝庆”品牌未产生重大市场波动，也没有造成双方市场利益的重大失衡。双

方对终审判决都没有申请再审。

（最高人民法院）

二、浙江省高级人民法院审判东阳市上蒋火腿厂诉浙江雪舫工贸有限公司侵害商标权纠纷上诉案

（一）案情简介

“雪舫蒋”火腿始产于明朝，系中华老字号。东阳市上蒋火腿厂（以下简称上蒋火腿厂）系“雪舫蒋”商标的权利人。2007年，浙江雪舫工贸有限公司（以下简称雪舫工贸公司）获得该商标的独占许可使用权，许可期限至2028年止。雪舫工贸公司于2007年、2009年两次支付许可费各36万元人民币。2011年11月2日，上蒋火腿厂以雪舫工贸公司逾期支付许可使用费为由要求解除合同。雪舫工贸公司于次日向上蒋火腿厂汇入许可使用费36万元人民币。其后，上蒋火腿厂多次在雪舫蒋店铺购买到了同时标注“雪舫蒋”和“吴宁府”商标的火腿。上蒋火腿厂以雪舫工贸公司侵害其“雪舫蒋”商标权为由，向浙江省金华市中级人民法院提起诉讼。

（二）裁判结果

一审法院认定雪舫工贸公司的行为构成商标侵权，遂判决其停止使用“雪舫蒋”商标，并赔偿经济损失18万元人民币。上蒋火腿厂、雪舫工贸公司均不服一审判决，向浙江省高级人民法院提起上诉。二审法院认为，雪舫工贸公司违约情节轻微，上蒋火腿厂未履行合同附随义务，无权单方解除合同。但雪舫工贸公司在火腿商品上同时使用“吴宁府”与“雪舫蒋”商标的行为构成商标侵权。遂改判雪舫工贸公司立即停止在火腿商品上同时使用“雪舫蒋”和“吴宁府”系列商标的行为，并赔偿经济损失15万元人民币。

（三）典型意义

在同一商品之上同时标注被许可使用的商标和使用人自有商标的行为是否构成侵权，在商标法中并无明确的法律依据。二审法院在本案中从商标法第五十二条所规定的“其他损害”这一条文表述的开放性入手，结合商标许可使用制度的目的仍然在于保证商品来源的唯一性这一制度本义，考虑被许可商标的知名度，从雪舫工贸公司同时使用两商标的行为将导致同一商品出现两个来源这一客观后果的角度，推导出消费者将产生“雪舫蒋”和“吴宁府”商标具有商品来源关系上的同一性的认知，从而影响“雪舫蒋”商标识别功能的正常发挥，并得出构成商标侵权的结论是恰当的。此外，二审法院还特别强调了这种使用行为对商标许可使用关系结束之后的持续影响力，即它会使雪舫工贸公司自有且并无知名度的“吴宁府”商标变相获取和攀附已经具有较高市场知名度的“雪舫蒋”商标商誉的后果。本案的审理，对于规范商标许可使用关系，以及厘清经许可使用的行为与侵权行为之间的界限，具有可资参考的价值。

（最高人民法院）

三、广东省高级人民法院审判内蒙古小肥羊餐饮连锁有限公司诉深圳市周一品小肥羊餐饮连锁管理有限公司侵害商标权及不正当竞争纠纷上诉案

（一）案情简介

内蒙古小肥羊餐饮连锁有限公司（以下简称小肥羊公司）成立于1999年9月13日，其拥有第3043421、3092512、3420327、3878260、4098504号“小肥羊”文字或图文组合商标，均核定使用于第43类的饭店、餐厅（馆）等服务上，第3043421号商标曾于2004年11月12日被认定为餐厅、饭店服务上的驰名商标。深圳市周一品小肥羊餐饮连锁管理有限公司（以下简称周一品公司）在门店招牌、服务员的胸牌及点菜单上使用了“一品小肥羊”标识；在门店指示牌使用了“周一品小肥羊”等标识；在餐具和火锅电磁炉上使用含有“小肥羊”的商业标识；同时在域名为www. zypxfy. com的网站上，除使用上述标识外，还注明版权所有为深圳市一品小肥羊餐饮连锁集团。该网站提供“一品小肥羊餐饮连锁”加盟登记表，并介绍“一品小肥羊”特许连锁店加盟程序。小肥羊公司以周一品公司的上述行为构成侵害商标权及不正当竞争为由，向广东省深圳市中级人民法院提起诉讼。

（二）裁判结果

一审法院认定，周一品公司的先用权主张不能成立，其使用的商业标识及企业名称侵犯了小肥羊公司的注册商标专用权及企业名称权，故判决周一品公司立即停止侵权行为并赔偿小肥羊公司经济损失人民币90万元及合理支出10万元。周一品公司不服，提起上诉。广东省高级人民法院二审裁定驳回上诉、维持原判。

（三）典型意义

修改后的商标法第五十九条第三款增加了关于商标先用权的规定，这在一定程度上确认了在先使用的未注册商标的法律地位及相应的权益，也较好地平衡了注册商标权利人和在先使用未注册商标权利人之间的利益。本案在商标法修改的立法背景下，探讨了关于商标先用权的规则适用，特别是在理论和司法实践中都尚无定论的商标先用权抗辩中

"原有范围"的界定问题，并在此基础上较为深入地阐释了先用权制度与注册商标制度之间的位次关系和利益平衡，为新商标法实施后涉及先用权抗辩案件的审理进行了积极而有益的探索。

（最高人民法院）

四、山东省烟台市芝罘区人民检察院查处华仕酒业公司、徐康玮等8人假冒注册商标生产销售葡萄酒案

（一）案情简介

被告单位华仕兄弟酒业有限公司（以下简称"华仕酒业公司"）于2009年10月13日注册成立，经营"莫恺菲"系列进口瓶装葡萄酒及葡萄酒原液。公司股东为被告人徐康玮、梁潇月。徐康玮身为被告单位的法定代表人，自2010年下半年开始，未经商标专用权人许可，策划、安排被告单位通过购买假冒酒瓶、酒标、瓶盖、木塞和散装葡萄酒液，利用被告单位先期装配的葡萄酒灌装生产线，在山东烟台市保税区租用的厂房内采取灌装手段，生产假冒"拉菲"、"奔富"、"木桐"、"龙船"等国际知名葡萄酒，并销售至北京、广州、烟台等地牟利，已销售金额共计159.5万余元人民币。案发后，公安机关又从被告单位华仕酒业公司仓库内查获尚未售出的货值23.5万余元人民币的葡萄酒一批，经鉴定，均系假冒注册商标的产品。

在被告单位假冒注册商标的过程中，被告人梁潇月按照徐康玮的安排负责单位财务并联系销售假冒酒；被告人刘聪于2011年4月到被告单位工作，任车间副主任，负责按照徐康玮的指示向隋彩伟下达生产计划，并在灌装后的假冒酒瓶上打码、安排送货等；被告人李庆辉于2013年2月到被告单位工作，按照徐康玮的指示负责给生产车间下达生产任务、送货等；被告人隋彩伟自2012年4月到被告单位工作，任车间主任，负责组织工人灌装生产假冒注册商标的葡萄酒；被告人翟向阳、李楠分别自2010年7月和2013年3月到被告单位工作，负责开车运送假冒注册商标的葡萄酒；被告人于学亮于2012年2月与被告单位联系物流发送业务，明知被告单位生产、销售假冒注册商标的葡萄酒，仍帮助其运输并为其提供物流发送等便利条件，以从中渔利。

（二）处理结果

该案由山东烟台市芝罘区人民检察院通过与该区工商局之间建立的案情通报制度发现该案已达到刑事立案标准，遂于2013年5月8日建议区工商局将该案移送公安机关立案侦查。公安机关于同年5月10日立案，7月9日以涉嫌假冒注册商标罪提请批准逮捕徐康玮、梁潇月、刘聪、李庆辉。烟台市芝罘区人民检察院于7月16日依法作出批准逮捕决定，7月25日对徐康玮等8人提起公诉。2015年1月20日，烟台市芝罘区人民法院以假冒注册商标罪，判处被告人华仕酒业公司罚金100万元人民币，分别判处徐康玮等8人有期徒刑四年零六个月至有期徒刑六个月、缓刑一年不等，各并处罚金人民币90万元至6 000元不等。该判决为生效判决。

（三）典型意义

该案系检察机关通过与行政执法机关、公安机关建立的行政执法和刑事司法衔接信息共享机制发现立案监督线索，继而监督行政执法机关依法移送涉嫌犯罪案件线索，最终追诉了一起严重侵犯注册商标犯罪的成功范例。本案检察机关通过会同有关行政执法机关和公安机关签订规范性文件，建立了案件咨询及信息通报制度，畅通了知情渠道，使得检察机关能够及时发现监督线索，促进了行政执法机关严格规范执法，有效防止了以罚代刑。

（最高人民检察院）

五、广东珠海市香洲区人民检察院查处马念军、孙珍珍假冒注册商标销售车载导航仪案

（一）案情简介

2012年3月6日，被告人马念军在未经韩国三星电子株式会社授权下，通过伪造授权证书和"S∧MSUNG"防伪商标等手段，在广州与他人签订"委托代理合同"，销售假冒"S∧MSUNG"注册商标的车载导航仪价值人民币20万元。2013年4月26日，马念军、孙珍珍在珠海成立艾尼威尔电子科技公司，继续通过上述伪造手段，向全国多个省份的不特定客户销售假冒"S∧MSUNG"注册商标的车载导航仪，非法经营数额达150余万元人民币。

（二）处理结果

2013年8月14日，公安机关以马念军、孙珍珍涉嫌假冒注册商标罪立案侦查。2014年3月7日，广东珠海市香洲区人民检察院对本案提起公诉。同年6月9日，珠海市香洲区人民法院以假冒注册商标罪判处马念军有期徒刑三年零六个月，并处罚金人民币50万元；判处孙珍珍有期徒刑三年，并处罚金人民币35万元。二审维持原判。

（三）典型意义

被告人马念军、孙珍珍侵犯韩国三星公司注册商标一案，被多家知名网络媒体广泛报道，社会关注度高。本案侵

权时间长、范围广，收集固定证据难度大。为保证办案质量，检察机关适时介入侦查，参与对案件的定性分析，引导公安机关有针对性地调查取证。审查起诉阶段，检察机关及时督促公安机关依法移送管辖、并案侦查，确保迅速查清案件事实，防止漏罪漏诉。在审判阶段，珠海市检察机关知识产权检察室充分发挥办理知识产权案件的专业化机制优势，引用《商标注册用商品和服务国际分类》（即《尼斯协定》）精准打击犯罪。两审法院均完全采纳了检察机关的意见，充分体现了我国检察机关依法平等保护国内外知识产权权利人的执法理念和办案水平。

（最高人民检察院）

六、湖南省郴州市苏仙区人民检察院查处陈坤华假冒注册商标销售服装案

（一）案情简介

2012年3月，被告人陈坤华伙同陈礼春、李东军（均另案处理），先后从广东、北京、浙江多处购买白板服饰，在嘉兴市濮院镇加工，制成假冒恒源祥、哥弟、柒牌、劲霸、七匹狼、梦特娇等名牌服饰，随后在湖南郴州富民市场天井6号门面及淘宝网上销售给客户。2013年2月底，陈礼春、李东军退出合伙后，陈坤华独自经营。至2013年3月案发，陈坤华等人共销售上述假冒名牌服饰共计202万余元人民币，非法获利23万余元人民币。

2013年3月25日，公安机关在陈坤华租住的房间内，查获假冒恒源祥服饰1 842件，标价共计人民币285万余元；假冒哥弟服饰1 610件，标价共计人民币212万余元；假冒劲霸服饰190件，标价共计人民币36万余元；假冒柒牌服饰646件，标价共计人民币63万余元；假冒梦特娇服饰409件，标价共计69万余元人民币；假冒老人头服饰50件，标价共计6万余元人民币；假冒波司登服饰26件，标价共计10万余元人民币。上述假冒服饰共计6 653件，标价总计904万余元人民币。

（二）处理结果

2013年3月26日，公安机关对陈坤华以涉嫌销售假冒注册商标的商品罪刑事拘留。同年4月25日，湖南郴州市苏仙区人民检察院依法批准逮捕，11月12日提起公诉。同年12月23日，郴州市苏仙区人民法院以销售假冒注册商标的商品罪判处陈坤华有期徒刑三年零六个月，并处罚金人民币25万元。该判决为生效判决。

（三）典型意义

近年来，利用网络售假犯罪多发，呈现出犯罪成本低、危害范围广、涉案金额大、交易记录易篡改、证据易灭失等特点。本案案发后，办案检察机关高度重视，抽调精干力量成立了以分管侦监工作的检察长为组长的专案工作领导小组，专题研究、制定提前介入引导侦查取证工作方案，并严密分工，稳步推进。面对该案涉及注册商标多、涉案金额大、销售平台多、取证难度大等情况，检察人员到办案一线和侦查人员共同研讨侦查取证方向，列出详细的取证清单和补充侦查提纲；注重严把证据关，确保证据合法真实，指导公安机关向品牌服饰代理商逐一取证，到工商行政商标管理部门调取相关品牌的注册情况、品牌服饰销售代理情况，收集固定售假记录及资金流通情况等方面的证据。同时注重延伸检察服务职能，根据在办案中发现的知识产权保护方面存在的漏洞和薄弱环节，及时向工商行政主管部门提出堵漏建制的检察建议，并积极推进定期联席会议制度和案件通报制度，切实将与行政执法机关的信息通报、案件研讨、线索备案等工作联系常态化。

（最高人民检察院）

七、内蒙古鄂尔多斯市人民检察院查处李培芬等7人非法制造、销售注册商标标识案

（一）案情简介

2005年以来，被告人李培芬雇佣被告人李娇婵、黎湛方、李教全、庞东明、陈燕玲、冯烈章，在未取得印制商标单位资格、未获得注册商标权利人授权的情况下，以牟利为目的，通过其在广东广州市芳村区的祥盛五金塑料加工厂制作假冒品牌的吊粒和洗涤标，又从广东省广州、肇庆两市和福建省石狮、晋江市等多家印刷、印染、织带、五金工厂订购多个非法制造的品牌领标、吊牌、尺码标、织带、LOGO标、内外包装等，非法制造注册商标标识，而后在其位于广州市荔湾区的盛兴服装辅料店，向全国9个省、自治区、直辖市的20多个城市批发各种非法制造的鄂尔多斯、劲霸等国内外知名品牌的商标标识，销售数量5 812万余件，销售金额868万余元人民币。

（二）处理结果

李培芬等7人非法制造、销售非法制造的注册商标标识一案，由内蒙古鄂尔多斯市人民检察院在审查逮捕犯罪嫌疑人潘云涉嫌销售假冒注册商标的商品案时发现线索并移送，鄂尔多斯市公安局于2013年3月4日立案侦查。同年4月9日，鄂尔多斯市人民检察院依法作出批准逮捕决定，2014年1月21日，该案被提起公诉。2014年7月11日，鄂尔多斯市中级人民法院以非法制造、销售非法制造的注册商标标

识罪，分别判处7名被告人有期徒刑六年至有期徒刑一年、缓刑二年不等，各并处罚金人民币350万元至20万元不等。二审维持原判。

（三）典型意义

深挖上下游犯罪案件线索是打击侵犯知识产权犯罪的重要途径。检察机关在办理审查逮捕案件中发现了这起犯罪案件线索，移送公安机关并引导侦查，成功侦破了一起犯罪嫌疑人分工精细、上下游产业链长的侵犯知识产权犯罪大案。从检察机关发现并移送的这条犯罪线索出发，通过深挖，查出犯罪人上下线涉及全国9个省、自治区、直辖市，引起公安部高度重视，公安部向涉案省份部署了内蒙古鄂尔多斯李培芬等人非法制造、销售非法制造的注册商标标识案集群战役并开展统一收网行动，各地破案8起，打掉制售假冒商标团伙5个，捣毁窝点15个，抓获犯罪嫌疑人38名，缴获了大批假冒注册商标标识，取得了良好的法律效果和社会效果。

（最高人民检察院）

八、上海市公安机关查处 Lee William 等人跨国制售假冒注册商标商品案

2014年3月26日，公安部指导上海公安机关，会同英国执法部门开展同步收网行动，成功破获一起特大跨国制售假冒品牌商品案，抓获5名犯罪嫌疑人（其中英国籍犯罪嫌疑人4名），查获装载假冒 RAY BAN、CHANEL 品牌服装、眼镜的集装箱2个，各类包装材料1.5万件，涉案金额4 000余万元人民币。

经查，2009年以来，英国籍犯罪嫌疑人 Lee William 伙同广东徐某等人从广东、浙江等地多次采购假冒 RAY BAN、“CHANEL 等品牌的服装、眼镜等商品，以及假冒商标标识等，采取伪报品名、货标分离的方式，使用国际跨境物流公司寄递至英国，由英国境内犯罪嫌疑人拼装后对外销售。

（公安部）

九、天津等地公安机关查处李某等人假冒注册商标制售散热器案

2014年4月21日，在公安部统一指挥下，天津、山东、内蒙古、宁夏四地公安机关经过连续数月的深入侦查，成功打掉一个跨地域制售假冒名牌散热器犯罪网络，抓获李某等8名犯罪嫌疑人，查获假冒各种名牌散热器18万余柱、假冒商标标识7.2万余个，捣毁两个地下生产窝点，查封制假生产线1条及焊接机、试压水床等制假设备10余台（套），涉案金额1 100余万元人民币。

经查，2013年初以来，李某伙同他人租赁天津大北镇工业区一厂房设立窝点，并购置设备，大肆加工生产假冒市场热销的各种名牌散热器，向本地及内蒙古、宁夏等地销售，并逐渐出现“供不应求”的局面。为提高供货能力，2013年8月，李某通过互联网与山东一家暖通设备不法生产商曾某结识并建立“合作关系”，委托曾某为其生产假冒名牌散热器。从假冒散热器的流向看，主要由不法五金水暖商户从李某处购入后，面向家庭装修的零散客户以假充真进行欺诈销售。从现场查获实物及历史账册看，该案涉案金额达1 100余万元人民币。

（公安部）

十、江苏等地公安机关查处花某等人假冒注册商标制售化妆品案

2014年5月27日，公安部指挥江苏、天津、上海、浙江、安徽、广东六省、市公安机关，成功打掉一个跨地域制售假冒名牌化妆品犯罪网络，抓获6名犯罪嫌疑人，查获假冒欧莱雅、倩碧、迪奥、香奈儿等国际品牌化妆品62.9万余件（支），包装瓶（盒）等包材15万件，涉案金额3 000余万元人民币。

经查，2013年以来，犯罪嫌疑人陈某纠集亲戚和同乡，在广州设立两处制假窝点，在没有任何生产资质的情况下，低价购进劣质香精、矿物油、色素等原料，大肆生产假冒欧莱雅、倩碧、迪奥、香奈儿等国际品牌化妆品。该团伙在阿里巴巴网站发布商品信息，通过江苏花某、安徽韩某、上海赵某等人开设的淘宝网店、美容店等销往全国各地。

（公安部）

十一、广西等地公安机关查处黄某等人制售假冒世界杯球服案

2014年6月12日至13日，公安部部署指挥广西、广东、福建三地公安机关集中收网，成功破获一起特大制售假冒世界杯参赛队球衣、侵犯世界杯知识产权案，抓获犯罪嫌疑人10名，捣毁地下生产窝点2处、仓储窝点5处，扣缴缝纫机等制假设备230余台，查获假冒球衣等各类运动服装15万余套，涉案金额3 000余万元人民币，彻底铲除了一个生产、批发假冒世界杯参赛队球衣的特大犯罪网络。

2014年5月，有群众向公安机关举报，广西贵港一带有人专门生产假冒世界杯参赛队球衣，广西公安厅立即成立专案组开展侦查，发现位于桂平市的一处服装加工作坊存在重大造假嫌疑。经查，该作坊由黄某、刘某等人于2013年底共同出资设立，2014年4月瞄准世界杯“商机”，开始制版加工生产假冒世界杯参赛队球衣。公安部接报后高度重

视，将该案作为2014年维护世界杯知识产权的重点案件予以挂牌督办，组织广西公安机关循线追踪、深度打击，发现位于广东等地的批发窝点和福建等地的另一处加工生产窝点。6月15日至18日，三地公安机关同步开展收网行动，一举破获全案。经查，这些假冒世界杯球衣在广西、福建等地加工进入广州后，先是囤积在高某等人在白云区、天河区租赁的两处仓库，然后利用当地服装批发市场向外批发转售，最终流入各地的服装市场门店或网上商铺等终端零售环节，有些甚至出口至非洲和中亚等国家和地区，不仅直接损害了消费者合法权益，而且严重影响了我国国际声誉。

（公安部）

十二、安徽省等地公安机关查处李某等人假冒注册商标制售假酒案

2014年7月14日至18日，公安部组织安徽、山西、吉林、上海、江苏、浙江、福建、江西、湖北九省市公安机关密切协作，同步出击，成功破获李某等人制售假酒案，共抓获犯罪嫌疑人18名，捣毁制假售假窝点9处，缴获假冒“洋河”、“口子”、“宣酒”等品牌白酒1.2万余瓶，假酒包装材料74万余件，涉案金额3 700余万元人民币。

经查，2013年以来，犯罪嫌疑人李某伙同叶某等人在安徽滁州、江苏南京等地设立假酒制售窝点，从浙江购进假酒包材，加工成假冒“洋河”、“口子”等品牌白酒。为扩大销路，李某等人在互联网上注册多家网店，发布假酒销售信息，采取订单式生产、小批量物流快递、大批量送货上门的方式对外销售。

（公安部）

十三、江西省公安机关查处“8·27”假冒注册商标制售伪劣日化用品、饮料案

2014年9月24日，江西、广东、山东、河南、广西、贵州、湖南、辽宁等地开展统一破案行动，共抓获犯罪嫌疑人12名，缴获假冒立白、雕牌、汰渍等品牌的洗衣粉10万余包，假冒劲酒、娃哈哈营养快线等2 200余件，以及包装袋、瓶等假冒包装材料12万件（套），涉案金额1 000余万元人民币。

经查，自2013年8月以来，犯罪嫌疑人陈某、陶某等人在江西赣州租用厂房，购买制假设备设立制假窝点，从广东洗衣粉散粉及假冒立白、雕牌、汰渍等品牌包装材料，加工成品后对外销售。同时，陶某等人还从犯罪嫌疑人罗某等人处购进假冒红牛、娃哈哈营养快线等饮料对外销售。

（公安部）

十四、重庆等地公安机关查处孙某等人假冒注册商标制售电缆案

2014年9月26日，重庆、河南、四川三省市公安机关联合破获一起特大制售假冒品牌电缆案，捣毁犯罪窝点5处，抓获12名犯罪嫌疑人，查获假冒“鸽牌”电缆成品30余吨，半成品及原料铜丝3吨，包装材料6万余件，各类制假设备16台。

经查，2011年以来，犯罪嫌疑人孙某在河南设立制假窝点，在当地收购铜丝、硅橡胶、聚氯乙烯等制假原料，在浙江印制假冒商标标识、包装材料等，负责组织生产假冒“鸽牌”电缆。孙某之子、之侄负责在重庆、四川两地设立仓储、批发窝点，以厂家促销、正品打折等名义对外低价销售假冒电缆。为欺骗消费者，该团伙雇佣技术人员在互联网上搭建假冒的“重庆鸽牌公司官网”，并在每件电缆产品包装上均印制了“防伪二维码”。消费者通过手机扫描二维码将直接链接至该假冒官网，即可获取“厂家鉴定结果”。据该团伙账目显示，截至案发前其非法经营数额已达6 000余万元人民币。

（公安部）

十五、浙江等地公安机关查处林某等人假冒注册商标制售电气开关案

2014年10月20日，公安部经侦局指挥浙江、湖北、陕西、贵州等省公安机关联合行动，成功破获林某等人制售假冒电气开关案，抓获林某等犯罪嫌疑人14名，打掉制假窝点7处，销储窝点10个，缴获假冒飞雕、西蒙、公牛等知名品牌电气开关成品7.8万只，半成品30多万个，查扣制假机器、模具13件，涉案金额2 000余万元人民币。

经查，自2011年以来，林某等人在浙江温州设立制假工厂，生产、加工假冒飞雕、西蒙等品牌各类电气开关，并在互联网上设立假冒官方网站进行虚假网络宣传，冒充厂家代理商对外销售。累计销售假冒品牌电气开关1 000万余盒，销售网络涉及陕西、四川、河南、湖南省等15省。

（公安部）

十六、河南等地公安机关查处王某等人假冒注册商标制售伪劣电池案

2014年10月20日至11月4日，公安部经侦局指挥河南、山西、四川、青海等地公安机关开展集中破案行动，成功摧毁一个跨地域制售假冒伪劣电池犯罪网络，抓获王某等17名犯罪嫌疑人，捣毁制假售假窝点13处，查获假冒南孚

等品牌电池成品、半成品 170 余万粒，假冒包装纸盒、纸箱、合格证等 132 万个（张），以及制假设备、原材料一大批，涉案金额 5 000 余万元人民币。

经查，2013 年以来，王某等人在河南省新乡市的农村设立窝点，雇佣多名技术工人，从广东、浙江、江苏等地购入裸电池、绝缘圈等原料及包装材料后，大肆加工生产假冒南孚等品牌电池，并通过到大中城市小商品批发市场散发小广告或者在网上发布信息的方式招揽客户，向全国多个省份销售。制假窝点生产假冒伪劣电池成本每粒约为人民币 0. 3 元至 0. 35 元，向外则以 0. 9 元左右的价格批发，最终流向市场的零售价在每粒人民币 2 元左右，略低于正品价格，普通消费者从产品价格、电池外观等方面难以辨别真伪。

（公安部）

十七、广东省中山市工商局查处致诚制衣厂假冒“大嘴猴图形”注册商标生产销售服装案

（一）案情简介

2014 年 9 月，广东省中山市工商局对中山市沙溪镇云汉村星云路中山市沙溪镇致诚制衣厂检查，现场发现涉嫌假冒“大嘴猴图形”商标服装 900 套、上衣 120 件、裤子 160 条、半成品 1 160 件，总价达人民币 1 416 440 元。

（二）处理结果

中山市工商局已将该案件移送中山市公安机关。

（国家工商总局）

十八、江苏省常熟市工商局查处孙某假冒“CHANEL”等注册商标销售商品案

（一）案情简介

2014 年 3 月 10 日，根据路易威登马利蒂（法国）公司投诉，江苏省常熟市工商局对位于常熟市东门大街 81 号商铺服装店进行现场检查。现场查获假冒 CHANEL 包 8 个、耳钉 15 只、戒指 4 只、胸针 2 只、项链 6 条、包装盒 60 只，TIFFANY 包装盒 19 只，PRADA 包装盒 22 只，Cartier 手表 1 只、包装盒 15 只，A. LANGE&SOHNE 手表 1 只，LV 包 3 个，MARCJACOBS 眼镜 1 副、童鞋 1 双，CELINE 包 1 个。经核查当事人孙某的销售记录、银行交易记录，证实非法经营数额达 26 万元人民币。

（二）处理结果

常熟市工商局依法将此案件移送公安机关。

（国家工商总局）

十九、安徽省合肥市瑶海区市场监督管理局查处某商店假冒 SAMSUNG 注册商标销售手机案

（一）案情简介

2014 年 12 月 24 日，安徽省合肥市瑶海区市场监督管理局查处了一起某商店销售假冒注册商标三星手机案件，现场共查获违法手机 669 部，违法经营数额已达 260 127 元人民币。

（二）处理结果

当事人涉嫌销售假冒 SAMSUNG 手机，由于涉案金额巨大，安徽省合肥市瑶海区市场监督管理局于 2015 年 1 月 7 日将该案依法移交瑶海区公安分局。

（国家工商总局）

二十、四川省内江市工商局查处“余生”网店假冒阿迪达斯注册商标销售服装案

（一）案情简介

2014 年 11 月，根据消费者投诉，四川省内江市工商局联合公安机关对淘宝网网名为“余生”的网店涉嫌销售假冒阿迪达斯服装案件展开调查。经核实，上述网店随货发出的小票上显示的专柜信息、地址等均为假冒，执法人员提取了消费者从该网店购买的服装，经阿迪达斯体育（中国）有限公司鉴定为假冒产品。经查证，涉案金额达 30 余万元人民币。

（二）处理结果

内江市工商局已将该案移送公安机关处理。

（国家工商总局）

二十一、上海市浦东新区市场监督管理局查处上海金丝猴食品股份有限公司假冒注册商标制售食品案

（一）案情简介

2014 年 6 月 3 日，上海市浦东新区市场监督管理局根据意大利费列罗有限公司投诉，对上海金丝猴食品股份有限公司未经其许可，擅自生产仿冒其“金色褶皱锡纸球状包装 + 顶部白色小标贴 + 咖啡色底托”造型巧克力的行为予以立案调查。经查，上海金丝猴食品股份有限公司自 2013 年 11 月起生产巧斐罗榛果威化巧克力，该款巧克力的造型为金色褶皱锡纸球状包装 + 顶部白底心形小标贴 + 咖啡色底托，与意大利费列罗有限公司所注册的第 G783985 号立

体注册商标外形相近似，容易使相关公众产生混淆和误认。截至案发，当事人共销售上述侵权巧克力 22 667 箱，尚有库存 23 箱，非法经营数额共计人民币 4 304 166. 34 元，当事人上述行为构成了商标侵权。

（二）处理结果

根据《商标法》的相关规定，浦东新区市场监督管理局对当事人作出责令立即停止侵权行为，没收侵权商品并罚款人民币 1 936 874. 85 元的处罚。

（国家工商总局）

二十二、广东省汕头市工商局查处汕头市腾跃金属包装设备有限公司制售假冒注册商标标识案

（一）案情简介

2014 年 10 月 11 日，广东省汕头市金平区工商局接汕头市公安局经侦支队打假大队移交的线索，对位于汕头市金平区金园工业园区内的汕头市腾跃金属包装设备有限公司进行立案调查。经查，当事人未经红牛、启力、椰树商标注册人许可，擅自为他人定制标注有“Red 东省汕头市金红牛”、“启力”、“椰树”注册商标图样、字样的字模，并准备将标注“红牛”、“启力”的字模出售给他人用于生产商标标识，将标注“椰树”的模具及设备作为出资入股加工厂用于生产易拉盖产品。现场发现的涉案物品及设备价值人民币 36. 6 万元。

（二）处罚结果

汕头市金平区工商局责令当事人立即停止侵权行为，没收标注“Red 金平区工商局红牛”、“椰树”字样、椰树图案的饮料易拉罐拉环配件、模具及用于冲压刻注注册商标标识拉环舌片的模架、远峰冲床，并罚款人民币 200 000元。

（国家工商总局）

二十三、安徽省利辛县工商局查处翁加芳假冒周六福注册商标销售黄金首饰案

（一）案情简介

2015 年 1 月 20 日，根据香港周六福珠宝国际集团有限公司投诉，安徽省利辛县工商局对利辛县胡集镇大润发超市进行检查，发现翁加芳经营的黄金珠宝专柜销售的“老牌周六福”黄金首饰涉嫌侵犯“周六福”商标专用权。经查证，当事人从深圳水贝村“东方国际珠宝交易中心”市场共购进黄金首饰 166. 43 克，将定作的含有“老牌周六福”商标的包装、标签，标注在该批黄金首饰上，共计货值 42 938. 94 元人民币。

（二）处理结果

安徽省利辛县工商局作出责令立即停止侵权，没收侵权商品并罚款人民币 60 000 元的行政处罚。

（国家工商总局）

二十四、广西壮族自治区玉林市工商局查处玉林市玉州区益达星建材经营部假冒注册商标销售开关插座案

（一）案情简介

2014 年 6 月 20 日，玉林市工商局执法人员根据 TCL 罗格朗国际电工（惠州）有限公司的举报，对玉林市玉州区益达星建材经营部进行检查，现场查获涉嫌侵犯 TCL 注册商标专用权的开关、插座四个系列 82 个品种，共 6 690 只，违法经营数额 46 350. 15 元人民币。经查证，玉林市玉州区益达星建材经营部销售的开关、插座上标注有“TCL logo-rad”商标，并突出使用“TCL”三个大写字母。

（二）处理结果

玉林市工商局认为玉州区益达星建材经营部销售的开关插座上的标识与 TCL 注册商标构成近似，责令当事人立即停止侵权行为，没收侵权商品并罚款人民币 50 000 元。

（国家工商总局）

二十五、重庆市工商局长寿区分局查处重庆金合蚊香制品有限公司假冒“榄菊”注册商标销售蚊香案

（一）案情简介

2014 年 4 月 29 日，根据中山榄菊日化实业有限公司投诉，重庆市工商局长寿区分局对重庆金合蚊香制品有限公司展开调查。经查证，当事人已对外销售“橄榄菊”蚊香 1 741 件，库存蚊香 314 件，非法经营数额为人民币 193 250元。当事人未经中山榄菊日化实业有限公司许可，擅自在同一种商品上使用与“榄菊”注册商标近似的“橄榄菊”商标，上述行为属于侵犯“榄菊”注册商标专用权的行为。

（二）处理结果

重庆市工商局长寿区分局责令当事人立即停止侵权行为，没收侵权商品并罚款人民币 70 000 元。

（国家工商总局）

二十六、福建省德化县工商局查处德化县瓷韵陶瓷有限公司假冒注册商标销售商品案

（一）案情简介

2014 年 5 月 23 日，根据举报，福建省德化县工商局执法人员对福建省德化县瓷韵陶瓷有限公司的经营场所进行检查，发现当事人涉嫌在互联网上销售侵犯 STARBUCKS 注册商标专用权商品。经查证，福建省瓷韵陶瓷有限公司从广东潮州采购标注有 STARBUCKS 以及图案的星巴克酒桶杯 800 个、采购标注有 STARBUCKS COFFEE 以及图案的杯垫 400 个并通过互联网进行销售，非法经营数额 14 000 元人民币。当事人的行为构成了销售侵犯他人注册商标专用权商品的行为。

（二）处理结果

德化县工商局责令当事人停止侵权行为，没收侵权商品并罚款人民币 15 000 元。

（国家工商总局）

二十七、浙江杭州市上城区工商局查处杭州嘉洲实业有限公司违法使用“驰名商标”字样案

（一）案情简介

2014 年 8 月 29 日，根据举报，杭州市上城区工商行政管理局对杭州嘉洲实业有限公司在互联网上使用“中国驰名商标”宣传展开调查。经查证，当事人杭州嘉洲实业有限公司系金利来（远东）有限公司授权的网络销售独家运营商，自 2012 年 6 月开始在天猫网“金利来内衣旗舰店”从事金利来男女内衣、内裤、家居服饰及袜子的经营，网店相关销售、宣传内容均由当事人自行制作。当事人在天猫网销售的“三条装金利来男士内裤平角裤莫代尔 U 凸四角内裤中腰男冰丝感产品”的宣传页面上使用“中国驰名商标”作为宣传内容，其行为违反了《中华人民共和国商标法》第十四条第五款“生产、经营者不得将‘驰名商标’字样用于商品、商品包装或者容器上，或者用于广告宣传、展览以及其他商业活动中”的规定。至 2014 年 7 月 31 日，举报人通过上海东方公证处进行证据固定，相关页面内容已经当事人确认。

（二）处理结果

杭州市上城区工商行政管理局根据《商标法》相关规定决定对杭州嘉洲实业有限公司罚款人民币 10 万元。

（国家工商总局）

二十八、广东省揭阳市工商局查处东山区东兴锋达炉具经营部违法使用“驰名商标”字样案

（一）案情简介

根据举报，揭阳市工商局对揭阳市东山区东兴锋达炉具经营部在户外广告牌中宣传“樱雪电器”为“中国驰名商标”一案进行调查。经查证，当事人是樱雪集团有限公司樱雪牌厨卫产品在广东省揭阳市地区的线下总代理。在 2013 年 5 月至 6 月期间，当事人委托揭阳市东润广告传媒有限公司在揭阳市全市范围内制作、发布“樱雪电器”户外广告 51 处。揭阳市东润广告传媒有限公司按当事人提供的广告样稿，进行广告画面的制作、安装和发布。广告内容基本是“樱雪电器、中国驰名商标、吸油烟机、燃气灶、消毒柜、热水器、壁挂炉”等图文。自 2014 年 5 月 1 日起，上述广告仍在继续发布。当事人的上述行为违反了《中华人民共和国商标法》第十四条第五款“生产、经营者不得将‘驰名商标’字样用于商品、商品包装或者容器上，或者用于广告宣传、展览以及其他商业活动中”的规定。

（二）处理结果

依据《中华人民共和国商标法》第五十三条的规定，揭阳市工商局于 2014 年 10 月 14 日责令当事人改正，并处以罚款人民币 10 万元。

（国家工商总局）

二十九、广东食品药品监督管理局查处特大假冒注册商标制售香水犯罪团伙案

（一）案情简介

2014 年年初，广东省食品药品监督管理局（以下简称“广东省局”）联合公安、海关等部门，捣毁了位于广州市花都区花东镇花都大道东 28 号的一个制售假冒国际知名品牌香水的特大犯罪团伙，查扣大量假冒 GUCCI、LACOSTE 等注册商标的 13 种香水，抓获王某等 3 名犯罪嫌疑人。该案违法产品多发往中东、迪拜等地，经核算涉案总金额超过亿元人民币。具体查处过程如下：

2013 年 12 月至 2014 年年初，根据群众举报线索，执法人员经过多次明察暗访和踩点，并且与举报人频繁沟通和了解实际情况，充分掌握了违法犯罪嫌疑人的工作时间以及违法产品的生产和出货时间。2013 年 12 月 20 日，广东省局联合公安、海关等部门，对位于广州市花都区花东镇花都大道东 28 号的涉嫌制售假冒知名品牌香水的工厂和仓库共 5 个（经营面积约 3 400 平方米）进行突击行动，现场缴获假冒

GUCCI、LACOSTE 等品牌的香水成品 13 种约 10 万瓶，香水外包装盒约 54 万个，查扣生产线 5 条、生产设备 20 多台；抓获犯罪嫌疑人 3 名。

食品药品监管部门和公安机关执法人员立即对涉案人员进行了审讯，力求在第一时间获知假冒化妆品的流向，在得知目前有大量假冒产品准备运送出国后，执法人员立即联系海关部门对违法产品进行查扣；通过与海关部门的通力配合，在黄埔海关老港外运码头缴获该犯罪团伙准备发往中东迪拜的该类假冒产品集装箱 2 个。

经调查，该犯罪团伙于 2010 年 9 月注册设立广州市弥敦化妆品有限公司，主要从事香水生产、加工和外贸出口，其以合法公司为幌子，在没有获得相关授权的情况下长期制售假冒 GUCCI、ARMANI 等国际知名品牌香水，并与国外人员勾结，通过在出口货物中夹带和瞒报的方式大肆销往迪拜等中东地区。

（二）处理结果

王某群、王某兵等人生产销售假冒化妆品的行为触犯了《刑法》第二百一十三条的规定，涉嫌构成假冒注册商标罪。犯罪嫌疑人王某群（老板，女，32 岁，浙江苍南人）因涉嫌假冒注册商标罪被依法刑事拘留，王某兵（老板，男，52 岁，江苏启东市人）因涉嫌非法制造注册商标标识罪被依法刑事拘留，1 名犯罪嫌疑人尚在追逃。

（国家食品药品监管总局）

三十、江苏盐城市食品药品监督管理局查处田某等人利用互联网制售假冒注册商标化妆品案

（一）案情简介

江苏省盐城市食品药品监督管理局（以下简称“盐城市局”）与公安机关联合查办的“5·6”田某等人利用互联网制售假冒玫琳凯等知名品牌化妆品案，捣毁了生产、储存、销售整个制假链条的 7 个制假售假窝点，涉及上海、广东和安徽等 6 个省市。查获假冒玫琳凯、雅芳等公司的 20 多个品牌化妆品成品近 25 万瓶（盒），制假设备 8 套，各种制假用外包装、材料近 60 万张（个），涉案金额达 5 000 万元人民币，抓获 12 名犯罪嫌疑人。该案被列为 2014 年国家食品药品监督管理总局重点挂牌督办案件、公安部集群战役挂牌督办案件。

2013 年 9 月，盐城市局配合公安机关对“韩国梦幻小镇”、“yo 天使爱做白日梦”等网店在网上涉嫌销售假冒玫琳凯公司化妆品一案进行调查。2013 年 9 月 12 日，对上述两个网店进行侦查，抓获网店店主张某，查获大量假冒化妆品，涉案金额 60 多万元人民币。

为进一步查清案情，盐城市局与公安机关等部门成立了联合专案组，经过 6 个多月的外围秘密侦查，发现 2010 年以来田某伙同陈某等人从江苏、广东、浙江等地购进大量的假化妆品包装材料、假商标，后由彭某等人在广东生产假冒玫琳凯、雅芳、克丽缇娜和宝相花等知名品牌化妆品。2014 年 5 月 6 日，在查明田某上下线 29 人的基本情况后，专案组对田某等人制售假冒名牌化妆品案集群战役盐城主战场实施收网。当晚，打掉犯罪团伙 2 个，抓获犯罪嫌疑人 8 名，捣毁制假售假窝点 6 个，查获制假设备 8 套和原料 8 大桶，查获大量假冒玫琳凯等公司的 20 多个品牌的化妆品包装盒、半成品和成品。5 月 27 日，专案组赴杭州淘宝网总部调取了 29 人的淘宝交易记录。6 月，专案组赴广州先后成功抓获田某的上线彭某等 3 人，捣毁制假窝点 1 个。

（二）处理结果

当事人的行为触犯了《刑法》第二百一十三条和二百一十四条的规定，涉嫌构成假冒注册商标罪和销售假冒注册商标商品罪。目前，该案已经基本调查终结，公安机关将本案犯罪嫌疑人以涉嫌犯假冒注册商标罪、销售假冒注册商标商品罪移送检察机关审查起诉。该案成功捣毁制假售假窝点 7 个（生产、储存窝点 5 个，销售窝点 2 个），田某等 3 人被批准逮捕，另有 9 名从犯被取保候审。

（国家食品药品监管总局）

三十一、江苏徐州市泉山区食品药品监管局查处米儿美妆淘宝网店销售假冒注册商标化妆品案

（一）案情简介

自 2013 年 8 月以来，江苏省徐州市泉山区食品药品监管局和公安机关密切配合，成立联合专案小组查办“米儿美妆淘宝网店”销售假冒国际品牌化妆品案（又称为“8·29”网络销售假冒国际品牌化妆品案）。历经四个多月缜密查证，联合专案组远赴杭州、苏州、上海、广州等地调查取证，行程数万公里。先后抓获涉案犯罪嫌疑人 7 人，捣毁假冒香奈儿、美宝莲、欧莱雅、Dior、MAC 等化妆品的销售窝点 4 个，涉案金额超过 7 898 万元人民币。

2013 年 8 月 27 日，泉山区食品药品监管局接电话举报，反映“米儿美妆淘宝网店”销售假冒伪劣化妆品。经查发现，徐州市吴某某和其妻马某某 2011 年在淘宝网上注册“米儿美妆淘宝网店”销售香奈儿口红、粉饼和美宝莲眼线液、睫毛液、睫毛膏等品牌化妆品，其销售价格远低于化妆品专柜零售价格，且产品包装印刷粗糙，部分产品标签

标识无中文标识。在对涉案产品进行抽样检验或协查鉴定后，依法认定其所售产品均系假冒。

8 月 29 日，泉山区食品药品监管局依法将此案移送公安机关，并与公安机关联合成立专案组。11 月 24 日，联合专案组在广州市白云区石榴桥路一民居内将正在利用网络销售假冒化妆品的林某某抓获，现场查获假冒香奈儿、美宝莲、欧莱雅、Dior、MAC 等五大品牌 23 个品种，共 2 385 支（瓶）。

2014 年 3 月 12 日，分别在苏州相城区太平花倪村和苏州吴中区郭巷姜家村将吴某某的上线供货商王某某抓获，同时抓获的还有王某某的供货商陈某某。同年 5 月 10 日，在徐州市鼓楼区滨河花园将正在利用网络销售假冒注册商标化妆品的赵某抓获，现场查获大量假冒美宝莲、欧莱雅等品牌的化妆品。

（二）处理结果

截至 2014 年底，吴某某、马某某、林某某三人已先后被人民法院判处三到两年不等有期徒刑并处罚金。王某某、陈某某另案处理，对赵某的审理工作正在进行中。

（国家食品药品监管总局）

三十二、广东省检验检疫局黄埔口岸查处出口非洲假冒注册商标鞋帽、服装案

2014 年 10 月 24 日，广东省检验检疫局在黄埔口岸查获一批出口非洲假冒注册商标鞋帽、服装等产品，涉及 Jordan（乔丹）、Newbalance（新百伦）、Polo（保罗）、All Star（匡威品牌）、Armani（阿玛尼）、Prada（普拉达）、Levis（李维斯）等多个知名品牌，产地标注为：Made in Vietnam（越南）、Made in Italy（意大利）等，共约 4 万多件，涉案金额 7 000 万元人民币。犯罪嫌疑人为马里课上，采购商品拟通过香港转口出口到非洲多个国家。此案已移送公安机关处理。

（国家质检总局）

三十三、广东省广州市质监局查处李书林假冒注册商标生产手袋案

根据举报，广州市质监局依法对位于广州市白云区石井镇环窖村的李书林皮具生产加工厂及仓库进行执法检查，现场发现大量生产假冒注册商标 LOUIS VUITTON（LV）手袋成品及半成品。经调查，货值 800 万元人民币。该案已移送公安机关处理。

（国家质检总局）

三十四、广东省广州市荔湾区质监局查处龙溪沙溪村 30 号一生产点假冒注册商标生产手机电池案

根据举报，广州市荔湾区质监局会同公安机关对广州市荔湾区龙溪沙溪村 30 号一无名生产点进行执法检查，现场查获标有假冒注册商标 S∧MSUNG 标志的手机电池成品 13 400 余块。经鉴定，该生产点生产加工的手机电池未达到该标志的质量标准且系伪造他人厂名厂址产品，货值 96.8 万元人民币。该案已移送公安机关处理。

（国家质检总局）

三十五、浙江省质监局查处陈保兵假冒注册商标生产汽车滤清器案

根据举报，浙江省质监局依法对陈保兵汽配生产窝点进行执法检查，发现该窝点涉嫌生产标有 MANN 等假冒注册商标的汽车滤清器，并生产假冒“上海弗列加滤清器有限公司”厂名厂址的汽车滤清器产品，涉案金额 44 万元人民币。该案已移送公安机关处理。

（国家质检总局）

三十六、深圳海关连续查获出口假冒注册商标香烟案

（一）案情简介

2014 年 7 月 21 日，昆明伟秀商贸有限公司向深圳海关隶属大鹏海关申报向伊朗出口的一批卫生瓷洁具和烟灰缸。海关查验人员通过检查设备对装载该批货物的集装箱进行扫描，发现在集装箱中后部大量形状规则的砖状物，而砖状物周围堆满了卷筒状物体进行遮盖。从扫描图像上看，实际出口的货物与申报的货物明显不符。于是，海关查验人员立即开箱检查，发现卷筒状物体是一批 PP 无纺布，而掩藏在布匹中的砖状物，则是一条条标有 Marlboro 商标的香烟，共 45 300 条（约 906 万支）。海关根据经验，断定该批货物可能是假冒产品，立即联系 Marlboro 商标权利人美国飞利浦莫里斯公司，经鉴定该批香烟全部是假冒产品。

近年来，针对经由深圳口岸出口瞒报假冒香烟数量较大的情况，深圳海关通过数据比对和情报分析，总结出假烟出口的四个重要风险点：（1）重点渠道，一般贸易方式下经海运和陆路运输是假烟出口的主渠道。（2）重点商品，因不涉及关税和许可证管理而较容易获得低风险快速通关，卫生洁具、锅具、工艺品等经常被用于伪报出口假烟的商品名称。（3）重点企业，短期内申报量突增的外地企业出口假

烟的情况较多。(4) 重点航线，经由东南亚、中东、欧洲、香港等地的航线运输出口假烟可能性较大。经过海关有针对性地开展精确打击和集中整治，深圳口岸出口假烟的情况一度得以缓解。但本次查获数量巨大的假烟案件，深圳海关意识到假烟出口的势头可能会再现，于是立即向关区内各口岸发布风险预警提示，要求现场加大使用检查设备对出口集装箱进行机检查验。

布控很快取得成效。2014 年 7 月 31 日和 8 月 1 日深圳海关隶属蛇口海关分别查获了江西省永丰县鑫源贸易有限公司以“锅具”名义申报向新加坡出口的假冒 Marlboro 香烟906 万支和黑龙江省密山市吉昌贸易有限责任公司以“滑板车”名义申报向沙特阿拉伯出口的假冒 Marlboro 香烟 946 万支。至此，深圳海关在短短 12 天内共查获出口假烟 2 758 万支。2015 年 1 月，深圳海关将罚没假烟进行了公开销毁。

（二）典型意义

此案是海关利用风险分析技术有效提升知识产权执法效能的典型案例。假冒香烟大量出口一直影响着我国国际形象，同时也是困扰我国海关执法的一个焦点问题。违法分子采取伪报货物名称、夹藏和伪装等手法，逃避海关知识产权执法。针对复杂的口岸监管环境，深圳海关不仅在实践中探索和积累了运用风险分析技术查缉假烟出口的成功经验，而且又在新的执法实践中成功地予以运用，在短时间内连续查获大量假烟，有效遏制了假烟出口势头，净化了口岸秩序。此案对我国海关运用风险分析技术提高进出口侵权货物的查获率具有重要的借鉴意义。《光明日报》、人民网、《南方都市报》等媒体先后对此案进行宣传报道近 10 次，产生了良好的社会效果。

（海关总署）

三十七、杭州海关会同公安机关查处出口假冒注册商标药品案

（一）案情简介

2014 年7 月4 日，杭州海关收到举报，称一个装有假冒其 Shalina 商标药品的集装箱将于近期从义乌出口，请求海关予以查扣。杭州海关立即向义乌海关下达了布控指令。

同日，义乌海关接到义乌市巧联商品采购有限公司对同一编号集装箱的出口申报，随即对该集装箱进行重点查验，发现其中装有 6 种规格型号标有 Shalina 等多个商标标识的药膏和药剂 234 箱，共计 13. 3 万支，货值约 66. 4 万元人民币。经阿米那有限公司确认，该批药品为假冒其公司注册商标的药品。

假冒药品威胁消费者健康和安全，是海关总署要求予以重点查缉的侵权产品。由于此案涉案货物数量多、案值大、社会危害性强，义乌海关启动重大知识产权案件快速反应机制，按照外商采购、仓管收货、货代订舱、集卡装货、报关出口的小商品外贸流程层层追溯，逐一排查，取得了重大突破。通过对涉案人员进行询问和查阅单证资料，调查结果最后指向一名肯尼亚籍采购商和本地商贸城市场经营户傅某。

根据案情，义乌海关判断此次查获的假冒药品应当仅是销售假药违法犯罪活动的冰山一角，在市场经营户的背后可能存在一张制售假药的网络。义乌海关迅速与当地公安和市场监管等部门会商，决定在义乌市知识产权综合治理机制框架下开展联合执法，扩大战果。义乌海关将涉嫌犯罪案件移送义乌市公安局，并组成联合专案组。公安机关最终查明上海某日化公司将其生产的假冒药品通过义乌市场多家商户进行销售的犯罪事实并抓获多名犯罪嫌疑人。

目前案件处于司法机关审理阶段，其中销售该批假药的傅某和朱某已被判刑，上海某日化公司生产假药的案件正在检察机关审查起诉阶段。

（二）典型意义

此案是中国海关积极推进“两法衔接”的典型案例。假冒药品、食品、汽摩配件严重威胁消费者的健康和安全，一直是海关总署要求从严打击的重点侵权产品。此案查获的假冒药品数额巨大，一旦流入国际消费市场，将会对境外消费者，特别是发展中国家人民的健康和安全造成严重威胁，严重损害我国的国际声誉。义乌海关查获此案，不仅成功阻止了一批假冒药品的出口，而且会同公安机关成功捣毁一个长期制售假药的网络，从源头上消除了违法犯罪，实现了知识产权海关行政执法与公安机关刑事执法的有效衔接。在查办此案过程中，义乌海关充分发挥了海关作为国家进出境监督管理机关的职能和优势，并积极主动会同公安机关进行刑事侦查，为全案成功侦破奠定了坚实基础。

（海关总署）

三十八、广东江门海关组织专项行动查处出口假冒注册商标灯具案

（一）案情简介

2014 年 4 月 4 日，广东江门海关驻高沙办事处在查验中发现珠海市华富源贸易有限公司出口的落地灯 378 个、台灯 802 个均带有 UL 标识，涉嫌侵犯 UL 商标专用权。经联系权利人确认，上述货物全部为侵权商品。

“UL”是美国 UL 安全实验所在我国注册的一个证明商

标，用于证明出口产品经检测达到可以进入美国消费市场的安全认证标准。我国一些企业擅自将“UL”商标用于其未经检测的出口产品，既侵犯了美国 UL 安全实验所的商标专用权，又给境外消费者造成了安全隐患。

江门海关查获此案后，立即着手对侵权产品来源进行追踪。通过风险分析认为，在该关毗邻的“中国灯饰之都”中山古镇及周边地区灯饰生产企业众多，灯具出口量较大，侵权行为可能来源于此，决定组织开展对出口侵权灯具的专项整治行动。江门海关一方面指定专人对现场报关单进行实时监控，另一方面及时为各监管现场提供风险预警。专项整治行动很快取得战果。2014 年 4 月到 8 月，江门海关驻外海办事处、驻高沙办事处和新会海关连续查获了 6 批出口假冒 UL、ENERGY 和 SHARP 商标的灯具，共计 14 万件，涉案金额达 105 万元人民币。

海关的专项整治行动有力地遏制了侵权违法活动的势头，对规范本地灯具生产和出口秩序产生了积极影响，目前江门关区出口灯具的知识产权状况明显好转。江门海关在行动期间还有针对性地开展了对企业的法律宣传，教育引导企业守法经营，同时提醒企业要对外商订单涉及的知识产权状况予以合理注意，以避免因无意识侵权造成不可挽回的经济损失。

（二）典型意义

此案是海关贯彻“查办一个案件、规范一个行业”执法理念的典型案例。江门海关根据查获的案件线索，积极主动地组织开展专项执法行动，扩大战果，有效制止了大量假冒产品进入国际市场，维护了“中国制造”的国际声誉。同时该关还采取各种措施，一手抓执法，一手抓促进，既严厉打击侵权违法，又积极引导和鼓励当地灯具行业自觉守法经营，实现了规范出口秩序和促进经贸健康发展的双重目的。

（海关总署）

三十九、广州海关运用大数据查获出口假冒注册商标蚊香案

（一）案情简介

“榄菊”牌蚊香是广东省中山市榄菊公司的出口名牌产品，在非洲一些国家享有盛名，当地大部分消费者购买蚊香只认“榄菊”。但是近年来受到来自我国的假冒产品的冲击，榄菊公司产品的市场占有率受到严重挤压，一度曾出现假冒品占 90%，而正品仅占 10% 的局面。此外，许多假冒蚊香由于用药超标，易使消费者中毒，据反映非洲已有假冒“榄菊”蚊香致人死亡的案例发生，所以我国多个口岸海关都把查缉出口假冒“榄菊”蚊香作为执法重点。

2014 年 3 月初，榄菊公司向广州海关反映有假冒其商标的蚊香经广州关区南沙口岸向非洲出口的情况，请求海关予以查缉。广州海关立即采取行动，调阅有关报关数据进行综合分析，逐一排查。但是海关发现，尽管每天经南沙口岸向非洲出口的报关数据多达 700 余条，但 2014 年前 2 个月几乎没有申报出口蚊香的记录，后续风险布控一时陷入盲区。

办案人员决定变换思路，扩大数据分析范围，运用大数据技术分析蚊香消费市场与新增航线、侵权高风险企业、可能瞒报的商品名称之间的关系，最后将重点锁定在“马桶”等高风险申报商品，并向现场下达布控指令。2014 年 3 月 17 日重庆准动商贸有限公司向南沙海关申报向塞内加尔出口一批无品牌马桶。海关在查验过程中发现该批货物中夹藏有 9 000盒“榄菊”牌蚊香，经权利人确认全部为假冒产品。

广州海关在调查过程中了解到，假冒“榄菊”蚊香的产地集中在福建地区，南沙口岸只是货物的出口地，案件当事人只是代理出口。由此海关意识到不法企业在此批假冒蚊香被截获后，肯定会调整策略，通过变换代理出口企业、改变货物目的地和用于掩护假货出口的商品等手法逃避海关监管，继续出口假冒产品。所以海关再次对出口报关数据进行综合分析，在风险布控参数中增加了抛光砖等容易被作为夹藏道具的产品和出口上述高风险产品的企业。果然，在不到半个月的时间里，南沙海关又先后查获三批近 19 万盒假冒的“榄菊”蚊香。这些假冒产品的目的国横跨亚洲和非洲，代理出口的经营单位涉及不同省份，而伪报的商品名称均为“抛光砖”。对查获的假冒“榄菊”蚊香，广州海关同时将案件线索向公安机关进行了通报。

（二）典型意义

此案是海关利用大数据开展风险分析查获假冒货物的典型案例。广州海关通过对出口报关数据开展综合风险分析，准确设定风险要素并根据侵权货物出口动向及时调整布控对象，连续捕中多批假冒出口蚊香。此外，广州海关采取保护“榄菊”商标的执法措施也是中国海关加强对自主品牌保护、维护“中国制造”的国际声誉的一个缩影。中国日报网等媒体对此案进行了报道。

（海关总署）

四十、上海海关通过执法帮助国内企业海外维权案

（一）案情简介

2014 年 5 月初，苏州科陌泰克公司向上海海关隶属洋

山海关申报出口到厄瓜多尔的300台点钞机。海关查验时发现该批点钞机上标有苏州日宝科技有限责任公司 RIBAO TECHNOLOGY 商标，且出口企业并非是该商标的所有人。苏州日宝公司本身能自行出口，为何委托其他公司出口？海关随即中止了该批货物的通关程序并将有关情况通知了苏州日宝公司。上海海关一方面安排苏州日宝公司查看货物和收集证据，另一方面着手对该批点钞机的知识产权状况进行调查。

经查，苏州日宝公司是国内一家研发生产票据、纸币及硬币的清点、清分设备的专业公司，其产品80%以上出口到国外，其 RIBAO TECHNOLOGY 品牌的现金处理器在国际市场享有很高的声誉，处于行业领先地位。为开拓美国市场，2007年苏州日宝公司与美国当地销售商合作成立了美国日宝公司，专门负责在美国销售带有 RIBAO TECHNOLOGY 品牌的产品，该产品在美国及周边国家的影响逐渐扩大。

但是近年来苏州日宝却发现自己产品在美国的营业额并没有随产品影响的扩大而增长。后经调查发现，美国日宝公司在苏州日宝不知情的情况下，擅自在美国抢注了 RIBAO TECHNOLOGY 商标，并在国际市场销售并非由苏州日宝生产的同类商品。美国日宝公司的做法，不仅使苏州日宝遭受了直接的经济损失，而且还严重影响了苏州日宝公司的品牌声誉，阻碍了其国际化战略的实施。苏州日宝公司随即停止了与美国日宝公司的合作，并尝试回购其 RIBAO TECHNOLOGY 商标或直接收购美国日宝，但没有成功。当苏州日宝公司发现美国日宝公司擅自销售的产品大多来自中国时，便将其 RIBAO TECHNOLOGY 商标向海关总署进行了备案，希望借助海关打假来维护其合法权益。洋山海关中止通关的300台点钞机正是美国日宝在未获苏州日宝许可的情况下向苏州科陌泰克公司订购的产品。

鉴于该批点钞机在未经商标权人许可的情况下使用了 RIBAO TECHNOLOGY 商标，依照我国《商标法》和《知识产权海关保护条例》应当属于侵犯苏州日宝公司商标权的货物。上海海关将调查结果、相关法律规定和侵权法律后果向出口企业进行了通报和宣传解释。由于其订购货物的出口渠道已被海关封堵，美国日宝公司被迫主动联系苏州日宝公司，表示愿意通过协商解决商标纠纷。经过双方协商，苏州日宝公司同意不向海关申请扣留涉案的300台点钞机，而美国日宝公司则同意放弃 RIBAO TECHNOLOGY 商标在美国的专用权。至此困扰苏州日宝公司多年的境外商标权纠纷得以顺利解决，其实施国际化战略道路上的一大障碍被扫除。

（二）典型意义

此案是海关通过执法帮助企业海外维权的典型案例。苏州日宝公司的商标被境外合作者在国外抢注，为拿回自己的商标权，该公司进行了多年的努力，始终不能成功。上海海关通过在出口环节的知识产权执法，使苏州日宝公司拿回了在国外被抢注的商标，为其实施国际化战略、拓展产品的国际市场扫除了障碍，堪称是海关助力国内企业海外维权和“走出去”开拓国际市场的典范。近年来随着中国产品出口的迅猛增长和中国品牌海外知名度的逐渐提升，中国企业的商标在境外被他人抢注的情况也有上升趋势。中国企业的海外维权需要国家和政府部门的大力支持，为国内企业海外维权保驾护航。

此案对我们正确处理“定牌加工”案件也提供了重要启示。国内企业由于受资金、能力和意识的局限，往往不能事先将其商标进行海外注册，造成大量商标被他人抢注。特别是境外企业在抢注我国商标后再委托我国其他企业代为生产和出口相同品牌的产品，直接挤占我国合法产品的国际市场份额和破坏中国品牌的国际声誉，对我国的出口名牌战略造成严重阻碍。上海海关的执法实践证明，处理“定牌加工”侵权纠纷，必须考虑到我国商标在海外的合法权益。

（海关总署）

四十一、厦门海关采用证据开示化解侵权纠纷案

（一）案情简介

2014年5月28日，厦门海关所属东渡海关在对厦门海莱照明有限公司以进料对口方式申报出口的LED灯进行查验时，发现其中1 6000个LED灯的包装上标有上海姿莹化妆品销售有限公司在海关总署备案的 Conserv Energy 商标。因海莱公司不能提供上海姿莹授权其使用该商标的文件，东渡海关以涉嫌侵权依法扣留了该批LED灯。

此案是厦门海关首次查获加工贸易货物涉嫌侵权的案件。相对于一般贸易，加工贸易的国内生产方主要应国外委托方进行生产，其中包括指定货物的品牌。考虑到此类案件大多涉及商标在境外的合法注册和使用问题，厦门海关在案件办理过程中，要求海莱公司提供国外订货商使用 Conserv Energy 商标的情况，海莱公司提供了其订货商美国慧特电子公司在美国注册商标的资料。

根据海莱公司提供的情况，厦门海关查清了案件事实：惠特公司于1995年在美国就 Conserv Energy 进行了商标注册。2001年惠特公司开始委托海莱公司生产使用 Conserv Energy 品牌的照明产品并出口到美国。而上海姿莹是于

2010 年 8 月才在我国进行了 Conserv Energy 的商标注册。考虑到涉案商标在中国和美国分属不同的注册人，海莱公司生产的产品只用于向美国出口，而上海姿莹在美国并不享有合法使用该商标的权利，海莱公司出口 Conserv Energy 商标的产品并不会对其造成任何损害，厦门海关认为现有证据不足以证明海莱公司的行为构成侵权。为妥善处理，厦门海关于 2014 年 6 月 25 日组织召开有双方当事人参加的知识产权案件调查证据开示会。

在证据开示会上，上海姿莹和厦门海莱公司当面进行了举证、质证并阐述了各自的观点。海关调查人员介绍了我国法律的相关规定和司法机关对定牌加工案件的裁判情况。此次证据开示活动使上海姿莹和海莱公司对相关法律及政策有了充分的了解。会后不久，上海姿莹致函厦门海关，要求撤回其扣留海莱公司出口货物的申请，厦门海关遂解除了对此批货物的扣留，此案纠纷得以圆满解决。

（二）典型意义

此案是海关成功运用证据开示化解当事人侵权纠纷的典型案例。近年来随着我国企业知识产权意识的不断提高，运用知识产权手段从事外贸竞争的情况迅速增加。目前海关处理的进出口知识产权案件中，较多属于存在侵权争议的案件。如何在处理此类案件过程中做到既有效保护知识产权又防止对合法进出口活动造成消极影响，是海关知识产权执法的一个难点。海关总署根据相关司法实践经验，于 2013 年制定了《知识产权海关保护案件证据开示操作规程（试行）》，要求各地海关对涉及侵权争议的复杂案件，通过组织证据开示全面收集证据并充分听取双方当事人的意见，增加海关办案的透明度，提高执法的客观性和公正性。此案中，厦门海关基于维护双方当事人的合法权益，通过召开知识产权证据开示会，公开海关的执法过程，同时对有关政策和司法裁判情况进行说明，使当事双方能够更加理性地处理纠纷，使案件得到妥善处理，实现了化解矛盾，减少纷争的目的，取得了良好的社会效果。

（海关总署）

四十二、昆明海关依据商标地域性原理查处进口侵权棉拖鞋案

（一）案情简介

2014 年 9 月 4 日，昆明海关驻邮局办事处在对进境邮包的监管过程中发现了 7 个从澳大利亚进口的包裹，内装标有 FD UGG AUSTRALIA 商标的棉拖鞋 200 双。该邮包的境内收件人是昆明膜力汽车用品有限公司。该批棉拖鞋经 UGG 商标在我国的注册人德克斯户外用品有限公司确认为侵权产品，昆明海关根据德克斯公司的申请对该批棉拖鞋予以扣留。

对海关扣留其棉拖鞋，膜力公司提出异议，认为未侵犯德克斯公司的商标权，理由是：（1）涉案棉拖鞋是该公司在澳大利亚购买的合法产品，UGG 在澳大利亚属于通用商品名称。权利人德克斯公司虽然曾经在澳大利亚注册 UGG 商标，但已经被澳大利亚撤销，因此当事人购买并进口涉案货物之行为不构成侵权；（2）进口的棉拖鞋是公司准备作为中秋节福利发放给员工的礼品，属于自用，不构成侵权，海关应按照自用、合理数量原则予以放行；（3）该公司没有使用 UGG 商标，也没有销售带有 UGG 商标的产品，不构成《商标法》第五十七条第一、二款规定的侵权行为。

海关经调查，认为该批拖鞋应当属于侵权商品。理由是：（1）该批拖鞋上使用的 FD UGG AUSTRALIA 商标与德克斯公司注册的 UGG 商标在视觉上基本无差别，应认定为使用相同商标；（2）德克斯公司在中国合法注册了 UGG 商标，即享有该商标的专用权。根据商标的地域性原则，任何商标在澳大利亚的法律状态不能自然延伸到中国境内，该批拖鞋未经德克斯公司许可进入中国境内，应当属于侵犯德克斯公司商标专用权的产品；（3）此案货物的数量和价值较大且不属于个人自用的邮递物品，不符合《知识产权海关保护条例》规定可以豁免的条件，应当依法按进口侵权货物处理；（4）尽管膜力公司为企业自用而进口标有 UGG 商标的棉拖鞋不构成《商标法》规定的商标侵权行为，但不能因此否定其违反海关监管规定的性质。据此，昆明海关决定按侵权货物将涉案的 200 双棉拖鞋予以没收。

（二）典型意义

此案是海关按照知识产权地域性原则依法认定侵权货物的典型案例。虽然美国德克斯公司在中国享有 UGG 商标的专用权，但因 UGG 在澳大利亚被当做鞋靴类商品的通用名称使用，且德克斯公司曾在澳大利亚注册的相同商标已被当地人民法院撤销，在这种情况下对膜力公司进口的在当地属于合法的产品还能否被认定为侵权，需要海关办案人员具有较丰富的知识产权法律知识和较强的分析判断能力。昆明海关对此案的妥善处理，体现了办案人员对商标地域性原理的准确理解。该关依据《商标法》和《知识产权海关保护条例》，合理区分民事侵权行为和违反海关法行为，对今后海关处理相同案件以及社会公众了解相关法律法规都具有积极意义。此外，昆明海关在案件调查期间先后组织了证据开示和处罚听证，充分听取了商标权人和进口企业的意见，保证了案件处理的公正和公开。

（海关总署）

其他假冒侵权典型案件

一、最高人民法院审判腾讯科技有限公司等诉北京奇虎科技有限公司等不正当竞争纠纷上诉案

（一）案情简介

北京奇虎科技有限公司、奇智软件（北京）有限公司（合称奇虎公司等）针对腾讯科技（深圳）有限公司、深圳市腾讯计算机系统有限公司（合称腾讯公司等）的QQ软件专门开发了“360扣扣保镖”软件，在相关网站上宣传扣扣保镖软件全面保护QQ软件用户安全，并提供下载。在安装了扣扣保镖软件后，该软件会自动对QQ软件进行体检，以红色字体警示用户QQ存在严重的健康问题，以绿色字体提供一键修复帮助，同时将“没有安装360安全卫士，电脑处于危险之中；升级QQ安全中心；阻止QQ扫描我的文件”列为危险项目；查杀QQ木马时，显示“如果您不安装360安全卫士，将无法使用木马查杀功能”，并以绿色功能键提供360安全卫士的安装及下载服务；经过一键修复，360扣扣保镖将QQ软件的安全沟通界面替换成扣扣保镖界面。腾讯公司等以上述行为构成不正当竞争为由，提起诉讼。

（二）裁判结果

广东省高级人民法院一审认为，奇虎公司等前述行为构成不正当竞争行为；其针对腾讯公司等的经营，故意捏造、散布虚伪事实，损害了该公司的商业信誉和商品声誉，构成商业诋毁。遂判决奇虎公司等公开赔礼道歉、消除影响，并连带赔偿经济损失及合理维权费用共计500万元人民币。奇虎公司等不服，提起上诉。最高人民法院二审认为，在市场竞争中，经营者通常可以根据市场需要和消费者需求自由选择商业模式，这是市场经济的必然要求。腾讯公司等使用的免费平台与广告或增值服务相结合的商业模式是本案争议发生时互联网行业惯常的经营方式，也符合我国互联网市场发展的阶段性特征。这种商业模式并不违反《反不正当竞争法》的原则精神和禁止性规定，腾讯公司等以此谋求商业利益的行为应受保护，他人不得以不正当干扰方式损害其正当权益。奇虎公司等前述行为破坏QQ软件及其服务的安全性、完整性，干扰了其正当经营活动，损害了其合法权益。奇虎公司等前述行为根本目的在于依附QQ软件强大用户群，通过对QQ软件及其服务进行贬损的手段来推销、推广360安全卫士，从而增加奇虎公司等的市场交易机会并获取市场竞争优势，此行为本质上属于不正当地利用他人市场成果为自己谋取商业机会从而获取竞争优势的行为，违反了诚实信用和公平竞争原则，构成不正当竞争。最高人民法院判决驳回上诉，维持原判。

（三）典型意义

本案中，最高人民法院明确了互联网市场领域中商业诋毁行为的认定规则，其根本要件是相关经营者的行为是否以误导方式对竞争对手的商业信誉或者商品声誉造成了损害。最高人民法院指出，经营者为竞争目的对他人进行商业评论或者批评，尤其要善尽谨慎注意义务；互联网的健康发展需要有序的市场环境和明确的市场竞争规则作为保障，竞争自由和创新自由必须以不侵犯他人合法权益为边界。最高人民法院在本案中明确了互联网市场领域技术创新、自由竞争和不正当竞争的关系，本案对相关互联网企业之间开展有序竞争、促进市场资源优化配置具有里程碑的意义。

（最高人民法院）

二、最高人民法院审判北京奇虎科技有限公司诉腾讯科技有限公司等滥用市场支配地位纠纷上诉案

（一）案情简介

北京奇虎科技有限公司向广东省高级人民法院起诉称，腾讯科技（深圳）有限公司、深圳市腾讯计算机系统有限公司（合称腾讯公司等）在即时通讯软件及服务相关市场具有市场支配地位，并指控腾讯公司滥用该支配地位，无正当理由限制交易和捆绑销售，请求判令腾讯公司立即停止滥用市场支配地位的垄断行为，连带赔偿奇虎公司经济损失人民币1.5亿元。

（二）裁判结果

广东省高级人民法院一审认为，本案相关商品市场远远超出综合性即时通信服务市场，相关地域市场应为全球市场。腾讯公司在该相关市场不具有支配地位。由于奇虎公司对本案相关商品市场界定错误，其所提供的证据不足以证明腾讯公司等在相关商品市场上具有垄断地位，故奇虎公司的诉讼请求缺乏事实和法律依据，而不能成立。该院判决驳回奇虎公司的全部诉讼请求。奇虎公司不服，提出上诉。最高

人民法院利用经济分析方法重新界定了本案相关市场范围，通过考察被诉垄断行为的实际或者可能的竞争效果，认为基于本案现有证据，不足以认定腾讯公司等实施了为反垄断法所禁止的限制交易和搭售行为。故判决驳回上诉，维持原判。

（三）典型意义

本案是最高人民法院审理的第一起垄断案件。在长达7.4万字的判决书中，最高人民法院详细阐述了互联网领域反垄断法意义上相关市场界定标准、市场支配地位认定标准以及滥用市场支配地位行为的分析原则和方法等一系列具有重要意义的法律问题，明确了反垄断法律适用的多个重要裁判标准。在滥用行为的分析思路上，本案判决在国际上创造性地采用了“行为—竞争效果评估”的分析范式；在互联网领域相关市场界定方面，判决不仅运用了国际上通行的经济分析方法，还综合运用了社会学、心理学等多学科的知识作为支撑，并深刻阐述了相关市场界定的作用及价值，澄清了相关市场界定并非必经步骤；在互联网领域经营者的市场支配力认定尤其是双边市场的影响方面，判决对双边市场对经营者市场支配力的影响进行了深入阐述，并提出了根据具体案情决定双边市场分析的起点，不需要也不存在固定的分析范式的思路。本案判决在国内外产生了广泛影响。业界和学界对该判决给予高度评价，认为判决展现了最高人民法院在明确法律标准、指引互联网产业发展方面确立了典范和标杆。有评论指出，最高人民法院的判决是“真正懂得互联网的判决”；“中国最高审判机关在判决中阐述的法律适用标准为世界范围内的互联网反垄断的裁判树立了一个标杆，将在国际上产生重要影响”。

（最高人民法院）

三、广东省高级人民法院审判北京趣拿信息技术有限公司诉广州市去哪信息技术有限公司不正当竞争纠纷上诉案

（一）案情简介

2005年5月9日，庄辰超注册了qunar.com域名并创建了“去哪儿网”。北京趣拿信息技术有限公司（简称趣拿公司）于2006年3月17日成立后，qunar.com域名由庄辰超转让给该公司。经过多年使用，“去哪儿”、“去哪儿网”、“qunar.com”等服务标识成为知名服务的特有名称。广州市去哪信息技术有限公司（简称去哪公司）的前身成立于2003年12月10日，后于2009年5月26日变更为现名，经营范围与趣拿公司相近。2003年6月6日，quna.com域名登记注册，后于2009年5月转让给去哪公司。去哪公司随后注册了123quna.com、mquna.com域名，并使用“去哪”、“去哪儿”、“去哪网”、“quna.com”名义对外宣传和经营。趣拿公司以去哪公司上述行为构成不正当竞争为由，请求判令去哪公司停止不正当竞争行为并赔偿损失人民币300万元等。

（二）裁判结果

广州市中级人民法院一审认为，去哪公司使用“去哪”、“去哪儿”、“去哪网”、“quna.com”服务标记的行为构成对趣拿公司知名服务特有名称的侵害，去哪公司在其企业字号中使用“去哪”字样的行为构成不正当竞争，去哪公司使用quna.com、123quna.com、mquna.com域名的行为构成对趣拿公司域名权益的侵害。遂判决去哪公司停止使用上述企业字号、服务标记、域名，并限期将上述域名移转给趣拿公司；去哪公司赔偿趣拿公司经济损失35万元人民币。

去哪公司不服一审判决提出上诉。广东省高级人民法院二审认为，去哪公司使用“去哪”企业字号和“去哪”标识等构成不正当竞争行为。去哪公司对域名quna.com享有合法权益，使用该域名有正当理由，根据《最高人民法院关于审理涉及计算机网络域名民事纠纷案件适用法律若干问题的解释》第四条规定，不构成不正当竞争，去哪公司随后注册的123quna.com、mquna.com域名也应当允许注册和使用。双方均享有来源合法的域名权益，需要彼此容忍、互相尊重、长期共存，一方不能因为在经营过程中知名度提升，就剥夺另一方的生存空间；另一方也不能恶意攀附知名度较高一方的商誉，以谋取不正当的商业利益。据此，去哪公司虽然有权继续使用quna.com等域名，但是也有义务在与域名相关的搜索链接及网站上加注区别性标识，以使消费者将上述域名与趣拿公司“去哪儿”、“去哪儿网”、“qunar.com”等知名服务特有名称相区分。二审法院维持了一审判决关于去哪公司停止使用“去哪”企业字号及“去哪”等标识的判项；撤销了去哪公司停止使用quna.com等域名并限期将上述域名移转给趣拿公司的判项，并把赔偿数额相应调整为25万元人民币。

（三）典型意义

本案区分了域名近似与商标近似判断标准的不同，以及权利冲突处理原则。去哪公司使用了在先注册的域名quna.com，趣拿公司经营的“去哪网”属于知名服务的特有名称，并注册了域名qunar.com。两个域名仅相差一个字母“r”，构成相近似的域名，但二审法院认为可以长期共存，依据在于：一是域名具有全球唯一性，由于域名有长度限制，全球域名注册的最大容量不超过43亿，如果规定近似

域名不得注册，从经济学角度看是没有效益的。二是域名由计算机系统识别，计算机对非常相似的域名也可以精确地区分开来，绝不会出现混淆情况。电子技术手段与感觉感官在精确性上的巨大差异是造成域名近似与商标近似的判断标准不同的主要原因。

（最高人民法院）

四、江苏省南京市江宁区人民检察院查处段新苗侵犯商业秘密案

（一）案情简介

2010年7月至2011年5月间，被告人段新苗在江苏南京三超金刚石工具公司任职期间，违反该公司管理规定，以复制、偷拍等不正当手段，获取该公司已采取保密措施的金刚石线锯生产设备的图纸等商业秘密。2011年5月11日，段新苗以技术入股的形式，与他人成立南京万牙索材料科技公司，获取该公司40%的股份，并任总经理。南京万牙索材料科技公司利用段新苗获取的商业秘密，先后生产并销售金刚石线锯生产设备7台，违法获利1 092万余元人民币。

（二）处理结果

2013年6月27日，江苏南京市江宁区人民检察院以段新苗涉嫌侵犯商业秘密罪提起公诉。同年11月15日，南京市江宁区人民法院以侵犯商业秘密罪判处被告人段新苗有期徒刑六年，罚金人民币200万元。二审维持原判。

（三）典型意义

在该案办理过程中，检察机关注重就案件事实、证据和法律适用听取权利人、鉴定人、辩护人、诉讼代理人意见，通过到权利人单位现场走访，实地了解生产经营状况，对案件中的技术性问题形成了直观认识，为案件的顺利办理奠定了坚实基础。庭审过程中，控辩双方围绕鉴定意见这一关键证据和案件争议焦点进行了激烈辩论，检察机关及时申请鉴定人出庭作证，有力地指控了犯罪。办案检察机关还认真剖析该案，针对商业秘密司法鉴定中存在的问题和争议开展实证研究，撰写了《侵犯商业秘密案件司法鉴定的实证分析报告》，构建了规范化、制度化、合理化的审查模式，提高了办理侵犯商业秘密类案的执法水平。

该案被告人被判处的刑罚接近侵犯商业秘密罪的法定最高刑，有力地打击了侵犯知识产权犯罪，充分体现了检察机关保护知识产权的职能和作用，树立了检察机关的良好形象。

（最高人民检察院）

五、南京海关通过国际合作打击跨国销售假药案

（一）案情简介

2014年1月1日，南京海关隶属苏州海关驻邮局办事处在通过X光机检查一批出口至美国的邮政快件时，发现其中一个包裹显示含有大量颗粒状物体。在开拆邮包后发现内有8 750粒标有Pfizer字样的蓝色菱形颗粒药品。该批药品的包装十分简陋，被散装在包装袋内，没有正规药品常用的塑封包装和药盒，海关查验人员断定该批药品可能属于假冒药品。

海关在调查中又发现，该批药品是寄往美国印第安纳州一个叫Andry的收件人的，同时邮寄面单上还附有收件人的邮编、地址和联系电话。但寄件人的信息很少，只是在姓名栏填写“GUO”，地址栏填写“No 88 dy ky Rd”和一个虚假手机号。在个人邮包中包含如此大量假药，明显不是用于收件人个人使用。海关人员根据执法经验，意识到此批假药可能是境外犯罪分子通过电商平台订购后用于在美国境内销售。由于国内寄件人信息过少，海关难以查清此批假药的生产和出口商。南京海关根据此前曾与美国海关开展打击输美假冒产品联合执法行动的经验，向海关总署建议针对此批假药组织一次中美海关联合执法行动。

海关总署立即联系美国国土安全部移民及海关执法局，提议由美方对此批假药的美方收件人进行监控并采取后续执法行动，美方积极响应。2014年1月3日，苏州海关将涉案假药恢复成原包装，放进正常的包裹里，将这批假药运往原定目的地美国纽约肯尼迪国际机场。同时有关该批假药的航班号和邮包编号等信息也由中国海关发给了纽约海关。同年1月5日当该假药邮包在纽约机场落地，美国海关立即告知中国海关。同年1月7日，美国海关再次告知中国海关已将收件人抓获，并成功捣毁了一个在美国长期销售假药的犯罪团伙。

（二）典型意义

该案是中国海关通过开展国际合作维护国际贸易供应链安全的典型案例。侵权贸易是一个全球性问题，涉及生产、出口、进口、零售和消费等多个环节。有效遏制侵权贸易需要各国执法机关的共同努力和密切合作。长期以来，中国海关不仅在出口环节对假冒违法活动持续保持高压态势，而且还积极主动开展与有关国际组织和境外执法机关在情报信息交换和组织联合执法行动方面的合作。南京海关此次成功地与美国海关开展了打击假药跨境运输的联合行动，再

次证明，要在世界范围内有效遏制侵权贸易，各国必须加强合作。

（海关总署）

六、湖南省长沙市质量技术监督局查处王勇朝等人生产、销售伪劣产品案

（一）案情简介

2010 年年初至 2013 年 8 月间，被告人王勇朝为谋取非法利益，伙同方荣坤、甘兴忠等人租赁长沙市雨花区黎托乡合丰村 7 组一民房开设加工作坊，在未办理任何生产经营许可证照的情况下，直接在地下挖了 3 个约 12 米 ×3 米的窖池，将收购来的新鲜蕨菜和笋丝简单清洗后存放于窖池，并非法添加了焦亚硫酸钠水溶液直接浸泡。随后，再用印有其原在四川省隆昌县注册、业已过期作废的“能辉牌”商标的塑料包装袋进行包装，同时在包装箱上使用标识食品生产许可证的包装箱包装后用于出售。经查实，王勇朝等人销售货物金额达 77 721 元人民币，查获未销售货物价值 53 714 元人民币。

（二）处理结果

该案线索是长沙市质量技术监督局雨花区分局、长沙市工商行政管理局雨花区分局在检查工作中发现，并于发现次日将该案移送长沙市公安局直属分局。公安机关经审查于 2013 年 8 月 27 日立案侦查。雨花区人民检察院于 9 月 29 日对王勇朝、甘兴忠作出批准逮捕决定，并于同年 12 月 13 日提起公诉。2014 年 1 月 23 日，雨花区人民法院以生产、销售伪劣产品罪一审判处王勇朝、甘兴忠各有期徒刑七个月；方荣坤、方华芝、王秀芝各有期徒刑七个月，缓刑七个月；刘再勇、蒋小花各拘役五个月，缓刑五个月。此判决为生效判决。

（三）典型意义

该案是检察机关通过两法衔接工作机制建议移送的一起危害食品安全案件。公安机关立案后，雨花区人民检察院指派专人及时掌握案件进展情况，引导侦查取证，指导公安机关着重收集销售金额证据，逐一查实下线购买数量及金额，确保销售金额达到构罪标准；在案件执行逮捕后，要求公安机关对笋丝、野蕨菜中二氧化硫残留量以及未销售货值进行鉴定，保证案件顺利起诉。同时，检察机关在工作中注重强化监督意识，深挖职务犯罪线索，从该案中发现并监督立案一起食品监管渎职案件，某质监局副局长舒某某因在日常工作中疏于监管、未采取有效措施整治辖区内无证加工窝点，被人民法院以食品监管渎职罪判处免于刑事处罚。该渎职案是刑法修正案（八）颁布以来，全省首例以食品监管渎职罪立案查处的案件，起到了很好的震慑作用。

（最高人民检察院）

七、上海市奉贤区工商部门查处熊智等人生产、销售假冒伪劣奶粉案

（一）案情简介

被告人熊智伙同熊岚经营上海锐可营养食品有限公司、南昌麦高营养食品有限公司等五家公司。2012 年 3 月起，熊智在南昌麦高营养食品有限公司未取得奶粉生产许可的情况下，从内蒙古亚华乳业有限公司购入大包牛奶粉，擅自加工、生产国产奶粉，并冒充可尼可、善臣、贝诺贝滋、乐氏及欧恩贝等品牌进口奶粉，投放市场销售牟取利益。案发后，扣押奶粉共计 23 万余罐，400 多吨，涉案金额 2 亿余元人民币。经抽样检测，在其生产的 13 件奶粉中，有 2 件含有致病菌，属于不符合安全标准食品；有 11 件检测值不符合能量及营养成分标示值，夸大了食品的营养水平，属于伪劣产品。

（二）处理结果

2013 年 4 月 26 日，奉贤区人民检察院通过两法衔接平台建议奉贤区工商分局将该案线索移送公安机关。奉贤区工商分局于 4 月 29 日将案件移送区公安分局。同日，区公安分局以生产、销售伪劣产品案立案侦查，并于 5 月 30 日提请批准逮捕。2013 年 6 月 6 日，奉贤区人民检察院将熊智等人批准逮捕。2015 年 2 月，熊智等 8 人分别被判处十五年至七年不等的有期徒刑，并分别判处罚金人民币 700 万元至 2 万元不等。

（三）典型意义

本案是最高人民检察院、公安部督办的一起以国产伪劣婴幼儿奶粉冒充原装进口婴幼儿奶粉的案件。案件涉及婴幼儿奶粉的生产、销售等多个环节，涉案人员多、涉及地域广、涉案金额特别巨大，社会影响恶劣。上海市奉贤区人民检察院在办理该案中，依法履行职能，严格审查证据，准确适用法律，在严把案件质量关的基础上，从严从快办理，共批准逮捕 7 名犯罪嫌疑人，附条件逮捕 3 人，取得了良好的法律效果和社会效果。一是充分利用“两法衔接”信息共享机制，密切与工商、食安办等行政执法部门的沟通配合，做到早发现线索，早分析研判，早监督立案；二是发挥联动机制作用，做到三级侦查监督部门在研商案件中联动，公安机关与检察机关在引导取证中联动，侦查监督与公诉部门在捕诉衔接上联动；三是在履行审查逮捕职能的同时，注重发

挥监督职能，确保案件在实体上和程序上都经得起检验。

（最高人民检察院）

八、河南等地公安机关查处李某等人制售假冒伪劣农药案

2014年7月22日，公安部指挥河南、浙江、上海、江苏、湖北、山东、河北、安徽、内蒙古9省、区、市公安机关开展联合行动，成功侦破李某等人制售假冒伪劣农药案，抓获犯罪嫌疑人13名，捣毁假农药制售窝点8个，缴获各类伪劣农药7 800多箱、制假原材料10吨、各类商标标识50多万枚，查扣压片机、搅拌机等制假设备11台。

经查，2010年以来，犯罪嫌疑人李某等人以河南鹤壁某农化经贸有限公司名义，组织人员从湖南浏阳购买制造伪劣农药所使用的制药引线，从郑州、安阳购买农药原料和假冒品牌农药包材、合格证等，在安阳设立2处地下生产窝点，组织工人生产“异丙威”、“腐霉百菌清”、“腐霉利”等数十种假冒伪劣农药，通过物流销售到浙江、上海、江苏、湖北、山东、河北、安徽、内蒙古等地，非法经营数额累计达人民币2 000多万元。

（公安部）

九、重庆等地公安机关查处李辉团伙贩售走私香烟案

2014年10月22日至24日，公安部会同海关总署、国家烟草专卖局组织重庆、上海两地公安、缉私、烟草等部门140余名执法人员全线出击，成功打掉一个长期盘踞上海，从境外走私卷烟并向国内多个省份贩售的李辉犯罪团伙。至此，历经八个多月的艰苦侦查，李辉犯罪团伙贩售走私卷烟案（称为“2·16”特大贩售走私卷烟案）全面告破，期间，重庆、上海、广东、浙江、贵州、甘肃等地公安机关积极参战，与缉私、烟草部门密切配合，先后开展两个波次收网行动，抓获犯罪嫌疑人43名，打掉犯罪团伙4个，捣毁仓储窝点10个，查明非法经营数额累计达2亿元人民币，彻底摧毁了一个从走私入关到利用“微信”朋友圈等网上社交平台发布广告、批发零售，再到物流配送等各环节的贩售走私卷烟的犯罪网络。

经查，2009年以来，上海李辉团伙以高额报酬招揽百余名旅行社导游，由导游在境外带团旅游时，向游客许以好处费，组织游客购买烟草制品，入境后由李辉团伙统一回收，再通过“微信”朋友圈等社交平台发布广告信息、洽商联络，向甘肃的朱某、广东的纪某等下线代理商批发，再层层批发转售后最终流入各地的不法烟酒零售店，非法经营数额累计达2亿元人民币。

（公安部）

十、浙江食品药品监管部门查处义乌“8·16”特大跨国制售假药案

（一）案情简介

自2014年7月起，浙江食品药品监管部门和公安机关密切配合协作，历时5个多月，成功破获义乌“8·16”特大跨国制售假药案，彻底摧毁了相互关联的多个制假、售假团伙，查扣制假所用的原料药、辅料、包装标签等超过百吨，查获涉案假药品、保健品50余吨，涉案物品金额达人民币8亿元以上。

2014年7月16日，义乌市市场监督管理局根据举报，在义乌港某仓库一举查获了案值人民币1.8亿余元的假冒“万艾可”等品牌药品。随后，浙江省局稽查局、义乌市局梳理案件线索，会同浙江省、义乌市公安机关外围调查发现，此案系由国内不法分子与埃及、叙利亚、美国籍不法分子内外勾结，在广州等地设地下工厂，大肆生产假冒的药品。

2014年10月，专案组分别在广州、上海、河南、江苏等地开展集中收网行动，彻底摧毁了分别以杨某、魏某、阿曼（埃及人）为首的3个制假团伙，捣毁假药地下工厂4个（含多条假药生产线）、包装储存假药仓库3个、非法原料药经营点1个、生产制假设备模具的窝点2个。2014年12月，在广东摧毁了一个非法印制涉假铝箔包装纸的窝点。经对所查获的产品样板档案资料鉴定发现，该窝点自2010年以来接受超过25个客户订制的药品铝箔包装纸达308个品种批次，其中绝大部分品种涉嫌用于生产假药，从而揭示出近年来国内大量假药生产窝点的一条重要线索。整个案件共查获各类涉案假药近200品种70余吨，其中包括假药万艾可72.2万片、希爱力129.56万片、艾力达56.62万片、喜克馈14.36万片。共发现各类裸片861公斤139万片，布洛芬原料600公斤，大量包装成品。在储存仓库内发现大量假冒品牌药品，包括假冒葛兰素史克、辉瑞、礼来、拜耳、赛诺非等多家国外药企的药品，假冒土耳其、叙利亚等国药企生产的化学药品，标示印度产的西地那非片、人参健脾开胃补丸等假冒产品，各类牌子假药一共近30种，声称有壮阳、减肥功能的保健品一共近百种。

（二）处理结果

目前，公安机关已抓捕犯罪嫌疑人47人，上网追逃5人，并已将相关犯罪嫌疑人以涉嫌犯生产销售假药罪、生产

销售有毒有害食品罪移送检察机关审查起诉。

（国家食品药品监管总局）

十一、浙江嘉兴市市场监督管理局查处网络销售微整形假冒药械系列案

（一）案情简介

2014 年 2 月，浙江省嘉兴市市场监督管理局从浙江省食品药品监督管理局稽查局提供的线索入手，协同辖区各县级局，与公安机关精心组织、共同作战，成功破获了 18 起微整形假药械案件。截至 2014 年底，嘉兴公安、市场部门先后赴北京、天津、吉林、广东等 14 个省市辗转 28 个城市抓获犯罪嫌疑人 103 名，捣毁 35 个生产销售窝点（其中大型窝点 18 个），共查获假冒药械货值约 1.1 亿元人民币，涉案总金额超过 3 亿元人民币。

2014 年 2 月，浙江省食品药品监督管理局稽查局通过网络监测发现，一家名为“篮诺微整形”的淘宝网店涉嫌大量销售多个品牌的肉毒毒素针、玻尿酸针等微整形类药械产品，通过网购，确认该网店销售的“保妥适”肉毒毒素针、“瑞蓝”玻尿酸针等产品均为假冒。经调查，发现该网店销售区域涉及全国 23 个省份，数额巨大，店主为冉某某。2014 年 3 月嘉兴市局和当地公安机关开展联合行动，将冉某某等涉案人员抓获归案，并在绍兴、海盐两地起获大量假冒玻尿酸等微整形药械。经办案人员对该网店 300 多名顾客的调查核实，其零售的假冒药械货值达人民币 263 万元，按正品市场价计达 4 000 万元人民币。2014 年 5 月，嘉兴市局对冉某某所涉及的 40 余个微整形 QQ 群信息进行整理，发现大量制假售假者借助网络平台进行交易。

（二）处理结果

浙江省各级食品药品机关部门协同辖区公安机关精心组织、共同作战，成功破获了 18 起微整形假药械案件。全案共抓捕犯罪嫌疑人 38 人。

（国家食品药品监管总局）

十二、黑龙江省食品药品监督管理局查处任某团伙销售假药案

（一）案情简介

2014 年 5 月 22 日，黑龙江省食品药品监督管理局稽查局联合哈尔滨市公安局经侦支队在北京、哈尔滨两地同时行动，抓获主要犯罪嫌疑人 3 名（另有 5 人被列为网上逃犯），端掉了生产、存放、销售假药的窝点 4 处。共查获全套假药生产设备和硫酸氢氯吡格雷片（波立维）、复方丹参滴丸、阿托伐他汀钙片（立普妥）、卡培他滨片（希罗达）等 10 种假药成品、半成品，涉案金额 4 亿余元人民币；查获罗氏、赛诺菲、拜耳、辉瑞、诺华、阿斯利康、天津天士力等 7 家外资企业和 2 家国内知名企业药品的包装盒、说明书、电子监管码等包装材料。

2014 年 3 月，黑龙江省食品药品监管局与哈尔滨市公安局经侦支队召开联席会议，通过双方掌握的情报，认为哈尔滨市呼兰人任某很有可能在呼兰从事产销假药违法活动，双方决定成立联合专案组对任某进行深入调查。经专案组分析研判，这个团伙以任某为首，主要家庭成员共同参与，以哈尔滨、北京两地的城乡结合部的大型小区为据点，分工明确，生产的假药均为仿真度极高的名厂名药。该团伙先利用生产设备在哈尔滨完成假药的制片、压片、塑封等机器生产环节，再将这些半成品运到北京市房山区的窝点，在这里完成分装、贴签、装箱等工作，最后利用北京市发达的交通和物流条件将假药销售出去。2014 年 5 月 22 日，双方执法人员在北京、哈尔滨两地同时行动，一鼓作气彻底捣毁了任某制售假药案团伙。

（二）处理结果

公安机关以当事人行为涉嫌犯销售伪劣药品罪将案件移送检察院。

（国家食品药品监管总局）

十三、湖北省食品药品监督管理局查处“5·13”系列重大制售假药案

（一）案情简介

2014 年 9 月，在国家食品药品监督管理总局稽查局的指导协调下，湖北省食品药品监督管理局与湖北省公安厅联合查办了“湖北‘5·13’张某武、徐某等团伙系列重大制售假药案”，一举端掉了在湖北省天门市、武汉市及北京市大兴区、河南省驻马店市等地，集生产、销售、存储和运输为一体的假药制售黑窝点 18 个，团伙 14 个。先后抓获涉案人员 102 名，刑事拘留主要涉案人员 39 名。收缴各类成品假药 188 个品种，总计约为 14.49 万盒（瓶）；半成品假药 82 个品种，计 353 万粒（支）；各类内外包装材料约 37.49 万（张、支、个）。查封扣押涉案车辆 2 台；收缴包装机、灌粉机、抛光机、粉碎机等制假工具、设备 12 台（套）；假印章 12 枚；涉案电脑 6 台、销售台账 6 本，各类宅急送、邮政快递单据存根 1 万多张。查获用于制售假药的原辅料苯乙双胍 2 桶 40 公斤、苯 8 袋 560 公斤、生粉 1 桶 20 斤、豆粕 560 斤等。暂扣、冻结银行资金 1 000 多万元人民币，收

缴银行卡近百张。

2014年年初，根据陕西步长制药有限公司的举报，反映在湖北省境内有人正在销售该公司还未投放市场的专利药品“人知降糖胶囊”。经分析，上述案件线索与另外两起案件的主要嫌疑对象均系同一伙人，作案地分布在多省市境内，且制假售假行为有所交集，湖北省食品药品监督管理局稽查分局和省公安厅经侦总队决定并案侦办，并命名为“湖北‘5·13’系列重大制售假药案”。经调查，2012年以来，天门籍徐某、张某武等10余个团伙以天门市为中心，从外地购进假药原料、包装材料，分别在河南省驻马店市等地进行药丸及胶囊加工，在天门市境内组织包装，生产假冒的“护肺养生舒”、“人知降糖胶囊”等近200个品种假药。通过网络、报刊发布虚假广告，接受网络订单，网络交易，经物流中转（主要是宅急送、邮政快递）直接将假药销售给临床病人，涉案金额达1.4亿元人民币以上。

（二）处理结果

根据《最高人民法院、最高人民检察院关于办理危害药品安全刑事案件适用法律若干问题的解释》的相关规定，截至2015年1月30日，共对31名涉案人员批捕完毕并转入审判阶段。

（国家食品药品监管总局）

十四、浙江省宁波市市场监督管理局查处“3·13”特大制售假药及无证医疗器械案

（一）案情简介

2014年上半年，宁波市市场监督管理局和宁波市海曙区市场监督管理分局两级市场监管（食品药品监管）部门与当地公安机关密切配合，经过三个多月的连续奋战，一举破获“3·13”特大制售假药案，相继摧毁了分布于沈阳、深圳、山东、河北的四个主要制售假冒微整形类药械的犯罪团伙。本案共抓获犯罪嫌疑人60名，查扣各类假药和无证器械共计77种5万余盒（支、瓶），涉及假冒注射用A型肉毒毒素（保妥适）、溶脂注射液（利保平）、硫辛酸注射液、玻尿酸（瑞蓝）等产品，货值达5 000万元人民币，并查明制假售假网络涉及30个省（市），涉案金额超亿元人民币。

2014年3月10日，宁波市海曙区市场监督管理局（以下简称“海曙区局”）根据区卫监所提供的线索，联合当地公安机关，对辖区的韩合科技医学美容中心依法进行检查，现场发现用于美容整形类的药械产品共计20种300余支（盒），其中标示外文产品有11种230余支（盒），还发现大量快递单、若干产品进货单据及销售单据等。鉴于该医学美容中心无医疗机构执业许可证，执法人员遂当场对药械产品采取行政强制措施，同时现场控制医学美容中心工作人员2名。案发后，市、区两级市场和公安机关多次召开专题会议深入剖析案情，通过细致梳理该医学美容中心销售记录、快递单据以及QQ、银行账户、支付宝账户等资料，发现此案涉及国内各地多个上家，且涉案人数众多，遂由市场监管、公安等部门抽调40余名精干力量组成“3·13”案件专案组。根据王某供述及前期案件侦查情况，专案组成员认真分析排查每一个涉案线索，最终梳理确定四条打击主线，并对各线主要人员的经营情况，及其在全国微整形地下网络的行业影响进行了详细分析。2014年4月在周密制定各条主线的抓捕方案后，专案组即赶赴各地实施抓捕行动，成功打掉了沈阳、山东、河北、深圳的犯罪团伙。

（二）处理结果

犯罪嫌疑人非法生产销售假药、无注册证医疗器械的行为，涉嫌构成生产、销售假药罪，非法经营罪。目前本案共抓获犯罪嫌疑人60名，其中刑事拘留并逮捕58人，2人取保候审，案件已移送检察机关审查起诉。

（国家食品药品监管总局）

十五、江苏省泰州市食品药品监督管理局查处“6·10”非法生产销售软性亲水接触镜案

（一）案情简介

2014年3月17日，江苏泰州市食品药品监督管理局接到有关靖江华视康贸易有限公司销售的软性亲水接触镜（隐形眼镜）货源存疑的举报。接报后，执法人员对靖江华视康贸易有限公司进行了检查，现场发现该公司购买包装材料小规格西林瓶的痕迹和证据。该公司有非法生产销售软性亲水接触镜的重大嫌疑。

2014年3月18日泰州市食品药品监督管理局对本案正式立案，并将孔某涉嫌无证生产医疗器械线索移送泰州市公安机关。当日，公安机关作出立案侦查的决定，与泰州市局共同成立软性亲水接触镜案专案组。从2014年3月开始，联合专案组进行了三个月的秘密调查取证，最终掌握了该处窝点大量的犯罪证据。

2014年6月10日，泰州市食品药品监督管理局在江苏省丹阳、靖江市和四川省成都市食品药品监管局和三地公安机关的大力配合下，执法人员分三路对案件实施了集中收网行动。第一组赴丹阳，抓获犯罪嫌疑人5名，查扣成品软性亲水接触镜90万瓶，改包装软性亲水接触镜8万瓶，生产

原料 80 多箱，查获账册材料 4 箱及存储电子账目的电脑设备 3 台，查扣消毒、灌装、轧盖设备 6 台；第二组赴靖江抓捕犯罪嫌疑人 3 名，查封了制造裸片的工厂及大量生产设备；第三组赴成都抓捕了犯罪嫌疑人李某，查封非法生产的软性亲水接触镜 40 多万片。

（二）处理结果

本案当事人非法生产、销售软性亲水接触镜的行为，涉嫌构成《刑法》第一百四十五条规定的生产、销售不符合标准的医用器材罪。该案于 2014 年 7 月调查终结，并移送检察机关审查起诉。

（国家食品药品监管总局）

十六、山东省质监局查处淄博鑫泰石化有限公司制售不符合强制性标准的普通柴油案

根据举报，山东省质监局依法对淄博鑫泰石化有限公司进行执法检查。发现该公司生产的普通柴油十六烷值为 43.8，不符合 GB252－2011《普通柴油》中关于十六烷值不小于 45 的要求。经查，该公司共制售不符合强制性标准的普通柴油 3 058.29 吨，货值 2 295.25 万元人民币。已依法对该公司进行了处理。

（国家质量监督检验检疫总局）

十七、四川省质监局查处西昌市兴昌农资有限公司销售的过磷酸钙偷减有效含量案

根据举报，四川省质监局联合凉山州质监局执法人员对四川省西昌市兴昌农资有限公司进行执法检查。现场查获“新丰”牌过磷酸钙 60 吨，经检验，产品中 P_2O_5 含量低于标准规定 3 个百分点，被判为不合格产品。四川省质监局已依法对该企业进行了处理。

（国家食品药品监管总局）

十八、江苏省淮安市质监局查处杰翔羽绒有限公司生产假蚕丝被案

江苏省淮安市质监局根据质检总局统一部署，对江苏杰翔羽绒有限公司进行了执法检查。经查，该公司涉嫌将涤纶为填充物的产品冒充为蚕丝被产品进行生产，并通过“天猫商城”和“京东商城”等电子商务平台销售该蚕丝被。当地质监部门依法责令该公司停止生产销售以假充真蚕丝被产品，没收违法生产的相关产品，罚款、没收违法所得共计人民币 93 747.52 元。

（国家食品药品监管总局）

十九、广西南宁市农业部门查处申迁等人制售假劣农药案

（一）案情简介

2014 年 6 月，广西壮族自治区南宁市农业部门根据举报，依法查处了位于该市江南区沙井三津村一制售假劣农药窝点。经查，该窝点负责人名为申迁，现场查获大量氧乐果、甲拌磷等农药产品以及标签、打码机等物品，检测封存的 10 种农药有效含量均低于标称值，其中 7 种添加了其他农药成分，属假劣农药。2013 年非法经营所得达 278 万余元人民币（2014 年没有销售单据，故销售额无法估算）。

（二）处理结果

目前，案件已移交公安机关查处，案件嫌疑人申迁已被批准逮捕。

（农业部）

二十、湖南省沅江市农业部门查处南县良邦农资销售中心经营假劣农药案

（一）案情简介

2014 年 8 月，湖南省沅江市农业部门依法查处了该市南县良邦农资销售中心（以下简称良邦农资）经营假劣农药案。经查，良邦农资销售的袋装和瓶装 1.8% 阿维菌素乳油农药研发者为周端午，标注称生产企业为湖南天人农药有限公司（以下简称天人公司），检测发现 2 种包装产品均含有未登记农药成分“毒死蜱”，且袋装产品有效成分不足，判定为假劣农药，已致 1 965 亩早稻不同程度减产，受损农户达 134 户。

（二）处理结果

目前，良邦农资法定代表人张建良被网上追逃，天人公司法定代表人何胜乾被刑事拘留，周端午被依法批捕。

（农业部）

二十一、湖北省襄阳市农业部门查处安徽一诺农业科技有限公司经营假农药案

（一）案情简介

2014 年 7 月，湖北省襄阳市农业部门根据举报，依法查处了安徽一诺农业科技有限公司（以下简称一诺公司）经营假农药案。经查，一诺公司销售的“甲宽红粮乐”（48% 莠去津可湿性粉剂）系贵州天润化工有限公司（以下简称天润公司）假冒浙江中山化工集团股份有限公司的产品，检测有效含量仅为 20.9%，致襄州、襄城、樊城等地

300余农户损失60余万元人民币。

（二）处理结果

目前，一诺公司法定代表人刘金库和天润公司法定代表人黄代胜已被提起公诉，案件正在进一步审理中。

（农业部）

二十二、江苏省盱眙县农业部门查处朱鹤松生产经营假农药案

（一）案情简介

2014年5月，江苏省盱眙县农业部门根据群众举报，会同公安机关依法捣毁了江苏省东海县山左口乡一制售假农药窝点。经查，该窝点负责人名为朱鹤松，所生产的除草剂“旱田丰40%乳油”（标签标注为“除草剂24D，辛酰溴”）致盱眙县三个乡镇700余亩小麦绝收。案发后朱鹤松共赔付受损农户56万余元人民币。

（二）处理结果

目前，嫌疑人朱鹤松已被取保候审。

（农业部）

二十三、湖南省常德市农业部门查处鹰潭市双收农药有限责任公司生产经营假农药案

（一）案情简介

2014年8月，湖南省常德市汉寿县农业部门执法检查发现，该县隆平粮社宏玉植保专业合作社发给农民使用的“6000IU微升苏云金杆菌”涉嫌为假冒农药。经查，该产品为江西省鹰潭市双收农药有限公司假冒湖北康欣农药有限公司的产品，涉案金额达10万余元人民币。

（二）处理结果

目前，案件已移送公安机关依法处理。

（农业部）

二十四、河北省新乐市农业部门查处牛辉、牛雪丽经营假玉米种子案

（一）案情简介

2014年8月，河北省新乐市农业部门根据群众举报，依法查处了新乐市邯邰镇香城村牛辉、牛雪丽无证经营假玉米种子案。经查，二人从内蒙古调入825.8公斤没有包装的“先玉335”玉米种子，销售给92户农民，致482.9亩玉米严重减产，损失约33万余元人民币。经检测，所售玉米种子与标准“先玉335”品种差异位点达9个，判定为假种子。

（二）处理结果

目前，案件已移送公安机关依法处理。

（农业部）

二十五、福建省长汀县农业部门查处邱腾顺生产经营假兽药案

（一）案情简介

2014年7月，福建省长汀县农业部门在执法检查中发现长汀县腾飞工业园区内有一制售假兽药窝点。现场查获假冒天津、广西等多家兽药企业成品假兽药128箱、包装纸盒7 000余个、制假原料93件以及封口机等物品，案值达人民币70余万元。经查，该窝点负责人名为邱腾顺，未取得兽药生产许可证。

（二）处理结果

目前，案件已移送公安机关依法处理。

（农业部）

二十六、重庆市永川区农业部门查处梁金瑜等人无证生产经营假兽药、饲料案

（一）案情简介

2014年8月，重庆市永川区农业执法部门联合公安机关依法查处了一个生产经营假兽药、饲料窝点。经查，该窝点负责人梁金瑜2013年租用了青峰镇昕怡鞋造车间，聘请2人无证生产假兽药、饲料产品，涉案金额20余万元人民币。重庆市永川区农委依法对梁金瑜罚款37万元人民币，没收全部产品、包装和生产设备，并将此案移送公安机关查处。

（二）处理结果

目前，梁金瑜已被批准逮捕。

（农业部）

二十七、浙江省武义县农业部门查处雪涛粮食饲料经营部无证经营兽用生物制品案

（一）案情简介

2014年2月，浙江省武义县农业部门在执法检查中发现，该县雪涛粮食饲料经营部在未取得兽用生物制品经营许可证的情况下，擅自经营生猪疫苗等兽用生物制品，非法经营数额达9万余元人民币。

（二）处理结果

目前，该经营部负责人黄美英被以非法经营罪判处拘役

五个月，缓刑十个月，并处罚金人民币 1.5 万元。

（农业部）

二十八、江苏省金湖县农业部门查处金永华、吴建平等人经营劣质肥料案

（一）案情简介

2014 年 4 月，江苏省金湖县农业部门接到群众投诉，称吴建平销售的复合肥致一千余亩小麦减产，农户损失达 48 万元人民币。经查，吴建平所经营的 45% 复合肥为金湖县尧丰肥业有限公司负责人金永华从山东、江苏等地购进，总涉案数量约 635 吨，产品包装袋上未标注批准文号、生产企业、生产日期、执行标准等内容，检测含量仅为 2.7%，判定为劣质肥料。

（二）处理结果

目前，金永华等 2 人被批捕，吴建平等 3 人被取保候审，案件已由检察机关起诉，人民法院正在审理中。

（农业部）

二十九、江苏省扬州市文化部门查处戴某等 5 人及山东省临沂市兰山区华都广告有限公司发行、印刷非法出版物案

（一）案情简介

2013 年 5 月 19 日，扬州市江都区文化执法人员在巡视时发现有人在城区人口密集处散发《时尚先生》、《健康男人》印刷品，执法人员对现场进行控制，对散发印刷品的刘某等三人进行调查询问，当晚在其暂住地楼下白色面包车内发现《时尚先生》8600 本，并当场扣押。同年 5 月 21 日，江苏省新闻出版局出具苏新出鉴字［2013］3 号《非法出版物鉴定书》，认定《时尚先生》、《健康男人》等为非法出版物。同日，扬州市江都区文化广电新闻出版局将此案移交至区公安局。次日，江都区“扫黄打非”办成立了由区文化广电新闻出版局和区公安局组成的“5·19 案件”专案组，对此案展开调查。专案组先后到山东、上海、浙江、安徽及本省的淮安、无锡等地调查案件信息，查扣用于排版、编辑的电脑 8 台、《时尚先生》8 664 本，账册十余本。查实江都新城医院男科负责人戴某为宣传推广江都新城医院男科业务，提供该院相关素材给无锡市建国医院企划部主任肖某，由肖某负责设计成《时尚先生》、《健康男人》、《潇洒男人》等期刊形式，并以每本人民币 0.5 元的价格交给山东省临沂市兰山区华都广告有限公司（以下简称华都公司）处理稿件并负责印刷成册。华都公司负责人于凤刚分别委托江苏省淮安市大洲印刷厂（负责人为卢某）印刷《潇洒男人》10 万本，上海华卷印刷科技有限公司（负责人为刘某）印刷《健康男人》20 万本及《时尚先生》20 万本。公安机关侦查终结后将案件移送检察机关提起公诉。

（二）处理结果

2014 年 4 月 24 日，扬州市江都区人民法院对涉案人员及单位进行了判决：（1）被告人戴某犯非法经营罪，判处有期徒刑三年，缓刑四年，并处罚金人民币六万元；（2）被告人肖某犯非法经营罪，判处有期徒刑三年，缓刑三年，并处罚金人民币 55 000 元；（3）被告人于某犯非法经营罪，判处有期徒刑二年零六个月，缓刑三年，并处罚金人民币 20 000元；（4）被告人刘某犯非法经营罪，判处有期徒刑二年，缓刑二年，并处罚金人民币 44 000 元；（5）被告人卢某犯非法经营罪，判处有期徒刑二年，缓刑二年，并处罚金人民币 20 000 元；（6）被告单位临沂市兰山区华都广告有限公司犯非法经营罪，判处罚金人民币 30 000 元；（7）被告单位上海华卷印刷科技有限公司犯非法经营罪，判处罚金人民币 44 000 元。

（文化部）

三十、北京市卫生部门查处北京燕竹医院超范围开展诊疗活动及虚假宣传案

（一）案情简介

2014 年 10 月，根据媒体报道北京燕竹医院涉嫌超范围开展诊疗活动、虚假宣传等线索，北京市及丰台区两级卫生计生委联合公安、工商等部门，深入调查，发现北京燕竹医院存在超出登记诊疗科目范围，擅自开展精神科诊疗活动，擅自将口腔科出租给非本院人员开展诊疗活动，以及发布虚假医疗广告等违法行为。

（二）处理结果

丰台区卫生计生委依据《医疗机构管理条例》、《医疗机构管理条例实施细则》的有关规定，给予该院罚款人民币 8 000 元并吊销《医疗机构执业许可证》的行政处罚；区工商局给予该院罚款人民币 5 万元并吊销《工商营业执照》的行政处罚。

（国家卫生计生委）

三十一、山东省济南市卫生部门查处 3 家医疗机构违法发布医疗广告案

（一）案例简介

济南市卫生局通过舆情监测发现济南韩美整形美容医

院、济南爱容整形美容医院、济南美莱整形美容医院多次违法发布医疗广告，济南市卫生局依法对这3家医疗机构予以立案调查。调查发现，济南韩美整形美容医院、济南爱容整形美容医院在未取得“医疗广告审查证明”的情况下，于2011年至2014年7月期间，多次在互联网、户外、报纸等违法发布医疗广告，情节严重；济南美莱整形美容医院2011年4月至2013年10月多次超出“医疗广告审批证明”审批的内容违法发布医疗广告。

（二）处理结果

济南市卫生局根据《医疗广告管理办法》的规定，给予济南韩美整形美容医院、济南爱容整形美容医院、济南美莱整形美容医院停业整顿30日的行政处罚。

（国家卫生计生委）

三十二、河南省周口市卫生局依法吊销周口肝病医院医疗机构执业许可证

（一）案情简介

根据群众对周口肝病医院的实名举报，周口市卫生局对周口肝病医院依法进行监督检查。经过充分的调查取证，确认周口肝病医院存在以下五项违法事实：（1）该院对肝病患者开展的“纳米治疗”和“三氧血治疗”活动未经卫生行政部门审定，且未到核发其“医疗机构执业许可证”的卫生行政部门办理诊疗科目项下的医疗技术登记；（2）未取得“医疗广告审查证明”违法发布医疗广告；（3）使用1名非卫生技术人员从事医疗技术工作；（4）未经卫生行政主管部门指定，擅自从事乙肝疫苗接种；（5）未按照规定的内容、程序、方式和时限报告法定传染病。

（二）处理结果

综合以上五项违法事实，周口市卫生局决定对周口肝病医院作出以下行政处罚：（1）给予警告；（2）罚款人民币6 000元；（3）没收违法所得人民币2 400元；（4）吊销其《医疗机构执业许可证》。

（国家卫生计生委）

三十三、广西玉林市卫生部门查处福华诊所违法诊疗及发布医疗广告案

（一）案情简介

广西壮族自治区玉林市卫生监督所卫生监督员在日常监督执法中发现在玉林市大北路庆丰8号的福华诊所存在超出核准登记诊疗科目开展口腔科诊所活动，使用非卫生技术人员，以及未取得“医疗广告审查证明”违法发布医疗广告的行为。

（二）处理结果

根据《医疗机构管理条例》及《医疗广告管理办法》相关规定，综合以上三项违法事实给予以下行政处罚：（1）警告；（2）罚款人民币8 000元。行政处罚决定书送达后，被处罚人自觉履行了行政处罚决定。

（国家卫生计生委）

三十四、四川省成都市文化部门查处王某贩卖、传播淫秽物品牟利案

（一）案情简介

2013年8月21日，成都市文化市场综合执法总队执法人员联合成都市公安局民警对王某经营的影像窝点进行了突击检查。现场查获《阁楼艳星》、《人与动物》等淫秽色情光盘6千余张，《天天有喜》、《精忠岳飞》等非法盗版光盘5万余张，合计6万余张非法光盘。经查，自2013年7月起，该窝点负责人王飞在未办理“出版物经营许可证”的情况下分别从广州红叶音像有限公司、广州世博音像公司、广州影视帝国、蓝光、黑寡妇等单位和个人处购进淫秽、色情光盘6千余张，非法及侵权盗版光盘7万余张，已售出1万2千余张。该案件涉嫌刑事犯罪，移交公安机关处理。

（二）处理结果

检察机关起诉后，经人民法院审理，王某被判处三年零三个月有期徒刑，并处罚金人民币20 000元。

（文化部）

法规政策

Regulations & Policies

综　合

法　律

中华人民共和国刑法（节选）

（1979年7月1日第五届全国人民代表大会第二次会议通过　1997年3月14日第八届全国人民代表大会第五次修订　根据1999年12月25日中华人民共和国刑法修正案，2001年8月31日中华人民共和国刑法修正案（二），2001年12月29日中华人民共和国刑法修正案（三），2002年12月28日中华人民共和国刑法修正案（四），2005年2月28日中华人民共和国刑法修正案（五），2006年6月29日中华人民共和国刑法修正案（六），2009年2月28日中华人民共和国刑法修正案（七）修正，根据2009年8月27日中华人民共和国刑法修正案（七）修正，根据2011年2月25日中华人民共和国刑法修正案（八）修正，根据2015年8月29日第十二届全国人民代表大会常务委员会第十六次会议通过的中华人民共和国刑法修正案（九）修正。）

第二编　分则

第三章　破坏社会主义市场经济秩序罪

第一节　生产、销售伪劣商品罪

第一百四十条　生产者、销售者在产品中掺杂、掺假，以假充真，以次充好或者以不合格产品冒充合格产品，销售金额五万元以上不满二十万元的，处二年以下有期徒刑或者拘役，并处或者单处销售金额百分之五十以上二倍以下罚金；销售金额二十万元以上不满五十万元的，处二年以上七年以下有期徒刑，并处销售金额百分之五十以上二倍以下罚金；销售金额五十万元以上不满二百万元的，处七年以上有期徒刑，并处销售金额百分之五十以上二倍以下罚金；销售金额二百万元以上的，处十五年有期徒刑或者无期徒刑，并处销售金额百分之五十以上二倍以下罚金或者没收财产。

第一百四十一条　生产、销售假药的，处三年以下有期徒刑或者拘役，并处罚金；对人体健康造成严重危害或者有其他严重情节的，处三年以上十年以下有期徒刑，并处罚金；致人死亡或者有其他特别严重情节的，处十年以上有期徒刑、无期徒刑或者死刑，并处罚金或者没收财产。

本条所称假药，是指依照《中华人民共和国药品管理法》的规定属于假药和按假药处理的药品、非药品。

第一百四十二条　生产、销售劣药，对人体健康造成严重危害的，处三年以上十年以下有期徒刑，并处销售金额百分之五十以上二倍以下罚金；后果特别严重的，处十年以上有期徒刑或者无期徒刑，并处销售金额百分之五十以上二倍以下罚金或者没收财产。

本条所称劣药，是指依照《中华人民共和国药品管理法》的规定属于劣药的药品。

第一百四十三条　生产、销售不符合食品安全标准的食品，足以造成严重食物中毒事故或者其他严重食源性疾病的，处三年以下有期徒刑或者拘役，并处罚金；对人体健康造成严重危害或者有其他严重情节的，处三年以上七年以下有期徒刑，并处罚金；后果特别严重的，处七年以上有期徒刑或者无期徒刑，并处罚金或者没收财产。

第一百四十四条　在生产、销售的食品中掺入有毒、有害的非食品原料的，或者销售明知掺有有毒、有害的非食品原料的食品的，处五年以下有期徒刑，并处罚金；对人体健康造成严重危害或者有其他严重情节的，处五年以上十年以下有期徒刑，并处罚金；致人死亡或者有其他特别严重情节的，依照本法第一百四十一条的规定处罚。

第一百四十五条　生产不符合保障人体健康的国家标准、行业标准的医疗器械、医用卫生材料，或者销售明知是不符合保障人体健康的国家标准、行业标准的医疗器械、医用卫生材料，足以严重危害人体健康的，处三年以下有期徒刑或者拘役，并处销售金额百分之五十以上二倍以下罚金；对人体健康造成严重危害的，处三年以上十年以下有期徒刑，并处销售金额百分之五十以上二倍以下罚金；后果特别严重的，处十年以上有期徒刑或者无期徒刑，并处销售金额百分之五十以上二倍以下罚金或者没收财产。

第一百四十六条　生产不符合保障人身、财产安全的国家标准、行业标准的电器、压力容器、易燃易爆产品或者其他不符合保障人身、财产安全的国家标准、行业标准的产品，或者销售明知是以上不符合保障人身、财产安全的国家标准、行业标准的产品，造成严重后果的，处五年以下有期徒刑，并处销售金额百分之五十以上二倍以下罚金；后果特别严重的，处五年以上有期徒刑，并处销售金额百分之五十以上二倍以下罚金。

第一百四十七条 生产假农药、假兽药、假化肥，销售明知是假的或者失去使用效能的农药、兽药、化肥、种子，或者生产者、销售者以不合格的农药、兽药、化肥、种子冒充合格的农药、兽药、化肥、种子，使生产遭受较大损失的，处三年以下有期徒刑或者拘役，并处或者单处销售金额百分之五十以上二倍以下罚金；使生产遭受重大损失的，处三年以上七年以下有期徒刑，并处销售金额百分之五十以上二倍以下罚金；使生产遭受特别重大损失的，处七年以上有期徒刑或者无期徒刑，并处销售金额百分之五十以上二倍以下罚金或者没收财产。

第一百四十八条 生产不符合卫生标准的化妆品，或者销售明知是不符合卫生标准的化妆品，造成严重后果的，处三年以下有期徒刑或者拘役，并处或者单处销售金额百分之五十以上二倍以下罚金。

第一百四十九条 生产、销售本节第一百四十一条至第一百四十八条所列产品，不构成各该条规定的犯罪，但是销售金额在五万元以上的，依照本节第一百四十条的规定定罪处罚。

生产、销售本节第一百四十一条至第一百四十八条所列产品，构成各该条规定的犯罪，同时又构成本节第一百四十条规定之罪的，依照处罚较重的规定定罪处罚。

第一百五十条 单位犯本节第一百四十条至第一百四十八条规定之罪的，对单位判处罚金，并对其直接负责的主管人员和其他直接责任人员，依照各该条的规定处罚。

第七节 侵犯知识产权罪

第二百一十三条 未经注册商标所有人许可，在同一种商品上使用与其注册商标相同的商标，情节严重的，处三年以下有期徒刑或者拘役，并处或者单处罚金；情节特别严重的，处三年以上七年以下有期徒刑，并处罚金。

第二百一十四条 销售明知是假冒注册商标的商品，销售金额数额较大的，处三年以下有期徒刑或者拘役，并处或者单处罚金；销售金额数额巨大的，处三年以上七年以下有期徒刑，并处罚金。

第二百一十五条 伪造、擅自制造他人注册商标标识或者销售伪造、擅自制造的注册商标标识，情节严重的，处三年以下有期徒刑、拘役或者管制，并处或者单处罚金；情节特别严重的，处三年以上七年以下有期徒刑，并处罚金。

第二百一十六条 假冒他人专利，情节严重的，处三年以下有期徒刑或者拘役，并处或者单处罚金。

第二百一十七条 以营利为目的，有下列侵犯著作权情形之一，违法所得数额较大或者有其他严重情节的，处三年以下有期徒刑或者拘役，并处或者单处罚金；违法所得数额巨大或者有其他特别严重情节的，处三年以上七年以下有期徒刑，并处罚金：

（一）未经著作权人许可，复制发行其文字作品、音乐、电影、电视、录像作品、计算机软件及其他作品的；

（二）出版他人享有专有出版权的图书的；

（三）未经录音录像制作者许可，复制发行其制作的录音录像的；

（四）制作、出售假冒他人署名的美术作品的。

第二百一十八条 以营利为目的，销售明知是本法第二百一十七条规定的侵权复制品，违法所得数额巨大的，处三年以下有期徒刑或者拘役，并处或者单处罚金。

第二百一十九条 有下列侵犯商业秘密行为之一，给商业秘密的权利人造成重大损失的，处三年以下有期徒刑或者拘役，并处或者单处罚金；造成特别严重后果的，处三年以上七年以下有期徒刑，并处罚金：

（一）以盗窃、利诱、胁迫或者其他不正当手段获取权利人的商业秘密的；

（二）披露、使用或者允许他人使用以前项手段获取的权利人的商业秘密的；

（三）违反约定或者违反权利人有关保守商业秘密的要求，披露、使用或者允许他人使用其所掌握的商业秘密的。

明知或者应知前款所列行为，获取、使用或者披露他人的商业秘密的，以侵犯商业秘密论。

本条所称商业秘密，是指不为公众所知悉，能为权利人带来经济利益，具有实用性并经权利人采取保密措施的技术信息和经营信息。

本条所称权利人，是指商业秘密的所有人和经商业秘密所有人许可的商业秘密使用人。

第二百二十条 单位犯本节第二百一十三条至第二百一十九条规定之罪的，对单位判处罚金，并对其直接负责的主管人员和其他直接责任人员，依照本节各该条的规定处罚。

中华人民共和国行政处罚法

（1996 年 3 月 17 日第八届全国人民代表大会第四次会议通过　根据 2009 年 8 月 27 日第十一届全国人民代表大会常务委员会第十次会议《关于修改部分法律的决定》修正）

目　　录

第一章　总则

第一条　为了规范行政处罚的设定和实施，保障和监督行政机关有效实施行政管理，维护公共利益和社会秩序，保护公民、法人或者其他组织的合法权益，根据宪法，制定本法。

第二条　行政处罚的设定和实施，适用本法。

第三条　公民、法人或者其他组织违反行政管理秩序的行为，应当给予行政处罚的，依照本法由法律、法规或者规章规定，并由行政机关依照本法规定的程序实施。

没有法定依据或者不遵守法定程序的，行政处罚无效。

第四条　行政处罚遵循公正、公开的原则。

设定和实施行政处罚必须以事实为依据，与违法行为的事实、性质、情节以及社会危害程度相当。

对违法行为给予行政处罚的规定必须公布；未经公布的，不得作为行政处罚的依据。

第五条　实施行政处罚，纠正违法行为，应当坚持处罚与教育相结合，教育公民、法人或者其他组织自觉守法。

第六条　公民、法人或者其他组织对行政机关所给予的行政处罚，享有陈述权、申辩权；对行政处罚不服的，有权依法申请行政复议或者提起行政诉讼。

公民、法人或者其他组织因行政机关违法给予行政处罚受到损害的，有权依法提出赔偿要求。

第七条　公民、法人或者其他组织因违法受到行政处罚，其违法行为对他人造成损害的，应当依法承担民事责任。

违法行为构成犯罪的，应当依法追究刑事责任，不得以行政处罚代替刑事处罚。

第二章　行政处罚的种类和设定

第八条　行政处罚的种类：

（一）警告；

（二）罚款；

（三）没收违法所得、没收非法财物；

（四）责令停产停业；

（五）暂扣或者吊销许可证、暂扣或者吊销执照；

（六）行政拘留；

（七）法律、行政法规规定的其他行政处罚。

第九条　法律可以设定各种行政处罚。

限制人身自由的行政处罚，只能由法律设定。

第十条　行政法规可以设定除限制人身自由以外的行政处罚。

法律对违法行为已经作出行政处罚规定，行政法规需要作出具体规定的，必须在法律规定的给予行政处罚的行为、种类和幅度的范围内规定。

第十一条　地方性法规可以设定除限制人身自由、吊销企业营业执照以外的行政处罚。

法律、行政法规对违法行为已经作出行政处罚规定，地方性法规需要作出具体规定的，必须在法律、行政法规规定的给予行政处罚的行为、种类和幅度的范围内规定。

第十二条　国务院部、委员会制定的规章可以在法律、行政法规规定的给予行政处罚的行为、种类和幅度的范围内作出具体规定。

尚未制定法律、行政法规的，前款规定的国务院部、委员会制定的规章对违反行政管理秩序的行为，可以设定警告或者一定数量罚款的行政处罚。罚款的限额由国务院规定。

国务院可以授权具有行政处罚权的直属机构依照本条第一款、第二款的规定，规定行政处罚。

第十三条　省、自治区、直辖市人民政府和省、自治区人民政府所在地的市人民政府以及经国务院批准的较大的市人民政府制定的规章可以在法律、法规规定的给予行政处罚的行为、种类和幅度的范围内作出具体规定。

尚未制定法律、法规的，前款规定的人民政府制定的规章对违反行政管理秩序的行为，可以设定警告或者一定数量罚款的行政处罚。罚款的限额由省、自治区、直辖市人民代表大会常务委员会规定。

第十四条　除本法第九条、第十条、第十一条、第十二条以及第十三条的规定外，其他规范性文件不得设定行政处罚。

第三章　行政处罚的实施机关

第十五条　行政处罚由具有行政处罚权的行政机关在法定职权范围内实施。

第十六条　国务院或者经国务院授权的省、自治区、直辖市人民政府可以决定一个行政机关行使有关行政机关的行政处罚权，但限制人身自由的行政处罚权只能由公安机关行使。

第十七条　法律、法规授权的具有管理公共事务职能的组织可以在法定授权范围内实施行政处罚。

第十八条　行政机关依照法律、法规或者规章的规定，可以在其法定权限内委托符合本法第十九条规定条件的组织实施行政处罚。行政机关不得委托其他组织或者个人实施行政处罚。

委托行政机关对受委托的组织实施行政处罚的行为应当负责监督，并对该行为的后果承担法律责任。

受委托组织在委托范围内，以委托行政机关名义实施行政处罚；不得再委托其他任何组织或者个人实施行政处罚。

第十九条　受委托组织必须符合以下条件：

（一）依法成立的管理公共事务的事业组织；

（二）具有熟悉有关法律、法规、规章和业务的工作人员；

（三）对违法行为需要进行技术检查或者技术鉴定的，应当有条件组织进行相应的技术检查或者技术鉴定。

第四章　行政处罚的管辖和适用

第二十条　行政处罚由违法行为发生地的县级以上地方人民政府具有行政处罚权的行政机关管辖。法律、行政法规另有规定的除外。

第二十一条　对管辖发生争议的，报请共同的上一级行政机关指定管辖。

第二十二条　违法行为构成犯罪的，行政机关必须将案件移送司法机关，依法追究刑事责任。

第二十三条　行政机关实施行政处罚时，应当责令当事人改正或者限期改正违法行为。

第二十四条　对当事人的同一个违法行为，不得给予两次以上罚款的行政处罚。

第二十五条　不满十四周岁的人有违法行为的，不予行政处罚，责令监护人加以管教；已满十四周岁不满十八周岁的人有违法行为的，从轻或者减轻行政处罚。

第二十六条　精神病人在不能辨认或者不能控制自己行为时有违法行为的，不予行政处罚，但应当责令其监护人严加看管和治疗。间歇性精神病人在精神正常时有违法行为的，应当给予行政处罚。

第二十七条　当事人有下列情形之一的，应当依法从轻或者减轻行政处罚：

（一）主动消除或者减轻违法行为危害后果的；

（二）受他人胁迫有违法行为的；

（三）配合行政机关查处违法行为有立功表现的；

（四）其他依法从轻或者减轻行政处罚的。

违法行为轻微并及时纠正，没有造成危害后果的，不予行政处罚。

第二十八条　违法行为构成犯罪，人民法院判处拘役或者有期徒刑时，行政机关已经给予当事人行政拘留的，应当依法折抵相应刑期。

违法行为构成犯罪，人民法院判处罚金时，行政机关已经给予当事人罚款的，应当折抵相应罚金。

第二十九条　违法行为在二年内未被发现的，不再给予行政处罚。法律另有规定的除外。

前款规定的期限，从违法行为发生之日起计算；违法行为有连续或者继续状态的，从行为终了之日起计算。

第五章　行政处罚的决定

第三十条　公民、法人或者其他组织违反行政管理秩序的行为，依法应当给予行政处罚的，行政机关必须查明事实；违法事实不清的，不得给予行政处罚。

第三十一条　行政机关在作出行政处罚决定之前，应当告知当事人作出行政处罚决定的事实、理由及依据，并告知当事人依法享有的权利。

第三十二条　当事人有权进行陈述和申辩。行政机关必须充分听取当事人的意见，对当事人提出的事实、理由和证据，应当进行复核；当事人提出的事实、理由或者证据成立的，行政机关应当采纳。

行政机关不得因当事人申辩而加重处罚。

第一节　简易程序

第三十三条　违法事实确凿并有法定依据，对公民处以五十元以下、对法人或者其他组织处以一千元以下罚款或者警告的行政处罚的，可以当场作出行政处罚决定。当事人应当依照本法第四十六条、第四十七条、第四十八条的规定履行行政处罚决定。

第三十四条　执法人员当场作出行政处罚决定的，应当向当事人出示执法身份证件，填写预定格式、编有号码的行政处罚决定书。行政处罚决定书应当当场交付当事人。

前款规定的行政处罚决定书应当载明当事人的违法行为、行政处罚依据、罚款数额、时间、地点以及行政机关名称，并由执法人员签名或者盖章。

执法人员当场作出的行政处罚决定，必须报所属行政机关备案。

第三十五条 当事人对当场作出的行政处罚决定不服的，可以依法申请行政复议或者提起行政诉讼。

第二节 一般程序

第三十六条 除本法第三十三条规定的可以当场作出的行政处罚外，行政机关发现公民、法人或者其他组织有依法应当给予行政处罚的行为的，必须全面、客观、公正地调查，收集有关证据；必要时，依照法律、法规的规定，可以进行检查。

第三十七条 行政机关在调查或者进行检查时，执法人员不得少于两人，并应当向当事人或者有关人员出示证件。当事人或者有关人员应当如实回答询问，并协助调查或者检查，不得阻挠。询问或者检查应当制作笔录。

行政机关在收集证据时，可以采取抽样取证的方法；在证据可能灭失或者以后难以取得的情况下，经行政机关负责人批准，可以先行登记保存，并应当在七日内及时作出处理决定，在此期间，当事人或者有关人员不得销毁或者转移证据。

执法人员与当事人有直接利害关系的，应当回避。

第三十八条 调查终结，行政机关负责人应当对调查结果进行审查，根据不同情况，分别作出如下决定：

（一）确有应受行政处罚的违法行为的，根据情节轻重及具体情况，作出行政处罚决定；

（二）违法行为轻微，依法可以不予行政处罚的，不予行政处罚；

（三）违法事实不能成立的，不得给予行政处罚；

（四）违法行为已构成犯罪的，移送司法机关。

对情节复杂或者重大违法行为给予较重的行政处罚，行政机关的负责人应当集体讨论决定。

第三十九条 行政机关依照本法第三十八条的规定给予行政处罚，应当制作行政处罚决定书。行政处罚决定书应当载明下列事项：

（一）当事人的姓名或者名称、地址；

（二）违反法律、法规或者规章的事实和证据；

（三）行政处罚的种类和依据；

（四）行政处罚的履行方式和期限；

（五）不服行政处罚决定，申请行政复议或者提起行政诉讼的途径和期限；

（六）作出行政处罚决定的行政机关名称和作出决定的日期。

行政处罚决定书必须盖有作出行政处罚决定的行政机关的印章。

第四十条 行政处罚决定书应当在宣告后当场交付当事人；当事人不在场的，行政机关应当在七日内依照民事诉讼法的有关规定，将行政处罚决定书送达当事人。

第四十一条 行政机关及其执法人员在作出行政处罚决定之前，不依照本法第三十一条、第三十二条的规定向当事人告知给予行政处罚的事实、理由和依据，或者拒绝听取当事人的陈述、申辩，行政处罚决定不能成立；当事人放弃陈述或者申辩权利的除外。

第三节 听证程序

第四十二条 行政机关作出责令停产停业、吊销许可证或者执照、较大数额罚款等行政处罚决定之前，应当告知当事人有要求举行听证的权利；当事人要求听证的，行政机关应当组织听证。当事人不承担行政机关组织听证的费用。听证依照以下程序组织：

（一）当事人要求听证的，应当在行政机关告知后三日内提出；

（二）行政机关应当在听证的七日前，通知当事人举行听证的时间、地点；

（三）除涉及国家秘密、商业秘密或者个人隐私外，听证公开举行；

（四）听证由行政机关指定的非本案调查人员主持；当事人认为主持人与本案有直接利害关系的，有权申请回避；

（五）当事人可以亲自参加听证，也可以委托一至二人代理；

（六）举行听证时，调查人员提出当事人违法的事实、证据和行政处罚建议；当事人进行申辩和质证；

（七）听证应当制作笔录；笔录应当交当事人审核无误后签字或者盖章。

当事人对限制人身自由的行政处罚有异议的，依照治安管理处罚法有关规定执行。

第四十三条 听证结束后，行政机关依照本法第三十八条的规定，作出决定。

第六章 行政处罚的执行

第四十四条 行政处罚决定依法作出后，当事人应当在行政处罚决定的期限内，予以履行。

第四十五条 当事人对行政处罚决定不服申请行政复议或者提起行政诉讼的，行政处罚不停止执行，法律另有规定的除外。

第四十六条 作出罚款决定的行政机关应当与收缴罚款的机构分离。

除依照本法第四十七条、第四十八条的规定当场收缴的罚款外，作出行政处罚决定的行政机关及其执法人员不得自行收缴罚款。

当事人应当自收到行政处罚决定书之日起十五日内，到指定的银行缴纳罚款。银行应当收受罚款，并将罚款直接上缴国库。

第四十七条 依照本法第三十三条的规定当场作出行政处罚决定，有下列情形之一的，执法人员可以当场收缴罚款：

（一）依法给予二十元以下的罚款的；

（二）不当场收缴事后难以执行的。

第四十八条 在边远、水上、交通不便地区，行政机关及其执法人员依照本法第三十三条、第三十八条的规定作出罚款决定后，当事人向指定的银行缴纳罚款确有困难，经当事人提出，行政机关及其执法人员可以当场收缴罚款。

第四十九条 行政机关及其执法人员当场收缴罚款的，必须向当事人出具省、自治区、直辖市财政部门统一制发的罚款收据；不出具财政部门统一制发的罚款收缴的，当事人有权拒绝缴纳罚款。

第五十条 执法人员当场收缴的罚款，应当自收缴罚款之日起二日内，交至行政机关；在水上当场收缴的罚款，应当自抵岸之日起二日内交至行政机关；行政机关应当在二日内将罚款缴付指定的银行。

第五十一条 当事人逾期不履行行政处罚决定的，作出行政处罚决定的行政机关可以采取下列措施：

（一）到期不缴纳罚款的，每日按罚款数额的百分之三加处罚款；

（二）根据法律规定，将查封、扣押的财物拍卖或者将冻结的存款划拨抵缴罚款；

（三）申请人民法院强制执行。

第五十二条 当事人确有经济困难，需要延期或者分期缴纳罚款的，经当事人申请和行政机关批准，可以暂缓或者分期缴纳。

第五十三条 除依法应当予以销毁的物品外，依法没收的非法财物必须按照国家规定公开拍卖或者按照国家有关规定处理。

罚款、没收违法所得或者没收非法财物拍卖的款项，必须全部上缴国库，任何行政机关或者个人不得以任何形式截留、私分或者变相私分；财政部门不得以任何形式向作出行政处罚决定的行政机关返还罚款、没收的违法所得或者返还没收非法财物的拍卖款项。

第五十四条 行政机关应当建立健全对行政处罚的监督制度。县级以上人民政府应当加强对行政处罚的监督检查。

公民、法人或者其他组织对行政机关作出的行政处罚，有权申诉或者检举；行政机关应当认真审查，发现行政处罚有错误的，应当主动改正。

第七章 法律责任

第五十五条 行政机关实施行政处罚，有下列情形之一的，由上级行政机关或者有关部门责令改正，可以对直接负责的主管人员和其他直接责任人员依法给予行政处分：

（一）没有法定的行政处罚依据的；

（二）擅自改变行政处罚种类、幅度的；

（三）违反法定的行政处罚程序的；

（四）违反本法第十八条关于委托处罚的规定的。

第五十六条 行政机关对当事人进行处罚不使用罚款、没收财物单据或者使用非法定部门制发的罚款、没收财物单据的，当事人有权拒绝处罚，并有权予以检举。上级行政机关或者有关部门对使用的非法单据予以收缴销毁，对直接负责的主管人员和其他直接责任人员依法给予行政处分。

第五十七条 行政机关违反本法第四十六条的规定自行收缴罚款的，财政部门违反本法第五十三条的规定向行政机关返还罚款或者拍卖款项的，由上级行政机关或者有关部门责令改正，对直接负责的主管人员和其他直接责任人员依法给予行政处分。

第五十八条 行政机关将罚款、没收的违法所得或者财物截留、私分或者变相私分的，由财政部门或者有关部门予以追缴，对直接负责的主管人员和其他直接责任人员依法给予行政处分；情节严重构成犯罪的，依法追究刑事责任。

执法人员利用职务上的便利，索取或者收受他人财物、收缴罚款据为己有，构成犯罪的，依法追究刑事责任；情节轻微不构成犯罪的，依法给予行政处分。

第五十九条 行政机关使用或者损毁扣押的财物，对当事人造成损失的，应当依法予以赔偿，对直接负责的主管人员和其他直接责任人员依法给予行政处分。

第六十条 行政机关违法实行检查措施或者执行措施，给公民人身或者财产造成损害、给法人或者其他组织造成损

失的，应当依法予以赔偿，对直接负责的主管人员和其他直接责任人员依法给予行政处分；情节严重构成犯罪的，依法追究刑事责任。

第六十一条 行政机关为牟取本单位私利，对应当依法移交司法机关追究刑事责任的不移交，以行政处罚代替刑罚，由上级行政机关或者有关部门责令纠正；拒不纠正的，对直接负责的主管人员给予行政处分；徇私舞弊、包庇纵容违法行为的，依照刑法有关规定追究刑事责任。

第六十二条 执法人员玩忽职守，对应当予以制止和处罚的违法行为不予制止、处罚，致使公民、法人或者其他组织的合法权益、公共利益和社会秩序遭受损害的，对直接负责的主管人员和其他直接责任人员依法给予行政处分；情节严重构成犯罪的，依法追究刑事责任。

第八章 附则

第六十三条 本法第四十六条罚款决定与罚款收缴分离的规定，由国务院制定具体实施办法。

第六十四条 本法自 1996 年 10 月 1 日起施行。

本法公布前制定的法规和规章关于行政处罚的规定与本法不符合的，应当自本法公布之日起，依照本法规定予以修订，在 1997 年 12 月 31 日前修订完毕。

中华人民共和国民法通则

（1986 年 4 月 12 日第六届全国人民代表大会第四次会议通过 根据 2009 年 8 月 27 日第十一届全国人民代表大会常务委员会第十次会议《关于修改部分法律的决定》修正）

目 录

第一章 基本原则

第一条 为了保障公民、法人的合法的民事权益，正确调整民事关系，适应社会主义现代化建设事业发展的需要，根据宪法和我国实际情况，总结民事活动的实践经验，制定本法。

第二条 中华人民共和国民法调整平等主体的公民之间、法人之间、公民和法人之间的财产关系和人身关系。

第三条 当事人在民事活动中的地位平等。

第四条 民事活动应当遵循自愿、公平、等价有偿、诚实信用的原则。

第五条 公民、法人的合法的民事权益受法律保护，任何组织和个人不得侵犯。

第六条 民事活动必须遵守法律，法律没有规定的，应当遵守国家政策。

第七条 民事活动应当尊重社会公德，不得损害社会公共利益，破坏国家经济计划，扰乱社会经济秩序。

第八条 在中华人民共和国领域内的民事活动，适用中华人民共和国法律，法律另有规定的除外。

第二章 公民（自然人）

第一节 民事权利能力和民事行为能力

第九条 公民从出生时起到死亡时止，具有民事权利能力，依法享有民事权利，承担民事义务。

第十条 公民的民事权利能力一律平等。

第十一条 十八周岁以上的公民是成年人，具有完全民事行为能力，可以独立进行民事活动，是完全民事行为能力人。

十六周岁以上不满十八周岁的公民，以自己的劳动收入为主要生活来源的，视为完全民事行为能力人。

第十二条 十周岁以上的未成年人是限制民事行为能力人，可以进行与他的年龄、智力相适应的民事活动；其他民事活动由他的法定代理人代理，或者征得他的法定代理人的同意。

不满十周岁的未成年人是无民事行为能力人，由他的法定代理人代理民事活动。

第十三条 不能辨认自己行为的精神病人是无民事行为能力人，由他的法定代理人代理民事活动。

不能完全辨认自己行为的精神病人是限制民事行为能力人，可以进行与他的精神健康状况相适应的民事活动；其他民事活动由他的法定代理人代理，或者征得他的法定代理人的同意。

第十四条 无民事行为能力人、限制民事行为能力人的监护人是他的法定代理人。

第十五条 公民以他的户籍所在地的居住地为住所，经常居住地与住所不一致的，经常居住地视为住所。

第二节 监护

第十六条 未成年人的父母是未成年人的监护人。

未成年人的父母已经死亡或者没有监护能力的，由下列人员中有监护能力的人担任监护人：

（一）祖父母、外祖父母；

（二）兄、姐；

（三）关系密切的其他亲属、朋友愿意承担监护责任，经未成年人的父、母的所在单位或者未成年人住所地的居民委员会、村民委员会同意的。

对担任监护人有争议的，由未成年人的父、母的所在单位或者未成年人住所地的居民委员会、村民委员会在近亲属中指定。对指定不服提起诉讼的，由人民法院裁决。

没有第一款、第二款规定的监护人的，由未成年人的父、母的所在单位或者未成年人住所地的居民委员会、村民委员会或者民政部门担任监护人。

第十七条 无民事行为能力或者限制民事行为能力的精神病人，由下列人员担任监护人：

（一）配偶；

（二）父母；

（三）成年子女；

（四）其他近亲属；

（五）关系密切的其他亲属、朋友愿意承担监护责任，经精神病人的所在单位或者住所地的居民委员会、村民委员会同意的。

对担任监护人有争议的，由精神病人的所在单位或者住所地的居民委员会、村民委员会在近亲属中指定。对指定不服提起诉讼的，由人民法院裁决。

没有第一款规定的监护人的，由精神病人的所在单位或者住所地的居民委员会、村民委员会或者民政部门担任监护人。

第十八条 监护人应当履行监护职责，保护被监护人的人身、财产及其他合法权益，除为被监护人的利益外，不得处理被监护人的财产。

监护人依法履行监护的权利，受法律保护。

监护人不履行监护职责或者侵害被监护人的合法权益的，应当承担责任；给被监护人造成财产损失的，应当赔偿损失。人民法院可以根据有关人员或者有关单位的申请，撤销监护人的资格。

第十九条 精神病人的利害关系人，可以向人民法院申请宣告精神病人为无民事行为能力人或者限制民事行为能力人。

被人民法院宣告为无民事行为能力人或者限制民事行为能力人的，根据他健康恢复的状况，经本人或者利害关系人申请，人民法院可以宣告他为限制民事行为能力人或者完全民事行为能力人。

第三节 宣告失踪和宣告死亡

第二十条 公民下落不明满二年的，利害关系人可以向人民法院申请宣告他为失踪人。

战争期间下落不明的，下落不明的时间从战争结束之日起计算。

第二十一条 失踪人的财产由他的配偶、父母、成年子女或者关系密切的其他亲属、朋友代管。代管有争议的，没有以上规定的人或者以上规定的人无能力代管的，由人民法院指定的人代管。

失踪人所欠税款、债务和应付的其他费用，由代管人从失踪人的财产中支付。

第二十二条 被宣告失踪的人重新出现或者确知他的下落，经本人或者利害关系人申请，人民法院应当撤销对他的失踪宣告。

第二十三条 公民有下列情形之一的，利害关系人可以向人民法院申请宣告他死亡：

（一）下落不明满四年的；

（二）因意外事故下落不明，从事故发生之日起满二

年的。

战争期间下落不明的，下落不明的时间从战争结束之日起计算。

第二十四条 被宣告死亡的人重新出现或者确知他没有死亡，经本人或者利害关系人申请，人民法院应当撤销对他的死亡宣告。

有民事行为能力人在被宣告死亡期间实施的民事法律行为有效。

第二十五条 被撤销死亡宣告的人有权请求返还财产。依照继承法取得他的财产的公民或者组织，应当返还原物；原物不存在的，给予适当补偿。

第四节 个体工商户、农村承包经营户

第二十六条 公民在法律允许的范围内，依法经核准登记，从事工商业经营的，为个体工商户。个体工商户可以起字号。

第二十七条 农村集体经济组织的成员，在法律允许的范围内，按照承包合同规定从事商品经营的，为农村承包经营户。

第二十八条 个体工商户、农村承包经营户的合法权益，受法律保护。

第二十九条 个体工商户、农村承包经营户的债务，个人经营的，以个人财产承担；家庭经营的，以家庭财产承担。

第五节 个人合伙

第三十条 个人合伙是指两个以上公民按照协议，各自提供资金、实物、技术等，合伙经营、共同劳动。

第三十一条 合伙人应当对出资数额、盈余分配、债务承担、入伙、退伙、合伙终止等事项，订立书面协议。

第三十二条 合伙人投入的财产，由合伙人统一管理和使用。

合伙经营积累的财产，归合伙人共有。

第三十三条 个人合伙可以起字号，依法经核准登记，在核准登记的经营范围内从事经营。

第三十四条 个人合伙的经营活动，由合伙人共同决定，合伙人有执行和监督的权利。

合伙人可以推举负责人。合伙负责人和其他人员的经营活动，由全体合伙人承担民事责任。

第三十五条 合伙的债务，由合伙人按照出资比例或者协议的约定，以各自的财产承担清偿责任。

第三章 法人

第一节 一般规定

第三十六条 法人是具有民事权利能力和民事行为能力，依法独立享有民事权利和承担民事义务的组织。

法人的民事权利能力和民事行为能力，从法人成立时产生，到法人终止时消灭。

第三十七条 法人应当具备下列条件：

（一）依法成立；

（二）有必要的财产或者经费；

（三）有自己的名称、组织机构和场所；

（四）能够独立承担民事责任。

第三十八条 依照法律或者法人组织章程规定，代表法人行使职权的负责人，是法人的法定代表人。

第三十九条 法人以它的主要办事机构所在地为住所。

第四十条 法人终止，应当依法进行清算，停止清算范围外的活动。

第二节 企业法人

第四十一条 全民所有制企业、集体所有制企业有符合国家规定的资金数额，有组织章程、组织机构和场所，能够独立承担民事责任，经主管机关核准登记，取得法人资格。

在中华人民共和国领域内设立的中外合资经营企业、中外合作经营企业和外资企业，具备法人条件的，依法经工商行政管理机关核准登记，取得中国法人资格。

第四十二条 企业法人应当在核准登记的经营范围内从事经营。

第四十三条 企业法人对它的法定代表人和其他工作人员的经营活动，承担民事责任。

第四十四条 企业法人分立、合并或者有其他重要事项变更，应当向登记机关办理登记并公告。

企业法人分立、合并，它的权利和义务由变更后的法人享有和承担。

第四十五条 企业法人由于下列原因之一终止：

（一）依法被撤销；

（二）解散；

（三）依法宣告破产；

（四）其他原因。

第四十六条 企业法人终止，应当向登记机关办理注销登记并公告。

第四十七条 企业法人解散，应当成立清算组织，进行清算。企业法人被撤销、被宣告破产的，应当由主管机关或

者人民法院组织有关机关和有关人员成立清算组织，进行清算。

第四十八条 全民所有制企业法人以国家授予它经营管理的财产承担民事责任。集体所有制企业法人以企业所有的财产承担民事责任。中外合资经营企业法人、中外合作经营企业法人和外资企业法人以企业所有的财产承担民事责任，法律另有规定的除外。

第四十九条 企业法人有下列情形之一的，除法人承担责任外，对法定代表人可以给予行政处分、罚款，构成犯罪的，依法追究刑事责任：

（一）超出登记机关核准登记的经营范围从事非法经营的；

（二）向登记机关、税务机关隐瞒真实情况、弄虚作假的；

（三）抽逃资金、隐匿财产逃避债务的；

（四）解散、被撤销、被宣告破产后，擅自处理财产的；

（五）变更、终止时不及时申请办理登记和公告，使利害关系人遭受重大损失的；

（六）从事法律禁止的其他活动，损害国家利益或者社会公共利益的。

第三节 机关、事业单位和社会团体法人

第五十条 有独立经费的机关从成立之日起，具有法人资格。

具备法人条件的事业单位、社会团体，依法不需要办理法人登记的，从成立之日起，具有法人资格；依法需要办理法人登记的，经核准登记，取得法人资格。

第四节 联营

第五十一条 企业之间或者企业、事业单位之间联营，组成新的经济实体，独立承担民事责任、具备法人条件的，经主管机关核准登记，取得法人资格。

第五十二条 企业之间或者企业、事业单位之间联营，共同经营、不具备法人条件的，由联营各方按照出资比例或者协议的约定，以各自所有的或者经营管理的财产承担民事责任。依照法律的规定或者协议的约定负连带责任的，承担连带责任。

第四章 民事法律行为和代理

第一节 民事法律行为

第五十四条 民事法律行为是公民或者法人设立、变更、终止民事权利和民事义务的合法行为。

第五十五条 民事法律行为应当具备下列条件：

（一）行为人具有相应的民事行为能力；

（二）意思表示真实；

（三）不违反法律或者社会公共利益。

第五十六条 民事法律行为可以采取书面形式、口头形式或者其他形式。法律规定用特定形式的，应当依照法律规定。

第五十七条 民事法律行为从成立时起具有法律约束力。行为人非依法律规定或者取得对方同意，不得擅自变更或者解除。

第五十八条 下列民事行为无效：

（一）无民事行为能力人实施的；

（二）限制民事行为能力人依法不能独立实施的；

（三）一方以欺诈、胁迫的手段或者乘人之危，使对方在违背真实意思的情况下所为的；

（四）恶意串通，损害国家、集体或者第三人利益的；

（五）违反法律或者社会公共利益的；

（六）经济合同违反国家指令性计划的；

（七）以合法形式掩盖非法目的的。

无效的民事行为，从行为开始起就没有法律约束力。

第五十九条 下列民事行为，一方有权请求人民法院或者仲裁机关予以变更或者撤销：

（一）行为人对行为内容有重大误解的；

（二）显失公平的。

被撤销的民事行为从行为开始起无效。

第六十条 民事行为部分无效，不影响其他部分的效力的，其他部分仍然有效。

第六十一条 民事行为被确认为无效或者被撤销后，当事人因该行为取得的财产，应当返还给受损失的一方。有过错的一方应当赔偿对方因此所受的损失，双方都有过错的，应当各自承担相应的责任。

双方恶意串通，实施民事行为损害国家的、集体的或者第三人的利益的，应当追缴双方取得的财产，收归国家、集体所有或者返还第三人。

第六十二条 民事法律行为可以附条件，附条件的民事法律行为在符合所附条件时生效。

第二节 代理

第六十三条 公民、法人可以通过代理人实施民事法律行为。

代理人在代理权限内，以被代理人的名义实施民事法律

行为。被代理人对代理人的代理行为，承担民事责任。

依照法律规定或者按照双方当事人约定，应当由本人实施的民事法律行为，不得代理。

第六十四条 代理包括委托代理、法定代理和指定代理。

委托代理按照被代理人的委托行使代理权，法定代理人依照法律的规定行使代理权，指定代理人按照人民法院或者指定单位的指定行使代理权。

第六十五条 民事法律行为的委托代理，可以用书面形式，也可以用口头形式。法律规定用书面形式的，应当用书面形式。

书面委托代理的授权委托书应当载明代理人的姓名或者名称、代理事项、权限和期间，并由委托人签名或者盖章。

委托书授权不明的，被代理人应当向第三人承担民事责任，代理人负连带责任。

第六十六条 没有代理权、超越代理权或者代理权终止后的行为，只有经过被代理人的追认，被代理人才承担民事责任。未经追认的行为，由行为人承担民事责任。本人知道他人以本人名义实施民事行为而不作否认表示的，视为同意。

代理人不履行职责而给被代理人造成损害的，应当承担民事责任。

代理人和第三人串通，损害被代理人的利益的，由代理人和第三人负连带责任。

第三人知道行为人没有代理权、超越代理权或者代理权已终止还与行为人实施民事行为给他人造成损害的，由第三人和行为人负连带责任。

第六十七条 代理人知道被委托代理的事项违法仍然进行代理活动的，或者被代理人知道代理人的代理行为违法不表示反对的，由被代理人和代理人负连带责任。

第六十八条 委托代理人为被代理人的利益需要转托他人代理的，应当事先取得被代理人的同意。事先没有取得被代理人同意的，应当在事后及时告诉被代理人，如果被代理人不同意，由代理人对自己所转托的人的行为负民事责任，但在紧急情况下，为了保护被代理人的利益而转托他人代理的除外。

第六十九条 有下列情形之一的，委托代理终止：

（一）代理期间届满或者代理事务完成；

（二）被代理人取消委托或者代理人辞去委托；

（三）代理人死亡；

（四）代理人丧失民事行为能力；

（五）作为被代理人或者代理人的法人终止。

第七十条 有下列情形之一的，法定代理或者指定代理终止：

（一）被代理人取得或者恢复民事行为能力；

（二）被代理人或者代理人死亡；

（三）代理人丧失民事行为能力；

（四）指定代理的人民法院或者指定单位取消指定；

第五章 民事权利

第一节 财产所有权和与财产所有权有关的财产权

第七十一条 财产所有权是指所有人依法对自己的财产享有占有、使用、收益和处分的权利。

第七十二条 财产所有权的取得，不得违反法律规定。

按照合同或者其他合法方式取得财产的，财产所有权从财产交付时起转移，法律另有规定或者当事人另有约定的除外。

第七十三条 国家财产属于全民所有。

国家财产神圣不可侵犯，禁止任何组织或者个人侵占、哄抢、私分、截留、破坏。

第七十四条 劳动群众集体组织的财产属于劳动群众集体所有，包括：

（一）法律规定为集体所有的土地和森林、山岭、草原、荒地、滩涂等；

（二）集体经济组织的财产；

（三）集体所有的建筑物、水库、农田水利设施和教育、科学、文化、卫生、体育等设施；

（四）集体所有的其他财产。

集体所有的土地依照法律属于村农民集体所有，由村农业生产合作社等农业集体经济组织或者村民委员会经营、管理。已经属于乡（镇）农民集体经济组织所有的，可以属于乡（镇）农民集体所有。

集体所有的财产受法律保护，禁止任何组织或者个人侵占、哄抢、私分、破坏或者非法查封、扣押、冻结、没收。

第七十五条 公民的个人财产，包括公民的合法收入、房屋、储蓄、生活用品、文物、图书资料、林木、牲畜和法律允许公民所有的生产资料以及其他合法财产。

公民的合法财产受法律保护，禁止任何组织或者个人侵占、哄抢、破坏或者非法查封、扣押、冻结、没收。

第七十六条 公民依法享有财产继承权。

第七十七条 社会团体包括宗教团体的合法财产受法

律保护。

第七十八条 财产可以由两个以上的公民、法人共有。

共有分为按份共有和共同共有。按份共有人按照各自的份额，对共有财产分享权利，分担义务。共同共有人对共有财产享有权利，承担义务。

按份共有财产的每个共有人有权要求将自己的份额分出或者转让。但在出售时，其他共有人在同等条件下，有优先购买的权利。

第七十九条 所有人不明的埋藏物、隐藏物，归国家所有。接收单位应当对上缴的单位或者个人，给予表扬或者物质奖励。

拾得遗失物、漂流物或者失散的饲养动物，应当归还失主，因此而支出的费用由失主偿还。

第八十条 国家所有的土地，可以依法由全民所有制单位使用，也可以依法确定由集体所有制单位使用，国家保护它的使用、收益的权利；使用单位有管理、保护、合理利用的义务。

公民、集体依法对集体所有的或者国家所有由集体使用的土地的承包经营权，受法律保护。承包双方的权利和义务，依照法律由承包合同规定。

土地不得买卖、出租、抵押或者以其他形式非法转让。

第八十一条 国家所有的森林、山岭、草原、荒地、滩涂、水面等自然资源，可以依法由全民所有制单位使用，也可以依法确定由集体所有制单位使用，国家保护它的使用、收益的权利；使用单位有管理、保护、合理利用的义务。

国家所有的矿藏，可以依法由全民所有制单位和集体所有制单位开采，也可以依法由公民采挖。国家保护合法的采矿权。

公民、集体依法对集体所有的或者国家所有由集体使用的森林、山岭、草原、荒地、滩涂、水面的承包经营权，受法律保护。承包双方的权利和义务，依照法律由承包合同规定。

国家所有的矿藏、水流，国家所有的和法律规定属于集体所有的林地、山岭、草原、荒地、滩涂不得买卖、出租、抵押或者以其他形式非法转让。

第八十二条 全民所有制企业对国家授予它经营管理的财产依法享有经营权，受法律保护。

第八十三条 不动产的相邻各方，应当按照有利生产、方便生活、团结互助、公平合理的精神，正确处理截水、排水、通行、通风、采光等方面的相邻关系。给相邻方造成妨碍或者损失的，应当停止侵害，排除妨碍，赔偿损失。

第二节　债权

第八十四条 债是按照合同的约定或者依照法律的规定，在当事人之间产生的特定的权利和义务关系，享有权利的人是债权人，负有义务的人是债务人。

债权人有权要求债务人按照合同的约定或者依照法律的规定履行义务。

第八十五条 合同是当事人之间设立、变更、终止民事关系的协议。依法成立的合同，受法律保护。

第八十六条 债权人为二人以上的，按照确定的份额分享权利。债务人为二人以上的，按照确定的份额分担义务。

第八十七条 债权人或者债务人一方人数为二人以上的，依照法律的规定或者当事人的约定，享有连带权利的每个债权人，都有权要求债务人履行义务；负有连带义务的每个债务人，都负有清偿全部债务的义务，履行了义务的人，有权要求其他负有连带义务的人偿付他应当承担的份额。

第八十八条 合同的当事人应当按照合同的约定，全部履行自己的义务。

合同中有关质量、期限、地点或者价款约定不明确，按照合同有关条款内容不能确定，当事人又不能通过协商达成协议的，适用下列规定：

（一）质量要求不明确的，按照国家质量标准履行，没有国家质量标准的，按照通常标准履行。

（二）履行期限不明确的，债务人可以随时向债权人履行义务，债权人也可以随时要求债务人履行义务，但应当给对方必要的准备时间。

（三）履行地点不明确，给付货币的，在接受给付一方的所在地履行，其他标的在履行义务一方的所在地履行。

（四）价款约定不明确的，按照国家规定的价格履行；没有国家规定价格的，参照市场价格或者同类物品的价格或者同类劳务的报酬标准履行。

合同对专利申请权没有约定的，完成发明创造的当事人享有申请权。

合同对科技成果的使用权没有约定的，当事人都有使用的权利。

第八十九条 依照法律的规定或者按照当事人的约定，可以采用下列方式担保债务的履行：

（一）保证人向债权人保证债务人履行债务，债务人不履行债务的，按照约定由保证人履行或者承担连带责任；保证人履行债务后，有权向债务人追偿。

（二）债务人或者第三人可以提供一定的财产作为抵押物。债务人不履行债务的，债权人有权依照法律的规定以抵押物折价或者以变卖抵押物的价款优先得到偿还。

（三）当事人一方在法律规定的范围内可以向对方给付定金。债务人履行债务后，定金应当抵作价款或者收回。给付定金的一方不履行债务的，无权要求返还定金；接受定金的一方不履行债务的，应当双倍返还定金。

（四）按照合同约定一方占有对方的财产，对方不按照合同给付应付款项超过约定期限的，占有人有权留置该财产，依照法律的规定以留置财产折价或者以变卖该财产的价款优先得到偿还。

第九十条 合法的借贷关系受法律保护。

第九十一条 合同一方将合同的权利、义务全部或者部分转让给第三人的，应当取得合同另一方的同意，并不得牟利。依照法律规定应当由国家批准的合同，需经原批准机关批准。但是，法律另有规定或者原合同另有约定的除外。

第九十二条 没有合法根据，取得不当利益，造成他人损失的，应当将取得的不当利益返还受损失的人。

第九十三条 没有法定的或者约定的义务，为避免他人利益受损失进行管理或者服务的，有权要求受益人偿付由此而支付的必要费用。

第三节　知识产权

第九十四条 公民、法人享有著作权（版权），依法有署名、发表、出版、获得报酬等权利。

第九十五条 公民、法人依法取得的专利权受法律保护。

第九十六条 法人、个体工商户、个人合伙依法取得的商标专用权受法律保护。

第九十七条 公民对自己的发现享有发现权。发现人有权申请领取发现证书、奖金或者其他奖励。

公民对自己的发明或者其他科技成果，有权申请领取荣誉证书、奖金或者其他奖励。

第四节　人身权

第九十八条 公民享有生命健康权。

第九十九条 公民享有姓名权，有权决定、使用和依照规定改变自己的姓名，禁止他人干涉、盗用、假冒。

法人、个体工商户、个人合伙享有名称权。企业法人、个体工商户、个人合伙有权使用、依法转让自己的名称。

第一百条 公民享有肖像权，未经本人同意，不得以营利为目的使用公民的肖像。

第一百零一条 公民、法人享有名誉权，公民的人格尊严受法律保护，禁止用侮辱、诽谤等方式损害公民、法人的名誉。

第一百零二条 公民、法人享有荣誉权，禁止非法剥夺公民、法人的荣誉称号。

第一百零三条 公民享有婚姻自主权，禁止买卖、包办婚姻和其他干涉婚姻自由的行为。

第一百零四条 婚姻、家庭、老人、母亲和儿童受法律保护。

残疾人的合法权益受法律保护。

第六章　民事责任

第一节　一般规定

第一百零六条 公民、法人违反合同或者不履行其他义务的，应当承担民事责任。

公民、法人由于过错侵害国家的、集体的财产，侵害他人财产、人身的，应当承担民事责任。

没有过错，但法律规定应当承担民事责任的，应当承担民事责任。

第一百零七条 因不可抗力不能履行合同或者造成他人损害的，不承担民事责任，法律另有规定的除外。

第一百零八条 债务应当清偿。暂时无力偿还的，经债权人同意或者人民法院裁决，可以由债务人分期偿还。有能力偿还拒不偿还的，由人民法院判决强制偿还。

第一百零九条 因防止、制止国家的、集体的财产或者他人的财产、人身遭受侵害而使自己受到损害的，由侵害人承担赔偿责任，受益人也可以给予适当的补偿。

第一百一十条 对承担民事责任的公民、法人需要追究行政责任的，应当追究行政责任；构成犯罪的，对公民、法人的法定代表人应当依法追究刑事责任。

第二节　违反合同的民事责任

第一百一十一条 当事人一方不履行合同义务或者履行合同义务不符合约定条件的，另一方有权要求履行或者采取补救措施，并有权要求赔偿损失。

第一百一十二条 当事人一方违反合同的赔偿责任，应当相当于另一方因此所受到的损失。

当事人可以在合同中约定，一方违反合同时，向另一方支付一定数额的违约金；也可以在合同中约定对于违反合同而产生的损失赔偿额的计算方法。

第一百一十三条 当事人双方都违反合同的，应当分别承担各自应负的民事责任。

第一百一十四条 当事人一方因另一方违反合同受到损失的，应当及时采取措施防止损失的扩大；没有及时采取措施致使损失扩大的，无权就扩大的损失要求赔偿。

第一百一十五条 合同的变更或者解除，不影响当事人要求赔偿损失的权利。

第一百一十六条 当事人一方由于上级机关的原因，不能履行合同义务的，应当按照合同约定向另一方赔偿损失或者采取其他补救措施，再由上级机关对它因此受到的损失负责处理。

第三节 侵权的民事责任

第一百一十七条 侵占国家的、集体的财产或者他人财产的，应当返还财产，不能返还财产的，应当折价赔偿。

损坏国家的、集体的财产或者他人财产的，应当恢复原状或者折价赔偿。

受害人因此遭受其他重大损失的，侵害人并应当赔偿损失。

第一百一十八条 公民、法人的著作权（版权）、专利权、商标专用权、发现权、发明权和其他科技成果权受到剽窃、篡改、假冒等侵害的，有权要求停止侵害，消除影响，赔偿损失。

第一百一十九条 侵害公民身体造成伤害的，应当赔偿医疗费、因误工减少的收入、残废者生活补助费等费用；造成死亡的，并应当支付丧葬费、死者生前扶养的人必要的生活费等费用。

第一百二十条 公民的姓名权、肖像权、名誉权、荣誉权受到侵害的，有权要求停止侵害，恢复名誉，消除影响，赔礼道歉，并可以要求赔偿损失。

法人的名称权、名誉权、荣誉权受到侵害的，适用前款规定。

第一百二十一条 国家机关或者国家机关工作人员在执行职务中，侵犯公民、法人的合法权益造成损害的，应当承担民事责任。

第一百二十二条 因产品质量不合格造成他人财产、人身损害的，产品制造者、销售者应当依法承担民事责任。运输者、仓储者对此负有责任的，产品制造者、销售者有权要求赔偿损失。

第一百二十三条 从事高空、高压、易燃、易爆、剧毒、放射性、高速运输工具等对周围环境有高度危险的作业造成他人损害的，应当承担民事责任；如果能够证明损害是由受害人故意造成的，不承担民事责任。

第一百二十四条 违反国家保护环境防止污染的规定，污染环境造成他人损害的，应当依法承担民事责任。

第一百二十五条 在公共场所、道旁或者通道上挖坑、修缮安装地下设施等，没有设置明显标志和采取安全措施造成他人损害的，施工人应当承担民事责任。

第一百二十六条 建筑物或者其他设施以及建筑物上的搁置物、悬挂物发生倒塌、脱落、坠落造成他人损害的，它的所有人或者管理人应当承担民事责任，但能够证明自己没有过错的除外。

第一百二十七条 饲养的动物造成他人损害的，动物饲养人或者管理人应当承担民事责任；由于受害人的过错造成损害的，动物饲养人或者管理人不承担民事责任；由于第三人的过错造成损害的，第三人应当承担民事责任。

第一百二十八条 因正当防卫造成损害的，不承担民事责任。正当防卫超过必要的限度，造成不应有的损害的，应当承担适当的民事责任。

第一百二十九条 因紧急避险造成损害的，由引起险情发生的人承担民事责任。如果危险是由自然原因引起的，紧急避险人不承担民事责任或者承担适当的民事责任。因紧急避险采取措施不当或者超过必要的限度，造成不应有的损害的，紧急避险人应当承担适当的民事责任。

第一百三十条 二人以上共同侵权造成他人损害的，应当承担连带责任。

第一百三十一条 受害人对于损害的发生也有过错的，可以减轻侵害人的民事责任。

第一百三十二条 当事人对造成损害都没有过错的，可以根据实际情况，由当事人分担民事责任。

第一百三十三条 无民事行为能力人、限制民事行为能力人造成他人损害的，由监护人承担民事责任。监护人尽了监护责任的，可以适当减轻他的民事责任。

有财产的无民事行为能力人、限制民事行为能力人造成他人损害的，从本人财产中支付赔偿费用。不足部分，由监护人适当赔偿，但单位担任监护人的除外。

第四节 承担民事责任的方式

第一百三十四条 承担民事责任的方式主要有：

（一）停止侵害；

（二）排除妨碍；

（三）消除危险；

（四）返还财产；

（五）恢复原状；

（六）修理、重作、更换；

（七）赔偿损失；

（八）支付违约金；

（九）消除影响、恢复名誉；

（十）赔礼道歉。

以上承担民事责任的方式，可以单独适用，也可以合并适用。

第七章　诉讼时效

第一百三十五条　向人民法院请求保护民事权利的诉讼时效期间为二年，法律另有规定的除外。

第一百三十六条　下列的诉讼时效期间为一年：

（一）身体受到伤害要求赔偿的；

（二）出售质量不合格的商品未声明的；

（三）延付或者拒付租金的；

（四）寄存财物被丢失或者损毁的。

第一百三十七条　诉讼时效期间从知道或者应当知道权利被侵害时起计算。但是，从权利被侵害之日起超过二十年的，人民法院不予保护。有特殊情况的，人民法院可以延长诉讼时效期间。

第一百三十八条　超过诉讼时效期间，当事人自愿履行的，不受诉讼时效限制。

第一百三十九条　在诉讼时效期间的最后六个月内，因不可抗力或者其他障碍不能行使请求权的，诉讼时效中止。从中止时效的原因消除之日起，诉讼时效期间继续计算。

第一百四十条　诉讼时效因提起诉讼、当事人一方提出要求或者同意履行义务而中断。从中断时起，诉讼时效期间重新计算。

第一百四十一条　法律对诉讼时效另有规定的，依照法律规定。

第八章　涉外民事关系的法律适用

第一百四十二条　涉外民事关系的法律适用，依照本章的规定确定。

中华人民共和国缔结或者参加的国际条约同中华人民共和国的民事法律有不同规定的，适用国际条约的规定，但中华人民共和国声明保留的条款除外。

中华人民共和国法律和中华人民共和国缔结或者参加的国际条约没有规定的，可以适用国际惯例。

第一百四十三条　中华人民共和国公民定居国外的，他的民事行为能力可以适用定居国法律。

第一百四十四条　不动产的所有权，适用不动产所在地法律。

第一百四十五条　涉外合同的当事人可以选择处理合同争议所适用的法律，法律另有规定的除外。

涉外合同的当事人没有选择的，适用与合同有最密切联系的国家的法律。

第一百四十六条　侵权行为的损害赔偿，适用侵权行为地法律。当事人双方国籍相同或者在同一国家有住所的，也可以适用当事人本国法律或者住所地法律。

中华人民共和国法律不认为在中华人民共和国领域外发生的行为是侵权行为的，不作为侵权行为处理。

第一百四十七条　中华人民共和国公民和外国人结婚适用婚姻缔结地法律，离婚适用受理案件的法院所在地法律。

第一百四十八条　扶养适用与被扶养人有最密切联系的国家的法律。

第一百四十九条　遗产的法定继承，动产适用被继承人死亡时住所地法律，不动产适用不动产所在地法律。

第一百五十条　依照本章规定适用外国法律或者国际惯例的，不得违背中华人民共和国的社会公共利益。

第九章　附则

第一百五十一条　民族自治地方的人民代表大会可以根据本法规定的原则，结合当地民族的特点，制定变通的或者补充的单行条例或者规定。自治区人民代表大会制定的，依照法律规定报全国人民代表大会常务委员会批准或者备案；自治州、自治县人民代表大会制定的，报省、自治区人民代表大会常务委员会批准。

第一百五十二条　本法生效以前，经省、自治区、直辖市以上主管机关批准开办的全民所有制企业，已经向工商行政管理机关登记的，可以不再办理法人登记，即具有法人资格。

第一百五十三条　本法所称的“不可抗力”，是指不能预见、不能避免并不能克服的客观情况。

第一百五十四条　民法所称的期间按照公历年、月、日、小时计算。

规定按照小时计算期间的，从规定时开始计算。规定按照日、月、年计算期间的，开始的当天不算入，从下一天开始计算。

期间的最后一天是星期日或者其他法定休假日的，以休假日的次日为期间的最后一天。

期间的最后一天的截止时间为二十四点。有业务时间的，到停止业务活动的时间截止。

第一百五十五条　民法所称的“以上”、“以下”、“以内”、“届满”，包括本数；所称的“不满”、“以外”，不包括本数。

第一百五十六条　本法自 1987 年 1 月 1 日起施行。

中华人民共和国合同法

（1999年3月15日第九届全国人民代表大会第二次会议通过　1999年3月15日中华人民共和国主席令第十五号公布　自1999年10月1日起施行）

目　录

总　则

第一章　一般规定

第一条　为了保护合同当事人的合法权益，维护社会经济秩序，促进社会主义现代化建设，制定本法。

第二条　本法所称合同是平等主体的自然人、法人、其他组织之间设立、变更、终止民事权利义务关系的协议。

婚姻、收养、监护等有关身份关系的协议，适用其他法律的规定。

第三条　合同当事人的法律地位平等，一方不得将自己的意志强加给另一方。

第四条　当事人依法享有自愿订立合同的权利，任何单位和个人不得非法干预。

第五条　当事人应当遵循公平原则确定各方的权利和义务。

第六条　当事人行使权利、履行义务应当遵循诚实信用原则。

第七条　当事人订立、履行合同，应当遵守法律、行政法规，尊重社会公德，不得扰乱社会经济秩序，损害社会公共利益。

第八条　依法成立的合同，对当事人具有法律约束力。当事人应当按照约定履行自己的义务，不得擅自变更或者解除合同。

依法成立的合同，受法律保护。

第二章　合同的订立

第九条　当事人订立合同，应当具有相应的民事权利能力和民事行为能力。

当事人依法可以委托代理人订立合同。

第十条　当事人订立合同，有书面形式、口头形式和其他形式。

法律、行政法规规定采用书面形式的，应当采用书面形式。当事人约定采用书面形式的，应当采用书面形式。

第十一条　书面形式是指合同书、信件和数据电文（包括电报、电传、传真、电子数据交换和电子邮件）等可以有形地表现所载内容的形式。

第十二条　合同的内容由当事人约定，一般包括以下条款：

（一）当事人的名称或者姓名和住所；

（二）标的；

（三）数量；

（四）质量；

（五）价款或者报酬；

（六）履行期限、地点和方式；

（七）违约责任；

（八）解决争议的方法。

当事人可以参照各类合同的示范文本订立合同。

第十三条　当事人订立合同，采取要约、承诺方式。

第十四条　要约是希望和他人订立合同的意思表示，该意思表示应当符合下列规定：

（一）内容具体确定；

（二）表明经受要约人承诺，要约人即受该意思表示约束。

第十五条　要约邀请是希望他人向自己发出要约的意思表示。寄送的价目表、拍卖公告、招标公告、招股说明书、商业广告等为要约邀请。

商业广告的内容符合要约规定的，视为要约。

第十六条　要约到达受要约人时生效。

采用数据电文形式订立合同，收件人指定特定系统接收数据电文的，该数据电文进入该特定系统的时间，视为到达时间；未指定特定系统的，该数据电文进入收件人的任何系统的首次时间，视为到达时间。

第十七条　要约可以撤回。撤回要约的通知应当在要约到达受要约人之前或者与要约同时到达受要约人。

第十八条　要约可以撤销。撤销要约的通知应当在受要约人发出承诺通知之前到达受要约人。

第十九条　有下列情形之一的，要约不得撤销：

（一）要约人确定了承诺期限或者以其他形式明示要约不可撤销；

（二）受要约人有理由认为要约是不可撤销的，并已经为履行合同作了准备工作。

第二十条　有下列情形之一的，要约失效：

（一）拒绝要约的通知到达要约人；

（二）要约人依法撤销要约；

（三）承诺期限届满，受要约人未作出承诺；

（四）受要约人对要约的内容作出实质性变更。

第二十一条　承诺是受要约人同意要约的意思表示。

第二十二条　承诺应当以通知的方式作出，但根据交易习惯或者要约表明可以通过行为作出承诺的除外。

第二十三条　承诺应当在要约确定的期限内到达要约人。

要约没有确定承诺期限的，承诺应当依照下列规定到达：

（一）要约以对话方式作出的，应当即时作出承诺，但当事人另有约定的除外；

（二）要约以非对话方式作出的，承诺应当在合理期限内到达。

第二十四条　要约以信件或者电报作出的，承诺期限自信件载明的日期或者电报交发之日开始计算。信件未载明日期的，自投寄该信件的邮戳日期开始计算。要约以电话、传真等快速通讯方式作出的，承诺期限自要约到达受要约人时开始计算。

第二十五条　承诺生效时合同成立。

第二十六条　承诺通知到达要约人时生效。承诺不需要通知的，根据交易习惯或者要约的要求作出承诺的行为时生效。

采用数据电文形式订立合同的，承诺到达的时间适用本法第十六条第二款的规定。

第二十七条　承诺可以撤回。撤回承诺的通知应当在承诺通知到达要约人之前或者与承诺通知同时到达要约人。

第二十八条　受要约人超过承诺期限发出承诺的，除要约人及时通知受要约人该承诺有效的以外，为新要约。

第二十九条　受要约人在承诺期限内发出承诺，按照通常情形能够及时到达要约人，但因其他原因承诺到达要约人时超过承诺期限的，除要约人及时通知受要约人因承诺超过期限不接受该承诺的以外，该承诺有效。

第三十条　承诺的内容应当与要约的内容一致。受要约人对要约的内容作出实质性变更的，为新要约。有关合同标的、数量、质量、价款或者报酬、履行期限、履行地点和方式、违约责任和解决争议方法等的变更，是对要约内容的实质性变更。

第三十一条　承诺对要约的内容作出非实质性变更的，除要约人及时表示反对或者要约表明承诺不得对要约的内容作出任何变更的以外，该承诺有效，合同的内容以承诺的内容为准。

第三十二条　当事人采用合同书形式订立合同的，自双方当事人签字或者盖章时合同成立。

第三十三条　当事人采用信件、数据电文等形式订立合同的，可以在合同成立之前要求签订确认书。签订确认书时合同成立。

第三十四条　承诺生效的地点为合同成立的地点。

采用数据电文形式订立合同的，收件人的主营业地为合同成立的地点；没有主营业地的，其经常居住地为合同成立的地点。当事人另有约定的，按照其约定。

第三十五条　当事人采用合同书形式订立合同的，双方当事人签字或者盖章的地点为合同成立的地点。

第三十六条　法律、行政法规规定或者当事人约定采用书面形式订立合同，当事人未采用书面形式但一方已经履行主要义务，对方接受的，该合同成立。

第三十七条 采用合同书形式订立合同，在签字或者盖章之前，当事人一方已经履行主要义务，对方接受的，该合同成立。

第三十八条 国家根据需要下达指令性任务或者国家订货任务的，有关法人、其他组织之间应当依照有关法律、行政法规规定的权利和义务订立合同。

第三十九条 采用格式条款订立合同的，提供格式条款的一方应当遵循公平原则确定当事人之间的权利和义务，并采取合理的方式提请对方注意免除或者限制其责任的条款，按照对方的要求，对该条款予以说明。

格式条款是当事人为了重复使用而预先拟定，并在订立合同时未与对方协商的条款。

第四十条 格式条款具有本法第五十二条和第五十三条规定情形的，或者提供格式条款一方免除其责任、加重对方责任、排除对方主要权利的，该条款无效。

第四十一条 对格式条款的理解发生争议的，应当按照通常理解予以解释。对格式条款有两种以上解释的，应当作出不利于提供格式条款一方的解释。格式条款和非格式条款不一致的，应当采用非格式条款。

第四十二条 当事人在订立合同过程中有下列情形之一，给对方造成损失的，应当承担损害赔偿责任：

（一）假借订立合同，恶意进行磋商；

（二）故意隐瞒与订立合同有关的重要事实或者提供虚假情况；

（三）有其他违背诚实信用原则的行为。

第四十三条 当事人在订立合同过程中知悉的商业秘密，无论合同是否成立，不得泄露或者不正当地使用。泄露或者不正当地使用该商业秘密给对方造成损失的，应当承担损害赔偿责任。

第三章 合同的效力

第四十四条 依法成立的合同，自成立时生效。

法律、行政法规规定应当办理批准、登记等手续生效的，依照其规定。

第四十五条 当事人对合同的效力可以约定附条件。附生效条件的合同，自条件成就时生效。附解除条件的合同，自条件成就时失效。

当事人为自己的利益不正当地阻止条件成就的，视为条件已成就；不正当地促成条件成就的，视为条件不成就。

第四十六条 当事人对合同的效力可以约定附期限。附生效期限的合同，自期限届至时生效。附终止期限的合同，自期限届满时失效。

第四十七条 限制民事行为能力人订立的合同，经法定代理人追认后，该合同有效，但纯获利益的合同或者与其年龄、智力、精神健康状况相适应而订立的合同，不必经法定代理人追认。

相对人可以催告法定代理人在一个月内予以追认。法定代理人未作表示的，视为拒绝追认。合同被追认之前，善意相对人有撤销的权利。撤销应当以通知的方式作出。

第四十八条 行为人没有代理权、超越代理权或者代理权终止后以被代理人名义订立的合同，未经被代理人追认，对被代理人不发生效力，由行为人承担责任。

相对人可以催告被代理人在一个月内予以追认。被代理人未作表示的，视为拒绝追认。合同被追认之前，善意相对人有撤销的权利。撤销应当以通知的方式作出。

第四十九条 行为人没有代理权、超越代理权或者代理权终止后以被代理人名义订立合同，相对人有理由相信行为人有代理权的，该代理行为有效。

第五十条 法人或者其他组织的法定代表人、负责人超越权限订立的合同，除相对人知道或者应当知道其超越权限的以外，该代表行为有效。

第五十一条 无处分权的人处分他人财产，经权利人追认或者无处分权的人订立合同后取得处分权的，该合同有效。

第五十二条 有下列情形之一的，合同无效：

（一）一方以欺诈、胁迫的手段订立合同，损害国家利益；

（二）恶意串通，损害国家、集体或者第三人利益；

（三）以合法形式掩盖非法目的；

（四）损害社会公共利益；

（五）违反法律、行政法规的强制性规定。

第五十三条 合同中的下列免责条款无效：

（一）造成对方人身伤害的；

（二）因故意或者重大过失造成对方财产损失的。

第五十四条 下列合同，当事人一方有权请求人民法院或者仲裁机构变更或者撤销：

（一）因重大误解订立的；

（二）在订立合同时显失公平的。

一方以欺诈、胁迫的手段或者乘人之危，使对方在违背真实意思的情况下订立的合同，受损害方有权请求人民法院或者仲裁机构变更或者撤销。

当事人请求变更的，人民法院或者仲裁机构不得撤销。

第五十五条 有下列情形之一的，撤销权消灭：

（一）具有撤销权的当事人自知道或者应当知道撤销事由之日起一年内没有行使撤销权；

（二）具有撤销权的当事人知道撤销事由后明确表示或者以自己的行为放弃撤销权。

第五十六条 无效的合同或者被撤销的合同自始没有法律约束力。合同部分无效，不影响其他部分效力的，其他部分仍然有效。

第五十七条 合同无效、被撤销或者终止的，不影响合同中独立存在的有关解决争议方法的条款的效力。

第五十八条 合同无效或者被撤销后，因该合同取得的财产，应当予以返还；不能返还或者没有必要返还的，应当折价补偿。有过错的一方应当赔偿对方因此所受到的损失，双方都有过错的，应当各自承担相应的责任。

第五十九条 当事人恶意串通，损害国家、集体或者第三人利益的，因此取得的财产收归国家所有或者返还集体、第三人。

第四章 合同的履行

第六十条 当事人应当按照约定全面履行自己的义务。

当事人应当遵循诚实信用原则，根据合同的性质、目的和交易习惯履行通知、协助、保密等义务。

第六十一条 合同生效后，当事人就质量、价款或者报酬、履行地点等内容没有约定或者约定不明确的，可以协议补充；不能达成补充协议的，按照合同有关条款或者交易习惯确定。

第六十二条 当事人就有关合同内容约定不明确，依照本法第六十一条的规定仍不能确定的，适用下列规定：

（一）质量要求不明确的，按照国家标准、行业标准履行；没有国家标准、行业标准的，按照通常标准或者符合合同目的的特定标准履行。

（二）价款或者报酬不明确的，按照订立合同时履行地的市场价格履行；依法应当执行政府定价或者政府指导价的，按照规定履行。

（三）履行地点不明确，给付货币的，在接受货币一方所在地履行；交付不动产的，在不动产所在地履行；其他标的，在履行义务一方所在地履行。

（四）履行期限不明确的，债务人可以随时履行，债权人也可以随时要求履行，但应当给对方必要的准备时间。

（五）履行方式不明确的，按照有利于实现合同目的的方式履行。

（六）履行费用的负担不明确的，由履行义务一方负担。

第六十三条 执行政府定价或者政府指导价的，在合同约定的交付期限内政府价格调整时，按照交付时的价格计价。逾期交付标的物的，遇价格上涨时，按照原价格执行；价格下降时，按照新价格执行。逾期提取标的物或者逾期付款的，遇价格上涨时，按照新价格执行；价格下降时，按照原价格执行。

第六十四条 当事人约定由债务人向第三人履行债务的，债务人未向第三人履行债务或者履行债务不符合约定，应当向债权人承担违约责任。

第六十五条 当事人约定由第三人向债权人履行债务的，第三人不履行债务或者履行债务不符合约定，债务人应当向债权人承担违约责任。

第六十六条 当事人互负债务，没有先后履行顺序的，应当同时履行。一方在对方履行之前有权拒绝其履行要求。一方在对方履行债务不符合约定时，有权拒绝其相应的履行要求。

第六十七条 当事人互负债务，有先后履行顺序，先履行一方未履行的，后履行一方有权拒绝其履行要求。先履行一方履行债务不符合约定的，后履行一方有权拒绝其相应的履行要求。

第六十八条 应当先履行债务的当事人，有确切证据证明对方有下列情形之一的，可以中止履行：

（一）经营状况严重恶化；

（二）转移财产、抽逃资金，以逃避债务；

（三）丧失商业信誉；

（四）有丧失或者可能丧失履行债务能力的其他情形。

当事人没有确切证据中止履行的，应当承担违约责任。

第六十九条 当事人依照本法第六十八条的规定中止履行的，应当及时通知对方。对方提供适当担保时，应当恢复履行。中止履行后，对方在合理期限内未恢复履行能力并且未提供适当担保的，中止履行的一方可以解除合同。

第七十条 债权人分立、合并或者变更住所没有通知债务人，致使履行债务发生困难的，债务人可以中止履行或者将标的物提存。

第七十一条 债权人可以拒绝债务人提前履行债务，但提前履行不损害债权人利益的除外。

债务人提前履行债务给债权人增加的费用，由债务人负担。

第七十二条 债权人可以拒绝债务人部分履行债务，但部分履行不损害债权人利益的除外。

债务人部分履行债务给债权人增加的费用，由债务人负担。

第七十三条 因债务人怠于行使其到期债权，对债权人造成损害的，债权人可以向人民法院请求以自己的名义代位行使债务人的债权，但该债权专属于债务人自身的除外。

代位权的行使范围以债权人的债权为限。债权人行使代位权的必要费用，由债务人负担。

第七十四条 因债务人放弃其到期债权或者无偿转让财产，对债权人造成损害的，债权人可以请求人民法院撤销债务人的行为。债务人以明显不合理的低价转让财产，对债权人造成损害，并且受让人知道该情形的，债权人也可以请求人民法院撤销债务人的行为。

撤销权的行使范围以债权人的债权为限。债权人行使撤销权的必要费用，由债务人负担。

第七十五条 撤销权自债权人知道或者应当知道撤销事由之日起一年内行使。自债务人的行为发生之日起五年内没有行使撤销权的，该撤销权消灭。

第七十六条 合同生效后，当事人不得因姓名、名称的变更或者法定代表人、负责人、承办人的变动而不履行合同义务。

第五章 合同的变更和转让

第七十七条 当事人协商一致，可以变更合同。

法律、行政法规规定变更合同应当办理批准、登记等手续的，依照其规定。

第七十八条 当事人对合同变更的内容约定不明确的，推定为未变更。

第七十九条 债权人可以将合同的权利全部或者部分转让给第三人，但有下列情形之一的除外：

（一）根据合同性质不得转让；

（二）按照当事人约定不得转让；

（三）依照法律规定不得转让。

第八十条 债权人转让权利的，应当通知债务人。未经通知，该转让对债务人不发生效力。

债权人转让权利的通知不得撤销，但经受让人同意的除外。

第八十一条 债权人转让权利的，受让人取得与债权有关的从权利，但该从权利专属于债权人自身的除外。

第八十二条 债务人接到债权转让通知后，债务人对让与人的抗辩，可以向受让人主张。

第八十三条 债务人接到债权转让通知时，债务人对让与人享有债权，并且债务人的债权先于转让的债权到期或者同时到期的，债务人可以向受让人主张抵销。

第八十四条 债务人将合同的义务全部或者部分转移给第三人的，应当经债权人同意。

第八十五条 债务人转移义务的，新债务人可以主张原债务人对债权人的抗辩。

第八十六条 债务人转移义务的，新债务人应当承担与主债务有关的从债务，但该从债务专属于原债务人自身的除外。

第八十七条 法律、行政法规规定转让权利或者转移义务应当办理批准、登记等手续的，依照其规定。

第八十八条 当事人一方经对方同意，可以将自己在合同中的权利和义务一并转让给第三人。

第八十九条 权利和义务一并转让的，适用本法第七十九条、第八十一条至第八十三条、第八十五条至第八十七条的规定。

第九十条 当事人订立合同后合并的，由合并后的法人或者其他组织行使合同权利，履行合同义务。当事人订立合同后分立的，除债权人和债务人另有约定的以外，由分立的法人或者其他组织对合同的权利和义务享有连带债权，承担连带债务。

第六章 合同的权利义务终止

第九十一条 有下列情形之一的，合同的权利义务终止：

（一）债务已经按照约定履行；

（二）合同解除；

（三）债务相互抵销；

（四）债务人依法将标的物提存；

（五）债权人免除债务；

（六）债权债务同归于一人；

（七）法律规定或者当事人约定终止的其他情形。

第九十二条 合同的权利义务终止后，当事人应当遵循诚实信用原则，根据交易习惯履行通知、协助、保密等义务。

第九十三条 当事人协商一致，可以解除合同。

当事人可以约定一方解除合同的条件。解除合同的条件成就时，解除权人可以解除合同。

第九十四条 有下列情形之一的，当事人可以解除合同：

（一）因不可抗力致使不能实现合同目的；

（二）在履行期限届满之前，当事人一方明确表示或者以自己的行为表明不履行主要债务；

（三）当事人一方迟延履行主要债务，经催告后在合理期限内仍未履行；

（四）当事人一方迟延履行债务或者有其他违约行为致使不能实现合同目的；

（五）法律规定的其他情形。

第九十五条 法律规定或者当事人约定解除权行使期限，期限届满当事人不行使的，该权利消灭。

法律没有规定或者当事人没有约定解除权行使期限，经对方催告后在合理期限内不行使的，该权利消灭。

第九十六条 当事人一方依照本法第九十三条第二款、第九十四条的规定主张解除合同的，应当通知对方。合同自通知到达对方时解除。对方有异议的，可以请求人民法院或者仲裁机构确认解除合同的效力。

法律、行政法规规定解除合同应当办理批准、登记等手续的，依照其规定。

第九十七条 合同解除后，尚未履行的，终止履行；已经履行的，根据履行情况和合同性质，当事人可以要求恢复原状、采取其他补救措施，并有权要求赔偿损失。

第九十八条 合同的权利义务终止，不影响合同中结算和清理条款的效力。

第九十九条 当事人互负到期债务，该债务的标的物种类、品质相同的，任何一方可以将自己的债务与对方的债务抵销，但依照法律规定或者按照合同性质不得抵销的除外。

当事人主张抵销的，应当通知对方。通知自到达对方时生效。抵销不得附条件或者附期限。

第一百条 当事人互负债务，标的物种类、品质不相同的，经双方协商一致，也可以抵销。

第一百零一条 有下列情形之一，难以履行债务的，债务人可以将标的物提存：

（一）债权人无正当理由拒绝受领；

（二）债权人下落不明；

（三）债权人死亡未确定继承人或者丧失民事行为能力未确定监护人；

（四）法律规定的其他情形。

标的物不适于提存或者提存费用过高的，债务人依法可以拍卖或者变卖标的物，提存所得的价款。

第一百零二条 标的物提存后，除债权人下落不明的以外，债务人应当及时通知债权人或者债权人的继承人、监护人。

第一百零三条 标的物提存后，毁损、灭失的风险由债权人承担。提存期间，标的物的孳息归债权人所有。提存费用由债权人负担。

第一百零四条 债权人可以随时领取提存物，但债权人对债务人负有到期债务的，在债权人未履行债务或者提供担保之前，提存部门根据债务人的要求应当拒绝其领取提存物。

债权人领取提存物的权利，自提存之日起五年内不行使而消灭，提存物扣除提存费用后归国家所有。

第一百零五条 债权人免除债务人部分或者全部债务的，合同的权利义务部分或者全部终止。

第一百零六条 债权和债务同归于一人的，合同的权利义务终止，但涉及第三人利益的除外。

第七章 违约责任

第一百零七条 当事人一方不履行合同义务或者履行合同义务不符合约定的，应当承担继续履行、采取补救措施或者赔偿损失等违约责任。

第一百零八条 当事人一方明确表示或者以自己的行为表明不履行合同义务的，对方可以在履行期限届满之前要求其承担违约责任。

第一百零九条 当事人一方未支付价款或者报酬的，对方可以要求其支付价款或者报酬。

第一百一十条 当事人一方不履行非金钱债务或者履行非金钱债务不符合约定的，对方可以要求履行，但有下列情形之一的除外：

（一）法律上或者事实上不能履行；

（二）债务的标的不适于强制履行或者履行费用过高；

（三）债权人在合理期限内未要求履行。

第一百一十一条 质量不符合约定的，应当按照当事人的约定承担违约责任。对违约责任没有约定或者约定不明确，依照本法第六十一条的规定仍不能确定的，受损害方根据标的的性质以及损失的大小，可以合理选择要求对方承担修理、更换、重作、退货、减少价款或者报酬等违约责任。

第一百一十二条 当事人一方不履行合同义务或者履行合同义务不符合约定的，在履行义务或者采取补救措施后，对方还有其他损失的，应当赔偿损失。

第一百一十三条 当事人一方不履行合同义务或者履行合同义务不符合约定，给对方造成损失的，损失赔偿额应当相当于因违约所造成的损失，包括合同履行后可以获得的利益，但不得超过违反合同一方订立合同时预见到或者应当预见到的因违反合同可能造成的损失。

经营者对消费者提供商品或者服务有欺诈行为的，依照《中华人民共和国消费者权益保护法》的规定承担损害赔偿责任。

第一百一十四条 当事人可以约定一方违约时应当根据违约情况向对方支付一定数额的违约金，也可以约定因违约产生的损失赔偿额的计算方法。

约定的违约金低于造成的损失的，当事人可以请求人民法院或者仲裁机构予以增加；约定的违约金过分高于造成的损失的，当事人可以请求人民法院或者仲裁机构予以适当减少。

当事人就迟延履行约定违约金的，违约方支付违约金后，还应当履行债务。

第一百一十五条 当事人可以依照《中华人民共和国担保法》约定一方向对方给付定金作为债权的担保。债务人履行债务后，定金应当抵作价款或者收回。给付定金的一方不履行约定的债务的，无权要求返还定金；收受定金的一方不履行约定的债务的，应当双倍返还定金。

第一百一十六条 当事人既约定违约金，又约定定金的，一方违约时，对方可以选择适用违约金或者定金条款。

第一百一十七条 因不可抗力不能履行合同的，根据不可抗力的影响，部分或者全部免除责任，但法律另有规定的除外。当事人迟延履行后发生不可抗力的，不能免除责任。

本法所称不可抗力，是指不能预见、不能避免并不能克服的客观情况。

第一百一十八条 当事人一方因不可抗力不能履行合同的，应当及时通知对方，以减轻可能给对方造成的损失，并应当在合理期限内提供证明。

第一百一十九条 当事人一方违约后，对方应当采取适当措施防止损失的扩大；没有采取适当措施致使损失扩大的，不得就扩大的损失要求赔偿。

当事人因防止损失扩大而支出的合理费用，由违约方承担。

第一百二十条 当事人双方都违反合同的，应当各自承担相应的责任。

第一百二十一条 当事人一方因第三人的原因造成违约的，应当向对方承担违约责任。当事人一方和第三人之间的纠纷，依照法律规定或者按照约定解决。

第一百二十二条 因当事人一方的违约行为，侵害对方人身、财产权益的，受损害方有权选择依照本法要求其承担违约责任或者依照其他法律要求其承担侵权责任。

第八章 其他规定

第一百二十三条 其他法律对合同另有规定的，依照其规定。

第一百二十四条 本法分则或者其他法律没有明文规定的合同，适用本法总则的规定，并可以参照本法分则或者其他法律最相类似的规定。

第一百二十五条 当事人对合同条款的理解有争议的，应当按照合同所使用的词句、合同的有关条款、合同的目的、交易习惯以及诚实信用原则，确定该条款的真实意思。

合同文本采用两种以上文字订立并约定具有同等效力的，对各文本使用的词句推定具有相同含义。各文本使用的词句不一致的，应当根据合同的目的予以解释。

第一百二十六条 涉外合同的当事人可以选择处理合同争议所适用的法律，但法律另有规定的除外。涉外合同的当事人没有选择的，适用与合同有最密切联系的国家的法律。

在中华人民共和国境内履行的中外合资经营企业合同、中外合作经营企业合同、中外合作勘探开发自然资源合同，适用中华人民共和国法律。

第一百二十七条 工商行政管理部门和其他有关行政主管部门在各自的职权范围内，依照法律、行政法规的规定，对利用合同危害国家利益、社会公共利益的违法行为，负责监督处理；构成犯罪的，依法追究刑事责任。

第一百二十八条 当事人可以通过和解或者调解解决合同争议。

当事人不愿和解、调解或者和解、调解不成的，可以根据仲裁协议向仲裁机构申请仲裁。涉外合同的当事人可以根据仲裁协议向中国仲裁机构或者其他仲裁机构申请仲裁。当事人没有订立仲裁协议或者仲裁协议无效的，可以向人民法院起诉。当事人应当履行发生法律效力的判决、仲裁裁决、调解书；拒不履行的，对方可以请求人民法院执行。

第一百二十九条 因国际货物买卖合同和技术进出口合同争议提起诉讼或者申请仲裁的期限为四年，自当事人知道或者应当知道其权利受到侵害之日起计算。因其他合同争议提起诉讼或者申请仲裁的期限，依照有关法律的规定。

分 则

第九章 买卖合同

第一百三十条 买卖合同是出卖人转移标的物的所有权于买受人，买受人支付价款的合同。

第一百三十一条 买卖合同的内容除依照本法第十二条的规定以外，还可以包括包装方式、检验标准和方法、结算方式、合同使用的文字及其效力等条款。

第一百三十二条 出卖的标的物，应当属于出卖人所有或者出卖人有权处分。

法律、行政法规禁止或者限制转让的标的物，依照其规定。

第一百三十三条 标的物的所有权自标的物交付时起

转移，但法律另有规定或者当事人另有约定的除外。

第一百三十四条 当事人可以在买卖合同中约定买受人未履行支付价款或者其他义务的，标的物的所有权属于出卖人。

第一百三十五条 出卖人应当履行向买受人交付标的物或者交付提取标的物的单证，并转移标的物所有权的义务。

第一百三十六条 出卖人应当按照约定或者交易习惯向买受人交付提取标的物单证以外的有关单证和资料。

第一百三十七条 出卖具有知识产权的计算机软件等标的物的，除法律另有规定或者当事人另有约定的以外，该标的物的知识产权不属于买受人。

第一百三十八条 出卖人应当按照约定的期限交付标的物。约定交付期间的，出卖人可以在该交付期间内的任何时间交付。

第一百三十九条 当事人没有约定标的物的交付期限或者约定不明确的，适用本法第六十一条、第六十二条第四项的规定。

第一百四十条 标的物在订立合同之前已为买受人占有的，合同生效的时间为交付时间。

第一百四十一条 出卖人应当按照约定的地点交付标的物。

当事人没有约定交付地点或者约定不明确，依照本法第六十一条的规定仍不能确定的，适用下列规定：

（一）标的物需要运输的，出卖人应当将标的物交付给第一承运人以运交给买受人；

（二）标的物不需要运输，出卖人和买受人订立合同时知道标的物在某一地点的，出卖人应当在该地点交付标的物；不知道标的物在某一地点的，应当在出卖人订立合同时的营业地交付标的物。

第一百四十二条 标的物毁损、灭失的风险，在标的物交付之前由出卖人承担，交付之后由买受人承担，但法律另有规定或者当事人另有约定的除外。

第一百四十三条 因买受人的原因致使标的物不能按照约定的期限交付的，买受人应当自违反约定之日起承担标的物毁损、灭失的风险。

第一百四十四条 出卖人出卖交由承运人运输的在途标的物，除当事人另有约定的以外，毁损、灭失的风险自合同成立时起由买受人承担。

第一百四十五条 当事人没有约定交付地点或者约定不明确，依照本法第一百四十一条第二款第一项的规定标的物需要运输的，出卖人将标的物交付给第一承运人后，标的物毁损、灭失的风险由买受人承担。

第一百四十六条 出卖人按照约定或者依照本法第一百四十一条第二款第二项的规定将标的物置于交付地点，买受人违反约定没有收取的，标的物毁损、灭失的风险自违反约定之日起由买受人承担。

第一百四十七条 出卖人按照约定未交付有关标的物的单证和资料的，不影响标的物毁损、灭失风险的转移。

第一百四十八条 因标的物质量不符合质量要求，致使不能实现合同目的的，买受人可以拒绝接受标的物或者解除合同。买受人拒绝接受标的物或者解除合同的，标的物毁损、灭失的风险由出卖人承担。

第一百四十九条 标的物毁损、灭失的风险由买受人承担的，不影响因出卖人履行债务不符合约定，买受人要求其承担违约责任的权利。

第一百五十条 出卖人就交付的标的物，负有保证第三人不得向买受人主张任何权利的义务，但法律另有规定的除外。

第一百五十一条 买受人订立合同时知道或者应当知道第三人对买卖的标的物享有权利的，出卖人不承担本法第一百五十条规定的义务。

第一百五十二条 买受人有确切证据证明第三人可能就标的物主张权利的，可以中止支付相应的价款，但出卖人提供适当担保的除外。

第一百五十三条 出卖人应当按照约定的质量要求交付标的物。出卖人提供有关标的物质量说明的，交付的标的物应当符合该说明的质量要求。

第一百五十四条 当事人对标的物的质量要求没有约定或者约定不明确，依照本法第六十一条的规定仍不能确定的，适用本法第六十二条第一项的规定。

第一百五十五条 出卖人交付的标的物不符合质量要求的，买受人可以依照本法第一百一十一条的规定要求承担违约责任。

第一百五十六条 出卖人应当按照约定的包装方式交付标的物。对包装方式没有约定或者约定不明确，依照本法第六十一条的规定仍不能确定的，应当按照通用的方式包装，没有通用方式的，应当采取足以保护标的物的包装方式。

第一百五十七条 买受人收到标的物时应当在约定的检验期间内检验。没有约定检验期间的，应当及时检验。

第一百五十八条 当事人约定检验期间的，买受人应当在检验期间内将标的物的数量或者质量不符合约定的情形通知出卖人。买受人怠于通知的，视为标的物的数量或者质量符合约定。

当事人没有约定检验期间的，买受人应当在发现或者应当发现标的物的数量或者质量不符合约定的合理期间内通知出卖人。买受人在合理期间内未通知或者自标的物收到之日起两年内未通知出卖人的，视为标的物的数量或者质量符合约定，但对标的物有质量保证期的，适用质量保证期，不适用该两年的规定。

出卖人知道或者应当知道提供的标的物不符合约定的，买受人不受前两款规定的通知时间的限制。

第一百五十九条 买受人应当按照约定的数额支付价款。对价款没有约定或者约定不明确的，适用本法第六十一条、第六十二条第二项的规定。

第一百六十条 买受人应当按照约定的地点支付价款。对支付地点没有约定或者约定不明确，依照本法第六十一条的规定仍不能确定的，买受人应当在出卖人的营业地支付，但约定支付价款以交付标的物或者交付提取标的物单证为条件的，在交付标的物或者交付提取标的物单证的所在地支付。

第一百六十一条 买受人应当按照约定的时间支付价款。对支付时间没有约定或者约定不明确，依照本法第六十一条的规定仍不能确定的，买受人应当在收到标的物或者提取标的物单证的同时支付。

第一百六十二条 出卖人多交标的物的，买受人可以接收或者拒绝接收多交的部分。买受人接收多交部分的，按照合同的价格支付价款；买受人拒绝接收多交部分的，应当及时通知出卖人。

第一百六十三条 标的物在交付之前产生的孳息，归出卖人所有，交付之后产生的孳息，归买受人所有。

第一百六十四条 因标的物的主物不符合约定而解除合同的，解除合同的效力及于从物。因标的物的从物不符合约定被解除的，解除的效力不及于主物。

第一百六十五条 标的物为数物，其中一物不符合约定的，买受人可以就该物解除，但该物与他物分离使标的物的价值显受损害的，当事人可以就数物解除合同。

第一百六十六条 出卖人分批交付标的物的，出卖人对其中一批标的物不交付或者交付不符合约定，致使该批标的物不能实现合同目的的，买受人可以就该批标的物解除。

出卖人不交付其中一批标的物或者交付不符合约定，致使今后其他各批标的物的交付不能实现合同目的的，买受人可以就该批以及今后其他各批标的物解除。

买受人如果就其中一批标的物解除，该批标的物与其他各批标的物相互依存的，可以就已经交付和未交付的各批标的物解除。

第一百六十七条 分期付款的买受人未支付到期价款的金额达到全部价款的五分之一的，出卖人可以要求买受人支付全部价款或者解除合同。

出卖人解除合同的，可以向买受人要求支付该标的物的使用费。

第一百六十八条 凭样品买卖的当事人应当封存样品，并可以对样品质量予以说明。出卖人交付的标的物应当与样品及其说明的质量相同。

第一百六十九条 凭样品买卖的买受人不知道样品有隐蔽瑕疵的，即使交付的标的物与样品相同，出卖人交付的标的物的质量仍然应当符合同种物的通常标准。

第一百七十条 试用买卖的当事人可以约定标的物的试用期间。对试用期间没有约定或者约定不明确，依照本法第六十一条的规定仍不能确定的，由出卖人确定。

第一百七十一条 试用买卖的买受人在试用期内可以购买标的物，也可以拒绝购买。试用期间届满，买受人对是否购买标的物未作表示的，视为购买。

第一百七十二条 招标投标买卖的当事人的权利和义务以及招标投标程序等，依照有关法律、行政法规的规定。

第一百七十三条 拍卖的当事人的权利和义务以及拍卖程序等，依照有关法律、行政法规的规定。

第一百七十四条 法律对其他有偿合同有规定的，依照其规定；没有规定的，参照买卖合同的有关规定。

第一百七十五条 当事人约定易货交易，转移标的物的所有权的，参照买卖合同的有关规定。

第十章 供用电、水、气、热力合同

第一百七十六条 供用电合同是供电人向用电人供电，用电人支付电费的合同。

第一百七十七条 供用电合同的内容包括供电的方式、质量、时间，用电容量、地址、性质，计量方式，电价、电费的结算方式，供用电设施的维护责任等条款。

第一百七十八条 供用电合同的履行地点，按照当事人约定；当事人没有约定或者约定不明确的，供电设施的产权分界处为履行地点。

第一百七十九条 供电人应当按照国家规定的供电质量标准和约定安全供电。供电人未按照国家规定的供电质量标准和约定安全供电，造成用电人损失的，应当承担损害赔偿责任。

第一百八十条 供电人因供电设施计划检修、临时检修、依法限电或者用电人违法用电等原因，需要中断供电时，应当按照国家有关规定事先通知用电人。未事先通知用电人中断供电，造成用电人损失的，应当承担损害赔偿责任。

第一百八十一条 因自然灾害等原因断电，供电人应当按照国家有关规定及时抢修。未及时抢修，造成用电人损失的，应当承担损害赔偿责任。

第一百八十二条 用电人应当按照国家有关规定和当事人的约定及时交付电费。用电人逾期不交付电费的，应当按照约定支付违约金。经催告用电人在合理期限内仍不交付电费和违约金的，供电人可以按照国家规定的程序中止供电。

第一百八十三条 用电人应当按照国家有关规定和当事人的约定安全用电。用电人未按照国家有关规定和当事人的约定安全用电，造成供电人损失的，应当承担损害赔偿责任。

第一百八十四条 供用水、供用气、供用热力合同，参照供用电合同的有关规定。

第十一章　赠与合同

第一百八十五条 赠与合同是赠与人将自己的财产无偿给予受赠人，受赠人表示接受赠与的合同。

第一百八十六条 赠与人在赠与财产的权利转移之前可以撤销赠与。

具有救灾、扶贫等社会公益、道德义务性质的赠与合同或者经过公证的赠与合同，不适用前款规定。

第一百八十七条 赠与的财产依法需要办理登记等手续的，应当办理有关手续。

第一百八十八条 具有救灾、扶贫等社会公益、道德义务性质的赠与合同或者经过公证的赠与合同，赠与人不交付赠与的财产的，受赠人可以要求交付。

第一百八十九条 因赠与人故意或者重大过失致使赠与的财产毁损、灭失的，赠与人应当承担损害赔偿责任。

第一百九十条 赠与可以附义务。

赠与附义务的，受赠人应当按照约定履行义务。

第一百九十一条 赠与的财产有瑕疵的，赠与人不承担责任。附义务的赠与，赠与的财产有瑕疵的，赠与人在附义务的限度内承担与出卖人相同的责任。

赠与人故意不告知瑕疵或者保证无瑕疵，造成受赠人损失的，应当承担损害赔偿责任。

第一百九十二条 受赠人有下列情形之一的，赠与人可以撤销赠与：

（一）严重侵害赠与人或者赠与人的近亲属；

（二）对赠与人有扶养义务而不履行；

（三）不履行赠与合同约定的义务。

赠与人的撤销权，自知道或者应当知道撤销原因之日起一年内行使。

第一百九十三条 因受赠人的违法行为致使赠与人死亡或者丧失民事行为能力的，赠与人的继承人或者法定代理人可以撤销赠与。

赠与人的继承人或者法定代理人的撤销权，自知道或者应当知道撤销原因之日起六个月内行使。

第一百九十四条 撤销权人撤销赠与的，可以向受赠人要求返还赠与的财产。

第一百九十五条 赠与人的经济状况显著恶化，严重影响其生产经营或者家庭生活的，可以不再履行赠与义务。

第十二章　借款合同

第一百九十六条 借款合同是借款人向贷款人借款，到期返还借款并支付利息的合同。

第一百九十七条 借款合同采用书面形式，但自然人之间借款另有约定的除外。

借款合同的内容包括借款种类、币种、用途、数额、利率、期限和还款方式等条款。

第一百九十八条 订立借款合同，贷款人可以要求借款人提供担保。担保依照《中华人民共和国担保法》的规定。

第一百九十九条 订立借款合同，借款人应当按照贷款人的要求提供与借款有关的业务活动和财务状况的真实情况。

第二百条 借款的利息不得预先在本金中扣除。利息预先在本金中扣除的，应当按照实际借款数额返还借款并计算利息。

第二百零一条 贷款人未按照约定的日期、数额提供借款，造成借款人损失的，应当赔偿损失。

借款人未按照约定的日期、数额收取借款的，应当按照约定的日期、数额支付利息。

第二百零二条 贷款人按照约定可以检查、监督借款的使用情况。借款人应当按照约定向贷款人定期提供有关财务会计报表等资料。

第二百零三条 借款人未按照约定的借款用途使用借款的，贷款人可以停止发放借款、提前收回借款或者解除合同。

第二百零四条 办理贷款业务的金融机构贷款的利率，应当按照中国人民银行规定的贷款利率的上下限确定。

第二百零五条 借款人应当按照约定的期限支付利息。对支付利息的期限没有约定或者约定不明确，依照本法第六十一条的规定仍不能确定，借款期间不满一年的，应当在返还借款时一并支付；借款期间一年以上的，应当在每届满一年时支付，剩余期间不满一年的，应当在返还借款时一并支付。

第二百零六条 借款人应当按照约定的期限返还借款。对借款期限没有约定或者约定不明确，依照本法第六十一条的规定仍不能确定的，借款人可以随时返还；贷款人可以催告借款人在合理期限内返还。

第二百零七条 借款人未按照约定的期限返还借款的，应当按照约定或者国家有关规定支付逾期利息。

第二百零八条 借款人提前偿还借款的，除当事人另有约定的以外，应当按照实际借款的期间计算利息。

第二百零九条 借款人可以在还款期限届满之前向贷款人申请展期。贷款人同意的，可以展期。

第二百一十条 自然人之间的借款合同，自贷款人提供借款时生效。

第二百一十一条 自然人之间的借款合同对支付利息没有约定或者约定不明确的，视为不支付利息。

自然人之间的借款合同约定支付利息的，借款的利率不得违反国家有关限制借款利率的规定。

第十三章 租赁合同

第二百一十二条 租赁合同是出租人将租赁物交付承租人使用、收益，承租人支付租金的合同。

第二百一十三条 租赁合同的内容包括租赁物的名称、数量、用途、租赁期限、租金及其支付期限和方式、租赁物维修等条款。

第二百一十四条 租赁期限不得超过二十年。超过二十年的，超过部分无效。

租赁期间届满，当事人可以续订租赁合同，但约定的租赁期限自续订之日起不得超过二十年。

第二百一十五条 租赁期限六个月以上的，应当采用书面形式。当事人未采用书面形式的，视为不定期租赁。

第二百一十六条 出租人应当按照约定将租赁物交付承租人，并在租赁期间保持租赁物符合约定的用途。

第二百一十七条 承租人应当按照约定的方法使用租赁物。对租赁物的使用方法没有约定或者约定不明确，依照本法第六十一条的规定仍不能确定的，应当按照租赁物的性质使用。

第二百一十八条 承租人按照约定的方法或者租赁物的性质使用租赁物，致使租赁物受到损耗的，不承担损害赔偿责任。

第二百一十九条 承租人未按照约定的方法或者租赁物的性质使用租赁物，致使租赁物受到损失的，出租人可以解除合同并要求赔偿损失。

第二百二十条 出租人应当履行租赁物的维修义务，但当事人另有约定的除外。

第二百二十一条 承租人在租赁物需要维修时可以要求出租人在合理期限内维修。出租人未履行维修义务的，承租人可以自行维修，维修费用由出租人负担。因维修租赁物影响承租人使用的，应当相应减少租金或者延长租期。

第二百二十二条 承租人应当妥善保管租赁物，因保管不善造成租赁物毁损、灭失的，应当承担损害赔偿责任。

第二百二十三条 承租人经出租人同意，可以对租赁物进行改善或者增设他物。

承租人未经出租人同意，对租赁物进行改善或者增设他物的，出租人可以要求承租人恢复原状或者赔偿损失。

第二百二十四条 承租人经出租人同意，可以将租赁物转租给第三人。承租人转租的，承租人与出租人之间的租赁合同继续有效，第三人对租赁物造成损失的，承租人应当赔偿损失。

承租人未经出租人同意转租的，出租人可以解除合同。

第二百二十五条 在租赁期间因占有、使用租赁物获得的收益，归承租人所有，但当事人另有约定的除外。

第二百二十六条 承租人应当按照约定的期限支付租金。对支付期限没有约定或者约定不明确，依照本法第六十一条的规定仍不能确定，租赁期间不满一年的，应当在租赁期间届满时支付；租赁期间一年以上的，应当在每届满一年时支付，剩余期间不满一年的，应当在租赁期间届满时支付。

第二百二十七条 承租人无正当理由未支付或者迟延支付租金的，出租人可以要求承租人在合理期限内支付。承租人逾期不支付的，出租人可以解除合同。

第二百二十八条 因第三人主张权利，致使承租人不能对租赁物使用、收益的，承租人可以要求减少租金或者不支付租金。

第三人主张权利的，承租人应当及时通知出租人。

第二百二十九条 租赁物在租赁期间发生所有权变动的，不影响租赁合同的效力。

第二百三十条 出租人出卖租赁房屋的，应当在出卖之前的合理期限内通知承租人，承租人享有以同等条件优先购买的权利。

第二百三十一条　因不可归责于承租人的事由，致使租赁物部分或者全部毁损、灭失的，承租人可以要求减少租金或者不支付租金；因租赁物部分或者全部毁损、灭失，致使不能实现合同目的的，承租人可以解除合同。

第二百三十二条　当事人对租赁期限没有约定或者约定不明确，依照本法第六十一条的规定仍不能确定的，视为不定期租赁。当事人可以随时解除合同，但出租人解除合同应当在合理期限之前通知承租人。

第二百三十三条　租赁物危及承租人的安全或者健康的，即使承租人订立合同时明知该租赁物质量不合格，承租人仍然可以随时解除合同。

第二百三十四条　承租人在房屋租赁期间死亡的，与其生前共同居住的人可以按照原租赁合同租赁该房屋。

第二百三十五条　租赁期间届满，承租人应当返还租赁物。返还的租赁物应当符合按照约定或者租赁物的性质使用后的状态。

第二百三十六条　租赁期间届满，承租人继续使用租赁物，出租人没有提出异议的，原租赁合同继续有效，但租赁期限为不定期。

第十四章　融资租赁合同

第二百三十七条　融资租赁合同是出租人根据承租人对出卖人、租赁物的选择，向出卖人购买租赁物，提供给承租人使用，承租人支付租金的合同。

第二百三十八条　融资租赁合同的内容包括租赁物名称、数量、规格、技术性能、检验方法、租赁期限、租金构成及其支付期限和方式、币种、租赁期间届满租赁物的归属等条款。

融资租赁合同应当采用书面形式。

第二百三十九条　出租人根据承租人对出卖人、租赁物的选择订立的买卖合同，出卖人应当按照约定向承租人交付标的物，承租人享有与受领标的物有关的买受人的权利。

第二百四十条　出租人、出卖人、承租人可以约定，出卖人不履行买卖合同义务的，由承租人行使索赔的权利。承租人行使索赔权利的，出租人应当协助。

第二百四十一条　出租人根据承租人对出卖人、租赁物的选择订立的买卖合同，未经承租人同意，出租人不得变更与承租人有关的合同内容。

第二百四十二条　出租人享有租赁物的所有权。承租人破产的，租赁物不属于破产财产。

第二百四十三条　融资租赁合同的租金，除当事人另有约定的以外，应当根据购买租赁物的大部分或者全部成本以及出租人的合理利润确定。

第二百四十四条　租赁物不符合约定或者不符合使用目的的，出租人不承担责任，但承租人依赖出租人的技能确定租赁物或者出租人干预选择租赁物的除外。

第二百四十五条　出租人应当保证承租人对租赁物的占有和使用。

第二百四十六条　承租人占有租赁物期间，租赁物造成第三人的人身伤害或者财产损害的，出租人不承担责任。

第二百四十七条　承租人应当妥善保管、使用租赁物。

承租人应当履行占有租赁物期间的维修义务。

第二百四十八条　承租人应当按照约定支付租金。承租人经催告后在合理期限内仍不支付租金的，出租人可以要求支付全部租金；也可以解除合同，收回租赁物。

第二百四十九条　当事人约定租赁期间届满租赁物归承租人所有，承租人已经支付大部分租金，但无力支付剩余租金，出租人因此解除合同收回租赁物的，收回的租赁物的价值超过承租人欠付的租金以及其他费用的，承租人可以要求部分返还。

第二百五十条　出租人和承租人可以约定租赁期间届满租赁物的归属。对租赁物的归属没有约定或者约定不明确，依照本法第六十一条的规定仍不能确定的，租赁物的所有权归出租人。

第十五章　承揽合同

第二百五十一条　承揽合同是承揽人按照定作人的要求完成工作，交付工作成果，定作人给付报酬的合同。

承揽包括加工、定作、修理、复制、测试、检验等工作。

第二百五十二条　承揽合同的内容包括承揽的标的、数量、质量、报酬、承揽方式、材料的提供、履行期限、验收标准和方法等条款。

第二百五十三条　承揽人应当以自己的设备、技术和劳力，完成主要工作，但当事人另有约定的除外。

承揽人将其承揽的主要工作交由第三人完成的，应当就该第三人完成的工作成果向定作人负责；未经定作人同意的，定作人也可以解除合同。

第二百五十四条　承揽人可以将其承揽的辅助工作交由第三人完成。承揽人将其承揽的辅助工作交由第三人完成的，应当就该第三人完成的工作成果向定作人负责。

第二百五十五条　承揽人提供材料的，承揽人应当按照约定选用材料，并接受定作人检验。

第二百五十六条 定作人提供材料的，定作人应当按照约定提供材料。承揽人对定作人提供的材料，应当及时检验，发现不符合约定时，应当及时通知定作人更换、补齐或者采取其他补救措施。

承揽人不得擅自更换定作人提供的材料，不得更换不需要修理的零部件。

第二百五十七条 承揽人发现定作人提供的图纸或者技术要求不合理的，应当及时通知定作人。因定作人怠于答复等原因造成承揽人损失的，应当赔偿损失。

第二百五十八条 定作人中途变更承揽工作的要求，造成承揽人损失的，应当赔偿损失。

第二百五十九条 承揽工作需要定作人协助的，定作人有协助的义务。定作人不履行协助义务致使承揽工作不能完成的，承揽人可以催告定作人在合理期限内履行义务，并可以顺延履行期限；定作人逾期不履行的，承揽人可以解除合同。

第二百六十条 承揽人在工作期间，应当接受定作人必要的监督检验。定作人不得因监督检验妨碍承揽人的正常工作。

第二百六十一条 承揽人完成工作的，应当向定作人交付工作成果，并提交必要的技术资料和有关质量证明。定作人应当验收该工作成果。

第二百六十二条 承揽人交付的工作成果不符合质量要求的，定作人可以要求承揽人承担修理、重作、减少报酬、赔偿损失等违约责任。

第二百六十三条 定作人应当按照约定的期限支付报酬。对支付报酬的期限没有约定或者约定不明确，依照本法第六十一条的规定仍不能确定的，定作人应当在承揽人交付工作成果时支付；工作成果部分交付的，定作人应当相应支付。

第二百六十四 条定作人未向承揽人支付报酬或者材料费等价款的，承揽人对完成的工作成果享有留置权，但当事人另有约定的除外。

第二百六十五条 承揽人应当妥善保管定作人提供的材料以及完成的工作成果，因保管不善造成毁损、灭失的，应当承担损害赔偿责任。

第二百六十六条 承揽人应当按照定作人的要求保守秘密，未经定作人许可，不得留存复制品或者技术资料。

第二百六十七条 共同承揽人对定作人承担连带责任，但当事人另有约定的除外。

第二百六十八条 定作人可以随时解除承揽合同，造成承揽人损失的，应当赔偿损失。

第十六章 建设工程合同

第二百六十九条 建设工程合同是承包人进行工程建设，发包人支付价款的合同。

建设工程合同包括工程勘察、设计、施工合同。

第二百七十条 建设工程合同应当采用书面形式。

第二百七十一条 建设工程的招标投标活动，应当依照有关法律的规定公开、公平、公正进行。

第二百七十二条 发包人可以与总承包人订立建设工程合同，也可以分别与勘察人、设计人、施工人订立勘察、设计、施工承包合同。发包人不得将应当由一个承包人完成的建设工程肢解成若干部分发包给几个承包人。

总承包人或者勘察、设计、施工承包人经发包人同意，可以将自己承包的部分工作交由第三人完成。第三人就其完成的工作成果与总承包人或者勘察、设计、施工承包人向发包人承担连带责任。承包人不得将其承包的全部建设工程转包给第三人或者将其承包的全部建设工程肢解以后以分包的名义分别转包给第三人。

禁止承包人将工程分包给不具备相应资质条件的单位。禁止分包单位将其承包的工程再分包。建设工程主体结构的施工必须由承包人自行完成。

第二百七十三条 国家重大建设工程合同，应当按照国家规定的程序和国家批准的投资计划、可行性研究报告等文件订立。

第二百七十四条 勘察、设计合同的内容包括提交有关基础资料和文件（包括概预算）的期限、质量要求、费用以及其他协作条件等条款。

第二百七十五条 施工合同的内容包括工程范围、建设工期、中间交工工程的开工和竣工时间、工程质量、工程造价、技术资料交付时间、材料和设备供应责任、拨款和结算、竣工验收、质量保修范围和质量保证期、双方相互协作等条款。

第二百七十六条 建设工程实行监理的，发包人应当与监理人采用书面形式订立委托监理合同。发包人与监理人的权利和义务以及法律责任，应当依照本法委托合同以及其他有关法律、行政法规的规定。

第二百七十七条 发包人在不妨碍承包人正常作业的情况下，可以随时对作业进度、质量进行检查。

第二百七十八条 隐蔽工程在隐蔽以前，承包人应当通知发包人检查。发包人没有及时检查的，承包人可以顺延工程日期，并有权要求赔偿停工、窝工等损失。

第二百七十九条 建设工程竣工后，发包人应当根据施工图纸及说明书、国家颁发的施工验收规范和质量检验标准及时进行验收。验收合格的，发包人应当按照约定支付价款，并接收该建设工程。建设工程竣工经验收合格后，方可交付使用；未经验收或者验收不合格的，不得交付使用。

第二百八十条 勘察、设计的质量不符合要求或者未按照期限提交勘察、设计文件拖延工期，造成发包人损失的，勘察人、设计人应当继续完善勘察、设计，减收或者免收勘察、设计费并赔偿损失。

第二百八十一条 因施工人的原因致使建设工程质量不符合约定的，发包人有权要求施工人在合理期限内无偿修理或者返工、改建。经过修理或者返工、改建后，造成逾期交付的，施工人应当承担违约责任。

第二百八十二条 因承包人的原因致使建设工程在合理使用期限内造成人身和财产损害的，承包人应当承担损害赔偿责任。

第二百八十三条 发包人未按照约定的时间和要求提供原材料、设备、场地、资金、技术资料的，承包人可以顺延工程日期，并有权要求赔偿停工、窝工等损失。

第二百八十四条 因发包人的原因致使工程中途停建、缓建的，发包人应当采取措施弥补或者减少损失，赔偿承包人因此造成的停工、窝工、倒运、机械设备调迁、材料和构件积压等损失和实际费用。

第二百八十五条 因发包人变更计划，提供的资料不准确，或者未按照期限提供必需的勘察、设计工作条件而造成勘察、设计的返工、停工或者修改设计，发包人应当按照勘察人、设计人实际消耗的工作量增付费用。

第二百八十六条 发包人未按照约定支付价款的，承包人可以催告发包人在合理期限内支付价款。发包人逾期不支付的，除按照建设工程的性质不宜折价、拍卖的以外，承包人可以与发包人协议将该工程折价，也可以申请人民法院将该工程依法拍卖。建设工程的价款就该工程折价或者拍卖的价款优先受偿。

第二百八十七条 本章没有规定的，适用承揽合同的有关规定。

第十七章　运输合同

第一节　一般规定

第二百八十八条 运输合同是承运人将旅客或者货物从起运地点运输到约定地点，旅客、托运人或者收货人支付票款或者运输费用的合同。

第二百八十九条 从事公共运输的承运人不得拒绝旅客、托运人通常、合理的运输要求。

第二百九十条 承运人应当在约定期间或者合理期间内将旅客、货物安全运输到约定地点。

第二百九十一条 承运人应当按照约定的或者通常的运输路线将旅客、货物运输到约定地点。

第二百九十二条 旅客、托运人或者收货人应当支付票款或者运输费用。承运人未按照约定路线或者通常路线运输增加票款或者运输费用的，旅客、托运人或者收货人可以拒绝支付增加部分的票款或者运输费用。

第二节　客运合同

第二百九十三条 客运合同自承运人向旅客交付客票时成立，但当事人另有约定或者另有交易习惯的除外。

第二百九十四条 旅客应当持有效客票乘运。旅客无票乘运、超程乘运、越级乘运或者持失效客票乘运的，应当补交票款，承运人可以按照规定加收票款。旅客不交付票款的，承运人可以拒绝运输。

第二百九十五条 旅客因自己的原因不能按照客票记载的时间乘坐的，应当在约定的时间内办理退票或者变更手续。逾期办理的，承运人可以不退票款，并不再承担运输义务。

第二百九十六条 旅客在运输中应当按照约定的限量携带行李。超过限量携带行李的，应当办理托运手续。

第二百九十七条 旅客不得随身携带或者在行李中夹带易燃、易爆、有毒、有腐蚀性、有放射性以及有可能危及运输工具上人身和财产安全的危险物品或者其他违禁物品。

旅客违反前款规定的，承运人可以将违禁物品卸下、销毁或者送交有关部门。旅客坚持携带或者夹带违禁物品的，承运人应当拒绝运输。

第二百九十八条 承运人应当向旅客及时告知有关不能正常运输的重要事由和安全运输应当注意的事项。

第二百九十九条 承运人应当按照客票载明的时间和班次运输旅客。承运人迟延运输的，应当根据旅客的要求安排改乘其他班次或者退票。

第三百条 承运人擅自变更运输工具而降低服务标准的，应当根据旅客的要求退票或者减收票款；提高服务标准的，不应当加收票款。

第三百零一条 承运人在运输过程中，应当尽力救助患有急病、分娩、遇险的旅客。

第三百零二条 承运人应当对运输过程中旅客的伤亡承担损害赔偿责任，但伤亡是旅客自身健康原因造成的或者承运人证明伤亡是旅客故意、重大过失造成的除外。

前款规定适用于按照规定免票、持优待票或者经承运人许可搭乘的无票旅客。

第三百零三条 在运输过程中旅客自带物品毁损、灭失，承运人有过错的，应当承担损害赔偿责任。

旅客托运的行李毁损、灭失的，适用货物运输的有关规定。

第三节 货运合同

第三百零四条 托运人办理货物运输，应当向承运人准确表明收货人的名称或者姓名或者凭指示的收货人，货物的名称、性质、重量、数量，收货地点等有关货物运输的必要情况。

因托运人申报不实或者遗漏重要情况，造成承运人损失的，托运人应当承担损害赔偿责任。

第三百零五条 货物运输需要办理审批、检验等手续的，托运人应当将办理完有关手续的文件提交承运人。

第三百零六条 托运人应当按照约定的方式包装货物。对包装方式没有约定或者约定不明确的，适用本法第一百五十六条的规定。

托运人违反前款规定的，承运人可以拒绝运输。

第三百零七条 托运人托运易燃、易爆、有毒、有腐蚀性、有放射性等危险物品的，应当按照国家有关危险物品运输的规定对危险物品妥善包装，作出危险物标志和标签，并将有关危险物品的名称、性质和防范措施的书面材料提交承运人。

托运人违反前款规定的，承运人可以拒绝运输，也可以采取相应措施以避免损失的发生，因此产生的费用由托运人承担。

第三百零八条 在承运人将货物交付收货人之前，托运人可以要求承运人中止运输、返还货物、变更到达地或者将货物交给其他收货人，但应当赔偿承运人因此受到的损失。

第三百零九条 货物运输到达后，承运人知道收货人的，应当及时通知收货人，收货人应当及时提货。收货人逾期提货的，应当向承运人支付保管费等费用。

第三百一十条 收货人提货时应当按照约定的期限检验货物。对检验货物的期限没有约定或者约定不明确，依照本法第六十一条的规定仍不能确定的，应当在合理期限内检验货物。收货人在约定的期限或者合理期限内对货物的数量、毁损等未提出异议的，视为承运人已经按照运输单证的记载交付的初步证据。

第三百一十一条 承运人对运输过程中货物的毁损、灭失承担损害赔偿责任，但承运人证明货物的毁损、灭失是因不可抗力、货物本身的自然性质或者合理损耗以及托运人、收货人的过错造成的，不承担损害赔偿责任。

第三百一十二条 货物的毁损、灭失的赔偿额，当事人有约定的，按照其约定；没有约定或者约定不明确，依照本法第六十一条的规定仍不能确定的，按照交付或者应当交付时货物到达地的市场价格计算。法律、行政法规对赔偿额的计算方法和赔偿限额另有规定的，依照其规定。

第三百一十三条 两个以上承运人以同一运输方式联运的，与托运人订立合同的承运人应当对全程运输承担责任。损失发生在某一运输区段的，与托运人订立合同的承运人和该区段的承运人承担连带责任。

第三百一十四条 货物在运输过程中因不可抗力灭失，未收取运费的，承运人不得要求支付运费；已收取运费的，托运人可以要求返还。

第三百一十五条 托运人或者收货人不支付运费、保管费以及其他运输费用的，承运人对相应的运输货物享有留置权，但当事人另有约定的除外。

第三百一十六条 收货人不明或者收货人无正当理由拒绝受领货物的，依照本法第一百零一条的规定，承运人可以提存货物。

第四节 多式联运合同

第三百一十七条 多式联运经营人负责履行或者组织履行多式联运合同，对全程运输享有承运人的权利，承担承运人的义务。

第三百一十八条 多式联运经营人可以与参加多式联运的各区段承运人就多式联运合同的各区段运输约定相互之间的责任，但该约定不影响多式联运经营人对全程运输承担的义务。

第三百一十九条 多式联运经营人收到托运人交付的货物时，应当签发多式联运单据。按照托运人的要求，多式联运单据可以是可转让单据，也可以是不可转让单据。

第三百二十条 因托运人托运货物时的过错造成多式联运经营人损失的，即使托运人已经转让多式联运单据，托运人仍然应当承担损害赔偿责任。

第三百二十一条 货物的毁损、灭失发生于多式联运的某一运输区段的，多式联运经营人的赔偿责任和责任限额，适用调整该区段运输方式的有关法律规定。货物毁损、灭失发生的运输区段不能确定的，依照本章规定承担损害赔偿责任。

第十八章 技术合同

第一节 一般规定

第三百二十二条 技术合同是当事人就技术开发、转让、咨询或者服务订立的确立相互之间权利和义务的合同。

第三百二十三条 订立技术合同，应当有利于科学技术的进步，加速科学技术成果的转化、应用和推广。

第三百二十四条 技术合同的内容由当事人约定，一般包括以下条款：

（一）项目名称；

（二）标的的内容、范围和要求；

（三）履行的计划、进度、期限、地点、地域和方式；

（四）技术情报和资料的保密；

（五）风险责任的承担；

（六）技术成果的归属和收益的分成办法；

（七）验收标准和方法；

（八）价款、报酬或者使用费及其支付方式；

（九）违约金或者损失赔偿的计算方法；

（十）解决争议的方法；

（十一）名词和术语的解释。

与履行合同有关的技术背景资料、可行性论证和技术评价报告、项目任务书和计划书、技术标准、技术规范、原始设计和工艺文件，以及其他技术文档，按照当事人的约定可以作为合同的组成部分。

技术合同涉及专利的，应当注明发明创造的名称、专利申请人和专利权人、申请日期、申请号、专利号以及专利权的有效期限。

第三百二十五条 技术合同价款、报酬或者使用费的支付方式由当事人约定，可以采取一次总算、一次总付或者一次总算、分期支付，也可以采取提成支付或者提成支付附加预付入门费的方式。

约定提成支付的，可以按照产品价格、实施专利和使用技术秘密后新增的产值、利润或者产品销售额的一定比例提成，也可以按照约定的其他方式计算。提成支付的比例可以采取固定比例、逐年递增比例或者逐年递减比例。

约定提成支付的，当事人应当在合同中约定查阅有关会计账目的办法。

第三百二十六条 职务技术成果的使用权、转让权属于法人或者其他组织的，法人或者其他组织可以就该项职务技术成果订立技术合同。法人或者其他组织应当从使用和转让该项职务技术成果所取得的收益中提取一定比例，对完成该项职务技术成果的个人给予奖励或者报酬。法人或者其他组织订立技术合同转让职务技术成果时，职务技术成果的完成人享有以同等条件优先受让的权利。

职务技术成果是执行法人或者其他组织的工作任务，或者主要是利用法人或者其他组织的物质技术条件所完成的技术成果。

第三百二十七条 非职务技术成果的使用权、转让权属于完成技术成果的个人，完成技术成果的个人可以就该项非职务技术成果订立技术合同。

第三百二十八条 完成技术成果的个人有在有关技术成果文件上写明自己是技术成果完成者的权利和取得荣誉证书、奖励的权利。

第三百二十九条 非法垄断技术、妨碍技术进步或者侵害他人技术成果的技术合同无效。

第二节 技术开发合同

第三百三十条 技术开发合同是指当事人之间就新技术、新产品、新工艺或者新材料及其系统的研究开发所订立的合同。

技术开发合同包括委托开发合同和合作开发合同。

技术开发合同应当采用书面形式。

当事人之间就具有产业应用价值的科技成果实施转化订立的合同，参照技术开发合同的规定。

第三百三十一条 委托开发合同的委托人应当按照约定支付研究开发经费和报酬；提供技术资料、原始数据；完成协作事项；接受研究开发成果。

第三百三十二条 委托开发合同的研究开发人应当按照约定制定和实施研究开发计划；合理使用研究开发经费；按期完成研究开发工作，交付研究开发成果，提供有关的技术资料和必要的技术指导，帮助委托人掌握研究开发成果。

第三百三十三条 委托人违反约定造成研究开发工作停滞、延误或者失败的，应当承担违约责任。

第三百三十四条 研究开发人违反约定造成研究开发工作停滞、延误或者失败的，应当承担违约责任。

第三百三十五条 合作开发合同的当事人应当按照约定进行投资，包括以技术进行投资；分工参与研究开发工作；协作配合研究开发工作。

第三百三十六条 合作开发合同的当事人违反约定造成研究开发工作停滞、延误或者失败的，应当承担违约责任。

第三百三十七条 因作为技术开发合同标的的技术已经由他人公开，致使技术开发合同的履行没有意义的，当事人可以解除合同。

第三百三十八条 在技术开发合同履行过程中，因出现无法克服的技术困难，致使研究开发失败或者部分失败的，该风险责任由当事人约定。没有约定或者约定不明确，依照本法第六十一条的规定仍不能确定的，风险责任由当事人合理分担。

当事人一方发现前款规定的可能致使研究开发失败或者部分失败的情形时，应当及时通知另一方并采取适当措施减少损失。没有及时通知并采取适当措施，致使损失扩大的，应当就扩大的损失承担责任。

第三百三十九条 委托开发完成的发明创造，除当事人另有约定的以外，申请专利的权利属于研究开发人。研究开发人取得专利权的，委托人可以免费实施该专利。

研究开发人转让专利申请权的，委托人享有以同等条件优先受让的权利。

第三百四十条 合作开发完成的发明创造，除当事人另有约定的以外，申请专利的权利属于合作开发的当事人共有。当事人一方转让其共有的专利申请权的，其他各方享有以同等条件优先受让的权利。

合作开发的当事人一方声明放弃其共有的专利申请权的，可以由另一方单独申请或者由其他各方共同申请。申请人取得专利权的，放弃专利申请权的一方可以免费实施该专利。

合作开发的当事人一方不同意申请专利的，另一方或者其他各方不得申请专利。

第三百四十一条 委托开发或者合作开发完成的技术秘密成果的使用权、转让权以及利益的分配办法，由当事人约定。没有约定或者约定不明确，依照本法第六十一条的规定仍不能确定的，当事人均有使用和转让的权利，但委托开发的研究开发人不得在向委托人交付研究开发成果之前，将研究开发成果转让给第三人。

第三节 技术转让合同

第三百四十二条 技术转让合同包括专利权转让、专利申请权转让、技术秘密转让、专利实施许可合同。

技术转让合同应当采用书面形式。

第三百四十三条 技术转让合同可以约定让与人和受让人实施专利或者使用技术秘密的范围，但不得限制技术竞争和技术发展。

第三百四十四条 专利实施许可合同只在该专利权的存续期间内有效。专利权有效期限届满或者专利权被宣布无效的，专利权人不得就该专利与他人订立专利实施许可合同。

第三百四十五条 专利实施许可合同的让与人应当按照约定许可受让人实施专利，交付实施专利有关的技术资料，提供必要的技术指导。

第三百四十六条 专利实施许可合同的受让人应当按照约定实施专利，不得许可约定以外的第三人实施该专利；并按照约定支付使用费。

第三百四十七条 技术秘密转让合同的让与人应当按照约定提供技术资料，进行技术指导，保证技术的实用性、可靠性，承担保密义务。

第三百四十八条 技术秘密转让合同的受让人应当按照约定使用技术，支付使用费，承担保密义务。

第三百四十九条 技术转让合同的让与人应当保证自己是所提供的技术的合法拥有者，并保证所提供的技术完整、无误、有效，能够达到约定的目标。

第三百五十条 技术转让合同的受让人应当按照约定的范围和期限，对让与人提供的技术中尚未公开的秘密部分，承担保密义务。

第三百五十一条 让与人未按照约定转让技术的，应当返还部分或者全部使用费，并应当承担违约责任；实施专利或者使用技术秘密超越约定的范围的，违反约定擅自许可第三人实施该项专利或者使用该项技术秘密的，应当停止违约行为，承担违约责任；违反约定的保密义务的，应当承担违约责任。

第三百五十二条 受让人未按照约定支付使用费的，应当补交使用费并按照约定支付违约金；不补交使用费或者支付违约金的，应当停止实施专利或者使用技术秘密，交还技术资料，承担违约责任；实施专利或者使用技术秘密超越约定的范围的，未经让与人同意擅自许可第三人实施该专利或者使用该技术秘密的，应当停止违约行为，承担违约责任；违反约定的保密义务的，应当承担违约责任。

第三百五十三条 受让人按照约定实施专利、使用技术秘密侵害他人合法权益的，由让与人承担责任，但当事人另有约定的除外。

第三百五十四条 当事人可以按照互利的原则，在技术转让合同中约定实施专利、使用技术秘密后续改进的技术成果的分享办法。没有约定或者约定不明确，依照本法第六十一条的规定仍不能确定的，一方后续改进的技术成果，其他各方无权分享。

第三百五十五条 法律、行政法规对技术进出口合同或者专利、专利申请合同另有规定的，依照其规定。

第四节 技术咨询合同和技术服务合同

第三百五十六条 技术咨询合同包括就特定技术项目提供可行性论证、技术预测、专题技术调查、分析评价报告等合同。

技术服务合同是指当事人一方以技术知识为另一方解

决特定技术问题所订立的合同，不包括建设工程合同和承揽合同。

第三百五十七条 技术咨询合同的委托人应当按照约定阐明咨询的问题，提供技术背景材料及有关技术资料、数据；接受受托人的工作成果，支付报酬。

第三百五十八条 技术咨询合同的受托人应当按照约定的期限完成咨询报告或者解答问题；提出的咨询报告应当达到约定的要求。

第三百五十九条 技术咨询合同的委托人未按照约定提供必要的资料和数据，影响工作进度和质量，不接受或者逾期接受工作成果的，支付的报酬不得追回，未支付的报酬应当支付。

技术咨询合同的受托人未按期提出咨询报告或者提出的咨询报告不符合约定的，应当承担减收或者免收报酬等违约责任。

技术咨询合同的委托人按照受托人符合约定要求的咨询报告和意见作出决策所造成的损失，由委托人承担，但当事人另有约定的除外。

第三百六十条 技术服务合同的委托人应当按照约定提供工作条件，完成配合事项；接受工作成果并支付报酬。

第三百六十一条 技术服务合同的受托人应当按照约定完成服务项目，解决技术问题，保证工作质量，并传授解决技术问题的知识。

第三百六十二条 技术服务合同的委托人不履行合同义务或者履行合同义务不符合约定，影响工作进度和质量，不接受或者逾期接受工作成果的，支付的报酬不得追回，未支付的报酬应当支付。

技术服务合同的受托人未按照合同约定完成服务工作的，应当承担免收报酬等违约责任。

第三百六十三条 在技术咨询合同、技术服务合同履行过程中，受托人利用委托人提供的技术资料和工作条件完成的新的技术成果，属于受托人。委托人利用受托人的工作成果完成的新的技术成果，属于委托人。当事人另有约定的，按照其约定。

第三百六十四条 法律、行政法规对技术中介合同、技术培训合同另有规定的，依照其规定。

第十九章　保管合同

第三百六十五条 保管合同是保管人保管寄存人交付的保管物，并返还该物的合同。

第三百六十六条 寄存人应当按照约定向保管人支付保管费。

当事人对保管费没有约定或者约定不明确，依照本法第六十一条的规定仍不能确定的，保管是无偿的。

第三百六十七条 保管合同自保管物交付时成立，但当事人另有约定的除外。

第三百六十八条 寄存人向保管人交付保管物的，保管人应当给付保管凭证，但另有交易习惯的除外。

第三百六十九条 保管人应当妥善保管保管物。

当事人可以约定保管场所或者方法。除紧急情况或者为了维护寄存人利益的以外，不得擅自改变保管场所或者方法。

第三百七十条 寄存人交付的保管物有瑕疵或者按照保管物的性质需要采取特殊保管措施的，寄存人应当将有关情况告知保管人。寄存人未告知，致使保管物受损失的，保管人不承担损害赔偿责任；保管人因此受损失的，除保管人知道或者应当知道并且未采取补救措施的以外，寄存人应当承担损害赔偿责任。

第三百七十一条 保管人不得将保管物转交第三人保管，但当事人另有约定的除外。

保管人违反前款规定，将保管物转交第三人保管，对保管物造成损失的，应当承担损害赔偿责任。

第三百七十二条 保管人不得使用或者许可第三人使用保管物，但当事人另有约定的除外。

第三百七十三条 第三人对保管物主张权利的，除依法对保管物采取保全或者执行的以外，保管人应当履行向寄存人返还保管物的义务。

第三人对保管人提起诉讼或者对保管物申请扣押的，保管人应当及时通知寄存人。

第三百七十四条 保管期间，因保管人保管不善造成保管物毁损、灭失的，保管人应当承担损害赔偿责任，但保管是无偿的，保管人证明自己没有重大过失的，不承担损害赔偿责任。

第三百七十五条 寄存人寄存货币、有价证券或者其他贵重物品的，应当向保管人声明，由保管人验收或者封存。寄存人未声明的，该物品毁损、灭失后，保管人可以按照一般物品予以赔偿。

第三百七十六条 寄存人可以随时领取保管物。

当事人对保管期间没有约定或者约定不明确的，保管人可以随时要求寄存人领取保管物；约定保管期间的，保管人无特别事由，不得要求寄存人提前领取保管物。

第三百七十七条 保管期间届满或者寄存人提前领取保管物的，保管人应当将原物及其孳息归还寄存人。

第三百七十八条 保管人保管货币的，可以返还相同种类、数量的货币。保管其他可替代物的，可以按照约定返还相同种类、品质、数量的物品。

第三百七十九条 有偿的保管合同，寄存人应当按照约定的期限向保管人支付保管费。

当事人对支付期限没有约定或者约定不明确，依照本法第六十一条的规定仍不能确定的，应当在领取保管物的同时支付。

第三百八十条 寄存人未按照约定支付保管费以及其他费用的，保管人对保管物享有留置权，但当事人另有约定的除外。

第二十章 仓储合同

第三百八十一条 仓储合同是保管人储存存货人交付的仓储物，存货人支付仓储费的合同。

第三百八十二条 仓储合同自成立时生效。

第三百八十三条 储存易燃、易爆、有毒、有腐蚀性、有放射性等危险物品或者易变质物品，存货人应当说明该物品的性质，提供有关资料。

存货人违反前款规定的，保管人可以拒收仓储物，也可以采取相应措施以避免损失的发生，因此产生的费用由存货人承担。

保管人储存易燃、易爆、有毒、有腐蚀性、有放射性等危险物品的，应当具备相应的保管条件。

第三百八十四条 保管人应当按照约定对入库仓储物进行验收。保管人验收时发现入库仓储物与约定不符合的，应当及时通知存货人。保管人验收后，发生仓储物的品种、数量、质量不符合约定的，保管人应当承担损害赔偿责任。

第三百八十五条 存货人交付仓储物的，保管人应当给付仓单。

第三百八十六条 保管人应当在仓单上签字或者盖章。仓单包括下列事项：

（一）存货人的名称或者姓名和住所；

（二）仓储物的品种、数量、质量、包装、件数和标记；

（三）仓储物的损耗标准；

（四）储存场所；

（五）储存期间；

（六）仓储费；

（七）仓储物已经办理保险的，其保险金额、期间以及保险人的名称；

（八）填发人、填发地和填发日期。

第三百八十七条 仓单是提取仓储物的凭证。存货人或者仓单持有人在仓单上背书并经保管人签字或者盖章的，可以转让提取仓储物的权利。

第三百八十八条 保管人根据存货人或者仓单持有人的要求，应当同意其检查仓储物或者提取样品。

第三百八十九条 保管人对入库仓储物发现有变质或者其他损坏的，应当及时通知存货人或者仓单持有人。

第三百九十条 保管人对入库仓储物发现有变质或者其他损坏，危及其他仓储物的安全和正常保管的，应当催告存货人或者仓单持有人作出必要的处置。因情况紧急，保管人可以作出必要的处置，但事后应当将该情况及时通知存货人或者仓单持有人。

第三百九十一条 当事人对储存期间没有约定或者约定不明确的，存货人或者仓单持有人可以随时提取仓储物，保管人也可以随时要求存货人或者仓单持有人提取仓储物，但应当给予必要的准备时间。

第三百九十二条 储存期间届满，存货人或者仓单持有人应当凭仓单提取仓储物。存货人或者仓单持有人逾期提取的，应当加收仓储费；提前提取的，不减收仓储费。

第三百九十三条 储存期间届满，存货人或者仓单持有人不提取仓储物的，保管人可以催告其在合理期限内提取，逾期不提取的，保管人可以提存仓储物。

第三百九十四条 储存期间，因保管人保管不善造成仓储物毁损、灭失的，保管人应当承担损害赔偿责任。因仓储物的性质、包装不符合约定或者超过有效储存期造成仓储物变质、损坏的，保管人不承担损害赔偿责任。

第三百九十五条 本章没有规定的，适用保管合同的有关规定。

第二十一章 委托合同

第三百九十六条 委托合同是委托人和受托人约定，由受托人处理委托人事务的合同。

第三百九十七条 委托人可以特别委托受托人处理一项或者数项事务，也可以概括委托受托人处理一切事务。

第三百九十八条 委托人应当预付处理委托事务的费用。受托人为处理委托事务垫付的必要费用，委托人应当偿还该费用及其利息。

第三百九十九条 受托人应当按照委托人的指示处理委托事务。需要变更委托人指示的，应当经委托人同意；因情况紧急，难以和委托人取得联系的，受托人应当妥善处理委托事务，但事后应当将该情况及时报告委托人。

第四百条 受托人应当亲自处理委托事务。经委托人同意，受托人可以转委托。转委托经同意的，委托人可以就委托事务直接指示转委托的第三人，受托人仅就第三人的选任及其对第三人的指示承担责任。转委托未经同意的，受托人应当对转委托的第三人的行为承担责任，但在紧急情况下受托人为维护委托人的利益需要转委托的除外。

第四百零一条 受托人应当按照委托人的要求，报告委托事务的处理情况。委托合同终止时，受托人应当报告委托事务的结果。

第四百零二条 受托人以自己的名义，在委托人的授权范围内与第三人订立的合同，第三人在订立合同时知道受托人与委托人之间的代理关系的，该合同直接约束委托人和第三人，但有确切证据证明该合同只约束受托人和第三人的除外。

第四百零三条 受托人以自己的名义与第三人订立合同时，第三人不知道受托人与委托人之间的代理关系的，受托人因第三人的原因对委托人不履行义务，受托人应当向委托人披露第三人，委托人因此可以行使受托人对第三人的权利，但第三人与受托人订立合同时如果知道该委托人就不会订立合同的除外。

受托人因委托人的原因对第三人不履行义务，受托人应当向第三人披露委托人，第三人因此可以选择受托人或者委托人作为相对人主张其权利，但第三人不得变更选定的相对人。

委托人行使受托人对第三人的权利的，第三人可以向委托人主张其对受托人的抗辩。第三人选定委托人作为其相对人的，委托人可以向第三人主张其对受托人的抗辩以及受托人对第三人的抗辩。

第四百零四条 受托人处理委托事务取得的财产，应当转交给委托人。

第四百零五条 受托人完成委托事务的，委托人应当向其支付报酬。因不可归责于受托人的事由，委托合同解除或者委托事务不能完成的，委托人应当向受托人支付相应的报酬。当事人另有约定的，按照其约定。

第四百零六条 有偿的委托合同，因受托人的过错给委托人造成损失的，委托人可以要求赔偿损失。无偿的委托合同，因受托人的故意或者重大过失给委托人造成损失的，委托人可以要求赔偿损失。

受托人超越权限给委托人造成损失的，应当赔偿损失。

第四百零七条 受托人处理委托事务时，因不可归责于自己的事由受到损失的，可以向委托人要求赔偿损失。

第四百零八条 委托人经受托人同意，可以在受托人之外委托第三人处理委托事务。因此给受托人造成损失的，受托人可以向委托人要求赔偿损失。

第四百零九条 两个以上的受托人共同处理委托事务的，对委托人承担连带责任。

第四百一十条 委托人或者受托人可以随时解除委托合同。因解除合同给对方造成损失的，除不可归责于该当事人的事由以外，应当赔偿损失。

第四百一十一条 委托人或者受托人死亡、丧失民事行为能力或者破产的，委托合同终止，但当事人另有约定或者根据委托事务的性质不宜终止的除外。

第四百一十二条 因委托人死亡、丧失民事行为能力或者破产，致使委托合同终止将损害委托人利益的，在委托人的继承人、法定代理人或者清算组织承受委托事务之前，受托人应当继续处理委托事务。

第四百一十三条 因受托人死亡、丧失民事行为能力或者破产，致使委托合同终止的，受托人的继承人、法定代理人或者清算组织应当及时通知委托人。因委托合同终止将损害委托人利益的，在委托人作出善后处理之前，受托人的继承人、法定代理人或者清算组织应当采取必要措施。

第二十二章　行纪合同

第四百一十四条 行纪合同是行纪人以自己的名义为委托人从事贸易活动，委托人支付报酬的合同。

第四百一十五条 行纪人处理委托事务支出的费用，由行纪人负担，但当事人另有约定的除外。

第四百一十六条 行纪人占有委托物的，应当妥善保管委托物。

第四百一十七条 委托物交付给行纪人时有瑕疵或者容易腐烂、变质的，经委托人同意，行纪人可以处分该物；和委托人不能及时取得联系的，行纪人可以合理处分。

第四百一十八条 行纪人低于委托人指定的价格卖出或者高于委托人指定的价格买入的，应当经委托人同意。未经委托人同意，行纪人补偿其差额的，该买卖对委托人发生效力。

行纪人高于委托人指定的价格卖出或者低于委托人指定的价格买入的，可以按照约定增加报酬。没有约定或者约定不明确，依照本法第六十一条的规定仍不能确定的，该利益属于委托人。

委托人对价格有特别指示的，行纪人不得违背该指示卖出或者买入。

第四百一十九条 行纪人卖出或者买入具有市场定价的商品，除委托人有相反的意思表示的以外，行纪人自己可以作为买受人或者出卖人。

行纪人有前款规定情形的，仍然可以要求委托人支付报酬。

第四百二十条　行纪人按照约定买入委托物，委托人应当及时受领。经行纪人催告，委托人无正当理由拒绝受领的，行纪人依照本法第一百零一条的规定可以提存委托物。

委托物不能卖出或者委托人撤回出卖，经行纪人催告，委托人不取回或者不处分该物的，行纪人依照本法第一百零一条的规定可以提存委托物。

第四百二十一条　行纪人与第三人订立合同的，行纪人对该合同直接享有权利、承担义务。

第三人不履行义务致使委托人受到损害的，行纪人应当承担损害赔偿责任，但行纪人与委托人另有约定的除外。

第四百二十二条　行纪人完成或者部分完成委托事务的，委托人应当向其支付相应的报酬。委托人逾期不支付报酬的，行纪人对委托物享有留置权，但当事人另有约定的除外。

第四百二十三条　本章没有规定的，适用委托合同的有关规定。

第二十三章　居间合同

第四百二十四条　居间合同是居间人向委托人报告订立合同的机会或者提供订立合同的媒介服务，委托人支付报酬的合同。

第四百二十五条　居间人应当就有关订立合同的事项向委托人如实报告。

居间人故意隐瞒与订立合同有关的重要事实或者提供虚假情况，损害委托人利益的，不得要求支付报酬并应当承担损害赔偿责任。

第四百二十六条　居间人促成合同成立的，委托人应当按照约定支付报酬。对居间人的报酬没有约定或者约定不明确，依照本法第六十一条的规定仍不能确定的，根据居间人的劳务合理确定。因居间人提供订立合同的媒介服务而促成合同成立的，由该合同的当事人平均负担居间人的报酬。

居间人促成合同成立的，居间活动的费用，由居间人负担。

第四百二十七条　居间人未促成合同成立的，不得要求支付报酬，但可以要求委托人支付从事居间活动支出的必要费用。

附　则

第四百二十八条　本法自 1999 年 10 月 1 日起施行，《中华人民共和国经济合同法》、《中华人民共和国涉外经济合同法》、《中华人民共和国技术合同法》同时废止。

中华人民共和国侵权责任法

（2009 年 12 月 26 日第十一届全国人民代表大会常务委员会第十二次会议通过）

目　录

第一章　一般规定

第一条　为保护民事主体的合法权益，明确侵权责任，预防并制裁侵权行为，促进社会和谐稳定，制定本法。

第二条　侵害民事权益，应当依照本法承担侵权责任。

本法所称民事权益，包括生命权、健康权、姓名权、名誉权、荣誉权、肖像权、隐私权、婚姻自主权、监护权、所有权、用益物权、担保物权、著作权、专利权、商标专用权、发现权、股权、继承权等人身、财产权益。

第三条　被侵权人有权请求侵权人承担侵权责任。

第四条　侵权人因同一行为应当承担行政责任或者刑事责任的，不影响依法承担侵权责任。

因同一行为应当承担侵权责任和行政责任、刑事责任，侵权人的财产不足以支付的，先承担侵权责任。

第五条　其他法律对侵权责任另有特别规定的，依照其规定。

第二章　责任构成和责任方式

第六条　行为人因过错侵害他人民事权益，应当承担侵权责任。

根据法律规定推定行为人有过错，行为人不能证明自己没有过错的，应当承担侵权责任。

第七条　行为人损害他人民事权益，不论行为人有无过错，法律规定应当承担侵权责任的，依照其规定。

第八条 二人以上共同实施侵权行为，造成他人损害的，应当承担连带责任。

第九条 教唆、帮助他人实施侵权行为的，应当与行为人承担连带责任。

教唆、帮助无民事行为能力人、限制民事行为能力人实施侵权行为的，应当承担侵权责任；该无民事行为能力人、限制民事行为能力人的监护人未尽到监护责任的，应当承担相应的责任。

第十条 二人以上实施危及他人人身、财产安全的行为，其中一人或者数人的行为造成他人损害，能够确定具体侵权人的，由侵权人承担责任；不能确定具体侵权人的，行为人承担连带责任。

第十一条 二人以上分别实施侵权行为造成同一损害，每个人的侵权行为都足以造成全部损害的，行为人承担连带责任。

第十二条 二人以上分别实施侵权行为造成同一损害，能够确定责任大小的，各自承担相应的责任；难以确定责任大小的，平均承担赔偿责任。

第十三条 法律规定承担连带责任的，被侵权人有权请求部分或者全部连带责任人承担责任。

第十四条 连带责任人根据各自责任大小确定相应的赔偿数额；难以确定责任大小的，平均承担赔偿责任。

支付超出自己赔偿数额的连带责任人，有权向其他连带责任人追偿。

第十五条 承担侵权责任的方式主要有：

（一）停止侵害；

（二）排除妨碍；

（三）消除危险；

（四）返还财产；

（五）恢复原状；

（六）赔偿损失；

（七）赔礼道歉；

（八）消除影响、恢复名誉。

以上承担侵权责任的方式，可以单独适用，也可以合并适用。

第十六条 侵害他人造成人身损害的，应当赔偿医疗费、护理费、交通费等为治疗和康复支出的合理费用，以及因误工减少的收入。造成残疾的，还应当赔偿残疾生活辅助具费和残疾赔偿金。造成死亡的，还应当赔偿丧葬费和死亡赔偿金。

第十七条 因同一侵权行为造成多人死亡的，可以以相同数额确定死亡赔偿金。

第十八条 被侵权人死亡的，其近亲属有权请求侵权人承担侵权责任。被侵权人为单位，该单位分立、合并的，承继权利的单位有权请求侵权人承担侵权责任。

被侵权人死亡的，支付被侵权人医疗费、丧葬费等合理费用的人有权请求侵权人赔偿费用，但侵权人已支付该费用的除外。

第十九条 侵害他人财产的，财产损失按照损失发生时的市场价格或者其他方式计算。

第二十条 侵害他人人身权益造成财产损失的，按照被侵权人因此受到的损失赔偿；被侵权人的损失难以确定，侵权人因此获得利益的，按照其获得的利益赔偿；侵权人因此获得的利益难以确定，被侵权人和侵权人就赔偿数额协商不一致，向人民法院提起诉讼的，由人民法院根据实际情况确定赔偿数额。

第二十一条 侵权行为危及他人人身、财产安全的，被侵权人可以请求侵权人承担停止侵害、排除妨碍、消除危险等侵权责任。

第二十二条 侵害他人人身权益，造成他人严重精神损害的，被侵权人可以请求精神损害赔偿。

第二十三条 因防止、制止他人民事权益被侵害而使自己受到损害的，由侵权人承担责任。侵权人逃逸或者无力承担责任，被侵权人请求补偿的，受益人应当给予适当补偿。

第二十四条 受害人和行为人对损害的发生都没有过错的，可以根据实际情况，由双方分担损失。

第二十五条 损害发生后，当事人可以协商赔偿费用的支付方式。协商不一致的，赔偿费用应当一次性支付；一次性支付确有困难的，可以分期支付，但应当提供相应的担保。

第三章 不承担责任和减轻责任的情形

第二十六条 被侵权人对损害的发生也有过错的，可以减轻侵权人的责任。

第二十七条 损害是因受害人故意造成的，行为人不承担责任。

第二十八条 损害是因第三人造成的，第三人应当承担侵权责任。

第二十九条 因不可抗力造成他人损害的，不承担责任。法律另有规定的，依照其规定。

第三十条 因正当防卫造成损害的，不承担责任。正当防卫超过必要的限度，造成不应有的损害的，正当防卫人应当承担适当的责任。

第三十一条 因紧急避险造成损害的，由引起险情发生的人承担责任。如果危险是由自然原因引起的，紧急避险人不承担责任或者给予适当补偿。紧急避险采取措施不当或者超过必要的限度，造成不应有的损害的，紧急避险人应当承担适当的责任。

第四章 关于责任主体的特殊规定

第三十二条 无民事行为能力人、限制民事行为能力人造成他人损害的，由监护人承担侵权责任。监护人尽到监护责任的，可以减轻其侵权责任。

有财产的无民事行为能力人、限制民事行为能力人造成他人损害的，从本人财产中支付赔偿费用。不足部分，由监护人赔偿。

第三十三条 完全民事行为能力人对自己的行为暂时没有意识或者失去控制造成他人损害有过错的，应当承担侵权责任；没有过错的，根据行为人的经济状况对受害人适当补偿。

完全民事行为能力人因醉酒、滥用麻醉药品或者精神药品对自己的行为暂时没有意识或者失去控制造成他人损害的，应当承担侵权责任。

第三十四条 用人单位的工作人员因执行工作任务造成他人损害的，由用人单位承担侵权责任。

劳务派遣期间，被派遣的工作人员因执行工作任务造成他人损害的，由接受劳务派遣的用工单位承担侵权责任；劳务派遣单位有过错的，承担相应的补充责任。

第三十五条 个人之间形成劳务关系，提供劳务一方因劳务造成他人损害的，由接受劳务一方承担侵权责任。提供劳务一方因劳务自己受到损害的，根据双方各自的过错承担相应的责任。

第三十六条 网络用户、网络服务提供者利用网络侵害他人民事权益的，应当承担侵权责任。

网络用户利用网络服务实施侵权行为的，被侵权人有权通知网络服务提供者采取删除、屏蔽、断开链接等必要措施。网络服务提供者接到通知后未及时采取必要措施的，对损害的扩大部分与该网络用户承担连带责任。

网络服务提供者知道网络用户利用其网络服务侵害他人民事权益，未采取必要措施的，与该网络用户承担连带责任。

第三十七条 宾馆、商场、银行、车站、娱乐场所等公共场所的管理人或者群众性活动的组织者，未尽到安全保障义务，造成他人损害的，应当承担侵权责任。

因第三人的行为造成他人损害的，由第三人承担侵权责任；管理人或者组织者未尽到安全保障义务的，承担相应的补充责任。

第三十八条 无民事行为能力人在幼儿园、学校或者其他教育机构学习、生活期间受到人身损害的，幼儿园、学校或者其他教育机构应当承担责任，但能够证明尽到教育、管理职责的，不承担责任。

第三十九条 限制民事行为能力人在学校或者其他教育机构学习、生活期间受到人身损害，学校或者其他教育机构未尽到教育、管理职责的，应当承担责任。

第四十条 无民事行为能力人或者限制民事行为能力人在幼儿园、学校或者其他教育机构学习、生活期间，受到幼儿园、学校或者其他教育机构以外的人员人身损害的，由侵权人承担侵权责任；幼儿园、学校或者其他教育机构未尽到管理职责的，承担相应的补充责任。

第五章 产品责任

第四十一条 因产品存在缺陷造成他人损害的，生产者应当承担侵权责任。

第四十二条 因销售者的过错使产品存在缺陷，造成他人损害的，销售者应当承担侵权责任。

销售者不能指明缺陷产品的生产者也不能指明缺陷产品的供货者的，销售者应当承担侵权责任。

第四十三条 因产品存在缺陷造成损害的，被侵权人可以向产品的生产者请求赔偿，也可以向产品的销售者请求赔偿。

产品缺陷由生产者造成的，销售者赔偿后，有权向生产者追偿。

因销售者的过错使产品存在缺陷的，生产者赔偿后，有权向销售者追偿。

第四十四条 因运输者、仓储者等第三人的过错使产品存在缺陷，造成他人损害的，产品的生产者、销售者赔偿后，有权向第三人追偿。

第四十五条 因产品缺陷危及他人人身、财产安全的，被侵权人有权请求生产者、销售者承担排除妨碍、消除危险等侵权责任。

第四十六条 产品投入流通后发现存在缺陷的，生产者、销售者应当及时采取警示、召回等补救措施。未及时采取补救措施或者补救措施不力造成损害的，应当承担侵权责任。

第四十七条 明知产品存在缺陷仍然生产、销售，造成他人死亡或者健康严重损害的，被侵权人有权请求相应的惩罚性赔偿。

第六章　机动车交通事故责任

第四十八条　机动车发生交通事故造成损害的，依照道路交通安全法的有关规定承担赔偿责任。

第四十九条　因租赁、借用等情形机动车所有人与使用人不是同一人时，发生交通事故后属于该机动车一方责任的，由保险公司在机动车强制保险责任限额范围内予以赔偿。不足部分，由机动车使用人承担赔偿责任；机动车所有人对损害的发生有过错的，承担相应的赔偿责任。

第五十条　当事人之间已经以买卖等方式转让并交付机动车但未办理所有权转移登记，发生交通事故后属于该机动车一方责任的，由保险公司在机动车强制保险责任限额范围内予以赔偿。不足部分，由受让人承担赔偿责任。

第五十一条　以买卖等方式转让拼装或者已达到报废标准的机动车，发生交通事故造成损害的，由转让人和受让人承担连带责任。

第五十二条　盗窃、抢劫或者抢夺的机动车发生交通事故造成损害的，由盗窃人、抢劫人或者抢夺人承担赔偿责任。保险公司在机动车强制保险责任限额范围内垫付抢救费用的，有权向交通事故责任人追偿。

第五十三条　机动车驾驶人发生交通事故后逃逸，该机动车参加强制保险的，由保险公司在机动车强制保险责任限额范围内予以赔偿；机动车不明或者该机动车未参加强制保险，需要支付被侵权人人身伤亡的抢救、丧葬等费用的，由道路交通事故社会救助基金垫付。道路交通事故社会救助基金垫付后，其管理机构有权向交通事故责任人追偿。

第七章　医疗损害责任

第五十四条　患者在诊疗活动中受到损害，医疗机构及其医务人员有过错的，由医疗机构承担赔偿责任。

第五十五条　医务人员在诊疗活动中应当向患者说明病情和医疗措施。需要实施手术、特殊检查、特殊治疗的，医务人员应当及时向患者说明医疗风险、替代医疗方案等情况，并取得其书面同意；不宜向患者说明的，应当向患者的近亲属说明，并取得其书面同意。

医务人员未尽到前款义务，造成患者损害的，医疗机构应当承担赔偿责任。

第五十六条　因抢救生命垂危的患者等紧急情况，不能取得患者或者其近亲属意见的，经医疗机构负责人或者授权的负责人批准，可以立即实施相应的医疗措施。

第五十七条　医务人员在诊疗活动中未尽到与当时的医疗水平相应的诊疗义务，造成患者损害的，医疗机构应当承担赔偿责任。

第五十八条　患者有损害，因下列情形之一的，推定医疗机构有过错：

（一）违反法律、行政法规、规章以及其他有关诊疗规范的规定；

（二）隐匿或者拒绝提供与纠纷有关的病历资料；

（三）伪造、篡改或者销毁病历资料。

第五十九条　因药品、消毒药剂、医疗器械的缺陷，或者输入不合格的血液造成患者损害的，患者可以向生产者或者血液提供机构请求赔偿，也可以向医疗机构请求赔偿。患者向医疗机构请求赔偿的，医疗机构赔偿后，有权向负有责任的生产者或者血液提供机构追偿。

第六十条　患者有损害，因下列情形之一的，医疗机构不承担赔偿责任：

（一）患者或者其近亲属不配合医疗机构进行符合诊疗规范的诊疗；

（二）医务人员在抢救生命垂危的患者等紧急情况下已经尽到合理诊疗义务；

（三）限于当时的医疗水平难以诊疗。

前款第一项情形中，医疗机构及其医务人员也有过错的，应当承担相应的赔偿责任。

第六十一条　医疗机构及其医务人员应当按照规定填写并妥善保管住院志、医嘱单、检验报告、手术及麻醉记录、病理资料、护理记录、医疗费用等病历资料。

患者要求查阅、复制前款规定的病历资料的，医疗机构应当提供。

第六十二条　医疗机构及其医务人员应当对患者的隐私保密。泄露患者隐私或者未经患者同意公开其病历资料，造成患者损害的，应当承担侵权责任。

第六十三条　医疗机构及其医务人员不得违反诊疗规范实施不必要的检查。

第六十四条　医疗机构及其医务人员的合法权益受法律保护。干扰医疗秩序，妨害医务人员工作、生活的，应当依法承担法律责任。

第八章　环境污染责任

第六十五条　因污染环境造成损害的，污染者应当承担侵权责任。

第六十六条　因污染环境发生纠纷，污染者应当就法律规定的不承担责任或者减轻责任的情形及其行为与损害之间不存在因果关系承担举证责任。

第六十七条　两个以上污染者污染环境，污染者承担责任的大小，根据污染物的种类、排放量等因素确定。

第六十八条 因第三人的过错污染环境造成损害的，被侵权人可以向污染者请求赔偿，也可以向第三人请求赔偿。污染者赔偿后，有权向第三人追偿。

第九章 高度危险责任

第六十九条 从事高度危险作业造成他人损害的，应当承担侵权责任。

第七十条 民用核设施发生核事故造成他人损害的，民用核设施的经营者应当承担侵权责任，但能够证明损害是因战争等情形或者受害人故意造成的，不承担责任。

第七十一条 民用航空器造成他人损害的，民用航空器的经营者应当承担侵权责任，但能够证明损害是因受害人故意造成的，不承担责任。

第七十二条 占有或者使用易燃、易爆、剧毒、放射性等高度危险物造成他人损害的，占有人或者使用人应当承担侵权责任，但能够证明损害是因受害人故意或者不可抗力造成的，不承担责任。被侵权人对损害的发生有重大过失的，可以减轻占有人或者使用人的责任。

第七十三条 从事高空、高压、地下挖掘活动或者使用高速轨道运输工具造成他人损害的，经营者应当承担侵权责任，但能够证明损害是因受害人故意或者不可抗力造成的，不承担责任。被侵权人对损害的发生有过失的，可以减轻经营者的责任。

第七十四条 遗失、抛弃高度危险物造成他人损害的，由所有人承担侵权责任。所有人将高度危险物交由他人管理的，由管理人承担侵权责任；所有人有过错的，与管理人承担连带责任。

第七十五条 非法占有高度危险物造成他人损害的，由非法占有人承担侵权责任。所有人、管理人不能证明对防止他人非法占有尽到高度注意义务的，与非法占有人承担连带责任。

第七十六条 未经许可进入高度危险活动区域或者高度危险物存放区域受到损害，管理人已经采取安全措施并尽到警示义务的，可以减轻或者不承担责任。

第七十七条 承担高度危险责任，法律规定赔偿限额的，依照其规定。

第十章 饲养动物损害责任

第七十八条 饲养的动物造成他人损害的，动物饲养人或者管理人应当承担侵权责任，但能够证明损害是因被侵权人故意或者重大过失造成的，可以不承担或者减轻责任。

第七十九条 违反管理规定，未对动物采取安全措施造成他人损害的，动物饲养人或者管理人应当承担侵权责任。

第八十条 禁止饲养的烈性犬等危险动物造成他人损害的，动物饲养人或者管理人应当承担侵权责任。

第八十一条 动物园的动物造成他人损害的，动物园应当承担侵权责任，但能够证明尽到管理职责的，不承担责任。

第八十二条 遗弃、逃逸的动物在遗弃、逃逸期间造成他人损害的，由原动物饲养人或者管理人承担侵权责任。

第八十三条 因第三人的过错致使动物造成他人损害的，被侵权人可以向动物饲养人或者管理人请求赔偿，也可以向第三人请求赔偿。动物饲养人或者管理人赔偿后，有权向第三人追偿。

第八十四条 饲养动物应当遵守法律，尊重社会公德，不得妨害他人生活。

第十一章 物件损害责任

第八十五条 建筑物、构筑物或者其他设施及其搁置物、悬挂物发生脱落、坠落造成他人损害，所有人、管理人或者使用人不能证明自己没有过错的，应当承担侵权责任。所有人、管理人或者使用人赔偿后，有其他责任人的，有权向其他责任人追偿。

第八十六条 建筑物、构筑物或者其他设施倒塌造成他人损害的，由建设单位与施工单位承担连带责任。建设单位、施工单位赔偿后，有其他责任人的，有权向其他责任人追偿。

因其他责任人的原因，建筑物、构筑物或者其他设施倒塌造成他人损害的，由其他责任人承担侵权责任。

第八十七条 从建筑物中抛掷物品或者从建筑物上坠落的物品造成他人损害，难以确定具体侵权人的，除能够证明自己不是侵权人的外，由可能加害的建筑物使用人给予补偿。

第八十八条 堆放物倒塌造成他人损害，堆放人不能证明自己没有过错的，应当承担侵权责任。

第八十九条 在公共道路上堆放、倾倒、遗撒妨碍通行的物品造成他人损害的，有关单位或者个人应当承担侵权责任。

第九十条 因林木折断造成他人损害，林木的所有人或者管理人不能证明自己没有过错的，应当承担侵权责任。

第九十一条 在公共场所或者道路上挖坑、修缮安装地下设施等，没有设置明显标志和采取安全措施造成他人损害

的，施工人应当承担侵权责任。

窨井等地下设施造成他人损害，管理人不能证明尽到管理职责的，应当承担侵权责任。

第十二章　附则

第九十二条　本法自2010年7月1日起施行。

司法解释

最高人民法院关于北京、上海、广州知识产权法院案件管辖的规定

（2014年10月27日最高人民法院审判委员会第1628次会议通过　法释〔2014〕12号　自2014年11月3日起施行）

为进一步明确北京、上海、广州知识产权法院的案件管辖，根据《中华人民共和国民事诉讼法》《中华人民共和国行政诉讼法》《全国人民代表大会常务委员会关于在北京、上海、广州设立知识产权法院的决定》等规定，制定本规定。

第一条　知识产权法院管辖所在市辖区内的下列第一审案件：

（一）专利、植物新品种、集成电路布图设计、技术秘密、计算机软件民事和行政案件；

（二）对国务院部门或者县级以上地方人民政府所作的涉及著作权、商标、不正当竞争等行政行为提起诉讼的行政案件；

（三）涉及驰名商标认定的民事案件。

第二条　广州知识产权法院对广东省内本规定第一条第（一）项和第（三）项规定的案件实行跨区域管辖。

第三条　北京市、上海市各中级人民法院和广州市中级人民法院不再受理知识产权民事和行政案件。

广东省其他中级人民法院不再受理本规定第一条第（一）项和第（三）项规定的案件。

北京市、上海市、广东省各基层人民法院不再受理本规定第一条第（一）项和第（三）项规定的案件。

第四条　案件标的既包含本规定第一条第（一）项和第（三）项规定的内容，又包含其他内容的，按本规定第一条和第二条的规定确定管辖。

第五条　下列第一审行政案件由北京知识产权法院管辖：

（一）不服国务院部门作出的有关专利、商标、植物新品种、集成电路布图设计等知识产权的授权确权裁定或者决定的；

（二）不服国务院部门作出的有关专利、植物新品种、集成电路布图设计的强制许可决定以及强制许可使用费或者报酬的裁决的；

（三）不服国务院部门作出的涉及知识产权授权确权的其他行政行为的。

第六条　当事人对知识产权法院所在市的基层人民法院作出的第一审著作权、商标、技术合同、不正当竞争等知识产权民事和行政判决、裁定提起的上诉案件，由知识产权法院审理。

第七条　当事人对知识产权法院作出的第一审判决、裁定提起的上诉案件和依法申请上一级法院复议的案件，由知识产权法院所在地的高级人民法院知识产权审判庭审理。

第八条　知识产权法院所在省（直辖市）的基层人民法院在知识产权法院成立前已经受理但尚未审结的本规定第一条第（一）项和第（三）项规定的案件，由该基层人民法院继续审理。

除广州市中级人民法院以外，广东省其他中级人民法院在广州知识产权法院成立前已经受理但尚未审结的本规定第一条第（一）项和第（三）项规定的案件，由该中级人民法院继续审理。

最高人民法院、最高人民检察院关于办理侵犯知识产权刑事案件具体应用法律若干问题的解释

（2004年11月2日最高人民法院审判委员会第1331次会议、2004年11月11日最高人民检察院第十届检察委员会第28次会议通过　自2004年12月22日起施行　法释〔2004〕19号）

为依法惩治侵犯知识产权犯罪活动，维护社会主义市场经济秩序，根据刑法有关规定，现就办理侵犯知识产权刑事案件具体应用法律的若干问题解释如下：

第一条　未经注册商标所有人许可，在同一种商品上使用与其注册商标相同的商标，具有下列情形之一的，属于刑法第二百一十三条规定的“情节严重”，应当以假冒注册商标罪判处三年以下有期徒刑或者拘役，并处或者单处罚金：

（一）非法经营数额在五万元以上或者违法所得数额在三万元以上的；

（二）假冒两种以上注册商标，非法经营数额在三万元以上或者违法所得数额在二万元以上的；

（三）其他情节严重的情形。

具有下列情形之一的，属于刑法第二百一十三条规定的“情节特别严重”，应当以假冒注册商标罪判处三年以上七年以下有期徒刑，并处罚金：

（一）非法经营数额在二十五万元以上或者违法所得数额在十五万元以上的；

（二）假冒两种以上注册商标，非法经营数额在十五万元以上或者违法所得数额在十万元以上的；

（三）其他情节特别严重的情形。

第二条 销售明知是假冒注册商标的商品，销售金额在五万元以上的，属于刑法第二百一十四条规定的“数额较大”，应当以销售假冒注册商标的商品罪判处三年以下有期徒刑或者拘役，并处或者单处罚金。

销售金额在二十五万元以上的，属于刑法第二百一十四条规定的“数额巨大”，应当以销售假冒注册商标的商品罪判处三年以上七年以下有期徒刑，并处罚金。

第三条 伪造、擅自制造他人注册商标标识或者销售伪造、擅自制造的注册商标标识，具有下列情形之一的，属于刑法第二百一十五条规定的“情节严重”，应当以非法制造、销售非法制造的注册商标标识罪判处三年以下有期徒刑、拘役或者管制，并处或者单处罚金：

（一）伪造、擅自制造或者销售伪造、擅自制造的注册商标标识数量在二万件以上，或者非法经营数额在五万元以上，或者违法所得数额在三万元以上的；

（二）伪造、擅自制造或者销售伪造、擅自制造两种以上注册商标标识数量在一万件以上，或者非法经营数额在三万元以上，或者违法所得数额在二万元以上的；

（三）其他情节严重的情形。

具有下列情形之一的，属于刑法第二百一十五条规定的“情节特别严重”，应当以非法制造、销售非法制造的注册商标标识罪判处三年以上七年以下有期徒刑，并处罚金：

（一）伪造、擅自制造或者销售伪造、擅自制造的注册商标标识数量在十万件以上，或者非法经营数额在二十五万元以上，或者违法所得数额在十五万元以上的；

（二）伪造、擅自制造或者销售伪造、擅自制造两种以上注册商标标识数量在五万件以上，或者非法经营数额在十五万元以上，或者违法所得数额在十万元以上的；

（三）其他情节特别严重的情形。

第四条 假冒他人专利，具有下列情形之一的，属于刑法第二百一十六条规定的“情节严重”，应当以假冒专利罪判处三年以下有期徒刑或者拘役，并处或者单处罚金：

（一）非法经营数额在二十万元以上或者违法所得数额在十万元以上的；

（二）给专利权人造成直接经济损失五十万元以上的；

（三）假冒两项以上他人专利，非法经营数额在十万元以上或者违法所得数额在五万元以上的；

（四）其他情节严重的情形。

第五条 以营利为目的，实施刑法第二百一十七条所列侵犯著作权行为之一，违法所得数额在三万元以上的，属于“违法所得数额较大”；具有下列情形之一的，属于“有其他严重情节”，应当以侵犯著作权罪判处三年以下有期徒刑或者拘役，并处或者单处罚金：

（一）非法经营数额在五万元以上的；

（二）未经著作权人许可，复制发行其文字作品、音乐、电影、电视、录像作品、计算机软件及其他作品，复制品数量合计在一千张（份）以上的；

（三）其他严重情节的情形。

以营利为目的，实施刑法第二百一十七条所列侵犯著作权行为之一，违法所得数额在十五万元以上的，属于“违法所得数额巨大”；具有下列情形之一的，属于“有其他特别严重情节”，应当以侵犯著作权罪判处三年以上七年以下有期徒刑，并处罚金：

（一）非法经营数额在二十五万元以上的；

（二）未经著作权人许可，复制发行其文字作品、音乐、电影、电视、录像作品、计算机软件及其他作品，复制品数量合计在五千张（份）以上的；

（三）其他特别严重情节的情形。

第六条 以营利为目的，实施刑法第二百一十八条规定的行为，违法所得数额在十万元以上的，属于“违法所得数额巨大”，应当以销售侵权复制品罪判处三年以下有期徒刑或者拘役，并处或者单处罚金。

第七条 实施刑法第二百一十九条规定的行为之一，给商业秘密的权利人造成损失数额在五十万元以上的，属于“给商业秘密的权利人造成重大损失”，应当以侵犯商业秘密罪判处三年以下有期徒刑或者拘役，并处或者单处罚金。

给商业秘密的权利人造成损失数额在二百五十万元以上的，属于刑法第二百一十九条规定的“造成特别严重后果”，应当以侵犯商业秘密罪判处三年以上七年以下有期徒刑，并处罚金。

第八条 刑法第二百一十三条规定的“相同的商标”，是指与被假冒的注册商标完全相同，或者与被假冒的注册商标在视觉上基本无差别、足以对公众产生误导的商标。

刑法第二百一十三条规定的"使用"，是指将注册商标或者假冒的注册商标用于商品、商品包装或者容器以及产品说明书、商品交易文书，或者将注册商标或者假冒的注册商标用于广告宣传、展览以及其他商业活动等行为。

第九条 刑法第二百一十四条规定的"销售金额"，是指销售假冒注册商标的商品后所得和应得的全部违法收入。

具有下列情形之一的，应当认定为属于刑法第二百一十四条规定的"明知"：

（一）知道自己销售的商品上的注册商标被涂改、调换或者覆盖的；

（二）因销售假冒注册商标的商品受到过行政处罚或者承担过民事责任、又销售同一种假冒注册商标的商品的；

（三）伪造、涂改商标注册人授权文件或者知道该文件被伪造、涂改的；

（四）其他知道或者应当知道是假冒注册商标的商品的情形。

第十条 实施下列行为之一的，属于刑法第二百一十六条规定的"假冒他人专利"的行为：

（一）未经许可，在其制造或者销售的产品、产品的包装上标注他人专利号的；

（二）未经许可，在广告或者其他宣传材料中使用他人的专利号，使人将所涉及的技术误认为是他人专利技术的；

（三）未经许可，在合同中使用他人的专利号，使人将合同涉及的技术误认为是他人专利技术的；

（四）伪造或者变造他人的专利证书、专利文件或者专利申请文件的。

第十一条 以刊登收费广告等方式直接或者间接收取费用的情形，属于刑法第二百一十七条规定的"以营利为目的"。

刑法第二百一十七条规定的"未经著作权人许可"，是指没有得到著作权人授权或者伪造、涂改著作权人授权许可文件或者超出授权许可范围的情形。

通过信息网络向公众传播他人文字作品、音乐、电影、电视、录像作品、计算机软件及其他作品的行为，应当视为刑法第二百一十七条规定的"复制发行"。

第十二条 本解释所称"非法经营数额"，是指行为人在实施侵犯知识产权行为过程中，制造、储存、运输、销售侵权产品的价值。已销售的侵权产品的价值，按照实际销售的价格计算。制造、储存、运输和未销售的侵权产品的价值，按照标价或者已经查清的侵权产品的实际销售平均价格计算。侵权产品没有标价或者无法查清其实际销售价格的，按照被侵权产品的市场中间价格计算。

多次实施侵犯知识产权行为，未经行政处理或者刑事处罚的，非法经营数额、违法所得数额或者销售金额累计计算。

本解释第三条所规定的"件"，是指标有完整商标图样的一份标识。

第十三条 实施刑法第二百一十三条规定的假冒注册商标犯罪，又销售该假冒注册商标的商品，构成犯罪的，应当依照刑法第二百一十三条的规定，以假冒注册商标罪定罪处罚。

实施刑法第二百一十三条规定的假冒注册商标犯罪，又销售明知是他人的假冒注册商标的商品，构成犯罪的，应当实行数罪并罚。

第十四条 实施刑法第二百一十七条规定的侵犯著作权犯罪，又销售该侵权复制品，构成犯罪的，应当依照刑法第二百一十七条的规定，以侵犯著作权罪定罪处罚。

实施刑法第二百一十七条规定的侵犯著作权犯罪，又销售明知是他人的侵权复制品，构成犯罪的，应当实行数罪并罚。

第十五条 单位实施刑法第二百一十三条至第二百一十九条规定的行为，按照本解释规定的相应个人犯罪的定罪量刑标准的三倍定罪量刑。

第十六条 明知他人实施侵犯知识产权犯罪，而为其提供贷款、资金、账号、发票、证明、许可证件，或者提供生产、经营场所或者运输、储存、代理进出口等便利条件、帮助的，以侵犯知识产权犯罪的共犯论处。

第十七条 以前发布的有关侵犯知识产权犯罪的司法解释，与本解释相抵触的，自本解释施行后不再适用。

最高人民法院、最高人民检察院关于办理侵犯知识产权刑事案件具体应用法律若干问题的解释（二）

（2007年4月4日最高人民法院审判委员会第1422次会议、最高人民检察院第十届检察委员会第75次会议通过　自2007年4月5日起施行　法释〔2007〕6号）

为维护社会主义市场经济秩序，依法惩治侵犯知识产权犯罪活动，根据刑法、刑事诉讼法有关规定，现就办理侵犯知识产权刑事案件具体应用法律的若干问题解释如下：

第一条 以营利为目的，未经著作权人许可，复制发行其文字作品、音乐、电影、电视、录像作品、计算机软件及其他作品，复制品数量合计在五百张（份）以上的，属于刑法第二百一十七条规定的"有其他严重情节"；复制品数量在二千五百张（份）以上的，属于刑法第二百一十七条规定的"有其他特别严重情节"。

第二条 刑法第二百一十七条侵犯著作权罪中的"复

制发行”，包括复制、发行或者既复制又发行的行为。

侵权产品的持有人通过广告、征订等方式推销侵权产品的，属于刑法第二百一十七条规定的“发行”。

非法出版、复制、发行他人作品，侵犯著作权构成犯罪的，按照侵犯著作权罪定罪处罚。

第三条 侵犯知识产权犯罪，符合刑法规定的缓刑条件的，依法适用缓刑。有下列情形之一的，一般不适用缓刑：

（一）因侵犯知识产权被刑事处罚或者行政处罚后，再次侵犯知识产权构成犯罪的；

（二）不具有悔罪表现的；

（三）拒不交出违法所得的；

（四）其他不宜适用缓刑的情形。

第四条 对于侵犯知识产权犯罪的，人民法院应当综合考虑犯罪的违法所得、非法经营数额、给权利人造成的损失、社会危害性等情节，依法判处罚金。罚金数额一般在违法所得的一倍以上五倍以下，或者按照非法经营数额的50%以上一倍以下确定。

第五条 被害人有证据证明的侵犯知识产权刑事案件，直接向人民法院起诉的，人民法院应当依法受理；严重危害社会秩序和国家利益的侵犯知识产权刑事案件，由人民检察院依法提起公诉。

第六条 单位实施刑法第二百一十三条至第二百一十九条规定的行为，按照《最高人民法院、最高人民检察院关于办理侵犯知识产权刑事案件具体应用法律若干问题的解释》和本解释规定的相应个人犯罪的定罪量刑标准定罪处罚。

第七条 以前发布的司法解释与本解释不一致的，以本解释为准。

行政法规

中华人民共和国知识产权海关保护条例

（2003 年 12 月 2 日中华人民共和国国务院令第 395 号公布 根据 2010 年 3 月 24 日《国务院关于修改〈中华人民共和国知识产权海关保护条例〉的决定》修订）

第一章 总则

第一条 为了实施知识产权海关保护，促进对外经济贸易和科技文化交往，维护公共利益，根据《中华人民共和国海关法》，制定本条例。

第二条 本条例所称知识产权海关保护，是指海关对与进出口货物有关并受中华人民共和国法律、行政法规保护的商标专用权、著作权和与著作权有关的权利、专利权（以下统称知识产权）实施的保护。

第三条 国家禁止侵犯知识产权的货物进出口。

海关依照有关法律和本条例的规定实施知识产权保护，行使《中华人民共和国海关法》规定的有关权力。

第四条 知识产权权利人请求海关实施知识产权保护的，应当向海关提出采取保护措施的申请。

第五条 进口货物的收货人或者其代理人、出口货物的发货人或者其代理人应当按照国家规定，向海关如实申报与进出口货物有关的知识产权状况，并提交有关证明文件。

第六条 海关实施知识产权保护时，应当保守有关当事人的商业秘密。

第二章 知识产权的备案

第七条 知识产权权利人可以依照本条例的规定，将其知识产权向海关总署申请备案；申请备案的，应当提交申请书。申请书应当包括下列内容：

（一）知识产权权利人的名称或者姓名、注册地或者国籍等；

（二）知识产权的名称、内容及其相关信息；

（三）知识产权许可行使状况；

（四）知识产权权利人合法行使知识产权的货物的名称、产地、进出境地海关、进出口商、主要特征、价格等；

（五）已知的侵犯知识产权货物的制造商、进出口商、进出境地海关、主要特征、价格等。

前款规定的申请书内容有证明文件的，知识产权权利人应当附送证明文件。

第八条 海关总署应当自收到全部申请文件之日起 30 个工作日内作出是否准予备案的决定，并书面通知申请人；不予备案的，应当说明理由。

有下列情形之一的，海关总署不予备案：

（一）申请文件不齐全或者无效的；

（二）申请人不是知识产权权利人的；

（三）知识产权不再受法律、行政法规保护的。

第九条 海关发现知识产权权利人申请知识产权备案未如实提供有关情况或者文件的，海关总署可以撤销其备案。

第十条 知识产权海关保护备案自海关总署准予备案

之日起生效，有效期为10年。

知识产权有效的，知识产权权利人可以在知识产权海关保护备案有效期届满前6个月内，向海关总署申请续展备案。每次续展备案的有效期为10年。

知识产权海关保护备案有效期届满而不申请续展或者知识产权不再受法律、行政法规保护的，知识产权海关保护备案随即失效。

第十一条 知识产权备案情况发生改变的，知识产权权利人应当自发生改变之日起30个工作日内，向海关总署办理备案变更或者注销手续。

知识产权权利人未依照前款规定办理变更或者注销手续，给他人合法进出口或者海关依法履行监管职责造成严重影响的，海关总署可以根据有关利害关系人的申请撤销有关备案，也可以主动撤销有关备案。

第三章　扣留侵权嫌疑货物的申请及其处理

第十二条 知识产权权利人发现侵权嫌疑货物即将进出口的，可以向货物进出境地海关提出扣留侵权嫌疑货物的申请。

第十三条 知识产权权利人请求海关扣留侵权嫌疑货物的，应当提交申请书及相关证明文件，并提供足以证明侵权事实明显存在的证据。

申请书应当包括下列主要内容：

（一）知识产权权利人的名称或者姓名、注册地或者国籍等；

（二）知识产权的名称、内容及其相关信息；

（三）侵权嫌疑货物收货人和发货人的名称；

（四）侵权嫌疑货物名称、规格等；

（五）侵权嫌疑货物可能进出境的口岸、时间、运输工具等。

侵权嫌疑货物涉嫌侵犯备案知识产权的，申请书还应当包括海关备案号。

第十四条 知识产权权利人请求海关扣留侵权嫌疑货物的，应当向海关提供不超过货物等值的担保，用于赔偿可能因申请不当给收货人、发货人造成的损失，以及支付货物由海关扣留后的仓储、保管和处置等费用；知识产权权利人直接向仓储商支付仓储、保管费用的，从担保中扣除。具体办法由海关总署制定。

第十五条 知识产权权利人申请扣留侵权嫌疑货物，符合本条例第十三条的规定，并依照本条例第十四条的规定提供担保的，海关应当扣留侵权嫌疑货物，书面通知知识产权权利人，并将海关扣留凭单送达收货人或者发货人。

知识产权权利人申请扣留侵权嫌疑货物，不符合本条例第十三条的规定，或者未依照本条例第十四条的规定提供担保的，海关应当驳回申请，并书面通知知识产权权利人。

第十六条 海关发现进出口货物有侵犯备案知识产权嫌疑的，应当立即书面通知知识产权权利人。知识产权权利人自通知送达之日起3个工作日内依照本条例第十三条的规定提出申请，并依照本条例第十四条的规定提供担保的，海关应当扣留侵权嫌疑货物，书面通知知识产权权利人，并将海关扣留凭单送达收货人或者发货人。知识产权权利人逾期未提出申请或者未提供担保的，海关不得扣留货物。

第十七条 经海关同意，知识产权权利人和收货人或者发货人可以查看有关货物。

第十八条 收货人或者发货人认为其货物未侵犯知识产权权利人的知识产权的，应当向海关提出书面说明并附送相关证据。

第十九条 涉嫌侵犯专利权货物的收货人或者发货人认为其进出口货物未侵犯专利权的，可以在向海关提供货物等值的担保金后，请求海关放行其货物。知识产权权利人未能在合理期限内向人民法院起诉的，海关应当退还担保金。

第二十条 海关发现进出口货物有侵犯备案知识产权嫌疑并通知知识产权权利人后，知识产权权利人请求海关扣留侵权嫌疑货物的，海关应当自扣留之日起30个工作日内对被扣留的侵权嫌疑货物是否侵犯知识产权进行调查、认定；不能认定的，应当立即书面通知知识产权权利人。

第二十一条 海关对被扣留的侵权嫌疑货物进行调查，请求知识产权主管部门提供协助的，有关知识产权主管部门应当予以协助。

知识产权主管部门处理涉及进出口货物的侵权案件请求海关提供协助的，海关应当予以协助。

第二十二条 海关对被扣留的侵权嫌疑货物及有关情况进行调查时，知识产权权利人和收货人或者发货人应当予以配合。

第二十三条 知识产权权利人在向海关提出采取保护措施的申请后，可以依照《中华人民共和国商标法》、《中华人民共和国著作权法》、《中华人民共和国专利法》或者其他有关法律的规定，就被扣留的侵权嫌疑货物向人民法院申请采取责令停止侵权行为或者财产保全的措施。

海关收到人民法院有关责令停止侵权行为或者财产保全的协助执行通知的，应当予以协助。

第二十四条 有下列情形之一的，海关应当放行被扣留的侵权嫌疑货物：

（一）海关依照本条例第十五条的规定扣留侵权嫌疑货物，自扣留之日起20个工作日内未收到人民法院协助执行通知的；

（二）海关依照本条例第十六条的规定扣留侵权嫌疑货物，自扣留之日起50个工作日内未收到人民法院协助执行通知，并且经调查不能认定被扣留的侵权嫌疑货物侵犯知识产权的；

（三）涉嫌侵犯专利权货物的收货人或者发货人在向海关提供与货物等值的担保金后，请求海关放行其货物的；

（四）海关认为收货人或者发货人有充分的证据证明其货物未侵犯知识产权权利人的知识产权的；

（五）在海关认定被扣留的侵权嫌疑货物为侵权货物之前，知识产权权利人撤回扣留侵权嫌疑货物的申请的。

第二十五条 海关依照本条例的规定扣留侵权嫌疑货物，知识产权权利人应当支付有关仓储、保管和处置等费用。知识产权权利人未支付有关费用的，海关可以从其向海关提供的担保金中予以扣除，或者要求担保人履行有关担保责任。

侵权嫌疑货物被认定为侵犯知识产权的，知识产权权利人可以将其支付的有关仓储、保管和处置等费用计入其为制止侵权行为所支付的合理开支。

第二十六条 海关实施知识产权保护发现涉嫌犯罪案件的，应当将案件依法移送公安机关处理。

第四章 法律责任

第二十七条 被扣留的侵权嫌疑货物，经海关调查后认定侵犯知识产权的，由海关予以没收。

海关没收侵犯知识产权货物后，应当将侵犯知识产权货物的有关情况书面通知知识产权权利人。

被没收的侵犯知识产权货物可以用于社会公益事业的，海关应当转交给有关公益机构用于社会公益事业；知识产权权利人有收购意愿的，海关可以有偿转让给知识产权权利人。被没收的侵犯知识产权货物无法用于社会公益事业且知识产权权利人无收购意愿的，海关可以在消除侵权特征后依法拍卖，但对进口假冒商标货物，除特殊情况外，不能仅清除货物上的商标标识即允许其进入商业渠道；侵权特征无法消除的，海关应当予以销毁。

第二十八条 海关接受知识产权保护备案和采取知识产权保护措施的申请后，因知识产权权利人未提供确切情况而未能发现侵权货物、未能及时采取保护措施或者采取保护措施不力的，由知识产权权利人自行承担责任。

知识产权权利人请求海关扣留侵权嫌疑货物后，海关不能认定被扣留的侵权嫌疑货物侵犯知识产权权利人的知识产权，或者人民法院判定不侵犯知识产权权利人的知识产权的，知识产权权利人应当依法承担赔偿责任。

第二十九条 进口或者出口侵犯知识产权货物，构成犯罪的，依法追究刑事责任。

第三十条 海关工作人员在实施知识产权保护时，玩忽职守、滥用职权、徇私舞弊，构成犯罪的，依法追究刑事责任；尚不构成犯罪的，依法给予行政处分。

第五章 附则

第三十一条 个人携带或者邮寄进出境的物品，超出自用、合理数量，并侵犯本条例第二条规定的知识产权的，按照侵权货物处理。

第三十二条 知识产权权利人将其知识产权向海关总署备案的，应当按照国家有关规定缴纳备案费。

第三十三条 本条例自2004年3月1日起施行。1995年7月5日国务院发布的《中华人民共和国知识产权海关保护条例》同时废止。

著作权

法律

中华人民共和国著作权法

（1990年9月7日第七届全国人民代表大会常务委员会第十五次会议通过 根据2001年10月27日第九届全国人民代表大会常务委员会第二十四次会议《关于修改〈中华人民共和国著作权法〉的决定》第一次修正 根据2010年2月26日第十一届全国人民代表大会常务委员会第十三次会议《关于修改〈中华人民共和国著作权法〉的决定》第二次修正）

目　录

第一章　总则

第一条　为保护文学、艺术和科学作品作者的著作权，以及与著作权有关的权益，鼓励有益于社会主义精神文明、物质文明建设的作品的创作和传播，促进社会主义文化和科学事业的发展与繁荣，根据宪法制定本法。

第二条　中国公民、法人或者其他组织的作品，不论是否发表，依照本法享有著作权。

外国人、无国籍人的作品根据其作者所属国或者经常居住地国同中国签订的协议或者共同参加的国际条约享有的著作权，受本法保护。

外国人、无国籍人的作品首先在中国境内出版的，依照本法享有著作权。

未与中国签订协议或者共同参加国际条约的国家的作者以及无国籍人的作品首次在中国参加的国际条约的成员国出版的，或者在成员国和非成员国同时出版的，受本法保护。

第三条　本法所称的作品，包括以下列形式创作的文学、艺术和自然科学、社会科学、工程技术等作品：

（一）文字作品；

（二）口述作品；

（三）音乐、戏剧、曲艺、舞蹈、杂技艺术作品；

（四）美术、建筑作品；

（五）摄影作品；

（六）电影作品和以类似摄制电影的方法创作的作品；

（七）工程设计图、产品设计图、地图、示意图等图形作品和模型作品；

（八）计算机软件；

（九）法律、行政法规规定的其他作品。

第四条　著作权人行使著作权，不得违反宪法和法律，不得损害公共利益。国家对作品的出版、传播依法进行监督管理。

第五条　本法不适用于：

（一）法律、法规，国家机关的决议、决定、命令和其他具有立法、行政、司法性质的文件，及其官方正式译文；

（二）时事新闻；

（三）历法、通用数表、通用表格和公式。

第六条　民间文学艺术作品的著作权保护办法由国务院另行规定。

第七条　国务院著作权行政管理部门主管全国的著作权管理工作；各省、自治区、直辖市人民政府的著作权行政管理部门主管本行政区域的著作权管理工作。

第八条　著作权人和与著作权有关的权利人可以授权著作权集体管理组织行使著作权或者与著作权有关的权利。著作权集体管理组织被授权后，可以以自己的名义为著作权人和与著作权有关的权利人主张权利，并可以作为当事人进行涉及著作权或者与著作权有关的权利的诉讼、仲裁活动。

著作权集体管理组织是非营利性组织，其设立方式、权利义务、著作权许可使用费的收取和分配，以及对其监督和管理等由国务院另行规定。

第二章　著作权

第一节　著作权人及其权利

第九条　著作权人包括：

（一）作者；

（二）其他依照本法享有著作权的公民、法人或者其他组织。

第十条　著作权包括下列人身权和财产权：

（一）发表权，即决定作品是否公之于众的权利；

（二）署名权，即表明作者身份，在作品上署名的权利；

（三）修改权，即修改或者授权他人修改作品的权利；

（四）保护作品完整权，即保护作品不受歪曲、篡改的权利；

（五）复制权，即以印刷、复印、拓印、录音、录像、翻录、翻拍等方式将作品制作一份或者多份的权利；

（六）发行权，即以出售或者赠与方式向公众提供作品的原件或者复制件的权利；

（七）出租权，即有偿许可他人临时使用电影作品和以类似摄制电影的方法创作的作品、计算机软件的权利，计算机软件不是出租的主要标的的除外；

（八）展览权，即公开陈列美术作品、摄影作品的原件或者复制件的权利；

（九）表演权，即公开表演作品，以及用各种手段公开播送作品的表演的权利；

（十）放映权，即通过放映机、幻灯机等技术设备公开再现美术、摄影、电影和以类似摄制电影的方法创作的作品等的权利；

（十一）广播权，即以无线方式公开广播或者传播作品，以有线传播或者转播的方式向公众传播广播的作品，以及通过扩音器或者其他传送符号、声音、图像的类似工具向公众传播广播的作品的权利；

（十二）信息网络传播权，即以有线或者无线方式向公众提供作品，使公众可以在其个人选定的时间和地点获得作品的权利；

（十三）摄制权，即以摄制电影或者以类似摄制电影的方法将作品固定在载体上的权利；

（十四）改编权，即改变作品，创作出具有独创性的新作品的权利；

（十五）翻译权，即将作品从一种语言文字转换成另一种语言文字的权利；

（十六）汇编权，即将作品或者作品的片段通过选择或者编排，汇集成新作品的权利；

（十七）应当由著作权人享有的其他权利。

著作权人可以许可他人行使前款第（五）项至第（十七）项规定的权利，并依照约定或者本法有关规定获得报酬。

著作权人可以全部或者部分转让本条第一款第（五）项至第（十七）项规定的权利，并依照约定或者本法有关规定获得报酬。

第二节　著作权归属

第十一条　著作权属于作者，本法另有规定的除外。

创作作品的公民是作者。

由法人或者其他组织主持，代表法人或者其他组织意志创作，并由法人或者其他组织承担责任的作品，法人或者其他组织视为作者。

如无相反证明，在作品上署名的公民、法人或者其他组织为作者。

第十二条　改编、翻译、注释、整理已有作品而产生的作品，其著作权由改编、翻译、注释、整理人享有，但行使著作权时不得侵犯原作品的著作权。

第十三条　两人以上合作创作的作品，著作权由合作作者共同享有。没有参加创作的人，不能成为合作作者。

合作作品可以分割使用的，作者对各自创作的部分可以单独享有著作权，但行使著作权时不得侵犯合作作品整体的著作权。

第十四条　汇编若干作品、作品的片段或者不构成作品的数据或者其他材料，对其内容的选择或者编排体现独创性的作品，为汇编作品，其著作权由汇编人享有，但行使著作权时，不得侵犯原作品的著作权。

第十五条　电影作品和以类似摄制电影的方法创作的作品的著作权由制片者享有，但编剧、导演、摄影、作词、作曲等作者享有署名权，并有权按照与制片者签订的合同获得报酬。

电影作品和以类似摄制电影的方法创作的作品中的剧本、音乐等可以单独使用的作品的作者有权单独行使其著作权。

第十六条　公民为完成法人或者其他组织工作任务所创作的作品是职务作品，除本条第二款的规定以外，著作权由作者享有，但法人或者其他组织有权在其业务范围内优先使用。作品完成两年内，未经单位同意，作者不得许可第三人以与单位使用的相同方式使用该作品。

有下列情形之一的职务作品，作者享有署名权，著作权的其他权利由法人或者其他组织享有，法人或者其他组织可以给予作者奖励：

（一）主要是利用法人或者其他组织的物质技术条件创作，并由法人或者其他组织承担责任的工程设计图、产品设计图、地图、计算机软件等职务作品；

（二）法律、行政法规规定或者合同约定著作权由法人或者其他组织享有的职务作品。

第十七条　受委托创作的作品，著作权的归属由委托人和受托人通过合同约定。合同未作明确约定或者没有订立合同的，著作权属于受托人。

第十八条　美术等作品原件所有权的转移，不视为作品著作权的转移，但美术作品原件的展览权由原件所有人享有。

第十九条　著作权属于公民的，公民死亡后，其本法第十条第一款第（五）项至第（十七）项规定的权利在本法规定的保护期内，依照继承法的规定转移。

著作权属于法人或者其他组织的，法人或者其他组织变更、终止后，其本法第十条第一款第（五）项至第（十七）

项规定的权利在本法规定的保护期内，由承受其权利义务的法人或者其他组织享有；没有承受其权利义务的法人或者其他组织的，由国家享有。

第三节　权利的保护期

第二十条　作者的署名权、修改权、保护作品完整权的保护期不受限制。

第二十一条　公民的作品，其发表权、本法第十条第一款第（五）项至第（十七）项规定的权利的保护期为作者终生及其死亡后五十年，截止于作者死亡后第五十年的12月31日；如果是合作作品，截止于最后死亡的作者死亡后第五十年的12月31日。

法人或者其他组织的作品、著作权（署名权除外）由法人或者其他组织享有的职务作品，其发表权、本法第十条第一款第（五）项至第（十七）项规定的权利的保护期为五十年，截止于作品首次发表后第五十年的12月31日，但作品自创作完成后五十年内未发表的，本法不再保护。

电影作品和以类似摄制电影的方法创作的作品、摄影作品，其发表权、本法第十条第一款第（五）项至第（十七）项规定的权利的保护期为五十年，截止于作品首次发表后第五十年的12月31日，但作品自创作完成后五十年内未发表的，本法不再保护。

第四节　权利的限制

第二十二条　在下列情况下使用作品，可以不经著作权人许可，不向其支付报酬，但应当指明作者姓名、作品名称，并且不得侵犯著作权人依照本法享有的其他权利：

（一）为个人学习、研究或者欣赏，使用他人已经发表的作品；

（二）为介绍、评论某一作品或者说明某一问题，在作品中适当引用他人已经发表的作品；

（三）为报道时事新闻，在报纸、期刊、广播电台、电视台等媒体中不可避免地再现或者引用已经发表的作品；

（四）报纸、期刊、广播电台、电视台等媒体刊登或者播放其他报纸、期刊、广播电台、电视台等媒体已经发表的关于政治、经济、宗教问题的时事性文章，但作者声明不许刊登、播放的除外；

（五）报纸、期刊、广播电台、电视台等媒体刊登或者播放在公众集会上发表的讲话，但作者声明不许刊登、播放的除外；

（六）为学校课堂教学或者科学研究，翻译或者少量复制已经发表的作品，供教学或者科研人员使用，但不得出版发行；

（七）国家机关为执行公务在合理范围内使用已经发表的作品；

（八）图书馆、档案馆、纪念馆、博物馆、美术馆等为陈列或者保存版本的需要，复制本馆收藏的作品；

（九）免费表演已经发表的作品，该表演未向公众收取费用，也未向表演者支付报酬；

（十）对设置或者陈列在室外公共场所的艺术作品进行临摹、绘画、摄影、录像；

（十一）将中国公民、法人或者其他组织已经发表的以汉语言文字创作的作品翻译成少数民族语言文字作品在国内出版发行；

（十二）将已经发表的作品改成盲文出版。

前款规定适用于对出版者、表演者、录音录像制作者、广播电台、电视台的权利的限制。

第二十三条　为实施九年制义务教育和国家教育规划而编写出版教科书，除作者事先声明不许使用的外，可以不经著作权人许可，在教科书中汇编已经发表的作品片段或者短小的文字作品、音乐作品或者单幅的美术作品、摄影作品，但应当按照规定支付报酬，指明作者姓名、作品名称，并且不得侵犯著作权人依照本法享有的其他权利。

前款规定适用于对出版者、表演者、录音录像制作者、广播电台、电视台的权利的限制。

第三章　著作权许可使用和转让合同

第二十四条　使用他人作品应当同著作权人订立许可使用合同，本法规定可以不经许可的除外。

许可使用合同包括下列主要内容：

（一）许可使用的权利种类；

（二）许可使用的权利是专有使用权或者非专有使用权；

（三）许可使用的地域范围、期间；

（四）付酬标准和办法；

（五）违约责任；

（六）双方认为需要约定的其他内容。

第二十五条　转让本法第十条第一款第（五）项至第（十七）项规定的权利，应当订立书面合同。

权利转让合同包括下列主要内容：

（一）作品的名称；

（二）转让的权利种类、地域范围；

（三）转让价金；

（四）交付转让价金的日期和方式；

（五）违约责任；

（六）双方认为需要约定的其他内容。

第二十六条 以著作权出质的，由出质人和质权人向国务院著作权行政管理部门办理出质登记。

第二十七条 许可使用合同和转让合同中著作权人未明确许可、转让的权利，未经著作权人同意，另一方当事人不得行使。

第二十八条 使用作品的付酬标准可以由当事人约定，也可以按照国务院著作权行政管理部门会同有关部门制定的付酬标准支付报酬。当事人约定不明确的，按照国务院著作权行政管理部门会同有关部门制定的付酬标准支付报酬。

第二十九条 出版者、表演者、录音录像制作者、广播电台、电视台等依照本法有关规定使用他人作品的，不得侵犯作者的署名权、修改权、保护作品完整权和获得报酬的权利。

第四章 出版、表演、录音录像、播放

第一节 图书、报刊的出版

第三十条 图书出版者出版图书应当和著作权人订立出版合同，并支付报酬。

第三十一条 图书出版者对著作权人交付出版的作品，按照合同约定享有的专有出版权受法律保护，他人不得出版该作品。

第三十二条 著作权人应当按照合同约定期限交付作品。图书出版者应当按照合同约定的出版质量、期限出版图书。

图书出版者不按照合同约定期限出版，应当依照本法第五十四条的规定承担民事责任。

图书出版者重印、再版作品的，应当通知著作权人，并支付报酬。图书脱销后，图书出版者拒绝重印、再版的，著作权人有权终止合同。

第三十三条 著作权人向报社、期刊社投稿的，自稿件发出之日起十五日内未收到报社通知决定刊登的，或者自稿件发出之日起三十日内未收到期刊社通知决定刊登的，可以将同一作品向其他报社、期刊社投稿。双方另有约定的除外。

作品刊登后，除著作权人声明不得转载、摘编的外，其他报刊可以转载或者作为文摘、资料刊登，但应当按照规定向著作权人支付报酬。

第三十四条 图书出版者经作者许可，可以对作品修改、删节。

报社、期刊社可以对作品作文字性修改、删节。对内容的修改，应当经作者许可。

第三十五条 出版改编、翻译、注释、整理、汇编已有作品而产生的作品，应当取得改编、翻译、注释、整理、汇编作品的著作权人和原作品的著作权人许可，并支付报酬。

第三十六条 出版者有权许可或者禁止他人使用其出版的图书、期刊的版式设计。

前款规定的权利的保护期为十年，截止于使用该版式设计的图书、期刊首次出版后第十年的 12 月 31 日。

第二节 表演

第三十七条 使用他人作品演出，表演者（演员、演出单位）应当取得著作权人许可，并支付报酬。演出组织者组织演出，由该组织者取得著作权人许可，并支付报酬。

使用改编、翻译、注释、整理已有作品而产生的作品进行演出，应当取得改编、翻译、注释、整理作品的著作权人和原作品的著作权人许可，并支付报酬。

第三十八条 表演者对其表演享有下列权利：

（一）表明表演者身份；

（二）保护表演形象不受歪曲；

（三）许可他人从现场直播和公开传送其现场表演，并获得报酬；

（四）许可他人录音录像，并获得报酬；

（五）许可他人复制、发行录有其表演的录音录像制品，并获得报酬；

（六）许可他人通过信息网络向公众传播其表演，并获得报酬。

被许可人以前款第（三）项至第（六）项规定的方式使用作品，还应当取得著作权人许可，并支付报酬。

第三十九条 本法第三十八条第一款第（一）项、第（二）项规定的权利的保护期不受限制。

本法第三十八条第一款第（三）项至第（六）项规定的权利的保护期为五十年，截止于该表演发生后第五十年的 12 月 31 日。

第三节 录音录像

第四十条 录音录像制作者使用他人作品制作录音录像制品，应当取得著作权人许可，并支付报酬。

录音录像制作者使用改编、翻译、注释、整理已有作品而产生的作品，应当取得改编、翻译、注释、整理作品的著作权人和原作品著作权人许可，并支付报酬。

录音制作者使用他人已经合法录制为录音制品的音乐作品制作录音制品，可以不经著作权人许可，但应当按照规

定支付报酬；著作权人声明不许使用的不得使用。

第四十一条 录音录像制作者制作录音录像制品，应当同表演者订立合同，并支付报酬。

第四十二条 录音录像制作者对其制作的录音录像制品，享有许可他人复制、发行、出租、通过信息网络向公众传播并获得报酬的权利；权利的保护期为五十年，截止于该制品首次制作完成后第五十年的12月31日。

被许可人复制、发行、通过信息网络向公众传播录音录像制品，还应当取得著作权人、表演者许可，并支付报酬。

第四节 广播电台、电视台播放

第四十三条 广播电台、电视台播放他人未发表的作品，应当取得著作权人许可，并支付报酬。

广播电台、电视台播放他人已发表的作品，可以不经著作权人许可，但应当支付报酬。

第四十四条 广播电台、电视台播放已经出版的录音制品，可以不经著作权人许可，但应当支付报酬。当事人另有约定的除外。具体办法由国务院规定。

第四十五条 广播电台、电视台有权禁止未经其许可的下列行为：

（一）将其播放的广播、电视转播；

（二）将其播放的广播、电视录制在音像载体上以及复制音像载体。

前款规定的权利的保护期为五十年，截止于该广播、电视首次播放后第五十年的12月31日。

第四十六条 电视台播放他人的电影作品和以类似摄制电影的方法创作的作品、录像制品，应当取得制片者或者录像制作者许可，并支付报酬；播放他人的录像制品，还应当取得著作权人许可，并支付报酬。

第五章 法律责任和执法措施

第四十七条 有下列侵权行为的，应当根据情况，承担停止侵害、消除影响、赔礼道歉、赔偿损失等民事责任：

（一）未经著作权人许可，发表其作品的；

（二）未经合作作者许可，将与他人合作创作的作品当作自己单独创作的作品发表的；

（三）没有参加创作，为谋取个人名利，在他人作品上署名的；

（四）歪曲、篡改他人作品的；

（五）剽窃他人作品的；

（六）未经著作权人许可，以展览、摄制电影和以类似摄制电影的方法使用作品，或者以改编、翻译、注释等方式使用作品的，本法另有规定的除外；

（七）使用他人作品，应当支付报酬而未支付的；

（八）未经电影作品和以类似摄制电影的方法创作的作品、计算机软件、录音录像制品的著作权人或者与著作权有关的权利人许可，出租其作品或者录音录像制品的，本法另有规定的除外；

（九）未经出版者许可，使用其出版的图书、期刊的版式设计的；

（十）未经表演者许可，从现场直播或者公开传送其现场表演，或者录制其表演的；

（十一）其他侵犯著作权以及与著作权有关的权益的行为。

第四十八条 有下列侵权行为的，应当根据情况，承担停止侵害、消除影响、赔礼道歉、赔偿损失等民事责任；同时损害公共利益的，可以由著作权行政管理部门责令停止侵权行为，没收违法所得，没收、销毁侵权复制品，并可处以罚款；情节严重的，著作权行政管理部门还可以没收主要用于制作侵权复制品的材料、工具、设备等；构成犯罪的，依法追究刑事责任：

（一）未经著作权人许可，复制、发行、表演、放映、广播、汇编、通过信息网络向公众传播其作品的，本法另有规定的除外；

（二）出版他人享有专有出版权的图书的；

（三）未经表演者许可，复制、发行录有其表演的录音录像制品，或者通过信息网络向公众传播其表演的，本法另有规定的除外；

（四）未经录音录像制作者许可，复制、发行、通过信息网络向公众传播其制作的录音录像制品的，本法另有规定的除外；

（五）未经许可，播放或者复制广播、电视的，本法另有规定的除外；

（六）未经著作权人或者与著作权有关的权利人许可，故意避开或者破坏权利人为其作品、录音录像制品等采取的保护著作权或者与著作权有关的权利的技术措施的，法律、行政法规另有规定的除外；

（七）未经著作权人或者与著作权有关的权利人许可，故意删除或者改变作品、录音录像制品等的权利管理电子信息的，法律、行政法规另有规定的除外；

（八）制作、出售假冒他人署名的作品的。

第四十九条 侵犯著作权或者与著作权有关的权利的，侵权人应当按照权利人的实际损失给予赔偿；实际损失难以计算的，可以按照侵权人的违法所得给予赔偿。

赔偿数额还应当包括权利人为制止侵权行为所支付的合理开支。

权利人的实际损失或者侵权人的违法所得不能确定的，由人民法院根据侵权行为的情节，判决给予五十万元以下的赔偿。

第五十条 著作权人或者与著作权有关的权利人有证据证明他人正在实施或者即将实施侵犯其权利的行为，如不及时制止将会使其合法权益受到难以弥补的损害的，可以在起诉前向人民法院申请采取责令停止有关行为和财产保全的措施。

人民法院处理前款申请，适用《中华人民共和国民事诉讼法》第九十三条至第九十六条和第九十九条的规定。

第五十一条 为制止侵权行为，在证据可能灭失或者以后难以取得的情况下，著作权人或者与著作权有关的权利人可以在起诉前向人民法院申请保全证据。

人民法院接受申请后，必须在四十八小时内作出裁定；裁定采取保全措施的，应当立即开始执行。

人民法院可以责令申请人提供担保，申请人不提供担保的，驳回申请。

申请人在人民法院采取保全措施后十五日内不起诉的，人民法院应当解除保全措施。

第五十二条 人民法院审理案件，对于侵犯著作权或者与著作权有关的权利的，可以没收违法所得、侵权复制品以及进行违法活动的财物。

第五十三条 复制品的出版者、制作者不能证明其出版、制作有合法授权的，复制品的发行者或者电影作品或者以类似摄制电影的方法创作的作品、计算机软件、录音录像制品的复制品的出租者不能证明其发行、出租的复制品有合法来源的，应当承担法律责任。

第五十四条 当事人不履行合同义务或者履行合同义务不符合约定条件的，应当依照《中华人民共和国民法通则》、《中华人民共和国合同法》等有关法律规定承担民事责任。

第五十五条 著作权纠纷可以调解，也可以根据当事人达成的书面仲裁协议或者著作权合同中的仲裁条款，向仲裁机构申请仲裁。

当事人没有书面仲裁协议，也没有在著作权合同中订立仲裁条款的，可以直接向人民法院起诉。

第五十六条 当事人对行政处罚不服的，可以自收到行政处罚决定书之日起三个月内向人民法院起诉，期满不起诉又不履行的，著作权行政管理部门可以申请人民法院执行。

第六章 附则

第五十七条 本法所称的著作权即版权。

第五十八条 本法第二条所称的出版，指作品的复制、发行。

第五十九条 计算机软件、信息网络传播权的保护办法由国务院另行规定。

第六十条 本法规定的著作权人和出版者、表演者、录音录像制作者、广播电台、电视台的权利，在本法施行之日尚未超过本法规定的保护期的，依照本法予以保护。

本法施行前发生的侵权或者违约行为，依照侵权或者违约行为发生时的有关规定和政策处理。

第六十一条 本法自1991年6月1日起施行。

司法解释

最高人民法院关于审理侵害信息网络传播权民事纠纷案件适用法律若干问题的规定

（2012年11月26日最高人民法院审判委员会第1561次会议通过 自2013年1月1日起施行 法释〔2012〕20号）

为正确审理侵害信息网络传播权民事纠纷案件，依法保护信息网络传播权，促进信息网络产业健康发展，维护公共利益，根据《中华人民共和国民法通则》、《中华人民共和国侵权责任法》、《中华人民共和国著作权法》、《中华人民共和国民事诉讼法》等有关法律规定，结合审判实际，制定本规定。

第一条 人民法院审理侵害信息网络传播权民事纠纷案件，在依法行使裁量权时，应当兼顾权利人、网络服务提供者和社会公众的利益。

第二条 本规定所称信息网络，包括以计算机、电视机、固定电话机、移动电话机等电子设备为终端的计算机互联网、广播电视网、固定通信网、移动通信网等信息网络，以及向公众开放的局域网络。

第三条 网络用户、网络服务提供者未经许可，通过信息网络提供权利人享有信息网络传播权的作品、表演、录音录像制品，除法律、行政法规另有规定外，人民法院应当认定其构成侵害信息网络传播权行为。

通过上传到网络服务器、设置共享文件或者利用文件分享软件等方式，将作品、表演、录音录像制品置于信息网络中，使公众能够在个人选定的时间和地点以下载、浏览或者其他方式获得的，人民法院应当认定其实施了前款规定的提供行为。

第四条 有证据证明网络服务提供者与他人以分工合作等方式共同提供作品、表演、录音录像制品，构成共同侵权行为的，人民法院应当判令其承担连带责任。网络服务提供者能够证明其仅提供自动接入、自动传输、信息存储空间、搜索、链接、文件分享技术等网络服务，主张其不构成共同侵权行为的，人民法院应予支持。

第五条 网络服务提供者以提供网页快照、缩略图等方式实质替代其他网络服务提供者向公众提供相关作品的，人民法院应当认定其构成提供行为。

前款规定的提供行为不影响相关作品的正常使用，且未不合理损害权利人对该作品的合法权益，网络服务提供者主张其未侵害信息网络传播权的，人民法院应予支持。

第六条 原告有初步证据证明网络服务提供者提供了相关作品、表演、录音录像制品，但网络服务提供者能够证明其仅提供网络服务，且无过错的，人民法院不应认定为构成侵权。

第七条 网络服务提供者在提供网络服务时教唆或者帮助网络用户实施侵害信息网络传播权行为的，人民法院应当判令其承担侵权责任。

网络服务提供者以言语、推介技术支持、奖励积分等方式诱导、鼓励网络用户实施侵害信息网络传播权行为的，人民法院应当认定其构成教唆侵权行为。

网络服务提供者明知或者应知网络用户利用网络服务侵害信息网络传播权，未采取删除、屏蔽、断开链接等必要措施，或者提供技术支持等帮助行为的，人民法院应当认定其构成帮助侵权行为。

第八条 人民法院应当根据网络服务提供者的过错，确定其是否承担教唆、帮助侵权责任。网络服务提供者的过错包括对于网络用户侵害信息网络传播权行为的明知或者应知。

网络服务提供者未对网络用户侵害信息网络传播权的行为主动进行审查的，人民法院不应据此认定其具有过错。

网络服务提供者能够证明已采取合理、有效的技术措施，仍难以发现网络用户侵害信息网络传播权行为的，人民法院应当认定其不具有过错。

第九条 人民法院应当根据网络用户侵害信息网络传播权的具体事实是否明显，综合考虑以下因素，认定网络服务提供者是否构成应知：

（一）基于网络服务提供者提供服务的性质、方式及其引发侵权的可能性大小，应当具备的管理信息的能力；

（二）传播的作品、表演、录音录像制品的类型、知名度及侵权信息的明显程度；

（三）网络服务提供者是否主动对作品、表演、录音录像制品进行了选择、编辑、修改、推荐等；

（四）网络服务提供者是否积极采取了预防侵权的合理措施；

（五）网络服务提供者是否设置便捷程序接收侵权通知并及时对侵权通知作出合理的反应；

（六）网络服务提供者是否针对同一网络用户的重复侵权行为采取了相应的合理措施；

（七）其他相关因素。

第十条 网络服务提供者在提供网络服务时，对热播影视作品等以设置榜单、目录、索引、描述性段落、内容简介等方式进行推荐，且公众可以在其网页上直接以下载、浏览或者其他方式获得的，人民法院可以认定其应知网络用户侵害信息网络传播权。

第十一条 网络服务提供者从网络用户提供的作品、表演、录音录像制品中直接获得经济利益的，人民法院应当认定其对该网络用户侵害信息网络传播权的行为负有较高的注意义务。

网络服务提供者针对特定作品、表演、录音录像制品投放广告获取收益，或者获取与其传播的作品、表演、录音录像制品存在其他特定联系的经济利益，应当认定为前款规定的直接获得经济利益。网络服务提供者因提供网络服务而收取一般性广告费、服务费等，不属于本款规定的情形。

第十二条 有下列情形之一的，人民法院可以根据案件具体情况，认定提供信息存储空间服务的网络服务提供者应知网络用户侵害信息网络传播权：

（一）将热播影视作品等置于首页或者其他主要页面等能够为网络服务提供者明显感知的位置的；

（二）对热播影视作品等的主题、内容主动进行选择、编辑、整理、推荐，或者为其设立专门的排行榜的；

（三）其他可以明显感知相关作品、表演、录音录像制品为未经许可提供，仍未采取合理措施的情形。

第十三条 网络服务提供者接到权利人以书信、传真、电子邮件等方式提交的通知，未及时采取删除、屏蔽、断开链接等必要措施的，人民法院应当认定其明知相关侵害信息网络传播权行为。

第十四条 人民法院认定网络服务提供者采取的删除、屏蔽、断开链接等必要措施是否及时，应当根据权利人提交通知的形式，通知的准确程度，采取措施的难易程度，网络服务的性质，所涉作品、表演、录音录像制品的类型、知名度、数量等因素综合判断。

第十五条 侵害信息网络传播权民事纠纷案件由侵权行为地或者被告住所地人民法院管辖。侵权行为地包括实施被诉侵权行为的网络服务器、计算机终端等设备所在地。侵权行为地和被告住所地均难以确定或者在境外的，原告发现侵权内容的计算机终端等设备所在地可以视为侵权行为地。

第十六条 本规定施行之日起，《最高人民法院关于审理涉及计算机网络著作权纠纷案件适用法律若干问题的解释》（法释〔2006〕11号）同时废止。

本规定施行之后尚未终审的侵害信息网络传播权民事纠纷案件，适用本规定。本规定施行前已经终审，当事人申请再审或者按照审判监督程序决定再审的，不适用本规定。

最高人民法院、最高人民检察院关于办理利用互联网、移动通讯终端、声讯台制作、复制、出版、贩卖、传播淫秽电子信息刑事案件具体应用法律若干问题的解释（一）

（2004年9月1日最高人民法院审判委员会第1323次会议、2004年9月2日最高人民检察院第十届检察委员会第26次会议通过 自2004年9月6日起施行 法释〔2004〕11号）

为依法惩治利用互联网、移动通讯终端制作、复制、出版、贩卖、传播淫秽电子信息、通过声讯台传播淫秽语音信息等犯罪活动，维护公共网络、通讯的正常秩序，保障公众的合法权益，根据《中华人民共和国刑法》、《全国人民代表大会常务委员会关于维护互联网安全的决定》的规定，现对办理该类刑事案件具体应用法律的若干问题解释如下：

第一条 以牟利为目的，利用互联网、移动通讯终端制作、复制、出版、贩卖、传播淫秽电子信息，具有下列情形之一的，依照刑法第三百六十三条第一款的规定，以制作、复制、出版、贩卖、传播淫秽物品牟利罪定罪处罚：

（一）制作、复制、出版、贩卖、传播淫秽电影、表演、动画等视频文件二十个以上的；

（二）制作、复制、出版、贩卖、传播淫秽音频文件一百个以上的；

（三）制作、复制、出版、贩卖、传播淫秽电子刊物、图片、文章、短信息等二百件以上的；

（四）制作、复制、出版、贩卖、传播的淫秽电子信息，实际被点击数达到一万次以上的；

（五）以会员制方式出版、贩卖、传播淫秽电子信息，注册会员达二百人以上的；

（六）利用淫秽电子信息收取广告费、会员注册费或者其他费用，违法所得一万元以上的；

（七）数量或者数额虽未达到第（一）项至第（六）项规定标准，但分别达到其中两项以上标准一半以上的；

（八）造成严重后果的。

利用聊天室、论坛、即时通信软件、电子邮件等方式，实施第一款规定行为的，依照刑法第三百六十三条第一款的规定，以制作、复制、出版、贩卖、传播淫秽物品牟利罪定罪处罚。

第二条 实施第一条规定的行为，数量或者数额达到第一条第一款第（一）项至第（六）项规定标准五倍以上的，应当认定为刑法第三百六十三条第一款规定的“情节严重”；达到规定标准二十五倍以上的，应当认定为“情节特别严重”。

第三条 不以牟利为目的，利用互联网或者移动通讯终端传播淫秽电子信息，具有下列情形之一的，依照刑法第三百六十四条第一款的规定，以传播淫秽物品罪定罪处罚：

（一）数量达到第一条第一款第（一）项至第（五）项规定标准二倍以上的；

（二）数量分别达到第一条第一款第（一）项至第（五）项两项以上标准的；

（三）造成严重后果的。

利用聊天室、论坛、即时通信软件、电子邮件等方式，实施第一款规定行为的，依照刑法第三百六十四条第一款的规定，以传播淫秽物品罪定罪处罚。

第四条 明知是淫秽电子信息而在自己所有、管理或者使用的网站或者网页上提供直接链接的，其数量标准根据所链接的淫秽电子信息的种类计算。

第五条 以牟利为目的，通过声讯台传播淫秽语音信息，具有下列情形之一的，依照刑法第三百六十三条第一款的规定，对直接负责的主管人员和其他直接责任人员以传播淫秽物品牟利罪定罪处罚：

（一）向一百人次以上传播的；

（二）违法所得一万元以上的；

（三）造成严重后果的。

实施前款规定行为，数量或者数额达到前款第（一）项至第（二）项规定标准五倍以上的，应当认定为刑法第三百六十三条第一款规定的“情节严重”；达到规定标准二十五倍以上的，应当认定为“情节特别严重”。

第六条 实施本解释前五条规定的犯罪，具有下列情形之一的，依照刑法第三百六十三条第一款、第三百六十四条第一款的规定从重处罚：

（一）制作、复制、出版、贩卖、传播具体描绘不满十八周岁未成年人性行为的淫秽电子信息的；

（二）明知是具体描绘不满十八周岁的未成年人性行为的淫秽电子信息而在自己所有、管理或者使用的网站或者网页上提供直接链接的；

（三）向不满十八周岁的未成年人贩卖、传播淫秽电子信息和语音信息的；

（四）通过使用破坏性程序、恶意代码修改用户计算机设置等方法，强制用户访问、下载淫秽电子信息的。

第七条 明知他人实施制作、复制、出版、贩卖、传播淫秽电子信息犯罪，为其提供互联网接入、服务器托管、网络存储空间、通讯传输通道、费用结算等帮助的，对直接负责的主管人员和其他直接责任人员，以共同犯罪论处。

第八条 利用互联网、移动通讯终端、声讯台贩卖、传播淫秽书刊、影片、录像带、录音带等以实物为载体的淫秽物品的，依照《最高人民法院关于审理非法出版物刑事案件具体应用法律若干问题的解释》的有关规定定罪处罚。

第九条 刑法第三百六十七条第一款规定的“其他淫秽物品”，包括具体描绘性行为或者露骨宣扬色情的诲淫性的视频文件、音频文件、电子刊物、图片、文章、短信息等互联网、移动通讯终端电子信息和声讯台语音信息。

有关人体生理、医学知识的电子信息和声讯台语音信息不是淫秽物品。包含色情内容的有艺术价值的电子文学、艺术作品不视为淫秽物品。

最高人民法院、最高人民检察院关于办理利用互联网、移动通讯终端、声讯台制作、复制、出版、贩卖、传播淫秽电子信息刑事案件具体应用法律若干问题的解释（二）

（2010年1月18日由最高人民法院审判委员会第1483次会议　2010年1月14日由最高人民检察院第十一届检察委员会第28次会议通过　法释〔2010〕3号）

为依法惩治利用互联网、移动通讯终端制作、复制、出版、贩卖、传播淫秽电子信息，通过声讯台传播淫秽语音信息等犯罪活动，维护社会秩序，保障公民权益，根据《中华人民共和国刑法》、《全国人民代表大会常务委员会关于维护互联网安全的决定》的规定，现对办理该类刑事案件具体应用法律的若干问题解释如下：

第一条 以牟利为目的，利用互联网、移动通讯终端制作、复制、出版、贩卖、传播淫秽电子信息的，依照《最高人民法院、最高人民检察院关于办理利用互联网、移动通讯终端、声讯台制作、复制、出版、贩卖、传播淫秽电子信息刑事案件具体应用法律若干问题的解释》第一条、第二条的规定定罪处罚。

以牟利为目的，利用互联网、移动通讯终端制作、复制、出版、贩卖、传播内容含有不满十四周岁未成年人的淫秽电子信息，具有下列情形之一的，依照刑法第三百六十三条第一款的规定，以制作、复制、出版、贩卖、传播淫秽物品牟利罪定罪处罚：

（一）制作、复制、出版、贩卖、传播淫秽电影、表演、动画等视频文件十个以上的；

（二）制作、复制、出版、贩卖、传播淫秽音频文件五十个以上的；

（三）制作、复制、出版、贩卖、传播淫秽电子刊物、图片、文章等一百件以上的；

（四）制作、复制、出版、贩卖、传播的淫秽电子信息，实际被点击数达到五千次以上的；

（五）以会员制方式出版、贩卖、传播淫秽电子信息，注册会员达一百人以上的；

（六）利用淫秽电子信息收取广告费、会员注册费或者其他费用，违法所得五千元以上的；

（七）数量或者数额虽未达到第（一）项至第（六）项规定标准，但分别达到其中两项以上标准一半以上的；

（八）造成严重后果的。

实施第二款规定的行为，数量或者数额达到第二款第（一）项至第（七）项规定标准五倍以上的，应当认定为刑法第三百六十三条第一款规定的“情节严重”；达到规定标准二十五倍以上的，应当认定为“情节特别严重”。

第二条 利用互联网、移动通讯终端传播淫秽电子信息的，依照《最高人民法院、最高人民检察院关于办理利用互联网、移动通讯终端、声讯台制作、复制、出版、贩卖、传播淫秽电子信息刑事案件具体应用法律若干问题的解释》第三条的规定定罪处罚。

利用互联网、移动通讯终端传播内容含有不满十四周岁未成年人的淫秽电子信息，具有下列情形之一的，依照刑法第三百六十四条第一款的规定，以传播淫秽物品罪定罪处罚：

（一）数量达到第一条第二款第（一）项至第（五）项规定标准二倍以上的；

（二）数量分别达到第一条第二款第（一）项至第（五）项两项以上标准的；

（三）造成严重后果的。

第三条 利用互联网建立主要用于传播淫秽电子信息的群组，成员达三十人以上或者造成严重后果的，对建立者、管理者和主要传播者，依照刑法第三百六十四条第一款的规定，以传播淫秽物品罪定罪处罚。

第四条 以牟利为目的，网站建立者、直接负责的管理者明知他人制作、复制、出版、贩卖、传播的是淫秽电子信息，允许或者放任他人在自己所有、管理的网站或者网页上发布，具有下列情形之一的，依照刑法第三百六十三条第一款的规定，以传播淫秽物品牟利罪定罪处罚：

（一）数量或者数额达到第一条第二款第（一）项至第（六）项规定标准五倍以上的；

（二）数量或者数额分别达到第一条第二款第（一）项至第（六）项两项以上标准二倍以上的；

（三）造成严重后果的。

实施前款规定的行为，数量或者数额达到第一条第二款第（一）项至第（七）项规定标准二十五倍以上的，应当认定为刑法第三百六十三条第一款规定的“情节严重”；达到规定标准一百倍以上的，应当认定为“情节特别严重”。

第五条 网站建立者、直接负责的管理者明知他人制作、复制、出版、贩卖、传播的是淫秽电子信息，允许或者放任他人在自己所有、管理的网站或者网页上发布，具有下列情形之一的，依照刑法第三百六十四条第一款的规定，以传播淫秽物品罪定罪处罚：

（一）数量达到第一条第二款第（一）项至第（五）项规定标准十倍以上的；

（二）数量分别达到第一条第二款第（一）项至第（五）项两项以上标准五倍以上的；

（三）造成严重后果的。

第六条 电信业务经营者、互联网信息服务提供者明知是淫秽网站，为其提供互联网接入、服务器托管、网络存储空间、通讯传输通道、代收费等服务，并收取服务费，具有下列情形之一的，对直接负责的主管人员和其他直接责任人员，依照刑法第三百六十三条第一款的规定，以传播淫秽物品牟利罪定罪处罚：

（一）为五个以上淫秽网站提供上述服务的；

（二）为淫秽网站提供互联网接入、服务器托管、网络存储空间、通讯传输通道等服务，收取服务费数额在二万元以上的；

（三）为淫秽网站提供代收费服务，收取服务费数额在五万元以上的；

（四）造成严重后果的。

实施前款规定的行为，数量或者数额达到前款第（一）项至第（三）项规定标准五倍以上的，应当认定为刑法第三百六十三条第一款规定的“情节严重”；达到规定标准二十五倍以上的，应当认定为“情节特别严重”。

第七条 明知是淫秽网站，以牟利为目的，通过投放广告等方式向其直接或者间接提供资金，或者提供费用结算服务，具有下列情形之一的，对直接负责的主管人员和其他直接责任人员，依照刑法第三百六十三条第一款的规定，以制作、复制、出版、贩卖、传播淫秽物品牟利罪的共同犯罪处罚：

（一）向十个以上淫秽网站投放广告或者以其他方式提供资金的；

（二）向淫秽网站投放广告二十条以上的；

（三）向十个以上淫秽网站提供费用结算服务的；

（四）以投放广告或者其他方式向淫秽网站提供资金数额在五万元以上的；

（五）为淫秽网站提供费用结算服务，收取服务费数额在二万元以上的；

（六）造成严重后果的。

实施前款规定的行为，数量或者数额达到前款第（一）项至第（五）项规定标准五倍以上的，应当认定为刑法第三百六十三条第一款规定的“情节严重”；达到规定标准二十五倍以上的，应当认定为“情节特别严重”。

第八条 实施第四条至第七条规定的行为，具有下列情形之一的，应当认定行为人“明知”，但是有证据证明确实不知道的除外：

（一）行政主管机关书面告知后仍然实施上述行为的；

（二）接到举报后不履行法定管理职责的；

（三）为淫秽网站提供互联网接入、服务器托管、网络存储空间、通讯传输通道、代收费、费用结算等服务，收取服务费明显高于市场价格的；

（四）向淫秽网站投放广告，广告点击率明显异常的；

（五）其他能够认定行为人明知的情形。

第九条 一年内多次实施制作、复制、出版、贩卖、传播淫秽电子信息行为未经处理，数量或者数额累计计算构成犯罪的，应当依法定罪处罚。

第十条 单位实施制作、复制、出版、贩卖、传播淫秽电子信息犯罪的，依照《中华人民共和国刑法》、《最高人民法院、最高人民检察院关于办理利用互联网、移动通讯终

端、声讯台制作、复制、出版、贩卖、传播淫秽电子信息刑事案件具体应用法律若干问题的解释》和本解释规定的相应个人犯罪的定罪量刑标准，对直接负责的主管人员和其他直接责任人员定罪处罚，并对单位判处罚金。

第十一条 对于以牟利为目的，实施制作、复制、出版、贩卖、传播淫秽电子信息犯罪的，人民法院应当综合考虑犯罪的违法所得、社会危害性等情节，依法判处罚金或者没收财产。罚金数额一般在违法所得的一倍以上五倍以下。

第十二条 《最高人民法院、最高人民检察院关于办理利用互联网、移动通讯终端、声讯台制作、复制、出版、贩卖、传播淫秽电子信息刑事案件具体应用法律若干问题的解释》和本解释所称网站，是指可以通过互联网域名、IP地址等方式访问的内容提供站点。

以制作、复制、出版、贩卖、传播淫秽电子信息为目的建立或者建立后主要从事制作、复制、出版、贩卖、传播淫秽电子信息活动的网站，为淫秽网站。

第十三条 以前发布的司法解释与本解释不一致的，以本解释为准。

最高人民法院、最高人民检察院关于办理侵犯著作权刑事案件中涉及录音录像制品有关问题的批复

（法释〔2005〕12号）

各省、自治区、直辖市高级人民法院、人民检察院，解放军军事法院、军事检察院，新疆维吾尔自治区高级人民法院生产建设兵团分院、新疆生产建设兵团人民检察院：

《最高人民法院、最高人民检察院关于办理侵犯知识产权刑事案件具体应用法律若干问题的解释》发布以后，部分高级人民法院、省级人民检察院就关于办理侵犯著作权刑事案件中涉及录音录像制品的有关问题提出请示。经研究，批复如下：

以营利为目的，未经录音录像制作者许可，复制发行其制作的录音录像制品的行为，复制品的数量标准分别适用《最高人民法院、最高人民检察院关于办理侵犯知识产权刑事案件具体应用法律若干问题的解释》第五条第一款第（二）项、第二款第（二）项的规定。

未经录音录像制作者许可，通过信息网络传播其制作的录音录像制品的行为，应当视为刑法第二百一十七条第（三）项规定的“复制发行”。

此复。

最高人民法院关于审理著作权民事纠纷案件适用法律若干问题的解释

（2002年10月12日最高人民法院审判委员会第1246次会议通过 法释〔2002〕31号）

为了正确审理著作权民事纠纷案件，根据《中华人民共和国民法通则》、《中华人民共和国合同法》、《中华人民共和国著作权法》、《中华人民共和国民事诉讼法》等法律的规定，就适用法律若干问题解释如下：

第一条 人民法院受理以下著作权民事纠纷案件：

（一）著作权及与著作权有关权益权属、侵权、合同纠纷案件；

（二）申请诉前停止侵犯著作权、与著作权有关权益行为，申请诉前财产保全、诉前证据保全案件；

（三）其他著作权、与著作权有关权益纠纷案件。

第二条 著作权民事纠纷案件，由中级以上人民法院管辖。

各高级人民法院根据本辖区的实际情况，可以确定若干基层人民法院管辖第一审著作权民事纠纷案件。

第三条 对著作权行政管理部门查处的侵犯著作权行为，当事人向人民法院提起诉讼追究该行为人民事责任的，人民法院应当受理。

人民法院审理已经过著作权行政管理部门处理的侵犯著作权行为的民事纠纷案件，应当对案件事实进行全面审查。

第四条 因侵犯著作权行为提起的民事诉讼，由著作权法第四十六条、第四十七条所规定侵权行为的实施地、侵权复制品储藏地或者查封扣押地、被告住所地人民法院管辖。

前款规定的侵权复制品储藏地，是指大量或者经营性储存、隐匿侵权复制品所在地；查封扣押地，是指海关、版权、工商等行政机关依法查封、扣押侵权复制品所在地。

第五条 对涉及不同侵权行为实施地的多个被告提起的共同诉讼，原告可以选择其中一个被告的侵权行为实施地人民法院管辖；仅对其中某一被告提起的诉讼，该被告侵权行为实施地的人民法院有管辖权。

第六条 依法成立的著作权集体管理组织，根据著作权人的书面授权，以自己的名义提起诉讼，人民法院应当受理。

第七条 当事人提供的涉及著作权的底稿、原件、合法出版物、著作权登记证书、认证机构出具的证明、取得权利的合同等，可以作为证据。

在作品或者制品上署名的自然人、法人或者其他组织视

为著作权、与著作权有关权益的权利人，但有相反证明的除外。

第八条 当事人自行或者委托他人以定购、现场交易等方式购买侵权复制品而了取得的实物、发票等，可以作为证据。

公证人员在未向涉嫌侵权的一方当事人表明身份的情况下，如实对另一方当事人按照前款规定的方式取得的证据和取证过程出具的公证书，应当作为证据使用，但有相反证据的除外。

第九条 著作权法第十条第（一）项规定的“公之于众”，是指著作权人自行或者经著作权人许可将作品向不特定的人公开，但不以公众知晓为构成条件。

第十条 著作权法第十五条第二款所指的作品，著作权人是自然人的，其保护期适用著作权法第二十一条第一款的规定；著作权人是法人或其他组织的，其保护期适用著作权法第二十一条第二款的规定。

第十一条 因作品署名顺序发生的纠纷，人民法院按照下列原则处理：有约定的按约定确定署名顺序；没有约定的，可以按照创作作品付出的劳动、作品排列、作者姓氏笔划等确定署名顺序。

第十二条 按照著作权法第十七条规定委托作品著作权属于受托人的情形，委托人在约定的使用范围内享有使用作品的权利；双方没有约定使用作品范围的，委托人可以在委托创作的特定目的范围内免费使用该作品。

第十三条 除著作权法第十一条第三款规定的情形外，由他人执笔，本人审阅定稿并以本人名义发表的报告、讲话等作品，著作权归报告人或者讲话人享有。著作权人可以支付执笔人适当的报酬。

第十四条 当事人合意以特定人物经历为题材完成的自传体作品，当事人对著作权权属有约定的，依其约定；没有约定的，著作权归该特定人物享有，执笔人或整理人对作品完成付出劳动的，著作权人可以向其支付适当的报酬。

第十五条 由不同作者就同一题材创作的作品，作品的表达系独立完成并且有创作性的，应当认定作者各自享有独立著作权。

第十六条 通过大众传播媒介传播的单纯事实消息属于著作权法第五条第（二）项规定的时事新闻。传播报道他人采编的时事新闻，应当注明出处。

第十七条 著作权法第三十二条第二款规定的转载，是指报纸、期刊登载其他报刊已发表作品的行为。转载未注明被转载作品的作者和最初登载的报刊出处的，应当承担消除影响、赔礼道歉等民事责任。

第十八条 著作权法第二十二条第（十）项规定的室外公共场所的艺术作品，是指设置或者陈列在室外社会公众活动处所的雕塑、绘画、书法等艺术作品。

对前款规定艺术作品的临摹、绘画、摄影、录像人，可以对其成果以合理的方式和范围再行使用，不构成侵权。

第十九条 出版者、制作者应当对其出版、制作有合法授权承担举证责任，发行者、出租者应当对其发行或者出租的复制品有合法来源承担举证责任。举证不能的，依据著作权法第四十六条、第四十七条的相应规定承担法律责任。

第二十条 出版物侵犯他人著作权的，出版者应当根据其过错、侵权程度及损害后果等承担民事赔偿责任。

出版者对其出版行为的授权、稿件来源和署名、所编辑出版物的内容等未尽到合理注意义务的，依据著作权法第四十八条的规定，承担赔偿责任。

出版者尽了合理注意义务，著作权人也无证据证明出版者应当知道其出版涉及侵权的，依据民法通则第一百一十七条第一款的规定，出版者承担停止侵权、返还其侵权所得利润的民事责任。

出版者所尽合理注意义务情况，由出版者承担举证责任。

第二十一条 计算机软件用户未经许可或者超过许可范围商业使用计算机软件的，依据著作权法第四十七条第（一）项、《计算机软件保护条例》第二十四条第（一）项的规定承担民事责任。

第二十二条 著作权转让合同未采取书面形式的，人民法院依据合同法第三十六条、第三十七条的规定审查合同是否成立。

第二十三条 出版者将著作权人交付出版的作品丢失、毁损致使出版合同不能履行的，依据著作权法第五十三条、民法通则第一百一十七条以及合同法第一百二十二条的规定追究出版者的民事责任。

第二十四条 权利人的实际损失，可以根据权利人因侵权所造成复制品发行减少量或者侵权复制品销售量与权利人发行该复制品单位利润乘积计算。发行减少量难以确定的，按照侵权复制品市场销售量确定。

第二十五条 权利人的实际损失或者侵权人的违法所得无法确定的，人民法院根据当事人的请求或者依职权适用著作权法第四十八条第二款的规定确定赔偿数额。

人民法院在确定赔偿数额时，应当考虑作品类型、合理使用费、侵权行为性质、后果等情节综合确定。

当事人按照本条第一款的规定就赔偿数额达成协议的，应当准许。

第二十六条 著作权法第四十八条第一款规定的制止侵权行为所支付的合理开支，包括权利人或者委托代理人对侵权行为进行调查、取证的合理费用。

人民法院根据当事人的诉讼请求和具体案情，可以将符合国家有关部门规定的律师费用计算在赔偿范围内。

第二十七条 在著作权法修改决定施行前发生的侵犯著作权行为起诉的案件，人民法院于该决定施行后作出判决的，可以参照适用著作权法第四十八条的规定。

第二十八条 侵犯著作权的诉讼时效为两年，自著作权人知道或者应当知道侵权行为之日起计算。权利人超过两年起诉的，如果侵权行为在起诉时仍在持续，在该著作权保护期内，人民法院应当判决被告停止侵权行为；侵权损害赔偿数额应当自权利人向人民法院起诉之日起向前推算两年计算。

第二十九条 对著作权法第四十七条规定的侵权行为，人民法院根据当事人的请求除追究行为人民事责任外，还可以依据民法通则第一百三十四条第三款的规定给予民事制裁，罚款数额可以参照《中华人民共和国著作权法实施条例》的有关规定确定。

著作权行政管理部门对相同的侵权行为已经给予行政处罚的，人民法院不再予以民事制裁。

第三十条 对2001年10月27日前发生的侵犯著作权行为，当事人于2001年10月27日后向人民法院提出申请采取责令停止侵权行为或者证据保全措施的，适用著作权法第四十九条、第五十条的规定。

人民法院采取诉前措施，参照《最高人民法院关于诉前停止侵犯注册商标专用权行为和保全证据适用法律问题的解释》的规定办理。

第三十一条 除本解释另行规定外，2001年10月27日以后人民法院受理的著作权民事纠纷案件，涉及2001年10月27日前发生的民事行为的，适用修改前著作权法的规定；涉及该日期以后发生的民事行为的，适用修改后著作权法的规定；涉及该日期前发生，持续到该日期后的民事行为的，适用修改后著作权法的规定。

第三十二条 以前的有关规定与本解释不一致的，以本解释为准。

最高人民法院关于审理非法出版物刑事案件具体应用法律若干问题的解释

（1998年12月11日由最高人民法院审判委员会第1032次会议通过　1998年12月17日最高人民法院公告公布　自1998年12月23日起施行　法释〔1998〕30号）

为依法惩治非法出版物犯罪活动，根据刑法的有关规定，现对审理非法出版物刑事案件具体应用法律的若干问题解释如下：

第一条 明知出版物中载有煽动分裂国家、破坏国家统一或者煽动颠覆国家政权、推翻社会主义制度的内容，而予以出版、印刷、复制、发行、传播的，依照刑法第一百零三条第二款或者第一百零五条第二款的规定，以煽动分裂国家罪或者煽动颠覆国家政权罪定罪处罚。

第二条 以营利为目的，实施刑法第二百一十七条所列侵犯著作权行为之一，个人违法所得数额在五万元以上，单位违法所得数额在二十万元以上的，属于“违法所得数额较大”；具有下列情形之一的，属于“有其他严重情节”：

（一）因侵犯著作权曾经两次以上被追究行政责任或者民事责任，两年内又实施刑法第二百一十七条所列侵犯著作权行为之一的；

（二）个人非法经营数额在二十万元以上，单位非法经营数额在一百万元以上的；

（三）造成其他严重后果的。

以营利为目的，实施刑法第二百一十七条所列侵犯著作权行为之一，个人违法所得数额在二十万元以上，单位违法所得数额在一百万元以上的，属于“违法所得数额巨大”；具有下列情形之一的，属于“有其他特别严重情节”：

（一）个人非法经营数额在一百万元以上，单位非法经营数额在五百万元以上的；

（二）造成其他特别严重后果的。

第三条 刑法第二百一十七条第（一）项中规定的“复制发行”，是指行为人以营利为目的，未经著作权人许可而实施的复制、发行或者既复制又发行其文字作品、音乐、电影、电视、录像作品、计算机软件及其他作品的行为。

第四条 以营利为目的，实施刑法第二百一十八条规定的行为，个人违法所得数额在十万元以上，单位违法所得数额在五十万元以上的，依照刑法第二百一十八条的规定，以销售侵权复制品罪定罪处罚。

第五条 实施刑法第二百一十七条规定的侵犯著作权行为，又销售该侵权复制品，违法所得数额巨大的，只定侵犯著作权罪，不实行数罪并罚。

实施刑法第二百一十七条规定的侵犯著作权的犯罪行为，又明知是他人的侵权复制品而予以销售，构成犯罪的，应当实行数罪并罚。

第六条 在出版物中公然侮辱他人或者捏造事实诽谤他人，情节严重的，依照刑法第二百四十六条的规定，分别以侮辱罪或者诽谤罪定罪处罚。

第七条 出版刊载歧视、侮辱少数民族内容的作品，情节恶劣，造成严重后果的，依照刑法第二百五十条的规定，以出版歧视、侮辱少数民族作品罪定罪处罚。

第八条 以牟利为目的，实施刑法第三百六十三条第一款规定的行为，具有下列情形之一的，以制作、复制、出版、贩卖、传播淫秽物品牟利罪定罪处罚：

（一）制作、复制、出版淫秽影碟、软件、录像带五十至一百张（盒）以上，淫秽音碟、录音带一百至二百张（盒）以上，淫秽扑克、书刊、画册一百至二百副（册）以上，淫秽照片、画片五百至一千张以上的；

（二）贩卖淫秽影碟、软件、录像带一百至二百张（盒）以上，淫秽音碟、录音带二百至四百张（盒）以上，淫秽扑克、书刊、画册二百至四百副（册）以上，淫秽照片、画片一千至二千张以上的；

（三）向他人传播淫秽物品达二百至五百人次以上，或者组织播放淫秽影、像达十至二十场次以上的；

（四）制作、复制、出版、贩卖、传播淫秽物品，获利五千至一万元以上的。

以牟利为目的，实施刑法第三百六十三条第一款规定的行为，具有下列情形之一的，应当认定为制作、复制、出版、贩卖、传播淫秽物品牟利罪“情节严重”：

（一）制作、复制、出版淫秽影碟、软件、录像带二百五十至五百张（盒）以上，淫秽音碟、录音带五百至一千张（盒）以上，淫秽扑克、书刊、画册五百至一千副（册）以上，淫秽照片、画片二千五百至五千张以上的；

（二）贩卖淫秽影碟、软件、录像带五百至一千张（盒）以上，淫秽音碟、录音带一千至二千张（盒）以上，淫秽扑克、书刊、画册一千至二千副（册）以上，淫秽照片、画片五千至一万张以上的；

（三）向他人传播淫秽物品达一千至二千人次以上，或者组织播放淫秽影、像达五十至一百场次以上的；

（四）制作、复制、出版、贩卖、传播淫秽物品，获利三万至五万元以上的。

以牟利为目的，实施刑法第三百六十三条第一款规定的行为，其数量（数额）达到前款规定的数量（数额）五倍以上的，应当认定为制作、复制、出版、贩卖、传播淫秽物品牟利罪“情节特别严重”。

第九条 为他人提供书号、刊号，出版淫秽书刊的，依照刑法第三百六十三条第二款的规定，以为他人提供书号出版淫秽书刊罪定罪处罚。

为他人提供版号，出版淫秽音像制品的，依照前款规定定罪处罚。

明知他人用于出版淫秽书刊而提供书号、刊号的，依照刑法第三百六十三条第一款的规定，以出版淫秽物品牟利罪定罪处罚。

第十条 向他人传播淫秽的书刊、影片、音像、图片等出版物达三百至六百人次以上或者造成恶劣社会影响的，属于“情节严重”，依照刑法第三百六十四条第一款的规定，以传播淫秽物品罪定罪处罚。

组织播放淫秽的电影、录像等音像制品达十五至三十场次以上或者造成恶劣社会影响的，依照刑法第三百六十四条第二款的规定，以组织播放淫秽音像制品罪定罪处罚。

第十一条 违反国家规定，出版、印刷、复制、发行本解释第一条至第十条规定以外的其他严重危害社会秩序和扰乱市场秩序的非法出版物，情节严重的，依照刑法第二百二十五条第（三）项的规定，以非法经营罪定罪处罚。

第十二条 个人实施本解释第十一条规定的行为，具有下列情形之一的，属于非法经营行为“情节严重”：

（一）经营数额在五万元至十万元以上的；

（二）违法所得数额在二万元至三万元以上的；

（三）经营报纸五千份或者期刊五千本或者图书二千册或者音像制品、电子出版物五百张（盒）以上的。

具有下列情形之一的，属于非法经营行为“情节特别严重”：

（一）经营数额在十五万元至三十万元以上的；

（二）违法所得数额在五万元至十万元以上的；

（三）经营报纸一万五千份或者期刊一万五千本或者图书五千册或者音像制品、电子出版物一千五百张（盒）以上的。

第十三条 单位实施本解释第十一条规定的行为，具有下列情形之一的，属于非法经营行为“情节严重”：

（一）经营数额在十五万元至三十万元以上的；

（二）违法所得数额在五万元至十万元以上的；

（三）经营报纸一万五千份或者期刊一万五千本或者图书五千册或者音像制品、电子出版物一千五百张（盒）以上的。

具有下列情形之一的，属于非法经营行为“情节特别严重”：

（一）经营数额在五十万元至一百万元以上的；

（二）违法所得数额在十五万元至三十万元以上的；

（三）经营报纸五万份或者期刊五万本或者图书一万五千册或者音像制品、电子出版物五千张（盒）以上的。

第十四条 实施本解释第十一条规定的行为，经营数额、违法所得数额或者经营数量接近非法经营行为“情节严重”、“情节特别严重”的数额、数量起点标准，并具有下列情形之一的，可以认定为非法经营行为“情节严重”、“情节特别严重”：

（一）两年内因出版、印刷、复制、发行非法出版物受过行政处罚两次以上的；

（二）因出版、印刷、复制、发行非法出版物造成恶劣社会影响或者其他严重后果的。

第十五条 非法从事出版物的出版、印刷、复制、发行业务，严重扰乱市场秩序，情节特别严重，构成犯罪的，可以依照刑法第二百二十五条第（三）项的规定，以非法经营罪定罪处罚。

第十六条 出版单位与他人事前通谋，向其出售、出租或者以其他形式转让该出版单位的名称、书号、刊号、版号，他人实施本解释第二条、第四条、第八条、第九条、第十条、第十一条规定的行为，构成犯罪的，对该出版单位应当以共犯论处。

第十七条 本解释所称“经营数额”，是指以非法出版物的定价数额乘以行为人经营的非法出版物数量所得的数额。

本解释所称“违法所得数额”，是指获利数额。

非法出版物没有定价或者以境外货币定价的，其单价数额应当按照行为人实际出售的价格认定。

第十八条 各省、自治区、直辖市高级人民法院可以根据本地的情况和社会治安状况，在本解释第八条、第十条、第十二条、第十三条规定的有关数额、数量标准的幅度内，确定本地执行的具体标准，并报最高人民法院备案。

最高人民法院关于审理涉及计算机网络著作权纠纷案件适用法律若干问题的解释

（2000年11月22日最高人民法院审判委员会第1144次会议通过 根据2003年12月23日最高人民法院审判委员会第1302次会议《关于修改〈最高人民法院关于审理涉及计算机网络著作权纠纷案件适用法律若干问题的解释〉的决定》第一次修正 根据2006年11月20日最高人民法院审判委员会第1406次会议《关于修改〈最高人民法院关于审理涉及计算机网络著作权纠纷案件适用法律若干问题的解释〉的决定（二）》第二次修正）

为了正确审理涉及计算机网络著作权纠纷案件，根据民法通则、著作权法和民事诉讼法等法律的规定，对这类案件适用法律的若干问题解释如下：

第一条 网络著作权侵权纠纷案件由侵权行为地或者被告住所地人民法院管辖。侵权行为地包括实施被诉侵权行为的网络服务器、计算机终端等设备所在地。对难以确定侵权行为地和被告住所地的，原告发现侵权内容的计算机终端等设备所在地可以视为侵权行为地。

第二条 受著作权法保护的作品，包括著作权法第三条规定的各类作品的数字化形式。在网络环境下无法归于著作权法第三条列举的作品范围，但在文学、艺术和科学领域内具有独创性并能以某种有形形式复制的其他智力创作成果，人民法院应当予以保护。

第三条 网络服务提供者通过网络参与他人侵犯著作权行为，或者通过网络教唆、帮助他人实施侵犯著作权行为的，人民法院应当根据民法通则第一百三十条的规定，追究其与其他行为人或者直接实施侵权行为人的共同侵权责任。

第四条 提供内容服务的网络服务提供者，明知网络用户通过网络实施侵犯他人著作权的行为，或者经著作权人提出确有证据的警告，但仍不采取移除侵权内容等措施以消除侵权后果的，人民法院应当根据民法通则第一百三十条的规定，追究其与该网络用户的共同侵权责任。

第五条 提供内容服务的网络服务提供者，对著作权人要求其提供侵权行为人在其网络的注册资料以追究行为人的侵权责任，无正当理由拒绝提供的，人民法院应当根据民法通则第一百零六条的规定，追究其相应的侵权责任。

第六条 网络服务提供者明知专门用于故意避开或者破坏他人著作权技术保护措施的方法、设备或者材料，而上载、传播、提供的，人民法院应当根据当事人的诉讼请求和具体案情，依照著作权法第四十七条第（六）项的规定，追究网络服务提供者的民事侵权责任。

第七条 著作权人发现侵权信息向网络服务提供者提出警告或者索要侵权行为人网络注册资料时，不能出示身份证明、著作权权属证明及侵权情况证明的，视为未提出警告或者未提出索要请求。

著作权人出示上述证明后网络服务提供者仍不采取措施的，著作权人可以依照著作权法第四十九条、第五十条的规定在诉前申请人民法院作出停止有关行为和财产保全、证据保全的裁定，也可以在提起诉讼时申请人民法院先行裁定停止侵害、排除妨碍、消除影响，人民法院应予准许。

第八条 网络服务提供者经著作权人提出确有证据的警告而采取移除被控侵权内容等措施，被控侵权人要求网络服务提供者承担违约责任的，人民法院不予支持。

著作权人指控侵权不实，被控侵权人因网络服务提供者采取措施遭受损失而请求赔偿的，人民法院应当判令由提出警告的人承担赔偿责任。

行政法规

信息网络传播权保护条例

（2006年5月18日中华人民共和国国务院令第468号公布　根据2013年1月30日《国务院关于修改〈信息网络传播权保护条例〉的决定》修订）

第一条　为保护著作权人、表演者、录音录像制作者（以下统称权利人）的信息网络传播权，鼓励有益于社会主义精神文明、物质文明建设的作品的创作和传播，根据《中华人民共和国著作权法》（以下简称著作权法），制定本条例。

第二条　权利人享有的信息网络传播权受著作权法和本条例保护。除法律、行政法规另有规定的外，任何组织或者个人将他人的作品、表演、录音录像制品通过信息网络向公众提供，应当取得权利人许可，并支付报酬。

第三条　依法禁止提供的作品、表演、录音录像制品，不受本条例保护。

权利人行使信息网络传播权，不得违反宪法和法律、行政法规，不得损害公共利益。

第四条　为了保护信息网络传播权，权利人可以采取技术措施。

任何组织或者个人不得故意避开或者破坏技术措施，不得故意制造、进口或者向公众提供主要用于避开或者破坏技术措施的装置或者部件，不得故意为他人避开或者破坏技术措施提供技术服务。但是，法律、行政法规规定可以避开的除外。

第五条　未经权利人许可，任何组织或者个人不得进行下列行为：

（一）故意删除或者改变通过信息网络向公众提供的作品、表演、录音录像制品的权利管理电子信息，但由于技术上的原因无法避免删除或者改变的除外；

（二）通过信息网络向公众提供明知或者应知未经权利人许可被删除或者改变权利管理电子信息的作品、表演、录音录像制品。

第六条　通过信息网络提供他人作品，属于下列情形的，可以不经著作权人许可，不向其支付报酬：

（一）为介绍、评论某一作品或者说明某一问题，在向公众提供的作品中适当引用已经发表的作品；

（二）为报道时事新闻，在向公众提供的作品中不可避免地再现或者引用已经发表的作品；

（三）为学校课堂教学或者科学研究，向少数教学、科研人员提供少量已经发表的作品；

（四）国家机关为执行公务，在合理范围内向公众提供已经发表的作品；

（五）将中国公民、法人或者其他组织已经发表的、以汉语言文字创作的作品翻译成的少数民族语言文字作品，向中国境内少数民族提供；

（六）不以营利为目的，以盲人能够感知的独特方式向盲人提供已经发表的文字作品；

（七）向公众提供在信息网络上已经发表的关于政治、经济问题的时事性文章；

（八）向公众提供在公众集会上发表的讲话。

第七条　图书馆、档案馆、纪念馆、博物馆、美术馆等可以不经著作权人许可，通过信息网络向本馆馆舍内服务对象提供本馆收藏的合法出版的数字作品和依法为陈列或者保存版本的需要以数字化形式复制的作品，不向其支付报酬，但不得直接或者间接获得经济利益。当事人另有约定的除外。

前款规定的为陈列或者保存版本需要以数字化形式复制的作品，应当是已经损毁或者濒临损毁、丢失或者失窃，或者其存储格式已经过时，并且在市场上无法购买或者只能以明显高于标定的价格购买的作品。

第八条　为通过信息网络实施九年制义务教育或者国家教育规划，可以不经著作权人许可，使用其已经发表作品的片断或者短小的文字作品、音乐作品或者单幅的美术作品、摄影作品制作课件，由制作课件或者依法取得课件的远程教育机构通过信息网络向注册学生提供，但应当向著作权人支付报酬。

第九条　为扶助贫困，通过信息网络向农村地区的公众免费提供中国公民、法人或者其他组织已经发表的种植养殖、防病治病、防灾减灾等与扶助贫困有关的作品和适应基本文化需求的作品，网络服务提供者应当在提供前公告拟提供的作品及其作者、拟支付报酬的标准。自公告之日起30日内，著作权人不同意提供的，网络服务提供者不得提供其作品；自公告之日起满30日，著作权人没有异议的，网络服务提供者可以提供其作品，并按照公告的标准向著作权人支付报酬。网络服务提供者提供著作权人的作品后，著作权人不同意提供的，网络服务提供者应当立即删除著作权人的作品，并按照公告的标准向著作权人支付提供作品期间的报酬。

依照前款规定提供作品的，不得直接或者间接获得经济利益。

第十条 依照本条例规定不经著作权人许可、通过信息网络向公众提供其作品的，还应当遵守下列规定：

（一）除本条例第六条第一项至第六项、第七条规定的情形外，不得提供作者事先声明不许提供的作品；

（二）指明作品的名称和作者的姓名（名称）；

（三）依照本条例规定支付报酬；

（四）采取技术措施，防止本条例第七条、第八条、第九条规定的服务对象以外的其他人获得著作权人的作品，并防止本条例第七条规定的服务对象的复制行为对著作权人利益造成实质性损害；

（五）不得侵犯著作权人依法享有的其他权利。

第十一条 通过信息网络提供他人表演、录音录像制品的，应当遵守本条例第六条至第十条的规定。

第十二条 属于下列情形的，可以避开技术措施，但不得向他人提供避开技术措施的技术、装置或者部件，不得侵犯权利人依法享有的其他权利：

（一）为学校课堂教学或者科学研究，通过信息网络向少数教学、科研人员提供已经发表的作品、表演、录音录像制品，而该作品、表演、录音录像制品只能通过信息网络获取；

（二）不以营利为目的，通过信息网络以盲人能够感知的独特方式向盲人提供已经发表的文字作品，而该作品只能通过信息网络获取；

（三）国家机关依照行政、司法程序执行公务；

（四）在信息网络上对计算机及其系统或者网络的安全性能进行测试。

第十三条 著作权行政管理部门为了查处侵犯信息网络传播权的行为，可以要求网络服务提供者提供涉嫌侵权的服务对象的姓名（名称）、联系方式、网络地址等资料。

第十四条 对提供信息存储空间或者提供搜索、链接服务的网络服务提供者，权利人认为其服务所涉及的作品、表演、录音录像制品，侵犯自己的信息网络传播权或者被删除、改变了自己的权利管理电子信息的，可以向该网络服务提供者提交书面通知，要求网络服务提供者删除该作品、表演、录音录像制品，或者断开与该作品、表演、录音录像制品的链接。通知书应当包含下列内容：

（一）权利人的姓名（名称）、联系方式和地址；

（二）要求删除或者断开链接的侵权作品、表演、录音录像制品的名称和网络地址；

（三）构成侵权的初步证明材料。

权利人应当对通知书的真实性负责。

第十五条 网络服务提供者接到权利人的通知书后，应当立即删除涉嫌侵权的作品、表演、录音录像制品，或者断开与涉嫌侵权的作品、表演、录音录像制品的链接，并同时将通知书转送提供作品、表演、录音录像制品的服务对象；服务对象网络地址不明、无法转送的，应当将通知书的内容同时在信息网络上公告。

第十六条 服务对象接到网络服务提供者转送的通知书后，认为其提供的作品、表演、录音录像制品未侵犯他人权利的，可以向网络服务提供者提交书面说明，要求恢复被删除的作品、表演、录音录像制品，或者恢复与被断开的作品、表演、录音录像制品的链接。书面说明应当包含下列内容：

（一）服务对象的姓名（名称）、联系方式和地址；

（二）要求恢复的作品、表演、录音录像制品的名称和网络地址；

（三）不构成侵权的初步证明材料。

服务对象应当对书面说明的真实性负责。

第十七条 网络服务提供者接到服务对象的书面说明后，应当立即恢复被删除的作品、表演、录音录像制品，或者可以恢复与被断开的作品、表演、录音录像制品的链接，同时将服务对象的书面说明转送权利人。权利人不得再通知网络服务提供者删除该作品、表演、录音录像制品，或者断开与该作品、表演、录音录像制品的链接。

第十八条 违反本条例规定，有下列侵权行为之一的，根据情况承担停止侵害、消除影响、赔礼道歉、赔偿损失等民事责任；同时损害公共利益的，可以由著作权行政管理部门责令停止侵权行为，没收违法所得，非法经营额 5 万元以上的，可处非法经营额 1 倍以上 5 倍以下的罚款；没有非法经营额或者非法经营额 5 万元以下的，根据情节轻重，可处 25 万元以下的罚款；情节严重的，著作权行政管理部门可以没收主要用于提供网络服务的计算机等设备；构成犯罪的，依法追究刑事责任：

（一）通过信息网络擅自向公众提供他人的作品、表演、录音录像制品的；

（二）故意避开或者破坏技术措施的；

（三）故意删除或者改变通过信息网络向公众提供的作品、表演、录音录像制品的权利管理电子信息，或者通过信息网络向公众提供明知或者应知未经权利人许可而被删除或者改变权利管理电子信息的作品、表演、录音录像制品的；

（四）为扶助贫困通过信息网络向农村地区提供作品、

表演、录音录像制品超过规定范围，或者未按照公告的标准支付报酬，或者在权利人不同意提供其作品、表演、录音录像制品后未立即删除的；

（五）通过信息网络提供他人的作品、表演、录音录像制品，未指明作品、表演、录音录像制品的名称或者作者、表演者、录音录像制作者的姓名（名称），或者未支付报酬，或者未依照本条例规定采取技术措施防止服务对象以外的其他人获得他人的作品、表演、录音录像制品，或者未防止服务对象的复制行为对权利人利益造成实质性损害的。

第十九条 违反本条例规定，有下列行为之一的，由著作权行政管理部门予以警告，没收违法所得，没收主要用于避开、破坏技术措施的装置或者部件；情节严重的，可以没收主要用于提供网络服务的计算机等设备；非法经营额5万元以上的，可处非法经营额1倍以上5倍以下的罚款；没有非法经营额或者非法经营额5万元以下的，根据情节轻重，可处25万元以下的罚款；构成犯罪的，依法追究刑事责任：

（一）故意制造、进口或者向他人提供主要用于避开、破坏技术措施的装置或者部件，或者故意为他人避开或者破坏技术措施提供技术服务的；

（二）通过信息网络提供他人的作品、表演、录音录像制品，获得经济利益的；

（三）为扶助贫困通过信息网络向农村地区提供作品、表演、录音录像制品，未在提供前公告作品、表演、录音录像制品的名称和作者、表演者、录音录像制作者的姓名（名称）以及报酬标准的。

第二十条 网络服务提供者根据服务对象的指令提供网络自动接入服务，或者对服务对象提供的作品、表演、录音录像制品提供自动传输服务，并具备下列条件的，不承担赔偿责任：

（一）未选择并且未改变所传输的作品、表演、录音录像制品；

（二）向指定的服务对象提供该作品、表演、录音录像制品，并防止指定的服务对象以外的其他人获得。

第二十一条 网络服务提供者为提高网络传输效率，自动存储从其他网络服务提供者获得的作品、表演、录音录像制品，根据技术安排自动向服务对象提供，并具备下列条件的，不承担赔偿责任：

（一）未改变自动存储的作品、表演、录音录像制品；

（二）不影响提供作品、表演、录音录像制品的原网络服务提供者掌握服务对象获取该作品、表演、录音录像制品的情况；

（三）在原网络服务提供者修改、删除或者屏蔽该作品、表演、录音录像制品时，根据技术安排自动予以修改、删除或者屏蔽。

第二十二条 网络服务提供者为服务对象提供信息存储空间，供服务对象通过信息网络向公众提供作品、表演、录音录像制品，并具备下列条件的，不承担赔偿责任：

（一）明确标示该信息存储空间是为服务对象所提供，并公开网络服务提供者的名称、联系人、网络地址；

（二）未改变服务对象所提供的作品、表演、录音录像制品；

（三）不知道也没有合理的理由应当知道服务对象提供的作品、表演、录音录像制品侵权；

（四）未从服务对象提供作品、表演、录音录像制品中直接获得经济利益；

（五）在接到权利人的通知书后，根据本条例规定删除权利人认为侵权的作品、表演、录音录像制品。

第二十三条 网络服务提供者为服务对象提供搜索或者链接服务，在接到权利人的通知书后，根据本条例规定断开与侵权的作品、表演、录音录像制品的链接的，不承担赔偿责任；但是，明知或者应知所链接的作品、表演、录音录像制品侵权的，应当承担共同侵权责任。

第二十四条 因权利人的通知导致网络服务提供者错误删除作品、表演、录音录像制品，或者错误断开与作品、表演、录音录像制品的链接，给服务对象造成损失的，权利人应当承担赔偿责任。

第二十五条 网络服务提供者无正当理由拒绝提供或者拖延提供涉嫌侵权的服务对象的姓名（名称）、联系方式、网络地址等资料的，由著作权行政管理部门予以警告；情节严重的，没收主要用于提供网络服务的计算机等设备。

第二十六条 本条例下列用语的含义：

信息网络传播权，是指以有线或者无线方式向公众提供作品、表演或者录音录像制品，使公众可以在其个人选定的时间和地点获得作品、表演或者录音录像制品的权利。

技术措施，是指用于防止、限制未经权利人许可浏览、欣赏作品、表演、录音录像制品的或者通过信息网络向公众提供作品、表演、录音录像制品的有效技术、装置或者部件。

权利管理电子信息，是指说明作品及其作者、表演及其表演者、录音录像制品及其制作者的信息，作品、表演、录音录像制品权利人的信息和使用条件的信息，以及表示上述信息的数字或者代码。

第二十七条 本条例自2006年7月1日起施行。

著作权集体管理条例

（2004年12月28日中华人民共和国国务院令第429号发布）

第一章　总则

第一条　为了规范著作权集体管理活动，便于著作权人和与著作权有关的权利人（以下简称权利人）行使权利和使用者使用作品，根据《中华人民共和国著作权法》（以下简称著作权法）制定本条例。

第二条　本条例所称著作权集体管理，是指著作权集体管理组织经权利人授权，集中行使权利人的有关权利并以自己的名义进行的下列活动：

（一）与使用者订立著作权或者与著作权有关的权利许可使用合同（以下简称许可使用合同）；

（二）向使用者收取使用费；

（三）向权利人转付使用费；

（四）进行涉及著作权或者与著作权有关的权利的诉讼、仲裁等。

第三条　本条例所称著作权集体管理组织，是指为权利人的利益依法设立，根据权利人授权、对权利人的著作权或者与著作权有关的权利进行集体管理的社会团体。

著作权集体管理组织应当依照有关社会团体登记管理的行政法规和本条例的规定进行登记并开展活动。

第四条　著作权法规定的表演权、放映权、广播权、出租权、信息网络传播权、复制权等权利人自己难以有效行使的权利，可以由著作权集体管理组织进行集体管理。

第五条　国务院著作权管理部门主管全国的著作权集体管理工作。

第六条　除依照本条例规定设立的著作权集体管理组织外，任何组织和个人不得从事著作权集体管理活动。

第二章　著作权集体管理组织的设立

第七条　依法享有著作权或者与著作权有关的权利的中国公民、法人或者其他组织，可以发起设立著作权集体管理组织。

设立著作权集体管理组织，应当具备下列条件：

（一）发起设立著作权集体管理组织的权利人不少于50人；

（二）不与已经依法登记的著作权集体管理组织的业务范围交叉、重合；

（三）能在全国范围代表相关权利人的利益；

（四）有著作权集体管理组织的章程草案、使用费收取标准草案和向权利人转付使用费的办法（以下简称使用费转付办法）草案。

第八条　著作权集体管理组织章程应当载明下列事项：

（一）名称、住所；

（二）设立宗旨；

（三）业务范围；

（四）组织机构及其职权；

（五）会员大会的最低人数；

（六）理事会的职责及理事会负责人的条件和产生、罢免的程序；

（七）管理费提取、使用办法；

（八）会员加入、退出著作权集体管理组织的条件、程序；

（九）章程的修改程序；

（十）著作权集体管理组织终止的条件、程序和终止后资产的处理。

第九条　申请设立著作权集体管理组织，应当向国务院著作权管理部门提交证明符合本条例第七条规定的条件的材料。国务院著作权管理部门应当自收到材料之日起60日内，作出批准或者不予批准的决定。批准的，发给著作权集体管理许可证；不予批准的，应当说明理由。

第十条　申请人应当自国务院著作权管理部门发给著作权集体管理许可证之日起30日内，依照有关社会团体登记管理的行政法规到国务院民政部门办理登记手续。

第十一条　依法登记的著作权集体管理组织，应当自国务院民政部门发给登记证书之日起30日内，将其登记证书副本报国务院著作权管理部门备案；国务院著作权管理部门应当将报备的登记证书副本以及著作权集体管理组织章程、使用费收取标准、使用费转付办法予以公告。

第十二条　著作权集体管理组织设立分支机构，应当经国务院著作权管理部门批准，并依照有关社会团体登记管理的行政法规到国务院民政部门办理登记手续。经依法登记的，应当将分支机构的登记证书副本报国务院著作权管理部门备案，由国务院著作权管理部门予以公告。

第十三条　著作权集体管理组织应当根据下列因素制定使用费收取标准：

（一）使用作品、录音录像制品等的时间、方式和地域范围；

（二）权利的种类；

（三）订立许可使用合同和收取使用费工作的繁简程度。

第十四条 著作权集体管理组织应当根据权利人的作品或者录音录像制品等使用情况制定使用费转付办法。

第十五条 著作权集体管理组织修改章程，应当依法经国务院民政部门核准后，由国务院著作权管理部门予以公告。

第十六条 著作权集体管理组织被依法撤销登记的，自被撤销登记之日起不得再进行著作权集体管理业务活动。

第三章 著作权集体管理组织的机构

第十七条 著作权集体管理组织会员大会（以下简称会员大会）为著作权集体管理组织的权力机构。

会员大会由理事会依照本条例规定负责召集。理事会应当于会员大会召开60日以前将会议的时间、地点和拟审议事项予以公告；出席会员大会的会员，应当于会议召开30日以前报名。报名出席会员大会的会员少于章程规定的最低人数时，理事会应当将会员大会报名情况予以公告，会员可以于会议召开5日以前补充报名，并由全部报名出席会员大会的会员举行会员大会。

会员大会行使下列职权：

（一）制定和修改章程；

（二）制定和修改使用费收取标准；

（三）制定和修改使用费转付办法；

（四）选举和罢免理事；

（五）审议批准理事会的工作报告和财务报告；

（六）制定内部管理制度；

（七）决定使用费转付方案和著作权集体管理组织提取管理费的比例；

（八）决定其他重大事项。

会员大会每年召开一次；经10%以上会员或者理事会提议，可以召开临时会员大会。会员大会作出决定，应当经出席会议的会员过半数表决通过。

第十八条 著作权集体管理组织设立理事会，对会员大会负责，执行会员大会决定。理事会成员不得少于9人。

理事会任期为4年，任期届满应当进行换届选举。因特殊情况可以提前或者延期换届，但是换届延期不得超过1年。

第四章 著作权集体管理活动

第十九条 权利人可以与著作权集体管理组织以书面形式订立著作权集体管理合同，授权该组织对其依法享有的著作权或者与著作权有关的权利进行管理。权利人符合章程规定加入条件的，著作权集体管理组织应当与其订立著作权集体管理合同，不得拒绝。

权利人与著作权集体管理组织订立著作权集体管理合同并按照章程规定履行相应手续后，即成为该著作权集体管理组织的会员。

第二十条 权利人与著作权集体管理组织订立著作权集体管理合同后，不得在合同约定期限内自己行使或者许可他人行使合同约定的由著作权集体管理组织行使的权利。

第二十一条 权利人可以依照章程规定的程序，退出著作权集体管理组织，终止著作权集体管理合同。但是，著作权集体管理组织已经与他人订立许可使用合同的，该合同在期限届满前继续有效；该合同有效期内，权利人有权获得相应的使用费并可以查阅有关业务材料。

第二十二条 外国人、无国籍人可以通过与中国的著作权集体管理组织订立相互代表协议的境外同类组织，授权中国的著作权集体管理组织管理其依法在中国境内享有的著作权或者与著作权有关的权利。

前款所称相互代表协议，是指中国的著作权集体管理组织与境外的同类组织相互授权对方在其所在国家或者地区进行集体管理活动的协议。

著作权集体管理组织与境外同类组织订立的相互代表协议应当报国务院著作权管理部门备案，由国务院著作权管理部门予以公告。

第二十三条 著作权集体管理组织许可他人使用其管理的作品、录音录像制品等，应当与使用者以书面形式订立许可使用合同。

著作权集体管理组织不得与使用者订立专有许可使用合同。

使用者以合理的条件要求与著作权集体管理组织订立许可使用合同，著作权集体管理组织不得拒绝。

许可使用合同的期限不得超过2年；合同期限届满可以续订。

第二十四条 著作权集体管理组织应当建立权利信息查询系统，供权利人和使用者查询。权利信息查询系统应当包括著作权集体管理组织管理的权利种类和作品、录音录像制品等的名称、权利人姓名或者名称、授权管理的期限。

权利人和使用者对著作权集体管理组织管理的权利的信息进行咨询时，该组织应当予以答复。

第二十五条 除著作权法第二十三条、第三十二条第二款、第三十九条第三款、第四十二条第二款和第四十三条规定应当支付的使用费外，著作权集体管理组织应当根据国务院著作权管理部门公告的使用费收取标准，与使用者约定收取使用费的具体数额。

第二十六条　两个或者两个以上著作权集体管理组织就同一使用方式向同一使用者收取使用费，可以事先协商确定由其中一个著作权集体管理组织统一收取。统一收取的使用费在有关著作权集体管理组织之间经协商分配。

第二十七条　使用者向著作权集体管理组织支付使用费时，应当提供其使用的作品、录音录像制品等的名称、权利人姓名或者名称和使用的方式、数量、时间等有关使用情况；许可使用合同另有约定的除外。

使用者提供的有关使用情况涉及该使用者商业秘密的，著作权集体管理组织负有保密义务。

第二十八条　著作权集体管理组织可以从收取的使用费中提取一定比例作为管理费，用于维持其正常的业务活动。

著作权集体管理组织提取管理费的比例应当随着使用费收入的增加而逐步降低。

第二十九条　著作权集体管理组织收取的使用费，在提取管理费后，应当全部转付给权利人，不得挪作他用。

著作权集体管理组织转付使用费，应当编制使用费转付记录。使用费转付记录应当载明使用费总额、管理费数额、权利人姓名或者名称、作品或者录音录像制品等的名称、有关使用情况、向各权利人转付使用费的具体数额等事项，并应当保存10年以上。

第五章　对著作权集体管理组织的监督

第三十条　著作权集体管理组织应当依法建立财务、会计制度和资产管理制度，并按照国家有关规定设置会计账簿。

第三十一条　著作权集体管理组织的资产使用和财务管理受国务院著作权管理部门和民政部门的监督。

著作权集体管理组织应当在每个会计年度结束时制作财务会计报告，委托会计师事务所依法进行审计，并公布审计结果。

第三十二条　著作权集体管理组织应当对下列事项进行记录，供权利人和使用者查阅：

（一）作品许可使用情况；

（二）使用费收取和转付情况；

（三）管理费提取和使用情况。

权利人有权查阅、复制著作权集体管理组织的财务报告、工作报告和其他业务材料；著作权集体管理组织应当提供便利。

第三十三条　权利人认为著作权集体管理组织有下列情形之一的，可以向国务院著作权管理部门检举：

（一）权利人符合章程规定的加入条件要求加入著作权集体管理组织，或者会员依照章程规定的程序要求退出著作权集体管理组织，著作权集体管理组织拒绝的；

（二）著作权集体管理组织不按照规定收取、转付使用费，或者不按照规定提取、使用管理费的；

（三）权利人要求查阅本条例第三十二条规定的记录、业务材料，著作权集体管理组织拒绝提供的。

第三十四条　使用者认为著作权集体管理组织有下列情形之一的，可以向国务院著作权管理部门检举：

（一）著作权集体管理组织违反本条例第二十三条规定拒绝与使用者订立许可使用合同的；

（二）著作权集体管理组织未根据公告的使用费收取标准约定收取使用费的具体数额的；

（三）使用者要求查阅本条例第三十二条规定的记录，著作权集体管理组织拒绝提供的。

第三十五条　权利人和使用者以外的公民、法人或者其他组织认为著作权集体管理组织有违反本条例规定的行为的，可以向国务院著作权管理部门举报。

第三十六条　国务院著作权管理部门应当自接到检举、举报之日起60日内对检举、举报事项进行调查并依法处理。

第三十七条　国务院著作权管理部门可以采取下列方式对著作权集体管理组织进行监督，并应当对监督活动作出记录：

（一）检查著作权集体管理组织的业务活动是否符合本条例及其章程的规定；

（二）核查著作权集体管理组织的会计账簿、年度预算和决算报告及其他有关业务材料；

（三）派员列席著作权集体管理组织的会员大会、理事会等重要会议。

第三十八条　著作权集体管理组织应当依法接受国务院民政部门和其他有关部门的监督。

第六章　法律责任

第三十九条　著作权集体管理组织有下列情形之一的，由国务院著作权管理部门责令限期改正：

（一）违反本条例第二十二条规定，未将与境外同类组织订立的相互代表协议报国务院著作权管理部门备案的；

（二）违反本条例第二十四条规定，未建立权利信息查询系统的；

（三）未根据公告的使用费收取标准约定收取使用费的具体数额的。

著作权集体管理组织超出业务范围管理权利人的权利

的，由国务院著作权管理部门责令限期改正，其与使用者订立的许可使用合同无效；给权利人、使用者造成损害的，依法承担民事责任。

第四十条 著作权集体管理组织有下列情形之一的，由国务院著作权管理部门责令限期改正；逾期不改正的，责令会员大会或者理事会根据本条例规定的权限罢免或者解聘直接负责的主管人员：

（一）违反本条例第十九条规定拒绝与权利人订立著作权集体管理合同的，或者违反本条例第二十一条的规定拒绝会员退出该组织的要求的；

（二）违反本条例第二十三条规定，拒绝与使用者订立许可使用合同的；

（三）违反本条例第二十八条规定提取管理费的；

（四）违反本条例第二十九条规定转付使用费的；

（五）拒绝提供或者提供虚假的会计账簿、年度预算和决算报告或者其他有关业务材料的。

第四十一条 著作权集体管理组织自国务院民政部门发给登记证书之日起超过6个月无正当理由未开展著作权集体管理活动，或者连续中止著作权集体管理活动6个月以上的，由国务院著作权管理部门吊销其著作权集体管理许可证，并由国务院民政部门撤销登记。

第四十二条 著作权集体管理组织从事营利性经营活动的，由工商行政管理部门依法予以取缔，没收违法所得；构成犯罪的，依法追究刑事责任。

第四十三条 违反本条例第二十七条的规定，使用者能够提供有关使用情况而拒绝提供，或者在提供有关使用情况时弄虚作假的，由国务院著作权管理部门责令改正；著作权集体管理组织可以中止许可使用合同。

第四十四条 擅自设立著作权集体管理组织或者分支机构，或者擅自从事著作权集体管理活动的，由国务院著作权管理部门或者民政部门依照职责分工予以取缔，没收违法所得；构成犯罪的，依法追究刑事责任。

第四十五条 依照本条例规定从事著作权集体管理组织审批和监督工作的国家行政机关工作人员玩忽职守、滥用职权、徇私舞弊，构成犯罪的，依法追究刑事责任；尚不构成犯罪的，依法给予行政处分。

第七章　附则

第四十六条 本条例施行前已经设立的著作权集体管理组织，应当自本条例生效之日起3个月内，将其章程、使用费收取标准、使用费转付办法及其他有关材料报国务院著作权管理部门审核，并将其与境外同类组织订立的相互代表协议报国务院著作权管理部门备案。

第四十七条 依照著作权法第二十三条、第三十二条第二款、第三十九条第三款的规定使用他人作品，未能依照《中华人民共和国著作权法实施条例》第三十二条的规定向权利人支付使用费的，应当将使用费连同邮资以及使用作品的有关情况送交管理相关权利的著作权集体管理组织，由该著作权集体管理组织将使用费转付给权利人。

负责转付使用费的著作权集体管理组织应当建立作品使用情况查询系统，供权利人、使用者查询。

负责转付使用费的著作权集体管理组织可以从其收到的使用费中提取管理费，管理费按照会员大会决定的该集体管理组织管理费的比例减半提取。除管理费外，该著作权集体管理组织不得从其收到的使用费中提取其他任何费用。

第四十八条 本条例自2005年3月1日起施行。

广播电台电视台播放录音制品支付报酬暂行办法

（2009年11月10日中华人民共和国国务院令第566号发布）

第一条 为了保障著作权人依法行使广播权，方便广播电台、电视台播放录音制品，根据《中华人民共和国著作权法》（以下称著作权法）第四十四条的规定，制定本办法。

第二条 广播电台、电视台可以就播放已经发表的音乐作品向著作权人支付报酬的方式、数额等有关事项与管理相关权利的著作权集体管理组织进行约定。

广播电台、电视台播放已经出版的录音制品，已经与著作权人订立许可使用合同的，按照合同约定的方式和标准支付报酬。

广播电台、电视台依照著作权法第四十四条的规定，未经著作权人的许可播放已经出版的录音制品（以下称播放录音制品）的，依照本办法向著作权人支付报酬。

第三条 本办法所称播放，是指广播电台、电视台以无线或者有线的方式进行的首播、重播和转播。

第四条 广播电台、电视台播放录音制品，可以与管理相关权利的著作权集体管理组织约定每年向著作权人支付固定数额的报酬；没有就固定数额进行约定或者约定不成的，广播电台、电视台与管理相关权利的著作权集体管理组织可以以下列方式之一为基础，协商向著作权人支付报酬：

（一）以本台或者本台各频道（频率）本年度广告收入扣除15%成本费用后的余额，乘以本办法第五条或者第六条规定的付酬标准，计算支付报酬的数额；

（二）以本台本年度播放录音制品的时间总量，乘以本办法第七条规定的单位时间付酬标准，计算支付报酬的数额。

第五条 以本办法第四条第（一）项规定方式确定向著作权人支付报酬的数额的，自本办法施行之日起5年内，按照下列付酬标准协商支付报酬的数额：

（一）播放录音制品的时间占本台或者本频道（频率）播放节目总时间的比例（以下称播放时间比例）不足1%的，付酬标准为0.01%；

（二）播放时间比例为1%以上不足3%的，付酬标准为0.02%；

（三）播放时间比例为3%以上不足6%的，相应的付酬标准为0.09%到0.15%，播放时间比例每增加1%，付酬标准相应增加0.03%；

（四）播放时间比例为6%以上10%以下的，相应的付酬标准为0.24%到0.4%，播放时间比例每增加1%，付酬标准相应增加0.04%；

（五）播放时间比例超过10%不足30%的，付酬标准为0.5%；

（六）播放时间比例为30%以上不足50%的，付酬标准为0.6%；

（七）播放时间比例为50%以上不足80%的，付酬标准为0.7%；

（八）播放时间比例为80%以上的，付酬标准为0.8%。

第六条 以本办法第四条第（一）项规定方式确定向著作权人支付报酬的数额的，自本办法施行届满5年之日起，按照下列付酬标准协商支付报酬的数额：

（一）播放时间比例不足1%的，付酬标准为0.02%；

（二）播放时间比例为1%以上不足3%的，付酬标准为0.03%；

（三）播放时间比例为3%以上不足6%的，相应的付酬标准为0.12%到0.2%，播放时间比例每增加1%，付酬标准相应增加0.04%；

（四）播放时间比例为6%以上10%以下的，相应的付酬标准为0.3%到0.5%，播放时间比例每增加1%，付酬标准相应增加0.05%；

（五）播放时间比例超过10%不足30%的，付酬标准为0.6%；

（六）播放时间比例为30%以上不足50%的，付酬标准为0.7%；

（七）播放时间比例为50%以上不足80%的，付酬标准为0.8%；

（八）播放时间比例为80%以上的，付酬标准为0.9%。

第七条 以本办法第四条第（二）项规定的方式确定向著作权人支付报酬的数额的，按照下列付酬标准协商支付报酬的数额：

（一）广播电台的单位时间付酬标准为每分钟0.30元；

（二）电视台的单位时间付酬标准自本办法施行之日起5年内为每分钟1.50元，自本办法施行届满5年之日起为每分钟2元。

第八条 广播电台、电视台播放录音制品，未能依照本办法第四条的规定与管理相关权利的著作权集体管理组织约定支付报酬的固定数额，也未能协商确定应支付报酬的，应当依照本办法第四条第（一）项规定的方式和第五条、第六条规定的标准，确定向管理相关权利的著作权集体管理组织支付报酬的数额。

第九条 广播电台、电视台转播其他广播电台、电视台播放的录音制品的，其播放录音制品的时间按照实际播放时间的10%计算。

第十条 中部地区的广播电台、电视台依照本办法规定方式向著作权人支付报酬的数额，自本办法施行之日起5年内，按照依据本办法规定计算出的数额的50%计算。

西部地区的广播电台、电视台以及全国专门对少年儿童、少数民族和农村地区等播出的专业频道（频率），依照本办法规定方式向著作权人支付报酬的数额，自本办法施行之日起5年内，按照依据本办法规定计算出的数额的10%计算；自本办法施行届满5年之日起，按照依据本办法规定计算出的数额的50%计算。

第十一条 县级以上人民政府财政部门将本级人民政府设立的广播电台、电视台播放录音制品向著作权人支付报酬的支出作为核定其收支的因素，根据本地区财政情况综合考虑，统筹安排。

第十二条 广播电台、电视台向著作权人支付报酬，以年度为结算期。

广播电台、电视台应当于每年度第一季度将其上年度应当支付的报酬交由著作权集体管理组织转付给著作权人。

广播电台、电视台通过著作权集体管理组织向著作权人支付报酬时，应当提供其播放作品的名称、著作权人姓名或者名称、播放时间等情况，双方已有约定的除外。

第十三条 广播电台、电视台播放录音制品，未向管理相关权利的著作权集体管理组织会员以外的著作权人支付报酬的，应当按照本办法第十二条的规定将应支付的报酬送交管理相关权利的著作权集体管理组织；管理相关权利的著作权集体管理组织应当向著作权人转付。

第十四条 著作权集体管理组织向著作权人转付报酬，除本办法已有规定外，适用《著作权集体管理条例》的有关规定。

第十五条 广播电台、电视台依照本办法规定将应当向著作权人支付的报酬交给著作权集体管理组织后，对著作权集体管理组织与著作权人之间的纠纷不承担责任。

第十六条 广播电台、电视台与著作权人或者著作权集体管理组织因依照本办法规定支付报酬产生纠纷的，可以依法向人民法院提起民事诉讼，或者根据双方达成的书面仲裁协议向仲裁机构申请仲裁。

第十七条 本办法自2010年1月1日起施行。

中华人民共和国著作权法实施条例

（2002年8月2日中华人民共和国国务院令第359号公布 根据2011年1月8日《国务院关于废止和修改部分行政法规的决定》第一次修订 根据2013年1月30日《国务院关于修改〈中华人民共和国著作权法实施条例〉的决定》第二次修订）

第一条 根据《中华人民共和国著作权法》（以下简称著作权法），制定本条例。

第二条 著作权法所称作品，是指文学、艺术和科学领域内具有独创性并能以某种有形形式复制的智力成果。

第三条 著作权法所称创作，是指直接产生文学、艺术和科学作品的智力活动。

为他人创作进行组织工作，提供咨询意见、物质条件，或者进行其他辅助工作，均不视为创作。

第四条 著作权法和本条例中下列作品的含义：

（一）文字作品，是指小说、诗词、散文、论文等以文字形式表现的作品；

（二）口述作品，是指即兴的演说、授课、法庭辩论等以口头语言形式表现的作品；

（三）音乐作品，是指歌曲、交响乐等能够演唱或者演奏的带词或者不带词的作品；

（四）戏剧作品，是指话剧、歌剧、地方戏等供舞台演出的作品；

（五）曲艺作品，是指相声、快书、大鼓、评书等以说唱为主要形式表演的作品；

（六）舞蹈作品，是指通过连续的动作、姿势、表情等表现思想情感的作品；

（七）杂技艺术作品，是指杂技、魔术、马戏等通过形体动作和技巧表现的作品；

（八）美术作品，是指绘画、书法、雕塑等以线条、色彩或者其他方式构成的有审美意义的平面或者立体的造型艺术作品；

（九）建筑作品，是指以建筑物或者构筑物形式表现的有审美意义的作品；

（十）摄影作品，是指借助器械在感光材料或者其他介质上记录客观物体形象的艺术作品；

（十一）电影作品和以类似摄制电影的方法创作的作品，是指摄制在一定介质上，由一系列有伴音或者无伴音的画面组成，并且借助适当装置放映或者以其他方式传播的作品；

（十二）图形作品，是指为施工、生产绘制的工程设计图、产品设计图，以及反映地理现象、说明事物原理或者结构的地图、示意图等作品；

（十三）模型作品，是指为展示、试验或者观测等用途，根据物体的形状和结构，按照一定比例制成的立体作品。

第五条 著作权法和本条例中下列用语的含义：

（一）时事新闻，是指通过报纸、期刊、广播电台、电视台等媒体报道的单纯事实消息；

（二）录音制品，是指任何对表演的声音和其他声音的录制品；

（三）录像制品，是指电影作品和以类似摄制电影的方法创作的作品以外的任何有伴音或者无伴音的连续相关形象、图像的录制品；

（四）录音制作者，是指录音制品的首次制作人；

（五）录像制作者，是指录像制品的首次制作人；

（六）表演者，是指演员、演出单位或者其他表演文学、艺术作品的人。

第六条 著作权自作品创作完成之日起产生。

第七条 著作权法第二条第三款规定的首先在中国境内出版的外国人、无国籍人的作品，其著作权自首次出版之日起受保护。

第八条 外国人、无国籍人的作品在中国境外首先出版后，30日内在中国境内出版的，视为该作品同时在中国境内出版。

第九条 合作作品不可以分割使用的，其著作权由各合作作者共同享有，通过协商一致行使；不能协商一致，又无正当理由的，任何一方不得阻止他方行使除转让以外的其他权利，但是所得收益应当合理分配给所有合作作者。

第十条 著作权人许可他人将其作品摄制成电影作品和以类似摄制电影的方法创作的作品的，视为已同意对其作品进行必要的改动，但是这种改动不得歪曲篡改原作品。

第十一条 著作权法第十六条第一款关于职务作品的规定中的“工作任务”，是指公民在该法人或者该组织中应当履行的职责。

著作权法第十六条第二款关于职务作品的规定中的“物质技术条件”，是指该法人或者该组织为公民完成创作专门提供的资金、设备或者资料。

第十二条 职务作品完成两年内，经单位同意，作者许可第三人以与单位使用的相同方式使用作品所获报酬，由作者与单位按约定的比例分配。

作品完成两年的期限，自作者向单位交付作品之日起计算。

第十三条 作者身份不明的作品，由作品原件的所有人行使除署名权以外的著作权。作者身份确定后，由作者或者其继承人行使著作权。

第十四条 合作作者之一死亡后，其对合作作品享有的著作权法第十条第一款第五项至第十七项规定的权利无人继承又无人受遗赠的，由其他合作作者享有。

第十五条 作者死亡后，其著作权中的署名权、修改权和保护作品完整权由作者的继承人或者受遗赠人保护。

著作权无人继承又无人受遗赠的，其署名权、修改权和保护作品完整权由著作权行政管理部门保护。

第十六条 国家享有著作权的作品的使用，由国务院著作权行政管理部门管理。

第十七条 作者生前未发表的作品，如果作者未明确表示不发表，作者死亡后50年内，其发表权可由继承人或者受遗赠人行使；没有继承人又无人受遗赠的，由作品原件的所有人行使。

第十八条 作者身份不明的作品，其著作权法第十条第一款第五项至第十七项规定的权利的保护期截止于作品首次发表后第50年的12月31日。作者身份确定后，适用著作权法第二十一条的规定。

第十九条 使用他人作品的，应当指明作者姓名、作品名称；但是，当事人另有约定或者由于作品使用方式的特性无法指明的除外。

第二十条 著作权法所称已经发表的作品，是指著作权人自行或者许可他人公之于众的作品。

第二十一条 依照著作权法有关规定，使用可以不经著作权人许可的已经发表的作品的，不得影响该作品的正常使用，也不得不合理地损害著作权人的合法利益。

第二十二条 依照著作权法第二十三条、第三十三条第二款、第四十条第三款的规定使用作品的付酬标准，由国务院著作权行政管理部门会同国务院价格主管部门制定、公布。

第二十三条 使用他人作品应当同著作权人订立许可使用合同，许可使用的权利是专有使用权的，应当采取书面形式，但是报社、期刊社刊登作品除外。

第二十四条 著作权法第二十四条规定的专有使用权的内容由合同约定，合同没有约定或者约定不明的，视为被许可人有权排除包括著作权人在内的任何人以同样的方式使用作品；除合同另有约定外，被许可人许可第三人行使同一权利，必须取得著作权人的许可。

第二十五条 与著作权人订立专有许可使用合同、转让合同的，可以向著作权行政管理部门备案。

第二十六条 著作权法和本条例所称与著作权有关的权益，是指出版者对其出版的图书和期刊的版式设计享有的权利，表演者对其表演享有的权利，录音录像制作者对其制作的录音录像制品享有的权利，广播电台、电视台对其播放的广播、电视节目享有的权利。

第二十七条 出版者、表演者、录音录像制作者、广播电台、电视台行使权利，不得损害被使用作品和原作品著作权人的权利。

第二十八条 图书出版合同中约定图书出版者享有专有出版权但没有明确其具体内容的，视为图书出版者享有在合同有效期限内和在合同约定的地域范围内以同种文字的原版、修订版出版图书的专有权利。

第二十九条 著作权人寄给图书出版者的两份订单在6个月内未能得到履行，视为著作权法第三十二条所称图书脱销。

第三十条 著作权人依照著作权法第三十三条第二款声明不得转载、摘编其作品的，应当在报纸、期刊刊登该作品时附带声明。

第三十一条 著作权人依照著作权法第四十条第三款声明不得对其作品制作录音制品的，应当在该作品合法录制为录音制品时声明。

第三十二条 依照著作权法第二十三条、第三十三条第二款、第四十条第三款的规定，使用他人作品的，应当自使用该作品之日起2个月内向著作权人支付报酬。

第三十三条 外国人、无国籍人在中国境内的表演，受著作权法保护。

外国人、无国籍人根据中国参加的国际条约对其表演享有的权利，受著作权法保护。

第三十四条 外国人、无国籍人在中国境内制作、发行的录音制品，受著作权法保护。

外国人、无国籍人根据中国参加的国际条约对其制作、发行的录音制品享有的权利，受著作权法保护。

第三十五条 外国的广播电台、电视台根据中国参加的国际条约对其播放的广播、电视节目享有的权利，受著作权法保护。

第三十六条 有著作权法第四十八条所列侵权行为，同时损害社会公共利益，非法经营额5万元以上的，著作权行政管理部门可处非法经营额1倍以上5倍以下的罚款；没有非法经营额或者非法经营额5万元以下的，著作权行政管理部门根据情节轻重，可处25万元以下的罚款。

第三十七条 有著作权法第四十八条所列侵权行为，同时损害社会公共利益的，由地方人民政府著作权行政管理部门负责查处。

国务院著作权行政管理部门可以查处在全国有重大影响的侵权行为。

第三十八条 本条例自2002年9月15日起施行。1991年5月24日国务院批准、1991年5月30日国家版权局发布的《中华人民共和国著作权法实施条例》同时废止。

实施国际著作权条约的规定

（1992年9月25日中华人民共和国国务院令第105号发布）

第一条 为实施国际著作条约，保护外国作品著作权人的合法权益，制定本规定。

第二条 对外国作品的保护，适用《中华人民共和国著作权法》（以下称著作权法）、《中华人民共和国著作权法实施条例》、《计算机软件保护条例》和本规定。

第三条 本规定所称国际著作权条约，是指中华人民共和国（以下称中国）参加的《伯尔尼保护文学和艺术作品公约》（以下称伯尔尼公约）和与外国签订的有关著作权的双边协定。

第四条 本规定所称外国作品，包括：

（一）作者或者作者之一，其他著作权人或者著作权人之一是国际著作权条约成员国的国民或者在该条约的成员国有经常居所的居民的作品；

（二）作者不是国际著作权条约成员国的国民或者在该条约的成员国有经常居所的居民，但是在该条约的成员国首次或者同时发表的作品；

（三）中外合资经营企业、中外合作经营企业和外资企业按照合同约定是著作权人或者著作权人之一的，其委托他人创作的作品。

第五条 对未发表的外国作品的保护期，适用著作权法第二十条、第二十一条的规定。

第六条 对外国实用艺术作品的保护期，为自该作品完成起二十五年。

美术作品（包括动画形象设计）用于工业制品的，不适用前款规定。

第七条 外国计算机程序作为文学作品保护，可以不履行登记手续，保护期为自该程序首次发表之年年底起五十年。

第八条 外国作品是由不受保护的材料编辑而成，但是在材料的选取或者编排上有独创性的，依照著作权法第十四条的规定予以保护。此种保护不排斥他人利用同样的材料进行编辑。

第九条 外国录像制品根据国际著作权条约构成电影作品的，作为电影作品保护。

第十条 将外国人已经发表的以汉族文字创作的作品，翻译成少数民族文字出版发行的，应当事先取得著作权人的授权。

第十一条 外国作品著作权人，可以授权他人以任何方式、手段公开表演其作品或者公开传播对其作品的表演。

第十二条 外国电影、电视和录像作品的著作权人可以授权他人公开表演其作品。

第十三条 报刊转载外国作品，应当事先取得著作权人的授权；但是，转载有关政治、经济等社会问题的时事文章除外。

第十四条 外国作品的著作权人在授权他人发行其作品的复制品后，可以授权或者禁止出租其作品的复制品。

第十五条 外国作品的著作权人有权禁止进口其作品的下列复制品：

（一）侵权复制品；

（二）来自对其作品不予保护的国家的复制品。

第十六条 表演、录音或者广播外国作品，适用伯尔尼公约的规定；有集体管理组织的，应当事先取得该组织的授权。

第十七条 国际著作权条约在中国生效之日尚未在起源国进入公有领域的外国作品，按照著作权法和本规定规定的保护期受保护，到期满为止。

前款规定不适用于国际著作权条约在中国生效之日前发生的对外国作品的使用。

中国公民或者法人在国际著作权条约在中国生效之日前为特定目的而拥有和使用外国作品的特定复制本的，可以继续使用该作品的复制本而不承担责任；但是，该复制本不得以任何不合理地损害该作品著作权人合法权益的方式复制和使用。

前三款规定依照中国同有关国家签订的有关著作权的双边协定的规定实施。

第十八条 本规定第五条、第十二条、第十四条、第十五条、第十七条适用于录音制品。

第十九条 本规定施行前，有关著作权的行政法规与本规定有不同规定的，适用本规定。本规定与国际著作权条约有不同规定的，适用国际著作权条约。

第二十条 国家版权局负责国际著作权条约在中国的实施。

第二十一条 本规定由国家版权局负责解释。

第二十二条 本规定自一九九二年九月三十日起施行。

计算机软件保护条例

（2001年12月20日中华人民共和国国务院令第339号公布 根据2011年1月8日《国务院关于废止和修改部分行政法规的决定》第一次修订 根据2013年1月30日《国务院关于修改〈计算机软件保护条例〉的决定》第二次修订）

第一章 总 则

第一条 为了保护计算机软件著作权人的权益，调整计算机软件在开发、传播和使用中发生的利益关系，鼓励计算机软件的开发与应用，促进软件产业和国民经济信息化的发展，根据《中华人民共和国著作权法》，制定本条例。

第二条 本条例所称计算机软件（以下简称软件），是指计算机程序及其有关文档。

第三条 本条例下列用语的含义：

（一）计算机程序，是指为了得到某种结果而可以由计算机等具有信息处理能力的装置执行的代码化指令序列，或者可以被自动转换成代码化指令序列的符号化指令序列或者符号化语句序列。同一计算机程序的源程序和目标程序为同一作品。

（二）文档，是指用来描述程序的内容、组成、设计、功能规格、开发情况、测试结果及使用方法的文字资料和图表等，如程序设计说明书、流程图、用户手册等。

（三）软件开发者，是指实际组织开发、直接进行开发，并对开发完成的软件承担责任的法人或者其他组织；或者依靠自己具有的条件独立完成软件开发，并对软件承担责任的自然人。

（四）软件著作权人，是指依照本条例的规定，对软件享有著作权的自然人、法人或者其他组织。

第四条 受本条例保护的软件必须由开发者独立开发，并已固定在某种有形物体上。

第五条 中国公民、法人或者其他组织对其所开发的软件，不论是否发表，依照本条例享有著作权。

外国人、无国籍人的软件首先在中国境内发行的，依照本条例享有著作权。

外国人、无国籍人的软件，依照其开发者所属国或者经常居住地国同中国签订的协议或者依照中国参加的国际条约享有的著作权，受本条例保护。

第六条 本条例对软件著作权的保护不延及开发软件所用的思想、处理过程、操作方法或者数学概念等。

第七条 软件著作权人可以向国务院著作权行政管理部门认定的软件登记机构办理登记。软件登记机构发放的登记证明文件是登记事项的初步证明。

办理软件登记应当缴纳费用。软件登记的收费标准由国务院著作权行政管理部门会同国务院价格主管部门规定。

第二章 软件著作权

第八条 软件著作权人享有下列各项权利：

（一）发表权，即决定软件是否公之于众的权利；

（二）署名权，即表明开发者身份，在软件上署名的权利；

（三）修改权，即对软件进行增补、删节，或者改变指令、语句顺序的权利；

（四）复制权，即将软件制作一份或者多份的权利；

（五）发行权，即以出售或者赠与方式向公众提供软件的原件或者复制件的权利；

（六）出租权，即有偿许可他人临时使用软件的权利，但是软件不是出租的主要标的的除外；

（七）信息网络传播权，即以有线或者无线方式向公众提供软件，使公众可以在其个人选定的时间和地点获得软件的权利；

（八）翻译权，即将原软件从一种自然语言文字转换成另一种自然语言文字的权利；

（九）应当由软件著作权人享有的其他权利。

软件著作权人可以许可他人行使其软件著作权，并有权获得报酬。

软件著作权人可以全部或者部分转让其软件著作权，并有权获得报酬。

第九条 软件著作权属于软件开发者，本条例另有规定的除外。

如无相反证明，在软件上署名的自然人、法人或者其他组织为开发者。

第十条 由两个以上的自然人、法人或者其他组织合作开发的软件，其著作权的归属由合作开发者签订书面合同约定。无书面合同或者合同未作明确约定，合作开发的软件可以分割使用的，开发者对各自开发的部分可以单独享有著作权；但是，行使著作权时，不得扩展到合作开发的软件整体的著作权。合作开发的软件不能分割使用的，其著作权由各合作开发者共同享有，通过协商一致行使；不能协商一致，又无正当理由的，任何一方不得阻止他方行使除转让权以外的其他权利，但是所得收益应当合理分配给所有合作开发者。

第十一条 接受他人委托开发的软件，其著作权的归属由委托人与受托人签订书面合同约定；无书面合同或者合同未作明确约定的，其著作权由受托人享有。

第十二条 由国家机关下达任务开发的软件，著作权的归属与行使由项目任务书或者合同规定；项目任务书或者合同中未作明确规定的，软件著作权由接受任务的法人或者其他组织享有。

第十三条 自然人在法人或者其他组织中任职期间所开发的软件有下列情形之一的，该软件著作权由该法人或者其他组织享有，该法人或者其他组织可以对开发软件的自然人进行奖励：

（一）针对本职工作中明确指定的开发目标所开发的软件；

（二）开发的软件是从事本职工作活动所预见的结果或者自然的结果；

（三）主要使用了法人或者其他组织的资金、专用设备、未公开的专门信息等物质技术条件所开发并由法人或者其他组织承担责任的软件。

第十四条 软件著作权自软件开发完成之日起产生。

自然人的软件著作权，保护期为自然人终生及其死亡后50年，截止于自然人死亡后第50年的12月31日；软件是合作开发的，截止于最后死亡的自然人死亡后第50年的12月31日。

法人或者其他组织的软件著作权，保护期为50年，截止于软件首次发表后第50年的12月31日，但软件自开发完成之日起50年内未发表的，本条例不再保护。

第十五条 软件著作权属于自然人的，该自然人死亡后，在软件著作权的保护期内，软件著作权的继承人可以依照《中华人民共和国继承法》的有关规定，继承本条例第八条规定的除署名权以外的其他权利。

软件著作权属于法人或者其他组织的，法人或者其他组织变更、终止后，其著作权在本条例规定的保护期内由承受其权利义务的法人或者其他组织享有；没有承受其权利义务的法人或者其他组织的，由国家享有。

第十六条 软件的合法复制品所有人享有下列权利：

（一）根据使用的需要把该软件装入计算机等具有信息处理能力的装置内；

（二）为了防止复制品损坏而制作备份复制品。这些备份复制品不得通过任何方式提供给他人使用，并在所有人丧失该合法复制品的所有权时，负责将备份复制品销毁；

（三）为了把该软件用于实际的计算机应用环境或者改进其功能、性能而进行必要的修改；但是，除合同另有约定外，未经该软件著作权人许可，不得向任何第三方提供修改后的软件。

第十七条 为了学习和研究软件内含的设计思想和原理，通过安装、显示、传输或者存储软件等方式使用软件的，可以不经软件著作权人许可，不向其支付报酬。

第三章 软件著作权的许可使用和转让

第十八条 许可他人行使软件著作权的，应当订立许可使用合同。

许可使用合同中软件著作权人未明确许可的权利，被许可人不得行使。

第十九条 许可他人专有行使软件著作权的，当事人应当订立书面合同。

没有订立书面合同或者合同中未明确约定为专有许可的，被许可行使的权利应当视为非专有权利。

第二十条 转让软件著作权的，当事人应当订立书面合同。

第二十一条 订立许可他人专有行使软件著作权的许可合同，或者订立转让软件著作权合同，可以向国务院著作权行政管理部门认定的软件登记机构登记。

第二十二条 中国公民、法人或者其他组织向外国人许可或者转让软件著作权的，应当遵守《中华人民共和国技术进出口管理条例》的有关规定。

第四章 法律责任

第二十三条 除《中华人民共和国著作权法》或者本条例另有规定外，有下列侵权行为的，应当根据情况，承担停止侵害、消除影响、赔礼道歉、赔偿损失等民事责任：

（一）未经软件著作权人许可，发表或者登记其软件的；

（二）将他人软件作为自己的软件发表或者登记的；

（三）未经合作者许可，将与他人合作开发的软件作为自己单独完成的软件发表或者登记的；

（四）在他人软件上署名或者更改他人软件上的署名的；

（五）未经软件著作权人许可，修改、翻译其软件的；

（六）其他侵犯软件著作权的行为。

第二十四条 除《中华人民共和国著作权法》、本条例或者其他法律、行政法规另有规定外，未经软件著作权人许可，有下列侵权行为的，应当根据情况，承担停止侵害、消除影响、赔礼道歉、赔偿损失等民事责任；同时损害社会公共利益的，由著作权行政管理部门责令停止侵权行为，没收违法所得，没收、销毁侵权复制品，可以并处罚款；情节严重的，著作权行政管理部门并可以没收主要用于制作侵权复制品的材料、工具、设备等；触犯刑律的，依照刑法关于侵犯著作权罪、销售侵权复制品罪的规定，依法追究刑事责任：

（一）复制或者部分复制著作权人的软件的；

（二）向公众发行、出租、通过信息网络传播著作权人的软件的；

（三）故意避开或者破坏著作权人为保护其软件著作权而采取的技术措施的；

（四）故意删除或者改变软件权利管理电子信息的；

（五）转让或者许可他人行使著作权人的软件著作权的。

有前款第一项或者第二项行为的，可以并处每件100元或者货值金额1倍以上5倍以下的罚款；有前款第三项、第四项或者第五项行为的，可以并处20万元以下的罚款。

第二十五条 侵犯软件著作权的赔偿数额，依照《中华人民共和国著作权法》第四十九条的规定确定。

第二十六条 软件著作权人有证据证明他人正在实施或者即将实施侵犯其权利的行为，如不及时制止，将会使其合法权益受到难以弥补的损害的，可以依照《中华人民共和国著作权法》第五十条的规定，在提起诉讼前向人民法院申请采取责令停止有关行为和财产保全的措施。

第二十七条 为了制止侵权行为，在证据可能灭失或者以后难以取得的情况下，软件著作权人可以依照《中华人民共和国著作权法》第五十一条的规定，在提起诉讼前向人民法院申请保全证据。

第二十八条 软件复制品的出版者、制作者不能证明其出版、制作有合法授权的，或者软件复制品的发行者、出租者不能证明其发行、出租的复制品有合法来源的，应当承担法律责任。

第二十九条 软件开发者开发的软件，由于可供选用的表达方式有限而与已经存在的软件相似的，不构成对已经存在的软件的著作权的侵犯。

第三十条 软件的复制品持有人不知道也没有合理理由应当知道该软件是侵权复制品的，不承担赔偿责任；但是，应当停止使用、销毁该侵权复制品。如果停止使用并销毁该侵权复制品将给复制品使用人造成重大损失的，复制品使用人可以在向软件著作权人支付合理费用后继续使用。

第三十一条 软件著作权侵权纠纷可以调解。

软件著作权合同纠纷可以依据合同中的仲裁条款或者事后达成的书面仲裁协议，向仲裁机构申请仲裁。

当事人没有在合同中订立仲裁条款，事后又没有书面仲裁协议的，可以直接向人民法院提起诉讼。

第五章　附　则

第三十二条 本条例施行前发生的侵权行为，依照侵权行为发生时的国家有关规定处理。

第三十三条 本条例自2002年1月1日起施行。1991年6月4日国务院发布的《计算机软件保护条例》同时废止。

音像制品管理条例

（2001年12月25日中华人民共和国国务院令第341号公布　根据2011年3月19日《国务院关于修改〈音像制品管理条例〉的决定》修订）

第一章　总则

第一条 为了加强音像制品的管理，促进音像业的健康发展和繁荣，丰富人民群众的文化生活，促进社会主义物质文明和精神文明建设，制定本条例。

第二条 本条例适用于录有内容的录音带、录像带、唱片、激光唱盘和激光视盘等音像制品的出版、制作、复制、进口、批发、零售、出租等活动。

音像制品用于广播电视播放的，适用广播电视法律、行政法规。

第三条 出版、制作、复制、进口、批发、零售、出租音像制品，应当遵守宪法和有关法律、法规，坚持为人民服务和为社会主义服务的方向，传播有益于经济发展和社会进步的思想、道德、科学技术和文化知识。

音像制品禁止载有下列内容：

（一）反对宪法确定的基本原则的；

（二）危害国家统一、主权和领土完整的；

（三）泄露国家秘密、危害国家安全或者损害国家荣誉和利益的；

（四）煽动民族仇恨、民族歧视，破坏民族团结，或者侵害民族风俗、习惯的；

（五）宣扬邪教、迷信的；

（六）扰乱社会秩序，破坏社会稳定的；

（七）宣扬淫秽、赌博、暴力或者教唆犯罪的；

（八）侮辱或者诽谤他人，侵害他人合法权益的；

（九）危害社会公德或者民族优秀文化传统的；

（十）有法律、行政法规和国家规定禁止的其他内容的。

第四条 国务院出版行政主管部门负责全国音像制品的出版、制作、复制、进口、批发、零售和出租的监督管理工作；国务院其他有关行政部门按照国务院规定的职责分工，负责有关的音像制品经营活动的监督管理工作。

县级以上地方人民政府负责出版管理的行政主管部门（以下简称出版行政主管部门）负责本行政区域内音像制品的出版、制作、复制、进口、批发、零售和出租的监督管理工作；县级以上地方人民政府其他有关行政部门在各自的职责范围内负责有关的音像制品经营活动的监督管理工作。

第五条 国家对出版、制作、复制、进口、批发、零售音像制品，实行许可制度；未经许可，任何单位和个人不得从事音像制品的出版、制作、复制、进口、批发、零售等活动。

依照本条例发放的许可证和批准文件，不得出租、出借、出售或者以其他任何形式转让。

第六条 国务院出版行政主管部门负责制定音像业的发展规划，确定全国音像出版单位、音像复制单位的总量、布局和结构。

第七条 音像制品经营活动的监督管理部门及其工作人员不得从事或者变相从事音像制品经营活动，并不得参与或者变相参与音像制品经营单位的经营活动。

第二章 出版

第八条 设立音像出版单位，应当具备下列条件：

（一）有音像出版单位的名称、章程；

（二）有符合国务院出版行政主管部门认定的主办单位及其主管机关；

（三）有确定的业务范围；

（四）有适应业务范围需要的组织机构和符合国家规定的资格条件的音像出版专业人员；

（五）有适应业务范围需要的资金、设备和工作场所；

（六）法律、行政法规规定的其他条件。

审批设立音像出版单位，除依照前款所列条件外，还应当符合音像出版单位总量、布局和结构的规划。

第九条 申请设立音像出版单位，由所在地省、自治区、直辖市人民政府出版行政主管部门审核同意后，报国务院出版行政主管部门审批。国务院出版行政主管部门应当自受理申请之日起60日内作出批准或者不批准的决定，并通知申请人。批准的，发给《音像制品出版许可证》，由申请人持《音像制品出版许可证》到工商行政管理部门登记，依法领取营业执照；不批准的，应当说明理由。

申请书应当载明下列内容：

（一）音像出版单位的名称、地址；

（二）音像出版单位的主办单位及其主管机关的名称、地址；

（三）音像出版单位的法定代表人或者主要负责人的姓名、住址、资格证明文件；

（四）音像出版单位的资金来源和数额。

第十条 音像出版单位变更名称、主办单位或者其主管机关、业务范围，或者兼并其他音像出版单位，或者因合并、分立而设立新的音像出版单位的，应当依照本条例第九条的规定办理审批手续，并到原登记的工商行政管理部门办理相应的登记手续。

音像出版单位变更地址、法定代表人或者主要负责人，或者终止出版经营活动的，应当到原登记的工商行政管理部门办理变更登记或者注销登记，并向国务院出版行政主管部门备案。

第十一条 音像出版单位的年度出版计划和涉及国家安全、社会安定等方面的重大选题，应当经所在地省、自治区、直辖市人民政府出版行政主管部门审核后报国务院出版行政主管部门备案；重大选题音像制品未在出版前报备案的，不得出版。

第十二条 音像出版单位应当在其出版的音像制品及其包装的明显位置，标明出版单位的名称、地址和音像制品的版号、出版时间、著作权人等事项；出版进口的音像制品，还应当标明进口批准文号。

音像出版单位应当按照国家有关规定向国家图书馆、中国版本图书馆和国务院出版行政主管部门免费送交样本。

第十三条 音像出版单位不得向任何单位或者个人出租、出借、出售或者以其他任何形式转让本单位的名称，不得向任何单位或者个人出售或者以其他形式转让本单位的版号。

第十四条 任何单位和个人不得以购买、租用、借用、擅自使用音像出版单位的名称或者购买、伪造版号等形式从

事音像制品出版活动。

图书出版社、报社、期刊社、电子出版物出版社，不得出版非配合本版出版物的音像制品；但是，可以按照国务院出版行政主管部门的规定，出版配合本版出版物的音像制品，并参照音像出版单位享有权利、承担义务。

第十五条 音像出版单位可以与香港特别行政区、澳门特别行政区、台湾地区或者外国的组织、个人合作制作音像制品。具体办法由国务院出版行政主管部门制定。

第十六条 音像出版单位实行编辑责任制度，保证音像制品的内容符合本条例的规定。

第十七条 音像出版单位以外的单位申请设立独立从事音像制品的制作业务的单位（以下简称音像制作单位），由所在地省、自治区、直辖市人民政府出版行政主管部门审批。省、自治区、直辖市人民政府出版行政主管部门应当自受理申请之日起60日内作出批准或者不批准的决定，并通知申请人。批准的，发给《音像制品制作许可证》，由申请人持《音像制品制作许可证》到工商行政管理部门登记，依法领取营业执照；不批准的，应当说明理由。广播、电视节目制作经营单位的设立，依照有关法律、行政法规的规定办理。

申请书应当载明下列内容：

（一）音像制作单位的名称、地址；

（二）音像制作单位的法定代表人或者主要负责人的姓名、住址、资格证明文件；

（三）音像制作单位的资金来源和数额。

审批设立音像制作单位，除依照前款所列条件外，还应当兼顾音像制作单位总量、布局和结构。

第十八条 音像制作单位变更名称、业务范围，或者兼并其他音像制作单位，或者因合并、分立而设立新的音像制作单位的，应当依照本条例第十七条的规定办理审批手续，并到原登记的工商行政管理部门办理相应的登记手续。

音像制作单位变更地址、法定代表人或者主要负责人，或者终止制作经营活动的，应当到原登记的工商行政管理部门办理变更登记或者注销登记，并向省、自治区、直辖市人民政府出版行政主管部门备案。

第十九条 音像出版单位不得委托未取得《音像制品制作许可证》的单位制作音像制品。

音像制作单位接受委托制作音像制品的，应当按照国家有关规定，与委托的出版单位订立制作委托合同；验证委托的出版单位的《音像制品出版许可证》或者本版出版物的证明及由委托的出版单位盖章的音像制品制作委托书。

音像制作单位不得出版、复制、批发、零售音像制品。

第三章　复制

第二十条 设立音像复制单位应当具备下列条件：

（一）有音像复制单位的名称、章程；

（二）有确定的业务范围；

（三）有适应业务范围需要的组织机构和人员；

（四）有适应业务范围需要的资金、设备和复制场所；

（五）法律、行政法规规定的其他条件。

审批设立音像复制单位，除依照前款所列条件外，还应当符合音像复制单位总量、布局和结构的规划。

第二十一条 申请设立音像复制单位，由所在地省、自治区、直辖市人民政府出版行政主管部门审批。省、自治区、直辖市人民政府出版行政主管部门应当自受理申请之日起20日内作出批准或者不批准的决定，并通知申请人。批准的，发给《复制经营许可证》，由申请人持《复制经营许可证》到工商行政管理部门登记，依法领取营业执照；不批准的，应当说明理由。

申请书应当载明下列内容：

（一）音像复制单位的名称、地址；

（二）音像复制单位的法定代表人或者主要负责人的姓名、住址；

（三）音像复制单位的资金来源和数额。

第二十二条 音像复制单位变更业务范围，或者兼并其他音像复制单位，或者因合并、分立而设立新的音像复制单位的，应当依照本条例第二十一条的规定办理审批手续，并到工商行政管理部门办理相应的登记手续。

音像复制单位变更名称、地址、法定代表人或者主要负责人，或者终止复制经营活动的，应当到原登记的工商行政管理部门办理变更登记或者注销登记，并向国务院出版行政主管部门备案。

第二十三条 音像复制单位接受委托复制音像制品的，应当按照国家有关规定，与委托的出版单位订立复制委托合同；验证委托的出版单位的《音像制品出版许可证》、营业执照副本、盖章的音像制品复制委托书以及出版单位取得的授权书；接受委托复制的音像制品属于非卖品的，应当验证委托单位的身份证明和委托单位出具的音像制品非卖品复制委托书。

音像复制单位应当自完成音像制品复制之日起2年内，保存委托合同和所复制的音像制品的样本以及验证的有关证明文件的副本，以备查验。

第二十四条 音像复制单位不得接受非音像出版单位或者个人的委托复制经营性的音像制品；不得自行复制音像

制品；不得批发、零售音像制品。

第二十五条 从事光盘复制的音像复制单位复制光盘，必须使用蚀刻有国务院出版行政主管部门核发的激光数码储存片来源识别码的注塑模具。

第二十六条 音像复制单位接受委托复制境外音像制品的，应当经省、自治区、直辖市人民政府出版行政主管部门批准，并持著作权人的授权书依法到著作权行政管理部门登记；复制的音像制品应当全部运输出境，不得在境内发行。

第四章 进口

第二十七条 音像制品成品进口业务由国务院出版行政主管部门批准的音像制品成品进口经营单位经营；未经批准，任何单位或者个人不得经营音像制品成品进口业务。

第二十八条 进口用于出版的音像制品，以及进口用于批发、零售、出租等的音像制品成品，应当报国务院出版行政主管部门进行内容审查。

国务院出版行政主管部门应当自收到音像制品内容审查申请书之日起30日内作出批准或者不批准的决定，并通知申请人。批准的，发给批准文件；不批准的，应当说明理由。

进口用于出版的音像制品的单位、音像制品成品进口经营单位应当持国务院出版行政主管部门的批准文件到海关办理进口手续。

第二十九条 进口用于出版的音像制品，其著作权事项应当向国务院著作权行政管理部门登记。

第三十条 进口供研究、教学参考的音像制品，应当委托音像制品成品进口经营单位依照本条例第二十八条的规定办理。

进口用于展览、展示的音像制品，经国务院出版行政主管部门批准后，到海关办理临时进口手续。

依照本条规定进口的音像制品，不得进行经营性复制、批发、零售、出租和放映。

第五章 批发、零售和出租

第三十一条 设立音像制品批发、零售单位，应当具备下列条件：

（一）有音像制品批发、零售单位的名称、章程；

（二）有确定的业务范围；

（三）有适应业务范围需要的组织机构和人员；

（四）有适应业务范围需要的资金和场所；

（五）法律、行政法规规定的其他条件。

第三十二条 申请设立音像制品批发单位，应当报所在地省、自治区、直辖市人民政府出版行政主管部门审批。申请从事音像制品零售业务，应当报县级地方人民政府出版行政主管部门审批。出版行政主管部门应当自受理申请书之日起30日内作出批准或者不批准的决定，并通知申请人。批准的，应当发给《出版物经营许可证》，由申请人持《出版物经营许可证》到工商行政管理部门登记，依法领取营业执照；不批准的，应当说明理由。

《出版物经营许可证》应当注明音像制品经营活动的种类。

第三十三条 音像制品批发、零售单位变更名称、业务范围，或者兼并其他音像制品批发、零售单位，或者因合并、分立而设立新的音像制品批发、零售单位的，应当依照本条例第三十二条的规定办理审批手续，并到原登记的工商行政管理部门办理相应的登记手续。

音像制品批发、零售单位变更地址、法定代表人或者主要负责人或者终止经营活动，从事音像制品零售经营活动的个体工商户变更业务范围、地址或者终止经营活动的，应当到原登记的工商行政管理部门办理变更登记或者注销登记，并向原批准的出版行政主管部门备案。

第三十四条 音像出版单位可以按照国家有关规定，批发、零售本单位出版的音像制品。从事非本单位出版的音像制品的批发、零售业务的，应当依照本条例第三十二条的规定办理审批手续，并到原登记的工商行政管理部门办理登记手续。

第三十五条 国家允许设立从事音像制品发行业务的中外合作经营企业。

第三十六条 音像制品批发单位和从事音像制品零售、出租等业务的单位或者个体工商户，不得经营非音像出版单位出版的音像制品或者非音像复制单位复制的音像制品，不得经营未经国务院出版行政主管部门批准进口的音像制品，不得经营侵犯他人著作权的音像制品。

第六章 罚则

第三十七条 出版行政主管部门或者其他有关行政部门及其工作人员，利用职务上的便利收受他人财物或者其他好处，批准不符合法定设立条件的音像制品出版、制作、复制、进口、批发、零售单位，或者不履行监督职责，或者发现违法行为不予查处，造成严重后果的，对负有责任的主管人员和其他直接责任人员依法给予降级直至开除的处分；构成犯罪的，依照刑法关于受贿罪、滥用职权罪、玩忽职守罪或者其他罪的规定，依法追究刑事责任。

第三十八条 音像制品经营活动的监督管理部门的工作人员从事或者变相从事音像制品经营活动的，参与或者变相参与音像制品经营单位的经营活动的，依法给予撤职或者开除的处分。

音像制品经营活动的监督管理部门有前款所列行为的，对负有责任的主管人员和其他直接责任人员依照前款规定处罚。

第三十九条 未经批准，擅自设立音像制品出版、制作、复制、进口、批发、零售单位，擅自从事音像制品出版、制作、复制业务或者进口、批发、零售经营活动的，由出版行政主管部门、工商行政管理部门依照法定职权予以取缔；依照刑法关于非法经营罪的规定，依法追究刑事责任；尚不够刑事处罚的，没收违法经营的音像制品和违法所得以及进行违法活动的专用工具、设备；违法经营额1万元以上的，并处违法经营额5倍以上10倍以下的罚款；违法经营额不足1万元的，可以处5万元以下的罚款。

第四十条 出版含有本条例第三条第二款禁止内容的音像制品，或者制作、复制、批发、零售、出租、放映明知或者应知含有本条例第三条第二款禁止内容的音像制品的，依照刑法有关规定，依法追究刑事责任；尚不够刑事处罚的，由出版行政主管部门、公安部门依据各自职权责令停业整顿，没收违法经营的音像制品和违法所得；违法经营额1万元以上的，并处违法经营额5倍以上10倍以下的罚款；违法经营额不足1万元的，可以处5万元以下的罚款；情节严重的，并由原发证机关吊销许可证。

第四十一条 走私音像制品的，依照刑法关于走私罪的规定，依法追究刑事责任；尚不够刑事处罚的，由海关依法给予行政处罚。

第四十二条 有下列行为之一的，由出版行政主管部门责令停止违法行为，给予警告，没收违法经营的音像制品和违法所得；违法经营额1万元以上的，并处违法经营额5倍以上10倍以下的罚款；违法经营额不足1万元的，可以处5万元以下的罚款；情节严重的，并责令停业整顿或者由原发证机关吊销许可证：

（一）音像出版单位向其他单位、个人出租、出借、出售或者以其他任何形式转让本单位的名称，出售或者以其他形式转让本单位的版号的；

（二）音像出版单位委托未取得《音像制品制作许可证》的单位制作音像制品，或者委托未取得《复制经营许可证》的单位复制音像制品的；

（三）音像出版单位出版未经国务院出版行政主管部门批准擅自进口的音像制品的；

（四）音像制作单位、音像复制单位未依照本条例的规定验证音像出版单位的委托书、有关证明的；

（五）音像复制单位擅自复制他人的音像制品，或者接受非音像出版单位、个人的委托复制经营性的音像制品，或者自行复制音像制品的。

第四十三条 音像出版单位违反国家有关规定与香港特别行政区、澳门特别行政区、台湾地区或者外国的组织、个人合作制作音像制品，音像复制单位违反国家有关规定接受委托复制境外音像制品，未经省、自治区、直辖市人民政府出版行政主管部门审核同意，或者未将复制的境外音像制品全部运输出境的，由省、自治区、直辖市人民政府出版行政主管部门责令改正，没收违法经营的音像制品和违法所得；违法经营额1万元以上的，并处违法经营额5倍以上10倍以下的罚款；违法经营额不足1万元的，可以处5万元以下的罚款；情节严重的，并由原发证机关吊销许可证。

第四十四条 有下列行为之一的，由出版行政主管部门责令改正，给予警告；情节严重的，并责令停业整顿或者由原发证机关吊销许可证：

（一）音像出版单位未将其年度出版计划和涉及国家安全、社会安定等方面的重大选题报国务院出版行政主管部门备案的；

（二）音像制品出版、制作、复制、批发、零售单位变更名称、地址、法定代表人或者主要负责人、业务范围等，未依照本条例规定办理审批、备案手续的；

（三）音像出版单位未在其出版的音像制品及其包装的明显位置标明本条例规定的内容的；

（四）音像出版单位未依照本条例的规定送交样本的；

（五）音像复制单位未依照本条例的规定留存备查的材料的；

（六）从事光盘复制的音像复制单位复制光盘，使用未蚀刻国务院出版行政主管部门核发的激光数码储存片来源识别码的注塑模具的。

第四十五条 有下列行为之一的，由出版行政主管部门责令停止违法行为，给予警告，没收违法经营的音像制品和违法所得；违法经营额1万元以上的，并处违法经营额5倍以上10倍以下的罚款；违法经营额不足1万元的，可以处5万元以下的罚款；情节严重的，并责令停业整顿或者由原发证机关吊销许可证：

（一）批发、零售、出租、放映非音像出版单位出版的音像制品或者非音像复制单位复制的音像制品的；

（二）批发、零售、出租或者放映未经国务院出版行政主管部门批准进口的音像制品的；

（三）批发、零售、出租、放映供研究、教学参考或者用于展览、展示的进口音像制品的。

第四十六条 单位违反本条例的规定，被处以吊销许可证行政处罚的，应当到工商行政管理部门办理变更登记或者注销登记；逾期未办理的，由工商行政管理部门吊销营业执照。

第四十七条 单位违反本条例的规定，被处以吊销许可证行政处罚的，其法定代表人或者主要负责人自许可证被吊销之日起10年内不得担任音像制品出版、制作、复制、进口、批发、零售单位的法定代表人或者主要负责人。

从事音像制品零售业务的个体工商户违反本条例的规定，被处以吊销许可证行政处罚的，自许可证被吊销之日起10年内不得从事音像制品零售业务。

第四十八条 依照本条例的规定实施罚款的行政处罚，应当依照有关法律、行政法规的规定，实行罚款决定与罚款收缴分离；收缴的罚款必须全部上缴国库。

第七章 附则

第四十九条 除本条例第三十五条外，电子出版物的出版、制作、复制、进口、批发、零售等活动适用本条例。

第五十条 依照本条例发放许可证，除按照法定标准收取成本费外，不得收取其他任何费用。

第五十一条 本条例自2002年2月1日起施行。1994年8月25日国务院发布的《音像制品管理条例》同时废止。

出版管理条例

（2001年12月25日中华人民共和国国务院令第343号公布 根据2011年3月19日《国务院关于修改〈出版管理条例〉的决定》修订）

第一章 总则

第一条 为了加强对出版活动的管理，发展和繁荣有中国特色社会主义出版产业和出版事业，保障公民依法行使出版自由的权利，促进社会主义精神文明和物质文明建设，根据宪法，制定本条例。

第二条 在中华人民共和国境内从事出版活动，适用本条例。

本条例所称出版活动，包括出版物的出版、印刷或者复制、进口、发行。

本条例所称出版物，是指报纸、期刊、图书、音像制品、电子出版物等。

第三条 出版活动必须坚持为人民服务、为社会主义服务的方向，坚持以马克思列宁主义、毛泽东思想、邓小平理论和“三个代表”重要思想为指导，贯彻落实科学发展观，传播和积累有益于提高民族素质、有益于经济发展和社会进步的科学技术和文化知识，弘扬民族优秀文化，促进国际文化交流，丰富和提高人民的精神生活。

第四条 从事出版活动，应当将社会效益放在首位，实现社会效益与经济效益相结合。

第五条 公民依法行使出版自由的权利，各级人民政府应当予以保障。

公民在行使出版自由的权利的时候，必须遵守宪法和法律，不得反对宪法确定的基本原则，不得损害国家的、社会的、集体的利益和其他公民的合法的自由和权利。

第六条 国务院出版行政主管部门负责全国的出版活动的监督管理工作。国务院其他有关部门按照国务院规定的职责分工，负责有关的出版活动的监督管理工作。

县级以上地方各级人民政府负责出版管理的部门（以下简称出版行政主管部门）负责本行政区域内出版活动的监督管理工作。县级以上地方各级人民政府其他有关部门在各自的职责范围内，负责有关的出版活动的监督管理工作。

第七条 出版行政主管部门根据已经取得的违法嫌疑证据或者举报，对涉嫌违法从事出版物出版、印刷或者复制、进口、发行等活动的行为进行查处时，可以检查与涉嫌违法活动有关的物品和经营场所；对有证据证明是与违法活动有关的物品，可以查封或者扣押。

第八条 出版行业的社会团体按照其章程，在出版行政主管部门的指导下，实行自律管理。

第二章 出版单位的设立与管理

第九条 报纸、期刊、图书、音像制品和电子出版物等应当由出版单位出版。

本条例所称出版单位，包括报社、期刊社、图书出版社、音像出版社和电子出版物出版社等。

法人出版报纸、期刊，不设立报社、期刊社的，其设立的报纸编辑部、期刊编辑部视为出版单位。

第十条 国务院出版行政主管部门制定全国出版单位总量、结构、布局的规划，指导、协调出版产业和出版事业发展。

第十一条 设立出版单位，应当具备下列条件：

（一）有出版单位的名称、章程；

（二）有符合国务院出版行政主管部门认定的主办单位及其主管机关；

（三）有确定的业务范围；

（四）有 30 万元以上的注册资本和固定的工作场所；

（五）有适应业务范围需要的组织机构和符合国家规定的资格条件的编辑出版专业人员；

（六）法律、行政法规规定的其他条件。

审批设立出版单位，除依照前款所列条件外，还应当符合国家关于出版单位总量、结构、布局的规划。

第十二条 设立出版单位，由其主办单位向所在地省、自治区、直辖市人民政府出版行政主管部门提出申请；省、自治区、直辖市人民政府出版行政主管部门审核同意后，报国务院出版行政主管部门审批。设立的出版单位为事业单位的，还应当办理机构编制审批手续。

第十三条 设立出版单位的申请书应当载明下列事项：

（一）出版单位的名称、地址；

（二）出版单位的主办单位及其主管机关的名称、地址；

（三）出版单位的法定代表人或者主要负责人的姓名、住址、资格证明文件；

（四）出版单位的资金来源及数额。

设立报社、期刊社或者报纸编辑部、期刊编辑部的，申请书还应当载明报纸或者期刊的名称、刊期、开版或者开本、印刷场所。

申请书应当附具出版单位的章程和设立出版单位的主办单位及其主管机关的有关证明材料。

第十四条 国务院出版行政主管部门应当自受理设立出版单位的申请之日起 60 日内，作出批准或者不批准的决定，并由省、自治区、直辖市人民政府出版行政主管部门书面通知主办单位；不批准的，应当说明理由。

第十五条 设立出版单位的主办单位应当自收到批准决定之日起 60 日内，向所在地省、自治区、直辖市人民政府出版行政主管部门登记，领取出版许可证。登记事项由国务院出版行政主管部门规定。

出版单位领取出版许可证后，属于事业单位法人的，持出版许可证向事业单位登记管理机关登记，依法领取事业单位法人证书；属于企业法人的，持出版许可证向工商行政管理部门登记，依法领取营业执照。

第十六条 报社、期刊社、图书出版社、音像出版社和电子出版物出版社等应当具备法人条件，经核准登记后，取得法人资格，以其全部法人财产独立承担民事责任。

依照本条例第九条第三款的规定，视为出版单位的报纸编辑部、期刊编辑部不具有法人资格，其民事责任由其主办单位承担。

第十七条 出版单位变更名称、主办单位或者其主管机关、业务范围、资本结构，合并或者分立，设立分支机构，出版新的报纸、期刊，或者报纸、期刊变更名称的，应当依照本条例第十二条、第十三条的规定办理审批手续。出版单位属于事业单位法人的，还应当持批准文件到事业单位登记管理机关办理相应的登记手续；属于企业法人的，还应当持批准文件到工商行政管理部门办理相应的登记手续。

出版单位除前款所列变更事项外的其他事项的变更，应当经主办单位及其主管机关审查同意，向所在地省、自治区、直辖市人民政府出版行政主管部门申请变更登记，并报国务院出版行政主管部门备案。出版单位属于事业单位法人的，还应当持批准文件到事业单位登记管理机关办理变更登记；属于企业法人的，还应当持批准文件到工商行政管理部门办理变更登记。

第十八条 出版单位中止出版活动的，应当向所在地省、自治区、直辖市人民政府出版行政主管部门备案并说明理由和期限；出版单位中止出版活动不得超过 180 日。

出版单位终止出版活动的，由主办单位提出申请并经主管机关同意后，由主办单位向所在地省、自治区、直辖市人民政府出版行政主管部门办理注销登记，并报国务院出版行政主管部门备案。出版单位属于事业单位法人的，还应当持批准文件到事业单位登记管理机关办理注销登记；属于企业法人的，还应当持批准文件到工商行政管理部门办理注销登记。

第十九条 图书出版社、音像出版社和电子出版物出版社自登记之日起满 180 日未从事出版活动的，报社、期刊社自登记之日起满 90 日未出版报纸、期刊的，由原登记的出版行政主管部门注销登记，并报国务院出版行政主管部门备案。

因不可抗力或者其他正当理由发生前款所列情形的，出版单位可以向原登记的出版行政主管部门申请延期。

第二十条 图书出版社、音像出版社和电子出版物出版社的年度出版计划及涉及国家安全、社会安定等方面的重大选题，应当经所在地省、自治区、直辖市人民政府出版行政主管部门审核后报国务院出版行政主管部门备案；涉及重大选题，未在出版前报备案的出版物，不得出版。具体办法由国务院出版行政主管部门制定。

期刊社的重大选题，应当依照前款规定办理备案手续。

第二十一条 出版单位不得向任何单位或者个人出售或者以其他形式转让本单位的名称、书号、刊号或者版号、版面，并不得出租本单位的名称、刊号。

出版单位及其从业人员不得利用出版活动谋取其他不

正当利益。

第二十二条 出版单位应当按照国家有关规定向国家图书馆、中国版本图书馆和国务院出版行政主管部门免费送交样本。

第三章 出版物的出版

第二十三条 公民可以依照本条例规定，在出版物上自由表达自己对国家事务、经济和文化事业、社会事务的见解和意愿，自由发表自己从事科学研究、文学艺术创作和其他文化活动的成果。

合法出版物受法律保护，任何组织和个人不得非法干扰、阻止、破坏出版物的出版。

第二十四条 出版单位实行编辑责任制度，保障出版物刊载的内容符合本条例的规定。

第二十五条 任何出版物不得含有下列内容：

（一）反对宪法确定的基本原则的；

（二）危害国家统一、主权和领土完整的；

（三）泄露国家秘密、危害国家安全或者损害国家荣誉和利益的；

（四）煽动民族仇恨、民族歧视，破坏民族团结，或者侵害民族风俗、习惯的；

（五）宣扬邪教、迷信的；

（六）扰乱社会秩序，破坏社会稳定的；

（七）宣扬淫秽、赌博、暴力或者教唆犯罪的；

（八）侮辱或者诽谤他人，侵害他人合法权益的；

（九）危害社会公德或者民族优秀文化传统的；

（十）有法律、行政法规和国家规定禁止的其他内容的。

第二十六条 以未成年人为对象的出版物不得含有诱发未成年人模仿违反社会公德的行为和违法犯罪的行为的内容，不得含有恐怖、残酷等妨害未成年人身心健康的内容。

第二十七条 出版物的内容不真实或者不公正，致使公民、法人或者其他组织的合法权益受到侵害的，其出版单位应当公开更正，消除影响，并依法承担其他民事责任。

报纸、期刊发表的作品内容不真实或者不公正，致使公民、法人或者其他组织的合法权益受到侵害的，当事人有权要求有关出版单位更正或者答辩，有关出版单位应当在其近期出版的报纸、期刊上予以发表；拒绝发表的，当事人可以向人民法院提起诉讼。

第二十八条 出版物必须按照国家的有关规定载明作者、出版者、印刷者或者复制者、发行者的名称、地址，书号、刊号或者版号，在版编目数据，出版日期、刊期以及其他有关事项。

出版物的规格、开本、版式、装帧、校对等必须符合国家标准和规范要求，保证出版物的质量。

出版物使用语言文字必须符合国家法律规定和有关标准、规范。

第二十九条 任何单位和个人不得伪造、假冒出版单位名称或者报纸、期刊名称出版出版物。

第三十条 中学小学教科书由国务院教育行政主管部门审定；其出版、发行单位应当具有适应教科书出版、发行业务需要的资金、组织机构和人员等条件，并取得国务院出版行政主管部门批准的教科书出版、发行资质。纳入政府采购范围的中学小学教科书，其发行单位按照《中华人民共和国政府采购法》的有关规定确定。其他任何单位或者个人不得从事中学小学教科书的出版、发行业务。

第四章 出版物的印刷或者复制和发行

第三十一条 从事出版物印刷或者复制业务的单位，应当向所在地省、自治区、直辖市人民政府出版行政主管部门提出申请，经审核许可，并依照国家有关规定到工商行政管理部门办理相关手续后，方可从事出版物的印刷或者复制。

未经许可并办理相关手续的，不得印刷报纸、期刊、图书，不得复制音像制品、电子出版物。

第三十二条 出版单位不得委托未取得出版物印刷或者复制许可的单位印刷或者复制出版物。

出版单位委托印刷或者复制单位印刷或者复制出版物的，必须提供符合国家规定的印刷或者复制出版物的有关证明，并依法与印刷或者复制单位签订合同。

印刷或者复制单位不得接受非出版单位和个人的委托印刷报纸、期刊、图书或者复制音像制品、电子出版物，不得擅自印刷、发行报纸、期刊、图书或者复制、发行音像制品、电子出版物。

第三十三条 印刷或者复制单位经所在地省、自治区、直辖市人民政府出版行政主管部门批准，可以承接境外出版物的印刷或者复制业务；但是，印刷或者复制的境外出版物必须全部运输出境，不得在境内发行。

境外委托印刷或者复制的出版物的内容，应当经省、自治区、直辖市人民政府出版行政主管部门审核。委托人应当持有著作权人授权书，并向著作权行政管理部门登记。

第三十四条 印刷或者复制单位应当自完成出版物的印刷或者复制之日起 2 年内，留存一份承接的出版物样本备查。

第三十五条 从事出版物批发业务的单位，须经省、自治区、直辖市人民政府出版行政主管部门审核许可。

从事出版物零售业务的单位和个体工商户，须经县级人民政府出版行政主管部门审核许可。

从事出版物发行业务的单位和个体工商户经出版行政主管部门批准、取得《出版物经营许可证》，并向工商行政管理部门依法领取营业执照后，方可从事出版物发行业务。

第三十六条 通过互联网等信息网络从事出版物发行业务的单位或者个体工商户，应当依照本条例规定取得《出版物经营许可证》。

提供网络交易平台服务的经营者应当对申请通过网络交易平台从事出版物发行业务的单位或者个体工商户的经营主体身份进行审查，验证其《出版物经营许可证》。

第三十七条 从事出版物发行业务的单位和个体工商户变更《出版物经营许可证》登记事项，或者兼并、合并、分立的，应当依照本条例第三十五条的规定办理审批手续，并持批准文件到工商行政管理部门办理相应的登记手续。

从事出版物发行业务的单位和个体工商户终止经营活动的，应当到工商行政管理部门办理注销登记，并向原批准的出版行政主管部门备案。

第三十八条 出版单位可以发行本出版单位出版的出版物，不得发行其他出版单位出版的出版物。

第三十九条 国家允许设立从事图书、报纸、期刊、电子出版物发行业务的中外合资经营企业、中外合作经营企业、外资企业。

第四十条 印刷或者复制单位、发行单位或者个体工商户不得印刷或者复制、发行有下列情形之一的出版物：

（一）含有本条例第二十五条、第二十六条禁止内容的；

（二）非法进口的；

（三）伪造、假冒出版单位名称或者报纸、期刊名称的；

（四）未署出版单位名称的；

（五）中学小学教科书未经依法审定的；

（六）侵犯他人著作权的。

第五章　出版物的进口

第四十一条 出版物进口业务，由依照本条例设立的出版物进口经营单位经营；其他单位和个人不得从事出版物进口业务。

第四十二条 设立出版物进口经营单位，应当具备下列条件：

（一）有出版物进口经营单位的名称、章程；

（二）有符合国务院出版行政主管部门认定的主办单位及其主管机关；

（三）有确定的业务范围；

（四）具有进口出版物内容审查能力；

（五）有与出版物进口业务相适应的资金；

（六）有固定的经营场所；

（七）法律、行政法规和国家规定的其他条件。

第四十三条 设立出版物进口经营单位，应当向国务院出版行政主管部门提出申请，经审查批准，取得国务院出版行政主管部门核发的出版物进口经营许可证后，持证到工商行政管理部门依法领取营业执照。

设立出版物进口经营单位，还应当依照对外贸易法律、行政法规的规定办理相应手续。

第四十四条 出版物进口经营单位变更名称、业务范围、资本结构、主办单位或者其主管机关，合并或者分立，设立分支机构，应当依照本条例第四十二条、第四十三条的规定办理审批手续，并持批准文件到工商行政管理部门办理相应的登记手续。

第四十五条 出版物进口经营单位进口的出版物，不得含有本条例第二十五条、第二十六条禁止的内容。

出版物进口经营单位负责对其进口的出版物进行内容审查。省级以上人民政府出版行政主管部门可以对出版物进口经营单位进口的出版物直接进行内容审查。出版物进口经营单位无法判断其进口的出版物是否含有本条例第二十五条、第二十六条禁止内容的，可以请求省级以上人民政府出版行政主管部门进行内容审查。省级以上人民政府出版行政主管部门应出版物进口经营单位的请求，对其进口的出版物进行内容审查的，可以按照国务院价格主管部门批准的标准收取费用。

国务院出版行政主管部门可以禁止特定出版物的进口。

第四十六条 出版物进口经营单位应当在进口出版物前将拟进口的出版物目录报省级以上人民政府出版行政主管部门备案；省级以上人民政府出版行政主管部门发现有禁止进口的或者暂缓进口的出版物的，应当及时通知出版物进口经营单位并通报海关。对通报禁止进口或者暂缓进口的出版物，出版物进口经营单位不得进口，海关不得放行。

出版物进口备案的具体办法由国务院出版行政主管部门制定。

第四十七条 发行进口出版物的，必须从依法设立的出版物进口经营单位进货。

第四十八条 出版物进口经营单位在境内举办境外出

版物展览，必须报经国务院出版行政主管部门批准。未经批准，任何单位和个人不得举办境外出版物展览。

依照前款规定展览的境外出版物需要销售的，应当按照国家有关规定办理相关手续。

第六章 监督与管理

第四十九条 出版行政主管部门应当加强对本行政区域内出版单位出版活动的日常监督管理；出版单位的主办单位及其主管机关对所属出版单位出版活动负有直接管理责任，并应当配合出版行政主管部门督促所属出版单位执行各项管理规定。

出版单位和出版物进口经营单位应当按照国务院出版行政主管部门的规定，将从事出版活动和出版物进口活动的情况向出版行政主管部门提出书面报告。

第五十条 出版行政主管部门履行下列职责：

（一）对出版物的出版、印刷、复制、发行、进口单位进行行业监管，实施准入和退出管理；

（二）对出版活动进行监管，对违反本条例的行为进行查处；

（三）对出版物内容和质量进行监管；

（四）根据国家有关规定对出版从业人员进行管理。

第五十一条 出版行政主管部门根据有关规定和标准，对出版物的内容、编校、印刷或者复制、装帧设计等方面质量实施监督检查。

第五十二条 国务院出版行政主管部门制定出版单位综合评估办法，对出版单位分类实施综合评估。

出版物的出版、印刷或者复制、发行和进口经营单位不再具备行政许可的法定条件的，由出版行政主管部门责令限期改正；逾期仍未改正的，由原发证机关撤销行政许可。

第五十三条 国家对在出版单位从事出版专业技术工作的人员实行职业资格制度；出版专业技术人员通过国家专业技术人员资格考试取得专业技术资格。具体办法由国务院人力资源社会保障主管部门、国务院出版行政主管部门共同制定。

第七章 保障与奖励

第五十四条 国家制定有关政策，保障、促进出版产业和出版事业的发展与繁荣。

第五十五条 国家支持、鼓励下列优秀的、重点的出版物的出版：

（一）对阐述、传播宪法确定的基本原则有重大作用的；

（二）对弘扬社会主义核心价值体系，在人民中进行爱国主义、集体主义、社会主义和民族团结教育以及弘扬社会公德、职业道德、家庭美德有重要意义的；

（三）对弘扬民族优秀文化，促进国际文化交流有重大作用的；

（四）对推进文化创新，及时反映国内外新的科学文化成果有重大贡献的；

（五）对服务农业、农村和农民，促进公共文化服务有重大作用的；

（六）其他具有重要思想价值、科学价值或者文化艺术价值的。

第五十六条 国家对教科书的出版发行，予以保障。

国家扶持少数民族语言文字出版物和盲文出版物的出版发行。

国家对在少数民族地区、边疆地区、经济不发达地区和在农村发行出版物，实行优惠政策。

第五十七条 报纸、期刊交由邮政企业发行的，邮政企业应当保证按照合同约定及时、准确发行。

承运出版物的运输企业，应当对出版物的运输提供方便。

第五十八条 对为发展、繁荣出版产业和出版事业作出重要贡献的单位和个人，按照国家有关规定给予奖励。

第五十九条 对非法干扰、阻止和破坏出版物出版、印刷或者复制、进口、发行的行为，县级以上各级人民政府出版行政主管部门及其他有关部门，应当及时采取措施，予以制止。

第八章 法律责任

第六十条 出版行政主管部门或者其他有关部门的工作人员，利用职务上的便利收受他人财物或者其他好处，批准不符合法定设立条件的出版、印刷或者复制、进口、发行单位，或者不履行监督职责，或者发现违法行为不予查处，造成严重后果的，依法给予降级直至开除的处分；构成犯罪的，依照刑法关于受贿罪、滥用职权罪、玩忽职守罪或者其他罪的规定，依法追究刑事责任。

第六十一条 未经批准，擅自设立出版物的出版、印刷或者复制、进口、发行单位，或者擅自从事出版物的出版、印刷或者复制、进口、发行业务，假冒出版单位名称或者伪造、假冒报纸、期刊名称出版出版物的，由出版行政主管部门、工商行政管理部门依照法定职权予以取缔；依照刑法关于非法经营罪的规定，依法追究刑事责任；尚不够刑事处罚的，没收出版物、违法所得和从事违法活动的专用工具、设备，违法经营额1万元以上的，并处违法经营额5倍以上10倍以下的罚款，违法经营额不足1万元的，可以处5万元以下的罚款；侵犯他人合法权益的，依法承担民事责任。

第六十二条 有下列行为之一，触犯刑律的，依照刑法有关规定，依法追究刑事责任；尚不够刑事处罚的，由出版行政主管部门责令限期停业整顿，没收出版物、违法所得，违法经营额1万元以上的，并处违法经营额5倍以上10倍以下的罚款；违法经营额不足1万元的，可以处5万元以下的罚款；情节严重的，由原发证机关吊销许可证：

（一）出版、进口含有本条例第二十五条、第二十六条禁止内容的出版物的；

（二）明知或者应知出版物含有本条例第二十五条、第二十六条禁止内容而印刷或者复制、发行的；

（三）明知或者应知他人出版含有本条例第二十五条、第二十六条禁止内容的出版物而向其出售或者以其他形式转让本出版单位的名称、书号、刊号、版号、版面，或者出租本单位的名称、刊号的。

第六十三条 有下列行为之一的，由出版行政主管部门责令停止违法行为，没收出版物、违法所得，违法经营额1万元以上的，并处违法经营额5倍以上10倍以下的罚款；违法经营额不足1万元的，可以处5万元以下的罚款；情节严重的，责令限期停业整顿或者由原发证机关吊销许可证：

（一）进口、印刷或者复制、发行国务院出版行政主管部门禁止进口的出版物的；

（二）印刷或者复制走私的境外出版物的；

（三）发行进口出版物未从本条例规定的出版物进口经营单位进货的。

第六十四条 走私出版物的，依照刑法关于走私罪的规定，依法追究刑事责任；尚不够刑事处罚的，由海关依照海关法的规定给予行政处罚。

第六十五条 有下列行为之一的，由出版行政主管部门没收出版物、违法所得，违法经营额1万元以上的，并处违法经营额5倍以上10倍以下的罚款；违法经营额不足1万元的，可以处5万元以下的罚款；情节严重的，责令限期停业整顿或者由原发证机关吊销许可证：

（一）出版单位委托未取得出版物印刷或者复制许可的单位印刷或者复制出版物的；

（二）印刷或者复制单位未取得印刷或者复制许可而印刷或者复制出版物的；

（三）印刷或者复制单位接受非出版单位和个人的委托印刷或者复制出版物的；

（四）印刷或者复制单位未履行法定手续印刷或者复制境外出版物的，印刷或者复制的境外出版物没有全部运输出境的；

（五）印刷或者复制单位、发行单位或者个体工商户印刷或者复制、发行未署出版单位名称的出版物的；

（六）出印刷或者复制单位、发行单位或者个体工商户印刷或者复制、发行伪造、假冒出版单位名称或者报纸、期刊名称的出版物的。

第六十六条 出版单位有下列行为之一的，由出版行政主管部门责令停止违法行为，给予警告，没收违法经营的出版物、违法所得，违法经营额1万元以上的，并处违法经营额5倍以上10倍以下的罚款；违法经营额不足1万元的，可以处5万元以下的罚款；情节严重的，责令限期停业整顿或者由原发证机关吊销许可证：

（一）出售或者以其他形式转让本出版单位的名称、书号、刊号、版号、版面，或者出租本单位的名称、刊号的；

（二）利用出版活动谋取其他不正当利益的。

第六十七条 有下列行为之一的，由出版行政主管部门责令改正，给予警告；情节严重的，责令限期停业整顿或者由原发证机关吊销许可证：

（一）出版单位变更名称、主办单位或者其主管机关、业务范围，合并或者分立，出版新的报纸、期刊，或者报纸、期刊改变名称，以及出版单位变更其他事项，未依照本条例的规定到出版行政主管部门办理审批、变更登记手续的；

（二）出版单位未将其年度出版计划和涉及国家安全、社会安定等方面的重大选题备案的；

（三）出版单位未依照本条例的规定送交出版物的样本的；

（四）印刷或者复制单位未依照本条例的规定留存备查的材料的；

（五）出版进口经营单位未将其进口的出版物目录报送备案的；

（六）出版单位擅自中止出版活动超过180日的；

（七）出版物发行单位、出版物进口经营单位未依照本条例的规定办理变更审批手续的；

（八）出版物质量不符合有关规定和标准的。

第六十八条 未经批准，举办境外出版物展览的，由出版行政主管部门责令停止违法行为，没收出版物、违法所得；情节严重的，责令限期停业整顿或者由原发证机关吊销许可证。

第六十九条 印刷或者复制、批发、零售、出租、散发含有本条例第二十五条、第二十六条禁止内容的出版物或者其他非法出版物的，当事人对非法出版物的来源作出说明、指认，经查证属实的，没收出版物、违法所得，可以减轻或者免除其他行政处罚。

第七十条 单位违反本条例，被处以吊销许可证行政处罚的，应当按照国家有关规定到事业单位登记管理机关或者工商行政管理部门办理注销登记或者变更登记；逾期未办理的，由事业单位登记管理机关撤销登记或者由工商行政管理部门吊销营业执照。

第七十一条 单位违反本条例被处以吊销许可证行政处罚的，其法定代表人或者主要负责人自许可证被吊销之日起10年内不得担任出版、印刷或者复制、进口、发行单位的法定代表人或者主要负责人。

出版从业人员违反本条例规定，情节严重的，由原发证机关吊销其资格证书。

第七十二条 依照本条例的规定实施罚款的行政处罚，应当依照有关法律、行政法规的规定，实行罚款决定与罚款收缴分离；收缴的罚款必须全部上缴国库。

第九章 附则

第七十三条 行政法规对音像制品和电子出版物的出版、复制、进口、发行另有规定的，适用其规定。

接受境外机构或者个人赠送出版物的管理办法、订户订购境外出版物的管理办法、网络出版审批和管理办法，由国务院出版行政主管部门根据本条例的原则另行制定。

第七十四条 本条例自2002年2月1日起施行。1997年1月2日国务院发布的《出版管理条例》同时废止。

商标权

法律

中华人民共和国商标法

（1982年8月23日第五届全国人民代表大会常务委员会第二十四次会议通过　根据1993年2月22日第七届全国人民代表大会常务委员会第三十次会议《关于修改〈中华人民共和国商标法〉的决定》第一次修正　根据2001年10月27日第九届全国人民代表大会常务委员会第二十四次会议《关于修改〈中华人民共和国商标法〉的决定》第二次修正　根据2013年8月30日第十二届全国人民代表大会常务委员会第四次会议《关于修改〈中华人民共和国商标法〉的决定》第三次修正）

目　录

第一章 总 则

第一条 为了加强商标管理，保护商标专用权，促使生产、经营者保证商品和服务质量，维护商标信誉，以保障消费者和生产、经营者的利益，促进社会主义市场经济的发展，特制定本法。

第二条 国务院工商行政管理部门商标局主管全国商标注册和管理的工作。

国务院工商行政管理部门设立商标评审委员会，负责处理商标争议事宜。

第三条 经商标局核准注册的商标为注册商标，包括商品商标、服务商标和集体商标、证明商标；商标注册人享有商标专用权，受法律保护。

本法所称集体商标，是指以团体、协会或者其他组织名义注册，供该组织成员在商事活动中使用，以表明使用者在该组织中的成员资格的标志。

本法所称证明商标，是指由对某种商品或者服务具有监督能力的组织所控制，而由该组织以外的单位或者个人使用于其商品或者服务，用以证明该商品或者服务的原产地、原料、制造方法、质量或者其他特定品质的标志。

集体商标、证明商标注册和管理的特殊事项，由国务院工商行政管理部门规定。

第四条 自然人、法人或者其他组织在生产经营活动中，对其商品或者服务需要取得商标专用权的，应当向商标局申请商标注册。

本法有关商品商标的规定，适用于服务商标。

第五条 两个以上的自然人、法人或者其他组织可以共同向商标局申请注册同一商标，共同享有和行使该商标专用权。

第六条 法律、行政法规规定必须使用注册商标的商品，必须申请商标注册，未经核准注册的，不得在市场销售。

第七条 申请注册和使用商标，应当遵循诚实信用原则。

商标使用人应当对其使用商标的商品质量负责。各级工商行政管理部门应当通过商标管理，制止欺骗消费者的行为。

第八条 任何能够将自然人、法人或者其他组织的商品与他人的商品区别开的标志，包括文字、图形、字母、数字、三维标志、颜色组合和声音等，以及上述要素的组合，均可以作为商标申请注册。

第九条 申请注册的商标，应当有显著特征，便于识别，并不得与他人在先取得的合法权利相冲突。

商标注册人有权标明“注册商标”或者注册标记。

第十条 下列标志不得作为商标使用：

（一）同中华人民共和国的国家名称、国旗、国徽、国歌、军旗、军徽、军歌、勋章等相同或者近似的，以及同中央国家机关的名称、标志、所在地特定地点的名称或者标志性建筑物的名称、图形相同的；

（二）同外国的国家名称、国旗、国徽、军旗等相同或者近似的，但经该国政府同意的除外；

（三）同政府间国际组织的名称、旗帜、徽记等相同或者近似的，但经该组织同意或者不易误导公众的除外；

（四）与表明实施控制、予以保证的官方标志、检验印记相同或者近似的，但经授权的除外；

（五）同“红十字”、“红新月”的名称、标志相同或者近似的；

（六）带有民族歧视性的；

（七）带有欺骗性，容易使公众对商品的质量等特点或者产地产生误认的；

（八）有害于社会主义道德风尚或者有其他不良影响的。

县级以上行政区划的地名或者公众知晓的外国地名，不得作为商标。但是，地名具有其他含义或者作为集体商标、证明商标组成部分的除外；已经注册的使用地名的商标继续有效。

第十一条 下列标志不得作为商标注册：

（一）仅有本商品的通用名称、图形、型号的；

（二）仅直接表示商品的质量、主要原料、功能、用途、重量、数量及其他特点的；

（三）其他缺乏显著特征的。

前款所列标志经过使用取得显著特征，并便于识别的，可以作为商标注册。

第十二条 以三维标志申请注册商标的，仅由商品自身的性质产生的形状、为获得技术效果而需有的商品形状或者使商品具有实质性价值的形状，不得注册。

第十三条 为相关公众所熟知的商标，持有人认为其权利受到侵害时，可以依照本法规定请求驰名商标保护。

就相同或者类似商品申请注册的商标是复制、摹仿或者翻译他人未在中国注册的驰名商标，容易导致混淆的，不予注册并禁止使用。

就不相同或者不相类似商品申请注册的商标是复制、摹仿或者翻译他人已经在中国注册的驰名商标，误导公众，致使该驰名商标注册人的利益可能受到损害的，不予注册并禁止使用。

第十四条 驰名商标应当根据当事人的请求，作为处理涉及商标案件需要认定的事实进行认定。认定驰名商标应当考虑下列因素：

（一）相关公众对该商标的知晓程度；

（二）该商标使用的持续时间；

（三）该商标的任何宣传工作的持续时间、程度和地理范围；

（四）该商标作为驰名商标受保护的记录；

（五）该商标驰名的其他因素。

在商标注册审查、工商行政管理部门查处商标违法案件过程中，当事人依照本法第十三条规定主张权利的，商标局根据审查、处理案件的需要，可以对商标驰名情况作出认定。

在商标争议处理过程中，当事人依照本法第十三条规定主张权利的，商标评审委员会根据处理案件的需要，可以对商标驰名情况作出认定。

在商标民事、行政案件审理过程中，当事人依照本法第十三条规定主张权利的，最高人民法院指定的人民法院根据审理案件的需要，可以对商标驰名情况作出认定。

生产、经营者不得将“驰名商标”字样用于商品、商品包装或者容器上，或者用于广告宣传、展览以及其他商业活动中。

第十五条 未经授权，代理人或者代表人以自己的名义将被代理人或者被代表人的商标进行注册，被代理人或者被代表人提出异议的，不予注册并禁止使用。

就同一种商品或者类似商品申请注册的商标与他人在先使用的未注册商标相同或者近似，申请人与该他人具有前款规定以外的合同、业务往来关系或者其他关系而明知该他人商标存在，该他人提出异议的，不予注册。

第十六条 商标中有商品的地理标志，而该商品并非来源于该标志所标示的地区，误导公众的，不予注册并禁止使用；但是，已经善意取得注册的继续有效。

前款所称地理标志，是指标示某商品来源于某地区，该商品的特定质量、信誉或者其他特征，主要由该地区的自然因素或者人文因素所决定的标志。

第十七条 外国人或者外国企业在中国申请商标注册的，应当按其所属国和中华人民共和国签订的协议或者共同参加的国际条约办理，或者按对等原则办理。

第十八条 申请商标注册或者办理其他商标事宜，可以自行办理，也可以委托依法设立的商标代理机构办理。

外国人或者外国企业在中国申请商标注册和办理其他商标事宜的，应当委托依法设立的商标代理机构办理。

第十九条 商标代理机构应当遵循诚实信用原则，遵守法律、行政法规，按照被代理人的委托办理商标注册申请或者其他商标事宜；对在代理过程中知悉的被代理人的商业秘密，负有保密义务。

委托人申请注册的商标可能存在本法规定不得注册情形的，商标代理机构应当明确告知委托人。

商标代理机构知道或者应当知道委托人申请注册的商标属于本法第十五条和第三十二条规定情形的，不得接受其委托。

商标代理机构除对其代理服务申请商标注册外，不得申请注册其他商标。

第二十条 商标代理行业组织应当按照章程规定，严格执行吸纳会员的条件，对违反行业自律规范的会员实行惩戒。商标代理行业组织对其吸纳的会员和对会员的惩戒情况，应当及时向社会公布。

第二十一条 商标国际注册遵循中华人民共和国缔结或者参加的有关国际条约确立的制度，具体办法由国务院规定。

第二章 商标注册的申请

第二十二条 商标注册申请人应当按规定的商品分类表填报使用商标的商品类别和商品名称，提出注册申请。

商标注册申请人可以通过一份申请就多个类别的商品申请注册同一商标。

商标注册申请等有关文件，可以以书面方式或者数据电文方式提出。

第二十三条 注册商标需要在核定使用范围之外的商品上取得商标专用权的，应当另行提出注册申请。

第二十四条 注册商标需要改变其标志的，应当重新提出注册申请。

第二十五条 商标注册申请人自其商标在外国第一次提出商标注册申请之日起六个月内，又在中国就相同商品以同一商标提出商标注册申请的，依照该外国同中国签订的协议或者共同参加的国际条约，或者按照相互承认优先权的原则，可以享有优先权。

依照前款要求优先权的，应当在提出商标注册申请的时候提出书面声明，并且在三个月内提交第一次提出的商标注册申请文件的副本；未提出书面声明或者逾期未提交商标注册申请文件副本的，视为未要求优先权。

第二十六条 商标在中国政府主办的或者承认的国际展览会展出的商品上首次使用的，自该商品展出之日起六个月内，该商标的注册申请人可以享有优先权。

依照前款要求优先权的，应当在提出商标注册申请的时候提出书面声明，并且在三个月内提交展出其商品的展览会名称、在展出商品上使用该商标的证据、展出日期等证明文件；未提出书面声明或者逾期未提交证明文件的，视为未要求优先权。

第二十七条 为申请商标注册所申报的事项和所提供的材料应当真实、准确、完整。

第三章 商标注册的审查和核准

第二十八条 对申请注册的商标，商标局应当自收到商标注册申请文件之日起九个月内审查完毕，符合本法有关规定的，予以初步审定公告。

第二十九条 在审查过程中，商标局认为商标注册申请内容需要说明或者修正的，可以要求申请人作出说明或者修正。申请人未作出说明或者修正的，不影响商标局作出审查决定。

第三十条 申请注册的商标，凡不符合本法有关规定或者同他人在同一种商品或者类似商品上已经注册的或者初步审定的商标相同或者近似的，由商标局驳回申请，不予公告。

第三十一条 两个或者两个以上的商标注册申请人，在同一种商品或者类似商品上，以相同或者近似的商标申请注册的，初步审定并公告申请在先的商标；同一天申请的，初步审定并公告使用在先的商标，驳回其他人的申请，不予公告。

第三十二条 申请商标注册不得损害他人现有的在先权利，也不得以不正当手段抢先注册他人已经使用并有一定影响的商标。

第三十三条 对初步审定公告的商标，自公告之日起三个月内，在先权利人、利害关系人认为违反本法第十三条第二款和第三款、第十五条、第十六条第一款、第三十条、第三十一条、第三十二条规定的，或者任何人认为违反本法第十条、第十一条、第十二条规定的，可以向商标局提出异议。公告期满无异议的，予以核准注册，发给商标注册证，并予公告。

第三十四条 对驳回申请、不予公告的商标，商标局应当书面通知商标注册申请人。商标注册申请人不服的，可以自收到通知之日起十五日内向商标评审委员会申请复审。商标评审委员会应当自收到申请之日起九个月内作出决定，并书面通知申请人。有特殊情况需要延长的，经国务院工商行政管理部门批准，可以延长三个月。当事人对商标评审委员会的决定不服的，可以自收到通知之日起三十日内向人民法院起诉。

第三十五条 对初步审定公告的商标提出异议的，商标局应当听取异议人和被异议人陈述事实和理由，经调查核实后，自公告期满之日起十二个月内作出是否准予注册的决定，并书面通知异议人和被异议人。有特殊情况需要延长的，经国务院工商行政管理部门批准，可以延长六个月。

商标局作出准予注册决定的，发给商标注册证，并予公告。异议人不服的，可以依照本法第四十四条、第四十五条的规定向商标评审委员会请求宣告该注册商标无效。

商标局作出不予注册决定，被异议人不服的，可以自收到通知之日起十五日内向商标评审委员会申请复审。商标评审委员会应当自收到申请之日起十二个月内作出复审决定，并书面通知异议人和被异议人。有特殊情况需要延长的，经国务院工商行政管理部门批准，可以延长六个月。被异议人对商标评审委员会的决定不服的，可以自收到通知之日起三十日内向人民法院起诉。人民法院应当通知异议人作为第三人参加诉讼。

商标评审委员会在依照前款规定进行复审的过程中，所涉及的在先权利的确定必须以人民法院正在审理或者行政机关正在处理的另一案件的结果为依据的，可以中止审查。中止原因消除后，应当恢复审查程序。

第三十六条 法定期限届满，当事人对商标局作出的驳回申请决定、不予注册决定不申请复审或者对商标评审委员会作出的复审决定不向人民法院起诉的，驳回申请决定、不予注册决定或者复审决定生效。

经审查异议不成立而准予注册的商标，商标注册申请人取得商标专用权的时间自初步审定公告三个月期满之日起计算。自该商标公告期满之日起至准予注册决定作出前，对他人在同一种或者类似商品上使用与该商标相同或者近似的标志的行为不具有追溯力；但是，因该使用人的恶意给商标注册人造成的损失，应当给予赔偿。

第三十七条 对商标注册申请和商标复审申请应当及时进行审查。

第三十八条 商标注册申请人或者注册人发现商标申请文件或者注册文件有明显错误的，可以申请更正。商标局依法在其职权范围内作出更正，并通知当事人。

前款所称更正错误不涉及商标申请文件或者注册文件的实质性内容。

第四章　注册商标的续展、变更、转让和使用许可

第三十九条 注册商标的有效期为十年，自核准注册之日起计算。

第四十条 注册商标有效期满，需要继续使用的，商标注册人应当在期满前十二个月内按照规定办理续展手续；在此期间未能办理的，可以给予六个月的宽展期。每次续展注册的有效期为十年，自该商标上一届有效期满次日起计算。期满未办理续展手续的，注销其注册商标。

商标局应当对续展注册的商标予以公告。

第四十一条 注册商标需要变更注册人的名义、地址或者其他注册事项的，应当提出变更申请。

第四十二条 转让注册商标的，转让人和受让人应当签订转让协议，并共同向商标局提出申请。受让人应当保证使用该注册商标的商品质量。

转让注册商标的，商标注册人对其在同一种商品上注册的近似的商标，或者在类似商品上注册的相同或者近似的商标，应当一并转让。

对容易导致混淆或者有其他不良影响的转让，商标局不予核准，书面通知申请人并说明理由。

转让注册商标经核准后，予以公告。受让人自公告之日

起享有商标专用权。

第四十三条 商标注册人可以通过签订商标使用许可合同，许可他人使用其注册商标。许可人应当监督被许可人使用其注册商标的商品质量。被许可人应当保证使用该注册商标的商品质量。

经许可使用他人注册商标的，必须在使用该注册商标的商品上标明被许可人的名称和商品产地。

许可他人使用其注册商标的，许可人应当将其商标使用许可报商标局备案，由商标局公告。商标使用许可未经备案不得对抗善意第三人。

第五章 注册商标的无效宣告

第四十四条 已经注册的商标，违反本法第十条、第十一条、第十二条规定的，或者是以欺骗手段或者其他不正当手段取得注册的，由商标局宣告该注册商标无效；其他单位或者个人可以请求商标评审委员会宣告该注册商标无效。

商标局作出宣告注册商标无效的决定，应当书面通知当事人。当事人对商标局的决定不服的，可以自收到通知之日起十五日内向商标评审委员会申请复审。商标评审委员会应当自收到申请之日起九个月内作出决定，并书面通知当事人。有特殊情况需要延长的，经国务院工商行政管理部门批准，可以延长三个月。当事人对商标评审委员会的决定不服的，可以自收到通知之日起三十日内向人民法院起诉。

其他单位或者个人请求商标评审委员会宣告注册商标无效的，商标评审委员会收到申请后，应当书面通知有关当事人，并限期提出答辩。商标评审委员会应当自收到申请之日起九个月内作出维持注册商标或者宣告注册商标无效的裁定，并书面通知当事人。有特殊情况需要延长的，经国务院工商行政管理部门批准，可以延长三个月。当事人对商标评审委员会的裁定不服的，可以自收到通知之日起三十日内向人民法院起诉。人民法院应当通知商标裁定程序的对方当事人作为第三人参加诉讼。

第四十五条 已经注册的商标，违反本法第十三条第二款和第三款、第十五条、第十六条第一款、第三十条、第三十一条、第三十二条规定的，自商标注册之日起五年内，在先权利人或者利害关系人可以请求商标评审委员会宣告该注册商标无效。对恶意注册的，驰名商标所有人不受五年的时间限制。

商标评审委员会收到宣告注册商标无效的申请后，应当书面通知有关当事人，并限期提出答辩。商标评审委员会应当自收到申请之日起十二个月内作出维持注册商标或者宣告注册商标无效的裁定，并书面通知当事人。有特殊情况需要延长的，经国务院工商行政管理部门批准，可以延长六个月。当事人对商标评审委员会的裁定不服的，可以自收到通知之日起三十日内向人民法院起诉。人民法院应当通知商标裁定程序的对方当事人作为第三人参加诉讼。

商标评审委员会在依照前款规定对无效宣告请求进行审查的过程中，所涉及的在先权利的确定必须以人民法院正在审理或者行政机关正在处理的另一案件的结果为依据的，可以中止审查。中止原因消除后，应当恢复审查程序。

第四十六条 法定期限届满，当事人对商标局宣告注册商标无效的决定不申请复审或者对商标评审委员会的复审决定、维持注册商标或者宣告注册商标无效的裁定不向人民法院起诉的，商标局的决定或者商标评审委员会的复审决定、裁定生效。

第四十七条 依照本法第四十四条、第四十五条的规定宣告无效的注册商标，由商标局予以公告，该注册商标专用权视为自始即不存在。

宣告注册商标无效的决定或者裁定，对宣告无效前人民法院作出并已执行的商标侵权案件的判决、裁定、调解书和工商行政管理部门作出并已执行的商标侵权案件的处理决定以及已经履行的商标转让或者使用许可合同不具有追溯力。但是，因商标注册人的恶意给他人造成的损失，应当给予赔偿。

依照前款规定不返还商标侵权赔偿金、商标转让费、商标使用费，明显违反公平原则的，应当全部或者部分返还。

第六章 商标使用的管理

第四十八条 本法所称商标的使用，是指将商标用于商品、商品包装或者容器以及商品交易文书上，或者将商标用于广告宣传、展览以及其他商业活动中，用于识别商品来源的行为。

第四十九条 商标注册人在使用注册商标的过程中，自行改变注册商标、注册人名义、地址或者其他注册事项的，由地方工商行政管理部门责令限期改正；期满不改正的，由商标局撤销其注册商标。

注册商标成为其核定使用的商品的通用名称或者没有正当理由连续三年不使用的，任何单位或者个人可以向商标局申请撤销该注册商标。商标局应当自收到申请之日起九个月内作出决定。有特殊情况需要延长的，经国务院工商行政管理部门批准，可以延长三个月。

第五十条 注册商标被撤销、被宣告无效或者期满不再续展的，自撤销、宣告无效或者注销之日起一年内，商标局对与该商标相同或者近似的商标注册申请，不予核准。

第五十一条　违反本法第六条规定的，由地方工商行政管理部门责令限期申请注册，违法经营额五万元以上的，可以处违法经营额百分之二十以下的罚款，没有违法经营额或者违法经营额不足五万元的，可以处一万元以下的罚款。

第五十二条　将未注册商标冒充注册商标使用的，或者使用未注册商标违反本法第十条规定的，由地方工商行政管理部门予以制止，限期改正，并可以予以通报，违法经营额五万元以上的，可以处违法经营额百分之二十以下的罚款，没有违法经营额或者违法经营额不足五万元的，可以处一万元以下的罚款。

第五十三条　违反本法第十四条第五款规定的，由地方工商行政管理部门责令改正，处十万元罚款。

第五十四条　对商标局撤销或者不予撤销注册商标的决定，当事人不服的，可以自收到通知之日起十五日内向商标评审委员会申请复审。商标评审委员会应当自收到申请之日起九个月内作出决定，并书面通知当事人。有特殊情况需要延长的，经国务院工商行政管理部门批准，可以延长三个月。当事人对商标评审委员会的决定不服的，可以自收到通知之日起三十日内向人民法院起诉。

第五十五条　法定期限届满，当事人对商标局作出的撤销注册商标的决定不申请复审或者对商标评审委员会作出的复审决定不向人民法院起诉的，撤销注册商标的决定、复审决定生效。

被撤销的注册商标，由商标局予以公告，该注册商标专用权自公告之日起终止。

第七章　注册商标专用权的保护

第五十六条　注册商标的专用权，以核准注册的商标和核定使用的商品为限。

第五十七条　有下列行为之一的，均属侵犯注册商标专用权：

（一）未经商标注册人的许可，在同一种商品上使用与其注册商标相同的商标的；

（二）未经商标注册人的许可，在同一种商品上使用与其注册商标近似的商标，或者在类似商品上使用与其注册商标相同或者近似的商标，容易导致混淆的；

（三）销售侵犯注册商标专用权的商品的；

（四）伪造、擅自制造他人注册商标标识或者销售伪造、擅自制造的注册商标标识的；

（五）未经商标注册人同意，更换其注册商标并将该更换商标的商品又投入市场的；

（六）故意为侵犯他人商标专用权行为提供便利条件，帮助他人实施侵犯商标专用权行为的；

（七）给他人的注册商标专用权造成其他损害的。

第五十八条　将他人注册商标、未注册的驰名商标作为企业名称中的字号使用，误导公众，构成不正当竞争行为的，依照《中华人民共和国反不正当竞争法》处理。

第五十九条　注册商标中含有的本商品的通用名称、图形、型号，或者直接表示商品的质量、主要原料、功能、用途、重量、数量及其他特点，或者含有的地名，注册商标专用权人无权禁止他人正当使用。

三维标志注册商标中含有的商品自身的性质产生的形状、为获得技术效果而需有的商品形状或者使商品具有实质性价值的形状，注册商标专用权人无权禁止他人正当使用。

商标注册人申请商标注册前，他人已经在同一种商品或者类似商品上先于商标注册人使用与注册商标相同或者近似并有一定影响的商标的，注册商标专用权人无权禁止该使用人在原使用范围内继续使用该商标，但可以要求其附加适当区别标识。

第六十条　有本法第五十七条所列侵犯注册商标专用权行为之一，引起纠纷的，由当事人协商解决；不愿协商或者协商不成的，商标注册人或者利害关系人可以向人民法院起诉，也可以请求工商行政管理部门处理。

工商行政管理部门处理时，认定侵权行为成立的，责令立即停止侵权行为，没收、销毁侵权商品和主要用于制造侵权商品、伪造注册商标标识的工具，违法经营额五万元以上的，可以处违法经营额五倍以下的罚款，没有违法经营额或者违法经营额不足五万元的，可以处二十五万元以下的罚款。对五年内实施两次以上商标侵权行为或者有其他严重情节的，应当从重处罚。销售不知道是侵犯注册商标专用权的商品，能证明该商品是自己合法取得并说明提供者的，由工商行政管理部门责令停止销售。

对侵犯商标专用权的赔偿数额的争议，当事人可以请求进行处理的工商行政管理部门调解，也可以依照《中华人民共和国民事诉讼法》向人民法院起诉。经工商行政管理部门调解，当事人未达成协议或者调解书生效后不履行的，当事人可以依照《中华人民共和国民事诉讼法》向人民法院起诉。

第六十一条　对侵犯注册商标专用权的行为，工商行政管理部门有权依法查处；涉嫌犯罪的，应当及时移送司法机关依法处理。

第六十二条　县级以上工商行政管理部门根据已经取得的违法嫌疑证据或者举报，对涉嫌侵犯他人注册商标专用权的行为进行查处时，可以行使下列职权：

（一）询问有关当事人，调查与侵犯他人注册商标专用权有关的情况；

（二）查阅、复制当事人与侵权活动有关的合同、发票、账簿以及其他有关资料；

（三）对当事人涉嫌从事侵犯他人注册商标专用权活动的场所实施现场检查；

（四）检查与侵权活动有关的物品；对有证据证明是侵犯他人注册商标专用权的物品，可以查封或者扣押。

工商行政管理部门依法行使前款规定的职权时，当事人应当予以协助、配合，不得拒绝、阻挠。

在查处商标侵权案件过程中，对商标权属存在争议或者权利人同时向人民法院提起商标侵权诉讼的，工商行政管理部门可以中止案件的查处。中止原因消除后，应当恢复或者终结案件查处程序。

第六十三条 侵犯商标专用权的赔偿数额，按照权利人因被侵权所受到的实际损失确定；实际损失难以确定的，可以按照侵权人因侵权所获得的利益确定；权利人的损失或者侵权人获得的利益难以确定的，参照该商标许可使用费的倍数合理确定。对恶意侵犯商标专用权，情节严重的，可以在按照上述方法确定数额的一倍以上三倍以下确定赔偿数额。赔偿数额应当包括权利人为制止侵权行为所支付的合理开支。

人民法院为确定赔偿数额，在权利人已经尽力举证，而与侵权行为相关的账簿、资料主要由侵权人掌握的情况下，可以责令侵权人提供与侵权行为相关的账簿、资料；侵权人不提供或者提供虚假的账簿、资料的，人民法院可以参考权利人的主张和提供的证据判定赔偿数额。

权利人因被侵权所受到的实际损失、侵权人因侵权所获得的利益、注册商标许可使用费难以确定的，由人民法院根据侵权行为的情节判决给予三百万元以下的赔偿。

第六十四条 注册商标专用权人请求赔偿，被控侵权人以注册商标专用权人未使用注册商标提出抗辩的，人民法院可以要求注册商标专用权人提供此前三年内实际使用该注册商标的证据。注册商标专用权人不能证明此前三年内实际使用过该注册商标，也不能证明因侵权行为受到其他损失的，被控侵权人不承担赔偿责任。

销售不知道是侵犯注册商标专用权的商品，能证明该商品是自己合法取得并说明提供者的，不承担赔偿责任。

第六十五条 商标注册人或者利害关系人有证据证明他人正在实施或者即将实施侵犯其注册商标专用权的行为，如不及时制止将会使其合法权益受到难以弥补的损害的，可以依法在起诉前向人民法院申请采取责令停止有关行为和财产保全的措施。

第六十六条 为制止侵权行为，在证据可能灭失或者以后难以取得的情况下，商标注册人或者利害关系人可以依法在起诉前向人民法院申请保全证据。

第六十七条 未经商标注册人许可，在同一种商品上使用与其注册商标相同的商标，构成犯罪的，除赔偿被侵权人的损失外，依法追究刑事责任。

伪造、擅自制造他人注册商标标识或者销售伪造、擅自制造的注册商标标识，构成犯罪的，除赔偿被侵权人的损失外，依法追究刑事责任。

销售明知是假冒注册商标的商品，构成犯罪的，除赔偿被侵权人的损失外，依法追究刑事责任。

第六十八条 商标代理机构有下列行为之一的，由工商行政管理部门责令限期改正，给予警告，处一万元以上十万元以下的罚款；对直接负责的主管人员和其他直接责任人员给予警告，处五千元以上五万元以下的罚款；构成犯罪的，依法追究刑事责任：

（一）办理商标事宜过程中，伪造、变造或者使用伪造、变造的法律文件、印章、签名的；

（二）以诋毁其他商标代理机构等手段招徕商标代理业务或者以其他不正当手段扰乱商标代理市场秩序的；

（三）违反本法第十九条第三款、第四款规定的。

商标代理机构有前款规定行为的，由工商行政管理部门记入信用档案；情节严重的，商标局、商标评审委员会并可以决定停止受理其办理商标代理业务，予以公告。

商标代理机构违反诚实信用原则，侵害委托人合法利益的，应当依法承担民事责任，并由商标代理行业组织按照章程规定予以惩戒。

第六十九条 从事商标注册、管理和复审工作的国家机关工作人员必须秉公执法，廉洁自律，忠于职守，文明服务。

商标局、商标评审委员会以及从事商标注册、管理和复审工作的国家机关工作人员不得从事商标代理业务和商品生产经营活动。

第七十条 工商行政管理部门应当建立健全内部监督制度，对负责商标注册、管理和复审工作的国家机关工作人员执行法律、行政法规和遵守纪律的情况，进行监督检查。

第七十一条 从事商标注册、管理和复审工作的国家机关工作人员玩忽职守、滥用职权、徇私舞弊，违法办理商标注册、管理和复审事项，收受当事人财物，牟取不正当利益，构成犯罪的，依法追究刑事责任；尚不构成犯罪的，依法给予处分。

第八章　附则

第七十二条　申请商标注册和办理其他商标事宜的，应当缴纳费用，具体收费标准另定。

第七十三条　本法自 1983 年 3 月 1 日起施行。1963 年 4 月 10 日国务院公布的《商标管理条例》同时废止；其他有关商标管理的规定，凡与本法抵触的，同时失效。

本法施行前已经注册的商标继续有效。

司法解释

最高人民法院关于商标法修改决定施行后商标案件管辖和法律适用问题的解释

（2014 年 2 月 10 日最高人民法院审判委员会第 1606 次会议通过　法释〔2014〕4 号）

为正确审理商标案件，根据 2013 年 8 月 30 日第十二届全国人民代表大会常务委员会第四次会议《关于修改〈中华人民共和国商标法〉的决定》和重新公布的《中华人民共和国商标法》《中华人民共和国民事诉讼法》和《中华人民共和国行政诉讼法》等法律的规定，就人民法院审理商标案件有关管辖和法律适用等问题，制定本解释。

第一条　人民法院受理以下商标案件：

1. 不服国务院工商行政管理部门商标评审委员会（以下简称商标评审委员会）作出的复审决定或者裁定的行政案件；
2. 不服工商行政管理部门作出的有关商标的其他具体行政行为的案件；
3. 商标权权属纠纷案件；
4. 侵害商标专用权纠纷案件；
5. 确认不侵害商标专用权纠纷案件；
6. 商标权转让合同纠纷案件；
7. 商标使用许可合同纠纷案件；
8. 商标代理合同纠纷案件；
9. 申请诉前停止侵害商标专用权案件；
10. 因申请停止侵害商标专用权损害责任案件；
11. 因商标纠纷申请诉前财产保全案件；
12. 因商标纠纷申请诉前证据保全案件；
13. 其他商标案件。

第二条　不服商标评审委员会作出的复审决定或者裁定的行政案件及国家工商行政管理总局商标局（以下简称商标局）作出的有关商标的具体行政行为案件，由北京市有关中级人民法院管辖。

第三条　第一审商标民事案件，由中级以上人民法院及最高人民法院指定的基层人民法院管辖。

涉及对驰名商标保护的民事、行政案件，由省、自治区人民政府所在地市、计划单列市、直辖市辖区中级人民法院及最高人民法院指定的其他中级人民法院管辖。

第四条　在工商行政管理部门查处侵害商标权行为过程中，当事人就相关商标提起商标权权属或者侵害商标专用权民事诉讼的，人民法院应当受理。

第五条　对于在商标法修改决定施行前提出的商标注册及续展申请，商标局于决定施行后作出对该商标申请不予受理或者不予续展的决定，当事人提起行政诉讼的，人民法院审查时适用修改后的商标法。

对于在商标法修改决定施行前提出的商标异议申请，商标局于决定施行后作出对该异议不予受理的决定，当事人提起行政诉讼的，人民法院审查时适用修改前的商标法。

第六条　对于在商标法修改决定施行前当事人就尚未核准注册的商标申请复审，商标评审委员会于决定施行后作出复审决定或者裁定，当事人提起行政诉讼的，人民法院审查时适用修改后的商标法。

对于在商标法修改决定施行前受理的商标复审申请，商标评审委员会于决定施行后作出核准注册决定，当事人提起行政诉讼的，人民法院不予受理；商标评审委员会于决定施行后作出不予核准注册决定，当事人提起行政诉讼的，人民法院审查相关诉权和主体资格问题时，适用修改前的商标法。

第七条　对于在商标法修改决定施行前已经核准注册的商标，商标评审委员会于决定施行前受理、在决定施行后作出复审决定或者裁定，当事人提起行政诉讼的，人民法院审查相关程序问题适用修改后的商标法，审查实体问题适用修改前的商标法。

第八条　对于在商标法修改决定施行前受理的相关商标案件，商标局、商标评审委员会于决定施行后作出决定或者裁定，当事人提起行政诉讼的，人民法院认定该决定或者裁定是否符合商标法有关审查时限规定时，应当从修改决定施行之日起计算该审查时限。

第九条　除本解释另行规定外，商标法修改决定施行后人民法院受理的商标民事案件，涉及该决定施行前发生的行为的，适用修改前商标法的规定；涉及该决定施行前发生，持续到该决定施行后的行为的，适用修改后商标法的规定。

最高人民法院关于审理涉及驰名商标保护的民事纠纷案件应用法律若干问题的解释

（法释〔2009〕3号）

为在审理侵犯商标权等民事纠纷案件中依法保护驰名商标，根据《中华人民共和国商标法》、《中华人民共和国反不正当竞争法》、《中华人民共和国民事诉讼法》等有关法律规定，结合审判实际，制定本解释。

第一条 本解释所称驰名商标，是指在中国境内为相关公众广为知晓的商标。

第二条 在下列民事纠纷案件中，当事人以商标驰名作为事实根据，人民法院根据案件具体情况，认为确有必要的，对所涉商标是否驰名作出认定：

（一）以违反商标法第十三条的规定为由，提起的侵犯商标权诉讼；

（二）以企业名称与其驰名商标相同或者近似为由，提起的侵犯商标权或者不正当竞争诉讼；

（三）符合本解释第六条规定的抗辩或者反诉的诉讼。

第三条 在下列民事纠纷案件中，人民法院对于所涉商标是否驰名不予审查：

（一）被诉侵犯商标权或者不正当竞争行为的成立不以商标驰名为事实根据的；

（二）被诉侵犯商标权或者不正当竞争行为因不具备法律规定的其他要件而不成立的。

原告以被告注册、使用的域名与其注册商标相同或者近似，并通过该域名进行相关商品交易的电子商务，足以造成相关公众误认为由，提起的侵权诉讼，按照前款第（一）项的规定处理。

第四条 人民法院认定商标是否驰名，应当以证明其驰名的事实为依据，综合考虑商标法第十四条规定的各项因素，但是根据案件具体情况无需考虑该条规定的全部因素即足以认定商标驰名的情形除外。

第五条 当事人主张商标驰名的，应当根据案件具体情况，提供下列证据，证明被诉侵犯商标权或者不正当竞争行为发生时，其商标已属驰名：

（一）使用该商标的商品的市场份额、销售区域、利税等；

（二）该商标的持续使用时间；

（三）该商标的宣传或者促销活动的方式、持续时间、程度、资金投入和地域范围；

（四）该商标曾被作为驰名商标受保护的记录；

（五）该商标享有的市场声誉；

（六）证明该商标已属驰名的其他事实。

前款所涉及的商标使用的时间、范围、方式等，包括其核准注册前持续使用的情形。

对于商标使用时间长短、行业排名、市场调查报告、市场价值评估报告、是否曾被认定为著名商标等证据，人民法院应当结合认定商标驰名的其他证据，客观、全面地进行审查。

第六条 原告以被诉商标的使用侵犯其注册商标专用权为由提起民事诉讼，被告以原告的注册商标复制、摹仿或者翻译其在先未注册驰名商标为由提出抗辩或者提起反诉的，应当对其在先未注册商标驰名的事实负举证责任。

第七条 被诉侵犯商标权或者不正当竞争行为发生前，曾被人民法院或者国务院工商行政管理部门认定驰名的商标，被告对该商标驰名的事实不持异议的，人民法院应当予以认定。被告提出异议的，原告仍应当对该商标驰名的事实负举证责任。

除本解释另有规定外，人民法院对于商标驰名的事实，不适用民事诉讼证据的自认规则。

第八条 对于在中国境内为社会公众广为知晓的商标，原告已提供其商标驰名的基本证据，或者被告不持异议的，人民法院对该商标驰名的事实予以认定。

第九条 足以使相关公众对使用驰名商标和被诉商标的商品来源产生误认，或者足以使相关公众认为使用驰名商标和被诉商标的经营者之间具有许可使用、关联企业关系等特定联系的，属于商标法第十三条第一款规定的“容易导致混淆”。

足以使相关公众认为被诉商标与驰名商标具有相当程度的联系，而减弱驰名商标的显著性、贬损驰名商标的市场声誉，或者不正当利用驰名商标的市场声誉的，属于商标法第十三条第二款规定的“误导公众，致使该驰名商标注册人的利益可能受到损害”。

第十条 原告请求禁止被告在不相类似商品上使用与原告驰名的注册商标相同或者近似的商标或者企业名称的，人民法院应当根据案件具体情况，综合考虑以下因素后作出裁判：

（一）该驰名商标的显著程度；

（二）该驰名商标在使用被诉商标或者企业名称的商品的相关公众中的知晓程度；

（三）使用驰名商标的商品与使用被诉商标或者企业名称的商品之间的关联程度；

（四）其他相关因素。

第十一条 被告使用的注册商标违反商标法第十三条的规定，复制、摹仿或者翻译原告驰名商标，构成侵犯商标权的，人民法院应当根据原告的请求，依法判决禁止被告使用该商标，但被告的注册商标有下列情形之一的，人民法院对原告的请求不予支持：

（一）已经超过商标法第四十一条第二款规定的请求撤销期限的；

（二）被告提出注册申请时，原告的商标并不驰名的。

第十二条 当事人请求保护的未注册驰名商标，属于商标法第十条、第十一条、第十二条规定不得作为商标使用或者注册情形的，人民法院不予支持。

第十三条 在涉及驰名商标保护的民事纠纷案件中，人民法院对于商标驰名的认定，仅作为案件事实和判决理由，不写入判决主文；以调解方式审结的，在调解书中对商标驰名的事实不予认定。

第十四条 本院以前有关司法解释与本解释不一致的，以本解释为准。

最高人民法院关于审理注册商标、企业名称与在先权利冲突的民事纠纷案件若干问题的规定

（法释〔2008〕3号）

为正确审理注册商标、企业名称与在先权利冲突的民事纠纷案件，根据《中华人民共和国民事诉讼法》、《中华人民共和国民法通则》、《中华人民共和国商标法》和《中华人民共和国反不正当竞争法》等法律的规定，结合审判实践，制定本规定。

第一条 原告以他人注册商标使用的文字、图形等侵犯其著作权、外观设计专利权、企业名称权等在先权利为由提起诉讼，符合民事诉讼法第一百零八条规定的，人民法院应当受理。

原告以他人使用在核定商品上的注册商标与其在先的注册商标相同或者近似为由提起诉讼的，人民法院应当根据民事诉讼法第一百一十一条第（三）项的规定，告知原告向有关行政主管机关申请解决。但原告以他人超出核定商品的范围或者以改变显著特征、拆分、组合等方式使用的注册商标，与其注册商标相同或者近似为由提起诉讼的，人民法院应当受理。

第二条 原告以他人企业名称与其在先的企业名称相同或者近似，足以使相关公众对其商品的来源产生混淆，违反反不正当竞争法第五条第（三）项的规定为由提起诉讼，符合民事诉讼法第一百零八条规定的，人民法院应当受理。

第三条 人民法院应当根据原告的诉讼请求和争议民事法律关系的性质，按照民事案件案由规定，确定注册商标或者企业名称与在先权利冲突的民事纠纷案件的案由，并适用相应的法律。

第四条 被诉企业名称侵犯注册商标专用权或者构成不正当竞争的，人民法院可以根据原告的诉讼请求和案件具体情况，确定被告承担停止使用、规范使用等民事责任。

最高人民法院关于审理商标民事纠纷案件适用法律若干问题的解释

（2002年10月12日最高人民法院审判委员会第1246次会议通过 法释〔2002〕32号）

为了正确审理商标纠纷案件，根据《中华人民共和国民法通则》、《中华人民共和国合同法》、《中华人民共和国商标法》、《中华人民共和国民事诉讼法》等法律的规定，就适用法律若干问题解释如下：

第一条 下列行为属于商标法第五十二条第（五）项规定的给他人注册商标专用权造成其他损害的行为：

（一）将与他人注册商标相同或者相近似的文字作为企业的字号在相同或者类似商品上突出使用，容易使相关公众产生误认的；

（二）复制、摹仿、翻译他人注册的驰名商标或其主要部分在不相同或者不相类似商品上作为商标使用，误导公众，致使该驰名商标注册人的利益可能受到损害的；

（三）将与他人注册商标相同或者相近似的文字注册为域名，并且通过该域名进行相关商品交易的电子商务，容易使相关公众产生误认的。

第二条 依据商标法第十三条第一款的规定，复制、摹仿、翻译他人未在中国注册的驰名商标或其主要部分，在相同或者类似商品上作为商标使用，容易导致混淆的，应当承担停止侵害的民事法律责任。

第三条 商标法第四十条规定的商标使用许可包括以下三类：

（一）独占使用许可，是指商标注册人在约定的期间、地域和以约定的方式，将该注册商标仅许可一个被许可人使用，商标注册人依约定不得使用该注册商标；

（二）排他使用许可，是指商标注册人在约定的期间、地域和以约定的方式，将该注册商标仅许可一个被许可人使用，商标注册人依约定可以使用该注册商标但不得另行许可他人使用该注册商标；

（三）普通使用许可，是指商标注册人在约定的期间、

地域和以约定的方式，许可他人使用其注册商标，并可自行使用该注册商标和许可他人使用其注册商标。

第四条 商标法第五十三条规定的利害关系人，包括注册商标使用许可合同的被许可人、注册商标财产权利的合法继承人等。

在发生注册商标专用权被侵害时，独占使用许可合同的被许可人可以向人民法院提起诉讼；排他使用许可合同的被许可人可以和商标注册人共同起诉，也可以在商标注册人不起诉的情况下，自行提起诉讼；普通使用许可合同的被许可人经商标注册人明确授权，可以提起诉讼。

第五条 商标注册人或者利害关系人在注册商标续展宽展期内提出续展申请，未获核准前，以他人侵犯其注册商标专用权提起诉讼的，人民法院应当受理。

第六条 因侵犯注册商标专用权行为提起的民事诉讼，由商标法第十三条、第五十二条所规定侵权行为的实施地、侵权商品的储藏地或者查封扣押地、被告住所地人民法院管辖。

前款规定的侵权商品的储藏地，是指大量或者经常性储存、隐匿侵权商品所在地；查封扣押地，是指海关、工商等行政机关依法查封、扣押侵权商品所在地。

第七条 对涉及不同侵权行为实施地的多个被告提起的共同诉讼，原告可以选择其中一个被告的侵权行为实施地人民法院管辖；仅对其中某一被告提起的诉讼，该被告侵权行为实施地的人民法院有管辖权。

第八条 商标法所称相关公众，是指与商标所标识的某类商品或者服务有关的消费者和与前述商品或者服务的营销有密切关系的其他经营者。

第九条 商标法第五十二条第（一）项规定的商标相同，是指被控侵权的商标与原告的注册商标相比较，二者在视觉上基本无差别。

商标法第五十二条第（一）项规定的商标近似，是指被控侵权的商标与原告的注册商标相比较，其文字的字形、读音、含义或者图形的构图及颜色，或者其各要素组合后的整体结构相似，或者其立体形状、颜色组合近似，易使相关公众对商品的来源产生误认或者认为其来源与原告注册商标的商品有特定的联系。

第十条 人民法院依据商标法第五十二条第（一）项的规定，认定商标相同或者近似按照以下原则进行：

（一）以相关公众的一般注意力为标准；

（二）既要进行对商标的整体比对，又要进行对商标主要部分的比对，比对应当在比对对象隔离的状态下分别进行；

（三）判断商标是否近似，应当考虑请求保护注册商标的显著性和知名度。

第十一条 商标法第五十二条第（一）项规定的类似商品，是指在功能、用途、生产部门、销售渠道、消费对象等方面相同，或者相关公众一般认为其存在特定联系、容易造成混淆的商品。

类似服务，是指在服务的目的、内容、方式、对象等方面相同，或者相关公众一般认为存在特定联系、容易造成混淆的服务。

商品与服务类似，是指商品和服务之间存在特定联系，容易使相关公众混淆。

第十二条 人民法院依据商标法第五十二条第（一）项的规定，认定商品或者服务是否类似，应当以相关公众对商品或者服务的一般认识综合判断；《商标注册用商品和服务国际分类表》、《类似商品和服务区分表》可以作为判断类似商品或者服务的参考。

第十三条 人民法院依据商标法第五十六条第一款的规定确定侵权人的赔偿责任时，可以根据权利人选择的计算方法计算赔偿数额。

第十四条 商标法第五十六条第一款规定的侵权所获得的利益，可以根据侵权商品销售量与该商品单位利润乘积计算；该商品单位利润无法查明的，按照注册商标商品的单位利润计算。

第十五条 商标法第五十六条第一款规定的因被侵权所受到的损失，可以根据权利人因侵权所造成商品销售减少量或者侵权商品销售量与该注册商标商品的单位利润乘积计算。

第十六条 侵权人因侵权所获得的利益或者被侵权人因被侵权所受到的损失均难以确定的，人民法院可以根据当事人的请求或者依职权适用商标法第五十六条第二款的规定确定赔偿数额。

人民法院在确定赔偿数额时，应当考虑侵权行为的性质、期间、后果，商标的声誉，商标使用许可费的数额，商标使用许可的种类、时间、范围及制止侵权行为的合理开支等因素综合确定。

当事人按照本条第一款的规定就赔偿数额达成协议的，应当准许。

第十七条 商标法第五十六条第一款规定的制止侵权行为所支付的合理开支，包括权利人或者委托代理人对侵权行为进行调查、取证的合理费用。

人民法院根据当事人的诉讼请求和案件具体情况，可以将符合国家有关部门规定的律师费用计算在赔偿范围内。

第十八条 侵犯注册商标专用权的诉讼时效为二年，自商标注册人或者利害权利人知道或者应当知道侵权行为之日起计算。商标注册人或者利害关系人超过二年起诉的，如果侵权行为在起诉时仍在持续，在该注册商标专用权有效期限内，人民法院应当判决被告停止侵权行为，侵权损害赔偿数额应当自权利人向人民法院起诉之日起向前推算二年计算。

第十九条 商标使用许可合同未经备案的，不影响该许可合同的效力，但当事人另有约定的除外。

商标使用许可合同未在商标局备案的，不得对抗善意第三人。

第二十条 注册商标的转让不影响转让前已经生效的商标使用许可合同的效力，但商标使用许可合同另有约定的除外。

第二十一条 人民法院在审理侵犯注册商标专用权纠纷案件中，依据民法通则第一百三十四条、商标法第五十三条的规定和案件具体情况，可以判决侵权人承担停止侵害、排除妨碍、消除危险、赔偿损失、消除影响等民事责任，还可以作出罚款，收缴侵权商品、伪造的商标标识和专门用于生产侵权商品的材料、工具、设备等财物的民事制裁决定。罚款数额可以参照《中华人民共和国商标法实施条例》的有关规定确定。

工商行政管理部门对同一侵犯注册商标专用权行为已经给予行政处罚的，人民法院不再予以民事制裁。

第二十二条 人民法院在审理商标纠纷案件中，根据当事人的请求和案件的具体情况，可以对涉及的注册商标是否驰名依法作出认定。

认定驰名商标，应当依照商标法第十四条的规定进行。

当事人对曾经被行政主管机关或者人民法院认定的驰名商标请求保护的，对方当事人对涉及的商标驰名不持异议，人民法院不再审查。提出异议的，人民法院依照商标法第十四条的规定审查。

第二十三条 本解释有关商品商标的规定，适用于服务商标。

第二十四条 以前的有关规定与本解释不一致的，以本解释为准。

最高人民法院关于产品侵权案件的受害人能否以产品的商标所有人为被告提起民事诉讼的批复

（2002年7月4日最高人民法院审判委会员第1229次会议通过　法释〔2002〕22号）

北京市高级人民法院：

你院京高法〔2001〕271号《关于荆其廉、张新荣等诉美国通用汽车公司、美国通用汽车海外公司损害赔偿案诉讼主体确立问题处理结果的请示报告》收悉。经研究，我们认为，任何将自己的姓名、名称、商标或者可资识别的其他标识体现在产品上，表示其为产品制造者的企业或个人，均属于《中华人民共和国民法通则》第一百二十二条规定的“产品制造者”和《中华人民共和国产品质量法》规定的“生产者”。本案中美国通用汽车公司为事故车的商标所有人，根据受害人的起诉和本案的实际情况，本案以通用汽车公司、通用汽车海外公司、通用汽车巴西公司为被告并无不当。

最高人民法院关于诉前停止侵犯注册商标专用权行为和保全证据适用法律问题的解释

（2001年12月25日最高人民法院审判委员会第1203次会议通过　法释〔2002〕2号）

为切实保护商标注册人和利害关系人的合法权益，根据《中华人民共和国民法通则》、《中华人民共和国商标法》（以下简称商标法）、《中华人民共和国民事诉讼法》（以下简称民事诉讼法）的有关规定，现就有关诉前停止侵犯注册商标专用权行为和保全证据适用法律问题解释如下：

第一条 根据商标法第五十七条、第五十八条的规定，商标注册人或者利害关系人可以向人民法院提出诉前责令停止侵犯注册商标专用权行为或者保全证据的申请。

提出申请的利害关系人，包括商标使用许可合同的被许可人、注册商标财产权利的合法继承人。注册商标使用许可合同被许可人中，独占使用许可合同的被许可人可以单独向人民法院提出申请；排他使用许可合同的被许可人在商标注册人不申请的情况下，可以提出申请。

第二条 诉前责令停止侵犯注册商标专用权行为或者保全证据的申请，应当向侵权行为地或者被申请人住所地对商标案件有管辖权的人民法院提出。

第三条 商标注册人或者利害关系人向人民法院提出诉前停止侵犯注册商标专用权行为的申请，应当递交书面申请状。申请状应当载明：（一）当事人及其基本情况；（二）申请的具体内容、范围；（三）申请的理由，包括有关行为如不及时制止，将会使商标注册人或者利害关系人的合法权益受到难以弥补的损害的具体说明。

商标注册人或者利害关系人向人民法院提出诉前保全证据的申请，应当递交书面申请状。申请状应当载明：（一）当事人及其基本情况；（二）申请保全证据的具体内容、范围、所在地点；（三）请求保全的证据能够证明的对象；（四）申请的理由，包括证据可能灭失或者以后难以取得，且当事人及其诉讼代理人因客观原因不能自行收集的具体说明。

第四条 申请人提出诉前停止侵犯注册商标专用权行为的申请时，应当提交下列证据：

（一）商标注册人应当提交商标注册证，利害关系人应当提交商标使用许可合同、在商标局备案的材料及商标注册证复印件；排他使用许可合同的被许可人单独提出申请的，应当提交商标注册人放弃申请的证据材料；注册商标财产权利的继承人应当提交已经继承或者正在继承的证据材料。

（二）证明被申请人正在实施或者即将实施侵犯注册商标专用权的行为的证据，包括被控侵权商品。

第五条 人民法院作出诉前停止侵犯注册商标专用权行为或者保全证据的裁定事项，应当限于商标注册人或者利害关系人申请的范围。

第六条 申请人提出诉前停止侵犯注册商标专用权行为的申请时应当提供担保。

申请人申请诉前保全证据可能涉及被申请人财产损失的，人民法院可以责令申请人提供相应的担保。

申请人提供保证、抵押等形式的担保合理、有效的，人民法院应当准许。

申请人不提供担保的，驳回申请。

人民法院确定担保的范围时，应当考虑责令停止有关行为所涉及的商品销售收益，以及合理的仓储、保管等费用，停止有关行为可能造成的合理损失等。

第七条 在执行停止有关行为裁定过程中，被申请人可能因采取该项措施造成更大损失的，人民法院可以责令申请人追加相应的担保。申请人不追加担保的，可以解除有关停止措施。

第八条 停止侵犯注册商标专用权行为裁定所采取的措施，不因被申请人提供担保而解除，但申请人同意的除外。

第九条 人民法院接受商标注册人或者利害关系人提出责令停止侵犯注册商标专用权行为的申请后，经审查符合本规定第四条的，应当在四十八小时内作出书面裁定；裁定责令被申请人停止侵犯注册商标专用权行为的，应当立即开始执行。

人民法院作出诉前责令停止有关行为的裁定，应当及时通知被申请人，至迟不得超过五日。

第十条 当事人对诉前责令停止侵犯注册商标专用权行为裁定不服的，可以在收到裁定之日起十日内申请复议一次。复议期间不停止裁定的执行。

第十一条 人民法院对当事人提出的复议申请应当从以下方面进行审查：

（一）被申请人正在实施或者即将实施的行为是否侵犯注册商标专用权；

（二）不采取有关措施，是否会给申请人合法权益造成难以弥补的损害；

（三）申请人提供担保的情况；

（四）责令被申请人停止有关行为是否损害社会公共利益。

最高人民法院关于审理商标案件有关管辖和法律适用范围问题的解释

（2001 年 12 月 25 日最高人民法院审判委员会第 1203 次会议通过 法释〔2002〕1 号）

《全国人民代表大会常务委员会关于修改〈中华人民共和国商标法〉的决定》（以下简称商标法修改决定）已由第九届全国人民代表大会常务委员会第二十四次会议通过，自 2001 年 12 月 1 日起施行。为了正确审理商标案件，根据《中华人民共和国商标法》（以下简称商标法）、《中华人民共和国民事诉讼法》和《中华人民共和国行政诉讼法》（以下简称行政诉讼法）的规定，现就人民法院审理商标案件有关管辖和法律适用范围等问题，作如下解释：

第一条 人民法院受理以下商标案件：

1. 不服国务院工商行政管理部门商标评审委员会（以下简称商标评审委员会）作出的复审决定或者裁定的案件；
2. 不服工商行政管理部门作出的有关商标的具体行政行为的案件；
3. 商标专用权权属纠纷案件；
4. 侵犯商标专用权纠纷案件；
5. 商标专用权转让合同纠纷案件；
6. 商标许可使用合同纠纷案件；
7. 申请诉前停止侵犯商标专用权案件；
8. 申请诉前财产保全案件；
9. 申请诉前证据保全案件；
10. 其他商标案件。

第二条 本解释第一条所列第 1 项第一审案件，由北京市高级人民法院根据最高人民法院的授权确定其辖区内有关中级人民法院管辖。

本解释第一条所列第 2 项第一审案件，根据行政诉讼法的有关规定确定管辖。

商标民事纠纷第一审案件，由中级以上人民法院管辖。

各高级人民法院根据本辖区的实际情况，经最高人民法院批准，可以在较大城市确定1～2个基层人民法院受理第一审商标民事纠纷案件。

第三条 商标注册人或者利害关系人向工商行政管理部门就侵犯商标专用权行为请求处理，又向人民法院提起侵犯商标专用权诉讼请求损害赔偿的，人民法院应当受理。

第四条 商标评审委员会在商标法修改决定施行前受理的案件，于该决定施行后作出复审决定或裁定，当事人对复审决定或裁定不服向人民法院起诉的，人民法院应当受理。

第五条 除本解释另行规定外，对商标法修改决定施行前发生，属于修改后商标法第四条、第五条、第八条、第九条第一款、第十条第一款第（二）、（三）、（四）项、第十条第二款、第十一条、第十二条、第十三条、第十五条、第十六条、第二十四条、第二十五条、第三十一条所列举的情形，商标评审委员会于商标法修改决定施行后作出复审决定或者裁定，当事人不服向人民法院起诉的行政案件，适用修改后商标法的相应规定进行审查；属于其他情形的，适用修改前商标法的相应规定进行审查。

第六条 当事人就商标法修改决定施行时已满一年的注册商标发生争议，不服商标评审委员会作出的裁定向人民法院起诉的，适用修改前商标法第二十七条第二款规定的提出申请的期限处理；商标法修改决定施行时商标注册不满一年的，适用修改后商标法第四十一条第二款、第三款规定的提出申请的期限处理。

第七条 对商标法修改决定施行前发生的侵犯商标专用权行为，商标注册人或者利害关系人于该决定施行后在起诉前向人民法院提出申请采取责令停止侵权行为或者保全证据措施的，适用修改后商标法第五十七条、第五十八条的规定。

第八条 对商标法修改决定施行前发生的侵犯商标专用权行为起诉的案件，人民法院于该决定施行时尚未作出生效判决的，参照修改后商标法第五十六条的规定处理。

第九条 除本解释另行规定外，商标法修改决定施行后人民法院受理的商标民事纠纷案件，涉及该决定施行前发生的民事行为的，适用修改前商标法的规定；涉及该决定施行后发生的民事行为的，适用修改后商标法的规定；涉及该决定施行前发生，持续到该决定施行后的民事行为的，分别适用修改前、后商标法的规定。

第十条 人民法院受理的侵犯商标专用权纠纷案件，已经过工商行政管理部门处理的，人民法院仍应当就当事人民事争议的事实进行审查。

最高人民法院关于人民法院对注册商标权进行财产保全的解释

（2000年11月22日最高人民法院审判委员会第1144次会议通过　法释〔2001〕1号）

为了正确实施对注册商标权的财产保全措施，避免重复保全，现就人民法院对注册商标权进行财产保全有关问题解释如下：

第一条 人民法院根据民事诉讼法有关规定采取财产保全措施时，需要对注册商标权进行保全的，应当向国家工商行政管理局商标局（以下简称商标局）发出协助执行通知书，载明要求商标局协助保全的注册商标的名称、注册人、注册证号码、保全期限以及协助执行保全的内容，包括禁止转让、注销注册商标、变更注册事项和办理商标权质押登记等事项。

第二条 对注册商标权保全的期限一次不得超过六个月，自商标局收到协助执行通知书之日起计算。如果仍然需要对该注册商标权继续采取保全措施的，人民法院应当在保全期限届满前向商标局重新发出协助执行通知书，要求继续保全。否则，视为自动解除对该注册商标权的财产保全。

第三条 人民法院对已经进行保全的注册商标权，不得重复进行保全。

行政法规

中华人民共和国商标法实施条例

（2002年8月3日中华人民共和国国务院令第358号公布　2014年4月29日中华人民共和国国务院令第651号修订）

第一章　总则

第一条 根据《中华人民共和国商标法》（以下简称商标法），制定本条例。

第二条 本条例有关商品商标的规定，适用于服务商标。

第三条 商标持有人依照商标法第十三条规定请求驰名商标保护的，应当提交其商标构成驰名商标的证据材料。商标局、商标评审委员会应当依照商标法第十四条的规定，根据审查、处理案件的需要以及当事人提交的证据材料，对其商标驰名情况作出认定。

第四条 商标法第十六条规定的地理标志，可以依照商标法和本条例的规定，作为证明商标或者集体商标申请注册。

以地理标志作为证明商标注册的，其商品符合使用该地理标志条件的自然人、法人或者其他组织可以要求使用该证明商标，控制该证明商标的组织应当允许。以地理标志作为集体商标注册的，其商品符合使用该地理标志条件的自然人、法人或者其他组织，可以要求参加以该地理标志作为集体商标注册的团体、协会或者其他组织，该团体、协会或者其他组织应当依据其章程接纳为会员；不要求参加以该地理标志作为集体商标注册的团体、协会或者其他组织的，也可以正当使用该地理标志，该团体、协会或者其他组织无权禁止。

第五条 当事人委托商标代理机构申请商标注册或者办理其他商标事宜，应当提交代理委托书。代理委托书应当载明代理内容及权限；外国人或者外国企业的代理委托书还应当载明委托人的国籍。

外国人或者外国企业的代理委托书及与其有关的证明文件的公证、认证手续，按照对等原则办理。

申请商标注册或者转让商标，商标注册申请人或者商标转让受让人为外国人或者外国企业的，应当在申请书中指定中国境内接收人负责接收商标局、商标评审委员会后继商标业务的法律文件。商标局、商标评审委员会后继商标业务的法律文件向中国境内接收人送达。

商标法第十八条所称外国人或者外国企业，是指在中国没有经常居所或者营业所的外国人或者外国企业。

第六条 申请商标注册或者办理其他商标事宜，应当使用中文。

依照商标法和本条例规定提交的各种证件、证明文件和证据材料是外文的，应当附送中文译文；未附送的，视为未提交该证件、证明文件或者证据材料。

第七条 商标局、商标评审委员会工作人员有下列情形之一的，应当回避，当事人或者利害关系人可以要求其回避：

（一）是当事人或者当事人、代理人的近亲属的；

（二）与当事人、代理人有其他关系，可能影响公正的；

（三）与申请商标注册或者办理其他商标事宜有利害关系的。

第八条 以商标法第二十二条规定的数据电文方式提交商标注册申请等有关文件，应当按照商标局或者商标评审委员会的规定通过互联网提交。

第九条 除本条例第十八条规定的情形外，当事人向商标局或者商标评审委员会提交文件或者材料的日期，直接递交的，以递交日为准；邮寄的，以寄出的邮戳日为准；邮戳日不清晰或者没有邮戳的，以商标局或者商标评审委员会实际收到日为准，但是当事人能够提出实际邮戳日证据的除外。通过邮政企业以外的快递企业递交的，以快递企业收寄日为准；收寄日不明确的，以商标局或者商标评审委员会实际收到日为准，但是当事人能够提出实际收寄日证据的除外。以数据电文方式提交的，以进入商标局或者商标评审委员会电子系统的日期为准。

当事人向商标局或者商标评审委员会邮寄文件，应当使用给据邮件。

当事人向商标局或者商标评审委员会提交文件，以书面方式提交的，以商标局或者商标评审委员会所存档案记录为准；以数据电文方式提交的，以商标局或者商标评审委员会数据库记录为准，但是当事人确有证据证明商标局或者商标评审委员会档案、数据库记录有错误的除外。

第十条 商标局或者商标评审委员会的各种文件，可以通过邮寄、直接递交、数据电文或者其他方式送达当事人；以数据电文方式送达当事人的，应当经当事人同意。当事人委托商标代理机构的，文件送达商标代理机构视为送达当事人。

商标局或者商标评审委员会向当事人送达各种文件的日期，邮寄的，以当事人收到的邮戳日为准；邮戳日不清晰或者没有邮戳的，自文件发出之日起满 15 日视为送达当事人，但是当事人能够证明实际收到日的除外；直接递交的，以递交日为准；以数据电文方式送达的，自文件发出之日起满 15 日视为送达当事人，但是当事人能够证明文件进入其电子系统日期的除外。文件通过上述方式无法送达的，可以通过公告方式送达，自公告发布之日起满 30 日，该文件视为送达当事人。

第十一条 下列期间不计入商标审查、审理期限：

（一）商标局、商标评审委员会文件公告送达的期间；

（二）当事人需要补充证据或者补正文件的期间以及因当事人更换需要重新答辩的期间；

（三）同日申请提交使用证据及协商、抽签需要的期间；

（四）需要等待优先权确定的期间；

（五）审查、审理过程中，依案件申请人的请求等待在先权利案件审理结果的期间。

第十二条 除本条第二款规定的情形外，商标法和本条例规定的各种期限开始的当日不计算在期限内。期限以年或者月计算的，以期限最后一月的相应日为期限届满日；该月无相应日的，以该月最后一日为期限届满日；期限届满日是节假日的，以节假日后的第一个工作日为期限届满日。

商标法第三十九条、第四十条规定的注册商标有效期从法定日开始起算，期限最后一月相应日的前一日为期限届满日，该月无相应日的，以该月最后一日为期限届满日。

第二章 商标注册的申请

第十三条 申请商标注册，应当按照公布的商品和服务分类表填报。每一件商标注册申请应当向商标局提交《商标注册申请书》1 份、商标图样 1 份；以颜色组合或者着色图样申请商标注册的，应当提交着色图样，并提交黑白稿 1 份；不指定颜色的，应当提交黑白图样。

商标图样应当清晰，便于粘贴，用光洁耐用的纸张印制或者用照片代替，长和宽应当不大于 10 厘米，不小于 5 厘米。

以三维标志申请商标注册的，应当在申请书中予以声明，说明商标的使用方式，并提交能够确定三维形状的图样，提交的商标图样应当至少包含三面视图。

以颜色组合申请商标注册的，应当在申请书中予以声明，说明商标的使用方式。

以声音标志申请商标注册的，应当在申请书中予以声明，提交符合要求的声音样本，对申请注册的声音商标进行描述，说明商标的使用方式。对声音商标进行描述，应当以五线谱或者简谱对申请用作商标的声音加以描述并附加文字说明；无法以五线谱或者简谱描述的，应当以文字加以描述；商标描述与声音样本应当一致。

申请注册集体商标、证明商标的，应当在申请书中予以声明，并提交主体资格证明文件和使用管理规则。

商标为外文或者包含外文的，应当说明含义。

第十四条 申请商标注册的，申请人应当提交其身份证明文件。商标注册申请人的名义与所提交的证明文件应当一致。

前款关于申请人提交其身份证明文件的规定适用于向商标局提出的办理变更、转让、续展、异议、撤销等其他商标事宜。

第十五条 商品或者服务项目名称应当按照商品和服务分类表中的类别号、名称填写；商品或者服务项目名称未列入商品和服务分类表的，应当附送对该商品或者服务的说明。

商标注册申请等有关文件以纸质方式提出的，应当打字或者印刷。

本条第二款规定适用于办理其他商标事宜。

第十六条 共同申请注册同一商标或者办理其他共有商标事宜的，应当在申请书中指定一个代表人；没有指定代表人的，以申请书中顺序排列的第一人为代表人。

商标局和商标评审委员会的文件应当送达代表人。

第十七条 申请人变更其名义、地址、代理人、文件接收人或者删减指定的商品的，应当向商标局办理变更手续。

申请人转让其商标注册申请的，应当向商标局办理转让手续。

第十八条 商标注册的申请日期以商标局收到申请文件的日期为准。

商标注册申请手续齐备、按照规定填写申请文件并缴纳费用的，商标局予以受理并书面通知申请人；申请手续不齐备、未按照规定填写申请文件或者未缴纳费用的，商标局不予受理，书面通知申请人并说明理由。申请手续基本齐备或者申请文件基本符合规定，但是需要补正的，商标局通知申请人予以补正，限其自收到通知之日起 30 日内，按照指定内容补正并交回商标局。在规定期限内补正并交回商标局的，保留申请日期；期满未补正的或者不按照要求进行补正的，商标局不予受理并书面通知申请人。

本条第二款关于受理条件的规定适用于办理其他商标事宜。

第十九条 两个或者两个以上的申请人，在同一种商品或者类似商品上，分别以相同或者近似的商标在同一天申请注册的，各申请人应当自收到商标局通知之日起 30 日内提交其申请注册前在先使用该商标的证据。同日使用或者均未使用的，各申请人可以自收到商标局通知之日起 30 日内自行协商，并将书面协议报送商标局；不愿协商或者协商不成的，商标局通知各申请人以抽签的方式确定一个申请人，驳回其他人的注册申请。商标局已经通知但申请人未参加抽签的，视为放弃申请，商标局应当书面通知未参加抽签的申请人。

第二十条 依照商标法第二十五条规定要求优先权的，申请人提交的第一次提出商标注册申请文件的副本应当经受理该申请的商标主管机关证明，并注明申请日期和申请号。

第三章 商标注册申请的审查

第二十一条 商标局对受理的商标注册申请，依照商标法及本条例的有关规定进行审查，对符合规定或者在部分指

定商品上使用商标的注册申请符合规定的，予以初步审定，并予以公告；对不符合规定或者在部分指定商品上使用商标的注册申请不符合规定的，予以驳回或者驳回在部分指定商品上使用商标的注册申请，书面通知申请人并说明理由。

第二十二条 商标局对一件商标注册申请在部分指定商品上予以驳回的，申请人可以将该申请中初步审定的部分申请分割成另一件申请，分割后的申请保留原申请的申请日期。

需要分割的，申请人应当自收到商标局《商标注册申请部分驳回通知书》之日起 15 日内，向商标局提出分割申请。

商标局收到分割申请后，应当将原申请分割为两件，对分割出来的初步审定申请生成新的申请号，并予以公告。

第二十三条 依照商标法第二十九条规定，商标局认为对商标注册申请内容需要说明或者修正的，申请人应当自收到商标局通知之日起 15 日内作出说明或者修正。

第二十四条 对商标局初步审定予以公告的商标提出异议的，异议人应当向商标局提交下列商标异议材料一式两份并标明正、副本：

（一）商标异议申请书；

（二）异议人的身份证明；

（三）以违反商标法第十三条第二款和第三款、第十五条、第十六条第一款、第三十条、第三十一条、第三十二条规定为由提出异议的，异议人作为在先权利人或者利害关系人的证明。

商标异议申请书应当有明确的请求和事实依据，并附送有关证据材料。

第二十五条 商标局收到商标异议申请书后，经审查，符合受理条件的，予以受理，向申请人发出受理通知书。

第二十六条 商标异议申请有下列情形的，商标局不予受理，书面通知申请人并说明理由：

（一）未在法定期限内提出的；

（二）申请人主体资格、异议理由不符合商标法第三十三条规定的；

（三）无明确的异议理由、事实和法律依据的；

（四）同一异议人以相同的理由、事实和法律依据针对同一商标再次提出异议申请的。

第二十七条 商标局应当将商标异议材料副本及时送交被异议人，限其自收到商标异议材料副本之日起 30 日内答辩。被异议人不答辩的，不影响商标局作出决定。

当事人需要在提出异议申请或者答辩后补充有关证据材料的，应当在商标异议申请书或者答辩书中声明，并自提交商标异议申请书或者答辩书之日起 3 个月内提交；期满未提交的，视为当事人放弃补充有关证据材料。但是，在期满后生成或者当事人有其他正当理由未能在期满前提交的证据，在期满后提交的，商标局将证据交对方当事人并质证后可以采信。

第二十八条 商标法第三十五条第三款和第三十六条第一款所称不予注册决定，包括在部分指定商品上不予注册决定。

被异议商标在商标局作出准予注册决定或者不予注册决定前已经刊发注册公告的，撤销该注册公告。经审查异议不成立而准予注册的，在准予注册决定生效后重新公告。

第二十九条 商标注册申请人或者商标注册人依照商标法第三十八条规定提出更正申请的，应当向商标局提交更正申请书。符合更正条件的，商标局核准后更正相关内容；不符合更正条件的，商标局不予核准，书面通知申请人并说明理由。

已经刊发初步审定公告或者注册公告的商标经更正的，刊发更正公告。

第四章 注册商标的变更、转让、续展

第三十条 变更商标注册人名义、地址或者其他注册事项的，应当向商标局提交变更申请书。变更商标注册人名义的，还应当提交有关登记机关出具的变更证明文件。商标局核准的，发给商标注册人相应证明，并予以公告；不予核准的，应当书面通知申请人并说明理由。

变更商标注册人名义或者地址的，商标注册人应当将其全部注册商标一并变更；未一并变更的，由商标局通知其限期改正；期满未改正的，视为放弃变更申请，商标局应当书面通知申请人。

第三十一条 转让注册商标的，转让人和受让人应当向商标局提交转让注册商标申请书。转让注册商标申请手续应当由转让人和受让人共同办理。商标局核准转让注册商标申请的，发给受让人相应证明，并予以公告。

转让注册商标，商标注册人对其在同一种或者类似商品上注册的相同或者近似的商标未一并转让的，由商标局通知其限期改正；期满未改正的，视为放弃转让该注册商标的申请，商标局应当书面通知申请人。

第三十二条 注册商标专用权因转让以外的继承等其他事由发生移转的，接受该注册商标专用权的当事人应当凭有关证明文件或者法律文书到商标局办理注册商标专用权移转手续。

注册商标专用权移转的，注册商标专用权人在同一种或者类似商品上注册的相同或者近似的商标，应当一并移转；未一并移转的，由商标局通知其限期改正；期满未改正的，视为放弃该移转注册商标的申请，商标局应当书面通知申请人。

商标移转申请经核准的，予以公告。接受该注册商标专用权移转的当事人自公告之日起享有商标专用权。

第三十三条 注册商标需要续展注册的，应当向商标局提交商标续展注册申请书。商标局核准商标注册续展申请的，发给相应证明并予以公告。

第五章 商标国际注册

第三十四条 商标法第二十一条规定的商标国际注册，是指根据《商标国际注册马德里协定》（以下简称马德里协定）、《商标国际注册马德里协定有关议定书》（以下简称马德里议定书）及《商标国际注册马德里协定及该协定有关议定书的共同实施细则》的规定办理的马德里商标国际注册。

马德里商标国际注册申请包括以中国为原属国的商标国际注册申请、指定中国的领土延伸申请及其他有关的申请。

第三十五条 以中国为原属国申请商标国际注册的，应当在中国设有真实有效的营业所，或者在中国有住所，或者拥有中国国籍。

第三十六条 符合本条例第三十五条规定的申请人，其商标已在商标局获得注册的，可以根据马德里协定申请办理该商标的国际注册。

符合本条例第三十五条规定的申请人，其商标已在商标局获得注册，或者已向商标局提出商标注册申请并被受理的，可以根据马德里议定书申请办理该商标的国际注册。

第三十七条 以中国为原属国申请商标国际注册的，应当通过商标局向世界知识产权组织国际局（以下简称国际局）申请办理。

以中国为原属国的，与马德里协定有关的商标国际注册的后期指定、放弃、注销，应当通过商标局向国际局申请办理；与马德里协定有关的商标国际注册的转让、删减、变更、续展，可以通过商标局向国际局申请办理，也可以直接向国际局申请办理。

以中国为原属国的，与马德里议定书有关的商标国际注册的后期指定、转让、删减、放弃、注销、变更、续展，可以通过商标局向国际局申请办理，也可以直接向国际局申请办理。

第三十八条 通过商标局向国际局申请商标国际注册及办理其他有关申请的，应当提交符合国际局和商标局要求的申请书和相关材料。

第三十九条 商标国际注册申请指定的商品或者服务不得超出国内基础申请或者基础注册的商品或者服务的范围。

第四十条 商标国际注册申请手续不齐备或者未按照规定填写申请书的，商标局不予受理，申请日不予保留。

申请手续基本齐备或者申请书基本符合规定，但需要补正的，申请人应当自收到补正通知书之日起30日内予以补正，逾期未补正的，商标局不予受理，书面通知申请人。

第四十一条 通过商标局向国际局申请商标国际注册及办理其他有关申请的，应当按照规定缴纳费用。

申请人应当自收到商标局缴费通知单之日起15日内，向商标局缴纳费用。期满未缴纳的，商标局不受理其申请，书面通知申请人。

第四十二条 商标局在马德里协定或者马德里议定书规定的驳回期限（以下简称驳回期限）内，依照商标法和本条例的有关规定对指定中国的领土延伸申请进行审查，作出决定，并通知国际局。商标局在驳回期限内未发出驳回或者部分驳回通知的，该领土延伸申请视为核准。

第四十三条 指定中国的领土延伸申请人，要求将三维标志、颜色组合、声音标志作为商标保护或者要求保护集体商标、证明商标的，自该商标在国际局国际注册簿登记之日起3个月内，应当通过依法设立的商标代理机构，向商标局提交本条例第十三条规定的相关材料。未在上述期限内提交相关材料的，商标局驳回该领土延伸申请。

第四十四条 世界知识产权组织对商标国际注册有关事项进行公告，商标局不再另行公告。

第四十五条 对指定中国的领土延伸申请，自世界知识产权组织《国际商标公告》出版的次月1日起3个月内，符合商标法第三十三条规定条件的异议人可以向商标局提出异议申请。

商标局在驳回期限内将异议申请的有关情况以驳回决定的形式通知国际局。

被异议人可以自收到国际局转发的驳回通知书之日起30日内进行答辩，答辩书及相关证据材料应当通过依法设立的商标代理机构向商标局提交。

第四十六条 在中国获得保护的国际注册商标，有效期自国际注册日或者后期指定日起算。在有效期届满前，注册人可以向国际局申请续展，在有效期内未申请续展的，可以给予6个月的宽展期。商标局收到国际局的续展通知后，依法进行审查。国际局通知未续展的，注销该国际注册商标。

第四十七条 指定中国的领土延伸申请办理转让的，受让人应当在缔约方境内有真实有效的营业所，或者在缔约方境内有住所，或者是缔约方国民。

转让人未将其在相同或者类似商品或者服务上的相同或者近似商标一并转让的，商标局通知注册人自发出通知之日起 3 个月内改正；期满未改正或者转让容易引起混淆或者有其他不良影响的，商标局作出该转让在中国无效的决定，并向国际局作出声明。

第四十八条 指定中国的领土延伸申请办理删减，删减后的商品或者服务不符合中国有关商品或者服务分类要求或者超出原指定商品或者服务范围的，商标局作出该删减在中国无效的决定，并向国际局作出声明。

第四十九条 依照商标法第四十九条第二款规定申请撤销国际注册商标，应当自该商标国际注册申请的驳回期限届满之日起满 3 年后向商标局提出申请；驳回期限届满时仍处在驳回复审或者异议相关程序的，应当自商标局或者商标评审委员会作出的准予注册决定生效之日起满 3 年后向商标局提出申请。

依照商标法第四十四条第一款规定申请宣告国际注册商标无效的，应当自该商标国际注册申请的驳回期限届满后向商标评审委员会提出申请；驳回期限届满时仍处在驳回复审或者异议相关程序的，应当自商标局或者商标评审委员会作出的准予注册决定生效后向商标评审委员会提出申请。

依照商标法第四十五条第一款规定申请宣告国际注册商标无效的，应当自该商标国际注册申请的驳回期限届满之日起 5 年内向商标评审委员会提出申请；驳回期限届满时仍处在驳回复审或者异议相关程序的，应当自商标局或者商标评审委员会作出的准予注册决定生效之日起 5 年内向商标评审委员会提出申请。对恶意注册的，驰名商标所有人不受 5 年的时间限制。

第五十条 商标法和本条例下列条款的规定不适用于办理商标国际注册相关事宜：

（一）商标法第二十八条、第三十五条第一款关于审查和审理期限的规定；

（二）本条例第二十二条、第三十条第二款；

（三）商标法第四十二条及本条例第三十一条关于商标转让由转让人和受让人共同申请并办理手续的规定。

第六章 商标评审

第五十一条 商标评审是指商标评审委员会依照商标法第三十四条、第三十五条、第四十四条、第四十五条、第五十四条的规定审理有关商标争议事宜。当事人向商标评审委员会提出商标评审申请，应当有明确的请求、事实、理由和法律依据，并提供相应证据。

商标评审委员会根据事实，依法进行评审。

第五十二条 商标评审委员会审理不服商标局驳回商标注册申请决定的复审案件，应当针对商标局的驳回决定和申请人申请复审的事实、理由、请求及评审时的事实状态进行审理。

商标评审委员会审理不服商标局驳回商标注册申请决定的复审案件，发现申请注册的商标有违反商标法第十条、第十一条、第十二条和第十六条第一款规定情形，商标局并未依据上述条款作出驳回决定的，可以依据上述条款作出驳回申请的复审决定。商标评审委员会作出复审决定前应当听取申请人的意见。

第五十三条 商标评审委员会审理不服商标局不予注册决定的复审案件，应当针对商标局的不予注册决定和申请人申请复审的事实、理由、请求及原异议人提出的意见进行审理。

商标评审委员会审理不服商标局不予注册决定的复审案件，应当通知原异议人参加并提出意见。原异议人的意见对案件审理结果有实质影响的，可以作为评审的依据；原异议人不参加或者不提出意见的，不影响案件的审理。

第五十四条 商标评审委员会审理依照商标法第四十四条、第四十五条规定请求宣告注册商标无效的案件，应当针对当事人申请和答辩的事实、理由及请求进行审理。

第五十五条 商标评审委员会审理不服商标局依照商标法第四十四条第一款规定作出宣告注册商标无效决定的复审案件，应当针对商标局的决定和申请人申请复审的事实、理由及请求进行审理。

第五十六条 商标评审委员会审理不服商标局依照商标法第四十九条规定作出撤销或者维持注册商标决定的复审案件，应当针对商标局作出撤销或者维持注册商标决定和当事人申请复审时所依据的事实、理由及请求进行审理。

第五十七条 申请商标评审，应当向商标评审委员会提交申请书，并按照对方当事人的数量提交相应份数的副本；基于商标局的决定书申请复审的，还应当同时附送商标局的决定书副本。

商标评审委员会收到申请书后，经审查，符合受理条件的，予以受理；不符合受理条件的，不予受理，书面通知申请人并说明理由；需要补正的，通知申请人自收到通知之日起 30 日内补正。经补正仍不符合规定的，商标评审委员会

不予受理，书面通知申请人并说明理由；期满未补正的，视为撤回申请，商标评审委员会应当书面通知申请人。

商标评审委员会受理商标评审申请后，发现不符合受理条件的，予以驳回，书面通知申请人并说明理由。

第五十八条 商标评审委员会受理商标评审申请后应当及时将申请书副本送交对方当事人，限其自收到申请书副本之日起30日内答辩；期满未答辩的，不影响商标评审委员会的评审。

第五十九条 当事人需要在提出评审申请或者答辩后补充有关证据材料的，应当在申请书或者答辩书中声明，并自提交申请书或者答辩书之日起3个月内提交；期满未提交的，视为放弃补充有关证据材料。但是，在期满后生成或者当事人有其他正当理由未能在期满前提交的证据，在期满后提交的，商标评审委员会将证据交对方当事人并质证后可以采信。

第六十条 商标评审委员会根据当事人的请求或者实际需要，可以决定对评审申请进行口头审理。

商标评审委员会决定对评审申请进行口头审理的，应当在口头审理15日前书面通知当事人，告知口头审理的日期、地点和评审人员。当事人应当在通知书指定的期限内作出答复。

申请人不答复也不参加口头审理的，其评审申请视为撤回，商标评审委员会应当书面通知申请人；被申请人不答复也不参加口头审理的，商标评审委员会可以缺席评审。

第六十一条 申请人在商标评审委员会作出决定、裁定前，可以书面向商标评审委员会要求撤回申请并说明理由，商标评审委员会认为可以撤回的，评审程序终止。

第六十二条 申请人撤回商标评审申请的，不得以相同的事实和理由再次提出评审申请。商标评审委员会对商标评审申请已经作出裁定或者决定的，任何人不得以相同的事实和理由再次提出评审申请。但是，经不予注册复审程序予以核准注册后向商标评审委员会提起宣告注册商标无效的除外。

第七章 商标使用的管理

第六十三条 使用注册商标，可以在商品、商品包装、说明书或者其他附着物上标明“注册商标”或者注册标记。

注册标记包括㊟和®。使用注册标记，应当标注在商标的右上角或者右下角。

第六十四条 《商标注册证》遗失或者破损的，应当向商标局提交补发《商标注册证》申请书。《商标注册证》遗失的，应当在《商标公告》上刊登遗失声明。破损的《商标注册证》，应当在提交补发申请时交回商标局。

商标注册人需要商标局补发商标变更、转让、续展证明，出具商标注册证明，或者商标申请人需要商标局出具优先权证明文件的，应当向商标局提交相应申请书。符合要求的，商标局发给相应证明；不符合要求的，商标局不予办理，通知申请人并告知理由。

伪造或者变造《商标注册证》或者其他商标证明文件的，依照刑法关于伪造、变造国家机关证件罪或者其他罪的规定，依法追究刑事责任。

第六十五条 有商标法第四十九条规定的注册商标成为其核定使用的商品通用名称情形的，任何单位或者个人可以向商标局申请撤销该注册商标，提交申请时应当附送证据材料。商标局受理后应当通知商标注册人，限其自收到通知之日起2个月内答辩；期满未答辩的，不影响商标局作出决定。

第六十六条 有商标法第四十九条规定的注册商标无正当理由连续3年不使用情形的，任何单位或者个人可以向商标局申请撤销该注册商标，提交申请时应当说明有关情况。商标局受理后应当通知商标注册人，限其自收到通知之日起2个月内提交该商标在撤销申请提出前使用的证据材料或者说明不使用的正当理由；期满未提供使用的证据材料或者证据材料无效并没有正当理由的，由商标局撤销其注册商标。

前款所称使用的证据材料，包括商标注册人使用注册商标的证据材料和商标注册人许可他人使用注册商标的证据材料。

以无正当理由连续3年不使用为由申请撤销注册商标的，应当自该注册商标注册公告之日起满3年后提出申请。

第六十七条 下列情形属于商标法第四十九条规定的正当理由：

（一）不可抗力；

（二）政府政策性限制；

（三）破产清算；

（四）其他不可归责于商标注册人的正当事由。

第六十八条 商标局、商标评审委员会撤销注册商标或者宣告注册商标无效，撤销或者宣告无效的理由仅及于部分指定商品的，对在该部分指定商品上使用的商标注册予以撤销或者宣告无效。

第六十九条 许可他人使用其注册商标的，许可人应当在许可合同有效期内向商标局备案并报送备案材料。备案材料应当说明注册商标使用许可人、被许可人、许可期限、许可使用的商品或者服务范围等事项。

第七十条 以注册商标专用权出质的，出质人与质权人应当签订书面质权合同，并共同向商标局提出质权登记申请，由商标局公告。

第七十一条 违反商标法第四十三条第二款规定的，由工商行政管理部门责令限期改正；逾期不改正的，责令停止销售，拒不停止销售的，处10万元以下的罚款。

第七十二条 商标持有人依照商标法第十三条规定请求驰名商标保护的，可以向工商行政管理部门提出请求。经商标局依照商标法第十四条规定认定为驰名商标的，由工商行政管理部门责令停止违反商标法第十三条规定使用商标的行为，收缴、销毁违法使用的商标标识；商标标识与商品难以分离的，一并收缴、销毁。

第七十三条 商标注册人申请注销其注册商标或者注销其商标在部分指定商品上的注册的，应当向商标局提交商标注销申请书，并交回原《商标注册证》。

商标注册人申请注销其注册商标或者注销其商标在部分指定商品上的注册，经商标局核准注销的，该注册商标专用权或者该注册商标专用权在该部分指定商品上的效力自商标局收到其注销申请之日起终止。

第七十四条 注册商标被撤销或者依照本条例第七十三条的规定被注销的，原《商标注册证》作废，并予以公告；撤销该商标在部分指定商品上的注册的，或者商标注册人申请注销其商标在部分指定商品上的注册的，重新核发《商标注册证》，并予以公告。

第八章 注册商标专用权的保护

第七十五条 为侵犯他人商标专用权提供仓储、运输、邮寄、印制、隐匿、经营场所、网络商品交易平台等，属于商标法第五十七条第六项规定的提供便利条件。

第七十六条 在同一种商品或者类似商品上将与他人注册商标相同或者近似的标志作为商品名称或者商品装潢使用，误导公众的，属于商标法第五十七条第二项规定的侵犯注册商标专用权的行为。

第七十七条 对侵犯注册商标专用权的行为，任何人可以向工商行政管理部门投诉或者举报。

第七十八条 计算商标法第六十条规定的违法经营额，可以考虑下列因素：

（一）侵权商品的销售价格；

（二）未销售侵权商品的标价；

（三）已查清侵权商品实际销售的平均价格；

（四）被侵权商品的市场中间价格；

（五）侵权人因侵权所产生的营业收入；

（六）其他能够合理计算侵权商品价值的因素。

第七十九条 下列情形属于商标法第六十条规定的能证明该商品是自己合法取得的情形：

（一）有供货单位合法签章的供货清单和货款收据且经查证属实或者供货单位认可的；

（二）有供销双方签订的进货合同且经查证已真实履行的；

（三）有合法进货发票且发票记载事项与涉案商品对应的；

（四）其他能够证明合法取得涉案商品的情形。

第八十条 销售不知道是侵犯注册商标专用权的商品，能证明该商品是自己合法取得并说明提供者的，由工商行政管理部门责令停止销售，并将案件情况通报侵权商品提供者所在地工商行政管理部门。

第八十一条 涉案注册商标权属正在商标局、商标评审委员会审理或者人民法院诉讼中，案件结果可能影响案件定性的，属于商标法第六十二条第三款规定的商标权属存在争议。

第八十二条 在查处商标侵权案件过程中，工商行政管理部门可以要求权利人对涉案商品是否为权利人生产或者其许可生产的产品进行辨认。

第九章 商标代理

第八十三条 商标法所称商标代理，是指接受委托人的委托，以委托人的名义办理商标注册申请、商标评审或者其他商标事宜。

第八十四条 商标法所称商标代理机构，包括经工商行政管理部门登记从事商标代理业务的服务机构和从事商标代理业务的律师事务所。

商标代理机构从事商标局、商标评审委员会主管的商标事宜代理业务的，应当按照下列规定向商标局备案：

（一）交验工商行政管理部门的登记证明文件或者司法行政部门批准设立律师事务所的证明文件并留存复印件；

（二）报送商标代理机构的名称、住所、负责人、联系方式等基本信息；

（三）报送商标代理从业人员名单及联系方式。

工商行政管理部门应当建立商标代理机构信用档案。商标代理机构违反商标法或者本条例规定的，由商标局或者商标评审委员会予以公开通报，并记入其信用档案。

第八十五条 商标法所称商标代理从业人员，是指在商标代理机构中从事商标代理业务的工作人员。

商标代理从业人员不得以个人名义自行接受委托。

第八十六条 商标代理机构向商标局、商标评审委员会提交的有关申请文件，应当加盖该代理机构公章并由相关商标代理从业人员签字。

第八十七条 商标代理机构申请注册或者受让其代理服务以外的其他商标，商标局不予受理。

第八十八条 下列行为属于商标法第六十八条第一款第二项规定的以其他不正当手段扰乱商标代理市场秩序的行为：

（一）以欺诈、虚假宣传、引人误解或者商业贿赂等方式招徕业务的；

（二）隐瞒事实，提供虚假证据，或者威胁、诱导他人隐瞒事实，提供虚假证据的；

（三）在同一商标案件中接受有利益冲突的双方当事人委托的。

第八十九条 商标代理机构有商标法第六十八条规定行为的，由行为人所在地或者违法行为发生地县级以上工商行政管理部门进行查处并将查处情况通报商标局。

第九十条 商标局、商标评审委员会依照商标法第六十八条规定停止受理商标代理机构办理商标代理业务的，可以作出停止受理该商标代理机构商标代理业务6个月以上直至永久停止受理的决定。停止受理商标代理业务的期间届满，商标局、商标评审委员会应当恢复受理。

商标局、商标评审委员会作出停止受理或者恢复受理商标代理的决定应当在其网站予以公告。

第九十一条 工商行政管理部门应当加强对商标代理行业组织的监督和指导。

第十章　附则

第九十二条 连续使用至1993年7月1日的服务商标，与他人在相同或者类似的服务上已注册的服务商标相同或者近似的，可以继续使用；但是，1993年7月1日后中断使用3年以上的，不得继续使用。

已连续使用至商标局首次受理新放开商品或者服务项目之日的商标，与他人在新放开商品或者服务项目相同或者类似的商品或者服务上已注册的商标相同或者近似的，可以继续使用；但是，首次受理之日后中断使用3年以上的，不得继续使用。

第九十三条 商标注册用商品和服务分类表，由商标局制定并公布。

申请商标注册或者办理其他商标事宜的文件格式，由商标局、商标评审委员会制定并公布。

商标评审委员会的评审规则由国务院工商行政管理部门制定并公布。

第九十四条 商标局设置《商标注册簿》，记载注册商标及有关注册事项。

第九十五条 《商标注册证》及相关证明是权利人享有注册商标专用权的凭证。《商标注册证》记载的注册事项，应当与《商标注册簿》一致；记载不一致的，除有证据证明《商标注册簿》确有错误外，以《商标注册簿》为准。

第九十六条 商标局发布《商标公告》，刊发商标注册及其他有关事项。

《商标公告》采用纸质或者电子形式发布。

除送达公告外，公告内容自发布之日起视为社会公众已经知道或者应当知道。

第九十七条 申请商标注册或者办理其他商标事宜，应当缴纳费用。缴纳费用的项目和标准，由国务院财政部门、国务院价格主管部门分别制定。

第九十八条 本条例自2014年5月1日起施行。

商标使用许可合同备案办法

（1997年8月1日国家工商行政管理局商标〔1997〕39号发布）

第一条 为了加强对商标使用许可合同的管理，规范商标使用许可行为，根据《中华人民共和国商标法》及《中华人民共和国商标法实施细则》的有关规定，制订本办法。

第二条 商标注册人许可他人使用其注册商标，必须签订商标使用许可合同。

第三条 订立商标使用许可合同，应当遵循自愿和诚实信用的原则。

任何单位和个人不得利用许可合同从事违法活动，损害社会公共利益和消费者权益。

第四条 商标使用许可合同自签订之日起三个月内，许可人应当将许可合同副本报送商标局备案。

第五条 向商标局办理商标使用许可合同备案事宜的，可以委托国家工商行政管理局认可的商标代理组织代理，也可以直接到商标局办理。

许可人是外国人或者外国企业的，应当委托国家工商行政管理局指定的商标代理组织代理。

第六条 商标使用许可合同至少应当包括下列内容：

（一）许可使用的商标及其注册证号；

（二）许可使用的商品范围；

（三）许可使用期限；

（四）许可使用商标的标识提供方式；

（五）许可人对被许可人使用其注册商标的商品质量进行监督的条款；

（六）在使用许可人注册商标的商品上标明被许可人的名称和商品产地的条款。

第七条 申请商标使用许可合同备案，应当提交下列书件：

（一）商标使用许可合同备案表；

（二）商标使用许可合同副本；

（三）许可使用商标的注册证复印件。

人用药品商标使用许可合同备案，应当同时附送被许可人取得的卫生行政管理部门的有效证明文件。

卷烟、雪茄烟和有包装烟丝的商标使用许可合同备案，应当同时附送被许可人取得的国家烟草主管部门批准生产的有效证明文件。

外文书件应当同时附送中文译本。

第八条 商标注册人通过被许可人许可第三方使用其注册商标的，其商标使用许可合同中应当含有允许被许可人许可第三方使用的内容或者出具相应的授权书。

第九条 申请商标使用许可合同备案，应当按照许可使用的商标数量填报商标使用许可合同备案表，并附送相应的使用许可合同副本及《商标注册证》复印件。

通过一份合同许可一个被许可人使用多个商标的，许可人应当按照商标数量报送商标使用许可合同备案表及《商标注册证》复印件，但可以只报送一份使用许可合同副本。

第十条 申请商标使用许可合同备案，许可人应当按照许可使用的商标数量缴纳备案费。

缴纳备案费可以采取直接向商标局缴纳的方式，也可以采取委托商标代理组织缴纳的方式。具体收费标准依照有关商标业务收费的规定执行。

第十一条 有下列情形之一的，商标局不予备案：

（一）许可人不是被许可商标的注册人的；

（二）许可使用的商标与注册商标不一致的；

（三）许可使用商标的注册证号与所提供商标注册证号不符的；

（四）许可使用的期限超过该注册商标的有效期限的；

（五）许可使用的商品超出了该注册商标核定使用的商品范围的；

（六）商标使用许可合同缺少本办法第六条所列内容的；

（七）备案申请缺少本办法第七条所列书件的；

（八）未缴纳商标使用许可合同备案费的；

（九）备案申请中的外文书件未附中文译本的；

（十）其他不予备案的情形。

第十二条 商标使用许可合同备案书件齐备，符合《商标法》及《商标法实施细则》有关规定的，商标局予以备案。

已备案的商标使用许可合同，由商标局向备案申请人发出备案通知书，并集中刊登在每月第2期《商标公告》上。

第十三条 不符合备案要求的，商标局予以退回并说明理由。

许可人应当自收到退回备案材料之日起一个月内，按照商标局指定的内容补正再报送备案。

第十四条 有下列情形之一的，应当重新申请商标使用许可合同备案：

（一）许可使用的商品范围变更的；

（二）许可使用的期限变更的；

（三）许可使用的商标所有权发生转移的；

（四）其他应当重新申请备案的情形。

第十五条 有下列情形之一的，许可人和被许可人应当书面通知商标局及其各自所在地县级工商行政管理机关：

（一）许可人名义变更的；

（二）被许可人名义变更的；

（三）商标使用许可合同提前终止的；

（四）其他需要通知的情形。

第十六条 对以欺骗手段或者其他不正当手段取得备案的，由商标局注销其商标使用许可合同备案并予以公告。

第十七条 对已备案的商标使用许可合同，任何单位和个人均可以提出书面查询申请，并按照有关规定交纳查询费。

第十八条 按照《商标法实施细则》第三十五条的规定，许可人和被许可人应当在许可合同签订之日起三个月内，将许可合同副本交送其所在地工商行政管理机关存查，具体存查办法可以参照本办法执行。

第十九条 县级以上工商行政管理机关依据《商标法》及其他法律、法规和规章的规定，负责对商标使用许可行为的指导、监督和管理。

第二十条 利用商标使用许可合同从事违法活动的，由县级以上工商行政管理机关依据《商标法》及其他法律、法规和规章的规定处理；构成犯罪的，依法追究刑事责任。

第二十一条 本办法所称商标许可人是指商标使用许可合同中许可他人使用其注册商标的人，商标被许可人是指符合《商标法》及《商标法实施细则》有关规定并经商标注册人授权使用其商标的人。

本办法有关商品商标的规定，适用于服务商标。

第二十二条 商标使用许可合同示范文本由商标局制定并公布。

第二十三条 本办法自发布之日起施行。商标局一九八五年二月二十五日颁发的《商标使用许可合同备案注意事项》同时废止。

附件一： 商标使用许可合同（示范文本）

合同编号：

签订地点：

商标使用许可人（甲方）__________________

商标使用被许可人（乙方）________________

根据《中华人民共和国商标法》第二十六条和《商标法实施细则》第三十五条规定，甲、乙双方遵循自愿和诚实信用的原则，经协商一致，签订本商标使用许可合同。

一、甲方将已注册的使用在____________类____________商品上的第____________号____________商标，许可乙方使用在____________类____________商品上。

商标标识：

二、许可使用的期限自____________年____________月____________日起至____________年________月________日止。合同期满，如需延长使用时间，由甲、乙双方另行续订商标使用许可合同。

三、甲方有权监督乙方使用注册商标的商品质量，乙方应当保证使用该注册商标的商品质量。具体措施为：____。

四、乙方必须在使用该注册商标的商品上标明自己的企业名称和商品产地。

五、乙方不得任意改变甲方注册商标的文字、图形或者其组合，并不得超越许可的商品范围使用甲方的注册商标。

六、未经甲方授权，乙方不得以任何形式和理由将甲方注册商标许可第三方使用。

七、注册商标标识的提供方式：

八、许可使用费及支付方式：

九、本合同提前终止时，甲、乙双方应当分别自终止之日起一个月内书面通知商标局及其各自所在地县级工商行政管理机关。

十、违约责任：

十一、纠纷解决方式：

十二、其他事宜：

本合同一式份，自签订之日起三个月内，由甲、乙双方分别将合同副本交送所在地县级工商行政管理机关存查，并由甲方报送商标局备案。

商标使用许可人(甲方)	商标使用被许可人(乙方)
(签章)	(签章)
法定代表人	法定代表人
地址	地址
邮编	邮编
年 月 日	年 月 日

附件二：商标使用许可合同备案通知书

标合同备字〔 〕号________________：

根据《中华人民共和国商标法》及《中华人民共和国商标法实施细则》有关规定，你（ ）于________年______月______日报送我局的许可____________________使用的第______________号______________商标使用许可合同副本，经审查，我局予以备案。

商标使用许可合同备案号为______________。

特此通知。

（商标局章）

年 月 日

特殊标志管理条例

（1996年7月13日中华人民共和国国务院令第202号发布）

第一章 总则

第一条 为了加强对特殊标志的管理，推动文化、体育、科学研究及其他社会公益活动的发展，保护特殊标志所有人、使用人和消费者的合法权益，制定本条例。

第二条 本条例所称特殊标志，是指经国务院批准举办的全国性和国际性的文化、体育、科学研究及其他社会公益活动所使用的，由文字、图形组成的名称及缩写、会徽、吉祥物等标志。

第三条 经国务院工商行政管理部门核准登记的特殊标志，受本条例保护。

第四条 含有下列内容的文字、图形组成的特殊标志，不予登记：

（一）有损于国家或者国际组织的尊严或者形象的；

（二）有害于社会善良习俗和公共秩序的；

（三）带有民族歧视性，不利于民族团结的；

（四）缺乏显著性，不便于识别的；

（五）法律、行政法规禁止的其他内容。

第五条 特殊标志所有人使用或者许可他人使用特殊标志所募集的资金，必须用于特殊标志所服务的社会公益事业，并接受国务院财政部门、审计部门的监督。

第二章 特殊标志的登记

第六条 举办社会公益活动的组织者或者筹备者对其使用的名称、会徽、吉祥物等特殊标志，需要保护的，应当向国务院工商行政管理部门提出登记申请。

登记申请可以直接办理，也可以委托他人代理。

第七条 申请特殊标志登记，应当填写特殊标志登记申请书并提交下列文件：

（一）国务院批准举办该社会公益活动的文件；

（二）准许他人使用特殊标志的条件及管理办法；

（三）特殊标志图样5份，黑白墨稿1份。图样应当清晰，便于粘贴，用光洁耐用的纸张印制或者用照片代替，长和宽不大于10厘米、不小于5厘米；

（四）委托他人代理的，应当附代理人委托书，注明委托事项和权限；

（五）国务院工商行政管理部门认为应当提交的其他文件。

第八条 国务院工商行政管理部门收到申请后，按照以下规定处理：

（一）符合本条例有关规定，申请文件齐备无误的，自收到申请之日起15日内，发给特殊标志登记申请受理通知书，并在发出通知之日起2个月内，将特殊标志有关事项、图样和核准使用的商品和服务项目，在特殊标志登记簿上登记，发给特殊标志登记证书。

特殊标志经核准登记后，由国务院工商行政管理部门公告。

（二）申请文件不齐备或者有误的，自收到申请之日起10日内发给特殊标志登记申请补正通知书，并限其自收到通知之日起15日内予以补正，期满不补正或者补正仍不符合规定的，发给特殊标志登记申请不予受理通知书。

（三）违反本条例第四条规定的，自收到申请之日起15日内发给特殊标志登记申请驳回通知书。申请人对驳回通知不服的，可以自收到驳回通知之日起15日内，向国务院工商行政管理部门申请复议。

前款所列各类通知书，由国务院工商行政管理部门送达申请人或者其代理人。因故不能直接送交的，以国务院工商行政管理部门公告或者邮寄之日起的20日为送达日期。

第九条 特殊标志有效期为4年，自核准登记之日起计算。

特殊标志所有人可以在有效期满前3个月内提出延期申请，延长的期限由国务院工商行政管理部门根据实际情况和需要决定。

特殊标志所有人变更地址，应当自变更之日起1个月内报国务院工商行政管理部门备案。

第十条 已获准登记的特殊标志有下列情形之一的，任何单位和个人可以在特殊标志公告刊登之日至其有效期满的期间，向国务院工商行政管理部门申明理由并提供相应证据，请求宣告特殊标志登记无效：

（一）同已在先申请的特殊标志相同或者近似的；

（二）同已在先申请注册的商标或者已获得注册的商标相同或者近似的；

（三）同已在先申请外观设计专利或者已依法取得专利权的外观设计专利相同或者近似的；

（四）侵犯他人著作权的。

第十一条 国务院工商行政管理部门自收到特殊标志登记无效申请之日起10日内，通知被申请人并限其自收到通知之日起15日内作出答辩。

被申请人拒绝答辩或者无正当理由超过答辩期限的，视为放弃答辩的权利。

第十二条 国务院工商行政管理部门自收到特殊标志登记无效申请之日起3个月内作出裁定，并通知当事人；当事人对裁定不服的，可以自收到通知之日起15日内，向国务院工商行政管理部门申请复议。

第三章 特殊标志的使用与保护

第十三条 特殊标志所有人可以在与其公益活动相关的广告、纪念品及其他物品上使用该标志，并许可他人在国务院工商行政管理部门核准使用该标志的商品或者服务项目上使用。

第十四条 特殊标志的使用人应当是依法成立的企业、事业单位、社会团体、个体工商户。

特殊标志使用人应当同所有人签订书面使用合同。

特殊标志使用人应当自合同签订之日起1个月内，将合同副本报国务院工商行政管理部门备案，并报使用人所在地县级以上人民政府工商行政管理部门存查。

第十五条 特殊标志所有人或者使用人有下列行为之一的，由其所在地或者行为发生地县级以上人民政府工商行政管理部门责令改正，可以处5万元以下的罚款；情节严重的，由县级以上人民政府工商行政管理部门责令使用人停止使用该特殊标志，由国务院工商行政管理部门撤销所有人的特殊标志登记：

（一）擅自改变特殊标志文字、图形的；

（二）许可他人使用特殊标志，未签订使用合同，或者使用人在规定期限内未报国务院工商行政管理部门备案或者未报所在地县级以上人民政府工商行政管理机关存查的；

（三）超出核准登记的商品或者服务范围使用的。

第十六条 有下列行为之一的，由县级以上人民政府工商行政管理部门责令侵权人立即停止侵权行为，没收侵权商品，没收违法所得，并处违法所得5倍以下的罚款，没有违法所得的，处1万元以下的罚款：

（一）擅自使用与所有人的特殊标志相同或者近似的文字、图形或者其组合的；

（二）未经特殊标志所有人许可，擅自制造、销售其特殊标志或者将其特殊标志用于商业活动的；

（三）有给特殊标志所有人造成经济损失的其他行为的。

第十七条 特殊标志所有人或者使用人发现特殊标志所有权或者使用权被侵害时，可以向侵权人所在地或者侵权行为发生地县级以上人民政府工商行政管理部门投诉；也可以直接向人民法院起诉。

工商行政管理部门受理特殊标志侵权案件投诉的，应当依特殊标志所有人的请求，就侵权的民事赔偿主持调解；调解不成的，特殊志所有人可以向人民法院起诉。

第十八条 工商行政管理部门受理特殊标志侵权案件，在调查取证时，可以行使下列职权，有关当事人应当予以协助，不得拒绝：

（一）询问有关当事人；

（二）检查与侵权活动有关的物品；

（三）调查与侵权活动有关的行为；

（四）查阅、复制与侵权活动有关的合同、账册等业务资料。

第四章　附则

第十九条 特殊标志申请费、公告费、登记费的收费标准，由国务院财政部门、物价部门会同国务院工商行政管理部门制定。

第二十条 申请特殊标志登记有关文书格式由国务院工商行政管理部门制定。

第二十一条 经国务院批准代表中国参加国际性文化、体育、科学研究等活动的组织所使用的名称、徽记、吉祥物等标志的保护，参照本条例的规定施行。

第二十二条 本条例自发布之日起施行。

奥林匹克标志保护条例

（2002年1月30日国务院第54次常务会议通过　2002年2月4日中华人民共和国国务院令第345号公布）

第一条 为了加强对奥林匹克标志的保护，保障奥林匹克标志权利人的合法权益，维护奥林匹克运动的尊严，制定本条例。

第二条 本条例所称奥林匹克标志，是指：

（一）国际奥林匹克委员会的奥林匹克五环图案标志、奥林匹克旗、奥林匹克格言、奥林匹克徽记、奥林匹克会歌；

（二）奥林匹克、奥林匹亚、奥林匹克运动会及其简称等专有名称；

（三）中国奥林匹克委员会的名称、徽记、标志；

（四）北京2008年奥林匹克运动会申办委员会的名称、徽记、标志；

（五）第29届奥林匹克运动会组织委员会的名称、徽记，第29届奥林匹克运动会的吉祥物、会歌、口号，“北京2008”、第29届奥林匹克运动会及其简称等标志；

（六）《奥林匹克宪章》和《第29届奥林匹克运动会主办城市合同》中规定的其他与第29届奥林匹克运动会有关的标志。

第三条 本条例所称奥林匹克标志权利人，是指国际奥林匹克委员会、中国奥林匹克委员会和第29届奥林匹克运动会组织委员会。

国际奥林匹克委员会、中国奥林匹克委员会和第29届奥林匹克运动会组织委员会之间的权利划分，依照《奥林匹克宪章》和《第29届奥林匹克运动会主办城市合同》确定。

第四条 奥林匹克标志权利人依照本条例对奥林匹克标志享有专有权。

未经奥林匹克标志权利人许可，任何人不得为商业目的（含潜在商业目的，下同）使用奥林匹克标志。

第五条 本条例所称为商业目的使用，是指以营利为目的，以下列方式利用奥林匹克标志：

（一）将奥林匹克标志用于商品、商品包装或者容器以及商品交易文书上；

（二）将奥林匹克标志用于服务项目中；

（三）将奥林匹克标志用于广告宣传、商业展览、营业性演出以及其他商业活动中；

（四）销售、进口、出口含有奥林匹克标志的商品；

（五）制造或者销售奥林匹克标志；

（六）可能使人认为行为人与奥林匹克标志权利人之间有赞助或者其他支持关系而使用奥林匹克标志的其他行为。

第六条 国务院工商行政管理部门依据本条例的规定，负责全国的奥林匹克标志保护工作。

县级以上地方工商行政管理部门依据本条例的规定，负责本行政区域内的奥林匹克标志保护工作。

第七条 奥林匹克标志权利人应当将奥林匹克标志报国务院工商行政管理部门备案，由国务院工商行政管理部门公告。

第八条 取得奥林匹克标志权利人许可，为商业目的使用奥林匹克标志的，应当同奥林匹克标志权利人订立使用许可合同。其中，使用本条例第二条第（一）项、第（二）项规定的奥林匹克标志的，应当同国际奥林匹克委员会及其授权或者批准的机构订立合同；使用本条例第二条第（三）项规定的奥林匹克标志的，应当同中国奥林匹克委员会订立合同；使用本条例第二条第（四）项、第（五）项、第（六）项规定的奥林匹克标志的，在2008年12月31日以前，应当同第29届奥林匹克运动会组织委员会订立合同。奥林匹克标志权利人应当将使用许可合同报国务院工商行政管理部门备案。

依照前款规定订立使用许可合同的，被许可人只得在合同约定的地域范围、期间内使用奥林匹克标志。

第九条 本条例施行前已经依法使用奥林匹克标志的，可以在原有范围内继续使用。

第十条 未经奥林匹克标志权利人许可，为商业目的擅自使用奥林匹克标志，即侵犯奥林匹克标志专有权，引起纠纷的，由当事人协商解决；不愿协商或者协商不成的，奥林匹克标志权利人或者利害关系人可以向人民法院提起诉讼，也可以请求工商行政管理部门处理。工商行政管理部门处理时，认定侵权行为成立的，责令立即停止侵权行为，没收、销毁侵权商品和专门用于制造侵权商品或者为商业目的擅自制造奥林匹克标志的工具，有违法所得的，没收违法所得，可以并处违法所得5倍以下的罚款；没有违法所得的，可以并处5万元以下的罚款。当事人对处理决定不服的，可以自收到处理通知之日起15日内依照《中华人民共和国行政诉讼法》向人民法院提起诉讼；侵权人期满不起诉又不履行的，工商行政管理部门可以申请人民法院强制执行。进行处理的工商行政管理部门应当事人的请求，可以就侵犯奥林匹克标志专有权的赔偿数额进行调解；调解不成的，当事人可以依照《中华人民共和国民事诉讼法》向人民法院提起诉讼。

利用奥林匹克标志进行诈骗等活动，触犯刑律的，依照刑法关于诈骗罪或者其他罪的规定，依法追究刑事责任。

第十一条 对侵犯奥林匹克标志专有权的行为，工商行政管理部门有权依法查处。

工商行政管理部门根据已经取得的违法嫌疑证据或者举报，对涉嫌侵犯奥林匹克标志专有权的行为进行查处时，可以行使下列职权：

（一）询问有关当事人，调查与侵犯奥林匹克标志专有权有关的情况；

（二）查阅、复制与侵权活动有关的合同、发票、账簿以及其他有关资料；

（三）对当事人涉嫌侵犯奥林匹克标志专有权活动的场所实施现场检查；

（四）检查与侵权活动有关的物品；对有证据证明是侵犯奥林匹克标志专有权的物品，予以查封或者扣押。

工商行政管理部门依法行使前款规定的职权时，当事人应当予以协助、配合，不得拒绝、阻挠。

第十二条 进出口货物涉嫌侵犯奥林匹克标志专有权的，由海关参照《中华人民共和国海关法》和《中华人民共和国知识产权海关保护条例》规定的权限和程序查处。

第十三条 侵犯奥林匹克标志专有权的赔偿数额，按照权利人因被侵权所受到的损失或者侵权人因侵权所获得的利益确定，包括为制止侵权行为所支付的合理开支；被侵权人的损失或者侵权人获得的利益难以确定的，参照该奥林匹克标志许可使用费合理确定。

销售不知道是侵犯奥林匹克标志专有权的商品，能证明该商品是自己合法取得并说明提供者的，不承担赔偿责任。

第十四条 奥林匹克标志除依照本条例受到保护外，还可以依照《中华人民共和国著作权法》、《中华人民共和国商标法》、《中华人民共和国专利法》、《特殊标志管理条例》等法律、行政法规的规定获得保护。

第十五条本条例自2002年4月1日起施行。

世界博览会标志保护条例

（2004年10月13日国务院第66次常务会议通过。2004年10月20日中华人民共和国国务院令第422号公布）

第一条 为了加强对世界博览会标志的保护，维护世界博览会标志权利人的合法权益，制定本条例。

第二条 本条例所称世界博览会标志，是指：

（一）中国2010年上海世界博览会申办机构的名称（包括全称、简称、译名和缩写，下同）、徽记或者其他标志；

（二）中国2010年上海世界博览会组织机构的名称、徽记或者其他标志；

（三）中国2010年上海世界博览会的名称、会徽、会旗、吉祥物、会歌、主题词、口号；

（四）国际展览局的局旗。

第三条 本条例所称世界博览会标志权利人，是指中国2010年上海世界博览会组织机构和国际展览局。

中国2010年上海世界博览会组织机构为本条例第二条第（一）、（二）、（三）项规定的世界博览会标志的权利人。中国2010年上海世界博览会组织机构和国际展览局之间关于本条例第二条第（四）项规定的世界博览会标志的权利划分，依照中国2010年上海世界博览会《申办报告》、《注册报告》和国际展览局《关于使用国际展览局局旗的规定》确定。

第四条 世界博览会标志权利人依照本条例享有世界博览会标志专有权。

未经世界博览会标志权利人许可，任何人不得为商业目的（含潜在商业目的，下同）使用世界博览会标志。

第五条 本条例所称为商业目的使用，是指以营利为目的，以下列方式使用世界博览会标志：

（一）将世界博览会标志用于商品、商品包装或者容器以及商品交易文书上；

（二）将世界博览会标志用于服务业中；

（三）将世界博览会标志用于广告宣传、商业展览、营业性演出以及其他商业活动中；

（四）销售、进口、出口含有世界博览会标志的商品；

（五）制造或者销售世界博览会标志；

（六）将世界博览会标志作为字号申请企业名称登记，可能造成市场误认、混淆的；

（七）可能使他人认为行为人与世界博览会标志权利人之间存在许可使用关系而使用世界博览会标志的其他行为。

第六条 国务院工商行政管理部门依照本条例的规定，负责全国的世界博览会标志保护工作。

县级以上地方工商行政管理部门依照本条例的规定，负责本行政区域内的世界博览会标志保护工作。

第七条 世界博览会标志权利人应当将世界博览会标志报国务院工商行政管理部门备案，由国务院工商行政管理部门公告。

第八条 在本条例施行前已经依法使用世界博览会标志的，可以在原有范围内继续使用。

第九条 未经世界博览会标志权利人许可，为商业目的擅自使用世界博览会标志即侵犯世界博览会标志专有权，引起纠纷的，由当事人协商解决；不愿协商或者协商不成的，世界博览会标志权利人或者利害关系人可以依法向人民法院提起诉讼，也可以请求工商行政管理部门处理。

应当事人的请求，工商行政管理部门可以就侵犯世界博览会标志专有权的赔偿数额进行调解；调解不成的，当事人可以依法向人民法院提起诉讼。

第十条 工商行政管理部门根据已经取得的违法嫌疑证据或者举报查处涉嫌侵犯世界博览会标志专有权的行为时，可以行使下列职权：

（一）询问有关当事人，调查与侵犯世界博览会标志专有权有关的情况；

（二）查阅、复制与侵权活动有关的合同、发票、账簿以及其他有关资料；

（三）对当事人涉嫌侵犯世界博览会标志专有权活动的场所实施现场检查；

（四）检查与侵权活动有关的物品；对有证据证明侵犯世界博览会标志专有权的物品，予以查封或者扣押。

工商行政管理部门依法行使前款规定的职权时，当事人应当予以协助、配合，不得拒绝、阻挠。

第十一条 工商行政管理部门处理侵犯世界博览会标志专有权行为时，认定侵权行为成立的，责令立即停止侵权行为，没收、销毁侵权商品和专门用于制造侵权商品或者为商业目的擅自制造世界博览会标志的工具，有违法所得的，没收违法所得，可以并处违法所得5倍以下的罚款；没有违法所得的，可以并处5万元以下的罚款。

利用世界博览会标志进行诈骗等活动，构成犯罪的，依法追究刑事责任。

第十二条 侵犯世界博览会标志专有权的货物禁止进出口。世界博览会标志专有权海关保护的程序适用《中华人民共和国知识产权海关保护条例》的规定。

第十三条 侵犯世界博览会标志专有权的赔偿数额，按照权利人因被侵权所受到的损失或者侵权人因侵权所获得的利益确定，包括为制止侵权行为所支付的合理开支；被侵权人的损失或者侵权人获得的利益难以确定的，参照该世界博览会标志许可使用费合理确定。

销售不知道是侵犯世界博览会标志专有权的商品，能证明该商品是自己合法取得并说明提供者的，不承担赔偿责任。

第十四条 任何单位或者个人可以向工商行政管理部门或有关行政管理部门举报违反本条例使用世界博览会标志的行为。

第十五条 世界博览会标志除依照本条例受到保护外，还可以依照《中华人民共和国著作权法》、《中华人民共和国商标法》、《中华人民共和国专利法》、《中华人民共和国反不正当竞争法》、《特殊标志管理条例》等法律、行政法规的规定获得保护。

第十六条 本条例自2004年12月1日起施行。

专利权

法律

中华人民共和国专利法

（1984年3月12日第六届全国人民代表大会常务委员会第四次会议通过　根据1992年9月4日第七届全国人民代表大会常务委员会第二十七次会议《关于修改〈中华人民共和国专利法〉的决定》第一次修正　根据2000年8月25日第九届全国人民代表大会常务委员会第十七次会议《关于修改〈中华人民共和国专利法〉的决定》第二次修正　根据2008年12月27日第十一届全国人民代表大会常务委员会第六次会议《关于修改〈中华人民共和国专利法〉的决定》第三次修正）

目　录

第一章　总则

第一条 为了保护专利权人的合法权益，鼓励发明创造，推动发明创造的应用，提高创新能力，促进科学技术进步和经济社会发展，制定本法。

第二条 本法所称的发明创造是指发明、实用新型和外观设计。

发明，是指对产品、方法或者其改进所提出的新的技术方案。

实用新型，是指对产品的形状、构造或者其结合所提出的适于实用的新的技术方案。

外观设计，是指对产品的形状、图案或者其结合以及色彩与形状、图案的结合所作出的富有美感并适于工业应用的新设计。

第三条 国务院专利行政部门负责管理全国的专利工作；统一受理和审查专利申请，依法授予专利权。

省、自治区、直辖市人民政府管理专利工作的部门负责本行政区域内的专利管理工作。

第四条 申请专利的发明创造涉及国家安全或者重大利益需要保密的，按照国家有关规定办理。

第五条 对违反法律、社会公德或者妨害公共利益的发明创造，不授予专利权。

对违反法律、行政法规的规定获取或者利用遗传资源，并依赖该遗传资源完成的发明创造，不授予专利权。

第六条 执行本单位的任务或者主要是利用本单位的物质技术条件所完成的发明创造为职务发明创造。职务发明创造申请专利的权利属于该单位；申请被批准后，该单位为专利权人。

非职务发明创造，申请专利的权利属于发明人或者设计人；申请被批准后，该发明人或者设计人为专利权人。

利用本单位的物质技术条件所完成的发明创造，单位与发明人或者设计人订有合同，对申请专利的权利和专利权的归属作出约定的，从其约定。

第七条 对发明人或者设计人的非职务发明创造专利申请，任何单位或者个人不得压制。

第八条 两个以上单位或者个人合作完成的发明创造、

一个单位或者个人接受其他单位或者个人委托所完成的发明创造，除另有协议的以外，申请专利的权利属于完成或者共同完成的单位或者个人；申请被批准后，申请的单位或者个人为专利权人。

第九条 同样的发明创造只能授予一项专利权。但是，同一申请人同日对同样的发明创造既申请实用新型专利又申请发明专利，先获得的实用新型专利权尚未终止，且申请人声明放弃该实用新型专利权的，可以授予发明专利权。

两个以上的申请人分别就同样的发明创造申请专利的，专利权授予最先申请的人。

第十条 专利申请权和专利权可以转让。

中国单位或者个人向外国人、外国企业或者外国其他组织转让专利申请权或者专利权的，应当依照有关法律、行政法规的规定办理手续。

转让专利申请权或者专利权的，当事人应当订立书面合同，并向国务院专利行政部门登记，由国务院专利行政部门予以公告。专利申请权或者专利权的转让自登记之日起生效。

第十一条 发明和实用新型专利权被授予后，除本法另有规定的以外，任何单位或者个人未经专利权人许可，都不得实施其专利，即不得为生产经营目的制造、使用、许诺销售、销售、进口其专利产品，或者使用其专利方法以及使用、许诺销售、销售、进口依照该专利方法直接获得的产品。

外观设计专利权被授予后，任何单位或者个人未经专利权人许可，都不得实施其专利，即不得为生产经营目的制造、许诺销售、销售、进口其外观设计专利产品。

第十二条 任何单位或者个人实施他人专利的，应当与专利权人订立实施许可合同，向专利权人支付专利使用费。被许可人无权允许合同规定以外的任何单位或者个人实施该专利。

第十三条 发明专利申请公布后，申请人可以要求实施其发明的单位或者个人支付适当的费用。

第十四条 国有企业事业单位的发明专利，对国家利益或者公共利益具有重大意义的，国务院有关主管部门和省、自治区、直辖市人民政府报经国务院批准，可以决定在批准的范围内推广应用，允许指定的单位实施，由实施单位按照国家规定向专利权人支付使用费。

第十五条 专利申请权或者专利权的共有人对权利的行使有约定的，从其约定。没有约定的，共有人可以单独实施或者以普通许可方式许可他人实施该专利；许可他人实施该专利的，收取的使用费应当在共有人之间分配。

除前款规定的情形外，行使共有的专利申请权或者专利权应当取得全体共有人的同意。

第十六条 被授予专利权的单位应当对职务发明创造的发明人或者设计人给予奖励；发明创造专利实施后，根据其推广应用的范围和取得的经济效益，对发明人或者设计人给予合理的报酬。

第十七条 发明人或者设计人有权在专利文件中写明自己是发明人或者设计人。

专利权人有权在其专利产品或者该产品的包装上标明专利标识。

第十八条 在中国没有经常居所或者营业所的外国人、外国企业或者外国其他组织在中国申请专利的，依照其所属国同中国签订的协议或者共同参加的国际条约，或者依照互惠原则，根据本法办理。

第十九条 在中国没有经常居所或者营业所的外国人、外国企业或者外国其他组织在中国申请专利和办理其他专利事务的，应当委托依法设立的专利代理机构办理。

中国单位或者个人在国内申请专利和办理其他专利事务的，可以委托依法设立的专利代理机构办理。

专利代理机构应当遵守法律、行政法规，按照被代理人的委托办理专利申请或者其他专利事务；对被代理人发明创造的内容，除专利申请已经公布或者公告的以外，负有保密责任。专利代理机构的具体管理办法由国务院规定。

第二十条 任何单位或者个人将在中国完成的发明或者实用新型向外国申请专利的，应当事先报经国务院专利行政部门进行保密审查。保密审查的程序、期限等按照国务院的规定执行。

中国单位或者个人可以根据中华人民共和国参加的有关国际条约提出专利国际申请。申请人提出专利国际申请的，应当遵守前款规定。

国务院专利行政部门依照中华人民共和国参加的有关国际条约、本法和国务院有关规定处理专利国际申请。

对违反本条第一款规定向外国申请专利的发明或者实用新型，在中国申请专利的，不授予专利权。

第二十一条 国务院专利行政部门及其专利复审委员会应当按照客观、公正、准确、及时的要求，依法处理有关专利的申请和请求。

国务院专利行政部门应当完整、准确、及时发布专利信息，定期出版专利公报。

在专利申请公布或者公告前，国务院专利行政部门的工作人员及有关人员对其内容负有保密责任。

第二章 授予专利权的条件

第二十二条 授予专利权的发明和实用新型，应当具备新颖性、创造性和实用性。

新颖性，是指该发明或者实用新型不属于现有技术；也没有任何单位或者个人就同样的发明或者实用新型在申请日以前向国务院专利行政部门提出过申请，并记载在申请日以后公布的专利申请文件或者公告的专利文件中。

创造性，是指与现有技术相比，该发明具有突出的实质性特点和显著的进步，该实用新型具有实质性特点和进步。

实用性，是指该发明或者实用新型能够制造或者使用，并且能够产生积极效果。

本法所称现有技术，是指申请日以前在国内外为公众所知的技术。

第二十三条 授予专利权的外观设计，应当不属于现有设计；也没有任何单位或者个人就同样的外观设计在申请日以前向国务院专利行政部门提出过申请，并记载在申请日以后公告的专利文件中。

授予专利权的外观设计与现有设计或者现有设计特征的组合相比，应当具有明显区别。

授予专利权的外观设计不得与他人在申请日以前已经取得的合法权利相冲突。

本法所称现有设计，是指申请日以前在国内外为公众所知的设计。

第二十四条 申请专利的发明创造在申请日以前六个月内，有下列情形之一的，不丧失新颖性：

（一）在中国政府主办或者承认的国际展览会上首次展出的；

（二）在规定的学术会议或者技术会议上首次发表的；

（三）他人未经申请人同意而泄露其内容的。

第二十五条 对下列各项，不授予专利权：

（一）科学发现；

（二）智力活动的规则和方法；

（三）疾病的诊断和治疗方法；

（四）动物和植物品种；

（五）用原子核变换方法获得的物质；

（六）对平面印刷品的图案、色彩或者二者的结合作出的主要起标识作用的设计。

对前款第（四）项所列产品的生产方法，可以依照本法规定授予专利权。

第三章 专利的申请

第二十六条 申请发明或者实用新型专利的，应当提交请求书、说明书及其摘要和权利要求书等文件。

请求书应当写明发明或者实用新型的名称，发明人的姓名，申请人姓名或者名称、地址，以及其他事项。

说明书应当对发明或者实用新型作出清楚、完整的说明，以所属技术领域的技术人员能够实现为准；必要的时候，应当有附图。摘要应当简要说明发明或者实用新型的技术要点。

权利要求书应当以说明书为依据，清楚、简要地限定要求专利保护的范围。

依赖遗传资源完成的发明创造，申请人应当在专利申请文件中说明该遗传资源的直接来源和原始来源；申请人无法说明原始来源的，应当陈述理由。

第二十七条 申请外观设计专利的，应当提交请求书、该外观设计的图片或者照片以及对该外观设计的简要说明等文件。

申请人提交的有关图片或者照片应当清楚地显示要求专利保护的产品的外观设计。

第二十八条 国务院专利行政部门收到专利申请文件之日为申请日。如果申请文件是邮寄的，以寄出的邮戳日为申请日。

第二十九条 申请人自发明或者实用新型在外国第一次提出专利申请之日起十二个月内，或者自外观设计在外国第一次提出专利申请之日起六个月内，又在中国就相同主题提出专利申请的，依照该外国同中国签订的协议或者共同参加的国际条约，或者依照相互承认优先权的原则，可以享有优先权。

申请人自发明或者实用新型在中国第一次提出专利申请之日起十二个月内，又向国务院专利行政部门就相同主题提出专利申请的，可以享有优先权。

第三十条 申请人要求优先权的，应当在申请的时候提出书面声明，并且在三个月内提交第一次提出的专利申请文件的副本；未提出书面声明或者逾期未提交专利申请文件副本的，视为未要求优先权。

第三十一条 一件发明或者实用新型专利申请应当限于一项发明或者实用新型。属于一个总的发明构思的两项以上的发明或者实用新型，可以作为一件申请提出。

一件外观设计专利申请应当限于一项外观设计。同一产品两项以上的相似外观设计，或者用于同一类别并且成套出售或者使用的产品的两项以上外观设计，可以作为一件申请提出。

第三十二条 申请人可以在被授予专利权之前随时撤回其专利申请。

第三十三条 申请人可以对其专利申请文件进行修改，但是，对发明和实用新型专利申请文件的修改不得超出原说明书和权利要求书记载的范围，对外观设计专利申请文件的修改不得超出原图片或者照片表示的范围。

第四章 专利申请的审查和批准

第三十四条 国务院专利行政部门收到发明专利申请后，经初步审查认为符合本法要求的，自申请日起满十八个月，即行公布。国务院专利行政部门可以根据申请人的请求早日公布其申请。

第三十五条 发明专利申请自申请日起三年内，国务院专利行政部门可以根据申请人随时提出的请求，对其申请进行实质审查；申请人无正当理由逾期不请求实质审查的，该申请即被视为撤回。

国务院专利行政部门认为必要的时候，可以自行对发明专利申请进行实质审查。

第三十六条 发明专利的申请人请求实质审查的时候，应当提交在申请日前与其发明有关的参考资料。

发明专利已经在外国提出过申请的，国务院专利行政部门可以要求申请人在指定期限内提交该国为审查其申请进行检索的资料或者审查结果的资料；无正当理由逾期不提交的，该申请即被视为撤回。

第三十七条 国务院专利行政部门对发明专利申请进行实质审查后，认为不符合本法规定的，应当通知申请人，要求其在指定的期限内陈述意见，或者对其申请进行修改；无正当理由逾期不答复的，该申请即被视为撤回。

第三十八条 发明专利申请经申请人陈述意见或者进行修改后，国务院专利行政部门仍然认为不符合本法规定的，应当予以驳回。

第三十九条 发明专利申请经实质审查没有发现驳回理由的，由国务院专利行政部门作出授予发明专利权的决定，发给发明专利证书，同时予以登记和公告。发明专利权自公告之日起生效。

第四十条 实用新型和外观设计专利申请经初步审查没有发现驳回理由的，由国务院专利行政部门作出授予实用新型专利权或者外观设计专利权的决定，发给相应的专利证书，同时予以登记和公告。实用新型专利权和外观设计专利权自公告之日起生效。

第四十一条 国务院专利行政部门设立专利复审委员会。专利申请人对国务院专利行政部门驳回申请的决定不服的，可以自收到通知之日起三个月内，向专利复审委员会请求复审。专利复审委员会复审后，作出决定，并通知专利申请人。

专利申请人对专利复审委员会的复审决定不服的，可以自收到通知之日起三个月内向人民法院起诉。

第五章 专利权的期限、终止和无效

第四十二条 发明专利权的期限为二十年，实用新型专利权和外观设计专利权的期限为十年，均自申请日起计算。

第四十三条 专利权人应当自被授予专利权的当年开始缴纳年费。

第四十四条 有下列情形之一的，专利权在期限届满前终止：

（一）没有按照规定缴纳年费的；

（二）专利权人以书面声明放弃其专利权的。

专利权在期限届满前终止的，由国务院专利行政部门登记和公告。

第四十五条 自国务院专利行政部门公告授予专利权之日起，任何单位或者个人认为该专利权的授予不符合本法有关规定的，可以请求专利复审委员会宣告该专利权无效。

第四十六条 专利复审委员会对宣告专利权无效的请求应当及时审查和作出决定，并通知请求人和专利权人。宣告专利权无效的决定，由国务院专利行政部门登记和公告。

对专利复审委员会宣告专利权无效或者维持专利权的决定不服的，可以自收到通知之日起三个月内向人民法院起诉。人民法院应当通知无效宣告请求程序的对方当事人作为第三人参加诉讼。

第四十七条 宣告无效的专利权视为自始即不存在。

宣告专利权无效的决定，对在宣告专利权无效前人民法院作出并已执行的专利侵权的判决、调解书，已经履行或者强制执行的专利侵权纠纷处理决定，以及已经履行的专利实施许可合同和专利权转让合同，不具有追溯力。但是因专利权人的恶意给他人造成的损失，应当给予赔偿。

依照前款规定不返还专利侵权赔偿金、专利使用费、专利权转让费，明显违反公平原则的，应当全部或者部分返还。

第六章 专利实施的强制许可

第四十八条 有下列情形之一的，国务院专利行政部门根据具备实施条件的单位或者个人的申请，可以给予实施发明专利或者实用新型专利的强制许可：

（一）专利权人自专利权被授予之日起满三年，且自提出专利申请之日起满四年，无正当理由未实施或者未充分实施其专利的；

（二）专利权人行使专利权的行为被依法认定为垄断行为，为消除或者减少该行为对竞争产生的不利影响的。

第四十九条 在国家出现紧急状态或者非常情况时，或者为了公共利益的目的，国务院专利行政部门可以给予实施发明专利或者实用新型专利的强制许可。

第五十条 为了公共健康目的，对取得专利权的药品，国务院专利行政部门可以给予制造并将其出口到符合中华人民共和国参加的有关国际条约规定的国家或者地区的强制许可。

第五十一条 一项取得专利权的发明或者实用新型比前已经取得专利权的发明或者实用新型具有显著经济意义的重大技术进步，其实施又有赖于前一发明或者实用新型的实施的，国务院专利行政部门根据后一专利权人的申请，可以给予实施前一发明或者实用新型的强制许可。

在依照前款规定给予实施强制许可的情形下，国务院专利行政部门根据前一专利权人的申请，也可以给予实施后一发明或者实用新型的强制许可。

第五十二条 强制许可涉及的发明创造为半导体技术的，其实施限于公共利益的目的和本法第四十八条第（二）项规定的情形。

第五十三条 除依照本法第四十八条第（二）项、第五十条规定给予的强制许可外，强制许可的实施应当主要为了供应国内市场。

第五十四条 依照本法第四十八条第（一）项、第五十一条规定申请强制许可的单位或者个人应当提供证据，证明其以合理的条件请求专利权人许可其实施专利，但未能在合理的时间内获得许可。

第五十五条 国务院专利行政部门作出的给予实施强制许可的决定，应当及时通知专利权人，并予以登记和公告。

给予实施强制许可的决定，应当根据强制许可的理由规定实施的范围和时间。强制许可的理由消除并不再发生时，国务院专利行政部门应当根据专利权人的请求，经审查后作出终止实施强制许可的决定。

第五十六条 取得实施强制许可的单位或者个人不享有独占的实施权，并且无权允许他人实施。

第五十七条 取得实施强制许可的单位或者个人应当付给专利权人合理的使用费，或者依照中华人民共和国参加的有关国际条约的规定处理使用费问题。付给使用费的，其数额由双方协商；双方不能达成协议的，由国务院专利行政部门裁决。

第五十八条 专利权人对国务院专利行政部门关于实施强制许可的决定不服的，专利权人和取得实施强制许可的单位或者个人对国务院专利行政部门关于实施强制许可的使用费的裁决不服的，可以自收到通知之日起三个月内向人民法院起诉。

第七章 专利权的保护

第五十九条 发明或者实用新型专利权的保护范围以其权利要求的内容为准，说明书及附图可以用于解释权利要求的内容。

外观设计专利权的保护范围以表示在图片或者照片中的该产品的外观设计为准，简要说明可以用于解释图片或者照片所表示的该产品的外观设计。

第六十条 未经专利权人许可，实施其专利，即侵犯其专利权，引起纠纷的，由当事人协商解决；不愿协商或者协商不成的，专利权人或者利害关系人可以向人民法院起诉，也可以请求管理专利工作的部门处理。管理专利工作的部门处理时，认定侵权行为成立的，可以责令侵权人立即停止侵权行为，当事人不服的，可以自收到处理通知之日起十五日内依照《中华人民共和国行政诉讼法》向人民法院起诉；侵权人期满不起诉又不停止侵权行为的，管理专利工作的部门可以申请人民法院强制执行。进行处理的管理专利工作的部门应当事人的请求，可以就侵犯专利权的赔偿数额进行调解；调解不成的，当事人可以依照《中华人民共和国民事诉讼法》向人民法院起诉。

第六十一条 专利侵权纠纷涉及新产品制造方法的发明专利的，制造同样产品的单位或者个人应当提供其产品制造方法不同于专利方法的证明。

专利侵权纠纷涉及实用新型专利或者外观设计专利的，人民法院或者管理专利工作的部门可以要求专利权人或者利害关系人出具由国务院专利行政部门对相关实用新型或者外观设计进行检索、分析和评价后作出的专利权评价报告，作为审理、处理专利侵权纠纷的证据。

第六十二条 在专利侵权纠纷中，被控侵权人有证据证明其实施的技术或者设计属于现有技术或者现有设计的，不构成侵犯专利权。

第六十三条 假冒专利的，除依法承担民事责任外，由管理专利工作的部门责令改正并予公告，没收违法所得，可以并处违法所得四倍以下的罚款；没有违法所得的，可以处二十万元以下的罚款；构成犯罪的，依法追究刑事责任。

第六十四条 管理专利工作的部门根据已经取得的证据，对涉嫌假冒专利行为进行查处时，可以询问有关当事人，调查与涉嫌违法行为有关的情况；对当事人涉嫌违法行为的场所实施现场检查；查阅、复制与涉嫌违法行为有关的合同、发票、账簿以及其他有关资料；检查与涉嫌违法行为有关的产品，对有证据证明是假冒专利的产品，可以查封或者扣押。

管理专利工作的部门依法行使前款规定的职权时，当事人应当予以协助、配合，不得拒绝、阻挠。

第六十五条 侵犯专利权的赔偿数额按照权利人因被侵权所受到的实际损失确定；实际损失难以确定的，可以按照侵权人因侵权所获得的利益确定。权利人的损失或者侵权人获得的利益难以确定的，参照该专利许可使用费的倍数合理确定。赔偿数额还应当包括权利人为制止侵权行为所支付的合理开支。

权利人的损失、侵权人获得的利益和专利许可使用费均难以确定的，人民法院可以根据专利权的类型、侵权行为的性质和情节等因素，确定给予一万元以上一百万元以下的赔偿。

第六十六条 专利权人或者利害关系人有证据证明他人正在实施或者即将实施侵犯专利权的行为，如不及时制止将会使其合法权益受到难以弥补的损害的，可以在起诉前向人民法院申请采取责令停止有关行为的措施。

申请人提出申请时，应当提供担保；不提供担保的，驳回申请。

人民法院应当自接受申请之时起四十八小时内作出裁定；有特殊情况需要延长的，可以延长四十八小时。裁定责令停止有关行为的，应当立即执行。当事人对裁定不服的，可以申请复议一次；复议期间不停止裁定的执行。

申请人自人民法院采取责令停止有关行为的措施之日起十五日内不起诉的，人民法院应当解除该措施。

申请有错误的，申请人应当赔偿被申请人因停止有关行为所遭受的损失。

第六十七条 为了制止专利侵权行为，在证据可能灭失或者以后难以取得的情况下，专利权人或者利害关系人可以在起诉前向人民法院申请保全证据。

人民法院采取保全措施，可以责令申请人提供担保；申请人不提供担保的，驳回申请。

人民法院应当自接受申请之时起四十八小时内作出裁定；裁定采取保全措施的，应当立即执行。

申请人自人民法院采取保全措施之日起十五日内不起诉的，人民法院应当解除该措施。

第六十八条 侵犯专利权的诉讼时效为二年，自专利权人或者利害关系人得知或者应当得知侵权行为之日起计算。

发明专利申请公布后至专利权授予前使用该发明未支付适当使用费的，专利权人要求支付使用费的诉讼时效为二年，自专利权人得知或者应当得知他人使用其发明之日起计算，但是，专利权人于专利权授予之日前即已得知或者应当得知的，自专利权授予之日起计算。

第六十九条 有下列情形之一的，不视为侵犯专利权：

（一）专利产品或者依照专利方法直接获得的产品，由专利权人或者经其许可的单位、个人售出后，使用、许诺销售、销售、进口该产品的；

（二）在专利申请日前已经制造相同产品、使用相同方法或者已经作好制造、使用的必要准备，并且仅在原有范围内继续制造、使用的；

（三）临时通过中国领陆、领水、领空的外国运输工具，依照其所属国同中国签订的协议或者共同参加的国际条约，或者依照互惠原则，为运输工具自身需要而在其装置和设备中使用有关专利的；

（四）专为科学研究和实验而使用有关专利的；

（五）为提供行政审批所需要的信息，制造、使用、进口专利药品或者专利医疗器械的，以及专门为其制造、进口专利药品或者专利医疗器械的。

第七十条 为生产经营目的使用、许诺销售或者销售不知道是未经专利权人许可而制造并售出的专利侵权产品，能证明该产品合法来源的，不承担赔偿责任。

第七十一条 违反本法第二十条规定向外国申请专利，泄露国家秘密的，由所在单位或者上级主管机关给予行政处分；构成犯罪的，依法追究刑事责任。

第七十二条 侵夺发明人或者设计人的非职务发明创造专利申请权和本法规定的其他权益的，由所在单位或者上级主管机关给予行政处分。

第七十三条 管理专利工作的部门不得参与向社会推荐专利产品等经营活动。

管理专利工作的部门违反前款规定的，由其上级机关或者监察机关责令改正，消除影响，有违法收入的予以没收；情节严重的，对直接负责的主管人员和其他直接责任人员依法给予行政处分。

第七十四条 从事专利管理工作的国家机关工作人员以及其他有关国家机关工作人员玩忽职守、滥用职权、徇私舞弊，构成犯罪的，依法追究刑事责任；尚不构成犯罪的，依法给予行政处分。

第八章 附则

第七十五条 向国务院专利行政部门申请专利和办理

其他手续，应当按照规定缴纳费用。

第七十六条 本法自 1985 年 4 月 1 日起施行。

司法解释

最高人民法院关于审理专利纠纷案件适用法律问题的若干规定

（2001 年 6 月 19 日最高人民法院审判委员会第 1180 次会议通过 根据 2013 年 2 月 25 日最高人民法院审判委员会第 1570 次会议通过的《最高人民法院关于修改〈最高人民法院关于审理专利纠纷案件适用法律问题的若干规定〉的决定》第一次修正 根据 2015 年 1 月 19 日最高人民法院审判委员会第 1641 次会议通过的《最高人民法院关于修改〈最高人民法院关于审理专利纠纷案件适用法律问题的若干规定〉的决定》第二次修正 该修正自 2015 年 2 月 1 日起施行 2015 年 1 月 29 日发布 法释〔2015〕4 号）

为了正确审理专利纠纷案件，根据《中华人民共和国民法通则》（以下简称民法通则）、《中华人民共和国专利法》（以下简称专利法）、《中华人民共和国民事诉讼法》和《中华人民共和国行政诉讼法》等法律的规定，作如下规定：

第一条 人民法院受理下列专利纠纷案件：

1. 专利申请权纠纷案件；
2. 专利权权属纠纷案件；
3. 专利权、专利申请权转让合同纠纷案件；
4. 侵犯专利权纠纷案件；
5. 假冒他人专利纠纷案件；
6. 发明专利申请公布后、专利权授予前使用费纠纷案件；
7. 职务发明创造发明人、设计人奖励、报酬纠纷案件；
8. 诉前申请停止侵权、财产保全案件；
9. 发明人、设计人资格纠纷案件；
10. 不服专利复审委员会维持驳回申请复审决定案件；
11. 不服专利复审委员会专利权无效宣告请求决定案件；
12. 不服国务院专利行政部门实施强制许可决定案件；
13. 不服国务院专利行政部门实施强制许可使用费裁决案件；
14. 不服国务院专利行政部门行政复议决定案件；
15. 不服管理专利工作的部门行政决定案件；
16. 其他专利纠纷案件。

第二条 专利纠纷第一审案件，由各省、自治区、直辖市人民政府所在地的中级人民法院和最高人民法院指定的中级人民法院管辖。

最高人民法院根据实际情况，可以指定基层人民法院管辖第一审专利纠纷案件。

第三条 当事人对专利复审委员会于 2001 年 7 月 1 日以后作出的关于实用新型、外观设计专利权撤销请求复审决定不服向人民法院起诉的，人民法院不予受理。

第四条 当事人对专利复审委员会于 2001 年 7 月 1 日以后作出的关于维持驳回实用新型、外观设计专利申请的复审决定，或者关于实用新型、外观设计专利权无效宣告请求的决定不服向人民法院起诉的，人民法院应当受理。

第五条 因侵犯专利权行为提起的诉讼，由侵权行为地或者被告住所地人民法院管辖。

侵权行为地包括：被诉侵犯发明、实用新型专利权的产品的制造、使用、许诺销售、销售、进口等行为的实施地；专利方法使用行为的实施地，依照该专利方法直接获得的产品的使用、许诺销售、销售、进口等行为的实施地；外观设计专利产品的制造、许诺销售、销售、进口等行为的实施地；假冒他人专利的行为实施地。上述侵权行为的侵权结果发生地。

第六条 原告仅对侵权产品制造者提起诉讼，未起诉销售者，侵权产品制造地与销售地不一致的，制造地人民法院有管辖权；以制造者与销售者为共同被告起诉的，销售地人民法院有管辖权。

销售者是制造者分支机构，原告在销售地起诉侵权产品制造者制造、销售行为的，销售地人民法院有管辖权。

第七条 原告根据 1993 年 1 月 1 日以前提出的专利申请和根据该申请授予的方法发明专利权提起的侵权诉讼，参照本规定第五条、第六条的规定确定管辖。

人民法院在上述案件实体审理中依法适用方法发明专利权不延及产品的规定。

第八条 对申请日在 2009 年 10 月 1 日前（不含该日）的实用新型专利提起侵犯专利权诉讼，原告可以出具由国务院专利行政部门作出的检索报告；对申请日在 2009 年 10 月 1 日以后的实用新型或者外观设计专利提起侵犯专利权诉讼，原告可以出具由国务院专利行政部门作出的专利权评价报告。根据案件审理需要，人民法院可以要求原告提交检索报告或者专利权评价报告。原告无正当理由不提交的，人民法院可以裁定中止诉讼或者判令原告承担可能的不利后果。

侵犯实用新型、外观设计专利权纠纷案件的被告请求中止诉讼的，应当在答辩期内对原告的专利权提出宣告无效的请求。

第九条 人民法院受理的侵犯实用新型、外观设计专利权纠纷案件，被告在答辩期间内请求宣告该项专利权无效的，人民法院应当中止诉讼，但具备下列情形之一的，可以不中止诉讼：

（一）原告出具的检索报告或者专利权评价报告未发现导致实用新型或者外观设计专利权无效的事由的；

（二）被告提供的证据足以证明其使用的技术已经公知的；

（三）被告请求宣告该项专利权无效所提供的证据或者依据的理由明显不充分的；

（四）人民法院认为不应当中止诉讼的其他情形。

第十条 人民法院受理的侵犯实用新型、外观设计专利权纠纷案件，被告在答辩期间届满后请求宣告该项专利权无效的，人民法院不应当中止诉讼，但经审查认为有必要中止诉讼的除外。

第十一条 人民法院受理的侵犯发明专利权纠纷案件或者经专利复审委员会审查维持专利权的侵犯实用新型、外观设计专利权纠纷案件，被告在答辩期间内请求宣告该项专利权无效的，人民法院可以不中止诉讼。

第十二条 人民法院决定中止诉讼，专利权人或者利害关系人请求责令被告停止有关行为或者采取其他制止侵权损害继续扩大的措施，并提供了担保，人民法院经审查符合有关法律规定的，可以在裁定中止诉讼的同时一并作出有关裁定。

第十三条 人民法院对专利权进行财产保全，应当向国务院专利行政部门发出协助执行通知书，载明要求协助执行的事项，以及对专利权保全的期限，并附人民法院作出的裁定书。

对专利权保全的期限一次不得超过六个月，自国务院专利行政部门收到协助执行通知书之日起计算。如果仍然需要对该专利权继续采取保全措施的，人民法院应当在保全期限届满前向国务院专利行政部门另行送达继续保全的协助执行通知书。保全期限届满前未送达的，视为自动解除对该专利权的财产保全。

人民法院对出质的专利权可以采取财产保全措施，质权人的优先受偿权不受保全措施的影响；专利权人与被许可人已经签订的独占实施许可合同，不影响人民法院对该专利权进行财产保全。

人民法院对已经进行保全的专利权，不得重复进行保全。

第十四条 2001 年 7 月 1 日以前利用本单位的物质技术条件所完成的发明创造，单位与发明人或者设计人订有合同，对申请专利的权利和专利权的归属作出约定的，从其约定。

第十五条 人民法院受理的侵犯专利权纠纷案件，涉及权利冲突的，应当保护在先依法享有权利的当事人的合法权益。

第十六条 专利法第二十三条所称的在先取得的合法权利包括：商标权、著作权、企业名称权、肖像权、知名商品特有包装或者装潢使用权等。

第十七条 专利法第五十九条第一款所称的“发明或者实用新型专利权的保护范围以其权利要求的内容为准，说明书及附图可以用于解释权利要求的内容”，是指专利权的保护范围应当以权利要求记载的全部技术特征所确定的范围为准，也包括与该技术特征相等同的特征所确定的范围。

等同特征，是指与所记载的技术特征以基本相同的手段，实现基本相同的功能，达到基本相同的效果，并且本领域普通技术人员在被诉侵权行为发生时无需经过创造性劳动就能够联想到的特征。

第十八条 侵犯专利权行为发生在 2001 年 7 月 1 日以前的，适用修改前专利法的规定确定民事责任；发生在 2001 年 7 月 1 日以后的，适用修改后专利法的规定确定民事责任。

第十九条 假冒他人专利的，人民法院可以依照专利法第六十三条的规定确定其民事责任。管理专利工作的部门未给予行政处罚的，人民法院可以依照民法通则第一百三十四条第三款的规定给予民事制裁，适用民事罚款数额可以参照专利法第六十三条的规定确定。

第二十条 专利法第六十五条规定的权利人因被侵权所受到的实际损失可以根据专利权人的专利产品因侵权所造成销售量减少的总数乘以每件专利产品的合理利润所得之积计算。权利人销售量减少的总数难以确定的，侵权产品在市场上销售的总数乘以每件专利产品的合理利润所得之积可以视为权利人因被侵权所受到的实际损失。

专利法第六十五条规定的侵权人因侵权所获得的利益可以根据该侵权产品在市场上销售的总数乘以每件侵权产品的合理利润所得之积计算。侵权人因侵权所获得的利益一般按照侵权人的营业利润计算，对于完全以侵权为业的侵权人，可以按照销售利润计算。

第二十一条 权利人的损失或者侵权人获得的利益难

以确定，有专利许可使用费可以参照的，人民法院可以根据专利权的类型、侵权行为的性质和情节、专利许可的性质、范围、时间等因素，参照该专利许可使用费的倍数合理确定赔偿数额；没有专利许可使用费可以参照或者专利许可使用费明显不合理的，人民法院可以根据专利权的类型、侵权行为的性质和情节等因素，依照专利法第六十五条第二款的规定确定赔偿数额。

第二十二条 权利人主张其为制止侵权行为所支付合理开支的，人民法院可以在专利法第六十五条确定的赔偿数额之外另行计算。

第二十三条 侵犯专利权的诉讼时效为二年，自专利权人或者利害关系人知道或者应当知道侵权行为之日起计算。权利人超过二年起诉的，如果侵权行为在起诉时仍在继续，在该项专利权有效期内，人民法院应当判决被告停止侵权行为，侵权损害赔偿数额应当自权利人向人民法院起诉之日起向前推算二年计算。

第二十四条 专利法第十一条、第六十九条所称的许诺销售，是指以做广告、在商店橱窗中陈列或者在展销会上展出等方式作出销售商品的意思表示。

第二十五条 人民法院受理的侵犯专利权纠纷案件，已经过管理专利工作的部门作出侵权或者不侵权认定的，人民法院仍应当就当事人的诉讼请求进行全面审查。

第二十六条 以前的有关司法解释与本规定不一致的，以本规定为准。

最高人民法院关于审理侵犯专利权纠纷案件应用法律若干问题的解释

（法释〔2009〕21号）

为正确审理侵犯专利权纠纷案件，根据《中华人民共和国专利法》、《中华人民共和国民事诉讼法》等有关法律规定，结合审判实际，制定本解释。

第一条 人民法院应当根据权利人主张的权利要求，依据专利法第五十九条第一款的规定确定专利权的保护范围。权利人在一审法庭辩论终结前变更其主张的权利要求的，人民法院应当准许。

权利人主张以从属权利要求确定专利权保护范围的，人民法院应当以该从属权利要求记载的附加技术特征及其引用的权利要求记载的技术特征，确定专利权的保护范围。

第二条 人民法院应当根据权利要求的记载，结合本领域普通技术人员阅读说明书及附图后对权利要求的理解，确定专利法第五十九条第一款规定的权利要求的内容。

第三条 人民法院对于权利要求，可以运用说明书及附图、权利要求书中的相关权利要求、专利审查档案进行解释。说明书对权利要求用语有特别界定的，从其特别界定。

以上述方法仍不能明确权利要求含义的，可以结合工具书、教科书等公知文献以及本领域普通技术人员的通常理解进行解释。

第四条 对于权利要求中以功能或者效果表述的技术特征，人民法院应当结合说明书和附图描述的该功能或者效果的具体实施方式及其等同的实施方式，确定该技术特征的内容。

第五条 对于仅在说明书或者附图中描述而在权利要求中未记载的技术方案，权利人在侵犯专利权纠纷案件中将其纳入专利权保护范围的，人民法院不予支持。

第六条 专利申请人、专利权人在专利授权或者无效宣告程序中，通过对权利要求、说明书的修改或者意见陈述而放弃的技术方案，权利人在侵犯专利权纠纷案件中又将其纳入专利权保护范围的，人民法院不予支持。

第七条 人民法院判定被诉侵权技术方案是否落入专利权的保护范围，应当审查权利人主张的权利要求所记载的全部技术特征。

被诉侵权技术方案包含与权利要求记载的全部技术特征相同或者等同的技术特征的，人民法院应当认定其落入专利权的保护范围；被诉侵权技术方案的技术特征与权利要求记载的全部技术特征相比，缺少权利要求记载的一个以上的技术特征，或者有一个以上技术特征不相同也不等同的，人民法院应当认定其没有落入专利权的保护范围。

第八条 在与外观设计专利产品相同或者相近种类产品上，采用与授权外观设计相同或者近似的外观设计的，人民法院应当认定被诉侵权设计落入专利法第五十九条第二款规定的外观设计专利权的保护范围。

第九条 人民法院应当根据外观设计产品的用途，认定产品种类是否相同或者相近。确定产品的用途，可以参考外观设计的简要说明、国际外观设计分类表、产品的功能以及产品销售、实际使用的情况等因素。

第十条 人民法院应当以外观设计专利产品的一般消费者的知识水平和认知能力，判断外观设计是否相同或者近似。

第十一条 人民法院认定外观设计是否相同或者近似时，应当根据授权外观设计、被诉侵权设计的设计特征，以外观设计的整体视觉效果进行综合判断；对于主要由技术功能决定的设计特征以及对整体视觉效果不产生影响的产品

的材料、内部结构等特征，应当不予考虑。

下列情形，通常对外观设计的整体视觉效果更具有影响：

（一）产品正常使用时容易被直接观察到的部位相对于其他部位；

（二）授权外观设计区别于现有设计的设计特征相对于授权外观设计的其他设计特征。

被诉侵权设计与授权外观设计在整体视觉效果上无差异的，人民法院应当认定两者相同；在整体视觉效果上无实质性差异的，应当认定两者近似。

第十二条 将侵犯发明或者实用新型专利权的产品作为零部件，制造另一产品的，人民法院应当认定属于专利法第十一条规定的使用行为；销售该另一产品的，人民法院应当认定属于专利法第十一条规定的销售行为。

将侵犯外观设计专利权的产品作为零部件，制造另一产品并销售的，人民法院应当认定属于专利法第十一条规定的销售行为，但侵犯外观设计专利权的产品在该另一产品中仅具有技术功能的除外。

对于前两款规定的情形，被诉侵权人之间存在分工合作的，人民法院应当认定为共同侵权。

第十三条 对于使用专利方法获得的原始产品，人民法院应当认定为专利法第十一条规定的依照专利方法直接获得的产品。

对于将上述原始产品进一步加工、处理而获得后续产品的行为，人民法院应当认定属于专利法第十一条规定的使用依照该专利方法直接获得的产品。

第十四条 被诉落入专利权保护范围的全部技术特征，与一项现有技术方案中的相应技术特征相同或者无实质性差异的，人民法院应当认定被诉侵权人实施的技术属于专利法第六十二条规定的现有技术。

被诉侵权设计与一个现有设计相同或者无实质性差异的，人民法院应当认定被诉侵权人实施的设计属于专利法第六十二条规定的现有设计。

第十五条 被诉侵权人以非法获得的技术或者设计主张先用权抗辩的，人民法院不予支持。

有下列情形之一的，人民法院应当认定属于专利法第六十九条第（二）项规定的已经作好制造、使用的必要准备：

（一）已经完成实施发明创造所必需的主要技术图纸或者工艺文件；

（二）已经制造或者购买实施发明创造所必需的主要设备或者原材料。

专利法第六十九条第（二）项规定的原有范围，包括专利申请日前已有的生产规模以及利用已有的生产设备或者根据已有的生产准备可以达到的生产规模。

先用权人在专利申请日后将其已经实施或作好实施必要准备的技术或设计转让或者许可他人实施，被诉侵权人主张该实施行为属于在原有范围内继续实施的，人民法院不予支持，但该技术或设计与原有企业一并转让或者承继的除外。

第十六条 人民法院依据专利法第六十五条第一款的规定确定侵权人因侵权所获得的利益，应当限于侵权人因侵犯专利权行为所获得的利益；因其他权利所产生的利益，应当合理扣除。

侵犯发明、实用新型专利权的产品系另一产品的零部件的，人民法院应当根据该零部件本身的价值及其在实现成品利润中的作用等因素合理确定赔偿数额。

侵犯外观设计专利权的产品为包装物的，人民法院应当按照包装物本身的价值及其在实现被包装产品利润中的作用等因素合理确定赔偿数额。

第十七条 产品或者制造产品的技术方案在专利申请日以前为国内外公众所知的，人民法院应当认定该产品不属于专利法第六十一条第一款规定的新产品。

第十八条 权利人向他人发出侵犯专利权的警告，被警告人或者利害关系人经书面催告权利人行使诉权，自权利人收到该书面催告之日起一个月内或者自书面催告发出之日起二个月内，权利人不撤回警告也不提起诉讼，被警告人或者利害关系人向人民法院提起请求确认其行为不侵犯专利权的诉讼的，人民法院应当受理。

第十九条 被诉侵犯专利权行为发生在 2009 年 10 月 1 日以前的，人民法院适用修改前的专利法；发生在 2009 年 10 月 1 日以后的，人民法院适用修改后的专利法。

被诉侵犯专利权行为发生在 2009 年 10 月 1 日以前且持续到 2009 年 10 月 1 日以后，依据修改前和修改后的专利法的规定侵权人均应承担赔偿责任的，人民法院适用修改后的专利法确定赔偿数额。

第二十条 本院以前发布的有关司法解释与本解释不一致的，以本解释为准。

最高人民法院关于对诉前停止侵犯专利权行为适用法律问题的若干规定

（2001 年 6 月 5 日最高人民法院审判委员会第 1179 次会议通过　法释〔2001〕20 号）

为切实保护专利权人和其他利害关系人的合法权益，根据《中华人民共和国民法通则》、《中华人民共和国专利法》（以下简称专利法）、《中华人民共和国民事诉讼法》（以下简称民事诉讼法）的有关规定，现就有关诉前停止侵犯专利权行为适用法律若干问题规定如下：

第一条 根据专利法第六十一条的规定，专利权人或者利害关系人可以向人民法院提出诉前责令被申请人停止侵犯专利权行为的申请。

提出申请的利害关系人，包括专利实施许可合同的被许可人、专利财产权利的合法继承人等。专利实施许可合同被许可人中，独占实施许可合同的被许可人可以单独向人民法院提出申请；排他实施许可合同的被许可人在专利权人不申请的情况下，可以提出申请。

第二条 诉前责令停止侵犯专利权行为的申请，应当向有专利侵权案件管辖权的人民法院提出。

第三条 专利权人或者利害关系人向人民法院提出申请，应当递交书面申请状；申请状应当载明当事人及其基本情况、申请的具体内容、范围和理由等事项。申请的理由包括有关行为如不及时制止会使申请人合法权益受到难以弥补的损害的具体说明。

第四条 申请人提出申请时，应当提交下列证据：

（一）专利权人应当提交证明其专利权真实有效的文件，包括专利证书、权利要求书、说明书、专利年费交纳凭证。提出的申请涉及实用新型专利的，申请人应当提交国务院专利行政部门出具的检索报告。

（二）利害关系人应当提供有关专利实施许可合同及其在国务院专利行政部门备案的证明材料，未经备案的应当提交专利权人的证明，或者证明其享有权利的其他证据。

排他实施许可合同的被许可人单独提出申请的，应当提交专利权人放弃申请的证明材料。

专利财产权利的继承人应当提交已经继承或者正在继承的证据材料。

（三）提交证明被申请人正在实施或者即将实施侵犯其专利权的行为的证据，包括被控侵权产品以及专利技术与被控侵权产品技术特征对比材料等。

第五条 人民法院作出诉前停止侵犯专利权行为的裁定事项，应当限于专利权人或者利害关系人申请的范围。

第六条 申请人提出申请时应当提供担保，申请人不提供担保的，驳回申请。

当事人提供保证、抵押等形式的担保合理、有效的，人民法院应当准予。

人民法院确定担保范围时，应当考虑责令停止有关行为所涉及产品的销售收入，以及合理的仓储、保管等费用；被申请人停止有关行为可能造成的损失，以及人员工资等合理费用支出；其他因素。

第七条 在执行停止有关行为裁定过程中，被申请人可能因采取该项措施造成更大损失的，人民法院可以责令申请人追加相应的担保。申请人不追加担保的，解除有关停止措施。

第八条 停止侵犯专利权行为裁定所采取的措施，不因被申请人提出反担保而解除。

第九条 人民法院接受专利权人或者利害关系人提出责令停止侵犯专利权行为的申请后，经审查符合本规定第四条的，应当在四十八小时内作出书面裁定；裁定责令被申请人停止侵犯专利权行为的，应当立即开始执行。

人民法院在前述期限内，需要对有关事实进行核对的，可以传唤单方或双方当事人进行询问，然后再及时作出裁定。

人民法院作出诉前责令被申请人停止有关行为的裁定，应当及时通知被申请人，至迟不得超过五日。

第十条 当事人对裁定不服的，可以在收到裁定之日起十日内申请复议一次。复议期间不停止裁定的执行。

第十一条 人民法院对当事人提出的复议申请应当从以下方面进行审查：

（一）被申请人正在实施或即将实施的行为是否构成侵犯专利权；

（二）不采取有关措施，是否会给申请人合法权益造成难以弥补的损害；

（三）申请人提供担保的情况；

（四）责令被申请人停止有关行为是否损害社会公共利益。

第十二条 专利权人或者利害关系人在人民法院采取停止有关行为的措施后十五日内不起诉的，人民法院解除裁定采取的措施。

第十三条 申请人不起诉或者申请错误造成被申请人损失，被申请人可以向有管辖权的人民法院起诉请求申请人赔偿，也可以在专利权人或者利害关系人提起的专利权侵权诉讼中提出损害赔偿的请求，人民法院可以一并处理。

第十四条 停止侵犯专利权行为裁定的效力，一般应维持到终审法律文书生效时止。人民法院也可以根据案情，确定具体期限；期限届满时，根据当事人的请求仍可作出继续停止有关行为的裁定。

第十五条 被申请人违反人民法院责令停止有关行为

裁定的，依照民事诉讼法第一百零二条规定处理。

第十六条 人民法院执行诉前停止侵犯专利权行为的措施时，可以根据当事人的申请，参照民事诉讼法第七十四条的规定，同时进行证据保全。

人民法院可以根据当事人的申请，依照民事诉讼法第九十二条、第九十三条的规定进行财产保全。

第十七条 专利权人或者利害关系人向人民法院提起专利侵权诉讼时，同时提出先行停止侵犯专利权行为请求的，人民法院可以先行作出裁定。

第十八条 诉前停止侵犯专利权行为的案件，申请人应当按照《人民法院诉讼收费办法》及其补充规定交纳费用。

行政法规

中华人民共和国专利法实施细则

（2001年6月15日中华人民共和国国务院令第306号公布　根据2002年12月28日《国务院关于修改〈中华人民共和国专利法实施细则〉的决定》第一次修订　根据2010年1月9日《国务院关于修改〈中华人民共和国专利法实施细则〉的决定》第二次修订）

第一章　总则

第一条 根据《中华人民共和国专利法》（以下简称专利法），制定本细则。

第二条 专利法和本细则规定的各种手续，应当以书面形式或者国务院专利行政部门规定的其他形式办理。

第三条 依照专利法和本细则规定提交的各种文件应当使用中文；国家有统一规定的科技术语的，应当采用规范词；外国人名、地名和科技术语没有统一中文译文的，应当注明原文。

依照专利法和本细则规定提交的各种证件和证明文件是外文的，国务院专利行政部门认为必要时，可以要求当事人在指定期限内附送中文译文；期满未附送的，视为未提交该证件和证明文件。

第四条 向国务院专利行政部门邮寄的各种文件，以寄出的邮戳日为递交日；邮戳日不清晰的，除当事人能够提出证明外，以国务院专利行政部门收到日为递交日。

国务院专利行政部门的各种文件，可以通过邮寄、直接送交或者其他方式送达当事人。当事人委托专利代理机构的，文件送交专利代理机构；未委托专利代理机构的，文件送交请求书中指明的联系人。

国务院专利行政部门邮寄的各种文件，自文件发出之日起满15日，推定为当事人收到文件之日。

根据国务院专利行政部门规定应当直接送交的文件，以交付日为送达日。

文件送交地址不清，无法邮寄的，可以通过公告的方式送达当事人。自公告之日起满1个月，该文件视为已经送达。

第五条 专利法和本细则规定的各种期限的第一日不计算在期限内。期限以年或者月计算的，以其最后一月的相应日为期限届满日；该月无相应日的，以该月最后一日为期限届满日；期限届满日是法定休假日的，以休假日后的第一个工作日为期限届满日。

第六条 当事人因不可抗拒的事由而延误专利法或者本细则规定的期限或者国务院专利行政部门指定的期限，导致其权利丧失的，自障碍消除之日起2个月内，最迟自期限届满之日起2年内，可以向国务院专利行政部门请求恢复权利。

除前款规定的情形外，当事人因其他正当理由延误专利法或者本细则规定的期限或者国务院专利行政部门指定的期限，导致其权利丧失的，可以自收到国务院专利行政部门的通知之日起2个月内向国务院专利行政部门请求恢复权利。

当事人依照本条第一款或者第二款的规定请求恢复权利的，应当提交恢复权利请求书，说明理由，必要时附具有关证明文件，并办理权利丧失前应当办理的相应手续；依照本条第二款的规定请求恢复权利的，还应当缴纳恢复权利请求费。

当事人请求延长国务院专利行政部门指定的期限的，应当在期限届满前，向国务院专利行政部门说明理由并办理有关手续。

本条第一款和第二款的规定不适用专利法第二十四条、第二十九条、第四十二条、第六十八条规定的期限。

第七条 专利申请涉及国防利益需要保密的，由国防专利机构受理并进行审查；国务院专利行政部门受理的专利申请涉及国防利益需要保密的，应当及时移交国防专利机构进行审查。经国防专利机构审查没有发现驳回理由的，由国务院专利行政部门作出授予国防专利权的决定。

国务院专利行政部门认为其受理的发明或者实用新型专利申请涉及国防利益以外的国家安全或者重大利益需要

保密的，应当及时作出按照保密专利申请处理的决定，并通知申请人。保密专利申请的审查、复审以及保密专利权无效宣告的特殊程序，由国务院专利行政部门规定。

第八条 专利法第二十条所称在中国完成的发明或者实用新型，是指技术方案的实质性内容在中国境内完成的发明或者实用新型。

任何单位或者个人将在中国完成的发明或者实用新型向外国申请专利的，应当按照下列方式之一请求国务院专利行政部门进行保密审查：

（一）直接向外国申请专利或者向有关国外机构提交专利国际申请的，应当事先向国务院专利行政部门提出请求，并详细说明其技术方案；

（二）向国务院专利行政部门申请专利后拟向外国申请专利或者向有关国外机构提交专利国际申请的，应当在向外国申请专利或者向有关国外机构提交专利国际申请前向国务院专利行政部门提出请求。

向国务院专利行政部门提交专利国际申请的，视为同时提出了保密审查请求。

第九条 国务院专利行政部门收到依照本细则第八条规定递交的请求后，经过审查认为该发明或者实用新型可能涉及国家安全或者重大利益需要保密的，应当及时向申请人发出保密审查通知；申请人未在其请求递交日起4个月内收到保密审查通知的，可以就该发明或者实用新型向外国申请专利或者向有关国外机构提交专利国际申请。

国务院专利行政部门依照前款规定通知进行保密审查的，应当及时作出是否需要保密的决定，并通知申请人。申请人未在其请求递交日起6个月内收到需要保密的决定的，可以就该发明或者实用新型向外国申请专利或者向有关国外机构提交专利国际申请。

第十条 专利法第五条所称违反法律的发明创造，不包括仅其实施为法律所禁止的发明创造。

第十一条 除专利法第二十八条和第四十二条规定的情形外，专利法所称申请日，有优先权的，指优先权日。

本细则所称申请日，除另有规定的外，是指专利法第二十八条规定的申请日。

第十二条 专利法第六条所称执行本单位的任务所完成的职务发明创造，是指：

（一）在本职工作中作出的发明创造；

（二）履行本单位交付的本职工作之外的任务所作出的发明创造；

（三）退休、调离原单位后或者劳动、人事关系终止后1年内作出的，与其在原单位承担的本职工作或者原单位分配的任务有关的发明创造。

专利法第六条所称本单位，包括临时工作单位；专利法第六条所称本单位的物质技术条件，是指本单位的资金、设备、零部件、原材料或者不对外公开的技术资料等。

第十三条 专利法所称发明人或者设计人，是指对发明创造的实质性特点作出创造性贡献的人。在完成发明创造过程中，只负责组织工作的人、为物质技术条件的利用提供方便的人或者从事其他辅助工作的人，不是发明人或者设计人。

第十四条 除依照专利法第十条规定转让专利权外，专利权因其他事由发生转移的，当事人应当凭有关证明文件或者法律文书向国务院专利行政部门办理专利权转移手续。

专利权人与他人订立的专利实施许可合同，应当自合同生效之日起3个月内向国务院专利行政部门备案。

以专利权出质的，由出质人和质权人共同向国务院专利行政部门办理出质登记。

第二章　专利的申请

第十五条 以书面形式申请专利的，应当向国务院专利行政部门提交申请文件一式两份。

以国务院专利行政部门规定的其他形式申请专利的，应当符合规定的要求。

申请人委托专利代理机构向国务院专利行政部门申请专利和办理其他专利事务的，应当同时提交委托书，写明委托权限。

申请人有2人以上且未委托专利代理机构的，除请求书中另有声明的外，以请求书中指明的第一申请人为代表人。

第十六条 发明、实用新型或者外观设计专利申请的请求书应当写明下列事项：

（一）发明、实用新型或者外观设计的名称；

（二）申请人是中国单位或者个人的，其名称或者姓名、地址、邮政编码、组织机构代码或者居民身份证件号码；申请人是外国人、外国企业或者外国其他组织的，其姓名或者名称、国籍或者注册的国家或者地区；

（三）发明人或者设计人的姓名；

（四）申请人委托专利代理机构的，受托机构的名称、机构代码以及该机构指定的专利代理人的姓名、执业证号码、联系电话；

（五）要求优先权的，申请人第一次提出专利申请（以下简称在先申请）的申请日、申请号以及原受理机构的名称；

（六）申请人或者专利代理机构的签字或者盖章；

（七）申请文件清单；

（八）附加文件清单；

（九）其他需要写明的有关事项。

第十七条 发明或者实用新型专利申请的说明书应当写明发明或者实用新型的名称，该名称应当与请求书中的名称一致。说明书应当包括下列内容：

（一）技术领域：写明要求保护的技术方案所属的技术领域；

（二）背景技术：写明对发明或者实用新型的理解、检索、审查有用的背景技术；有可能的，并引证反映这些背景技术的文件；

（三）发明内容：写明发明或者实用新型所要解决的技术问题以及解决其技术问题采用的技术方案，并对照现有技术写明发明或者实用新型的有益效果；

（四）附图说明：说明书有附图的，对各幅附图作简略说明；

（五）具体实施方式：详细写明申请人认为实现发明或者实用新型的优选方式；必要时，举例说明；有附图的，对照附图。

发明或者实用新型专利申请人应当按照前款规定的方式和顺序撰写说明书，并在说明书每一部分前面写明标题，除非其发明或者实用新型的性质用其他方式或者顺序撰写能节约说明书的篇幅并使他人能够准确理解其发明或者实用新型。

发明或者实用新型说明书应当用词规范、语句清楚，并不得使用“如权利要求……所述的……”一类的引用语，也不得使用商业性宣传用语。

发明专利申请包含一个或者多个核苷酸或者氨基酸序列的，说明书应当包括符合国务院专利行政部门规定的序列表。申请人应当将该序列表作为说明书的一个单独部分提交，并按照国务院专利行政部门的规定提交该序列表的计算机可读形式的副本。

实用新型专利申请说明书应当有表示要求保护的产品的形状、构造或者其结合的附图。

第十八条 发明或者实用新型的几幅附图应当按照“图1，图2，……”顺序编号排列。

发明或者实用新型说明书文字部分中未提及的附图标记不得在附图中出现，附图中未出现的附图标记不得在说明书文字部分中提及。申请文件中表示同一组成部分的附图标记应当一致。

附图中除必需的词语外，不应当含有其他注释。

第十九条 权利要求书应当记载发明或者实用新型的技术特征。

权利要求书有几项权利要求的，应当用阿拉伯数字顺序编号。

权利要求书中使用的科技术语应当与说明书中使用的科技术语一致，可以有化学式或者数学式，但是不得有插图。除绝对必要的外，不得使用“如说明书……部分所述”或者“如图……所示”的用语。

权利要求中的技术特征可以引用说明书附图中相应的标记，该标记应当放在相应的技术特征后并置于括号内，便于理解权利要求。附图标记不得解释为对权利要求的限制。

第二十条 权利要求书应当有独立权利要求，也可以有从属权利要求。

独立权利要求应当从整体上反映发明或者实用新型的技术方案，记载解决技术问题的必要技术特征。

从属权利要求应当用附加的技术特征，对引用的权利要求作进一步限定。

第二十一条 发明或者实用新型的独立权利要求应当包括前序部分和特征部分，按照下列规定撰写：

（一）前序部分：写明要求保护的发明或者实用新型技术方案的主题名称和发明或者实用新型主题与最接近的现有技术共有的必要技术特征；

（二）特征部分：使用“其特征是……”或者类似的用语，写明发明或者实用新型区别于最接近的现有技术的技术特征。这些特征和前序部分写明的特征合在一起，限定发明或者实用新型要求保护的范围。

发明或者实用新型的性质不适于用前款方式表达的，独立权利要求可以用其他方式撰写。

一项发明或者实用新型应当只有一个独立权利要求，并写在同一发明或者实用新型的从属权利要求之前。

第二十二条 发明或者实用新型的从属权利要求应当包括引用部分和限定部分，按照下列规定撰写：

（一）引用部分：写明引用的权利要求的编号及其主题名称；

（二）限定部分：写明发明或者实用新型附加的技术特征。

从属权利要求只能引用在前的权利要求。引用两项以上权利要求的多项从属权利要求，只能以择一方式引用在前的权利要求，并不得作为另一项多项从属权利要求的基础。

第二十三条 说明书摘要应当写明发明或者实用新型专利申请所公开内容的概要，即写明发明或者实用新型的名称和所属技术领域，并清楚地反映所要解决的技术问题、解决该问题的技术方案的要点以及主要用途。

说明书摘要可以包含最能说明发明的化学式；有附图的专利申请，还应当提供一幅最能说明该发明或者实用新型技术特征的附图。附图的大小及清晰度应当保证在该图缩小到4厘米×6厘米时，仍能清晰地分辨出图中的各个细节。摘要文字部分不得超过300个字。摘要中不得使用商业性宣传用语。

第二十四条 申请专利的发明涉及新的生物材料，该生物材料公众不能得到，并且对该生物材料的说明不足以使所属领域的技术人员实施其发明的，除应当符合专利法和本细则的有关规定外，申请人还应当办理下列手续：

（一）在申请日前或者最迟在申请日（有优先权的，指优先权日），将该生物材料的样品提交国务院专利行政部门认可的保藏单位保藏，并在申请时或者最迟自申请日起4个月内提交保藏单位出具的保藏证明和存活证明；期满未提交证明的，该样品视为未提交保藏；

（二）在申请文件中，提供有关该生物材料特征的资料；

（三）涉及生物材料样品保藏的专利申请应当在请求书和说明书中写明该生物材料的分类命名（注明拉丁文名称）、保藏该生物材料样品的单位名称、地址、保藏日期和保藏编号；申请时未写明的，应当自申请日起4个月内补正；期满未补正的，视为未提交保藏。

第二十五条 发明专利申请人依照本细则第二十四条的规定保藏生物材料样品的，在发明专利申请公布后，任何单位或者个人需要将该专利申请所涉及的生物材料作为实验目的使用的，应当向国务院专利行政部门提出请求，并写明下列事项：

（一）请求人的姓名或者名称和地址；

（二）不向其他任何人提供该生物材料的保证；

（三）在授予专利权前，只作为实验目的使用的保证。

第二十六条 专利法所称遗传资源，是指取自人体、动物、植物或者微生物等含有遗传功能单位并具有实际或者潜在价值的材料；专利法所称依赖遗传资源完成的发明创造，是指利用了遗传资源的遗传功能完成的发明创造。

就依赖遗传资源完成的发明创造申请专利的，申请人应当在请求书中予以说明，并填写国务院专利行政部门制定的表格。

第二十七条 申请人请求保护色彩的，应当提交彩色图片或者照片。

申请人应当就每件外观设计产品所需要保护的内容提交有关图片或者照片。

第二十八条 外观设计的简要说明应当写明外观设计产品的名称、用途，外观设计的设计要点，并指定一幅最能表明设计要点的图片或者照片。省略视图或者请求保护色彩的，应当在简要说明中写明。

对同一产品的多项相似外观设计提出一件外观设计专利申请的，应当在简要说明中指定其中一项作为基本设计。

简要说明不得使用商业性宣传用语，也不能用来说明产品的性能。

第二十九条 国务院专利行政部门认为必要时，可以要求外观设计专利申请人提交使用外观设计的产品样品或者模型。样品或者模型的体积不得超过30厘米×30厘米×30厘米，重量不得超过15公斤。易腐、易损或者危险品不得作为样品或者模型提交。

第三十条 专利法第二十四条第（一）项所称中国政府承认的国际展览会，是指国际展览会公约规定的在国际展览局注册或者由其认可的国际展览会。

专利法第二十四条第（二）项所称学术会议或者技术会议，是指国务院有关主管部门或者全国性学术团体组织召开的学术会议或者技术会议。

申请专利的发明创造有专利法第二十四条第（一）项或者第（二）项所列情形的，申请人应当在提出专利申请时声明，并自申请日起2个月内提交有关国际展览会或者学术会议、技术会议的组织单位出具的有关发明创造已经展出或者发表，以及展出或者发表日期的证明文件。

申请专利的发明创造有专利法第二十四条第（三）项所列情形的，国务院专利行政部门认为必要时，可以要求申请人在指定期限内提交证明文件。

申请人未依照本条第三款的规定提出声明和提交证明文件的，或者未依照本条第四款的规定在指定期限内提交证明文件的，其申请不适用专利法第二十四条的规定。

第三十一条 申请人依照专利法第三十条的规定要求外国优先权的，申请人提交的在先申请文件副本应当经原受理机构证明。依照国务院专利行政部门与该受理机构签订的协议，国务院专利行政部门通过电子交换等途径获得在先申请文件副本的，视为申请人提交了经该受理机构证明的在先申请文件副本。要求本国优先权，申请人在请求书中写明在先申请的申请日和申请号的，视为提交了在先申请文件副本。

要求优先权，但请求书中漏写或者错写在先申请的申请日、申请号和原受理机构名称中的一项或者两项内容的，国务院专利行政部门应当通知申请人在指定期限内补正；期满未补正的，视为未要求优先权。

要求优先权的申请人的姓名或者名称与在先申请文件

副本中记载的申请人姓名或者名称不一致的，应当提交优先权转让证明材料，未提交该证明材料的，视为未要求优先权。

外观设计专利申请的申请人要求外国优先权，其在先申请未包括对外观设计的简要说明，申请人按照本细则第二十八条规定提交的简要说明未超出在先申请文件的图片或者照片表示的范围的，不影响其享有优先权。

第三十二条 申请人在一件专利申请中，可以要求一项或者多项优先权；要求多项优先权的，该申请的优先权期限从最早的优先权日起计算。

申请人要求本国优先权，在先申请是发明专利申请的，可以就相同主题提出发明或者实用新型专利申请；在先申请是实用新型专利申请的，可以就相同主题提出实用新型或者发明专利申请。但是，提出后一申请时，在先申请的主题有下列情形之一的，不得作为要求本国优先权的基础：

（一）已经要求外国优先权或者本国优先权的；

（二）已经被授予专利权的；

（三）属于按照规定提出的分案申请的。

申请人要求本国优先权的，其在先申请自后一申请提出之日起即视为撤回。

第三十三条 在中国没有经常居所或者营业所的申请人，申请专利或者要求外国优先权的，国务院专利行政部门认为必要时，可以要求其提供下列文件：

（一）申请人是个人的，其国籍证明；

（二）申请人是企业或者其他组织的，其注册的国家或者地区的证明文件；

（三）申请人的所属国，承认中国单位和个人可以按照该国国民的同等条件，在该国享有专利权、优先权和其他与专利有关的权利的证明文件。

第三十四条 依照专利法第三十一条第一款规定，可以作为一件专利申请提出的属于一个总的发明构思的两项以上的发明或者实用新型，应当在技术上相互关联，包含一个或者多个相同或者相应的特定技术特征，其中特定技术特征是指每一项发明或者实用新型作为整体，对现有技术作出贡献的技术特征。

第三十五条 依照专利法第三十一条第二款规定，将同一产品的多项相似外观设计作为一件申请提出的，对该产品的其他设计应当与简要说明中指定的基本设计相似。一件外观设计专利申请中的相似外观设计不得超过10项。

专利法第三十一条第二款所称同一类别并且成套出售或者使用的产品的两项以上外观设计，是指各产品属于分类表中同一大类，习惯上同时出售或者同时使用，而且各产品的外观设计具有相同的设计构思。

将两项以上外观设计作为一件申请提出的，应当将各项外观设计的顺序编号标注在每件外观设计产品各幅图片或者照片的名称之前。

第三十六条 申请人撤回专利申请的，应当向国务院专利行政部门提出声明，写明发明创造的名称、申请号和申请日。

撤回专利申请的声明在国务院专利行政部门作好公布专利申请文件的印刷准备工作后提出的，申请文件仍予公布；但是，撤回专利申请的声明应当在以后出版的专利公报上予以公告。

第三章 专利申请的审查和批准

第三十七条 在初步审查、实质审查、复审和无效宣告程序中，实施审查和审理的人员有下列情形之一的，应当自行回避，当事人或者其他利害关系人可以要求其回避：

（一）是当事人或者其代理人的近亲属的；

（二）与专利申请或者专利权有利害关系的；

（三）与当事人或者其代理人有其他关系，可能影响公正审查和审理的；

（四）专利复审委员会成员曾参与原申请的审查的。

第三十八条 国务院专利行政部门收到发明或者实用新型专利申请的请求书、说明书（实用新型必须包括附图）和权利要求书，或者外观设计专利申请的请求书、外观设计的图片或者照片和简要说明后，应当明确申请日、给予申请号，并通知申请人。

第三十九条 专利申请文件有下列情形之一的，国务院专利行政部门不予受理，并通知申请人：

（一）发明或者实用新型专利申请缺少请求书、说明书（实用新型无附图）或者权利要求书的，或者外观设计专利申请缺少请求书、图片或者照片、简要说明的；

（二）未使用中文的；

（三）不符合本细则第一百二十一条第一款规定的；

（四）请求书中缺少申请人姓名或者名称，或者缺少地址的；

（五）明显不符合专利法第十八条或者第十九条第一款的规定的；

（六）专利申请类别（发明、实用新型或者外观设计）不明确或者难以确定的。

第四十条 说明书中写有对附图的说明但无附图或者缺少部分附图的，申请人应当在国务院专利行政部门指定的期限内补交附图或者声明取消对附图的说明。申请人补交附图的，以向国务院专利行政部门提交或者邮寄附图之日为申请日；取消对附图的说明的，保留原申请日。

第四十一条 两个以上的申请人同日（指申请日；有优先权的，指优先权日）分别就同样的发明创造申请专利的，应当在收到国务院专利行政部门的通知后自行协商确定申请人。

同一申请人在同日（指申请日）对同样的发明创造既申请实用新型专利又申请发明专利的，应当在申请时分别说明对同样的发明创造已申请了另一专利；未作说明的，依照专利法第九条第一款关于同样的发明创造只能授予一项专利权的规定处理。

国务院专利行政部门公告授予实用新型专利权，应当公告申请人已依照本条第二款的规定同时申请了发明专利的说明。

发明专利申请经审查没有发现驳回理由，国务院专利行政部门应当通知申请人在规定期限内声明放弃实用新型专利权。申请人声明放弃的，国务院专利行政部门应当作出授予发明专利权的决定，并在公告授予发明专利权时一并公告申请人放弃实用新型专利权声明。申请人不同意放弃的，国务院专利行政部门应当驳回该发明专利申请；申请人期满未答复的，视为撤回该发明专利申请。

实用新型专利权自公告授予发明专利权之日起终止。

第四十二条 一件专利申请包括两项以上发明、实用新型或者外观设计的，申请人可以在本细则第五十四条第一款规定的期限届满前，向国务院专利行政部门提出分案申请；但是，专利申请已经被驳回、撤回或者视为撤回的，不能提出分案申请。

国务院专利行政部门认为一件专利申请不符合专利法第三十一条和本细则第三十四条或者第三十五条的规定的，应当通知申请人在指定期限内对其申请进行修改；申请人期满未答复的，该申请视为撤回。

分案的申请不得改变原申请的类别。

第四十三条 依照本细则第四十二条规定提出的分案申请，可以保留原申请日，享有优先权的，可以保留优先权日，但是不得超出原申请记载的范围。

分案申请应当依照专利法及本细则的规定办理有关手续。

分案申请的请求书中应当写明原申请的申请号和申请日。提交分案申请时，申请人应当提交原申请文件副本；原申请享有优先权的，并应当提交原申请的优先权文件副本。

第四十四条 专利法第三十四条和第四十条所称初步审查，是指审查专利申请是否具备专利法第二十六条或者第二十七条规定的文件和其他必要的文件，这些文件是否符合规定的格式，并审查下列各项：

（一）发明专利申请是否明显属于专利法第五条、第二十五条规定的情形，是否不符合专利法第十八条、第十九条第一款、第二十条第一款或者本细则第十六条、第二十六条第二款的规定，是否明显不符合专利法第二条第二款、第二十六条第五款、第三十一条第一款、第三十三条或者本细则第十七条至第二十一条的规定；

（二）实用新型专利申请是否明显属于专利法第五条、第二十五条规定的情形，是否不符合专利法第十八条、第十九条第一款、第二十条第一款或者本细则第十六条至第十九条、第二十一条至第二十三条的规定，是否明显不符合专利法第二条第三款、第二十二条第二款、第四款、第二十六条第三款、第四款、第三十一条第一款、第三十三条或者本细则第二十条、第四十三条第一款的规定，是否依照专利法第九条规定不能取得专利权；

（三）外观设计专利申请是否明显属于专利法第五条、第二十五条第一款第（六）项规定的情形，是否不符合专利法第十八条、第十九条第一款或者本细则第十六条、第二十七条、第二十八条的规定，是否明显不符合专利法第二条第四款、第二十三条第一款、第二十七条第二款、第三十一条第二款、第三十三条或者本细则第四十三条第一款的规定，是否依照专利法第九条规定不能取得专利权；

（四）申请文件是否符合本细则第二条、第三条第一款的规定。

国务院专利行政部门应当将审查意见通知申请人，要求其在指定期限内陈述意见或者补正；申请人期满未答复的，其申请视为撤回。申请人陈述意见或者补正后，国务院专利行政部门仍然认为不符合前款所列各项规定的，应当予以驳回。

第四十五条 除专利申请文件外，申请人向国务院专利行政部门提交的与专利申请有关的其他文件有下列情形之一的，视为未提交：

（一）未使用规定的格式或者填写不符合规定的；

（二）未按照规定提交证明材料的。

国务院专利行政部门应当将视为未提交的审查意见通知申请人。

第四十六条 申请人请求早日公布其发明专利申请的，应当向国务院专利行政部门声明。国务院专利行政部门对该申请进行初步审查后，除予以驳回的外，应当立即将申请予以公布。

第四十七条 申请人写明使用外观设计的产品及其所属类别的，应当使用国务院专利行政部门公布的外观设计产品分类表。未写明使用外观设计的产品所属类别或者所写的类别不确切的，国务院专利行政部门可以予以补充或者修改。

第四十八条 自发明专利申请公布之日起至公告授予专利权之日止，任何人均可以对不符合专利法规定的专利申请向国务院专利行政部门提出意见，并说明理由。

第四十九条 发明专利申请人因有正当理由无法提交专利法第三十六条规定的检索资料或者审查结果资料的，应当向国务院专利行政部门声明，并在得到有关资料后补交。

第五十条 国务院专利行政部门依照专利法第三十五条第二款的规定对专利申请自行进行审查时，应当通知申请人。

第五十一条 发明专利申请人在提出实质审查请求时以及在收到国务院专利行政部门发出的发明专利申请进入实质审查阶段通知书之日起的3个月内，可以对发明专利申请主动提出修改。

实用新型或者外观设计专利申请人自申请日起2个月内，可以对实用新型或者外观设计专利申请主动提出修改。

申请人在收到国务院专利行政部门发出的审查意见通知书后对专利申请文件进行修改的，应当针对通知书指出的缺陷进行修改。

国务院专利行政部门可以自行修改专利申请文件中文字和符号的明显错误。国务院专利行政部门自行修改的，应当通知申请人。

第五十二条 发明或者实用新型专利申请的说明书或者权利要求书的修改部分，除个别文字修改或者增删外，应当按照规定格式提交替换页。外观设计专利申请的图片或者照片的修改，应当按照规定提交替换页。

第五十三条 依照专利法第三十八条的规定，发明专利申请经实质审查应当予以驳回的情形是指：

（一）申请属于专利法第五条、第二十五条规定的情形，或者依照专利法第九条规定不能取得专利权的；

（二）申请不符合专利法第二条第二款、第二十条第一款、第二十二条、第二十六条第三款、第四款、第五款、第三十一条第一款或者本细则第二十条第二款规定的；

（三）申请的修改不符合专利法第三十三条规定，或者分案的申请不符合本细则第四十三条第一款的规定的。

第五十四条 国务院专利行政部门发出授予专利权的通知后，申请人应当自收到通知之日起2个月内办理登记手续。申请人按期办理登记手续的，国务院专利行政部门应当授予专利权，颁发专利证书，并予以公告。

期满未办理登记手续的，视为放弃取得专利权的权利。

第五十五条 保密专利申请经审查没有发现驳回理由的，国务院专利行政部门应当作出授予保密专利权的决定，颁发保密专利证书，登记保密专利权的有关事项。

第五十六条 授予实用新型或者外观设计专利权的决定公告后，专利法第六十条规定的专利权人或者利害关系人可以请求国务院专利行政部门作出专利权评价报告。

请求作出专利权评价报告的，应当提交专利权评价报告请求书，写明专利号。每项请求应当限于一项专利权。

专利权评价报告请求书不符合规定的，国务院专利行政部门应当通知请求人在指定期限内补正；请求人期满未补正的，视为未提出请求。

第五十七条 国务院专利行政部门应当自收到专利权评价报告请求书后2个月内作出专利权评价报告。对同一项实用新型或者外观设计专利权，有多个请求人请求作出专利权评价报告的，国务院专利行政部门仅作出一份专利权评价报告。任何单位或者个人可以查阅或者复制该专利权评价报告。

第五十八条 国务院专利行政部门对专利公告、专利单行本中出现的错误，一经发现，应当及时更正，并对所作更正予以公告。

第四章 专利申请的复审与专利权的无效宣告

第五十九条 专利复审委员会由国务院专利行政部门指定的技术专家和法律专家组成，主任委员由国务院专利行政部门负责人兼任。

第六十条 依照专利法第四十一条的规定向专利复审委员会请求复审的，应当提交复审请求书，说明理由，必要时还应当附具有关证据。

复审请求不符合专利法第十九条第一款或者第四十一条第一款规定的，专利复审委员会不予受理，书面通知复审请求人并说明理由。

复审请求书不符合规定格式的，复审请求人应当在专利复审委员会指定的期限内补正；期满未补正的，该复审请求视为未提出。

第六十一条 请求人在提出复审请求或者在对专利复审委员会的复审通知书作出答复时，可以修改专利申请文件；但是，修改应当仅限于消除驳回决定或者复审通知书指出的缺陷。

修改的专利申请文件应当提交一式两份。

第六十二条 专利复审委员会应当将受理的复审请求书转交国务院专利行政部门原审查部门进行审查。原审查部门根据复审请求人的请求，同意撤销原决定的，专利复审委员会应当据此作出复审决定，并通知复审请求人。

第六十三条 专利复审委员会进行复审后，认为复审请求不符合专利法和本细则有关规定的，应当通知复审请求人，要求其在指定期限内陈述意见。期满未答复的，该复审请求视为撤回；经陈述意见或者进行修改后，专利复审委员会认为仍不符合专利法和本细则有关规定的，应当作出维持原驳回决定的复审决定。

专利复审委员会进行复审后，认为原驳回决定不符合专利法和本细则有关规定的，或者认为经过修改的专利申请文件消除了原驳回决定指出的缺陷的，应当撤销原驳回决定，由原审查部门继续进行审查程序。

第六十四条 复审请求人在专利复审委员会作出决定前，可以撤回其复审请求。

复审请求人在专利复审委员会作出决定前撤回其复审请求的，复审程序终止。

第六十五条 依照专利法第四十五条的规定，请求宣告专利权无效或者部分无效的，应当向专利复审委员会提交专利权无效宣告请求书和必要的证据一式两份。无效宣告请求书应当结合提交的所有证据，具体说明无效宣告请求的理由，并指明每项理由所依据的证据。

前款所称无效宣告请求的理由，是指被授予专利的发明创造不符合专利法第二条、第二十条第一款、第二十二条、第二十三条、第二十六条第三款、第四款、第二十七条第二款、第三十三条或者本细则第二十条第二款、第四十三条第一款的规定，或者属于专利法第五条、第二十五条的规定，或者依照专利法第九条规定不能取得专利权。

第六十六条 专利权无效宣告请求不符合专利法第十九条第一款或者本细则第六十五条规定的，专利复审委员会不予受理。

在专利复审委员会就无效宣告请求作出决定之后，又以同样的理由和证据请求无效宣告的，专利复审委员会不予受理。

以不符合专利法第二十三条第三款的规定为理由请求宣告外观设计专利权无效，但是未提交证明权利冲突的证据的，专利复审委员会不予受理。

专利权无效宣告请求书不符合规定格式的，无效宣告请求人应当在专利复审委员会指定的期限内补正；期满未补正的，该无效宣告请求视为未提出。

第六十七条 在专利复审委员会受理无效宣告请求后，请求人可以在提出无效宣告请求之日起1个月内增加理由或者补充证据。逾期增加理由或者补充证据的，专利复审委员会可以不予考虑。

第六十八条 专利复审委员会应当将专利权无效宣告请求书和有关文件的副本送交专利权人，要求其在指定的期限内陈述意见。

专利权人和无效宣告请求人应当在指定期限内答复专利复审委员会发出的转送文件通知书或者无效宣告请求审查通知书；期满未答复的，不影响专利复审委员会审理。

第六十九条 在无效宣告请求的审查过程中，发明或者实用新型专利的专利权人可以修改其权利要求书，但是不得扩大原专利的保护范围。

发明或者实用新型专利的专利权人不得修改专利说明书和附图，外观设计专利的专利权人不得修改图片、照片和简要说明。

第七十条 专利复审委员会根据当事人的请求或者案情需要，可以决定对无效宣告请求进行口头审理。

专利复审委员会决定对无效宣告请求进行口头审理的，应当向当事人发出口头审理通知书，告知举行口头审理的日期和地点。当事人应当在通知书指定的期限内作出答复。

无效宣告请求人对专利复审委员会发出的口头审理通知书在指定的期限内未作答复，并且不参加口头审理的，其无效宣告请求视为撤回；专利权人不参加口头审理的，可以缺席审理。

第七十一条 在无效宣告请求审查程序中，专利复审委员会指定的期限不得延长。

第七十二条 专利复审委员会对无效宣告的请求作出决定前，无效宣告请求人可以撤回其请求。

专利复审委员会作出决定之前，无效宣告请求人撤回其请求或者其无效宣告请求被视为撤回的，无效宣告请求审查程序终止。但是，专利复审委员会认为根据已进行的审查工作能够作出宣告专利权无效或者部分无效的决定的，不终止审查程序。

第五章　专利实施的强制许可

第七十三条 专利法第四十八条第（一）项所称未充分实施其专利，是指专利权人及其被许可人实施其专利的方式或者规模不能满足国内对专利产品或者专利方法的需求。

专利法第五十条所称取得专利权的药品，是指解决公共健康问题所需的医药领域中的任何专利产品或者依照专利方法直接获得的产品，包括取得专利权的制造该产品所需的活性成分以及使用该产品所需的诊断用品。

第七十四条 请求给予强制许可的，应当向国务院专利行政部门提交强制许可请求书，说明理由并附具有关证明文件。

国务院专利行政部门应当将强制许可请求书的副本送交专利权人，专利权人应当在国务院专利行政部门指定的期限内陈述意见；期满未答复的，不影响国务院专利行政部门作出决定。

国务院专利行政部门在作出驳回强制许可请求的决定或者给予强制许可的决定前，应当通知请求人和专利权人拟作出的决定及其理由。

国务院专利行政部门依照专利法第五十条的规定作出给予强制许可的决定，应当同时符合中国缔结或者参加的有关国际条约关于为了解决公共健康问题而给予强制许可的规定，但中国作出保留的除外。

第七十五条 依照专利法第五十七条的规定，请求国务院专利行政部门裁决使用费数额的，当事人应当提出裁决请求书，并附具双方不能达成协议的证明文件。国务院专利行政部门应当自收到请求书之日起3个月内作出裁决，并通知当事人。

第六章 对职务发明创造的发明人或者设计人的奖励和报酬

第七十六条 被授予专利权的单位可以与发明人、设计人约定或者在其依法制定的规章制度中规定专利法第十六条规定的奖励、报酬的方式和数额。

企业、事业单位给予发明人或者设计人的奖励、报酬，按照国家有关财务、会计制度的规定进行处理。

第七十七条 被授予专利权的单位未与发明人、设计人约定也未在其依法制定的规章制度中规定专利法第十六条规定的奖励的方式和数额的，应当自专利权公告之日起3个月内发给发明人或者设计人奖金。一项发明专利的奖金最低不少于3000元；一项实用新型专利或者外观设计专利的奖金最低不少于1000元。

由于发明人或者设计人的建议被其所属单位采纳而完成的发明创造，被授予专利权的单位应当从优发给奖金。

第七十八条 被授予专利权的单位未与发明人、设计人约定也未在其依法制定的规章制度中规定专利法第十六条规定的报酬的方式和数额的，在专利权有效期限内，实施发明创造专利后，每年应当从实施该项发明或者实用新型专利的营业利润中提取不低于2%或者从实施该项外观设计专利的营业利润中提取不低于0.2%，作为报酬给予发明人或者设计人，或者参照上述比例，给予发明人或者设计人一次性报酬；被授予专利权的单位许可其他单位或者个人实施其专利的，应当从收取的使用费中提取不低于10%，作为报酬给予发明人或者设计人。

第七章 专利权的保护

第七十九条 专利法和本细则所称管理专利工作的部门，是指由省、自治区、直辖市人民政府以及专利管理工作量大又有实际处理能力的设区的市人民政府设立的管理专利工作的部门。

第八十条 国务院专利行政部门应当对管理专利工作的部门处理专利侵权纠纷、查处假冒专利行为、调解专利纠纷进行业务指导。

第八十一条 当事人请求处理专利侵权纠纷或者调解专利纠纷的，由被请求人所在地或者侵权行为地的管理专利工作的部门管辖。

两个以上管理专利工作的部门都有管辖权的专利纠纷，当事人可以向其中一个管理专利工作的部门提出请求；当事人向两个以上有管辖权的管理专利工作的部门提出请求的，由最先受理的管理专利工作的部门管辖。

管理专利工作的部门对管辖权发生争议的，由其共同的上级人民政府管理专利工作的部门指定管辖；无共同上级人民政府管理专利工作的部门的，由国务院专利行政部门指定管辖。

第八十二条 在处理专利侵权纠纷过程中，被请求人提出无效宣告请求并被专利复审委员会受理的，可以请求管理专利工作的部门中止处理。

管理专利工作的部门认为被请求人提出的中止理由明显不能成立的，可以不中止处理。

第八十三条 专利权人依照专利法第十七条的规定，在其专利产品或者该产品的包装上标明专利标识的，应当按照国务院专利行政部门规定的方式予以标明。

专利标识不符合前款规定的，由管理专利工作的部门责令改正。

第八十四条 下列行为属于专利法第六十三条规定的假冒专利的行为：

（一）在未被授予专利权的产品或者其包装上标注专利标识，专利权被宣告无效后或者终止后继续在产品或者其包装上标注专利标识，或者未经许可在产品或者产品包装上标注他人的专利号；

（二）销售第（一）项所述产品；

（三）在产品说明书等材料中将未被授予专利权的技术或者设计称为专利技术或者专利设计，将专利申请称为专利，或者未经许可使用他人的专利号，使公众将所涉及的技术或者设计误认为是专利技术或者专利设计；

（四）伪造或者变造专利证书、专利文件或者专利申请文件；

（五）其他使公众混淆，将未被授予专利权的技术或者设计误认为是专利技术或者专利设计的行为。

专利权终止前依法在专利产品、依照专利方法直接获得的产品或者其包装上标注专利标识，在专利权终止后许诺销售、销售该产品的，不属于假冒专利行为。

销售不知道是假冒专利的产品，并且能够证明该产品合法来源的，由管理专利工作的部门责令停止销售，但免除罚款的处罚。

第八十五条　除专利法第六十条规定的外，管理专利工作的部门应当事人请求，可以对下列专利纠纷进行调解：

（一）专利申请权和专利权归属纠纷；

（二）发明人、设计人资格纠纷；

（三）职务发明创造的发明人、设计人的奖励和报酬纠纷；

（四）在发明专利申请公布后专利权授予前使用发明而未支付适当费用的纠纷；

（五）其他专利纠纷。

对于前款第（四）项所列的纠纷，当事人请求管理专利工作的部门调解的，应当在专利权被授予之后提出。

第八十六条　当事人因专利申请权或者专利权的归属发生纠纷，已请求管理专利工作的部门调解或者向人民法院起诉的，可以请求国务院专利行政部门中止有关程序。

依照前款规定请求中止有关程序的，应当向国务院专利行政部门提交请求书，并附具管理专利工作的部门或者人民法院的写明申请号或者专利号的有关受理文件副本。

管理专利工作的部门作出的调解书或者人民法院作出的判决生效后，当事人应当向国务院专利行政部门办理恢复有关程序的手续。自请求中止之日起1年内，有关专利申请权或者专利权归属的纠纷未能结案，需要继续中止有关程序的，请求人应当在该期限内请求延长中止。期满未请求延长的，国务院专利行政部门自行恢复有关程序。

第八十七条　人民法院在审理民事案件中裁定对专利申请权或者专利权采取保全措施的，国务院专利行政部门应当在收到写明申请号或者专利号的裁定书和协助执行通知书之日中止被保全的专利申请权或者专利权的有关程序。保全期限届满，人民法院没有裁定继续采取保全措施的，国务院专利行政部门自行恢复有关程序。

第八十八条　国务院专利行政部门根据本细则第八十六条和第八十七条规定中止有关程序，是指暂停专利申请的初步审查、实质审查、复审程序，授予专利权程序和专利权无效宣告程序；暂停办理放弃、变更、转移专利权或者专利申请权手续，专利权质押手续以及专利权期限届满前的终止手续等。

第八章　专利登记和专利公报

第八十九条　国务院专利行政部门设置专利登记簿，登记下列与专利申请和专利权有关的事项：

（一）专利权的授予；

（二）专利申请权、专利权的转移；

（三）专利权的质押、保全及其解除；

（四）专利实施许可合同的备案；

（五）专利权的无效宣告；

（六）专利权的终止；

（七）专利权的恢复；

（八）专利实施的强制许可；

（九）专利权人的姓名或者名称、国籍和地址的变更。

第九十条　国务院专利行政部门定期出版专利公报，公布或者公告下列内容：

（一）发明专利申请的著录事项和说明书摘要；

（二）发明专利申请的实质审查请求和国务院专利行政部门对发明专利申请自行进行实质审查的决定；

（三）发明专利申请公布后的驳回、撤回、视为撤回、视为放弃、恢复和转移；

（四）专利权的授予以及专利权的著录事项；

（五）发明或者实用新型专利的说明书摘要，外观设计专利的一幅图片或者照片；

（六）国防专利、保密专利的解密；

（七）专利权的无效宣告；

（八）专利权的终止、恢复；

（九）专利权的转移；

（十）专利实施许可合同的备案；

（十一）专利权的质押、保全及其解除；

（十二）专利实施的强制许可的给予；

（十三）专利权人的姓名或者名称、地址的变更；

（十四）文件的公告送达；

（十五）国务院专利行政部门作出的更正；

（十六）其他有关事项。

第九十一条 国务院专利行政部门应当提供专利公报、发明专利申请单行本以及发明专利、实用新型专利、外观设计专利单行本，供公众免费查阅。

第九十二条 国务院专利行政部门负责按照互惠原则与其他国家、地区的专利机关或者区域性专利组织交换专利文献。

第九章 费用

第九十三条 向国务院专利行政部门申请专利和办理其他手续时，应当缴纳下列费用：

（一）申请费、申请附加费、公布印刷费、优先权要求费；

（二）发明专利申请实质审查费、复审费；

（三）专利登记费、公告印刷费、年费；

（四）恢复权利请求费、延长期限请求费；

（五）著录事项变更费、专利权评价报告请求费、无效宣告请求费。

前款所列各种费用的缴纳标准，由国务院价格管理部门、财政部门会同国务院专利行政部门规定。

第九十四条 专利法和本细则规定的各种费用，可以直接向国务院专利行政部门缴纳，也可以通过邮局或者银行汇付，或者以国务院专利行政部门规定的其他方式缴纳。

通过邮局或者银行汇付的，应当在送交国务院专利行政部门的汇单上写明正确的申请号或者专利号以及缴纳的费用名称。不符合本款规定的，视为未办理缴费手续。

直接向国务院专利行政部门缴纳费用的，以缴纳当日为缴费日；以邮局汇付方式缴纳费用的，以邮局汇出的邮戳日为缴费日；以银行汇付方式缴纳费用的，以银行实际汇出日为缴费日。

多缴、重缴、错缴专利费用的，当事人可以自缴费日起3年内，向国务院专利行政部门提出退款请求，国务院专利行政部门应当予以退还。

第九十五条 申请人应当自申请日起2个月内或者在收到受理通知书之日起15日内缴纳申请费、公布印刷费和必要的申请附加费；期满未缴纳或者未缴足的，其申请视为撤回。

申请人要求优先权的，应当在缴纳申请费的同时缴纳优先权要求费；期满未缴纳或者未缴足的，视为未要求优先权。

第九十六条 当事人请求实质审查或者复审的，应当在专利法及本细则规定的相关期限内缴纳费用；期满未缴纳或者未缴足的，视为未提出请求。

第九十七条 申请人办理登记手续时，应当缴纳专利登记费、公告印刷费和授予专利权当年的年费；期满未缴纳或者未缴足的，视为未办理登记手续。

第九十八条 授予专利权当年以后的年费应当在上一年度期满前缴纳。专利权人未缴纳或者未缴足的，国务院专利行政部门应当通知专利权人自应当缴纳年费期满之日起6个月内补缴，同时缴纳滞纳金；滞纳金的金额按照每超过规定的缴费时间1个月，加收当年全额年费的5%计算；期满未缴纳的，专利权自应当缴纳年费期满之日起终止。

第九十九条 恢复权利请求费应当在本细则规定的相关期限内缴纳；期满未缴纳或者未缴足的，视为未提出请求。

延长期限请求费应当在相应期限届满之日前缴纳；期满未缴纳或者未缴足的，视为未提出请求。

著录事项变更费、专利权评价报告请求费、无效宣告请求费应当自提出请求之日起1个月内缴纳；期满未缴纳或者未缴足的，视为未提出请求。

第一百条 申请人或者专利权人缴纳本细则规定的各种费用有困难的，可以按照规定向国务院专利行政部门提出减缴或者缓缴的请求。减缴或者缓缴的办法由国务院财政部门会同国务院价格管理部门、国务院专利行政部门规定。

第十章 关于国际申请的特别规定

第一百零一条 国务院专利行政部门根据专利法第二十条规定，受理按照专利合作条约提出的专利国际申请。

按照专利合作条约提出并指定中国的专利国际申请（以下简称国际申请）进入国务院专利行政部门处理阶段（以下称进入中国国家阶段）的条件和程序适用本章的规定；本章没有规定的，适用专利法及本细则其他各章的有关规定。

第一百零二条 按照专利合作条约已确定国际申请日并指定中国的国际申请，视为向国务院专利行政部门提出的专利申请，该国际申请日视为专利法第二十八条所称的申请日。

第一百零三条 国际申请的申请人应当在专利合作条约第二条所称的优先权日（本章简称优先权日）起30个

月内，向国务院专利行政部门办理进入中国国家阶段的手续；申请人未在该期限内办理该手续的，在缴纳宽限费后，可以在自优先权日起32个月内办理进入中国国家阶段的手续。

第一百零四条 申请人依照本细则第一百零三条的规定办理进入中国国家阶段的手续的，应当符合下列要求：

（一）以中文提交进入中国国家阶段的书面声明，写明国际申请号和要求获得的专利权类型；

（二）缴纳本细则第九十三条第一款规定的申请费、公布印刷费，必要时缴纳本细则第一百零三条规定的宽限费；

（三）国际申请以外文提出的，提交原始国际申请的说明书和权利要求书的中文译文；

（四）在进入中国国家阶段的书面声明中写明发明创造的名称，申请人姓名或者名称、地址和发明人的姓名，上述内容应当与世界知识产权组织国际局（以下简称国际局）的记录一致；国际申请中未写明发明人的，在上述声明中写明发明人的姓名；

（五）国际申请以外文提出的，提交摘要的中文译文，有附图和摘要附图的，提交附图副本和摘要附图副本，附图中有文字的，将其替换为对应的中文文字；国际申请以中文提出的，提交国际公布文件中的摘要和摘要附图副本；

（六）在国际阶段向国际局已办理申请人变更手续的，提供变更后的申请人享有申请权的证明材料；

（七）必要时缴纳本细则第九十三条第一款规定的申请附加费。

符合本条第一款第（一）项至第（三）项要求的，国务院专利行政部门应当给予申请号，明确国际申请进入中国国家阶段的日期（以下简称进入日），并通知申请人其国际申请已进入中国国家阶段。

国际申请已进入中国国家阶段，但不符合本条第一款第（四）项至第（七）项要求的，国务院专利行政部门应当通知申请人在指定期限内补正；期满未补正的，其申请视为撤回。

第一百零五条 国际申请有下列情形之一的，其在中国的效力终止：

（一）在国际阶段，国际申请被撤回或者被视为撤回，或者国际申请对中国的指定被撤回的；

（二）申请人未在优先权日起32个月内按照本细则第一百零三条规定办理进入中国国家阶段手续的；

（三）申请人办理进入中国国家阶段的手续，但自优先权日起32个月期限届满仍不符合本细则第一百零四条第（一）项至第（三）项要求的。

依照前款第（一）项的规定，国际申请在中国的效力终止的，不适用本细则第六条的规定；依照前款第（二）项、第（三）项的规定，国际申请在中国的效力终止的，不适用本细则第六条第二款的规定。

第一百零六条 国际申请在国际阶段作过修改，申请人要求以经修改的申请文件为基础进行审查的，应当自进入日起2个月内提交修改部分的中文译文。在该期间内未提交中文译文的，对申请人在国际阶段提出的修改，国务院专利行政部门不予考虑。

第一百零七条 国际申请涉及的发明创造有专利法第二十四条第（一）项或者第（二）项所列情形之一，在提出国际申请时作过声明的，申请人应当在进入中国国家阶段的书面声明中予以说明，并自进入日起2个月内提交本细则第三十条第三款规定的有关证明文件；未予说明或者期满未提交证明文件的，其申请不适用专利法第二十四条的规定。

第一百零八条 申请人按照专利合作条约的规定，对生物材料样品的保藏已作出说明的，视为已经满足了本细则第二十四条第（三）项的要求。申请人应当在进入中国国家阶段声明中指明记载生物材料样品保藏事项的文件以及在该文件中的具体记载位置。

申请人在原始提交的国际申请的说明书中已记载生物材料样品保藏事项，但是没有在进入中国国家阶段声明中指明的，应当自进入日起4个月内补正。期满未补正的，该生物材料视为未提交保藏。

申请人自进入日起4个月内向国务院专利行政部门提交生物材料样品保藏证明和存活证明的，视为在本细则第二十四条第（一）项规定的期限内提交。

第一百零九条 国际申请涉及的发明创造依赖遗传资源完成的，申请人应当在国际申请进入中国国家阶段的书面声明中予以说明，并填写国务院专利行政部门制定的表格。

第一百一十条 申请人在国际阶段已要求一项或者多项优先权，在进入中国国家阶段时该优先权要求继续有效的，视为已经依照专利法第三十条的规定提出了书面声明。

申请人应当自进入日起2个月内缴纳优先权要求费；期满未缴纳或者未缴足的，视为未要求该优先权。

申请人在国际阶段已依照专利合作条约的规定，提交过在先申请文件副本的，办理进入中国国家阶段手续时不需要向国务院专利行政部门提交在先申请文件副本。申请人在国际阶段未提交在先申请文件副本的，国务院专利行政部门认为必要时，可以通知申请人在指定期限内补交；申请人期满未补交的，其优先权要求视为未提出。

第一百一十一条 在优先权日起30个月期满前要求国务院专利行政部门提前处理和审查国际申请的，申请人除应当办理进入中国国家阶段手续外，还应当依照专利合作条约第二十三条第二款规定提出请求。国际局尚未向国务院专利行政部门传送国际申请的，申请人应当提交经确认的国际申请副本。

第一百一十二条 要求获得实用新型专利权的国际申请，申请人可以自进入日起2个月内对专利申请文件主动提出修改。

要求获得发明专利权的国际申请，适用本细则第五十一条第一款的规定。

第一百一十三条 申请人发现提交的说明书、权利要求书或者附图中的文字的中文译文存在错误的，可以在下列规定期限内依照原始国际申请文本提出改正：

（一）在国务院专利行政部门作好公布发明专利申请或者公告实用新型专利权的准备工作之前；

（二）在收到国务院专利行政部门发出的发明专利申请进入实质审查阶段通知书之日起3个月内。

申请人改正译文错误的，应当提出书面请求并缴纳规定的译文改正费。

申请人按照国务院专利行政部门的通知书的要求改正译文的，应当在指定期限内办理本条第二款规定的手续；期满未办理规定手续的，该申请视为撤回。

第一百一十四条 对要求获得发明专利权的国际申请，国务院专利行政部门经初步审查认为符合专利法和本细则有关规定的，应当在专利公报上予以公布；国际申请以中文以外的文字提出的，应当公布申请文件的中文译文。

要求获得发明专利权的国际申请，由国际局以中文进行国际公布的，自国际公布日起适用专利法第十三条的规定；由国际局以中文以外的文字进行国际公布的，自国务院专利行政部门公布之日起适用专利法第十三条的规定。

对国际申请，专利法第二十一条和第二十二条中所称的公布是指本条第一款所规定的公布。

第一百一十五条 国际申请包含两项以上发明或者实用新型的，申请人可以自进入日起，依照本细则第四十二条第一款的规定提出分案申请。

在国际阶段，国际检索单位或者国际初步审查单位认为国际申请不符合专利合作条约规定的单一性要求时，申请人未按照规定缴纳附加费，导致国际申请某些部分未经国际检索或者未经国际初步审查，在进入中国国家阶段时，申请人要求将所述部分作为审查基础，国务院专利行政部门认为国际检索单位或者国际初步审查单位对发明单一性的判断正确的，应当通知申请人在指定期限内缴纳单一性恢复费。期满未缴纳或者未足额缴纳的，国际申请中未经检索或者未经国际初步审查的部分视为撤回。

第一百一十六条 国际申请在国际阶段被有关国际单位拒绝给予国际申请日或者宣布视为撤回的，申请人在收到通知之日起2个月内，可以请求国际局将国际申请档案中任何文件的副本转交国务院专利行政部门，并在该期限内向国务院专利行政部门办理本细则第一百零三条规定的手续，国务院专利行政部门应当在接到国际局传送的文件后，对国际单位作出的决定是否正确进行复查。

第一百一十七条 基于国际申请授予的专利权，由于译文错误，致使依照专利法第五十九条规定确定的保护范围超出国际申请的原文所表达的范围的，以依据原文限制后的保护范围为准；致使保护范围小于国际申请的原文所表达的范围的，以授权时的保护范围为准。

第十一章　附则

第一百一十八条 经国务院专利行政部门同意，任何人均可以查阅或者复制已经公布或者公告的专利申请的案卷和专利登记簿，并可以请求国务院专利行政部门出具专利登记簿副本。

已视为撤回、驳回和主动撤回的专利申请的案卷，自该专利申请失效之日起满2年后不予保存。

已放弃、宣告全部无效和终止的专利权的案卷，自该专利权失效之日起满3年后不予保存。

第一百一十九条 向国务院专利行政部门提交申请文件或者办理各种手续，应当由申请人、专利权人、其他利害关系人或者其代表人签字或者盖章；委托专利代理机构的，由专利代理机构盖章。

请求变更发明人姓名、专利申请人和专利权人的姓名或者名称、国籍和地址、专利代理机构的名称、地址和代理人姓名的，应当向国务院专利行政部门办理著录事项变更手续，并附具变更理由的证明材料。

第一百二十条 向国务院专利行政部门邮寄有关申请或者专利权的文件，应当使用挂号信函，不得使用包裹。

除首次提交专利申请文件外，向国务院专利行政部门提交各种文件、办理各种手续的，应当标明申请号或者专利号、发明创造名称和申请人或者专利权人姓名或者名称。

一件信函中应当只包含同一申请的文件。

第一百二十一条 各类申请文件应当打字或者印刷，字迹呈黑色，整齐清晰，并不得涂改。附图应当用制图工具和黑色墨水绘制，线条应当均匀清晰，并不得涂改。

请求书、说明书、权利要求书、附图和摘要应当分别用阿拉伯数字顺序编号。

申请文件的文字部分应当横向书写。纸张限于单面使用。

第一百二十二条 国务院专利行政部门根据专利法和本细则制定专利审查指南。

第一百二十三条 本细则自 2001 年 7 月 1 日起施行。1992 年 12 月 12 日国务院批准修订、1992 年 12 月 21 日中国专利局发布的《中华人民共和国专利法实施细则》同时废止。

专利代理条例

（1991 年 3 月 4 日中华人民共和国国务院令第 76 号发布）

第一章 总则

第一条 为了保障专利代理机构以及委托人的合法权益，维护专利代理工作的正常秩序，制定本条例。

第二条 本条例所称专利代理是指专利代理机构以委托人的名义，在代理权限范围内，办理专利申请或者办理其他专利事务。

第二章 专利代理机构

第三条 本条例所称专利代理机构是指接受委托人的委托，在委托权限范围内，办理专利申请或者办理其他专利事务的服务机构。

专利代理机构包括：

（一）办理涉外专利事务的专利代理机构；

（二）办理国内专利事务的专利代理机构；

（三）办理国内专利事务的律师事务所。

第四条 专利代理机构的成立，必须符合下列条件：

（一）有自己的名称、章程、固定办公场所；

（二）有必要的资金和工作设施；

（三）财务独立，能够独立承担民事责任；

（四）有三名以上具有专利代理人资格的专职人员和符合中国专利局规定的比例的具有专利代理人资格的兼职人员。

律师事务所开办专利代理业务的，必须有前款第四项规定的专职人员。

第五条 向专利管理机关申请成立专利代理机构，应当提交下列文件：

（一）成立专利代理机构的申请书，并写明专利代理机构的名称、办公场所、负责人姓名；

（二）专利代理机构章程；

（三）专利代理人姓名及其资格证书；

（四）专利代理机构资金和设施情况的书面证明。

第六条 申请成立办理国内专利事务的专利代理机构，或者律师事务所申请开办专利代理业务的，应当经过其主管机关同意后，报请省、自治区、直辖市专利管理机关审查；没有主管机关的，可以直接报请省、自治区、直辖市专利管理机关审查。审查同意的，由审查机关报中国专利局审批。

申请成立办理涉外专利事务的专利代理机构，应当依照《中华人民共和国专利法》的有关规定办理。办理涉外专利事务的专利代理机构，经中国专利局批准的，可以办理国内专利事务。

第七条 专利代理机构自批准之日起成立，依法开展专利代理业务，享有民事权利，承担民事责任。

第八条 专利代理机构承办下列事务：

（一）提供专利事务方面的咨询；

（二）代写专利申请文件，办理专利申请；请求实质审查或者复审的有关事务；

（三）提出异议，请求宣告专利权无效的有关事务；

（四）办理专利申请权、专利权的转让以及专利许可的有关事务；

（五）接受聘请，指派专利代理人担任专利顾问；

（六）办理其他有关事务。

第九条 专利代理机构接受委托，承办业务，应当有委托人具名的书面委托书，写明委托事项和委托权限。

专利代理机构可以根据需要，指派委托人指定的专利代理人承办代理业务。

专利代理机构接受委托，承办业务，可以按照国家有关规定收取费用。

第十条 专利代理机构接受委托后，不得就同一内容的专利事务接受有利害关系的其他委托人的委托。

第十一条 专利代理机构应当聘任有《专利代理人资格证书》的人员为专利代理人。对聘任的专利代理人应当办理聘任手续，由专利代理机构发给《专利代理人工作证》，并向中国专利局备案。

初次从事专利代理工作的人员，实习满一年后，专利代理机构方可发给《专利代理人工作证》。

专利代理机构对解除聘任关系的专利代理人，应当及时收回其《专利代理人工作证》，并报中国专利局备案。

第十二条 专利代理机构变更机构名称、地址和负责人的，应当报中国专利局予以变更登记。经批准登记后，变更方可生效。

专利代理机构停业，应当在妥善处理各种尚未办结的事项后，向原审查机关申报，并由该机关报中国专利局办理有关手续。

第十三条 已批准的专利代理机构，因情况变化不再符合本条例第四条规定的条件，并在一年内仍不能具备这些条件的，原审查的专利管理机关应当建议中国专利局撤销该专利代理机构。

第三章 专利代理人

第十四条 本条例所称专利代理人是指获得《专利代理人资格证书》，持有《专利代理人工作证》的人员。

第十五条 拥护中华人民共和国宪法，并具备下列条件的中国公民，可以申请专利代理人资格：

（一）十八周岁以上，具有完全的民事行为能力；

（二）高等院校理工科专业毕业（或者具有同等学历），并掌握一门外语；

（三）熟悉专利法和有关的法律知识；

（四）从事过两年以上的科学技术工作或者法律工作。

第十六条 申请专利代理人资格的人员，经本人申请，专利代理人考核委员会考核合格的，由中国专利局发给《专利代理人资格证书》。

专利代理人考核委员会由中国专利局、国务院有关部门以及专利代理人的组织的有关人员组成。

第十七条 专利代理人必须承办专利代理机构委派的专利代理工作，不得自行接受委托。

第十八条 专利代理人不得同时在两个以上专利代理机构从事专利代理业务。

专利代理人调离专利代理机构前，必须妥善处理尚未办理的专利代理案件。

第十九条 获得《专利代理人资格证书》，五年内未从事专利代理业务或者专利行政管理工作的，其《专利代理人资格证书》自动失效。

第二十条 专利代理人在从事专利代理业务期间和脱离专利代理业务后一年内，不得申请专利。

第二十一条 专利代理人依法从事专利代理业务，受国家法律的保护，不受任何单位和个人的干涉。

第二十二条 国家机关工作人员，不得到专利代理机构兼职，从事专利代理工作。

第二十三条 专利代理人对其在代理业务活动中了解的发明创造的内容，除专利申请已经公布或者公告的以外，负有保守秘密的责任。

第四章 罚则

第二十四条 专利代理机构有下列情形之一的，其上级主管部门或者省、自治区、直辖市专利管理机关，可以给予警告处罚；情节严重的，由中国专利局给予撤销机构处罚：

（一）申请审批时隐瞒真实情况，弄虚作假的；

（二）擅自改变主要登记事项的；

（三）未经审查批准，或者超越批准专利代理业务范围，擅自接受委托，承办专利代理业务的；

（四）从事其他非法业务活动的。

第二十五条 专利代理人有下列行为之一，情节轻微的，由其所在的专利代理机构给予批评教育。情节严重的，可以由其所在的专利代理机构解除聘任关系，并收回其《专利代理人工作证》；由省、自治区、直辖市专利管理机关给予警告或者由中国专利局给予吊销《专利代理人资格证书》处罚：

（一）不履行职责或者不称职以致损害委托人利益的；

（二）泄露或者剽窃委托人的发明创造内容的；

（三）超越代理权限，损害委托人利益的；

（四）私自接受委托，承办专利代理业务的，收取费用的；

前款行为，给委托人造成经济损失的，专利代理机构承担经济赔偿责任后，可以按一定比例向该专利代理人追偿。

第二十六条 被处罚的专利代理机构对中国专利局撤销其机构，被处罚的专利代理人对吊销其《专利代理人资格证书》的处罚决定不服的，可以向中国专利局申请复议，不服复议决定的，可以在收到复议决定书十五日内，向人民法院起诉。

第五章 附则

第二十七条 本条例由中国专利局负责解释。

第二十八条 本条例自1991年4月1日起施行。1985年9月4日国务院批准，同年9月12日中国专利局发布的《专利代理暂行规定》同时废止。

其他知识产权

植物新品种权

司法解释

最高人民法院关于审理侵犯植物新品种权纠纷案件具体应用法律问题的若干规定

（法释〔2007〕1号）

为正确处理侵犯植物新品种权纠纷案件，根据《中华人民共和国民法通则》、《中华人民共和国民事诉讼法》等有关规定，结合侵犯植物新品种权纠纷案件的审判经验和实际情况，就具体应用法律的若干问题规定如下：

第一条 植物新品种权所有人（以下称品种权人）或者利害关系人认为植物新品种权受到侵犯的，可以依法向人民法院提起诉讼。

前款所称利害关系人，包括植物新品种实施许可合同的被许可人、品种权财产权利的合法继承人等。

独占实施许可合同的被许可人可以单独向人民法院提起诉讼；排他实施许可合同的被许可人可以和品种权人共同起诉，也可以在品种权人不起诉时，自行提起诉讼；普通实施许可合同的被许可人经品种权人明确授权，可以提起诉讼。

第二条 未经品种权人许可，为商业目的生产或销售授权品种的繁殖材料，或者为商业目的将授权品种的繁殖材料重复使用于生产另一品种的繁殖材料的，人民法院应当认定为侵犯植物新品种权。

被控侵权物的特征、特性与授权品种的特征、特性相同，或者特征、特性的不同是因非遗传变异所致的，人民法院一般应当认定被控侵权物属于商业目的生产或者销售授权品种的繁殖材料。

被控侵权人重复以授权品种的繁殖材料为亲本与其他亲本另行繁殖的，人民法院一般应当认定属于商业目的将授权品种的繁殖材料重复使用于生产另一品种的繁殖材料。

第三条 侵犯植物新品种权纠纷案件涉及的专门性问题需要鉴定的，由双方当事人协商确定的有鉴定资格的鉴定机构、鉴定人鉴定；协商不成的，由人民法院指定的有鉴定资格的鉴定机构、鉴定人鉴定。

没有前款规定的鉴定机构、鉴定人的，由具有相应品种检测技术水平的专业机构、专业人员鉴定。

第四条 对于侵犯植物新品种权纠纷案件涉及的专门性问题可以采取田间观察检测、基因指纹图谱检测等方法鉴定。

对采取前款规定方法作出的鉴定结论，人民法院应当依法质证，认定其证明力。

第五条 品种权人或者利害关系人向人民法院提起侵犯植物新品种权诉讼时，同时提出先行停止侵犯植物新品种权行为或者保全证据请求的，人民法院经审查可以先行作出裁定。

人民法院采取证据保全措施时，可以根据案件具体情况，邀请有关专业技术人员按照相应的技术规程协助取证。

第六条 人民法院审理侵犯植物新品种权纠纷案件，应当依照民法通则第一百三十四条的规定，结合案件具体情况，判决侵权人承担停止侵害、赔偿损失等民事责任。

人民法院可以根据被侵权人的请求，按照被侵权人因侵权所受损失或者侵权人因侵权所得利益确定赔偿数额。被侵权人请求按照植物新品种实施许可费确定赔偿数额的，人民法院可以根据植物新品种实施许可的种类、时间、范围等因素，参照该植物新品种实施许可费合理确定赔偿数额。

依照前款规定难以确定赔偿数额的，人民法院可以综合考虑侵权的性质、期间、后果，植物新品种实施许可费的数额，植物新品种实施许可的种类、时间、范围及被侵权人调查、制止侵权所支付的合理费用等因素，在50万元以下确定赔偿数额。

第七条 被侵权人和侵权人均同意将侵权物折价抵扣被侵权人所受损失的，人民法院应当准许。被侵权人或者侵权人不同意折价抵扣的，人民法院依照当事人的请求，责令侵权人对侵权物作消灭活性等使其不能再被用作繁殖材料的处理。

侵权物正处于生长期或者销毁侵权物将导致重大不利后果的，人民法院可以不采取责令销毁侵权物的方法，但法律、行政法规另有规定的除外。

第八条 以农业或者林业种植为业的个人、农村承包经营户接受他人委托代为繁殖侵犯品种权的繁殖材料，不知道代繁物是侵犯品种权的繁殖材料并说明委托人的，不承担赔偿责任。

最高人民法院关于审理植物新品种纠纷案件若干问题的解释

（2000年12月25日最高人民法院审判委员会第1154次会议通过 法释〔2001〕5号）

为依法受理和审判植物新品种纠纷案件，根据《中华人民共和国民事诉讼法》、《中华人民共和国行政诉讼法》的有关规定，现就有关问题解释如下：

第一条 人民法院受理的植物新品种纠纷案件主要包括以下几类：

（一）是否应当授予植物新品种权纠纷案件；

（二）宣告授予的植物新品种权无效或者维持植物新品种权的纠纷案件；

（三）授予品种权的植物新品种更名的纠纷案件；

（四）实施强制许可的纠纷案件；

（五）实施强制许可使用费的纠纷案件；

（六）植物新品种申请权纠纷案件；

（七）植物新品种权权利归属纠纷案件；

（八）转让植物新品种申请权和转让植物新品种权的纠纷案件；

（九）侵犯植物新品种权的纠纷案件；

（十）不服省级以上农业、林业行政管理部门依据职权对侵犯植物新品种权处罚的纠纷案件；

（十一）不服县级以上农业、林业行政管理部门依据职权对假冒授权品种处罚的纠纷案件。

第二条 人民法院在依法审查当事人涉及植物新品种权的起诉时，只要符合《中华人民共和国民事诉讼法》第一百零八条、《中华人民共和国行政诉讼法》第四十一条规定的民事案件或者行政案件的起诉条件，均应当依法予以受理。

第三条 本解释第一条所列第（一）至（五）类案件，由北京市第二中级人民法院作为第一审人民法院审理；第（六）至（十一）类案件，由各省、自治区、直辖市人民政府所在地和最高人民法院指定的中级人民法院作为第一审人民法院审理。

第四条 以侵权行为地确定人民法院管辖的侵犯植物新品种权的民事案件，其所称的侵权行为地，是指未经品种权所有人许可，以商业目的生产、销售该授权植物新品种的繁殖材料的所在地，或者将该授权品种的繁殖材料重复使用于生产另一品种的繁殖材料的所在地。

第五条 关于是否应当授予植物新品种权的纠纷案件、宣告授予的植物新品种权无效或者维持植物新品种权的纠纷案件、授予品种权的植物新品种更名的纠纷案件，应当以行政主管机关植物新品种复审委员会为被告；关于实施强制许可的纠纷案件，应当以植物新品种审批机关为被告；关于强制许可使用费纠纷案件，应当根据原告所请求的事项和所起诉的当事人确定被告。

第六条 人民法院审理侵犯植物新品种权纠纷案件，被告在答辩期间内向行政主管机关植物新品种复审委员会请求宣告该植物新品种权无效的，人民法院一般不中止诉讼。

行政法规

中华人民共和国植物新品种保护条例

（1997年10月1日国务院令第213号）公布 根据2013年1月31日《国务院关于修改〈中华人民共和国植物新品种保护条例〉的决定》修订

第一章 总 则

第一条 为了保护植物新品种权，鼓励培育和使用植物新品种，促进农业、林业的发展，制定本条例。

第二条 本条例所称植物新品种，是指经过人工培育的或者对发现的野生植物加以开发，具备新颖性、特异性、一致性和稳定性并有适当命名的植物品种。

第三条 国务院农业、林业行政部门（以下统称审批机关）按照职责分工共同负责植物新品种权申请的受理和审查并对符合本条例规定的植物新品种授予植物新品种权（以下称品种权）。

第四条 完成关系国家利益或者公共利益并有重大应用价值的植物新品种育种的单位或者个人，由县级以上人民政府或者有关部门给予奖励。

第五条 生产、销售和推广被授予品种权的植物新品种（以下称授权品种），应当按照国家有关种子的法律、法规的规定审定。

第二章 品种权的内容和归属

第六条 完成育种的单位或者个人对其授权品种，享有排他的独占权。任何单位或者个人未经品种权所有人（以下称品种权人）许可，不得为商业目的生产或者销售该授权品种的繁殖材料，不得为商业目的将该授权品种的繁殖材料重复使用于生产另一品种的繁殖材料；但是，本条例另有规定的除外。

第七条 执行本单位的任务或者主要是利用本单位的物质条件所完成的职务育种，植物新品种的申请权属于该单位；非职务育种，植物新品种的申请权属于完成育种的个人。申请被批准后，品种权属于申请人。

委托育种或者合作育种，品种权的归属由当事人在合同中约定；没有合同约定的，品种权属于受委托完成或者共同完成育种的单位或者个人。

第八条 一个植物新品种只能授予一项品种权。两个以上的申请人分别就同一个植物新品种申请品种权的，品种权授予最先申请的人；同时申请的，品种权授予最先完成该植物新品种育种的人。

第九条 植物新品种的申请权和品种权可以依法转让。

中国的单位或者个人就其在国内培育的植物新品种向外国人转让申请权或者品种权的，应当经审批机关批准。

国有单位在国内转让申请权或者品种权的，应当按照国家有关规定报经有关行政主管部门批准。

转让申请权或者品种权的，当事人应当订立书面合同，并向审批机关登记，由审批机关予以公告。

第十条 在下列情况下使用授权品种的，可以不经品种权人许可，不向其支付使用费，但是不得侵犯品种权人依照本条例享有的其他权利：

（一）利用授权品种进行育种及其他科研活动；

（二）农民自繁自用授权品种的繁殖材料。

第十一条 为了国家利益或者公共利益，审批机关可以作出实施植物新品种强制许可的决定，并予以登记和公告。

取得实施强制许可的单位或者个人应当付给品种权人合理的使用费，其数额由双方商定；双方不能达成协议的，由审批机关裁决。

品种权人对强制许可决定或者强制许可使用费的裁决不服的，可以自收到通知之日起 3 个月内向人民法院提起诉讼。

第十二条 不论授权品种的保护期是否届满，销售该授权品种应当使用其注册登记的名称。

第三章 授予品种权的条件

第十三条 申请品种权的植物新品种应当属于国家植物品种保护名录中列举的植物的属或者种。植物品种保护名录由审批机关确定和公布。

第十四条 授予品种权的植物新品种应当具备新颖性。新颖性，是指申请品种权的植物新品种在申请日前该品种繁殖材料未被销售，或者经育种者许可，在中国境内销售该品种繁殖材料未超过 1 年；在中国境外销售藤本植物、林木、果树和观赏树木品种繁殖材料未超过 6 年，销售其他植物品种繁殖材料未超过 4 年。

第十五条 授予品种权的植物新品种应当具备特异性。特异性，是指申请品种权的植物新品种应当明显区别于在递交申请以前已知的植物品种。

第十六条 授予品种权的植物新品种应当具备一致性。一致性，是指申请品种权的植物新品种经过繁殖，除可以预见的变异外，其相关的特征或者特性一致。

第十七条 授予品种权的植物新品种应当具备稳定性。稳定性，是指申请品种权的植物新品种经过反复繁殖后或者在特定繁殖周期结束时，其相关的特征或者特性保持不变。

第十八条 授予品种权的植物新品种应当具备适当的名称，并与相同或者相近的植物属或者种中已知品种的名称相区别。该名称经注册登记后即为该植物新品种的通用名称。

下列名称不得用于品种命名：

（一）仅以数字组成的；

（二）违反社会公德的；

（三）对植物新品种的特征、特性或者育种者的身份等容易引起误解的。

第四章 品种权的申请和受理

第十九条 中国的单位和个人申请品种权的，可以直接或者委托代理机构向审批机关提出申请。

中国的单位和个人申请品种权的植物新品种涉及国家安全或者重大利益需要保密的，应当按照国家有关规定办理。

第二十条 外国人、外国企业或者外国其他组织在中国申请品种权的，应当按其所属国和中华人民共和国签订的协议或者共同参加的国际条约办理，或者根据互惠原则，依照本条例办理。

第二十一条 申请品种权的，应当向审批机关提交符合规定格式要求的请求书、说明书和该品种的照片。

申请文件应当使用中文书写。

第二十二条 审批机关收到品种权申请文件之日为申请日；申请文件是邮寄的，以寄出的邮戳日为申请日。

第二十三条 申请人自在外国第一次提出品种权申请

之日起12个月内，又在中国就该植物新品种提出品种权申请的，依照该外国同中华人民共和国签订的协议或者共同参加的国际条约，或者根据相互承认优先权的原则，可以享有优先权。

申请人要求优先权的，应当在申请时提出书面说明，并在3个月内提交经原受理机关确认的第一次提出的品种权申请文件的副本；未依照本条例规定提出书面说明或者提交申请文件副本的，视为未要求优先权。

第二十四条 对符合本条例第二十一条规定的品种权申请，审批机关应当予以受理，明确申请日、给予申请号，并自收到申请之日起1个月内通知申请人缴纳申请费。

对不符合或者经修改仍不符合本条例第二十一条规定的品种权申请，审批机关不予受理，并通知申请人。

第二十五条 申请人可以在品种权授予前修改或者撤回品种权申请。

第二十六条 中国的单位或者个人将国内培育的植物新品种向国外申请品种权的，应当向按照职责分工向省级人民政府农业、林业行政部门登记。

第五章 品种权的审查与批准

第二十七条 申请人缴纳申请费后，审批机关对品种权申请的下列内容进行初步审查：

（一）是否属于植物品种保护名录列举的植物属或者种的范围；

（二）是否符合本条例第二十条的规定；

（三）是否符合新颖性的规定；

（四）植物新品种的命名是否适当。

第二十八条 审批机关应当自受理品种权申请之日起6个月内完成初步审查。对经初步审查合格的品种权申请，审批机关予以公告，并通知申请人在3个月内缴纳审查费。

对经初步审查不合格的品种权申请，审批机关应当通知申请人在3个月内陈述意见或者予以修正；逾期未答复或者修正后仍然不合格的，驳回申请。

第二十九条 申请人按照规定缴纳审查费后，审批机关对品种权申请的特异性、一致性和稳定性进行实质审查。

申请人未按照规定缴纳审查费的，品种权申请视为撤回。

第三十条 审批机关主要依据申请文件和其他有关书面材料进行实质审查。审批机关认为必要时，可以委托指定的测试机构进行测试或者考察业已完成的种植或者其他试验的结果。

因审查需要，申请人应当根据审批机关的要求提供必要的资料和该植物新品种的繁殖材料。

第三十一条 对经实质审查符合本条例规定的品种权申请，审批机关应当作出授予品种权的决定，颁发品种权证书，并予以登记和公告。

对经实质审查不符合本条例规定的品种权申请，审批机关予以驳回，并通知申请人。

第三十二条 审批机关设立植物新品种复审委员会。

对审批机关驳回品种权申请的决定不服的，申请人可以自收到通知之日起3个月内，向植物新品种复审委员会请求复审。植物新品种复审委员会应当自收到复审请求书之日起6个月内作出决定，并通知申请人。

申请人对植物新品种复审委员会的决定不服的，可以自接到通知之日起15日内向人民法院提起诉讼。

第三十三条 品种权被授予后，在自初步审查合格公告之日起至被授予品种权之日止的期间，对未经申请人许可，为商业目的生产或者销售该授权品种的繁殖材料的单位和个人，品种权人享有追偿的权利。

第六章 期限、终止和无效

第三十四条 品种权的保护期限，自授权之日起，藤本植物、林木、果树和观赏树木为20年，其他植物为15年。

第三十五条 品种权人应当自被授予品种权的当年开始缴纳年费，并且按照审批机关的要求提供用于检测的该授权品种的繁殖材料。

第三十六条 有下列情形之一的，品种权在其保护期限届满前终止：

（一）品种权人以书面声明放弃品种权的；

（二）品种权人未按照规定缴纳年费的；

（三）品种权人未按照审批机关的要求提供检测所需的该授权品种的繁殖材料的；

（四）经检测该授权品种不再符合被授予品种权时的特征和特性的。

品种权的终止，由审批机关登记和公告。

第三十七条 自审批机关公告授予品种权之日起，植物新品种复审委员会可以依据职权或者依据任何单位或者个人的书面请求，对不符合本条例第十四条、 第十五条、第十六条和第十七条规定的，宣告品种权无效；对不符合本条例第十八条规定的，予以更名。宣告品种权无效或者更名的决定，由审批机关登记和公告，并通知当事人。

对植物新品种复审委员会的决定不服的，可以自收到通知之日起3个月内向人民法院提起诉讼。

第三十八条 被宣告无效的品种权视为自始不存在。

宣告品种权无效的决定，对在宣告前人民法院作出并已执行的植物新品种侵权的判决、裁定，省级以上人民政府农业、林业行政部门作出并已执行的植物新品种侵权处理决定，以及已经履行的植物新品种实施许可合同和植物新品种权转让合同，不具有追溯力；但是，因品种权人的恶意给他人造成损失的，应当给予合理赔偿。

依照前款规定，品种权人或者品种权转让人不向被许可实施人或者受让人返还使用费或者转让费，明显违反公平原则的，品种权人或者品种权转让人应当向被许可实施人或者受让人返还全部或者部分使用费或者转让费。

第七章　罚　则

第三十九条　未经品种权人许可，以商业目的生产或者销售授权品种的繁殖材料的，品种权人或者利害关系人可以请求省级以上人民政府农业、林业行政部门依据各自的职权进行处理，也可以直接向人民法院提起诉讼。

省级以上人民政府农业、林业行政部门依据各自的职权，根据当事人自愿的原则，对侵权所造成的损害赔偿可以进行调解。调解达成协议的，当事人应当履行；调解未达成协议的，品种权人或者利害关系人可以依照民事诉讼程序向人民法院提起诉讼。

省级以上人民政府农业、林业行政部门依据各自的职权处理品种权侵权案件时，为维护社会公共利益，可以责令侵权人停止侵权行为，没收违法所得和植物品种繁殖材料；货值金额5万元以上的，可处货值金额1倍以上5倍以下的罚款；没有货值金额或者货值金额5万元以下的，根据情节轻重，可处25万元以下的罚款。

第四十条　假冒授权品种的，由县级以上人民政府农业、林业行政部门依据各自的职权责令停止假冒行为，没收违法所得和植物品种繁殖材料；货值金额5万元以上的，处货值金额1倍以上5倍以下的罚款；没有货值金额或者货值金额5万元以下的，根据情节轻重，处25万元以下的罚款；情节严重，构成犯罪的，依法追究刑事责任。

第四十一条　省级以上人民政府农业、林业行政部门依据各自的职权在查处品种权侵权案件和县级以上人民政府农业、林业行政部门依据各自的职权在查处假冒授权品种案件时，根据需要，可以封存或者扣押与案件有关的植物品种的繁殖材料，查阅、复制或者封存与案件有关的合同、账册及有关文件。

第四十二条　销售授权品种未使用其注册登记的名称的，由县级以上人民政府农业、林业行政部门依据各自的职权责令限期改正，可以处1000元以下的罚款。

第四十三条　当事人就植物新品种的申请权和品种权的权属发生争议的，可以向人民法院提起诉讼。

第四十四条　县级以上人民政府农业、林业行政部门的及有关部门的工作人员滥用职权、玩忽职守、徇私舞弊、索贿受贿，构成犯罪的，依法追究刑事责任；尚不构成犯罪的，依法给予行政处分。

第八章　附　则

第四十五条　审批机关可以对本条例施行前首批列入植物品种保护名录的和本条例施行后新列入植物品种保护名录的植物属或者种的新颖性要求作出变通性规定。

第四十六条　本条例自1997年10月1日起施行。

集成电路布图设计权

司法解释

最高人民法院关于开展涉及集成电路布图设计案件审判工作的通知

（2001年10月30日最高人民法院审判委员会第1197次会议通过　法发〔2001〕24号）

各省、自治区、直辖市高级人民法院，解放军军事法院，新疆维吾尔自治区高级人民法院生产建设兵团分院：

国务院《集成电路布图设计保护条例》自2001年10月1日起施行。对集成电路布图设计专有权进行司法保护，是人民法院的一项新的审判任务。做好这项审判工作，将对保护集成电路布图设计权利人的合法权益，鼓励集成电路技术的创新，促进科学技术的发展具有重要意义。

为确保人民法院依法受理和公正审判涉及集成电路布图设计（以下简称布图设计）的案件，根据《中华人民共和国民事诉讼法》、《中华人民共和国行政诉讼法》及《集成电路布图设计保护条例》的有关规定，现就涉及布图设计案件审判工作的有关问题通知如下：

一、关于受理案件的范围

人民法院受理符合《中华人民共和国民事诉讼法》第一百零八条、《中华人民共和国行政诉讼法》第四十一条规定的起诉条件的下列涉及布图设计的案件：

（一）布图设计专有权权属纠纷案件；

（二）布图设计专有权转让合同纠纷案件；

（三）侵犯布图设计专有权纠纷案件；

（四）诉前申请停止侵权、财产保全案件；

（五）不服国务院知识产权行政部门驳回布图设计登记申请的复审决定的条件；

（六）不服国务院知识产权行政部门撤销布图设计登记申请决定的案件；

（七）不服国务院知识产权行政部门关于使用布图设计非自愿许可决定的案件；

（八）不服国务院知识产权行政部门关于使用布图设计非自愿许可的报酬的裁决的案件；

（九）不服国务院知识产权行政部门对侵犯布图设计专有权行为处理决定的案件；

（十）不服国务院知识产权行政部门行政复议决定的案件；

（十一）其他涉及布图设计的案件。

二、关于案件的管辖

本通知第一条所列第（五）至（十）类案件，由北京市第一中级人民法院作为第一审人民法院审理；其余各类案件，由各省、自治区、直辖市人民政府所在地，经济特区所在地和大连、青岛、温州、佛山、烟台市的中级人民法院作为第一审人民法院审理。

三、关于诉前申请采取责令停止有关行为措施的适用

对于申请人民法院采取诉前责令停止侵犯布图设计专有权行为措施的，应当参照《最高人民法院关于对诉前停止侵犯专利权行为适用法律问题的若干规定》执行。

四、关于中止诉讼

人民法院受理的侵犯布图设计专有权纠纷案件，被告以原告的布图设计专有权不具有足够的稳定性为由要求中止诉讼的，人民法院一般不中止诉讼。

各高、中级人民法院要组织有关审判人员认真学习、研究集成电路布图设计条例，熟悉掌握相关的法学理论和专业知识，努力提高审判人员的业务素质和司法水平。要积极开展涉及布图设计案件的调研工作，及时总结审判经验。对涉及布图设计案件终审裁决的法律文书，要及时报送最高人民法院。

中华人民共和国最高人民法院

二00一年十一月十六日

行政法规

集成电路布图设计保护条例

（2001年4月2日中华人民共和国国务院令第300号发布）

第一章　总则

第一条　为了保护集成电路布图设计专有权，鼓励集成电路技术的创新，促进科学技术的发展，制定本条例。

第二条　本条例下列用语的含义：

（一）集成电路，是指半导体集成电路，即以半导体材料为基片，将至少有一个是有源元件的两个以上元件和部分或者全部互连线路集成在基片之中或者基片之上，以执行某种电子功能的中间产品或者最终产品；

（二）集成电路布图设计（以下简称布图设计），是指集成电路中至少有一个是有源元件的两个以上元件和部分或者全部互连线路的三维配置，或者为制造集成电路而准备的上述三维配置；

（三）布图设计权利人，是指依照本条例的规定，对布图设计享有专有权的自然人、法人或者其他组织；

（四）复制，是指重复制作布图设计或者含有该布图设计的集成电路的行为；

（五）商业利用，是指为商业目的进口、销售或者以其他方式提供受保护的布图设计、含有该布图设计的集成电路或者含有该集成电路的物品的行为。

第三条　中国自然人、法人或者其他组织创作的布图设计，依照本条例享有布图设计专有权。

外国人创作的布图设计首先在中国境内投入商业利用的，依照本条例享有布图设计专有权。

外国人创作的布图设计，其创作者所属国同中国签订有关布图设计保护协议或者与中国共同参加有关布图设计保护国际条约的，依照本条例享有布图设计专有权。

第四条　受保护的布图设计应当具有独创性，即该布图设计是创作者自己的智力劳动成果，并且在其创作时该布图设计在布图设计创作者和集成电路制造者中不是公认的常规设计。

受保护的由常规设计组成的布图设计，其组合作为整体应当符合前款规定的条件。

第五条　本条例对布图设计的保护，不延及思想、处理

过程、操作方法或者数学概念等。

第六条 国务院知识产权行政部门依照本条例的规定，负责布图设计专有权的有关管理工作。

第二章 布图设计专有权

第七条 布图设计权利人享有下列专有权：

（一）对受保护的布图设计的全部或者其中任何具有独创性的部分进行复制；

（二）将受保护的布图设计、含有该布图设计的集成电路或者含有该集成电路的物品投入商业利用。

第八条 布图设计专有权经国务院知识产权行政部门登记产生。

未经登记的布图设计不受本条例保护。

第九条 布图设计专有权属于布图设计创作者，本条例另有规定的除外。

由法人或者其他组织主持，依据法人或者其他组织的意志而创作，并由法人或者其他组织承担责任的布图设计，该法人或者其他组织是创作者。

由自然人创作的布图设计，该自然人是创作者

第十条 两个以上自然人、法人或者其他组织合作创作的布图设计，其专有权的归属由合作者约定；未作约定或者约定不明的，其专有权由合作者共同享有。

第十一条 受委托创作的布图设计，其专有权的归属由委托人和受托人双方约定；未作约定或者约定不明的，其专有权由受托人享有。

第十二条 布图设计专有权的保护期为10年，自布图设计登记申请之日或者在世界任何地方首次投入商业利用之日起计算，以较前日期为准。但是，无论是否登记或者投入商业利用，布图设计自创作完成之日起15年后，不再受本条例保护。

第十三条 布图设计专有权属于自然人的，该自然人死亡后，其专有权在本条例规定的保护期内依照继承法的规定转移。

布图设计专有权属于法人或者其他组织的，法人或者其他组织变更、终止后，其专有权在本条例规定的保护期内由承继其权利、义务的法人或者其他组织享有；没有承继其权利、义务的法人或者其他组织的，该布图设计进入公有领域。

第三章 布图设计的登记

第十四条 国务院知识产权行政部门负责布图设计登记工作，受理布图设计登记申请。

第十五条 申请登记的布图设计涉及国家安全或者重大利益，需要保密的，按照国家有关规定办理。

第十六条 申请布图设计登记，应当提交：

（一）布图设计登记申请表；

（二）布图设计的复制件或者图样；

（三）布图设计已投入商业利用的，提交含有该布图设计的集成电路样品；

（四）国务院知识产权行政部门规定的其他材料。

第十七条 布图设计自其在世界任何地方首次商业利用之日起2年内，未向国务院知识产权行政部门提出登记申请的，国务院知识产权行政部门不再予以登记。

第十八条 布图设计登记申请经初步审查，未发现驳回理由的，由国务院知识产权行政部门予以登记，发给登记证明文件，并予以公告。

第十九条 布图设计登记申请人对国务院知识产权行政部门驳回其登记申请的决定不服的，可以自收到通知之日起3个月内，向国务院知识产权行政部门请求复审。国务院知识产权行政部门复审后，作出决定，并通知布图设计登记申请人。布图设计登记申请人对国务院知识产权行政部门的复审决定仍不服的，可以自收到通知之日起3个月内向人民法院起诉。

第二十条 布图设计获准登记后，国务院知识产权行政部门发现该登记不符合本条例规定的，应当予以撤销，通知布图设计权利人，并予以公告。布图设计权利人对国务院知识产权行政部门撤销布图设计登记的决定不服的，可以自收到通知之日起3个月内向人民法院起诉。

第二十一条 在布图设计登记公告前，国务院知识产权行政部门的工作人员对其内容负有保密义务。

第四章 布图设计专有权的行使

第二十二条 布图设计权利人可以将其专有权转让或者许可他人使用其布图设计。

转让布图设计专有权的，当事人应当订立书面合同，并向国务院知识产权行政部门登记，由国务院知识产权行政部门予以公告。布图设计专有权的转让自登记之日起生效。

许可他人使用其布图设计的，当事人应当订立书面合同。

第二十三条 下列行为可以不经布图设计权利人许可，不向其支付报酬：

（一）为个人目的或者单纯为评价、分析、研究、教学等目的而复制受保护的布图设计的；

（二）在依据前项评价、分析受保护的布图设计的基础

上，创作出具有独创性的布图设计的；

（三）对自己独立创作的与他人相同的布图设计进行复制或者将其投入商业利用的。

第二十四条 受保护的布图设计、含有该布图设计的集成电路或者含有该集成电路的物品，由布图设计权利人或者经其许可投放市场后，他人再次商业利用的，可以不经布图设计权利人许可，并不向其支付报酬。

第二十五条 在国家出现紧急状态或者非常情况时，或者为了公共利益的目的，或者经人民法院、不正当竞争行为监督检查部门依法认定布图设计权利人有不正当竞争行为而需要给予补救时，国务院知识产权行政部门可以给予使用其布图设计的非自愿许可。

第二十六条 国务院知识产权行政部门作出给予使用布图设计非自愿许可的决定，应当及时通知布图设计权利人。

给予使用布图设计非自愿许可的决定，应当根据非自愿许可的理由，规定使用的范围和时间，其范围应当限于为公共目的非商业性使用，或者限于经人民法院、不正当竞争行为监督检查部门依法认定布图设计权利人有不正当竞争行为而需要给予的补救。

非自愿许可的理由消除并不再发生时，国务院知识产权行政部门应当根据布图设计权利人的请求，经审查后作出终止使用布图设计非自愿许可的决定。

第二十七条 取得使用布图设计非自愿许可的自然人、法人或者其他组织不享有独占的使用权，并且无权允许他人使用。

第二十八条 取得使用布图设计非自愿许可的自然人、法人或者其他组织应当向布图设计权利人支付合理的报酬，其数额由双方协商；双方不能达成协议的，由国务院知识产权行政部门裁决。

第二十九条 布图设计权利人对国务院知识产权行政部门关于使用布图设计非自愿许可的决定不服的，布图设计权利人和取得非自愿许可的自然人、法人或者其他组织对国务院知识产权行政部门关于使用布图设计非自愿许可的报酬的裁决不服的，可以自收到通知之日起3个月内向人民法院起诉。

第五章　法律责任

第三十条 除本条例另有规定的外，未经布图设计权利人许可，有下列行为之一的，行为人必须立即停止侵权行为，并承担赔偿责任：

（一）复制受保护的布图设计的全部或者其中任何具有独创性的部分的；

（二）为商业目的进口、销售或者以其他方式提供受保护的布图设计、含有该布图设计的集成电路或者含有该集成电路的物品的。

侵犯布图设计专有权的赔偿数额，为侵权人所获得的利益或者被侵权人所受到的损失，包括被侵权人为制止侵权行为所支付的合理开支。

第三十一条 未经布图设计权利人许可，使用其布图设计，即侵犯其布图设计专有权，引起纠纷的，由当事人协商解决；不愿协商或者协商不成的，布图设计权利人或者利害关系人可以向人民法院起诉，也可以请求国务院知识产权行政部门处理。国务院知识产权行政部门处理时，认定侵权行为成立的，可以责令侵权人立即停止侵权行为，没收、销毁侵权产品或者物品。当事人不服的，可以自收到处理通知之日起15日内依照《中华人民共和国行政诉讼法》向人民法院起诉；侵权人期满不起诉又不停止侵权行为的，国务院知识产权行政部门可以请求人民法院强制执行。应当事人的请求，国务院知识产权行政部门可以就侵犯布图设计专有权的赔偿数额进行调解；调解不成的，当事人可以依照《中华人民共和国民事诉讼法》向人民法院起诉。

第三十二条 布图设计权利人或者利害关系人有证据证明他人正在实施或者即将实施侵犯其专有权的行为，如不及时制止将会使其合法权益受到难以弥补的损害的，可以在起诉前依法向人民法院申请采取责令停止有关行为和财产保全的措施。

第三十三条 在获得含有受保护的布图设计的集成电路或者含有该集成电路的物品时，不知道也没有合理理由应当知道其中含有非法复制的布图设计，而将其投入商业利用的，不视为侵权。

前款行为人得到其中含有非法复制的布图设计的明确通知后，可以继续将现有的存货或者此前的订货投入商业利用，但应当向布图设计权利人支付合理的报酬。

第三十四条 国务院知识产权行政部门的工作人员在布图设计管理工作中玩忽职守、滥用职权、徇私舞弊，构成犯罪的，依法追究刑事责任；尚不构成犯罪的，依法给予行政处分。

第六章　附则

第三十五条 申请布图设计登记和办理其他手续，应当按照规定缴纳费用。缴费标准由国务院物价主管部门、国务院知识产权行政部门制定，并由国务院知识产权行政部门公告。

第三十六条 本条例自2001年10月1日起施行。

技术成果与技术秘密

司法解释

最高人民法院关于审理技术合同纠纷案件适用法律若干问题的解释

（2004年11月30日最高人民法院审判委员会第1335次会议通过 法释〔2004〕20号）

为了正确审理技术合同纠纷案件，根据《中华人民共和国合同法》、《中华人民共和国专利法》和《中华人民共和国民事诉讼法》等法律的有关规定，结合审判实践，现就有关问题作出以下解释。

一、一般规定

第一条 技术成果，是指利用科学技术知识、信息和经验作出的涉及产品、工艺、材料及其改进等的技术方案，包括专利、专利申请、技术秘密、计算机软件、集成电路布图设计、植物新品种等。

技术秘密，是指不为公众所知悉、具有商业价值并经权利人采取保密措施的技术信息。

第二条 合同法第三百二十六条第二款所称“执行法人或者其他组织的工作任务”，包括：

（一）履行法人或者其他组织的岗位职责或者承担其交付的其他技术开发任务；

（二）离职后一年内继续从事与其原所在法人或者其他组织的岗位职责或者交付的任务有关的技术开发工作，但法律、行政法规另有规定的除外。

法人或者其他组织与其职工就职工在职期间或者离职以后所完成的技术成果的权益有约定的，人民法院应当依约定确认。

第三条 合同法第三百二十六条第二款所称“物质技术条件”，包括资金、设备、器材、原材料、未公开的技术信息和资料等。

第四条 合同法第三百二十六条第二款所称“主要利用法人或者其他组织的物质技术条件”，包括职工在技术成果的研究开发过程中，全部或者大部分利用了法人或者其他组织的资金、设备、器材或者原材料等物质条件，并且这些物质条件对形成该技术成果具有实质性的影响；还包括该技术成果实质性内容是在法人或者其他组织尚未公开的技术成果、阶段性技术成果基础上完成的情形。但下列情况除外：

（一）对利用法人或者其他组织提供的物质技术条件，约定返还资金或者交纳使用费的；

（二）在技术成果完成后利用法人或者其他组织的物质技术条件对技术方案进行验证、测试的。

第五条 个人完成的技术成果，属于执行原所在法人或者其他组织的工作任务，又主要利用了现所在法人或者其他组织的物质技术条件的，应当按照该自然人原所在和现所在法人或者其他组织达成的协议确认权益。不能达成协议的，根据对完成该项技术成果的贡献大小由双方合理分享。

第六条 合同法第三百二十六条、第三百二十七条所称完成技术成果的“个人”，包括对技术成果单独或者共同作出创造性贡献的人，也即技术成果的发明人或者设计人。人民法院在对创造性贡献进行认定时，应当分解所涉及技术成果的实质性技术构成。提出实质性技术构成并由此实现技术方案的人，是作出创造性贡献的人。

提供资金、设备、材料、试验条件，进行组织管理，协助绘制图纸、整理资料、翻译文献等人员，不属于完成技术成果的个人。

第七条 不具有民事主体资格的科研组织订立的技术合同，经法人或者其他组织授权或者认可的，视为法人或者其他组织订立的合同，由法人或者其他组织承担责任；未经法人或者其他组织授权或者认可的，由该科研组织成员共同承担责任，但法人或者其他组织因该合同受益的，应当在其受益范围内承担相应责任。

前款所称不具有民事主体资格的科研组织，包括法人或者其他组织设立的从事技术研究开发、转让等活动的课题组、工作室等。

第八条 生产产品或者提供服务依法须经有关部门审批或者取得行政许可，而未经审批或者许可的，不影响当事人订立的相关技术合同的效力。

当事人对办理前款所称审批或者许可的义务没有约定或者约定不明确的，人民法院应当判令由实施技术的一方负责办理，但法律、行政法规另有规定的除外。

第九条 当事人一方采取欺诈手段，就其现有技术成果作为研究开发标的与他人订立委托开发合同收取研究开发费用，或者就同一研究开发课题先后与两个或者两个以上的委托人分别订立委托开发合同重复收取研究开发费用的，受损害方依照合同法第五十四条第二款规定请求变更或者撤销合同的，人民法院应当予以支持。

第十条 下列情形，属于合同法第三百二十九条所称的“非法垄断技术、妨碍技术进步”：

（一）限制当事人一方在合同标的技术基础上进行新的研究开发或者限制其使用所改进的技术，或者双方交换改进技术的条件不对等，包括要求一方将其自行改进的技术无偿提供给对方、非互惠性转让给对方、无偿独占或者共享该改进技术的知识产权；

（二）限制当事人一方从其他来源获得与技术提供方类似技术或者与其竞争的技术；

（三）阻碍当事人一方根据市场需求，按照合理方式充分实施合同标的技术，包括明显不合理地限制技术接受方实施合同标的技术生产产品或者提供服务的数量、品种、价格、销售渠道和出口市场；

（四）要求技术接受方接受并非实施技术必不可少的附带条件，包括购买非必需的技术、原材料、产品、设备、服务以及接收非必需的人员等；

（五）不合理地限制技术接受方购买原材料、零部件、产品或者设备等的渠道或者来源；

（六）禁止技术接受方对合同标的技术知识产权的有效性提出异议或者对提出异议附加条件。

第十一条 技术合同无效或者被撤销后，技术开发合同研究开发人、技术转让合同让与人、技术咨询合同和技术服务合同的受托人已经履行或者部分履行了约定的义务，并且造成合同无效或者被撤销的过错在对方的，对其已履行部分应当收取的研究开发经费、技术使用费、提供咨询服务的报酬，人民法院可以认定为因对方原因导致合同无效或者被撤销给其造成的损失。

技术合同无效或者被撤销后，因履行合同所完成新的技术成果或者在他人技术成果基础上完成后续改进技术成果的权利归属和利益分享，当事人不能重新协议确定的，人民法院可以判决由完成技术成果的一方享有。

第十二条 根据合同法第三百二十九条的规定，侵害他人技术秘密的技术合同被确认无效后，除法律、行政法规另有规定的以外，善意取得该技术秘密的一方当事人可以在其取得时的范围内继续使用该技术秘密，但应当向权利人支付合理的使用费并承担保密义务。

当事人双方恶意串通或者一方知道或者应当知道另一方侵权仍与其订立或者履行合同的，属于共同侵权，人民法院应当判令侵权人承担连带赔偿责任和保密义务，因此取得技术秘密的当事人不得继续使用该技术秘密。

第十三条 依照前条第一款规定可以继续使用技术秘密的人与权利人就使用费支付发生纠纷的，当事人任何一方都可以请求人民法院予以处理。继续使用技术秘密但又拒不支付使用费的，人民法院可以根据权利人的请求判令使用人停止使用。

人民法院在确定使用费时，可以根据权利人通常对外许可该技术秘密的使用费或者使用人取得该技术秘密所支付的使用费，并考虑该技术秘密的研究开发成本、成果转化和应用程度以及使用人的使用规模、经济效益等因素合理确定。

不论使用人是否继续使用技术秘密，人民法院均应当判令其向权利人支付已使用期间的使用费。使用人已向无效合同的让与人支付的使用费应当由让与人负责返还。

第十四条 对技术合同的价款、报酬和使用费，当事人没有约定或者约定不明确的，人民法院可以按照以下原则处理：

（一）对于技术开发合同和技术转让合同，根据有关技术成果的研究开发成本、先进性、实施转化和应用的程度，当事人享有的权益和承担的责任，以及技术成果的经济效益等合理确定；

（二）对于技术咨询合同和技术服务合同，根据有关咨询服务工作的技术含量、质量和数量，以及已经产生和预期产生的经济效益等合理确定。

技术合同价款、报酬、使用费中包含非技术性款项的，应当分项计算。

第十五条 技术合同当事人一方迟延履行主要债务，经催告后在30日内仍未履行，另一方依据合同法第九十四条第（三）项的规定主张解除合同的，人民法院应当予以支持。

当事人在催告通知中附有履行期限且该期限超过30日的，人民法院应当认定该履行期限为合同法第九十四条第（三）项规定的合理期限。

第十六条 当事人以技术成果向企业出资但未明确约定权属，接受出资的企业主张该技术成果归其享有的，人民法院一般应当予以支持，但是该技术成果价值与该技术成果所占出资额比例明显不合理损害出资人利益的除外。

当事人对技术成果的权属约定有比例的，视为共同所有，其权利使用和利益分配，按共有技术成果的有关规定处理，但当事人另有约定的，从其约定。

当事人对技术成果的使用权约定有比例的，人民法院可以视为当事人对实施该项技术成果所获收益的分配比例，但当事人另有约定的，从其约定。

二、技术开发合同

第十七条 合同法第三百三十条所称"新技术、新产品、新工艺、新材料及其系统"，包括当事人在订立技术合同时尚未掌握的产品、工艺、材料及其系统等技术方案，但对技术上没有创新的现有产品的改型、工艺变更、材料配方调整以及对技术成果的验证、测试和使用除外。

第十八条 合同法第三百三十条第四款规定的"当事人之间就具有产业应用价值的科技成果实施转化订立的"技术转化合同，是指当事人之间就具有实用价值但尚未实现工业化应用的科技成果包括阶段性技术成果，以实现该科技成果工业化应用为目标，约定后续试验、开发和应用等内容的合同。

第十九条 合同法第三百三十五条所称"分工参与研究开发工作"，包括当事人按照约定的计划和分工，共同或者分别承担设计、工艺、试验、试制等工作。

技术开发合同当事人一方仅提供资金、设备、材料等物质条件或者承担辅助协作事项，另一方进行研究开发工作的，属于委托开发合同。

第二十条 合同法第三百四十一条所称"当事人均有使用和转让的权利"，包括当事人均有不经对方同意而自己使用或者以普通使用许可的方式许可他人使用技术秘密，并独占由此所获利益的权利。当事人一方将技术秘密成果的转让权让与他人，或者以独占或者排他使用许可的方式许可他人使用技术秘密，未经对方当事人同意或者追认的，应当认定该让与或者许可行为无效。

第二十一条 技术开发合同当事人依照合同法的规定或者约定自行实施专利或使用技术秘密，但因其不具备独立实施专利或者使用技术秘密的条件，以一个普通许可方式许可他人实施或者使用的，可以准许。

三、技术转让合同

第二十二条 合同法第三百四十二条规定的"技术转让合同"，是指合法拥有技术的权利人，包括其他有权对外转让技术的人，将现有特定的专利、专利申请、技术秘密的相关权利让与他人，或者许可他人实施、使用所订立的合同。但就尚待研究开发的技术成果或者不涉及专利、专利申请或者技术秘密的知识、技术、经验和信息所订立的合同除外。

技术转让合同中关于让与人向受让人提供实施技术的专用设备、原材料或者提供有关的技术咨询、技术服务的约定，属于技术转让合同的组成部分。因此发生的纠纷，按照技术转让合同处理。

当事人以技术入股方式订立联营合同，但技术入股人不参与联营体的经营管理，并且以保底条款形式约定联营体或者联营对方支付其技术价款或者使用费的，视为技术转让合同。

第二十三条 专利申请权转让合同当事人以专利申请被驳回或者被视为撤回为由请求解除合同，该事实发生在依照专利法第十条第三款的规定办理专利申请权转让登记之前的，人民法院应当予以支持；发生在转让登记之后的，不予支持，但当事人另有约定的除外。

专利申请因专利申请权转让合同成立时即存在尚未公开的同样发明创造的在先专利申请被驳回，当事人依据合同法第五十四条第一款第（二）项的规定请求予以变更或者撤销合同的，人民法院应当予以支持。

第二十四条 订立专利权转让合同或者专利申请权转让合同前，让与人自己已经实施发明创造，在合同生效后，受让人要求让与人停止实施的，人民法院应当予以支持，但当事人另有约定的除外。

让与人与受让人订立的专利权、专利申请权转让合同，不影响在合同成立前让与人与他人订立的相关专利实施许可合同或者技术秘密转让合同的效力。

第二十五条 专利实施许可包括以下方式：

（一）独占实施许可，是指让与人在约定许可实施专利的范围内，将该专利仅许可一个受让人实施，让与人依约定不得实施该专利；

（二）排他实施许可，是指让与人在约定许可实施专利的范围内，将该专利仅许可一个受让人实施，但让与人依约定可以自行实施该专利；

（三）普通实施许可，是指让与人在约定许可实施专利的范围内许可他人实施该专利，并且可以自行实施该专利。

当事人对专利实施许可方式没有约定或者约定不明确的，认定为普通实施许可。专利实施许可合同约定受让人可以再许可他人实施专利的，认定该再许可为普通实施许可，但当事人另有约定的除外。

技术秘密的许可使用方式，参照本条第一、二款的规定确定。

第二十六条 专利实施许可合同让与人负有在合同有效期内维持专利权有效的义务，包括依法缴纳专利年费和积极应对他人提出宣告专利权无效的请求，但当事人另有约定的除外。

第二十七条 排他实施许可合同让与人不具备独立实

施其专利的条件，以一个普通许可的方式许可他人实施专利的，人民法院可以认定为让与人自己实施专利，但当事人另有约定的除外。

第二十八条 合同法第三百四十三条所称“实施专利或者使用技术秘密的范围”，包括实施专利或者使用技术秘密的期限、地域、方式以及接触技术秘密的人员等。

当事人对实施专利或者使用技术秘密的期限没有约定或者约定不明确的，受让人实施专利或者使用技术秘密不受期限限制。

第二十九条 合同法第三百四十七条规定技术秘密转让合同让与人承担的“保密义务”，不限制其申请专利，但当事人约定让与人不得申请专利的除外。

当事人之间就申请专利的技术成果所订立的许可使用合同，专利申请公开以前，适用技术秘密转让合同的有关规定；发明专利申请公开以后、授权以前，参照适用专利实施许可合同的有关规定；授权以后，原合同即为专利实施许可合同，适用专利实施许可合同的有关规定。

人民法院不以当事人就已经申请专利但尚未授权的技术订立专利实施许可合同为由，认定合同无效。

四、技术咨询合同和技术服务合同

第三十条 合同法第三百五十六条第一款所称“特定技术项目”，包括有关科学技术与经济社会协调发展的软科学研究项目，促进科技进步和管理现代化、提高经济效益和社会效益等运用科学知识和技术手段进行调查、分析、论证、评价、预测的专业性技术项目。

第三十一条 当事人对技术咨询合同受托人进行调查研究、分析论证、试验测定等所需费用的负担没有约定或者约定不明确的，由受托人承担。

当事人对技术咨询合同委托人提供的技术资料和数据或者受托人提出的咨询报告和意见未约定保密义务，当事人一方引用、发表或者向第三人提供的，不认定为违约行为，但侵害对方当事人对此享有的合法权益的，应当依法承担民事责任。

第三十二条 技术咨询合同受托人发现委托人提供的资料、数据等有明显错误或者缺陷，未在合理期限内通知委托人的，视为其对委托人提供的技术资料、数据等予以认可。委托人在接到受托人的补正通知后未在合理期限内答复并予补正的，发生的损失由委托人承担。

第三十三条 合同法第三百五十六条第二款所称“特定技术问题”，包括需要运用专业技术知识、经验和信息解决的有关改进产品结构、改良工艺流程、提高产品质量、降低产品成本、节约资源能耗、保护资源环境、实现安全操作、提高经济效益和社会效益等专业技术问题。

第三十四条 当事人一方以技术转让的名义提供已进入公有领域的技术，或者在技术转让合同履行过程中合同标的技术进入公有领域，但是技术提供方进行技术指导、传授技术知识，为对方解决特定技术问题符合约定条件的，按照技术服务合同处理，约定的技术转让费可以视为提供技术服务的报酬和费用，但是法律、行政法规另有规定的除外。

依照前款规定，技术转让费视为提供技术服务的报酬和费用明显不合理的，人民法院可以根据当事人的请求合理确定。

第三十五条 当事人对技术服务合同受托人提供服务所需费用的负担没有约定或者约定不明确的，由受托人承担。

技术服务合同受托人发现委托人提供的资料、数据、样品、材料、场地等工作条件不符合约定，未在合理期限内通知委托人的，视为其对委托人提供的工作条件予以认可。委托人在接到受托人的补正通知后未在合理期限内答复并予补正的，发生的损失由委托人承担。

第三十六条 合同法第三百六十四条规定的“技术培训合同”，是指当事人一方委托另一方对指定的学员进行特定项目的专业技术训练和技术指导所订立的合同，不包括职业培训、文化学习和按照行业、法人或者其他组织的计划进行的职工业余教育。

第三十七条 当事人对技术培训必需的场地、设施和试验条件等工作条件的提供和管理责任没有约定或者约定不明确的，由委托人负责提供和管理。

技术培训合同委托人派出的学员不符合约定条件，影响培训质量的，由委托人按照约定支付报酬。

受托人配备的教员不符合约定条件，影响培训质量，或者受托人未按照计划和项目进行培训，导致不能实现约定培训目标的，应当减收或者免收报酬。

受托人发现学员不符合约定条件或者委托人发现教员不符合约定条件，未在合理期限内通知对方，或者接到通知的一方未在合理期限内按约定改派的，应当由负有履行义务的当事人承担相应的民事责任。

第三十八条 合同法第三百六十四条规定的“技术中介合同”，是指当事人一方以知识、技术、经验和信息为另一方与第三人订立技术合同进行联系、介绍以及对履行合同提供专门服务所订立的合同。

第三十九条 中介人从事中介活动的费用，是指中介人在委托人和第三人订立技术合同前，进行联系、介绍活动所支出的通信、交通和必要的调查研究等费用。中介人的报酬，是指中介人为委托人与第三人订立技术合同以及对履行该合同提供服务应当得到的收益。

当事人对中介人从事中介活动的费用负担没有约定或者约定不明确的，由中介人承担。当事人约定该费用由委托人承担但未约定具体数额或者计算方法的，由委托人支付中介人从事中介活动支出的必要费用。

当事人对中介人的报酬数额没有约定或者约定不明确的，应当根据中介人所进行的劳务合理确定，并由委托人承担。仅在委托人与第三人订立的技术合同中约定中介条款，但未约定给付中介人报酬或者约定不明确的，应当支付的报酬由委托人和第三人平均承担。

第四十条 中介人未促成委托人与第三人之间的技术合同成立的，其要求支付报酬的请求，人民法院不予支持；其要求委托人支付其从事中介活动必要费用的请求，应当予以支持，但当事人另有约定的除外。

中介人隐瞒与订立技术合同有关的重要事实或者提供虚假情况，侵害委托人利益的，应当根据情况免收报酬并承担赔偿责任。

第四十一条 中介人对造成委托人与第三人之间的技术合同的无效或者被撤销没有过错，并且该技术合同的无效或者被撤销不影响有关中介条款或者技术中介合同继续有效，中介人要求按照约定或者本解释的有关规定给付从事中介活动的费用和报酬的，人民法院应当予以支持。

中介人收取从事中介活动的费用和报酬不应当被视为委托人与第三人之间的技术合同纠纷中一方当事人的损失。

五、与审理技术合同纠纷有关的程序问题

第四十二条 当事人将技术合同和其他合同内容或者将不同类型的技术合同内容订立在一个合同中的，应当根据当事人争议的权利义务内容，确定案件的性质和案由。

技术合同名称与约定的权利义务关系不一致的，应当按照约定的权利义务内容，确定合同的类型和案由。

技术转让合同中约定让与人负责包销或者回购受让人实施合同标的技术制造的产品，仅因让与人不履行或者不能全部履行包销或者回购义务引起纠纷，不涉及技术问题的，应当按照包销或者回购条款约定的权利义务内容确定案由。

第四十三条 技术合同纠纷案件一般由中级以上人民法院管辖。

各高级人民法院根据本辖区的实际情况并报经最高人民法院批准，可以指定若干基层人民法院管辖第一审技术合同纠纷案件。

其他司法解释对技术合同纠纷案件管辖另有规定的，从其规定。

合同中既有技术合同内容，又有其他合同内容，当事人就技术合同内容和其他合同内容均发生争议的，由具有技术合同纠纷案件管辖权的人民法院受理。

第四十四条 一方当事人以诉讼争议的技术合同侵害他人技术成果为由请求确认合同无效，或者人民法院在审理技术合同纠纷中发现可能存在该无效事由的，人民法院应当依法通知有关利害关系人，其可以作为有独立请求权的第三人参加诉讼或者依法向有管辖权的人民法院另行起诉。

利害关系人在接到通知后 15 日内不提起诉讼的，不影响人民法院对案件的审理。

第四十五条 第三人向受理技术合同纠纷案件的人民法院就合同标的技术提出权属或者侵权请求时，受诉人民法院对此也有管辖权的，可以将权属或者侵权纠纷与合同纠纷合并审理；受诉人民法院对此没有管辖权的，应当告知其向有管辖权的人民法院另行起诉或者将已经受理的权属或者侵权纠纷案件移送有管辖权的人民法院。权属或者侵权纠纷另案受理后，合同纠纷应当中止诉讼。

专利实施许可合同诉讼中，受让人或者第三人向专利复审委员会请求宣告专利权无效的，人民法院可以不中止诉讼。在案件审理过程中专利权被宣告无效的，按照专利法第四十七条第二款和第三款的规定处理。

六、其他

第四十六条 集成电路布图设计、植物新品种许可使用和转让等合同争议，相关行政法规另有规定的，适用其规定；没有规定的，适用合同法总则的规定，并可以参照合同法第十八章和本解释的有关规定处理。

计算机软件开发、许可使用和转让等合同争议，著作权法以及其他法律、行政法规另有规定的，依照其规定；没有规定的，适用合同法总则的规定，并可以参照合同法第十八章和本解释的有关规定处理。

第四十七条 本解释自 2005 年 1 月 1 日起施行。

最高人民法院关于印发全国法院知识产权审判工作会议关于审理技术合同纠纷案件若干问题的纪要的通知

（法〔2001〕84 号）

各省、自治区、直辖市高级人民法院，解放军军事法院，新疆维吾尔自治区高级人民法院生产建设兵团分院：

现将全国法院知识产权审判工作会议关于审理技术合同纠纷案件若干问题的纪要印发，望认真贯彻执行。

2001年6月19日

全国法院知识产权审判工作会议关于审理技术合同纠纷案件若干问题的纪要

（2001年6月15日）

1999年3月15日，第九届全国人民代表大会第二次会议通过《中华人民共和国合同法》（以下简称合同法），并于同年10月1日起施行。合同法的颁布与施行，结束了经济合同法、涉外经济合同法和技术合同法三部合同法并存的局面，实现了三部合同法的统一。我国合同法律制度发生了重大变革。根据合同法规定，技术合同法被废止，其主要内容已被吸收在合同法分则的第十八章技术合同中。与之相适应，最高人民法院根据技术合同法和技术合同法实施条例制定的《关于审理科技纠纷案件的若干问题的规定》司法解释，也被废止。为了适应我国合同法律制度的重大变革，实现新旧合同法律制度的平稳过渡。最高人民法院正在有计划、有步骤地制定有关合同法的司法解释，目前已发布了《关于适用〈中华人民共和国合同法〉若干问题的解释》（一），有关技术合同部分的司法解释被列为《关于适用〈中华人民共和国合同法〉若干问题的解释》（三）。

1999年8月，最高人民法院即开始进行《解释》（三）的起草工作，在对原有的技术合同法律、行政法规和司法解释进行清理的基础上，并根据合同法对技术合同新的规定和审判实践中出现的新情况、新问题，形成了征求意见稿。1999年11月，为贯彻执行合同法，最高人民法院在安徽省合肥市召开全国法院技术合同审判工作座谈会，全国31个高院和22个中院、2个基层法院近70余名代表参加了会议。李国光副院长出席会议并作了重要讲话。座谈会上对征求意见稿进行了充分讨论。有近20个法院还提交了书面意见。国家科技部和国家知识产权局亦派代表参加了会议。2000年4月上旬，原知识产权庭与国家科技部又共同在西安市召开技术合同法律问题研讨会，再次就征求意见稿征求了部分地方科委、科协组织、知识产权诉讼律师和专利代理人的意见。此后，还向全国人大常委会法工委、国务院法制办等8个部门和郑成思、梁慧星等11名专家书面征求意见。在广泛征求意见并反复修改的基础上，形成送审稿。

2001年6月12日至15日，最高人民法院在上海市召开全国法院知识产权审判工作会议。全国30个高级人民法院、新疆高院生产建设兵团分院、解放军军事法院、24个中级人民法院分管知识产权审判工作的副院长、知识产权审判庭或者负责知识产权审判工作的业务庭庭长或副庭长，以及全国人大法工委、全国人大教科文卫委、国务院法制办、国家科技部、国家工商行政管理总局、国家知识产权局、国家版权局等单位的负责同志，中国社会科学院知识产权中心、清华大学法学院、北京大学知识产权学院、中国人民大学知识产权教学与研究中心的著名专家学者等共120余人参加了会议。最高人民法院副院长曹建明出席会议并作了讲话。会议分析了当前知识产权审判工作面临的形势，总结了近二十年来知识产权审判工作的经验，部署了当前和今后一段时期人民法院知识产权审判工作的任务。会议着重围绕我国“人世”对知识产权审判工作的影响及应做的准备工作，贯彻新修改的专利法、合同法以及其他知识产权法律，充分发挥知识产权审判整体职能等议题，进行了深入的讨论。会议还对技术合同纠纷案件适用法律的若干问题进行了研讨。会议认为，为解决当前人民法院审理技术合同纠纷案件的急需，有必要将已经成熟的一些审判技术合同若干适用法律问题的原则纪要发给各地人民法院，以作为指导全国法院审理技术合同纠纷案件的指导意见。各地法院在执行中，要继续总结经验，及时将执行中有关问题反映给最高人民法院民事审判第三庭。以便将审判技术合同纠纷适用法律的司法解释稿修改得更加完善，待提交最高人民法院审判委员会讨论通过后正式发布施行。现就审理技术合同纠纷案件适用法律的若干问题纪要如下：

一、一般规定

（一）技术成果和技术秘密

1. 合同法第十八章所称技术成果，是指利用科学技术知识、信息和经验作出的产品、工艺、材料及其改进等技术方案，包括专利、专利申请、技术秘密和其他能够取得知识产权的技术成果（如植物新品种、计算机软件、集成电路布图设计和新药成果等）。

2. 合同法第十八章所称的技术秘密，是指不为公众所知悉、能为权利人带来经济利益、具有实用性并经权利人采取保密措施的技术信息。

前款所称不为公众所知悉，是指该技术信息的整体或者精确的排列组合或者要素，并非为通常涉及该信息有关范围的人所普遍知道或者容易获得；能为权利人带来经济利益、具有实用性，是指该技术信息因属于秘密而具有商业价值，能够使拥有者获得经济利益或者获得竞争优势；权利人采取保密措施，是指该技术信息的合法拥有者根据有关情况采取的合理措施，在正常情况下可以使该技术信息得以保密。

合同法所称技术秘密与技术秘密成果是同义语。

（二）职务技术成果与非职务技术成果

3. 法人或者其他组织与其职工在劳动合同或者其他协议中就职工在职期间或者离职以后所完成的技术成果的权益有约定的，依其约定确认。但该约定依法应当认定为无效或者依法被撤销、解除的除外。

4. 合同法第三百二十六条第二款所称执行法人或者其他组织的工作任务，是指：

（1）职工履行本岗位职责或者承担法人或者其他组织交付的其他科学研究和技术开发任务。

（2）离职、退职、退休后一年内继续从事与其原所在法人或者其他组织的岗位职责或者交付的任务有关的科学研究和技术开发，但法律、行政法规另有规定或者当事人另有约定的除外。

前款所称岗位职责，是指根据法人或者其他组织的规定，职工所在岗位的工作任务和责任范围。

5. 合同法第三百二十六条第二款所称物质技术条件，是指资金、设备、器材、原材料、未公开的技术信息和资料。

合同法第三百二十六条第二款所称主要利用法人或者其他组织的物质技术条件，是指职工在完成技术成果的研究开发过程中，全部或者大部分利用了法人或者其他组织的资金、设备、器材或者原材料，或者该技术成果的实质性内容是在该法人或者其他组织尚未公开的技术成果、阶段性技术成果或者关键技术的基础上完成的。但对利用法人或者其他组织提供的物质技术条件，约定返还资金或者交纳使用费的除外。

在研究开发过程中利用法人或者其他组织已对外公开或者已为本领域普通技术人员公知的技术信息，或者在技术成果完成后利用法人或者其他组织的物质条件对技术方案进行验证、测试的，不属于主要利用法人或者其他组织的物质技术条件。

6. 完成技术成果的个人既执行了原所在法人或者其他组织的工作任务，又就同一科学研究或者技术开发课题主要利用了现所在法人或者其他组织的物质技术条件所完成的技术成果的权益，由其原所在法人或者其他组织和现所在法人或者其他组织协议确定，不能达成协议的，由双方合理分享。

7. 职工于本岗位职责或者其所在法人或者其他组织交付的任务之外从事业余兼职活动或者与他人合作完成的技术成果的权益，按照其与聘用人（兼职单位）或者合作人的约定确认。没有约定或者约定不明确，依照合同法第六十一条的规定不能达成补充协议的，按照合同法第三百二十六条和第三百二十七条的规定确认。

依照前款规定处理时不得损害职工所在的法人或者其他组织的技术权益。

8. 合同法第三百二十六条和第三百二十七条所称完成技术成果的个人，是指对技术成果单独或者共同作出创造性贡献的人，不包括仅提供资金、设备、材料、试验条件的人员，进行组织管理的人员，协助绘制图纸、整理资料、翻译文献等辅助服务人员。

判断创造性贡献时，应当分解技术成果的实质性技术构成，提出实质性技术构成和由此实现技术方案的人是作出创造性贡献的人。对技术成果作出创造性贡献的人为发明人或者设计人。

（三）技术合同的主体

9. 法人或者其他组织设立的从事技术研究开发、转让等活动的不具有民事主体资格的科研组织（包括课题组、工作室等）订立的技术合同，经法人或者其他组织授权或者认可的，视为法人或者其他组织订立的合同，由法人或者其他组织承担责任；未经法人或者其他组织授权或者认可的，由该科研组织成员共同承担责任，但法人或者其他组织因该合同受益的，应当在其受益范围内承担相应的责任。

（四）技术合同的效力

10. 技术合同不因下列事由无效：

（1）合同标的技术未经技术鉴定；

（2）技术合同未经登记或者未向有关部门备案；

（3）以已经申请专利尚未授予专利权的技术订立专利实施许可合同。

11. 技术合同内容有下列情形的，属于合同法第三百二十九条所称“非法垄断技术，妨碍技术进步”：

（1）限制另一方在合同标的技术的基础上进行新的研究开发，或者双方交换改进技术的条件不对等，包括要求一方将其自行改进的技术无偿地提供给对方、非互惠性的转让给对方、无偿地独占或者共享该改进技术的知识产权；

（2）限制另一方从其他来源吸收技术；

（3）阻碍另一方根据市场的需求，按照合理的方式充分实施合同标的技术，包括不合理地限制技术接受方实施合同标的技术生产产品或者提供服务的数量、品种、价格、销售渠道和出口市场；

（4）要求技术接受方接受并非实施技术必不可少的附带条件，包括购买技术接受方并不需要的技术、服务、原材料、设备或者产品等和接收技术接受方并不需要的人才等；

（5）不合理地限制技术接受方自由选择从不同来源购买原材料、零部件或者设备等。

（6）禁止技术接受方对合同标的技术的知识产权的有效性提出异议的条件。

12. 技术合同内容有下列情形的，属于合同法第三百二十九条所称侵害他人技术成果：

（1）侵害他人专利权、专利申请权、专利实施权的；

（2）侵害他人技术秘密成果使用权、转让权的；

（3）侵害他人植物新品种权、植物新品种申请权、植物新品种实施权的；

（4）侵害他人计算机软件著作权、集成电路电路布图设计权、新药成果权等技术成果权的；

（5）侵害他人发明权、发现权以及其他科技成果权的。

侵害他人发明权、发现权以及其他科技成果权等技术成果完成人人身权利的合同，合同部分无效，不影响其他部分效力的，其他部分仍然有效。

13. 当事人使用或者转让其独立研究开发或者以其他正当方式取得的与他人的技术秘密相同或者近似的技术秘密的，不属于合同法第三百二十九条所称侵害他人技术成果。

通过合法的参观访问或者对合法取得的产品进行拆卸、测绘、分析等反向工程手段掌握相关技术的，属于前款所称以其他正当方式取得。但法律另有规定或者当事人另有约定的除外。

14. 除当事人另有约定或者技术成果的权利人追认的以外，技术秘密转让合同和专利实施许可合同的受让人，将合同标的技术向他人转让而订立的合同无效。

15. 技术转让合同中既有专利权转让或者专利实施许可内容，又有技术秘密转让内容，专利权被宣告无效或者技术秘密被他人公开的，不影响合同中另一部分内容的效力。但当事人另有约定的除外。

16. 当事人一方采取欺诈手段，就其现有技术成果作为研究开发标的与他人订立委托开发合同收取研究开发费用，或者就同一研究开发课题先后与两个或者两个以上的委托人分别订立委托开发合同重复收取研究开发费用的，受损害方可以依照合同法第五十四条第二款的规定请求变更或者撤销合同，但属于合同法第五十二条和第三百二十九条规定的情形应当对合同作无效处理的除外。

17. 技术合同无效或者被撤销后，研究开发人、让与人、受托人已经履行了约定的义务，且造成合同无效或者被撤销的过错在对方的，其按约定应当收取的研究开发经费、技术使用费和提供咨询服务的报酬，可以视为因对方原因导致合同无效或者被撤销给其造成的损失。

18. 技术合同无效或者被撤销后，当事人因合同取得的技术资料、样品、样机等技术载体应当返还权利人，并不得保留复制品；涉及技术秘密的，当事人依法负有保密义务。

19. 技术合同无效或者被撤销后，因履行合同所完成的新的技术成果或者在他人技术成果的基础上完成的后续改进部分的技术成果的权利归属和利益分享，当事人不能重新协议确定的，由完成技术成果的一方当事人享有。

20. 侵害他人技术秘密成果使用权、转让权的技术合同无效后，除法律、行政法规另有规定的以外，善意、有偿取得该技术秘密的一方可以继续使用该技术秘密，但应当向权利人支付合理的使用费并承担保密义务。除与权利人达成协议以外，善意取得的一方（使用人）继续使用该技术秘密不得超过其取得时确定的使用范围。当事人双方恶意串通或者一方明知或者应知另一方侵权仍然与其订立或者履行合同的，属于共同侵权，应当承担连带赔偿责任和保密义务，因该无效合同而取得技术秘密的当事人不得继续使用该技术秘密。

前款规定的使用费由使用人与权利人协议确定，不能达成协议的，任何一方可以请求人民法院予以裁决。使用人拒不履行双方达成的使用费协议的，权利人除可以请求人民法院判令使用人支付已使用期间的使用费以外，还可以请求判令使用人停止使用该技术秘密；使用人拒不执行人民法院关于使用费的裁决的，权利人除可以申请强制执行已使用期间的使用费外，还可以请求人民法院判令使用人停止使用该技术秘密。在双方就使用费达成协议或者人民法院作出生效裁决以前，使用人可以不停止使用该技术秘密。

21. 人民法院在裁决前条规定的使用费时，可以根据权利人善意对外转让该技术秘密的费用并考虑使用人的使用规模和经济效益等因素来确定；也可以依据使用人取得该技术秘密所支付的费用并考虑该技术秘密的研究开发成本、成果转化和应用程度和使用人的使用规模和经济效益等因素来确定。

人民法院应当对已使用期间的使用费和以后使用的付费标准一并作出裁决。

合同被确认无效后，使用人不论是否继续使用该技术秘密，均应当向权利人支付其已使用期间的使用费，其已向无效合同的让与人支付的费用应当由让与人负责返还，该费用中已由让与人作为侵权损害的赔偿直接给付权利人的部分，在计算使用人向权利人支付的使用费时相应扣除。

22. 法律、法规规定生产产品或者提供服务须经有关部门审批手续或者领取许可证，而实际尚未办理该审批手续或者领取许可证的，不影响当事人就有关产品的生产或者服务的提供所订立的技术合同的效力。

当事人对办理前款所称审批手续或者许可证的义务没有约定或者约定不明确，依照合同法第六十一条的规定不能达成补充协议的，除法律、法规另有规定的以外，由实施技术的一方负责办理。

（五）技术合同履行内容的确定

23. 当事人对技术合同的价款、报酬和使用费没有约定或者约定不明确，依照合同法第六十一条的规定不能达成补充协议的，人民法院可以按照以下原则处理：

（1）对于技术开发合同和技术转让合同，根据有关技术成果的研究开发成本、先进性、实施转化和应用的程度，当事人享有的权益和承担的责任，以及技术成果的经济效益和社会效益等合理认定；

（2）对于技术咨询合同和技术服务合同，根据有关咨询服务工作的数量、质量和技术含量，以及预期产生的经济效益和社会效益等合理认定。

技术合同价款、报酬、使用费中包含非技术性款项的，应当分项计算。

24. 当事人对技术合同的履行地点没有约定或者约定不明确，依照合同法第六十一条的规定不能达成补充协议的，技术开发合同以研究开发人所在地为履行地，但依据合同法第三百三十条第四款订立的合同以技术成果实施地为履行地；技术转让合同以受让人所在地为履行地；技术咨询合同以受托人所在地为履行地；技术服务合同以委托人所在地为履行地。但给付合同价款、报酬、使用费的，以接受给付的一方所在地为履行地。

25. 技术合同当事人对技术成果的验收标准没有约定或者约定不明确，在适用合同法第六十二条的规定时，没有国家标准、行业标准或者专业技术标准的，按照本行业合乎实用的一般技术要求履行。

当事人订立技术合同时所作的可行性分析报告中有关经济效益或者成本指标的预测和分析，不应当视为合同约定的验收标准，但当事人另有约定的除外。

（六）技术合同的解除与违约责任

26. 技术合同当事人一方迟延履行主要债务，经催告后在 30 日内仍未履行的，另一方可以依据合同法第九十四条第（三）项的规定解除合同。

当事人在催告通知中附有履行期限且该期限长于 30 日的，自该期限届满时，方可解除合同。

27. 有下列情形之一，使技术合同的履行成为不必要或者不可能时，当事人可以依据合同法第九十四条第（四）项的规定解除合同：

（1）因一方违约致使履行合同必备的物质条件灭失或者严重破坏，无法替代或者修复的；

（2）技术合同标的的项目或者技术因违背科学规律或者存在重大缺陷，无法达到约定的技术、经济效益指标的；

28. 专利实施许可合同和技术秘密转让合同约定按照提成支付技术使用费，受让人无正当理由不实施合同标的技术，并以此为由拒绝支付技术使用费的，让与人可以依据合同法第九十四条第（四）项的规定解除合同。

29. 在技术秘密转让合同有效期内，由于非受让人的原因导致合同标的技术公开且已进入公有领域的，当事人可以解除合同，但另有约定的除外。

30. 技术合同履行中，当事人一方在技术上发生的能够及时纠正的差错，或者为适应情况变化所作的必要技术调整，不影响合同目的实现的，不认为是违约行为，因此发生的额外费用自行承担。但因未依照合同法第六十条第二款的规定履行通知义务而造成对方当事人损失的，应当承担相应的违约责任。

31. 在履行技术合同中，为提供技术成果或者咨询服务而交付的技术载体和内容等与约定不一致的，应当及时更正、补充。不按时更正、补充的和因更正、补充有关技术载体和内容等给对方造成损失或者增加额外负担的，应当承担相应的违约责任。但一方所作技术改进，使合同的履行产生了比原合同更为积极或者有利效果的除外。

（七）技术合同的定性

32. 当事人将技术合同和其他合同内容合订为一个合同，或者将不同类型的技术合同内容合订在一个合同中的，应当根据当事人争议的权利义务内容，确定案件的性质和案由，适用相应的法律、法规。

33. 技术合同名称与合同约定的权利义务关系不一致的，应当按照合同约定的权利义务内容，确定合同的类型和案由，适用相应的法律、法规。

34. 当事人以技术开发、转让、咨询或者服务为承包内容订立的合同，属于技术合同。

35. 转让阶段性技术成果并约定后续开发义务的合同，就该阶段性技术成果的重复试验效果方面发生争议的，按照技术转让合同处理；就后续开发方面发生争议的，按照技术开发合同处理。

36. 技术转让合同中约定让与人向受让人提供实施技术

的专用设备、原材料或者提供有关的技术咨询、技术服务的，这类约定属于技术转让合同的组成部分。因这类约定发生纠纷的，按照技术转让合同处理。

37. 当事人以技术入股方式订立联营合同，但技术入股人不参与联营体的经营管理，并且以保底条款形式约定联营体或者联营对方支付其技术价款或者使用费的，属于技术转让合同。

38. 技术转让合同中约定含让与人负责包销（回购）受让人实施合同标的技术制造的产品。仅因让与人不履行或者不能全部履行包销（回购）义务引起纠纷，不涉及技术问题的，按照包销（回购）条款所约定的权利义务内容确定案由，并适用相应的法律规定处理。

39. 技术开发合同当事人一方仅提供资金、设备、材料等物质条件，承担辅助协作事项，另一方进行研究开发工作的合同，属于委托开发合同。

40. 当事人一方以技术转让的名义提供已进入公有领域的技术，并进行技术指导，传授技术知识等，为另一方解决特定技术问题所订立的合同，可以视为技术服务合同履行，但属于合同法第五十二条和第五十四条规定情形的除外。

（八）几种特殊标的技术合同的法律适用

41. 新药技术成果转让和植物新品种申请权转让、植物新品种权转让和使用许可等合同争议，适用合同法总则的规定，并可以参照合同法第十八章和本纪要关于技术转让合同的规定，但法律另有规定的，依照其规定。

42. 计算机软件开发、许可、转让等合同争议，著作权法以及其他法律另有规定的，依照其规定；没有规定的，适用合同法总则的规定，并可以参照合同法第十八章和本纪要的有关规定。

二、技术开发合同

（一）相关概念

43. 合同法第三百三十条所称新技术、新产品、新工艺、新材料及其系统，是指当事人在订立技术合同时尚未掌握的产品、工艺、材料及其系统等技术方案，但在技术上没有创新的现有产品的改型、工艺变更、材料配方调整以及技术成果的验证、测试和使用除外。

44. 合同法第三百三十条第四款所称当事人之间就具有产业应用价值的科技成果实施转化订立的合同，是指当事人之间就具有实用价值但尚未能够实现商品化、产业化应用的科技成果（包括阶段性技术成果），以实现该科技成果的商品化、产业化应用为目标，约定有关后续试验、开发和应用等内容的合同。

45. 合同法第三百三十五条所称分工参与研究开发工作，是指按照约定的计划和分工共同或者分别承担设计、工艺、试验、试制等工作。

46. 合同法第三百四十一条所称技术秘密成果的使用权、转让权，是指当事人依据法律规定或者合同约定所取得的使用、转让技术秘密成果的权利。使用权是指以生产经营为目的自己使用或者许可他人使用技术秘密成果的权利；转让权是指向他人让与技术秘密成果的权利。

47. 合同法第三百四十一条所称当事人均有使用和转让的权利，是指当事人均有不经对方同意而自己使用或者以普通使用许可的方式许可他人使用技术秘密并独占由此获得的利益的权利。当事人一方将技术秘密成果的使用权、转让权全部让与他人，或者以独占、排他使用许可的方式许可他人使用技术秘密的，必须征得对方当事人的同意。

（二）当事人的权利和义务

48. 委托开发合同委托人在不妨碍研究开发人正常工作的情况下，有权依据合同法第六十条第二款的规定，对研究开发人履行合同和使用研究开发经费的情况进行必要的监督检查，包括查阅帐册和访问现场。

研究开发人有权依据合同法第三百三十一条的规定，要求委托人补充必要的背景资料和数据等，但不得超过履行合同所需要的范围。

49. 研究开发成果验收时，委托开发合同的委托人和合作开发合同的当事人有权取得实施技术成果所必需的技术资料、试验报告和数据，要求另一方进行必要的技术指导，保证所提供的技术成果符合合同约定的条件。

50. 根据合同法第三百三十九条第一款和第三百四十条第一款的规定，委托开发或者合作开发完成的技术成果所获得的专利权为当事人共有的，实施该专利的方式和利益分配办法，由当事人约定。当事人没有约定或者约定不明确，依照合同法第六十一条的规定不能达成补充协议的，当事人均享有自己实施该专利的权利，由此所获得的利益归实施人。

当事人不具备独立实施专利的条件，以普通实施许可的方式许可一个法人或者其他组织实施该专利，或者与一个法人、其他组织或者自然人合作实施该专利或者通过技术入股与之联营实施该专利，可以视为当事人自己实施专利。

51. 根据合同法第三百四十一条的规定，当事人一方仅享有自己使用技术秘密的权利，但其不具备独立使用该技术秘密的条件，以普通使用许可的方式许可一个法人或者其他组织使用该技术秘密，或者与一个法人、其他组织或者自然人合作使用该技术秘密或者通过技术人股与之联营使用该技术秘密，可以视为当事人自己使用技术秘密。

三、技术转让合同

（一）技术转让合同的一般规定

52. 合同法第三百四十二条所称技术转让合同，是指技术的合法拥有者包括有权对外转让技术的人将特定和现有的专利、专利申请、技术秘密的相关权利让与他人或者许可他人使用所订立的合同，不包括就尚待研究开发的技术成果或者不涉及专利、专利申请或者技术秘密的知识、技术、经验和信息订立的合同。其中：

（1）专利权转让合同，是指专利权人将其专利权让与受让人，受让人支付价款所订立的合同。

（2）专利申请权转让合同，是指让与人将其特定的技术成果申请专利的权利让与受让人，受让人支付价款订立的合同。

（3）技术秘密转让合同，是指技术秘密成果的权利人或者其授权的人作为让与人将技术秘密提供给受让人，明确相互之间技术秘密成果使用权、转让权，受让人支付价款或者使用费所订立的合同。

（4）专利实施许可合同，是指专利权人或者其授权的人作为让与人许可受让人在约定的范围内实施专利，受让人支付使用费所订立的合同。

53. 技术转让合同让与人应当保证受让人按约定的方式实施技术达到约定的技术指标。除非明确约定让与人保证受让人达到约定的经济效益指标，让与人不对受让人实施技术后的经济效益承担责任。

转让阶段性技术成果，让与人应当保证在一定条件下重复试验可以得到预期的效果。

54. 技术转让合同中约定受让人取得的技术须经受让人小试、中试、工业性试验后才能投人批量生产的，受让人未经小试、中试、工业性试验直接投人批量生产所发生的损失，让与人不承担责任。

55. 合同法第三百四十三条所称实施专利或者使用技术秘密的范围，是指实施专利或者使用技术秘密的期限、地域和方式以及接触技术秘密的人员等。

56. 合同法第三百五十四条所称后续改进，是指在技术转让合同有效期内，当事人一方或各方对合同标的技术所作的革新或者改良。

57. 当事人之间就申请专利的技术成果所订立的许可使用合同，专利申请公开以前，适用技术秘密转让合同的有关规定；发明专利申请公开以后、授权以前，参照专利实施许可合同的有关规定；授权以后，原合同即为专利实施许可合同，适用专利实施许可合同的有关规定。

（二）专利权转让合同和专利申请权转让合同

58. 订立专利权转让合同或者专利申请权转让合同前，让与人自己已经实施发明创造的，除当事人另有约定的以外，在合同生效后，受让人有权要求让与人停止实施。

专利权或者专利申请权依照专利法的规定让与受让人后，受让人可以依法作为专利权人或者专利申请人对他人行使权利。

59. 专利权转让合同、专利申请权转让合同不影响让与人在合同成立前与他人订立的专利实施许可合同或者技术秘密转让合同的效力。有关当事人之间的权利义务依照合同法第五章的规定确定。

60. 专利申请权依照专利法的规定让与受让人前专利申请被驳回的，当事人可以解除专利申请权转让合同；让与受让人后专利申请被驳回的，合同效力不受影响。但当事人另有约定的除外。

专利申请因专利申请权转让合同成立时即存在尚未公开的同样发明创造的在先专利申请而被驳回的，当事人可以依据合同法第五十四条第一款第（二）项的规定请求予以变更或者撤销合同。

（三）专利实施许可合同

61. 专利实施许可合同让与人应当在合同有效期内维持专利权有效，但当事人另有约定的除外。

在合同有效期内，由于让与人的原因导致专利权被终止的，受让人可以依据合同法第九十四条第（四）项的规定解除合同，让与人应当承担违约责任；专利权被宣告无效的，合同终止履行，并依据专利法的有关规定处理。

62. 专利实施许可合同对实施专利的期限没有约定或者约定不明确，依照合同法第六十一条的规定不能达成补充协议的，受让人实施专利不受期限限制。

63. 专利实施许可可以采取独占实施许可、排他实施许可、普通实施许可等方式。

前款所称排他实施许可，是指让与人在已经许可受让人实施专利的范围内无权就同一专利再许可他人实施；独占实施许可，是指让与人在已经许可受让人实施专利的范围内无权就同一专利再许可他人实施或者自己实施；普通实施许可，是指让与人在已经许可受让人实施专利的范围内仍可以就同一专利再许可他人实施。

当事人对专利实施许可方式没有约定或者约定不明确，

依照合同法第六十一条的规定不能达成补充协议的，视为普通实施许可。

专利实施许可合同约定受让人可以再许可他人实施该专利的，该再许可为普通实施许可，但当事人另有约定的除外。

64. 除当事人另有约定的以外，根据实施专利的强制许可决定而取得的专利实施权为普通实施许可。

65. 除当事人另有约定的以外，排他实施许可合同让与人不具备独立实施其专利的条件，与一个法人、其他组织或者自然人合作实施该专利，或者通过技术入股实施该专利，可视为让与人自己实施专利。但让与人就同一专利与两个或者两个以上法人、其他组织或者自然人分别合作实施或者入股联营的，属于合同法第三百五十一条规定的违反约定擅自许可第三人实施专利的行为。

66. 除当事人另有约定的以外，专利实施许可合同的受让人将受让的专利与他人合作实施或者入股联营的，属于合同法第三百五十二条规定的未经让与人同意擅自许可第三人实施专利的行为。

（四）技术秘密转让合同

67. 技术秘密转让合同对使用技术秘密的期限没有约定或者约定不明确，依照合同法第六十一条的规定不能达成补充协议的，受让人可以无限期地使用该技术秘密。

68. 合同法第三百四十七条所称技术秘密转让合同让与人的保密义务不影响其申请专利的权利，但当事人约定让与人不得申请专利或者明确约定让与人承担保密义务的除外。

69. 技术秘密转让可以采取本纪要第63条规定的许可使用方式，并参照适用合同法和本纪要关于专利实施许可使用方式的有关规定。

四、技术咨询合同和技术服务合同

（一）技术咨询合同

70. 合同法第三百五十六条第一款所称的特定技术项目，包括有关科学技术与经济、社会协调发展的软科学研究项目和促进科技进步和管理现代化，提高经济效益和社会效益的技术项目以及其他专业性技术项目。

71. 除当事人另有约定的以外，技术咨询合同受托人进行调查研究、分析论证、试验测定等所需费用，由受托人自己负担。

72. 技术咨询合同委托人提供的技术资料和数据或者受托人提出的咨询报告和意见，当事人没有约定保密义务的，在不侵害对方当事人对此享有的合法权益的前提下。双方都有引用、发表和向第三人提供的权利。

73. 技术咨询合同受托人发现委托人提供的资料、数据等有明显错误和缺陷的，应当及时通知委托人。委托人应当及时答复并在约定的期限内予以补正。

受托人发现前款所述问题不及时通知委托人的，视为其认可委托人提供的技术资料、数据等符合约定的条件。

（二）技术服务合同

74. 合同法第三百五十六条第二款所称特定技术问题，是指需要运用科学技术知识解决专业技术工作中的有关改进产品结构、改良工艺流程、提高产品质量、降低产品成本、节约资源能耗、保护资源环境、实现安全操作、提高经济效益和社会效益等问题。

75. 除当事人另有约定的以外，技术服务合同受托人完成服务项目，解决技术问题所需费用，由受托人自己负担。

76. 技术服务合同受托人发现委托人提供的资料、数据、样品、材料、场地等工作条件不符合约定的，应当及时通知委托人。委托人应当及时答复并在约定的期限内予以补正。

受托人发现前款所述问题不及时通知委托人的，视为其认可委托人提供的技术资料、数据等工作条件符合约定的条件。

77. 技术服务合同受托人在履约期间，发现继续工作对材料、样品或者设备等有损坏危险时，应当中止工作，并及时通知委托人或者提出建议。委托人应当在约定的期限内作出答复。

受托人不中止工作或者不及时通知委托人并且未采取适当措施的，或者委托人未按期答复的，对因此发生的危险后果由责任人承担相应的责任。

（三）技术培训合同

78. 合同法第三百六十四条所称技术培训合同，是指当事人一方委托另一方对指定的人员（学员）进行特定项目的专业技术训练和技术指导所订立的合同，不包括职业培训、文化学习和按照行业、单位的计划进行的职工业余教育。

79. 技术培训合同委托人的主要义务是按照约定派出符合条件的学员；保证学员遵守培训纪律，接受专业技术训练和技术指导；按照约定支付报酬。

受托人的主要义务是按照约定配备符合条件的教员；制订和实施培训计划，按期完成培训；实现约定的培训目标。

80. 当事人对技术培训必需的场地、设施和试验条件等的提供和管理责任没有约定或者约定不明确，依照合同法第六十一条的规定不能达成补充协议的，由委托人负责提供和管理。

81. 技术培训合同委托人派出的学员不符合约定条件，影响培训质量的，委托人应当按照约定支付报酬。

受托人配备的教员不符合约定条件，影响培训质量的，或者受托人未按照计划和项目进行培训，导致不能实现约定的培训目标的，应当承担减收或者免收报酬等违约责任。

受托人发现学员不符合约定条件或者委托人发现教员不符合约定条件的，应当及时通知对方改派。对方应当在约定的期限内改派。未及时通知或者未按约定改派的，责任人承担相应的责任。

（四）技术中介合同

82. 合同法第三百六十四条所称技术中介合同，是指当事人一方以知识、技术、经验和信息为另一方与第三人订立技术合同进行联系、介绍、组织商品化、产业化开发并对履行合同提供服务所订立的合同，但就不含有技术中介服务内容订立的各种居间合同除外。

83. 技术中介合同委托人的主要义务是提出明确的订约要求，提供有关背景材料；按照约定承担中介人从事中介活动的费用；按照约定支付报酬。

中介人的主要义务是如实反映委托人和第三人的技术成果、资信状况和履约能力；保守委托人和第三人的商业秘密；按照约定为委托人和第三人订立、履行合同提供服务。

84. 当事人对中介人从事中介活动的费用的负担没有约定或者约定不明确，依照合同法第六十一条的规定不能达成补充协议的，由中介人自己负担。当事人约定该费用由委托人承担但没有约定该费用的数额或者计算方法的，委托人应当支付中介人从事中介活动支出的必要费用。

前款所称中介人从事中介活动的费用，是指中介人在委托人和第三人订立技术合同前，进行联系、介绍活动所支出的通信、交通和必要的调查研究等费用。

85. 当事人对中介人的报酬数额没有约定或者约定不明确，依照合同法第六十一条的规定不能达成补充协议的，根据中介人的劳务合理确定，并由委托人负担。仅在委托人与第三人订立的技术合同中约定有中介条款，但对给付中介人报酬的义务没有约定或者约定不明确，依照合同法第六十一条的规定不能达成补充协议的，由委托人和第三人平均负担。

前款所称中介人的报酬，是指中介人为委托人与第三人订立技术合同，以及为其履行合同提供服务应当得到的收益。

86. 中介人未促成委托人与第三人之间的技术合同成立的，无权要求支付报酬，但可以要求委托人支付从事中介活动支出的必要费用。

87. 中介人故意隐瞒与订立技术合同有关的重要事实或者提供虚假情况，损害委托人利益的，应当承担免收报酬和损害赔偿责任。

88. 中介人收取的从事中介活动的费用和报酬不应视为委托人与第三人之间的技术合同纠纷中一方当事人的损失。

89. 中介人对造成委托人与第三人之间的技术合同的无效或者被撤销没有过错，且该技术合同无效或者被撤销不影响有关中介条款或者技术中介合同继续有效的，中介人仍有权按照约定收取从事中介活动的费用和报酬。

五、与审理技术合同纠纷有关的程序问题

（一）技术合同纠纷的管辖与受理

90. 技术合同纠纷属于与知识产权有关的纠纷，由中级以上人民法院管辖，但最高人民法院另行确定管辖的除外。

91. 合同中既有技术合同内容，又有其他合同内容，当事人就技术合同内容和其他合同内容均发生争议的，由具有技术合同纠纷案件管辖权的人民法院受理。

92. 一方当事人以诉讼争议的技术合同侵害他人技术成果为由主张合同无效或者人民法院在审理技术合同纠纷中发现可能存在该无效事由时，应当依法通知有关利害关系人作为有独立请求权的第三人参加诉讼。

93. 他人向受理技术合同纠纷的人民法院就该合同标的技术提出权属或者侵权主张时，受诉人民法院对此亦有管辖权的，可以将该权属或者侵权纠纷与合同纠纷合并审理；受诉人民法院对此没有管辖权的，应当告知其向有管辖权的人民法院另行起诉。权属或者侵权纠纷另案受理后，合同纠纷应当中止诉讼。

94. 专利实施许可合同诉讼中，受让人（被许可人）或者第三人向专利复审委员会请求宣告该专利权无效的，人民法院可以不中止诉讼。在审理过程中该专利权被宣告无效的，按照专利法的有关规定处理。

95. 因技术中介合同中介人违反约定的保密义务发生的纠纷，可以与技术合同纠纷合并审理。

96. 中介人一般不作为委托人与第三人之间的技术合同诉讼的当事人，但下列情况除外：

（1）中介人与技术合同一方当事人恶意串通损害另一

方利益的，恶意串通的双方应列为共同被告，承担连带责任；

（2）中介人隐瞒技术合同一方当事人的真实情况给另一方造成损失的，中介人应列为被告，并依其过错承担相应的责任；

（3）因中介人不履行技术中介合同或者中介条款约定的其他义务，导致技术合同不能依约履行的，可以根据具体情况将中介人列为诉讼当事人。

（二）技术合同标的技术的鉴定

97. 在技术合同纠纷诉讼中，需对合同标的技术进行鉴定的，除法定鉴定部门外，当事人协商推荐共同信任的组织或者专家进行鉴定的，人民法院可予指定；当事人不能协商一致的，人民法院可以从由省级以上科技行政主管部门推荐的鉴定组织或者专家中选择并指定，也可以直接指定相关组织或者专家进行鉴定。

指定专家进行鉴定的，应当组成鉴定组。

鉴定人应当是三人以上的单数。

98. 鉴定应当以合同约定由当事人提供的技术成果或者技术服务内容为鉴定对象，从原理、设计、工艺和必要的技术资料等方面，按照约定的检测方式和验收标准，审查其能否达到约定的技术指标和经济效益指标。

99. 当事人对技术成果的检测方式或者验收标准没有约定或者约定不明确，依照合同法第六十一条的规定不能达成补充协议的，可以根据具体案情采用本行业常用的或者合乎实用的检测方式或者验收标准进行检测鉴定、专家评议或者验收鉴定。

对合同约定的验收标准明确、技术问题并不复杂的，可以采取当事人现场演示、操作、制作等方式对技术成果进行鉴定。

100. 技术咨询合同当事人对咨询报告和意见的验收或者评价办法没有约定或者约定不明确，依照合同法第六十一条的规定不能达成补充协议的，按照合乎实用的一般要求进行鉴定。

101. 对已经按照国家有关规定通过技术成果鉴定、新产品鉴定等鉴定，又无相反的证据能够足以否定该鉴定结论的技术成果，或者已经实际使用证明是成熟可靠的技术成果，在诉讼中当事人又对该技术成果的评价发生争议的，不再进行鉴定。

102. 不能以授予专利权的有关专利文件代替对合同标的技术的鉴定结论。

域　名

司法解释

最高人民法院关于审理涉及计算机网络域名民事纠纷案件适用法律若干问题的解释

（2001年6月26日最高人民法院审判委员会第1182次会议通过　法释〔2001〕24号）

为了正确审理涉及计算机网络域名注册、使用等行为的民事纠纷案件（以下简称域名纠纷案件），根据《中华人民共和国民法通则》（以下简称民法通则）、《中华人民共和国反不正当竞争法》（以下简称反不正当竞争法）和《中华人民共和国民事诉讼法》（以下简称民事诉讼法）等法律的规定，作如下解释：

第一条　对于涉及计算机网络域名注册、使用等行为的民事纠纷，当事人向人民法院提起诉讼，经审查符合民事诉讼法第一百零八条规定的，人民法院应当受理。

第二条　涉及域名的侵权纠纷案件，由侵权行为地或者被告住所地的中级人民法院管辖。对难以确定侵权行为地和被告住所地的，原告发现该域名的计算机终端等设备所在地可以视为侵权行为地。

涉外域名纠纷案件包括当事人一方或者双方是外国人、无国籍人、外国企业或组织、国际组织，或者域名注册地在外国的域名纠纷案件。在中华人民共和国领域内发生的涉外域名纠纷案件，依照民事诉讼法第四编的规定确定管辖。

第三条　域名纠纷案件的案由，根据双方当事人争议的法律关系的性质确定，并在其前冠以计算机网络域名；争议的法律关系的性质难以确定的，可以通称为计算机网络域名纠纷案件。

第四条　人民法院审理域名纠纷案件，对符合以下各项条件的，应当认定被告注册、使用域名等行为构成侵权或者不正当竞争：

（一）原告请求保护的民事权益合法有效；

（二）被告域名或其主要部分构成对原告驰名商标的复制、模仿、翻译或音译；或者与原告的注册商标、域名等相同或近似，足以造成相关公众的误认；

（三）被告对该域名或其主要部分不享有权益，也无注册、使用该域名的正当理由；

（四）被告对该域名的注册、使用具有恶意。

第五条 被告的行为被证明具有下列情形之一的，人民法院应当认定其具有恶意：

（一）为商业目的将他人驰名商标注册为域名的；

（二）为商业目的注册、使用与原告的注册商标、域名等相同或近似的域名，故意造成与原告提供的产品、服务或者原告网站的混淆，误导网络用户访问其网站或其他在线站点的；

（三）曾要约高价出售、出租或者以其他方式转让该域名获取不正当利益的；

（四）注册域名后自己并不使用也未准备使用，而有意阻止权利人注册该域名的；

（五）具有其他恶意情形的。

被告举证证明在纠纷发生前其所持有的域名已经获得一定的知名度，且能与原告的注册商标、域名等相区别，或者具有其他情形足以证明其不具有恶意的，人民法院可以不认定被告具有恶意。

第六条 人民法院审理域名纠纷案件，根据当事人的请求以及案件的具体情况，可以对涉及的注册商标是否驰名依法作出认定。

第七条 人民法院在审理域名纠纷案件中，对符合本解释第四条规定的情形，依照有关法律规定构成侵权的，应当适用相应的法律规定；构成不正当竞争的，可以适用民法通则第四条、反不正当竞争法第二条第一款的规定。

涉外域名纠纷案件，依照民法通则第八章的有关规定处理。

第八条 人民法院认定域名注册、使用等行为构成侵权或者不正当竞争的，可以判令被告停止侵权、注销域名，或者依原告的请求判令由原告注册使用该域名；给权利人造成实际损害的，可以判令被告赔偿损失。

市场监管

综　合

法　律

中华人民共和国消费者权益保护法

（1993 年 10 月 31 日第八届全国人民代表大会常务委员会第四次会议通过　根据 2009 年 8 月 27 日第十一届全国人民代表大会常务委员会第十次会议《关于修改部分法律的决定》第一次修正　根据 2013 年 10 月 25 日第十二届全国人民代表大会常务委员会第五次会议《关于修改〈中华人民共和国消费者权益保护法〉的决定》第二次修正）

目　录

第一章　总　则

第一条 为保护消费者的合法权益，维护社会经济秩序，促进社会主义市场经济健康发展，制定本法。

第二条 消费者为生活消费需要购买、使用商品或者接受服务，其权益受本法保护；本法未作规定的，受其他有关法律、法规保护。

第三条 经营者为消费者提供其生产、销售的商品或者提供服务，应当遵守本法；本法未作规定的，应当遵守其他有关法律、法规。

第四条 经营者与消费者进行交易，应当遵循自愿、平等、公平、诚实信用的原则。

第五条 国家保护消费者的合法权益不受侵害。

国家采取措施，保障消费者依法行使权利，维护消费者的合法权益。

国家倡导文明、健康、节约资源和保护环境的消费方式，反对浪费。

第六条 保护消费者的合法权益是全社会的共同责任。

国家鼓励、支持一切组织和个人对损害消费者合法权益的行为进行社会监督。

大众传播媒介应当做好维护消费者合法权益的宣传，对损害消费者合法权益的行为进行舆论监督。

第二章 消费者的权利

第七条 消费者在购买、使用商品和接受服务时享有人身、财产安全不受损害的权利。

消费者有权要求经营者提供的商品和服务，符合保障人身、财产安全的要求。

第八条 消费者享有知悉其购买、使用的商品或者接受的服务的真实情况的权利。

消费者有权根据商品或者服务的不同情况，要求经营者提供商品的价格、产地、生产者、用途、性能、规格、等级、主要成分、生产日期、有效期限、检验合格证明、使用方法说明书、售后服务，或者服务的内容、规格、费用等有关情况。

第九条 消费者享有自主选择商品或者服务的权利。

消费者有权自主选择提供商品或者服务的经营者，自主选择商品品种或者服务方式，自主决定购买或者不购买任何一种商品、接受或者不接受任何一项服务。

消费者在自主选择商品或者服务时，有权进行比较、鉴别和挑选。

第十条 消费者享有公平交易的权利。

消费者在购买商品或者接受服务时，有权获得质量保障、价格合理、计量正确等公平交易条件，有权拒绝经营者的强制交易行为。

第十一条 消费者因购买、使用商品或者接受服务受到人身、财产损害的，享有依法获得赔偿的权利。

第十二条 消费者享有依法成立维护自身合法权益的社会组织的权利。

第十三条 消费者享有获得有关消费和消费者权益保护方面的知识的权利。

消费者应当努力掌握所需商品或者服务的知识和使用技能，正确使用商品，提高自我保护意识。

第十四条 消费者在购买、使用商品和接受服务时，享有人格尊严、民族风俗习惯得到尊重的权利，享有个人信息依法得到保护的权利。

第十五条 消费者享有对商品和服务以及保护消费者权益工作进行监督的权利。

消费者有权检举、控告侵害消费者权益的行为和国家机关及其工作人员在保护消费者权益工作中的违法失职行为，有权对保护消费者权益工作提出批评、建议。

第三章 经营者的义务

第十六条 经营者向消费者提供商品或者服务，应当依照本法和其他有关法律、法规的规定履行义务。

经营者和消费者有约定的，应当按照约定履行义务，但双方的约定不得违背法律、法规的规定。

经营者向消费者提供商品或者服务，应当恪守社会公德，诚信经营，保障消费者的合法权益；不得设定不公平、不合理的交易条件，不得强制交易。

第十七条 经营者应当听取消费者对其提供的商品或者服务的意见，接受消费者的监督。

第十八条 经营者应当保证其提供的商品或者服务符合保障人身、财产安全的要求。对可能危及人身、财产安全的商品和服务，应当向消费者作出真实的说明和明确的警示，并说明和标明正确使用商品或者接受服务的方法以及防止危害发生的方法。

宾馆、商场、餐馆、银行、机场、车站、港口、影剧院等经营场所的经营者，应当对消费者尽到安全保障义务。

第十九条 经营者发现其提供的商品或者服务存在缺陷，有危及人身、财产安全危险的，应当立即向有关行政部门报告和告知消费者，并采取停止销售、警示、召回、无害化处理、销毁、停止生产或者服务等措施。采取召回措施的，经营者应当承担消费者因商品被召回支出的必要费用。

第二十条 经营者向消费者提供有关商品或者服务的质量、性能、用途、有效期限等信息，应当真实、全面，不得作虚假或者引人误解的宣传。

经营者对消费者就其提供的商品或者服务的质量和使用方法等问题提出的询问，应当作出真实、明确的答复。

经营者提供商品或者服务应当明码标价。

第二十一条 经营者应当标明其真实名称和标记。

租赁他人柜台或者场地的经营者，应当标明其真实名称和标记。

第二十二条 经营者提供商品或者服务，应当按照国家有关规定或者商业惯例向消费者出具发票等购货凭证或者服务单据；消费者索要发票等购货凭证或者服务单据的，经营者必须出具。

第二十三条 经营者应当保证在正常使用商品或者接受服务的情况下其提供的商品或者服务应当具有的质量、性能、用途和有效期限；但消费者在购买该商品或者接受该服务前已经知道其存在瑕疵，且存在该瑕疵不违反法律强制性规定的除外。

经营者以广告、产品说明、实物样品或者其他方式表明商品或者服务的质量状况的，应当保证其提供的商品或者服务的实际质量与表明的质量状况相符。

经营者提供的机动车、计算机、电视机、电冰箱、空调器、洗衣机等耐用商品或者装饰装修等服务，消费者自接受商品或者服务之日起六个月内发现瑕疵，发生争议的，由经营者承担有关瑕疵的举证责任。

第二十四条 经营者提供的商品或者服务不符合质量要求的，消费者可以依照国家规定、当事人约定退货，或者要求经营者履行更换、修理等义务。没有国家规定和当事人约定的，消费者可以自收到商品之日起七日内退货；七日后符合法定解除合同条件的，消费者可以及时退货，不符合法定解除合同条件的，可以要求经营者履行更换、修理等义务。

依照前款规定进行退货、更换、修理的，经营者应当承担运输等必要费用。

第二十五条 经营者采用网络、电视、电话、邮购等方式销售商品，消费者有权自收到商品之日起七日内退货，且无需说明理由，但下列商品除外：

（一）消费者定作的；

（二）鲜活易腐的；

（三）在线下载或者消费者拆封的音像制品、计算机软件等数字化商品；

（四）交付的报纸、期刊。

除前款所列商品外，其他根据商品性质并经消费者在购买时确认不宜退货的商品，不适用无理由退货。

消费者退货的商品应当完好。经营者应当自收到退回商品之日起七日内返还消费者支付的商品价款。退回商品的运费由消费者承担；经营者和消费者另有约定的，按照约定。

第二十六条 经营者在经营活动中使用格式条款的，应当以显著方式提请消费者注意商品或者服务的数量和质量、价款或者费用、履行期限和方式、安全注意事项和风险警示、售后服务、民事责任等与消费者有重大利害关系的内容，并按照消费者的要求予以说明。

经营者不得以格式条款、通知、声明、店堂告示等方式，作出排除或者限制消费者权利、减轻或者免除经营者责任、加重消费者责任等对消费者不公平、不合理的规定，不得利用格式条款并借助技术手段强制交易。

格式条款、通知、声明、店堂告示等含有前款所列内容的，其内容无效。

第二十七条 经营者不得对消费者进行侮辱、诽谤，不得搜查消费者的身体及其携带的物品，不得侵犯消费者的人身自由。

第二十八条 采用网络、电视、电话、邮购等方式提供商品或者服务的经营者，以及提供证券、保险、银行等金融服务的经营者，应当向消费者提供经营地址、联系方式、商品或者服务的数量和质量、价款或者费用、履行期限和方式、安全注意事项和风险警示、售后服务、民事责任等信息。

第二十九条 经营者收集、使用消费者个人信息，应当遵循合法、正当、必要的原则，明示收集、使用信息的目的、方式和范围，并经消费者同意。经营者收集、使用消费者个人信息，应当公开其收集、使用规则，不得违反法律、法规的规定和双方的约定收集、使用信息。

经营者及其工作人员对收集的消费者个人信息必须严格保密，不得泄露、出售或者非法向他人提供。经营者应当采取技术措施和其他必要措施，确保信息安全，防止消费者个人信息泄露、丢失。在发生或者可能发生信息泄露、丢失的情况时，应当立即采取补救措施。

经营者未经消费者同意或者请求，或者消费者明确表示拒绝的，不得向其发送商业性信息。

第四章　国家对消费者合法权益的保护

第三十条 国家制定有关消费者权益的法律、法规、规章和强制性标准，应当听取消费者和消费者协会等组织的意见。

第三十一条 各级人民政府应当加强领导，组织、协调、督促有关行政部门做好保护消费者合法权益的工作，落实保护消费者合法权益的职责。

各级人民政府应当加强监督，预防危害消费者人身、财产安全行为的发生，及时制止危害消费者人身、财产安全的行为。

第三十二条 各级人民政府工商行政管理部门和其他有关行政部门应当依照法律、法规的规定，在各自的职责范围内，采取措施，保护消费者的合法权益。

有关行政部门应当听取消费者和消费者协会等组织对经营者交易行为、商品和服务质量问题的意见，及时调查处理。

第三十三条　有关行政部门在各自的职责范围内，应当定期或者不定期对经营者提供的商品和服务进行抽查检验，并及时向社会公布抽查检验结果。

有关行政部门发现并认定经营者提供的商品或者服务存在缺陷，有危及人身、财产安全危险的，应当立即责令经营者采取停止销售、警示、召回、无害化处理、销毁、停止生产或者服务等措施。

第三十四条　有关国家机关应当依照法律、法规的规定，惩处经营者在提供商品和服务中侵害消费者合法权益的违法犯罪行为。

第三十五条　人民法院应当采取措施，方便消费者提起诉讼。对符合《中华人民共和国民事诉讼法》起诉条件的消费者权益争议，必须受理，及时审理。

第五章　消费者组织

第三十六条　消费者协会和其他消费者组织是依法成立的对商品和服务进行社会监督的保护消费者合法权益的社会组织。

第三十七条　消费者协会履行下列公益性职责：

（一）向消费者提供消费信息和咨询服务，提高消费者维护自身合法权益的能力，引导文明、健康、节约资源和保护环境的消费方式；

（二）参与制定有关消费者权益的法律、法规、规章和强制性标准；

（三）参与有关行政部门对商品和服务的监督、检查；

（四）就有关消费者合法权益的问题，向有关部门反映、查询，提出建议；

（五）受理消费者的投诉，并对投诉事项进行调查、调解；

（六）投诉事项涉及商品和服务质量问题的，可以委托具备资格的鉴定人鉴定，鉴定人应当告知鉴定意见；

（七）就损害消费者合法权益的行为，支持受损害的消费者提起诉讼或者依照本法提起诉讼；

（八）对损害消费者合法权益的行为，通过大众传播媒介予以揭露、批评。

各级人民政府对消费者协会履行职责应当予以必要的经费等支持。

消费者协会应当认真履行保护消费者合法权益的职责，听取消费者的意见和建议，接受社会监督。

依法成立的其他消费者组织依照法律、法规及其章程的规定，开展保护消费者合法权益的活动。

第三十八条　消费者组织不得从事商品经营和营利性服务，不得以收取费用或者其他牟取利益的方式向消费者推荐商品和服务。

第六章　争议的解决

第三十九条　消费者和经营者发生消费者权益争议的，可以通过下列途径解决：

（一）与经营者协商和解；

（二）请求消费者协会或者依法成立的其他调解组织调解；

（三）向有关行政部门投诉；

（四）根据与经营者达成的仲裁协议提请仲裁机构仲裁；

（五）向人民法院提起诉讼。

第四十条　消费者在购买、使用商品时，其合法权益受到损害的，可以向销售者要求赔偿。销售者赔偿后，属于生产者的责任或者属于向销售者提供商品的其他销售者的责任的，销售者有权向生产者或者其他销售者追偿。

消费者或者其他受害人因商品缺陷造成人身、财产损害的，可以向销售者要求赔偿，也可以向生产者要求赔偿。属于生产者责任的，销售者赔偿后，有权向生产者追偿。属于销售者责任的，生产者赔偿后，有权向销售者追偿。

消费者在接受服务时，其合法权益受到损害的，可以向服务者要求赔偿。

第四十一条　消费者在购买、使用商品或者接受服务时，其合法权益受到损害，因原企业分立、合并的，可以向变更后承受其权利义务的企业要求赔偿。

第四十二条　使用他人营业执照的违法经营者提供商品或者服务，损害消费者合法权益的，消费者可以向其要求赔偿，也可以向营业执照的持有人要求赔偿。

第四十三条　消费者在展销会、租赁柜台购买商品或者接受服务，其合法权益受到损害的，可以向销售者或者服务者要求赔偿。展销会结束或者柜台租赁期满后，也可以向展销会的举办者、柜台的出租者要求赔偿。展销会的举办者、柜台的出租者赔偿后，有权向销售者或者服务者追偿。

第四十四条　消费者通过网络交易平台购买商品或者接受服务，其合法权益受到损害的，可以向销售者或者服务者要求赔偿。网络交易平台提供者不能提供销售者或者服务者的真实名称、地址和有效联系方式的，消费者也可以向网络交易平台提供者要求赔偿；网络交易平台提供者作出更有利于消费者的承诺的，应当履行承诺。网络交易平台提供者赔偿后，有权向销售者或者服务者追偿。

网络交易平台提供者明知或者应知销售者或者服务者

利用其平台侵害消费者合法权益，未采取必要措施的，依法与该销售者或者服务者承担连带责任。

第四十五条 消费者因经营者利用虚假广告或者其他虚假宣传方式提供商品或者服务，其合法权益受到损害的，可以向经营者要求赔偿。广告经营者、发布者发布虚假广告的，消费者可以请求行政主管部门予以惩处。广告经营者、发布者不能提供经营者的真实名称、地址和有效联系方式的，应当承担赔偿责任。

广告经营者、发布者设计、制作、发布关系消费者生命健康商品或者服务的虚假广告，造成消费者损害的，应当与提供该商品或者服务的经营者承担连带责任。

社会团体或者其他组织、个人在关系消费者生命健康商品或者服务的虚假广告或者其他虚假宣传中向消费者推荐商品或者服务，造成消费者损害的，应当与提供该商品或者服务的经营者承担连带责任。

第四十六条 消费者向有关行政部门投诉的，该部门应当自收到投诉之日起七个工作日内，予以处理并告知消费者。

第四十七条 对侵害众多消费者合法权益的行为，中国消费者协会以及在省、自治区、直辖市设立的消费者协会，可以向人民法院提起诉讼。

第七章 法律责任

第四十八条 经营者提供商品或者服务有下列情形之一的，除本法另有规定外，应当依照其他有关法律、法规的规定，承担民事责任：

（一）商品或者服务存在缺陷的；

（二）不具备商品应当具备的使用性能而出售时未作说明的；

（三）不符合在商品或者其包装上注明采用的商品标准的；

（四）不符合商品说明、实物样品等方式表明的质量状况的；

（五）生产国家明令淘汰的商品或者销售失效、变质的商品的；

（六）销售的商品数量不足的；

（七）服务的内容和费用违反约定的；

（八）对消费者提出的修理、重作、更换、退货、补足商品数量、退还货款和服务费用或者赔偿损失的要求，故意拖延或者无理拒绝的；

（九）法律、法规规定的其他损害消费者权益的情形。

经营者对消费者未尽到安全保障义务，造成消费者损害的，应当承担侵权责任。

第四十九条 经营者提供商品或者服务，造成消费者或者其他受害人人身伤害的，应当赔偿医疗费、护理费、交通费等为治疗和康复支出的合理费用，以及因误工减少的收入。造成残疾的，还应当赔偿残疾生活辅助具费和残疾赔偿金。造成死亡的，还应当赔偿丧葬费和死亡赔偿金。

第五十条 经营者侵害消费者的人格尊严、侵犯消费者人身自由或者侵害消费者个人信息依法得到保护的权利的，应当停止侵害、恢复名誉、消除影响、赔礼道歉，并赔偿损失。

第五十一条 经营者有侮辱诽谤、搜查身体、侵犯人身自由等侵害消费者或者其他受害人人身权益的行为，造成严重精神损害的，受害人可以要求精神损害赔偿。

第五十二条 经营者提供商品或者服务，造成消费者财产损害的，应当依照法律规定或者当事人约定承担修理、重作、更换、退货、补足商品数量、退还货款和服务费用或者赔偿损失等民事责任。

第五十三条 经营者以预收款方式提供商品或者服务的，应当按照约定提供。未按照约定提供的，应当按照消费者的要求履行约定或者退回预付款；并应当承担预付款的利息、消费者必须支付的合理费用。

第五十四条 依法经有关行政部门认定为不合格的商品，消费者要求退货的，经营者应当负责退货。

第五十五条 经营者提供商品或者服务有欺诈行为的，应当按照消费者的要求增加赔偿其受到的损失，增加赔偿的金额为消费者购买商品的价款或者接受服务的费用的三倍；增加赔偿的金额不足五百元的，为五百元。法律另有规定的，依照其规定。

经营者明知商品或者服务存在缺陷，仍然向消费者提供，造成消费者或者其他受害人死亡或者健康严重损害的，受害人有权要求经营者依照本法第四十九条、第五十一条等法律规定赔偿损失，并有权要求所受损失二倍以下的惩罚性赔偿。

第五十六条 经营者有下列情形之一，除承担相应的民事责任外，其他有关法律、法规对处罚机关和处罚方式有规定的，依照法律、法规的规定执行；法律、法规未作规定的，由工商行政管理部门或者其他有关行政部门责令改正，可以根据情节单处或者并处警告、没收违法所得、处以违法所得一倍以上十倍以下的罚款，没有违法所得的，处以五十万元以下的罚款；情节严重的，责令停业整顿、吊销营业执照：

（一）提供的商品或者服务不符合保障人身、财产安全

要求的；

（二）在商品中掺杂、掺假，以假充真，以次充好，或者以不合格商品冒充合格商品的；

（三）生产国家明令淘汰的商品或者销售失效、变质的商品的；

（四）伪造商品的产地，伪造或者冒用他人的厂名、厂址，篡改生产日期，伪造或者冒用认证标志等质量标志的；

（五）销售的商品应当检验、检疫而未检验、检疫或者伪造检验、检疫结果的；

（六）对商品或者服务作虚假或者引人误解的宣传的；

（七）拒绝或者拖延有关行政部门责令对缺陷商品或者服务采取停止销售、警示、召回、无害化处理、销毁、停止生产或者服务等措施的；

（八）对消费者提出的修理、重作、更换、退货、补足商品数量、退还货款和服务费用或者赔偿损失的要求，故意拖延或者无理拒绝的；

（九）侵害消费者人格尊严、侵犯消费者人身自由或者侵害消费者个人信息依法得到保护的权利的；

（十）法律、法规规定的对损害消费者权益应当予以处罚的其他情形。

经营者有前款规定情形的，除依照法律、法规规定予以处罚外，处罚机关应当记入信用档案，向社会公布。

第五十七条 经营者违反本法规定提供商品或者服务，侵害消费者合法权益，构成犯罪的，依法追究刑事责任。

第五十八条 经营者违反本法规定，应当承担民事赔偿责任和缴纳罚款、罚金，其财产不足以同时支付的，先承担民事赔偿责任。

第五十九条 经营者对行政处罚决定不服的，可以依法申请行政复议或者提起行政诉讼。

第六十条 以暴力、威胁等方法阻碍有关行政部门工作人员依法执行职务的，依法追究刑事责任；拒绝、阻碍有关行政部门工作人员依法执行职务，未使用暴力、威胁方法的，由公安机关依照《中华人民共和国治安管理处罚法》的规定处罚。

第六十一条 国家机关工作人员玩忽职守或者包庇经营者侵害消费者合法权益的行为的，由其所在单位或者上级机关给予行政处分；情节严重，构成犯罪的，依法追究刑事责任。

第八章 附 则

第六十二条 农民购买、使用直接用于农业生产的生产资料，参照本法执行。

第六十三条 本法自1994年1月1日起施行。

中华人民共和国广告法

（1994年10月27日第八届全国人民代表大会常务委员会第十次会议通过 2015年4月24日第十二届全国人民代表大会常务委员会第十四次会议修订）

目 录

第一章 总则

第一条 为了规范广告活动，保护消费者的合法权益，促进广告业的健康发展，维护社会经济秩序，制定本法。

第二条 在中华人民共和国境内，商品经营者或者服务提供者通过一定媒介和形式直接或者间接地介绍自己所推销的商品或者服务的商业广告活动，适用本法。

本法所称广告主，是指为推销商品或者服务，自行或者委托他人设计、制作、发布广告的自然人、法人或者其他组织。

本法所称广告经营者，是指接受委托提供广告设计、制作、代理服务的自然人、法人或者其他组织。

本法所称广告发布者，是指为广告主或者广告主委托的广告经营者发布广告的自然人、法人或者其他组织。

本法所称广告代言人，是指广告主以外的，在广告中以自己的名义或者形象对商品、服务作推荐、证明的自然人、法人或者其他组织。

第三条 广告应当真实、合法，以健康的表现形式表达广告内容，符合社会主义精神文明建设和弘扬中华民族优秀传统文化的要求。

第四条 广告不得含有虚假或者引人误解的内容，不得欺骗、误导消费者。

广告主应当对广告内容的真实性负责。

第五条 广告主、广告经营者、广告发布者从事广告活动，应当遵守法律、法规，诚实信用，公平竞争。

第六条 国务院工商行政管理部门主管全国的广告监督管理工作，国务院有关部门在各自的职责范围内负责广告管理相关工作。

县级以上地方工商行政管理部门主管本行政区域的广告监督管理工作，县级以上地方人民政府有关部门在各自的职责范围内负责广告管理相关工作。

第七条 广告行业组织依照法律、法规和章程的规定，制定行业规范，加强行业自律，促进行业发展，引导会员依法从事广告活动，推动广告行业诚信建设。

第二章 广告内容准则

第八条 广告中对商品的性能、功能、产地、用途、质量、成分、价格、生产者、有效期限、允诺等或者对服务的内容、提供者、形式、质量、价格、允诺等有表示的，应当准确、清楚、明白。

广告中表明推销的商品或者服务附带赠送的，应当明示所附带赠送商品或者服务的品种、规格、数量、期限和方式。

法律、行政法规规定广告中应当明示的内容，应当显著、清晰表示。

第九条 广告不得有下列情形：

（一）使用或者变相使用中华人民共和国的国旗、国歌、国徽，军旗、军歌、军徽；

（二）使用或者变相使用国家机关、国家机关工作人员的名义或者形象；

（三）使用“国家级”、“最高级”、“最佳”等用语；

（四）损害国家的尊严或者利益，泄露国家秘密；

（五）妨碍社会安定，损害社会公共利益；

（六）危害人身、财产安全，泄露个人隐私；

（七）妨碍社会公共秩序或者违背社会良好风尚；

（八）含有淫秽、色情、赌博、迷信、恐怖、暴力的内容；

（九）含有民族、种族、宗教、性别歧视的内容；

（十）妨碍环境、自然资源或者文化遗产保护；

（十一）法律、行政法规规定禁止的其他情形。

第十条 广告不得损害未成年人和残疾人的身心健康。

第十一条 广告内容涉及的事项需要取得行政许可的，应当与许可的内容相符合。

广告使用数据、统计资料、调查结果、文摘、引用语等引证内容的，应当真实、准确，并表明出处。引证内容有适用范围和有效期限的，应当明确表示。

第十二条 广告中涉及专利产品或者专利方法的，应当标明专利号和专利种类。

未取得专利权的，不得在广告中谎称取得专利权。

禁止使用未授予专利权的专利申请和已经终止、撤销、无效的专利作广告。

第十三条 广告不得贬低其他生产经营者的商品或者服务。

第十四条 广告应当具有可识别性，能够使消费者辨明其为广告。

大众传播媒介不得以新闻报道形式变相发布广告。通过大众传播媒介发布的广告应当显著标明“广告”，与其他非广告信息相区别，不得使消费者产生误解。

广播电台、电视台发布广告，应当遵守国务院有关部门关于时长、方式的规定，并应当对广告时长作出明显提示。

第十五条 麻醉药品、精神药品、医疗用毒性药品、放射性药品等特殊药品，药品类易制毒化学品，以及戒毒治疗的药品、医疗器械和治疗方法，不得作广告。

前款规定以外的处方药，只能在国务院卫生行政部门和国务院药品监督管理部门共同指定的医学、药学专业刊物上作广告。

第十六条 医疗、药品、医疗器械广告不得含有下列内容：

（一）表示功效、安全性的断言或者保证；

（二）说明治愈率或者有效率；

（三）与其他药品、医疗器械的功效和安全性或者其他医疗机构比较；

（四）利用广告代言人作推荐、证明；

（五）法律、行政法规规定禁止的其他内容。

药品广告的内容不得与国务院药品监督管理部门批准的说明书不一致，并应当显著标明禁忌、不良反应。处方药广告应当显著标明“本广告仅供医学药学专业人士阅读”，非处方药广告应当显著标明“请按药品说明书或者在药师指导下购买和使用”。

推荐给个人自用的医疗器械的广告，应当显著标明“请仔细阅读产品说明书或者在医务人员的指导下购买和使用”。医疗器械产品注册证明文件中有禁忌内容、注意事项的，广告中应当显著标明“禁忌内容或者注意事项详见说明书”。

第十七条 除医疗、药品、医疗器械广告外，禁止其他任何广告涉及疾病治疗功能，并不得使用医疗用语或者易使推销的商品与药品、医疗器械相混淆的用语。

第十八条 保健食品广告不得含有下列内容：

（一）表示功效、安全性的断言或者保证；

（二）涉及疾病预防、治疗功能；

（三）声称或者暗示广告商品为保障健康所必需；

（四）与药品、其他保健食品进行比较；

（五）利用广告代言人作推荐、证明；

（六）法律、行政法规规定禁止的其他内容。

保健食品广告应当显著标明“本品不能代替药物”。

第十九条 广播电台、电视台、报刊音像出版单位、互联网信息服务提供者不得以介绍健康、养生知识等形式变相发布医疗、药品、医疗器械、保健食品广告。

第二十条 禁止在大众传播媒介或者公共场所发布声称全部或者部分替代母乳的婴儿乳制品、饮料和其他食品广告。

第二十一条 农药、兽药、饲料和饲料添加剂广告不得含有下列内容：

（一）表示功效、安全性的断言或者保证；

（二）利用科研单位、学术机构、技术推广机构、行业协会或者专业人士、用户的名义或者形象作推荐、证明；

（三）说明有效率；

（四）违反安全使用规程的文字、语言或者画面；

（五）法律、行政法规规定禁止的其他内容。

第二十二条 禁止在大众传播媒介或者公共场所、公共交通工具、户外发布烟草广告。禁止向未成年人发送任何形式的烟草广告。

禁止利用其他商品或者服务的广告、公益广告，宣传烟草制品名称、商标、包装、装潢以及类似内容。

烟草制品生产者或者销售者发布的迁址、更名、招聘等启事中，不得含有烟草制品名称、商标、包装、装潢以及类似内容。

第二十三条 酒类广告不得含有下列内容：

（一）诱导、怂恿饮酒或者宣传无节制饮酒；

（二）出现饮酒的动作；

（三）表现驾驶车、船、飞机等活动；

（四）明示或者暗示饮酒有消除紧张和焦虑、增加体力等功效。

第二十四条 教育、培训广告不得含有下列内容：

（一）对升学、通过考试、获得学位学历或者合格证书，或者对教育、培训的效果作出明示或者暗示的保证性承诺；

（二）明示或者暗示有相关考试机构或者其工作人员、考试命题人员参与教育、培训；

（三）利用科研单位、学术机构、教育机构、行业协会、专业人士、受益者的名义或者形象作推荐、证明。

第二十五条 招商等有投资回报预期的商品或者服务广告，应当对可能存在的风险以及风险责任承担有合理提示或者警示，并不得含有下列内容：

（一）对未来效果、收益或者与其相关的情况作出保证性承诺，明示或者暗示保本、无风险或者保收益等，国家另有规定的除外；

（二）利用学术机构、行业协会、专业人士、受益者的名义或者形象作推荐、证明。

第二十六条 房地产广告，房源信息应当真实，面积应当表明为建筑面积或者套内建筑面积，并不得含有下列内容：

（一）升值或者投资回报的承诺；

（二）以项目到达某一具体参照物的所需时间表示项目位置；

（三）违反国家有关价格管理的规定；

（四）对规划或者建设中的交通、商业、文化教育设施以及其他市政条件作误导宣传。

第二十七条 农作物种子、林木种子、草种子、种畜禽、水产苗种和种养殖广告关于品种名称、生产性能、生长量或者产量、品质、抗性、特殊使用价值、经济价值、适宜种植或者养殖的范围和条件等方面的表述应当真实、清楚、明白，并不得含有下列内容：

（一）作科学上无法验证的断言；

（二）表示功效的断言或者保证；

（三）对经济效益进行分析、预测或者作保证性承诺；

（四）利用科研单位、学术机构、技术推广机构、行业协会或者专业人士、用户的名义或者形象作推荐、证明。

第二十八条 广告以虚假或者引人误解的内容欺骗、误导消费者的，构成虚假广告。

广告有下列情形之一的，为虚假广告：

（一）商品或者服务不存在的；

（二）商品的性能、功能、产地、用途、质量、规格、成分、价格、生产者、有效期限、销售状况、曾获荣誉等信息，或者服务的内容、提供者、形式、质量、价格、销售状况、曾获荣誉等信息，以及与商品或者服务有关的允诺等信息与实际情况不符，对购买行为有实质性影响的；

（三）使用虚构、伪造或者无法验证的科研成果、统计资料、调查结果、文摘、引用语等信息作证明材料的；

（四）虚构使用商品或者接受服务的效果的；

（五）以虚假或者引人误解的内容欺骗、误导消费者的其他情形。

第三章　广告行为规范

第二十九条 广播电台、电视台、报刊出版单位从事广告发布业务的，应当设有专门从事广告业务的机构，配备必要的人员，具有与发布广告相适应的场所、设备，并向县级以上地方工商行政管理部门办理广告发布登记。

第三十条 广告主、广告经营者、广告发布者之间在广告活动中应当依法订立书面合同。

第三十一条 广告主、广告经营者、广告发布者不得在广告活动中进行任何形式的不正当竞争。

第三十二条 广告主委托设计、制作、发布广告，应当委托具有合法经营资格的广告经营者、广告发布者。

第三十三条 广告主或者广告经营者在广告中使用他人名义或者形象的，应当事先取得其书面同意；使用无民事行为能力人、限制民事行为能力人的名义或者形象的，应当事先取得其监护人的书面同意。

第三十四条 广告经营者、广告发布者应当按照国家有关规定，建立、健全广告业务的承接登记、审核、档案管理制度。

广告经营者、广告发布者依据法律、行政法规查验有关证明文件，核对广告内容。对内容不符或者证明文件不全的广告，广告经营者不得提供设计、制作、代理服务，广告发布者不得发布。

第三十五条 广告经营者、广告发布者应当公布其收费标准和收费办法。

第三十六条 广告发布者向广告主、广告经营者提供的覆盖率、收视率、点击率、发行量等资料应当真实。

第三十七条 法律、行政法规规定禁止生产、销售的产品或者提供的服务，以及禁止发布广告的商品或者服务，任何单位或者个人不得设计、制作、代理、发布广告。

第三十八条 广告代言人在广告中对商品、服务作推荐、证明，应当依据事实，符合本法和有关法律、行政法规规定，并不得为其未使用过的商品或者未接受过的服务作推荐、证明。

不得利用不满十周岁的未成年人作为广告代言人。

对在虚假广告中作推荐、证明受到行政处罚未满三年的自然人、法人或者其他组织，不得利用其作为广告代言人。

第三十九条 不得在中小学校、幼儿园内开展广告活动，不得利用中小学生和幼儿的教材、教辅材料、练习册、文具、教具、校服、校车等发布或者变相发布广告，但公益广告除外。

第四十条 在针对未成年人的大众传播媒介上不得发布医疗、药品、保健食品、医疗器械、化妆品、酒类、美容广告，以及不利于未成年人身心健康的网络游戏广告。

针对不满十四周岁的未成年人的商品或者服务的广告不得含有下列内容：

（一）劝诱其要求家长购买广告商品或者服务；

（二）可能引发其模仿不安全行为。

第四十一条 县级以上地方人民政府应当组织有关部门加强对利用户外场所、空间、设施等发布户外广告的监督管理，制定户外广告设置规划和安全要求。

户外广告的管理办法，由地方性法规、地方政府规章规定。

第四十二条 有下列情形之一的，不得设置户外广告：

（一）利用交通安全设施、交通标志的；

（二）影响市政公共设施、交通安全设施、交通标志、消防设施、消防安全标志使用的；

（三）妨碍生产或者人民生活，损害市容市貌的；

（四）在国家机关、文物保护单位、风景名胜区等的建筑控制地带，或者县级以上地方人民政府禁止设置户外广告的区域设置的。

第四十三条 任何单位或者个人未经当事人同意或者请求，不得向其住宅、交通工具等发送广告，也不得以电子信息方式向其发送广告。

以电子信息方式发送广告的，应当明示发送者的真实身份和联系方式，并向接收者提供拒绝继续接收的方式。

第四十四条 利用互联网从事广告活动，适用本法的各项规定。

利用互联网发布、发送广告，不得影响用户正常使用网络。在互联网页面以弹出等形式发布的广告，应当显著标明关闭标志，确保一键关闭。

第四十五条 公共场所的管理者或者电信业务经营者、互联网信息服务提供者对其明知或者应知的利用其场所或者信息传输、发布平台发送、发布违法广告的，应当予以制止。

第四章 监督管理

第四十六条 发布医疗、药品、医疗器械、农药、兽药和保健食品广告，以及法律、行政法规规定应当进行审查的其他广告，应当在发布前由有关部门（以下称广告审查机关）对广告内容进行审查；未经审查，不得发布。

第四十七条 广告主申请广告审查，应当依照法律、行政法规向广告审查机关提交有关证明文件。

广告审查机关应当依照法律、行政法规规定作出审查决定，并应当将审查批准文件抄送同级工商行政管理部门。广告审查机关应当及时向社会公布批准的广告。

第四十八条 任何单位或者个人不得伪造、变造或者转

让广告审查批准文件。

第四十九条 工商行政管理部门履行广告监督管理职责，可以行使下列职权：

（一）对涉嫌从事违法广告活动的场所实施现场检查；

（二）询问涉嫌违法当事人或者其法定代表人、主要负责人和其他有关人员，对有关单位或者个人进行调查；

（三）要求涉嫌违法当事人限期提供有关证明文件；

（四）查阅、复制与涉嫌违法广告有关的合同、票据、账簿、广告作品和其他有关资料；

（五）查封、扣押与涉嫌违法广告直接相关的广告物品、经营工具、设备等财物；

（六）责令暂停发布可能造成严重后果的涉嫌违法广告；

（七）法律、行政法规规定的其他职权。

工商行政管理部门应当建立健全广告监测制度，完善监测措施，及时发现和依法查处违法广告行为。

第五十条 国务院工商行政管理部门会同国务院有关部门，制定大众传播媒介广告发布行为规范。

第五十一条 工商行政管理部门依照本法规定行使职权，当事人应当协助、配合，不得拒绝、阻挠。

第五十二条 工商行政管理部门和有关部门及其工作人员对其在广告监督管理活动中知悉的商业秘密负有保密义务。

第五十三条 任何单位或者个人有权向工商行政管理部门和有关部门投诉、举报违反本法的行为。工商行政管理部门和有关部门应当向社会公开受理投诉、举报的电话、信箱或者电子邮件地址，接到投诉、举报的部门应当自收到投诉之日起七个工作日内，予以处理并告知投诉、举报人。

工商行政管理部门和有关部门不依法履行职责的，任何单位或者个人有权向其上级机关或者监察机关举报。接到举报的机关应当依法作出处理，并将处理结果及时告知举报人。

有关部门应当为投诉、举报人保密。

第五十四条 消费者协会和其他消费者组织对违反本法规定，发布虚假广告侵害消费者合法权益，以及其他损害社会公共利益的行为，依法进行社会监督。

第五章　法律责任

第五十五条 违反本法规定，发布虚假广告的，由工商行政管理部门责令停止发布广告，责令广告主在相应范围内消除影响，处广告费用三倍以上五倍以下的罚款，广告费用无法计算或者明显偏低的，处二十万元以上一百万元以下的罚款；两年内有三次以上违法行为或者有其他严重情节的，处广告费用五倍以上十倍以下的罚款，广告费用无法计算或者明显偏低的，处一百万元以上二百万元以下的罚款，可以吊销营业执照，并由广告审查机关撤销广告审查批准文件、一年内不受理其广告审查申请。

医疗机构有前款规定违法行为，情节严重的，除由工商行政管理部门依照本法处罚外，卫生行政部门可以吊销诊疗科目或者吊销医疗机构执业许可证。

广告经营者、广告发布者明知或者应知广告虚假仍设计、制作、代理、发布的，由工商行政管理部门没收广告费用，并处广告费用三倍以上五倍以下的罚款，广告费用无法计算或者明显偏低的，处二十万元以上一百万元以下的罚款；两年内有三次以上违法行为或者有其他严重情节的，处广告费用五倍以上十倍以下的罚款，广告费用无法计算或者明显偏低的，处一百万元以上二百万元以下的罚款，并可以由有关部门暂停广告发布业务、吊销营业执照、吊销广告发布登记证件。

广告主、广告经营者、广告发布者有本条第一款、第三款规定行为，构成犯罪的，依法追究刑事责任。

第五十六条 违反本法规定，发布虚假广告，欺骗、误导消费者，使购买商品或者接受服务的消费者的合法权益受到损害的，由广告主依法承担民事责任。广告经营者、广告发布者不能提供广告主的真实名称、地址和有效联系方式的，消费者可以要求广告经营者、广告发布者先行赔偿。

关系消费者生命健康的商品或者服务的虚假广告，造成消费者损害的，其广告经营者、广告发布者、广告代言人应当与广告主承担连带责任。

前款规定以外的商品或者服务的虚假广告，造成消费者损害的，其广告经营者、广告发布者、广告代言人，明知或者应知广告虚假仍设计、制作、代理、发布或者作推荐、证明的，应当与广告主承担连带责任。

第五十七条 有下列行为之一的，由工商行政管理部门责令停止发布广告，对广告主处二十万元以上一百万元以下的罚款，情节严重的，并可以吊销营业执照，由广告审查机关撤销广告审查批准文件、一年内不受理其广告审查申请；对广告经营者、广告发布者，由工商行政管理部门没收广告费用，处二十万元以上一百万元以下的罚款，情节严重的，并可以吊销营业执照、吊销广告发布登记证件：

（一）发布有本法第九条、第十条规定的禁止情形的广告的；

（二）违反本法第十五条规定发布处方药广告、药品类易制毒化学品广告、戒毒治疗的医疗器械和治疗方法广告的；

（三）违反本法第二十条规定，发布声称全部或者部分替代母乳的婴儿乳制品、饮料和其他食品广告的；

（四）违反本法第二十二条规定发布烟草广告的；

（五）违反本法第三十七条规定，利用广告推销禁止生产、销售的产品或者提供的服务，或者禁止发布广告的商品或者服务的；

（六）违反本法第四十条第一款规定，在针对未成年人的大众传播媒介上发布医疗、药品、保健食品、医疗器械、化妆品、酒类、美容广告，以及不利于未成年人身心健康的网络游戏广告的。

第五十八条 有下列行为之一的，由工商行政管理部门责令停止发布广告，责令广告主在相应范围内消除影响，处广告费用一倍以上三倍以下的罚款，广告费用无法计算或者明显偏低的，处十万元以上二十万元以下的罚款；情节严重的，处广告费用三倍以上五倍以下的罚款，广告费用无法计算或者明显偏低的，处二十万元以上一百万元以下的罚款，可以吊销营业执照，并由广告审查机关撤销广告审查批准文件、一年内不受理其广告审查申请：

（一）违反本法第十六条规定发布医疗、药品、医疗器械广告的；

（二）违反本法第十七条规定，在广告中涉及疾病治疗功能，以及使用医疗用语或者易使推销的商品与药品、医疗器械相混淆的用语的；

（三）违反本法第十八条规定发布保健食品广告的；

（四）违反本法第二十一条规定发布农药、兽药、饲料和饲料添加剂广告的；

（五）违反本法第二十三条规定发布酒类广告的；

（六）违反本法第二十四条规定发布教育、培训广告的；

（七）违反本法第二十五条规定发布招商等有投资回报预期的商品或者服务广告的；

（八）违反本法第二十六条规定发布房地产广告的；

（九）违反本法第二十七条规定发布农作物种子、林木种子、草种子、种畜禽、水产苗种和种养殖广告的；

（十）违反本法第三十八条第二款规定，利用不满十周岁的未成年人作为广告代言人的；

（十一）违反本法第三十八条第三款规定，利用自然人、法人或者其他组织作为广告代言人的；

（十二）违反本法第三十九条规定，在中小学校、幼儿园内或者利用与中小学生、幼儿有关的物品发布广告的；

（十三）违反本法第四十条第二款规定，发布针对不满十四周岁的未成年人的商品或者服务的广告的；

（十四）违反本法第四十六条规定，未经审查发布广告的。

医疗机构有前款规定违法行为，情节严重的，除由工商行政管理部门依照本法处罚外，卫生行政部门可以吊销诊疗科目或者吊销医疗机构执业许可证。

广告经营者、广告发布者明知或者应知有本条第一款规定违法行为仍设计、制作、代理、发布的，由工商行政管理部门没收广告费用，并处广告费用一倍以上三倍以下的罚款，广告费用无法计算或者明显偏低的，处十万元以上二十万元以下的罚款；情节严重的，处广告费用三倍以上五倍以下的罚款，广告费用无法计算或者明显偏低的，处二十万元以上一百万元以下的罚款，并可以由有关部门暂停广告发布业务、吊销营业执照、吊销广告发布登记证件。

第五十九条 有下列行为之一的，由工商行政管理部门责令停止发布广告，对广告主处十万元以下的罚款：

（一）广告内容违反本法第八条规定的；

（二）广告引证内容违反本法第十一条规定的；

（三）涉及专利的广告违反本法第十二条规定的；

（四）违反本法第十三条规定，广告贬低其他生产经营者的商品或者服务的。

广告经营者、广告发布者明知或者应知有前款规定违法行为仍设计、制作、代理、发布的，由工商行政管理部门处十万元以下的罚款。

广告违反本法第十四条规定，不具有可识别性的，或者违反本法第十九条规定，变相发布医疗、药品、医疗器械、保健食品广告的，由工商行政管理部门责令改正，对广告发布者处十万元以下的罚款。

第六十条 违反本法第二十九条规定，广播电台、电视台、报刊出版单位未办理广告发布登记，擅自从事广告发布业务的，由工商行政管理部门责令改正，没收违法所得，违法所得一万元以上的，并处违法所得一倍以上三倍以下的罚款；违法所得不足一万元的，并处五千元以上三万元以下的罚款。

第六十一条 违反本法第三十四条规定，广告经营者、广告发布者未按照国家有关规定建立、健全广告业务管理制度的，或者未对广告内容进行核对的，由工商行政管理部门责令改正，可以处五万元以下的罚款。

违反本法第三十五条规定，广告经营者、广告发布者未公布其收费标准和收费办法的，由价格主管部门责令改正，可以处五万元以下的罚款。

第六十二条 广告代言人有下列情形之一的，由工商行政政管理部门没收违法所得，并处违法所得一倍以上二倍以下的罚款：

（一）违反本法第十六条第一款第四项规定，在医疗、药品、医疗器械广告中作推荐、证明的；

（二）违反本法第十八条第一款第五项规定，在保健食品广告中作推荐、证明的；

（三）违反本法第三十八条第一款规定，为其未使用过的商品或者未接受过的服务作推荐、证明的；

（四）明知或者应知广告虚假仍在广告中对商品、服务作推荐、证明的。

第六十三条 违反本法第四十三条规定发送广告的，由有关部门责令停止违法行为，对广告主处五千元以上三万元以下的罚款。

违反本法第四十四条第二款规定，利用互联网发布广告，未显著标明关闭标志，确保一键关闭的，由工商行政管理部门责令改正，对广告主处五千元以上三万元以下的罚款。

第六十四条 违反本法第四十五条规定，公共场所的管理者和电信业务经营者、互联网信息服务提供者，明知或者应知广告活动违法不予制止的，由工商行政管理部门没收违法所得，违法所得五万元以上的，并处违法所得一倍以上三倍以下的罚款，违法所得不足五万元的，并处一万元以上五万元以下的罚款；情节严重的，由有关部门依法停止相关业务。

第六十五条 违反本法规定，隐瞒真实情况或者提供虚假材料申请广告审查的，广告审查机关不予受理或者不予批准，予以警告，一年内不受理该申请人的广告审查申请；以欺骗、贿赂等不正当手段取得广告审查批准的，广告审查机关予以撤销，处十万元以上二十万元以下的罚款，三年内不受理该申请人的广告审查申请。

第六十六条 违反本法规定，伪造、变造或者转让广告审查批准文件的，由工商行政管理部门没收违法所得，并处一万元以上十万元以下的罚款。

第六十七条 有本法规定的违法行为的，由工商行政管理部门记入信用档案，并依照有关法律、行政法规规定予以公示。

第六十八条 广播电台、电视台、报刊音像出版单位发布违法广告，或者以新闻报道形式变相发布广告，或者以介绍健康、养生知识等形式变相发布医疗、药品、医疗器械、保健食品广告，工商行政管理部门依照本法给予处罚的，应当通报新闻出版广电部门以及其他有关部门。新闻出版广电部门以及其他有关部门应当依法对负有责任的主管人员和直接责任人员给予处分；情节严重的，并可以暂停媒体的广告发布业务。

新闻出版广电部门以及其他有关部门未依照前款规定对广播电台、电视台、报刊音像出版单位进行处理的，对负有责任的主管人员和直接责任人员，依法给予处分。

第六十九条 广告主、广告经营者、广告发布者违反本法规定，有下列侵权行为之一的，依法承担民事责任：

（一）在广告中损害未成年人或者残疾人的身心健康的；

（二）假冒他人专利的；

（三）贬低其他生产经营者的商品、服务的；

（四）在广告中未经同意使用他人名义或者形象的；

（五）其他侵犯他人合法民事权益的。

第七十条 因发布虚假广告，或者有其他本法规定的违法行为，被吊销营业执照的公司、企业的法定代表人，对违法行为负有个人责任的，自该公司、企业被吊销营业执照之日起三年内不得担任公司、企业的董事、监事、高级管理人员。

第七十一条 违反本法规定，拒绝、阻挠工商行政管理部门监督检查，或者有其他构成违反治安管理行为的，依法给予治安管理处罚；构成犯罪的，依法追究刑事责任。

第七十二条 广告审查机关对违法的广告内容作出审查批准决定的，对负有责任的主管人员和直接责任人员，由任免机关或者监察机关依法给予处分；构成犯罪的，依法追究刑事责任。

第七十三条 工商行政管理部门对在履行广告监测职责中发现的违法广告行为或者对经投诉、举报的违法广告行为，不依法予以查处的，对负有责任的主管人员和直接责任人员，依法给予处分。

工商行政管理部门和负责广告管理相关工作的有关部门的工作人员玩忽职守、滥用职权、徇私舞弊的，依法给予处分。

有前两款行为，构成犯罪的，依法追究刑事责任。

第六章　附则

第七十四条 国家鼓励、支持开展公益广告宣传活动，传播社会主义核心价值观，倡导文明风尚。

大众传播媒介有义务发布公益广告。广播电台、电视台、报刊出版单位应当按照规定的版面、时段、时长发布公益广告。公益广告的管理办法，由国务院工商行政管理部门会同有关部门制定。

第七十五条 本法自2015年9月1日起施行。

中华人民共和国产品质量法

（1993年2月22日第七届全国人民代表大会常务委员会第三十次会议通过　根据2000年7月8日第九届全国人民代表大会常务委员会第十六次会议《关于修改〈中华人民共和国产品质量法〉的决定》第一次修正　根据2009年8月27日第十一届全国人民代表大会常务委员会第十次会议《关于修改部分法律的决定》第二次修正）

目　　录

第一章　总则

第一条　为了加强对产品质量的监督管理，提高产品质量水平，明确产品质量责任，保护消费者的合法权益，维护社会经济秩序，制定本法。

第二条　在中华人民共和国境内从事产品生产、销售活动，必须遵守本法。

本法所称产品是指经过加工、制作，用于销售的产品。

建设工程不适用本法规定；但是，建设工程使用的建筑材料、建筑构配件和设备，属于前款规定的产品范围的，适用本法规定。

第三条　生产者、销售者应当建立健全内部产品质量管理制度，严格实施岗位质量规范、质量责任以及相应的考核办法。

第四条　生产者、销售者依照本法规定承担产品质量责任。

第五条　禁止伪造或者冒用认证标志等质量标志；禁止伪造产品的产地，伪造或者冒用他人的厂名、厂址；禁止在生产、销售的产品中掺杂、掺假，以假充真，以次充好。

第六条　国家鼓励推行科学的质量管理方法，采用先进的科学技术，鼓励企业产品质量达到并且超过行业标准、国家标准和国际标准。

对产品质量管理先进和产品质量达到国际先进水平、成绩显著的单位和个人，给予奖励。

第七条　各级人民政府应当把提高产品质量纳入国民经济和社会发展规划，加强对产品质量工作的统筹规划和组织领导，引导、督促生产者、销售者加强产品质量管理，提高产品质量，组织各有关部门依法采取措施，制止产品生产、销售中违反本法规定的行为，保障本法的施行。

第八条　国务院产品质量监督部门主管全国产品质量监督工作。国务院有关部门在各自的职责范围内负责产品质量监督工作。

县级以上地方产品质量监督部门主管本行政区域内的产品质量监督工作。县级以上地方人民政府有关部门在各自的职责范围内负责产品质量监督工作。

法律对产品质量的监督部门另有规定的，依照有关法律的规定执行。

第九条　各级人民政府工作人员和其他国家机关工作人员不得滥用职权、玩忽职守或者徇私舞弊，包庇、放纵本地区、本系统发生的产品生产、销售中违反本法规定的行为，或者阻挠、干预依法对产品生产、销售中违反本法规定的行为进行查处。

各级地方人民政府和其他国家机关有包庇、放纵产品生产、销售中违反本法规定的行为的，依法追究其主要负责人的法律责任。

第十条　任何单位和个人有权对违反本法规定的行为，向产品质量监督部门或者其他有关部门检举。

产品质量监督部门和有关部门应当为检举人保密，并按照省、自治区、直辖市人民政府的规定给予奖励。

第十一条　任何单位和个人不得排斥非本地区或者非本系统企业生产的质量合格产品进入本地区、本系统。

第二章　产品质量的监督

第十二条　产品质量应当检验合格，不得以不合格产品冒充合格产品。

第十三条　可能危及人体健康和人身、财产安全的工业产品，必须符合保障人体健康和人身、财产安全的国家标准、行业标准；未制定国家标准、行业标准的，必须符合保障人体健康和人身、财产安全的要求。

禁止生产、销售不符合保障人体健康和人身、财产安全的标准和要求的工业产品。具体管理办法由国务院规定。

第十四条　国家根据国际通用的质量管理标准，推行企业质量体系认证制度。企业根据自愿原则可以向国务院产品质量监督部门认可的或者国务院产品质量监督部门授权的部门认可的认证机构申请企业质量体系认证。经认证合格的，由认证机构颁发企业质量体系认证证书。

国家参照国际先进的产品标准和技术要求，推行产品质量认证制度。企业根据自愿原则可以向国务院产品质量监督部门认可的或者国务院产品质量监督部门授权的部门认可的认证机构申请产品质量认证。经认证合格的，由认证机构颁发产品质量认证证书，准许企业在产品或者其包装上使用产品质量认证标志。

第十五条　国家对产品质量实行以抽查为主要方式的监督检查制度，对可能危及人体健康和人身、财产安全的产品，影响国计民生的重要工业产品以及消费者、有关组织反映有质量问题的产品进行抽查。抽查的样品应当在市场上或者企业成品仓库内的待销产品中随机抽取。监督抽查工作由国务院产品质量监督部门规划和组织。县级以上地方产品质量监督部门在本行政区域内也可以组织监督抽查。法律对产品质量的监督检查另有规定的，依照有关法律的规定执行。

国家监督抽查的产品，地方不得另行重复抽查；上级监督抽查的产品，下级不得另行重复抽查。

根据监督抽查的需要，可以对产品进行检验。检验抽取样品的数量不得超过检验的合理需要，并不得向被检查人收取检验费用。监督抽查所需检验费用按照国务院规定列支。

生产者、销售者对抽查检验的结果有异议的，可以自收到检验结果之日起十五日内向实施监督抽查的产品质量监督部门或者其上级产品质量监督部门申请复检，由受理复检的产品质量监督部门作出复检结论。

第十六条　对依法进行的产品质量监督检查，生产者、销售者不得拒绝。

第十七条　依照本法规定进行监督抽查的产品质量不合格的，由实施监督抽查的产品质量监督部门责令其生产者、销售者限期改正。逾期不改正的，由省级以上人民政府产品质量监督部门予以公告；公告后经复查仍不合格的，责令停业，限期整顿；整顿期满后经复查产品质量仍不合格的，吊销营业执照。

监督抽查的产品有严重质量问题的，依照本法第五章的有关规定处罚。

第十八条　县级以上产品质量监督部门根据已经取得的违法嫌疑证据或者举报，对涉嫌违反本法规定的行为进行查处时，可以行使下列职权：

（一）对当事人涉嫌从事违反本法的生产、销售活动的场所实施现场检查；

（二）向当事人的法定代表人、主要负责人和其他有关人员调查、了解与涉嫌从事违反本法的生产、销售活动有关的情况；

（三）查阅、复制当事人有关的合同、发票、账簿以及其他有关资料；

（四）对有根据认为不符合保障人体健康和人身、财产安全的国家标准、行业标准的产品或者有其他严重质量问题的产品，以及直接用于生产、销售该项产品的原辅材料、包装物、生产工具，予以查封或者扣押。

县级以上工商行政管理部门按照国务院规定的职责范围，对涉嫌违反本法规定的行为进行查处时，可以行使前款规定的职权。

第十九条　产品质量检验机构必须具备相应的检测条件和能力，经省级以上人民政府产品质量监督部门或者其授权的部门考核合格后，方可承担产品质量检验工作。法律、行政法规对产品质量检验机构另有规定的，依照有关法律、行政法规的规定执行。

第二十条　从事产品质量检验、认证的社会中介机构必须依法设立，不得与行政机关和其他国家机关存在隶属关系或者其他利益关系。

第二十一条　产品质量检验机构、认证机构必须依法按照有关标准，客观、公正地出具检验结果或者认证证明。

产品质量认证机构应当依照国家规定对准许使用认证标志的产品进行认证后的跟踪检查；对不符合认证标准而使用认证标志的，要求其改正；情节严重的，取消其使用认证标志的资格。

第二十二条　消费者有权就产品质量问题，向产品的生产者、销售者查询；向产品质量监督部门、工商行政管理部门及有关部门申诉，接受申诉的部门应当负责处理。

第二十三条　保护消费者权益的社会组织可以就消费者反映的产品质量问题建议有关部门负责处理，支持消费者对因产品质量造成的损害向人民法院起诉。

第二十四条　国务院和省、自治区、直辖市人民政府的产品质量监督部门应当定期发布其监督抽查的产品的质量状况公告。

第二十五条　产品质量监督部门或者其他国家机关以及产品质量检验机构不得向社会推荐生产者的产品；不得以对产品进行监制、监销等方式参与产品经营活动。

第三章　生产者、销售者的产品质量责任和义务

第一节　生产者的产品质量责任和义务

第二十六条　生产者应当对其生产的产品质量负责。

产品质量应当符合下列要求：

（一）不存在危及人身、财产安全的不合理的危险，有

保障人体健康和人身、财产安全的国家标准、行业标准的，应当符合该标准；

（二）具备产品应当具备的使用性能，但是，对产品存在使用性能的瑕疵作出说明的除外；

（三）符合在产品或者其包装上注明采用的产品标准，符合以产品说明、实物样品等方式表明的质量状况。

第二十七条 产品或者其包装上的标识必须真实，并符合下列要求：

（一）有产品质量检验合格证明；

（二）有中文标明的产品名称、生产厂厂名和厂址；

（三）根据产品的特点和使用要求，需要标明产品规格、等级、所含主要成分的名称和含量的，用中文相应予以标明；需要事先让消费者知晓的，应当在外包装上标明，或者预先向消费者提供有关资料；

（四）限期使用的产品，应当在显著位置清晰地标明生产日期和安全使用期或者失效日期；

（五）使用不当，容易造成产品本身损坏或者可能危及人身、财产安全的产品，应当有警示标志或者中文警示说明。

裸装的食品和其他根据产品的特点难以附加标识的裸装产品，可以不附加产品标识。

第二十八条 易碎、易燃、易爆、有毒、有腐蚀性、有放射性等危险物品以及储运中不能倒置和其他有特殊要求的产品，其包装质量必须符合相应要求，依照国家有关规定作出警示标志或者中文警示说明，标明储运注意事项。

第二十九条 生产者不得生产国家明令淘汰的产品。

第三十条 生产者不得伪造产地，不得伪造或者冒用他人的厂名、厂址。

第三十一条 生产者不得伪造或者冒用认证标志等质量标志。

第三十二条 生产者生产产品，不得掺杂、掺假，不得以假充真、以次充好，不得以不合格产品冒充合格产品。

第二节 销售者的产品质量责任和义务

第三十三条 销售者应当建立并执行进货检查验收制度，验明产品合格证明和其他标识。

第三十四条 销售者应当采取措施，保持销售产品的质量。

第三十五条 销售者不得销售国家明令淘汰并停止销售的产品和失效、变质的产品。

第三十六条 销售者销售的产品的标识应当符合本法第二十七条的规定。

第三十七条 销售者不得伪造产地，不得伪造或者冒用他人的厂名、厂址。

第三十八条 销售者不得伪造或者冒用认证标志等质量标志。

第三十九条 销售者销售产品，不得掺杂、掺假，不得以假充真、以次充好，不得以不合格产品冒充合格产品。

第四章 损害赔偿

第四十条 售出的产品有下列情形之一的，销售者应当负责修理、更换、退货；给购买产品的消费者造成损失的，销售者应当赔偿损失：

（一）不具备产品应当具备的使用性能而事先未作说明的；

（二）不符合在产品或者其包装上注明采用的产品标准的；

（三）不符合以产品说明、实物样品等方式表明的质量状况的。

销售者依照前款规定负责修理、更换、退货、赔偿损失后，属于生产者的责任或者属于向销售者提供产品的其他销售者（以下简称供货者）的责任的，销售者有权向生产者、供货者追偿。

销售者未按照第一款规定给予修理、更换、退货或者赔偿损失的，由产品质量监督部门或者工商行政管理部门责令改正。

生产者之间，销售者之间，生产者与销售者之间订立的买卖合同、承揽合同有不同约定的，合同当事人按照合同约定执行。

第四十一条 因产品存在缺陷造成人身、缺陷产品以外的其他财产（以下简称他人财产）损害的，生产者应当承担赔偿责任。

生产者能够证明有下列情形之一的，不承担赔偿责任：

（一）未将产品投入流通的；

（二）产品投入流通时，引起损害的缺陷尚不存在的；

（三）将产品投入流通时的科学技术水平尚不能发现缺陷的存在的。

第四十二条 由于销售者的过错使产品存在缺陷，造成人身、他人财产损害的，销售者应当承担赔偿责任。

销售者不能指明缺陷产品的生产者也不能指明缺陷产品的供货者的，销售者应当承担赔偿责任。

第四十三条 因产品存在缺陷造成人身、他人财产损害的，受害人可以向产品的生产者要求赔偿，也可以向产品的销售者要求赔偿。属于产品的生产者的责任，产品的销售者赔偿的，产品的销售者有权向产品的生产者追偿。属于产品的销售者的责任，产品的生产者赔偿的，产品的生产者有权向产品的销售者追偿。

第四十四条 因产品存在缺陷造成受害人人身伤害的，侵害人应当赔偿医疗费、治疗期间的护理费、因误工减少的收入等费用；造成残疾的，还应当支付残疾者生活自助具费、生活补助费、残疾赔偿金以及由其扶养的人所必需的生活费等费用；造成受害人死亡的，并应当支付丧葬费、死亡赔偿金以及由死者生前扶养的人所必需的生活费等费用。

因产品存在缺陷造成受害人财产损失的，侵害人应当恢复原状或者折价赔偿。受害人因此遭受其他重大损失的，侵害人应当赔偿损失。

第四十五条 因产品存在缺陷造成损害要求赔偿的诉讼时效期间为二年，自当事人知道或者应当知道其权益受到损害时起计算。

因产品存在缺陷造成损害要求赔偿的请求权，在造成损害的缺陷产品交付最初消费者满十年丧失；但是，尚未超过明示的安全使用期的除外。

第四十六条 本法所称缺陷，是指产品存在危及人身、他人财产安全的不合理的危险；产品有保障人体健康和人身、财产安全的国家标准、行业标准的，是指不符合该标准。

第四十七条 因产品质量发生民事纠纷时，当事人可以通过协商或者调解解决。当事人不愿通过协商、调解解决或者协商、调解不成的，可以根据当事人各方的协议向仲裁机构申请仲裁；当事人各方没有达成仲裁协议或者仲裁协议无效的，可以直接向人民法院起诉。

第四十八条 仲裁机构或者人民法院可以委托本法第十九条规定的产品质量检验机构，对有关产品质量进行检验。

第五章 罚则

第四十九条 生产、销售不符合保障人体健康和人身、财产安全的国家标准、行业标准的产品的，责令停止生产、销售，没收违法生产、销售的产品，并处违法生产、销售产品（包括已售出和未售出的产品，下同）货值金额等值以上三倍以下的罚款；有违法所得的，并处没收违法所得；情节严重的，吊销营业执照；构成犯罪的，依法追究刑事责任。

第五十条 在产品中掺杂、掺假，以假充真，以次充好，或者以不合格产品冒充合格产品的，责令停止生产、销售，没收违法生产、销售的产品，并处违法生产、销售产品货值金额百分之五十以上三倍以下的罚款；有违法所得的，并处没收违法所得；情节严重的，吊销营业执照；构成犯罪的，依法追究刑事责任。

第五十一条 生产国家明令淘汰的产品的，销售国家明令淘汰并停止销售的产品的，责令停止生产、销售，没收违法生产、销售的产品，并处违法生产、销售产品货值金额等值以下的罚款；有违法所得的，并处没收违法所得；情节严重的，吊销营业执照。

第五十二条 销售失效、变质的产品的，责令停止销售，没收违法销售的产品，并处违法销售产品货值金额二倍以下的罚款；有违法所得的，并处没收违法所得；情节严重的，吊销营业执照；构成犯罪的，依法追究刑事责任。

第五十三条 伪造产品产地的，伪造或者冒用他人厂名、厂址的，伪造或者冒用认证标志等质量标志的，责令改正，没收违法生产、销售的产品，并处违法生产、销售产品货值金额等值以下的罚款；有违法所得的，并处没收违法所得；情节严重的，吊销营业执照。

第五十四条 产品标识不符合本法第二十七条规定的，责令改正；有包装的产品标识不符合本法第二十七条第（四）项、第（五）项规定，情节严重的，责令停止生产、销售，并处违法生产、销售产品货值金额百分之三十以下的罚款；有违法所得的，并处没收违法所得。

第五十五条 销售者销售本法第四十九条至第五十三条规定禁止销售的产品，有充分证据证明其不知道该产品为禁止销售的产品并如实说明其进货来源的，可以从轻或者减轻处罚。

第五十六条 拒绝接受依法进行的产品质量监督检查的，给予警告，责令改正；拒不改正的，责令停业整顿；情节特别严重的，吊销营业执照。

第五十七条 产品质量检验机构、认证机构伪造检验结果或者出具虚假证明的，责令改正，对单位处五万元以上十万元以下的罚款，对直接负责的主管人员和其他直接责任人员处一万元以上五万元以下的罚款；有违法所得的，并处没收违法所得；情节严重的，取消其检验资格、认证资格；构成犯罪的，依法追究刑事责任。

产品质量检验机构、认证机构出具的检验结果或者证明不实，造成损失的，应当承担相应的赔偿责任；造成重大损失的，撤销其检验资格、认证资格。

产品质量认证机构违反本法第二十一条第二款的规定，对不符合认证标准而使用认证标志的产品，未依法要求其改正或者取消其使用认证标志资格的，对因产品不符合认证标准给消费者造成的损失，与产品的生产者、销售者承担连带责任；情节严重的，撤销其认证资格。

第五十八条 社会团体、社会中介机构对产品质量作出承诺、保证，而该产品又不符合其承诺、保证的质量要求，给消费者造成损失的，与产品的生产者、销售者承担连带责任。

第五十九条 在广告中对产品质量作虚假宣传，欺骗和误导消费者的，依照《中华人民共和国广告法》的规定追究法律责任。

第六十条 对生产者专门用于生产本法第四十九条、第五十一条所列的产品或者以假充真的产品的原辅材料、包装物、生产工具，应当予以没收。

第六十一条 知道或者应当知道属于本法规定禁止生产、销售的产品而为其提供运输、保管、仓储等便利条件的，或者为以假充真的产品提供制假生产技术的，没收全部运输、保管、仓储或者提供制假生产技术的收入，并处违法收入百分之五十以上三倍以下的罚款；构成犯罪的，依法追究刑事责任。

第六十二条 服务业的经营者将本法第四十九条至第五十二条规定禁止销售的产品用于经营性服务的，责令停止使用；对知道或者应当知道所使用的产品属于本法规定禁止销售的产品的，按照违法使用的产品（包括已使用和尚未使用的产品）的货值金额，依照本法对销售者的处罚规定处罚。

第六十三条 隐匿、转移、变卖、损毁被产品质量监督部门或者工商行政管理部门查封、扣押的物品的，处被隐匿、转移、变卖、损毁物品货值金额等值以上三倍以下的罚款；有违法所得的，并处没收违法所得。

第六十四条 违反本法规定，应当承担民事赔偿责任和缴纳罚款、罚金，其财产不足以同时支付时，先承担民事赔偿责任。

第六十五条 各级人民政府工作人员和其他国家机关工作人员有下列情形之一的，依法给予行政处分；构成犯罪的，依法追究刑事责任：

（一）包庇、放纵产品生产、销售中违反本法规定行为的；

（二）向从事违反本法规定的生产、销售活动的当事人通风报信，帮助其逃避查处的；

（三）阻挠、干预产品质量监督部门或者工商行政管理部门依法对产品生产、销售中违反本法规定的行为进行查处，造成严重后果的。

第六十六条 产品质量监督部门在产品质量监督抽查中超过规定的数量索取样品或者向被检查人收取检验费用的，由上级产品质量监督部门或者监察机关责令退还；情节严重的，对直接负责的主管人员和其他直接责任人员依法给予行政处分。

第六十七条 产品质量监督部门或者其他国家机关违反本法第二十五条的规定，向社会推荐生产者的产品或者以监制、监销等方式参与产品经营活动的，由其上级机关或者监察机关责令改正，消除影响，有违法收入的予以没收；情节严重的，对直接负责的主管人员和其他直接责任人员依法给予行政处分。

产品质量检验机构有前款所列违法行为的，由产品质量监督部门责令改正，消除影响，有违法收入的予以没收，可以并处违法收入一倍以下的罚款；情节严重的，撤销其质量检验资格。

第六十八条 产品质量监督部门或者工商行政管理部门的工作人员滥用职权、玩忽职守、徇私舞弊，构成犯罪的，依法追究刑事责任；尚不构成犯罪的，依法给予行政处分。

第六十九条 以暴力、威胁方法阻碍产品质量监督部门或者工商行政管理部门的工作人员依法执行职务的，依法追究刑事责任；拒绝、阻碍未使用暴力、威胁方法的，由公安机关依照治安管理处罚法的规定处罚。

第七十条 本法规定的吊销营业执照的行政处罚由工商行政管理部门决定，本法第四十九条至第五十七条、第六十条至第六十三条规定的行政处罚由产品质量监督部门或者工商行政管理部门按照国务院规定的职权范围决定。法律、行政法规对行使行政处罚权的机关另有规定的，依照有关法律、行政法规的规定执行。

第七十一条 对依照本法规定没收的产品，依照国家有关规定进行销毁或者采取其他方式处理。

第七十二条 本法第四十九条至第五十四条、第六十二条、第六十三条所规定的货值金额以违法生产、销售产品的标价计算；没有标价的，按照同类产品的市场价格计算。

第六章　附则

第七十三条 军工产品质量监督管理办法，由国务院、中央军事委员会另行制定。

因核设施、核产品造成损害的赔偿责任，法律、行政法规另有规定的，依照其规定。

第七十四条 本法自 1993 年 9 月 1 日起施行。

中华人民共和国标准化法

（1988 年 12 月 29 日第七届全国人民代表大会常务委员

会第五次会议通过并公布）

目　录

第一章　总则

第一条　为了发展社会主义商品经济，促进技术进步，改进产品质量，提高社会经济效益，维护国家和人民的利益，使标准化工作适应社会主义现代化建设和发展对外经济关系的需要，制定本法。

第二条　对下列需要统一的技术要求，应当制定标准：

（一）工业产品的品种、规格、质量、等级或者安全、卫生要求。

（二）工业产品的设计、生产、检验、包装、储存、运输、使用的方法或者生产、储存、运输过程中的安全、卫生要求。

（三）有关环境保护的各项技术要求和检验方法。

（四）建设工程的设计、施工方法和安全要求。

（五）有关工业生产、工程建设和环境保护的技术术语、符号、代号和制图方法。

重要农产品和其他需要制定标准的项目，由国务院规定。

第三条　标准化工作的任务是制定标准、组织实施标准和对标准的实施进行监督。

标准化工作应当纳入国民经济和社会发展计划。

第四条　国家鼓励积极采用国际标准。

第五条　国务院标准化行政主管部门统一管理全国标准化工作。国务院有关行政主管部门分工管理本部门、本行业的标准化工作。

省、自治区、直辖市标准化行政主管部门统一管理本行政区域的标准化工作。省、自治区、直辖市政府有关行政主管部门分工管理本行政区域内本部门、本行业的标准化工作。

市、县标准化行政主管部门和有关行政主管部门，按照省、自治区、直辖市政府规定的各自的职责，管理本行政区域内的标准化工作。

第二章　标准的制定

第六条　对需要在全国范围内统一的技术要求，应当制定国家标准。国家标准由国务院标准化行政主管部门制定。对没有国家标准而又需要在全国某个行业范围内统一的技术要求，可以制定行业标准。行业标准由国务院有关行政主管部门制定，并报国务院标准化行政主管部门备案，在公布国家标准之后，该项行业标准即行废止。对没有国家标准和行业标准而又需要在省、自治区、直辖市范围内统一的工业产品的安全、卫生要求，可以制定地方标准。地方标准由省、自治区、直辖市标准化行政主管部门制定，并报国务院标准化行政主管部门和国务院有关行政主管部门备案，在公布国家标准或者行政标准之后，该项地方标准即行废止。

企业生产的产品没有国家标准和行业标准的，应当制定企业标准，作为组织生产的依据。企业的产品标准须报当地政府标准化行政主管部门和有关行政主管部门备案。已有国家标准或者行业标准的，国家鼓励企业制定严于国家标准或者行业标准的企业标准，在企业内部适用。

法律对标准的制定另有规定的，依照法律的规定执行。

第七条　国家标准、行业标准分为强制标准和推荐性标准。保障人体健康，人身、财产安全的标准和法律、行政法规规定强制执行的标准是强制标准，其他标准是推荐性标准。

省、自治区、直辖市标准化行政主管部门制定的工业产品的安全、卫生要求的地方标准，在本行政区域内是强制性标准。

第八条　制定标准应当有利于保障安全和人民的身体健康，保护消费者的利益，保护环境。

第九条　制定标准应当有利于合理利用国家资源，推广科学技术成果，提高经济效益，并符合使用要求，有利于产品的通用互换，做到技术上先进，经济上合理。

第十条　制定标准应当做到有关标准的协调配套。

第十一条　制定标准应当有利于促进对外经济技术合作和对外贸易。

第十二条　制定标准应当发挥行业协会、科学研究机构和学术团体的作用。

制定标准的部门应当组织由专家组成的标准化技术委员会，负责标准的草拟，参加标准草案的审查工作。

第十三条　标准实施后，制定标准的部门应当根据科学技术的发展和经济建设的需要适时进行复审，以确认现行标准继续有效或者予以修订、废止。

第三章　标准的实施

第十四条　强制性标准，必须执行。不符合强制性标准的产品，禁止生产、销售和进口。推荐性标准，国家鼓励企业自愿采用。

第十五条 企业对有国家标准或者行业标准的产品，可以向国务院标准化行政主管部门或者国务院标准化行政主管部门授权的部门申请产品质量认证。认证合格的，由认证部门授予认证证书，准许在产品或者其包装上使用规定的认证标志。

已经取得认证证书的产品不符合国家标准或者行业标准的，以及产品未经认证或者认证不合格的，不得使用认证标志出厂销售。

第十六条 出口产品的技术要求，依照合同的约定执行。

第十七条 企业研制新产品、改进产品，进行技术改造，应当符合标准化要求。

第十八条 县级以上政府标准化行政主管部门负责对标准的实施进行监督检查。

第十九条 县级以上政府标准化行政主管部门，可以根据需要设置检验机构，或者授权其他单位的检验机构，对产品是否符合标准进行检验。法律、行政法规对检验机构另有规定的，依照法律、行政法规的规定执行。

处理有关产品是否符合标准的争议，以前款规定的检验机构的检验数据为准。

第四章　法律责任

第二十条 生产、销售、进口不符合强制性标准的产品的，由法律、行政法规规定的行政主管部门依法处理，法律、行政法规未作规定的，由工商行政管理部门没收产品和违法所得，并处罚款；造成严重后果构成犯罪的，对直接责任人员依法追究刑事责任。

第二十一条 已经授予认证证书的产品不符合国家标准或者行业标准而使用认证标志出厂销售的，由标准化行政主管部门责令停止销售，并处罚款；情节严重的，由认证部门撤销其认证证书。

第二十二条 产品未经认证或者认证不合格而擅自使用认证标志出厂销售的，由标准化行政主管部门责令停止销售，并处罚款。

第二十三条 当事人对没收产品、没收违法所得和罚款的处罚不服的，可以在接到处罚通知之日起十五日内，向作出处罚决定的机关的上一级机关申请复议；对复议决定不服的，可以在接到复议决定之日起十五日内，向人民法院起诉。当事人也可以在接到处罚通知之日起十五日内，直接向人民法院起诉。当事人逾期不申请复议或者不向人民法院起诉又不履行处罚决定的，由作出处罚决定的机关申请人民法院强制执行。

第二十四条 标准化工作的监督、检验、管理人员违法失职、徇私舞弊的，给予行政处分；构成犯罪的，依法追究刑事责任。

第五章　附则

第二十五条 本法实施条例由国务院制定。

第二十六条 本法自 1989 年 4 月 1 日起施行。

中华人民共和国反不正当竞争法

（1993 年 9 月 2 日第八届全国人民代表大会常务委员会第三次会议通过　1993 年 9 月 2 日中华人民共和国主席令第十号公布）

目　录

第一章　总　则

第一条 为保障社会主义市场经济健康发展，鼓励和保护公平竞争，制止不正当竞争行为，保护经营者和消费者的合法权益，制定本法。

第二条 经营者在市场交易中，应当遵循自愿、平等、公平、诚实信用的原则，遵守公认的商业道德。

本法所称的不正当竞争，是指经营者违反本法规定，损害其他经营者的合法权益，扰乱社会经济秩序的行为。

本法所称的经营者，是指从事商品经营或者营利性服务（以下所称商品包括服务）的法人、其他经济组织和个人。

第三条 各级人民政府应当采取措施，制止不正当竞争行为，为公平竞争创造良好的环境和条件。

县级以上人民政府工商行政管理部门对不正当竞争行为进行监督检查；法律、行政法规规定由其他部门监督检查的，依照其规定。

第四条 国家鼓励、支持和保护一切组织和个人对不正当竞争行为进行社会监督。

国家机关工作人员不得支持、包庇不正当竞争行为。

第二章　不正当竞争行为

第五条 经营者不得采用下列不正当手段从事市场交

易，损害竞争对手：

（一）假冒他人的注册商标；

（二）擅自使用知名商品特有的名称、包装、装潢，或者使用与知名商品近似的名称、包装、装潢，造成和他人的知名商品相混淆，使购买者误认为是该知名商品；

（三）擅自使用他人的企业名称或者姓名，引人误认为是他人的商品；

（四）在商品上伪造或者冒用认证标志、名优标志等质量标志，伪造产地，对商品质量作引人误解的虚假表示。

第六条 公用企业或者其他依法具有独占地位的经营者，不得限定他人购买其指定的经营者的商品，以排挤其他经营者的公平竞争。

第七条 政府及其所属部门不得滥用行政权力，限定他人购买其指定的经营者的商品，限制其他经营者正当的经营活动。

政府及其所属部门不得滥用行政权力，限制外地商品进入本地市场，或者本地商品流向外地市场。

第八条 经营者不得采用财物或者其他手段进行贿赂以销售或者购买商品。在账外暗中给予对方单位或者个人回扣的，以行贿论处；对方单位或者个人在账外暗中收受回扣的，以受贿论处。

经营者销售或者购买商品，可以以明示方式给对方折扣，可以给中间人佣金。经营者给对方折扣、给中间人佣金的，必须如实入账。接受折扣、佣金的经营者必须如实入账。

第九条 经营者不得利用广告或者其他方法，对商品的质量、制作成分、性能、用途、生产者、有效期限、产地等作引人误解的虚假宣传。

广告的经营者不得在明知或者应知的情况下，代理、设计、制作、发布虚假广告。

第十条 经营者不得采用下列手段侵犯商业秘密：

（一）以盗窃、利诱、胁迫或者其他不正当手段获取权利人的商业秘密；

（二）披露、使用或者允许他人使用以前项手段获取的权利人的商业秘密；

（三）违反约定或者违反权利人有关保守商业秘密的要求，披露、使用或者允许他人使用其所掌握的商业秘密。

第三人明知或者应知前款所列违法行为，获取、使用或者披露他人的商业秘密，视为侵犯商业秘密。

本条所称的商业秘密，是指不为公众所知悉、能为权利人带来经济利益、具有实用性并经权利人采取保密措施的技术信息和经营信息。

第十一条 经营者不得以排挤竞争对手为目的，以低于成本的价格销售商品。

有下列情形之一的，不属于不正当竞争行为：

（一）销售鲜活商品；

（二）处理有效期限即将到期的商品或者其他积压的商品；

（三）季节性降价；

（四）因清偿债务、转产、歇业降价销售商品。

第十二条 经营者销售商品，不得违背购买者的意愿搭售商品或者附加其他不合理的条件。

第十三条 经营者不得从事下列有奖销售：

（一）采用谎称有奖或者故意让内定人员中奖的欺骗方式进行有奖销售；

（二）利用有奖销售的手段推销质次价高的商品；

（三）抽奖式的有奖销售，最高奖的金额超过五千元。

第十四条 经营者不得捏造、散布虚伪事实，损害竞争对手的商业信誉、商品声誉。

第十五条 投标者不得串通投标，抬高标价或者压低标价。

投标者和招标者不得相互勾结，以排挤竞争对手的公平竞争。

第三章 监督检查

第十六条 县级以上监督检查部门对不正当竞争行为，可以进行监督检查。

第十七条 监督检查部门在监督检查不正当竞争行为时，有权行使下列职权：

（一）按照规定程序询问被检查的经营者、利害关系人、证明人，并要求提供证明材料或者与不正当竞争行为有关的其他资料；

（二）查询、复制与不正当竞争行为有关的协议、账册、单据、文件、记录、业务函电和其他资料；

（三）检查与本法第五条规定的不正当竞争行为有关的财物，必要时可以责令被检查的经营者说明该商品的来源和数量，暂停销售，听候检查，不得转移、隐匿、销毁该财物。

第十八条 监督检查部门工作人员监督检查不正当竞争行为时，应当出示检查证件。

第十九条 监督检查部门在监督检查不正当竞争行为时，被检查的经营者、利害关系人和证明人应当如实提供有关资料或者情况。

第四章 法律责任

第二十条 经营者违反本法规定，给被侵害的经营者造成损害的，应当承担损害赔偿责任，被侵害的经营者的损失难以计算的，赔偿额为侵权人在侵权期间因侵权所获得的利润；并应当承担被侵害的经营者因调查该经营者侵害其合法权益的不正当竞争行为所支付的合理费用。

被侵害的经营者的合法权益受到不正当竞争行为损害的，可以向人民法院提起诉讼。

第二十一条 经营者假冒他人的注册商标，擅自使用他人的企业名称或者姓名，伪造或者冒用认证标志、名优标志等质量标志，伪造产地，对商品质量作引人误解的虚假表示的，依照《中华人民共和国商标法》、《中华人民共和国产品质量法》的规定处罚。

经营者擅自使用知名商品特有的名称、包装、装潢，或者使用与知名商品近似的名称、包装、装潢，造成和他人的知名商品相混淆，使购买者误认为是该知名商品的，监督检查部门应当责令停止违法行为，没收违法所得，可以根据情节处以违法所得一倍以上三倍以下的罚款；情节严重的，可以吊销营业执照；销售伪劣商品，构成犯罪的，依法追究刑事责任。

第二十二条 经营者采用财物或者其他手段进行贿赂以销售或者购买商品，构成犯罪的，依法追究刑事责任；不构成犯罪的，监督检查部门可以根据情节处以一万元以上二十万元以下的罚款，有违法所得的，予以没收。

第二十三条 公用企业或者其他依法具有独占地位的经营者，限定他人购买其指定的经营者的商品，以排挤其他经营者的公平竞争的，省级或者设区的市的监督检查部门应当责令停止违法行为，可以根据情节处以五万元以上二十万元以下的罚款。被指定的经营者借此销售质次价高商品或者滥收费用的，监督检查部门应当没收违法所得，可以根据情节处以违法所得一倍以上三倍以下的罚款。

第二十四条 经营者利用广告或者其他方法，对商品作引人误解的虚假宣传的，监督检查部门应当责令停止违法行为，消除影响，可以根据情节处以一万元以上二十万元以下的罚款。

广告的经营者，在明知或者应知的情况下，代理、设计、制作、发布虚假广告的，监督检查部门应当责令停止违法行为，没收违法所得，并依法处以罚款。

第二十五条 违反本法第十条规定侵犯商业秘密的，监督检查部门应当责令停止违法行为，可以根据情节处以一万元以上二十万元以下的罚款。

第二十六条 经营者违反本法第十三条规定进行有奖销售的，监督检查部门应当责令停止违法行为，可以根据情节处以一万元以上十万元以下的罚款。

第二十七条 投标者串通投标，抬高标价或者压低标价；投标者和招标者相互勾结，以排挤竞争对手的公平竞争的，其中标无效。监督检查部门可以根据情节处以一万元以上二十万元以下的罚款。

第二十八条 经营者有违反被责令暂停销售，不得转移、隐匿、销毁与不正当竞争行为有关的财物的行为的，监督检查部门可以根据情节处以被销售、转移、隐匿、销毁财物的价款的一倍以上三倍以下的罚款。

第二十九条 当事人对监督检查部门作出的处罚决定不服的，可以自收到处罚决定之日起十五日内向上一级主管机关申请复议；对复议决定不服的，可以自收到复议决定书之日起十五日内向人民法院提起诉讼；也可以直接向人民法院提起诉讼。

第三十条 政府及其所属部门违反本法第七条规定，限定他人购买其指定的经营者的商品、限制其他经营者正当的经营活动，或者限制商品在地区之间正常流通的，由上级机关责令其改正；情节严重的，由同级或者上级机关对直接责任人员给予行政处分。被指定的经营者借此销售质次价高商品或者滥收费用的，监督检查部门应当没收违法所得，可以根据情节处以违法所得一倍以上三倍以下的罚款。

第三十一条 监督检查不正当竞争行为的国家机关工作人员滥用职权、玩忽职守，构成犯罪的，依法追究刑事责任；不构成犯罪的，给予行政处分。

第三十二条 监督检查不正当竞争行为的国家机关工作人员徇私舞弊，对明知有违反本法规定构成犯罪的经营者故意包庇不使他受追诉的，依法追究刑事责任。

第五章 附 则

第三十三条 本法自1993年12月1日起施行。

中华人民共和国对外贸易法

（1994年5月12日第八届全国人民代表大会常务委员会第七次会议通过 2004年4月6日第十届全国人民代表大会常务委员会第八次会议修订）

目 录

第一章　总则

第一条　为了扩大对外开放，发展对外贸易，维护对外贸易秩序，保护对外贸易经营者的合法权益，促进社会主义市场经济的健康发展，制定本法。

第二条　本法适用于对外贸易以及与对外贸易有关的知识产权保护。

本法所称对外贸易，是指货物进出口、技术进出口和国际服务贸易。

第三条　国务院对外贸易主管部门依照本法主管全国对外贸易工作。

第四条　国家实行统一的对外贸易制度，鼓励发展对外贸易，维护公平、自由的对外贸易秩序。

第五条　中华人民共和国根据平等互利的原则，促进和发展同其他国家和地区的贸易关系，缔结或者参加关税同盟协定、自由贸易区协定等区域经济贸易协定，参加区域经济组织。

第六条　中华人民共和国在对外贸易方面根据所缔结或者参加的国际条约、协定，给予其他缔约方、参加方最惠国待遇、国民待遇等待遇，或者根据互惠、对等原则给予对方最惠国待遇、国民待遇等待遇。

第七条　任何国家或者地区在贸易方面对中华人民共和国采取歧视性的禁止、限制或者其他类似措施的，中华人民共和国可以根据实际情况对该国家或者该地区采取相应的措施。

第二章　对外贸易经营者

第八条　本法所称对外贸易经营者，是指依法办理工商登记或者其他执业手续，依照本法和其他有关法律、行政法规的规定从事对外贸易经营活动的法人、其他组织或者个人。

第九条　从事货物进出口或者技术进出口的对外贸易经营者，应当向国务院对外贸易主管部门或者其委托的机构办理备案登记；但是，法律、行政法规和国务院对外贸易主管部门规定不需要备案登记的除外。备案登记的具体办法由国务院对外贸易主管部门规定。对外贸易经营者未按照规定办理备案登记的，海关不予办理进出口货物的报关验放手续。

第十条　从事国际服务贸易，应当遵守本法和其他有关法律、行政法规的规定。

从事对外工程承包或者对外劳务合作的单位，应当具备相应的资质或者资格。具体办法由国务院规定。

第十一条　国家可以对部分货物的进出口实行国营贸易管理。实行国营贸易管理货物的进出口业务只能由经授权的企业经营；但是，国家允许部分数量的国营贸易管理货物的进出口业务由非授权企业经营的除外。实行国营贸易管理的货物和经授权经营企业的目录，由国务院对外贸易主管部门会同国务院其他有关部门确定、调整并公布。

违反本条第一款规定，擅自进出口实行国营贸易管理的货物的，海关不予放行。

第十二条　对外贸易经营者可以接受他人的委托，在经营范围内代为办理对外贸易业务。

第十三条　对外贸易经营者应当按照国务院对外贸易主管部门或者国务院其他有关部门依法作出的规定，向有关部门提交与其对外贸易经营活动有关的文件及资料。有关部门应当为提供者保守商业秘密。

第三章　货物进出口与技术进出口

第十四条　国家准许货物与技术的自由进出口。但是，法律、行政法规另有规定的除外。

第十五条　国务院对外贸易主管部门基于监测进出口情况的需要，可以对部分自由进出口的货物实行进出口自动许可并公布其目录。

实行自动许可的进出口货物，收货人、发货人在办理海关报关手续前提出自动许可申请的，国务院对外贸易主管部门或者其委托的机构应当予以许可；未办理自动许可手续的，海关不予放行。

进出口属于自由进出口的技术，应当向国务院对外贸易主管部门或者其委托的机构办理合同备案登记。

第十六条　国家基于下列原因，可以限制或者禁止有关货物、技术的进口或者出口：

（一）为维护国家安全、社会公共利益或者公共道德，需要限制或者禁止进口或者出口的；

（二）为保护人的健康或者安全，保护动物、植物的生命或者健康，保护环境，需要限制或者禁止进口或者出口的；

（三）为实施与黄金或者白银进出口有关的措施，需要限制或者禁止进口或者出口的；

（四）国内供应短缺或者为有效保护可能用竭的自然资源，需要限制或者禁止出口的；

（五）输往国家或者地区的市场容量有限，需要限制出口的；

（六）出口经营秩序出现严重混乱，需要限制出口的；

（七）为建立或者加快建立国内特定产业，需要限制进口的；

（八）对任何形式的农业、牧业、渔业产品有必要限制进口的；

（九）为保障国家国际金融地位和国际收支平衡，需要限制进口的；

（十）依照法律、行政法规的规定，其他需要限制或者禁止进口或者出口的；

（十一）根据我国缔结或者参加的国际条约、协定的规定，其他需要限制或者禁止进口或者出口的。

第十七条 国家对与裂变、聚变物质或者衍生此类物质的物质有关的货物、技术进出口，以及与武器、弹药或者其他军用物资有关的进出口，可以采取任何必要的措施，维护国家安全。

在战时或者为维护国际和平与安全，国家在货物、技术进出口方面可以采取任何必要的措施。

第十八条 国务院对外贸易主管部门会同国务院其他有关部门，依照本法第十六条和第十七条的规定，制定、调整并公布限制或者禁止进出口的货物、技术目录。

国务院对外贸易主管部门或者由其会同国务院其他有关部门，经国务院批准，可以在本法第十六条和第十七条规定的范围内，临时决定限制或者禁止前款规定目录以外的特定货物、技术的进口或者出口。

第十九条 国家对限制进口或者出口的货物，实行配额、许可证等方式管理；对限制进口或者出口的技术，实行许可证管理。

实行配额、许可证管理的货物、技术，应当按照国务院规定经国务院对外贸易主管部门或者经其会同国务院其他有关部门许可，方可进口或者出口。

国家对部分进口货物可以实行关税配额管理。

第二十条 进出口货物配额、关税配额，由国务院对外贸易主管部门或者国务院其他有关部门在各自的职责范围内，按照公开、公平、公正和效益的原则进行分配。具体办法由国务院规定。

第二十一条 国家实行统一的商品合格评定制度，根据有关法律、行政法规的规定，对进出口商品进行认证、检验、检疫。

第二十二条 国家对进出口货物进行原产地管理。具体办法由国务院规定。

第二十三条 对文物和野生动物、植物及其产品等，其他法律、行政法规有禁止或者限制进出口规定的，依照有关法律、行政法规的规定执行。

第四章 国际服务贸易

第二十四条 中华人民共和国在国际服务贸易方面根据所缔结或者参加的国际条约、协定中所作的承诺，给予其他缔约方、参加方市场准入和国民待遇。

第二十五条 国务院对外贸易主管部门和国务院其他有关部门，依照本法和其他有关法律、行政法规的规定，对国际服务贸易进行管理。

第二十六条 国家基于下列原因，可以限制或者禁止有关的国际服务贸易：

（一）为维护国家安全、社会公共利益或者公共道德，需要限制或者禁止的；

（二）为保护人的健康或者安全，保护动物、植物的生命或者健康，保护环境，需要限制或者禁止的；

（三）为建立或者加快建立国内特定服务产业，需要限制的；

（四）为保障国家外汇收支平衡，需要限制的；

（五）依照法律、行政法规的规定，其他需要限制或者禁止的；

（六）根据我国缔结或者参加的国际条约、协定的规定，其他需要限制或者禁止的。

第二十七条 国家对与军事有关的国际服务贸易，以及与裂变、聚变物质或者衍生此类物质的物质有关的国际服务贸易，可以采取任何必要的措施，维护国家安全。

在战时或者为维护国际和平与安全，国家在国际服务贸易方面可以采取任何必要的措施。

第二十八条 国务院对外贸易主管部门会同国务院其他有关部门，依照本法第二十六条、第二十七条和其他有关法律、行政法规的规定，制定、调整并公布国际服务贸易市场准入目录。

第五章 与对外贸易有关的知识产权保护

第二十九条 国家依照有关知识产权的法律、行政法规，保护与对外贸易有关的知识产权。

进口货物侵犯知识产权，并危害对外贸易秩序的，国务院对外贸易主管部门可以采取在一定期限内禁止侵权人生产、销售的有关货物进口等措施。

第三十条 知识产权权利人有阻止被许可人对许可合同中的知识产权的有效性提出质疑、进行强制性一揽子许可、在许可合同中规定排他性返授条件等行为之一，并危害对外贸易公平竞争秩序的，国务院对外贸易主管部门可以采取必要的措施消除危害。

第三十一条 其他国家或者地区在知识产权保护方面未给予中华人民共和国的法人、其他组织或者个人国民待遇，或者不能对来源于中华人民共和国的货物、技术或者服务提供充分有效的知识产权保护的，国务院对外贸易主管部门可以依照本法和其他有关法律、行政法规的规定，并根据中华人民共和国缔结或者参加的国际条约、协定，对与该国家或者该地区的贸易采取必要的措施。

第六章　对外贸易秩序

第三十二条 在对外贸易经营活动中，不得违反有关反垄断的法律、行政法规的规定实施垄断行为。

在对外贸易经营活动中实施垄断行为，危害市场公平竞争的，依照有关反垄断的法律、行政法规的规定处理。有前款违法行为，并危害对外贸易秩序的，国务院对外贸易主管部门可以采取必要的措施消除危害。

第三十三条 在对外贸易经营活动中，不得实施以不正当的低价销售商品、串通投标、发布虚假广告、进行商业贿赂等不正当竞争行为。

在对外贸易经营活动中实施不正当竞争行为的，依照有关反不正当竞争的法律、行政法规的规定处理。

有前款违法行为，并危害对外贸易秩序的，国务院对外贸易主管部门可以采取禁止该经营者有关货物、技术进出口等措施消除危害。

第三十四条 在对外贸易活动中，不得有下列行为：

（一）伪造、变造进出口货物原产地标记，伪造、变造或者买卖进出口货物原产地证书、进出口许可证、进出口配额证明或者其他进出口证明文件；

（二）骗取出口退税；

（三）走私；

（四）逃避法律、行政法规规定的认证、检验、检疫；

（五）违反法律、行政法规规定的其他行为。

第三十五条 对外贸易经营者在对外贸易经营活动中，应当遵守国家有关外汇管理的规定。

第三十六条 违反本法规定，危害对外贸易秩序的，国务院对外贸易主管部门可以向社会公告。

第七章　对外贸易调查

第三十七条 为了维护对外贸易秩序，国务院对外贸易主管部门可以自行或者会同国务院其他有关部门，依照法律、行政法规的规定对下列事项进行调查：

（一）货物进出口、技术进出口、国际服务贸易对国内产业及其竞争力的影响；

（二）有关国家或者地区的贸易壁垒；

（三）为确定是否应当依法采取反倾销、反补贴或者保障措施等对外贸易救济措施，需要调查的事项；

（四）规避对外贸易救济措施的行为；

（五）对外贸易中有关国家安全利益的事项；

（六）为执行本法第七条、第二十九条第二款、第三十条、第三十一条、第三十二条第三款、第三十三条第三款的规定，需要调查的事项；

（七）其他影响对外贸易秩序，需要调查的事项。

第三十八条 启动对外贸易调查，由国务院对外贸易主管部门发布公告。

调查可以采取书面问卷、召开听证会、实地调查、委托调查等方式进行。

国务院对外贸易主管部门根据调查结果，提出调查报告或者作出处理裁定，并发布公告。

第三十九条 有关单位和个人应当对对外贸易调查给予配合、协助。

国务院对外贸易主管部门和国务院其他有关部门及其工作人员进行对外贸易调查，对知悉的国家秘密和商业秘密负有保密义务。

第八章　对外贸易救济

第四十条 国家根据对外贸易调查结果，可以采取适当的对外贸易救济措施。

第四十一条 其他国家或者地区的产品以低于正常价值的倾销方式进入我国市场，对已建立的国内产业造成实质损害或者产生实质损害威胁，或者对建立国内产业造成实质阻碍的，国家可以采取反倾销措施，消除或者减轻这种损害或者损害的威胁或者阻碍。

第四十二条 其他国家或者地区的产品以低于正常价值出口至第三国市场，对我国已建立的国内产业造成实质损害或者产生实质损害威胁，或者对我国建立国内产业造成实质阻碍的，应国内产业的申请，国务院对外贸易主管部门可以与该第三国政府进行磋商，要求其采取适当的措施。

第四十三条 进口的产品直接或者间接地接受出口国

家或者地区给予的任何形式的专向性补贴，对已建立的国内产业造成实质损害或者产生实质损害威胁，或者对建立国内产业造成实质阻碍的，国家可以采取反补贴措施，消除或者减轻这种损害或者损害的威胁或者阻碍。

第四十四条 因进口产品数量大量增加，对生产同类产品或者与其直接竞争的产品的国内产业造成严重损害或者严重损害威胁的，国家可以采取必要的保障措施，消除或者减轻这种损害或者损害的威胁，并可以对该产业提供必要的支持。

第四十五条 因其他国家或者地区的服务提供者向我国提供的服务增加，对提供同类服务或者与其直接竞争的服务的国内产业造成损害或者产生损害威胁的，国家可以采取必要的救济措施，消除或者减轻这种损害或者损害的威胁。

第四十六条 因第三国限制进口而导致某种产品进入我国市场的数量大量增加，对已建立的国内产业造成损害或者产生损害威胁，或者对建立国内产业造成阻碍的，国家可以采取必要的救济措施，限制该产品进口。

第四十七条 与中华人民共和国缔结或者共同参加经济贸易条约、协定的国家或者地区，违反条约、协定的规定，使中华人民共和国根据该条约、协定享有的利益丧失或者受损，或者阻碍条约、协定目标实现的，中华人民共和国政府有权要求有关国家或者地区政府采取适当的补救措施，并可以根据有关条约、协定中止或者终止履行相关义务。

第四十八条 国务院对外贸易主管部门依照本法和其他有关法律的规定，进行对外贸易的双边或者多边磋商、谈判和争端的解决。

第四十九条 国务院对外贸易主管部门和国务院其他有关部门应当建立货物进出口、技术进出口和国际服务贸易的预警应急机制，应对对外贸易中的突发和异常情况，维护国家经济安全。

第五十条 国家对规避本法规定的对外贸易救济措施的行为，可以采取必要的反规避措施。

第九章 对外贸易促进

第五十一条 国家制定对外贸易发展战略，建立和完善对外贸易促进机制。

第五十二条 国家根据对外贸易发展的需要，建立和完善为对外贸易服务的金融机构，设立对外贸易发展基金、风险基金。

第五十三条 国家通过进出口信贷、出口信用保险、出口退税及其他促进对外贸易的方式，发展对外贸易。

第五十四条 国家建立对外贸易公共信息服务体系，向对外贸易经营者和其他社会公众提供信息服务。

第五十五条 国家采取措施鼓励对外贸易经营者开拓国际市场，采取对外投资、对外工程承包和对外劳务合作等多种形式，发展对外贸易。

第五十六条 对外贸易经营者可以依法成立和参加有关协会、商会。

有关协会、商会应当遵守法律、行政法规，按照章程对其成员提供与对外贸易有关的生产、营销、信息、培训等方面的服务，发挥协调和自律作用，依法提出有关对外贸易救济措施的申请，维护成员和行业的利益，向政府有关部门反映成员有关对外贸易的建议，开展对外贸易促进活动。

第五十七条 中国国际贸易促进组织按照章程开展对外联系，举办展览，提供信息、咨询服务和其他对外贸易促进活动。

第五十八条 国家扶持和促进中小企业开展对外贸易。

第五十九条 国家扶持和促进民族自治地方和经济不发达地区发展对外贸易。

第十章 法律责任

第六十条 违反本法第十一条规定，未经授权擅自进出口实行国营贸易管理的货物的，国务院对外贸易主管部门或者国务院其他有关部门可以处五万元以下罚款；情节严重的，可以自行政处罚决定生效之日起三年内，不受理违法行为人从事国营贸易管理货物进出口业务的申请，或者撤销已给予其从事其他国营贸易管理货物进出口的授权。

第六十一条 进出口属于禁止进出口的货物的，或者未经许可擅自进出口属于限制进出口的货物的，由海关依照有关法律、行政法规的规定处理、处罚；构成犯罪的，依法追究刑事责任。

进出口属于禁止进出口的技术的，或者未经许可擅自进出口属于限制进出口的技术的，依照有关法律、行政法规的规定处理、处罚；法律、行政法规没有规定的，由国务院对外贸易主管部门责令改正，没收违法所得，并处违法所得一倍以上五倍以下罚款，没有违法所得或者违法所得不足一万元的，处一万元以上五万元以下罚款；构成犯罪的，依法追究刑事责任。

自前两款规定的行政处罚决定生效之日或者刑事处罚判决生效之日起，国务院对外贸易主管部门或者国务院其他有关部门可以在三年内不受理违法行为人提出的进出口配额或者许可证的申请，或者禁止违法行为人在一年以上三年以下的期限内从事有关货物或者技术的进出口经营活动。

第六十二条 从事属于禁止的国际服务贸易的，或者未经许可擅自从事属于限制的国际服务贸易的，依照有关法律、行政法规的规定处罚；法律、行政法规没有规定的，由国务院对外贸易主管部门责令改正，没收违法所得，并处违法所得一倍以上五倍以下罚款，没有违法所得或者违法所得不足一万元的，处一万元以上五万元以下罚款；构成犯罪的，依法追究刑事责任。

国务院对外贸易主管部门可以禁止违法行为人自前款规定的行政处罚决定生效之日或者刑事处罚判决生效之日起一年以上三年以下的期限内从事有关的国际服务贸易经营活动。

第六十三条 违反本法第三十四条规定，依照有关法律、行政法规的规定处罚；构成犯罪的，依法追究刑事责任。

国务院对外贸易主管部门可以禁止违法行为人自前款规定的行政处罚决定生效之日或者刑事处罚判决生效之日起一年以上三年以下的期限内从事有关的对外贸易经营活动。

第六十四条 依照本法第六十一条至第六十三条规定被禁止从事有关对外贸易经营活动的，在禁止期限内，海关根据国务院对外贸易主管部门依法作出的禁止决定，对该对外贸易经营者的有关进出口货物不予办理报关验放手续，外汇管理部门或者外汇指定银行不予办理有关结汇、售汇手续。

第六十五条 依照本法负责对外贸易管理工作的部门的工作人员玩忽职守、徇私舞弊或者滥用职权，构成犯罪的，依法追究刑事责任；尚不构成犯罪的，依法给予行政处分。

依照本法负责对外贸易管理工作的部门的工作人员利用职务上的便利，索取他人财物，或者非法收受他人财物为他人谋取利益，构成犯罪的，依法追究刑事责任；尚不构成犯罪的，依法给予行政处分。

第六十六条 对外贸易经营活动当事人对依照本法负责对外贸易管理工作的部门作出的具体行政行为不服的，可以依法申请行政复议或者向人民法院提起行政诉讼。

第十一章　附则

第六十七条 与军品、裂变和聚变物质或者衍生此类物质的物质有关的对外贸易管理以及文化产品的进出口管理，法律、行政法规另有规定的，依照其规定。

第六十八条 国家对边境地区与接壤国家边境地区之间的贸易以及边民互市贸易，采取灵活措施，给予优惠和便利。具体办法由国务院规定。

第六十九条 中华人民共和国的单独关税区不适用本法。

第七十条 本法自2004年7月1日起施行。

司法解释

最高人民法院、最高人民检察院关于办理生产、销售伪劣商品刑事案件具体应用法律若干问题的解释

（2001年4月5日最高人民法院审判委员会第1168次会议、2001年3月30日最高人民检察院第九届检察委员会第84次会议通过）

为依法惩治生产、销售伪劣商品犯罪活动，根据刑法有关规定，现就办理这类案件具体应用法律的若干问题解释如下：

第一条 刑法第一百四十条规定的“在产品中掺杂、掺假”，是指在产品中掺入杂质或者异物，致使产品质量不符合国家法律、法规或者产品明示质量标准规定的质量要求，降低、失去应有使用性能的行为。

刑法第一百四十条规定的“以假充真”，是指以不具有某种使用性能的产品冒充具有该种使用性能的产品的行为。

刑法第一百四十条规定的“以次充好”，是指以低等级、低档次产品冒充高等级、高档次产品，或者以残次、废旧零配件组合、拼装后冒充正品或者新产品的行为。

刑法第一百四十条规定的“不合格产品”，是指不符合《中华人民共和国产品质量法》第二十六条第二款规定的质量要求的产品。

对本条规定的上述行为难以确定的，应当委托法律、行政法规规定的产品质量检验机构进行鉴定。

第二条 刑法第一百四十条、第一百四十九条规定的“销售金额”，是指生产者、销售者出售伪劣产品后所得和应得的全部违法收入。

伪劣产品尚未销售，货值金额达到刑法第一百四十条规定的销售金额三倍以上的，以生产、销售伪劣产品罪（未遂）定罪处罚。

货值金额以违法生产、销售的伪劣产品的标价计算；没有标价的，按照同类合格产品的市场中间价格计算。货值金

额难以确定的，按照国家计划委员会、最高人民法院、最高人民检察院、公安部1997年4月22日联合发布的《扣押、追缴、没收物品估价管理办法》的规定，委托指定的估价机构确定。

多次实施生产、销售伪劣产品行为，未经处理的，伪劣产品的销售金额或者货值金额累计计算。

第三条 经省级以上药品监督管理部门设置或者确定的药品检验机构鉴定，生产、销售的假药具有下列情形之一的，应认定为刑法第一百四十一条规定的“足以严重危害人体健康”：

（一）含有超标准的有毒有害物质的；

（二）不含所标明的有效成份，可能贻误诊治的；

（三）所标明的适应症或者功能主治超出规定范围，可能造成贻误诊治的；

（四）缺乏所标明的急救必需的有效成份的。

生产、销售的假药被使用后，造成轻伤、重伤或者其他严重后果的，应认定为“对人体健康造成严重危害”。

生产、销售的假药被使用后，致人严重残疾，三人以上重伤、十人以上轻伤或者造成其他特别严重后果的，应认定为“对人体健康造成特别严重危害”。

第四条 经省级以上卫生行政部门确定的机构鉴定，食品中含有可能导致严重食物中毒事故或者其他严重食源性疾患的超标准的有害细菌或者其他污染物的，应认定为刑法第一百四十三条规定的“足以造成严重食物中毒事故或者其他严重食源性疾患”。

生产、销售不符合卫生标准的食品被食用后，造成轻伤、重伤或者其他严重后果的，应认定为“对人体健康造成严重危害”。

生产、销售不符合卫生标准的食品被食用后，致人死亡、严重残疾、三人以上重伤，十人以上轻伤或者造成其他特别严重后果的。应认定为“后果特别严重”。

第五条 生产、销售的有毒、有害食品被食用后，造成轻伤、重伤或者其他严重后果的，应认定为刑法第一百四十四条规定的“对人体健康造成严重危害”。

生产、销售的有毒、有害食品被食用后，致人严重残疾、三人以上重伤、十人以上轻伤或者造成其他特别严重后果的，应认定为“对人体健康造成特别严重危害”。

第六条 生产、销售不符合标准的医疗器械、医用卫生材料，致人轻伤或者其他严重后果的，应认定为刑法第一百四十五条规定的“对人体健康造成严重危害”。

生产、销售不符合标准的医疗器械、医用卫生材料，造成感染病毒性肝炎等难以治愈的疾病、一人以上重伤、三人以上轻伤或者其他严重后果的，应认定为“后果特别严重”。

生产、销售不符合标准的医疗器械、医用卫生材料，致人死亡、严重残疾、感染艾滋病、三人以上重伤、十人以上轻伤或者造成其他特别严重后果的，应认定为“情节特别恶劣”。

医疗机构或者个人，知道或者应当知道是不符合保障人体健康的国家标准、行业标准的医疗器械、医用卫生材料而购买、使用，对人体健康造成严重危害的，以销售不符合标准的医用器材罪定罪处罚。

没有国家标准、行业标准的医疗器械，注册产品标准可视为“保障人体健康的行业标准”。

第七条 刑法第一百四十七条规定的生产、销售伪劣农药、兽药、化肥、种子罪中“使生产遭受较大损失”，一般以二万元为起点；“重大损失”，一般以十万元为起点；“特别重大损失”，一般以五十万元为起点。

第八条 国家机关工作人员徇私舞弊，对生产、销售伪劣商品犯罪不履行法律规定的查处职责，具有下列情形之一的，属于刑法第四百一十四条规定的“情节严重”：

（一）放纵生产、销售假药或者有毒、有害食品犯罪行为的；

（二）放纵依法可能判处二年有期徒刑以上刑罚的生产、销售、伪劣商品犯罪行为的；

（三）对三个以上有生产、销售伪劣商品犯罪行为的单位或者个人不履行追究职责的；

（四）致使国家和人民利益遭受重大损失或者造成恶劣影响的。

第九条 知道或者应当知道他人实施生产、销售伪劣商品犯罪，而为其提供贷款、资金、账号、发票、证明、许可证件，或者提供生产、经营场所或者运输、仓储、保管、邮寄等便利条件，或者提供制假生产技术的，以生产、销售伪劣商品犯罪的共犯论处。

第十条 实施生产、销售伪劣商品犯罪，同时构成侵犯知识产权、非法经营等其他犯罪的，依照处罚较重的规定定罪处罚。

第十一条 实施刑法第一百四十条至第一百四十八条规定的犯罪，又以暴力、威胁方法抗拒查处，构成其他犯罪的，依照数罪并罚的规定处罚。

第十二条 国家机关工作人员参与生产、销售伪劣商品犯罪的，从重处罚。

最高人民法院关于审理生产、销售伪劣商品刑事案件有关鉴定问题的通知

（法〔2001〕70号）

各省、自治区、直辖市高级人民法院，解放军军事法院，新疆维吾尔自治区高级人民法院生产建设兵团分院：

自全国开展整顿和规范市场经济秩序工作以来，各地人民法院陆续受理了一批生产、销售伪劣产品、假冒商标和非法经营等严重破坏社会主义市场经济秩序的犯罪案件。此类案件中涉及的生产、销售的产品，有的纯属伪劣产品，有的则只是侵犯知识产权的产品。由于涉案产品是否“以假充真”、“以次充好”、“以不合格产品冒充合格产品”，直接影响到对被告人的定罪及处刑，为准确适用刑法和《最高人民法院、最高人民检察院关于办理生产、销售伪劣商品刑事案件具体应用法律若干问题的解释》（以下简称《解释》），严惩假冒伪劣商品犯罪，不放纵和轻纵犯罪分子，现就审理生产、销售伪劣商品、假冒商标和非法经营等严重破坏社会主义市场经济秩序的犯罪案件中可能涉及的假冒伪劣商品的有关鉴定问题通知如下：

一、对于提起公诉的生产、销售伪劣产品、假冒商标、非法经营等严重破坏社会主义市场经济秩序的犯罪案件，所涉生产、销售的产品是否属于“以假充真”、“以次充好”、“以不合格产品冒充合格产品”难以确定的，应当根据《解释》第一条第五款的规定，由公诉机关委托法律、行政法规规定的产品质量检验机构进行鉴定。

二、根据《解释》第三条和第四条的规定，人民法院受理的生产、销售假药犯罪案件和生产、销售不符合卫生标准的食品犯罪案件，均需有“省级以上药品监督管理部门设置或者确定的药品检验机构”和“省级以上卫生行政部门确定的机构”出具的鉴定结论。

三、经鉴定确系伪劣商品，被告人的行为既构成生产、销售伪劣产品罪，又构成生产、销售假药罪或者生产、销售不符合卫生标准的食品罪，或者同时构成侵犯知识产权、非法经营等其他犯罪的，根据刑法第一百四十九条第二款和《解释》第十条的规定，应当依照处罚较重的规定定罪处罚。

中华人民共和国最高人民法院

二〇〇一年五月二十一日

最高人民法院、最高人民检察院关于利用互联网、移动通讯终端、声讯台制作、复制、出版、贩卖、传播淫秽电子信息刑事案件具体应用法律若干问题的解释

（2004年9月1日最高人民法院审判委员会第1323次会议2004年9月2日最高人民检察院第十届检察委员会第26次会议通过法释〔2004〕11号）

为依法惩治利用互联网、移动通讯终端制作、复制、出版、贩卖、传播淫秽电子信息、通过声讯台传播淫秽语音信息等犯罪活动，维护公共网络、通讯的正常秩序，保障公众的合法权益，根据《中华人民共和国刑法》、《全国人民代表大会常务委员会关于维护互联网安全的决定》的规定，现对办理该类刑事案件具体应用法律的若干问题解释如下：

第一条 以牟利为目的，利用互联网、移动通讯终端制作、复制、出版、贩卖、传播淫秽电子信息，具有下列情形之一的，依照刑法第三百六十三条第一款的规定，以制作、复制、出版、贩卖、传播淫秽物品牟利罪定罪处罚：

（一）制作、复制、出版、贩卖、传播淫秽电影、表演、动画等视频文件二十个以上的；

（二）制作、复制、出版、贩卖、传播淫秽音频文件一百个以上的；

（三）制作、复制、出版、贩卖、传播淫秽电子刊物、图片、文章、短信息等二百件以上的；

（四）制作、复制、出版、贩卖、传播的淫秽电子信息，实际被点击数达到一万次以上的；

（五）以会员制方式出版、贩卖、传播淫秽电子信息，注册会员达二百人以上的；

（六）利用淫秽电子信息收取广告费、会员注册费或者其他费用，违法所得一万元以上的；

（七）数量或者数额虽未达到第（一）项至第（六）项规定标准，但分别达到其中两项以上标准一半以上的；

（八）造成严重后果的。

利用聊天室、论坛、即时通信软件、电子邮件等方式，实施第一款规定行为的，依照刑法第三百六十三条第一款的规定，以制作、复制、出版、贩卖、传播淫秽物品牟利罪定罪处罚。

第二条 实施第一条规定的行为，数量或者数额达到第一条第一款第（一）项至第（六）项规定标准五倍以上的，应当认定为刑法第三百六十三条第一款规定的“情节严重”；达到规定标准二十五倍以上的，应当认定为“情节特别严重”。

第三条 不以牟利为目的，利用互联网或者移动通讯终端传播淫秽电子信息，具有下列情形之一的，依照刑法第三百六十四条第一款的规定，以传播淫秽物品罪定罪处罚：

（一）数量达到第一条第一款第（一）项至第（五）项规定标准二倍以上的；

（二）数量分别达到第一条第一款第（一）项至第（五）项两项以上标准的；

（三）造成严重后果的。

利用聊天室、论坛、即时通信软件、电子邮件等方式，实施第一款规定行为的，依照刑法第三百六十四条第一款的规定，以传播淫秽物品罪定罪处罚。

第四条 明知是淫秽电子信息而在自己所有、管理或者使用的网站或者网页上提供直接链接的，其数量标准根据所链接的淫秽电子信息的种类计算。

第五条 以牟利为目的，通过声讯台传播淫秽语音信息，具有下列情形之一的，依照刑法第三百六十三条第一款的规定，对直接负责的主管人员和其他直接责任人员以传播淫秽物品牟利罪定罪处罚：

（一）向一百人次以上传播的；

（二）违法所得一万元以上的；

（三）造成严重后果的。

实施前款规定行为，数量或者数额达到前款第（一）项至第（二）项规定标准五倍以上的，应当认定为刑法第三百六十三条第一款规定的“情节严重”；达到规定标准二十五倍以上的，应当认定为“情节特别严重”。

第六条 实施本解释前五条规定的犯罪，具有下列情形之一的，依照刑法第三百六十三条第一款、第三百六十四条第一款的规定从重处罚：

（一）制作、复制、出版、贩卖、传播具体描绘不满十八周岁未成年人性行为的淫秽电子信息的；

（二）明知是具体描绘不满十八周岁的未成年人性行为的淫秽电子信息而在自己所有、管理或者使用的网站或者网页上提供直接链接的；

（三）向不满十八周岁的未成年人贩卖、传播淫秽电子信息和语音信息的；

（四）通过使用破坏性程序、恶意代码修改用户计算机设置等方法，强制用户访问、下载淫秽电子信息的。

第七条 明知他人实施制作、复制、出版、贩卖、传播淫秽电子信息犯罪，为其提供互联网接入、服务器托管、网络存储空间、通讯传输通道、费用结算等帮助的，对直接负责的主管人员和其他直接责任人员，以共同犯罪论处。

第八条 利用互联网、移动通讯终端、声讯台贩卖、传播淫秽书刊、影片、录像带、录音带等以实物为载体的淫秽物品的，依照《最高人民法院关于审理非法出版物刑事案件具体应用法律若干问题的解释》的有关规定定罪处罚。

第九条 刑法第三百六十七条第一款规定的“其他淫秽物品”，包括具体描绘性行为或者露骨宣扬色情的诲淫性的视频文件、音频文件、电子刊物、图片、文章、短信息等互联网、移动通讯终端电子信息和声讯台语音信息。

有关人体生理、医学知识的电子信息和声讯台语音信息不是淫秽物品。包含色情内容的有艺术价值的电子文学、艺术作品不视为淫秽物品。

最高人民法院、最高人民检察院关于利用互联网、移动通讯终端、声讯台制作、复制、出版、贩卖、传播淫秽电子信息刑事案件具体应用法律若干问题的解释（二）

（2010 年 1 月 18 日由最高人民法院审判委员会第 1483 次会议、2010 年 1 月 14 日由最高人民检察院第十一届检察委员会第 28 次会议通过　法释〔2010〕3 号）

为依法惩治利用互联网、移动通讯终端制作、复制、出版、贩卖、传播淫秽电子信息，通过声讯台传播淫秽语音信息等犯罪活动，维护社会秩序，保障公民权益，根据《中华人民共和国刑法》、《全国人民代表大会常务委员会关于维护互联网安全的决定》的规定，现对办理该类刑事案件具体应用法律的若干问题解释如下：

第一条 以牟利为目的，利用互联网、移动通讯终端制作、复制、出版、贩卖、传播淫秽电子信息的，依照《最高人民法院、最高人民检察院关于办理利用互联网、移动通讯终端、声讯台制作、复制、出版、贩卖、传播淫秽电子信息刑事案件具体应用法律若干问题的解释》第一条、第二条的规定定罪处罚。

以牟利为目的，利用互联网、移动通讯终端制作、复制、出版、贩卖、传播内容含有不满十四周岁未成年人的淫秽电子信息，具有下列情形之一的，依照刑法第三百六十三条第一款的规定，以制作、复制、出版、贩卖、传播淫秽物品牟利罪定罪处罚：

（一）制作、复制、出版、贩卖、传播淫秽电影、表演、动画等视频文件十个以上的；

（二）制作、复制、出版、贩卖、传播淫秽音频文件五十个以上的；

（三）制作、复制、出版、贩卖、传播淫秽电子刊物、图片、文章等一百件以上的；

（四）制作、复制、出版、贩卖、传播的淫秽电子信

息，实际被点击数达到五千次以上的；

（五）以会员制方式出版、贩卖、传播淫秽电子信息，注册会员达一百人以上的；

（六）利用淫秽电子信息收取广告费、会员注册费或者其他费用，违法所得五千元以上的；

（七）数量或者数额虽未达到第（一）项至第（六）项规定标准，但分别达到其中两项以上标准一半以上的；

（八）造成严重后果的。

实施第二款规定的行为，数量或者数额达到第二款第（一）项至第（七）项规定标准五倍以上的，应当认定为刑法第三百六十三条第一款规定的“情节严重”；达到规定标准二十五倍以上的，应当认定为“情节特别严重”。

第二条 利用互联网、移动通讯终端传播淫秽电子信息的，依照《最高人民法院、最高人民检察院关于办理利用互联网、移动通讯终端、声讯台制作、复制、出版、贩卖、传播淫秽电子信息刑事案件具体应用法律若干问题的解释》第三条的规定定罪处罚。

利用互联网、移动通讯终端传播内容含有不满十四周岁未成年人的淫秽电子信息，具有下列情形之一的，依照刑法第三百六十四条第一款的规定，以传播淫秽物品罪定罪处罚：

（一）数量达到第一条第二款第（一）项至第（五）项规定标准二倍以上的；

（二）数量分别达到第一条第二款第（一）项至第（五）项两项以上标准的；

（三）造成严重后果的。

第三条 利用互联网建立主要用于传播淫秽电子信息的群组，成员达三十人以上或者造成严重后果的，对建立者、管理者和主要传播者，依照刑法第三百六十四条第一款的规定，以传播淫秽物品罪定罪处罚。

第四条 以牟利为目的，网站建立者、直接负责的管理者明知他人制作、复制、出版、贩卖、传播的是淫秽电子信息，允许或者放任他人在自己所有、管理的网站或者网页上发布，具有下列情形之一的，依照刑法第三百六十三条第一款的规定，以传播淫秽物品牟利罪定罪处罚：

（一）数量或者数额达到第一条第二款第（一）项至第（六）项规定标准五倍以上的；

（二）数量或者数额分别达到第一条第二款第（一）项至第（六）项两项以上标准二倍以上的；

（三）造成严重后果的。

实施前款规定的行为，数量或者数额达到第一条第二款第（一）项至第（七）项规定标准二十五倍以上的，应当认定为刑法第三百六十三条第一款规定的“情节严重”；达到规定标准一百倍以上的，应当认定为“情节特别严重”。

第五条 网站建立者、直接负责的管理者明知他人制作、复制、出版、贩卖、传播的是淫秽电子信息，允许或者放任他人在自己所有、管理的网站或者网页上发布，具有下列情形之一的，依照刑法第三百六十四条第一款的规定，以传播淫秽物品罪定罪处罚：

（一）数量达到第一条第二款第（一）项至第（五）项规定标准十倍以上的；

（二）数量分别达到第一条第二款第（一）项至第（五）项两项以上标准五倍以上的；

（三）造成严重后果的。

第六条 电信业务经营者、互联网信息服务提供者明知是淫秽网站，为其提供互联网接入、服务器托管、网络存储空间、通讯传输通道、代收费等服务，并收取服务费，具有下列情形之一的，对直接负责的主管人员和其他直接责任人员，依照刑法第三百六十三条第一款的规定，以传播淫秽物品牟利罪定罪处罚：

（一）为五个以上淫秽网站提供上述服务的；

（二）为淫秽网站提供互联网接入、服务器托管、网络存储空间、通讯传输通道等服务，收取服务费数额在二万元以上的；

（三）为淫秽网站提供代收费服务，收取服务费数额在五万元以上的；

（四）造成严重后果的。

实施前款规定的行为，数量或者数额达到前款第（一）项至第（三）项规定标准五倍以上的，应当认定为刑法第三百六十三条第一款规定的“情节严重”；达到规定标准二十五倍以上的，应当认定为“情节特别严重”。

第七条 明知是淫秽网站，以牟利为目的，通过投放广告等方式向其直接或者间接提供资金，或者提供费用结算服务，具有下列情形之一的，对直接负责的主管人员和其他直接责任人员，依照刑法第三百六十三条第一款的规定，以制作、复制、出版、贩卖、传播淫秽物品牟利罪的共同犯罪处罚：

（一）向十个以上淫秽网站投放广告或者以其他方式提供资金的；

（二）向淫秽网站投放广告二十条以上的；

（三）向十个以上淫秽网站提供费用结算服务的；

（四）以投放广告或者其他方式向淫秽网站提供资金数额在五万元以上的；

（五）为淫秽网站提供费用结算服务，收取服务费数额在二万元以上的；

（六）造成严重后果的。

实施前款规定的行为，数量或者数额达到前款第（一）项至第（五）项规定标准五倍以上的，应当认定为刑法第三百六十三条第一款规定的“情节严重”；达到规定标准二十五倍以上的，应当认定为“情节特别严重”。

第八条 实施第四条至第七条规定的行为，具有下列情形之一的，应当认定行为人“明知”，但是有证据证明确实不知道的除外：

（一）行政主管机关书面告知后仍然实施上述行为的；

（二）接到举报后不履行法定管理职责的；

（三）为淫秽网站提供互联网接入、服务器托管、网络存储空间、通讯传输通道、代收费、费用结算等服务，收取服务费明显高于市场价格的；

（四）向淫秽网站投放广告，广告点击率明显异常的；

（五）其他能够认定行为人明知的情形。

第九条 一年内多次实施制作、复制、出版、贩卖、传播淫秽电子信息行为未经处理，数量或者数额累计计算构成犯罪的，应当依法定罪处罚。

第十条 单位实施制作、复制、出版、贩卖、传播淫秽电子信息犯罪的，依照《中华人民共和国刑法》、《最高人民法院、最高人民检察院关于办理利用互联网、移动通讯终端、声讯台制作、复制、出版、贩卖、传播淫秽电子信息刑事案件具体应用法律若干问题的解释》和本解释规定的相应个人犯罪的定罪量刑标准，对直接负责的主管人员和其他直接责任人员定罪处罚，并对单位判处罚金。

第十一条 对于以牟利为目的，实施制作、复制、出版、贩卖、传播淫秽电子信息犯罪的，人民法院应当综合考虑犯罪的违法所得、社会危害性等情节，依法判处罚金或者没收财产。罚金数额一般在违法所得的一倍以上五倍以下。

第十二条 《最高人民法院、最高人民检察院关于办理利用互联网、移动通讯终端、声讯台制作、复制、出版、贩卖、传播淫秽电子信息刑事案件具体应用法律若干问题的解释》和本解释所称网站，是指可以通过互联网域名、IP地址等方式访问的内容提供站点。

以制作、复制、出版、贩卖、传播淫秽电子信息为目的建立或者建立后主要从事制作、复制、出版、贩卖、传播淫秽电子信息活动的网站，为淫秽网站。

第十三条 以前发布的司法解释与本解释不一致的，以本解释为准。

最高人民法院、最高人民检察院关于办理非法生产、销售烟草专卖品等刑事案件具体应用法律若干问题的解释

（法释〔2010〕7 号）

为维护社会主义市场经济秩序，依法惩治非法生产、销售烟草专卖品等犯罪，根据刑法有关规定，现就办理这类刑事案件具体应用法律的若干问题解释如下：

第一条 生产、销售伪劣卷烟、雪茄烟等烟草专卖品，销售金额在五万元以上的，依照刑法第一百四十条的规定，以生产、销售伪劣产品罪定罪处罚。

未经卷烟、雪茄烟等烟草专卖品注册商标所有人许可，在卷烟、雪茄烟等烟草专卖品上使用与其注册商标相同的商标，情节严重的，依照刑法第二百一十三条的规定，以假冒注册商标罪定罪处罚。

销售明知是假冒他人注册商标的卷烟、雪茄烟等烟草专卖品，销售金额较大的，依照刑法第二百一十四条的规定，以销售假冒注册商标的商品罪定罪处罚。

伪造、擅自制造他人卷烟、雪茄烟注册商标标识或者销售伪造、擅自制造的卷烟、雪茄烟注册商标标识，情节严重的，依照刑法第二百一十五条的规定，以非法制造、销售非法制造的注册商标标识罪定罪处罚。

违反国家烟草专卖管理法律法规，未经烟草专卖行政主管部门许可，无烟草专卖生产企业许可证、烟草专卖批发企业许可证、特种烟草专卖经营企业许可证、烟草专卖零售许可证等许可证明，非法经营烟草专卖品，情节严重的，依照刑法第二百二十五条的规定，以非法经营罪定罪处罚。

第二条 伪劣卷烟、雪茄烟等烟草专卖品尚未销售，货值金额达到刑法第一百四十条规定的销售金额定罪起点数额标准的三倍以上的，或者销售金额未达到五万元，但与未销售货值金额合计达到十五万元以上的，以生产、销售伪劣产品罪（未遂）定罪处罚。

销售金额和未销售货值金额分别达到不同的法定刑幅度或者均达到同一法定刑幅度的，在处罚较重的法定刑幅度内酌情从重处罚。

查获的未销售的伪劣卷烟、雪茄烟，能够查清销售价格的，按照实际销售价格计算。无法查清实际销售价格，有品牌的，按照该品牌卷烟、雪茄烟的查获地省级烟草专卖行政主管部门出具的零售价格计算；无品牌的，按照查获地省级烟草专卖行政主管部门出具的上年度卷烟平均零售价格计算。

第三条 非法经营烟草专卖品，具有下列情形之一的，应当认定为刑法第二百二十五条规定的“情节严重”：

（一）非法经营数额在五万元以上的，或者违法所得数额在二万元以上的；

（二）非法经营卷烟二十万支以上的；

（三）曾因非法经营烟草专卖品三年内受过二次以上行政处罚，又非法经营烟草专卖品且数额在三万元以上的。

具有下列情形之一的，应当认定为刑法第二百二十五条规定的“情节特别严重”：

（一）非法经营数额在二十五万元以上，或者违法所得数额在十万元以上的；

（二）非法经营卷烟一百万支以上的。

第四条 非法经营烟草专卖品，能够查清销售或者购买价格的，按照其销售或者购买的价格计算非法经营数额。无法查清销售或者购买价格的，按照下列方法计算非法经营数额：

（一）查获的卷烟、雪茄烟的价格，有品牌的，按照该品牌卷烟、雪茄烟的查获地省级烟草专卖行政主管部门出具的零售价格计算；无品牌的，按照查获地省级烟草专卖行政主管部门出具的上年度卷烟平均零售价格计算；

（二）查获的复烤烟叶、烟叶的价格按照查获地省级烟草专卖行政主管部门出具的上年度烤烟调拨平均基准价格计算；

（三）烟丝的价格按照第（二）项规定价格计算标准的一点五倍计算；

（四）卷烟辅料的价格，有品牌的，按照该品牌辅料的查获地省级烟草专卖行政主管部门出具的价格计算；无品牌的，按照查获地省级烟草专卖行政主管部门出具的上年度烟草行业生产卷烟所需该类卷烟辅料的平均价格计算；

（五）非法生产、销售、购买烟草专用机械的价格按照国务院烟草专卖行政主管部门下发的全国烟草专用机械产品指导价格目录进行计算；目录中没有该烟草专用机械的，按照省级以上烟草专卖行政主管部门出具的目录中同类烟草专用机械的平均价格计算。

第五条 行为人实施非法生产、销售烟草专卖品犯罪，同时构成生产、销售伪劣产品罪、侵犯知识产权犯罪、非法经营罪的，依照处罚较重的规定定罪处罚。

第六条 明知他人实施本解释第一条所列犯罪，而为其提供贷款、资金、账号、发票、证明、许可证件，或者提供生产、经营场所、设备、运输、仓储、保管、邮寄、代理进出口等便利条件，或者提供生产技术、卷烟配方的，应当按照共犯追究刑事责任。

第七条 办理非法生产、销售烟草专卖品等刑事案件，需要对伪劣烟草专卖品鉴定的，应当委托国务院产品质量监督管理部门和省、自治区、直辖市人民政府产品质量监督管理部门指定的烟草质量检测机构进行。

第八条 以暴力、威胁方法阻碍烟草专卖执法人员依法执行职务，构成犯罪的，以妨害公务罪追究刑事责任。

煽动群众暴力抗拒烟草专卖法律实施，构成犯罪的，以煽动暴力抗拒法律实施罪追究刑事责任。

第九条 本解释所称“烟草专卖品”，是指卷烟、雪茄烟、烟丝、复烤烟叶、烟叶、卷烟纸、滤嘴棒、烟用丝束、烟草专用机械。

本解释所称“卷烟辅料”，是指卷烟纸、滤嘴棒、烟用丝束。

本解释所称“烟草专用机械”，是指由国务院烟草专卖行政主管部门烟草专用机械名录所公布的，在卷烟、雪茄烟、烟丝、复烤烟叶、烟叶、卷烟纸、滤嘴棒、烟用丝束的生产加工过程中，能够完成一项或者多项特定加工工序，可以独立操作的机械设备。

本解释所称“同类烟草专用机械”，是指在卷烟、雪茄烟、烟丝、复烤烟叶、烟叶、卷烟纸、滤嘴棒、烟用丝束的生产加工过程中，能够完成相同加工工序的机械设备。

第十条 以前发布的有关规定与本解释不一致的，以本解释为准。

最高人民法院、最高人民检察院关于办理渎职刑事案件适用法律若干问题的解释（一）

（法释〔2012〕18号）

为依法惩治渎职犯罪，根据刑法有关规定，现就办理渎职刑事案件适用法律的若干问题解释如下：

第一条 国家机关工作人员滥用职权或者玩忽职守，具有下列情形之一的，应当认定为刑法第三百九十七条规定的“致使公共财产、国家和人民利益遭受重大损失”：

（一）造成死亡1人以上，或者重伤3人以上，或者轻伤9人以上，或者重伤2人、轻伤3人以上，或者重伤1人、轻伤6人以上的；

（二）造成经济损失30万元以上的；

（三）造成恶劣社会影响的；

（四）其他致使公共财产、国家和人民利益遭受重大损失的情形。

具有下列情形之一的，应当认定为刑法第三百九十七条规定的“情节特别严重”：

（一）造成伤亡达到前款第（一）项规定人数3倍以上的；

（二）造成经济损失150万元以上的；

（三）造成前款规定的损失后果，不报、迟报、谎报或者授意、指使、强令他人不报、迟报、谎报事故情况，致使损失后果持续、扩大或者抢救工作延误的；

（四）造成特别恶劣社会影响的；

（五）其他特别严重的情节。

第二条 国家机关工作人员实施滥用职权或者玩忽职守犯罪行为，触犯刑法分则第九章第三百九十八条至第四百一十九条规定的，依照该规定定罪处罚。

国家机关工作人员滥用职权或者玩忽职守，因不具备徇私舞弊等情形，不符合刑法分则第九章第三百九十八条至第四百一十九条的规定，但依法构成第三百九十七条规定的犯罪的，以滥用职权罪或者玩忽职守罪定罪处罚。

第三条 国家机关工作人员实施渎职犯罪并收受贿赂，同时构成受贿罪的，除刑法另有规定外，以渎职犯罪和受贿罪数罪并罚。

第四条 国家机关工作人员实施渎职行为，放纵他人犯罪或者帮助他人逃避刑事处罚，构成犯罪的，依照渎职罪的规定定罪处罚。

国家机关工作人员与他人共谋，利用其职务行为帮助他人实施其他犯罪行为，同时构成渎职犯罪和共谋实施的其他犯罪共犯的，依照处罚较重的规定定罪处罚。

国家机关工作人员与他人共谋，既利用其职务行为帮助他人实施其他犯罪，又以非职务行为与他人共同实施该其他犯罪行为，同时构成渎职犯罪和其他犯罪的共犯的，依照数罪并罚的规定定罪处罚。

第五条 国家机关负责人员违法决定，或者指使、授意、强令其他国家机关工作人员违法履行职务或者不履行职务，构成刑法分则第九章规定的渎职犯罪的，应当依法追究刑事责任。

以"集体研究"形式实施的渎职犯罪，应当依照刑法分则第九章的规定追究国家机关负有责任的人员的刑事责任。对于具体执行人员，应当在综合认定其行为性质、是否提出反对意见、危害结果大小等情节的基础上决定是否追究刑事责任和应当判处的刑罚。

第六条 以危害结果为条件的渎职犯罪的追诉期限，从危害结果发生之日起计算；有数个危害结果的，从最后一个危害结果发生之日起计算。

第七条 依法或者受委托行使国家行政管理职权的公司、企业、事业单位的工作人员，在行使行政管理职权时滥用职权或者玩忽职守，构成犯罪的，应当依照《全国人民代表大会常务委员会关于〈中华人民共和国刑法〉第九章渎职罪主体适用问题的解释》的规定，适用渎职罪的规定追究刑事责任。

第八条 本解释规定的"经济损失"，是指渎职犯罪或者与渎职犯罪相关联的犯罪立案时已经实际造成的财产损失，包括为挽回渎职犯罪所造成损失而支付的各种开支、费用等。立案后至提起公诉前持续发生的经济损失，应一并计入渎职犯罪造成的经济损失。

债务人经法定程序被宣告破产，债务人潜逃、去向不明，或者因行为人的责任超过诉讼时效等，致使债权已经无法实现的，无法实现的债权部分应当认定为渎职犯罪的经济损失。

渎职犯罪或者与渎职犯罪相关联的犯罪立案后，犯罪分子及其亲友自行挽回的经济损失，司法机关或者犯罪分子所在单位及其上级主管部门挽回的经济损失，或者因客观原因减少的经济损失，不予扣减，但可以作为酌定从轻处罚的情节。

第九条 负有监督管理职责的国家机关工作人员滥用职权或者玩忽职守，致使不符合安全标准的食品、有毒有害食品、假药、劣药等流入社会，对人民群众生命、健康造成严重危害后果的，依照渎职罪的规定从严惩处。

第十条 最高人民法院、最高人民检察院此前发布的司法解释与本解释不一致的，以本解释为准。

行政法规

中华人民共和国进出口商品检验法实施条例

（2005年8月31日国务院令第447号发布 根据2013年7月18日《国务院废止与修改部分行政法规的决定》修订）

第一章 总则

第一条 根据《中华人民共和国进出口商品检验法》（以下简称商检法）的规定，制定本条例。

第二条 中华人民共和国国家质量监督检验检疫总局（以下简称国家质检总局）主管全国进出口商品检验工作。

国家质检总局设在省、自治区、直辖市以及进出口商品的口岸、集散地的出入境检验检疫局及其分支机构（以下简称出入境检验检疫机构），管理所负责地区的进出口商品检验工作。

第三条 国家质检总局应当依照商检法第四条规定，制定、调整必须实施检验的进出口商品目录（以下简称目录）并公布实施。

目录应当至少在实施之日30日前公布；在紧急情况下，应当不迟于实施之日公布。

国家质检总局制定、调整目录时，应当征求国务院对外贸易主管部门、海关总署等有关方面的意见。

第四条 出入境检验检疫机构对列入目录的进出口商品以及法律、行政法规规定须经出入境检验检疫机构检验的其他进出口商品实施检验（以下称法定检验）。

出入境检验检疫机构对法定检验以外的进出口商品，根据国家规定实施抽查检验。

第五条 进出口药品的质量检验、计量器具的量值检定、锅炉压力容器的安全监督检验、船舶（包括海上平台、主要船用设备及材料）和集装箱的规范检验、飞机（包括飞机发动机、机载设备）的适航检验以及核承压设备的安全检验等项目，由有关法律、行政法规规定的机构实施检验。

第六条 进出境的样品、礼品、暂准进出境的货物以及其他非贸易性物品，免予检验。但是，法律、行政法规另有规定的除外。

列入目录的进出口商品符合国家规定的免予检验条件的，由收货人、发货人或者生产企业申请，经国家质检总局审查批准，出入境检验检疫机构免予检验。

免予检验的具体办法，由国家质检总局商有关部门制定。

第七条 法定检验的进出口商品，由出入境检验检疫机构依照商检法第七条规定实施检验。

国家质检总局根据进出口商品检验工作的实际需要和国际标准，可以制定进出口商品检验方法的技术规范和标准。

进出口商品检验依照或者参照的技术规范、标准以及检验方法的技术规范和标准，应当至少在实施之日6个月前公布；在紧急情况下，应当不迟于实施之日公布。

第八条 出入境检验检疫机构根据便利对外贸易的需要，对进出口企业实施分类管理，并按照根据国际通行的合格评定程序确定的检验监管方式，对进出口商品实施检验。

第九条 出入境检验检疫机构对进出口商品实施检验的内容，包括是否符合安全、卫生、健康、环境保护、防止欺诈等要求以及相关的品质、数量、重量等项目。

第十条 出入境检验检疫机构依照商检法的规定，对实施许可制度和国家规定必须经过认证的进出口商品实行验证管理，查验单证，核对证货是否相符。

实行验证管理的进出口商品目录，由国家质检总局商有关部门后制定、调整并公布。

第十一条 进出口商品的收货人或者发货人可以自行办理报检手续，也可以委托代理报检企业办理报检手续；采用快件方式进出口商品的，收货人或者发货人应当委托出入境快件运营企业办理报检手续。

第十二条 进出口商品的收货人或者发货人办理报检手续，应当依法向出入境检验检疫机构备案。

第十三条 代理报检企业接受进出口商品的收货人或者发货人的委托，以委托人的名义办理报检手续的，应当向出入境检验检疫机构提交授权委托书，遵守本条例对委托人的各项规定；以自己的名义办理报检手续的，应当承担与收货人或者发货人相同的法律责任。

出入境快件运营企业接受进出口商品的收货人或者发货人的委托，应当以自己的名义办理报检手续，承担与收货人或者发货人相同的法律责任。

委托人委托代理报检企业、出入境快件运营企业办理报检手续的，应当向代理报检企业、出入境快件运营企业提供所委托报检事项的真实情况；代理报检企业、出入境快件运营企业接受委托人的委托办理报检手续的，应当对委托人所提供情况的真实性进行合理审查。

第十四条 国家质检总局建立进出口商品风险预警机制，通过收集进出口商品检验方面的信息，进行风险评估，确定风险的类型，采取相应的风险预警措施及快速反应措施。

国家质检总局和出入境检验检疫机构应当及时向有关方面提供进出口商品检验方面的信息。

第十五条 出入境检验检疫机构工作人员依法执行职务，有关单位和个人应当予以配合，任何单位和个人不得非法干预和阻挠。

第二章 进口商品的检验

第十六条 法定检验的进口商品的收货人应当持合同、发票、装箱单、提单等必要的凭证和相关批准文件，向海关报关地的出入境检验检疫机构报检；海关放行后20日内，收货人应当依照本条例第十八条的规定，向出入境检验检疫机构申请检验。法定检验的进口商品未经检验的，不准销售，不准使用。

进口实行验证管理的商品，收货人应当向海关报关地的出入境检验检疫机构申请验证。出入境检验检疫机构按照国家质检总局的规定实施验证。

第十七条 法定检验的进口商品、实行验证管理的进口商品，海关凭出入境检验检疫机构签发的货物通关单办理海关通关手续。

第十八条 法定检验的进口商品应当在收货人报检时申报的目的地检验。

大宗散装商品、易腐烂变质商品、可用作原料的固体废物以及已发生残损、短缺的商品，应当在卸货口岸检验。

对前两款规定的进口商品，国家质检总局可以根据便利对外贸易和进出口商品检验工作的需要，指定在其他地点检验。

第十九条 除法律、行政法规另有规定外，法定检验的进口商品经检验，涉及人身财产安全、健康、环境保护项目不合格的，由出入境检验检疫机构责令当事人销毁，或者出具退货处理通知单并书面告知海关，海关凭退货处理通知单办理退运手续；其他项目不合格的，可以在出入境检验检疫机构的监督下进行技术处理，经重新检验合格的，方可销售或者使用。当事人申请出入境检验检疫机构出证的，出入境检验检疫机构应当及时出证。

出入境检验检疫机构对检验不合格的进口成套设备及其材料，签发不准安装使用通知书。经技术处理，并经出入境检验检疫机构重新检验合格的，方可安装使用。

第二十条 法定检验以外的进口商品，经出入境检验检疫机构抽查检验不合格的，依照本条例第十九条的规定处理。

实行验证管理的进口商品，经出入境检验检疫机构验证不合格的，参照本条例第十九条的规定处理或者移交有关部门处理。

法定检验以外的进口商品的收货人，发现进口商品质量不合格或者残损、短缺，申请出证的，出入境检验检疫机构或者其他检验机构应当在检验后及时出证。

第二十一条 对属于法定检验范围内的关系国计民生、价值较高、技术复杂的以及其他重要的进口商品和大型成套设备，应当按照对外贸易合同约定监造、装运前检验或者监装。收货人保留到货后最终检验和索赔的权利。

出入境检验检疫机构可以根据需要派出检验人员参加或者组织实施监造、装运前检验或者监装。

第二十二条 国家对进口可用作原料的固体废物的国外供货商、国内收货人实行注册登记制度，国外供货商、国内收货人在签订对外贸易合同前，应当取得国家质检总局或者出入境检验检疫机构的注册登记。国家对进口可用作原料的固体废物实行装运前检验制度，进口时，收货人应当提供出入境检验检疫机构或者检验机构出具的装运前检验证书。

国家允许进口的旧机电产品的收货人在签订对外贸易合同前，应当向国家质检总局或者出入境检验检疫机构办理备案手续。对价值较高，涉及人身财产安全、健康、环境保护项目的高风险进口旧机电产品，应当依照国家有关规定实施装运前检验，进口时，收货人应当提供出入境检验检疫机构或者检验机构出具的装运前检验证书。

进口可用作原料的固体废物、国家允许进口的旧机电产品到货后，由出入境检验检疫机构依法实施检验。

第二十三条 进口机动车辆到货后，收货人凭出入境检验检疫机构签发的进口机动车辆检验证单以及有关部门签发的其他单证向车辆管理机关申领行车牌证。在使用过程中发现有涉及人身财产安全的质量缺陷的，出入境检验检疫机构应当及时作出相应处理。

第三章 出口商品的检验

第二十四条 法定检验的出口商品的发货人应当在国家质检总局统一规定的地点和期限内，持合同等必要的凭证和相关批准文件向出入境检验检疫机构报检。法定检验的出口商品未经检验或者经检验不合格的，不准出口。

出口商品应当在商品的生产地检验。国家质检总局可以根据便利对外贸易和进出口商品检验工作的需要，指定在其他地点检验。

出口实行验证管理的商品，发货人应当向出入境检验检疫机构申请验证。出入境检验检疫机构按照国家质检总局的规定实施验证。

第二十五条 在商品生产地检验的出口商品需要在口岸换证出口的，由商品生产地的出入境检验检疫机构按照规定签发检验换证凭单。发货人应当在规定的期限内持检验换证凭单和必要的凭证，向口岸出入境检验检疫机构申请查验。经查验合格的，由口岸出入境检验检疫机构签发货物通关单。

第二十六条 法定检验的出口商品、实行验证管理的出口商品，海关凭出入境检验检疫机构签发的货物通关单办理海关通关手续。

第二十七条 法定检验的出口商品经出入境检验检疫机构检验或者经口岸出入境检验检疫机构查验不合格的，可以在出入境检验检疫机构的监督下进行技术处理，经重新检验合格的，方准出口；不能进行技术处理或者技术处理后重新检验仍不合格的，不准出口。

第二十八条 法定检验以外的出口商品，经出入境检验检疫机构抽查检验不合格的，依照本条例第二十七条的规定处理。

实行验证管理的出口商品，经出入境检验检疫机构验证不合格的，参照本条例第二十七条的规定处理或者移交有关部门处理。

第二十九条 出口危险货物包装容器的生产企业，应当向出入境检验检疫机构申请包装容器的性能鉴定。包装容器经出入境检验检疫机构鉴定合格并取得性能鉴定证书的，方可用于包装危险货物。

出口危险货物的生产企业，应当向出入境检验检疫机构申请危险货物包装容器的使用鉴定。使用未经鉴定或者经鉴定不合格的包装容器的危险货物，不准出口。

第三十条 对装运出口的易腐烂变质食品、冷冻品的集装箱、船舱、飞机、车辆等运载工具，承运人、装箱单位或者其代理人应当在装运前向出入境检验检疫机构申请清洁、卫生、冷藏、密固等适载检验。未经检验或者经检验不合格的，不准装运。

第四章 监督管理

第三十一条 出入境检验检疫机构根据便利对外贸易的需要，可以对列入目录的出口商品进行出厂前的质量监督管理和检验，对其中涉及人身财产安全、健康的重要出口商品实施出口商品注册登记管理。实施出口商品注册登记管理的出口商品，必须获得注册登记，方可出口。

出入境检验检疫机构进行出厂前的质量监督管理和检验的内容，包括对生产企业的质量保证工作进行监督检查，对出口商品进行出厂前的检验。

第三十二条 国家对进出口食品生产企业实施卫生注册登记管理。获得卫生注册登记的出口食品生产企业，方可生产、加工、储存出口食品。获得卫生注册登记的进出口食品生产企业生产的食品，方可进口或者出口。

实施卫生注册登记管理的进口食品生产企业，应当按照规定向国家质检总局申请卫生注册登记。

实施卫生注册登记管理的出口食品生产企业，应当按照规定向出入境检验检疫机构申请卫生注册登记。

出口食品生产企业需要在国外卫生注册的，依照本条第三款规定进行卫生注册登记后，由国家质检总局统一对外办理。

第三十三条 出入境检验检疫机构根据需要，对检验合格的进出口商品加施商检标志，对检验合格的以及其他需要加施封识的进出口商品加施封识。具体办法由国家质检总局制定。

第三十四条 出入境检验检疫机构按照有关规定对检验的进出口商品抽取样品。验余的样品，出入境检验检疫机构应当通知有关单位在规定的期限内领回；逾期不领回的，由出入境检验检疫机构处理。

第三十五条 进出口商品的报检人对出入境检验检疫机构作出的检验结果有异议的，可以自收到检验结果之日起15日内，向作出检验结果的出入境检验检疫机构或者其上级出入境检验检疫机构以至国家质检总局申请复验，受理复验的出入境检验检疫机构或者国家质检总局应当自收到复验申请之日起60日内作出复验结论。技术复杂，不能在规定期限内作出复验结论的，经本机构负责人批准，可以适当延长，但是延长期限最多不超过30日。

第三十六条 国家质检总局或者出入境检验检疫机构根据进出口商品检验工作的需要，可以指定符合规定资质条件的国内外检测机构承担出入境检验检疫机构委托的进出口商品检测。被指定的检测机构经检查不符合规定要求的，国家质检总局或者出入境检验检疫机构可以取消指定。

第三十七条 在中华人民共和国境内设立从事进出口商品检验鉴定业务的检验机构，应当符合有关法律、行政法规、规章规定的注册资本、技术能力等条件，经国家质检总局和有关主管部门审核批准，获得许可，并依法办理工商登记后，方可接受委托办理进出口商品检验鉴定业务。

第三十八条 对检验机构的检验鉴定业务活动有异议的，可以向国家质检总局或者出入境检验检疫机构投诉。

第三十九条 国家质检总局、出入境检验检疫机构实施监督管理或者对涉嫌违反进出口商品检验法律、行政法规的行为进行调查，有权查阅、复制当事人的有关合同、发票、账簿以及其他有关资料。出入境检验检疫机构对有根据认为涉及人身财产安全、健康、环境保护项目不合格的进出口商品，经本机构负责人批准，可以查封或者扣押，但海关监管货物除外。

第四十条 国家质检总局、出入境检验检疫机构应当根据便利对外贸易的需要，采取有效措施，简化程序，方便进出口。

办理进出口商品报检、检验、鉴定等手续，符合条件的，可以采用电子数据文件的形式。

第四十一条 出入境检验检疫机构依照有关法律、行政法规的规定，签发出口货物普惠制原产地证明、区域性优惠原产地证明、专用原产地证明。

出口货物一般原产地证明的签发，依照有关法律、行政法规的规定执行。

第四十二条 出入境检验检疫机构对进出保税区、出口加工区等海关特殊监管区域的货物以及边境小额贸易进出口商品的检验管理，由国家质检总局商海关总署另行制定办法。

第五章 法律责任

第四十三条 擅自销售、使用未报检或者未经检验的属于法定检验的进口商品，或者擅自销售、使用应当申请进口验证而未申请的进口商品的，由出入境检验检疫机构没收违法所得，并处商品货值金额5%以上20%以下罚款；构成犯罪的，依法追究刑事责任。

第四十四条 擅自出口未报检或者未经检验的属于法定检验的出口商品，或者擅自出口应当申请出口验证而未申请的出口商品的，由出入境检验检疫机构没收违法所得，并处商品货值金额5%以上20%以下罚款；构成犯罪的，依法追究刑事责任。

第四十五条 销售、使用经法定检验、抽查检验或者验证不合格的进口商品，或者出口经法定检验、抽查检验或者验证不合格的商品的，由出入境检验检疫机构责令停止销售、使用或者出口，没收违法所得和违法销售、使用或者出口的商品，并处违法销售、使用或者出口的商品货值金额等值以上3倍以下罚款；构成犯罪的，依法追究刑事责任。

第四十六条 进出口商品的收货人、发货人、代理报检企业或者出入境快件运营企业、报检人员不如实提供进出口商品的真实情况，取得出入境检验检疫机构的有关证单，或者对法定检验的进出口商品不予报检，逃避进出口商品检验的，由出入境检验检疫机构没收违法所得，并处商品货值金额5%以上20%以下罚款。

进出口商品的收货人或者发货人委托代理报检企业、出入境快件运营企业办理报检手续，未按照规定向代理报检企业、出入境快件运营企业提供所委托报检事项的真实情况，取得出入境检验检疫机构的有关证单的，对委托人依照前款规定予以处罚。

代理报检企业、出入境快件运营企业、报检人员对委托人所提供情况的真实性未进行合理审查或者因工作疏忽，导致骗取出入境检验检疫机构有关证单的结果的，由出入境检验检疫机构对代理报检企业、出入境快件运营企业处2万元以上20万元以下罚款。

第四十七条 伪造、变造、买卖或者盗窃检验证单、印章、标志、封识、货物通关单或者使用伪造、变造的检验证单、印章、标志、封识、货物通关单，构成犯罪的，依法追究刑事责任；尚不够刑事处罚的，由出入境检验检疫机构责令改正，没收违法所得，并处商品货值金额等值以下罚款。

第四十八条 擅自调换出入境检验检疫机构抽取的样品或者出入境检验检疫机构检验合格的进出口商品的，由出入境检验检疫机构责令改正，给予警告；情节严重的，并处商品货值金额10%以上50%以下罚款。

第四十九条 出口属于国家实行出口商品注册登记管理而未获得注册登记的商品的，由出入境检验检疫机构责令停止出口，没收违法所得，并处商品货值金额10%以上50%以下罚款。

第五十条 进口或者出口国家实行卫生注册登记管理而未获得卫生注册登记的生产企业生产的食品的，由出入境检验检疫机构责令停止进口或者出口，没收违法所得，并处商品货值金额10%以上50%以下罚款。

已获得卫生注册登记的进出口食品、化妆品生产企业，经检查不符合规定要求的，由国家质检总局或者出入境检验检疫机构责令限期整改；整改仍未达到规定要求或者有其他违法行为，情节严重的，吊销其卫生注册登记证书。

第五十一条 进口可用作原料的固体废物，国外供货商、国内收货人未取得注册登记，或者未进行装运前检验的，按照国家有关规定责令退货；情节严重的，由出入境检验检疫机构并处10万元以上100万元以下罚款。

已获得注册登记的可用作原料的固体废物的国外供货商、国内收货人违反国家有关规定，情节严重的，由出入境检验检疫机构撤销其注册登记。

进口国家允许进口的旧机电产品未办理备案或者未按照规定进行装运前检验的，按照国家有关规定予以退货；情节严重的，由出入境检验检疫机构并处100万元以下罚款。

第五十二条 提供或者使用未经出入境检验检疫机构鉴定的出口危险货物包装容器的，由出入境检验检疫机构处10万元以下罚款。

提供或者使用经出入境检验检疫机构鉴定不合格的包装容器装运出口危险货物的，由出入境检验检疫机构处20万元以下罚款。

第五十三条 提供或者使用未经出入境检验检疫机构适载检验的集装箱、船舱、飞机、车辆等运载工具装运易腐烂变质食品、冷冻品出口的，由出入境检验检疫机构处10万元以下罚款。

提供或者使用经出入境检验检疫机构检验不合格的集装箱、船舱、飞机、车辆等运载工具装运易腐烂变质食品、冷冻品出口的，由出入境检验检疫机构处20万元以下罚款。

第五十四条 擅自调换、损毁出入境检验检疫机构加施的商检标志、封识的，由出入境检验检疫机构处5万元以下罚款。

第五十五条 从事进出口商品检验鉴定业务的检验机构超出其业务范围，或者违反国家有关规定，扰乱检验鉴定秩序的，由出入境检验检疫机构责令改正，没收违法所得，可以并处10万元以下罚款，国家质检总局或者出入境检验检疫机构可以暂停其6个月以内检验鉴定业务；情节严重的，由国家质检总局吊销其检验鉴定资格证书。

第五十六条 代理报检企业、出入境快件运营企业违反国家有关规定，扰乱报检秩序的，由出入境检验检疫机构责令改正，没收违法所得，可以处10万元以下罚款，国家质检总局或者出入境检验检疫机构可以暂停其6个月以内代理报检业务。

第五十七条 出入境检验检疫机构的工作人员滥用职权，故意刁难当事人的，徇私舞弊，伪造检验结果的，或者玩忽职守，延误检验出证的，依法给予行政处分；违反有关法律、行政法规规定签发出口货物原产地证明的，依法给予行政处分，没收违法所得；构成犯罪的，依法追究刑事责任。

第五十八条 出入境检验检疫机构对没收的商品依法予以处理所得价款、没收的违法所得、收缴的罚款，全部上缴国库。

第六章 附则

第五十九条 当事人对出入境检验检疫机构、国家质检总局作出的复验结论不服，或者对国家质检总局、出入境检验检疫机构作出的处罚决定不服的，可以依法申请行政复议，也可以依法向人民法院提起诉讼。

当事人逾期不履行处罚决定，又不申请行政复议或者向人民法院提起诉讼的，作出处罚决定的机构可以申请人民法院强制执行。

第六十条 出入境检验检疫机构实施法定检验、经许可的检验机构办理检验鉴定业务，按照国家有关规定收取费用。

第六十一条 本条例自2005年12月1日起施行。1992年10月7日国务院批准、1992年10月23日原国家进出口商品检验局发布的《中华人民共和国进出口商品检验法实施条例》同时废止。

中华人民共和国标准化实施条例

（1990年4月6日中华人民共和国国务院令第53号发布）

第一章 总则

第一条 根据《中华人民共和国标准化法》（以下简称《标准化法》）的规定，制定本条例。

第二条 对下列需要统一的技术要求，应当制定标准：

（一）工业产品的品种、规格、质量、等级或者安全、卫生要求；

（二）工业产品的设计、生产、试验、检验、包装、储存、运输、使用的方法或者生产、储存、运输过程中的安全、卫生要求；

（三）有关环境保护的各项技术要求和检验方法；

（四）建设工程的勘察、设计、施工、验收的技术要求和方法；

（五）有关工业生产、工程建设和环境保护的技术术语、符号、代号、制图方法、互换配合要求；

（六）农业（含林业、牧业、渔业，下同）产品（含种子、种苗、种畜、种禽，下同）的品种、规格、质量、等级、检验、包装、储存、运输以及生产技术、管理技术的要求；

（七）信息、能源、资源、交通运输的技术要求。

第三条 国家有计划地发展标准化事业。标准化工作应当纳入各级国民经济和社会发展计划。

第四条 国家鼓励采用国际标准和国外先进标准，积极参与制定国际标准。

第二章 标准化工作的管理

第五条 标准化工作的任务是制定标准、组织实施标准和对标准的实施进行监督。

第六条 国务院标准化行政主管部门统一管理全国标准化工作，履行下列职责：

（一）组织贯彻国家有关标准化工作的法律、法规、方针、政策；

（二）组织制定全国标准化工作规划、计划；

（三）组织制定国家标准；

（四）指导国务院有关行政主管部门和省、自治区、直辖市人民政府标准化行政主管部门的标准化工作，协调和处理有关标准化工作问题；

（五）组织实施标准；

（六）对标准的实施情况进行监督检查；

（七）统一管理全国的产品质量认证工作；

（八）统一负责对有关国际标准化组织的业务联系。

第七条 国务院有关行政主管部门分工管理本部门、本行业的标准化工作，履行下列职责：

（一）贯彻国家标准化工作的法律、法规、方针、政策，并制定在本部门、本行业实施的具体办法；

（二）制定本部门、本行业的标准化工作规划、计划；

（三）承担国家下达的草拟国家标准的任务，组织制定行业标准；

（四）指导省、自治区、直辖市有关行政主管部门的标准化工作；

（五）组织本部门、本行业实施标准；

（六）对标准实施情况进行监督检查；

（七）经国务院标准化行政主管部门授权，分工管理本行业的产品质量认证工作。

第八条 省、自治区、直辖市人民政府标准化行政主管部门统一管理本行政区域的标准化工作，履行下列职责：

（一）贯彻国家标准化工作的法律、法规、方针、政策，并制定在本行政区域实施的具体办法；

（二）制定地方标准化工作规划、计划；

（三）组织制定地方标准；

（四）指导本行政区域有关行政主管部门的标准化工作，协调和处理有关标准化工作问题；

（五）在本行政区域组织实施标准；

（六）对标准实施情况进行监督检查。

第九条 省、自治区、直辖市有关行政主管部门分工管理本行政区域内本部门、本行业的标准化工作，履行下列职责：

（一）贯彻国家和本部门、本行业、本行政区域标准化工作的法律、法规、方针、政策，并制定实施的具体办法；

（二）制定本行政区域内本部门、本行业的标准化工作规划、计划；

（三）承担省、自治区、直辖市人民政府下达的草拟地方标准的任务；

（四）在本行政区域内组织本部门、本行业实施标准；

（五）对标准实施情况进行监督检查。

第十条 市、县标准化行政主管部门和有关行政主管部门的职责分工，由省、自治区、直辖市人民政府规定。

第三章 标准的制定

第十一条 对需要在全国范围内统一的下列技术要求，应当制定国家标准（含标准样品的制作）：

（一）互换配合、通用技术语言要求；

（二）保障人体健康和人身、财产安全的技术要求；

（三）基本原料、燃料、材料的技术要求；

（四）通用基础件的技术要求；

（五）通用的试验、检验方法；

（六）通用的管理技术要求；

（七）工程建设的重要技术要求；

（八）国家需要控制的其他重要产品的技术要求。

第十二条 国家标准由国务院标准化行政主管部门编制计划，组织草拟，统一审批、编号、发布。

工程建设、药品、食品卫生、兽药、环境保护的国家标准，分别由国务院工程建设主管部门、卫生主管部门、农业主管部门、环境保护主管部门组织草拟、审批；其编号、发布办法由国务院标准化行政主管部门会同国务院有关行政主管部门制定。

法律对国家标准的制定另有规定的，依照法律的规定执行。

第十三条 对没有国家标准而又需要在全国某个行业范围内统一的技术要求，可以制定行业标准（含标准样品的制作）。制定行业标准的项目由国务院有关行政主管部门确定。

第十四条 行业标准由国务院有关行政主管部门编制计划，组织草拟，统一审批、编号、发布，并报国务院标准化行政主管部门备案。

行业标准在相应的国家标准实施后，自行废止。

第十五条 对没有国家标准和行业标准而又需要在省、自治区、直辖市范围内统一的工业产品的安全、卫生要求，可以制定地方标准。制定地方标准的项目，由省、自治区、直辖市人民政府标准化行政主管部门确定。

第十六条 地方标准由省、自治区、直辖市人民政府标准化行政主管部门编制计划，组织草拟，统一审批、编号、发布，并报国务院标准化行政主管部门和国务院有关行政主管部门备案。

法律对地方标准的制定另有规定的，依照法律的规定执行。

地方标准在相应的国家标准或行业标准实施后，自行废止。

第十七条 企业生产的产品没有国家标准、行业标准和地方标准的，应当制定相应的企业标准，作为组织生产的依据。企业标准由企业组织制定（农业企业标准制定办法另定），并按省、自治区、直辖市人民政府的规定备案。

对已有国家标准、行业标准或者地方标准的，鼓励企业制定严于国家标准、行业标准或者地方标准要求的企业标准，在企业内部适用。

第十八条 国家标准、行业标准分为强制性标准和推荐性标准。

下列标准属于强制性标准：

（一）药品标准，食品卫生标准，兽药标准；

（二）产品及产品生产、储运和使用中的安全、卫生标准，劳动安全、卫生标准，运输安全标准；

（三）工程建设的质量、安全、卫生标准及国家需要控制的其他工程建设标准；

（四）环境保护的污染物排放标准和环境质量标准；

（五）重要的通用技术术语、符号、代号和制图方法；

（六）通用的试验、检验方法标准；

（七）互换配合标准；

（八）国家需要控制的重要产品质量标准。

国家需要控制的重要产品目录由国务院标准化行政主管部门会同国务院有关行政主管部门确定。

强制性标准以外的标准是推荐性标准。

省、自治区、直辖市人民政府标准化行政主管部门制定的工业产品的安全、卫生要求的地方标准，在本行政区域内是强制性标准。

第十九条 制定标准应当发挥行业协会、科学技术研究机构和学术团体的作用。

制定国家标准、行业标准和地方标准的部门应当组织由用户、生产单位、行业协会、科学技术研究机构、学术团体及有关部门的专家组成标准化技术委员会，负责标准草拟和参加标准草案的技术审查工作。未组成标准化技术委员会的，可以由标准化技术归口单位负责标准草拟和参加标准草案的技术审查工作。

制定企业标准应当充分听取使用单位、科学技术研究机构的意见。

第二十条 标准实施后，制定标准的部门应当根据科学技术的发展和经济建设的需要适时进行复审。标准复审周期一般不超过五年。

第二十一条 国家标准、行业标准和地方标准的代号、编号办法，由国务院标准化行政主管部门统一规定。

企业标准的代号、编号办法，由国务院标准化行政主管部门会同国务院有关行政主管部门规定。

第二十二条 标准的出版、发行办法，由制定标准的部门规定。

第四章　标准的实施与监督

第二十三条 从事科研、生产、经营的单位和个人，必须严格执行强制性标准。不符合强制性标准的产品，禁止生产、销售和进口。

第二十四条 企业生产执行国家标准、行业标准、地方标准或企业标准，应当在产品或其说明书、包装物上标注所执行标准的代号、编号、名称。

第二十五条 出口产品的技术要求由合同双方约定。

出口产品在国内销售时，属于我国强制性标准管理范围的，必须符合强制性标准的要求。

第二十六条 企业研制新产品、改进产品、进行技术改造，应当符合标准化要求。

第二十七条 国务院标准化行政主管部门组织或授权国务院有关行政主管部门建立行业认证机构，进行产品质量认证工作。

第二十八条 国务院标准化行政主管部门统一负责全国标准实施的监督。国务院有关行政主管部门分工负责本部门、本行业的标准实施的监督。

省、自治区、直辖市标准化行政主管部门统一负责本行政区域内的标准实施的监督。省、自治区、直辖市人民政府有关行政主管部门分工负责本行政区域内本部门、本行业的标准实施的监督。

市、县标准化行政主管部门和有关行政主管部门，按照省、自治区、直辖市人民政府规定的各自的职责，负责本行政区域内的标准实施的监督。

第二十九条 县级以上人民政府标准化行政主管部门，可以根据需要设置检验机构，或者授权其他单位的检验机构，对产品是否符合标准进行检验和承担其他标准实施的监督检验任务。检验机构的设置应当合理布局，充分利用现有力量。

国家检验机构由国务院标准化行政主管部门会同国务院有关行政主管部门规划、审查。地方检验机构由省、自治区、直辖市人民政府标准化行政主管部门会同省级有关行政主管部门规划、审查。

处理有关产品是否符合标准的争议，以本条规定的检验机构的检验数据为准。

第三十条 国务院有关行政主管部门可以根据需要和国家有关规定设立检验机构，负责本行业、本部门的检验工作。

第三十一条 国家机关、社会团体、企业事业单位及全体公民均有权检举、揭发违反强制性标准的行为。

第五章　法律责任

第三十二条 违反《标准化法》和本条例有关规定，有下列情形之一的，由标准化行政主管部门或有关行政主管部门在各自的职权范围内责令限期改进，并可通报批评或给予责任者行政处分：

（一）企业未按规定制定标准作为组织生产依据的；

（二）企业未按规定要求将产品标准上报备案的；

（三）企业的产品未按规定附有标识或与其标识不符的；

（四）企业研制新产品、改进产品、进行技术改造，不符合标准化要求的；

（五）科研、设计、生产中违反有关强制性标准规定的。

第三十三条 生产不符合强制性标准的产品的，应当责令其停止生产，并没收产品，监督销毁或作必要技术处理；处以该批产品货值金额百分之二十至百分之五十的罚款；对有关责任者处以五千元以下罚款。

销售不符合强制性标准的商品的，应当责令其停止销售，并限期追回已的售出的商品，监督销毁或作必要技术处理；没收违反所得；处以该批商品货值金额百分之十至百分之二十的罚款；对有关责任者处以五千元以下罚款。

进口不符合强制性标准的产品的，应当封存并没收该产品，监督销毁或作必要技术处理；以处进口产品货值金额百分之二十至百分之五十的罚款；对有关责任者给予行政处分，并可以以五千元以下罚款。

本条规定的责令停止生产、行政处分，由有关行政主管部门决定；其他行政处罚由标准化行政主管部门和工商行政管理部门依据职权决定。

第三十四条 生产、销售、进口不符合强制性标准的产品，造成严重后果，构成犯罪的，由司法机关依法追究直接责任人员的刑事责任。

第三十五条 获得认证证书的产品不符合认证标准而使用认证标志出厂销售的，由标准化行政主管部门责令其停止销售，并处以违法所得二倍以下的罚款；情节严重的，由认证部门撤销其认证证书。

第三十六条 产品未经认证或者认证不合格而擅自使用认证标志出厂销售的，由标准化行政主管部门责令其停止销售，处以违法所得三倍以下的罚款，并对单位负责人处以五千元以下罚款。

第三十七条 当事人对没收产品、没收违法所得和罚款的处罚不服的，可以在接到处罚通知之日起十五日内，向作出处罚决定的机关的上一级机关申请复议；对复议决定不服的，可以在接到复议决定之日起十五日内，向人民法院起诉。当事人也可以在接到处罚通知之日起十五日内，直接向人民法院起诉。当事人逾期不申请复议或者不向人民法院起诉又不履行处罚决定的，由作出处罚决定的机关申请人民法院强制执行。

第三十八条 本条例第三十二条至第三十六条规定的处罚不免除由此产生的对他人的损害赔偿责任。受到损害的有权要求责任人赔偿损失。赔偿责任和赔偿金额纠纷可以由有关行政主管部门处理，当事人也可以直接向人民法院起诉。

第三十九条 标准化工作的监督、检验、管理人员有下列行为之一的，由有关主管部门给予行政处分，构成犯罪的，由司法机关依法追究刑事责任：

（一）违反本条例规定，工作失误，造成损失的；

（二）伪造、篡改检验数据的；

（三）徇私舞弊、滥用职权、索贿受贿的。

第四十条 罚没收入全部上缴财政。对单位的罚款，一律从其自有资金中支付，不得列入成本。对责任人的罚款，不得从公款中核销。

第六章 附则

第四十一条 军用标准化管理条例，由国务院、中央军委另行制定。

第四十二条 工程建设标准化管理规定，由国务院工程建设主管部门依据《标准化法》和本条例的有关规定另行制定，报国务院批准后实施。

第四十三条 本条例由国家技术监督局负责解释。

第四十四条 本条例自发布之日起施行。

行政执法机关移送涉嫌犯罪案件的规定

（2001 年 7 月 9 日中华人民共和国国务院令第 310 号公布）

第一条 为了保证行政执法机关向公安机关及时移送涉嫌犯罪案件，依法惩罚破坏社会主义市场经济秩序罪、妨害社会管理秩序罪以及其他罪，保障社会主义建设事业顺利进行，制定本规定。

第二条 本规定所称行政执法机关，是指依照法律、法规或者规章的规定，对破坏社会主义市场经济秩序、妨害社会管理秩序以及其他违法行为具有行政处罚权的行政机关，以及法律、法规授权的具有管理公共事务职能、在法定授权范围内实施行政处罚的组织。

第三条 行政执法机关在依法查处违法行为过程中，发现违法事实涉及的金额、违法事实的情节、违法事实造成的后果等，根据刑法关于破坏社会主义市场经济秩序罪、妨害社会管理秩序罪等罪的规定和最高人民法院、最高人民检察院关于破坏社会主义市场经济秩序罪、妨害社会管理秩序罪等罪的司法解释以及最高人民检察院、公安部关于经济犯罪案件的追诉标准等规定，涉嫌构成犯罪，依法需要追究刑事责任的，必须依照本规定向公安机关移送。

第四条 行政执法机关在查处违法行为过程中，必须妥善保存所收集的与违法行为有关的证据。

行政执法机关对查获的涉案物品，应当如实填写涉案物品清单，并按照国家有关规定予以处理。对易腐烂、变质等不宜或者不易保管的涉案物品，应当采取必要措施，留取证据；对需要进行检验、鉴定的涉案物品，应当由法定检验、鉴定机构进行检验、鉴定，并出具检验报告或者鉴定结论。

第五条 行政执法机关对应当向公安机关移送的涉嫌犯罪案件，应当立即指定2名或者2名以上行政执法人员组成专案组专门负责，核实情况后提出移送涉嫌犯罪案件的书面报告，报经本机关正职负责人或者主持工作的负责人审批。

行政执法机关正职负责人或者主持工作的负责人应当自接到报告之日起3日内作出批准移送或者不批准移送的决定。决定批准的，应当在24小时内向同级公安机关移送；决定不批准的，应当将不予批准的理由记录在案。

第六条 行政执法机关向公安机关移送涉嫌犯罪案件，应当附有下列材料：

（一）涉嫌犯罪案件移送书；

（二）涉嫌犯罪案件情况的调查报告；

（三）涉案物品清单；

（四）有关检验报告或者鉴定结论；

（五）其他有关涉嫌犯罪的材料。

第七条 公安机关对行政执法机关移送的涉嫌犯罪案件，应当在涉嫌犯罪案件移送书的回执上签字；其中，不属于本机关管辖的，应当在24小时内转送有管辖权的机关，并书面告知移送案件的行政执法机关。

第八条 公安机关应当自接受行政执法机关移送的涉嫌犯罪案件之日起3日内，依照刑法、刑事诉讼法以及最高人民法院、最高人民检察院关于立案标准和公安部关于公安机关办理刑事案件程序的规定，对所移送的案件进行审查。认为有犯罪事实，需要追究刑事责任，依法决定立案的，应当书面通知移送案件的行政执法机关；认为没有犯罪事实，或者犯罪事实显著轻微，不需要追究刑事责任，依法不予立案的，应当说明理由，并书面通知移送案件的行政执法机关，相应退回案卷材料。

第九条 行政执法机关接到公安机关不予立案的通知书后，认为依法应当由公安机关决定立案的，可以自接到不予立案通知书之日起3日内，提请作出不予立案决定的公安机关复议，也可以建议人民检察院依法进行立案监督。

作出不予立案决定的公安机关应当自收到行政执法机关提请复议的文件之日起3日内作出立案或者不予立案的决定，并书面通知移送案件的行政执法机关。移送案件的行政执法机关对公安机关不予立案的复议决定仍有异议的，应当自收到复议决定通知书之日起3日内建议人民检察院依法进行立案监督。

公安机关应当接受人民检察院依法进行的立案监督。

第十条 行政执法机关对公安机关决定不予立案的案件，应当依法作出处理；其中，依照有关法律、法规或者规章的规定应当给予行政处罚的，应当依法实施行政处罚。

第十一条 行政执法机关对应当向公安机关移送的涉嫌犯罪案件，不得以行政处罚代替移送。

行政执法机关向公安机关移送涉嫌犯罪案件前已经作出的警告，责令停产停业，暂扣或者吊销许可证、暂扣或者吊销执照的行政处罚决定，不停止执行。

依照行政处罚法的规定，行政执法机关向公安机关移送涉嫌犯罪案件前，已经依法给予当事人罚款的，人民法院判处罚金时，依法折抵相应罚金。

第十二条 行政执法机关对公安机关决定立案的案件，应当自接到立案通知书之日起3日内将涉案物品以及与案件有关的其他材料移交公安机关，并办结交接手续；法律、行政法规另有规定的，依照其规定。

第十三条 公安机关对发现的违法行为，经审查，没有犯罪事实，或者立案侦查后认为犯罪事实显著轻微，不需要追究刑事责任，但依法应当追究行政责任的，应当及时将案件移送同级行政执法机关，有关行政执法机关应当依法作出处理。

第十四条 行政执法机关移送涉嫌犯罪案件，应当接受人民检察院和监察机关依法实施的监督。

任何单位和个人对行政执法机关违反本规定，应当向公安机关移送涉嫌犯罪案件而不移送的，有权向人民检察院、监察机关或者上级行政执法机关举报。

第十五条 行政执法机关违反本规定，隐匿、私分、销毁涉案物品的，由本级或者上级人民政府，或者实行垂直管理的上级行政执法机关，对其正职负责人根据情节轻重，给予降级以上的行政处分；构成犯罪的，依法追究刑事责任。

对前款所列行为直接负责的主管人员和其他直接责任人员，比照前款的规定给予行政处分；构成犯罪的，依法追究刑事责任。

第十六条 行政执法机关违反本规定，逾期不将案件移送公安机关的，由本级或者上级人民政府，或者实行垂直管理的上级行政执法机关，责令限期移送，并对其正职负责人或者主持工作的负责人根据情节轻重，给予记过以上的行政处分；构成犯罪的，依法追究刑事责任。

行政执法机关违反本规定，对应当向公安机关移送的案件不移送，或者以行政处罚代替移送的，由本级或者上级人民政府，或者实行垂直管理的上级行政执法机关，责令改正，给予通报；拒不改正的，对其正职负责人或者主持工作的负责人给予记过以上的行政处分；构成犯罪的，依法追究刑事责任。

对本条第一款、第二款所列行为直接负责的主管人员和其他直接责任人员，分别比照前两款的规定给予行政处分；构成犯罪的，依法追究刑事责任。

第十七条 公安机关违反本规定，不接受行政执法机关移送的涉嫌犯罪案件，或者逾期不作出立案或者不予立案的决定的，除由人民检察院依法实施立案监督外，由本级或者上级人民政府责令改正，对其正职负责人根据情节轻重，给予记过以上的行政处分；构成犯罪的，依法追究刑事责任。

对前款所列行为直接负责的主管人员和其他直接责任人员，比照前款的规定给予行政处分；构成犯罪的，依法追究刑事责任。

第十八条 行政执法机关在依法查处违法行为过程中，发现贪污贿赂、国家工作人员渎职或者国家机关工作人员利用职权侵犯公民人身权利和民主权利等违法行为，涉嫌构成犯罪的，应当比照本规定及时将案件移送人民检察院。

第十九条 本规定自公布之日起施行。

中华人民共和国药品管理法实施条例*

（2002年8月4日中华人民共和国国务院令第360号发布）

第一章 总 则

第一条 根据《中华人民共和国药品管理法》（以下简称《药品管理法》），制定本条例。

第二条 国务院药品监督管理部门设置国家药品检验机构。

省、自治区、直辖市人民政府药品监督管理部门可以在本行政区域内设置药品检验机构。地方药品检验机构的设置规划由省、自治区、直辖市人民政府药品监督管理部门提出，报省、自治区、直辖市人民政府批准。

国务院和省、自治区、直辖市人民政府的药品监督管理部门可以根据需要，确定符合药品检验条件的检验机构承担药品检验工作。

第二章 药品生产企业管理

第三条 开办药品生产企业，应当按照下列规定办理《药品生产许可证》：

（一）申办人应当向拟办企业所在地省、自治区、直辖市人民政府药品监督管理部门提出申请。省、自治区、直辖市人民政府药品监督管理部门应当自收到申请之日起30个工作日内，按照国家发布的药品行业发展规划和产业政策进行审查，并作出是否同意筹建的决定。

（二）申办人完成拟办企业筹建后，应当向原审批部门申请验收。原审批部门应当自收到申请之日起30个工作日内，依据《药品管理法》第八条规定的开办条件组织验收；验收合格的，发给《药品生产许可证》。申办人凭《药品生产许可证》到工商行政管理部门依法办理登记注册。

第四条 药品生产企业变更《药品生产许可证》许可事项的，应当在许可事项发生变更30日前，向原发证机关申请《药品生产许可证》变更登记；未经批准，不得变更许可事项。原发证机关应当自收到申请之日起15个工作日内作出决定。申请人凭变更后的《药品生产许可证》到工商行政管理部门依法办理变更登记手续。

第五条 省级以上人民政府药品监督管理部门应当按照《药品生产质量管理规范》和国务院药品监督管理部门规定的实施办法和实施步骤，组织对药品生产企业的认证工作；符合《药品生产质量管理规范》的，发给认证证书。其中，生产注射剂、放射性药品和国务院药品监督管理部门规定的生物制品的药品生产企业的认证工作，由国务院药品监督管理部门负责。

《药品生产质量管理规范》认证证书的格式由国务院药品监督管理部门统一规定。

第六条 新开办药品生产企业、药品生产企业新建药品生产车间或者新增生产剂型的，应当自取得药品生产证明文件或者经批准正式生产之日起30日内，按照规定向药品监督管理部门申请《药品生产质量管理规范》认证。受理申请的药品监督管理部门应当自收到企业申请之日起6个月内，组织对申请企业是否符合《药品生产质量管理规范》进行认证；认证合格的，发给认证证书。

第七条 国务院药品监督管理部门应当设立《药品生产质量管理规范》认证检查员库。《药品生产质量管理规

---

* 根据《全国人大常委会关于修改〈海洋环境保护法〉等七部法律的决定》（中华人民共和国主席令第8号），此条例中的第十三条修改为“经省、自治区、直辖市人民政府药品监督管理部门批准，药品生产企业可以接受委托生产药品。”

范》认证检查员必须符合国务院药品监督管理部门规定的条件。进行《药品生产质量管理规范》认证，必须按照国务院药品监督管理部门的规定，从《药品生产质量管理规范》认证检查员库中随机抽取认证检查员组成认证检查组进行认证检查。

第八条 《药品生产许可证》有效期为5年。有效期届满，需要继续生产药品的，持证企业应当在许可证有效期届满前6个月，按照国务院药品监督管理部门的规定申请换发《药品生产许可证》。

药品生产企业终止生产药品或者关闭的，《药品生产许可证》由原发证部门缴销。

第九条 药品生产企业生产药品所使用的原料药，必须具有国务院药品监督管理部门核发的药品批准文号或者进口药品注册证书、医药产品注册证书；但是，未实施批准文号管理的中药材、中药饮片除外。

第十条 依据《药品管理法》第十三条规定，接受委托生产药品的，受托方必须是持有与其受托生产的药品相适应的《药品生产质量管理规范》认证证书的药品生产企业。

疫苗、血液制品和国务院药品监督管理部门规定的其他药品，不得委托生产。

第三章 药品经营企业管理

第十一条 开办药品批发企业，申办人应当向拟办企业所在地省、自治区、直辖市人民政府药品监督管理部门提出申请。省、自治区、直辖市人民政府药品监督管理部门应当自收到申请之日起30个工作日内，依据国务院药品监督管理部门规定的设置标准作出是否同意筹建的决定。申办人完成拟办企业筹建后，应当向原审批部门申请验收。原审批部门应当自收到申请之日起30个工作日内，依据《药品管理法》第十五条规定的开办条件组织验收；符合条件的，发给《药品经营许可证》。申办人凭《药品经营许可证》到工商行政管理部门依法办理登记注册。

第十二条 开办药品零售企业，申办人应当向拟办企业所在地设区的市级药品监督管理机构或者省、自治区、直辖市人民政府药品监督管理部门直接设置的县级药品监督管理机构提出申请。受理申请的药品监督管理机构应当自收到申请之日起30个工作日内，依据国务院药品监督管理部门的规定，结合当地常住人口数量、地域、交通状况和实际需要进行审查，作出是否同意筹建的决定。申办人完成拟办企业筹建后，应当向原审批机构申请验收。原审批机构应当自收到申请之日起15个工作日内，依据《药品管理法》第十五条规定的开办条件组织验收；符合条件的，发给《药品经营许可证》。申办人凭《药品经营许可证》到工商行政管理部门依法办理登记注册。

第十三条 省、自治区、直辖市人民政府药品监督管理部门负责组织药品经营企业的认证工作。药品经营企业应当按照国务院药品监督管理部门规定的实施办法和实施步骤，通过省、自治区、直辖市人民政府药品监督管理部门组织的《药品经营质量管理规范》的认证，取得认证证书。《药品经营质量管理规范》认证证书的格式由国务院药品监督管理部门统一规定。

新开办药品批发企业和药品零售企业，应当自取得《药品经营许可证》之日起30日内，向发给其《药品经营许可证》的药品监督管理部门或者药品监督管理机构申请《药品经营质量管理规范》认证。受理药品零售企业认证申请的药品监督管理机构应当自收到申请之日起7个工作日内，将申请移送负责组织药品经营企业认证工作的省、自治区、直辖市人民政府药品监督管理部门。省、自治区、直辖市人民政府药品监督管理部门应当自收到认证申请之日起3个月内，按照国务院药品监督管理部门的规定，组织对申请认证的药品批发企业或者药品零售企业是否符合《药品经营质量管理规范》进行认证；认证合格的，发给认证证书。

第十四条 省、自治区、直辖市人民政府药品监督管理部门应当设立《药品经营质量管理规范》认证检查员库。《药品经营质量管理规范》认证检查员必须符合国务院药品监督管理部门规定的条件。进行《药品经营质量管理规范》认证，必须按照国务院药品监督管理部门的规定，从《药品经营质量管理规范》认证检查员库中随机抽取认证检查员组成认证检查组进行认证检查。

第十五条 国家实行处方药和非处方药分类管理制度。国家根据非处方药品的安全性，将非处方药分为甲类非处方药和乙类非处方药。

经营处方药、甲类非处方药的药品零售企业，应当配备执业药师或者其他依法经资格认定的药学技术人员。经营乙类非处方药的药品零售企业，应当配备经设区的市级药品监督管理机构或者省、自治区、直辖市人民政府药品监督管理部门直接设置的县级药品监督管理机构组织考核合格的业务人员。

第十六条 药品经营企业变更《药品经营许可证》许可事项的，应当在许可事项发生变更30日前，向原发证机关申请《药品经营许可证》变更登记；未经批准，不得变更许可事项。原发证机关应当自收到企业申请之日起15个工作日内作出决定。申请人凭变更后的《药品经营许可证》

到工商行政管理部门依法办理变更登记手续。

第十七条 《药品经营许可证》有效期为5年。有效期届满，需要继续经营药品的，持证企业应当在许可证有效期届满前6个月，按照国务院药品监督管理部门的规定申请换发《药品经营许可证》。

药品经营企业终止经营药品或者关闭的，《药品经营许可证》由原发证机关缴销。

第十八条 交通不便的边远地区城乡集市贸易市场没有药品零售企业的，当地药品零售企业经所在地县（市）药品监督管理机构批准并到工商行政管理部门办理登记注册后，可以在该城乡集市贸易市场内设点并在批准经营的药品范围内销售非处方药品。

第十九条 通过互联网进行药品交易的药品生产企业、药品经营企业、医疗机构及其交易的药品，必须符合《药品管理法》和本条例的规定。互联网药品交易服务的管理办法，由国务院药品监督管理部门会同国务院有关部门制定。

医疗器械监督管理条例

（2000年1月4日中华人民共和国国务院令第276号公布 2014年2月12日国务院第39次常务会议修订通过）

第一章 总则

第一条 为了保证医疗器械的安全、有效，保障人体健康和生命安全，制定本条例。

第二条 在中华人民共和国境内从事医疗器械的研制、生产、经营、使用活动及其监督管理，应当遵守本条例。

第三条 国务院食品药品监督管理部门负责全国医疗器械监督管理工作。国务院有关部门在各自的职责范围内负责与医疗器械有关的监督管理工作。

县级以上地方人民政府食品药品监督管理部门负责本行政区域的医疗器械监督管理工作。县级以上地方人民政府有关部门在各自的职责范围内负责与医疗器械有关的监督管理工作。

国务院食品药品监督管理部门应当配合国务院有关部门，贯彻实施国家医疗器械产业规划和政策。

第四条 国家对医疗器械按照风险程度实行分类管理。

第一类是风险程度低，实行常规管理可以保证其安全、有效的医疗器械。

第二类是具有中度风险，需要严格控制管理以保证其安全、有效的医疗器械。

第三类是具有较高风险，需要采取特别措施严格控制管理以保证其安全、有效的医疗器械。

评价医疗器械风险程度，应当考虑医疗器械的预期目的、结构特征、使用方法等因素。

国务院食品药品监督管理部门负责制定医疗器械的分类规则和分类目录，并根据医疗器械生产、经营、使用情况，及时对医疗器械的风险变化进行分析、评价，对分类目录进行调整。制定、调整分类目录，应当充分听取医疗器械生产经营企业以及使用单位、行业组织的意见，并参考国际医疗器械分类实践。医疗器械分类目录应当向社会公布。

第五条 医疗器械的研制应当遵循安全、有效和节约的原则。国家鼓励医疗器械的研究与创新，发挥市场机制的作用，促进医疗器械新技术的推广和应用，推动医疗器械产业的发展。

第六条 医疗器械产品应当符合医疗器械强制性国家标准；尚无强制性国家标准的，应当符合医疗器械强制性行业标准。

一次性使用的医疗器械目录由国务院食品药品监督管理部门会同国务院卫生计生主管部门制定、调整并公布。重复使用可以保证安全、有效的医疗器械，不列入一次性使用的医疗器械目录。对因设计、生产工艺、消毒灭菌技术等改进后重复使用可以保证安全、有效的医疗器械，应当调整出一次性使用的医疗器械目录。

第七条 医疗器械行业组织应当加强行业自律，推进诚信体系建设，督促企业依法开展生产经营活动，引导企业诚实守信。

第二章 医疗器械产品注册与备案

第八条 第一类医疗器械实行产品备案管理，第二类、第三类医疗器械实行产品注册管理。

第九条 第一类医疗器械产品备案和申请第二类、第三类医疗器械产品注册，应当提交下列资料：

（一）产品风险分析资料；

（二）产品技术要求；

（三）产品检验报告；

（四）临床评价资料；

（五）产品说明书及标签样稿；

（六）与产品研制、生产有关的质量管理体系文件；

（七）证明产品安全、有效所需的其他资料。

医疗器械注册申请人、备案人应当对所提交资料的真实性负责。

第十条 第一类医疗器械产品备案，由备案人向所在地设区的市级人民政府食品药品监督管理部门提交备案资料。

其中，产品检验报告可以是备案人的自检报告；临床评价资料不包括临床试验报告，可以是通过文献、同类产品临床使用获得的数据证明该医疗器械安全、有效的资料。

向我国境内出口第一类医疗器械的境外生产企业，由其在我国境内设立的代表机构或者指定我国境内的企业法人作为代理人，向国务院食品药品监督管理部门提交备案资料和备案人所在国（地区）主管部门准许该医疗器械上市销售的证明文件。

备案资料载明的事项发生变化的，应当向原备案部门变更备案。

第十一条 申请第二类医疗器械产品注册，注册申请人应当向所在地省、自治区、直辖市人民政府食品药品监督管理部门提交注册申请资料。申请第三类医疗器械产品注册，注册申请人应当向国务院食品药品监督管理部门提交注册申请资料。

向我国境内出口第二类、第三类医疗器械的境外生产企业，应当由其在我国境内设立的代表机构或者指定我国境内的企业法人作为代理人，向国务院食品药品监督管理部门提交注册申请资料和注册申请人所在国（地区）主管部门准许该医疗器械上市销售的证明文件。

第二类、第三类医疗器械产品注册申请资料中的产品检验报告应当是医疗器械检验机构出具的检验报告；临床评价资料应当包括临床试验报告，但依照本条例第十七条的规定免于进行临床试验的医疗器械除外。

第十二条 受理注册申请的食品药品监督管理部门应当自受理之日起3个工作日内将注册申请资料转交技术审评机构。技术审评机构应当在完成技术审评后向食品药品监督管理部门提交审评意见。

第十三条 受理注册申请的食品药品监督管理部门应当自收到审评意见之日起20个工作日内作出决定。对符合安全、有效要求的，准予注册并发给医疗器械注册证；对不符合要求的，不予注册并书面说明理由。

国务院食品药品监督管理部门在组织对进口医疗器械的技术审评时认为有必要对质量管理体系进行核查的，应当组织质量管理体系检查技术机构开展质量管理体系核查。

第十四条 已注册的第二类、第三类医疗器械产品，其设计、原材料、生产工艺、适用范围、使用方法等发生实质性变化，有可能影响该医疗器械安全、有效的，注册人应当向原注册部门申请办理变更注册手续；发生非实质性变化，不影响该医疗器械安全、有效的，应当将变化情况向原注册部门备案。

第十五条 医疗器械注册证有效期为5年。有效期届满需要延续注册的，应当在有效期届满6个月前向原注册部门提出延续注册的申请。

除有本条第三款规定情形外，接到延续注册申请的食品药品监督管理部门应当在医疗器械注册证有效期届满前作出准予延续的决定。逾期未作决定的，视为准予延续。

有下列情形之一的，不予延续注册：

（一）注册人未在规定期限内提出延续注册申请的；

（二）医疗器械强制性标准已经修订，申请延续注册的医疗器械不能达到新要求的；

（三）对用于治疗罕见疾病以及应对突发公共卫生事件急需的医疗器械，未在规定期限内完成医疗器械注册证载明事项的。

第十六条 对新研制的尚未列入分类目录的医疗器械，申请人可以依照本条例有关第三类医疗器械产品注册的规定直接申请产品注册，也可以依据分类规则判断产品类别并向国务院食品药品监督管理部门申请类别确认后依照本条例的规定申请注册或者进行产品备案。

直接申请第三类医疗器械产品注册的，国务院食品药品监督管理部门应当按照风险程度确定类别，对准予注册的医疗器械及时纳入分类目录。申请类别确认的，国务院食品药品监督管理部门应当自受理申请之日起20个工作日内对该医疗器械的类别进行判定并告知申请人。

第十七条 第一类医疗器械产品备案，不需要进行临床试验。申请第二类、第三类医疗器械产品注册，应当进行临床试验；但是，有下列情形之一的，可以免于进行临床试验：

（一）工作机理明确、设计定型，生产工艺成熟，已上市的同品种医疗器械临床应用多年且无严重不良事件记录，不改变常规用途的；

（二）通过非临床评价能够证明该医疗器械安全、有效的；

（三）通过对同品种医疗器械临床试验或者临床使用获得的数据进行分析评价，能够证明该医疗器械安全、有效的。

免于进行临床试验的医疗器械目录由国务院食品药品监督管理部门制定、调整并公布。

第十八条 开展医疗器械临床试验，应当按照医疗器械临床试验质量管理规范的要求，在有资质的临床试验机构进行，并向临床试验提出者所在地省、自治区、直辖市人民政府食品药品监督管理部门备案。接受临床试验备案的食品药品监督管理部门应当将备案情况通报临床试验机构所在地的同级食品药品监督管理部门和卫生计生主管部门。

医疗器械临床试验机构资质认定条件和临床试验质量管理规范，由国务院食品药品监督管理部门会同国务院卫生计生主管部门制定并公布；医疗器械临床试验机构由国务院食品药品监督管理部门会同国务院卫生计生主管部门认定并公布。

第十九条 第三类医疗器械进行临床试验对人体具有较高风险的，应当经国务院食品药品监督管理部门批准。临床试验对人体具有较高风险的第三类医疗器械目录由国务院食品药品监督管理部门制定、调整并公布。

国务院食品药品监督管理部门审批临床试验，应当对拟承担医疗器械临床试验的机构的设备、专业人员等条件，该医疗器械的风险程度，临床试验实施方案，临床受益与风险对比分析报告等进行综合分析。准予开展临床试验的，应当通报临床试验提出者以及临床试验机构所在地省、自治区、直辖市人民政府食品药品监督管理部门和卫生计生主管部门。

第三章 医疗器械生产

第二十条 从事医疗器械生产活动，应当具备下列条件：

（一）有与生产的医疗器械相适应的生产场地、环境条件、生产设备以及专业技术人员；

（二）有对生产的医疗器械进行质量检验的机构或者专职检验人员以及检验设备；

（三）有保证医疗器械质量的管理制度；

（四）有与生产的医疗器械相适应的售后服务能力；

（五）产品研制、生产工艺文件规定的要求。

第二十一条 从事第一类医疗器械生产的，由生产企业向所在地设区的市级人民政府食品药品监督管理部门备案并提交其符合本条例第二十条规定条件的证明资料。

第二十二条 从事第二类、第三类医疗器械生产的，生产企业应当向所在地省、自治区、直辖市人民政府食品药品监督管理部门申请生产许可并提交其符合本条例第二十条规定条件的证明资料以及所生产医疗器械的注册证。

受理生产许可申请的食品药品监督管理部门应当自受理之日起30个工作日内对申请资料进行审核，按照国务院食品药品监督管理部门制定的医疗器械生产质量管理规范的要求进行核查。对符合规定条件的，准予许可并发给医疗器械生产许可证；对不符合规定条件的，不予许可并书面说明理由。

医疗器械生产许可证有效期为5年。有效期届满需要延续的，依照有关行政许可的法律规定办理延续手续。

第二十三条 医疗器械生产质量管理规范应当对医疗器械的设计开发、生产设备条件、原材料采购、生产过程控制、企业的机构设置和人员配备等影响医疗器械安全、有效的事项作出明确规定。

第二十四条 医疗器械生产企业应当按照医疗器械生产质量管理规范的要求，建立健全与所生产医疗器械相适应的质量管理体系并保证其有效运行；严格按照经注册或者备案的产品技术要求组织生产，保证出厂的医疗器械符合强制性标准以及经注册或者备案的产品技术要求。

医疗器械生产企业应当定期对质量管理体系的运行情况进行自查，并向所在地省、自治区、直辖市人民政府食品药品监督管理部门提交自查报告。

第二十五条 医疗器械生产企业的生产条件发生变化，不再符合医疗器械质量管理体系要求的，医疗器械生产企业应当立即采取整改措施；可能影响医疗器械安全、有效的，应当立即停止生产活动，并向所在地县级人民政府食品药品监督管理部门报告。

第二十六条 医疗器械应当使用通用名称。通用名称应当符合国务院食品药品监督管理部门制定的医疗器械命名规则。

第二十七条 医疗器械应当有说明书、标签。说明书、标签的内容应当与经注册或者备案的相关内容一致。

医疗器械的说明书、标签应当标明下列事项：

（一）通用名称、型号、规格；

（二）生产企业的名称和住所、生产地址及联系方式；

（三）产品技术要求的编号；

（四）生产日期和使用期限或者失效日期；

（五）产品性能、主要结构、适用范围；

（六）禁忌症、注意事项以及其他需要警示或者提示的内容；

（七）安装和使用说明或者图示；

（八）维护和保养方法，特殊储存条件、方法；

（九）产品技术要求规定应当标明的其他内容。

第二类、第三类医疗器械还应当标明医疗器械注册证编号和医疗器械注册人的名称、地址及联系方式。

由消费者个人自行使用的医疗器械还应当具有安全使用的特别说明。

第二十八条 委托生产医疗器械，由委托方对所委托生产的医疗器械质量负责。受托方应当是符合本条例规定、具备相应生产条件的医疗器械生产企业。委托方应当加强对受托方生产行为的管理，保证其按照法定要求进行生产。

具有高风险的植入性医疗器械不得委托生产，具体目录由国务院食品药品监督管理部门制定、调整并公布。

第四章 医疗器械经营与使用

第二十九条 从事医疗器械经营活动，应当有与经营规模和经营范围相适应的经营场所和贮存条件，以及与经营的医疗器械相适应的质量管理制度和质量管理机构或者人员。

第三十条 从事第二类医疗器械经营的，由经营企业向所在地设区的市级人民政府食品药品监督管理部门备案并提交其符合本条例第二十九条规定条件的证明资料。

第三十一条 从事第三类医疗器械经营的，经营企业应当向所在地设区的市级人民政府食品药品监督管理部门申请经营许可并提交其符合本条例第二十九条规定条件的证明资料。

受理经营许可申请的食品药品监督管理部门应当自受理之日起30个工作日内进行审查，必要时组织核查。对符合规定条件的，准予许可并发给医疗器械经营许可证；对不符合规定条件的，不予许可并书面说明理由。

医疗器械经营许可证有效期为5年。有效期届满需要延续的，依照有关行政许可的法律规定办理延续手续。

第三十二条 医疗器械经营企业、使用单位购进医疗器械，应当查验供货者的资质和医疗器械的合格证明文件，建立进货查验记录制度。从事第二类、第三类医疗器械批发业务以及第三类医疗器械零售业务的经营企业，还应当建立销售记录制度。

记录事项包括：

（一）医疗器械的名称、型号、规格、数量；

（二）医疗器械的生产批号、有效期、销售日期；

（三）生产企业的名称；

（四）供货者或者购货者的名称、地址及联系方式；

（五）相关许可证明文件编号等。

进货查验记录和销售记录应当真实，并按照国务院食品药品监督管理部门规定的期限予以保存。国家鼓励采用先进技术手段进行记录。

第三十三条 运输、贮存医疗器械，应当符合医疗器械说明书和标签标示的要求；对温度、湿度等环境条件有特殊要求的，应当采取相应措施，保证医疗器械的安全、有效。

第三十四条 医疗器械使用单位应当有与在用医疗器械品种、数量相适应的贮存场所和条件。

医疗器械使用单位应当加强对工作人员的技术培训，按照产品说明书、技术操作规范等要求使用医疗器械。

第三十五条 医疗器械使用单位对重复使用的医疗器械，应当按照国务院卫生计生主管部门制定的消毒和管理的规定进行处理。

一次性使用的医疗器械不得重复使用，对使用过的应当按照国家有关规定销毁并记录。

第三十六条 医疗器械使用单位对需要定期检查、检验、校准、保养、维护的医疗器械，应当按照产品说明书的要求进行检查、检验、校准、保养、维护并予以记录，及时进行分析、评估，确保医疗器械处于良好状态，保障使用质量；对使用期限长的大型医疗器械，应当逐台建立使用档案，记录其使用、维护、转让、实际使用时间等事项。记录保存期限不得少于医疗器械规定使用期限终止后5年。

第三十七条 医疗器械使用单位应当妥善保存购入第三类医疗器械的原始资料，并确保信息具有可追溯性。

使用大型医疗器械以及植入和介入类医疗器械的，应当将医疗器械的名称、关键性技术参数等信息以及与使用质量安全密切相关的必要信息记载到病历等相关记录中。

第三十八条 发现使用的医疗器械存在安全隐患的，医疗器械使用单位应当立即停止使用，并通知生产企业或者其他负责产品质量的机构进行检修；经检修仍不能达到使用安全标准的医疗器械，不得继续使用。

第三十九条 食品药品监督管理部门和卫生计生主管部门依据各自职责，分别对使用环节的医疗器械质量和医疗器械使用行为进行监督管理。

第四十条 医疗器械经营企业、使用单位不得经营、使用未依法注册、无合格证明文件以及过期、失效、淘汰的医疗器械。

第四十一条 医疗器械使用单位之间转让在用医疗器械，转让方应当确保所转让的医疗器械安全、有效，不得转让过期、失效、淘汰以及检验不合格的医疗器械。

第四十二条 进口的医疗器械应当是依照本条例第二章的规定已注册或者已备案的医疗器械。

进口的医疗器械应当有中文说明书、中文标签。说明书、标签应当符合本条例规定以及相关强制性标准的要求，并在说明书中载明医疗器械的原产地以及代理人的名称、地址、联系方式。没有中文说明书、中文标签或者说明书、标签不符合本条规定的，不得进口。

第四十三条 出入境检验检疫机构依法对进口的医疗器械实施检验；检验不合格的，不得进口。

国务院食品药品监督管理部门应当及时向国家出入境检验检疫部门通报进口医疗器械的注册和备案情况。进口口岸所在地出入境检验检疫机构应当及时向所在地设区的市级人民政府食品药品监督管理部门通报进口医疗器械的通关情况。

第四十四条 出口医疗器械的企业应当保证其出口的医疗器械符合进口国（地区）的要求。

第四十五条 医疗器械广告应当真实合法，不得含有虚假、夸大、误导性的内容。

医疗器械广告应当经医疗器械生产企业或者进口医疗器械代理人所在地省、自治区、直辖市人民政府食品药品监督管理部门审查批准，并取得医疗器械广告批准文件。广告发布者发布医疗器械广告，应当事先核查广告的批准文件及其真实性；不得发布未取得批准文件、批准文件的真实性未经核实或者广告内容与批准文件不一致的医疗器械广告。省、自治区、直辖市人民政府食品药品监督管理部门应当公布并及时更新已经批准的医疗器械广告目录以及批准的广告内容。

省级以上人民政府食品药品监督管理部门责令暂停生产、销售、进口和使用的医疗器械，在暂停期间不得发布涉及该医疗器械的广告。

医疗器械广告的审查办法由国务院食品药品监督管理部门会同国务院工商行政管理部门制定。

第五章 不良事件的处理与医疗器械的召回

第四十六条 国家建立医疗器械不良事件监测制度，对医疗器械不良事件及时进行收集、分析、评价、控制。

第四十七条 医疗器械生产经营企业、使用单位应当对所生产经营或者使用的医疗器械开展不良事件监测；发现医疗器械不良事件或者可疑不良事件，应当按照国务院食品药品监督管理部门的规定，向医疗器械不良事件监测技术机构报告。

任何单位和个人发现医疗器械不良事件或者可疑不良事件，有权向食品药品监督管理部门或者医疗器械不良事件监测技术机构报告。

第四十八条 国务院食品药品监督管理部门应当加强医疗器械不良事件监测信息网络建设。

医疗器械不良事件监测技术机构应当加强医疗器械不良事件信息监测，主动收集不良事件信息；发现不良事件或者接到不良事件报告的，应当及时进行核实、调查、分析，对不良事件进行评估，并向食品药品监督管理部门和卫生计生主管部门提出处理建议。

医疗器械不良事件监测技术机构应当公布联系方式，方便医疗器械生产经营企业、使用单位等报告医疗器械不良事件。

第四十九条 食品药品监督管理部门应当根据医疗器械不良事件评估结果及时采取发布警示信息以及责令暂停生产、销售、进口和使用等控制措施。

省级以上人民政府食品药品监督管理部门应当会同同级卫生计生主管部门和相关部门组织对引起突发、群发的严重伤害或者死亡的医疗器械不良事件及时进行调查和处理，并组织对同类医疗器械加强监测。

第五十条 医疗器械生产经营企业、使用单位应当对医疗器械不良事件监测技术机构、食品药品监督管理部门开展的医疗器械不良事件调查予以配合。

第五十一条 有下列情形之一的，省级以上人民政府食品药品监督管理部门应当对已注册的医疗器械组织开展再评价：

（一）根据科学研究的发展，对医疗器械的安全、有效有认识上的改变的；

（二）医疗器械不良事件监测、评估结果表明医疗器械可能存在缺陷的；

（三）国务院食品药品监督管理部门规定的其他需要进行再评价的情形。

再评价结果表明已注册的医疗器械不能保证安全、有效的，由原发证部门注销医疗器械注册证，并向社会公布。被注销医疗器械注册证的医疗器械不得生产、进口、经营、使用。

第五十二条 医疗器械生产企业发现其生产的医疗器械不符合强制性标准、经注册或者备案的产品技术要求或者存在其他缺陷的，应当立即停止生产，通知相关生产经营企业、使用单位和消费者停止经营和使用，召回已经上市销售的医疗器械，采取补救、销毁等措施，记录相关情况，发布相关信息，并将医疗器械召回和处理情况向食品药品监督管理部门和卫生计生主管部门报告。

医疗器械经营企业发现其经营的医疗器械存在前款规定情形的，应当立即停止经营，通知相关生产经营企业、使用单位、消费者，并记录停止经营和通知情况。医疗器械生产企业认为属于依照前款规定需要召回的医疗器械，应当立即召回。

医疗器械生产经营企业未依照本条规定实施召回或者停止经营的，食品药品监督管理部门可以责令其召回或者停止经营。

第六章 监督检查

第五十三条 食品药品监督管理部门应当对医疗器械的注册、备案、生产、经营、使用活动加强监督检查，并对下列事项进行重点监督检查：

（一）医疗器械生产企业是否按照经注册或者备案的产品技术要求组织生产；

（二）医疗器械生产企业的质量管理体系是否保持有效运行；

（三）医疗器械生产经营企业的生产经营条件是否持续符合法定要求。

第五十四条 食品药品监督管理部门在监督检查中有下列职权：

（一）进入现场实施检查、抽取样品；

（二）查阅、复制、查封、扣押有关合同、票据、账簿以及其他有关资料；

（三）查封、扣押不符合法定要求的医疗器械，违法使用的零配件、原材料以及用于违法生产医疗器械的工具、设备；

（四）查封违反本条例规定从事医疗器械生产经营活动的场所。

食品药品监督管理部门进行监督检查，应当出示执法证件，保守被检查单位的商业秘密。

有关单位和个人应当对食品药品监督管理部门的监督检查予以配合，不得隐瞒有关情况。

第五十五条 对人体造成伤害或者有证据证明可能危害人体健康的医疗器械，食品药品监督管理部门可以采取暂停生产、进口、经营、使用的紧急控制措施。

第五十六条 食品药品监督管理部门应当加强对医疗器械生产经营企业和使用单位生产、经营、使用的医疗器械的抽查检验。抽查检验不得收取检验费和其他任何费用，所需费用纳入本级政府预算。

省级以上人民政府食品药品监督管理部门应当根据抽查检验结论及时发布医疗器械质量公告。

第五十七条 医疗器械检验机构资质认定工作按照国家有关规定实行统一管理。经国务院认证认可监督管理部门会同国务院食品药品监督管理部门认定的检验机构，方可对医疗器械实施检验。

食品药品监督管理部门在执法工作中需要对医疗器械进行检验的，应当委托有资质的医疗器械检验机构进行，并支付相关费用。

当事人对检验结论有异议的，可以自收到检验结论之日起7个工作日内选择有资质的医疗器械检验机构进行复检。承担复检工作的医疗器械检验机构应当在国务院食品药品监督管理部门规定的时间内作出复检结论。复检结论为最终检验结论。

第五十八条 对可能存在有害物质或者擅自改变医疗器械设计、原材料和生产工艺并存在安全隐患的医疗器械，按照医疗器械国家标准、行业标准规定的检验项目和检验方法无法检验的，医疗器械检验机构可以补充检验项目和检验方法进行检验；使用补充检验项目、检验方法得出的检验结论，经国务院食品药品监督管理部门批准，可以作为食品药品监督管理部门认定医疗器械质量的依据。

第五十九条 设区的市级和县级人民政府食品药品监督管理部门应当加强对医疗器械广告的监督检查；发现未经批准、篡改经批准的广告内容的医疗器械广告，应当向所在地省、自治区、直辖市人民政府食品药品监督管理部门报告，由其向社会公告。

工商行政管理部门应当依照有关广告管理的法律、行政法规的规定，对医疗器械广告进行监督检查，查处违法行为。食品药品监督管理部门发现医疗器械广告违法发布行为，应当提出处理建议并按照有关程序移交所在地同级工商行政管理部门。

第六十条 国务院食品药品监督管理部门建立统一的医疗器械监督管理信息平台。食品药品监督管理部门应当通过信息平台依法及时公布医疗器械许可、备案、抽查检验、违法行为查处情况等日常监督管理信息。但是，不得泄露当事人的商业秘密。

食品药品监督管理部门对医疗器械注册人和备案人、生产经营企业、使用单位建立信用档案，对有不良信用记录的增加监督检查频次。

第六十一条 食品药品监督管理等部门应当公布本单位的联系方式，接受咨询、投诉、举报。食品药品监督管理等部门接到与医疗器械监督管理有关的咨询，应当及时答复；接到投诉、举报，应当及时核实、处理、答复。对咨询、投诉、举报情况及其答复、核实、处理情况，应当予以记录、保存。

有关医疗器械研制、生产、经营、使用行为的举报经调查属实的，食品药品监督管理等部门对举报人应当给予奖励。

第六十二条 国务院食品药品监督管理部门制定、调整、修改本条例规定的目录以及与医疗器械监督管理有关的规范，应当公开征求意见；采取听证会、论证会等形式，听取专家、医疗器械生产经营企业和使用单位、消费者以及相关组织等方面的意见。

第七章　法律责任

第六十三条 有下列情形之一的，由县级以上人民政府食品药品监督管理部门没收违法所得、违法生产经营的医疗器械和用于违法生产经营的工具、设备、原材料等物品；违法生产经营的医疗器械货值金额不足1万元的，并处5万元以上10万元以下罚款；货值金额1万元以上的，并处货值金额10倍以上20倍以下罚款；情节严重的，5年内不受理相关责任人及企业提出的医疗器械许可申请：

（一）生产、经营未取得医疗器械注册证的第二类、第三类医疗器械的；

（二）未经许可从事第二类、第三类医疗器械生产活动的；

（三）未经许可从事第三类医疗器械经营活动的。

有前款第一项情形、情节严重的，由原发证部门吊销医疗器械生产许可证或者医疗器械经营许可证。

第六十四条 提供虚假资料或者采取其他欺骗手段取得医疗器械注册证、医疗器械生产许可证、医疗器械经营许可证、广告批准文件等许可证件的，由原发证部门撤销已经取得的许可证件，并处5万元以上10万元以下罚款，5年内不受理相关责任人及企业提出的医疗器械许可申请。

伪造、变造、买卖、出租、出借相关医疗器械许可证件的，由原发证部门予以收缴或者吊销，没收违法所得；违法所得不足1万元的，处1万元以上3万元以下罚款；违法所得1万元以上的，处违法所得3倍以上5倍以下罚款；构成违反治安管理行为的，由公安机关依法予以治安管理处罚。

第六十五条 未依照本条例规定备案的，由县级以上人民政府食品药品监督管理部门责令限期改正；逾期不改正的，向社会公告未备案单位和产品名称，可以处1万元以下罚款。

备案时提供虚假资料的，由县级以上人民政府食品药品监督管理部门向社会公告备案单位和产品名称；情节严重的，直接责任人员5年内不得从事医疗器械生产经营活动。

第六十六条 有下列情形之一的，由县级以上人民政府食品药品监督管理部门责令改正，没收违法生产、经营或者使用的医疗器械；违法生产、经营或者使用的医疗器械货值金额不足1万元的，并处2万元以上5万元以下罚款；货值金额1万元以上的，并处货值金额5倍以上10倍以下罚款；情节严重的，责令停产停业，直至由原发证部门吊销医疗器械注册证、医疗器械生产许可证、医疗器械经营许可证：

（一）生产、经营、使用不符合强制性标准或者不符合经注册或者备案的产品技术要求的医疗器械的；

（二）医疗器械生产企业未按照经注册或者备案的产品技术要求组织生产，或者未依照本条例规定建立质量管理体系并保持有效运行的；

（三）经营、使用无合格证明文件、过期、失效、淘汰的医疗器械，或者使用未依法注册的医疗器械的；

（四）食品药品监督管理部门责令其依照本条例规定实施召回或者停止经营后，仍拒不召回或者停止经营医疗器械的；

（五）委托不具备本条例规定条件的企业生产医疗器械，或者未对受托方的生产行为进行管理的。

第六十七条 有下列情形之一的，由县级以上人民政府食品药品监督管理部门责令改正，处1万元以上3万元以下罚款；情节严重的，责令停产停业，直至由原发证部门吊销医疗器械生产许可证、医疗器械经营许可证：

（一）医疗器械生产企业的生产条件发生变化、不再符合医疗器械质量管理体系要求，未依照本条例规定整改、停止生产、报告的；

（二）生产、经营说明书、标签不符合本条例规定的医疗器械的；

（三）未按照医疗器械说明书和标签标示要求运输、贮存医疗器械的；

（四）转让过期、失效、淘汰或者检验不合格的在用医疗器械的。

第六十八条 有下列情形之一的，由县级以上人民政府食品药品监督管理部门和卫生计生主管部门依据各自职责责令改正，给予警告；拒不改正的，处5000元以上2万元以下罚款；情节严重的，责令停产停业，直至由原发证部门吊销医疗器械生产许可证、医疗器械经营许可证：

（一）医疗器械生产企业未按照要求提交质量管理体系自查报告的；

（二）医疗器械经营企业、使用单位未依照本条例规定建立并执行医疗器械进货查验记录制度的；

（三）从事第二类、第三类医疗器械批发业务以及第三类医疗器械零售业务的经营企业未依照本条例规定建立并执行销售记录制度的；

（四）对重复使用的医疗器械，医疗器械使用单位未按照消毒和管理的规定进行处理的；

（五）医疗器械使用单位重复使用一次性使用的医疗器械，或者未按照规定销毁使用过的一次性使用的医疗器械的；

（六）对需要定期检查、检验、校准、保养、维护的医疗器械，医疗器械使用单位未按照产品说明书要求检查、检验、校准、保养、维护并予以记录，及时进行分析、评估，确保医疗器械处于良好状态的；

（七）医疗器械使用单位未妥善保存购入第三类医疗器械的原始资料，或者未按照规定将大型医疗器械以及植入和介入类医疗器械的信息记载到病历等相关记录中的；

（八）医疗器械使用单位发现使用的医疗器械存在安全隐患未立即停止使用、通知检修，或者继续使用经检修仍不能达到使用安全标准的医疗器械的；

（九）医疗器械生产经营企业、使用单位未依照本条例规定开展医疗器械不良事件监测，未按照要求报告不良事件，或者对医疗器械不良事件监测技术机构、食品药品监督管理部门开展的不良事件调查不予配合的。

第六十九条 违反本条例规定开展医疗器械临床试验的，由县级以上人民政府食品药品监督管理部门责令改正或者立即停止临床试验，可以处5万元以下罚款；造成严重后果的，依法对直接负责的主管人员和其他直接责任人员给予降级、撤职或者开除的处分；有医疗器械临床试验机构资质的，由授予其资质的主管部门撤销医疗器械临床试验机构资质，5年内不受理其资质认定申请。

医疗器械临床试验机构出具虚假报告的，由授予其资质的主管部门撤销医疗器械临床试验机构资质，10年内不受理其资质认定申请；由县级以上人民政府食品药品监督管理部门处5万元以上10万元以下罚款；有违法所得的，没收违法所得；对直接负责的主管人员和其他直接责任人员，依法给予撤职或者开除的处分。

第七十条 医疗器械检验机构出具虚假检验报告的，由授予其资质的主管部门撤销检验资质，10年内不受理其资质认定申请；处5万元以上10万元以下罚款；有违法所得的，没收违法所得；对直接负责的主管人员和其他直接责任人员，依法给予撤职或者开除的处分；受到开除处分的，自处分决定作出之日起10年内不得从事医疗器械检验工作。

第七十一条 违反本条例规定，发布未取得批准文件的医疗器械广告，未事先核实批准文件的真实性即发布医疗器械广告，或者发布广告内容与批准文件不一致的医疗器械广告的，由工商行政管理部门依照有关广告管理的法律、行政法规的规定给予处罚。

篡改经批准的医疗器械广告内容的，由原发证部门撤销该医疗器械的广告批准文件，2年内不受理其广告审批申请。

发布虚假医疗器械广告的，由省级以上人民政府食品药品监督管理部门决定暂停销售该医疗器械，并向社会公布；仍然销售该医疗器械的，由县级以上人民政府食品药品监督管理部门没收违法销售的医疗器械，并处2万元以上5万元以下罚款。

第七十二条 医疗器械技术审评机构、医疗器械不良事件监测技术机构未依照本条例规定履行职责，致使审评、监测工作出现重大失误的，由县级以上人民政府食品药品监督管理部门责令改正，通报批评，给予警告；造成严重后果的，对直接负责的主管人员和其他直接责任人员，依法给予降级、撤职或者开除的处分。

第七十三条 食品药品监督管理部门及其工作人员应当严格依照本条例规定的处罚种类和幅度，根据违法行为的性质和具体情节行使行政处罚权，具体办法由国务院食品药品监督管理部门制定。

第七十四条 违反本条例规定，县级以上人民政府食品药品监督管理部门或者其他有关部门不履行医疗器械监督管理职责或者滥用职权、玩忽职守、徇私舞弊的，由监察机关或者任免机关对直接负责的主管人员和其他直接责任人员依法给予警告、记过或者记大过的处分；造成严重后果的，给予降级、撤职或者开除的处分。

第七十五条 违反本条例规定，构成犯罪的，依法追究刑事责任；造成人身、财产或者其他损害的，依法承担赔偿责任。

第八章　附则

第七十六条 本条例下列用语的含义：

医疗器械，是指直接或者间接用于人体的仪器、设备、器具、体外诊断试剂及校准物、材料以及其他类似或者相关的物品，包括所需要的计算机软件；其效用主要通过物理等方式获得，不是通过药理学、免疫学或者代谢的方式获得，或者虽然有这些方式参与但是只起辅助作用；其目的是：

（一）疾病的诊断、预防、监护、治疗或者缓解；

（二）损伤的诊断、监护、治疗、缓解或者功能补偿；

（三）生理结构或者生理过程的检验、替代、调节或者支持；

（四）生命的支持或者维持；

（五）妊娠控制；

（六）通过对来自人体的样本进行检查，为医疗或者诊断目的提供信息。

医疗器械使用单位，是指使用医疗器械为他人提供医疗等技术服务的机构，包括取得医疗机构执业许可证的医疗机构，取得计划生育技术服务机构执业许可证的计划生育技术服务机构，以及依法不需要取得医疗机构执业许可证的血站、单采血浆站、康复辅助器具适配机构等。

第七十七条 医疗器械产品注册可以收取费用。具体收费项目、标准分别由国务院财政、价格主管部门按照国家有关规定制定。

第七十八条 非营利的避孕医疗器械管理办法以及医疗卫生机构为应对突发公共卫生事件而研制的医疗器械的管理办法，由国务院食品药品监督管理部门会同国务院卫生计生主管部门制定。

中医医疗器械的管理办法，由国务院食品药品监督管理部门会同国务院中医药管理部门依据本条例的规定制定；康复辅助器具类医疗器械的范围及其管理办法，由国务院食品药品监督管理部门会同国务院民政部门依据本条例的规定制定。

第七十九条 军队医疗器械使用的监督管理，由军队卫生主管部门依据本条例和军队有关规定组织实施。

第八十条 本条例自2014年6月1日起施行。

质量监督检验检疫行政许可实施办法

（2004年6月23日国家质量监督检验检疫总局第64号令发布）

第一章 总 则

第一条 为了规范质量监督检验检疫行政许可行为，强化对行政许可的监督管理，保护公民、法人和其他组织的合法权益，根据《中华人民共和国行政许可法》等法律、行政法规规定，制定本办法。

第二条 国家质量监督检验检疫总局、各级出入境检验检疫局和质量技术监督局（以下统称各级质检部门）实施行政许可以及对行政许可的监督管理，适用本办法。

第三条 各级质检部门应当在法律、法规、规章规定的职权范围内，依照法定条件和程序实施行政许可。

国家质量监督检验检疫总局制定的规范性文件，可以在法定的行政许可事项范围内，对实施行政许可的程序作出具体规定，但不得增设违反上位法的其他条件。规范性文件应当以公告的形式向社会公布，未经公布的，不得作为实施行政许可的依据。

第四条 各级质检部门实施行政许可，应当以适当方式公开实施行政许可事项的名称、依据、实施主体、条件、程序、期限、收费依据（收费项目及标准）以及需要提交的全部材料的目录等内容。

符合法定条件、标准的，申请人有依法取得行政许可的平等权利。

第五条 各级质检部门实施行政许可，应当遵循高效、便民原则，统一受理行政许可申请，统一送达行政许可决定。

第六条 各级质检部门应当建立健全实施行政许可的工作管理制度和监督制度，明确各项行政许可的实施程序以及岗位责任，加强对本级以及下级质检部门实施行政许可的监督检查。

第七条 各级质检部门应当健全和完善岗位培训制度，对实施行政许可的工作人员组织进行法律法规及业务知识培训，并定期进行知识更新培训。

实施行政许可的工作人员经过培训后方可从事行政许可工作。

第二章 实施机关

第八条 各级质检部门在法定职权范围内，负责行政许可的实施工作。

第九条 按照法律、行政法规规定以及国务院行政审批制度改革工作要求，国家质量监督检验检疫总局可以根据实际工作需要下放管理层级，将负责实施的行政许可事项交由下级质检部门实施。

决定下放管理层级的行政许可事项，应当以公告形式向社会公布。

第十条 上级质检部门在其法定职权范围内，可以根据实际工作需要，将其负责实施的行政许可事项委托下级质检部门实施。

委托机关对受委托机关实施行政许可的后果承担法律责任。

受委托机关应当在委托的权限范围内，以委托机关名义依法实施行政许可；不得再委托其他组织或者个人实施行政许可。

第十一条 委托实施行政许可的，委托机关可以将行政许可的受理、审查（核查）、决定等权限全部或者部分委托给受委托机关。

委托实施行政许可，委托机关和受委托机关应当签订委托书，委托书应当包含以下主要内容：

（一）委托机关名称；

（二）受委托机关名称；

（三）委托实施行政许可的事项名称以及委托权限范围；

（四）委托机关与受委托机关的权利和义务；

（五）委托实施行政许可的期限。

需要延续委托期限的，委托机关应当在行政许可委托书有效期届满十五日前与受委托机关重新签订委托书。

第十二条 委托机关应当将受委托机关和受委托实施行政许可的事项名称、委托权限范围、委托期限等内容向社会公告。受委托机关应当按照本办法第四条规定对委托实施行政许可的有关内容予以公开。

委托机关变更、中止或者终止行政许可委托的，应当及时向社会公告。

第十三条 各级质检部门实施行政许可，依法需要对设备、设施、产品、物品等进行检验、检测、检疫或者鉴定、专家评审的，除依法应当由行政机关实施的外，可以委托符合法定条件的专业技术组织实施。

接受委托的专业技术组织及其工作人员对所实施的检验、检测、检疫结论承担法律责任。

第三章 实施程序

第一节 申请与受理

第十四条 公民、法人或者其他组织申请行政许可需要采用申请书格式文本的，质检部门应当向申请人提供格式文本。申请书格式文本不得包含与申请行政许可事项没有直接关系的内容。

第十五条 申请人可以委托代理人提出行政许可申请。但是，依法应当由申请人本人提出行政许可申请的除外。

委托代理人提出行政许可申请的，应当提交委托书原件以及委托双方身份证明复印件。

第十六条 申请人要求质检部门对公示内容予以说明、解释的，质检部门应当说明、解释，提供准确、可靠信息。

第十七条 申请人到质检部门办公场所提出行政许可申请，应当提交申请书以及质检部门公示的需要提交的全部材料。

申请人通过信函、电报、电传、传真、电子数据交换和电子邮件的方式提出行政许可申请，应当提交质检部门公示的符合法定形式的申请材料。

申请人应当对其提交的申请材料实质内容的真实性负责。

第十八条 申请人到质检部门办公场所提出申请的，申请人提交申请材料的时间为提出申请的时间。

申请人通过信函、电报、电传、传真、电子数据交换和电子邮件的方式提出申请的，质检部门的收讫时间为提出申请的时间。依法需要核对申请材料原件的，质检部门收到申请材料原件的时间为提出申请的时间。

第十九条 质检部门对申请人提出的行政许可申请，应当根据下列情况分别作出处理：

（一）申请事项依法不需要取得行政许可的，应当即时告知申请人不受理；

（二）申请事项依法不属于本行政机关职权范围的，应当即时作出不予受理的决定，并告知申请人向有关行政机关申请；

（三）申请材料存在可以当场更正的错误的，应当允许申请人当场更正；

（四）申请材料不齐全或者不符合法定形式的，应当当场或者自收到申请材料之日起五日内一次性告知申请人需要补正的全部内容。逾期不告知的，自收到申请材料之日起即为受理；

（五）申请事项属于本行政机关职权范围，申请材料齐全、符合法定形式，或者申请人按照本行政机关的要求提交全部补正申请材料的，应当受理行政许可申请。

第二十条 质检部门受理或者不予受理行政许可申请，或者告知申请人补正申请材料的，应当出具加盖本行政机关行政许可专用印章并注明日期的书面凭证，依法送达申请人。委托实施行政许可的，受委托机关出具的书面凭证，应当加盖委托机关行政许可专用印章。

申请人通过信函、电报、电传、传真、电子数据交换和电子邮件的方式提出行政许可申请，质检部门应当按照前款规定，以适当方式告知申请人行政许可申请的处理情况。

第二十一条 各级质检部门应当建立和完善行政许可电子管理系统，推行电子政务，方便申请人采取数据电文等方式提出行政许可申请。

第二节 审查与决定

第二十二条 质检部门对申请人提交的申请材料应当及时进行审查。

申请人提交的申请材料齐全、符合法定形式，能够当场作出行政许可决定的，应当当场作出行政许可决定。依法需要对申请材料的实质内容进行核实的，应当指派两名以上核查人员进行现场核查。核查人员应当严格按照有关核查要求开展核查工作，不得索取或者收受申请人的财物，不得谋取其他利益。

申请人通过信函、电报、电传、传真、电子数据交换和电子邮件的方式提出申请的，核查人员在现场核查时，应当核对申请材料原件并注明核对情况。申请人不能提交申请材料原件或者核实发现申请材料与原件不符的，质检部门应当作出不予行政许可的决定。

第二十三条 负责检验、检测、检疫或者鉴定、专家评审活动的专业技术组织及其工作人员应当按照法律、法规、规章以及标准、技术规范的规定开展工作。

法律、法规、规章以及标准、技术规范对检验、检测、检疫或者鉴定、专家评审时限有规定的，应当符合其规定；

没有规定的，应当在合理时限内完成。

第二十四条 法律、法规、规章规定实施行政许可应当听证的事项，或者质检部门认为需要听证的其他涉及公共利益的重大行政许可事项，质检部门应当向社会公告，并举行听证。行政许可直接涉及申请人与他人之间重大利益关系的，质检部门在作出行政许可决定前，应当告知申请人、利害关系人享有要求听证的权利。

听证程序及期限按照《中华人民共和国行政许可法》第四十七条、第四十八条的规定执行。

第二十五条 申请人的申请符合法定条件、标准的，质检部门应当依法作出准予行政许可的书面决定。

质检部门依法作出不予行政许可的书面决定的，应当说明理由，并告知申请人享有依法申请行政复议或者提起行政诉讼的权利。

质检部门作出准予或者不予行政许可决定的，应当出具加盖本行政机关印章并注明日期的书面凭证，依法送达申请人。委托实施行政许可的，受委托机关出具的书面凭证，应当加盖委托机关印章。

第二十六条 质检部门作出的准予行政许可决定，除涉及国家秘密、商业秘密或者个人隐私的外，应当予以公开，供公众免费查阅。

第三节 期限与送达

第二十七条 除可以当场作出行政许可决定的外，质检部门作出行政许可决定的期限应当符合《中华人民共和国行政许可法》第四十二条、第四十三条规定。

受委托机关应当在委托机关规定的办理时限内完成委托事项。

第二十八条 各级质检部门作出行政许可决定，依法需要听证、检验、检测、检疫或者鉴定、专家评审的，所需时间不计算在本节规定的期限内。

质检部门应当将所需时间书面告知申请人。

第二十九条 各级质检部门依法作出准予行政许可的决定，需要颁发行政许可证件或者加贴标签、加盖检验、检测、检疫印章的，应当自作出决定之日起十日内向申请人颁发、送达行政许可证件或者加贴标签、加盖检验、检测、检疫印章。

第三十条 各级质检部门当场制作的行政许可文书、证件，应当即时直接送达申请人。

质检部门可以通过信函、电报、电传、传真或者电子邮件等方式，通知申请人领取行政许可文书、证件，也可以直接送达或者邮寄送达。

质检门可以根据实际情况委托其他质检部门代为送达。

质检部门不能直接送达、邮寄送达或者委托送达的，可以通过本机关门户网站或者其他适当方式公告送达。

第三十一条 直接送达或者委托送达的，以申请人或者其代理人的签收日期为送达日期。

邮寄送达的，以邮寄回执上载明的收件日期为送达日期。

公告送达的，自公告发出之日起，经过六十日即视为送达。

第三十二条 申请人应当积极配合质检部门送达行政许可文书、证件，提供有效的联系方式。

因申请人的原因造成行政许可文书、证件不能按期送达的，由申请人承担相应的法律后果。

第四节 变更与延续

第三十三条 有应当变更行政许可的法定情形的，被许可人应当依法提出变更申请。

更申请符合法定条件、标准的，质检部门应当依法办理变更手续。

第三十四条 被许可人申请延续行政许可有效期的，应当在该行政许可有效期届满三十日前向准予行政许可的质检部门提出。法律、法规、规章对提出申请期限另有规定的，依照其规定。

第三十五条 被许可人未按规定期限提出延续申请的，可以认定为不符合行政许可延续的法定条件，质检部门不予受理该申请。

被许可人需要继续从事相应行政许可事项活动的，应当重新提出行政许可申请。原行政许可有效期届满，重新申请的行政许可决定作出前，不得从事相应行政许可事项活动。

第三十六条 各级质检部门对其负责实施的行政许可事项，应当以适当方式公开行政许可变更、延续的申请期限以及办理程序、未按期申请的法律后果等内容。

第三十七条 委托实施行政许可的，受委托机关按照委托权限以及本节规定，依法办理行政许可的变更、延续工作。

第三十八条 因行政许可证件遗失或者损毁，被许可人申请补办的，应当按照要求在公开发行的报刊上刊登行政许可证件补办声明。声明中应当明确补办原因、六十日异议期限、异议受理电话等内容。

准予行政许可的质检部门补办行政许可证件，应当按照原行政许可证件的内容（含发证时间）办理，不得变更或者延续。

第五节 终止与退出

第三十九条 质检部门受理行政许可申请后，作出行政许可决定前，有下列情形之一的，应当终止办理行政许可：

（一）申请事项依法不需要取得行政许可的；

（二）申请事项依法不属于本行政机关职权范围的；

（三）申请人未在规定期限内补正有关申请材料的；

（四）申请人撤回行政许可申请的；

（五）赋予公民、法人或者其他组织特定资格的行政许可，该公民死亡或者丧失行为能力，法人或者其他组织依法终止的；

（六）依法需要缴纳费用，申请人未在规定期限内予以缴纳的；

（七）其他依法应当终止办理行政许可的。

质检部门终止办理行政许可的，应当出具加盖本行政机关行政许可专用印章并注明日期的书面凭证，依法送达申请人。委托实施行政许可的，受委托机关出具的书面凭证，应当加盖委托机关行政许可专用印章。

申请人撤回行政许可申请，自收到质检部门终止办理行政许可书面凭证之日起六个月内，不得再次提出该行政许可申请。

第四十条 行政许可终止办理，申请人已经缴纳费用的，质检部门应当将费用退还申请人。但是，收费项目涉及的许可环节已经完成的除外。

第四十一条 依法应当吊销被许可人取得的行政许可证件，由准予行政许可的质检部门按照《中华人民共和国行政处罚法》及总局规章等办案程序规定，作出吊销行政许可证件的行政处罚决定。

准予行政许可的质检部门可以自行或者指定下级质检部门按照《中华人民共和国行政处罚法》及总局规章等办案程序规定，依法履行调查取证、权利告知、组织听证等程序性义务以及送达和执行行政处罚决定。

各级质检部门在监督管理工作中，发现被许可人存在应当吊销行政许可证件的违法情形的，应当及时将吊销行政许可的事实、理由、依据以及有关证据材料逐级上报或者通报准予行政许可的质检部门。

第四十二条 依法应当撤销被许可人取得的行政许可，由准予行政许可的质检部门作出撤销行政许可的决定。

作出撤销行政许可决定前，准予行政许可的质检部门可以自行或者指定下级质检部门依法履行告知义务，说明撤销行政许可的事实、理由和依据，听取被许可人的陈述、申辩或者组织听证，并依法送达和执行撤销行政许可的决定。

各级质检部门在监督管理工作中，发现被许可人存在应当撤销行政许可的情形的，应当及时将撤销行政许可的事实、理由、依据以及有关证据材料逐级上报或者通报准予行政许可的质检部门。

第四十三条 因行政许可所依据的法律、法规、规章修改或者废止，或者准予行政许可所依据的客观情况发生重大变化等原因，确需变更或者撤回被许可人取得的行政许可，由准予行政许可的质检部门作出变更或者撤回行政许可的决定。由此给被许可人造成财产损失的，准予行政许可的质检部门应当依法给予补偿。

变更或者撤回行政许可的决定，应当载明变更或者撤回行政许可的事实、理由和依据。变更或者撤回行政许可决定的送达和执行，准予行政许可的质检部门可以自行或者指定下级质检部门办理。

第四十四条 有下列情形之一的，准予行政许可的质检部门应当依法办理有关行政许可的注销手续，并予以公告：

（一）行政许可依法被撤销、撤回，或者行政许可证件依法被吊销的；

（二）行政许可有效期届满未延续的；

（三）赋予公民特定资格的行政许可，该公民死亡或者丧失行为能力的；

（四）法人或者其他组织依法终止的；

（五）被许可人申请注销行政许可的；

（六）因不可抗力导致行政许可事项无法实施的；

（七）其他依法应当注销行政许可的。

各级质检部门对前款规定的事项，应当定期进行核查汇总，并逐级上报准予行政许可的质检部门，由其依法办理注销手续。

第四章 监督管理

第一节 行政许可评价

第四十五条 省级以上质检部门应当根据工作需要，对本机关以及下级质检部门实施行政许可的情况及存在的必要性进行评价。

第四十六条 质检部门可以自行对行政许可进行评价，也可以委托相关评估机构或者组织进行评价。

评价可以采取听证会、论证会、座谈会等形式听取公民、法人或者其他组织以及专家学者的意见、建议。

第四十七条 行政许可评价的内容应当包括：

（一）实施行政许可的总体状况；

（二）实施行政许可的社会效益和社会成本；

（三）实施行政许可是否达到预期的管理目标；

（四）行政许可在实施过程中遇到的问题和原因；

（五）行政许可继续实施的必要性和合理性；

（六）其他需要进行评价的内容。

第四十八条 国家质量监督检验检疫总局完成评价后，应当对评价的行政许可事项提出取消、保留、合并或者下放管理层级等意见和建议，并形成评价报告，报送行政许可的设定机关。

省级质检部门完成评价后，应当将评价报告以及意见和建议报送国家质量监督检验检疫总局；对地方性法规设定的行政许可事项，评价报告以及意见和建议应当报送行政许可的设定机关，并抄报国家质量监督检验检疫总局。

第二节 内部监督

第四十九条 上级质检部门应当通过定期或者不定期的行政执法责任制考核检查、行政许可案卷评查、行政许可专项检查、投诉案件处理等形式，加强对下级质检部门实施行政许可的监督检查，及时发现和纠正行政许可实施中的违法或者不当行为。

第五十条 委托实施行政许可的，委托机关应当通过定期或者不定期核查等方式，加强对受委托机关实施行政许可的监督检查，及时发现和纠正行政许可实施中的违法或者不当行为。

第五十一条 质检部门应当建立健全监督制度，加强对专业技术组织及其工作人员的监督，及时发现和纠正检验、检测、检疫或者鉴定、专家评审活动中的违法或者不当行为。

第三节 对被许可人的监督

第五十二条 各级质检部门应当建立健全行政许可后续监督检查制度，加强对本行政区域内被许可人的后续监督，检查被许可人是否持续保持获得行政许可时的条件和要求。

第五十三条 各级质检部门对本行政区域内的被许可人，应当建立监督检查档案。

质检部门依法进行监督检查时，应当将检查情况和处理结果予以记录，由监督检查人员签字后归档。

第五十四条 各级质检部门依据监督检查职权或者通过举报、投诉、上级部门交办等途径，发现本行政区域内被许可人的违法行为线索，应当及时进行核实、处理。核实情况以及处理结果按照本办法第五十三条规定归档。

各级质检部按照行政处罚管辖原则，对被许可人的违法行为依法实施行政处罚的，应当将被许可人的违法事实、处理结果逐级上报或者通报准予行政许可的质检部门。

第五十五条 各级质检部门实施监督检查时，可以依法查阅或者要求被许可人报送有关材料，对被许可人生产经营的产品依法进行抽样检查、检验、检测，并对其生产经营场所依法进行实地检查。

有关法律、法规、规章对监督检查的方式、手段和措施等有明确规定的，依照其规定执行。

被许可人应当配合行政执法人员的监督检查，如实提供其从事相应行政许可事项活动的有关情况和材料。

第五十六条 各级质检部门实施监督检查时，不得妨碍被许可人正常的生产经营活动，不得索取或者收受被许可人的财物，不得谋取其他利益。

第五章 法律责任

第五十七条 违反本办法规定，有下列情形之一的，由上级质检部门责令限期改正，并通报批评：

（一）未按本办法第四条规定将行政许可的有关内容予以公开的；

（二）未按照本办法第五条规定统一受理行政许可申请、统一送达行政许可决定的；

（三）委托实施行政许可，未将行政许可委托书主要内容或者变更、中止或者终止情况向社会公告、公开的；

（四）未将行政许可变更、延续的申请期限或者办理程序、未按期申请的法律后果等内容予以公开的；

（五）未按照本办法规定履行后续监督检查职责或者建立行政许可监督检查档案的。

第五十八条 违反本办法规定，有下列情形之一的，由本机关或者上级质检部门责令改正，通报批评，并对直接负责的主管人员和其他直接责任人员依法追究相应的法责任：

（一）没有法定依据或者不按照法定项目和标准收取行政许可费用的；

（二）终止办理行政许可，未按本办法规定退还行政许可费用的；

（三）吊销、撤销、撤回、注销行政许可，未按规定程序实施，造成严重后果的；

（四）办理行政许可、实施后续监督检查过程中，妨碍他人正常的生产经营活动造成严重影响或者索取、收受他人的财物，谋取其他利益的；

（五）未依法履行行政许可后续监督检查职责或者对发现的违法行为未依法进行上报和通报造成严重后果的。

第五十九条 违反本办法第十条规定，受委托机关超越委托权限范围或者再委托其他组织和个人实施行政许可，实施行政许可违法或者不当的，由委托机关责令改正，予以通报，并对直接负责的主管人员和其他直接责任人员依法给予行政处分。

第六十条 违反本办法二十三条规定，承担检验、检测、检疫或者鉴定、专家评审任务的专业技术组织及其工作人员未按照法律、法规、规章以及标准、技术规范的规定开展工作的，由质检部门责令改正；情节严重的，处以三万元以下罚款，直至取消其从事与行政许可相关的检验、检测、检疫资格。法律、法规、规章另有规定的，依照其规定。

专业技术组织及其工作人员违法实施检验、检测、检疫或者鉴定、专家评审，给当事人合法权益造成损害的，依法承担赔偿责任。

第六十一条 被许可人不能持续保持应当具备的条件和要求继续从事行政许可事项活动，或者不配合、拒绝质检部门依法进行监督检查的，责令改正；拒不改正或者逾期未改正的，处以三万元以下罚款，直至撤销其行政许可。法律、法规、规章另有规定的，依照其规定。

第六章 附则

第六十二条 各级质检部门实施行政许可，应当使用统一规范的行政许可文书。实施行政许可过程中形成的材料，应当按照国家档案管理的有关规定立卷归档。

第六十三条 除公告期限外，本办法规定的质检部门实施行政许可的期限以工作日计算，不含法定节假日。

第六十四条 国家认证认可监督管理委员会以及质量监督检验检疫系统内法律法规授权的组织在法定职权范围内实施行政许可，依照本办法执行。

第六十五条 本办法自2013年1月1日起实施。《质量监督检验检疫行政许可委托实施办法》（国家质检总局令第64号）同时废止。

国家质量监督检验检疫总局在本办法施行前公布的有关行政许可的规章与本办法规定的行政许可实施程序不一致的，以本办法为准。

质量监督检验检疫统计管理办法

（2012年8月2日国家质量监督检验检疫总局第147号令发布）

第一条 为规范质量监督检验检疫统计活动，保证统计质量，充分发挥统计在质量监督检验检疫工作中的重要作用，根据统计法律法规等有关规定，制定本办法。

第二条 国家质量监督检验检疫总局与其设在各地的出入境检验检疫机构以及地方各级质量技术监督部门（以下统称“各级质检部门”）依法组织实施的质量监督检验检疫统计，适用本办法。

本办法所称质量监督检验检疫统计，是指根据国家统计法律法规，结合质量监督检验检疫工作实际，制定统计项目、编制统计计划和方案、制定统计制度，开展统计调查、统计分析，提供统计资料和信息咨询等活动。

第三条 质量监督检验检疫统计在国家集中的统计系统范围内实行统一管理、分级负责的原则。

国家质量监督检验检疫总局在职责范围内统一管理全国的质量监督检验检疫统计工作。

地方各级质检部门在本行政区域内负责各自职责范围内的质量监督检验检疫统计工作。

第四条 国家质量监督检验检疫总局设立的统计机构归口负责组织管理、综合协调质量监督检验检疫统计工作。

地方各级质检部门应当设立统计机构或者设置统计人员，并指定统计负责人，具体负责本部门职责范围内的统计工作。

第五条 质量监督检验检疫统计应当依法接受本级政府统计主管部门的指导以及社会的监督。

任何单位和个人有权检举质量监督检验检疫统计中的违法行为。

第六条 各级质检部门的统计机构和统计人员对在质量监督检验检疫统计活动中知悉的国家秘密、商业秘密和个人隐私应当严格保密。

第七条 各级质检部门的统计机构和统计人员依法独立行使统计职权。

各级质检部门的统计机构和统计人员应当如实搜集、整理统计资料，不得伪造、篡改统计资料，不得以任何方式要求任何单位和个人提供不真实的统计资料。

各级质检部门的负责人不得自行修改统计机构和统计人员依法搜集整理的统计资料，不得以任何方式要求统计机构和统计人员伪造、篡改统计资料。

第八条 各级质检部门应当为统计提供必要经费等条件保障，加强统计信息化建设。国家质量监督检验检疫总局应当加强对统计信息化建设的指导和规范。

第九条 各级质检部门应当加强质量监督检验检疫统计科学研究，健全统计指标体系，完善统计制度，改进统计方法，保证统计质量。

第十条 各级质检部门及其他组织机构和个人按照统计制度等相关规定被列入质量监督检验检疫统计对象的，

必须依法真实、准确、完整、及时地提供统计所需的资料。

第十一条 质量监督检验检疫统计项目应当科学、实用。

质量监督检验检疫统计项目是指统计法及其实施细则规定的国家质量监督检验检疫总局的专业性质量监督检验检疫统计调查项目和地方各级质量技术监督部门的地方性质量技术监督统计调查项目。

涉及各级质检部门人事、机构、财务、科技等发展状况的事务统计和出入境检验检疫、质量技术监督业务开展情况的业务统计可以列入本办法规定的统计项目。

国家质量监督检验检疫总局的专业性质量监督检验检疫统计项目和地方各级质量技术监督部门的地方性质量技术监督统计项目应当互相衔接，避免矛盾、重复。

第十二条 国家质量监督检验检疫总局的专业性质量监督检验检疫统计项目由国家质量监督检验检疫总局制定；地方各级质量技术监督部门的地方性质量技术监督统计项目由地方各级质量技术监督部门制定。

制定质量监督检验检疫统计项目，前款规定的制定部门应当进行必要性、可行性、科学性、实用性、协调一致性等审查。

第十三条 国家质量监督检验检疫总局制定的专业性质量监督检验检疫统计项目的统计调查对象属于质检部门管辖系统的，应当报国务院统计主管部门备案；统计调查对象超出质检部门管辖系统的，应当报国务院统计主管部门审批。

地方各级质量技术监督部门制定的地方性质量技术监督统计调查项目应当报本级政府统计主管部门审批，并报上级质量技术监督部门备案。

第十四条 各级质检部门制定质量监督检验检疫统计项目，应当同时制定该项目的统计调查制度并依照本办法第十三条的规定一并报经审批或者备案。统计调查制度变更的，应当报原审批或备案机关重新审批或备案。

第十五条 制定统计调查制度，应当按照统计项目编制统计调查计划和统计调查方案。

第十六条 统计调查制度应当对调查目的、调查内容、调查方法、调查对象、调查组织方式、调查表式、统计资料的报送和公布等作出规定。

统计调查计划应当列明项目名称、调查机关、调查目的、调查范围、调查对象、调查方式、调查时间、调查的主要内容等。

统计调查方案应当包含供统计调查对象填报用的统计调查表和说明书、供整理上报用的统计综合表和说明书、统计调查需要的人员和经费及其来源。统计调查方案所规定的指标涵义、调查范围、计算方法、分类目录、调查表式、统计编码等，未经批准该统计调查方案的部门同意，任何单位或者个人不得修改。

统计调查表应当按规定在右上角标明表号、制表机关、批准或者备案机关、批准或者备案文号、有效期限等。

第十七条 质量监督检验检疫统计调查应按照统计调查制度组织实施。

第十八条 开展统计调查，搜集、整理统计资料，应当以周期性普查为基础，以经常性抽样调查为主体，综合运用全面调查、重点调查等方法，充分利用行政记录等资料，并充分利用统计标准化、信息化技术。

需要通过实施产品抽样检验获取统计资料的，按有关规定执行。

第十九条 各级质检部门对统计调查取得的质量监督检验检疫统计资料，应当运用科学方法，采用定量与定性相结合的方式进行统计分析。

第二十条 各级质检部门应当建立健全质量监督检验检疫统计资料的报送、保存、归档、使用等管理制度，保证统计资料的真实性、准确性、完整性、及时性。

第二十一条 质量监督检验检疫统计资料的公布以及统计信息咨询应当严格按照统计法律法规和有关规定执行。

第二十二条 各级质检部门应当对质量监督检验检疫统计工作推行责任制。国家质量监督检验检疫总局定期对质量监督检验检疫统计工作进行考核和奖惩。

第二十三条 各级质检部门应当定期或不定期地对质量监督检验检疫统计活动进行监督检查，对质量监督检验检疫统计活动中的违法行为，在职责范围内给予处分或处罚；应当移送本级政府统计主管部门管理的，依法移送处理；构成犯罪的，依法移送有关部门追究刑事责任。

第二十四条 各级质检部门可以按照有关法律法规规定委托有关机构，具体承担统计调查和统计分析相关的具体技术工作。

第二十五条 国家质量监督检验检疫总局对出入境检验检疫、质量技术监督业务统计有特殊规定的，从其规定。

第二十六条 本办法由国家质量监督检验检疫总局负责解释。

第二十七条 本办法自2012年10月1日起施行。

食 品

法 律

中华人民共和国食品安全法

（2009年2月28日第十一届全国人民代表大会常务委员会第七次会议通过 2015年4月24日第十二届全国人民代表大会常务委员会第十四次会议修订）

目 录

第一章 总则

第一条 为了保证食品安全，保障公众身体健康和生命安全，制定本法。

第二条 在中华人民共和国境内从事下列活动，应当遵守本法：

（一）食品生产和加工（以下称食品生产），食品销售和餐饮服务（以下称食品经营）；

（二）食品添加剂的生产经营；

（三）用于食品的包装材料、容器、洗涤剂、消毒剂和用于食品生产经营的工具、设备（以下称食品相关产品）的生产经营；

（四）食品生产经营者使用食品添加剂、食品相关产品；

（五）食品的贮存和运输；

（六）对食品、食品添加剂、食品相关产品的安全管理。

供食用的源于农业的初级产品（以下称食用农产品）的质量安全管理，遵守《中华人民共和国农产品质量安全法》的规定。但是，食用农产品的市场销售、有关质量安全标准的制定、有关安全信息的公布和本法对农业投入品作出规定的，应当遵守本法的规定。

第三条 食品安全工作实行预防为主、风险管理、全程控制、社会共治，建立科学、严格的监督管理制度。

第四条 食品生产经营者对其生产经营食品的安全负责。

食品生产经营者应当依照法律、法规和食品安全标准从事生产经营活动，保证食品安全，诚信自律，对社会和公众负责，接受社会监督，承担社会责任。

第五条 国务院设立食品安全委员会，其职责由国务院规定。

国务院食品药品监督管理部门依照本法和国务院规定的职责，对食品生产经营活动实施监督管理。

国务院卫生行政部门依照本法和国务院规定的职责，组织开展食品安全风险监测和风险评估，会同国务院食品药品监督管理部门制定并公布食品安全国家标准。

国务院其他有关部门依照本法和国务院规定的职责，承担有关食品安全工作。

第六条 县级以上地方人民政府对本行政区域的食品安全监督管理工作负责，统一领导、组织、协调本行政区域的食品安全监督管理工作以及食品安全突发事件应对工作，建立健全食品安全全程监督管理工作机制和信息共享机制。

县级以上地方人民政府依照本法和国务院的规定，确定本级食品药品监督管理、卫生行政部门和其他有关部门的职责。有关部门在各自职责范围内负责本行政区域的食品安全监督管理工作。

县级人民政府食品药品监督管理部门可以在乡镇或者特定区域设立派出机构。

第七条 县级以上地方人民政府实行食品安全监督管理责任制。上级人民政府负责对下一级人民政府的食品安全监督管理工作进行评议、考核。县级以上地方人民政府负责对本级食品药品监督管理部门和其他有关部门的食品安全监督管理工作进行评议、考核。

第八条 县级以上人民政府应当将食品安全工作纳入本级国民经济和社会发展规划，将食品安全工作经费列入本级政府财政预算，加强食品安全监督管理能力建设，为食品安全工作提供保障。

县级以上人民政府食品药品监督管理部门和其他有关部门应当加强沟通、密切配合，按照各自职责分工，依法行使职权，承担责任。

第九条 食品行业协会应当加强行业自律，按照章程建立健全行业规范和奖惩机制，提供食品安全信息、技术等服务，引导和督促食品生产经营者依法生产经营，推动行业诚信建设，宣传、普及食品安全知识。

消费者协会和其他消费者组织对违反本法规定，损害消费者合法权益的行为，依法进行社会监督。

第十条 各级人民政府应当加强食品安全的宣传教育，普及食品安全知识，鼓励社会组织、基层群众性自治组织、食品生产经营者开展食品安全法律、法规以及食品安全标准和知识的普及工作，倡导健康的饮食方式，增强消费者食品安全意识和自我保护能力。

新闻媒体应当开展食品安全法律、法规以及食品安全标准和知识的公益宣传，并对食品安全违法行为进行舆论监督。有关食品安全的宣传报道应当真实、公正。

第十一条 国家鼓励和支持开展与食品安全有关的基础研究、应用研究，鼓励和支持食品生产经营者为提高食品安全水平采用先进技术和先进管理规范。

国家对农药的使用实行严格的管理制度，加快淘汰剧毒、高毒、高残留农药，推动替代产品的研发和应用，鼓励使用高效低毒低残留农药。

第十二条 任何组织或者个人有权举报食品安全违法行为，依法向有关部门了解食品安全信息，对食品安全监督管理工作提出意见和建议。

第十三条 对在食品安全工作中作出突出贡献的单位和个人，按照国家有关规定给予表彰、奖励。

第二章 食品安全风险监测和评估

第十四条 国家建立食品安全风险监测制度，对食源性疾病、食品污染以及食品中的有害因素进行监测。

国务院卫生行政部门会同国务院食品药品监督管理、质量监督等部门，制定、实施国家食品安全风险监测计划。

国务院食品药品监督管理部门和其他有关部门获知有关食品安全风险信息后，应当立即核实并向国务院卫生行政部门通报。对有关部门通报的食品安全风险信息以及医疗机构报告的食源性疾病等有关疾病信息，国务院卫生行政部门应当会同国务院有关部门分析研究，认为必要的，及时调整国家食品安全风险监测计划。

省、自治区、直辖市人民政府卫生行政部门会同同级食品药品监督管理、质量监督等部门，根据国家食品安全风险监测计划，结合本行政区域的具体情况，制定、调整本行政区域的食品安全风险监测方案，报国务院卫生行政部门备案并实施。

第十五条 承担食品安全风险监测工作的技术机构应当根据食品安全风险监测计划和监测方案开展监测工作，保证监测数据真实、准确，并按照食品安全风险监测计划和监测方案的要求报送监测数据和分析结果。

食品安全风险监测工作人员有权进入相关食用农产品种植养殖、食品生产经营场所采集样品、收集相关数据。采集样品应当按照市场价格支付费用。

第十六条 食品安全风险监测结果表明可能存在食品安全隐患的，县级以上人民政府卫生行政部门应当及时将相关信息通报同级食品药品监督管理等部门，并报告本级人民政府和上级人民政府卫生行政部门。食品药品监督管理等部门应当组织开展进一步调查。

第十七条 国家建立食品安全风险评估制度，运用科学方法，根据食品安全风险监测信息、科学数据以及有关信息，对食品、食品添加剂、食品相关产品中生物性、化学性和物理性危害因素进行风险评估。

国务院卫生行政部门负责组织食品安全风险评估工作，成立由医学、农业、食品、营养、生物、环境等方面的专家组成的食品安全风险评估专家委员会进行食品安全风险评估。食品安全风险评估结果由国务院卫生行政部门公布。

对农药、肥料、兽药、饲料和饲料添加剂等的安全性评估，应当有食品安全风险评估专家委员会的专家参加。

食品安全风险评估不得向生产经营者收取费用，采集样品应当按照市场价格支付费用。

第十八条 有下列情形之一的，应当进行食品安全风险评估：

（一）通过食品安全风险监测或者接到举报发现食品、食品添加剂、食品相关产品可能存在安全隐患的；

（二）为制定或者修订食品安全国家标准提供科学依据需要进行风险评估的；

（三）为确定监督管理的重点领域、重点品种需要进行风险评估的；

（四）发现新的可能危害食品安全因素的；

（五）需要判断某一因素是否构成食品安全隐患的；

（六）国务院卫生行政部门认为需要进行风险评估的其他情形。

第十九条 国务院食品药品监督管理、质量监督、农业行政等部门在监督管理工作中发现需要进行食品安全风险评估的，应当向国务院卫生行政部门提出食品安全风险评估的建议，并提供风险来源、相关检验数据和结论等信息、资料。属于本法第十八条规定情形的，国务院卫生行政部门应当及时进行食品安全风险评估，并向国务院有关部门通报评估结果。

第二十条 省级以上人民政府卫生行政、农业行政部门应当及时相互通报食品、食用农产品安全风险监测信息。

国务院卫生行政、农业行政部门应当及时相互通报食品、食用农产品安全风险评估结果等信息。

第二十一条 食品安全风险评估结果是制定、修订食品安全标准和实施食品安全监督管理的科学依据。

经食品安全风险评估，得出食品、食品添加剂、食品相关产品不安全结论的，国务院食品药品监督管理、质量监督等部门应当依据各自职责立即向社会公告，告知消费者停止食用或者使用，并采取相应措施，确保该食品、食品添加剂、食品相关产品停止生产经营；需要制定、修订相关食品安全国家标准的，国务院卫生行政部门应当会同国务院食品药品监督管理部门立即制定、修订。

第二十二条 国务院食品药品监督管理部门应当会同国务院有关部门，根据食品安全风险评估结果、食品安全监督管理信息，对食品安全状况进行综合分析。对经综合分析表明可能具有较高程度安全风险的食品，国务院食品药品监督管理部门应当及时提出食品安全风险警示，并向社会公布。

第二十三条 县级以上人民政府食品药品监督管理部门和其他有关部门、食品安全风险评估专家委员会及其技术机构，应当按照科学、客观、及时、公开的原则，组织食品生产经营者、食品检验机构、认证机构、食品行业协会、消费者协会以及新闻媒体等，就食品安全风险评估信息和食品安全监督管理信息进行交流沟通。

第三章 食品安全标准

第二十四条 制定食品安全标准，应当以保障公众身体健康为宗旨，做到科学合理、安全可靠。

第二十五条 食品安全标准是强制执行的标准。除食品安全标准外，不得制定其他食品强制性标准。

第二十六条 食品安全标准应当包括下列内容：

（一）食品、食品添加剂、食品相关产品中的致病性微生物，农药残留、兽药残留、生物毒素、重金属等污染物质以及其他危害人体健康物质的限量规定；

（二）食品添加剂的品种、使用范围、用量；

（三）专供婴幼儿和其他特定人群的主辅食品的营养成分要求；

（四）对与卫生、营养等食品安全要求有关的标签、标志、说明书的要求；

（五）食品生产经营过程的卫生要求；

（六）与食品安全有关的质量要求；

（七）与食品安全有关的食品检验方法与规程；

（八）其他需要制定为食品安全标准的内容。

第二十七条 食品安全国家标准由国务院卫生行政部门会同国务院食品药品监督管理部门制定、公布，国务院标准化行政部门提供国家标准编号。

食品中农药残留、兽药残留的限量规定及其检验方法与规程由国务院卫生行政部门、国务院农业行政部门会同国务院食品药品监督管理部门制定。

屠宰畜、禽的检验规程由国务院农业行政部门会同国务院卫生行政部门制定。

第二十八条 制定食品安全国家标准，应当依据食品安全风险评估结果并充分考虑食用农产品安全风险评估结果，参照相关的国际标准和国际食品安全风险评估结果，并将食品安全国家标准草案向社会公布，广泛听取食品生产经营者、消费者、有关部门等方面的意见。

食品安全国家标准应当经国务院卫生行政部门组织的食品安全国家标准审评委员会审查通过。食品安全国家标准审评委员会由医学、农业、食品、营养、生物、环境等方面的专家以及国务院有关部门、食品行业协会、消费者协会的代表组成，对食品安全国家标准草案的科学性和实用性等进行审查。

第二十九条 对地方特色食品，没有食品安全国家标准的，省、自治区、直辖市人民政府卫生行政部门可以制定并公布食品安全地方标准，报国务院卫生行政部门备案。食品安全国家标准制定后，该地方标准即行废止。

第三十条 国家鼓励食品生产企业制定严于食品安全国家标准或者地方标准的企业标准，在本企业适用，并报省、自治区、直辖市人民政府卫生行政部门备案。

第三十一条 省级以上人民政府卫生行政部门应当在其网站上公布制定和备案的食品安全国家标准、地方标准和企业标准，供公众免费查阅、下载。

对食品安全标准执行过程中的问题，县级以上人民政府卫生行政部门应当会同有关部门及时给予指导、解答。

第三十二条 省级以上人民政府卫生行政部门应当会同同级食品药品监督管理、质量监督、农业行政等部门，分别对食品安全国家标准和地方标准的执行情况进行跟踪评价，并根据评价结果及时修订食品安全标准。

省级以上人民政府食品药品监督管理、质量监督、农业行政等部门应当对食品安全标准执行中存在的问题进行收集、汇总，并及时向同级卫生行政部门通报。

食品生产经营者、食品行业协会发现食品安全标准在执行中存在问题的，应当立即向卫生行政部门报告。

第四章　食品生产经营

第一节　一般规定

第三十三条　食品生产经营应当符合食品安全标准，并符合下列要求：

（一）具有与生产经营的食品品种、数量相适应的食品原料处理和食品加工、包装、贮存等场所，保持该场所环境整洁，并与有毒、有害场所以及其他污染源保持规定的距离；

（二）具有与生产经营的食品品种、数量相适应的生产经营设备或者设施，有相应的消毒、更衣、盥洗、采光、照明、通风、防腐、防尘、防蝇、防鼠、防虫、洗涤以及处理废水、存放垃圾和废弃物的设备或者设施；

（三）有专职或者兼职的食品安全专业技术人员、食品安全管理人员和保证食品安全的规章制度；

（四）具有合理的设备布局和工艺流程，防止待加工食品与直接入口食品、原料与成品交叉污染，避免食品接触有毒物、不洁物；

（五）餐具、饮具和盛放直接入口食品的容器，使用前应当洗净、消毒，炊具、用具用后应当洗净，保持清洁；

（六）贮存、运输和装卸食品的容器、工具和设备应当安全、无害，保持清洁，防止食品污染，并符合保证食品安全所需的温度、湿度等特殊要求，不得将食品与有毒、有害物品一同贮存、运输；

（七）直接入口的食品应当使用无毒、清洁的包装材料、餐具、饮具和容器；

（八）食品生产经营人员应当保持个人卫生，生产经营食品时，应当将手洗净，穿戴清洁的工作衣、帽等；销售无包装的直接入口食品时，应当使用无毒、清洁的容器、售货工具和设备；

（九）用水应当符合国家规定的生活饮用水卫生标准；

（十）使用的洗涤剂、消毒剂应当对人体安全、无害；

（十一）法律、法规规定的其他要求。

非食品生产经营者从事食品贮存、运输和装卸的，应当符合前款第六项的规定。

第三十四条　禁止生产经营下列食品、食品添加剂、食品相关产品：

（一）用非食品原料生产的食品或者添加食品添加剂以外的化学物质和其他可能危害人体健康物质的食品，或者用回收食品作为原料生产的食品；

（二）致病性微生物，农药残留、兽药残留、生物毒素、重金属等污染物质以及其他危害人体健康的物质含量超过食品安全标准限量的食品、食品添加剂、食品相关产品；

（三）用超过保质期的食品原料、食品添加剂生产的食品、食品添加剂；

（四）超范围、超限量使用食品添加剂的食品；

（五）营养成分不符合食品安全标准的专供婴幼儿和其他特定人群的主辅食品；

（六）腐败变质、油脂酸败、霉变生虫、污秽不洁、混有异物、掺假掺杂或者感官性状异常的食品、食品添加剂；

（七）病死、毒死或者死因不明的禽、畜、兽、水产动物肉类及其制品；

（八）未按规定进行检疫或者检疫不合格的肉类，或者未经检验或者检验不合格的肉类制品；

（九）被包装材料、容器、运输工具等污染的食品、食品添加剂；

（十）标注虚假生产日期、保质期或者超过保质期的食品、食品添加剂；

（十一）无标签的预包装食品、食品添加剂；

（十二）国家为防病等特殊需要明令禁止生产经营的食品；

（十三）其他不符合法律、法规或者食品安全标准的食品、食品添加剂、食品相关产品。

第三十五条　国家对食品生产经营实行许可制度。从事食品生产、食品销售、餐饮服务，应当依法取得许可。但是，销售食用农产品，不需要取得许可。

县级以上地方人民政府食品药品监督管理部门应当依照《中华人民共和国行政许可法》的规定，审核申请人提交的本法第三十三条第一款第一项至第四项规定要求的相关资料，必要时对申请人的生产经营场所进行现场核查；对符合规定条件的，准予许可；对不符合规定条件的，不予许可并书面说明理由。

第三十六条　食品生产加工小作坊和食品摊贩等从事食品生产经营活动，应当符合本法规定的与其生产经营规模、条件相适应的食品安全要求，保证所生产经营的食品卫生、无毒、无害，食品药品监督管理部门应当对其加强监督管理。

县级以上地方人民政府应当对食品生产加工小作坊、食品摊贩等进行综合治理，加强服务和统一规划，改善其生产经营环境，鼓励和支持其改进生产经营条件，进入集中交易市场、店铺等固定场所经营，或者在指定的临时经营区域、时段经营。

食品生产加工小作坊和食品摊贩等的具体管理办法由省、自治区、直辖市制定。

第三十七条 利用新的食品原料生产食品，或者生产食品添加剂新品种、食品相关产品新品种，应当向国务院卫生行政部门提交相关产品的安全性评估材料。国务院卫生行政部门应当自收到申请之日起六十日内组织审查；对符合食品安全要求的，准予许可并公布；对不符合食品安全要求的，不予许可并书面说明理由。

第三十八条 生产经营的食品中不得添加药品，但是可以添加按照传统既是食品又是中药材的物质。按照传统既是食品又是中药材的物质目录由国务院卫生行政部门会同国务院食品药品监督管理部门制定、公布。

第三十九条 国家对食品添加剂生产实行许可制度。从事食品添加剂生产，应当具有与所生产食品添加剂品种相适应的场所、生产设备或者设施、专业技术人员和管理制度，并依照本法第三十五条第二款规定的程序，取得食品添加剂生产许可。

生产食品添加剂应当符合法律、法规和食品安全国家标准。

第四十条 食品添加剂应当在技术上确有必要且经过风险评估证明安全可靠，方可列入允许使用的范围；有关食品安全国家标准应当根据技术必要性和食品安全风险评估结果及时修订。

食品生产经营者应当按照食品安全国家标准使用食品添加剂。

第四十一条 生产食品相关产品应当符合法律、法规和食品安全国家标准。对直接接触食品的包装材料等具有较高风险的食品相关产品，按照国家有关工业产品生产许可证管理的规定实施生产许可。质量监督部门应当加强对食品相关产品生产活动的监督管理。

第四十二条 国家建立食品安全全程追溯制度。

食品生产经营者应当依照本法的规定，建立食品安全追溯体系，保证食品可追溯。国家鼓励食品生产经营者采用信息化手段采集、留存生产经营信息，建立食品安全追溯体系。

国务院食品药品监督管理部门会同国务院农业行政等有关部门建立食品安全全程追溯协作机制。

第四十三条 地方各级人民政府应当采取措施鼓励食品规模化生产和连锁经营、配送。

国家鼓励食品生产经营企业参加食品安全责任保险。

第二节 生产经营过程控制

第四十四条 食品生产经营企业应当建立健全食品安全管理制度，对职工进行食品安全知识培训，加强食品检验工作，依法从事生产经营活动。

食品生产经营企业的主要负责人应当落实企业食品安全管理制度，对本企业的食品安全工作全面负责。

食品生产经营企业应当配备食品安全管理人员，加强对其培训和考核。经考核不具备食品安全管理能力的，不得上岗。食品药品监督管理部门应当对企业食品安全管理人员随机进行监督抽查考核并公布考核情况。监督抽查考核不得收取费用。

第四十五条 食品生产经营者应当建立并执行从业人员健康管理制度。患有国务院卫生行政部门规定的有碍食品安全疾病的人员，不得从事接触直接入口食品的工作。

从事接触直接入口食品工作的食品生产经营人员应当每年进行健康检查，取得健康证明后方可上岗工作。

第四十六条 食品生产企业应当就下列事项制定并实施控制要求，保证所生产的食品符合食品安全标准：

（一）原料采购、原料验收、投料等原料控制；

（二）生产工序、设备、贮存、包装等生产关键环节控制；

（三）原料检验、半成品检验、成品出厂检验等检验控制；

（四）运输和交付控制。

第四十七条 食品生产经营者应当建立食品安全自查制度，定期对食品安全状况进行检查评价。生产经营条件发生变化，不再符合食品安全要求的，食品生产经营者应当立即采取整改措施；有发生食品安全事故潜在风险的，应当立即停止食品生产经营活动，并向所在地县级人民政府食品药品监督管理部门报告。

第四十八条 国家鼓励食品生产经营企业符合良好生产规范要求，实施危害分析与关键控制点体系，提高食品安全管理水平。

对通过良好生产规范、危害分析与关键控制点体系认证的食品生产经营企业，认证机构应当依法实施跟踪调查；对不再符合认证要求的企业，应当依法撤销认证，及时向县级以上人民政府食品药品监督管理部门通报，并向社会公布。认证机构实施跟踪调查不得收取费用。

第四十九条 食用农产品生产者应当按照食品安全标准和国家有关规定使用农药、肥料、兽药、饲料和饲料添加剂等农业投入品，严格执行农业投入品使用安全间隔期或者休药期的规定，不得使用国家明令禁止的农业投入品。禁止将剧毒、高毒农药用于蔬菜、瓜果、茶叶和中草药材等国家规定的农作物。

食用农产品的生产企业和农民专业合作经济组织应当建立农业投入品使用记录制度。

县级以上人民政府农业行政部门应当加强对农业投入品使用的监督管理和指导，建立健全农业投入品安全使用制度。

第五十条 食品生产者采购食品原料、食品添加剂、食品相关产品，应当查验供货者的许可证和产品合格证明；对无法提供合格证明的食品原料，应当按照食品安全标准进行检验；不得采购或者使用不符合食品安全标准的食品原料、食品添加剂、食品相关产品。

食品生产企业应当建立食品原料、食品添加剂、食品相关产品进货查验记录制度，如实记录食品原料、食品添加剂、食品相关产品的名称、规格、数量、生产日期或者生产批号、保质期、进货日期以及供货者名称、地址、联系方式等内容，并保存相关凭证。记录和凭证保存期限不得少于产品保质期满后六个月；没有明确保质期的，保存期限不得少于二年。

第五十一条 食品生产企业应当建立食品出厂检验记录制度，查验出厂食品的检验合格证和安全状况，如实记录食品的名称、规格、数量、生产日期或者生产批号、保质期、检验合格证号、销售日期以及购货者名称、地址、联系方式等内容，并保存相关凭证。记录和凭证保存期限应当符合本法第五十条第二款的规定。

第五十二条 食品、食品添加剂、食品相关产品的生产者，应当按照食品安全标准对所生产的食品、食品添加剂、食品相关产品进行检验，检验合格后方可出厂或者销售。

第五十三条 食品经营者采购食品，应当查验供货者的许可证和食品出厂检验合格证或者其他合格证明（以下称合格证明文件）。

食品经营企业应当建立食品进货查验记录制度，如实记录食品的名称、规格、数量、生产日期或者生产批号、保质期、进货日期以及供货者名称、地址、联系方式等内容，并保存相关凭证。记录和凭证保存期限应当符合本法第五十条第二款的规定。

实行统一配送经营方式的食品经营企业，可以由企业总部统一查验供货者的许可证和食品合格证明文件，进行食品进货查验记录。

从事食品批发业务的经营企业应当建立食品销售记录制度，如实记录批发食品的名称、规格、数量、生产日期或者生产批号、保质期、销售日期以及购货者名称、地址、联系方式等内容，并保存相关凭证。记录和凭证保存期限应当符合本法第五十条第二款的规定。

第五十四条 食品经营者应当按照保证食品安全的要求贮存食品，定期检查库存食品，及时清理变质或者超过保质期的食品。

食品经营者贮存散装食品，应当在贮存位置标明食品的名称、生产日期或者生产批号、保质期、生产者名称及联系方式等内容。

第五十五条 餐饮服务提供者应当制定并实施原料控制要求，不得采购不符合食品安全标准的食品原料。倡导餐饮服务提供者公开加工过程，公示食品原料及其来源等信息。

餐饮服务提供者在加工过程中应当检查待加工的食品及原料，发现有本法第三十四条第六项规定情形的，不得加工或者使用。

第五十六条 餐饮服务提供者应当定期维护食品加工、贮存、陈列等设施、设备；定期清洗、校验保温设施及冷藏、冷冻设施。

餐饮服务提供者应当按照要求对餐具、饮具进行清洗消毒，不得使用未经清洗消毒的餐具、饮具；餐饮服务提供者委托清洗消毒餐具、饮具的，应当委托符合本法规定条件的餐具、饮具集中消毒服务单位。

第五十七条 学校、托幼机构、养老机构、建筑工地等集中用餐单位的食堂应当严格遵守法律、法规和食品安全标准；从供餐单位订餐的，应当从取得食品生产经营许可的企业订购，并按照要求对订购的食品进行查验。供餐单位应当严格遵守法律、法规和食品安全标准，当餐加工，确保食品安全。

学校、托幼机构、养老机构、建筑工地等集中用餐单位的主管部门应当加强对集中用餐单位的食品安全教育和日常管理，降低食品安全风险，及时消除食品安全隐患。

第五十八条 餐具、饮具集中消毒服务单位应当具备相应的作业场所、清洗消毒设备或者设施，用水和使用的洗涤剂、消毒剂应当符合相关食品安全国家标准和其他国家标准、卫生规范。

餐具、饮具集中消毒服务单位应当对消毒餐具、饮具进行逐批检验，检验合格后方可出厂，并应当随附消毒合格证明。消毒后的餐具、饮具应当在独立包装上标注单位名称、地址、联系方式、消毒日期以及使用期限等内容。

第五十九条 食品添加剂生产者应当建立食品添加剂出厂检验记录制度，查验出厂产品的检验合格证和安全状况，如实记录食品添加剂的名称、规格、数量、生产日期或者生产批号、保质期、检验合格证号、销售日期以及购货者名称、地址、联系方式等相关内容，并保存相关凭证。记录和凭证保存期限应当符合本法第五十条第二款的规定。

第六十条 食品添加剂经营者采购食品添加剂，应当依法查验供货者的许可证和产品合格证明文件，如实记录食品添加剂的名称、规格、数量、生产日期或者生产批号、保质期、进货日期以及供货者名称、地址、联系方式等内容，并保存相关凭证。记录和凭证保存期限应当符合本法第五十条第二款的规定。

第六十一条 集中交易市场的开办者、柜台出租者和展销会举办者，应当依法审查入场食品经营者的许可证，明确其食品安全管理责任，定期对其经营环境和条件进行检查，发现其有违反本法规定行为的，应当及时制止并立即报告所在地县级人民政府食品药品监督管理部门。

第六十二条 网络食品交易第三方平台提供者应当对入网食品经营者进行实名登记，明确其食品安全管理责任；依法应当取得许可证的，还应当审查其许可证。

网络食品交易第三方平台提供者发现入网食品经营者有违反本法规定行为的，应当及时制止并立即报告所在地县级人民政府食品药品监督管理部门；发现严重违法行为的，应当立即停止提供网络交易平台服务。

第六十三条 国家建立食品召回制度。食品生产者发现其生产的食品不符合食品安全标准或者有证据证明可能危害人体健康的，应当立即停止生产，召回已经上市销售的食品，通知相关生产经营者和消费者，并记录召回和通知情况。

食品经营者发现其经营的食品有前款规定情形的，应当立即停止经营，通知相关生产经营者和消费者，并记录停止经营和通知情况。食品生产者认为应当召回的，应当立即召回。由于食品经营者的原因造成其经营的食品有前款规定情形的，食品经营者应当召回。

食品生产经营者应当对召回的食品采取无害化处理、销毁等措施，防止其再次流入市场。但是，对因标签、标志或者说明书不符合食品安全标准而被召回的食品，食品生产者在采取补救措施且能保证食品安全的情况下可以继续销售；销售时应当向消费者明示补救措施。

食品生产经营者应当将食品召回和处理情况向所在地县级人民政府食品药品监督管理部门报告；需要对召回的食品进行无害化处理、销毁的，应当提前报告时间、地点。食品药品监督管理部门认为必要的，可以实施现场监督。

食品生产经营者未依照本条规定召回或者停止经营的，县级以上人民政府食品药品监督管理部门可以责令其召回或者停止经营。

第六十四条 食用农产品批发市场应当配备检验设备和检验人员或者委托符合本法规定的食品检验机构，对进入该批发市场销售的食用农产品进行抽样检验；发现不符合食品安全标准的，应当要求销售者立即停止销售，并向食品药品监督管理部门报告。

第六十五条 食用农产品销售者应当建立食用农产品进货查验记录制度，如实记录食用农产品的名称、数量、进货日期以及供货者名称、地址、联系方式等内容，并保存相关凭证。记录和凭证保存期限不得少于六个月。

第六十六条 进入市场销售的食用农产品在包装、保鲜、贮存、运输中使用保鲜剂、防腐剂等食品添加剂和包装材料等食品相关产品，应当符合食品安全国家标准。

第三节 标签、说明书和广告

第六十七条 预包装食品的包装上应当有标签。标签应当标明下列事项：

（一）名称、规格、净含量、生产日期；

（二）成分或者配料表；

（三）生产者的名称、地址、联系方式；

（四）保质期；

（五）产品标准代号；

（六）贮存条件；

（七）所使用的食品添加剂在国家标准中的通用名称；

（八）生产许可证编号；

（九）法律、法规或者食品安全标准规定应当标明的其他事项。

专供婴幼儿和其他特定人群的主辅食品，其标签还应当标明主要营养成分及其含量。

食品安全国家标准对标签标注事项另有规定的，从其规定。

第六十八条 食品经营者销售散装食品，应当在散装食品的容器、外包装上标明食品的名称、生产日期或者生产批号、保质期以及生产经营者名称、地址、联系方式等内容。

第六十九条 生产经营转基因食品应当按照规定显著标示。

第七十条 食品添加剂应当有标签、说明书和包装。标签、说明书应当载明本法第六十七条第一款第一项至第六项、第八项、第九项规定的事项，以及食品添加剂的使用范围、用量、使用方法，并在标签上载明“食品添加剂”字样。

第七十一条 食品和食品添加剂的标签、说明书，不得含有虚假内容，不得涉及疾病预防、治疗功能。生产经营者对其提供的标签、说明书的内容负责。

食品和食品添加剂的标签、说明书应当清楚、明显，生产日期、保质期等事项应当显著标注，容易辨识。

食品和食品添加剂与其标签、说明书的内容不符的，不得上市销售。

第七十二条 食品经营者应当按照食品标签标示的警示标志、警示说明或者注意事项的要求销售食品。

第七十三条 食品广告的内容应当真实合法，不得含有虚假内容，不得涉及疾病预防、治疗功能。食品生产经营者对食品广告内容的真实性、合法性负责。

县级以上人民政府食品药品监督管理部门和其他有关部门以及食品检验机构、食品行业协会不得以广告或者其他形式向消费者推荐食品。消费者组织不得以收取费用或者其他牟取利益的方式向消费者推荐食品。

第四节　特殊食品

第七十四条 国家对保健食品、特殊医学用途配方食品和婴幼儿配方食品等特殊食品实行严格监督管理。

第七十五条 保健食品声称保健功能，应当具有科学依据，不得对人体产生急性、亚急性或者慢性危害。

保健食品原料目录和允许保健食品声称的保健功能目录，由国务院食品药品监督管理部门会同国务院卫生行政部门、国家中医药管理部门制定、调整并公布。

保健食品原料目录应当包括原料名称、用量及其对应的功效；列入保健食品原料目录的原料只能用于保健食品生产，不得用于其他食品生产。

第七十六条 使用保健食品原料目录以外原料的保健食品和首次进口的保健食品应当经国务院食品药品监督管理部门注册。但是，首次进口的保健食品中属于补充维生素、矿物质等营养物质的，应当报国务院食品药品监督管理部门备案。其他保健食品应当报省、自治区、直辖市人民政府食品药品监督管理部门备案。

进口的保健食品应当是出口国（地区）主管部门准许上市销售的产品。

第七十七条 依法应当注册的保健食品，注册时应当提交保健食品的研发报告、产品配方、生产工艺、安全性和保健功能评价、标签、说明书等材料及样品，并提供相关证明文件。国务院食品药品监督管理部门经组织技术审评，对符合安全和功能声称要求的，准予注册；对不符合要求的，不予注册并书面说明理由。对使用保健食品原料目录以外原料的保健食品作出准予注册决定的，应当及时将该原料纳入保健食品原料目录。

依法应当备案的保健食品，备案时应当提交产品配方、生产工艺、标签、说明书以及表明产品安全性和保健功能的材料。

第七十八条 保健食品的标签、说明书不得涉及疾病预防、治疗功能，内容应当真实，与注册或者备案的内容相一致，载明适宜人群、不适宜人群、功效成分或者标志性成分及其含量等，并声明“本品不能代替药物”。保健食品的功能和成分应当与标签、说明书相一致。

第七十九条 保健食品广告除应当符合本法第七十三条第一款的规定外，还应当声明“本品不能代替药物”；其内容应当经生产企业所在地省、自治区、直辖市人民政府食品药品监督管理部门审查批准，取得保健食品广告批准文件。省、自治区、直辖市人民政府食品药品监督管理部门应当公布并及时更新已经批准的保健食品广告目录以及批准的广告内容。

第八十条 特殊医学用途配方食品应当经国务院食品药品监督管理部门注册。注册时，应当提交产品配方、生产工艺、标签、说明书以及表明产品安全性、营养充足性和特殊医学用途临床效果的材料。

特殊医学用途配方食品广告适用《中华人民共和国广告法》和其他法律、行政法规关于药品广告管理的规定。

第八十一条 婴幼儿配方食品生产企业应当实施从原料进厂到成品出厂的全过程质量控制，对出厂的婴幼儿配方食品实施逐批检验，保证食品安全。

生产婴幼儿配方食品使用的生鲜乳、辅料等食品原料、食品添加剂等，应当符合法律、行政法规的规定和食品安全国家标准，保证婴幼儿生长发育所需的营养成分。

婴幼儿配方食品生产企业应当将食品原料、食品添加剂、产品配方及标签等事项向省、自治区、直辖市人民政府食品药品监督管理部门备案。

婴幼儿配方乳粉的产品配方应当经国务院食品药品监督管理部门注册。注册时，应当提交配方研发报告和其他表明配方科学性、安全性的材料。

不得以分装方式生产婴幼儿配方乳粉，同一企业不得用同一配方生产不同品牌的婴幼儿配方乳粉。

第八十二条 保健食品、特殊医学用途配方食品、婴幼儿配方乳粉的注册人或者备案人应当对其提交材料的真实性负责。

省级以上人民政府食品药品监督管理部门应当及时公布注册或者备案的保健食品、特殊医学用途配方食品、婴幼儿配方乳粉目录，并对注册或者备案中获知的企业商业秘密予以保密。

保健食品、特殊医学用途配方食品、婴幼儿配方乳粉生产企业应当按照注册或者备案的产品配方、生产工艺等技术要求组织生产。

第八十三条 生产保健食品，特殊医学用途配方食品、婴幼儿配方食品和其他专供特定人群的主辅食品的企业，应当按照良好生产规范的要求建立与所生产食品相适应的生产质量管理体系，定期对该体系的运行情况进行自查，保证其有效运行，并向所在地县级人民政府食品药品监督管理部门提交自查报告。

第五章 食品检验

第八十四条 食品检验机构按照国家有关认证认可的规定取得资质认定后，方可从事食品检验活动。但是，法律另有规定的除外。

食品检验机构的资质认定条件和检验规范，由国务院食品药品监督管理部门规定。

符合本法规定的食品检验机构出具的检验报告具有同等效力。

县级以上人民政府应当整合食品检验资源，实现资源共享。

第八十五条 食品检验由食品检验机构指定的检验人独立进行。

检验人应当依照有关法律、法规的规定，并按照食品安全标准和检验规范对食品进行检验，尊重科学，恪守职业道德，保证出具的检验数据和结论客观、公正，不得出具虚假检验报告。

第八十六条 食品检验实行食品检验机构与检验人负责制。食品检验报告应当加盖食品检验机构公章，并有检验人的签名或者盖章。食品检验机构和检验人对出具的食品检验报告负责。

第八十七条 县级以上人民政府食品药品监督管理部门应当对食品进行定期或者不定期的抽样检验，并依据有关规定公布检验结果，不得免检。进行抽样检验，应当购买抽取的样品，委托符合本法规定的食品检验机构进行检验，并支付相关费用；不得向食品生产经营者收取检验费和其他费用。

第八十八条 对依照本法规定实施的检验结论有异议的，食品生产经营者可以自收到检验结论之日起七个工作日内向实施抽样检验的食品药品监督管理部门或者其上一级食品药品监督管理部门提出复检申请，由受理复检申请的食品药品监督管理部门在公布的复检机构名录中随机确定复检机构进行复检。复检机构出具的复检结论为最终检验结论。复检机构与初检机构不得为同一机构。复检机构名录由国务院认证认可监督管理、食品药品监督管理、卫生行政、农业行政等部门共同公布。

采用国家规定的快速检测方法对食用农产品进行抽查检测，被抽查人对检测结果有异议的，可以自收到检测结果时起四小时内申请复检。复检不得采用快速检测方。

第八十九条 食品生产企业可以自行对所生产的食品进行检验，也可以委托符合本法规定的食品检验机构进行检验。

食品行业协会和消费者协会等组织、消费者需要委托食品检验机构对食品进行检验的，应当委托符合本法规定的食品检验机构进行。

第九十条 食品添加剂的检验，适用本法有关食品检验的规定。

第六章 食品进出口

第九十一条 国家出入境检验检疫部门对进出口食品安全实施监督管理。

第九十二条 进口的食品、食品添加剂、食品相关产品应当符合我国食品安全国家标准。

进口的食品、食品添加剂应当经出入境检验检疫机构依照进出口商品检验相关法律、行政法规的规定检验合格。

进口的食品、食品添加剂应当按照国家出入境检验检疫部门的要求随附合格证明材料。

第九十三条 进口尚无食品安全国家标准的食品，由境外出口商、境外生产企业或者其委托的进口商向国务院卫生行政部门提交所执行的相关国家（地区）标准或者国际标准。国务院卫生行政部门对相关标准进行审查，认为符合食品安全要求的，决定暂予适用，并及时制定相应的食品安全国家标准。进口利用新的食品原料生产的食品或者进口食品添加剂新品种、食品相关产品新品种，依照本法第三十七条的规定办理。

出入境检验检疫机构按照国务院卫生行政部门的要求，对前款规定的食品、食品添加剂、食品相关产品进行检验。检验结果应当公开。

第九十四条 境外出口商、境外生产企业应当保证向我国出口的食品、食品添加剂、食品相关产品符合本法以及我国其他有关法律、行政法规的规定和食品安全国家标准的要求，并对标签、说明书的内容负责。

进口商应当建立境外出口商、境外生产企业审核制度，重点审核前款规定的内容；审核不合格的，不得进口。

发现进口食品不符合我国食品安全国家标准或者有证据证明可能危害人体健康的，进口商应当立即停止进口，并依照本法第六十三条的规定召回。

第九十五条 境外发生的食品安全事件可能对我国境内造成影响，或者在进口食品、食品添加剂、食品相关产品中发现严重食品安全问题的，国家出入境检验检疫部门应当及时采取风险预警或者控制措施，并向国务院食品药品监督管理、卫生行政、农业行政部门通报。接到通报的部门应当及时采取相应措施。

县级以上人民政府食品药品监督管理部门对国内市场上销售的进口食品、食品添加剂实施监督管理。发现存在严重食品安全问题的，国务院食品药品监督管理部门应当及时向国家出入境检验检疫部门通报。国家出入境检验检疫部门应当及时采取相应措施。

第九十六条 向我国境内出口食品的境外出口商或者代理商、进口食品的进口商应当向国家出入境检验检疫部门备案。向我国境内出口食品的境外食品生产企业应当经国家出入境检验检疫部门注册。已经注册的境外食品生产企业提供虚假材料，或者因其自身的原因致使进口食品发生重大食品安全事故的，国家出入境检验检疫部门应当撤销注册并公告。

国家出入境检验检疫部门应当定期公布已经备案的境外出口商、代理商、进口商和已经注册的境外食品生产企业名单。

第九十七条 进口的预包装食品、食品添加剂应当有中文标签；依法应当有说明书的，还应当有中文说明书。标签、说明书应当符合本法以及我国其他有关法律、行政法规的规定和食品安全国家标准的要求，并载明食品的原产地以及境内代理商的名称、地址、联系方式。预包装食品没有中文标签、中文说明书或者标签、说明书不符合本条规定的，不得进口。

第九十八条 进口商应当建立食品、食品添加剂进口和销售记录制度，如实记录食品、食品添加剂的名称、规格、数量、生产日期、生产或者进口批号、保质期、境外出口商和购货者名称、地址及联系方式、交货日期等内容，并保存相关凭证。记录和凭证保存期限应当符合本法第五十条第二款的规定。

第九十九条 出口食品生产企业应当保证其出口食品符合进口国（地区）的标准或者合同要求。

出口食品生产企业和出口食品原料种植、养殖场应当向国家出入境检验检疫部门备案。

第一百条 国家出入境检验检疫部门应当收集、汇总下列进出口食品安全信息，并及时通报相关部门、机构和企业：

（一）出入境检验检疫机构对进出口食品实施检验检疫发现的食品安全信息；

（二）食品行业协会和消费者协会等组织、消费者反映的进口食品安全信息；

（三）国际组织、境外政府机构发布的风险预警信息及其他食品安全信息，以及境外食品行业协会等组织、消费者反映的食品安全信息；

（四）其他食品安全信息。

国家出入境检验检疫部门应当对进出口食品的进口商、出口商和出口食品生产企业实施信用管理，建立信用记录，并依法向社会公布。对有不良记录的进口商、出口商和出口食品生产企业，应当加强对其进出口食品的检验检疫。

第一百零一条 国家出入境检验检疫部门可以对向我国境内出口食品的国家（地区）的食品安全管理体系和食品安全状况进行评估和审查，并根据评估和审查结果，确定相应检验检疫要求。

第七章 食品安全事故处置

第一百零二条 国务院组织制定国家食品安全事故应急预案。

县级以上地方人民政府应当根据有关法律、法规的规定和上级人民政府的食品安全事故应急预案以及本行政区域的实际情况，制定本行政区域的食品安全事故应急预案，并报上一级人民政府备案。

食品安全事故应急预案应当对食品安全事故分级、事故处置组织指挥体系与职责、预防预警机制、处置程序、应急保障措施等作出规定。

食品生产经营企业应当制定食品安全事故处置方案，定期检查本企业各项食品安全防范措施的落实情况，及时消除事故隐患。

第一百零三条 发生食品安全事故的单位应当立即采取措施，防止事故扩大。事故单位和接收病人进行治疗的单位应当及时向事故发生地县级人民政府食品药品监督管理、卫生行政部门报告。

县级以上人民政府质量监督、农业行政等部门在日常监督管理中发现食品安全事故或者接到事故举报，应当立即向同级食品药品监督管理部门通报。

发生食品安全事故，接到报告的县级人民政府食品药品监督管理部门应当按照应急预案的规定向本级人民政府和上级人民政府食品药品监督管理部门报告。县级人民政府和上级人民政府食品药品监督管理部门应当按照应急预案的规定上报。

任何单位和个人不得对食品安全事故隐瞒、谎报、缓报，不得隐匿、伪造、毁灭有关证据。

第一百零四条 医疗机构发现其接收的病人属于食源性疾病病人或者疑似病人的，应当按照规定及时将相关信息向所在地县级人民政府卫生行政部门报告。县级人民政府卫生行政部门认为与食品安全有关的，应当及时通报同级食品药品监督管理部门。

县级以上人民政府卫生行政部门在调查处理传染病或者其他突发公共卫生事件中发现与食品安全相关的信息，应当及时通报同级食品药品监督管理部门。

第一百零五条 县级以上人民政府食品药品监督管理部门接到食品安全事故的报告后，应当立即会同同级卫生行政、质量监督、农业行政等部门进行调查处理，并采取下列措施，防止或者减轻社会危害：

（一）开展应急救援工作，组织救治因食品安全事故导致人身伤害的人员；

（二）封存可能导致食品安全事故的食品及其原料，并立即进行检验；对确认属于被污染的食品及其原料，责令食品生产经营者依照本法第六十三条的规定召回或者停止经营；

（三）封存被污染的食品相关产品，并责令进行清洗消毒；

（四）做好信息发布工作，依法对食品安全事故及其处理情况进行发布，并对可能产生的危害加以解释、说明。

发生食品安全事故需要启动应急预案的，县级以上人民政府应当立即成立事故处置指挥机构，启动应急预案，依照前款和应急预案的规定进行处置。

发生食品安全事故，县级以上疾病预防控制机构应当对事故现场进行卫生处理，并对与事故有关的因素开展流行病学调查，有关部门应当予以协助。县级以上疾病预防控制机构应当向同级食品药品监督管理、卫生行政部门提交流行病学调查报告。

第一百零六条 发生食品安全事故，设区的市级以上人民政府食品药品监督管理部门应当立即会同有关部门进行事故责任调查，督促有关部门履行职责，向本级人民政府和上一级人民政府食品药品监督管理部门提出事故责任调查处理报告。

涉及两个以上省、自治区、直辖市的重大食品安全事故由国务院食品药品监督管理部门依照前款规定组织事故责任调查。

第一百零七条 调查食品安全事故，应当坚持实事求是、尊重科学的原则，及时、准确查清事故性质和原因，认定事故责任，提出整改措施。

调查食品安全事故，除了查明事故单位的责任，还应当查明有关监督管理部门、食品检验机构、认证机构及其工作人员的责任。

第一百零八条 食品安全事故调查部门有权向有关单位和个人了解与事故有关的情况，并要求提供相关资料和样品。有关单位和个人应当予以配合，按照要求提供相关资料和样品，不得拒绝。

任何单位和个人不得阻挠、干涉食品安全事故的调查处理。

第八章 监督管理

第一百零九条 县级以上人民政府食品药品监督管理、质量监督部门根据食品安全风险监测、风险评估结果和食品安全状况等，确定监督管理的重点、方式和频次，实施风险分级管理。

县级以上地方人民政府组织本级食品药品监督管理、质量监督、农业行政等部门制定本行政区域的食品安全年度监督管理计划，向社会公布并组织实施。

食品安全年度监督管理计划应当将下列事项作为监督管理的重点：

（一）专供婴幼儿和其他特定人群的主辅食品；

（二）保健食品生产过程中的添加行为和按照注册或者备案的技术要求组织生产的情况，保健食品标签、说明书以及宣传材料中有关功能宣传的情况；

（三）发生食品安全事故风险较高的食品生产经营者；

（四）食品安全风险监测结果表明可能存在食品安全隐患的事项。

第一百一十条 县级以上人民政府食品药品监督管理、质量监督部门履行各自食品安全监督管理职责，有权采取下列措施，对生产经营者遵守本法的情况进行监督检查：

（一）进入生产经营场所实施现场检查；

（二）对生产经营的食品、食品添加剂、食品相关产品进行抽样检验；

（三）查阅、复制有关合同、票据、账簿以及其他有关资料；

（四）查封、扣押有证据证明不符合食品安全标准或者有证据证明存在安全隐患以及用于违法生产经营的食品、食品添加剂、食品相关产品；

（五）查封违法从事生产经营活动的场所。

第一百一十一条 对食品安全风险评估结果证明食品存在安全隐患，需要制定、修订食品安全标准的，在制定、修订食品安全标准前，国务院卫生行政部门应当及时会同国务院有关部门规定食品中有害物质的临时限量值和临时检验方法，作为生产经营和监督管理的依据。

第一百一十二条 县级以上人民政府食品药品监督管理部门在食品安全监督管理工作中可以采用国家规定的快速检测方法对食品进行抽查检测。

对抽查检测结果表明可能不符合食品安全标准的食品，应当依照本法第八十七条的规定进行检验。抽查检测结果确定有关食品不符合食品安全标准的，可以作为行政处罚的依据。

第一百一十三条 县级以上人民政府食品药品监督管理部门应当建立食品生产经营者食品安全信用档案，记录许可颁发、日常监督检查结果、违法行为查处等情况，依法向社会公布并实时更新；对有不良信用记录的食品生产经营者增加监督检查频次，对违法行为情节严重的食品生产经营者，可以通报投资主管部门、证券监督管理机构和有关的金融机构。

第一百一十四条 食品生产经营过程中存在食品安全隐患，未及时采取措施消除的，县级以上人民政府食品药品监督管理部门可以对食品生产经营者的法定代表人或者主要负责人进行责任约谈。食品生产经营者应当立即采取措施，进行整改，消除隐患。责任约谈情况和整改情况应当纳入食品生产经营者食品安全信用档案。

第一百一十五条 县级以上人民政府食品药品监督管理、质量监督等部门应当公布本部门的电子邮件地址或者电话，接受咨询、投诉、举报。接到咨询、投诉、举报，对属于本部门职责的，应当受理并在法定期限内及时答复、核实、处理；对不属于本部门职责的，应当移交有权处理的部门并书面通知咨询、投诉、举报人。有权处理的部门应当在法定期限内及时处理，不得推诿。对查证属实的举报，给予举报人奖励。

有关部门应当对举报人的信息予以保密，保护举报人的合法权益。举报人举报所在企业的，该企业不得以解除、变更劳动合同或者其他方式对举报人进行打击报复。

第一百一十六条 县级以上人民政府食品药品监督管理、质量监督等部门应当加强对执法人员食品安全法律、法规、标准和专业知识与执法能力等的培训，并组织考核。不具备相应知识和能力的，不得从事食品安全执法工作。

食品生产经营者、食品行业协会、消费者协会等发现食品安全执法人员在执法过程中有违反法律、法规规定的行为以及不规范执法行为的，可以向本级或者上级人民政府食品药品监督管理、质量监督等部门或者监察机关投诉、举报。接到投诉、举报的部门或者机关应当进行核实，并将经核实的情况向食品安全执法人员所在部门通报；涉嫌违法违纪的，按照本法和有关规定处理。

第一百一十七条 县级以上人民政府食品药品监督管理等部门未及时发现食品安全系统性风险，未及时消除监督管理区域内的食品安全隐患的，本级人民政府可以对其主要负责人进行责任约谈。

地方人民政府未履行食品安全职责，未及时消除区域性重大食品安全隐患的，上级人民政府可以对其主要负责人进行责任约谈。

被约谈的食品药品监督管理等部门、地方人民政府应当立即采取措施，对食品安全监督管理工作进行整改。

责任约谈情况和整改情况应当纳入地方人民政府和有关部门食品安全监督管理工作评议、考核记录。

第一百一十八条 国家建立统一的食品安全信息平台，实行食品安全信息统一公布制度。国家食品安全总体情况、食品安全风险警示信息、重大食品安全事故及其调查处理信息和国务院确定需要统一公布的其他信息由国务院食品药品监督管理部门统一公布。食品安全风险警示信息和重大食品安全事故及其调查处理信息的影响限于特定区域的，也可以由有关省、自治区、直辖市人民政府食品药品监督管理部门公布。未经授权不得发布上述信息。

县级以上人民政府食品药品监督管理、质量监督、农业行政部门依据各自职责公布食品安全日常监督管理信息。

公布食品安全信息，应当做到准确、及时，并进行必要的解释说明，避免误导消费者和社会舆论。

第一百一十九条 县级以上地方人民政府食品药品监督管理、卫生行政、质量监督、农业行政部门获知本法规定需要统一公布的信息，应当向上级主管部门报告，由上级主管部门立即报告国务院食品药品监督管理部门；必要时，可以直接向国务院食品药品监督管理部门报告。

县级以上人民政府食品药品监督管理、卫生行政、质量监督、农业行政部门应当相互通报获知的食品安全信息。

第一百二十条 任何单位和个人不得编造、散布虚假食品安全信息。

县级以上人民政府食品药品监督管理部门发现可能误导消费者和社会舆论的食品安全信息，应当立即组织有关部门、专业机构、相关食品生产经营者等进行核实、分析，并及时公布结果。

第一百二十一条 县级以上人民政府食品药品监督管理、质量监督等部门发现涉嫌食品安全犯罪的，应当按照有关规定及时将案件移送公安机关。对移送的案件，公安机关应当及时审查；认为有犯罪事实需要追究刑事责任的，应当立案侦查。

公安机关在食品安全犯罪案件侦查过程中认为没有犯罪事实，或者犯罪事实显著轻微，不需要追究刑事责任，但依法应当追究行政责任的，应当及时将案件移送食品药品监督管理、质量监督等部门和监察机关，有关部门应当依法处理。

公安机关商请食品药品监督管理、质量监督、环境保护等部门提供检验结论、认定意见以及对涉案物品进行无害化处理等协助的，有关部门应当及时提供，予以协助。

第九章　法律责任

第一百二十二条 违反本法规定，未取得食品生产经营许可从事食品生产经营活动，或者未取得食品添加剂生产许可从事食品添加剂生产活动的，由县级以上人民政府食品药品监督管理部门没收违法所得和违法生产经营的食品、食品添加剂以及用于违法生产经营的工具、设备、原料等物品；违法生产经营的食品、食品添加剂货值金额不足一万元的，并处五万元以上十万元以下罚款；货值金额一万元以上的，并处货值金额十倍以上二十倍以下罚款。

明知从事前款规定的违法行为，仍为其提供生产经营场所或者其他条件的，由县级以上人民政府食品药品监督管理部门责令停止违法行为，没收违法所得，并处五万元以上十万元以下罚款；使消费者的合法权益受到损害的，应当与食品、食品添加剂生产经营者承担连带责任。

第一百二十三条 违反本法规定，有下列情形之一，尚不构成犯罪的，由县级以上人民政府食品药品监督管理部门没收违法所得和违法生产经营的食品，并可以没收用于违法生产经营的工具、设备、原料等物品；违法生产经营的食品货值金额不足一万元的，并处十万元以上十五万元以下罚款；货值金额一万元以上的，并处货值金额十五倍以上三十倍以下罚款；情节严重的，吊销许可证，并可以由公安机关对其直接负责的主管人员和其他直接责任人员处五日以上十五日以下拘留：

（一）用非食品原料生产食品、在食品中添加食品添加剂以外的化学物质和其他可能危害人体健康的物质，或者用回收食品作为原料生产食品，或者经营上述食品；

（二）生产经营营养成分不符合食品安全标准的专供婴幼儿和其他特定人群的主辅食品；

（三）经营病死、毒死或者死因不明的禽、畜、兽、水产动物肉类，或者生产经营其制品；

（四）经营未按规定进行检疫或者检疫不合格的肉类，或者生产经营未经检验或者检验不合格的肉类制品；

（五）生产经营国家为防病等特殊需要明令禁止生产经营的食品；

（六）生产经营添加药品的食品。

明知从事前款规定的违法行为，仍为其提供生产经营场所或者其他条件的，由县级以上人民政府食品药品监督管理部门责令停止违法行为，没收违法所得，并处十万元以上二十万元以下罚款；使消费者的合法权益受到损害的，应当与食品生产经营者承担连带责任。

违法使用剧毒、高毒农药的，除依照有关法律、法规规定给予处罚外，可以由公安机关依照第一款规定给予拘留。

第一百二十四条 违反本法规定，有下列情形之一，尚不构成犯罪的，由县级以上人民政府食品药品监督管理部门没收违法所得和违法生产经营的食品、食品添加剂，并可以没收用于违法生产经营的工具、设备、原料等物品；违法生产经营的食品、食品添加剂货值金额不足一万元的，并处五万元以上十万元以下罚款；货值金额一万元以上的，并处货值金额十倍以上二十倍以下罚款；情节严重的，吊销许可证：

（一）生产经营致病性微生物，农药残留、兽药残留、生物毒素、重金属等污染物质以及其他危害人体健康的物质含量超过食品安全标准限量的食品、食品添加剂；

（二）用超过保质期的食品原料、食品添加剂生产食品、食品添加剂，或者经营上述食品、食品添加剂；

（三）生产经营超范围、超限量使用食品添加剂的食品；

（四）生产经营腐败变质、油脂酸败、霉变生虫、污秽不洁、混有异物、掺假掺杂或者感官性状异常的食品、食品添加剂；

（五）生产经营标注虚假生产日期、保质期或者超过保质期的食品、食品添加剂；

（六）生产经营未按规定注册的保健食品、特殊医学用途配方食品、婴幼儿配方乳粉，或者未按注册的产品配方、生产工艺等技术要求组织生产；

（七）以分装方式生产婴幼儿配方乳粉，或者同一企业以同一配方生产不同品牌的婴幼儿配方乳粉；

（八）利用新的食品原料生产食品，或者生产食品添加剂新品种，未通过安全性评估；

（九）食品生产经营者在食品药品监督管理部门责令其召回或者停止经营后，仍拒不召回或者停止经营。

除前款和法第一百二十三条、第一百二十五条规定的情形外，生产经营不符合法律、法规或者食品安全标准的食品、食品添加剂的，依照前款规定给予处罚。

生产食品相关产品新品种，未通过安全性评估，或者生产不符合食品安全标准的食品相关产品的，由县级以上人民政府质量监督部门依照第一款规定给予处罚。

第一百二十五条 违反本法规定，有下列情形之一的，由县级以上人民政府食品药品监督管理部门没收违法所得和违法生产经营的食品、食品添加剂，并可以没收用于违法生产经营的工具、设备、原料等物品；违法生产经营的食品、食品添加剂货值金额不足一万元的，并处五千元以上五万元以下罚款；货值金额一万元以上的，并处货值金额五倍以上十倍以下罚款；情节严重的，责令停产停业，直至吊销许可证：

（一）生产经营被包装材料、容器、运输工具等污染的食品、食品添加剂；

（二）生产经营无标签的预包装食品、食品添加剂或者标签、说明书不符合本法规定的食品、食品添加剂；

（三）生产经营转基因食品未按规定进行标示；

（四）食品生产经营者采购或者使用不符合食品安全标准的食品原料、食品添加剂、食品相关产品。

生产经营的食品、食品添加剂的标签、说明书存在瑕疵但不影响食品安全且不会对消费者造成误导的，由县级以上人民政府食品药品监督管理部门责令改正；拒不改正的，处二千元以下罚款。

第一百二十六条 违反本法规定，有下列情形之一的，由县级以上人民政府食品药品监督管理部门责令改正，给予警告；拒不改正的，处五千元以上五万元以下罚款；情节严重的，责令停产停业，直至吊销许可证：

（一）食品、食品添加剂生产者未按规定对采购的食品原料和生产的食品、食品添加剂进行检验；

（二）食品生产经营企业未按规定建立食品安全管理制度，或者未按规定配备或者培训、考核食品安全管理人员；

（三）食品、食品添加剂生产经营者进货时未查验许可证和相关证明文件，或者未按规定建立并遵守进货查验记录、出厂检验记录和销售记录制度；

（四）食品生产经营企业未制定食品安全事故处置方案；

（五）餐具、饮具和盛放直接入口食品的容器，使用前未经洗净、消毒或者清洗消毒不合格，或者餐饮服务设施、设备未按规定定期维护、清洗、校验；

（六）食品生产经营者安排未取得健康证明或者患有国务院卫生行政部门规定的有碍食品安全疾病的人员从事接触直接入口食品的工作；

（七）食品经营者未按规定要求销售食品；

（八）保健食品生产企业未按规定向食品药品监督管理部门备案，或者未按备案的产品配方、生产工艺等技术要求组织生产；

（九）婴幼儿配方食品生产企业未将食品原料、食品添加剂、产品配方、标签等向食品药品监督管理部门备案；

（十）特殊食品生产企业未按规定建立生产质量管理体系并有效运行，或者未定期提交自查报告；

（十一）食品生产经营者未定期对食品安全状况进行检查评价，或者生产经营条件发生变化，未按规定处理；

（十二）学校、托幼机构、养老机构、建筑工地等集中用餐单位未按规定履行食品安全管理责任；

（十三）食品生产企业、餐饮服务提供者未按规定制定、实施生产经营过程控制要求。

餐具、饮具集中消毒服务单位违反本法规定用水，使用洗涤剂、消毒剂，或者出厂的餐具、饮具未按规定检验合格并随附消毒合格证明，或者未按规定在独立包装上标注相关内容的，由县级以上人民政府卫生行政部门依照前款规定给予处罚。

食品相关产品生产者未按规定对生产的食品相关产品进行检验的，由县级以上人民政府质量监督部门依照第一款规定给予处罚。

食用农产品销售者违反本法第六十五条规定的，由县级以上人民政府食品药品监督管理部门依照第一款规定给予处罚。

第一百二十七条 对食品生产加工小作坊、食品摊贩等的违法行为的处罚，依照省、自治区、直辖市制定的具体管理办法执行。

第一百二十八条 违反本法规定，事故单位在发生食品安全事故后未进行处置、报告的，由有关主管部门按照各自职责分工责令改正，给予警告；隐匿、伪造、毁灭有关证据的，责令停产停业，没收违法所得，并处十万元以上五十万元以下罚款；造成严重后果的，吊销许可证。

第一百二十九条 违反本法规定，有下列情形之一的，由出入境检验检疫机构依照本法第一百二十四条的规定给予处罚：

（一）提供虚假材料，进口不符合我国食品安全国家标准的食品、食品添加剂、食品相关产品；

（二）进口尚无食品安全国家标准的食品，未提交所执行的标准并经国务院卫生行政部门审查，或者进口利用新的食品原料生产的食品或者进口食品添加剂新品种、食品相关产品新品种，未通过安全性评估；

（三）未遵守本法的规定出口食品；

（四）进口商在有关主管部门责令其依照本法规定召回进口的食品后，仍拒不召回。

违反本法规定，进口商未建立并遵守食品、食品添加剂进口和销售记录制度、境外出口商或者生产企业审核制度的，由出入境检验检疫机构依照本法第一百二十六条的规定给予处罚。

第一百三十条 违反本法规定，集中交易市场的开办者、柜台出租者、展销会的举办者允许未依法取得许可的食品经营者进入市场销售食品，或者未履行检查、报告等义务的，由县级以上人民政府食品药品监督管理部门责令改正，没收违法所得，并处五万元以上二十万元以下罚款；造成严重后果的，责令停业，直至由原发证部门吊销许可证；使消费者的合法权益受到损害的，应当与食品经营者承担连带责任。

食用农产品批发市场违反本法第六十四条规定的，依照前款规定承担责任。

第一百三十一条 违反本法规定，网络食品交易第三方平台提供者未对入网食品经营者进行实名登记、审查许可证，或者未履行报告、停止提供网络交易平台服务等义务的，由县级以上人民政府食品药品监督管理部门责令改正，没收违法所得，并处五万元以上二十万元以下罚款；造成严重后果的，责令停业，直至由原发证部门吊销许可证；使消费者的合法权益受到损害的，应当与食品经营者承担连带责任。

消费者通过网络食品交易第三方平台购买食品，其合法权益受到损害的，可以向入网食品经营者或者食品生产者要求赔偿。网络食品交易第三方平台提供者不能提供入网食品经营者的真实名称、地址和有效联系方式的，由网络食品交易第三方平台提供者赔偿。网络食品交易第三方平台提供者赔偿后，有权向入网食品经营者或者食品生产者追偿。网络食品交易第三方平台提供者作出更有利于消费者承诺的，应当履行其承诺。

第一百三十二条 违反本法规定，未按要求进行食品贮存、运输和装卸的，由县级以上人民政府食品药品监督管理等部门按照各自职责分工责令改正，给予警告；拒不改正的，责令停产停业，并处一万元以上五万元以下罚款；情节严重的，吊销许可证。

第一百三十三条 违反本法规定，拒绝、阻挠、干涉有关部门、机构及其工作人员依法开展食品安全监督检查、事故调查处理、风险监测和风险评估的，由有关主管部门按照各自职责分工责令停产停业，并处二千元以上五万元以下罚款；情节严重的，吊销许可证；构成违反治安管理行为的，由公安机关依法给予治安管理处罚。

违反本法规定，对举报人以解除、变更劳动合同或者其他方式打击报复的，应当依照有关法律的规定承担责任。

第一百三十四条 食品生产经营者在一年内累计三次因违反本法规定受到责令停产停业、吊销许可证以外处罚的，由食品药品监督管理部门责令停产停业，直至吊销许可证。

第一百三十五条 被吊销许可证的食品生产经营者及其法定代表人、直接负责的主管人员和其他直接责任人员自处罚决定作出之日起五年内不得申请食品生产经营许可，或者从事食品生产经营管理工作、担任食品生产经营企业食品安全管理人员。

因食品安全犯罪被判处有期徒刑以上刑罚的，终身不得从事食品生产经营管理工作，也不得担任食品生产经营企业食品安全管理人员。

食品生产经营者聘用人员违反前两款规定的，由县级以上人民政府食品药品监督管理部门吊销许可证。

第一百三十六条 食品经营者履行了本法规定的进货查验等义务，有充分证据证明其不知道所采购的食品不符合食品安全标准，并能如实说明其进货来源的，可以免予处罚，但应当依法没收其不符合食品安全标准的食品；造成人身、财产或者其他损害的，依法承担赔偿责任。

第一百三十七条 违反本法规定，承担食品安全风险监测、风险评估工作的技术机构、技术人员提供虚假监测、评估信息的，依法对技术机构直接负责的主管人员和技术人员给予撤职、开除处分；有执业资格的，由授予其资格的主管部门吊销执业证书。

第一百三十八条 违反本法规定，食品检验机构、食品检验人员出具虚假检验报告的，由授予其资质的主管部门或者机构撤销该食品检验机构的检验资质，没收所收取的检验费用，并处检验费用五倍以上十倍以下罚款，检验费用不足一万元的，并处五万元以上十万元以下罚款；依法对食品检验机构直接负责的主管人员和食品检验人员给予撤职或者开除处分；导致发生重大食品安全事故的，对直接负责的主管人员和食品检验人员给予开除处分。

违反本法规定，受到开除处分的食品检验机构人员，自处分决定作出之日起十年内不得从事食品检验工作；因食品安全违法行为受到刑事处罚或者因出具虚假检验报告导致发生重大食品安全事故受到开除处分的食品检验机构人员，终身不得从事食品检验工作。食品检验机构聘用不得从事食品检验工作的人员的，由授予其资质的主管部门或者机构撤销该食品检验机构的检验资质。

食品检验机构出具虚假检验报告，使消费者的合法权益受到损害的，应当与食品生产经营者承担连带责任。

第一百三十九条 违反本法规定，认证机构出具虚假认证结论，由认证认可监督管理部门没收所收取的认证费用，并处认证费用五倍以上十倍以下罚款，认证费用不足一万元的，并处五万元以上十万元以下罚款；情节严重的，责令停业，直至撤销认证机构批准文件，并向社会公布；对直接负责的主管人员和负有直接责任的认证人员，撤销其执业资格。

认证机构出具虚假认证结论，使消费者的合法权益受到损害的，应当与食品生产经营者承担连带责任。

第一百四十条 违反本法规定，在广告中对食品作虚假宣传，欺骗消费者，或者发布未取得批准文件、广告内容与批准文件不一致的保健食品广告的，依照《中华人民共和国广告法》的规定给予处罚。

广告经营者、发布者设计、制作、发布虚假食品广告，使消费者的合法权益受到损害的，应当与食品生产经营者承担连带责任。

社会团体或者其他组织、个人在虚假广告或者其他虚假宣传中向消费者推荐食品，使消费者的合法权益受到损害的，应当与食品生产经营者承担连带责任。

违反本法规定，食品药品监督管理等部门、食品检验机构、食品行业协会以广告或者其他形式向消费者推荐食品，消费者组织以收取费用或者其他牟取利益的方式向消费者推荐食品的，由有关主管部门没收违法所得，依法对直接负责的主管人员和其他直接责任人员给予记大过、降级或者撤职处分；情节严重的，给予开除处分。

对食品作虚假宣传且情节严重的，由省级以上人民政府食品药品监督管理部门决定暂停销售该食品，并向社会公布；仍然销售该食品的，由县级以上人民政府食品药品监督管理部门没收违法所得和违法销售的食品，并处二万元以上五万元以下罚款。

第一百四十一条 违反本法规定，编造、散布虚假食品安全信息，构成违反治安管理行为的，由公安机关依法给予治安管理处罚。

媒体编造、散布虚假食品安全信息的，由有关主管部门依法给予处罚，并对直接负责的主管人员和其他直接责任人员给予处分；使公民、法人或者其他组织的合法权益受到损害的，依法承担消除影响、恢复名誉、赔偿损失、赔礼道歉等民事责任。

第一百四十二条 违反本法规定，县级以上地方人民政府有下列行为之一的，对直接负责的主管人员和其他直接责任人员给予记大过处分；情节较重的，给予降级或者撤职处分；情节严重的，给予开除处分；造成严重后果的，其主要负责人还应当引咎辞职：

（一）对发生在本行政区域内的食品安全事故，未及时组织协调有关部门开展有效处置，造成不良影响或者损失；

（二）对本行政区域内涉及多环节的区域性食品安全问题，未及时组织整治，造成不良影响或者损失；

（三）隐瞒、谎报、缓报食品安全事故；

（四）本行政区域内发生特别重大食品安全事故，或者连续发生重大食品安全事故。

第一百四十三条 违反本法规定，县级以上地方人民政府有下列行为之一的，对直接负责的主管人员和其他直接责任人员给予警告、记过或者记大过处分；造成严重后果的，给予降级或者撤职处分：

（一）未确定有关部门的食品安全监督管理职责，未建立健全食品安全全程监督管理工作机制和信息共享机制，未落实食品安全监督管理责任制；

（二）未制定本行政区域的食品安全事故应急预案，或者发生食品安全事故后未按规定立即成立事故处置指挥机构、启动应急预案。

第一百四十四条 违反本法规定，县级以上人民政府食品药品监督管理、卫生行政、质量监督、农业行政等部门有下列行为之一的，对直接负责的主管人员和其他直接责任人员给予记大过处分；情节较重的，给予降级或者撤职处分；情节严重的，给予开除处分；造成严重后果的，其主要负责人还应当引咎辞职：

（一）隐瞒、谎报、缓报食品安全事故；

（二）未按规定查处食品安全事故，或者接到食品安全事故报告未及时处理，造成事故扩大或者蔓延；

（三）经食品安全风险评估得出食品、食品添加剂、食品相关产品不安全结论后，未及时采取相应措施，造成食品安全事故或者不良社会影响；

（四）对不符合条件的申请人准予许可，或者超越法定职权准予许可；

（五）不履行食品安全监督管理职责，导致发生食品安全事故。

第一百四十五条 违反本法规定，县级以上人民政府食品药品监督管理、卫生行政、质量监督、农业行政等部门有下列行为之一，造成不良后果的，对直接负责的主管人员和其他直接责任人员给予警告、记过或者记大过处分；情节较重的，给予降级或者撤职处分；情节严重的，给予开除处分。

（一）在获知有关食品安全信息后，未按规定向上级主管部门和本级人民政府报告，或者未按规定相互通报；

（二）未按规定公布食品安全信息；

（三）不履行法定职责，对查处食品安全违法行为不配合，或者滥用职权、玩忽职守、徇私舞弊。

第一百四十六条 食品药品监督管理、质量监督等部门在履行食品安全监督管理职责过程中，违法实施检查、强制等执法措施，给生产经营者造成损失的，应当依法予以赔偿，对直接负责的主管人员和其他直接责任人员依法给予处分。

第一百四十七条 违反本法规定，造成人身、财产或者其他损害的，依法承担赔偿责任。生产经营者财产不足以同时承担民事赔偿责任和缴纳罚款、罚金时，先承担民事赔偿责任。

第一百四十八条 消费者因不符合食品安全标准的食品受到损害的，可以向经营者要求赔偿损失，也可以向生产者要求赔偿损失。接到消费者赔偿要求的生产经营者，应当实行首负责任制，先行赔付，不得推诿；属于生产者责任的，经营者赔偿后有权向生产者追偿；属于经营者责任的，生产者赔偿后有权向经营者追偿。

生产不符合食品安全标准的食品或者经营明知是不符合食品安全标准的食品，消费者除要求赔偿损失外，还可以向生产者或者经营者要求支付价款十倍或者损失三倍的赔偿金；增加赔偿的金额不足一千元的，为一千元。但是，食品的标签、说明书存在不影响食品安全且不会对消费者造成误导的瑕疵的除外。

第一百四十九条 违反本法规定，构成犯罪的，依法追究刑事责任。

第十章 附则

第一百五十条 本法下列用语的含义：

食品，指各种供人食用或者饮用的成品和原料以及按照传统既是食品又是中药材的物品，但是不包括以治疗为目的的物品。

食品安全，指食品无毒、无害，符合应当有的营养要求，对人体健康不造成任何急性、亚急性或者慢性危害。

预包装食品，指预先定量包装或者制作在包装材料、容器中的食品。

食品添加剂，指为改善食品品质和色、香、味以及为防腐、保鲜和加工工艺的需要而加入食品中的人工合成或者天然物质，包括营养强化剂。

用于食品的包装材料和容器，指包装、盛放食品或者食品添加剂用的纸、竹、木、金属、搪瓷、陶瓷、塑料、橡胶、天然纤维、化学纤维、玻璃等制品和直接接触食品或者食品添加剂的涂料。

用于食品生产经营的工具、设备，指在食品或者食品添加剂生产、销售、使用过程中直接接触食品或者食品添加剂的机械、管道、传送带、容器、用具、餐具等。

用于食品的洗涤剂、消毒剂，指直接用于洗涤或者消毒食品、餐具、饮具以及直接接触食品的工具、设备或者食品包装材料和容器的物质。

食品保质期，指食品在标明的贮存条件下保持品质的期限。

食源性疾病，指食品中致病因素进入人体引起的感染性、中毒性等疾病，包括食物中毒。

食品安全事故，指食源性疾病、食品污染等源于食品，对人体健康有危害或者可能有危害的事故。

第一百五十一条 转基因食品和食盐的食品安全管理，本法未作规定的，适用其他法律、行政法规的规定。

第一百五十二条 铁路、民航运营中食品安全的管理办法由国务院食品药品监督管理部门会同国务院有关部门依照本法制定。

保健食品的具体管理办法由国务院食品药品监督管理部门依照本法制定。

食品相关产品生产活动的具体管理办法由国务院质量监督部门依照本法制定。

国境口岸食品的监督管理由出入境检验检疫机构依照本法以及有关法律、行政法规的规定实施。

军队专用食品和自供食品的食品安全管理办法由中央军事委员会依照本法制定。

第一百五十三条 国务院根据实际需要，可以对食品安全监督管理体制作出调整。

第一百五十四条 本法自 2015 年 10 月 1 日起施行。

司法解释

最高人民法院、最高人民检察院关于办理危害食品安全刑事案件适用法律若干问题的解释

（2013 年 4 月 28 日最高人民法院审判委员会第 1576 次会议、2013 年 4 月 28 日最高人民检察院第十二届检察委员会第 5 次会议通过　2013 年 5 月 2 日最高人民法院、最高人民检察院公告公布　自 2013 年 5 月 4 日起施行　法释〔2013〕12 号）

为依法惩治危害食品安全犯罪，保障人民群众身体健康、生命安全，根据刑法有关规定，对办理此类刑事案件适用法律的若干问题解释如下：

第一条　生产、销售不符合食品安全标准的食品，具有下列情形之一的，应当认定为刑法第一百四十三条规定的“足以造成严重食物中毒事故或者其他严重食源性疾病”：

（一）含有严重超出标准限量的致病性微生物、农药残留、兽药残留、重金属、污染物质以及其他危害人体健康的物质的；

（二）属于病死、死因不明或者检验检疫不合格的畜、禽、兽、水产动物及其肉类、肉类制品的；

（三）属于国家为防控疾病等特殊需要明令禁止生产、销售的；

（四）婴幼儿食品中生长发育所需营养成分严重不符合食品安全标准的；

（五）其他足以造成严重食物中毒事故或者严重食源性疾病的情形。

第二条　生产、销售不符合食品安全标准的食品，具有下列情形之一的，应当认定为刑法第一百四十三条规定的“对人体健康造成严重危害”：

（一）造成轻伤以上伤害的；

（二）造成轻度残疾或者中度残疾的；

（三）造成器官组织损伤导致一般功能障碍或者严重功能障碍的；

（四）造成十人以上严重食物中毒或者其他严重食源性疾病的；

（五）其他对人体健康造成严重危害的情形。

第三条　生产、销售不符合食品安全标准的食品，具有下列情形之一的，应当认定为刑法第一百四十三条规定的“其他严重情节”：

（一）生产、销售金额二十万元以上的；

（二）生产、销售金额十万元以上不满二十万元，不符合食品安全标准的食品数量较大或者生产、销售持续时间较长的；

（三）生产、销售金额十万元以上不满二十万元，属于婴幼儿食品的；

（四）生产、销售金额十万元以上不满二十万元，一年内曾因危害食品安全违法犯罪活动受过行政处罚或者刑事处罚的；

（五）其他情节严重的情形。

第四条　生产、销售不符合食品安全标准的食品，具有下列情形之一的，应当认定为刑法第一百四十三条规定的“后果特别严重”：

（一）致人死亡或者重度残疾的；

（二）造成三人以上重伤、中度残疾或者器官组织损伤导致严重功能障碍的；

（三）造成十人以上轻伤、五人以上轻度残疾或者器官组织损伤导致一般功能障碍的；

（四）造成三十人以上严重食物中毒或者其他严重食源性疾病的；

（五）其他特别严重的后果。

第五条　生产、销售有毒、有害食品，具有本解释第二条规定情形之一的，应当认定为刑法第一百四十四条规定的“对人体健康造成严重危害”。

第六条　生产、销售有毒、有害食品，具有下列情形之一的，应当认定为刑法第一百四十四条规定的“其他严重情节”：

（一）生产、销售金额二十万元以上不满五十万元的；

（二）生产、销售金额十万元以上不满二十万元，有毒、有害食品的数量较大或者生产、销售持续时间较长的；

（三）生产、销售金额十万元以上不满二十万元，属于婴幼儿食品的；

（四）生产、销售金额十万元以上不满二十万元，一年内曾因危害食品安全违法犯罪活动受过行政处罚或者刑事处罚的；

（五）有毒、有害的非食品原料毒害性强或者含量高的；

（六）其他情节严重的情形。

第七条　生产、销售有毒、有害食品，生产、销售金额

五十万元以上，或者具有本解释第四条规定的情形之一的，应当认定为刑法第一百四十四条规定的“致人死亡或者有其他特别严重情节”。

第八条 在食品加工、销售、运输、贮存等过程中，违反食品安全标准，超限量或者超范围滥用食品添加剂，足以造成严重食物中毒事故或者其他严重食源性疾病的，依照刑法第一百四十三条的规定以生产、销售不符合安全标准的食品罪定罪处罚。

在食用农产品种植、养殖、销售、运输、贮存等过程中，违反食品安全标准，超限量或者超范围滥用添加剂、农药、兽药等，足以造成严重食物中毒事故或者其他严重食源性疾病的，适用前款的规定定罪处罚。

第九条 在食品加工、销售、运输、贮存等过程中，掺入有毒、有害的非食品原料，或者使用有毒、有害的非食品原料加工食品的，依照刑法第一百四十四条的规定以生产、销售有毒、有害食品罪定罪处罚。

在食用农产品种植、养殖、销售、运输、贮存等过程中，使用禁用农药、兽药等禁用物质或者其他有毒、有害物质的，适用前款的规定定罪处罚。

在保健食品或者其他食品中非法添加国家禁用药物等有毒、有害物质的，适用第一款的规定定罪处罚。

第十条 生产、销售不符合食品安全标准的食品添加剂，用于食品的包装材料、容器、洗涤剂、消毒剂，或者用于食品生产经营的工具、设备等，构成犯罪的，依照刑法第一百四十条的规定以生产、销售伪劣产品罪定罪处罚。

第十一条 以提供给他人生产、销售食品为目的，违反国家规定，生产、销售国家禁止用于食品生产、销售的非食品原料，情节严重的，依照刑法第二百二十五条的规定以非法经营罪定罪处罚。

违反国家规定，生产、销售国家禁止生产、销售、使用的农药、兽药，饲料、饲料添加剂，或者饲料原料、饲料添加剂原料，情节严重的，依照前款的规定定罪处罚。

实施前两款行为，同时又构成生产、销售伪劣产品罪，生产、销售伪劣农药、兽药罪等其他犯罪的，依照处罚较重的规定定罪处罚。

第十二条 违反国家规定，私设生猪屠宰厂（场），从事生猪屠宰、销售等经营活动，情节严重的，依照刑法第二百二十五条的规定以非法经营罪定罪处罚。

实施前款行为，同时又构成生产、销售不符合安全标准的食品罪，生产、销售有毒、有害食品罪等其他犯罪的，依照处罚较重的规定定罪处罚。

第十三条 生产、销售不符合食品安全标准的食品，有毒、有害食品，符合刑法第一百四十三条、第一百四十四条规定的，以生产、销售不符合安全标准的食品罪或者生产、销售有毒、有害食品罪定罪处罚。同时构成其他犯罪的，依照处罚较重的规定定罪处罚。

生产、销售不符合食品安全标准的食品，无证据证明足以造成严重食物中毒事故或者其他严重食源性疾病，不构成生产、销售不符合安全标准的食品罪，但是构成生产、销售伪劣产品罪等其他犯罪的，依照该其他犯罪定罪处罚。

第十四条 明知他人生产、销售不符合食品安全标准的食品，有毒、有害食品，具有下列情形之一的，以生产、销售不符合安全标准的食品罪或者生产、销售有毒、有害食品罪的共犯论处：

（一）提供资金、贷款、账号、发票、证明、许可证件的；

（二）提供生产、经营场所或者运输、贮存、保管、邮寄、网络销售渠道等便利条件的；

（三）提供生产技术或者食品原料、食品添加剂、食品相关产品的；

（四）提供广告等宣传的。

第十五条 广告主、广告经营者、广告发布者违反国家规定，利用广告对保健食品或者其他食品作虚假宣传，情节严重的，依照刑法第二百二十二条的规定以虚假广告罪定罪处罚。

第十六条 负有食品安全监督管理职责的国家机关工作人员，滥用职权或者玩忽职守，导致发生重大食品安全事故或者造成其他严重后果，同时构成食品监管渎职罪和徇私舞弊不移交刑事案件罪、商检徇私舞弊罪、动植物检疫徇私舞弊罪、放纵制售伪劣商品犯罪行为罪等其他渎职犯罪的，依照处罚较重的规定定罪处罚。

负有食品安全监督管理职责的国家机关工作人员滥用职权或者玩忽职守，不构成食品监管渎职罪，但构成前款规定的其他渎职犯罪的，依照该其他犯罪定罪处罚。

负有食品安全监督管理职责的国家机关工作人员与他人共谋，利用其职务行为帮助他人实施危害食品安全犯罪行为，同时构成渎职犯罪和危害食品安全犯罪共犯的，依照处罚较重的规定定罪处罚。

第十七条 犯生产、销售不符合安全标准的食品罪，生产、销售有毒、有害食品罪，一般应当依法判处生产、销售金额二倍以上的罚金。

第十八条 对实施本解释规定之犯罪的犯罪分子，应当依照刑法规定的条件严格适用缓刑、免予刑事处罚。根据犯罪事实、情节和悔罪表现，对于符合刑法规定的缓刑适用条件的犯罪分子，可以适用缓刑，但是应当同时宣告禁止令，禁止其在缓刑考验期限内从事食品生产、销售及相关活动。

第十九条 单位实施本解释规定的犯罪的，依照本解释规定的定罪量刑标准处罚。

第二十条 下列物质应当认定为“有毒、有害的非食品原料”：

（一）法律、法规禁止在食品生产经营活动中添加、使用的物质；

（二）国务院有关部门公布的《食品中可能违法添加的非食用物质名单》《保健食品中可能非法添加的物质名单》上的物质；

（三）国务院有关部门公告禁止使用的农药、兽药以及其他有毒、有害物质；

（四）其他危害人体健康的物质。

第二十一条 “足以造成严重食物中毒事故或者其他严重食源性疾病”“有毒、有害非食品原料”难以确定的，司法机关可以根据检验报告并结合专家意见等相关材料进行认定。必要时，人民法院可以依法通知有关专家出庭作出说明。

第二十二条 最高人民法院、最高人民检察院此前发布的司法解释与本解释不一致的，以本解释为准。

行政法规

中华人民共和国食品安全法实施条例

（2009 年 7 月 8 日国务院第 73 次常务会议通过　2009 年 7 月 20 日中华人民共和国国务院令第 557 号发布）

第一章　总则

第一条 根据《中华人民共和国食品安全法》（以下简称食品安全法），制定本条例。

第二条 县级以上地方人民政府应当履行食品安全法规定的职责；加强食品安全监督管理能力建设，为食品安全监督管理工作提供保障；建立健全食品安全监督管理部门的协调配合机制，整合、完善食品安全信息网络，实现食品安全信息共享和食品检验等技术资源的共享。

第三条 食品生产经营者应当依照法律、法规和食品安全标准从事生产经营活动，建立健全食品安全管理制度，采取有效管理措施，保证食品安全。

食品生产经营者对其生产经营的食品安全负责，对社会和公众负责，承担社会责任。

第四条 食品安全监督管理部门应当依照食品安全法和本条例的规定公布食品安全信息，为公众咨询、投诉、举报提供方便；任何组织和个人有权向有关部门了解食品安全信息。

第二章　食品安全风险监测和评估

第五条 食品安全法第十一条规定的国家食品安全风险监测计划，由国务院卫生行政部门会同国务院质量监督、工商行政管理和国家食品药品监督管理以及国务院商务、工业和信息化等部门，根据食品安全风险评估、食品安全标准制定与修订、食品安全监督管理等工作的需要制定。

第六条 省、自治区、直辖市人民政府卫生行政部门应当组织同级质量监督、工商行政管理、食品药品监督管理、商务、工业和信息化等部门，依照食品安全法第十一条的规定，制定本行政区域的食品安全风险监测方案，报国务院卫生行政部门备案。

国务院卫生行政部门应当将备案情况向国务院质量监督、工商行政管理和国家食品药品监督管理以及国务院商务、工业和信息化等部门通报。

第七条 国务院卫生行政部门会同有关部门除依照食品安全法第十二条的规定对国家食品安全风险监测计划作出调整外，必要时，还应当依据医疗机构报告的有关疾病信息调整国家食品安全风险监测计划。

国家食品安全风险监测计划作出调整后，省、自治区、直辖市人民政府卫生行政部门应当结合本行政区域的具体情况，对本行政区域的食品安全风险监测方案作出相应调整。

第八条 医疗机构发现其接收的病人属于食源性疾病病人、食物中毒病人，或者疑似食源性疾病病人、疑似食物中毒病人的，应当及时向所在地县级人民政府卫生行政部门报告有关疾病信息。

接到报告的卫生行政部门应当汇总、分析有关疾病信息，及时向本级人民政府报告，同时报告上级卫生行政部门；必要时，可以直接向国务院卫生行政部门报告，同时报告本级人民政府和上级卫生行政部门。

第九条 食品安全风险监测工作由省级以上人民政府卫生行政部门会同同级质量监督、工商行政管理、食品药品监督管理等部门确定的技术机构承担。

承担食品安全风险监测工作的技术机构应当根据食品安全风险监测计划和监测方案开展监测工作，保证监测数据真实、准确，并按照食品安全风险监测计划和监测方案的要

求，将监测数据和分析结果报送省级以上人民政府卫生行政部门和下达监测任务的部门。

食品安全风险监测工作人员采集样品、收集相关数据，可以进入相关食用农产品种植养殖、食品生产、食品流通或者餐饮服务场所。采集样品，应当按照市场价格支付费用。

第十条 食品安全风险监测分析结果表明可能存在食品安全隐患的，省、自治区、直辖市人民政府卫生行政部门应当及时将相关信息通报本行政区域设区的市级和县级人民政府及其卫生行政部门。

第十一条 国务院卫生行政部门应当收集、汇总食品安全风险监测数据和分析结果，并向国务院质量监督、工商行政管理和国家食品药品监督管理以及国务院商务、工业和信息化等部门通报。

第十二条 有下列情形之一的，国务院卫生行政部门应当组织食品安全风险评估工作：

（一）为制定或者修订食品安全国家标准提供科学依据需要进行风险评估的；

（二）为确定监督管理的重点领域、重点品种需要进行风险评估的；

（三）发现新的可能危害食品安全的因素的；

（四）需要判断某一因素是否构成食品安全隐患的；

（五）国务院卫生行政部门认为需要进行风险评估的其他情形。

第十三条 国务院农业行政、质量监督、工商行政管理和国家食品药品监督管理等有关部门依照食品安全法第十五条规定向国务院卫生行政部门提出食品安全风险评估建议，应当提供下列信息和资料：

（一）风险的来源和性质；

（二）相关检验数据和结论；

（三）风险涉及范围；

（四）其他有关信息和资料。

县级以上地方农业行政、质量监督、工商行政管理、食品药品监督管理等有关部门应当协助收集前款规定的食品安全风险评估信息和资料。

第十四条 省级以上人民政府卫生行政、农业行政部门应当及时相互通报食品安全风险监测和食用农产品质量安全风险监测的相关信息。

国务院卫生行政、农业行政部门应当及时相互通报食品安全风险评估结果和食用农产品质量安全风险评估结果等相关信息。

第三章　食品安全标准

第十五条 国务院卫生行政部门会同国务院农业行政、质量监督、工商行政管理和国家食品药品监督管理以及国务院商务、工业和信息化等部门制定食品安全国家标准规划及其实施计划。制定食品安全国家标准规划及其实施计划，应当公开征求意见。

第十六条 国务院卫生行政部门应当选择具备相应技术能力的单位起草食品安全国家标准草案。提倡由研究机构、教育机构、学术团体、行业协会等单位，共同起草食品安全国家标准草案。

国务院卫生行政部门应当将食品安全国家标准草案向社会公布，公开征求意见。

第十七条 食品安全法第二十三条规定的食品安全国家标准审评委员会由国务院卫生行政部门负责组织。

食品安全国家标准审评委员会负责审查食品安全国家标准草案的科学性和实用性等内容。

第十八条 省、自治区、直辖市人民政府卫生行政部门应当将企业依照食品安全法第二十五条规定报送备案的企业标准，向同级农业行政、质量监督、工商行政管理、食品药品监督管理、商务、工业和信息化等部门通报。

第十九条 国务院卫生行政部门和省、自治区、直辖市人民政府卫生行政部门应当会同同级农业行政、质量监督、工商行政管理、食品药品监督管理、商务、工业和信息化等部门，对食品安全国家标准和食品安全地方标准的执行情况分别进行跟踪评价，并应当根据评价结果适时组织修订食品安全标准。

国务院和省、自治区、直辖市人民政府的农业行政、质量监督、工商行政管理、食品药品监督管理、商务、工业和信息化等部门应当收集、汇总食品安全标准在执行过程中存在的问题，并及时向同级卫生行政部门通报。

食品生产经营者、食品行业协会发现食品安全标准在执行过程中存在问题的，应当立即向食品安全监督管理部门报告。

第四章　食品生产经营

第二十条 设立食品生产企业，应当预先核准企业名称，依照食品安全法的规定取得食品生产许可后，办理工商登记。县级以上质量监督管理部门依照有关法律、行政法规规定审核相关资料、核查生产场所、检验相关产品；对相关资料、场所符合规定要求以及相关产品符合食品安全标准或者要求的，应当作出准予许可的决定。

其他食品生产经营者应当在依法取得相应的食品生产许可、食品流通许可、餐饮服务许可后，办理工商登记。法律、法规对食品生产加工小作坊和食品摊贩另有规定的，依照其规定。

食品生产许可、食品流通许可和餐饮服务许可的有效期为3年。

第二十一条 食品生产经营者的生产经营条件发生变化，不符合食品生产经营要求的，食品生产经营者应当立即采取整改措施；有发生食品安全事故的潜在风险的，应当立即停止食品生产经营活动，并向所在地县级质量监督、工商行政管理或者食品药品监督管理部门报告；需要重新办理许可手续的，应当依法办理。

县级以上质量监督、工商行政管理、食品药品监督管理部门应当加强对食品生产经营者生产经营活动的日常监督检查；发现不符合食品生产经营要求情形的，应当责令立即纠正，并依法予以处理；不再符合生产经营许可条件的，应当依法撤销相关许可。

第二十二条 食品生产经营企业应当依照食品安全法第三十二条的规定组织职工参加食品安全知识培训，学习食品安全法律、法规、规章、标准和其他食品安全知识，并建立培训档案。

第二十三条 食品生产经营者应当依照食品安全法第三十四条的规定建立并执行从业人员健康检查制度和健康档案制度。从事接触直接入口食品工作的人员患有痢疾、伤寒、甲型病毒性肝炎、戊型病毒性肝炎等消化道传染病，以及患有活动性肺结核、化脓性或者渗出性皮肤病等有碍食品安全的疾病的，食品生产经营者应当将其调整到其他不影响食品安全的工作岗位。

食品生产经营人员依照食品安全法第三十四条第二款规定进行健康检查，其检查项目等事项应当符合所在地省、自治区、直辖市的规定。

第二十四条 食品生产经营企业应当依照食品安全法第三十六条第二款、第三十七条第一款、第三十九条第二款的规定建立进货查验记录制度、食品出厂检验记录制度，如实记录法律规定记录的事项，或者保留载有相关信息的进货或者销售票据。记录、票据的保存期限不得少于2年。

第二十五条 实行集中统一采购原料的集团性食品生产企业，可以由企业总部统一查验供货者的许可证和产品合格证明文件，进行进货查验记录；对无法提供合格证明文件的食品原料，应当依照食品安全标准进行检验。

第二十六条 食品生产企业应当建立并执行原料验收、生产过程安全管理、贮存管理、设备管理、不合格产品管理等食品安全管理制度，不断完善食品安全保障体系，保证食品安全。

第二十七条 食品生产企业应当就下列事项制定并实施控制要求，保证出厂的食品符合食品安全标准：

（一）原料采购、原料验收、投料等原料控制；

（二）生产工序、设备、贮存、包装等生产关键环节控制；

（三）原料检验、半成品检验、成品出厂检验等检验控制；

（四）运输、交付控制。

食品生产过程中有不符合控制要求情形的，食品生产企业应当立即查明原因并采取整改措施。

第二十八条 食品生产企业除依照食品安全法第三十六条、第三十七条规定进行进货查验记录和食品出厂检验记录外，还应当如实记录食品生产过程的安全管理情况。记录的保存期限不得少于2年。

第二十九条 从事食品批发业务的经营企业销售食品，应当如实记录批发食品的名称、规格、数量、生产批号、保质期、购货者名称及联系方式、销售日期等内容，或者保留载有相关信息的销售票据。记录、票据的保存期限不得少于2年。

第三十条 国家鼓励食品生产经营者采用先进技术手段，记录食品安全法和本条例要求记录的事项。

第三十一条 餐饮服务提供者应当制定并实施原料采购控制要求，确保所购原料符合食品安全标准。

餐饮服务提供者在制作加工过程中应当检查待加工的食品及原料，发现有腐败变质或者其他感官性状异常的，不得加工或者使用。

第三十二条 餐饮服务提供企业应当定期维护食品加工、贮存、陈列等设施、设备；定期清洗、校验保温设施及冷藏、冷冻设施。

餐饮服务提供者应当按照要求对餐具、饮具进行清洗、消毒，不得使用未经清洗和消毒的餐具、饮具。

第三十三条 对依照食品安全法第五十三条规定被召回的食品，食品生产者应当进行无害化处理或者予以销毁，防止其再次流入市场。对因标签、标识或者说明书不符合食品安全标准而被召回的食品，食品生产者在采取补救措施且能保证食品安全的情况下可以继续销售；销售时应当向消费者明示补救措施。

县级以上质量监督、工商行政管理、食品药品监督管理部门应当将食品生产者召回不符合食品安全标准的食品的情况，以及食品经营者停止经营不符合食品安全标准的食品的情况，记入食品生产经营者食品安全信用档案。

第五章 食品检验

第三十四条 申请人依照食品安全法第六十条第三款

规定向承担复检工作的食品检验机构（以下称复检机构）申请复检，应当说明理由。

复检机构名录由国务院认证认可监督管理、卫生行政、农业行政等部门共同公布。复检机构出具的复检结论为最终检验结论。

复检机构由复检申请人自行选择。复检机构与初检机构不得为同一机构。

第三十五条 食品生产经营者对依照食品安全法第六十条规定进行的抽样检验结论有异议申请复检，复检结论表明食品合格的，复检费用由抽样检验的部门承担；复检结论表明食品不合格的，复检费用由食品生产经营者承担。

第六章 食品进出口

第三十六条 进口食品的进口商应当持合同、发票、装箱单、提单等必要的凭证和相关批准文件，向海关报关地的出入境检验检疫机构报检。进口食品应当经出入境检验检疫机构检验合格。海关凭出入境检验检疫机构签发的通关证明放行。

第三十七条 进口尚无食品安全国家标准的食品，或者首次进口食品添加剂新品种、食品相关产品新品种，进口商应当向出入境检验检疫机构提交依照食品安全法第六十三条规定取得的许可证明文件，出入境检验检疫机构应当按照国务院卫生行政部门的要求进行检验。

第三十八条 国家出入境检验检疫部门在进口食品中发现食品安全国家标准未规定且可能危害人体健康的物质，应当按照食品安全法第十二条的规定向国务院卫生行政部门通报。

第三十九条 向我国境内出口食品的境外食品生产企业依照食品安全法第六十五条规定进行注册，其注册有效期为4年。已经注册的境外食品生产企业提供虚假材料，或者因境外食品生产企业的原因致使相关进口食品发生重大食品安全事故的，国家出入境检验检疫部门应当撤销注册，并予以公告。

第四十条 进口的食品添加剂应当有中文标签、中文说明书。标签、说明书应当符合食品安全法和我国其他有关法律、行政法规的规定以及食品安全国家标准的要求，载明食品添加剂的原产地和境内代理商的名称、地址、联系方式。食品添加剂没有中文标签、中文说明书或者标签、说明书不符合本条规定的，不得进口。

第四十一条 出入境检验检疫机构依照食品安全法第六十二条规定对进口食品实施检验，依照食品安全法第六十八条规定对出口食品实施监督、抽检，具体办法由国家出入境检验检疫部门制定。

第四十二条 国家出入境检验检疫部门应当建立信息收集网络，依照食品安全法第六十九条的规定，收集、汇总、通报下列信息：

（一）出入境检验检疫机构对进出口食品实施检验检疫发现的食品安全信息；

（二）行业协会、消费者反映的进口食品安全信息；

（三）国际组织、境外政府机构发布的食品安全信息、风险预警信息，以及境外行业协会等组织、消费者反映的食品安全信息；

（四）其他食品安全信息。

接到通报的部门必要时应当采取相应处理措施。

食品安全监督管理部门应当及时将获知的涉及进出口食品安全的信息向国家出入境检验检疫部门通报。

第七章 食品安全事故处置

第四十三条 发生食品安全事故的单位对导致或者可能导致食品安全事故的食品及原料、工具、设备等，应当立即采取封存等控制措施，并自事故发生之时起2小时内向所在地县级人民政府卫生行政部门报告。

第四十四条 调查食品安全事故，应当坚持实事求是、尊重科学的原则，及时、准确查清事故性质和原因，认定事故责任，提出整改措施。

参与食品安全事故调查的部门应当在卫生行政部门的统一组织协调下分工协作、相互配合，提高事故调查处理的工作效率。

食品安全事故的调查处理办法由国务院卫生行政部门会同国务院有关部门制定。

第四十五条 参与食品安全事故调查的部门有权向有关单位和个人了解与事故有关的情况，并要求提供相关资料和样品。

有关单位和个人应当配合食品安全事故调查处理工作，按照要求提供相关资料和样品，不得拒绝。

第四十六条 任何单位或者个人不得阻挠、干涉食品安全事故的调查处理。

第八章 监督管理

第四十七条 县级以上地方人民政府依照食品安全法第七十六条规定制定的食品安全年度监督管理计划，应当包含食品抽样检验的内容。对专供婴幼儿、老年人、病人等特定人群的主辅食品，应当重点加强抽样检验。

县级以上农业行政、质量监督、工商行政管理、食品药品监督管理部门应当按照食品安全年度监督管理计划进行抽样检验。抽样检验购买样品所需费用和检验费等，由同级财政列支。

第四十八条 县级人民政府应当统一组织、协调本级卫生行政、农业行政、质量监督、工商行政管理、食品药品监督管理部门，依法对本行政区域内的食品生产经营者进行监督管理；对发生食品安全事故风险较高的食品生产经营者，应当重点加强监督管理。

在国务院卫生行政部门公布食品安全风险警示信息，或者接到所在地省、自治区、直辖市人民政府卫生行政部门依照本条例第十条规定通报的食品安全风险监测信息后，设区的市级和县级人民政府应当立即组织本级卫生行政、农业行政、质量监督、工商行政管理、食品药品监督管理部门采取有针对性的措施，防止发生食品安全事故。

第四十九条 国务院卫生行政部门应当根据疾病信息和监督管理信息等，对发现的添加或者可能添加到食品中的非食品用化学物质和其他可能危害人体健康的物质的名录及检测方法予以公布；国务院质量监督、工商行政管理和国家食品药品监督管理部门应当采取相应的监督管理措施。

第五十条 质量监督、工商行政管理、食品药品监督管理部门在食品安全监督管理工作中可以采用国务院质量监督、工商行政管理和国家食品药品监督管理部门认定的快速检测方法对食品进行初步筛查；对初步筛查结果表明可能不符合食品安全标准的食品，应当依照食品安全法第六十条第三款的规定进行检验。初步筛查结果不得作为执法依据。

第五十一条 食品安全法第八十二条第二款规定的食品安全日常监督管理信息包括：

（一）依照食品安全法实施行政许可的情况；

（二）责令停止生产经营的食品、食品添加剂、食品相关产品的名录；

（三）查处食品生产经营违法行为的情况；

（四）专项检查整治工作情况；

（五）法律、行政法规规定的其他食品安全日常监督管理信息。

前款规定的信息涉及两个以上食品安全监督管理部门职责的，由相关部门联合公布。

第五十二条 食品安全监督管理部门依照食品安全法第八十二条规定公布信息，应当同时对有关食品可能产生的危害进行解释、说明。

第五十三条 卫生行政、农业行政、质量监督、工商行政管理、食品药品监督管理等部门应当公布本单位的电子邮件地址或者电话，接受咨询、投诉、举报；对接到的咨询、投诉、举报，应当依照食品安全法第八十条的规定进行答复、核实、处理，并对咨询、投诉、举报和答复、核实、处理的情况予以记录、保存。

第五十四条 国务院工业和信息化、商务等部门依据职责制定食品行业的发展规划和产业政策，采取措施推进产业结构优化，加强对食品行业诚信体系建设的指导，促进食品行业健康发展。

第九章　法律责任

第五十五条 食品生产经营者的生产经营条件发生变化，未依照本条例第二十一条规定处理的，由有关主管部门责令改正，给予警告；造成严重后果的，依照食品安全法第八十五条的规定给予处罚。

第五十六条 餐饮服务提供者未依照本条例第三十一条第一款规定制定、实施原料采购控制要求的，依照食品安全法第八十六条的规定给予处罚。

餐饮服务提供者未依照本条例第三十一条第二款规定检查待加工的食品及原料，或者发现有腐败变质或者其他感官性状异常仍加工、使用的，依照食品安全法第八十五条的规定给予处罚。

第五十七条 有下列情形之一的，依照食品安全法第八十七条的规定给予处罚：

（一）食品生产企业未依照本条例第二十六条规定建立、执行食品安全管理制度的；

（二）食品生产企业未依照本条例第二十七条规定制定、实施生产过程控制要求，或者食品生产过程中有不符合控制要求的情形未依照规定采取整改措施的；

（三）食品生产企业未依照本条例第二十八条规定记录食品生产过程的安全管理情况并保存相关记录的；

（四）从事食品批发业务的经营企业未依照本条例第二十九条规定记录、保存销售信息或者保留销售票据的；

（五）餐饮服务提供企业未依照本条例第三十二条第一款规定定期维护、清洗、校验设施、设备的；

（六）餐饮服务提供者未依照本条例第三十二条第二款规定对餐具、饮具进行清洗、消毒，或者使用未经清洗和消毒的餐具、饮具的。

第五十八条 进口不符合本条例第四十条规定的食品添加剂的，由出入境检验检疫机构没收违法进口的食品添加剂；违法进口的食品添加剂货值金额不足 1 万元的，并处 2000 元以上 5 万元以下罚款；货值金额 1 万元以上的，并处货值金额 2 倍以上 5 倍以下罚款。

第五十九条 医疗机构未依照本条例第八条规定报告有关疾病信息的，由卫生行政部门责令改正，给予警告。

第六十条 发生食品安全事故的单位未依照本条例第四十三条规定采取措施并报告的，依照食品安全法第八十八条的规定给予处罚。

第六十一条 县级以上地方人民政府不履行食品安全监督管理法定职责，本行政区域出现重大食品安全事故、造成严重社会影响的，依法对直接负责的主管人员和其他直接责任人员给予记大过、降级、撤职或者开除的处分。

县级以上卫生行政、农业行政、质量监督、工商行政管理、食品药品监督管理部门或者其他有关行政部门不履行食品安全监督管理法定职责、日常监督检查不到位或者滥用职权、玩忽职守、徇私舞弊的，依法对直接负责的主管人员和其他直接责任人员给予记大过或者降级的处分；造成严重后果的，给予撤职或者开除的处分；其主要负责人应当引咎辞职。

第十章 附则

第六十二条 本条例下列用语的含义：

食品安全风险评估，指对食品、食品添加剂中生物性、化学性和物理性危害对人体健康可能造成的不良影响所进行的科学评估，包括危害识别、危害特征描述、暴露评估、风险特征描述等。

餐饮服务，指通过即时制作加工、商业销售和服务性劳动等，向消费者提供食品和消费场所及设施的服务活动。

第六十三条 食用农产品质量安全风险监测和风险评估由县级以上人民政府农业行政部门依照《中华人民共和国农产品质量安全法》的规定进行。

国境口岸食品的监督管理由出入境检验检疫机构依照食品安全法和本条例以及有关法律、行政法规的规定实施。

食品药品监督管理部门对声称具有特定保健功能的食品实行严格监管，具体办法由国务院另行制定。

第六十四条 本条例自公布之日起施行。

乳品质量安全监督管理条例

（2008年10月6日国务院第28次常务会议通过　2008年10月9日中华人民共和国国务院令第536号发布）

第一章 总则

第一条 为了加强乳品质量安全监督管理，保证乳品质量安全，保障公众身体健康和生命安全，促进奶业健康发展，制定本条例。

第二条 本条例所称乳品，是指生鲜乳和乳制品。

乳品质量安全监督管理适用本条例；法律对乳品质量安全监督管理另有规定的，从其规定。

第三条 奶畜养殖者、生鲜乳收购者、乳制品生产企业和销售者对其生产、收购、运输、销售的乳品质量安全负责，是乳品质量安全的第一责任者。

第四条 县级以上地方人民政府对本行政区域内的乳品质量安全监督管理负总责。

县级以上人民政府畜牧兽医主管部门负责奶畜饲养以及生鲜乳生产环节、收购环节的监督管理。县级以上质量监督检验检疫部门负责乳制品生产环节和乳品进出口环节的监督管理。县级以上工商行政管理部门负责乳制品销售环节的监督管理。县级以上食品药品监督部门负责乳制品餐饮服务环节的监督管理。县级以上人民政府卫生主管部门依照职权负责乳品质量安全监督管理的综合协调、组织查处食品安全重大事故。县级以上人民政府其他有关部门在各自职责范围内负责乳品质量安全监督管理的其他工作。

第五条 发生乳品质量安全事故，应当依照有关法律、行政法规的规定及时报告、处理；造成严重后果或者恶劣影响的，对有关人民政府、有关部门负有领导责任的负责人依法追究责任。

第六条 生鲜乳和乳制品应当符合乳品质量安全国家标准。乳品质量安全国家标准由国务院卫生主管部门组织制定，并根据风险监测和风险评估的结果及时组织修订。

乳品质量安全国家标准应当包括乳品中的致病性微生物、农药残留、兽药残留、重金属以及其他危害人体健康物质的限量规定，乳品生产经营过程的卫生要求，通用的乳品检验方法与规程，与乳品安全有关的质量要求，以及其他需要制定为乳品质量安全国家标准的内容。

制定婴幼儿奶粉的质量安全国家标准应当充分考虑婴幼儿身体特点和生长发育需要，保证婴幼儿生长发育所需的营养成分。

国务院卫生主管部门应当根据疾病信息和监督管理部门的监督管理信息等，对发现添加或者可能添加到乳品中的非食品用化学物质和其他可能危害人体健康的物质，立即组织进行风险评估，采取相应的监测、检测和监督措施。

第七条 禁止在生鲜乳生产、收购、贮存、运输、销售过程中添加任何物质。

禁止在乳制品生产过程中添加非食品用化学物质或者其他可能危害人体健康的物质。

第八条 国务院畜牧兽医主管部门会同国务院发展改革部门、工业和信息化部门、商务部门，制定全国奶业发展规划，加强奶源基地建设，完善服务体系，促进奶业健康发展。

县级以上地方人民政府应当根据全国奶业发展规划，合理确定本行政区域内奶畜养殖规，科学安排生鲜乳的生产、收购布局。

第九条 有关行业协会应当加强行业自律，推动行业诚信建设，引导、规范奶畜养殖者、生鲜乳收购者、乳制品生产企业和销售者依法生产经营。

第二章 奶畜养殖

第十条 国家采取有效措施，鼓励、引导、扶持奶畜养殖者提高生鲜乳质量安全水平。省级以上人民政府应当在本级财政预算内安排支持奶业发展资金，并鼓励对奶畜养殖者、奶农专业生产合作社等给予信贷支持。

国家建立奶畜政策性保险制度，对参保奶畜养殖者给予保费补助。

第十一条 畜牧兽医技术推广机构应当向奶畜养殖者提供养殖技术培训、良种推广、疫病防治等服务。

国家鼓励乳制品生产企业和其他相关生产经营者为奶畜养殖者提供所需的服务。

第十二条 设立奶畜养殖场、养殖小区应当具备下列条件：

（一）符合所在地人民政府确定的本行政区域奶畜养殖规模；

（二）有与其养殖规模相适应的场所和配套设施；

（三）有为其服务的畜牧兽医技术人员；

（四）具备法律、行政法规和国务院畜牧兽医主管部门规定的防疫条件；

（五）有对奶畜粪便、废水和其他固体废物进行综合利用的沼气池等设施或者其他无害化处理设施；

（六）有生鲜乳生产、销售、运输管理制度；

（七）法律、行政法规规定的其他条件。

奶畜养殖场、养殖小区开办者应当将养殖场、养殖小区的名称、养殖地址、奶畜品种和养殖规模向养殖场、养殖小区所在地县级人民政府畜牧兽医主管部门备案。

第十三条 奶畜养殖场应当建立养殖档案，载明以下内容：

（一）奶畜的品种、数量、繁殖记录、标识情况、来源和进出场日期；

（二）饲料、饲料添加剂、兽药等投入品的来源、名称、使用对象、时间和用量；

（三）检疫、免疫、消毒情况；

（四）奶畜发病、死亡和无害化处理情况；

（五）生鲜乳生产、检测、销售情况；

（六）国务院畜牧兽医主管部门规定的其他内容。

奶畜养殖小区开办者应当逐步建立养殖档案。

第十四条 从事奶畜养殖，不得使用国家禁用的饲料、饲料添加剂、兽药以及其他对动物和人体具有直接或者潜在危害的物质。

禁止销售在规定用药期和休药期内的奶畜产的生鲜乳。

第十五条 奶畜养殖者应当确保奶畜符合国务院畜牧兽医主管部门规定的健康标准，并确保奶畜接受强制免疫。

动物疫病预防控制机构应当对奶畜的健康情况进行定期检测；经检测不符合健康标准的，应当立即隔离、治疗或者做无害化处理。

第十六条 奶畜养殖者应当做好奶畜和养殖场所的动物防疫工作，发现奶畜染疫或者疑似染疫的，应当立即报告，停止生鲜乳生产，并采取隔离等控制措施，防止疫病扩散。

奶畜养殖者对奶畜养殖过程中的排泄物、废弃物应当及时清运、处理。

第十七条 奶畜养殖者应当遵守国务院畜牧兽医主管部门制定的生鲜乳生产技术规程。直接从事挤奶工作的人员应当持有有效的健康证明。

奶畜养殖者对挤奶设施、生鲜乳贮存设施等应当及时清洗、消毒，避免对生鲜乳造成污染。

第十八条 生鲜乳应当冷藏。超过 2 小时未冷藏的生鲜乳，不得销售。

第三章 生鲜乳收购

第十九条 省、自治区、直辖市人民政府畜牧兽医主管部门应当根据当地奶源分布情况，按照方便奶畜养殖者、促进规模化养殖的原则，对生鲜乳收购站的建设进行科学规划和合理布局。必要时，可以实行生鲜乳集中定点收购。

国家鼓励乳制品生产企业按照规划布局，自行建设生鲜乳收购站或者收购原有生鲜乳收购站。

第二十条 生鲜乳收购站应当由取得工商登记的乳制品生产企业、奶畜养殖场、奶农专业生产合作社开办，并具备下列条件，取得所在地县级人民政府畜牧兽医主管部门颁发的生鲜乳收购许可证：

（一）符合生鲜乳收购站建设规划布局；

（二）有符合环保和卫生要求的收购场所；

（三）有与收奶量相适应的冷却、冷藏、保鲜设施和低温运输设备；

（四）有与检测项目相适应的化验、计量、检测仪器设备；

（五）有经培训合格并持有有效健康证明的从业人员；

（六）有卫生管理和质量安全保障制度。

生鲜乳收购许可证有效期2年；生鲜乳收购站不再办理工商登记。

禁止其他单位或者个人开办生鲜乳收购站。禁止其他单位或者个人收购生鲜乳。

国家对生鲜乳收购站给予扶持和补贴，提高其机械化挤奶和生鲜乳冷藏运输能力。

第二十一条 生鲜乳收购站应当及时对挤奶设施、生鲜乳贮存运输设施等进行清洗、消毒，避免对生鲜乳造成污染。

生鲜乳收购站应当按照乳品质量安全国家标准对收购的生鲜乳进行常规检测。检测费用不得向奶畜养殖者收取。

生鲜乳收购站应当保持生鲜乳的质量。

第二十二条 生鲜乳收购站应当建立生鲜乳收购、销售和检测记录。生鲜乳收购、销售和检测记录应当包括畜主姓名、单次收购量、生鲜乳检测结果、销售去向等内容，并保存2年。

第二十三条 县级以上地方人民政府价格主管部门应当加强对生鲜乳价格的监控和通报，及时发布市场供求信息和价格信息。必要时，县级以上地方人民政府建立由价格、畜牧兽医等部门以及行业协会、乳制品生产企业、生鲜乳收购者、奶畜养殖者代表组成的生鲜乳价格协调委员会，确定生鲜乳交易参考价格，供购销双方签订合同时参考。

生鲜乳购销双方应当签订书面合同。生鲜乳购销合同示范文本由国务院畜牧兽医主管部门会同国务院工商行政管理部门制定并公布。

第二十四条 禁止收购下列生鲜乳：

（一）经检测不符合健康标准或者未经检疫合格的奶畜产的；

（二）奶畜产犊7日内的初乳，但以初乳为原料从事乳制品生产的除外；

（三）在规定用药期和休药期内的奶畜产的；

（四）其他不符合乳品质量安全国家标准的。

对前款规定的生鲜乳，经检测无误后，应当予以销毁或者采取其他无害化处理措施。

第二十五条 贮存生鲜乳的容器，应当符合国家有关卫生标准，在挤奶后2小时内应当降温至0－4℃。

生鲜乳运输车辆应当取得所在地县级人民政府畜牧兽医主管部门核发的生鲜乳准运证明，并随车携带生鲜乳交接单。交接单应当载明生鲜乳收购站的名称、生鲜乳数量、交接时间，并由生鲜乳收购站经手人、押运员、司机、收奶员签字。

生鲜乳交接单一式两份，分别由生鲜乳收购站和乳品生产者保存，保存时间2年。准运证明和交接单式样由省、自治区、直辖市人民政府畜牧兽医主管部门制定。

第二十六条 县级以上人民政府应当加强生鲜乳质量安全监测体系建设，配备相应的人员和设备，确保监测能力与监测任务相适应。

第二十七条 县级以上人民政府畜牧兽医主管部门应当加强生鲜乳质量安全监测工作，制定并组织实施生鲜乳质量安全监测计划，对生鲜乳进行监督抽查，并按照法定权限及时公布监督抽查结果。

监测抽查不得向被抽查人收取任何费用，所需费用由同级财政列支。

第四章 乳制品生产

第二十八条 从事乳制品生产活动，应当具备下列条件，取得所在地质量监督部门颁发的食品生产许可证：

（一）符合国家奶业产业政策；

（二）厂房的选址和设计符合国家有关规定；

（三）有与所生产的乳制品品种和数量相适应的生产、包装和检测设备；

（四）有相应的专业技术人员和质量检验人员；

（五）有符合环保要求的废水、废气、垃圾等污染物的处理设施；

（六）有经培训合格并持有有效健康证明的从业人员；

（七）法律、行政法规规定的其他条件。

质量监督部门对乳制品生产企业颁发食品生产许可证，应当征求所在地工业行业管理部门的意见。

未取得食品生产许可证的任何单位和个人，不得从事乳制品生产。

第二十九条 乳制品生产企业应当建立质量管理制度，采取质量安全管理措施，对乳制品生产实施从原料进厂到成品出厂的全过程质量控制，保证产品质量安全。

第三十条 乳制品生产企业应当符合良好生产规范要求。国家鼓励乳制品生产企业实施危害分析与关键控制点体系，提高乳制品安全管理水平。生产婴幼儿奶粉的企业应当实施危害分析与关键控制点体系。

对通过良好生产规范、危害分析与关键控制点体系认证的乳制品生产企业，认证机构应当依法实施跟踪调查；对不再符合认证要求的企业，应当依法撤销认证，并及时向有关主管部门报告。

第三十一条 乳制品生产企业应当建立生鲜乳进货查验制度，逐批检测收购的生鲜乳，如实记录质量检测情况、供货者的名称以及联系方式、进货日期等内容，并查验运输车辆生鲜乳交接单。查验记录和生鲜乳交接单应当保存2年。乳制品生产企业不得向未取得生鲜乳收购许可证的单位和个人购进生鲜乳。

乳制品生产企业不得购进兽药等化学物质残留超标，或者含有重金属等有毒有害物质、致病性的寄生虫和微生物、生物毒素以及其他不符合乳品质量安全国家标准的生鲜乳。

第三十二条 生产乳制品使用的生鲜乳、辅料、添加剂等，应当符合法律、行政法规的规定和乳品质量安全国家标准。

生产的乳制品应当经过巴氏杀菌、高温杀菌、超高温杀菌或者其他有效方式杀菌。

生产发酵乳制品的菌种应当纯良、无害，定期鉴定，防止杂菌污染。

生产婴幼儿奶粉应当保证婴幼儿生长发育所需的营养成分，不得添加任何可能危害婴幼儿身体健康和生长发育的物质。

第三十三条 乳制品的包装应当有标签。标签应当如实标明产品名称、规格、净含量、生产日期，成分或者配料表，生产企业的名称、地址、联系方式，保质期，产品标准代号，贮存条件，所使用的食品添加剂的化学通用名称，食品生产许可证编号，法律、行政法规或者乳品质量安全国家标准规定必须标明的其他事项。

使用奶粉、黄油、乳清粉等原料加工的液态奶，应当在包装上注明；使用复原乳作为原料生产液态奶的，应当标明“复原乳”字样，并在产品配料中如实标明复原乳所含原料及比例。

婴幼儿奶粉标签还应当标明主要营养成分及其含量，详细说明使用方法和注意事项。

第三十四条 出厂的乳制品应当符合乳品质量安全国家标准。

乳制品生产企业应当对出厂的乳制品逐批检验，并保存检验报告，留取样品。检验内容应当包括乳制品的感官指标、理化指标、卫生指标和乳制品中使用的添加剂、稳定剂以及酸奶中使用的菌种等；婴幼儿奶粉在出厂前还应当检测营养成分。对检验合格的乳制品应当标识检验合格证号；检验不合格的不得出厂。检验报告应当保存2年。

第三十五条 乳制品生产企业应当如实记录销售的乳制品名称、数量、生产日期、生产批号、检验合格证号、购货者名称及其联系方式、销售日期等。

第三十六条 乳制品生产企业发现其生产的乳制品不符合乳品质量安全国家标准、存在危害人体健康和生命安全危险或者可能危害婴幼儿身体健康或者生长发育的，应当立即停止生产，报告有关主管部门，告知销售者、消费者，召回已经出厂、上市销售的乳制品，并记录召回情况。

乳制品生产企业对召回的乳制品应当采取销毁、无害化处理等措施，防止其再次流入市场。

第五章 乳制品销售

第三十七条 从事乳制品销售应当按照食品安全监督管理的有关规定，依法向工商行政管理部门申请领取有关证照。

第三十八条 乳制品销售者应当建立并执行进货查验制度，审验供货商的经营资格，验明乳制品合格证明和产品标识，并建立乳制品进货台账，如实记录乳制品的名称、规格、数量、供货商及其联系方式、进货时间等内容。从事乳制品批发业务的销售企业应当建立乳制品销售台账，如实记录批发的乳制品的品种、规格、数量、流向等内容。进货台账和销售台账保存期限不得少于2年。

第三十九条 乳制品销售者应当采取措施，保持所销售乳制品的质量。

销售需要低温保存的乳制品的，应当配备冷藏设备或者采取冷藏措施。

第四十条 禁止购进、销售无质量合格证明、无标签或者标签残缺不清的乳制品。

禁止购进、销售过期、变质或者不符合乳品质量安全国家标准的乳制品。

第四十一条 乳制品销售者不得伪造产地，不得伪造或者冒用他人的厂名、厂址，不得伪造或者冒用认证标志等质量标志。

第四十二条 对不符合乳品质量安全国家标准、存在危害人体健康和生命安全或者可能危害婴幼儿身体健康和生长发育的乳制品，销售者应当立即停止销售，追回已经售出的乳制品，并记录追回情况。

乳制品销售者自行发现其销售的乳制品有前款规定情况的，还应当立即报告所在地工商行政管理等有关部门，通知乳制品生产企业。

第四十三条 乳制品销售者应当向消费者提供购货凭证，履行不合格乳制品的更换、退货等义务。

乳制品销售者依照前款规定履行更换、退货等义务后，属于乳制品生产企业或者供货商的责任的，销售者可以向乳制品生产企业或者供货商追偿。

第四十四条 进口的乳品应当按照乳品质量安全国家标准进行检验；尚未制定乳品质量安全国家标准的，可以参照国家有关部门指定的国外有关标准进行检验。

第四十五条 出口乳品的生产者、销售者应当保证其出口乳品符合乳品质量安全国家标准的同时还符合进口国家（地区）的标准或者合同要求。

第六章 监督检查

第四十六条 县级以上人民政府畜牧兽医主管部门应当加强对奶畜饲养以及生鲜乳生产环节、收购环节的监督检查。县级以上质量监督检验检疫部门应当加强对乳制品生产环节和乳品进出口环节的监督检查。县级以上工商行政管理部门应当加强对乳制品销售环节的监督检查。县级以上食品药品监督部门应当加强对乳制品餐饮服务环节的监督管理。监督检查部门之间，监督检查部门与其他有关部门之间，应当及时通报乳品质量安全监督管理信息。

畜牧兽医、质量监督、工商行政管理等部门应当定期开展监督抽查，并记录监督抽查的情况和处理结果。需要对乳品进行抽样检查的，不得收取任何费用，所需费用由同级财政列支。

第四十七条 畜牧兽医、质量监督、工商行政管理等部门在依据各自职责进行监督检查时，行使下列职权：

（一）实施现场检查；

（二）向有关人员调查、了解有关情况；

（三）查阅、复制有关合同、票据、账簿、检验报告等资料；

（四）查封、扣押有证据证明不符合乳品质量安全国家标准的乳品以及违法使用的生鲜乳、辅料、添加剂；

（五）查封涉嫌违法从事乳品生产经营活动的场所，扣押用于违法生产经营的工具、设备；

（六）法律、行政法规规定的其他职权。

第四十八条 县级以上质量监督部门、工商行政管理部门在监督检查中，对不符合乳品质量安全国家标准、存在危害人体健康和生命安全危险或者可能危害婴幼儿身体健康和生长发育的乳制品，责令并监督生产企业召回、销售者停止销售。

第四十九条 县级以上人民政府价格主管部门应当加强对生鲜乳购销过程中压级压价、价格欺诈、价格串通等不正当价格行为的监督检查。

第五十条 畜牧兽医主管部门、质量监督部门、工商行政管理部门应当建立乳品生产经营者违法行为记录，及时提供给中国人民银行，由中国人民银行纳入企业信用信息基础数据库。

第五十一条 省级以上人民政府畜牧兽医主管部门、质量监督部门、工商行政管理部门依据各自职责，公布乳品质量安全监督管理信息。有关监督管理部门应当及时向同级卫生主管部门通报乳品质量安全事故信息；乳品质量安全重大事故信息由省级以上人民政府卫生主管部门公布。

第五十二条 有关监督管理部门发现奶畜养殖者、生鲜乳收购者、乳制品生产企业和销售者涉嫌犯罪的，应当及时移送公安机关立案侦查。

第五十三条 任何单位和个人有权向畜牧兽医、卫生、质量监督、工商行政管理、食品药品监督等部门举报乳品生产经营中的违法行为。畜牧兽医、卫生、质量监督、工商行政管理、食品药品监督等部门应当公布本单位的电子邮件地址和举报电话；对接到的举报，应当完整地记录、保存。

接到举报的部门对属于本部门职责范围内的事项，应当及时依法处理，对于实名举报，应当及时答复；对不属于本部门职责范围内的事项，应当及时移交有权处理的部门，有权处理的部门应当立即处理，不得推诿。

第七章 法律责任

第五十四条 生鲜乳收购者、乳制品生产企业在生鲜乳收购、乳制品生产过程中，加入非食品用化学物质或者其他可能危害人体健康的物质，依照刑法第一百四十四条的规定，构成犯罪的，依法追究刑事责任，并由发证机关吊销许可证照；尚不构成犯罪的，由畜牧兽医主管部门、质量监督部门依据各自职责没收违法所得和违法生产的乳品，以及相关的工具、设备等物品，并处违法乳品货值金额15倍以上30倍以下罚款，由发证机关吊销许可证照。

第五十五条 生产、销售不符合乳品质量安全国家标准的乳品，依照刑法第一百四十三条的规定，构成犯罪的，依法追究刑事责任，并由发证机关吊销许可证照；尚不构成犯罪的，由畜牧兽医主管部门、质量监督部门、工商行政管理部门依据各自职责没收违法所得、违法乳品和相关的工具、设备等物品，并处违法乳品货值金额10倍以上20倍以下罚款，由发证机关吊销许可证照。

第五十六条 乳制品生产企业违反本条例第三十六条的规定，对不符合乳品质量安全国家标准、存在危害人体健康和生命安全或者可能危害婴幼儿身体健康和生长发育的乳制品，不停止生产、不召回的，由质量监督部门责令停止生产、召回；拒不停止生产、拒不召回的，没收其违法所得、违法乳制品和相关的工具、设备等物品，并处违法乳制品货值金额15倍以上30倍以下罚款，由发证机关吊销许可证照。

第五十七条 乳制品销售者违反本条例第四十二条的规定，对不符合乳品质量安全国家标准、存在危害人体健康和生命安全或者可能危害婴幼儿身体健康和生长发育的乳制品，不停止销售、不追回的，由工商行政管理部门责令停止销售、追回；拒不停止销售、拒不追回的，没收其违法所得、违法乳制品和相关的工具、设备等物品，并处违法乳制品货值金额15倍以上30倍以下罚款，由发证机关吊销许可证照。

第五十八条 违反本条例规定，在婴幼儿奶粉生产过程中，加入非食品用化学物质或其他可能危害人体健康的物质的，或者生产、销售的婴幼儿奶粉营养成分不足、不符合乳品质量安全国家标准的，依照本条例规定，从重处罚。

第五十九条 奶畜养殖者、生鲜乳收购者、乳制品生产企业和销售者在发生乳品质量安全事故后未报告、处置的，由畜牧兽医、质量监督、工商行政管理、食品药品监督等部门依据各自职责，责令改正，给予警告；毁灭有关证据的，责令停产停业，并处10万元以上20万元以下罚款；造成严重后果的，由发证机关吊销许可证照；构成犯罪的，依法追究刑事责任。

第六十条 有下列情形之一的，由县级以上地方人民政府畜牧兽医主管部门没收违法所得、违法收购的生鲜乳和相关的设备、设施等物品，并处违法乳品货值金额5倍以上10倍以下罚款；有许可证照的，由发证机关吊销许可证照：

（一）未取得生鲜乳收购许可证收购生鲜乳的；

（二）生鲜乳收购站取得生鲜乳收购许可证后，不再符合许可条件继续从事生鲜乳收购的；

（三）生鲜乳收购站收购本条例第二十四条规定禁止收购的生鲜乳的。

第六十一条 乳制品生产企业和销售者未取得许可证，或者取得许可证后不按照法定条件、法定要求从事生产销售活动的，由县级以上地方质量监督部门、工商行政管理部门依照《国务院关于加强食品等产品安全监督管理的特别规定》等法律、行政法规的规定处罚。

第六十二条 畜牧兽医、卫生、质量监督、工商行政管理等部门，不履行本条例规定职责、造成后果的，或者滥用职权、有其他渎职行为的，由监察机关或者任免机关对其主要负责人、直接负责的主管人员和其他直接责任人员给予记大过或者降级的处分；造成严重后果的，给予撤职或者开除的处分；构成犯罪的，依法追究刑事责任。

第八章　附则

第六十三条 草原牧区放牧饲养的奶畜所产的生鲜乳收购办法，由所在省、自治区、直辖市人民政府参照本条例另行制定。

第六十四条 本条例自公布之日起施行。

国务院关于加强食品等产品安全监督管理的特别规定

（2007年7月25日国务院第186次常务会议通过 2007年7月26日中华人民共和国国务院令第503号发布）

第一条 为了加强食品等产品安全监督管理，进一步明确生产经营者、监督管理部门和地方人民政府的责任，加强各监督管理部门的协调、配合，保障人体健康和生命安全，制定本规定。

第二条 本规定所称产品除食品外，还包括食用农产品、药品等与人体健康和生命安全有关的产品。

对产品安全监督管理，法律有规定的，适用法律规定；法律没有规定或者规定不明确的，适用本规定。

第三条 生产经营者应当对其生产、销售的产品安全负责，不得生产、销售不符合法定要求的产品。

依照法律、行政法规规定生产、销售产品需要取得许可证照或者需要经过认证的，应当按照法定条件、要求从事生产经营活动。不按照法定条件、要求从事生产经营活动或者生产、销售不符合法定要求产品的，由农业、卫生、质检、商务、工商、药品等监督管理部门依据各自职责，没收违法所得、产品和用于违法生产的工具、设备、原材料等物品，货值金额不足5000元的，并处5万元罚款；货值金额5000元以上不足1万元的，并处10万元罚款；货值金额1万元以上的，并处货值金额10倍以上20倍以下的罚款；造成严重后果的，由原发证部门吊销许可证照；构成非法经营罪或者生产、销售伪劣商品罪等犯罪的，依法追究刑事责任。

生产经营者不再符合法定条件、要求，继续从事生产经营活动的，由原发证部门吊销许可证照，并在当地主要媒体上公告被吊销许可证照的生产经营者名单；构成非法经营罪或者生产、销售伪劣商品罪等犯罪的，依法追究刑事责任。

依法应当取得许可证照而未取得许可证照从事生产经营活动的，由农业、卫生、质检、商务、工商、药品等监督管理部门依据各自职责，没收违法所得、产品和用于违法生产的工具、设备、原材料等物品，货值金额不足1万元的，

并处10万元罚款；货值金额1万元以上的，并处货值金额10倍以上20倍以下的罚款；构成非法经营罪的，依法追究刑事责任。

有关行业协会应当加强行业自律，监督生产经营者的生产经营活动；加强公众健康知识的普及、宣传，引导消费者选择合法生产经营者生产、销售的产品以及有合法标识的产品。

第四条 生产者生产产品所使用的原料、辅料、添加剂、农业投入品，应当符合法律、行政法规的规定和国家强制性标准。

违反前款规定，违法使用原料、辅料、添加剂、农业投入品的，由农业、卫生、质检、商务、药品等监督管理部门依据各自职责没收违法所得，货值金额不足5000元的，并处2万元罚款；货值金额5000元以上不足1万元的，并处5万元罚款；货值金额1万元以上的，并处货值金额5倍以上10倍以下的罚款；造成严重后果的，由原发证部门吊销许可证照；构成生产、销售伪劣商品罪的，依法追究刑事责任。

第五条 销售者必须建立并执行进货检查验收制度，审验供货商的经营资格，验明产品合格证明和产品标识，并建立产品进货台账，如实记录产品名称、规格、数量、供货商及其联系方式、进货时间等内容。从事产品批发业务的销售企业应当建立产品销售台账，如实记录批发的产品品种、规格、数量、流向等内容。在产品集中交易场所销售自制产品的生产企业应当比照从事产品批发业务的销售企业的规定，履行建立产品销售台账的义务。进货台账和销售台账保存期限不得少于2年。销售者应当向供货商按照产品生产批次索要符合法定条件的检验机构出具的检验报告或者由供货商签字或者盖章的检验报告复印件；不能提供检验报告或者检验报告复印件的产品，不得销售。

违反前款规定的，由工商、药品监督管理部门依据各自职责责令停止销售；不能提供检验报告或者检验报告复印件销售产品的，没收违法所得和违法销售的产品，并处货值金额3倍的罚款；造成严重后果的，由原发证部门吊销许可证照。

第六条 产品集中交易市场的开办企业、产品经营柜台出租企业、产品展销会的举办企业，应当审查入场销售者的经营资格，明确入场销售者的产品安全管理责任，定期对入场销售者的经营环境、条件、内部安全管理制度和经营产品是否符合法定要求进行检查，发现销售不符合法定要求产品或者其他违法行为的，应当及时制止并立即报告所在地工商行政管理部门。

违反前款规定的，由工商行政管理部门处以1000元以上5万元以下的罚款；情节严重的，责令停业整顿；造成严重后果的，吊销营业执照。

第七条 出口产品的生产经营者应当保证其出口产品符合进口国（地区）的标准或者合同要求。法律规定产品必须经过检验方可出口的，应当经符合法律规定的机构检验合格。

出口产品检验人员应当依照法律、行政法规规定和有关标准、程序、方法进行检验，对其出具的检验证单等负责。

出入境检验检疫机构和商务、药品等监督管理部门应当建立出口产品的生产经营者良好记录和不良记录，并予以公布。对有良好记录的出口产品的生产经营者，简化检验检疫手续。

出口产品的生产经营者逃避产品检验或者弄虚作假的，由出入境检验检疫机构和药品监督管理部门依据各自职责，没收违法所得和产品，并处货值金额3倍的罚款；构成犯罪的，依法追究刑事责任。

第八条 进口产品应当符合我国国家技术规范的强制性要求以及我国与出口国（地区）签订的协议规定的检验要求。

质检、药品监督管理部门依据生产经营者的诚信度和质量管理水平以及进口产品风险评估的结果，对进口产品实施分类管理，并对进口产品的收货人实施备案管理。进口产品的收货人应当如实记录进口产品流向。记录保存期限不得少于2年。

质检、药品监督管理部门发现不符合法定要求产品时，可以将不符合法定要求产品的进货人、报检人、代理人列入不良记录名单。进口产品的进货人、销售者弄虚作假的，由质检、药品监督管理部门依据各自职责，没收违法所得和产品，并处货值金额3倍的罚款；构成犯罪的，依法追究刑事责任。进口产品的报检人、代理人弄虚作假的，取消报检资格，并处货值金额等值的罚款。

第九条 生产企业发现其生产的产品存在安全隐患，可能对人体健康和生命安全造成损害的，应当向社会公布有关信息，通知销售者停止销售，告知消费者停止使用，主动召回产品，并向有关监督管理部门报告；销售者应当立即停止销售该产品。销售者发现其销售的产品存在安全隐患，可能对人体健康和生命安全造成损害的，应当立即停止销售该产品，通知生产企业或者供货商，并向有关监督管理部门报告。

生产企业和销售者不履行前款规定义务的，由农业、卫生、质检、商务、工商、药品等监督管理部门依据各自职责，责令生产企业召回产品、销售者停止销售，对生产企业并处货值金额3倍的罚款，对销售者并处1000元以上5万元以下的罚款；造成严重后果的，由原发证部门吊销许可证照。

第十条 县级以上地方人民政府应当将产品安全监督管理纳入政府工作考核目标，对本行政区域内的产品安全监督管理负总责，统一领导、协调本行政区域内的监督管理工作，建立健全监督管理协调机制，加强对行政执法的协调、监督；统一领导、指挥产品安全突发事件应对工作，依法组织查处产品安全事故；建立监督管理责任制，对各监督管理部门进行评议、考核。质检、工商和药品等监督管理部门应当在所在地同级人民政府的统一协调下，依法做好产品安全监督管理工作。

县级以上地方人民政府不履行产品安全监督管理的领导、协调职责，本行政区域内一年多次出现产品安全事故、造成严重社会影响的，由监察机关或者任免机关对政府的主要负责人和直接负责的主管人员给予记大过、降级或者撤职的处分。

第十一条 国务院质检、卫生、农业等主管部门在各自职责范围内尽快制定、修改或者起草相关国家标准，加快建立统一管理、协调配套、符合实际、科学合理的产品标准体系。

第十二条 县级以上人民政府及其部门对产品安全实施监督管理，应当按照法定权限和程序履行职责，做到公开、公平、公正。对生产经营者同一违法行为，不得给予2次以上罚款的行政处罚；对涉嫌构成犯罪、依法需要追究刑事责任的，应当依照《行政执法机关移送涉嫌犯罪案件的规定》，向公安机关移送。

农业、卫生、质检、商务、工商、药品等监督管理部门应当依据各自职责对生产经营者进行监督检查，并对其遵守强制性标准、法定要求的情况予以记录，由监督检查人员签字后归档。监督检查记录应当作为其直接负责主管人员定期考核的内容。公众有权查阅监督检查记录。

第十三条 生产经营者有下列情形之一的，农业、卫生、质检、商务、工商、药品等监督管理部门应当依据各自职责采取措施，纠正违法行为，防止或者减少危害发生，并依照本规定予以处罚：

（一）依法应当取得许可证照而未取得许可证照从事生产经营活动的；

（二）取得许可证照或者经过认证后，不按照法定条件、要求从事生产经营活动或者生产、销售不符合法定要求产品的；

（三）生产经营者不再符合法定条件、要求继续从事生产经营活动的；

（四）生产者生产产品不按照法律、行政法规的规定和国家强制性标准使用原料、辅料、添加剂、农业投入品的；

（五）销售者没有建立并执行进货检查验收制度，并建立产品进货台账的；

（六）生产企业和销售者发现其生产、销售的产品存在安全隐患，可能对人体健康和生命安全造成损害，不履行本规定的义务的；

（七）生产经营者违反法律、行政法规和本规定的其他有关规定的。

农业、卫生、质检、商务、工商、药品等监督管理部门不履行前款规定职责、造成后果的，由监察机关或者任免机关对其主要负责人、直接负责的主管人员和其他直接责任人员给予记大过或者降级的处分；造成严重后果的，给予其主要负责人、直接负责的主管人员和其他直接责任人员撤职或者开除的处分；其主要负责人、直接负责的主管人员和其他直接责任人员构成渎职罪的，依法追究刑事责任。

违反本规定，滥用职权或者有其他渎职行为的，由监察机关或者任免机关对其主要负责人、直接负责的主管人员和其他直接责任人员给予记过或者记大过的处分；造成严重后果的，给予其主要负责人、直接负责的主管人员和其他直接责任人员降级或者撤职的处分；其主要负责人、直接负责的主管人员和其他直接责任人员构成渎职罪的，依法追究刑事责任。

第十四条 农业、卫生、质检、商务、工商、药品等监督管理部门发现违反本规定的行为，属于其他监督管理部门职责的，应当立即书面通知并移交有权处理的监督管理部门处理。有权处理的部门应当立即处理，不得推诿；因不立即处理或者推诿造成后果的，由监察机关或者任免机关对其主要负责人、直接负责的主管人员和其他直接责任人员给予记大过或者降级的处分。

第十五条 农业、卫生、质检、商务、工商、药品等监督管理部门履行各自产品安全监督管理职责，有下列职权：

（一）进入生产经营场所实施现场检查；

（二）查阅、复制、查封、扣押有关合同、票据、账簿以及其他有关资料；

（三）查封、扣押不符合法定要求的产品，违法使用的原料、辅料、添加剂、农业投入品以及用于违法生产的工具、设备；

（四）查封存在危害人体健康和生命安全重大隐患的生

产经营场所。

第十六条 农业、卫生、质检、商务、工商、药品等监督管理部门应当建立生产经营者违法行为记录制度，对违法行为的情况予以记录并公布；对有多次违法行为记录的生产经营者，吊销许可证照。

第十七条 检验检测机构出具虚假检验报告，造成严重后果的，由授予其资质的部门吊销其检验检测资质；构成犯罪的，对直接负责的主管人员和其他直接责任人员依法追究刑事责任。

第十八条 发生产品安全事故或者其他对社会造成严重影响的产品安全事件时，农业、卫生、质检、商务、工商、药品等监督管理部门必须在各自职责范围内及时作出反应，采取措施，控制事态发展，减少损失，依照国务院规定发布信息，做好有关善后工作。

第十九条 任何组织或者个人对违反本规定的行为有权举报。接到举报的部门应当为举报人保密。举报经调查属实的，受理举报的部门应当给予举报人奖励。

农业、卫生、质检、商务、工商、药品等监督管理部门应当公布本单位的电子邮件地址或者举报电话；对接到的举报，应当及时、完整地进行记录并妥善保存。举报的事项属于本部门职责的，应当受理，并依法进行核实、处理、答复；不属于本部门职责的，应当转交有权处理的部门，并告知举报人。

第二十条 本规定自公布之日起施行。

医　药

司法解释

最高人民法院、最高人民检察院关于办理生产、销售假药、劣药刑事案件具体应用法律若干问题的解释

（法释〔2009〕9号）

为依法惩治生产、销售假药、劣药犯罪，保障人民群众生命健康安全，维护药品市场秩序，根据刑法有关规定，现就办理此类刑事案件具体应用法律的若干问题解释如下：

第一条 生产、销售的假药具有下列情形之一的，应当认定为刑法第一百四十一条规定的“足以严重危害人体健康”：

（一）依照国家药品标准不应含有有毒有害物质而含有，或者含有的有毒有害物质超过国家药品标准规定的；

（二）属于麻醉药品、精神药品、医疗用毒性药品、放射性药品、避孕药品、血液制品或者疫苗的；

（三）以孕产妇、婴幼儿、儿童或者危重病人为主要使用对象的；

（四）属于注射剂药品、急救药品的；

（五）没有或者伪造药品生产许可证或者批准文号，且属于处方药的；

（六）其他足以严重危害人体健康的情形。

对前款第（一）项、第（六）项规定的情形难以确定的，可以委托省级以上药品监督管理部门设置或者确定的药品检验机构检验。司法机关根据检验结论，结合假药标明的适应病症、对人体健康可能造成的危害程度等情况认定。

第二条 生产、销售的假药被使用后，造成轻伤以上伤害，或者轻度残疾、中度残疾，或者器官组织损伤导致一般功能障碍或者严重功能障碍，或者有其他严重危害人体健康情形的，应当认定为刑法第一百四十一条规定的“对人体健康造成严重危害”。

生产、销售的假药被使用后，造成重度残疾、三人以上重伤、三人以上中度残疾或者器官组织损伤导致严重功能障碍、十人以上轻伤、五人以上轻度残疾或者器官组织损伤导致一般功能障碍，或者有其他特别严重危害人体健康情形的，应当认定为刑法第一百四十一条规定的“对人体健康造成特别严重危害”。

第三条 生产、销售的劣药被使用后，造成轻伤以上伤害，或者轻度残疾、中度残疾，或者器官组织损伤导致一般功能障碍或者严重功能障碍，或者有其他严重危害人体健康情形的，应当认定为刑法第一百四十二条规定的“对人体健康造成严重危害”。

生产、销售的劣药被使用后，致人死亡、重度残疾、三人以上重伤、三人以上中度残疾或者器官组织损伤导致严重功能障碍、十人以上轻伤、五人以上轻度残疾或者器官组织损伤导致一般功能障碍，或者有其他特别严重危害人体健康情形的，应当认定为刑法第一百四十二条规定的“后果特别严重”。

第四条 医疗机构知道或者应当知道是假药而使用或者销售，符合本解释第一条或者第二条规定标准的，以销售

假药罪追究刑事责任。

医疗机构知道或者应当知道是劣药而使用或者销售，符合本解释第三条规定标准的，以销售劣药罪追究刑事责任。

第五条 知道或者应当知道他人生产、销售假药、劣药，而有下列情形之一的，以生产、销售假药罪或者生产、销售劣药罪等犯罪的共犯论处：

（一）提供资金、贷款、账号、发票、证明、许可证件的；

（二）提供生产、经营场所、设备或者运输、仓储、保管、邮寄等便利条件的；

（三）提供生产技术，或者提供原料、辅料、包装材料的；

（四）提供广告等宣传的。

第六条 实施生产、销售假药、劣药犯罪，同时构成生产、销售伪劣产品、侵犯知识产权、非法经营、非法行医、非法采供血等犯罪的，依照处罚较重的规定定罪处罚。

第七条 在自然灾害、事故灾难、公共卫生事件、社会安全事件等突发事件发生时期，生产、销售用于应对突发事件药品的假药、劣药的，依法从重处罚。

第八条 最高人民法院、最高人民检察院以前发布的司法解释、规范性文件与本解释不一致的，以本解释为准。

行政法规

中药品种保护条例

（1992 年 10 月 14 日中华人民共和国国务院令第 106 号发布）

第一章 总则

第一条 为了提高中药品种的质量，保护中药生产企业的合法权益，促进中药事业的发展，制定本条例。

第二条 本条例适用于中国境内生产制造的中药品种，包括中成药、天然药物的提取物及其制剂和中药人工制成品。

申请专利的中药品种，依照专利法的规定办理，不适用本条例。

第三条 国家鼓励研制开发临床有效的中药品种，对质量稳定、疗效确切的中药品种实行分级保护制度。

第四条 国务院卫生行政部门负责全国中药品种保护的监督管理工作。国家中药生产经营主管部门协同管理全国中药品种的保护工作。

第二章 中药保护品种等级的划分和审批

第五条 依照本条例受保护的中药品种，必须是列入国家药品标准的品种。经国务院卫生行政部门认定，列为省、自治区、直辖市药品标准的品种，也可以申请保护。

受保护的中药品种分为一、二级。

第六条 符合下列条件之一的中药品种，可以申请一级保护：

（一）对特定疾病有特殊疗效的；

（二）相当于国家一级保护野生药材物种的人工制成品；

（三）用于预防和治疗特殊疾病的。

第七条 符合下列条件之一的中药品种，可以申请二级保护：

（一）符合本条例第六条规定的品种或者已经解除一级保护的品种；

（二）对特定疾病有显著疗效的；

（三）从天然药物中提取的有效物质及特殊制剂。

第八条 国务院卫生行政部门批准的新药，按照国务院卫生行政部门规定的保护期给予保护；其中，符合本条例第六条、第七条规定的，在国务院卫生行政部门批准的保护期限届满前六个月，可以重新依照本条例的规定申请保护。

第九条 申请办理中药品种保护的程序：

（一）中药生产企业对其生产的符合本条例第五条、第六条、第七条、第八条规定的中药品种，可以向所在地省、自治区、直辖市中药生产经营主管部门提出申请，经中药生产经营主管部门签署意见后转送同级卫生行政部门，由省、自治区、直辖市卫生行政部门初审签署意见后，报国务院卫生行政部门。特殊情况下，中药生产企业也可以直接向国家中药生产经营主管部门提出申请，由国家中药生产经营主管部门签署意见后转送国务院卫生行政部门，或者直接向国务院卫生行政部门提出申请。

（二）国务院卫生行政部门委托国家中药品种保护审评委员会负责对申请保护的中药品种进行审评。国家中药品种保护审评委员会应当自接到申请报告书之日起六个月内作出审评结论。

（三）根据国家中药品种保护审评委员会的审评结论，

由国务院卫生行政部门征求国家中药生产经营主管部门的意见后决定是否给予保护。批准保护的中药品种，由国务院卫生行政部门发给《中药保护品种证书》。

国务院卫生行政部门负责组织国家中药品种保护审评委员会，委员会成员由国务院卫生行政部门与国家中药生产经营主管部门协商后，聘请中医药方面的医疗、科研、检验及经营、管理专家担任。

第十条 申请中药品种保护的企业，应当按照国务院卫生行政部门的规定，向国家中药品种保护审评委员会提交完整的资料。

第十一条 对批准保护的中药品种以及保护期满的中药品种，由国务院卫生行政部门在指定的专业报刊上予以公告。

第三章 中药保护品种的保护

第十二条 中药保护品种的保护期限：

中药一级保护品种分别为三十年、二十年、十年。

中药二级保护品种为七年。

第十三条 中药一级保护品种的处方组成、工艺制法，在保护期限内由获得《中药保护品种证书》的生产企业和有关的药品生产经营主管部门、卫生行政部门及有关单位和个人负责保密，不得公开。

负有保密责任的有关部门、企业和单位应当按照国家有关规定，建立必要的保密制度。

第十四条 向国外转让中药一级保护品种的处方组成、工艺制法的，应当按照国家有关保密的规定办理。

第十五条 中药一级保护品种因特殊情况需要延长保护期限的，由生产企业在该品种保护期满前六个月，依照本条例第九条规定的程序申报。延长的保护期限由国务院卫生行政部门根据国家中药品种保护审评委员会的审评结果确定；但是，每次延长的保护期限不得超过第一次批准的保护期限。

第十六条 中药二级保护品种在保护期满后可以延长七年。

申请延长保护期的中药二级保护品种，应当在保护期满前六个月，由生产企业依照本条例第九条规定的程序申报。

第十七条 被批准保护的中药品种，在保护期内限于由获得《中药保护品种证书》的企业生产；但是，本条例第十九条另有规定的除外。

第十八条 国务院卫生行政部门批准保护的中药品种如果在批准前是由多家企业生产的，其中未申请《中药保护品种证书》的企业应当自公告发布之日起六个月内向国务院卫生行政部门申报，并依照本条例第十条的规定提供有关资料，由国务院卫生行政部门指定药品检验机构对该申报品种进行同品种的质量检验。国务院卫生行政部门根据检验结果，可以采取以下措施：

（一）对达到国家药品标准的，经征求国家中药生产经营主管部门意见后，补发《中药保护品种证书》。

（二）对未达到国家药品标准的，依照药品管理的法律、行政法规的规定撤销该中药品种的批准文号。

第十九条 对临床用药紧缺的中药保护品种，根据国家中药生产经营主管部门提出的仿制建议，经国务院卫生行政部门批准，由仿制企业所在地的省、自治区、直辖市卫生行政部门对生产同一中药保护品种的企业发放批准文号。该企业应当付给持有《中药保护品种证书》并转让该中药品种的处方组成、工艺制法的企业合理的使用费，其数额由双方商定；双方不能达成协议的，由国务院卫生行政部门裁决。

第二十条 生产中药保护品种的企业及中药生产经营主管部门，应当根据省、自治区、直辖市卫生行政部门提出的要求，改进生产条件，提高品种质量。

第二十一条 中药保护品种在保护期内向国外申请注册的，须经国务院卫生行政部门批准。

第四章 罚则

第二十二条 违反本条例第十三条的规定，造成泄密的责任人员，由其所在单位或者上级机关给予行政处分；构成犯罪的，依法追究刑事责任。

第二十三条 违反本条例第十七条的规定，擅自仿制中药保护品种的，由县级以上卫生行政部门以生产假药依法论处。

伪造《中药品种保护证书》及有关证明文件进行生产、销售的，由县级以上卫生行政部门没收其全部有关药品及违法所得，并可以处以有关药品正品价格三倍以下罚款。

上述行为构成犯罪的，由司法机关依法追究刑事责任。

第二十四条 当事人对卫生行政部门的处罚决定不服的，可以依照有关法律、行政法规的规定，申请行政复议或者提起行政诉讼。

第五章 附则

第二十五条 有关中药保护品种的申报要求、申报表格等，由国务院卫生行政部门制定。

第二十六条 本条例由国务院卫生行政部门负责解释。

第二十七条 本条例自一九九三年一月一日起施行。

药品行政保护条例

（1992年12月12日中华人民共和国国务院批准　1992年12月19日国家医药管理局令第12号发布）

第一章　总则

第一条　为了扩大对外经济技术合作与交流，对外国药品独占权人的合法权益给予行政保护，制定本条例。

第二条　本条例所称药品，是指人用药品。

第三条　凡与中华人民共和国缔结有关药品行政保护双边条约或者协定的国家、地区的企业和其他组织以及个人，都可以依照本条例申请药品行政保护。

第四条　国务院药品生产经营行政主管部门受理和审查药品行政保护的申请，对符合本条例规定的药品给予行政保护，对申请人颁发药品行政保护证书。

第二章　行政保护的申请

第五条　申请行政保护的药品应当具备下列条件：

（一）1993年1月1日前依照中国专利法的规定其独占权不受保护的。

（二）1986年1月1日至1993年1月1日期间，获得禁止他人在申请人所在国制造、使用或者销售的独占权的。

（三）提出行政保护申请日前尚未在中国销售的。

第六条　药品行政保护的申请权属于该药品独占权人。

第七条　外国药品独占权人申请行政保护，应当委托国务院药品生产经营行政主管部门指定的代理机构办理。

第八条　申请人应当报送下列文件的中文、外文对照本：

（一）药品行政保护申请书；

（二）申请人所在国有关主管部门颁发的证明申请人享有该药品独占权的文件副本；

（三）申请人所在国有关主管部门颁发的准许制造或者销售该药品的文件副本；

（四）申请人与按照中国有关法律、法规取得药品制造或者销售许可的中国企业法人（包括外资企业、中外合资经营企业和中外合作经营企业）正式签订的在中国境内制造或者销售该药品的合同副本。

第九条　外国药品独占权人在申请药品行政保护之前或者之后，应当依照《中华人民共和国药品管理法》的规定，向国务院卫生行政部门申请办理该药品在中国境内制造或者销售许可的手续。

第三章　行政保护的审查和批准

第十条　国务院药品生产经营行政主管部门自收到行政保护申请文件之日起十五日内，进行初步审查，并分别情况作出以下处理：

（一）申请文件符合本条例第八条规定的，发给受理通知书，并予以公告；

（二）申请文件不符合本条例第八条规定的，要求申请人限期补正；过期不补正的，视为未申请。

第十一条　国务院药品生产经营行政主管部门应当自收到申请文件之日起，或者依照本条例第十条第（二）项的规定，自收到补正文件之日起，六个月内审查完毕。因特殊情况不能在六个月内审查完毕的，国务院药品生产经营行政主管部门应及时通知申请人，并告之理由，适当延长审查时间。

经审查，符合本条例规定的，给予行政保护；不符合本条例规定的，不给予行政保护，并告之理由。

第十二条　国务院药品生产经营行政主管部门批准给予药品行政保护的，颁发药品行政保护证书，并予以公告。

第四章　行政保护的期限、终止、撤销和效力

第十三条　药品行政保护期为七年零六个月，自药品行政保护证书颁发之日起计算。

第十四条　外国药品独占权人应当自药品行政保护证书颁发的当年，开始缴纳年费。

第十五条　有下列情形之一的，行政保护在期限届满前终止：

（一）药品独占权在申请人所在国无效或者失效的；

（二）药品独占权人没有按照规定缴纳行政保护年费的；

（三）药品独占权人以书面形式声明放弃行政保护的；

（四）药品独占权人自药品行政保护证书颁发之日起一年内未向国务院卫生行政部门申请办理该药品在中国境内制造或者销售许可手续的。

第十六条　药品行政保护证书颁发后，任何组织或者个人认为给予该药品行政保护不符合本条例规定的，都可以请求国务院药品生产经营行政主管部门撤销对该药品的行政保护；药品独占权人对国务院药品生产经营行政主管部门的撤销决定不服的，可以向人民法院提起诉讼。

第十七条　药品行政保护的终止或者撤销，由国务院药品生产经营行政主管部门予以公告。

第十八条　对获得行政保护的药品，未经药品独占权人

许可，国务院卫生行政部门和省、自治区、直辖市的卫生行政部门不得批准他人制造或者销售。

第十九条 未经获得药品行政保护的独占权人的许可，制造或者销售该药品的，药品独占权人可以请求国务院药品生产经营行政主管部门制止侵权行为；药品独占权人要求经济赔偿的，可以向人民法院提起诉讼。

第五章 附则

第二十条 国务院药品生产经营行政主管部门对申请人提供的需要保密的资料，应当采取保密措施。

第二十一条 向国务院药品生产经营行政主管部门的申请药品行政保护和办理有关手续，应当按照规定缴纳费用。

第二十二条 本条例的实施细则由国务院药品生产经营行政主管部门制定。

第二十三条 本条例由国务院药品生产经营行政主管部门负责解释。

第二十四条 本条例自1993年1月1日起施行。

药品行政保护条例实施细则

（2000年10月24日国家药品监督管理局令第75号发布）

第一章 总则

第一条 根据《药品行政保护条例》（以下简称条例）第二十二条的规定，制定本细则。

第二条 依照条例履行药品行政保护职能的行政机关是国家药品监督管理局。

第三条 国家药品监督管理局设立药品行政保护办公室，具体承担以下职责：

（一）受理和审查药品行政保护申请、药品行政保护撤销申请、侵权处理申请；

（二）提出授权或驳回的意见；

（三）提出对药品行政保护撤销和侵权处理的意见；

（四）设立登记簿，对药品行政保护的申请、授权、驳回、撤销、终止等事项进行登记；

（五）对药品行政保护的受理、授权、驳回、撤销、终止等有关事宜进行公告；

（六）办理与药品行政保护有关的其他工作。

第四条 条例所称药品独占权人是指对申请行政保护的药品的制造、使用和销售享有完全权利的人。

第五条 条例所称药品是指用于预防、治疗、诊断人的疾病，有目的地调节人的生理机能并规定有适应症、用法和用量的物质。

第二章 行政保护的申请

第六条 条例第五条第三项规定的尚未在中国销售是指提出行政保护申请的药品尚未合法地进入中国境内的药品流通市场。

第七条 条例第七条规定的代理机构是指国家药品监督管理局指定的代理机构。

第八条 药品行政保护申请书以及其他行政保护文书的格式，由国家药品监督管理局统一制定。

第九条 条例第八条规定的外文是指申请人所在国的官方语言。

第十条 申请人办理申请药品行政保护事宜时，应当委托中国的代理机构办理，并签订委托书，写明委托权限。

代理机构递交条例第八条和本细则规定的申请文件时，应当同时递交申请人的委托书。

第十一条 一项药品行政保护申请只限于一种药品。

第十二条 条例第八条第一项规定的药品行政保护申请书，应当载明下列事项：

（一）申请人名称、地址；

（二）申请人的国籍；

（三）申请人是企业或者其他组织的，其总部所在的国家或者地区；

（四）申请行政保护的药品的名称（通用名、商品名、化学名）、化学结构式、配方、剂型、适应症、用法、用量、工艺制备方法简介；

（五）申请人和代理机构的签名（印章）；

（六）申请文件的清单；

（七）其他需要注明的事项。

第十三条 申请文件应当整齐清晰，附图应当标准规范，不得涂改。

申请文件中涉及的科技术语应当采用中国统一的规范用语。

第十四条 申请人递交条例第八条所规定的第（二）、（三）项文件，应在其所在国办理相应的公证、认证或证明手续。

申请人递交条例第八条所规定的第（四）项文件，应在中国的公证机构进行公证。

第十五条 申请人递交的条例第八条所规定的第（四）项文件是制造药品合同书的，与其签订合同的中国企业法人必须持有《药品生产企业许可证》和《企业法人营业执照》；申请人递交的是销售药品合同书的，与其签订合同的中国企业法人必须持有《药品经营企业许可证》和《企业法人营业执照》。

申请人递交制造或者销售合同书时必须附有中国企业法人的上述证照、复印件。

第十六条 申请人提出药品行政保护申请，应当提交有关文件，有下列情形之一的，国家药品监督管理局不予接受：

（一）未使用规定的格式或者填写不符合规定的；

（二）未按照规定提交有关文件的。

第十七条 在获得药品行政保护证书之前，申请人要求撤回药品行政保护申请的，应当向国家药品监督管理局提出书面申请，写明申请人的名称和药品名称。

第三章 行政保护的期限、终止、撤销和效力

第十八条 条例第十三条所称药品行政保护证书颁发之日，是指药品行政保护证书上写明的日期。

第十九条 条例和本细则规定的公告事项，由国家药品监督管理局分布公告。

第二十条 在药品行政保护期内，药品独占权人应及时向国家药品监督管理局递交其药品独占权持续有效的证明文件。

第二十一条 依照条例第十五条的规定，请求撤销药品行政保护的，应当向国家药品监督管理局递交《撤销药品行政保护请求书》和有关证明文件一式两份。

《撤销药品行政保护请求书》应当写明下列事项：

（一）请求人的名称、地址及国籍；

（二）被请求人的名称及地址；

（三）被请求撤销的药品的名称及授权号；

（四）请求撤销的理由及证据。

一项撤销药品行政保护申请只限于一种受行政保护的药品。

第二十二条 国家药品监督管理局收到《撤销药品行政保护请求书》后，应当进行审查。《撤销药品行政保护请求书》中未写明撤销药品行政保护所依据的事实和理由或者提出的理由不符合条件规定的，不予受理，并书面告知申请人；《撤销药品行政保护请求书》符合条件的，应当受理并发给受理通知书。

国家药品监督管理局应当将受理的撤销药品行政保护请求书的副本和有关证明文件的副本送交药品独占权人，要求其在指定的期限内陈述意见。被请求人没有如期陈述意见的，不影响国家药品监督管理局审查。

第二十三条 国家药品监督管理局对撤销药品行政保护的请求审查终结后，应当根据情况分别作出撤销药品行政保护或者驳回撤销请求维持药品行政保护的决定，送达有关当事人，并予以公告。

第二十四条 在药品行政保护申请日前获准进行临床研究，且在药品行政保护授权日前经国家药品监督管理局批准生产的同一药品，在药品行政保护授权之后，可以在批准范围内继续生产、销售，但不得向第三方转让。

第四章 侵权处理

第二十五条 获得药品行政保护的独占权人请求国家药品监督管理局制止侵权行为的时效为二年，自该独占权人知道或者应该知道其受行政保护的药品被侵权之日起计算。

第二十六条 药品独占权人申请制止侵权行为，应当提交《制止药品行政保护侵权行为申请书》。

《制止药品行政保护侵权行为申请书》应当写明下列事项：

（一）申请人名称、地址及国籍；

（二）被申请人名称、地址；

（三）被侵权的药品的名称及行政保护授权号；

（四）请求处理事项；

（五）侵权的事实及证据。

《制止药品行政保护侵权行为申请书》应当按照被申请人的数量备具副本。

一项制止药品行政保护侵权行为申请只限于一种药品。

第二十七条 国家药品监督管理局对符合条件的制止侵权申请，应当受理，并将《制止药品行政保护侵权申请书》副本发送被申请人，要求其在指定期限内作出答辩。

第二十八条 国家药品监督管理局根据需要，可以召开由制止侵权行为的申请人和被申请人参加的听证会，对侵权问题进行举证、质证和辩论。

第二十九条 国家药品监督管理局应当就被申请人的行为是否构成侵权作出认定。

被申请人的行为不构成侵权的，国家药品监督管理局应当驳回申请人的申请。

被申请人的行为构成侵权的，国家药品监督管理局应当依法制止其侵权行为。

第三十条 因药品行政保护侵权引起的经济赔偿问题，药品独占权人可以在国家药品监督管理局作出侵权认定后，向人民法院提起赔偿诉讼。

第三十一条 在药品行政保护侵权处理过程中，被申请人或者第三人对该项药品行政保护提出撤销申请的，国家药

品监督管理局中止侵权处理程序，待撤销程序终结后，再根据情况恢复或者终止侵权处理程序。

第五章　费用

第三十二条　申请药品行政保护或办理其他有关事项，应当分别缴纳下列费用：

（一）申请费；

（二）审查费；

（三）年费；

（四）公告费；

（五）证书费；

（六）请求撤销费；

（七）侵权处理费；

上述各种费用缴纳标准，由国家药品监督管理局另行公布。

第三十三条　申请人应当在递交药品行政保护申请书的同时缴纳申请费；在收到受理通知书之日起一个月内缴纳公告费和审查费；无正当理由逾期不缴纳或者缴纳不足的，其申请被视为撤回。

第三十四条　获得药品行政保护的药品独占权人应当在药品行政保护证书颁发之日起一个月内缴纳证书费、公告费和当年的年费；在药品行政保护有效期内，应当于每年度最初的两个月内缴纳当年的年费。无正当理由逾期不缴纳或者缴纳不足的，视为自动放弃行政保护。

第三十五条　请求撤销药品行政保护的，应当在递交《撤销药品行政保护请求书》的同时缴纳请求撤销费。

第三十六条　申请制止侵权行为的独占权人应当在递交《制止药品行政保护侵权行为申请书》的同时缴纳侵权处理费。

第三十七条　本细则第三十三条规定的各种费用由代理机构代收。

第六章　附则

第三十八条　条例和本细则规定的各种期限除另有规定外，第一日不计算在内。

期限以年或月计算的，以其最后一月的相应日为期限届满日；该月无相应日的，以该月最后一日为届满日。

期限届满日是法定节假日的，以节假日后的第一个工作日为期限届满日。

第三十九条　本细则由国家药品监督管理局负责解释。

第四十条　本细则自发布之日起施行。1992 年 12 月 30 日原国家医药管理局发布的《药品行政保护条例实施细则》同时废止。本细则实施前所公布的有关规定与本细则不一致的，以本细则的规定为准。

农　资

法　律

中华人民共和国农产品质量安全法

（2006 年 4 月 29 日第十届全国人民代表大会常务委员会第二十一次会议通过　2006 年 4 月 29 日中华人民共和国主席令第 49 号公布）

目　录

第一章　总则

第一条　为保障农产品质量安全，维护公众健康，促进农业和农村经济发展，制定本法。

第二条　本法所称农产品，是指来源于农业的初级产品，即在农业活动中获得的植物、动物、微生物及其产品。

本法所称农产品质量安全，是指农产品质量符合保障人的健康、安全的要求。

第三条　县级以上人民政府农业行政主管部门负责农产品质量安全的监督管理工作；县级以上人民政府有关部门按照职责分工，负责农产品质量安全的有关工作。

第四条　县级以上人民政府应当将农产品质量安全管理工作纳入本级国民经济和社会发展规划，并安排农产品质量安全经费，用于开展农产品质量安全工作。

第五条　县级以上地方人民政府统一领导、协调本行政区域内的农产品质量安全工作，并采取措施，建立健全农产品质量安全服务体系，提高农产品质量安全水平。

第六条 国务院农业行政主管部门应当设立由有关方面专家组成的农产品质量安全风险评估专家委员会，对可能影响农产品质量安全的潜在危害进行风险分析和评估。

国务院农业行政主管部门应当根据农产品质量安全风险评估结果采取相应的管理措施，并将农产品质量安全风险评估结果及时通报国务院有关部门。

第七条 国务院农业行政主管部门和省、自治区、直辖市人民政府农业行政主管部门应当按照职责权限，发布有关农产品质量安全状况信息。

第八条 国家引导、推广农产品标准化生产，鼓励和支持生产优质农产品，禁止生产、销售不符合国家规定的农产品质量安全标准的农产品。

第九条 国家支持农产品质量安全科学技术研究，推行科学的质量安全管理方法，推广先进安全的生产技术。

第十条 各级人民政府及有关部门应当加强农产品质量安全知识的宣传，提高公众的农产品质量安全意识，引导农产品生产者、销售者加强质量安全管理，保障农产品消费安全。

第二章 农产品质量安全标准

第十一条 国家建立健全农产品质量安全标准体系。农产品质量安全标准是强制性的技术规范。

农产品质量安全标准的制定和发布，依照有关法律、行政法规的规定执行。

第十二条 制定农产品质量安全标准应当充分考虑农产品质量安全风险评估结果，并听取农产品生产者、销售者和消费者的意见，保障消费安全。

第十三条 农产品质量安全标准应当根据科学技术发展水平以及农产品质量安全的需要，及时修订。

第十四条 农产品质量安全标准由农业行政主管部门商有关部门组织实施。

第三章 农产品产地

第十五条 县级以上地方人民政府农业行政主管部门按照保障农产品质量安全的要求，根据农产品品种特性和生产区域大气、土壤、水体中有毒有害物质状况等因素，认为不适宜特定农产品生产的，提出禁止生产的区域，报本级人民政府批准后公布。具体办法由国务院农业行政主管部门商国务院环境保护行政主管部门制定。

农产品禁止生产区域的调整，依照前款规定的程序办理。

第十六条 县级以上人民政府应当采取措施，加强农产品基地建设，改善农产品的生产条件。

县级以上人民政府农业行政主管部门应当采取措施，推进保障农产品质量安全的标准化生产综合示范区、示范农场、养殖小区和无规定动植物疫病区的建设。

第十七条 禁止在有毒有害物质超过规定标准的区域生产、捕捞、采集食用农产品和建立农产品生产基地。

第十八条 禁止违反法律、法规的规定向农产品产地排放或者倾倒废水、废气、固体废物或者其他有毒有害物质。

农业生产用水和用作肥料的固体废物，应当符合国家规定的标准。

第十九条 农产品生产者应当合理使用化肥、农药、兽药、农用薄膜等化工产品，防止对农产品产地造成污染。

第四章 农产品生产

第二十条 国务院农业行政主管部门和省、自治区、直辖市人民政府农业行政主管部门应当制定保障农产品质量安全的生产技术要求和操作规程。县级以上人民政府农业行政主管部门应当加强对农产品生产的指导。

第二十一条 对可能影响农产品质量安全的农药、兽药、饲料和饲料添加剂、肥料、兽医器械，依照有关法律、行政法规的规定实行许可制度。

国务院农业行政主管部门和省、自治区、直辖市人民政府农业行政主管部门应当定期对可能危及农产品质量安全的农药、兽药、饲料和饲料添加剂、肥料等农业投入品进行监督抽查，并公布抽查结果。

第二十二条 县级以上人民政府农业行政主管部门应当加强对农业投入品使用的管理和指导，建立健全农业投入品的安全使用制度。

第二十三条 农业科研教育机构和农业技术推广机构应当加强对农产品生产者质量安全知识和技能的培训。

第二十四条 农产品生产企业和农民专业合作经济组织应当建立农产品生产记录，如实记载下列事项：

（一）使用农业投入品的名称、来源、用法、用量和使用、停用的日期；

（二）动物疫病、植物病虫草害的发生和防治情况；

（三）收获、屠宰或者捕捞的日期。

农产品生产记录应当保存二年。禁止伪造农产品生产记录。

国家鼓励其他农产品生产者建立农产品生产记录。

第二十五条 农产品生产者应当按照法律、行政法规和国务院农业行政主管部门的规定，合理使用农业投入品，严格执行农业投入品使用安全间隔期或者休药期的规定，防止危及农产品质量安全。

禁止在农产品生产过程中使用国家明令禁止使用的农业投入品。

第二十六条 农产品生产企业和农民专业合作经济组织，应当自行或者委托检测机构对农产品质量安全状况进行检测；经检测不符合农产品质量安全标准的农产品，不得销售。

第二十七条 农民专业合作经济组织和农产品行业协会对其成员应当及时提供生产技术服务，建立农产品质量安全管理制度，健全农产品质量安全控制体系，加强自律管理。

第五章 农产品包装和标识

第二十八条 农产品生产企业、农民专业合作经济组织以及从事农产品收购的单位或者个人销售的农产品，按照规定应当包装或者附加标识的，须经包装或者附加标识后方可销售。包装物或者标识上应当按照规定标明产品的品名、产地、生产者、生产日期、保质期、产品质量等级等内容；使用添加剂的，还应当按照规定标明添加剂的名称。具体办法由国务院农业行政主管部门制定。

第二十九条 农产品在包装、保鲜、贮存、运输中所使用的保鲜剂、防腐剂、添加剂等材料，应当符合国家有关强制性的技术规范。

第三十条 属于农业转基因生物的农产品，应当按照农业转基因生物安全管理的有关规定进行标识。

第三十一条 依法需要实施检疫的动植物及其产品，应当附具检疫合格标志、检疫合格证明。

第三十二条 销售的农产品必须符合农产品质量安全标准，生产者可以申请使用无公害农产品标志。农产品质量符合国家规定的有关优质农产品标准的，生产者可以申请使用相应的农产品质量标志。

禁止冒用前款规定的农产品质量标志。

第六章 监督检查

第三十三条 有下列情形之一的农产品，不得销售：

（一）含有国家禁止使用的农药、兽药或者其他化学物质的；

（二）农药、兽药等化学物质残留或者含有的重金属等有毒有害物质不符合农产品质量安全标准的；

（三）含有的致病性寄生虫、微生物或者生物毒素不符合农产品质量安全标准的；

（四）使用的保鲜剂、防腐剂、添加剂等材料不符合国家有关强制性的技术规范的；

（五）其他不符合农产品质量安全标准的。

第三十四条 国家建立农产品质量安全监测制度。县级以上人民政府农业行政主管部门应当按照保障农产品质量安全的要求，制定并组织实施农产品质量安全监测计划，对生产中或者市场上销售的农产品进行监督抽查。监督抽查结果由国务院农业行政主管部门或者省、自治区、直辖市人民政府农业行政主管部门按照权限予以公布。

监督抽查检测应当委托符合本法第三十五条规定条件的农产品质量安全检测机构进行，不得向被抽查人收取费用，抽取的样品不得超过国务院农业行政主管部门规定的数量。上级农业行政主管部门监督抽查的农产品，下级农业行政主管部门不得另行重复抽查。

第三十五条 农产品质量安全检测应当充分利用现有的符合条件的检测机构。

从事农产品质量安全检测的机构，必须具备相应的检测条件和能力，由省级以上人民政府农业行政主管部门或者其授权的部门考核合格。具体办法由国务院农业行政主管部门制定。

农产品质量安全检测机构应当依法经计量认证合格。

第三十六条 农产品生产者、销售者对监督抽查检测结果有异议的，可以自收到检测结果之日起五日内，向组织实施农产品质量安全监督抽查的农业行政主管部门或者其上级农业行政主管部门申请复检。

采用国务院农业行政主管部门会同有关部门认定的快速检测方法进行农产品质量安全监督抽查检测，被抽查人对检测结果有异议的，可以自收到检测结果时起四小时内申请复检。复检不得采用快速检测方法。

因检测结果错误给当事人造成损害的，依法承担赔偿责任。

第三十七条 农产品批发市场应当设立或者委托农产品质量安全检测机构，对进场销售的农产品质量安全状况进行抽查检测；发现不符合农产品质量安全标准的，应当要求销售者立即停止销售，并向农业行政主管部门报告。

农产品销售企业对其销售的农产品，应当建立健全进货检查验收制度；经查验不符合农产品质量安全标准的，不得销售。

第三十八条 国家鼓励单位和个人对农产品质量安全进行社会监督。任何单位和个人都有权对违反本法的行为进行检举、揭发和控告。有关部门收到相关的检举、揭发和控告后，应当及时处理。

第三十九条 县级以上人民政府农业行政主管部门在

农产品质量安全监督检查中，可以对生产、销售的农产品进行现场检查，调查了解农产品质量安全的有关情况，查阅、复制与农产品质量安全有关的记录和其他资料；对经检测不符合农产品质量安全标准的农产品，有权查封、扣押。

第四十条 发生农产品质量安全事故时，有关单位和个人应当采取控制措施，及时向所在地乡级人民政府和县级人民政府农业行政主管部门报告；收到报告的机关应当及时处理并报上一级人民政府和有关部门。发生重大农产品质量安全事故时，农业行政主管部门应当及时通报同级食品药品监督管理部门。

第四十一条 县级以上人民政府农业行政主管部门在农产品质量安全监督管理中，发现有本法第三十三条所列情形之一的农产品，应当按照农产品质量安全责任追究制度的要求，查明责任人，依法予以处理或者提出处理建议。

第四十二条 进口的农产品必须按照国家规定的农产品质量安全标准进行检验；尚未制定有关农产品质量安全标准的，应当依法及时制定，未制定之前，可以参照国家有关部门指定的国外有关标准进行检验。

第七章 法律责任

第四十三条 农产品质量安全监督管理人员不依法履行监督职责，或者滥用职权的，依法给予行政处分。

第四十四条 农产品质量安全检测机构伪造检测结果的，责令改正，没收违法所得，并处五万元以上十万元以下罚款，对直接负责的主管人员和其他直接责任人员处一万元以上五万元以下罚款；情节严重的，撤销其检测资格；造成损害的，依法承担赔偿责任。

农产品质量安全检测机构出具检测结果不实，造成损害的，依法承担赔偿责任；造成重大损害的，并撤销其检测资格。

第四十五条 违反法律、法规规定，向农产品产地排放或者倾倒废水、废气、固体废物或者其他有毒有害物质的，依照有关环境保护法律、法规的规定处罚；造成损害的，依法承担赔偿责任。

第四十六条 使用农业投入品违反法律、行政法规和国务院农业行政主管部门的规定的，依照有关法律、行政法规的规定处罚。

第四十七条 农产品生产企业、农民专业合作经济组织未建立或者未按照规定保存农产品生产记录的，或者伪造农产品生产记录的，责令限期改正；逾期不改正的，可以处二千元以下罚款。

第四十八条 违反本法第二十八条规定，销售的农产品未按照规定进行包装、标识的，责令限期改正；逾期不改正的，可以处二千元以下罚款。

第四十九条 有本法第三十三条第四项规定情形，使用的保鲜剂、防腐剂、添加剂等材料不符合国家有关强制性的技术规范的，责令停止销售，对被污染的农产品进行无害化处理，对不能进行无害化处理的予以监督销毁；没收违法所得，并处二千元以上二万元以下罚款。

第五十条 农产品生产企业、农民专业合作经济组织销售的农产品有本法第三十三条第一项至第三项或者第五项所列情形之一的，责令停止销售，追回已经销售的农产品，对违法销售的农产品进行无害化处理或者予以监督销毁；没收违法所得，并处二千元以上二万元以下罚款。

农产品销售企业销售的农产品有前款所列情形的，依照前款规定处理、处罚。

农产品批发市场中销售的农产品有第一款所列情形的，对违法销售的农产品依照第一款规定处理，对农产品销售者依照第一款规定处罚。

农产品批发市场违反本法第三十七条第一款规定的，责令改正，处二千元以上二万元以下罚款。

第五十一条 违反本法第三十二条规定，冒用农产品质量标志的，责令改正，没收违法所得，并处二千元以上二万元以下罚款。

第五十二条 本法第四十四条、第四十七条至第四十九条、第五十条第一款、第四款和第五十一条规定的处理、处罚，由县级以上人民政府农业行政主管部门决定；第五十条第二款、第三款规定的处理、处罚，由工商行政管理部门决定。

法律对行政处罚及处罚机关有其他规定的，从其规定。但是，对同一违法行为不得重复处罚。

第五十三条 违反本法规定，构成犯罪的，依法追究刑事责任。

第五十四条 生产、销售本法第三十三条所列农产品，给消费者造成损害的，依法承担赔偿责任。

农产品批发市场中销售的农产品有前款规定情形的，消费者可以向农产品批发市场要求赔偿；属于生产者、销售者责任的，农产品批发市场有权追偿。消费者也可以直接向农产品生产者、销售者要求赔偿。

第八章 附则

第五十五条 生猪屠宰的管理按照国家有关规定执行。

第五十六条 本法自 2006 年 11 月 1 日起施行。

中华人民共和国种子法

（2000年7月8日第九届全国人民代表大会常务委员会第十六次会议通过　根据2004年8月28日第十届全国人民代表大会常务委员会第十一次会议《关于修改〈中华人民共和国种子法〉的决定》第一次修正　根据2013年6月29日第十二届全国人民代表大会常务委员会第三次会议《关于修改〈中华人民共和国文物保护法〉等十二部法律的决定》第二次修正）

目　录

第一章　总则

第一条　为了保护和合理利用种质资源，规范品种选育和种子生产、经营、使用行为，维护品种选育者和种子生产者、经营者、使用者的合法权益，提高种子质量水平，推动种子产业化，促进种植业和林业的发展，制定本法。

第二条　在中华人民共和国境内从事品种选育和种子生产、经营、使用、管理等活动，适用本法。

本法所称种子，是指农作物和林木的种植材料或者繁殖材料，包括籽粒、果实和根、茎、苗、芽、叶等。

第三条　国务院农业、林业行政主管部门分别主管全国农作物种子和林木种子工作；县级以上地方人民政府农业、林业行政主管部门分别主管本行政区域内农作物种子和林木种子工作。

第四条　国家扶持种质资源保护工作和选育、生产、更新、推广使用良种，鼓励品种选育和种子生产、经营相结合，奖励在种质资源保护工作和良种选育、推广等工作中成绩显著的单位和个人。

第五条　县级以上人民政府应当根据科教兴农方针和种植业、林业发展的需要制定种子发展规划，并按照国家有关规定在财政、信贷和税收等方面采取措施保证规划的实施。

第六条　国务院和省、自治区、直辖市人民政府设立专项资金，用于扶持良种选育和推广。具体办法由国务院规定。

第七条　国家建立种子贮备制度，主要用于发生灾害时的生产需要，保障农业生产安全。对贮备的种子应当定期检验和更新。种子贮备的具体办法由国务院规定。

第二章　种质资源保护

第八条　国家依法保护种质资源，任何单位和个人不得侵占和破坏种质资源。

禁止采集或者采伐国家重点保护的天然种质资源。因科研等特殊情况需要采集或者采伐的，应当经国务院或者省、自治区、直辖市人民政府的农业、林业行政主管部门批准。

第九条　国家有计划地收集、整理、鉴定、登记、保存、交流和利用种质资源，定期公布可供利用的种质资源目录。具体办法由国务院农业、林业行政主管部门规定。

国务院农业、林业行政主管部门应当建立国家种质资源库，省、自治区、直辖市人民政府农业、林业行政主管部门可以根据需要建立种质资源库、种质资源保护区或者种质资源保护地。

第十条　国家对种质资源享有主权，任何单位和个人向境外提供种质资源的，应当经国务院农业、林业行政主管部门批准；从境外引进种质资源的，依照国务院农业、林业行政主管部门的有关规定办理。

第三章　品种选育与审定

第十一条　国务院农业、林业、科技、教育等行政主管部门和省、自治区、直辖市人民政府应当组织有关单位进行品种选育理论、技术和方法的研究。

国家鼓励和支持单位和个人从事良种选育和开发。

第十二条　国家实行植物新品种保护制度，对经过人工培育的或者发现的野生植物加以开发的植物品种，具备新颖性、特异性、一致性和稳定性的，授予植物新品种权，保护植物新品种权所有人的合法权益。具体办法按照国家有关规定执行。选育的品种得到推广应用的，育种者依法获得相应的经济利益。

第十三条　单位和个人因林业行政主管部门为选育林木良种建立测定林、试验林、优树收集区、基因库而减少经济收入的，批准建立的林业行政主管部门应当按照国家有关规定给予经济补偿。

第十四条 转基因植物品种的选育、试验、审定和推广应当进行安全性评价，并采取严格的安全控制措施。具体办法由国务院规定。

第十五条 主要农作物品种和主要林木品种在推广应用前应当通过国家级或者省级审定，申请者可以直接申请省级审定或者国家级审定。由省、自治区、直辖市人民政府农业、林业行政主管部门确定的主要农作物品种和主要林木品种实行省级审定。

主要农作物品种和主要林木品种的审定办法应当体现公正、公开、科学、效率的原则，由国务院农业、林业行政主管部门规定。

国务院和省、自治区、直辖市人民政府的农业、林业行政主管部门分别设立由专业人员组成的农作物品种和林木品种审定委员会，承担主要农作物品种和主要林木品种的审定工作。

在具有生态多样性的地区，省、自治区、直辖市人民政府农业、林业行政主管部门可以委托设区的市、自治州承担适宜于在特定生态区域内推广应用的主要农作物品种和主要林木品种的审定工作。

第十六条 通过国家级审定的主要农作物品种和主要林木良种由国务院农业、林业行政主管部门公告，可以在全国适宜的生态区域推广。通过省级审定的主要农作物品种和主要林木良种由省、自治区、直辖市人民政府农业、林业行政主管部门公告，可以在本行政区域内适宜的生态区域推广；相邻省、自治区、直辖市属于同一适宜生态区的地域，经所在省、自治区、直辖市人民政府农业、林业行政主管部门同意后可以引种。

第十七条 应当审定的农作物品种未经审定通过的，不得发布广告，不得经营、推广。

应当审定的林木品种未经审定通过的，不得作为良种经营、推广，但生产确需使用的，应当经林木品种审定委员会认定。

第十八条 审定未通过的农作物品种和林木品种，申请人有异议的，可以向原审定委员会或者上一级审定委员会申请复审。

第十九条 在中国没有经常居所或者营业场所的外国人、外国企业或者外国其他组织在中国申请品种审定的，应当委托具有法人资格的中国种子科研、生产、经营机构代理。

第四章 种子生产

第二十条 主要农作物和主要林木的商品种子生产实行许可制度。

主要农作物杂交种子及其亲本种子、常规种原种种子、主要林木良种的种子生产许可证，由生产所在地县级人民政府农业、林业行政主管部门审核，省、自治区、直辖市人民政府农业、林业行政主管部门核发；其他种子的生产许可证，由生产所在地县级以上地方人民政府农业、林业行政主管部门核发。

第二十一条 申请领取种子生产许可证的单位和个人，应当具备下列条件：

（一）具有繁殖种子的隔离和培育条件；

（二）具有无检疫性病虫害的种子生产地点或者县级以上人民政府林业行政主管部门确定的采种林；

（三）具有与种子生产相适应的资金和生产、检验设施；

（四）具有相应的专业种子生产和检验技术人员；

（五）法律、法规规定的其他条件。

申请领取具有植物新品种权的种子生产许可证的，应当征得品种权人的书面同意。

第二十二条 种子生产许可证应当注明生产种子的品种、地点和有效期限等项目。

禁止伪造、变造、买卖、租借种子生产许可证；禁止任何单位和个人无证或者未按照许可证的规定生产种子。

第二十三条 商品种子生产应当执行种子生产技术规程和种子检验、检疫规程。

第二十四条 在林木种子生产基地内采集种子的，由种子生产基地的经营者组织进行，采集种子应当按照国家有关标准进行。

禁止抢采掠青、损坏母树，禁止在劣质林内、劣质母树上采集种子。

第二十五条 商品种子生产者应当建立种子生产档案，载明生产地点、生产地块环境、前茬作物、亲本种子来源和质量、技术负责人、田间检验记录、产地气象记录、种子流向等内容。

第五章 种子经营

第二十六条 种子经营实行许可制度。种子经营者必须先取得种子经营许可证后，方可凭种子经营许可证向工商行政管理机关申请办理或者变更营业执照。

种子经营许可证实行分级审批发放制度。种子经营许可证由种子经营者所在地县级以上地方人民政府农业、林业行政主管部门核发。主要农作物杂交种子及其亲本种子、常规种原种种子、主要林木良种的种子经营许可证，由种子经营

者所在地县级人民政府农业、林业行政主管部门审核，省、自治区、直辖市人民政府农业、林业行政主管部门核发。实行选育、生产、经营相结合并达到国务院农业、林业行政主管部门规定的注册资本金额的种子公司和从事种子进出口业务的公司的种子经营许可证，由省、自治区、直辖市人民政府农业、林业行政主管部门审核，国务院农业、林业行政主管部门核发。

第二十七条 农民个人自繁、自用的常规种子有剩余的，可以在集贸市场上出售、串换，不需要办理种子经营许可证，由省、自治区、直辖市人民政府制定管理办法。

第二十八条 国家鼓励和支持科研单位、学校、科技人员研究开发和依法经营、推广农作物新品种和林木良种。

第二十九条 申请领取种子经营许可证的单位和个人，应当具备下列条件：

（一）具有与经营种子种类和数量相适应的资金及独立承担民事责任的能力；

（二）具有能够正确识别所经营的种子、检验种子质量、掌握种子贮藏、保管技术的人员；

（三）具有与经营种子的种类、数量相适应的营业场所及加工、包装、贮藏保管设施和检验种子质量的仪器设备；

（四）法律、法规规定的其他条件。

种子经营者专门经营不再分装的包装种子的，或者受具有种子经营许可证的种子经营者以书面委托代销其种子的，可以不办理种子经营许可证。

第三十条 种子经营许可证的有效区域由发证机关在其管辖范围内确定。种子经营者按照经营许可证规定的有效区域设立分支机构的，可以不再办理种子经营许可证，但应当在办理或者变更营业执照后十五日内，向当地农业、林业行政主管部门和原发证机关备案。

第三十一条 种子经营许可证应当注明种子经营范围、经营方式及有效期限、有效区域等项目。

禁止伪造、变造、买卖、租借种子经营许可证；禁止任何单位和个人无证或者未按照许可证的规定经营种子。

第三十二条 种子经营者应当遵守有关法律、法规的规定，向种子使用者提供种子的简要性状、主要栽培措施、使用条件的说明与有关咨询服务，并对种子质量负责。

任何单位和个人不得非法干预种子经营者的自主经营权。

第三十三条 未经省、自治区、直辖市人民政府林业行政主管部门批准，不得收购珍贵树木种子和本级人民政府规定限制收购的林木种子。

第三十四条 销售的种子应当加工、分级、包装。但是，不能加工、包装的除外。

大包装或者进口种子可以分装；实行分装的，应当注明分装单位，并对种子质量负责。

第三十五条 销售的种子应当附有标签。标签应当标注种子类别、品种名称、产地、质量指标、检疫证明编号、种子生产及经营许可证编号或者进口审批文号等事项。标签标注的内容应当与销售的种子相符。

销售进口种子的，应当附有中文标签。

销售转基因植物品种种子的，必须用明显的文字标注，并应当提示使用时的安全控制措施。

第三十六条 种子经营者应当建立种子经营档案，载明种子来源、加工、贮藏、运输和质量检测各环节的简要说明及责任人、销售去向等内容。

一年生农作物种子的经营档案应当保存至种子销售后二年，多年生农作物和林木种子经营档案的保存期限由国务院农业、林业行政主管部门规定。

第三十七条 种子广告的内容应当符合本法和有关广告的法律、法规的规定，主要性状描述应当与审定公告一致

第三十八条 调运或者邮寄出县的种子应当附有检疫证书。

第六章 种子使用

第三十九条 种子使用者有权按照自己的意愿购买种子，任何单位和个人不得非法干预。

第四十条 国家投资或者国家投资为主的造林项目和国有林业单位造林，应当根据林业行政主管部门制定的计划使用林木良种。

国家对推广使用林木良种营造防护林、特种用途林给予扶持。

第四十一条 种子使用者因种子质量问题遭受损失的，出售种子的经营者应当予以赔偿，赔偿额包括购种价款、有关费用和可得利益损失。

经营者赔偿后，属于种子生产者或者其他经营者责任的，经营者有权向生产者或者其他经营者追偿。

第四十二条 因使用种子发生民事纠纷的，当事人可以通过协商或者调解解决。当事人不愿通过协商、调解解决或者协商、调解不成的，可以根据当事人之间的协议向仲裁机构申请仲裁。当事人也可以直接向人民法院起诉。

第七章 种子质量

第四十三条 种子的生产、加工、包装、检验、贮藏等质量管理办法和行业标准，由国务院农业、林业行政主管部

门制定。

农业、林业行政主管部门负责对种子质量的监督。

第四十四条 农业、林业行政主管部门可以委托种子质量检验机构对种子质量进行检验。

承担种子质量检验的机构应当具备相应的检测条件和能力，并经省级以上人民政府有关主管部门考核合格。

第四十五条 种子质量检验机构应当配备种子检验员。种子检验员应当具备以下条件：

（一）具有相关专业中等专业技术学校毕业以上文化水平；

（二）从事种子检验技术工作三年以上；

农作物种子检验员应当经省级以上人民政府农业行政主管部门考核合格；林木种子检验员应当经省、自治区、直辖市人民政府林业行政主管部门考核合格。

第四十六条 禁止生产、经营假、劣种子。

下列种子为假种子：

（一）以非种子冒充种子或者以此种品种种子冒充他种品种种子的；

（二）种子种类、品种、产地与标签标注的内容不符的。

下列种子为劣种子：

（一）质量低于国家规定的种用标准的；

（二）质量低于标签标注指标的；

（三）因变质不能作种子使用的；

（四）杂草种子的比率超过规定的；

（五）带有国家规定检疫对象的有害生物的。

第四十七条 由于不可抗力原因，为生产需要必须使用低于国家或者地方规定的种用标准的农作物种子的，应当经用种地县级以上地方人民政府批准；林木种子应当经用种地省、自治区、直辖市人民政府批准。

第四十八条 从事品种选育和种子生产、经营以及管理的单位和个人应当遵守有关植物检疫法律、行政法规的规定，防止植物危险性病、虫、杂草及其他有害生物的传播和蔓延。

禁止任何单位和个人在种子生产基地从事病虫害接种试验。

第八章　种子进出口和对外合作

第四十九条 进口种子和出口种子必须实施检疫，防止植物危险性病、虫、杂草及其他有害生物传入境内和传出境外，具体检疫工作按照有关植物进出境检疫法律、行政法规的规定执行。

第五十条 从事商品种子进出口业务的法人和其他组织，除具备种子经营许可证外，还应当依照有关对外贸易法律、行政法规的规定取得从事种子进出口贸易的许可。

从境外引进农作物、林木种子的审定权限，农作物、林木种子的进出口审批办法，引进转基因植物品种的管理办法，由国务院规定。

第五十一条 进口商品种子的质量，应当达到国家标准或者行业标准。没有国家标准或者行业标准的，可以按照合同约定的标准执行。

第五十二条 为境外制种进口种子的，可以不受本法第五十条第一款的限制，但应当具有对外制种合同，进口的种子只能用于制种，其产品不得在国内销售。

从境外引进农作物试验用种，应当隔离栽培，收获物也不得作为商品种子销售。

第五十三条 禁止进出口假、劣种子以及属于国家规定不得进出口的种子。

第五十四条 境外企业、其他经济组织或者个人来我国投资种子生产、经营的，审批程序和管理办法由国务院有关部门依照有关法律、行政法规规定。

第九章　种子行政管理

第五十五条 农业、林业行政主管部门是种子行政执法机关。种子执法人员依法执行公务时应当出示行政执法证件。

农业、林业行政主管部门为实施本法，可以进行现场检查。

第五十六条 农业、林业行政主管部门及其工作人员不得参与和从事种子生产、经营活动；种子生产经营机构不得参与和从事种子行政管理工作。种子的行政主管部门与生产经营机构在人员和财务上必须分开。

第五十七条 国务院农业、林业行政主管部门和异地繁育种子所在地的省、自治区、直辖市人民政府应当加强对异地繁育种子工作的管理和协调，交通运输部门应当优先保证种子的运输。

第五十八条 农业、林业行政主管部门在依照本法实施有关证照的核发工作中，除收取所发证照的工本费外，不得收取其他费用。

第十章　法律责任

第五十九条 违反本法规定，生产、经营假、劣种子的，由县级以上人民政府农业、林业行政主管部门或者工商行政管理机关责令停止生产、经营，没收种子和违法所得，吊销种子生产许可证、种子经营许可证或者营业执照，并处以罚款；有违法所得的，处以违法所得五倍以上十倍以下罚款；没有违法所得的，处以二千元以上五万元以下罚款；构成犯罪的，依法追究刑事责任。

第六十条 违反本法规定，有下列行为之一的，由县级以上人民政府农业、林业行政主管部门责令改正，没收种子和违法所得，并处以违法所得一倍以上三倍以下罚款；没有违法所得的，处以一千元以上三万元以下罚款；可以吊销违法行为人的种子生产许可证或者种子经营许可证；构成犯罪的，依法追究刑事责任：

（一）未取得种子生产许可证或者伪造、变造、买卖、租借种子生产许可证，或者未按照种子生产许可证的规定生产种子的；

（二）未取得种子经营许可证或者伪造、变造、买卖、租借种子经营许可证，或者未按照种子经营许可证的规定经营种子的。

第六十一条 违反本法规定，有下列行为之一的，由县级以上人民政府农业、林业行政主管部门责令改正，没收种子和违法所得，并处以违法所得一倍以上三倍以下罚款；没有违法所得的，处以一千元以上二万元以下罚款；构成犯罪的，依法追究刑事责任：

（一）为境外制种的种子在国内销售的；

（二）从境外引进农作物种子进行引种试验的收获物在国内作商品种子销售的；

（三）未经批准私自采集或者采伐国家重点保护的天然种质资源的。

第六十二条 违反本法规定，有下列行为之一的，由县级以上人民政府农业、林业行政主管部门或者工商行政管理机关责令改正，处以一千元以上一万元以下罚款：

（一）经营的种子应当包装而没有包装的；

（二）经营的种子没有标签或者标签内容不符合本法规定的；

（三）伪造、涂改标签或者试验、检验数据的；

（四）未按规定制作、保存种子生产、经营档案的；

（五）种子经营者在异地设立分支机构未按规定备案的。

第六十三条 违反本法规定，向境外提供或者从境外引进种质资源的，由国务院或者省、自治区、直辖市人民政府的农业、林业行政主管部门没收种质资源和违法所得，并处以一万元以上五万元以下罚款。

未取得农业、林业行政主管部门的批准文件携带、运输种质资源出境的，海关应当将该种质资源扣留，并移送省、自治区、直辖市人民政府农业、林业行政主管部门处理。

第六十四条 违反本法规定，经营、推广应当审定而未经审定通过的种子的，由县级以上人民政府农业、林业行政主管部门责令停止种子的经营、推广，没收种子和违法所得，并处以一万元以上五万元以下罚款。

第六十五条 违反本法规定，抢采掠青、损坏母树或者在劣质林内和劣质母树上采种的，由县级以上人民政府林业行政主管部门责令停止采种行为，没收所采种子，并处以所采林木种子价值一倍以上三倍以下的罚款；构成犯罪的，依法追究刑事责任。

第六十六条 违反本法第三十三条规定收购林木种子的，由县级以上人民政府林业行政主管部门没收所收购的种子，并处以收购林木种子价款二倍以下的罚款。

第六十七条 违反本法规定，在种子生产基地进行病虫害接种试验的，由县级以上人民政府农业、林业行政主管部门责令停止试验，处以五万元以下罚款。

第六十八条 种子质量检验机构出具虚假检验证明的，与种子生产者、销售者承担连带责任；并依法追究种子质量检验机构及其有关责任人的行政责任；构成犯罪的，依法追究刑事责任。

第六十九条 强迫种子使用者违背自己的意愿购买、使用种子给使用者造成损失的，应当承担赔偿责任。

第七十条 农业、林业行政主管部门违反本法规定，对不具备条件的种子生产者、经营者核发种子生产许可证或者种子经营许可证的，对直接负责的主管人员和其他直接责任人员，依法给予行政处分；构成犯罪的，依法追究刑事责任

第七十一条 种子行政管理人员徇私舞弊、滥用职权、玩忽职守的，或者违反本法规定从事种子生产、经营活动的，依法给予行政处分；构成犯罪的，依法追究刑事责任。

第七十二条 当事人认为有关行政机关的具体行政行为侵犯其合法权益的，可以依法申请行政复议，也可以依法直接向人民法院提起诉讼。

第七十三条 农业、林业行政主管部门依法吊销违法行为人的种子经营许可证后，应当通知工商行政管理机关依法注销或者变更违法行为人的营业执照。

第十一章　附则

第七十四条 本法下列用语的含义是：

（一）种质资源是指选育新品种的基础材料，包括各种植物的栽培种、野生种的繁殖材料以及利用上述繁殖材料人工创造的各种植物的遗传材料。

（二）品种是指经过人工选育或者发现并经过改良，形态特征和生物学特性一致，遗传性状相对稳定的植物群体。

（三）主要农作物是指稻、小麦、玉米、棉花、大豆以及国务院农业行政主管部门和省、自治区、直辖市人民政府农业行政主管部门各自分别确定的其他一至二种农作物。

（四）林木良种是指通过审定的林木种子，在一定的区域内，其产量、适应性、抗性等方面明显优于当前主栽材料的繁殖材料和种植材料。

（五）标签是指固定在种子包装物表面及内外的特定图案及文字说明。

第七十五条 本法所称主要林木由国务院林业行政主管部门确定并公布；省、自治区、直辖市人民政府林业行政主管部门可以在国务院林业行政主管部门确定的主要林木之外确定其他八种以下的主要林木。

第七十六条 草种、食用菌菌种的种质资源管理和选育、生产、经营、使用、管理等活动，参照本法执行。

第七十七条 中华人民共和国缔结或者参加的与种子有关的国际条约与本法有不同规定的，适用国际条约的规定；但是，中华人民共和国声明保留的条款除外。

第七十八条 本法自2000年12月1日起施行。1989年3月13日国务院发布的《中华人民共和国种子管理条例》同时废止。

行政法规

兽药管理条例

（2004年3月24日国务院第45次常务会议通过 2004年4月9日中华人民共和国国务院令第404号发布）

第一章 总则

第一条 为了加强兽药管理，保证兽药质量，防治动物疾病，促进养殖业的发展，维护人体健康，制定本条例。

第二条 在中华人民共和国境内从事兽药的研制、生产、经营、进出口、使用和监督管理，应当遵守本条例。

第三条 国务院兽医行政管理部门负责全国的兽药监督管理工作。

县级以上地方人民政府兽医行政管理部门负责本行政区域内的兽药监督管理工作

第四条 国家实行兽用处方药和非处方药分类管理制度。兽用处方药和非处方药分类管理的办法和具体实施步骤，由国务院兽医行政管理部门规定。

第五条 国家实行兽药储备制度。

发生重大动物疫情、灾情或者其他突发事件时，国务院兽医行政管理部门可以紧急调用国家储备的兽药；必要时，也可以调用国家储备以外的兽药。

第二章 新兽药研制

第六条 国家鼓励研制新兽药，依法保护研制者的合法权益。

第七条 研制新兽药，应当具有与研制相适应的场所、仪器设备、专业技术人员、安全管理规范和措施。

研制新兽药，应当进行安全性评价。从事兽药安全性评价的单位应当遵守国务院兽医行政管理部门制定的兽药非临床研究质量管理规范和兽药临床试验质量管理规范。

省级以上人民政府兽医行政管理部门应当对兽药安全性评价单位是否符合兽药非临床研究质量管理规范和兽药临床试验质量管理规范的要求进行监督检查，并公布监督检查结果。

第八条 研制新兽药，应当在临床试验前向省、自治区、直辖市人民政府兽医行政管理部门提出申请，并附具该新兽药实验室阶段安全性评价报告及其他临床前研究资料；省、自治区、直辖市人民政府兽医行政管理部门应当自收到申请之日起60个工作日内将审查结果书面通知申请人。

研制的新兽药属于生物制品的，应当在临床试验前向国务院兽医行政管理部门提出申请，国务院兽医行政管理部门应当自收到申请之日起60个工作日内将审查结果书面通知申请人。

研制新兽药需要使用一类病原微生物的，还应当具备国务院兽医行政管理部门规定的条件，并在实验室阶段前报国务院兽医行政管理部门批准。

第九条 临床试验完成后，新兽药研制者向国务院兽医行政管理部门提出新兽药注册申请时，应当提交该新兽药的样品和下列资料：

（一）名称、主要成分、理化性质；

（二）研制方法、生产工艺、质量标准和检测方法；

（三）药理和毒理试验结果、临床试验报告和稳定性试验报告；

（四）环境影响报告和污染防治措施。

研制的新兽药属于生物制品的，还应当提供菌（毒、虫）种、细胞等有关材料和资料。菌（毒、虫）种、细胞由国务院兽医行政管理部门指定的机构保藏。

研制用于食用动物的新兽药，还应当按照国务院兽医行政管理部门的规定进行兽药残留试验并提供休药期、最高残留限量标准、残留检测方法及其制定依据等资料。

国务院兽医行政管理部门应当自收到申请之日起10个工作日内，将决定受理的新兽药资料送其设立的兽药评审机构进行评审，将新兽药样品送其指定的检验机构复核检验，并自收到评审和复核检验结论之日起60个工作日内完成审查。审查合格的，发给新兽药注册证书，并发布该兽药的质量标准；不合格的，应当书面通知申请人。

第十条 国家对依法获得注册的、含有新化合物的兽药的申请人提交的其自己所取得且未披露的试验数据和其他数据实施保护。

自注册之日起6年内，对其他申请人未经已获得注册兽药的申请人同意，使用前款规定的数据申请兽药注册的，兽药注册机关不予注册；但是，其他申请人提交其自己所取得的数据的除外。

除下列情况外，兽药注册机关不得披露本条第一款规定的数据：

（一）公共利益需要；

（二）已采取措施确保该类信息不会被不正当地进行商业使用。

第三章　兽药生产

第十一条 设立兽药生产企业，应当符合国家兽药行业发展规划和产业政策，并具备下列条件：

（一）与所生产的兽药相适应的兽医学、药学或者相关专业的技术人员；

（二）与所生产的兽药相适应的厂房、设施；

（三）与所生产的兽药相适应的兽药质量管理和质量检验的机构、人员、仪器设备；

（四）符合安全、卫生要求的生产环境；

（五）兽药生产质量管理规范规定的其他生产条件。

符合前款规定条件的，申请人方可向省、自治区、直辖市人民政府兽医行政管理部门提出申请，并附具符合前款规定条件的证明材料；省、自治区、直辖市人民政府兽医行政管理部门应当自收到申请之日起20个工作日内，将审核意见和有关材料报送国务院兽医行政管理部门。

国务院兽医行政管理部门，应当自收到审核意见和有关材料之日起40个工作日内完成审查。经审查合格的，发给兽药生产许可证；不合格的，应当书面通知申请人。申请人凭兽药生产许可证办理工商登记手续。

第十二条 兽药生产许可证应当载明生产范围、生产地点、有效期和法定代表人姓名、住址等事项。

兽药生产许可证有效期为5年。有效期届满，需要继续生产兽药的，应当在许可证有效期届满前6个月到原发证机关申请换发兽药生产许可证。

第十三条 兽药生产企业变更生产范围、生产地点的，应当依照本条例第十一条的规定申请换发兽药生产许可证，申请人凭换发的兽药生产许可证办理工商变更登记手续；变更企业名称、法定代表人的，应当在办理工商变更登记手续后15个工作日内，到原发证机关申请换发兽药生产许可证。

第十四条 兽药生产企业应当按照国务院兽医行政管理部门制定的兽药生产质量管理规范组织生产。

国务院兽医行政管理部门，应当对兽药生产企业是否符合兽药生产质量管理规范的要求进行监督检查，并公布检查结果。

第十五条 兽药生产企业生产兽药，应当取得国务院兽医行政管理部门核发的产品批准文号，产品批准文号的有效期为5年。兽药产品批准文号的核发办法由国务院兽医行政管理部门制定。

第十六条 兽药生产企业应当按照兽药国家标准和国务院兽医行政管理部门批准的生产工艺进行生产。兽药生产企业改变影响兽药质量的生产工艺的，应当报原批准部门审核批准。

兽药生产企业应当建立生产记录，生产记录应当完整、准确。

第十七条 生产兽药所需的原料、辅料，应当符合国家标准或者所生产兽药的质量要求。

直接接触兽药的包装材料和容器应当符合药用要求。

第十八条 兽药出厂前应当经过质量检验，不符合质量标准的不得出厂。

兽药出厂应当附有产品质量合格证。

禁止生产假、劣兽药。

第十九条 兽药生产企业生产的每批兽用生物制品，在出厂前应当由国务院兽医行政管理部门指定的检验机构审查核对，并在必要时进行抽查检验；未经审查核对或者抽查检验不合格的，不得销售。

强制免疫所需兽用生物制品，由国务院兽医行政管理部门指定的企业生产。

第二十条 兽药包装应当按照规定印有或者贴有标签，附具说明书，并在显著位置注明“兽用”字样。

兽药的标签和说明书经国务院兽医行政管理部门批准并公布后，方可使用。

兽药的标签或者说明书，应当以中文注明兽药的通用名称、成分及其含量、规格、生产企业、产品批准文号（进口兽药注册证号）、产品批号、生产日期、有效期、适应症或者功能主治、用法、用量、休药期、禁忌、不良反应、注意事项、运输贮存保管条件及其他应当说明的内容。有商品名称的，还应当注明商品名称。

除前款规定的内容外，兽用处方药的标签或者说明书还应当印有国务院兽医行政管理部门规定的警示内容，其中兽用麻醉药品、精神药品、毒性药品和放射性药品还应当印有国务院兽医行政管理部门规定的特殊标志；兽用非处方药的标签或者说明书还应当印有国务院兽医行政管理部门规定的非处方药标志。

第二十一条 国务院兽医行政管理部门，根据保证动物产品质量安全和人体健康的需要，可以对新兽药设立不超过5年的监测期；在监测期内，不得批准其他企业生产或者进口该新兽药。生产企业应当在监测期内收集该新兽药的疗效、不良反应等资料，并及时报送国务院兽医行政管理部门。

第四章 兽药经营

第二十二条 经营兽药的企业，应当具备下列条件：

（一）与所经营的兽药相适应的兽药技术人员；

（二）与所经营的兽药相适应的营业场所、设备、仓库设施；

（三）与所经营的兽药相适应的质量管理机构或者人员；

（四）兽药经营质量管理规范规定的其他经营条件。

符合前款规定条件的，申请人方可向市、县人民政府兽医行政管理部门提出申请，并附具符合前款规定条件的证明材料；经营兽用生物制品的，应当向省、自治区、直辖市人民政府兽医行政管理部门提出申请，并附具符合前款规定条件的证明材料。

县级以上地方人民政府兽医行政管理部门，应当自收到申请之日起30个工作日内完成审查。审查合格的，发给兽药经营许可证；不合格的，应当书面通知申请人。申请人凭兽药经营许可证办理工商登记手续。

第二十三条 兽药经营许可证应当载明经营范围、经营地点、有效期和法定代表人姓名、住址等事项。

兽药经营许可证有效期为5年。有效期届满，需要继续经营兽药的，应当在许可证有效期届满前6个月到原发证机关申请换发兽药经营许可证。

第二十四条 兽药经营企业变更经营范围、经营地点的，应当依照本条例第二十二条的规定申请换发兽药经营许可证，申请人凭换发的兽药经营许可证办理工商变更登记手续；变更企业名称、法定代表人的，应当在办理工商变更登记手续后15个工作日内，到原发证机关申请换发兽药经营许可证。

第二十五条 兽药经营企业，应当遵守国务院兽医行政管理部门制定的兽药经营质量管理规范。

县级以上地方人民政府兽医行政管理部门，应当对兽药经营企业是否符合兽药经营质量管理规范的要求进行监督检查，并公布检查结果。

第二十六条 兽药经营企业购进兽药，应当将兽药产品与产品标签或者说明书、产品质量合格证核对无误。

第二十七条 兽药经营企业，应当向购买者说明兽药的功能主治、用法、用量和注意事项。销售兽用处方药的，应当遵守兽用处方药管理办法。

兽药经营企业销售兽用中药材的，应当注明产地。

禁止兽药经营企业经营人用药品和假、劣兽药。

第二十八条 兽药经营企业购销兽药，应当建立购销记录。购销记录应当载明兽药的商品名称、通用名称、剂型、规格、批号、有效期、生产厂商、购销单位、购销数量、购销日期和国务院兽医行政管理部门规定的其他事项。

第二十九条 兽药经营企业，应当建立兽药保管制度，采取必要的冷藏、防冻、防潮、防虫、防鼠等措施，保持所经营兽药的质量。

兽药入库、出库，应当执行检查验收制度，并有准确记录。

第三十条 强制免疫所需兽用生物制品的经营，应当符合国务院兽医行政管理部门的规定。

第三十一条 兽药广告的内容应当与兽药说明书内容相一致，在全国重点媒体发布兽药广告的，应当经国务院兽医行政管理部门审查批准，取得兽药广告审查批准文号。在地方媒体发布兽药广告的，应当经省、自治区、直辖市人民政府兽医行政管理部门审查批准，取得兽药广告审查批准文号；未经批准的，不得发布。

第五章 兽药进出口

第三十二条 首次向中国出口的兽药，由出口方驻中国境内的办事机构或者其委托的中国境内代理机构向国务院兽医行政管理部门申请注册，并提交下列资料和物品：

（一）生产企业所在国家（地区）兽药管理部门批准生产、销售的证明文件；

（二）生产企业所在国家（地区）兽药管理部门颁发的符合兽药生产质量管理规范的证明文件；

（三）兽药的制造方法、生产工艺、质量标准、检测方法、药理和毒理试验结果、临床试验报告、稳定性试验报告及其他相关资料；用于食用动物的兽药的休药期、最高残留限量标准、残留检测方法及其制定依据等资料；

（四）兽药的标签和说明书样本；

（五）兽药的样品、对照品、标准品；

（六）环境影响报告和污染防治措施；

（七）涉及兽药安全性的其他资料。

申请向中国出口兽用生物制品的，还应当提供菌（毒、虫）种、细胞等有关材料和资料。

第三十三条 国务院兽医行政管理部门，应当自收到申请之日起10个工作日内组织初步审查。经初步审查合格的，应当将决定受理的兽药资料送其设立的兽药评审机构进行评审，将该兽药样品送其指定的检验机构复核检验，并自收到评审和复核检验结论之日起60个工作日内完成审查。经审查合格的，发给进口兽药注册证书，并发布该兽药的质量标准；不合格的，应当书面通知申请人。

在审查过程中，国务院兽医行政管理部门可以对向中国出口兽药的企业是否符合兽药生产质量管理规范的要求进行考查，并有权要求该企业在国务院兽医行政管理部门指定的机构进行该兽药的安全性和有效性试验。

国内急需兽药、少量科研用兽药或者注册兽药的样品、对照品、标准品的进口，按照国务院兽医行政管理部门的规定办理。

第三十四条 进口兽药注册证书的有效期为5年。有效期届满，需要继续向中国出口兽药的，应当在有效期届满前6个月到原发证机关申请再注册。

第三十五条 境外企业不得在中国直接销售兽药。境外企业在中国销售兽药，应当依法在中国境内设立销售机构或者委托符合条件的中国境内代理机构。

进口在中国已取得进口兽药注册证书的兽用生物制品的，中国境内代理机构应当向国务院兽医行政管理部门申请允许进口兽用生物制品证明文件，凭允许进口兽用生物制品证明文件到口岸所在地人民政府兽医行政管理部门办理进口兽药通关单；进口在中国已取得进口兽药注册证书的其他兽药的，凭进口兽药注册证书到口岸所在地人民政府兽医行政管理部门办理进口兽药通关单。海关凭进口兽药通关单放行。兽药进口管理办法由国务院兽医行政管理部门会同海关总署制定。

兽用生物制品进口后，应当依照本条例第十九条的规定进行审查核对和抽查检验。其他兽药进口后，由当地兽医行政管理部门通知兽药检验机构进行抽查检验。

第三十六条 禁止进口下列兽药：

（一）药效不确定、不良反应大以及可能对养殖业、人体健康造成危害或者存在潜在风险的；

（二）来自疫区可能造成疫病在中国境内传播的兽用生物制品；

（三）经考查生产条件不符合规定的；

（四）国务院兽医行政管理部门禁止生产、经营和使用的。

第三十七条 向中国境外出口兽药，进口方要求提供兽药出口证明文件的，国务院兽医行政管理部门或者企业所在地的省、自治区、直辖市人民政府兽医行政管理部门可以出具出口兽药证明文件。

国内防疫急需的疫苗，国务院兽医行政管理部门可以限制或者禁止出口。

第六章　兽药使用

第三十八条 兽药使用单位，应当遵守国务院兽医行政管理部门制定的兽药安全使用规定，并建立用药记录。

第三十九条 禁止使用假、劣兽药以及国务院兽医行政管理部门规定禁止使用的药品和其他化合物。禁止使用的药品和其他化合物目录由国务院兽医行政管理部门制定公布。

第四十条 有休药期规定的兽药用于食用动物时，饲养者应当向购买者或者屠宰者提供准确、真实的用药记录；购买者或者屠宰者应当确保动物及其产品在用药期、休药期内不被用于食品消费。

第四十一条 国务院兽医行政管理部门，负责制定公布在饲料中允许添加的药物饲料添加剂品种目录。

禁止在饲料和动物饮用水中添加激素类药品和国务院兽医行政管理部门规定的其他禁用药品。

经批准可以在饲料中添加的兽药，应当由兽药生产企业制成药物饲料添加剂后方可添加。禁止将原料药直接添加到饲料及动物饮用水中或者直接饲喂动物。

禁止将人用药品用于动物。

第四十二条 国务院兽医行政管理部门，应当制定并组织实施国家动物及动物产品兽药残留监控计划。

县级以上人民政府兽医行政管理部门，负责组织对动物产品中兽药残留量的检测。兽药残留检测结果，由国务院兽医行政管理部门或者省、自治区、直辖市人民政府兽医行政管理部门按照权限予以公布。

动物产品的生产者、销售者对检测结果有异议的，可以自收到检测结果之日起7个工作日内向组织实施兽药残留检测的兽医行政管理部门或者其上级兽医行政管理部门提出申请，由受理申请的兽医行政管理部门指定检验机构进行复检。

兽药残留限量标准和残留检测方法，由国务院兽医行政管理部门制定发布。

第四十三条 禁止销售含有违禁药物或者兽药残留量超过标准的食用动物产品。

第七章 兽药监督管理

第四十四条 县级以上人民政府兽医行政管理部门行使兽药监督管理权。

兽药检验工作由国务院兽医行政管理部门和省、自治区、直辖市人民政府兽医行政管理部门设立的兽药检验机构承担。国务院兽医行政管理部门，可以根据需要认定其他检验机构承担兽药检验工作。

当事人对兽药检验结果有异议的，可以自收到检验结果之日起7个工作日内向实施检验的机构或者上级兽医行政管理部门设立的检验机构申请复检。

第四十五条 兽药应当符合兽药国家标准。

国家兽药典委员会拟定的、国务院兽医行政管理部门发布的《中华人民共和国兽药典》和国务院兽医行政管理部门发布的其他兽药质量标准为兽药国家标准。

兽药国家标准的标准品和对照品的标定工作由国务院兽医行政管理部门设立的兽药检验机构负责。

第四十六条 兽医行政管理部门依法进行监督检查时，对有证据证明可能是假、劣兽药的，应当采取查封、扣押的行政强制措施，并自采取行政强制措施之日起7个工作日内作出是否立案的决定；需要检验的，应当自检验报告书发出之日起15个工作日内作出是否立案的决定；不符合立案条件的，应当解除行政强制措施；需要暂停生产、经营和使用的，由国务院兽医行政管理部门或者省、自治区、直辖市人民政府兽医行政管理部门按照权限作出决定。

未经行政强制措施决定机关或者其上级机关批准，不得擅自转移、使用、销毁、销售被查封或者扣押的兽药及有关材料。

第四十七条 有下列情形之一的，为假兽药：

（一）以非兽药冒充兽药或者以他种兽药冒充此种兽药的；

（二）兽药所含成分的种类、名称与兽药国家标准不符合的。

有下列情形之一的，按照假兽药处理：

（一）国务院兽医行政管理部门规定禁止使用的；

（二）依照本条例规定应当经审查批准而未经审查批准即生产、进口的，或者依照本条例规定应当经抽查检验、审查核对而未经抽查检验、审查核对即销售、进口的；

（三）变质的；

（四）被污染的；

（五）所标明的适应症或者功能主治超出规定范围的。

第四十八条 有下列情形之一的，为劣兽药：

（一）成分含量不符合兽药国家标准或者不标明有效成分的；

（二）不标明或者更改有效期或者超过有效期的；

（三）不标明或者更改产品批号的；

（四）其他不符合兽药国家标准，但不属于假兽药的。

第四十九条 禁止将兽用原料药拆零销售或者销售给兽药生产企业以外的单位和个人。

禁止未经兽医开具处方销售、购买、使用国务院兽医行政管理部门规定实行处方药管理的兽药。

第五十条 国家实行兽药不良反应报告制度。

兽药生产企业、经营企业、兽药使用单位和开具处方的兽医人员发现可能与兽药使用有关的严重不良反应，应当立即向所在地人民政府兽医行政管理部门报告。

第五十一条 兽药生产企业、经营企业停止生产、经营超过6个月或者关闭的，由原发证机关责令其交回兽药生产许可证、兽药经营许可证，并由工商行政管理部门变更或者注销其工商登记。

第五十二条 禁止买卖、出租、出借兽药生产许可证、兽药经营许可证和兽药批准证明文件。

第五十三条 兽药评审检验的收费项目和标准，由国务院财政部门会同国务院价格主管部门制定，并予以公告。

第五十四条 各级兽医行政管理部门、兽药检验机构及其工作人员，不得参与兽药生产、经营活动，不得以其名义推荐或者监制、监销兽药。

第八章 法律责任

第五十五条 兽医行政管理部门及其工作人员利用职务上的便利收取他人财物或者谋取其他利益，对不符合法定条件的单位和个人核发许可证、签署审查同意意见，不履行监督职责，或者发现违法行为不予查处，造成严重后果，构成犯罪的，依法追究刑事责任；尚不构成犯罪的，依法给予行政处分。

第五十六条 违反本条例规定，无兽药生产许可证、兽药经营许可证生产、经营兽药的，或者虽有兽药生产许可证、兽药经营许可证，生产、经营假、劣兽药的，或者兽药经营企业经营人用药品的，责令其停止生产、经营，没收用于违法生产的原料、辅料、包装材料及生产、经营的兽药和违法所得，并处违法生产、经营的兽药（包括已出售的和未出售的兽药，下同）货值金额2倍以上5倍以下罚款，货值金额无法查证核实的，处10万元以上20万元以下罚款；无兽药生产许可证生产兽药，情节严重的，没收其生产设备；生产、经营假、劣兽药，情节严重的，吊销兽药生产许可证、兽药经营许可证；构成犯罪的，依法追究刑事责任；给他人造成损失的，依法承担赔偿责任。生产、经营企业的主要负责人和直接负责的主管人员终身不得从事兽药的生产、经营活动。

擅自生产强制免疫所需兽用生物制品的，按照无兽药生产许可证生产兽药处罚。

第五十七条 违反本条例规定，提供虚假的资料、样品或者采取其他欺骗手段取得兽药生产许可证、兽药经营许可证或者兽药批准证明文件的，吊销兽药生产许可证、兽药经营许可证或者撤销兽药批准证明文件，并处5万元以上10万元以下罚款；给他人造成损失的，依法承担赔偿责任。其主要负责人和直接负责的主管人员终身不得从事兽药的生产、经营和进出口活动。

第五十八条 买卖、出租、出借兽药生产许可证、兽药经营许可证和兽药批准证明文件的，没收违法所得，并处1万元以上10万元以下罚款；情节严重的，吊销兽药生产许可证、兽药经营许可证或者撤销兽药批准证明文件；构成犯罪的，依法追究刑事责任；给他人造成损失的，依法承担赔偿责任。

第五十九条 违反本条例规定，兽药安全性评价单位、临床试验单位、生产和经营企业未按照规定实施兽药研究试验、生产、经营质量管理规范的，给予警告，责令其限期改正；逾期不改正的，责令停止兽药研究试验、生产、经营活动，并处5万元以下罚款；情节严重的，吊销兽药生产许可证、兽药经营许可证；给他人造成损失的，依法承担赔偿责任。

违反本条例规定，研制新兽药不具备规定的条件擅自使用一类病原微生物或者在实验室阶段前未经批准的，责令其停止实验，并处5万元以上10万元以下罚款；构成犯罪的，依法追究刑事责任；给他人造成损失的，依法承担赔偿责任。

第六十条 违反本条例规定，兽药的标签和说明书未经批准的，责令其限期改正；逾期不改正的，按照生产、经营假兽药处罚；有兽药产品批准文号的，撤销兽药产品批准文号；给他人造成损失的，依法承担赔偿责任。

兽药包装上未附有标签和说明书，或者标签和说明书与批准的内容不一致的，责令其限期改正；情节严重的，依照前款规定处罚。

第六十一条 违反本条例规定，境外企业在中国直接销售兽药的，责令其限期改正，没收直接销售的兽药和违法所得，并处5万元以上10万元以下罚款；情节严重的，吊销进口兽药注册证书；给他人造成损失的，依法承担赔偿责任。

第六十二条 违反本条例规定，未按照国家有关兽药安全使用规定使用兽药的、未建立用药记录或者记录不完整真实的，或者使用禁止使用的药品和其他化合物的，或者将人用药品用于动物的，责令其立即改正，并对饲喂了违禁药物及其他化合物的动物及其产品进行无害化处理；对违法单位处1万元以上5万元以下罚款；给他人造成损失的，依法承担赔偿责任。

第六十三条 违反本条例规定，销售尚在用药期、休药期内的动物及其产品用于食品消费的，或者销售含有违禁药物和兽药残留超标的动物产品用于食品消费的，责令其对含有违禁药物和兽药残留超标的动物产品进行无害化处理，没收违法所得，并处3万元以上10万元以下罚款；构成犯罪的，依法追究刑事责任；给他人造成损失的，依法承担赔偿责任。

第六十四条 违反本条例规定，擅自转移、使用、销毁、销售被查封或者扣押的兽药及有关材料的，责令其停止违法行为，给予警告，并处5万元以上10万元以下罚款。

第六十五条 违反本条例规定，兽药生产企业、经营企业、兽药使用单位和开具处方的兽医人员发现可能与兽药使用有关的严重不良反应，不向所在地人民政府兽医行政管理部门报告的，给予警告，并处5000元以上1万元以下罚款。

生产企业在新兽药监测期内不收集或者不及时报送该新兽药的疗效、不良反应等资料的，责令其限期改正，并处1万元以上5万元以下罚款；情节严重的，撤销该新兽药的产品批准文号。

第六十六条 违反本条例规定，未经兽医开具处方销售、购买、使用兽用处方药的，责令其限期改正，没收违法所得，并处5万元以下罚款；给他人造成损失的，依法承担赔偿责任。

第六十七条 违反本条例规定，兽药生产、经营企业把原料药销售给兽药生产企业以外的单位和个人的，或者兽药经营企业拆零销售原料药的，责令其立即改正，给予警告，没收违法所得，并处2万元以上5万元以下罚款；情节严重的，吊销兽药生产许可证、兽药经营许可证；给他人造成损失的，依法承担赔偿责任。

第六十八条 违反本条例规定，在饲料和动物饮用水中添加激素类药品和国务院兽医行政管理部门规定的其他禁用药品，依照《饲料和饲料添加剂管理条例》的有关规定处罚；直接将原料药添加到饲料及动物饮用水中，或者饲喂动物的，责令其立即改正，并处1万元以上3万元以下罚款；给他人造成损失的，依法承担赔偿责任。

第六十九条 有下列情形之一的，撤销兽药的产品批准文号或者吊销进口兽药注册证书：

（一）抽查检验连续2次不合格的；

（二）药效不确定、不良反应大以及可能对养殖业、人体健康造成危害或者存在潜在风险的；

（三）国务院兽医行政管理部门禁止生产、经营和使用的兽药。

被撤销产品批准文号或者被吊销进口兽药注册证书的兽药，不得继续生产、进口、经营和使用。已经生产、进口的，由所在地兽医行政管理部门监督销毁，所需费用由违法行为人承担；给他人造成损失的，依法承担赔偿责任。

第七十条 本条例规定的行政处罚由县级以上人民政府兽医行政管理部门决定；其中吊销兽药生产许可证、兽药经营许可证、撤销兽药批准证明文件或者责令停止兽药研究试验的，由原发证、批准部门决定。

上级兽医行政管理部门对下级兽医行政管理部门违反本条例的行政行为，应当责令限期改正；逾期不改正的，有权予以改变或者撤销。

第七十一条 本条例规定的货值金额以违法生产、经营兽药的标价计算；没有标价的，按照同类兽药的市场价格计算。

第九章 附则

第七十二条 本条例下列用语的含义是：

（一）兽药，是指用于预防、治疗、诊断动物疾病或者有目的地调节动物生理机能的物质（含药物饲料添加剂），主要包括：血清制品、疫苗、诊断制品、微生态制品、中药材、中成药、化学药品、抗生素、生化药品、放射性药品及外用杀虫剂、消毒剂等。

（二）兽用处方药，是指凭兽医处方方可购买和使用的兽药。

（三）兽用非处方药，是指由国务院兽医行政管理部门公布的、不需要凭兽医处方就可以自行购买并按照说明书使用的兽药。

（四）兽药生产企业，是指专门生产兽药的企业和兼产兽药的企业，包括从事兽药分装的企业。

（五）兽药经营企业，是指经营兽药的专营企业或者兼营企业。

（六）新兽药，是指未曾在中国境内上市销售的兽用药品。

（七）兽药批准证明文件，是指兽药产品批准文号、进口兽药注册证书、允许进口兽用生物制品证明文件、出口兽药证明文件、新兽药注册证书等文件。

第七十三条 兽用麻醉药品、精神药品、毒性药品和放射性药品等特殊药品，依照国家有关规定管理。

第七十四条 水产养殖中的兽药使用、兽药残留检测和监督管理以及水产养殖过程中违法用药的行政处罚，由县级以上人民政府渔业主管部门及其所属的渔政监督管理机构负责。

第七十五条 本条例自2004年11月1日起施行。

农药管理条例

（1997年5月8日中华人民共和国国务院令第216号发布　根据2001年11月29日《国务院关于修改〈农药管理条例〉的决定》修订）

第一章 总则

第一条 为了加强对农药生产、经营和使用的监督管理，保证农药质量，保护农业、林业生产和生态环境，维护人畜安全，制定本条例。

第二条 本条例所称农药，是指用于预防、消灭或者控制危害农业、林业的病、虫、草和其他有害生物以及有目的地调节植物、昆虫生长的化学合成或者来源于生物、其他天然物质的一种物质或者几种物质的混合物及其制剂。

前款农药包括用于不同目的、场所的下列各类：

（一）预防、消灭或者控制危害农业、林业的病、虫（包括昆虫、蜱、螨）、草和鼠、软体动物等有害生物的；

（二）预防、消灭或者控制仓储病、虫、鼠和其他有害生物的；

（三）调节植物、昆虫生长的；

（四）用于农业、林业产品防腐或者保鲜的；

（五）预防、消灭或者控制蚊、蝇、蜚蠊、鼠和其他有害生物的；

（六）预防、消灭或者控制危害河流堤坝、铁路、机场、建筑物和其他场所的有害生物的。

第三条 在中华人民共和国境内生产、经营和使用农药的，应当遵守本条例。

第四条 国家鼓励和支持研制、生产和使用安全、高效、经济的农药。

第五条 国务院农业行政主管部门负责全国的农药登记和农药监督管理工作。省、自治区、直辖市人民政府农业行政主管部门协助国务院农业行政主管部门做好本行政区域内的农药登记，并负责本行政区域内的农药监督管理工作。县级人民政府和设区的市、自治州人民政府的农业行政主管部门负责本行政区域内的农药监督管理工作。

县级以上各级人民政府其他有关部门在各自的职责范围内负责有关的农药监督管理工作。

第二章　农药登记

第六条　国家实行农药登记制度。

生产（包括原药生产、制剂加工和分装，下同）农药和进口农药，必须进行登记。

第七条　国内首次生产的农药和首次进口的农药的登记，按照下列三个阶段进行：

（一）田间试验阶段：申请登记的农药，由其研制者提出田间试验申请，经批准，方可进行田间试验；田间试验阶段的农药不得销售。

（二）临时登记阶段：田间试验后，需要进行田间试验示范、试销的农药以及在特殊情况下需要使用的农药，由其生产者申请临时登记，经国务院农业行政主管部门发给农药临时登记证后，方可在规定的范围内进行田间试验示范、试销。

（三）正式登记阶段：经田间试验示范、试销可以作为正式商品流通的农药，由其生产者申请正式登记，经国务院农业行政主管部门发给农药登记证后，方可生产、销售。

农药登记证和农药临时登记证应当规定登记有效期限；登记有效期限届满，需要继续生产或者继续向中国出售农药产品的，应当在登记有效期限届满前申请续展登记。

经正式登记和临时登记的农药，在登记有效期限内改变剂型、含量或者使用范围、使用方法的，应当申请变更登记。

第八条　依照本条例第七条的规定申请农药登记时，其研制者、生产者或者向中国出售农药的外国企业应当向国务院农业行政主管部门或者经由省、自治区、直辖市人民政府农业行政主管部门向国务院农业行政主管部门提供农药样品，并按照国务院农业行政主管部门规定的农药登记要求，提供农药的产品化学、毒理学、药效、残留、环境影响、标签等方面的资料。

国务院农业行政主管部门所属的农药检定机构负责全国的农药具体登记工作。省、自治区、直辖市人民政府农业行政主管部门所属的农药检定机构协助做好本行政区域内的农药具体登记工作。

第九条　国务院农业、林业、工业产品许可管理、卫生、环境保护、粮食部门和全国供销合作总社等部门推荐的农药管理专家和农药技术专家，组成农药登记评审委员会。

农药正式登记的申请资料分别经国务院农业、工业产品许可管理、卫生、环境保护部门和全国供销合作总社审查并签署意见后，由农药登记评审委员会对农药的产品化学、毒理学、药效、残留、环境影响等作出评价。根据农药登记评审委员会的评价，符合条件的，由国务院农业行政主管部门发给农药登记证。

第十条　国家对获得首次登记的、含有新化合物的农药的申请人提交的其自己所取得且未披露的试验数据和其他数据实施保护。

自登记之日起6年内，对其他申请人未经已获得登记的申请人同意，使用前款数据申请农药登记的，登记机关不予登记；但是，其他申请人提交其自己所取得的数据的除外。

除下列情况外，登记机关不得披露第一款规定的数据：

（一）公共利益需要；

（二）已采取措施确保该类信息不会被不正当地进行商业使用。

第十一条　生产其他厂家已经登记的相同农药产品的，其生产者应当申请办理农药登记，提供农药样品和本条例第八条规定的资料，由国务院农业行政主管部门发给农药登记证。

第三章　农药生产

第十二条　农药生产应当符合国家农药工业的产业政策。

第十三条　开办农药生产企业（包括联营、设立分厂和非农药生产企业设立农药生产车间），应当具备下列条件，并经企业所在地的省、自治区、直辖市工业产品许可管理部门审核同意后，报国务院工业产品许可管理部门批准；但是，法律、行政法规对企业设立的条件和审核或者批准机关另有规定的，从其规定：

（一）有与其生产的农药相适应的技术人员和技术工人；

（二）有与其生产的农药相适应的厂房、生产设施和卫生环境；

（三）有符合国家劳动安全、卫生标准的设施和相应的劳动安全、卫生管理制度；

（四）有产品质量标准和产品质量保证体系；

（五）所生产的农药是依法取得农药登记的农药；

（六）有符合国家环境保护要求的污染防治设施和措施，并且污染物排放不超过国家和地方规定的排放标准。

农药生产企业经批准后，方可依法向工商行政管理机关申请领取营业执照。

第十四条 国家实行农药生产许可制度。

生产有国家标准或者行业标准的农药的，应当向国务院工业产品许可管理部门申请农药生产许可证。

生产尚未制定国家标准、行业标准但已有企业标准的农药的，应当经省、自治区、直辖市工业产品许可管理部门审核同意后，报国务院工业产品许可管理部门批准，发给农药生产批准文件。

第十五条 农药生产企业应当按照农药产品质量标准、技术规程进行生产，生产记录必须完整、准确。

第十六条 农药产品包装必须贴有标签或者附具说明书。标签应当紧贴或者印制在农药包装物上。标签或者说明书上应当注明农药名称、企业名称、产品批号和农药登记证号或者农药临时登记证号、农药生产许可证号或者农药生产批准文件号以及农药的有效成份、含量、重量、产品性能、毒性、用途、使用技术、使用方法、生产日期、有效期和注意事项等；农药分装的，还应当注明分装单位。

第十七条 农药产品出厂前，应当经过质量检验并附具产品质量检验合格证；不符合产品质量标准的，不得出厂。

第四章 农药经营

第十八条 下列单位可以经营农药：

（一）供销合作社的农业生产资料经营单位；

（二）植物保护站；

（三）土壤肥料站；

（四）农业、林业技术推广机构；

（五）森林病虫害防治机构；

（六）农药生产企业；

（七）国务院规定的其他经营单位。

经营的农药属于化学危险物品的，应当按照国家有关规定办理经营许可证。

第十九条 农药经营单位应当具备下列条件和有关法律、行政法规规定的条件，并依法向工商行政管理机关申请领取营业执照后，方可经营农药：

（一）有与其经营的农药相适应的技术人员；

（二）有与其经营的农药相适应的营业场所、设备、仓储设施、安全防护措施和环境污染防治设施、措施；

（三）有与其经营的农药相适应的规章制度；

（四）有与其经营的农药相适应的质量管理制度和管理手段。

第二十条 农药经营单位购进农药，应当将农药产品与产品标签或者说明书、产品质量合格证核对无误，并进行质量检验。

禁止收购、销售无农药登记证或者农药临时登记证、无农药生产许可证或者农药生产批准文件、无产品质量标准和产品质量合格证和检验不合格的农药。

第二十一条 农药经营单位应当按照国家有关规定做好农药储备工作。

贮存农药应当建立和执行仓储保管制度，确保农药产品的质量和安全。

第二十二条 农药经营单位销售农药，必须保证质量，农药产品与产品标签或者说明书、产品质量合格证应当核对无误。

农药经营单位应当向使用农药的单位和个人正确说明农药的用途、使用方法、用量、中毒急救措施和注意事项。

第二十三条 超过产品质量保证期限的农药产品，经省级以上人民政府农业行政主管部门所属的农药检定机构检验，符合标准的，可以在规定期限内销售；但是，必须注明“过期农药”字样，并附具使用方法和用量。

第五章 农药使用

第二十四条 县级以上各级人民政府农业行政主管部门应当根据“预防为主，综合防治”的植保方针，组织推广安全、高效农药，开展培训活动，提高农民施药技术水平，并做好病虫害预测预报工作。

第二十五条 县级以上地方各级人民政府农业行政主管部门应当加强对安全、合理使用农药的指导，根据本地区农业病、虫、草、鼠害发生情况，制定农药轮换使用规划，有计划地轮换使用农药，减缓病、虫、草、鼠的抗药性，提高防治效果。

第二十六条 使用农药应当遵守农药防毒规程，正确配药、施药，做好废弃物处理和安全防护工作，防止农药污染环境和农药中毒事故。

第二十七条 使用农药应当遵守国家有关农药安全、合理使用的规定，按照规定的用药量、用药次数、用药方法和安全间隔期施药，防止污染农副产品。

剧毒、高毒农药不得用于防治卫生害虫，不得用于蔬菜、瓜果、茶叶和中草药材。

第二十八条 使用农药应当注意保护环境、有益生物和珍稀物种。

严禁用农药毒鱼、虾、鸟、兽等。

第二十九条 林业、粮食、卫生行政部门应当加强对林业、储粮、卫生用农药的安全、合理使用的指导。

第六章 其他规定

第三十条 任何单位和个人不得生产未取得农药生产许可证或者农药生产批准文件的农药。

任何单位和个人不得生产、经营、进口或者使用未取得农药登记证或者农药临时登记证的农药。

进口农药应当遵守国家有关规定，货主或者其代理人应当向海关出示其取得的中国农药登记证或者农药临时登记证。

第三十一条 禁止生产、经营和使用假农药。

下列农药为假农药：

（一）以非农药冒充农药或者以此种农药冒充他种农药的；

（二）所含有效成份的种类、名称与产品标签或者说明书上注明的农药有效成份的种类、名称不符的。

第三十二条 禁止生产、经营和使用劣质农药。

下列农药为劣质农药：

（一）不符合农药产品质量标准的；

（二）失去使用效能的；

（三）混有导致药害等有害成份的。

第三十三条 禁止经营产品包装上未附标签或者标签残缺不清的农药。

第三十四条 未经登记的农药，禁止刊登、播放、设置、张贴广告。

农药广告内容必须与农药登记的内容一致，并依照广告法和国家有关农药广告管理的规定接受审查。

第三十五条 经登记的农药，在登记有效期内发现对农业、林业、人畜安全、生态环境有严重危害的，经农药登记评审委员会审议，由国务院农业行政主管部门宣布限制使用或者撤销登记。

第三十六条 任何单位和个人不得生产、经营和使用国家明令禁止生产或者撤销登记的农药。

第三十七条 县级以上各级人民政府有关部门应当做好农副产品中农药残留量的检测工作，并公布检测结果。

第三十八条 禁止销售农药残留量超过标准的农副产品。

第三十九条 处理假农药、劣质农药、过期报废农药、禁用农药、废弃农药包装和其他含农药的废弃物，必须严格遵守环境保护法律、法规的有关规定，防止污染环境。

第七章 罚则

第四十条 有下列行为之一的，依照刑法关于非法经营罪或者危险物品肇事罪的规定，依法追究刑事责任；尚不够刑事处罚的，由农业行政主管部门按照以下规定给予处罚：

（一）未取得农药登记证或者农药临时登记证，擅自生产、经营农药的，或者生产、经营已撤销登记的农药的，责令停止生产、经营，没收违法所得，并处违法所得1倍以上10倍以下的罚款；没有违法所得的，并处10万元以下的罚款；

（二）农药登记证或者农药临时登记证有效期限届满未办理续展登记，擅自继续生产该农药的，责令限期补办续展手续，没收违法所得，可以并处违法所得5倍以下的罚款；没有违法所得的，可以并处5万元以下的罚款；逾期不补办的，由原发证机关责令停止生产、经营，吊销农药登记证或者农药临时登记证；

（三）生产、经营产品包装上未附标签、标签残缺不清或者擅自修改标签内容的农药产品的，给予警告，没收违法所得，可以并处违法所得3倍以下的罚款；没有违法所得的，可以并处3万元以下的罚款；

（四）不按照国家有关农药安全使用的规定使用农药的，根据所造成的危害后果，给予警告，可以并处3万元以下的罚款。

第四十一条 有下列行为之一的，由省级以上人民政府工业产品许可管理部门按照以下规定给予处罚：

（一）未经批准，擅自开办农药生产企业的，或者未取得农药生产许可证或者农药生产批准文件，擅自生产农药的，责令停止生产，没收违法所得，并处违法所得1倍以上10倍以下的罚款；没有违法所得的，并处10万元以下的罚款；

（二）未按照农药生产许可证或者农药生产批准文件的规定，擅自生产农药的，责令停止生产，没收违法所得，并处违法所得1倍以上5倍以下的罚款；没有违法所得的，并处5万元以下的罚款；情节严重的，由原发证机关吊销农药生产许可证或者农药生产批准文件。

第四十二条 假冒、伪造或者转让农药登记证或者农药临时登记证、农药登记证号或者农药临时登记证号、农药生产许可证或者农药生产批准文件、农药生产许可证号或者农药生产批准文件号的，依照刑法关于非法经营罪或者伪造、变造、买卖国家机关公文、证件、印章罪的规定，依法追究刑事责任；尚不够刑事处罚的，由农业行政主管部门收缴或者吊销农药登记证或者农药临时登记证，由工业产品许可管理部门收缴或者吊销农药生产许可证或者农药生产批准文件，由农业行政主管部门或者工业产品许可管理部门没收违法所得，可以并处违法所得10倍以下的罚款；没有违法所得的，可以并处10万元以下的罚款。

第四十三条 生产、经营假农药、劣质农药的，依照刑法关于生产、销售伪劣产品罪或者生产、销售伪劣农药罪的规定，依法追究刑事责任；尚不够刑事处罚的，由农业行政主管部门或者法律、行政法规规定的其他有关部门没收假农药、劣质农药和违法所得，并处违法所得1倍以上10倍以下的罚款；没有违法所得的，并处10万元以下的罚款；情节严重的，由农业行政主管部门吊销农药登记证或者农药临时登记证，由工业产品许可管理部门吊销农药生产许可证或者农药生产批准文件。

第四十四条 违反工商行政管理法律、法规，生产、经营农药的，或者违反农药广告管理规定的，依照刑法关于非法经营罪或者虚假广告罪的规定，依法追究刑事责任；尚不够刑事处罚的，由工商行政管理机关依照有关法律、法规的规定给予处罚。

第四十五条 违反本条例规定，造成农药中毒、环境污染、药害等事故或者其他经济损失的，应当依法赔偿。

第四十六条 违反本条例规定，在生产、储存、运输、使用农药过程中发生重大事故的，对直接负责的主管人员和其他直接责任人员，依照刑法关于危险物品肇事罪的规定，依法追究刑事责任；尚不够刑事处罚的，依法给予行政处分。

第四十七条 农药管理工作人员滥用职权、玩忽职守、徇私舞弊、索贿受贿的，依照刑法关于滥用职权罪、玩忽职守罪或者受贿罪的规定，依法追究刑事责任；尚不够刑事处罚的，依法给予行政处分。

第八章 附则

第四十八条 中华人民共和国缔结或者参加的与农药有关的国际条约与本条例有不同规定的，适用国际条约的规定；但是，中华人民共和国声明保留的条款除外。

第四十九条 本条例自1997年5月8日起施行。

饲料和饲料添加剂管理条例

（1999年5月29日中华人民共和国国务院令第266号发布 根据2001年11月29日《国务院关于修改〈饲料和饲料添加剂管理条例〉的决定》第一次修订 2011年10月26日国务院第177次常务会议修订通过 根据2013年12月7日国务院令第645号公布《国务院关于修改部分行政法规的决定》第二次修订）

第一章 总则

第一条 为了加强对饲料、饲料添加剂的管理，提高饲料、饲料添加剂的质量，保障动物产品质量安全，维护公众健康，制定本条例。

第二条 本条例所称饲料，是指经工业化加工、制作的供动物食用的产品，包括单一饲料、添加剂预混合饲料、浓缩饲料、配合饲料和精料补充料。

本条例所称饲料添加剂，是指在饲料加工、制作、使用过程中添加的少量或者微量物质，包括营养性饲料添加剂和一般饲料添加剂。

饲料原料目录和饲料添加剂品种目录由国务院农业行政主管部门制定并公布。

第三条 国务院农业行政主管部门负责全国饲料、饲料添加剂的监督管理工作。

县级以上地方人民政府负责饲料、饲料添加剂管理的部门（以下简称饲料管理部门），负责本行政区域饲料、饲料添加剂的监督管理工作。

第四条 县级以上地方人民政府统一领导本行政区域饲料、饲料添加剂的监督管理工作，建立健全监督管理机制，保障监督管理工作的开展。

第五条 饲料、饲料添加剂生产企业、经营者应当建立健全质量安全制度，对其生产、经营的饲料、饲料添加剂的质量安全负责。

第六条 任何组织或者个人有权举报在饲料、饲料添加剂生产、经营、使用过程中违反本条例的行为，有权对饲料、饲料添加剂监督管理工作提出意见和建议。

第二章 审定和登记

第七条 国家鼓励研制新饲料、新饲料添加剂。

研制新饲料、新饲料添加剂，应当遵循科学、安全、有效、环保的原则，保证新饲料、新饲料添加剂的质量安全。

第八条 研制的新饲料、新饲料添加剂投入生产前，研制者或者生产企业应当向国务院农业行政主管部门提出审定申请，并提供该新饲料、新饲料添加剂的样品和下列资料：

（一）名称、主要成分、理化性质、研制方法、生产工艺、质量标准、检测方法、检验报告、稳定性试验报告、环境影响报告和污染防治措施；

（二）国务院农业行政主管部门指定的试验机构出具的该新饲料、新饲料添加剂的饲喂效果、残留消解动态以及毒理学安全性评价报告。

申请新饲料添加剂审定的，还应当说明该新饲料添加剂的添加目的、使用方法，并提供该饲料添加剂残留可能对人体健康造成影响的分析评价报告。

第九条 国务院农业行政主管部门应当自受理申请之日起5个工作日内，将新饲料、新饲料添加剂的样品和申请资料交全国饲料评审委员会，对该新饲料、新饲料添加剂的安全性、有效性及其对环境的影响进行评审。

全国饲料评审委员会由养殖、饲料加工、动物营养、毒理、药理、代谢、卫生、化工合成、生物技术、质量标准、环境保护、食品安全风险评估等方面的专家组成。全国饲料评审委员会对新饲料、新饲料添加剂的评审采取评审会议的形式，评审会议应当有9名以上全国饲料评审委员会专家参加，根据需要也可以邀请1至2名全国饲料评审委员会专家以外的专家参加，参加评审的专家对评审事项具有表决权。评审会议应当形成评审意见和会议纪要，并由参加评审的专家审核签字；有不同意见的，应当注明。参加评审的专家应当依法公平、公正履行职责，对评审资料保密，存在回避事由的，应当主动回避。

全国饲料评审委员会应当自收到新饲料、新饲料添加剂的样品和申请资料之日起9个月内出具评审结果并提交国务院农业行政主管部门；但是，全国饲料评审委员会决定由申请人进行相关试验的，经国务院农业行政主管部门同意，评审时间可以延长3个月。

国务院农业行政主管部门应当自收到评审结果之日起10个工作日内作出是否核发新饲料、新饲料添加剂证书的决定；决定不予核发的，应当书面通知申请人并说明理由。

第十条 国务院农业行政主管部门核发新饲料、新饲料添加剂证书，应当同时按照职责权限公布该新饲料、新饲料添加剂的产品质量标准。

第十一条 新饲料、新饲料添加剂的监测期为5年。新饲料、新饲料添加剂处于监测期的，不受理其他就该新饲料、新饲料添加剂的生产申请和进口登记申请，但超过3年不投入生产的除外。

生产企业应当收集处于监测期的新饲料、新饲料添加剂的质量稳定性及其对动物产品质量安全的影响等信息，并向国务院农业行政主管部门报告；国务院农业行政主管部门应当对新饲料、新饲料添加剂的质量安全状况组织跟踪监测，证实其存在安全问题的，应当撤销新饲料、新饲料添加剂证书并予以公告。

第十二条 向中国出口中国境内尚未使用但出口国已经批准生产和使用的饲料、饲料添加剂的，应当委托中国境内代理机构向国务院农业行政主管部门申请登记，并提供该饲料、饲料添加剂的样品和下列资料：

（一）商标、标签和推广应用情况；

（二）生产地批准生产、使用的证明和生产地以外其他国家、地区的登记资料；

（三）主要成分、理化性质、研制方法、生产工艺、质量标准、检测方法、检验报告、稳定性试验报告、环境影响报告和污染防治措施；

（四）国务院农业行政主管部门指定的试验机构出具的该饲料、饲料添加剂的饲喂效果、残留消解动态以及毒理学安全性评价报告。

申请饲料添加剂进口登记的，还应当说明该饲料添加剂的添加目的、使用方法，并提供该饲料添加剂残留可能对人体健康造成影响的分析评价报告。

国务院农业行政主管部门应当依照本条例第九条规定的新饲料、新饲料添加剂的评审程序组织评审，并决定是否核发饲料、饲料添加剂进口登记证。

首次向中国出口中国境内已经使用且出口国已经批准生产和使用的饲料、饲料添加剂的，应当依照本条第一款、第二款的规定申请登记。国务院农业行政主管部门应当自受理申请之日起10个工作日内对申请资料进行审查；审查合格的，将样品交由指定的机构进行复核检测；复核检测合格的，国务院农业行政主管部门应当在10个工作日内核发饲料、饲料添加剂进口登记证。

饲料、饲料添加剂进口登记证有效期为5年。进口登记证有效期满需要继续向中国出口饲料、饲料添加剂的，应当在有效期届满6个月前申请续展。

禁止进口未取得饲料、饲料添加剂进口登记证的饲料、饲料添加剂。

第十三条 国家对已经取得新饲料、新饲料添加剂证书或者饲料、饲料添加剂进口登记证的、含有新化合物的饲料、饲料添加剂的申请人提交的其自己所取得且未披露的试验数据和其他数据实施保护。

自核发证书之日起6年内，对其他申请人未经已取得新饲料、新饲料添加剂证书或者饲料、饲料添加剂进口登记证的申请人同意，使用前款规定的数据申请新饲料、新饲料添加剂审定或者饲料、饲料添加剂进口登记的，国务院农业行政主管部门不予审定或者登记；但是，其他申请人提交其自己所取得的数据的除外。

除下列情形外，国务院农业行政主管部门不得披露本条第一款规定的数据：

（一）公共利益需要；

（二）已采取措施确保该类信息不会被不正当地进行商

业使用。

第三章 生产、经营和使用

第十四条 设立饲料、饲料添加剂生产企业，应当符合饲料工业发展规划和产业政策，并具备下列条件：

（一）有与生产饲料、饲料添加剂相适应的厂房、设备和仓储设施；

（二）有与生产饲料、饲料添加剂相适应的专职技术人员；

（三）有必要的产品质量检验机构、人员、设施和质量管理制度；

（四）有符合国家规定的安全、卫生要求的生产环境；

（五）有符合国家环境保护要求的污染防治措施；

（六）国务院农业行政主管部门制定的饲料、饲料添加剂质量安全管理规范规定的其他条件。

第十五条 申请设立饲料、饲料添加剂生产企业，申请人应当向省、自治区、直辖市人民政府饲料管理部门提出申请。省、自治区、直辖市人民政府饲料管理部门应当自受理申请之日起 10 个工作日内进行书面审查；审查合格的，组织进行现场审核，并根据审核结果在 10 个工作日内作出是否核发生产许可证的决定。

申请人凭生产许可证办理工商登记手续。

生产许可证有效期为 5 年。生产许可证有效期满需要继续生产饲料、饲料添加剂的，应当在有效期届满 6 个月前申请续展。

第十六条 饲料添加剂、添加剂预混合饲料生产企业取得生产许可证后，由省、自治区、直辖市人民政府饲料管理部门按照国务院农业行政主管部门的规定，核发相应的产品批准文号。

第十七条 饲料、饲料添加剂生产企业应当按照国务院农业行政主管部门的规定和有关标准，对采购的饲料原料、单一饲料、饲料添加剂、药物饲料添加剂、添加剂预混合饲料和用于饲料添加剂生产的原料进行查验或者检验。

饲料生产企业使用限制使用的饲料原料、单一饲料、饲料添加剂、药物饲料添加剂、添加剂预混合饲料生产饲料的，应当遵守国务院农业行政主管部门的限制性规定。禁止使用国务院农业行政主管部门公布的饲料原料目录、饲料添加剂品种目录和药物饲料添加剂品种目录以外的任何物质生产饲料。

饲料、饲料添加剂生产企业应当如实记录采购的饲料原料、单一饲料、饲料添加剂、药物饲料添加剂、添加剂预混合饲料和用于饲料添加剂生产的原料的名称、产地、数量、保质期、许可证明文件编号、质量检验信息、生产企业名称或者供货者名称及其联系方式、进货日期等。记录保存期限不得少于 2 年。

第十八条 饲料、饲料添加剂生产企业，应当按照产品质量标准以及国务院农业行政主管部门制定的饲料、饲料添加剂质量安全管理规范和饲料添加剂安全使用规范组织生产，对生产过程实施有效控制并实行生产记录和产品留样观察制度。

第十九条 饲料、饲料添加剂生产企业应当对生产的饲料、饲料添加剂进行产品质量检验；检验合格的，应当附具产品质量检验合格证。未经产品质量检验、检验不合格或者未附具产品质量检验合格证的，不得出厂销售。

饲料、饲料添加剂生产企业应当如实记录出厂销售的饲料、饲料添加剂的名称、数量、生产日期、生产批次、质量检验信息、购货者名称及其联系方式、销售日期等。记录保存期限不得少于 2 年。

第二十条 出厂销售的饲料、饲料添加剂应当包装，包装应当符合国家有关安全、卫生的规定。

饲料生产企业直接销售给养殖者的饲料可以使用罐装车运输。罐装车应当符合国家有关安全、卫生的规定，并随罐装车附具符合本条例第二十一条规定的标签。

易燃或者其他特殊的饲料、饲料添加剂的包装应当有警示标志或者说明，并注明储运注意事项。

第二十一条 饲料、饲料添加剂的包装上应当附具标签。标签应当以中文或者适用符号标明产品名称、原料组成、产品成分分析保证值、净重或者净含量、贮存条件、使用说明、注意事项、生产日期、保质期、生产企业名称以及地址、许可证明文件编号和产品质量标准等。加入药物饲料添加剂的，还应当标明“加入药物饲料添加剂”字样，并标明其通用名称、含量和休药期。乳和乳制品以外的动物源性饲料，还应当标明“本产品不得饲喂反刍动物”字样。

第二十二条 饲料、饲料添加剂经营者应当符合下列条件：

（一）有与经营饲料、饲料添加剂相适应的经营场所和仓储设施；

（二）有具备饲料、饲料添加剂使用、贮存等知识的技术人员；

（三）有必要的产品质量管理和安全管理制度。

第二十三条 饲料、饲料添加剂经营者进货时应当查验产品标签、产品质量检验合格证和相应的许可证明文件。

饲料、饲料添加剂经营者不得对饲料、饲料添加剂进行拆包、分装，不得对饲料、饲料添加剂进行再加工或者添加

任何物质。

禁止经营用国务院农业行政主管部门公布的饲料原料目录、饲料添加剂品种目录和药物饲料添加剂品种目录以外的任何物质生产的饲料。

饲料、饲料添加剂经营者应当建立产品购销台账，如实记录购销产品的名称、许可证明文件编号、规格、数量、保质期、生产企业名称或者供货者名称及其联系方式、购销时间等。购销台账保存期限不得少于2年。

第二十四条 向中国出口的饲料、饲料添加剂应当包装，包装应当符合中国有关安全、卫生的规定，并附具符合本条例第二十一条规定的标签。

向中国出口的饲料、饲料添加剂应当符合中国有关检验检疫的要求，由出入境检验检疫机构依法实施检验检疫，并对其包装和标签进行核查。包装和标签不符合要求的，不得入境。

境外企业不得直接在中国销售饲料、饲料添加剂。境外企业在中国销售饲料、饲料添加剂的，应当依法在中国境内设立销售机构或者委托符合条件的中国境内代理机构销售。

第二十五条 养殖者应当按照产品使用说明和注意事项使用饲料。在饲料或者动物饮用水中添加饲料添加剂的，应当符合饲料添加剂使用说明和注意事项的要求，遵守国务院农业行政主管部门制定的饲料添加剂安全使用规范。

养殖者使用自行配制的饲料的，应当遵守国务院农业行政主管部门制定的自行配制饲料使用规范，并不得对外提供自行配制的饲料。

使用限制使用的物质养殖动物的，应当遵守国务院农业行政主管部门的限制性规定。禁止在饲料、动物饮用水中添加国务院农业行政主管部门公布禁用的物质以及对人体具有直接或者潜在危害的其他物质，或者直接使用上述物质养殖动物。禁止在反刍动物饲料中添加乳和乳制品以外的动物源性成分。

第二十六条 国务院农业行政主管部门和县级以上地方人民政府饲料管理部门应当加强饲料、饲料添加剂质量安全知识的宣传，提高养殖者的质量安全意识，指导养殖者安全、合理使用饲料、饲料添加剂。

第二十七条 饲料、饲料添加剂在使用过程中被证实对养殖动物、人体健康或者环境有害的，由国务院农业行政主管部门决定禁用并予以公布。

第二十八条 饲料、饲料添加剂生产企业发现其生产的饲料、饲料添加剂对养殖动物、人体健康有害或者存在其他安全隐患的，应当立即停止生产，通知经营者、使用者，向饲料管理部门报告，主动召回产品，并记录召回和通知情况。召回的产品应当在饲料管理部门监督下予以无害化处理或者销毁。

饲料、饲料添加剂经营者发现其销售的饲料、饲料添加剂具有前款规定情形的，应当立即停止销售，通知生产企业、供货者和使用者，向饲料管理部门报告，并记录通知情况。

养殖者发现其使用的饲料、饲料添加剂具有本条第一款规定情形的，应当立即停止使用，通知供货者，并向饲料管理部门报告。

第二十九条 禁止生产、经营、使用未取得新饲料、新饲料添加剂证书的新饲料、新饲料添加剂以及禁用的饲料、饲料添加剂。

禁止经营、使用无产品标签、无生产许可证、无产品质量标准、无产品质量检验合格证的饲料、饲料添加剂。禁止经营、使用无产品批准文号的饲料添加剂、添加剂预混合饲料。禁止经营、使用未取得饲料、饲料添加剂进口登记证的进口饲料、进口饲料添加剂。

第三十条 禁止对饲料、饲料添加剂作具有预防或者治疗动物疾病作用的说明或者宣传。但是，饲料中添加药物饲料添加剂的，可以对所添加的药物饲料添加剂的作用加以说明。

第三十一条 国务院农业行政主管部门和省、自治区、直辖市人民政府饲料管理部门应当按照职责权限对全国或者本行政区域饲料、饲料添加剂的质量安全状况进行监测，并根据监测情况发布饲料、饲料添加剂质量安全预警信息。

第三十二条 国务院农业行政主管部门和县级以上地方人民政府饲料管理部门，应当根据需要定期或者不定期组织实施饲料、饲料添加剂监督抽查；饲料、饲料添加剂监督抽查检测工作由国务院农业行政主管部门或者省、自治区、直辖市人民政府饲料管理部门指定的具有相应技术条件的机构承担。饲料、饲料添加剂监督抽查不得收费。

国务院农业行政主管部门和省、自治区、直辖市人民政府饲料管理部门应当按照职责权限公布监督抽查结果，并可以公布具有不良记录的饲料、饲料添加剂生产企业、经营者名单。

第三十三条 县级以上地方人民政府饲料管理部门应当建立饲料、饲料添加剂监督管理档案，记录日常监督检查、违法行为查处等情况。

第三十四条 国务院农业行政主管部门和县级以上地方人民政府饲料管理部门在监督检查中可以采取下列措施：

（一）对饲料、饲料添加剂生产、经营、使用场所实施现场检查；

（二）查阅、复制有关合同、票据、账簿和其他相关资料；

（三）查封、扣押有证据证明用于违法生产饲料的饲料原料、单一饲料、饲料添加剂、药物饲料添加剂、添加剂预混合饲料，用于违法生产饲料添加剂的原料，用于违法生产饲料、饲料添加剂的工具、设施，违法生产、经营、使用的饲料、饲料添加剂；

（四）查封违法生产、经营饲料、饲料添加剂的场所。

第四章　法律责任

第三十五条　国务院农业行政主管部门、县级以上地方人民政府饲料管理部门或者其他依照本条例规定行使监督管理权的部门及其工作人员，不履行本条例规定的职责或者滥用职权、玩忽职守、徇私舞弊的，对直接负责的主管人员和其他直接责任人员，依法给予处分；直接负责的主管人员和其他直接责任人员构成犯罪的，依法追究刑事责任。

第三十六条　提供虚假的资料、样品或者采取其他欺骗方式取得许可证明文件的，由发证机关撤销相关许可证明文件，处5万元以上10万元以下罚款，申请人3年内不得就同一事项申请行政许可。以欺骗方式取得许可证明文件给他人造成损失的，依法承担赔偿责任。

第三十七条　假冒、伪造或者买卖许可证明文件的，由国务院农业行政主管部门或者县级以上地方人民政府饲料管理部门按照职责权限收缴或者吊销、撤销相关许可证明文件；构成犯罪的，依法追究刑事责任。

第三十八条　未取得生产许可证生产饲料、饲料添加剂的，由县级以上地方人民政府饲料管理部门责令停止生产，没收违法所得、违法生产的产品和用于违法生产饲料的饲料原料、单一饲料、饲料添加剂、药物饲料添加剂、添加剂预混合饲料以及用于违法生产饲料添加剂的原料，违法生产的产品货值金额不足1万元的，并处1万元以上5万元以下罚款，货值金额1万元以上的，并处货值金额5倍以上10倍以下罚款；情节严重的，没收其生产设备，生产企业的主要负责人和直接负责的主管人员10年内不得从事饲料、饲料添加剂生产、经营活动。

已经取得生产许可证，但不再具备本条例第十四条规定的条件而继续生产饲料、饲料添加剂的，由县级以上地方人民政府饲料管理部门责令停止生产、限期改正，并处1万元以上5万元以下罚款；逾期不改正的，由发证机关吊销生产许可证。

已经取得生产许可证，但未取得产品批准文号而生产饲料添加剂、添加剂预混合饲料的，由县级以上地方人民政府饲料管理部门责令停止生产，没收违法所得、违法生产的产品和用于违法生产饲料的饲料原料、单一饲料、饲料添加剂、药物饲料添加剂以及用于违法生产饲料添加剂的原料，限期补办产品批准文号，并处违法生产的产品货值金额1倍以上3倍以下罚款；情节严重的，由发证机关吊销生产许可证。

第三十九条　饲料、饲料添加剂生产企业有下列行为之一的，由县级以上地方人民政府饲料管理部门责令改正，没收违法所得、违法生产的产品和用于违法生产饲料的饲料原料、单一饲料、饲料添加剂、药物饲料添加剂、添加剂预混合饲料以及用于违法生产饲料添加剂的原料，违法生产的产品货值金额不足1万元的，并处1万元以上5万元以下罚款，货值金额1万元以上的，并处货值金额5倍以上10倍以下罚款；情节严重的，由发证机关吊销、撤销相关许可证明文件，生产企业的主要负责人和直接负责的主管人员10年内不得从事饲料、饲料添加剂生产、经营活动；构成犯罪的，依法追究刑事责任：

（一）使用限制使用的饲料原料、单一饲料、饲料添加剂、药物饲料添加剂、添加剂预混合饲料生产饲料，不遵守国务院农业行政主管部门的限制性规定的；

（二）使用国务院农业行政主管部门公布的饲料原料目录、饲料添加剂品种目录和药物饲料添加剂品种目录以外的物质生产饲料的；

（三）生产未取得新饲料、新饲料添加剂证书的新饲料、新饲料添加剂或者禁用的饲料、饲料添加剂的。

第四十条　饲料、饲料添加剂生产企业有下列行为之一的，由县级以上地方人民政府饲料管理部门责令改正，处1万元以上2万元以下罚款；拒不改正的，没收违法所得、违法生产的产品和用于违法生产饲料的饲料原料、单一饲料、饲料添加剂、药物饲料添加剂、添加剂预混合饲料以及用于违法生产饲料添加剂的原料，并处5万元以上10万元以下罚款；情节严重的，责令停止生产，可以由发证机关吊销、撤销相关许可证明文件：

（一）不按照国务院农业行政主管部门的规定和有关标准对采购的饲料原料、单一饲料、饲料添加剂、药物饲料添加剂、添加剂预混合饲料和用于饲料添加剂生产的原料进行查验或者检验的；

（二）饲料、饲料添加剂生产过程中不遵守国务院农业行政主管部门制定的饲料、饲料添加剂质量安全管理规范和饲料添加剂安全使用规范的；

（三）生产的饲料、饲料添加剂未经产品质量检验的。

第四十一条　饲料、饲料添加剂生产企业不依照本条例规定实行采购、生产、销售记录制度或者产品留样观察制度的，由县级以上地方人民政府饲料管理部门责令改正，处1万元以上2万元以下罚款；拒不改正的，没收违法所得、违法生产的产品和用于违法生产饲料的饲料原料、单一饲料、饲料添加剂、药物饲料添加剂、添加剂预混合饲料以及用于违法生产饲料添加剂的原料，处2万元以上5万元以下罚款，并可以由发证机关吊销、撤销相关许可证明文件。

饲料、饲料添加剂生产企业销售的饲料、饲料添加剂未附具产品质量检验合格证或者包装、标签不符合规定的，由县级以上地方人民政府饲料管理部门责令改正；情节严重的，没收违法所得和违法销售的产品，可以处违法销售的产品货值金额30%以下罚款。

第四十二条 不符合本条例第二十二条规定的条件经营饲料、饲料添加剂的，由县级人民政府饲料管理部门责令限期改正；逾期不改正的，没收违法所得和违法经营的产品，违法经营的产品货值金额不足1万元的，并处2000元以上2万元以下罚款，货值金额1万元以上的，并处货值金额2倍以上5倍以下罚款；情节严重的，责令停止经营，并通知工商行政管理部门，由工商行政管理部门吊销营业执照。

第四十三条 饲料、饲料添加剂经营者有下列行为之一的，由县级人民政府饲料管理部门责令改正，没收违法所得和违法经营的产品，违法经营的产品货值金额不足1万元的，并处2000元以上2万元以下罚款，货值金额1万元以上的，并处货值金额2倍以上5倍以下罚款；情节严重的，责令停止经营，并通知工商行政管理部门，由工商行政管理部门吊销营业执照；构成犯罪的，依法追究刑事责任：

（一）对饲料、饲料添加剂进行再加工或者添加物质的；

（二）经营无产品标签、无生产许可证、无产品质量检验合格证的饲料、饲料添加剂的；

（三）经营无产品批准文号的饲料添加剂、添加剂预混合饲料的；

（四）经营用国务院农业行政主管部门公布的饲料原料目录、饲料添加剂品种目录和药物饲料添加剂品种目录以外的物质生产的饲料的；

（五）经营未取得新饲料、新饲料添加剂证书的新饲料、新饲料添加剂或者未取得饲料、饲料添加剂进口登记证的进口饲料、进口饲料添加剂以及禁用的饲料、饲料添加剂的。

第四十四条 饲料、饲料添加剂经营者有下列行为之一的，由县级人民政府饲料管理部门责令改正，没收违法所得和违法经营的产品，并处2000元以上1万元以下罚款：

（一）对饲料、饲料添加剂进行拆包、分装的；

（二）不依照本条例规定实行产品购销台账制度的；

（三）经营的饲料、饲料添加剂失效、霉变或者超过保质期的。

第四十五条 对本条例第二十八条规定的饲料、饲料添加剂，生产企业不主动召回的，由县级以上地方人民政府饲料管理部门责令召回，并监督生产企业对召回的产品予以无害化处理或者销毁；情节严重的，没收违法所得，并处应召回的产品货值金额1倍以上3倍以下罚款，可以由发证机关吊销、撤销相关许可证明文件；生产企业对召回的产品不予以无害化处理或者销毁的，由县级人民政府饲料管理部门代为销毁，所需费用由生产企业承担。

对本条例第二十八条规定的饲料、饲料添加剂，经营者不停止销售的，由县级以上地方人民政府饲料管理部门责令停止销售；拒不停止销售的，没收违法所得，处1000元以上5万元以下罚款；情节严重的，责令停止经营，并通知工商行政管理部门，由工商行政管理部门吊销营业执照。

第四十六条 饲料、饲料添加剂生产企业、经营者有下列行为之一的，由县级以上地方人民政府饲料管理部门责令停止生产、经营，没收违法所得和违法生产、经营的产品，违法生产、经营的产品货值金额不足1万元的，并处2000元以上2万元以下罚款，货值金额1万元以上的，并处货值金额2倍以上5倍以下罚款；构成犯罪的，依法追究刑事责任：

（一）在生产、经营过程中，以非饲料、非饲料添加剂冒充饲料、饲料添加剂或者以此种饲料、饲料添加剂冒充他种饲料、饲料添加剂的；

（二）生产、经营无产品质量标准或者不符合产品质量标准的饲料、饲料添加剂的；

（三）生产、经营的饲料、饲料添加剂与标签标示的内容不一致的。

饲料、饲料添加剂生产企业有前款规定的行为，情节严重的，由发证机关吊销、撤销相关许可证明文件；饲料、饲料添加剂经营者有前款规定的行为，情节严重的，通知工商行政管理部门，由工商行政管理部门吊销营业执照。

第四十七条 养殖者有下列行为之一的，由县级人民政府饲料管理部门没收违法使用的产品和非法添加物质，对单位处1万元以上5万元以下罚款，对个人处5000元以下罚款；构成犯罪的，依法追究刑事责任：

（一）使用未取得新饲料、新饲料添加剂证书的新饲料、新饲料添加剂或者未取得饲料、饲料添加剂进口登记证的进口饲料、进口饲料添加剂的；

（二）使用无产品标签、无生产许可证、无产品质量标准、无产品质量检验合格证的饲料、饲料添加剂的；

（三）使用无产品批准文号的饲料添加剂、添加剂预混合饲料的；

（四）在饲料或者动物饮用水中添加饲料添加剂，不遵守国务院农业行政主管部门制定的饲料添加剂安全使用规范的；

（五）使用自行配制的饲料，不遵守国务院农业行政主管部门制定的自行配制饲料使用规范的；

（六）使用限制使用的物质养殖动物，不遵守国务院农业行政主管部门的限制性规定的；

（七）在反刍动物饲料中添加乳和乳制品以外的动物源性成分的。

在饲料或者动物饮用水中添加国务院农业行政主管部门公布禁用的物质以及对人体具有直接或者潜在危害的其他物质，或者直接使用上述物质养殖动物的，由县级以上地方人民政府饲料管理部门责令其对饲喂了违禁物质的动物进行无害化处理，处3万元以上10万元以下罚款；构成犯罪的，依法追究刑事责任。

第四十八条 养殖者对外提供自行配制的饲料的，由县级人民政府饲料管理部门责令改正，处2000元以上2万元以下罚款。

第五章 附则

第四十九条 本条例下列用语的含义：

（一）饲料原料，是指来源于动物、植物、微生物或者矿物质，用于加工制作饲料但不属于饲料添加剂的饲用物质。

（二）单一饲料，是指来源于一种动物、植物、微生物或者矿物质，用于饲料产品生产的饲料。

（三）添加剂预混合饲料，是指由两种（类）或者两种（类）以上营养性饲料添加剂为主，与载体或者稀释剂按照一定比例配制的饲料，包括复合预混合饲料、微量元素预混合饲料、维生素预混合饲料。

（四）浓缩饲料，是指主要由蛋白质、矿物质和饲料添加剂按照一定比例配制的饲料。

（五）配合饲料，是指根据养殖动物营养需要，将多种饲料原料和饲料添加剂按照一定比例配制的饲料。

（六）精料补充料，是指为补充草食动物的营养，将多种饲料原料和饲料添加剂按照一定比例配制的饲料。

（七）营养性饲料添加剂，是指为补充饲料营养成分而掺入饲料中的少量或者微量物质，包括饲料级氨基酸、维生素、矿物质微量元素、酶制剂、非蛋白氮等。

（八）一般饲料添加剂，是指为保证或者改善饲料品质、提高饲料利用率而掺入饲料中的少量或者微量物质。

（九）药物饲料添加剂，是指为预防、治疗动物疾病而掺入载体或者稀释剂的兽药的预混合物质。

（十）许可证明文件，是指新饲料、新饲料添加剂证书，饲料、饲料添加剂进口登记证，饲料、饲料添加剂生产许可证，饲料添加剂、添加剂预混合饲料产品批准文号。

第五十条 药物饲料添加剂的管理，依照《兽药管理条例》的规定执行。

第五十一条 本条例自2012年5月1日起施行。

农产品质量安全监测管理办法

（2012年8月14日农业部令第7号发布）

第一章 总则

第一条 为加强农产品质量安全管理，规范农产品质量安全监测工作，根据《中华人民共和国农产品质量安全法》、《中华人民共和国食品安全法》和《中华人民共和国食品安全法实施条例》，制定本办法。

第二条 县级以上人民政府农业行政主管部门开展农产品质量安全监测工作，应当遵守本办法。

第三条 农产品质量安全监测，包括农产品质量安全风险监测和农产品质量安全监督抽查。

农产品质量安全风险监测，是指为了掌握农产品质量安全状况和开展农产品质量安全风险评估，系统和持续地对影响农产品质量安全的有害因素进行检验、分析和评价的活动，包括农产品质量安全例行监测、普查和专项监测等内容。

农产品质量安全监督抽查，是指为了监督农产品质量安全，依法对生产中或市场上销售的农产品进行抽样检测的活动。

第四条 农业部根据农产品质量安全风险评估、农产品质量安全监督管理等工作需要，制定全国农产品质量安全监测计划并组织实施。

县级以上地方人民政府农业行政主管部门应当根据全国农产品质量安全监测计划和本行政区域的实际情况，制定本级农产品质量安全监测计划并组织实施。

第五条 农产品质量安全检测工作，由符合《中华人民共和国农产品质量安全法》第三十五条规定条件的检测机构承担。

县级以上人民政府农业行政主管部门应当加强农产品质量安全检测机构建设，提升其检测能力。

第六条 农业部统一管理全国农产品质量安全监测数据和信息，并指定机构建立国家农产品质量安全监测数据库和信息管理平台，承担全国农产品质量安全监测数据和信息的采集、整理、综合分析、结果上报等工作。

县级以上地方人民政府农业行政主管部门负责管理本行政区域内的农产品质量安全监测数据和信息。鼓励县级以上地方人民政府农业行政主管部门建立本行政区域的农产品质量安全监测数据库

第七条 县级以上人民政府农业行政主管部门应当将农产品质量安全监测工作经费列入本部门财政预算，保证监测工作的正常开展。

第二章 风险监测

第八条 农产品质量安全风险监测应当定期开展。根据农产品质量安全监管需要，可以随时开展专项风险监测。

第九条 省级以上人民政府农业行政主管部门应当根据农产品质量安全风险监测工作的需要，制定并实施农产品质量安全风险监测网络建设规划，建立健全农产品质量安全风险监测网络。

第十条 县级以上人民政府农业行政主管部门根据监测计划向承担农产品质量安全监测工作的机构下达工作任务。接受任务的机构应当根据农产品质量安全监测计划编制工作方案，并报下达监测任务的农业行政主管部门备案。

工作方案应当包括下列内容：

（一）监测任务分工，明确具体承担抽样、检测、结果汇总等的机构；

（二）各机构承担的具体监测内容，包括样品种类、来源、数量、检测项目等；

（三）样品的封装、传递及保存条件；

（四）任务下达部门指定的抽样方法、检测方法及判定依据；

（五）监测完成时间及结果报送日期。

第十一条 县级以上人民政府农业行政主管部门应当根据农产品质量安全风险隐患分布及变化情况，适时调整监测品种、监测区域、监测参数和监测频率。

第十二条 农产品质量安全风险监测抽样应当采取符合统计学要求的抽样方法，确保样品的代表性。

第十三条 农产品质量安全风险监测应当按照公布的标准方法检测。没有标准方法的可以采用非标准方法，但应当遵循先进技术手段与成熟技术相结合的原则，并经方法学研究确认和专家组认定。

第十四条 承担农产品质量安全监测任务的机构应当按要求向下达任务的农业行政主管部门报送监测数据和分析结果。

第十五条 省级以上人民政府农业行政主管部门应当建立风险监测形势会商制度，对风险监测结果进行会商分析，查找问题原因，研究监管措施。

第十六条 县级以上地方人民政府农业行政主管部门应当及时向上级农业行政主管部门报送监测数据和分析结果，并向同级食品安全委员会办公室、卫生行政、质量监督、工商行政管理、食品药品监督管理等有关部门通报。

农业部及时向国务院食品安全委员会办公室和卫生行政、质量监督、工商行政管理、食品药品监督管理等有关部门及各省、自治区、直辖市、计划单列市人民政府农业行政主管部门通报监测结果。

第十七条 县级以上人民政府农业行政主管部门应当按照法定权限和程序发布农产品质量安全监测结果及相关信息。

第十八条 风险监测工作的抽样程序、检测方法等符合本办法第三章规定的，监测结果可以作为执法依据。

第三章 监督抽查

第十九条 县级以上人民政府农业行政主管部门应当重点针对农产品质量安全风险监测结果和农产品质量安全监管中发现的突出问题，及时开展农产品质量安全监督抽查工作

第二十条 监督抽查按照抽样机构和检测机构分离的原则实施。抽样工作由当地农业行政主管部门或其执法机构负责，检测工作由农产品质量安全检测机构负责。检测机构根据需要可以协助实施抽样和样品预处理等工作。

采用快速检测方法实施监督抽查的，不受前款规定的限制。

第二十一条 抽样人员在抽样前应当向被抽查人出示执法证件或工作证件。具有执法证件的抽样人员不得少于两名。

抽样人员应当准确、客观、完整地填写抽样单。抽样单应当加盖抽样单位印章，并由抽样人员和被抽查人签字或捺印；被抽查人为单位的，应当加盖被抽查人印章或者由其工作人员签字或捺印。

抽样单一式四份，分别留存抽样单位、被抽查人、检测

单位和下达任务的农业行政主管部门。

抽取的样品应当经抽样人员和被抽查人签字或捺印确认后现场封样。

第二十二条 有下列情形之一的，被抽查人可以拒绝抽样：

（一）具有执法证件的抽样人员少于两名的；

（二）抽样人员未出示执法证件或工作证件的。

第二十三条 被抽查人无正当理由拒绝抽样的，抽样人员应当告知拒绝抽样的后果和处理措施。被抽查人仍拒绝抽样的，抽样人员应当现场填写监督抽查拒检确认文书，由抽样人员和见证人共同签字，并及时向当地农业行政主管部门报告情况，对被抽查农产品以不合格论处。

第二十四条 上级农业行政主管部门监督抽查的同一批次农产品，下级农业行政主管部门不得重复抽查。

第二十五条 检测机构接收样品，应当检查、记录样品的外观、状态、封条有无破损及其他可能对检测结果或者综合判定产生影响的情况，并确认样品与抽样单的记录是否相符，对检测和备份样品分别加贴相应标识后入库。必要时，在不影响样品检测结果的情况下，可以对检测样品分装或者重新包装编号。

第二十六条 检测机构应当按照任务下达部门指定的方法和判定依据进行检测与判定。

采用快速检测方法检测的，应当遵守相关操作规范。

检测过程中遇有样品失效或者其他情况致使检测无法进行时，检测机构应当如实记录，并出具书面证明。

第二十七条 检测机构不得将监督抽查检测任务委托其他检测机构承担。

第二十八条 检测机构应当将检测结果及时报送下达任务的农业行政主管部门。检测结果不合格的，应当在确认后二十四小时内将检测报告报送下达任务的农业行政主管部门和抽查地农业行政主管部门，抽查地农业行政主管部门应当及时书面通知被抽查人。

第二十九条 被抽查人对检测结果有异议的，可以自收到检测结果之日起五日内，向下达任务的农业行政主管部门或者其上级农业行政主管部门书面申请复检。

采用快速检测方法进行监督抽查检测，被抽查人对检测结果有异议的，可以自收到检测结果时起四小时内书面申请复检。

第三十条 复检由农业行政主管部门指定具有资质的检测机构承担。

复检不得采用快速检测方法。

复检结论与原检测结论一致的，复检费用由申请人承担；不一致的，复检费用由原检测机构承担。

第三十一条 县级以上地方人民政府农业行政主管部门对抽检不合格的农产品，应当及时依法查处，或依法移交工商行政管理等有关部门查处。

第四章 工作纪律

第三十二条 农产品质量安全监测不得向被抽查人收取费用，监测样品由抽样单位向被抽查人购买。

第三十三条 参与监测工作的人员应当秉公守法、廉洁公正，不得弄虚作假、以权谋私。

被抽查人或者与其有利害关系的人员不得参与抽样、检测工作。

第三十四条 抽样应当严格按照工作方案进行，不得擅自改变。

抽样人员不得事先通知被抽查人，不得接受被抽查人的馈赠，不得利用抽样之便牟取非法利益。

第三十五条 检测机构应当对检测结果的真实性负责，不得瞒报、谎报、迟报检测数据和分析结果。

检测机构不得利用检测结果参与有偿活动。

第三十六条 监测任务承担单位和参与监测工作的人员应当对监测工作方案和检测结果保密，未经任务下达部门同意，不得向任何单位和个人透露。

第三十七条 任何单位和个人对农产品质量安全监测工作中的违法行为，有权向农业行政主管部门举报，接到举报的部门应当及时调查处理。

第三十八条 对违反抽样和检测工作纪律的工作人员，由任务承担单位作出相应处理，并报上级主管部门备案。

违反监测数据保密规定的，由上级主管部门对任务承担单位的负责人通报批评，对直接责任人员依法予以处分、处罚。

第三十九条 检测机构无正当理由未按时间要求上报数据结果的，由上级主管部门通报批评并责令改正；情节严重的，取消其承担检测任务的资格。

检测机构伪造检测结果或者出具检测结果不实的，依照《中华人民共和国农产品质量安全法》第四十四条规定处罚。

第四十条 违反本办法规定，构成犯罪的，依法移送司法机关追究刑事责任。

第五章 附则

第四十一条 本规定自 2012 年 10 月 1 日起施行。

农业生产资料市场监督管理办法

（2009年9月21日国家工商行政管理总局令第45号发布）

第一条 为了加强农业生产资料（以下简称农资）市场管理，规范农资市场经营行为，保护经营者和消费者，特别是维护农民的合法权益，保障粮食生产，促进农村改革发展，根据《产品质量法》、《种子法》、《农业机械化促进法》、《农药管理条例》等有关法律、法规，制定本办法。

第二条 在中华人民共和国境内的农资经营者和农资交易市场开办者，应当遵守本办法。

第三条 本办法所称农资，是指种子、农药、肥料、农业机械及零配件、农用薄膜等与农业生产密切相关的农业投入品。

本办法所称农资经营者，是指从事农资经营的自然人、企业法人和其他经济组织。

第四条 工商行政管理部门负责农资市场的监督管理，依法履行下列职责：

（一）依法监督检查辖区内农资经营者的经营行为，对违法行为进行查处；

（二）依法监督检查辖区内农资的质量，对不合格的农资进行查处；

（三）依法受理并处理辖区内农资消费者的申诉和举报；

（四）依法履行其它农资市场监督管理职责。

第五条 农资经营者和农资交易市场开办者，应当依法向工商行政管理部门申请办理登记，领取营业执照后，方可从事经营活动。

法律、行政法规或者国务院决定规定设立农资经营者和农资交易市场开办者须经批准的，或者申请登记的经营范围中属于法律、行政法规或者国务院决定规定在登记前须经批准的项目的，应当在申请登记前，报经国家有关部门批准，并在登记注册时提交有关批准文件。

第六条 申请从事化肥经营的企业、个体工商户、农民专业合作社，可以直接向工商行政管理部门申请办理登记。企业从事化肥连锁经营的，可以持企业总部的连锁经营相关文件和登记材料，直接到门店所在地工商行政管理部门申请办理登记。

申请从事化肥经营的企业、个体工商户应当有相应的住所、经营场所；企业注册资本（金）、个体工商户的资金数额不得少于3万元人民币。申请在省域范围内设立分支机构、从事化肥经营的企业，企业总部的注册资本（金）不得少于1000万元人民币；申请跨省域设立分支机构、从事化肥经营的企业，企业总部的注册资本（金）不得少于3000万元人民币。

专门经营不再分装的包装种子的，或者受具有种子经营许可证的种子经营者的书面委托为其代销种子的，或者种子经营者按照经营许可证规定的有效区域设立分支机构的，可以直接向工商行政管理部门申请办理登记。

第七条 农民专业合作社向其成员销售农资的，可以不办理营业执照。

农民个人自繁、自用的常规种子有剩余的，可以在集贸市场上出售、串换，可以不办理种子经营许可证和营业执照。

第八条 农资经营者应当依法从事经营活动，并接受工商行政管理部门的监督管理，不得从事下列经营活动：

（一）依法应当取得营业执照而未取得营业执照或者超出核准的经营范围和期限从事农资经营活动的；

（二）经营国家明令禁止、过期、失效、变质以及其他不合格农资的；

（三）经营标签标识标注内容不符合国家标准，伪造、涂改国家标准规定的标签标识标注内容，侵犯他人注册商标专用权，假冒知名商品特有的名称、包装、装潢或者使用与之近似的名称、包装、装潢的农资的；

（四）利用广告、说明书、标签或者包装标识等形式对农资的质量、制作成分、性能、用途、生产者、适用范围、有效期限和产地等做引人误解的虚假宣传的；

（五）其他违反法律、法规规定的行为。

第九条 农资经营者应当对其经营的农资的产品质量负责，建立健全内部产品质量管理制度，承担以下责任和义务：

（一）农资经营者应当建立健全进货索证索票制度，在进货时应当查验供货商的经营资格，验明产品合格证明和产品标识，并按照同种农资进货批次向供货商索要具备法定资质的质量检验机构出具的检验报告原件或者由供货商签字、盖章的检验报告复印件，以及产品销售发票或者其他销售凭证等相关票证；

（二）农资经营者应当建立进货台账，如实记录产品名称、规格、数量、供货商及其联系方式、进货时间等内容。从事批发业务的，应当建立产品销售台账，如实记录批发的产品品种、规格、数量、流向等内容。进货台账和销售台账，保存期限不得少于2年；

（三）农资经营者应当向消费者提供销售凭证，按照国家法律法规规定或者与消费者的约定，承担修理、更换、退货等三包责任和赔偿损失等农资的产品质量责任；

（四）农资经营者发现其提供的农资存在严重缺陷，可能对农业生产、人身健康、生命财产安全造成危害的，应当立即停止销售该农资，通知生产企业或者供货商，及时向监管部门报告和告知消费者，采取有效措施，及时追回不合格的农资。已经使用的，要明确告知消费者真实情况和应当采取的补救措施；

（五）配合工商行政管理部门的监督管理工作；

（六）法律、法规规定的其他义务。

第十条 农资交易市场开办者应当遵守相关法律、法规，建立并落实农资的产品质量管理制度和责任制度，承担以下责任和义务：

（一）审查入场经营者的经营资格，对无证无照的，不得允许其在市场内经营。

（二）明确告知入场经营者对农资的质量管理责任，以书面形式约定入场经营者建立进货查验、索证索票、进销货台账、质量承诺、不合格产品下架、退市制度，对种子经营者还应当要求其建立种子经营档案；

（三）建立消费者投诉处理制度，配合有关部门处理消费纠纷；

（四）配合工商行政管理部门的监督管理，发现经营者有本办法第八条所禁止行为的，应当及时制止并报告工商行政管理部门；

（五）法律、法规规定的其他义务。

第十一条 工商行政管理部门应当建立下列制度，对农资市场实施监督管理：

（一）实行农资经营者信用分类监管制度；

（二）按照属地管理原则，实行农资市场巡查制度；

（三）实行农资市场监管预警制度，根据市场巡查、消费者申诉、举报和查处违法行为记录等情况，向社会公布农资市场监管动态信息，及时发布消费警示；

（四）建立 12315 消费者申诉举报网络，及时受理和处理农资消费者咨询、申诉和举报。

第十二条 工商行政管理部门监督管理农资市场，依据《行政处罚法》、《产品质量法》、《反不正当竞争法》、《无照经营查处取缔办法》等法律、法规的有关规定，可以行使下列职权：

（一）责令停止相关活动；

（二）向有关的单位和个人调查、了解有关情况；

（三）进入农资经营场所，实施现场检查；

（四）查阅、复制、查封、扣押有关的合同、票据、账簿等资料；

（五）查封、扣押有证据表明危害人体健康和人身、财产安全的或者有其他严重质量问题的农资，以及直接用于销售该农资的原材料、包装物、工具；

（六）法律、法规规定的其他职权。

第十三条 工商行政管理部门应当建立农资市场监管工作责任制度和责任追究制度。工商行政管理部门工作人员不依法履行职责，损害农资经营者、消费者的合法权益的，依法给予行政处分；构成犯罪的，依法追究刑事责任。

第十四条 农资经营者违反本办法第九条规定的，由工商行政管理部门责令改正，处 1000 元以上 1 万元以下的罚款

第十五条 农资交易市场开办者违反本办法第十条规定，由工商行政管理部门责令改正，处 1000 元以上 1 万元以下罚款。

第十六条 违反本办法规定，现行法律、法规和规章有明确规定的，从其规定。

第十七条 本办法由国家工商行政管理总局负责解释。

第十八条 本办法自 2009 年 11 月 1 日起实施。

农业行政处罚程序规定

（2006 年 4 月 25 日农业部令第 63 号公布，根据 2011 年 12 月 31 日《农业部关于修订部分规章和规范性文件的决定》修订）

第一章　总则

第一条 为规范农业行政处罚，保障和监督农业行政主管部门有效实施行政管理，保护公民、法人和其他组织的合法权益，根据《中华人民共和国行政处罚法》（以下简称行政处罚法）和有关法律、法规的规定，结合农业系统实际，制定本规定。

第二条 农业行政处罚应当遵守行政处罚法和有关法律、法规、规章及本规定。

第三条 本规定所称农业行政主管部门，是指种植业、畜牧（草原）、兽医、渔业、农垦、乡镇企业、饲料工业和农业机械化等行政主管机关。

本规定所称农业行政处罚机关，是指依法行使行政处罚权的县级以上人民政府的农业行政主管部门和法律、法规授权的农业管理机构。

第四条 法律、法规授权的农业管理机构在法定授权范围内实施行政处罚，并对该行为的后果承担法律责任。

农业行政主管部门依法设立的农业行政综合执法机构具体承担农业行政处罚工作。

未设立农业行政综合执法机构的，农业行政主管部门根据法律、法规或规章的规定，可以委托符合行政处罚法第十九条规定的农业管理机构实施行政处罚。

第五条 农业行政综合执法机构和受委托的农业管理机构应当以农业行政主管部门的名义实施农业行政处罚。农业行政主管部门对受委托的农业管理机构实施行政处罚行为应当进行监督，并对该行为的后果承担法律责任。

第六条 上级农业行政处罚机关应当加强对下级农业行政处罚机关实施行政处罚的监督检查。

第二章 农业行政处罚的管辖

第七条 农业行政处罚由违法行为发生地的农业行政处罚机关管辖。

第八条 县级农业行政处罚机关管辖本行政区域内的行政违法案件。

设区的市、自治州的农业行政处罚机关和省级农业行政处罚机关管辖本行政区域内重大、复杂的行政违法案件。

农业部及其所属的经法律、法规授权的农业管理机构管辖全国或所辖区域内重大、复杂的行政违法案件。

第九条 渔业行政处罚机关管辖本辖区范围内发生的和上级部门指定管辖的渔业违法案件。

渔业行政处罚有下列情况之一的，适用“谁查获谁处理”的原则：

（一）违法行为发生在共管区、叠区的；

（二）违法行为发生在管辖权不明确或者有争议的区域的；

（三）违法行为发生地与查获地不一致的。

第十条 对当事人的同一违法行为，两个以上农业行政处罚机关都有管辖权的，应当由先立案的农业行政处罚机关管辖。

第十一条 上级农业行政处罚机关在必要时可以管辖下级农业行政处罚机关管辖的行政处罚案件。

下级农业行政处罚机关认为行政处罚案件重大复杂或者本地不宜管辖，可以报请上一级农业行政处罚机关管辖。

第十二条 农业行政处罚机关对管辖发生争议的，应当协商解决。协商不成的，报请共同上一级农业行政处罚机关指定管辖。

第十三条 农业行政处罚机关发现受理的行政处罚案件不属于自己管辖的，应当移送有管辖权的行政处罚机关处理。

受移送的农业行政处罚机关如果认为移送不当，应当报请共同上一级农业行政处罚机关指定管辖，不得再自行移送。

第十四条 上级农业行政处罚机关在收到报请管辖或指定管辖的请示后，应当在十日内作出书面决定。

第十五条 县级以上地方农业行政处罚机关在办理跨行政区域案件时，需要其他农业行政处罚机关协查的，可以发送协查函。有关农业行政处罚机关应当予以协助并及时书面告知协查结果。

第十六条 农业行政处罚机关在办理案件时，对需要其他部门作出吊销有关许可证、批准文号、营业执照等行政处罚决定的，应当将查处结果告知作出许可决定的部门并提出处理建议。

第十七条 违法行为涉嫌构成犯罪的，农业行政处罚机关应当将案件移送司法机关，依法追究刑事责任，不得以行政处罚代替刑罚。

第三章 农业行政处罚的决定

第十八条 公民、法人或者其他组织违反农业行政管理秩序的行为，依法应当给予行政处罚的，农业行政处罚机关必须查明事实；违法事实不清的，不得给予行政处罚。

第十九条 执法人员调查处理农业行政处罚案件时，应当向当事人或者有关人员出示执法证件。有统一执法服装或执法标志的应当着装或佩戴执法标志。

农业行政执法证件由农业部统一制定，省级以上农业行政主管部门法制工作机构负责执法证件的发放和管理工作。

第二十条 农业行政处罚机关在作出农业行政处罚决定前，应当告知当事人作出行政处罚的事实、理由及依据，并告知当事人依法享有的权利。

农业行政处罚机关必须充分听取当事人的意见，对当事人提出的事实、理由及证据，应当进行复核；当事人提出的事实、理由或者证据成立的，农业行政处罚机关应当采纳。

农业行政处罚机关不得因当事人申辩而加重处罚。

第二十一条 农业行政处罚程序分为简易程序和一般程序。

第一节 简易程序

第二十二条 违法事实确凿并有法定依据，对公民处以五十元以下、对法人或者其他组织处以一千元以下罚款或者警告的行政处罚的，可以当场作出农业行政处罚决定。

第二十三条 当场作出行政处罚决定时应当遵守下列程序：

（一）向当事人表明身份，出示执法证件；

（二）当场查清违法事实，收集和保存必要的证据；

（三）告知当事人违法事实、处罚理由和依据，并听取当事人陈述和申辩；

（四）填写《当场处罚决定书》，当场交付当事人，并应当告知当事人，如不服行政处罚决定，可以依法申请行政复议或者提起行政诉讼。

第二十四条 执法人员应当在作出当场处罚决定之日起、渔业执法人员应当自抵岸之日起二日内将《当场处罚决定书》报所属农业行政处罚机关备案。

第二节 一般程序

第二十五条 实施农业行政处罚，除适用简易程序的外，应当适用一般程序。

第二十六条 除依法可以当场决定行政处罚的外，执法人员经初步调查，发现公民、法人或者其他组织涉嫌有违法行为依法应当给予行政处罚的，应当填写《行政处罚立案审批表》，报本行政处罚机关负责人批准立案。

第二十七条 农业行政处罚机关应当对案件情况进行全面、客观、公正地调查，收集证据；必要时，依照法律、法规的规定，可以进行检查。

执法人员调查收集证据时不得少于二人。

证据包括书证、物证、视听资料、证人证言、当事人陈述、鉴定结论、勘验笔录和现场笔录。

第二十八条 执法人员询问证人或当事人（以下简称被询问人），应当制作《询问笔录》。笔录经被询问人阅核后，由询问人和被询问人签名或者盖章。被询问人拒绝签名或盖章的，由询问人在笔录上注明情况。

第二十九条 农业行政处罚机关为调查案件需要，有权要求当事人或者有关人员协助调查；有权依法进行现场检查或者勘验；有权要求当事人提供相应的证据资料；对重要的书证，有权进行复制。

执法人员对与案件有关的物品或者场所进行现场检查或者勘验检查时，应当通知当事人到场，制作《现场检查（勘验）笔录》，当事人拒不到场或拒绝签名盖章的，应当在笔录中注明，并可以请在场的其他人员见证。

第三十条 农业行政处罚机关在调查案件时，对需要鉴定的专门性问题，交由法定鉴定部门进行鉴定；没有法定鉴定部门的，可以提交有资质的专业机构进行鉴定。

第三十一条 农业行政处罚机关收集证据时，可以采取抽样取证的方法。

在证据可能灭失或者以后难以取得的情况下，经农业行政处罚机关负责人批准，可以先行登记保存。

农业行政处罚机关可以依据有关法律、法规的规定，对涉案场所、设施或者财物采取查封、扣押等强制措施。

第三十二条 农业行政处罚机关对证据进行抽样取证、登记保存或者采取查封、扣押等强制措施，应当通知当事人到场；当事人不到场的，应当邀请其他人员到场见证并签名或盖章；当事人拒绝签名或盖章的，应当予以注明。农业行政处罚机关实施查封、扣押等强制措施的，还应当遵守《中华人民共和国行政强制法》的有关规定。

对抽样取证、登记保存、查封扣押的物品，农业行政处罚机关应当制作《抽样取证凭证》、《证据登记保存清单》、《查封（扣押）决定书》和《查封（扣押）清单》。

第三十三条 农业行政处罚机关抽样送检的，应当将检测结果及时告知当事人。

非从生产单位直接抽样的，农业行政处罚机关可以向产品标注生产单位发送《产品确认通知书》。

第三十四条 先行登记保存物品时，就地由当事人保存的，当事人或者有关人员不得使用、销售、转移、损毁或者隐匿。

就地保存可能妨害公共秩序、公共安全，或者存在其他不适宜就地保存情况的，可以异地保存。对异地保存的物品，农业行政处罚机关应当妥善保管。

第三十五条 农业行政处罚机关对先行登记保存的证据，应当在七日内作出下列处理决定并告知当事人：

（一）需要进行技术检验或者鉴定的，送交有关部门检验或者鉴定；

（二）对依法应予没收的物品，依照法定程序处理；

（三）对依法应当由有关部门处理的，移交有关部门；

（四）为防止损害公共利益，需要销毁或者无害化处理的，依法进行处理；

（五）不需要继续登记保存的，解除登记保存。

第三十六条 案件调查人员与本案有利害关系或者其他关系可能影响公正处理的，应当申请回避，当事人也有权向农业行政处罚机关申请要求回避。

案件调查人员的回避，由农业行政处罚机关负责人决定；农业行政处罚机关负责人的回避由集体讨论决定。

回避未被决定前，不得停止对案件的调查处理。

第三十七条 执法人员在调查结束后，认为案件事实清楚，证据充分，应当制作《案件处理意见书》，报农业行政处罚机关负责人审批。

案复杂或者有重大违法行为需要给予较重行政处罚的，应当由农业行政处罚机关负责人集体讨论决定。

第三十八条 在作出行政处罚决定之前，农业行政处罚机关应当制作《行政处罚事先告知书》，送达当事人，告知拟给予的行政处罚内容及其事实、理由和依据，并告知当事人可以在收到告知书之日起三日内，进行陈述、申辩。符合听证条件的，告知当事人可以要求听证。

当事人无正当理由逾期未提出陈述、申辩或者要求听证的，视为放弃上述权利。

第三十九条 农业行政处罚机关应当及时对当事人的陈述、申辩或者听证情况进行审查，认为违法事实清楚，证据确凿，决定给予行政处罚的，应当制作《行政处罚决定书》。

第四十条 在边远、水上和交通不便的地区按一般程序实施处罚时，执法人员可以采用通讯方式报请处罚机关负责人批准立案和对调查结果及处理意见进行审查。报批记录必须存档备案。

当事人可当场向执法人员进行陈述和申辩。不提出陈述和申辩的，视为放弃此权利。

本条不适用于应当由农业行政处罚机关负责人集体讨论决定的案件。

第四十一条 农业行政处罚案件自立案之日起，应当在三个月内作出处理决定；特殊情况下三个月内不能作出处理的，报经上一级农业行政处罚机关批准可以延长至一年。

对专门性问题需要鉴定的，所需时间不计算在办案期限内。

第三节 听证程序

第四十二条 农业行政处罚机关作出责令停产停业、吊销许可证或者执照、较大数额罚款的行政处罚决定前，应当告知当事人有要求举行听证的权利。当事人要求听证的，农业行政处罚机关应当组织听证。

前款所指的较大数额罚款，地方农业行政处罚机关按省级人大常委会或者人民政府规定的标准执行；农业部及其所属的经法律、法规授权的农业管理机构对公民罚款超过三千元、对法人或其他组织罚款超过三万元属较大数额罚款。

第四十三条 听证由拟作出行政处罚的农业行政处罚机关组织。具体实施工作由其法制工作机构或者相应机构负责。

第四十四条 当事人要求听证的，应当在收到《行政处罚事先告知书》之日起三日内向听证机关提出。

第四十五条 听证机关应当在举行听证会的七日前送达《行政处罚听证会通知书》，告知当事人举行听证的时间、地点、听证主持人名单及可以申请回避和可以委托代理人等事项。

当事人应当按期参加听证。当事人有正当理由要求延期的，经听证机关批准可以延期一次；当事人未按期参加听证并且未事先说明理由的，视为放弃听证权利。

第四十六条 听证参加人由听证主持人、听证员、书记员、案件调查人员、当事人及其委托代理人组成。

听证主持人、听证员、书记员应当由听证机关负责人指定的法制工作机构工作人员或其他相应工作人员等非本案调查人员担任。

当事人委托代理人参加听证的，应当提交授权委托书。

第四十七条 除涉及国家秘密、商业秘密或个人隐私外，听证应当公开举行。

第四十八条 当事人在听证中的权利和义务：

（一）有权对案件涉及的事实、适用法律及有关情况进行陈述和申辩；

（二）有权对案件调查人员提出的证据质证并提出新的证据；

（三）如实回答主持人的提问；

（四）遵守听证会场纪律，服从听证主持人指挥。

第四十九条 听证按下列程序进行：

（一）听证书记员宣布听证会场纪律、当事人的权利和义务。听证主持人宣布案由，核实听证参加人名单，宣布听证开始；

（二）案件调查人员提出当事人的违法事实、出示证据，说明拟作出的农业行政处罚的内容及法律依据；

（三）当事人或其委托代理人对案件的事实、证据、适用的法律等进行陈述、申辩和质证，可以向听证会提交新的证据；

（四）听证主持人就案件的有关问题向当事人、案件调查人员、证人询问；

（五）案件调查人员、当事人或其委托代理人相互辩论；

（六）当事人或其委托代理人作最后陈述；

（七）听证主持人宣布听证结束。听证笔录交当事人和案件调查人员审核无误后签字或者盖章。

第五十条 听证结束后，听证主持人应当依据听证情况，制作《行政处罚听证会报告书》，连同听证笔录，报农业行政处罚机关负责人审查。

第五十一条 听证机关组织听证，不得向当事人收取费用。

第四章 农业行政处罚决定的送达和执行

第五十二条 《行政处罚决定书》应当在宣告后当场

交付当事人；当事人不在场的，应当在七日内送达当事人，并由当事人在《送达回证》上签名或者盖章；当事人不在的，可以交给其成年家属或者所在单位代收，并在送达回证上签名或者盖章。

当事人或者代收人拒绝接收、签名、盖章的，送达人可以邀请有关基层组织或者其所在单位的有关人员到场，说明情况，把《行政处罚决定书》留在其住处或者单位，并在送达回证上记明拒绝的事由、送达的日期，由送达人、见证人签名或者盖章，即视为送达。

直接送达农业行政处罚文书有困难的，可委托其他农业行政处罚机关代为送达，也可以邮寄、公告送达。

邮寄送达的，挂号回执上注明的收件日期为送达日期；公告送达的，自发出公告之日起经过六十天，即视为送达。

第五十三条 除本规定第五十四、第五十五条规定外，农业行政处罚机关不得自行收缴罚款。决定罚款的农业行政处罚机关或执法人员应当书面告知当事人向指定的银行缴纳罚款。

第五十四条 依照本规定第二十二条的规定当场作出农业行政处罚决定，有下列情形之一的，执法人员可以当场收缴罚款：

（一）依法给予二十元以下罚款的；

（二）不当场收缴事后难以执行的。

第五十五条 在边远、水上、交通不便地区，农业行政处罚机关及其执法人员依照本规定第二十二条、第三十九条的规定作出罚款决定后，当事人向指定的银行缴纳罚款确有困难，经当事人提出，农业行政处罚机关及其执法人员可以当场收缴罚款。

第五十六条 农业行政处罚机关及其执法人员当场收缴罚款的，应当向当事人出具省级财政部门统一制发的罚款收据，不出具财政部门统一制发的罚款收据的，当事人有权拒绝缴纳罚款。

第五十七条 执法人员当场收缴的罚款，应当自返回行政处罚机关所在地之日起二日内，交至农业行政处罚机关；在水上当场收缴的罚款，应当自抵岸之日起二日内交至农业行政处罚机关；农业行政处罚机关应当在二日内将罚款交至指定的银行。

第五十八条 农业行政处罚决定依法作出后，当事人对行政处罚决定不服申请行政复议或者提起行政诉讼的，除法律另有规定外，行政处罚决定不停止执行。

第五十九条 对需要继续行驶的农业机械、渔业船舶实施暂扣或者吊销证照的行政处罚，农业行政处罚机关在实施行政处罚的同时，应当发给当事人相应的证明，允许农业机械、渔业船舶驶往预定或指定的地点。

第六十条 对生效的农业行政处罚决定，当事人拒不履行的，作出农业行政处罚决定的农业行政处罚机关依法可以采取下列措施：

（一）到期不缴纳罚款的，每日按罚款数额的百分之三加处罚款；

（二）根据法律规定，将查封、扣押的财物拍卖抵缴罚款；

（三）申请人民法院强制执行。

第六十一条 当事人确有经济困难，需要延期或者分期缴纳罚款的，当事人应当书面申请，经作出行政处罚决定的机关批准，可以暂缓或者分期缴纳。

第六十二条 除依法应当予以销毁的物品外，依法没收的非法财物必须按照国家有关规定处理。

罚款、没收的违法所得或者拍卖非法财物的款项，必须全部上缴国库，农业行政处罚机关或者个人不得以任何形式截留、私分或者变相私分。

第六十三条 农业行政处罚案件终结后，案件调查人员应填写《行政处罚结案报告》，经农业行政处罚机关负责人批准后结案。

第五章　立卷归档

第六十四条 农业行政处罚机关应当按照下列要求及时将案件材料立卷归档：

（一）一案一卷；

（二）文书齐全，手续完备；

（三）案卷应当按顺序装订。

第六十五条 案件立卷归档后，任何单位和个人不得私自增加或者抽取案卷材料，不得修改案卷内容。

第六章　附则

第六十六条 农业行政处罚机关及其执法人员违反本规定的，按照行政处罚法和有关规定追究法律责任

第六十七条 农业行政处罚基本文书格式由农业部统一制定。省级农业行政主管部门可以根据地方性法规、规章和工作需要，调整有关内容或补充相应文书，报农业部备案。

第六十八条 本规定自 2006 年 7 月 1 日起实施。1997 年 10 月 25 日农业部发布的《农业行政处罚程序规定》同时废止。

政策文件

《关于依法公开制售假冒伪劣商品和侵犯知识产权行政处罚案件信息的意见（试行）》的通知

国发〔2014〕6号

各省、自治区、直辖市人民政府，国务院各部委、各直属机构：

国务院同意全国打击侵犯知识产权和制售假冒伪劣商品工作领导小组《关于依法公开制售假冒伪劣商品和侵犯知识产权行政处罚案件信息的意见（试行）》，现转发给你们，请认真贯彻执行。

国务院

2014年2月4日

关于依法公开制售假冒伪劣商品和侵犯知识产权行政处罚案件信息的意见（试行）

为规范公开制售假冒伪劣商品和侵犯知识产权行政处罚案件（以下简称假冒伪劣和侵权行政处罚案件）信息，保护消费者权益，提高执法公信力，维护公平竞争的市场秩序，促进质量提升和产业升级，制定本意见。

一、总体要求

（一）行政执法机关原则上应当主动、及时公开适用一般程序查办的假冒伪劣和侵权行政处罚案件相关信息，接受人民群众监督。

（二）行政执法机关公开假冒伪劣和侵权行政处罚案件相关信息，应当遵守《中华人民共和国行政处罚法》、《中华人民共和国政府信息公开条例》（以下简称《政府信息公开条例》）等法律法规规定。

二、公开的内容

（三）公开的假冒伪劣和侵权行政处罚案件信息主要是指行政处罚决定书载明的内容和依照法律、法规应当公开的其他信息，一般应当包括：行政处罚决定书文号；被处罚的自然人姓名，被处罚的企业或其他组织的名称、法定代表人姓名；违反法律、法规或规章的主要事实；行政处罚的种类和依据；行政处罚的履行方式和期限；作出处罚决定的行政执法机关名称和日期。

（四）行政处罚决定因行政复议或行政诉讼发生变更或撤销的，应当及时公开相关信息。

（五）行政执法机关应当按照有关规定及时移送涉嫌犯罪的案件；对作出行政处罚决定后移送的案件，要公开行政处罚结果信息。

（六）对公民、法人或其他组织申请公开的假冒伪劣和侵权行政处罚案件相关信息，按照《政府信息公开条例》和相关法律法规的规定办理。

三、公开的权限

（七）县级以上人民政府行政执法机关负责本机关假冒伪劣和侵权行政处罚案件的信息公开工作。

（八）实行垂直管理的行政执法机关自行确定本系统假冒伪劣和侵权行政处罚案件信息公开工作的机构层级。

四、公开的程序和方式

（九）对属于主动公开范围的假冒伪劣和侵权行政处罚案件信息，自行政执法机关作出处罚决定或处罚决定变更之日起20个工作日内予以公开。对食品药品、卫生器材、农业生产资料等事关人民群众健康和安全领域的假冒伪劣和侵权行政处罚案件信息，应根据相关法律、法规的规定，及时予以公开。法律、法规对公开的期限另有规定的，从其规定。

（十）行政执法机关应当主要通过政府网站主动公开假冒伪劣和侵权行政处罚案件信息，也可以选择公告栏、新闻发布会以及报刊、广播、电视等便于公众知晓的方式予以公开。

（十一）有关部门要将公开的假冒伪劣和侵权行政处罚案件信息作为社会征信系统的重要内容，方便社会公众查询。

五、规范和管理

（十二）行政执法机关要建立健全假冒伪劣和侵权行政处罚案件信息公开管理制度，并指定专门机构负责假冒伪劣和侵权行政处罚案件信息公开日常工作。

（十三）行政执法机关要建立健全假冒伪劣和侵权行政

处罚案件信息公开的内部审核机制。

（十四）行政执法机关应当建立健全假冒伪劣和侵权行政处罚案件信息公开协调机制。涉及其他行政机关的，应当在公开前沟通、确认，保证所公开的信息准确一致。

（十五）行政执法机关应当建立健全假冒伪劣和侵权行政处罚案件信息公开的档案管理制度。

（十六）行政执法机关公开假冒伪劣和侵权行政处罚案件信息，不得涉及商业秘密以及自然人住所、肖像、电话号码、财产状况等个人隐私。但是，经权利人同意公开或者行政执法机关认为不公开可能对公共利益造成重大影响的，可以予以公开，并将决定公开的内容和理由书面通知权利人。

（十七）行政执法机关公开假冒伪劣和侵权行政处罚案件信息，不得泄露国家秘密，损害国家政治、经济安全，影响社会稳定。因上述理由决定不予公开相关信息的，应当写明理由并报上级机关批准。

（十八）行政执法机关应当制定相关配套措施，加强基层执法队伍培训，提高执法水平，有序推进假冒伪劣和侵权行政处罚案件信息公开工作。

六、监督和保障

（十九）各级人民政府要将假冒伪劣和侵权行政处罚案件信息公开工作纳入政府信息公开工作的监督检查内容，建立健全考核制度和责任追究制度，定期进行考核。要加强政策解读和舆论引导，做好相关宣传教育工作。

（二十）行政执法机关要严格履行假冒伪劣和侵权行政处罚案件信息公开的责任与义务。上级机关和监察机关要加强监督指导，对不履行信息公开义务、不及时公开或更新信息内容、违规收取费用等行为，责令改正并追究责任。

（二十一）承担假冒伪劣和侵权行政处罚案件信息公开工作的行政执法机关，要根据本意见要求和相关规定制定具体实施办法并抓好落实。

国务院办公厅关于印发2014年全国打击侵犯知识产权和制售假冒伪劣商品工作要点的通知

国办发〔2014〕13号

各省、自治区、直辖市人民政府，国务院各部委、各直属机构：

《2014年全国打击侵犯知识产权和制售假冒伪劣商品工作要点》已经国务院同意，现印发给你们，请认真贯彻执行。

2014年3月29日

国务院办公厅

2014年全国打击侵犯知识产权和制售假冒伪劣商品工作要点

2014年全国打击侵犯知识产权和制售假冒伪劣商品工作要贯彻党的十八届三中全会精神，落实国务院有关工作部署，围绕推动经济转型升级、保障和改善民生，强化执法打击，深化改革创新，健全长效机制，为加快完善现代市场体系、建设法治化营商环境提供有力保障。

一、针对突出问题，组织专项行动

（一）严厉打击利用网络侵权假冒违法犯罪。打击利用互联网发布虚假违法广告，以及销售假劣药品、农资等违法行为。对网络文学、音乐、影视、游戏、动漫、软件等重点方面，以及音像制品、电子出版物、网络出版物、图书等重点产品，深入开展“剑网行动”，重点打击通过移动互联网和利用机顶盒、电视棒实施侵权盗版的行为。加强对互联网视听节目网站，以及以手机、平板电脑等终端为载体的网络文化产品的监管，依法取缔非法视听节目网站，规范互联网传播作品的版权市场秩序。以大型购物网站、网上售书平台等为重点，加大对网络商品交易违法行为的整治力度。强化对网络接入服务商、域名注册服务商、信息服务商经营行为的监管。加强互联网信息内容管理，及时删除侵权假冒有害信息，依法关闭、屏蔽违法违规网站。建立国际多双边联合监管执法工作机制，打击利用互联网跨境制售假冒伪劣商品违法犯罪行为。

（二）开展打击假劣汽柴油专项行动。严厉查处原油加工和汽柴成品油生产、储运、销售等环节存在的低于法定标准生产加工、掺杂使假、缺斤短两等违法行为。2014年上半年在京津冀地区特别是三地城乡结合部等重点区域集中开展加油站专项整治，2014年下半年在全国范围内部署开展此项工作。

（三）依法加强商业秘密保护。对以盗窃、利诱、胁迫等不正当手段获取权利人商业秘密，以及违反约定或权利人有关保守商业秘密要求非法披露、使用或允许第三方使用权利人商业秘密等违法行为，要进一步采取措施，加强行政执法与司法保护。完善相关制度，加大投诉处理力度，依法保护企业提交技术资料中的商业秘密。依法审判并公布侵犯商业秘密典型案件。

二、围绕重点领域，开展集中整治

（一）继续开展农资打假专项治理。以农药、肥料、兽药、饲料和饲料添加剂、农机等产品为重点，围绕春耕、三夏、秋冬种等重点农时，对农资主产地区、小规模经营聚集区等重点区域加强监督检查，深挖假劣农资制售源头，查处制假售假以及无证照生产经营、挂靠经营、超范围经营等违法行为。完善农资质量追溯体系，加强农资质量检测，对不合格的农资坚决采取下架、退市、召回等措施。

（二）开展“质检利剑”打假行动。围绕建筑材料、汽车配件、手机、儿童用品等重点商品，部署开展专项执法行动，加强对生产聚集区的集中整治。强化对有机产品认证的后续监管，打击假冒有机产品虚假认证行为。严厉打击进出口假冒伪劣商品违法行为。

（三）打击制售假劣药品违法行为。打击药品生产企业使用化工原料和不合格辅料、包材生产药品违法行为。开展医疗器械整治专项行动，重点查处虚假注册申报、违规生产、非法经营、夸大宣传、使用无证产品等行为。加强中药材市场监督检查，严肃查处药品生产企业非法使用中药提取物行为。

（四）打击流通领域销售不合格商品违法行为。以家用电器、燃气灶具、压力锅、笔记本电脑、眼镜等为重点，加强流通领域商品质量抽查检验，开展电视购物专项整治，严厉打击销售质量不合格商品行为。

（五）打击侵犯商标权违法行为。严格商标授权、确权案件审查时限管理，统一审理标准，完善审理程序，提高审理效率，防范和遏制恶意抢注商标行为。加强对商标代理机构的监管，规范代理行为。以驰名商标、涉外商标等为重点，查办跨区域、大规模、社会公众反映强烈的侵权案件。以农资、建筑材料、汽车配件、家具等商品为重点，集中打击仿冒知名商标、包装、装潢等违法行为。

（六）打击侵犯著作权违法行为。推进全国印刷复制委托书网络备案核验平台建设。打击针对含有著作权的标准类作品和书法作品的侵权盗版行为。开展印刷复制监管专项行动，严肃查处盗版教材教辅出版物、畅销书、工具书、影视剧和音乐作品等违法行为。

（七）打击侵犯专利权违法行为。开展知识产权执法维权“护航”专项行动，加大对民生、重大项目和优势产业等领域专利侵权行为的打击力度。开展大型商业场所、展会与电子商务领域专利执法维权工作。加大对专利纠纷的调处力度与对假冒专利的查处力度。

（八）打击侵犯植物新品种权违法行为。开展打击侵犯品种权和制售假劣种子专项行动，全面开展品种清退工作，加强对制种基地调出种子的监管，确保种子质量和品种真实性，打击品种套牌侵权和无证生产种子违法行为。以重点工程造林用种苗和种苗交易市场、集散地为重点，开展林木种苗质量监督抽查和执法检查，严厉打击以假充真、以次充好等违法行为。

（九）打击侵犯其他知识产权违法行为。依法查办侵犯地理标志、集成电路布图设计以及中华老字号等知识产权违法行为。

（十）加强知识产权海关保护。完善口岸货物侵权风险监管措施，升级海关知识产权保护执法系统，加强知识产权权利备案管理，查处进出口侵权货物违法行为。

（十一）推进软件正版化。贯彻落实《国务院办公厅关于印发政府机关使用正版软件管理办法的通知》（国办发〔2013〕88号），加强督促检查，巩固政府机关软件正版化工作成果。做好2014年正版软件采购网产品的选型入围工作。推动将办公通用软件纳入各级政府集中采购目录，扩大正版软件集中采购规模。以国有企业、大型金融机构和新闻出版企业为重点，深入推进企业使用正版软件工作，鼓励和指导企业加强软件资产管理。开展企业软件正版化工作培训。开展计算机预装正版操作系统软件专项检查。

三、加强刑事司法，严厉打击犯罪

（一）加强刑事打击。开展集群战役，铲除链条化、产业化犯罪网络，严厉打击危害民生和社会公共安全的制售假冒伪劣商品犯罪。

（二）加强检察监督。开展危害食品药品安全犯罪专项立案监督活动，强化对相关领域制假售假犯罪的批捕、起诉和诉讼监督。以侵权假冒领域渎职犯罪为重点，开展预防和惩治发生在群众身边、损害群众利益的职务犯罪专项工作。

（三）依法开展审判。依法加强对侵权假冒重点行业、重点领域犯罪案件的审判工作，加大罚金刑适用力度，剥夺侵权人再犯罪能力和条件。组织对大案要案进行庭审直播。

四、深化改革创新，完善制度建设

（一）完善法律法规和制度体系。推动加快修订著作权法、专利法、种子法、商标法实施条例、专利代理条例，启动药品管理法、化妆品卫生监督条例的修订工作，开展反不正当竞争法、知识产权海关保护条例修订的前期研究。促进出台检察机关办理经济犯罪案件的指导意见和办理渎职刑事案件的司法解释。健全侵权假冒检验鉴定标准，完善相关技术法规体系。

（二）强化行政执法与刑事司法衔接。贯彻落实全国打击侵犯知识产权和制售假冒伪劣商品工作领导小组办公室等单位关于做好打击侵犯知识产权和制售假冒伪劣商品工作中行政执法与刑事司法衔接的意见，完善行政执法与刑事司法衔接的案件咨询、信息报送、数据统计、跟踪督促等制度，健全工作机制，完善中央级信息共享平台，加快建立省级以下信息共享平台，推进平台间对接互联，实现案件的有效移送和相关信息及时反馈。

（三）推进行政处罚案件信息公开。贯彻落实《国务院批转全国打击侵犯知识产权和制售假冒伪劣商品工作领导小组〈关于依法公开制售假冒伪劣商品和侵犯知识产权行政处罚案件信息的意见（试行）〉的通知》（国发〔2014〕6号），制定公开侵权假冒行政处罚案件信息的实施细则。将案件信息公开情况纳入打击侵权假冒工作统计通报范围，加强检查考核。收集整理公开的案件信息，向社会提供查询服务。

（四）加快诚信体系建设。明确社会信用体系建设三年工作任务，推进信用信息公开与共享，探索在打击侵权假冒重点领域对失信行为责任人实行行业禁入。加快建立以组织机构代码为基础的法人和其他组织信用代码制度。建立违法违规经营主体及其法定代表人、经营者、直接责任人的“黑名单”，依法开展重点监管。

（五）开展打击侵权假冒工作绩效考核。将打击侵权假冒工作纳入“平安中国”建设的重要内容，将侵权假冒突出问题纳入综治工作领导责任查究、社会治安重点地区和治安突出问题排查整治的范围，开展2013年度省（区、市）打击侵权假冒工作绩效考核，制定2014年度绩效考核办法。

（六）完善大案要案督办制度。制定侵权假冒大案要案协调督办工作规则，集中督办严重侵害群众利益、影响经济健康发展的案件。

（七）健全涉案物品保管和侵权假冒商品无害化处理制度。探索建立涉案侵权假冒商品集中存放的公共仓库，完善相关涉案物证的存放保管、部门间移转及证据认定与转换等工作制度。对拟销毁的侵权假冒商品分类实施环境无害化处理，建立部门间协作和信息共享机制。

（八）开展知识产权保护综合改革试点。支持广东等地探索建立知识产权法院，指导广州中新知识城等区域开展知识产权执法和管理综合改革试点。

五、强化宣传教育，扩大对外交流

（一）加强日常宣传教育。依托各级新闻宣传单位，充分发挥传统媒体和新兴媒体优势，及时报道打击侵权假冒决策部署，重点宣传开展专项执法行动、完善法规制度、加强行政执法与刑事司法衔接、加快诚信体系建设等方面的工作措施和成效，制作发布打击侵权假冒公益广告，曝光违法违规企业和典型案例，增强消费者识假辨假意识和能力。

（二）集中开展宣传活动。在春节、国庆、全国“两会”、消费者权益保护日、世界知识产权日、全国法制宣传日等重要时间节点，集中开展宣传教育，发布权威信息，回应社会关切，有效引导社会舆论。

（三）拓展交流沟通渠道。做好中国打击侵权假冒工作网站改版升级工作，充分利用各地区、各部门政府网站加强政府与企业、消费者、知识产权权利人的互动交流。发布中国政府软件正版化状况白皮书。举行打击侵权假冒成果新闻发布会。

（四）广泛开展国际合作。做好第六轮中美战略与经济对话、第25届中美商贸联委会知识产权议题磋商工作。开展中欧、中瑞等知识产权对话，推动与金砖国家和丝绸之路经济带沿线国家知识产权合作。深化与印度、俄罗斯、巴西以及非洲国家在打击侵权假冒工作方面的交流与合作，维护“中国制造”的品牌形象。积极引导和支持企业开展知识产权海外维权。加强国际执法合作。组织举办知识产权保护国际交流活动。

六、夯实工作基础，加强能力建设

（一）完善举报投诉机制。全面建成并运行质检“12365”举报投诉服务系统，完善农业“12316”、商务“12312”、文化“12318”、海关“12360”、工商“12315”、版权“12390”、食品药品“12331”、知识产权“12330”等举报投诉服务体系建设，落实举报奖励措施。

（二）加强知识产权法律服务。积极推进企业法律顾问工作，大力开展知识产权专项法律服务，帮助企业建立健全知识产权内部管理制度，增强防范侵权风险、依法维权的意识和能力。开展律师知识产权业务培训，加强对侵权假冒刑事、民事案件律师辩护代理工作的指导与监督。

（三）加强基层队伍和执法能力建设。各地区制定年度工作计划，加强统筹协调，结合实际细化工作措施，强化业务培训和执法能力建设，落实执法监管、举报奖励以及涉案物品环境无害化处理等工作经费，将执法资源向基层倾斜。

对工作中涌现出的先进单位和个人及时予以表彰。

关于印发《2014年第一、第二季度全国打击侵犯知识产权和制售假冒伪劣商品重点工作安排》的通知

打假发〔2014〕1号

全国打击侵犯知识产权和制售假冒伪劣商品工作领导小组各成员单位：

现将《2014年第一、第二季度全国打击侵犯知识产权和制售假冒伪劣商品重点工作安排》印发给你们，请认真贯彻执行。

2014年3月6日

2014年第一、第二季度全国打击侵犯知识产权和制售假冒伪劣商品重点工作安排

2014年第一、第二季度，全国打击侵犯知识产权和制售假冒伪劣商品工作要紧紧围绕事关民生安全和创新发展的突出问题，大力开展专项整治，严厉打击侵权假冒违法行为，保障群众生产生活安全。

一、开展制售假冒伪劣商品专项整治

（一）部署全年农资打假工作，开展农资打假春季行动。（农业部牵头，上半年）

（二）以城乡结合部为重点，开展京津冀地区加油站专项整治。（领导小组办公室牵头，上半年）

（三）以建筑材料、汽车配件、手机为重点，开展“质检利剑”打假行动。做好涉及冬季居民生活的特种设备使用监督管理和安全保障工作。（质检总局负责，第一季度）

（四）打击利用互联网销售假药违法行为。开展医疗器械“五整治”专项行动，重点查处虚假注册申报、违规生产、非法经营、夸大宣传、使用无证产品等行为。（食品药品监管总局负责，上半年）

（五）开展电视购物专项整治。（商务部牵头，上半年）

（六）重点加强对农村与城乡结合部集市的监督检查。以家用电器、燃气灶具、压力锅、笔记本电脑等为重点，依法加强流通领域商品质量抽查检验。部署开展打击利用互联网和网络交易平台发布虚假违法广告工作。（工商总局负责，上半年）

二、打击侵犯知识产权违法行为

（七）遏制恶意抢注商标行为。重点打击针对农资、建筑材料、汽车配件、家具等商品的仿冒违法行为。（工商总局负责，上半年）

（八）启动打击网络侵权盗版专项治理“剑网”行动。（新闻出版广电总局牵头，第二季度）

（九）开展印刷复制企业专项检查。（新闻出版广电总局负责，第一季度）

（十）加强对以手机、平板电脑等终端为载体的网络文化产品监管。（文化部负责，上半年）

（十一）加强涉及民生领域、重大项目和优势产业的专利行政保护工作。开展网上专利执法护权。做好第115届广交会等展会的执法维权。（知识产权局牵头，上半年）

（十二）加强知识产权海关保护，查处进出口侵权货物违法行为。（海关总署负责，上半年）

（十三）开展种子企业监督抽查、市场整顿和品种清退。（农业部负责，上半年）

（十四）开展2014年度林木种苗质量监督抽查。以种苗交易市场为重点，打击违法违规生产销售假冒伪劣林木种苗行为，严厉查办侵犯林木植物新品种权的案件。（林业局负责，上半年）

（十五）加强对涉及商业秘密投诉举报线索的排查，严肃查办侵犯商业秘密违法犯罪案件。（工商总局、公安部、高检院、高法院分别负责，上半年）

三、巩固扩大软件正版化成果

（十六）开展政府机关软件正版化检查验收。（新闻出版广电总局牵头，第一季度）

（十七）开展计算机预装正版操作系统软件专项检查。（工业和信息化部、新闻出版广电总局负责，上半年）

（十八）完成2014年正版软件采购网产品的入围选型。（国管局负责，上半年）

（十九）开展中央企业软件正版化工作培训，督促企业推进软件正版化。（国资委负责，上半年）

四、强化司法打击和监督力度

（二十）针对严重危害民生和社会公共安全的制售假冒伪劣商品犯罪活动，开展集群战役，铲除犯罪网络。（公安部负责，上半年）

（二十一）将侵权假冒领域的渎职犯罪作为重点，开展惩治和预防发生在群众身边、损害群众利益的职务犯罪专项工作。以开展危害食品药品安全犯罪专项立案监督活动为抓手，重点监督行政执法机关移送、监督公安机关立案侦查一批制假售假犯罪案件。（高检院负责，上半年）

（二十二）组织对大案要案进行庭审直播。（高法院负

责，上半年）

五、实施年度考核推进制度建设

（二十三）组织2013年度省（区、市）打击侵犯知识产权和制售假冒伪劣商品违法犯罪活动绩效考核。（领导小组办公室牵头，第一季度）

（二十四）加快建立省级以下行政执法与刑事司法衔接信息共享平台，推进平台间对接互联。建立健全联席会议、案件咨询、统计通报等制度，保障案件及时移送和反馈。（领导小组办公室、高检院牵头，上半年）

（二十五）针对本系统实际，制订侵权假冒行政处罚案件信息公开的实施细则，推动各级行政执法部门开展案件信息公开工作。（领导小组办公室牵头，农业部、文化部、海关总署、工商总局、质检总局、新闻出版广电总局、食品药品监管总局、林业局、知识产权局分别负责，上半年）

（二十六）制定拟销毁的侵权假冒商品分类处理指南。（环境保护部负责，第一季度）

（二十七）制定侵权假冒大案要案协调督办工作规则。（领导小组办公室负责，第一季度）

（二十八）制定社会信用体系建设三年工作任务方案。（发展改革委、人民银行牵头，上半年）

六、结合重要时点组织宣传教育

（二十九）举办“3·15消费者权益保护日”宣传活动。（工商总局牵头，第一季度）

（三十）举办“放心农资下乡进村”宣传周活动。（农业部负责，第一季度）

（三十一）举行政府机关软件正版化工作新闻发布会。（新闻办牵头，第二季度）

（三十二）发布中国的软件正版化状况白皮书。（新闻办、新闻出版广电总局负责，第二季度）

（三十三）举行工商行政管理机关打击侵犯商标权和流通领域制售假冒伪劣商品违法行为新闻发布会。（新闻办牵头，第二季度）

（三十四）围绕“4·26世界知识产权日”，举办“2014年知识产权宣传周”活动。（知识产权局牵头，第二季度）

（三十五）组织全国侵权盗版非法出版物集中销毁行动。（新闻出版广电总局负责，第二季度）

（三十六）发布2013年度打击侵权假冒典型案例。（有关行政执法部门、公安部、高法院、高检院分别负责）

（三十七）开展“5·15打击和预防经济犯罪宣传日”宣传教育活动。（公安部负责，第二季度）

（三十八）加强互联网信息内容管理，及时删除侵权假冒有害信息。（新闻办负责，上半年）

（三十九）开展专项法律服务，组织律师对知识产权密集型企业开展法律诊断与咨询。（司法部负责，上半年）

关于印发《2014年第三季度全国打击侵犯知识产权和制售假冒伪劣商品重点工作安排》的通知

打假发〔2014〕2号

全国打击侵犯知识产权和制售假冒伪劣商品工作领导小组各成员单位：

现将《2014年第三季度全国打击侵犯知识产权和制售假冒伪劣商品重点工作安排》印发给你们，请认真贯彻执行。

全国打击侵犯知识产权和制售
假冒伪劣商品工作领导小组
2014年6月18日

2014年第三季度全国打击侵犯知识产权和制售假冒伪劣商品重点工作安排

第三季度，全国打击侵犯知识产权和制售假冒伪劣商品（以下简称侵权假冒）工作要围绕国内外关注、事关国计民生的突出问题，紧抓关键环节，加大工作力度，推动重点工作取得突破性进展。

一、打击互联网领域侵权假冒

（一）针对互联网领域侵权假冒的多发环节和重点商品，制定并组织实施打击互联网领域侵权假冒工作方案，健全跨部门、跨区域与跨境的执法协作机制，推动加强电子商务领域行业自律，研究落实电子商务企业主体责任的制度措施。（领导小组办公室牵头，中央宣传部、公安部、农业部、文化部、海关总署、工商总局、质检总局、新闻出版广电总局、食品药品监管总局、知识产权局、新闻办、网信办、邮政局按职责分工负责）

（二）落实《网络交易管理办法》，强化对大型购物网站及网店交易行为的监管。加强对生产集中地的清理整顿，落实生产企业的质量主体责任，促进区域产品质量提升。（工商总局、质检总局按职责分工负责）

（三）全面推进打击网络侵权盗版专项治理“剑网”行动，查处侵犯网络文学、音乐、影视、游戏、动漫、软件等领域及图书、音像制品、电子出版物等产品著作权的违法行为。（新闻出版广电总局牵头，公安部、工业和信息化部、网信办按职责分工负责）

（四）开展电子商务领域专利执法维权专项行动，构建网上专利行政执法快速反应、快速打击、快速协作工作机制。（知识产权局负责）

（五）查处利用手机、平板电脑等智能移动平台非法经营网络游戏的违法行为。（文化部负责）

（六）加强跨境电子商务侵权信息收集和风险预警，开展针对进出境邮寄、快递渠道的知识产权保护专项行动。（海关总署、邮政局按职责分工负责）

（七）依法及时关闭涉嫌严重违法犯罪的网站，屏蔽网上有害信息。（工业和信息化部、网信办按职责分工负责）

二、加强重点领域知识产权保护

（八）协调督办商业秘密重要纠纷案件以及侵犯商业秘密的重点案件。（发展改革委、公安部、工商总局、高法院按职责分工负责）

（九）依法审判并公布侵犯商业秘密典型案件。（高法院负责）

（十）完善相关制度，依法保护企业提交技术资料中的商业秘密。（发展改革委、工业和信息化部、农业部、商务部、食品药品监管总局、知识产权局按职责分工负责）

（十一）开展商业秘密保护宣传教育活动，提高企业和社会公众意识。（领导小组办公室、中央宣传部牵头，工商总局、新闻办、高法院按职责分工负责）

（十二）开展保护商业秘密立法调研。研究完善商业秘密纠纷案件初步禁令和诉前证据保全的相关规定。（商务部、高法院按职责分工负责）

（十三）遏制攀附他人已注册商标商誉、大量或多次恶意抢注他人商标行为。（工商总局负责）

（十四）开展政府机关软件正版化培训，督促各地区、各有关部门开展政府机关软件正版化自查整改，推动政府机关完善软件正版化长效工作机制，巩固软件正版化工作成果。开展企业软件正版化工作检查。（新闻出版广电总局牵头，发展改革委、工业和信息化部、财政部、商务部、国资委、国管局按职责分工负责）

（十五）在第二十届世界足球锦标赛举办期间开展知识产权保护“绿茵”专项行动。（海关总署负责）

三、开展重点商品专项治理

（十六）开展农资打假“夏季百日行动”和秋季种子市场检查、种子生产基地整治。（农业部负责）

（十七）以抗肿瘤药物等为重点，打击销售假药违法行为。（食品药品监管总局负责）

（十八）推进“质检利剑”打假战役，打击制售假冒伪劣建筑材料、汽车配件、儿童用品违法行为。（质检总局负责）

（十九）加强流通领域重点商品质量专项治理，重点查处农村和城乡结合部市场售假违法行为。（工商总局负责）

（二十）开展车用燃油市场专项整治，严把生产加工、储运和加油环节，查处掺杂使假、不按标准生产加工和向市场供应劣质成品油行为，并将查缴的劣质车用燃油交由具有危险废物经营许可证的单位进行处理。（领导小组办公室牵头，中央宣传部、公安部、环境保护部、商务部、国资委、工商总局、质检总局按职责分工负责）

四、加强法律法规和工作机制建设

（二十一）推进著作权法、专利法、专利代理条例的修订工作。（法制办牵头，新闻出版广电总局、知识产权局配合）

（二十二）出台专利侵权判定指引。（知识产权局负责）

（二十三）针对林业行政执法中的突出问题，开展种子法执法调研。（林业局负责）

（二十四）开展完善行政执法与刑事司法衔接工作机制的调查研究。（高检院牵头，领导小组办公室、公安部、司法部、工商总局、质检总局、食品药品监管总局、法制办、高法院配合）

（二十五）推进省级以下侵权假冒行政执法与刑事司法衔接信息共享平台建设。建立健全联席会议、案件咨询、统计通报等制度。（领导小组办公室、高检院牵头，公安部、农业部、文化部、海关总署、工商总局、质检总局、新闻出版广电总局、食品药品监管总局、林业局、知识产权局按职责分工负责）

（二十六）制定2014年度省（区、市）打击侵权假冒工作绩效考核办法和组织实施考核的程序规范。（领导小组办公室牵头，各成员单位配合）

（二十七）全面实行侵权假冒行政处罚案件信息公开。组织行政处罚案件信息公开工作的专项监督检查。做好公开案件信息统计通报。（领导小组办公室牵头，农业部、文化部、海关总署、工商总局、质检总局、新闻出版广电总局、食品药品监管总局、林业局、知识产权局按职责分工负责）

（二十八）建成并上线试运行全国质检系统“12365”管理与执法信息平台。（质检总局负责）

五、积极开展跨境执法协作与对外磋商交流

（二十九）通过国际刑警组织和世界海关组织等多双边工作机制，积极参与项目合作和联合执法行动，及时对外发布战果，树立我正面形象。（公安部、海关总署按职责分工负责）

（三十）做好第六轮中美战略与经济对话知识产权议题的谈判。（商务部牵头，发展改革委、工业和信息化部、公安部、财政部、国资委、工商总局、新闻出版广电总局、知识产权局、网信办、高法院、高检院等成员单位配合）

（三十一）做好第25届中美商贸联委会知识产权议题的磋商。（商务部牵头，发展改革委、工业和信息化部、公安部、财政部、国资委、工商总局、新闻出版广电总局、知识产权局、网信办、高法院、高检院等成员单位配合）

（三十二）开展中欧知识产权对话。（商务部牵头，工商总局、新闻出版广电总局、知识产权局等成员单位配合）

六、做好宣传教育与培训

（三十三）突出知识产权保护成效，集中开展宣传活动，及时发布权威信息，回应国际国内社会关切。做好中国打击侵权假冒工作网的扩容升级，拓展交流沟通渠道。（领导小组办公室、中央宣传部、新闻办牵头）

（三十四）举行海关知识产权保护成果新闻发布会。（新闻办牵头，海关总署配合）

（三十五）举行质检系统打击制售假冒伪劣商品成果新闻发布会。（新闻办牵头，质检总局配合）

（三十六）通报2014年度林木种苗质量监督抽查结果。组织开展林木种苗执法知识竞赛。（林业局负责）

（三十七）坚持和完善打击侵权假冒集群战役主战模式，遴选一批质量好、声势大的经典战役，总结推广一批优秀技战法。（公安部负责）

（三十八）做好全系统贯彻实施商标法、商标法实施条例的业务培训。（工商总局负责）

关于印发《2014年第四季度全国打击侵犯知识产权和制售假冒伪劣商品重点工作安排》的通知

打假发［2014］5号

全国打击侵犯知识产权和制售假冒伪劣商品工作领导小组各成员单位：

现将《2014年第四季度全国打击侵犯知识产权和制售假冒伪劣商品重点工作安排》印发给你们，请认真贯彻执行。

全国打击侵犯知识产权和制售
假冒伪劣商品工作领导小组
2014年9月30日

2014年第四季度全国打击侵犯知识产权和制售假冒伪劣商品重点工作安排

2014年第四季度，全国打击侵犯知识产权和制售假冒伪劣商品（以下简称侵权假冒）工作要突出抓紧抓好已经部署的各项重点工作，全面完成全年各项工作任务。

一、深入推进重大专项行动

（一）完成互联网领域侵权假冒专项整治任务。开展区域质量提升行动，加强电子商务产品质量风险监测和监督抽查。整治网络交易非法主体网站。加大对重点网站销售国家明令禁止商品的检查力度。监测网上非法售药行为，对违法信息进行筛查、研判、确认并移送有关部门查处。加强浓硝酸、浓硫酸、甘油、硝酸钾等可制爆化工原料电子商务交易行为的监管，查处销售商违法违规改变包装和品名的行为。开展电子商务领域专利执法维权专项行动。加大跨境电子商务知识产权海关保护力度。严厉打击利用互联网从事影响群众生产生活、威胁地方支柱产业、跨区域和职业化、团伙化的犯罪。（工业和信息化部、公安部、农业部、文化部、海关总署、工商总局、质检总局、新闻出版广电总局、食品药品监管总局、知识产权局、网信办、邮政局按职责分工负责）

（二）推进车用燃油专项整治。继续将京津冀三地作为专项整治的重点地区，并在总结京津冀地区专项整治阶段性成果的基础上，在全国范围内加强成品油生产加工和流通环节监管，打击制售假劣车用燃油违法行为，将查缴的劣质车用燃油交由具有危险废物经营许可证的单位进行处理。继续做好成品油消费税专项整治工作。（领导小组办公室、中央宣传部、公安部、环境保护部、商务部、国资委、税务总局、工商总局、质检总局按职责分工负责）

（三）在12月份启动为期7个月的农村和城乡结合部市场假冒伪劣专项整治。严格农令与节庆等重要时点的监管，治理整顿生产源头，加强对流通渠道的监督检查，建立和完善农村市场监管长效机制。（领导小组办公室、工业和信息化部、公安部、农业部、商务部、工商总局、质检总局、食品药品监管总局、林业局、邮政局按职责分工负责）

二、全面完成重点整治任务

（四）制止恶意抢注商标行为，遏制商标注册环节的不正当竞争行为。（工商总局负责）

（五）开展印刷复制发行专项检查，重点检查印刷企业印制政经类等涉及重大选题出版物，以及光盘复制企业执行模具来源识别码及样盘报送情况。（新闻出版广电总局负责）

（六）查处盗版教材教辅出版物、少儿出版物、工具书、畅销书、影视剧和音乐、音像制品违法行为。（新闻出版广电总局负责）

（七）做好对重点视频网站、大型购物网站、网上售书平台等版权监管工作，推动相关企业建立健全版权保护制度和交易规则，规范网络转载、传播作品行为。（新闻出版广电总局负责）

（八）推进“剑网2014”专项行动，重点开展保护数字版权、规范网络授权、支持依法维权、严惩侵权盗版等工作。（新闻出版广电总局牵头，工业和信息化部、公安部、网信办按职责分工负责）

（九）集中查处手机游戏、网络动漫市场违法经营行为。（文化部负责）

（十）开展邮寄、快递渠道知识产权保护重点执法，查处进出口侵权假冒日用消费品、化妆品和电器产品违法行为。（海关总署、邮政局按职责分工负责）

（十一）开展第二次政府机关软件正版化检查，重点检查第一责任人的责任落实、重点问题整改和长效机制建设情况，推动建立健全软件正版化工作责任制度、软件使用和管理制度、审计和督促检查制度。开展计算机生产厂商出厂、销售环节操作系统预装情况实地检查。推进国有企业、金融机构和新闻出版企业软件正版化工作，指导企业加强软件资产管理，建立正版化信息报送机制。（新闻出版广电总局牵头，工业和信息化部、财政部、国资委、国管局按职责分工负责）

（十二）继续开展打击侵犯品种权和制售假劣种子行为专项行动，重点检查玉米、水稻种子生产基地和秋季小麦、油菜种子市场。（农业部牵头，公安部、工商总局按职责分工负责）

（十三）开展打击制售假冒伪劣林木种苗执法检查。继续开展打击侵犯植物新品种权专项行动，重点打击侵犯观赏植物和经济林植物新品种权违法行为。（林业局负责）

（十四）开展农资打假秋冬季行动，重点加强种子发芽率、纯度、净度等质量指标及农药化肥有效成分含量监督抽查。（农业部牵头，工业和信息化部、工商总局、质检总局按职责分工负责）

（十五）围绕家用电子电器、服装鞋帽、装饰装修材料、交通工具等重点商品，针对抽查检验中发现的质量突出问题，查处销售不合格商品违法行为。（工商总局负责）

（十六）加大进境检验检疫电子证书、进口食品境外生产企业注册资格CCC证书核查力度，打击伪造买卖检验检疫证单行为。实施《优惠原产地证明签证管理办法》，查处伪造原产地证明违法行为。（质检总局负责）

三、推动完善长效机制

（十七）继续推进修订著作权法、种子法、专利法、专利代理条例。（法制办牵头，农业部、新闻出版广电总局、林业局、知识产权局按职责分工负责）

（十八）继续开展商业秘密保护立法和政策等问题的调研与对外交流。（商务部负责）

（十九）结合重大专项行动，在有条件的领域探索基层上下两级和跨部门联合执法。（农业部、工商总局、质检总局、食品药品监管总局、林业局按职责分工负责）

（二十）开展侵权假冒行政处罚案件信息公开情况督促检查，发布信息公开情况通报，督促各地区全面实行案件信息公开。（领导小组办公室牵头，农业部、文化部、海关总署、工商总局、质检总局、新闻出版广电总局、食品药品监管总局、林业局、知识产权局按职责分工负责）

（二十一）积极推进省级行政执法与刑事司法衔接信息共享平台全面建成，通过平台运行推动行政执法与刑事司法有效衔接。（领导小组办公室、高检院牵头，公安部、农业部、文化部、海关总署、工商总局、质检总局、新闻出版广电总局、食品药品监管总局、林业局、知识产权局按职责分工负责）

（二十二）推动优良信用记录和不良信用记录共建共享与信息公开。（发展改革委、人民银行牵头）

（二十三）完善全国企业质量信用档案数据库系统和产品质量信用信息平台。稳步推进质量信用信息的社会公开和部门共享。全面推进企业主动发布《企业质量信用报告》，加快企业产品和服务标准自我声明公开和监督制度建设。（质检总局负责）

（二十四）推进小微企业和农户信用体系建设，进一步完善小微企业、农户等经济主体的信用征集、信用评价和应用机制，发挥诚信示范作用，营造鼓励守信的社会氛围。（人民银行负责）

（二十五）出台食品药品安全“黑名单”管理办法。（食品药品监管总局负责）

（二十六）编制林业植物新品种测试体系规划，建立林业植物品种 DNA 图谱数据库。（林业局负责）

（二十七）健全关检合作查处假冒伪劣商品工作机制，促进对外贸易稳定增长。（海关总署、质检总局按职责分工负责）

（二十八）全面建成和推广应用质检“12365”系统信息化平台，规范各地“12365”机构设置、条件配置、接听服务、处置流程和管理制度建设。（质检总局负责）

（二十九）推进反侵权假冒行业组织和社团组织建设，发挥行业自律功能，推动社会共治。（领导小组办公室负责）

四、加强宣传和国际合作

（三十）结合推进法治中国建设，在“12・4”全国法制宣传日期间，开展知识产权法制主题宣传活动。（司法部负责）

（三十一）发布中国软件正版化工作进程白皮书。（新闻办牵头，新闻出版广电总局配合）

（三十二）开展中美海关联合执法专项行动。（海关总署负责）

（三十三）落实中欧知识产权合作项目，与欧盟联合举办网络音乐知识产权保护专题圆桌会议。（文化部负责）

（三十四）利用第八届世界知识产权执法大会等国际交流平台，展示我政府和公安机关保护知识产权的决心和成效。（公安部负责）

（三十五）做好第 25 届中美商贸联委会知识产权议题的磋商。（商务部牵头，公安部、农业部、海关总署、工商总局、质检总局、食品药品监管总局、知识产权局、法制办、高法院按职责分工负责）

关于印发《打击互联网领域侵犯知识产权和制售假冒伪劣商品工作方案》的通知

打假发〔2014〕3 号

全国打击侵犯知识产权和制售假冒伪劣商品工作领导小组各成员单位：

现将《打击互联网领域侵犯知识产权和制售假冒伪劣商品工作方案》印发给你们，请认真贯彻执行。

全国打击侵犯知识产权和制售
假冒伪劣商品工作领导小组
2014 年 6 月 18 日

打击互联网领域侵犯知识产权和制售假冒伪劣商品工作方案

为贯彻落实《国务院办公厅关于印发 2014 年全国打击侵犯知识产权和制售假冒伪劣商品工作要点的通知》（国办发〔2014〕13 号）精神，严厉打击互联网领域侵犯知识产权和制售假冒伪劣商品（以下简称侵权假冒）违法犯罪活动，促进电子商务的健康发展，制定本工作方案。

一、明确目标任务

自 2014 年 6 月起，利用半年时间，集中开展互联网领域侵权假冒专项治理行动。通过加强对重点网站和网络销售平台的监管，严厉查处并曝光一批案件，关闭一批违法网站，处理一批违法人员，警示和教育经营者与消费者。同时，针对互联网领域侵权假冒行为跨区域、链条长、虚拟化、智能化等特点，创新监管方式和手段，加强部门间、区域间信息共享和执法协作，提升工作合力，完善打击互联网领域侵权假冒的长效机制，维护正常的电子商务秩序。

二、突出工作重点

（一）严厉打击网上销售假劣商品。农业部、工商总局、质检总局、食品药品监管总局等部门以农资、汽车配件、儿童用品以及治疗肿瘤和慢性疾病药物为重点，加强对互联网搜索引擎的监测，及时发现假劣商品信息和涉嫌非法销售的网站、网页及各类链接等售假线索，完善信息报送、线索共享、案件研判沟通联系机制。

（二）严厉打击网络侵权盗版。新闻出版广电总局、网信办等部门围绕网络文学、音乐、影视、游戏、动漫、软件等重点领域以及图书、音像制品、电子出版物、网络出版物、含有著作权的标准类作品等重点产品，开展打击网络侵权盗版专项治理“剑网行动”，重点打击移动互联网领域及利用机顶盒、电视棒实施侵权盗版行为，依法惩治和取缔非法视听节目网站。新闻出版广电总局强化重点网站版权监管，规范互联网传播作品的版权市场秩序。文化部整治网络音乐、网络游戏市场，加强以手机、平板电脑等终端为载体的网络文化产品监管。工商总局、知识产权局加大对网上侵犯专利权和商标权行为的监督检查力度，强化与电子商务平台的沟通联系，健全执法办案工作机制，及时查处侵权行为。

（三）强化电子商务网站监管。工业和信息化部、工商总局、网信办等部门以大型购物网站为重点，排查并及时删除侵权假冒商品信息。根据涉案网站的备案情况，依法屏蔽、关闭违法违规网站。加强部门间协作，查处“三无”网站。强化对网络接入服务商、域名注册服务提供商、信息服务商经营行为的监督管理，协助执法部门开展网络侵权假冒案件调查取证。

（四）强化生产加工源头治理。质检总局开展专项执法行动，强化电子商务产品源头集中治理，加强电子商务产品质量风险监测和监督抽查工作，及时公布产品质量抽检结果。加快建立产品质量追溯制度，健全“网上发现、线索通报、源头追溯、属地查处”机制，加强对电子商务产品生产集中地的清理整顿，开展区域质量提升行动。推动企业建立电子商务产品质量保障系统，推广应用商品条码、组织机构代码，解决网络环境下信息不对称等问题。依托“12365”系统建立健全执法打假协作机制，加强跨区域执法联动。

（五）开展跨境知识产权保护专项行动。海关总署、邮政局针对利用跨境网络交易中通过邮寄、快递渠道运输的日用消费品、化妆品、电器产品等重点商品，开展专项执法行动，打击进出口和邮寄、快递渠道的侵权违法行为。公安部、海关总署完善多双边联合执法机制，打击利用互联网销售假冒伪劣商品跨境违法犯罪。

三、强化监管措施

（一）各方协作加强执法。相关行政执法部门要将网上监管与网下监管相结合，相互通报生产、销售、进出口等环节发现的侵权假冒信息，强化对侵权假冒线索的反向追踪，深挖并清理生产加工侵权假冒产品源头。对于发现的涉嫌犯罪案件或线索，及时移送或通报公安机关。加强跨区域执法协作，完善线索通报、案件转办、协助调查等制度，相关执法部门发现网上侵权假冒违法经营者在外地的，要及时移交违法者所在地或网站服务器所在地的执法部门查处，对于管辖权有异议的，报请上级执法部门指定管辖。相关执法部门要与当地大型电子商务企业以及与电子商务有关的物流企业、邮政快递企业、支付公司等建立沟通联系机制，依法获取经营、物流、支付等相关信息，提高办案效率。

（二）强化情报导侦支撑作用。公安部加强与电子商务平台的合作，对网上侵权假冒线索进行细致排查，提升网络环境下发现犯罪活动的能力。充分发挥集群战役优势，深挖生产窝点，捣毁销售网络，全链条打击网络侵权假冒犯罪活动。

（三）加强社会监督与行业自律。完善举报奖励制度，引导消费者积极举报网上侵权假冒违法行为，拓展线索来源渠道。完善网上侵权假冒行为的举报接收、案件办理、结果反馈等工作制度，鼓励权利人主动维权。依法公开网上侵权假冒案件信息，曝光典型案例，震慑违法犯罪行为，教育社会公众。行业管理部门要充分发挥电子商务领域行业协会、商会等行业组织作用，积极开展行业自律，在全行业树立自觉抵制侵权假冒行为的风尚。

（四）利用信息技术提高监管能力。相关执法部门要创新监管方式和手段，积极利用信息技术建立电子服务监管网、网络经营主体数据库、网络消费维权中心和举报平台，研发运用侵权假冒搜索引擎、信息查询监测软件和可追溯技术，提升互联网监测的信息化水平，为强化监管执法提供技术支撑。

四、建立长效机制

（一）推动完善互联网监管的法规和标准。全国打击侵权假冒工作领导小组办公室会同相关部门，针对互联网领域侵权假冒行为的特点和监管工作中的薄弱环节，建立长效工作机制，研究提出完善相关法律法规的建议，推动出台司法解释，密切相关法律、行政法规、部门规章之间的衔接，明确电子商务平台和网店交易规则、质量监管、售后服务和赔偿责任，完善查处互联网领域侵权假冒的证据规则和网上商业数据保护办法，健全网上产品展示、信息披露、产品验证等标准，为案件办理提供制度保障。

（二）推动落实企业主体责任。行业管理部门要指导电子商务企业完善内部管理制度，严格审查加盟商户资质并进行实名登记，加强对网上销售商品信息的审查，主动向执法部门提供经营者相关信息，完善举报投诉的接收、办理和违法商户的淘汰退出机制。强化对物流企业、邮政快递企业的市场监管，督促邮政快递企业严格执行收寄验视制度。研究建立实行实名寄递制度的可行性。引导电子商务支付公司和物流企业、邮政快递企业做好信息记录，并根据执法办案需要提供相关信息查询服务，协助执法部门开展调查。

（三）加快电子商务诚信体系建设。行业管理部门和执法监管部门加快建立电子商务企业基础数据库，完善网络商品交易信用档案。促进电子商务企业信用信息与社会其他领域相关信息的交换和共享。引导电子商务企业建立健全客户信用管理和交易信用评估制度。鼓励发展电子商务第三方信用服务机构，客观、公正地采集与记录经营者的信用情况，建立信用评价体系和信用信息披露制度，为电子商务企业和消费者提供信用服务，警示交易风险。加强对中小型电子商务企业的培训，增强其防伪辨假能力，促使企业诚信守法经营。

五、落实工作要求

（一）加强组织领导。各地区、各牵头部门要充分认识打击互联网领域侵权假冒违法犯罪的重要性和必要性，加强组织领导，逐级落实责任。要加强对基层的指导检查，协调办理跨部门、跨区域案件，集中查办一批国内外关注、性质恶劣的大案要案。全国打击侵权假冒工作领导小组办公室和相关部门适时对各地工作开展情况进行督导检查。

（二）明确时间进度。6 月底前，各地区、各有关部门要结合实际，制定具体实施方案，细化工作措施，全面部署开展工作。7－12 月，各地区广泛收集违法犯罪线索，认真分析排查，严厉查处并及时曝光违法犯罪案件，研究推进相关制度机制建设。12 月底前，各地区、各有关部门全面总结工作，形成报告提交全国打击侵权假冒工作领导小组办公室。

（三）加强宣传教育。各地区、各有关部门要充分运用报纸、电视、广播、新闻网站等媒体及时报道工作措施、成效和典型案例，扩大影响，营造舆论氛围。要广泛普及识假辨假知识，引导消费者和知识产权权利人积极参与，凝聚全社会共同治理互联网领域侵权假冒的合力。

关于印发《农村和城乡结合部市场假冒伪劣专项整治方案》的通知

打假发〔2014〕6 号

全国打击侵犯知识产权和制售假冒伪劣商品工作领导小组各成员单位：

现将《农村和城乡结合部市场假冒伪劣专项整治方案》印发给你们，请认真贯彻执行。

全国打击侵犯知识产权和制售
假冒伪劣商品工作领导小组
2014 年 9 月 30 日

农村和城乡结合部市场假冒伪劣专项整治方案

为遏制假冒伪劣商品向农村和城乡结合部转移的趋势，严厉打击农村市场制假售假违法犯罪活动，有效保障农业生产和农村消费者合法权益，制定本方案。

一、明确工作目标

针对农村居民消费层次低、识假辨假能力弱、风险防范意识不强以及农村和城乡结合部经营主体多、小、散、乱的现状，自 2014 年 12 月至 2015 年 6 月，集中开展农村和城乡结合部市场假冒伪劣商品专项整治。通过开展集中整治，严肃查处并曝光违法犯罪案件，惩处违法经营主体，端掉侵权假冒窝点，处理违法人员，完善相关法律法规和监管制度，健全打击农村市场假冒伪劣违法犯罪行为的长效机制，维护正常的农村市场秩序。

二、开展集中整治

（一）加强对涉农重点商品监管。围绕与农村居民日常生活和农业生产紧密相关的食品药品、小家电、日用化工、五金电料等消费品和种子、化肥、农药等农资产品，针对各类产品集中制造地区、商品集散地、商品批发市场以及周边地区、侵权假冒案件高发地，突出“两节”、“两会”以及春耕、夏收等重要农时和节庆时段，集中开展执法检查，严肃查处侵权假冒违法犯罪行为。

（二）加强生产源头治理整顿。质检、工业和信息化、食品药品监管部门加强产品质量监督管理，开展生产企业资质清理审查，坚决打击无证生产，严肃查处无证制售强制性产品认证（CCC）目录产品的违法行为，督促生产企业加强过程质量控制，严把质量关，不合格的产品一律不得出厂。农业、工商、质检部门依法查处滥用、冒用、伪造涉农产品地理标志证明商标、登记证书、产品名称、专用标志的行为。农业、林业部门查处种子生产经营主体“套牌”生产等违法违规行为。工商部门开展市场主体抽查和执法检查，依法取缔无照经营行为。质检部门确定涉农产品的重点生产地区，深入开展区域质量提升行动。农业部门加强对农民安全、合理使用农药、化肥的指导，严格按照农时、用量、浓度配比、土壤条件、农作物长势等要求施药、施肥，不得使用国家明令禁止生产或者撤销登记的农药。

（三）加强流通领域监督检查。农业、工商、食品药品监管部门严格实施食品、药品、农资等进销货台账和索证索票制度，防止来路不明的商品进入流通领域和农民手中。农业、工商、质检部门依法增加质量监测抽查频次。农业、工商、质检、食品药品监管、林业部门加大对面向农村市场的市（地）、县及中心镇的大卖场、商品批发市场、主要仓储集散地、乡镇（村）集市、农资生产经营业户的检查力度。工商部门以驰名商标、涉外商标为重点，打击侵权行为，查处恶意攀附企业商标商誉的案件。工商、食品药品监管部门以药品、农资等为重点，查处制作发布虚假违法广告行为。农业、林业部门重点查处种子超范围经营、跨地区销售和未审先推等违法行为。各有关部门对发现的假冒伪劣商品线索，要追根溯源，深挖生产源头和销售网络，依法追究生产经营主体责任。

（四）加强行政执法与刑事打击配合。行政执法部门在

执法检查时发现侵权假冒行为涉嫌犯罪的，及时向公安机关通报，按规定移送涉嫌犯罪案件，主动支持配合公安机关、检察机关、审判机关做好涉农犯罪案件办理工作。公安机关强化情报导侦，对涉及农村市场的涉嫌犯罪案件及时立案侦查，明确查办责任主体和办理时限，对情节严重、影响恶劣的重点案件要挂牌督办。发掘相关案件线索，深挖犯罪组织者、策划者和生产加工窝点，开展集群战役，摧毁其产供销产业链条。

（五）及时处理侵权假冒商品。各执法部门以《环境保护部关于发布拟销毁的侵犯知识产权和假冒伪劣商品分类处理指南的公告》（公告 2014 年第 18 号）为指引，落实专项工作经费，组织假冒伪劣商品无害化处理，防止再次流入市场，特别是流入农村和城乡结合部等监管薄弱地区。有关情况及时通报当地环境保护部门。

（六）广泛开展农村市场打假宣传活动。重点宣传专项整治内容、政策措施、整治成效，曝光典型案例，引导生产经营主体诚信守法经营，特别要针对农民网购消费迅速增加的新情况，提高防范风险、识假辨假的意识和能力。针对农村特点，采取在村头路边刷写宣传标语，在大型批发市场电子广告牌上播出字幕标语，在农村商业网点发放宣传册、张贴宣传画，向乡镇干部、种植大户和农资经营户等发送手机公益短信等方式，增强宣传效果。

三、建立长效机制

（一）完善法规制度和市场监管体系。法制办、农业部加快修订《农药管理条例》。有条件的地区，要积极推行监管部门网格化管理制度，建立并严格实施商品质量可追溯的电子化台账制度。农业部、工业和信息化部研究出台规范高毒、高残留农药经营主体市场准入的制度，严格主体资质，提高准入门槛。农业部推进高毒农药定点经营和低毒低残留农药推广补贴的机制。各地区要以改革创新精神，积极推进完善行政执法体制，加强农业综合执法队伍建设，推动实施相对集中行政处罚权，有条件的地区可结合县级政府市场监管体制改革，整合执法资源，强化市场监管职能。

（二）推动社会共治和农村市场诚信建设。充分发挥农业“12316”、商务“12312”、工商“12315”、质检“12365”、食品药品“12331”等举报投诉服务体系作用，落实举报奖励措施，做好有关咨询的解答服务，引导农村居民积极举报投诉。探索建立“人民监督员”和“打假志愿者”队伍，鼓励青少年学生、社区工作人员参与社会监督。农业、工商、质检、食品药品监管部门依法推进行政处罚案件信息公开，利用信息技术手段建立健全企业和个体经营者诚信档案，建立和完善信用信息查询和披露制度，培育面向农村市场的第三方信用服务机构。积极发挥行业组织作用，开展行业自律，倡导诚信守法，自觉抵制侵权假冒违法行为。

（三）畅通农村商品流通渠道。商务部、农业部、邮政局加强农村流通网络建设，充分发挥设在农村和城乡结合部的公益性批发市场、大型农贸市场、邮政三农服务网点、基层供销合作社和连锁经营超市、便利店等流通主体作用，积极发展连锁经营、物流配送、电子商务等现代流通方式，净化农村商品流通渠道。

四、抓好工作落实

（一）加强组织保障。各地区、各有关部门要充分认识做好农村和城乡结合部市场假冒伪劣专项整治工作的重要意义，按照转换政府职能、强化事中事后监管的要求，加强对基层工作的指导检查，帮助基层排忧解难，将资源向执法一线倾斜，配备必要的交通工具和仪器装备，充实基层执法力量，加大资金保障力度，将县级及以下执法部门抽样检验费用、定期检测费用列入财政预算，落实举报奖励以及涉案物品环境无害化处理等工作经费。

（二）落实工作责任。各地区、各有关部门要按照上述任务分工，结合实际对工作进一步分解细化，制定具体措施，明确责任分工，认真抓好落实。涉及多个部门的工作，牵头部门要切实负起责任，加强组织协调，其他部门要密切配合。各级领导小组办公室要做好统筹协调工作，及时跟踪进展情况，协调解决工作中遇到的困难和问题。

（三）密切衔接配合。各有关部门要建立跨部门跨区域执法协作联动机制，通过开展市县两级的联合执法、跨部门联合执法、跨系统委托执法，以及加强监管部门与乡镇农业综合服务站、专业农村合作组织信息沟通等有效方式，完善协作机制，凝聚执法合力。

（四）确保工作进度。2014 年 11 月底前，各地区、各有关部门制订实施方案，全面部署开展工作，并将实施方案抄送全国打击侵权假冒工作领导小组办公室。2014 年 12 月至 2015 年 6 月，各地区广泛搜集、排查违法犯罪线索，严肃查处并及时曝光违法犯罪案件，研究推进相关制度机制建设。2015 年 6 月 30 日前，各地区、各有关部门全面总结工作，形成报告提交全国打击侵权假冒工作领导小组办公室。

全国打击侵权假冒工作领导小办公室和有关部门将适时对各地工作开展情况进行督导检查。工作中如有重大问题，请及时报告。

关于印发《京津冀地区车用汽柴油专项整治方案》的通知

打假办发〔2014〕7 号

北京市、天津市、河北省打击侵犯知识产权和制售假冒伪劣商品工作领导小组办公室、党委宣传部、公安厅（局）、环境保护厅（局）、商务厅（委）、工商局、质监局：

经全国打击侵犯知识产权和制售假冒伪劣商品工作领导小组第四次全体会议研究决定，将京津冀地区汽柴油专项整治作为2014 年打击侵权假冒工作的重点内容。全国打击侵犯知识产权和制售假冒伪劣商品工作领导小组办公室、中央宣传部、公安部、环境保护部、商务部、国务院国资委、工商总局、质检总局制定了《京津冀地区车用汽柴油专项整治方案》，现印发给你们，请认真贯彻执行。

领导小组办公室　中央宣传部
公安部　环境保护部
商务部　国务院国资委
工商总局　质检总局
2014 年 4 月 1 日

京津冀地区车用汽柴油专项整治方案

京津冀地区（以下简称三省市）是我国车用汽柴油消费的重要区域。近年来，随着三省市机动车保有量的迅速增加，汽柴油消费增长迅猛。但是，车用汽柴油市场也暴露出一些问题，部分加油站掺杂使假、销售劣质汽柴油和侵犯他人商标权，不仅严重损害消费者合法权益，也导致机动车有害尾气排放量增加。为加大消费者权益保护力度，维护公平竞争的市场秩序，保护大气环境，根据国务院领导同志指示，全国打击侵权假冒工作领导小组办公室、中央宣传部、公安部、环境保护部、商务部、国务院国资委、工商总局、质检总局（以下简称八部门）决定，2014 年 4 – 6 月，在三省市集中开展车用汽柴油专项整治。

一、工作目标和重点

通过在三省市开展专项整治，严厉查处制售假劣车用汽柴油的违法犯罪案件，形成打击制售假劣车用汽柴油违法行为的高压态势；增强汽柴油生产加工经营企业和加油站的诚信守法意识，规范生产经营行为；加强部门间执法协作，提升执法效能，健全依法联合监管加油站的工作机制。

专项整治坚持突出重点、源头治理、打建结合、务求实效。以城乡结合部、高速公路沿线和石油炼化企业、成品油批发零售企业集中地为重点区域，以石油炼化、成品油批发零售、机动车加油站为重点环节，遏制规模性、重复性、链条化制售假劣车用汽柴油违法行为，净化成品油市场环境。

二、工作任务和分工

（一）健全市场准入和退出机制。商务部门要严格石油企业的市场准入，完善退出机制，强化动态监管。对加油站的购销台账制度、油品来源情况、证书有效期限及基础设施是否符合有关规范等加强检查，对违反规定的依法进行处罚。对掺杂使假和销售劣质汽柴油情节严重、造成重大危害的，依法注销其成品油经营批准证书。

（二）加大生产源头治理力度。质检部门加强对石油炼化企业的监督检查，督促企业强化质量控制，严格按照相关标准生产加工车用汽柴油产品，不符合质量标准的汽柴油产品一律不得出厂销售。国资委指导有关中央企业，加强京津冀地区销售渠道和旗下加油站管理，保障供应符合国家质量标准的车用汽柴油。

（三）加强市场监督管理。工商部门加强对车用汽柴油经营行为的监督管理，督促加油站严把进货渠道，建立健全索证索票制度，不得销售劣质车用汽柴油，不得掺杂使假。通过加大对车用汽柴油的抽样检验力度等手段，加强对加油站特别是城乡结合部和农村加油网点的油品质量监测，严厉查处销售质量不合格车用汽柴油和侵犯他人商标权的违法行为。

（四）做好假冒伪劣商品环境无害化处理。环境保护部门加强对假劣车用汽柴油无害化处理的监督管理，确保假劣车用汽柴油得到有效处置，避免造成二次污染；做好油品质量跟踪调查，有效控制机动车尾气污染排放；强化加油站污染排放监督管理，严格实施《加油站大气污染物排放标准》，做好油气回收治理工作。相关部门将查处的假劣车用汽柴油交由符合环保要求的单位处理，严防查缴的假劣车用汽柴油重新流入市场。

（五）加大刑事司法打击力度。行政执法部门与刑事司法机关要加强衔接，对涉嫌犯罪的案件，依法及时移送公安机关追究刑事责任。公安机关利用集群战役模式，追踪溯源，严查涉嫌犯罪案件，铲除犯罪网络。

（六）加强宣传教育。宣传部门协调新闻媒体做好专项整治的相关宣传报道工作。专项整治初期，重点宣传整治内容和政策措施，引导加油站守法诚信经营，教育消费者理性消费，自觉抵制假劣车用汽柴油。专项整治中期，重点宣传专项整治进展情况，曝光典型案例，鼓励社会公众举报制售假劣车用汽柴油违法行为。专项整治末期，重点宣传整治成效，以及长效机制建设情况。三省市要制作专项整治宣传条幅，组织加油站等在醒目位置张贴。有关行政执法部门要依法公开查处的相关行政处罚案件信息。

三、工作要求

（一）加强组织领导，落实工作责任。全国打击侵权假冒工作领导小组办公室牵头建立八部门工作协调机制，负责统筹协调专项整治行动，督办重大案件，指导跨区域执法协作，推动工作开展。三省市要明确牵头单位，建立相应的工作机制，制定专项整治实施方案，明确目标任务，落实责任分工，抓好组织实施，切实落实各项专项整治任务。

（二）加强工作配合，形成监管合力。相关部门要将专项整治与部门日常监管相结合，建立重大案件会商和沟通协调机制，及时研究解决工作中遇到的问题，密切部门间协作，凝聚合力，深挖源头，铲除违法犯罪产业链条，确保专项整治取得实效。

（三）加强督导检查，狠抓工作落实。全国打击侵权假冒工作领导小组办公室将会同有关部门，适时对各地专项整治进展情况进行检查，指导各地开展工作。三省市的牵头单位要做好专项整治执法数据统计和信息报送，按月报送专项整治工作进展、阶段性成果以及案件查处情况。

（四）畅通举报渠道，加强社会监督。有关部门要充分发挥现有举报投诉机制的作用，利用“12369”环境保护投诉举报电话、“12312”商务举报投诉电话、“12315”消费者投诉举报电话和“12365”产品质量投诉举报电话等，调动社会力量参与监督，及时发现违法犯罪行为线索，并做好有关咨询的解答服务。

四、进度安排

2014年4月起，三省市按照本方案制订具体实施方案，全面部署开展专项整治。相关部门加强对本系统的业务指导，推动落实整治任务。三省市打击侵权假冒工作领导小组办公室和相关部门填写完整的京津冀车用汽柴油专项整治月度统计表（附后），于每月10日前报送上级部门和全国打击侵权假冒工作领导小组办公室。全国打击侵权假冒工作领导小组办公室按月印发专项整治进展情况通报。专项整治结束后，三省市和有关部门做好本地区和本系统工作情况总结，并于7月10日前提交全国打击侵权假冒工作领导小组办公室。全国打击侵权假冒工作领导小组办公室将会同相关部门起草专项整治总结报告报送国务院。

关于印发《车用燃油专项整治方案》的通知

打假办发〔2014〕19号

各省、自治区、直辖市、计划单列市及新疆生产建设兵团打击侵权假冒工作领导小组办公室、党委宣传部、公安厅（局）、环境保护厅（局）、商务主管部门、国税局、工商局、质监局：

根据《2014年全国打击侵犯知识产权和制售假冒伪劣商品工作要点》（国办发〔2014〕13号）要求，全国打击侵权假冒工作领导小组办公室、中央宣传部、公安部、环境保护部、商务部、国务院国资委、税务总局、工商总局、质检总局制定了《车用燃油专项整治方案》，现印发给你们，请认真贯彻执行。

领导小组办公室　　中央宣传部
公安部　　环境保护部
商务部　　国务院国资委
税务总局　　工商总局
质检总局

2014年11月26日

车用燃油专项整治方案

为配合全国大气污染防治，加大消费者权益保护力度，维护公平竞争的市场秩序，落实《2014年全国打击侵犯知识产权和制售假冒伪劣商品工作要点》（国办发〔2014〕13号），在上半年开展京津冀地区车用汽柴油专项整治取得初步成效的基础上，全国打击侵权假冒工作领导小组办公室、中央宣传部、公安部、环境保护部、商务部、国务院国资委、税务总局、工商总局、质检总局（以下简称九部门）决定，2015年1月－2015年6月，在全国开展车用燃油专项整治。

一、工作目标和重点

坚持源头严防、过程严管、后果严惩，严厉查处制售假劣车用燃油的违法犯罪案件，在全国形成打击制售假劣车用燃油违法行为的高压态势，防止发生集中爆发式的、影响严重的油品质量问题；增强车用燃油生产加工经营企业和加油站的诚信守法意识，规范生产经营行为；加强跨部门、跨地区执法协作，提升执法效能，健全依法联合监管的工作机制。

专项整治坚持突出重点、源头治理、务求实效。以城乡结合部、高速公路沿线和石油炼化企业、车用燃油批发零售企业集中地为重点区域，以石油炼化、车用燃油调和配制、批发零售为重点环节，遏制规模性、重复性、链条化制售假劣车用燃油违法行为，净化成品油市场环境。

二、工作任务和分工

（一）健全市场准入和退出机制。商务主管部门要严格成品油流通企业的市场准入，强化行业监督管理，完善退出机制。对加油站的购销台账制度、油品来源情况、证书有效期限及基础设施是否符合有关规范等加强检查，对违反规定的依法进行处罚。对掺杂使假、以假充真、以次充好或者以不合格产品冒充合格产品等手段销售车用燃油的，要按照《成品油市场管理办法》予以查处；情节严重、造成重大危害的，依法注销其成品油经营批准证书。

（二）加大生产源头治理力度。质检部门重点加强对中小型石油炼化企业的监督检查，依法增加监督抽查频次，严厉打击非法生产不合格油品行为，督促企业强化质量控制，严格按照相关标准生产加工车用燃油产品，不符合质量标准的一律不得出厂销售。国资委指导有关中央企业，加强各地区销售渠道和旗下加油站管理，保障供应符合国家质量标准的车用燃油。

（三）加强市场监督管理。工商部门加强对车用燃油经营行为的监督管理，严厉查处销售质量不合格车用燃油和侵犯商标专用权权的违法行为，依法查处无照经营行为。工商部门、质检部门加大对车用燃油的抽样检验力度，加强对加油站特别是城乡结合部和农村加油网点的油品质量监测。

（四）加强成品油税收秩序检查。税务部门开展成品油消费税专项检查，严厉打击通过制假、造假手段偷逃成品油消费税及骗取退税违法行为。重点查处成品油生产企业通过变换油品名称、改变换算比例减少计税数量等手段，将高税率油品变更为低税率油品或非应税油品出售偷逃消费税行为。查处假报芳烃、乙烯类商品骗取消费税退税违法行为，以及成品油经销企业将购进的沥青、芳烃、原油等非应税油品进行简单勾兑或不进行任何加工，假冒车用燃油等应税油品，销售给下游生产企业或者消费者，从而偷逃消费税行为。

（五）做好假冒伪劣商品环境无害化处理。环境保护部门加强对假劣车用燃油无害化处理的监督管理，确保假劣车用燃油得到有效处置，避免造成二次污染；做好油品质量跟踪调查，有效控制机动车尾气污染排放；严格实施储油库、汽油运输、加油站大气污染物排放系列标准（GB20950、20951、20952－2007），强化污染排放监督管理，做好油气回收治理工作。协调公安、工商、质检部门将查处的假劣车用燃油交由符合环保要求的单位处理，严防查缴的假劣车用燃油重新流入市场。

（六）加大刑事司法打击力度。行政执法部门与刑事司法机关要加强衔接，对涉嫌犯罪的案件，依法及时移送公安机关追究刑事责任。公安机关利用集群战役模式，追踪溯源，严查涉嫌犯罪案件，铲除犯罪网络。

（七）加强宣传教育。宣传部门协调新闻媒体，在专项整治期间，持续做好相关宣传报道工作。各地区要制作专项整治宣传标语、条幅或其他形式的宣传资料，组织石油炼化企业、成品油批发企业、加油站等在醒目位置张贴、摆放。要在受众较多的报纸、新闻类网站、广播电台及电视台开辟专栏，组织针对车用燃油重点消费人群的宣传教育，同时从具体案件入手，挖掘生产加工假劣车用燃油和掺杂使假源头并进行深度报道，增强消费者防假意识和能力。全国打击侵权假冒工作领导小组办公室在中国打击侵权假冒工作网开辟“车用燃油专项整治”专栏。1月为专项整治初期，重点宣传整治内容和政策措施，引导加油站守法诚信经营，教育消费者理性消费，自觉抵制假劣车用燃油，鼓励社会公众举报制售假劣车用燃油违法行为。2－5月为专项整治中期，重点宣传专项整治进展和加强执法严厉查处案件情况，曝光典型案例。6月为专项整治末期，重点宣传整治成效，以及长效机制建设情况。

三、工作要求

（一）加强组织领导，落实工作责任。全国打击侵权假冒工作领导小组办公室牵头建立九部门工作协调机制，负责统筹协调专项整治，督办重大案件，指导跨区域跨部门执法协作。各地区要明确牵头单位，建立相应的工作机制，制定专项整治实施方案，明确目标任务，落实责任分工，抓好组织实施，切实落实各项专项整治任务。

（二）加强工作配合，形成监管合力。相关部门要将专项整治与部门日常监管相结合，油品质量信息定期交换，部门共享。建立重大案件会商和沟通协调机制，及时研究解决工作中遇到的问题。要密切部门间协作，及时互通案件信息和线索，凝聚合力，深挖生产源头，铲除违法犯罪产业链条，确保专项整治取得实效。

（三）加强督导检查，狠抓工作落实。全国打击侵权假冒工作领导小组办公室将会同有关部门，适时对各地专项整治进展情况进行检查，指导各地开展工作。各地区的牵头单位要做好专项整治执法数据统计和信息报送，按月报送专项整治工作进展、阶段性成果以及案件查处情况。

（四）畅通举报渠道，加强社会监督。有关部门要充分发挥现有举报投诉机制的作用，利用“12369”环境保护投诉举报电话、“12312”商务举报投诉电话、“12315”消费者投诉举报电话和“12365”产品质量投诉举报电话等，调动社会力量参与监督，及时发现违法犯罪行为线索，并做好有关咨询的解答服务。

（五）加强制度建设，完善长效机制。质检部门要推动建立健全车用燃油标准体系、检测体系、质量监督检查体系。有关行政执法部门要依法公开查处的相关行政处罚案件信息。

四、进度安排

2014 年 12 月，各地区按照本方案制订具体实施方案，全面部署开展专项整治。相关部门加强对本系统的业务指导，推动落实整治任务。自 2015 年 2 月起，各地区打击侵权假冒工作领导小组办公室和相关部门填写完整的车用燃油专项整治月度统计表（附后），于每月 10 日前报送上级部门和全国打击侵权假冒工作领导小组办公室。北京市、天津市和河北省按照本方案继续开展相关工作。全国打击侵权假冒工作领导小组办公室按月印发专项整治进展情况通报。专项整治结束后，各地区和有关部门做好本地区和本系统工作情况总结，并于 2015 年 7 月 10 日前提交全国打击侵权假冒工作领导小组办公室。全国打击侵权假冒工作领导小组办公室将会同相关部门起草专项整治总结报告报送国务院。